中指控股
CHINA INDEX HOLDINGS

中指控股（China Index Holdings Ltd）历经20余年发展，于2019年6月11日在美国纳斯达克证券交易所成功上市，致力于以大数据和创新技术赋能中国地产行业，拥有近千位优秀的数据研发和专业分析师，分支机构遍布中国近40个主要城市。

基于二十多年来积累的海量房、地、人、企等详实数据，中指控股整合空间、宏观、移动、规划、POI等多维信息，构建扎实的数据底层，搭建中指云平台，为行业提供数据分析、SaaS工具、研究及市场推广、调研咨询等多项专业服务。全方位服务房地产开发商、金融机构、物业公司及上下游服务企业，为合作伙伴提供高效解决方案，赋能行业健康持续发展。

北京中指信息技术研究院
Beijing China Index Academy

北京中指信息技术研究院（Beijing China Index Academy，简称"中指研究院"）是中指控股（China Index Holdings Ltd）历时最长的下属研究机构。

中指研究院建立了庞大的数据库——CREIS中指数据库，涵盖土地、住宅及商用物业、企业、宏观经济等数据。基于长期深厚的数据积累，中指研究院的研究成果已成为房地产及上下游相关行业的重要决策参考，出版的专著填补了多项行业研究空白，对中国房地产行业产生了深远的影响。

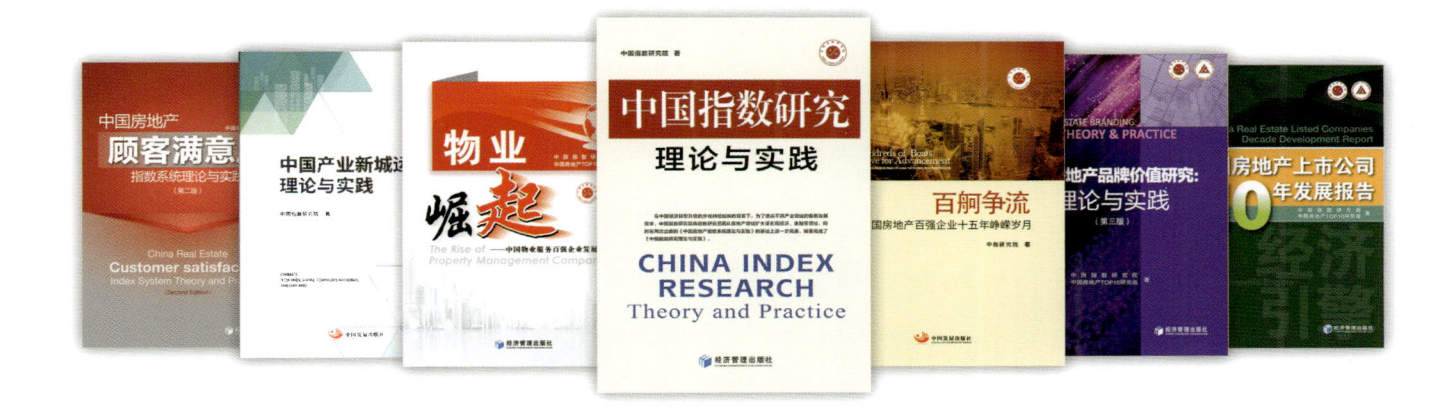

中指控股CIH
中指研究院总部
地址：北京市丰台区
郭公庄中街20号院A座
邮编：100070

中指控股CIH
中国房地产指数系统(CREIS)

中国房地产指数系统（China Real Estate Index System，简称CREIS）是一套以价格指数形式来反映全国各主要城市房地产市场运行状况和发展趋势的指标体系和分析方法。它由国务院发展研究中心、中国房地产开发集团等于1994年发起，1995年通过部级评审，2005年再次通过由国务院发展研究中心、建设部、国土资源部、中国银监会、清华大学和北京大学等单位的著名专家学者组成的鉴定委员会的学术鉴定。

中国房地产指数系统（CREIS）目前覆盖全国主要城市，定期发布中国主要城市房地产价格指数，包括新房价格指数（综合指数、住宅指数、写字楼指数、商铺指数）、百城新建住宅价格指数、百城二手住宅价格指数及租赁价格指数等。2010年起，中国房地产指数系统启动"百城价格指数"研究，每月发布100个城市新建住宅价格指数，成为中国覆盖范围广、城市数量多的房屋价格指数系统。2020年7月起，每月发布100个城市二手住宅价格指数；2022年7月起，每月发布50个城市住宅租赁价格指数，进一步丰富"百城价格指数"体系。

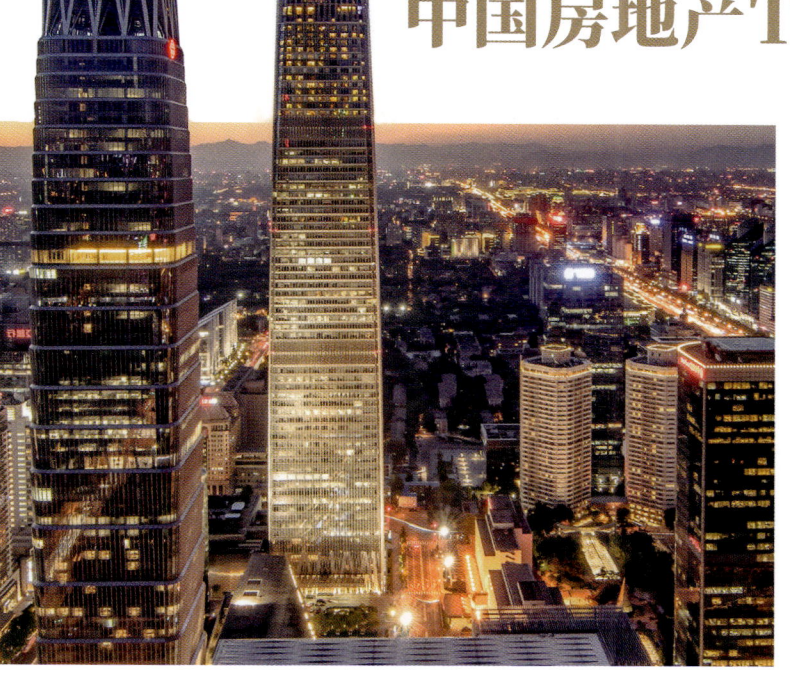

中指控股CIH
中国房地产TOP10研究组

为了促进中国房地产行业健康持续发展，2003年1月，由国务院发展研究中心企业研究所、清华大学房地产研究所和中指研究院三家机构正式发起成立中国房地产TOP10研究组，致力于对中国规模大、效益佳、品牌优的房地产企业群体进行研究。2019年9月，研究组特邀国务院发展研究中心设立的、民政部注册、唯一具备企业评价资质的国家级社团法人组织——中国企业评价协会作为研究主办单位之一，全面升级中国房地产相关研究工作。

研究组本着客观、公正、准确、全面的基本原则，排除主观因素的影响，以客观数据为唯一依据，充分借鉴国外TOP10研究的理论框架和操作实务，结合中国房地产发展特点，开展TOP10系列研究工作。旨在发掘中国房地产优秀企业群体，打造中国房地产品牌，引领房地产业平稳健康发展。中国房地产TOP10研究组办公室设于北京中指信息技术研究院。

系列成果报告

CREIS中指数据

全行业覆盖　颗粒度细　可追溯期长

中指研究院基于强大的数据基础和技术能力，建立了中国历时长、信息全、覆盖范围广的CREIS中指数据库，被发改委和国家统计局指定为数据第二轨。

中指数据二十年来，持续扩大数据覆盖面，服务了中国95%以上的房地产品牌企业，以及国内外主流金融机构、高校和房地产上下游企业，是企业市场研究和投资决策的重要基础。

20年+ 数据沉淀	**2300城** 土地覆盖	**2800城** 宏观经济覆盖	**50城** 地块航拍	**212城** 新房成交
285万宗 地块档案	**50万** 住宅项目	**5万** 商办项目	**1.2亿** 企业数据	**3800万** POI位置信息

通过数据API接口服务，赋能企业数字化升级

助力企业快速搭建自有数据平台

- 海量的数据底层，通过丰富的标准数据API接口服务，实现用户按需调取
- 帮助企业打通数据链路，助力企业科学决策

丰富的数据应用场景拓展

- 提供行业用户典型使用场景的数据结论输出，辅助用户高效获取高价值信息
- 灵活支持在标准产品基础上进行二次开发，可快速部署上线，无须大量开发工作

数据服务

土地	住宅	商办	行业	宏观	POI	信令	潜客
城市规划	项目信息	项目信息	经营动态	宏观经济	教育	居住人口	购房偏好
地块信息	一二手成交	品牌信息	财务状况	开发经营	医疗	工作人口	工作地
出让文件	供应库存	租户数据	新闻舆情	指数研究	交通	迁徙数据	居住地
四至标点	精装部品	大宗交易	招标资讯	政策法规	商业	消费偏好	
地块航拍	法拍数据	租赁交易					

CREIS中指数据库

数据产品

城市版
整合212个城市的房产交易、土地供求、政策规划、宏观经济等数据，同时提供地图检索、BI报表等功能，助力企业投资和营销决策。

土地版
每日更新全国2300城土地推出成交信息，为285万宗土地建立全生命周期"地块档案"，实现地块、项目和企业三级信息互通互查，帮助企业掌握拿地机会。

企业版
包含2000多家标杆房地产企业的最新经营数据、财务数据和资讯信息，帮助用户掌握企业的核心数据、了解企业布局战略与市场重心，紧跟行业最新发展趋势。

宏观版
覆盖全国及300余个城市房地产宏观数据，包含开发经营、指数研究、宏观经济、政策法规、城市规划等六大类，是跟踪宏观形势及房地产市场变化的专业工具。

写字楼
35个重点城市写字楼市场监测，随时查阅写字楼租售情况、租户信息和空置情况动态更新，多样分析工具帮助挖掘市场潜在商机。

家居版
融合了土地、项目楼盘、部品配套等数据，全流程动态监测，打通了地产全产业链，为家居企业精准营销提供策略支持。

物业版
为企业拓展、研究提供及时且全面的数据，涵盖24万+新增项目、40万+合约到期项目、每日5000+招标信息、20万+物业企业。

二手房
整合中国主要城市的二手房交易、中指评估评级系统、租赁和法拍数据等多维信息，加入统计、查询、地图可视化等分析功能，为存量房市场投资和决策提供依据。

招商版
覆盖全国100个城市的商业大数据，全面监测商业项目和连锁品牌经营拓展情况，辅助市场调研和经营决策。

租赁版
租赁版是专业为租赁运营相关企业、政府及金融机构打造的投研决策工具，帮助企业或投资者全面系统地研究房屋租赁的行业现状、了解租赁品牌企业的运行状况、从而有效地挖掘城市区域投资机会，准确把握房屋租赁市场的发展趋势。

服务客户&服务方式

中指数据库拥有全面广泛的客户群体，二十多年来累计服务客户超万家，覆盖中国95%以上的房地产百强企业，以及国内外主流金融机构、高校和房地产上下游企业。中指数据库紧跟行业步伐，以灵活多样的服务方式满足不同场景的数据需求。

手机APP查询
提供移动端数据查询服务
一键掌握全国最新的房产土地和政策信息

PC帐户下载
提供数据库帐号服务
通过PC端即时查询下载数据
满足日常研究和分析需求

API接口传输
提供标准的API接口和定制化的数据打包
满足企业自建系统的
地产数据需求

咨询热线 400-630-6618

01 开发云
集中国房地产数据与工具之大成

提供的服务

开发云全面整合中指大数据和SaaS分析工具，依托2300城285万+土地信息、50万+住宅项目、6万+商办项目以及人口、潜客、交通、配套等数据，通过构建场景化解决方案，搭建了完整的房地产大数据综合查询和一站式分析平台。通过开发云强大的综合查询、灵活的多维度统计分析等功能，用户可以实现宏观–中观–微观数据的逐层下钻，查看土地–项目–企业联动信息，辅助用户进行更加客观、科学、精细化的决策。

地块研判
- 实时查询全国 2300 城土地动态，掌握土地交易信息
- 自建地块、踏勘竞调、综合测评、团队协作一应俱全
- 土地资料全方位审视，标书、航拍、竞价记录一览无余
- 全面洞察地块周边环境，深入分析配套资源与竞品布局

项目监测
- 全量查询城市项目信息，支持单套房产交易状态查看
- 交易数据可按户型、面积、价格等维度快捷交叉分析
- 项目周边竞品项目、全市潜在竞品项目数据快速对比
- 实现跨城市项目、土地数据的一张表统计分析与下载

城市选择
提供大批量、快捷的全国及各城市开发经营、指数研究、宏观经济、交易数据的提取与下载功能，全面掌握宏观市场形势及房地产市场变化

企业研究
一键查询目标企业的拿地布局、项目分布情况，掌握标杆房企的经营数据、财务数据、融资信息，快速对比分析企业的货值与房产销售表现

数据中心
包括政策、交通、配套、控规、竞品、人口、产业等11大维度数据全方位覆盖

解决的问题

全栈数据赋能企业科学布局、精准拿地、把握营销节奏

科学布局 | 基于4个层面19个指标分析城市吸引力，对目标城市给出定量得分，为用户研判城市布局提出投资策略建议

精准拿地 | 从地块区位、配套、规划、负面要素四个方面评价地块投资价值，可按既定策略标注地块，领先竞争对手做出决策

营销节奏 | 详细展示市场供求、销售去化、产品结构、客户画像等数据，帮助企业动态监测市场、了解市场竞争强度

物业云　02

提供的服务

全面整合行业数据，依托物业企业数据、合约到期项目、新增项目、招标项目等模块，支持物业服务企业拓展业务，提高优质物业覆盖率。为物业企业打通数据通道，提供系统性数据服务，加速物业行业数字化进程。

新增项目

解决的问题：帮助用户紧抓新增项目拓展机会。
功能：联动各城市的土地信息，匹配拿地开发商与物业企业信息；根据成交土地价格等信息，推算未来房价，测算未来物业管理费收费情况，预估收入；进行多项目对比分析，联动推进业务。

合约到期项目

解决的问题：监测存量项目合约到期时间，助力用户快速筛选更具价值标的。
功能：整理底层数据，监测、测算合约到期时间。根据合约到期时间、城市、物业类型等信息可倒排三个月内合约到期项目，并通过是否成立业委会进行筛选，再根据物业费情况确认拓展目标；通过查看、对比周边项目，进行集中拓展。

招标项目

解决的问题：为用户提前介入拟招标项目提供精准信息，助力企业外拓。
功能：监测、筛选、整合、清洗、优化招中标信息并实时更新，多方位、组合筛选招中标项目，并直接链接原始招标网站，便于企业直接参与投标。

物业企业

解决的问题：了解标杆、学习标杆。
功能：了解标杆企业项目，与自身项目进行对比，找出差距，自我提升。

报告工具

解决的问题：结合用户个性化需求，帮助用户更好地应用数据，快速输出定制化报告。
功能：预生产上千个报告图表素材，提供在线编辑功能，支持实时调取、更换数据、支持修改图表条件及展示形式，通过模块组合，一键生成报告。

行业资讯

解决的问题：为用户把握行业动态、研判政策走向提供全方位支持。
功能：实时更新行业政策法规，动态监测企业信息。

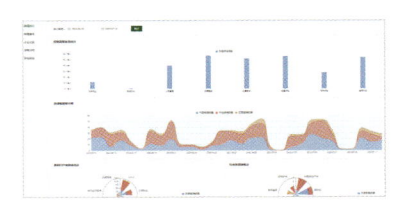

物业云已收录全国大部分物业服务企业基本信息，覆盖600+城市各业态共计40万+在管项目数据，监测55万+新增项目和160万+招中标项目，并收录上市公司所有经营数据、400+收并购信息及7万+舆情信息，已涵盖2000+行业政策法规及300+行业研究报告。

03 中指地产企业研究与推广

中指研究院建立了具有权威性和影响力的企业评价标准体系

中国房地产百强企业研究（2004年至今）—— 企业综合实力与行业地位认证

中指研究院百强企业研究，发掘综合实力强、经营稳健以及具备较强社会责任感的优秀企业，相关研究成果已成为评判房地产企业经营实力及行业地位的重要依据。

中国房地产品牌价值研究（2004年至今）—— 量化品牌价值、彰显企业软实力

品牌彰显投资价值、品牌增强发展动力。中指研究院客观量化企业品牌价值，综合评价企业品牌实力，促进企业无形资产的保值增值，助力企业提升品牌建设水平。

中国房地产上市公司研究（2003年至今）—— 资本市场的投资参考

中指研究院挖掘成长质量佳、投资价值大的优秀上市企业，为投资者提供科学全面的投资参考依据。相关研究成果成为投资者评判上市公司综合实力、发掘证券市场投资机会的重要标准。

与时俱进，开展相关领域的理论研究与实践探索

● **轻资产代建研究**

中国房地产行业专业化、市场化、精细化趋势日趋明显。房地产代建作为房地产行业轻资产化的重要方向，有更广阔的发展空间。中指研究院在2017年就研究撰写了《中国房地产代建行业发展蓝皮书》，填补了中国房地产代建服务研究的空白，2020年中指院助力绿城管理成为港股代建第一股。

● **产业+地产**

中指研究院已经开展了近10余年产业园区、产业新城领域专项研究，构架相关评价指标体系、调研产业新城、产业园区实践案例，形成了《中国产业新城运营理论与实践》等专著。

● **TOD模式研究**

以轨道站点周边开发为契机，以TOD发展为导向，引导城市房地产业从住宅建设向综合服务转变，是我国城市化提质增效的重要内容。在此背景下，中指研究院与中国城市轨道交通协会、西南交通大学TOD研究中心/西南交通大学公共管理学院，三方共四家单位共同开展"中国城轨TOD指数"研究，并于2020年开始定期发布《中国城轨TOD指数报告》，成为政府部门、轨道公司、城市运营商、房地产开发商等各参与主体进行TOD项目开发建设的重要参考依据。

资本市场-上市行业顾问服务

中指研究院拥有多年房地产、商管、代建、策划代理、物业等研究经验与数据积累，帮助企业实现资本价值，丰富的上市行业顾问经验得到资本市场及企业的广泛认可。先后推动港股代建第一股"绿城管理"、商业运营服务第一股"星盛商业"、物业第一股"彩生活"等成功登陆资本市场。

中指物业研究与推广　04

权威评价物业服务水平及行业地位

物业服务百强企业研究（2008年至今）—— 认证企业综合实力与行业地位

中指研究院自2008年起，开展"物业服务百强企业研究"，科学评价企业综合实力，发掘一批服务水平优、业主满意度高的优秀物业服务企业，相关研究成果已成为评判物业服务企业综合实力及行业地位的重要标准。

物业服务品牌价值研究（2011年至今）—— 沉淀企业"软实力"

作为典型的服务行业，物业服务企业更需要品牌的力量。中指研究院进行深入研究，客观量化企业品牌价值，剖析优秀品牌的成功要素，积极探索品牌可持续发展之路，为企业定位品牌、规划品牌、管理品牌提供科学依据。

物业服务上市公司研究（2015年至今）—— 资本市场的投资参考

中指研究院深入研究物业服务上市公司经营规律，发掘成长质量佳、投资价值大的优秀上市公司，扩大上市公司在机构投资者中的影响力，拓宽融资渠道，同时也为投资者提供科学全面的投资参考依据。

专业解决企业发展痛点难点

中指研究院针对企业痛点、难点，输出定制化顾问咨询服务，为不同规模、类型的物业服务企业发展提供针对性建议，包含标准化体系建设、对标研究、发展战略规划、品牌战略规划、上市行业顾问、非住宅业态研究及多种经营研究等。

标准化体系建设

中指研究院汇集优秀企业各业态、各服务类型的"标准化体系"，构建了全面的"标准化体系"库，并在此基础上，梳理各层级服务标准；基于专业深耕，为企业量身定制适配其发展的标准化体系，助推企业加速标准化体系建设进程，并帮助企业树立在特定领域服务标准的权威性。

业务发展战略规划

明确企业业务战略发展方向与目标，结合经营现状及管理情况，定量、定性深度剖析。

分析企业外部环境，与优秀企业进行对标，挖掘优势，指出劣势。

协助企业整合优质资源，明晰实现战略目标的具体保障措施，助力企业高质量发展。

上市行业顾问

基于多年的专业深耕与深厚的数据积累，中指研究院充分发掘了物业服务企业及生态链相关服务商的优势与核心竞争力，并进行充分论证，为企业赴港上市提供了有力支撑。截至2024年8月，港交所主板市场已有60多家物业服务上市公司，其中40多家是由中指研究院担任行业顾问并提供相关服务，占比近70%。

05 中指调查

客户调研

三大核心产品

客户满意度调查
通过第三方视角量化客户在全生命周期内对产品和服务的满意程度，深入挖掘企业在产品与服务方面的优势及需要改进之处。为企业持续提升产品和服务质量提供科学依据，同时有助于培养和稳固新老客户的品牌忠诚度。

神秘客暗访调查
以潜在消费者和真实消费者的体验为核心，全面监测产品与服务标准的落实情况。通过整合"顾客"体验，推动案场服务与社区物业服务标准的有效落地，确保每一个环节都能满足消费者的高标准，从而帮助企业提升客户满意度。

客户需求调查
以需求调查为核心，通过定量访谈与深度访谈相结合的方式，向委托方提供全面的调查服务。包括城市客群置业研究、板块客户特征分析、户型需求评估、精装修市场调查、车位需求分析、居民置业信心调查以及其他定制化服务。旨在为企业提供切实可行的产品及营销建议，助力产品实现快速去化。

城市调研

城市/板块研究	房地产行业监测报告	项目价格调研报告	项目定位/可研报告	城市更新/城中村改造	"三大工程"相关研报	其他深度专题
· 多城投资价值评价及投资组合建议 · 新进城市市场机遇及进入时点研判 · 板块价值及风险评价	· 销售市场定期监测 · 企业定期监测 · 土地市场定期监测 · 租赁、保障房等定期监测	· 项目一房一价定价 · 项目阶段性价格调整论证报告	· 项目定位报告 · 地块可研分析报告 · 项目收购市场调研	· 城市更新白皮书 · 企业对标与发展策略 · 城市更新/城中村监测报告 · 盈利路径研究 · 优秀城市更新企业/优秀项目测评	· 三大工程政策及行业动态监测报告 · 城中村改造模式研究（城市、企业） · 新一轮保障房建设影响及企业业务发展建议	· 热点政策专题报告 · 市场运行相关专题 · 相关细分领域专题 · 新赛道、新模式相关专题研究

服务优势

科学的理论体系
最早将满意度引入中国房地产行业，构建了中国房地产顾客满意度的理论体系，出版专著《中国房地产顾客满意度指数系统理论与实践》；根据6大市场研究模块、20余年历史数据，构建完善的市场需求预测模型；依托市场变化、政府调控规律、城市运行特性，建立各城市市场运行监测体系。

全方位的数据支持
连续十七年组织全国唯一、公益满意度普查，覆盖全国200多个城市，200多家房企，成功建立了领先的房地产专业数据库，形成了全国、行业、省市等各层面的权威评价标准，可为房地产市场研究提供全方位数据支持。

强大的智能平台支持
CREIS 中指·云调研系统贯穿于客户调研的全流程：问卷创建–数据采集–实时质控–BI统计–AI报告，利用该系统平台，用户可以实时查看进度、进行AI复核，并进行多维度智能统计，确保数据的真实性与准确性。

深刻的行业视角，丰富的服务经验
二十余年专注中国房企研究、房地产市场研究、城市研究，具有深刻的行业视角；持续发布《百城价格指数》、《政策评估报告》、《房地产市场研究报告》、《城市投资吸引力研究》、《百强房企研究报告》系列研究报告，积累了丰富的方法论和实操经验，能够针对性为企业提供数据采集及服务提升解决方案，帮助企业在竞争中脱颖而出，提供全面深入的洞察。

2024 中国房地产优秀企业

企业名称		
保利发展控股集团股份有限公司	联发集团有限公司	五矿地产有限公司
中海企业发展集团有限公司	上海中建东孚投资发展有限公司	天正地产集团有限公司
华润置地有限公司	新希望五新实业集团有限公司	润达丰控股集团有限公司
招商局蛇口工业区控股股份有限公司	杭州市城建开发集团有限公司（大家房产）	浙江祥新科技控股集团有限公司
绿城中国控股有限公司	北京城建投资发展股份有限公司	成都天投地产开发有限公司
龙湖集团控股有限公司	金融街控股股份有限公司	中建七局地产集团有限公司
金地（集团）股份有限公司	华侨城集团有限公司	山西建投城市运营集团有限公司
建发房地产集团有限公司	中建智地置业有限公司	京投发展股份有限公司
新城控股集团股份有限公司	中能建城市投资发展有限公司	青岛君一控股集团有限公司
珠海华发实业股份有限公司	深业集团有限公司	南光置业有限公司
杭州滨江房产集团股份有限公司	成都兴城人居地产投资集团股份有限公司	京基集团有限公司
中国金茂控股集团有限公司	深圳市天健地产集团有限公司	安徽省高速地产集团有限公司
中国铁建房地产集团有限公司	深圳地铁置业集团有限公司	四川众恒置地集团有限公司
北京首都开发控股（集团）有限公司	上海城建置业发展有限公司	眉山环天发展有限公司
中交地产股份有限公司	众安集团有限公司	伟星房产
中铁置业集团有限公司	成都城投置地集团有限公司	中国旅游集团投资运营有限公司
大悦城控股集团股份有限公司	天地源股份有限公司	九巨龙发地产开发集团有限公司
保利置业集团有限公司	石家庄国控城市发展投资集团有限责任公司	厦门地铁上盖投资发展有限公司
卓越置业集团有限公司	陕西建工房地产开发集团有限公司	苏州城投地产发展有限公司

续表

企业名称		
西安高科地产有限公司	无锡地铁生态置业投资有限公司	中铁置业集团西安有限公司
中铁十二局集团房地产开发有限公司	中铁二十一局集团德盛和置业有限公司	上海东原睿建建设管理有限公司
湖南建投地产集团有限公司	河南中原建业城市发展有限公司	苏州新建元控股集团有限公司
陕西金泰恒业房地产有限公司	上海中建东孚资产管理有限公司	苏州苏高新科技产业发展有限公司
浙江金帝房地产集团有限公司	绿城房地产建设管理集团有限公司	北京联东投资（集团）有限公司
安徽振兴控股集团有限公司	蓝城房产建设管理集团有限公司	上海临港新业坊城市建设管理有限公司
方远房地产集团有限公司	金地集团开发管理公司	深圳市星河产业投资发展集团有限公司
河南信友置业集团有限公司	成都龙湖龙智造工程建设管理有限公司	山西园区建设发展集团有限公司
郑州绿都地产集团股份有限公司	中天美好集团有限公司	上海天瑞金置业集团有限公司
方正商业地产有限责任公司	蓝绿双城科技集团有限公司	北京科技园建设（集团）股份有限公司
河南常绿集团置业有限公司	浙江兴元建设管理有限公司（融者共创）	西安曲江城市开发投资发展有限公司
成都轨道城市投资集团有限公司	旭辉管理集团有限公司	周口市城市运营投资集团有限公司
天津城市基础设施建设投资集团有限公司	腾云筑科科技发展有限公司	河南省中成房地产开发集团有限公司
保定市国控置业开发有限责任公司	蓝城控股集团有限公司	绿城美好产业发展有限公司
天津滨海发展建设有限公司	新城建管（上海）企业管理有限公司	山东颐养健康集团筑健康建设管理有限公司
中交投资有限公司	德信绿建管理集团有限公司	园动力产业发展集团
北京中交景通置业有限公司	众安建设管理有限公司	世纪金源商业管理有限责任公司
苏州恒泰控股集团有限公司	腾云当代绿建工程管理集团有限公司	星盛商业管理股份有限公司
中建国际投资发展有限公司	杭州开元建设管理有限公司	苏州圆融发展集团有限公司
无锡市安居投资发展有限公司	杭州中兴房地产开发有限公司	柏利城资产管理

2024中国物业服务优秀企业

企业名称		
碧桂园服务	鲁能物业服务有限公司	北京中铁慧生活科技服务有限公司
保利物业服务股份有限公司	深业物业运营集团股份有限公司	和泓服务集团有限公司
中海物业管理有限公司	鑫苑服务	重庆新鸥鹏物业管理（集团）有限公司
雅生活智慧城市服务股份有限公司	东原仁知城市运营服务集团股份有限公司	建发物业服务集团有限公司
绿城物业服务集团有限公司	荣万家生活服务股份有限公司	康桥悦生活服务集团有限公司
融创物业服务集团有限公司	广州敏捷新生活物业管理有限公司	阳光恒昌物业服务股份有限公司
金科智慧服务集团股份有限公司	中铁建物业管理有限公司	新日月生活服务集团有限公司
长城物业集团股份有限公司	上海陆家嘴物业管理有限公司	厦门联发（集团）物业服务有限公司
上海永升物业管理有限公司	江苏银河物业管理有限公司	山东绿地泉物业服务有限公司
新城悦服务集团有限公司	上海保利物业酒店管理集团有限公司	中交物业服务集团有限公司
河南建业新生活服务有限公司	天骄智慧服务集团股份有限公司	正商服务
时代邻里控股有限公司	北京京城佳业物业股份有限公司	大悦城控股集团物业服务有限公司
幸福基业物业服务有限公司	弘阳服务集团（南京弘阳物业管理有限公司）	湖北联投城市运营有限公司
卓越商企服务集团有限公司	宝石花物业管理有限公司	深圳市特发服务股份有限公司
广州越秀物业发展有限公司	路劲物业服务集团有限公司	曙一物业服务有限公司
佳兆业美好（佳兆业物业管理（深圳）有限公司）	第一服务控股有限公司	永旺永乐服务管理集团有限公司
杭州滨江物业管理有限公司	宁波银亿物业管理有限公司	华侨城物业（集团）有限公司
远洋服务控股有限公司	广东康景物业服务有限公司	厦门国贸城市服务集团股份有限公司
南都物业服务集团股份有限公司	青岛海尚海生活服务集团有限公司	力高健康生活有限公司
山东省诚信行物业管理有限公司	中天城投集团物业管理有限公司	苏新美好生活服务股份有限公司
华发物业服务有限公司	德信盛全物业服务有限公司	上海复医天健医疗服务产业股份有限公司
金茂物业服务发展股份有限公司	华宇优家智慧生活服务集团有限公司	大华集团上海物业管理有限公司
高地城市服务产业集团	新希望物业服务集团有限公司	重庆新隆信物业管理有限公司
深圳市彩生活物业管理有限公司(彩生活服务集团)	世邦泰和（上海）物业管理有限公司	潍坊恒信物业管理有限公司
广州珠江城市管理服务集团股份有限公司	成都蜀信物业服务有限公司	上海中建东孚物业管理有限公司
南京银城物业服务有限公司	深圳市莲花物业管理有限公司	重庆加州物业服务有限公司
金融街物业股份有限公司	南京朗诗物业管理有限公司	中电建物业管理有限公司
合景悠活集团控股有限公司	东吴服务产业集团（江苏）有限公司	阳光壹佰物业发展有限公司

续表

企业名称		
北京住总北宇物业服务有限责任公司	成都嘉善商务服务管理有限公司	浙江鸿城物业股份有限公司
众安智慧生活服务有限公司	泛海物业管理有限公司	江山智联(江苏)物业服务有限责任公司
云南鸿园电力物业服务有限公司	绿城绿发生活服务集团有限公司	上海临港漕河泾物业服务有限公司
南京新鸿运物业管理股份有限公司	河南亚新物业服务有限公司	绿益物业服务集团有限公司
江苏中住物业服务开发有限公司	中信泰富（上海）物业管理有限公司	上海科箭物业服务有限公司
重庆海源怡生活服务集团有限公司	青岛天泰爱家物业服务有限公司	上海中建智地物业服务有限公司
北京网信物业管理有限公司	伟星物业	江苏雨润物业服务有限公司
北京瑞赢酒店物业管理有限公司	金鹏祥和物业管理有限公司	重庆凯美物业管理有限公司
金服物业服务集团有限公司	武汉城市服务集团有限公司	北京长峰新联工程管理有限责任公司
深圳历思联行物业管理有限公司	中铁诺德物业管理有限公司	中建四局城市运营服务有限公司
西安高科物业服务管理有限公司	上海复瑞物业管理有限公司	深圳市鸿荣源物业管理有限公司
河南正弘物业管理有限公司	中建智慧城市服务（湖南）有限公司	云南澜沧江物业服务有限公司
重庆两江新区物业管理有限公司	山西锦地物业管理有限公司	重庆通邑智慧城市运营管理有限公司
惠之美生活服务集团有限公司	长春赢时物业服务股份有限公司	大连德泰城市服务集团有限公司
成都德商产投物业服务有限公司	中天美好生活服务集团有限公司	苏州工业园区建屋物业发展有限公司
深圳市华创生活股份有限公司	浙江彩虹物业服务集团有限公司	一爱城市建设服务有限公司
融汇悦生活集团有限公司	上海中企物业管理有限公司	上海新金桥经营管理有限公司
西安经发物业股份有限公司	苏州书香服务股份有限公司	北京亦庄城市服务集团股份有限公司
北京金泰物业管理有限公司	深圳德诚物业服务有限公司	贵阳市物业集团有限公司
中铁诺德城市运营服务有限公司	宁波城广物业管理有限公司	重庆高远物业管理有限公司
绘生活服务（巨和物业服务有限公司）	杭州新天地园区运营服务有限公司	重庆康田智慧生活服务有限公司
绿都智慧生活服务有限公司	中建壹品物业运营有限公司	重庆渝地物业服务有限公司
浙江大家物业服务集团有限公司	山东大正物业服务集团有限公司	云南城建物业运营集团有限公司
北京万通鼎安国际物业服务有限公司	中建玖合城市运营管理（上海）有限公司	中國國信服務集團
泓盈城市运营服务集团股份有限公司	武汉百步亭花园物业管理有限公司	粤海物业管理有限公司
贵州绿地物业管理有限责任公司	苏州市天翔物业管理有限公司	北京建工物业服务有限公司
昆明银海物业服务有限公司	浙江金昌物业服务有限公司	四川蜀道物业服务集团有限责任公司
北京北大资源物业经营管理集团有限公司	中能未来智慧城市服务集团（浙江）有限公司	抱朴物业集团有限公司（深圳市抱朴物业服务有限公司）

续表

企业名称		
苏州工业园区圆融商业物业管理有限公司	广东钧明物业服务有限公司	湖北楚天中大物业管理有限公司
成都润锦城实业有限公司	武汉万嘉弘泰物业服务有限公司	天成物业服务有限公司
深圳市恒基物业管理有限公司	福建晶洁物业服务有限公司	浙江杨帆物业管理有限公司
深圳市万厦世纪物业管理有限公司	南京亿文物业管理有限责任公司	湖北荆楚城市运营服务有限公司
北京东亚时代物业管理有限公司	银钥匙物业发展集团有限公司	武汉天晨物业管理有限公司
深圳市赤湾物业管理有限公司	江苏洁霸物业管理有限公司	上海外滩科浦工程管理有限公司
上海锦江城市服务有限公司	德州联强物业管理有限公司	西安旅游集团广瑞物业服务有限责任公司
浙江雷迪森物业服务有限公司	湖北长运物业服务有限公司	北京银泰第一太平戴维斯物业管理有限公司
国瑞智慧服务集团有限公司	河南华信玖邻好生活服务有限公司	武汉三镇城市运营服务有限公司
四川万景汇物业服务集团有限公司	上海城建物业管理有限公司	武汉小竹物业管理有限公司
上海海鸿福船物业管理有限公司	武汉正阳物业管理有限公司	苏州工业园区恒泰第一太平物业管理有限公司
重庆国强物业服务有限公司	中鑫物业管理集团有限公司	上海贝成物业发展（集团）有限公司
苏州工业园区综保产业服务有限公司	河南伟业慧生活服务有限公司	深圳市颐安物业服务有限公司
深圳市力合物业管理有限公司	中铁十一局集团武汉物业管理有限公司	重庆金瑞智慧生活服务有限公司
湖州湖城投物业管理有限公司	中建三局云服科技武汉有限公司	上海星卓物业管理有限公司
中新苏州和乔物业服务有限公司	武汉迅和物业管理有限公司	绵阳东原瑞升物业服务有限责任公司
成都智荟生活服务有限公司	济宁城投服务集团有限公司	北京易亨物业管理有限责任公司
贵阳欣和逸居物业管理有限公司	苏州金狮大厦发展管理有限公司	深圳市振业城市服务有限公司
宜昌城投物业服务有限公司	海南海垦物业服务有限公司	上海高力国际物业服务有限公司
北京爱情物业服务有限公司	安居（深圳）城市运营科技服务有限公司	福州融侨物业管理有限公司
上海复欣物业管理发展有限公司	杭州西湖乐居物业服务有限公司	武汉嘉信物业管理有限公司
晨安物业集团有限公司	重庆经开区物业管理有限公司	人保投控（北京）运营管理有限公司
苏州中锐华田物业管理有限责任公司	上海地益物业管理有限公司	新兴际华物业服务（北京）有限公司
浙江蓝城乐居物业服务集团有限公司	青岛海发城市服务有限公司	中国旅游集团投资和资产管理有限公司
南京汇仁恒安物业管理有限公司	湖北交投智城发展有限公司	浙江浙大求是物业管理有限公司
湖北襄投物业管理有限公司	重庆渝高物业管理有限责任公司	上海丰禾物业服务有限公司
江苏万邦物业服务有限公司	武汉中实城市物业服务有限公司	上海汇成物业有限公司

2024中国房地产关联优秀企业

企业名称		
有巢住房租赁(深圳)有限公司	中国邮政储蓄银行股份有限公司湖南省分行	浙江省浙商资产管理股份有限公司
深圳招商伊敦酒店及公寓管理有限公司	兴业银行股份有限公司	国华人寿保险股份有限公司
上海城方租赁住房运营管理有限公司	河北银行股份有限公司	建元信托股份有限公司
华发优生活租赁服务（珠海）有限公司	信保（广州）私募基金管理有限公司	杭州老板电器股份有限公司
西安高新安居投资建设运营有限公司	平安不动产有限公司	奥普智能科技股份有限公司
成都锦东不动产投资管理有限公司	深圳市前海中保产业私募股权投资基金管理有限公司	宁波柏厨集成厨房有限公司
保利和润房地产投资顾问有限公司	上海临方股权投资管理有限公司	宁波方太厨具有限公司
同策房产咨询股份有限公司	江苏洛德股权投资基金管理有限公司	奥的斯电梯管理（上海）有限公司
新联康（中国）有限公司	国泰君安证券股份有限公司	吉博力（上海）贸易有限公司
深圳世联行集团股份有限公司	华泰期货有限公司	宝山钢铁股份有限公司
成都兴城人居营销咨询有限公司	新华资产管理股份有限公司	富俊汇赢科技（上海）有限公司
深圳市戴德梁行土地房地产评估有限公司	物产中大金石集团有限公司	西安卓越软件开发有限公司

CHINA PROPERTY MANAGEMENT
INDUSTRY STATISTICS YEARBOOK 2024

中国物业管理行业统计年鉴 2024

中指研究院 编著

企业管理出版社
ENTERPRISE MANAGEMENT PUBLISHING HOUSE

图书在版编目（CIP）数据

中国物业管理行业统计年鉴 . 2024 / 中指研究院编著 . -- 北京：企业管理出版社，2024.9. -- ISBN 978-7-5164-3107-8

Ⅰ . F299.233.3-54

中国国家版本馆 CIP 数据核字第 2024AT1224 号

书　　名：	中国物业管理行业统计年鉴2024
作　　者：	中指研究院
责任编辑：	郑小希　杨向辉　尚尉
书　　号：	ISBN 978-7-5164-3107-8
出版发行：	企业管理出版社
地　　址：	北京市海淀区紫竹院南路17号　　邮编：100048
网　　址：	http：//www.emph.cn
电　　话：	编辑部（010）68414643　发行部（010）68701816
电子信箱：	qiguan1961@163.com
印　　刷：	三河市东方印刷有限公司
经　　销：	新华书店
规　　格：	210毫米×297毫米　16开本　47.5（彩插1）印张　1132千字
版　　次：	2024年9月第1版　2024年9月第1次印刷
定　　价：	500.00元

版权所有　翻印必究·印装错误　负责调换

编委会名单

主　编： 莫天全　黄　瑜
副主编： 赵丽一　谢　璨　牛晓娟
编委会成员：

吴兰玉	喻霖康	张贵清	李大龙	杨掌法	曹鸿玲	夏绍飞	陈耀忠	戚小明
代纪玲	王　萌	郭仕刚	杨志东	张成皓	廖传强	余忠祥	杨德勇	韩　芳
王鸿杰	曾　师	冉　飞	刘宏才	卢志瑜	谢晨光	孙　杰	孙宏超	肖武春
申元庆	张爱明	邓秋生	蔡宏图	许德军	陈凌燕	张伟泽	陈义纯	张小军
许　昕	屠赛利	金志伟	陈　楠	唐俊杰	蓝兴淑	陈　静	孙　强	刘正丰
俞永铭	吴　旭	韦曙和	古　鑫	王文浩	张　永	戴　卫	冯春燕	王小荣
温雪娜	王　尧	裘　明	鞠　玲	汪维清	陈留杭	杨振球	周　军	陈　翀
任晓光	于栋梁	金忠奎	王晓琴	张　然	孟立林	杨　光	田　华	张　嵘
张　磊	王龙贵	傅石林	孟　君	杨　鹏	叶刘扬	龙　勤	卢　俊	方　丽

编辑部：

黄　瑜	赵丽一	谢　璨	牛晓娟	张新琼	刘　水	曹晶晶	李文晴	刘雨冠
张　骁	郝　铮	徐跃进	陈文静	徐自彬	李文哲	徐寅飞	张　曼	彭　雨
李泽宏	薛伊冰	陈　茜	安普雨	杨　帆	刘　瑜	戚　旺	张　凯	吴建钦
张化学	杨晓徽	王　彬	朱　虹	薛建行	李汶沄	汤莲梅	师学武	曹雅男
丁　晓	汪　勇	黄　雪	崔丹丹	梁波涛	赵玉国	石　蕊	姚一维	豆贵珍
黄　艳								

前 言

2024年,"回归服务本源,注重高质量发展"成为物业管理行业的主基调。在这一背景下,为了帮助行业从业者、研究人员及相关决策者更好地用客观数据、系列报告了解物业管理行业的现状及发展趋势,中指研究院基于物业服务领域的长期深耕与积累,推出《中国物业管理行业统计年鉴2024》,分为数据篇、政策篇、报告篇三个部分:

(一)数据篇

数据篇包括物业管理行业数据、物业企业数据、宏观数据和房地产开发数据。物业管理行业数据收录了物业服务百强企业经营数据和全国主要城市物业服务价格指数、不同星级物业服务价格指数、物业服务均价等数据,从管理规模、经营绩效、服务质量、发展潜力、社会责任等五个方面反映物业管理行业市场整体情况及发展趋势,便于企业更好地了解行业整体发展情况。

物业企业数据收录了上市物业企业业务数据、财务数据、品牌传播数据等,业务数据包括管理面积和合约面积,财务数据包括营业收入、利润、资产负债率等,全面反映上市物业企业经营发展变化;品牌传播数据客观反映了企业品牌形象和品牌知名度在行业内的影响,便于读者详细了解具体企业的发展情况。

房地产开发数据包括全国各地区、重点城市的开发经营数据,以及住宅市场的年度和月度供求统计数据,还包括中指数据库监测的全国长租公寓、写字楼等数据。了解上游房地产市场的变化,识别潜在的风险与机遇,这有利于物业企业做出更科学的判断,为未来的发展提供指导。

(二)政策篇

中指研究院系统梳理了2023年以来国家及地区出台的与物业管理行业及房地产行业相关的七大类政策,包括:物业管理行业政策、宏观经济政策、金融财政政策、市场调控监管政策、住房保障政策、公积金政策和城市更新政策。物业企业需要密切关注政策变化,调整经营策略,以更好地适应新的市场环境和趋势。

(三)报告篇

报告篇包括主题报告和专题报告两大部分,主题报告收录了《2024中国物业服务百强企业研究报告》《2024中国物业服务上市公司TOP10研究报告》《2024中国物业服务满意度研究报告》等,帮助读者系统地了解中国物业企业的综合实力和市场表现;专题报告收录了当前市场关注的热点分析报告,内容涉及多个领域,包括品质研究、IFM研究、物业管家研究等,通过分析行业内的最佳实践和成功案例,为物业企业在激烈的市场竞争中提供参考和借鉴。

中指研究院从1999年便与国家统计局合作编辑出版《中国房地产统计年鉴》。2020年起，中指研究院深挖已运行二十多年的CREIS中指数据库，结合国家统计局等官方数据，以更为丰富全面的数据指标体系，独立编辑出版了《中国房地产行业统计年鉴2020》《中国房地产行业统计年鉴2021》《中国房地产行业统计年鉴2022》和《中国房地产行业统计年鉴2023》，物业管理相关研究作为重要组成部分在其中都有呈现。今年，《中国物业管理行业统计年鉴2024》首次独立出版，内容更加丰富，数据更加全面，为企业判断物业行业市场趋势提供参考。

中指研究院是房地产及物业管理行业专业研究机构，基于多年数据积累与行业研究，整合空间、宏观、POI等多维信息，构建扎实的数据底层，致力于以大数据和创新技术赋能中国物业市场。

《中国物业管理行业统计年鉴2024》的成功出版，要感谢中指研究院年鉴编辑部的全体成员，他们持续对庞大的物业管理行业统计数据进行搜集、整理、计算、分类，形成了中指数据库比较完备的数据体系和中国物业指数系统资料库。鉴于所载内容涉及面广，数据量浩大，如有遗漏和不足，敬请读者及业内人士谅解，并提出宝贵意见，我们会在编写下一年度《中国物业管理行业统计年鉴》时予以修正。

中指研究院院长　莫天全
2024年9月

目 录

数 据 篇

第一章 2023年物业行业数据 ... 001
- 1-1 2019—2023年中国物业服务百强企业经营数据 ... 003
- 1-2 全国主要城市2019—2023年物业服务价格指数 ... 005
- 1-3 全国主要城市2021—2023年不同星级物业服务价格指数 ... 006
- 1-4 全国主要城市2021—2023年物业服务均价 ... 007
- 1-5 全国主要城市2021—2023年不同星级物业服务收费 ... 008
- 1-6 全国主要城市2022—2023年不同星级物业软硬件评价情况 ... 009

第二章 2023年物业企业数据 ... 011
- 2-1 上市物业服务企业2019—2023年合约面积 ... 012
- 2-2 上市物业服务企业2019—2023年管理面积 ... 014
- 2-3 上市物业服务企业2019—2023年营业总收入 ... 016
- 2-4 上市物业服务企业2019—2023年毛利润 ... 018
- 2-5 上市物业服务企业2019—2023年营业利润 ... 020
- 2-6 上市物业服务企业2019—2023年净利润 ... 022
- 2-7 上市物业服务企业2019—2023年营业总收入同比增长率 ... 024
- 2-8 上市物业服务企业2019—2023年营业利润同比增长率 ... 026
- 2-9 上市物业服务企业2019—2023年归属母公司股东的净利润同比增长率 ... 028
- 2-10 上市物业服务企业2019—2023年总资产净利率 ... 030
- 2-11 上市物业服务企业2019—2023年净资产收益率 ... 032
- 2-12 上市物业服务企业2019—2023年资产负债率 ... 034
- 2-13 上市物业服务企业2019—2023年流动比率 ... 036
- 2-14 上市物业服务企业2019—2023年总资产周转率 ... 038
- 2-15 上市物业服务企业2019—2023年存货周转率 ... 040
- 2-16 上市物业服务企业2019—2023年净利润/营业总收入 ... 042
- 2-17 上市物业服务企业2019—2023年营业总成本/营业总收入 ... 044
- 2-18 2023年香港上市物业服务企业营业收入 ... 046
- 2-19 2023年沪深上市物业服务企业营业收入 ... 047

2-20	2023年香港上市物业服务企业毛利润	048
2-21	2023年沪深上市物业服务企业毛利润	049
2-22	2023年香港上市物业服务企业营业利润	050
2-23	2023年沪深上市物业服务企业营业利润	051
2-24	2023年香港上市物业服务企业净利润	052
2-25	2023年沪深上市物业服务企业净利润	053
2-26	2023年香港上市物业服务企业经营活动产生的现金流量净额	054
2-27	2023年沪深上市物业服务企业经营活动产生的现金流量净额	055
2-28	2023年香港上市物业服务企业投资活动产生的现金流量净额	056
2-29	2023年沪深上市物业服务企业投资活动产生的现金流量净额	057
2-30	2023年香港上市物业服务企业筹资活动产生的现金流量净额	058
2-31	2023年沪深上市物业服务企业筹资活动产生的现金流量净额	059
2-32	2023年香港上市物业服务企业流动资产合计	060
2-33	2023年沪深上市物业服务企业流动资产合计	061
2-34	2023年香港上市物业服务企业总资产	062
2-35	2023年沪深上市物业服务企业总资产	063
2-36	2023年香港上市物业服务企业流动负债合计	064
2-37	2023年沪深上市物业服务企业流动负债合计	065
2-38	2023年香港上市物业服务企业总负债	066
2-39	2023年沪深上市物业服务企业总负债	067
2-40	2023年中国物业服务企业新增合约面积TOP50排行榜	068
2-41	2023年中国物业服务企业品牌传播TOP50排行榜	070

第三章　2023年宏观数据　073

3-1	2023年国内生产总值及同比增幅	074
3-2	2019—2023年各地区生产总值	075
3-3	2019—2023年各地区城镇居民可支配收入	076
3-4	2023年全国人口情况	077
3-5	2019—2023年各地区年末常住人口	078
3-6	2019—2023年各地区年末城镇人口	079
3-7	2019—2023年各地区出生率、死亡率、自然增长率	080

第四章　2023年房地产开发数据　081

4-1	2019—2023年全国房地产开发投资	082
4-2	2023年全国房地产开发投资	083
4-3	2019—2023年全国各地区房地产开发投资额	085

4-4	2023年全国各地区房地产开发投资额	086
4-5	2019—2023年全国各地区房地产商品房施工面积	087
4-6	2023年全国各地区房地产商品房施工面积	088
4-7	2019—2023年全国各地区房地产商品房竣工面积	089
4-8	2023年全国各地区房地产商品房竣工面积	090
4-9	2019—2023年全国各地区房地产商品房销售额	091
4-10	2023年全国各地区房地产商品房销售额	092
4-11	2019—2023年全国各地区房地产商品房销售价格	093
4-12	2023年全国各地区房地产商品房销售价格	094
4-13	2019—2023年全国各地区房地产商品房销售面积	095
4-14	2023年全国各地区房地产商品房销售面积	096
4-15	2019—2023年全国各地区房地产商品房新开工面积	097
4-16	2023年全国各地区房地产商品房新开工面积	098
4-17	2023年重点城市商品房施工面积	099
4-18	2023年重点城市商品房新开工面积	101
4-19	2023年重点城市商品房竣工面积	103
4-20	2023年重点城市商品房销售面积	105
4-21	2023年重点城市房地产开发投资额	107
4-22	2023年重点城市商品房销售额	109
4-23	2023年全国主要城市二手房供求全年汇总统计	111
4-24	2023年全国主要城市二手房月度供求成交套数统计	112
4-25	2023年全国主要城市二手房月度供求成交面积统计	113
4-26	2023年全国主要城市精装修市场统计	114
4-27	2023年全国主要城市精装楼盘推出统计	116
4-28	2023年全国主要城市精装房推出套数统计	118
4-29	2023年全国主要城市精装房装修标准统计	120
4-30	2023年重点城市集中式长租公寓年度统计数据	122
4-31	2023年重点监控品牌集中式长租公寓数量	123
4-32	2023年20城市甲级写字楼平均租金	124
4-33	2023年20城市甲级写字楼平均售价	125
4-34	2023年20城市甲级写字楼空置率	126
4-35	2022年125城市购物中心项目数量及存量面积	127

政 策 篇

第五章　2023年物业管理及相关政策 ... 131
　5-1　2023年物业管理政策 ... 133
　5-2　2023年宏观经济政策 ... 137
　5-3　2023年金融财政政策 ... 141
　5-4　2023年市场调控监管政策 ... 148
　5-5　2023年住房保障政策 ... 206
　5-6　2023年公积金政策 ... 214
　5-7　2023年城市更新政策 ... 234

报 告 篇

主题报告 ... 239
　报告一　2024中国物业服务百强企业研究报告 ... 241
　报告二　2024中国物业服务上市公司TOP10研究报告 ... 291
　报告三　2024年上半年中国物业服务价格指数研究报告 ... 324
　报告四　2024中国物业服务满意度研究报告 ... 341
　报告五　2024中国物业管理行业上半年总结与下半年展望 ... 373
　报告六　2023中国物业服务上市公司ESG测评研究报告 ... 412
　报告七　2023中国房地产服务品牌价值研究报告 ... 436
　报告八　中国物业管理行业2023年总结与2024年展望 ... 471
　报告九　2023年中国物业服务价格指数研究报告 ... 494

专题报告 ... 513
　报告十　高品质服务，高质量发展 ... 515
　报告十一　物业服务新赛道——聚焦IFM ... 540
　报告十二　2024物业管家发展白皮书 ... 568
　报告十三　上市物企之最 ... 619
　报告十四　2024政府工作报告：物管行业把握哪些机会？ ... 627
　报告十五　北美最大的住宅社区管理者FSV，如何实现高估值与高增长 ... 629
　报告十六　香港联交所与香港证监会最新关注点梳理 ... 634
　报告十七　2023广州市物业管理行业发展研究报告 ... 637
　报告十八　2023南沙区物业服务行业综合发展研究报告 ... 671
　报告十九　2023年南京市红色物业创建发展报告 ... 690
　报告二十　广州市低价物业单价市场调研报告 ... 715

附　录：指标说明

附录一　行业数据指标解释 ··· 727
附录二　企业数据指标解释 ··· 728
附录三　房地产开发数据指标解释 ·· 729

第一章

2023年物业行业数据

1-1　2019—2023年中国物业服务百强企业经营数据

		2019	2020	2021	2022	2023	单位
管理规模	管理面积均值	4278.83	4878.72	5692.98	6400.62	6798.10	万平方米
	在管项目数量均值	212.00	244.00	256.00	267.52	—	个
	单个项目管理面积均值	20.18	19.99	22.24	23.93	25.65	万平方米
	百强企业市场份额	43.61	49.71	52.31	—	—	%
	TOP10企业市场份额	9.22	10.56	12.84	—	—	%
	TOP10管理面积均值	22077.68	—	—	—	45317.01	万平方米
	TOP11~30管理面积均值	8021.24	—	—	—	—	万平方米
	TOP31~50管理面积均值	2638.24	—	—	—	—	万平方米
	TOP51~100管理面积均值	1355.68	—	—	—	—	万平方米
	进入城市数量均值	31.00	34.00	35.00	36.00	35.00	个
	单个城市项目均值	6.84	7.18	7.31	7.43	7.35	个
	单个城市管理面积均值	138.27	143.49	162.66	177.79	194.23	万平方米
	单体超过100万平方米的项目数量	486.00	—	—	—	—	个
	单体在50万~100万平方米的项目数量	2288.00	—	—	—	—	个
经营绩效	营业收入均值	104015.43	117339.37	134013.29	148245.51	155005.50	万元
	基础物业服务收入均值	81704.92	91442.57	102157.64	117231.75	127200.00	万元
	多种经营服务收入均值	22310.13	25896.80	31855.65	31013.75	27805.50	万元
	基础物业服务收入均值占比	78.55	77.93	76.23	79.08	82.05	%
	多种经营服务收入均值占比	21.45	22.07	23.77	20.92	17.95	%
	TOP10营业收入均值	56.76	71.77	107.78	131.00	142.44	亿元
	TOP11~30营业收入均值	21.42	—	—	—	—	亿元
	TOP31~50营业收入均值	6.41	—	—	—	—	亿元
	TOP51~100营业收入均值	3.25	—	—	—	—	亿元
	净利润均值	9112.36	10454.94	12166.52	9441.22	8385.50	万元
	基础物业服务净利润均值	4904.45	5405.40	6000.54	—	—	万元
	多种经营净利润均值	4207.92	5049.54	6165.99	—	—	万元
	净利润率	8.76	8.91	9.08	6.37	5.41	%
	基础物业服务净利润占比	53.82	51.70	49.32	—	—	%
	多种经营净利润占比	46.18	48.30	50.68	—	—	%
	TOP10净利润均值	66071.47	105852.48	141403.00	75935.00	—	万元
	TOP11~30净利润均值	18449.13	—	—	—	—	万元
	TOP31~50净利润均值	5090.74	—	—	—	—	万元
	TOP51~100净利润均值	2338.74	—	—	—	—	万元
	营业成本均值	79029.08	88567.76	100358.97	116189.77	122690.11	万元
	营业成本率	75.98	75.48	74.89	78.38	79.15	%
	毛利润均值	24985.96	28771.61	33654.32	32055.74	32315.39	万元
	毛利率均值	24.02	24.52	25.11	21.62	20.85	%
	单盘收入均值	490.64	480.90	523.49	554.15	584.93	万元
	单位面积收入均值	24.31	24.05	23.54	23.16	22.80	元/平方米

1-1 续表1

		2019	2020	2021	2022	2023	单位
经营绩效	人员成本占比	59.09	58.32	58.39	57.42	—	%
	物业共用部分共用设施设备日常运行和维护成本占比	9.70	9.75	9.74	9.77	—	%
	清洁卫生成本占比	7.48	8.53	8.46	8.93	—	%
	秩序维护成本占比	4.55	4.01	4.21	4.38	—	%
	办公成本占比	2.89	2.99	2.82	2.96	—	%
	绿化养护成本占比	2.06	2.06	2.26	2.21	—	%
	物业共用部分共用设施设备及公众责任保险成本占比	0.88	0.85	0.93	0.94	—	%
	其他成本占比	13.35	13.49	13.19	13.39	—	%
服务质量	收缴率	93.06	93.57	93.77	93.51	92.71	%
	留存率	98.35	98.39	98.44	98.33	98.17	%
	绿化外包项目占比	43.49	——	——	——	—	%
	秩序维护外包项目占比	24.92	——	——	——	—	%
	清洁外包项目占比	60.50	——	——	——	—	%
	设备维修保养外包项目占比	36.88	——	——	——	—	%
	本科及以上人员占比	10.98	11.23	11.82	12.12	12.16	%
	大专人员占比	21.42	22.77	22.86	23.01	23.15	%
	中专人员占比	22.85	22.68	22.08	22.14	—	%
	高中及以下人员占比	44.75	43.32	43.24	42.73	64.69	%
发展潜力	合同储备项目个数均值	95.00	105.00	112.00	117.00	—	个
	合同储备项目面积均值	1685.07	1830.51	1990.65	2094.36	1881.78	万平方米
	TOP10储备面积均值	20300.61	17091.33	24238.86	——	—	万平方米
	TOP11~30储备面积均值	2200.78	2764.41	3206.40	——	—	万平方米
	TOP31~50储备面积均值	775.25	968.69	1079.54	——	—	万平方米
	TOP51~100储备面积均值	330.06	361.01	387.35	——	—	万平方米
	TOP10储备项目个数均值	1044.00	1082.00	1105.00	——	—	个
	TOP11~30储备项目个数均值	121.00	127.00	134.00	——	—	个
	TOP31~50储备项目个数均值	49.00	52.00	56.00	——	—	个
	TOP51~100储备项目个数均值	26.00	27.00	29.00	——	—	个
社会责任	百强企业员工数量	127.60	148.32	150.06	——	—	万人
	外包岗位数量	55.15	59.02	64.23	——	—	万人
	员工工资	6.45	——	——	——	—	万元/年
	保障房项目数量	894.00	——	——	——	—	个
	保障房在管物业总面积	17519.87	——	——	——	—	万平方米

数据来源：中指数据库监测。

1-2　全国主要城市 2019—2023 年物业服务价格指数

城市	2019年6月	2019年12月	2020年6月	2020年12月	2021年6月	2021年12月	2022年6月	2022年12月	2023年6月	2023年12月
北京	1115.42	1122.91	1124.17	1128.07	1132.25	1132.30	1132.30	1132.30	1132.30	1132.30
上海	1042.33	1044.57	1046.30	1046.16	1052.55	1053.73	1054.35	1054.41	1054.41	1054.41
广州	1017.44	1019.88	1020.35	1017.92	1020.16	1021.59	1022.38	1022.66	1023.00	1023.07
深圳	1038.65	1038.65	1038.82	1041.66	1042.30	1042.30	1042.30	1042.30	1042.30	1042.30
南京	1093.02	1091.02	1091.50	1092.29	1094.80	1096.22	1097.47	1097.60	1097.55	1099.94
济南	1024.85	1026.71	1024.50	1023.94	1027.35	1027.89	1028.34	1028.28	1028.28	1029.53
杭州	1050.11	1050.85	1051.34	1054.84	1063.70	1070.17	1074.09	1075.64	1077.00	1077.92
常州	1114.73	1114.73	1114.73	1114.73	1118.05	1119.70	1121.12	1121.12	1120.63	1120.99
无锡	1046.92	1103.07	1103.07	1103.07	1104.77	1104.77	1106.19	1106.95	1107.63	1107.84
苏州	1027.12	1086.41	1086.41	1086.41	1092.00	1092.00	1093.21	1093.63	1094.26	1094.39
青岛	1075.25	1078.85	1077.88	1077.88	1077.95	1077.95	1077.95	1077.95	1078.34	1078.42
天津	1027.59	1027.96	1027.96	1027.96	1027.96	1028.14	1028.32	1028.06	1027.29	1027.32
宁波	1055.92	1057.77	1057.77	1061.71	1064.43	1066.90	1068.90	1069.04	1071.03	1071.03
重庆	1102.06	1103.49	1105.88	1105.88	1108.93	1108.98	1108.98	1109.39	1109.39	1109.39
南昌	1052.75	1052.75	1054.98	1054.98	1056.97	1058.23	1058.68	1058.68	1058.68	1058.68
合肥	1032.26	1035.45	1035.45	1040.60	1040.60	1040.60	1040.60	1040.60	1040.60	1040.60
昆明	1100.58	1107.39	1112.32	1112.88	1115.90	1115.90	1115.90	1115.90	1115.90	1115.90
成都	1039.33	1043.25	1043.96	1045.91	1047.50	1047.50	1047.50	1047.50	1047.50	1047.50
武汉	1091.50	1098.33	1098.64	1098.81	1099.83	1100.10	1100.42	1100.82	1100.23	1099.94
长沙	1095.34	1093.69	1093.69	1093.69	1100.53	1103.55	1103.55	1103.55	1103.55	1102.90

数据来源：中指数据库监测。

1-3　全国主要城市 2021—2023 年不同星级物业服务价格指数

城市	2021年12月三星物业指数值	2021年12月四星物业指数值	2021年12月五星物业指数值	2022年6月三星物业指数值	2022年6月四星物业指数值	2022年6月五星物业指数值	2022年12月三星物业指数值	2022年12月四星物业指数值	2022年12月五星物业指数值
北京	1000.00	1000.00	1000.18	1000.00	1000.00	1000.00	1000.00	1000.00	1000.00
上海	1004.08	1000.09	1000.00	1000.20	1000.94	1000.00	1001.21	999.27	1001.01
广州	1003.31	1000.00	1000.00	1001.25	1000.47	1000.00	1000.64	1000.00	1000.00
深圳	1000.00	1000.00	1000.00	1000.00	1000.00	1000.00	1000.00	1000.00	1000.00
南京	1001.88	1001.53	1000.00	1000.18	1001.27	1002.25	1000.00	1000.25	1000.00
济南	1000.71	1000.00	1000.00	1000.60	1000.00	1000.00	999.99	999.77	1000.00
杭州	1005.20	1007.97	1002.60	1002.43	1005.86	1001.10	1002.97	1000.55	995.41
常州	1000.00	1000.00	1006.83	1002.79	1000.00	1000.80	1000.00	1000.00	1000.00
无锡	1000.00	1000.00	1000.00	1001.81	1000.14	1000.00	1000.89	1000.27	1000.00
苏州	1000.00	1000.00	1000.00	1001.33	1000.81	1000.00	1000.09	1000.00	1005.82
青岛	1000.00	1000.00	1000.00	1000.00	1000.00	1000.00	1000.00	1000.00	1000.00
天津	1000.00	1000.00	1000.76	1000.63	1000.00	1000.00	999.10	1000.00	1000.00
宁波	1005.20	1000.45	1000.00	1004.03	1000.46	1000.00	1000.00	1000.22	1000.00
重庆	1000.00	1000.07	1000.00	1000.00	1000.00	1000.00	1000.00	1000.56	1000.00
南昌	1002.43	1000.00	1000.00	1000.88	1000.00	1000.00	1000.00	1000.00	1000.00
合肥	1000.00	1000.00	1000.00	1000.00	1000.00	1000.00	1000.00	1000.00	1000.00
昆明	1000.00	1000.00	1000.00	1000.00	1000.00	1000.00	1000.00	1000.00	1000.00
成都	1000.00	1000.00	1000.00	1000.00	1000.00	1000.00	1000.00	1000.00	1000.00
武汉	1000.67	1000.00	1000.00	1000.39	1000.00	1002.14	1000.00	1000.65	1000.00
长沙	1002.93	1002.79	1000.00	1000.00	1000.00	1000.00	1000.00	1000.00	1000.00

城市	2023年6月三星物业指数值	2023年6月四星物业指数值	2023年6月五星物业指数值	2023年12月三星物业指数值	2023年12月四星物业指数值	2023年12月五星物业指数值
北京	1000.00	1000.00	1000.00	1000.00	1000.00	1000.00
上海	1000.00	1000.00	1000.00	1000.00	1000.00	1000.00
广州	1000.79	1000.00	1000.00	1000.00	1000.00	1001.09
深圳	1000.00	1000.00	1000.00	1000.00	1000.00	1000.00
南京	999.98	999.91	1000.00	1000.00	1000.00	1009.96
济南	1000.00	1000.00	1000.00	1001.65	1000.00	1000.00
杭州	1000.17	1003.01	1000.00	1001.61	1000.00	1000.00
常州	999.45	999.44	1000.00	1000.00	1000.00	1001.46
无锡	1000.89	1000.00	1000.00	1000.28	1000.00	1000.00
苏州	1000.60	1000.65	1000.00	1000.18	1000.00	1000.00
青岛	1000.56	999.71	1000.00	1000.30	999.32	1000.00
天津	999.62	998.68	1000.00	1000.23	999.93	1000.00
宁波	1001.42	1002.15	1000.00	1000.00	1000.00	1000.00
重庆	1000.00	1000.00	1000.00	1000.00	1000.00	1000.00
南昌	1000.00	1000.00	1000.00	1000.00	1000.00	1000.00
合肥	1000.00	1000.00	1000.00	1000.00	1000.00	1000.00
昆明	1000.00	1000.00	1000.00	1000.00	1000.00	1000.00
成都	1000.00	1000.00	1000.00	1000.00	1000.00	1000.00
武汉	1000.00	999.98	991.90	1000.00	1000.00	995.97
长沙	1000.00	1000.00	1000.00	999.74	998.64	1000.00

数据来源：中指数据库监测。

1-4 全国主要城市 2021—2023 年物业服务均价

单位：元/（平方米·月）

城市	2021年12月	2022年6月	2022年12月	2023年6月	2023年12月
北京	3.45	3.45	3.45	3.45	3.45
上海	3.06	3.07	3.07	3.07	3.07
广州	2.73	2.74	2.74	2.74	2.74
深圳	3.92	3.92	3.92	3.92	3.92
南京	1.93	1.93	1.93	1.93	1.93
济南	1.80	1.80	1.80	1.80	1.80
杭州	2.83	2.84	2.84	2.84	2.84
常州	1.26	1.26	1.26	1.26	1.26
无锡	2.24	2.24	2.24	2.24	2.24
苏州	2.32	2.32	2.32	2.32	2.32
青岛	2.34	2.34	2.34	2.34	2.34
天津	2.74	2.74	2.74	2.74	2.74
宁波	2.61	2.61	2.61	2.62	2.62
重庆	2.27	2.27	2.27	2.27	2.27
南昌	1.69	1.69	1.69	1.69	1.69
合肥	1.66	1.66	1.66	1.66	1.66
昆明	1.73	1.73	1.73	1.73	1.73
成都	2.34	2.34	2.34	2.34	2.34
武汉	2.57	2.57	2.57	2.56	2.56
长沙	2.13	2.13	2.13	2.13	2.13

数据来源：中指数据库监测。

1-5　全国主要城市 2021—2023 年不同星级物业服务收费

单位：元/（平方米·月）

城市	2021年12月三星物业费均价	2021年12月四星物业费均价	2021年12月五星物业费均价	2022年6月三星物业费均价	2022年6月四星物业费均价	2022年6月五星物业费均价	2022年12月三星物业费均价	2022年12月四星物业费均价	2022年12月五星物业费均价
北京	2.64	3.64	4.83	2.64	3.64	4.83	2.64	3.64	4.83
上海	2.11	2.97	4.92	2.11	2.98	4.92	2.11	2.98	4.93
广州	2.30	2.86	4.58	2.30	2.86	4.58	2.30	2.86	4.58
深圳	3.43	3.98	5.19	3.43	3.98	5.19	3.43	3.98	5.19
南京	1.37	1.98	2.61	1.37	1.98	2.61	1.37	1.98	2.61
济南	1.63	2.25	2.89	1.63	2.25	2.89	1.63	2.25	2.89
杭州	2.18	3.34	4.73	2.18	3.35	4.73	2.18	3.36	4.71
常州	0.78	1.22	2.22	0.78	1.22	2.22	0.78	1.22	2.22
无锡	1.93	2.89	3.44	1.93	2.89	3.44	1.93	2.89	3.44
苏州	2.06	2.74	3.21	2.07	2.75	3.21	2.07	2.75	3.22
青岛	2.08	3.18	-	2.08	3.18	-	2.08	3.18	-
天津	2.07	2.64	3.77	2.08	2.64	3.77	2.07	2.64	3.77
宁波	1.85	3.10	-	1.86	3.11	-	1.86	3.11	-
重庆	1.75	2.41	3.23	1.75	2.41	3.23	1.75	2.41	3.23
南昌	1.43	1.95	-	1.43	1.95	-	1.43	1.95	-
合肥	1.39	2.16	2.61	1.39	2.16	2.61	1.39	2.16	2.61
昆明	1.04	1.89	3.63	1.04	1.89	3.63	1.04	1.89	3.63
成都	1.68	2.52	3.70	1.68	2.52	3.70	1.68	2.52	3.70
武汉	2.15	2.69	3.87	2.15	2.69	3.87	2.15	2.70	3.87
长沙	1.96	2.25	3.58	1.96	2.25	3.58	1.96	2.25	3.58

城市	2023年6月三星物业费均价	2023年6月四星物业费均价	2023年6月五星物业费均价	2023年12月三星物业费均价	2023年12月四星物业费均价	2023年12月五星物业费均价
北京	2.64	3.64	4.83	2.64	3.64	4.83
上海	2.11	2.98	4.93	2.11	2.98	4.93
广州	2.31	2.86	4.58	2.31	2.86	4.59
深圳	3.43	3.98	5.19	3.43	3.98	5.19
南京	1.37	1.98	2.61	1.37	1.98	2.64
济南	1.63	2.25	2.89	1.64	2.25	2.89
杭州	2.18	3.36	4.71	2.18	3.36	4.71
常州	0.78	1.22	2.22	0.78	1.22	2.22
无锡	1.93	2.89	3.44	1.93	2.89	3.44
苏州	2.07	2.75	3.22	2.07	2.75	3.22
青岛	2.08	3.18	-	2.09	3.17	-
天津	2.07	2.63	3.77	2.07	2.63	3.77
宁波	1.86	3.11	-	1.86	3.11	-
重庆	1.75	2.41	3.23	1.75	2.41	3.23
南昌	1.43	1.95	-	1.43	1.95	-
合肥	1.39	2.16	2.61	1.38	2.16	2.61
昆明	1.04	1.89	3.63	1.04	1.89	3.63
成都	1.68	2.52	3.70	1.68	2.52	3.70
武汉	2.15	2.69	3.83	2.15	2.69	3.81
长沙	1.96	2.25	3.58	1.96	2.25	3.58

数据来源：中指数据库监测。

1-6　全国主要城市2022—2023年不同星级物业软硬件评价情况

	2022年12月						2023年12月					
	三星		四星		五星		三星		四星		五星	
	软件得分	硬件得分	软件得分	硬件得分	软件得分	硬件得分	软件得分	硬件得分	软件得分	硬件得分	软件得分	硬件得分
北京	81.20	77.70	85.11	84.93	92.99	92.61	81.20	77.70	85.19	85.01	92.73	92.52
上海	78.59	78.39	82.82	83.79	92.23	93.10	78.62	78.36	82.67	84.18	91.57	92.96
广州	76.73	76.23	85.59	84.61	92.98	92.27	76.80	76.29	85.54	84.58	93.05	92.33
深圳	85.36	78.64	90.52	84.71	96.25	91.94	85.02	78.70	90.32	84.94	95.58	92.81
杭州	75.94	74.13	85.75	85.29	92.75	92.21	75.94	74.13	85.75	85.29	92.75	92.21
南京	75.85	76.38	84.55	84.35	91.45	91.53	75.85	76.38	84.55	84.35	91.45	91.53
武汉	78.08	78.19	85.01	85.23	93.07	92.30	77.50	76.95	84.34	84.22	91.29	92.65
天津	78.39	78.55	86.45	86.77	93.20	93.47	78.39	78.55	86.43	86.71	93.02	93.27
重庆	78.00	78.39	84.33	84.85	91.42	91.40	78.12	78.40	84.44	84.86	91.33	91.38
成都	76.57	76.52	84.73	85.72	92.40	92.48	76.69	76.65	84.98	85.71	92.46	92.74
昆明	75.78	74.91	83.82	83.27	91.88	92.25	75.90	74.99	83.92	83.38	91.88	92.25
苏州	76.01	76.64	83.27	83.62	92.83	94.00	76.26	76.55	83.41	83.73	93.17	93.17
宁波	81.53	74.99	87.78	85.03	—	—	81.53	74.99	87.81	85.13	—	—
长沙	77.38	77.49	80.69	80.84	90.38	90.25	77.38	77.49	80.71	80.85	90.38	90.25
青岛	76.68	76.93	81.83	82.17	—	—	76.66	76.92	81.83	82.17	—	—
南昌	75.66	76.37	83.68	83.03	—	—	75.54	76.26	83.48	82.94	—	—
济南	77.74	77.23	82.52	83.28	92.50	91.50	77.74	77.23	82.52	83.28	92.50	91.50
合肥	75.37	74.43	85.76	84.01	92.25	92.25	75.44	74.53	85.25	83.83	92.25	92.25
无锡	76.95	76.30	82.61	82.82	93.50	93.00	76.82	76.51	82.71	83.53	94.50	91.00
常州	75.72	76.53	82.98	82.81	91.79	92.23	75.72	76.53	82.98	82.81	91.79	92.23

数据来源：中指数据库监测。

第二章
2023年物业企业数据

2-1　上市物业服务企业 2019—2023 年合约面积

单位：百万平方米

公司名称	2019 年	2020 年	2021 年	2022 年	2023 年
彩生活（01778）	550.10	551.66	–	–	356.03
中海物业（02669）	–	–	–	–	–
中奥到家（01538）	71.97	72.00	72.28	70.00	66.75
绿城服务（02869）	445.60	534.80	651.80	763.10	820.00
祈福生活服务（03686）	9.66	9.71	9.65	9.86	9.88
浦江中国（01417）	–	–	–	–	–
雅生活服务（03319）	356.24	522.60	663.07	731.50	766.60
碧桂园服务（06098）	684.70	905.70	1437.90	1601.90	1633.00
新城悦服务（01755）	152.77	203.10	278.85	312.74	–
佳兆业美好（02168）	53.80	77.30	126.89	132.75	132.10
永升服务（01995）	110.56	181.20	270.80	303.44	308.27
星悦康旅（03662）	–	–	–	80.40	67.50
滨江服务（03316）	26.81	35.50	49.78	69.06	82.20
和泓服务（06093）	8.20	22.50	46.10	62.40	64.70
鑫苑服务（01895）	37.03	53.00	63.04	–	55.34
瑞森生活服务（01922）	30.76	42.80	61.94	68.53	–
保利物业（06049）	498.12	567.20	656.26	771.64	922.21
时代邻里（09928）	49.29	81.70	132.02	134.14	117.58
华发物业服务（00982）	24.50	27.60	38.60	51.82	60.64
宝龙商业（09909）	28.40	34.60	44.01	45.90	46.27
兴业物联（09916）	4.10	4.80	10.60	11.80	14.30
烨星集团（01941）	7.26	11.00	14.18	14.95	15.86
建业新生活（09983）	114.70	186.60	236.80	271.50	288.30
金融街物业（01502）	21.37	28.10	36.20	37.72	43.70
弘阳服务（01971）	27.58	39.90	52.60	54.83	53.90
正荣服务（06958）	37.00	87.40	104.06	109.10	109.64
卓越商企服务（06989）	33.20	44.70	56.80	70.00	76.70
第一服务控股（02107）	25.72	37.30	74.02	71.02	77.86
世茂服务（00873）	100.87	201.10	308.00	341.30	332.30
合景悠活（03913）	29.60	53.40	277.90	287.00	–
金科服务（09666）	248.56	277.20	359.80	359.82	350.88
融创服务（01516）	157.71	264.00	358.00	393.00	374.00
恒大物业（06666）	505.12	565.00	–	–	800.00
佳源服务（01153）	38.80	49.70	62.70	–	–
华润万象生活（01209）	118.09	142.92	210.82	365.91	425.27
远洋服务（06677）	59.40	71.10	105.86	149.84	136.06

2-1 续表 1
单位：百万平方米

公司名称	2019 年	2020 年	2021 年	2022 年	2023 年
建发物业（02156）	34.69	47.20	73.90	90.60	101.80
荣万家（02146）	77.44	90.20	–	97.52	101.05
宋都服务（09608）	10.01	11.30	12.10	11.40	–
新希望服务（03658）	11.93	15.32	26.38	36.15	38.17
越秀服务（06626）	36.40	49.90	58.38	70.60	83.45
中骏商管（00606）	22.50	36.60	46.08	48.10	48.10
朗诗绿色生活（01965）	21.76	23.66	31.97	37.09	37.46
领悦服务集团（02165）	27.93	36.24	37.10	37.83	36.37
德信服务集团（02215）	31.11	38.03	46.36	48.70	44.70
融信服务（02207）	27.56	38.20	44.57	45.80	40.43
康桥悦生活（02205）	29.60	39.03	53.10	–	54.60
星盛商业（06668）	2.97	3.28	3.90	3.70	2.80
京城佳业（02210）	31.33	30.96	34.08	39.20	43.32
力高健康生活（02370）	13.39	20.09	24.50	–	–
方圆生活服务（09978）	–	–	16.10	19.20	19.30
金茂服务（00816）	30.79	40.53	57.60	80.80	106.40
东原仁知服务（02352）	19.80	35.50	42.90	65.70	68.00
德商产投服务（02270）	–	–	9.53	11.52	10.12
万物云（02602）	614.11	733.95	1013.87	–	–
润华服务（02455）	–	–	–	–	–
苏新服务（02152）	6.52	7.49	7.94	9.10	16.70
鲁商服务（02376）	12.26	18.42	26.18	26.10	26.50
众安智慧生活（02271）	–	–	–	–	20.80
南都物业（603506）	60.61	70.02	75.92	84.91	88.69
新大正（002968）	70.00	80.00	–	–	–
招商积余（001914）	–	–	–	–	–
特发服务（300917）	23.17	–	–	–	–
中天服务（002188）	–	–	–	–	–
珠江股份（600684）	–	–	–	–	–

注：永升服务原名旭辉永升服务，星悦康旅原名奥园健康，瑞森生活服务原名银城生活服务。下同。
数据来源：中指数据库监测。

2-2 上市物业服务企业 2019—2023 年管理面积

单位：百万平方米

公司名称	2019年	2020年	2021年	2022年	2023年
彩生活（01778）	359.70	361.10	—	—	182.64
中海物业（02669）	151.40	182.30	260.00	320.30	401.50
中奥到家（01538）	65.35	65.60	66.14	64.41	62.03
绿城服务（02869）	212.40	250.50	304.10	384.10	448.40
祈福生活服务（03686）	—	—	—	—	—
浦江中国（01417）	6.59	—	—	—	—
雅生活服务（03319）	233.99	374.80	488.88	545.80	590.50
碧桂园服务（06098）	276.10	377.00	765.74	869.10	956.90
新城悦服务（01755）	60.15	101.00	153.53	198.27	223.70
佳兆业美好（02168）	46.21	57.50	90.27	94.52	102.29
永升服务（01995）	65.15	102.00	171.04	209.95	221.41
星悦康旅（03662）	15.08	42.20	48.80	47.14	40.60
滨江服务（03316）	14.37	20.00	29.95	41.97	54.85
和泓服务（06093）	6.64	17.90	33.98	51.39	55.77
鑫苑服务（01895）	20.06	34.67	37.41	—	34.35
瑞森生活服务（01922）	26.08	39.14	58.76	65.33	—
保利物业（06049）	286.95	380.10	465.31	576.08	719.58
时代邻里（09928）	38.43	68.80	105.51	118.71	110.93
华发物业服务（00982）	13.20	16.70	20.30	24.37	31.44
宝龙商业（09909）	18.49	23.00	27.66	29.98	31.88
兴业物联（09916）	2.40	3.10	6.60	7.20	8.50
烨星集团（01941）	4.92	7.60	11.82	12.42	12.87
建业新生活（09983）	56.98	100.00	135.88	156.72	181.84
金融街物业（01502）	19.86	24.70	33.50	34.96	40.56
弘阳服务（01971）	15.75	27.00	36.39	44.86	47.46
正荣服务（06958）	22.94	41.30	70.98	80.13	80.76
卓越商企服务（06989）	23.53	32.00	41.20	53.76	64.07
第一服务控股（02107）	13.69	19.10	52.06	51.36	63.20
世茂服务（00873）	68.17	146.10	240.50	261.60	250.60
合景悠活（03913）	18.35	41.60	206.12	215.48	—
金科服务（09666）	120.53	156.20	237.86	254.54	267.62
融创服务（01516）	52.96	135.10	214.74	243.59	273.00
恒大物业（06666）	237.86	300.00	—	—	532.00
佳源服务（01153）	26.14	31.50	41.90		
华润万象生活（01209）	92.09	106.60	164.05	301.21	370.20
远洋服务（06677）	40.53	45.50	73.48	100.77	100.77

2-2 续表1 单位：百万平方米

公司名称	2019年	2020年	2021年	2022年	2023年
建发物业（02156）	20.67	25.60	33.04	46.20	61.45
荣万家（02146）	50.31	59.70	–	73.29	83.62
宋都服务（09608）	5.95	8.20	9.17	9.59	–
新希望服务（03658）	6.54	10.20	16.21	28.83	32.26
越秀服务（06626）	21.93	32.65	38.90	51.70	65.21
中骏商管（00606）	11.80	16.20	22.41	25.71	29.93
朗诗绿色生活（01965）	15.03	17.35	23.45	29.18	30.06
领悦服务集团（02165）	14.18	20.22	20.80	23.59	30.12
德信服务集团（02215）	20.65	24.91	31.11	34.54	39.24
融信服务（02207）	15.88	19.93	28.88	33.70	34.71
康桥悦生活（02205）	12.25	15.72	23.50	–	41.00
星盛商业（06668）	–	–	–	–	1.70
京城佳业（02210）	28.72	29.08	31.64	36.88	41.35
力高健康生活（02370）	7.41	13.48	15.80	–	–
方圆生活服务（09978）	–	–	10.90	13.80	14.20
金茂服务（00816）	12.66	17.65	36.40	56.90	84.20
东原仁知服务（02352）	11.87	21.05	28.20	50.57	60.20
德商产投服务（02270）	0.79	3.83	4.87	8.22	8.84
万物云（02602）	479.36	576.86	784.98	–	–
润华服务（02455）	–	–	–	–	–
苏新服务（02152）	6.42	7.05	6.72	7.00	15.16
鲁商服务（02376）	10.74	15.45	22.87	22.15	23.05
众安智慧生活（02271）	–	–	–	–	16.43
南都物业（603506）	–	–	–	–	–
新大正（002968）	–	–	–	130.00	–
招商积余（001914）	152.66	190.90	281.03	311.44	344.89
特发服务（300917）	22.74	25.29	–	–	–
中天服务（002188）	–	–	7.05	8.49	12.20
珠江股份（600684）	–	–	–	–	–

数据来源：中指数据库监测。

2-3　上市物业服务企业 2019—2023 年营业总收入

单位：亿元人民币

公司名称	2019 年	2020 年	2021 年	2022 年	2023 年
彩生活（01778）	38.45	35.96	31.46	13.17	15.23
中海物业（02669）	54.66	65.45	76.79	113.35	130.51
中奥到家（01538）	15.19	17.52	18.74	17.24	17.10
绿城服务（02869）	85.82	101.06	125.66	148.68	173.93
祈福生活服务（03686）	3.97	4.21	4.31	3.84	3.45
浦江中国（01417）	4.82	7.64	8.86	9.20	9.20
雅生活服务（03319）	51.27	100.26	140.80	153.84	154.43
碧桂园服务（06098）	96.45	156.00	288.43	414.16	426.12
新城悦服务（01755）	20.24	28.66	43.51	51.87	54.24
佳兆业美好（02168）	12.62	17.30	26.66	17.85	17.94
永升服务（01995）	18.78	31.20	47.03	64.52	65.37
星悦康旅（03662）	9.01	14.08	19.47	16.32	15.63
滨江服务（03316）	7.02	9.60	13.99	19.86	28.09
和泓服务（06093）	2.48	4.16	7.67	10.43	13.13
鑫苑服务（01895）	5.34	6.54	7.70	6.88	7.50
瑞森生活服务（01922）	6.96	9.62	13.51	17.14	19.73
保利物业（06049）	59.67	80.37	107.83	136.87	150.62
时代邻里（09928）	10.81	17.58	27.20	26.09	24.71
华发物业服务（00982）	5.27	10.86	12.60	16.00	17.76
宝龙商业（09909）	16.20	19.21	24.64	25.57	26.36
兴业物联（09916）	1.84	2.13	2.82	3.21	3.59
烨星集团（01941）	2.74	2.61	3.37	3.43	3.41
建业新生活（09983）	17.54	26.54	35.99	31.48	28.45
金融街物业（01502）	9.97	11.31	13.20	13.88	15.14
弘阳服务（01971）	5.03	7.68	11.30	11.05	10.64
正荣服务（06958）	7.16	11.03	13.36	11.51	11.46
卓越商企服务（06989）	18.36	25.25	34.67	35.28	39.27
第一服务控股（02107）	6.25	7.72	11.20	11.22	12.11
世茂服务（00873）	24.89	50.26	84.26	86.48	82.03
合景悠活（03913）	11.25	15.17	32.55	40.34	38.49
金科服务（09666）	23.28	33.59	59.68	50.05	49.80
融创服务（01516）	28.27	46.23	79.04	71.26	70.10
恒大物业（06666）	73.33	105.09	132.07	118.30	125.31
佳源服务（01153）	4.55	6.15	8.21	—	—
华润万象生活（01209）	58.68	67.79	88.75	120.37	147.67
远洋服务（06677）	18.30	20.23	29.66	32.72	31.33

2-3 续表1 单位：亿元人民币

公司名称	2019年	2020年	2021年	2022年	2023年
建发物业（02156）	8.01	10.29	15.57	22.93	35.69
荣万家（02146）	12.51	18.07	24.75	19.28	18.32
宋都服务（09608）	2.22	2.57	3.16	2.73	—
新希望服务（03658）	3.81	5.88	9.25	11.47	12.61
越秀服务（06626）	8.96	11.68	19.18	24.87	32.24
中骏商管（00606）	5.75	8.05	12.30	11.84	12.48
朗诗绿色生活（01965）	4.33	6.01	7.37	8.90	9.31
领悦服务集团（02165）	2.80	4.28	5.41	5.78	6.09
德信服务集团（02215）	5.13	6.92	8.70	9.59	9.56
融信服务（02207）	5.18	7.50	9.91	8.78	9.01
康桥悦生活（02205）	3.63	5.76	7.84	7.93	9.34
星盛商业（06668）	3.87	4.42	5.72	5.61	6.35
京城佳业（02210）	10.45	10.91	12.25	15.68	18.29
力高健康生活（02370）	1.81	2.22	3.54	4.38	4.49
方圆生活服务（09978）	2.56	2.77	5.71	5.13	4.27
金茂服务（00816）	7.88	9.44	15.16	24.37	27.04
东原仁知服务（02352）	5.59	7.67	11.93	13.42	14.84
德商产投服务（02270）	0.69	1.28	2.53	2.68	3.40
万物云（02602）	139.27	181.45	237.05	301.07	331.83
润华服务（02455）	3.97	4.86	6.01	6.92	7.68
苏新服务（02152）	4.36	4.38	4.63	5.24	7.25
鲁商服务（02376）	3.21	4.03	5.83	6.28	6.21
众安智慧生活（02271）	1.81	2.31	2.97	3.21	3.51
南都物业（603506）	12.44	14.13	15.93	18.47	18.51
新大正（002968）	10.55	13.18	20.88	25.98	31.27
招商积余（001914）	60.78	86.35	105.91	130.24	156.27
特发服务（300917）	8.91	11.09	16.91	20.06	24.48
中天服务（002188）	1.44	0.13	2.74	3.06	3.40
珠江股份（600684）	29.48	24.75	36.07	38.70	32.72
奥克斯国际（02080）	3.18	3.41	3.04	3.58	3.99

数据来源：中指数据库监测。

2-4　上市物业服务企业 2019—2023 年毛利润

单位：亿元人民币

公司名称	2019 年	2020 年	2021 年	2022 年	2023 年
彩生活（01778）	13.55	12.08	8.39	4.21	4.54
中海物业（02669）	10.90	11.95	13.35	17.98	20.70
中奥到家（01538）	4.03	4.42	4.33	3.57	3.51
绿城服务（02869）	15.47	19.23	23.31	24.02	29.13
祈福生活服务（03686）	1.76	1.84	1.95	1.78	1.64
浦江中国（01417）	0.74	1.17	1.27	1.30	0.74
雅生活服务（03319）	18.83	29.73	38.69	33.84	26.46
碧桂园服务（06098）	30.52	53.00	88.64	102.57	87.32
新城悦服务（01755）	6.00	8.81	13.42	13.38	14.38
佳兆业美好（02168）	3.78	5.28	7.89	4.71	4.81
永升服务（01995）	5.55	9.80	13.00	12.93	12.53
星悦康旅（03662）	3.37	4.81	4.69	3.97	4.00
滨江服务（03316）	1.97	2.97	4.50	5.92	6.96
和泓服务（06093）	0.84	1.49	2.64	2.95	3.36
鑫苑服务（01895）	2.02	2.58	2.66	2.29	2.41
瑞森生活服务（01922）	1.12	1.62	2.19	2.59	3.08
保利物业（06049）	12.11	14.99	20.15	25.74	29.53
时代邻里（09928）	3.05	5.31	7.42	5.56	5.16
华发物业服务（00982）	2.29	3.03	3.41	3.96	4.78
宝龙商业（09909）	4.28	5.95	8.22	8.34	8.87
兴业物联（09916）	0.79	0.87	0.94	1.00	0.97
烨星集团（01941）	0.94	0.63	0.90	0.67	0.62
建业新生活（09983）	5.76	8.61	11.83	10.43	7.57
金融街物业（01502）	1.91	2.44	2.63	2.49	2.55
弘阳服务（01971）	1.27	2.14	3.20	2.56	2.52
正荣服务（06958）	2.44	3.83	4.28	2.53	2.45
卓越商企服务（06989）	4.33	6.64	9.60	8.44	7.47
第一服务控股（02107）	2.18	2.67	3.35	2.61	3.05
世茂服务（00873）	8.38	15.78	24.70	19.43	16.46
合景悠活（03913）	4.20	6.39	12.26	12.41	11.82
金科服务（09666）	6.36	9.97	18.46	9.43	9.28
融创服务（01516）	7.20	12.75	24.91	16.04	16.68
恒大物业（06666）	17.55	40.06	36.64	27.19	31.08
佳源服务（01153）	1.09	1.87	2.58	—	—
华润万象生活（01209）	9.42	18.27	27.59	36.11	46.94
远洋服务（06677）	3.77	5.11	8.25	7.69	5.98

2-4 续表1

单位：亿元人民币

公司名称	2019年	2020年	2021年	2022年	2023年
建发物业（02156）	1.83	2.52	3.89	5.37	10.01
荣万家（02146）	2.29	5.08	8.37	6.21	4.57
宋都服务（09608）	0.65	0.78	1.15	0.58	—
新希望服务（03658）	1.60	2.47	3.77	4.31	4.40
越秀服务（06626）	2.43	4.03	6.71	6.79	8.57
中骏商管（00606）	2.12	3.57	5.81	4.30	4.10
朗诗绿色生活（01965）	1.01	1.61	1.86	1.98	1.45
领悦服务集团（02165）	0.86	1.45	1.55	1.67	1.95
德信服务集团（02215）	1.45	2.36	2.99	2.71	2.26
融信服务（02207）	1.67	2.16	2.78	1.73	1.72
康桥悦生活（02205）	1.11	1.77	2.04	1.91	2.21
星盛商业（06668）	2.01	2.49	3.30	3.13	3.34
京城佳业（02210）	2.07	2.26	2.73	3.47	3.76
力高健康生活（02370）	0.56	0.77	1.16	1.43	1.26
方圆生活服务（09978）	—	—	1.39	1.02	0.87
金茂服务（00816）	1.52	2.35	4.70	7.34	7.47
东原仁知服务（02352）	1.33	2.16	3.09	2.76	2.12
德商产投服务（02270）	0.36	0.63	1.03	0.95	0.91
万物云（02602）	24.68	33.65	40.20	42.31	48.12
润华服务（02455）	0.67	1.03	1.14	1.22	1.33
苏新服务（02152）	0.88	0.92	1.06	1.21	1.47
鲁商服务（02376）	0.56	0.80	1.48	1.45	1.17
众安智慧生活（02271）	0.59	0.87	1.11	1.16	1.19
南都物业（603506）	2.79	3.08	3.63	3.60	2.88
新大正（002968）	2.23	2.82	3.90	4.19	3.82
招商积余（001914）	11.10	11.75	14.58	15.41	17.14
特发服务（300917）	1.66	2.30	2.83	2.67	2.88
中天服务（002188）	0.01	0.01	0.92	0.88	0.93
珠江股份（600684）	7.08	5.91	10.20	2.98	4.68

数据来源：中指数据库监测。

2-5　上市物业服务企业 2019—2023 年营业利润

单位：亿元人民币

公司名称	2019年	2020年	2021年	2022年	2023年
彩生活（01778）	8.56	7.45	0.80	0.49	0.70
中海物业（02669）	6.22	6.94	9.67	13.44	16.41
中奥到家（01538）	1.95	1.91	1.62	1.11	1.00
绿城服务（02869）	5.67	7.41	9.60	7.26	11.45
祈福生活服务（03686）	1.20	1.19	1.27	1.05	1.12
浦江中国（01417）	0.10	0.33	0.42	0.25	−0.69
雅生活服务（03319）	15.47	23.51	29.52	24.44	12.80
碧桂园服务（06098）	17.85	32.23	52.49	55.99	45.34
新城悦服务（01755）	3.47	5.87	8.53	6.24	5.42
佳兆业美好（02168）	2.09	3.24	3.37	1.11	−3.53
永升服务（01995）	2.83	6.14	7.76	5.74	6.40
星悦康旅（03662）	2.11	3.18	−0.10	1.92	1.47
滨江服务（03316）	1.36	2.45	3.82	5.03	5.76
和泓服务（06093）	0.32	0.66	1.25	1.04	1.07
鑫苑服务（01895）	1.33	1.88	1.68	0.11	0.89
瑞森生活服务（01922）	0.53	0.99	1.40	1.60	2.07
保利物业（06049）	6.24	6.87	9.68	13.13	16.92
时代邻里（09928）	1.40	3.03	4.06	−1.79	0.95
华发物业服务（00982）	0.19	1.47	2.26	2.93	3.88
宝龙商业（09909）	2.64	4.03	5.54	5.74	5.93
兴业物联（09916）	0.46	0.51	0.56	0.62	0.53
烨星集团（01941）	0.57	0.29	0.41	−0.61	−0.16
建业新生活（09983）	2.99	5.20	7.95	6.95	−6.86
金融街物业（01502）	1.35	1.84	1.78	1.62	1.67
弘阳服务（01971）	0.76	0.91	1.76	1.16	0.32
正荣服务（06958）	1.58	2.35	2.66	−2.52	0.05
卓越商企服务（06989）	3.23	4.47	7.27	6.04	3.97
第一服务控股（02107）	0.74	0.99	0.18	0.34	0.68
世茂服务（00873）	5.16	8.93	12.56	−4.20	4.31
合景悠活（03913）	2.49	4.33	8.70	2.12	3.84
金科服务（09666）	4.02	7.51	12.93	−17.89	−11.65
融创服务（01516）	3.17	7.30	14.72	−7.87	1.10
恒大物业（06666）	12.44	33.80	26.98	19.63	22.44
佳源服务（01153）	0.70	0.97	1.28	−	−
华润万象生活（01209）	4.43	10.30	18.73	23.90	34.42
远洋服务（06677）	2.15	4.55	4.97	5.28	2.98

2-5 续表1　　　　　　　　　　　　　　　　　　　　　　　　　　　　　　　　　单位：亿元人民币

公司名称	2019年	2020年	2021年	2022年	2023年
建发物业（02156）	0.69	1.14	1.73	2.40	6.40
荣万家（02146）	1.11	3.35	5.17	3.03	1.59
宋都服务（09608）	0.45	0.39	0.73	0.32	—
新希望服务（03658）	0.78	1.29	2.06	2.63	2.72
越秀服务（06626）	1.30	2.63	5.13	4.69	5.78
中骏商管（00606）	1.02	2.25	3.82	2.35	2.08
朗诗绿色生活（01965）	0.34	0.85	0.76	0.75	0.06
领悦服务集团（02165）	0.41	0.80	0.84	0.86	1.28
德信服务集团（02215）	0.63	1.27	1.39	1.11	0.51
融信服务（02207）	0.98	1.30	1.60	0.19	0.12
康桥悦生活（02205）	0.80	1.30	1.20	1.25	1.49
星盛商业（06668）	1.27	1.83	2.35	2.12	2.39
京城佳业（02210）	0.46	0.70	0.89	1.18	1.16
力高健康生活（02370）	0.39	0.55	0.57	0.14	0.02
方圆生活服务（09978）	0.35	0.30	0.26	0.21	−0.73
金茂服务（00816）	0.31	0.99	2.42	4.27	4.24
东原仁知服务（02352）	0.15	0.86	1.38	0.75	0.10
德商产投服务（02270）	0.31	0.45	0.36	0.19	0.25
万物云（02602）	11.16	16.96	18.79	14.72	19.70
润华服务（02455）	0.36	0.56	0.55	0.48	0.54
苏新服务（02152）	0.54	0.54	0.75	0.86	0.74
鲁商服务（02376）	0.34	0.53	0.92	0.89	0.44
众安智慧生活（02271）	0.38	0.58	0.56	0.67	0.66
南都物业（603506）	1.42	1.52	1.57	1.57	1.02
新大正（002968）	1.19	1.27	1.72	1.89	1.58
招商积余（001914）	6.30	6.85	5.83	8.67	8.72
特发服务（300917）	0.83	1.29	1.29	1.24	1.36
中天服务（002188）	−0.49	−0.29	0.40	0.48	0.47
珠江股份（600684）	5.12	2.99	6.73	−13.92	1.48

数据来源：中指数据库监测。

2-6　上市物业服务企业 2019—2023 年净利润

单位：亿元人民币

公司名称	2019 年	2020 年	2021 年	2022 年	2023 年
彩生活（01778）	4.99	5.02	0.18	0.31	0.23
中海物业（02669）	4.58	5.95	8.31	11.44	13.43
中奥到家（01538）	1.09	1.32	1.06	0.77	0.80
绿城服务（02869）	4.77	7.10	8.46	5.48	6.05
祈福生活服务（03686）	0.96	1.29	0.81	0.95	0.86
浦江中国（01417）	0.18	0.26	0.39	0.13	−0.74
雅生活服务（03319）	12.31	17.54	23.08	18.40	4.61
碧桂园服务（06098）	16.71	26.86	40.33	19.43	2.92
新城悦服务（01755）	2.82	4.52	5.25	4.23	4.45
佳兆业美好（02168）	1.64	2.22	0.57	0.93	−4.50
永升服务（01995）	2.24	3.90	6.17	4.80	4.34
星悦康旅（03662）	1.62	2.50	−1.91	1.60	1.57
滨江服务（03316）	1.15	2.20	3.22	4.12	4.93
和泓服务（06093）	0.14	0.56	0.86	0.69	0.78
鑫苑服务（01895）	0.81	1.31	1.23	−3.34	0.28
瑞森生活服务（01922）	0.33	0.67	0.89	1.07	1.17
保利物业（06049）	4.91	6.74	8.46	11.13	13.80
时代邻里（09928）	0.96	2.33	3.08	−2.14	−2.02
华发物业服务（00982）	0.03	0.25	1.25	1.93	2.49
宝龙商业（09909）	1.79	3.05	4.38	4.43	4.53
兴业物联（09916）	0.35	0.44	0.55	0.47	0.40
烨星集团（01941）	0.26	0.21	0.31	−0.52	−0.14
建业新生活（09983）	2.34	4.27	6.20	5.62	−5.74
金融街物业（01502）	1.05	1.04	1.38	1.21	1.28
弘阳服务（01971）	0.59	0.70	1.28	0.92	0.11
正荣服务（06958）	1.05	1.72	1.75	−2.81	−0.81
卓越商企服务（06989）	1.79	3.25	5.10	4.03	3.03
第一服务控股（02107）	0.77	0.95	0.35	0.41	0.57
世茂服务（00873）	3.85	6.93	11.30	−9.27	2.73
合景悠活（03913）	1.85	3.23	6.75	0.03	0.30
金科服务（09666）	3.74	6.18	10.57	−18.19	−9.51
融创服务（01516）	2.70	6.26	12.76	−4.82	−4.35
恒大物业（06666）	9.30	26.48	−3.16	14.23	15.41
佳源服务（01153）	0.50	0.65	1.00	—	—
华润万象生活（01209）	3.65	8.18	17.25	22.13	29.29
远洋服务（06677）	2.07	2.58	4.39	0.75	0.42

2-6 续表1　　　　　　　　　　　　　　　　　　　　　　　　　　　　　　　　　单位：亿元人民币

公司名称	2019年	2020年	2021年	2022年	2023年
建发物业（02156）	0.68	1.06	1.59	2.47	4.67
荣万家（02146）	1.13	2.64	4.01	2.36	1.26
宋都服务（09608）	0.35	0.33	0.55	0.33	—
新希望服务（03658）	0.64	1.10	1.66	2.03	2.15
越秀服务（06626）	0.91	1.99	3.60	4.16	4.87
中骏商管（00606）	0.70	1.56	2.81	2.08	2.57
朗诗绿色生活（01965）	0.34	0.66	0.58	0.28	−1.34
领悦服务集团（02165）	0.32	0.65	0.71	0.77	1.02
德信服务集团（02215）	0.49	0.97	0.98	1.22	0.62
融信服务（02207）	0.72	0.85	1.12	0.16	0.11
康桥悦生活（02205）	0.60	0.88	0.84	0.54	0.38
星盛商业（06668）	0.85	1.27	1.85	1.54	1.71
京城佳业（02210）	0.38	0.58	0.83	1.14	1.14
力高健康生活（02370）	0.28	0.40	0.32	0.03	−0.10
方圆生活服务（09978）	0.22	0.11	0.20	0.18	−0.61
金茂服务（00816）	0.23	0.77	1.78	3.36	3.37
东原仁知服务（02352）	0.26	0.85	1.29	0.91	0.19
德商产投服务（02270）	0.31	0.43	0.33	0.34	0.39
万物云（02602）	10.20	14.64	16.68	15.10	19.55
润华服务（02455）	0.27	0.49	0.44	0.40	0.41
苏新服务（02152）	0.43	0.47	0.55	0.65	0.74
鲁商服务（02376）	0.29	0.45	0.76	0.77	0.39
众安智慧生活（02271）	0.21	0.37	0.39	0.51	0.49
南都物业（603506）	1.20	1.45	1.63	1.55	1.86
新大正（002968）	1.05	1.32	1.66	1.86	1.60
招商积余（001914）	2.70	4.09	5.13	5.69	7.36
特发服务（300917）	0.68	1.08	1.12	1.22	1.20
中天服务（002188）	5.16	−1.14	1.49	0.62	0.20
珠江股份（600684）	2.19	−5.91	0.66	−18.65	−0.63

数据来源：中指数据库监测。

2-7　上市物业服务企业2019—2023年营业总收入同比增长率

单位：%

公司名称	2019年	2020年	2021年	2022年	2023年
彩生活（01778）	6.40	−6.46	−12.57	−58.15	15.81
中海物业（02669）	30.83	19.75	44.27	34.39	19.76
中奥到家（01538）	48.53	15.32	6.92	−8.90	0.52
绿城服务（02869）	27.90	17.75	24.35	18.23	17.10
祈福生活服务（03686）	16.08	6.15	2.35	−11.01	−9.80
浦江中国（01417）	22.76	58.62	15.94	3.65	0.43
雅生活服务（03319）	51.84	95.54	40.43	9.20	0.42
碧桂园服务（06098）	106.30	61.75	84.89	43.59	2.91
新城悦服务（01755）	72.49	41.62	51.78	19.01	4.76
佳兆业美好（02168）	40.87	37.11	54.12	−33.07	0.51
永升服务（01995）	74.55	66.13	50.75	37.09	4.20
星悦康旅（03662）	46.31	55.82	37.05	−16.15	−4.23
滨江服务（03316）	37.77	36.81	45.69	41.89	41.50
和泓服务（06093）	10.61	67.50	84.38	35.78	26.13
鑫苑服务（01895）	35.75	22.43	17.82	−10.83	9.11
瑞森生活服务（01922）	48.77	38.27	40.47	26.84	15.21
保利物业（06049）	41.08	34.70	34.16	26.92	10.10
时代邻里（09928）	55.42	62.62	54.67	−4.16	−5.12
华发物业服务（00982）	4.44	14.08	42.45	24.62	10.93
宝龙商业（09909）	34.99	18.56	28.25	3.61	3.37
兴业物联（09916）	40.50	15.79	32.12	13.99	11.80
烨星集团（01941）	8.92	−4.45	28.85	1.98	−0.61
建业新生活（09983）	152.80	51.31	35.58	−12.52	−9.72
金融街物业（01502）	13.92	13.43	11.85	5.12	9.08
弘阳服务（01971）	44.13	52.66	47.16	−2.25	−3.66
正荣服务（06958）	56.96	53.97	21.13	−14.34	0.22
卓越商企服务（06989）	50.10	37.53	37.30	1.75	11.35
第一服务控股（02107）	26.06	23.55	44.43	0.20	7.90
世茂服务（00873）	87.24	101.91	67.65	3.65	−5.05
合景悠活（03913）	70.66	34.88	114.57	23.76	−4.49
金科服务（09666）	52.74	44.31	77.01	−16.14	−0.49
融创服务（01516）	53.53	63.49	70.88	−9.84	−1.64
恒大物业（06666）	24.22	43.31	22.44	−10.43	5.93
佳源服务（01153）	37.32	35.22	33.40	—	—
华润万象生活（01209）	32.41	15.52	30.93	35.43	22.94
远洋服务（06677）	13.62	10.59	46.57	10.31	−5.89

2-7 续表1　　　　　　　　　　　　　　　　　　　　　　　　　　　　　　　　　　　　　单位：%

公司名称	2019年	2020年	2021年	2022年	2023年
建发物业（02156）	31.66	28.36	51.34	47.24	55.88
荣万家（02146）	38.66	40.96	36.69	-25.03	-9.41
宋都服务（09608）	67.34	15.39	23.19	-13.92	-
新希望服务（03658）	47.52	54.59	57.24	23.29	10.50
越秀服务（06626）	17.51	30.31	64.24	29.63	29.66
中骏商管（00606）	44.89	40.17	52.75	-3.84	5.47
朗诗绿色生活（01965）	39.55	38.85	22.68	20.71	4.63
领悦服务集团（02165）	65.65	52.94	26.39	6.71	5.59
德信服务集团（02215）	28.91	34.99	25.73	10.01	-0.31
融信服务（02207）	25.33	44.75	32.05	-11.56	2.77
康桥悦生活（02205）	58.48	58.63	36.13	1.21	17.76
星盛商业（06668）	17.83	14.11	29.47	0.89	10.31
京城佳业（02210）	13.90	4.32	12.29	28.01	16.76
力高健康生活（02370）	44.85	22.54	59.89	23.52	2.57
方圆生活服务（09978）	11.96	7.98	106.49	-10.27	-16.69
金茂服务（00816）	37.22	19.77	60.51	60.75	10.99
东原仁知服务（02352）	44.55	37.14	55.64	12.49	9.96
德商产投服务（02270）	8.05	85.08	98.01	5.23	26.85
万物云（02602）	-	30.29	30.64	26.98	10.22
润华服务（02455）	16.50	22.48	23.67	15.09	11.08
苏新服务（02152）	12.36	0.46	5.63	13.15	35.60
鲁商服务（02376）	13.87	25.44	44.67	7.83	-1.07
众安智慧生活（02271）	16.45	27.93	28.19	8.19	9.56
南都物业（603506）	17.55	13.58	12.70	15.92	0.19
新大正（002968）	19.05	25.01	58.40	24.42	20.36
招商积余（001914）	-8.68	42.07	22.42	23.22	20.08
特发服务（300917）	27.50	24.40	52.54	18.76	21.98
中天服务（002188）	-86.01	-38.29	63.22	12.13	10.93
珠江股份（600684）	-12.67	-18.90	45.86	13.73	-34.23

数据来源：中指数据库监测。

2-8　上市物业服务企业2019—2023年营业利润同比增长率

单位：%

公司名称	2019年	2020年	2021年	2022年	2023年
彩生活（01778）	2.56	−12.92	−89.30	−38.05	41.88
中海物业（02669）	37.16	11.49	39.31	39.00	22.14
中奥到家（01538）	48.82	−1.89	−15.46	−31.01	−10.54
绿城服务（02869）	16.85	30.78	29.59	−24.39	57.72
祈福生活服务（03686）	21.13	−0.85	6.80	−17.01	6.29
浦江中国（01417）	−32.38	249.75	24.93	−40.19	−374.51
雅生活服务（03319）	64.13	51.93	25.57	−17.18	−47.63
碧桂园服务（06098）	81.78	80.61	62.86	6.66	−19.02
新城悦服务（01755）	94.68	68.99	45.30	−26.88	−13.02
佳兆业美好（02168）	81.30	55.20	3.91	−66.94	−417.32
永升服务（01995）	136.98	116.88	26.46	−25.99	11.38
星悦康旅（03662）	70.75	50.76	−103.28	−1939.39	−23.40
滨江服务（03316）	49.70	80.13	55.98	31.64	14.39
和泓服务（06093）	−21.14	106.77	89.36	−16.70	2.00
鑫苑服务（01895）	28.69	41.00	−10.78	−93.56	725.13
瑞森生活服务（01922）	54.91	89.02	40.35	14.87	29.11
保利物业（06049）	44.94	10.20	40.83	35.62	28.92
时代邻里（09928）	63.33	116.12	33.95	−144.17	−153.20
华发物业服务（00982）	−61.71	682.71	53.93	29.46	32.41
宝龙商业（09909）	23.81	52.35	37.58	3.62	3.42
兴业物联（09916）	4.53	12.84	9.61	10.28	−15.39
烨星集团（01941）	20.20	−49.75	42.19	−250.34	−73.19
建业新生活（09983）	389.59	73.93	53.03	−12.66	−198.82
金融街物业（01502）	20.08	36.11	−3.42	−8.64	2.86
弘阳服务（01971）	70.12	19.29	93.55	−34.30	−71.96
正荣服务（06958）	215.20	48.65	13.40	−194.54	−102.00
卓越商企服务（06989）	57.72	38.11	62.78	−16.94	−34.21
第一服务控股（02107）	32.97	34.58	−82.23	90.85	101.16
世茂服务（00873）	181.47	72.93	40.63	−133.44	−202.73
合景悠活（03913）	138.32	73.91	100.86	−75.58	80.87
金科服务（09666）	95.83	86.87	72.04	−238.37	−34.85
融创服务（01516）	153.70	130.34	101.59	−153.45	−113.98
恒大物业（06666）	283.68	171.79	−20.19	−27.25	14.32
佳源服务（01153）	39.42	39.18	31.46	−	−
华润万象生活（01209）	58.25	132.28	81.84	27.59	44.03
远洋服务（06677）	34.61	111.69	9.13	6.25	−43.52

2-8 续表1
单位：%

公司名称	2019年	2020年	2021年	2022年	2023年
建发物业（02156）	36.17	65.03	52.42	38.92	166.21
荣万家（02146）	63.13	201.81	54.07	−41.27	−47.62
宋都服务（09608）	61.96	−13.01	86.33	−56.44	−
新希望服务（03658）	39.39	66.26	59.80	27.46	3.43
越秀服务（06626）	45.86	101.82	95.10	−8.62	23.24
中骏商管（00606）	109.44	119.99	70.06	−38.37	−11.68
朗诗绿色生活（01965）	−28.48	154.86	−11.50	−0.28	−91.81
领悦服务集团（02165）	122.81	96.94	3.78	2.89	48.51
德信服务集团（02215）	116.41	100.53	9.24	−20.21	−53.59
融信服务（02207）	114.26	33.09	23.58	−88.22	−35.53
康桥悦生活（02205）	182.31	62.28	−7.63	4.11	19.11
星盛商业（06668）	22.75	44.35	28.39	−9.73	12.66
京城佳业（02210）	6.25	54.38	26.63	32.02	−1.21
力高健康生活（02370）	158.08	43.26	3.42	−75.98	−82.40
方圆生活服务（09978）	1.31	−13.58	−14.58	−16.88	−444.77
金茂服务（00816）	16.33	215.32	145.12	76.50	−0.83
东原仁知服务（02352）	−47.96	470.49	60.68	−45.56	−86.68
德商产投服务（02270）	−10.26	46.62	−21.02	−45.38	26.84
万物云（02602）	−	52.06	10.79	−21.66	33.82
润华服务（02455）	119.26	55.06	−0.94	−12.71	11.38
苏新服务（02152）	40.26	0.22	37.11	15.11	−13.37
鲁商服务（02376）	14.45	53.66	74.93	−3.39	−50.38
众安智慧生活（02271）	−	52.35	−4.96	21.01	−2.09
南都物业（603506）	43.09	6.89	3.17	−0.21	−35.20
新大正（002968）	19.33	6.58	35.48	10.25	−16.53
招商积余（001914）	170.87	8.69	−14.88	48.58	0.61
特发服务（300917）	7.32	55.20	0.16	−3.66	9.55
中天服务（002188）	86.60	−40.21	−235.38	20.14	−0.96
珠江股份（600684）	−	−41.49	124.88	−306.88	−110.64

数据来源：中指数据库监测。

2-9　上市物业服务企业2019—2023年归属母公司股东的净利润同比增长率

单位：%

公司名称	2019年	2020年	2021年	2022年	2023年
彩生活（01778）	2.79	0.63	−96.48	77.61	−26.63
中海物业（02669）	33.40	30.15	40.55	29.40	22.76
中奥到家（01538）	12.99	21.13	−19.18	−27.64	4.09
绿城服务（02869）	−1.22	48.81	19.12	−35.30	10.57
祈福生活服务（03686）	31.82	34.37	−36.99	17.28	−9.78
浦江中国（01417）	−29.93	47.23	47.24	−67.54	−694.52
雅生活服务（03319）	53.64	42.55	31.58	−20.31	−74.95
碧桂园服务（06098）	80.97	60.78	50.16	−51.82	−84.96
新城悦服务（01755）	85.35	60.41	16.15	−19.41	5.09
佳兆业美好（02168）	203.20	35.42	−74.41	64.39	−581.86
永升服务（01995）	122.68	74.39	58.06	−22.19	−9.51
星悦康旅（03662）	107.92	54.10	−176.04	184.01	−2.04
滨江服务（03316）	63.42	91.44	46.55	28.05	19.55
和泓服务（06093）	−18.32	308.59	52.94	−20.28	13.36
鑫苑服务（01895）	6.86	61.28	−6.54	−372.71	108.41
瑞森生活服务（01922）	21.18	103.15	31.82	20.34	9.45
保利物业（06049）	49.34	37.31	25.56	31.60	24.01
时代邻里（09928）	51.62	141.51	32.41	−169.36	5.55
华发物业服务（00982）	−87.54	−61.28	410.95	24.06	28.84
宝龙商业（09909）	33.95	70.80	43.62	1.13	2.23
兴业物联（09916）	2.78	23.68	25.34	−13.48	−14.84
烨星集团（01941）	−29.95	−19.99	48.38	−268.96	72.94
建业新生活（09983）	1101.55	82.34	45.24	−9.25	−202.15
金融街物业（01502）	20.87	−0.74	31.28	−12.10	5.77
弘阳服务（01971）	79.02	18.10	83.45	−28.11	−88.19
正荣服务（06958）	165.98	62.92	1.71	−261.15	71.14
卓越商企服务（06989）	41.93	82.06	56.96	−20.90	−24.98
第一服务控股（02107）	51.94	22.69	−61.69	16.56	38.19
世茂服务（00873）	163.02	80.21	63.08	−183.49	129.47
合景悠活（03913）	132.03	74.75	108.88	−99.49	788.13
金科服务（09666）	131.42	68.53	71.45	−272.02	47.70
融创服务（01516）	174.55	131.83	113.86	−137.76	9.72
恒大物业（06666）	289.10	184.66	−111.95	549.80	8.33
佳源服务（01153）	40.36	30.29	53.58	—	—
华润万象生活（01209）	−13.71	124.07	110.95	27.90	32.76

2-9 续表1　　　　　　　　　　　　　　　　　　　　　　　　　　　　　　　　　单位：%

公司名称	2019年	2020年	2021年	2022年	2023年
远洋服务（06677）	50.56	24.76	70.40	-82.82	-44.36
建发物业（02156）	42.53	55.64	50.19	55.11	89.05
荣万家（02146）	56.68	132.93	52.01	-40.95	-47.83
宋都服务（09608）	68.23	-7.07	67.27	-39.77	-
新希望服务（03658）	55.58	71.70	51.13	22.39	5.88
越秀服务（06626）	100.90	118.04	80.55	15.73	17.04
中骏商管（00606）	155.59	122.31	80.19	-25.85	23.54
朗诗绿色生活（01965）	34.59	92.80	-11.03	-51.28	-572.32
领悦服务集团（02165）	168.85	103.23	8.28	9.05	32.28
德信服务集团（02215）	120.90	96.76	1.06	24.23	-49.38
融信服务（02207）	92.55	17.81	36.22	-86.19	-31.36
康桥悦生活（02205）	175.89	46.87	-5.09	-35.48	-28.89
星盛商业（06668）	27.75	49.87	45.79	-16.57	10.90
京城佳业（02210）	2.89	51.60	43.91	38.00	-0.53
力高健康生活（02370）	163.58	41.96	-18.86	-90.08	-413.04
方圆生活服务（09978）	-26.40	-50.76	85.06	-10.07	-433.69
金茂服务（00816）	29.38	240.89	130.77	88.79	0.39
东原仁知服务（02352）	-11.57	230.05	51.95	-29.52	-78.57
德商产投服务（02270）	-1.12	38.29	-22.10	0.47	16.70
万物云（02602）	-	43.55	13.91	-9.42	29.31
润华服务（02455）	96.19	79.56	-8.99	-9.33	3.22
苏新服务（02152）	20.14	11.33	17.17	16.76	16.10
鲁商服务（02376）	18.26	56.57	67.34	1.23	-48.71
众安智慧生活（02271）	55.25	77.96	6.72	30.33	-2.89
南都物业（603506）	24.09	21.01	18.06	-10.70	27.69
新大正（002968）	18.60	25.61	26.57	11.80	-13.83
招商积余（001914）	-66.59	52.03	17.25	15.72	23.96
特发服务（300917）	26.12	52.01	13.14	1.46	5.30
中天服务（002188）	180.49	-122.07	234.20	-58.75	-67.19
珠江股份（600684）	-10.67	-369.45	111.13	-2934.41	96.50

数据来源：中指数据库监测。

2-10　上市物业服务企业 2019—2023 年总资产净利率

单位：%

公司名称	2019 年	2020 年	2021 年	2022 年	2023 年
彩生活（01778）	5.13	5.10	0.22	0.54	0.39
中海物业（02669）	13.70	13.35	13.56	13.81	13.57
中奥到家（01538）	6.71	6.63	4.99	3.71	3.98
绿城服务（02869）	6.89	6.58	6.17	3.51	3.47
祈福生活服务（03686）	19.01	20.43	11.13	11.84	10.01
浦江中国（01417）	4.21	4.70	4.80	1.27	−7.64
雅生活服务（03319）	14.75	15.02	13.52	8.58	1.97
碧桂园服务（06098）	18.78	12.36	8.23	2.84	0.42
新城悦服务（01755）	15.03	16.41	12.05	7.33	6.94
佳兆业美好（02168）	13.96	13.58	2.71	4.18	−22.07
永升服务（01995）	11.27	10.93	10.34	6.27	5.15
星悦康旅（03662）	17.20	12.72	−7.89	7.11	6.98
滨江服务（03316）	13.07	16.23	20.19	17.61	13.98
和泓服务（06093）	4.87	12.25	9.64	4.90	4.74
鑫苑服务（01895）	10.77	12.17	8.94	−26.48	2.67
瑞森生活服务（01922）	6.12	8.03	8.38	8.97	8.63
保利物业（06049）	9.69	7.92	8.22	9.18	9.86
时代邻里（09928）	3.74	11.21	10.41	−6.89	−7.29
华发物业服务（00982）	0.88	4.41	18.05	20.05	24.47
宝龙商业（09909）	6.78	8.02	9.13	8.62	8.37
兴业物联（09916）	17.24	13.46	11.33	8.40	6.23
烨星集团（01941）	10.19	6.13	6.85	−11.72	−3.28
建业新生活（09983）	16.79	14.93	13.34	10.84	−11.28
金融街物业（01502）	12.13	7.72	7.64	6.24	6.24
弘阳服务（01971）	14.70	8.47	10.44	6.29	0.66
正荣服务（06958）	15.27	13.71	7.77	−12.50	−4.24
卓越商企服务（06989）	9.08	8.69	10.20	8.00	5.93
第一服务控股（02107）	11.06	9.82	2.76	3.03	4.02
世茂服务（00873）	11.36	9.57	7.64	−5.66	1.89
合景悠活（03913）	11.63	10.44	14.62	0.06	0.44
金科服务（09666）	8.92	9.77	11.13	−19.35	−11.88
融创服务（01516）	13.79	7.89	9.66	−3.71	−3.60
恒大物业（06666）	13.99	21.60	−2.67	20.69	20.02
佳源服务（01153）	6.69	7.31	9.27	—	—
华润万象生活（01209）	5.68	6.25	8.48	9.30	10.92
远洋服务（06677）	4.86	7.11	12.69	1.91	1.04

2-10 续表1　　　单位：%

公司名称	2019年	2020年	2021年	2022年	2023年
建发物业（02156）	4.56	8.01	8.59	8.35	13.15
荣万家（02146）	5.59	14.34	14.37	6.14	3.12
宋都服务（09608）	18.19	13.15	14.20	6.46	–
新希望服务（03658）	6.74	11.50	15.93	12.26	11.37
越秀服务（06626）	3.22	7.41	9.53	7.51	7.88
中骏商管（00606）	5.75	14.05	13.44	6.66	7.81
朗诗绿色生活（01965）	3.38	8.20	7.97	2.98	−12.49
领悦服务集团（02165）	15.23	23.72	16.06	11.93	13.23
德信服务集团（02215）	12.99	21.85	11.67	9.56	4.51
融信服务（02207）	22.91	20.50	14.25	1.32	0.85
康桥悦生活（02205）	17.62	13.25	8.24	4.70	3.18
星盛商业（06668）	22.48	34.44	19.74	8.63	7.66
京城佳业（02210）	2.52	3.65	4.85	5.69	5.00
力高健康生活（02370）	21.07	15.16	8.57	0.65	−1.66
方圆生活服务（09978）	11.39	5.07	5.99	3.53	−11.52
金茂服务（00816）	1.15	3.74	10.19	15.40	10.19
东原仁知服务（02352）	2.74	10.97	14.72	8.15	1.43
德商产投服务（02270）	44.30	35.49	12.25	8.16	6.05
万物云（02602）	–	8.34	6.99	4.60	5.12
润华服务（02455）	10.52	11.29	8.87	7.98	6.60
苏新服务（02152）	2.43	2.88	4.40	4.71	4.88
鲁商服务（02376）	9.28	7.52	10.13	10.29	4.49
众安智慧生活（02271）	13.51	17.03	19.49	30.01	16.23
南都物业（603506）	7.72	8.19	8.41	6.59	7.50
新大正（002968）	13.99	11.78	12.36	11.89	8.60
招商积余（001914）	1.93	2.65	3.10	3.43	4.04
特发服务（300917）	15.37	12.54	9.13	7.87	7.21
中天服务（002188）	358.94	−135.37	85.63	22.76	7.05
珠江股份（600684）	1.08	−2.19	0.21	−5.78	−0.37

数据来源：中指数据库监测。

2-11　上市物业服务企业 2019—2023 年净资产收益率

单位：%

公司名称	2019 年	2020 年	2021 年	2022 年	2023 年
彩生活（01778）	14.23	12.21	0.41	0.74	0.54
中海物业（02669）	40.76	38.22	38.22	38.51	36.31
中奥到家（01538）	17.51	17.62	12.40	8.47	8.49
绿城服务（02869）	18.79	14.84	12.23	7.74	8.33
祈福生活服务（03686）	26.59	28.53	15.21	15.84	12.81
浦江中国（01417）	7.75	11.00	14.50	4.42	−30.61
雅生活服务（03319）	21.20	25.90	24.89	15.55	3.65
碧桂园服务（06098）	43.77	26.94	15.89	5.28	0.79
新城悦服务（01755）	31.88	41.02	29.47	17.38	16.20
佳兆业美好（02168）	27.99	23.17	4.57	7.27	−40.85
永升服务（01995）	21.87	19.32	16.82	10.62	9.18
星悦康旅（03662）	33.48	26.61	−21.41	19.11	15.46
滨江服务（03316）	25.39	28.09	36.09	37.66	36.02
和泓服务（06093）	11.28	23.90	20.75	12.07	11.88
鑫苑服务（01895）	20.05	19.32	14.36	−47.01	5.36
瑞森生活服务（01922）	34.05	45.51	42.62	37.62	30.43
保利物业（06049）	17.19	12.00	13.05	15.38	16.82
时代邻里（09928）	19.28	17.78	17.38	−12.59	−13.81
华发物业服务（00982）	2.27	–	–	−278.54	202.06
宝龙商业（09909）	19.66	16.31	19.01	17.09	15.67
兴业物联（09916）	29.91	20.22	15.88	12.03	9.25
烨星集团（01941）	31.62	13.39	12.36	−21.80	−6.28
建业新生活（09983）	96.26	27.87	21.95	19.07	−22.99
金融街物业（01502）	33.86	14.36	12.50	10.43	10.56
弘阳服务（01971）	45.75	15.53	17.40	11.13	1.24
正荣服务（06958）	127.24	23.27	12.40	−21.52	−7.23
卓越商企服务（06989）	53.04	18.18	15.39	11.63	8.56
第一服务控股（02107）	27.56	21.15	5.49	6.53	8.88
世茂服务（00873）	51.92	20.74	14.83	−11.52	3.53
合景悠活（03913）	63.27	19.34	21.01	0.10	0.93
金科服务（09666）	91.83	16.05	14.22	−28.01	−20.22
融创服务（01516）	137.75	11.96	14.04	−5.98	−6.38
恒大物业（06666）	72.72	45.32	–	–	–
佳源服务（01153）	39.84	20.06	18.14	–	–
华润万象生活（01209）	42.98	12.12	13.09	15.66	19.38
远洋服务（06677）	44.95	21.06	19.82	3.27	1.96

2-11 续表1

单位：%

公司名称	2019年	2020年	2021年	2022年	2023年
建发物业（02156）	57.93	36.58	22.52	21.90	31.45
荣万家（02146）	40.87	52.03	30.73	11.65	6.10
宋都服务（09608）	77.04	32.77	25.74	10.11	—
新希望服务（03658）	16.14	38.62	30.21	19.80	19.03
越秀服务（06626）	42.49	45.59	20.28	13.52	14.61
中骏商管（00606）	22.53	36.11	19.00	8.31	9.83
朗诗绿色生活（01965）	35.13	68.60	23.82	7.55	-41.26
领悦服务集团（02165）	46.36	66.17	31.15	19.50	21.05
德信服务集团（02215）	39.61	85.75	21.55	15.25	8.20
融信服务（02207）	91.96	98.90	30.21	2.23	1.51
康桥悦生活（02205）	135.26	86.84	20.61	7.85	5.41
星盛商业（06668）	76.51	131.67	28.87	13.56	14.19
京城佳业（02210）	9.18	13.96	15.43	15.93	14.40
力高健康生活（02370）	68.43	52.95	28.60	1.48	-3.37
方圆生活服务（09978）	18.92	8.12	13.48	10.94	-42.38
金茂服务（00816）	24.13	98.27	145.57	43.68	23.38
东原仁知服务（02352）	26.64	59.60	63.09	25.41	4.05
德商产投服务（02270）	73.02	72.61	20.29	12.31	13.02
万物云（02602）	—	24.93	20.65	11.46	11.48
润华服务（02455）	33.48	47.51	33.06	22.40	15.33
苏新服务（02152）	12.42	11.04	10.62	9.92	9.59
鲁商服务（02376）	28.49	24.18	27.24	19.21	7.73
众安智慧生活（02271）	28.80	36.60	49.11	76.89	27.08
南都物业（603506）	16.75	17.82	18.36	14.72	17.02
新大正（002968）	20.45	16.36	18.21	17.76	13.86
招商积余（001914）	4.46	5.34	6.05	6.66	7.78
特发服务（300917）	29.91	19.08	13.64	12.64	12.19
中天服务（002188）	-167.05	—	-484.74	74.85	16.50
珠江股份（600684）	6.94	-22.20	3.08	-148.71	-16.11

数据来源：中指数据库监测。

2-12　上市物业服务企业 2019—2023 年资产负债率

单位：%

公司名称	2019 年	2020 年	2021 年	2022 年	2023 年
彩生活（01778）	56.78	55.77	23.24	23.77	23.70
中海物业（02669）	64.27	64.74	63.31	63.81	60.63
中奥到家（01538）	61.05	56.93	55.06	49.57	50.04
绿城服务（02869）	65.33	45.62	48.73	53.27	54.51
祈福生活服务（03686）	29.62	27.40	26.34	24.26	19.65
浦江中国（01417）	47.76	49.15	62.15	63.66	69.96
雅生活服务（03319）	30.70	38.05	36.03	37.78	39.92
碧桂园服务（06098）	53.71	48.21	42.57	43.05	43.99
新城悦服务（01755）	56.04	57.47	53.33	52.71	50.75
佳兆业美好（02168）	46.75	35.04	42.04	37.88	48.62
永升服务（01995）	50.45	35.35	35.43	39.92	40.95
星悦康旅（03662）	38.95	58.42	65.29	55.32	49.46
滨江服务（03316）	39.64	42.88	42.21	57.04	61.98
和泓服务（06093）	46.37	46.64	49.92	56.44	52.96
鑫苑服务（01895）	37.73	36.21	38.71	50.25	49.63
瑞森生活服务（01922）	82.47	80.07	75.96	70.68	66.07
保利物业（06049）	32.34	33.86	38.15	40.16	40.33
时代邻里（09928）	40.09	33.49	40.85	42.30	43.83
华发物业服务（00982）	69.65	135.04	114.68	99.39	76.32
宝龙商业（09909）	48.65	52.09	51.29	47.52	45.53
兴业物联（09916）	47.22	26.48	30.39	30.07	34.91
烨星集团（01941）	69.26	45.45	43.66	48.88	46.33
建业新生活（09983）	73.92	36.06	39.32	42.66	55.43
金融街物业（01502）	59.20	37.25	38.06	39.19	38.04
弘阳服务（01971）	59.72	34.96	39.51	43.66	46.95
正荣服务（06958）	75.80	29.97	41.50	40.99	41.06
卓越商企服务（06989）	82.14	33.95	31.66	28.39	29.73
第一服务控股（02107）	61.58	44.36	50.40	50.75	51.50
世茂服务（00873）	93.46	38.19	49.19	42.69	39.28
合景悠活（03913）	79.75	29.21	29.71	50.63	46.20
金科服务（09666）	87.66	15.20	25.95	35.38	46.49
融创服务（01516）	78.08	24.87	35.60	37.82	46.44
恒大物业（06666）	76.20	41.78	153.05	121.16	99.77
佳源服务（01153）	81.01	44.93	48.87	—	—
华润万象生活（01209）	85.47	34.67	35.67	44.56	42.28
远洋服务（06677）	89.41	33.67	36.42	44.75	46.88

2-12 续表1 单位：%

公司名称	2019年	2020年	2021年	2022年	2023年
建发物业（02156）	88.58	62.20	60.53	61.51	51.84
荣万家（02146）	79.17	65.88	46.88	47.63	49.61
宋都服务（09608）	61.08	58.29	36.48	34.34	—
新希望服务（03658）	67.88	75.42	35.99	35.50	35.91
越秀服务（06626）	90.96	68.45	39.77	42.98	43.49
中骏商管（00606）	68.14	51.89	20.15	18.74	21.20
朗诗绿色生活（01965）	93.61	79.16	56.88	62.39	75.63
领悦服务集团（02165）	55.30	61.38	36.09	35.55	34.37
德信服务集团（02215）	66.49	80.13	30.55	40.59	46.72
融信服务（02207）	71.68	86.90	39.77	41.43	45.12
康桥悦生活（02205）	85.29	81.47	38.20	35.32	39.01
星盛商业（06668）	87.92	63.00	20.50	44.87	45.30
京城佳业（02210）	68.79	73.83	61.54	64.10	63.88
力高健康生活（02370）	62.70	66.75	58.33	43.31	46.49
方圆生活服务（09978）	38.88	35.40	54.85	58.61	63.85
金茂服务（00816）	94.57	97.70	84.99	54.71	56.61
东原仁知服务（02352）	83.45	78.92	73.23	61.48	64.63
德商产投服务（02270）	45.33	53.43	33.16	33.65	63.02
万物云（02602）	64.84	65.46	64.10	53.94	53.74
润华服务（02455）	71.18	79.35	66.08	62.84	52.35
苏新服务（02152）	82.49	58.59	57.93	46.83	49.84
鲁商服务（02376）	65.88	70.09	52.64	41.25	41.86
众安智慧生活（02271）	41.07	43.38	69.91	52.90	33.00
南都物业（603506）	54.45	52.17	54.48	54.16	55.54
新大正（002968）	24.15	30.77	32.08	32.28	40.54
招商积余（001914）	51.51	49.09	48.85	47.73	46.73
特发服务（300917）	44.83	26.50	35.45	37.09	37.08
中天服务（002188）	88.61	293.18	81.88	55.28	58.91
珠江股份（600684）	81.91	89.61	88.40	94.25	84.12

数据来源：中指数据库监测。

2-13　上市物业服务企业2019—2023年流动比率

公司名称	2019年	2020年	2021年	2022年	2023年
彩生活（01778）	1.34	1.24	2.97	2.99	3.11
中海物业（02669）	1.47	1.45	1.48	1.50	1.56
中奥到家（01538）	1.12	1.09	1.28	1.35	1.40
绿城服务（02869）	1.25	1.84	1.60	1.47	1.42
祈福生活服务（03686）	3.47	3.20	3.93	5.00	6.31
浦江中国（01417）	1.42	1.25	1.27	1.27	1.06
雅生活服务（03319）	2.55	1.87	1.98	1.87	1.82
碧桂园服务（06098）	1.59	1.64	1.26	1.39	1.36
新城悦服务（01755）	1.69	1.61	1.62	1.56	1.76
佳兆业美好（02168）	1.99	2.78	1.51	1.65	1.04
永升服务（01995）	1.52	2.48	2.19	1.60	1.55
星悦康旅（03662）	1.97	1.42	1.20	1.40	1.60
滨江服务（03316）	2.28	2.13	2.08	1.57	1.05
和泓服务（06093）	1.76	1.72	1.22	1.07	1.18
鑫苑服务（01895）	2.36	2.56	2.01	1.77	1.82
瑞森生活服务（01922）	1.12	1.13	1.14	1.20	1.25
保利物业（06049）	3.01	2.84	2.42	2.34	2.40
时代邻里（09928）	2.15	2.24	1.94	1.80	1.83
华发物业服务（00982）	1.21	0.65	0.79	0.94	1.20
宝龙商业（09909）	2.15	2.20	2.26	2.72	2.85
兴业物联（09916）	2.11	3.91	3.38	3.37	2.12
烨星集团（01941）	1.39	2.08	1.89	1.58	1.51
建业新生活（09983）	1.34	2.74	2.51	2.27	1.63
金融街物业（01502）	1.63	2.68	2.60	2.52	2.52
弘阳服务（01971）	1.57	2.70	1.96	2.07	1.88
正荣服务（06958）	1.08	3.26	1.64	1.63	1.43
卓越商企服务（06989）	1.05	3.49	3.06	3.32	2.94
第一服务控股（02107）	1.51	2.16	1.67	1.60	1.56
世茂服务（00873）	0.94	2.09	1.78	1.67	1.75
合景悠活（03913）	1.11	3.15	1.89	1.48	1.82
金科服务（09666）	1.19	6.56	3.76	2.30	1.68
融创服务（01516）	1.21	3.73	2.25	2.03	1.67
恒大物业（06666）	1.29	2.37	0.42	0.60	0.76
佳源服务（01153）	1.14	2.07	1.85	—	—
华润万象生活（01209）	1.00	3.23	2.64	1.97	2.34
远洋服务（06677）	0.67	2.69	2.57	1.73	1.63

2-13 续表1

公司名称	2019年	2020年	2021年	2022年	2023年
建发物业（02156）	3.18	1.56	1.60	1.57	1.89
荣万家（02146）	1.21	1.46	2.00	1.95	1.87
宋都服务（09608）	1.44	1.54	2.59	2.56	—
新希望服务（03658）	3.39	1.23	2.88	2.54	2.41
越秀服务（06626）	1.60	1.21	3.01	2.68	2.20
中骏商管（00606）	1.44	1.88	4.93	4.14	3.15
朗诗绿色生活（01965）	1.76	1.22	1.68	1.38	0.86
领悦服务集团（02165）	1.49	1.36	2.56	2.62	2.76
德信服务集团（02215）	1.35	1.19	3.20	1.83	2.13
融信服务（02207）	1.37	1.12	2.50	2.36	2.13
康桥悦生活（02205）	1.13	1.69	2.41	2.55	2.25
星盛商业（06668）	1.17	1.77	5.73	4.52	3.99
京城佳业（02210）	1.19	1.24	1.52	1.45	1.38
力高健康生活（02370）	1.56	1.23	1.28	1.82	1.67
方圆生活服务（09978）	2.71	3.05	1.62	1.50	1.24
金茂服务（00816）	1.09	1.11	1.11	1.59	1.57
东原仁知服务（02352）	1.18	1.00	1.13	1.18	1.16
德商产投服务（02270）	2.18	1.71	2.89	2.80	1.70
万物云（02602）	1.02	1.06	0.84	1.23	1.33
润华服务（02455）	0.67	1.02	1.21	1.27	1.59
苏新服务（02152）	1.22	1.15	1.09	1.56	1.70
鲁商服务（02376）	1.42	1.39	1.71	2.25	2.13
众安智慧生活（02271）	2.39	2.27	1.36	1.82	2.97
南都物业（603506）	1.41	1.33	1.69	1.47	1.33
新大正（002968）	3.56	2.64	2.62	2.44	1.91
招商积余（001914）	1.43	0.97	1.27	1.45	1.17
特发服务（300917）	1.91	3.58	2.72	2.59	2.53
中天服务（002188）	19.13	0.39	1.50	1.63	1.57
珠江股份（600684）	1.84	1.32	1.54	1.38	1.08

数据来源：中指数据库监测。

2-14　上市物业服务企业 2019—2023 年总资产周转率

公司名称	2019 年	2020 年	2021 年	2022 年	2023 年
彩生活（01778）	0.40	0.37	0.39	0.23	0.26
中海物业（02669）	1.39	1.25	1.30	1.38	1.32
中奥到家（01538）	0.94	0.89	0.89	0.83	0.86
绿城服务（02869）	1.24	0.94	0.92	0.95	1.00
祈福生活服务（03686）	0.79	0.67	0.59	0.48	0.40
浦江中国（01417）	1.15	1.37	1.10	0.94	0.95
雅生活服务（03319）	0.61	0.86	0.82	0.72	0.66
碧桂园服务（06098）	1.09	0.72	0.59	0.61	0.61
新城悦服务（01755）	1.08	1.04	1.00	0.90	0.85
佳兆业美好（02168）	1.08	1.06	1.27	0.80	0.88
永升服务（01995）	0.95	0.87	0.79	0.84	0.78
星悦康旅（03662）	0.96	0.72	0.80	0.72	0.69
滨江服务（03316）	0.80	0.71	0.88	0.85	0.80
和泓服务（06093）	0.88	0.91	0.86	0.74	0.80
鑫苑服务（01895）	0.71	0.61	0.56	0.55	0.71
瑞森生活服务（01922）	1.29	1.15	1.28	1.44	1.46
保利物业（06049）	1.18	0.94	1.05	1.13	1.08
时代邻里（09928）	0.42	0.85	0.92	0.84	0.89
华发物业服务（00982）	1.09	1.30	1.49	1.66	1.74
宝龙商业（09909）	0.62	0.51	0.51	0.50	0.49
兴业物联（09916）	0.91	0.66	0.59	0.57	0.56
烨星集团（01941）	1.08	0.78	0.75	0.78	0.80
建业新生活（09983）	1.26	0.93	0.78	0.61	0.56
金融街物业（01502）	1.15	0.84	0.73	0.72	0.74
弘阳服务（01971）	1.25	0.93	0.92	0.76	0.65
正荣服务（06958）	1.04	0.88	0.60	0.51	0.60
卓越商企服务（06989）	0.93	0.68	0.69	0.70	0.77
第一服务控股（02107）	0.89	0.80	0.87	0.82	0.85
世茂服务（00873）	0.74	0.70	0.57	0.53	0.57
合景悠活（03913）	0.71	0.49	0.71	0.68	0.56
金科服务（09666）	0.57	0.53	0.63	0.53	0.62
融创服务（01516）	1.45	0.61	0.60	0.55	0.58
恒大物业（06666）	1.10	0.86	1.12	1.72	1.63
佳源服务（01153）	0.61	0.69	0.76	—	—
华润万象生活（01209）	0.92	0.52	0.44	0.51	0.55
远洋服务（06677）	0.43	0.61	0.86	0.83	0.77

2-14 续表1

公司名称	2019年	2020年	2021年	2022年	2023年
建发物业（02156）	0.54	0.78	0.84	0.77	1.01
荣万家（02146）	0.63	0.98	0.89	0.50	0.45
宋都服务（09608）	1.16	1.04	0.82	0.54	—
新希望服务（03658）	0.40	0.62	0.89	0.69	0.67
越秀服务（06626）	0.32	0.43	0.51	0.45	0.52
中骏商管（00606）	0.47	0.73	0.59	0.38	0.38
朗诗绿色生活（01965）	0.43	0.75	1.01	0.93	0.87
领悦服务集团（02165）	1.33	1.56	1.23	0.90	0.79
德信服务集团（02215）	1.35	1.56	1.04	0.75	0.70
融信服务（02207）	1.70	1.86	1.26	0.75	0.72
康桥悦生活（02205）	1.06	0.86	0.77	0.69	0.77
星盛商业（06668）	1.04	1.20	0.61	0.32	0.29
京城佳业（02210）	0.69	0.69	0.72	0.78	0.81
力高健康生活（02370）	1.37	0.85	0.95	0.90	0.75
方圆生活服务（09978）	1.32	1.29	1.70	1.00	0.81
金茂服务（00816）	0.40	0.46	0.87	1.12	0.82
东原仁知服务（02352）	0.60	0.99	1.36	1.21	1.12
德商产投服务（02270）	0.99	1.07	0.93	0.65	0.53
万物云（02602）	—	1.03	0.99	0.92	0.87
润华服务（02455）	1.54	1.13	1.20	1.37	1.22
苏新服务（02152）	0.25	0.27	0.37	0.38	0.48
鲁商服务（02376）	1.03	0.67	0.78	0.84	0.71
众安智慧生活（02271）	1.19	1.08	1.48	1.89	1.16
南都物业（603506）	0.84	0.84	0.82	0.83	0.74
新大正（002968）	1.40	1.18	1.55	1.65	1.67
招商积余（001914）	0.41	0.52	0.64	0.75	0.85
特发服务（300917）	2.10	1.40	1.37	1.38	1.46
中天服务（002188）	0.14	0.15	1.56	1.13	1.18
珠江股份（600684）	0.13	0.08	0.10	0.11	0.19

数据来源：中指数据库监测。

2-15　上市物业服务企业 2019—2023 年存货周转率

单位：%

公司名称	2019 年	2020 年	2021 年	2022 年	2023 年
彩生活（01778）	597.66	645.59	—	—	—
中海物业（02669）	19.21	10.44	10.00	11.19	13.60
中奥到家（01538）	614.39	186.65	121.89	48.17	229.56
绿城服务（02869）	22.37	23.96	26.26	24.80	23.28
祈福生活服务（03686）	25.18	20.07	14.29	11.56	13.15
浦江中国（01417）	1802.47	3307.22	4312.23	7465.24	9291.65
雅生活服务（03319）	235.50	451.92	541.72	280.57	299.42
碧桂园服务（06098）	588.56	136.56	115.01	129.28	86.10
新城悦服务（01755）	148.22	141.05	131.30	105.92	95.08
佳兆业美好（02168）	—	—	—	—	—
永升服务（01995）	—	—	958.85	1525.31	1711.27
星悦康旅（03662）	1544.51	1410.52	710.68	194.25	106.25
滨江服务（03316）	29.82	15.52	12.01	12.28	10.78
和泓服务（06093）	1886.69	1880.04	2823.58	676.87	651.38
鑫苑服务（01895）	—	—	—	—	—
瑞森生活服务（01922）	776.96	278.81	230.90	206.11	163.90
保利物业（06049）	84.74	134.94	173.29	244.33	337.42
时代邻里（09928）	294.23	412.08	1089.94	853.16	602.46
华发物业服务（00982）	611.42	523.09	133.20	111.09	108.95
宝龙商业（09909）	—	—	—	—	—
兴业物联（09916）	850.56	—	—	—	—
烨星集团（01941）	—	—	—	—	—
建业新生活（09983）	227.48	254.89	182.61	131.49	153.81
金融街物业（01502）	—	—	—	—	—
弘阳服务（01971）	13909.11	19086.69	168.98	103.37	132.99
正荣服务（06958）	—	—	—	—	—
卓越商企服务（06989）	—	805.75	513.19	92.84	42.49
第一服务控股（02107）	247.44	577.18	986.80	1059.51	747.73
世茂服务（00873）	5.97	12.68	22.29	32.48	32.40
合景悠活（03913）	—	—	—	—	—
金科服务（09666）	316.35	213.90	210.73	153.80	138.74
融创服务（01516）	32.69	54.32	109.46	97.47	97.24
恒大物业（06666）	—	—	—	—	—
佳源服务（01153）	676.17	619.80	1088.86	—	—
华润万象生活（01209）	46.53	32.81	36.61	58.78	57.44
远洋服务（06677）	11.03	11.73	14.31	11.75	5.63

2-15 续表1

单位：%

公司名称	2019年	2020年	2021年	2022年	2023年
建发物业（02156）	250.02	279.76	162.13	67.62	60.71
荣万家（02146）	63.52	57.50	47.39	30.38	27.57
宋都服务（09608）	1013.54	735.99	755.42	652.78	—
新希望服务（03658）	3508.56	1993.51	1937.39	2246.84	2251.05
越秀服务（06626）	1033.09	964.99	1302.24	493.79	285.51
中骏商管（00606）	—	—	—	—	—
朗诗绿色生活（01965）	287.55	244.07	359.40	607.16	734.48
领悦服务集团（02165）	—	131.50	179.16	281.91	340.49
德信服务集团（02215）	27.18	31.75	71.44	84.33	62.59
融信服务（02207）	—	—	—	408.79	420.78
康桥悦生活（02205）	—	—	—	—	95.59
星盛商业（06668）	—	—	—	—	—
京城佳业（02210）	945.58	217.08	151.47	212.35	449.71
力高健康生活（02370）					
方圆生活服务（09978）	—	—	—	—	—
金茂服务（00816）	107.09	132.70	215.08	381.91	452.90
东原仁知服务（02352）	6.61	9.87	16.79	23.23	30.62
德商产投服务（02270）	—	—	—	19.63	13.67
万物云（02602）	—	41.71	66.95	156.23	450.33
润华服务（02455）	166.54	284.94	2925.86	4614.16	5405.90
苏新服务（02152）	1306.23	1727.83	2136.67	2782.07	5049.18
鲁商服务（02376）	1102.38	12.72	9.37	11.32	21.65
众安智慧生活（02271）	—	—	—	—	1585.80
南都物业（603506）	140.91	92.61	108.40	115.09	98.94
新大正（002968）	1617.22	697.27	373.07	430.08	391.59
招商积余（001914）	2.89	4.62	6.16	8.99	12.12
特发服务（300917）	269.75	266.72	363.75	386.60	450.03
中天服务（002188）	1.53	5.38	280.59	828.38	275.68
珠江股份（600684）	—	—	—	—	0.23

数据来源：中指数据库监测。

2-16　上市物业服务企业 2019—2023 年净利润／营业总收入

单位：%

公司名称	2019 年	2020 年	2021 年	2022 年	2023 年
彩生活（01778）	13.93	15.06	0.57	2.35	2.16
中海物业（02669）	9.95	10.79	10.45	10.09	10.34
中奥到家（01538）	8.77	8.58	6.98	5.16	4.84
绿城服务（02869）	5.50	7.32	7.08	4.25	4.11
祈福生活服务（03686）	24.15	30.54	18.80	24.78	24.79
浦江中国（01417）	4.23	4.84	5.97	2.69	−8.76
雅生活服务（03319）	25.18	19.67	18.21	12.58	4.52
碧桂园服务（06098）	17.80	17.82	15.08	5.46	1.21
新城悦服务（01755）	14.90	17.02	12.82	9.15	9.35
佳兆业美好（02168）	13.24	13.26	2.55	5.97	−24.39
永升服务（01995）	13.25	14.17	14.72	8.93	8.10
星悦康旅（03662）	17.99	17.91	−10.14	10.00	9.55
滨江服务（03316）	16.35	22.89	23.18	21.10	17.90
和泓服务（06093）	5.55	14.40	14.14	9.93	8.67
鑫苑服务（01895）	15.31	20.12	16.07	−48.55	3.78
瑞森生活服务（01922）	4.77	7.27	7.01	6.57	6.26
保利物业（06049）	8.43	8.66	8.08	8.28	9.27
时代邻里（09928）	8.81	13.46	12.27	−7.65	−8.26
华发物业服务（00982）	1.15	3.38	12.17	12.15	14.09
宝龙商业（09909）	11.00	15.99	17.77	17.17	17.11
兴业物联（09916）	19.04	20.41	19.36	14.70	11.19
烨星集团（01941）	9.45	7.91	9.27	−15.10	−4.03
建业新生活（09983）	13.38	16.60	18.15	18.14	−20.32
金融街物业（01502）	11.38	10.23	11.42	9.78	9.48
弘阳服务（01971）	11.34	9.54	12.24	8.49	1.34
正荣服务（06958）	15.18	15.82	13.22	−24.39	−7.10
卓越商企服务（06989）	12.72	14.09	15.79	12.09	8.23
第一服务控股（02107）	13.42	13.18	3.00	4.50	5.79
世茂服务（00873）	15.41	14.38	14.58	−10.14	3.86
合景悠活（03913）	16.44	21.33	20.99	1.48	1.62
金科服务（09666）	16.08	18.84	18.04	−36.76	−19.71
融创服务（01516）	9.54	13.53	17.19	−6.49	−5.61
恒大物业（06666）	12.68	25.18	−2.94	12.50	12.48
佳源服务（01153）	11.00	11.36	12.69	−	−
华润万象生活（01209）	6.21	12.05	19.42	18.39	19.89
远洋服务（06677）	11.21	11.95	14.88	2.41	1.28

2-16 续表1
单位：%

公司名称	2019年	2020年	2021年	2022年	2023年
建发物业（02156）	8.50	10.38	10.33	10.96	15.31
荣万家（02146）	8.83	14.58	16.05	12.25	7.10
宋都服务（09608）	15.79	12.75	17.31	12.38	—
新希望服务（03658）	16.67	18.53	17.82	19.37	18.98
越秀服务（06626）	10.39	17.44	19.27	17.07	15.50
中骏商管（00606）	13.44	20.16	23.25	17.96	21.09
朗诗绿色生活（01965）	7.92	10.91	7.91	3.29	-14.52
领悦服务集团（02165）	12.62	16.40	13.88	13.89	17.15
德信服务集团（02215）	9.86	15.28	12.63	13.05	6.54
融信服务（02207）	13.76	11.34	12.04	2.10	1.18
康桥悦生活（02205）	16.57	15.94	11.30	6.81	5.63
星盛商业（06668）	24.37	28.81	32.14	25.79	25.49
京城佳业（02210）	4.89	6.30	6.87	7.35	6.32
力高健康生活（02370）	16.46	19.83	11.32	0.68	0.06
方圆生活服务（09978）	8.73	4.21	5.12	6.18	-13.37
金茂服务（00816）	2.87	8.16	11.81	14.01	12.68
东原仁知服务（02352）	4.58	11.02	10.93	7.01	1.48
德商产投服务（02270）	44.56	33.20	12.93	12.52	11.77
万物云（02602）	7.47	8.37	7.23	5.27	6.14
润华服务（02455）	6.83	10.01	7.39	5.83	5.43
苏新服务（02152）	9.99	10.98	12.21	12.55	11.03
鲁商服务（02376）	9.01	11.26	13.21	12.46	6.48
南都物业（603506）	9.71	10.32	10.68	8.42	10.64
众安智慧生活（02271）	11.6	16.02	13.13	15.89	14.06
新大正（002968）	10.03	10.08	8.02	7.20	5.43
招商积余（001914）	4.45	4.77	4.31	4.40	4.75
特发服务（300917）	7.64	9.82	6.97	6.08	5.32
中天服务（002188）	2585.90	-924.76	54.55	19.65	5.93
珠江股份（600684）	7.43	-23.88	1.83	-48.19	-0.48

数据来源：中指数据库监测。

2-17　上市物业服务企业2019—2023年营业总成本/营业总收入

单位：%

公司名称	2019年	2020年	2021年	2022年	2023年
彩生活（01778）	82.99	85.14	106.42	96.66	95.53
中海物业（02669）	87.33	87.46	87.51	88.26	87.50
中奥到家（01538）	88.65	90.16	91.80	93.71	94.44
绿城服务（02869）	93.77	93.16	92.80	95.69	93.87
祈福生活服务（03686）	70.14	72.18	71.05	73.23	68.30
浦江中国（01417）	98.37	96.39	95.85	98.77	109.04
雅生活服务（03319）	70.00	76.80	79.12	84.19	91.84
碧桂园服务（06098）	81.53	80.09	82.57	87.00	89.91
新城悦服务（01755）	82.87	79.58	80.44	87.99	90.03
佳兆业美好（02168）	83.47	81.30	87.40	93.81	119.73
永升服务（01995）	85.01	80.40	83.58	90.92	90.31
星悦康旅（03662）	77.00	78.66	102.17	89.17	91.10
滨江服务（03316）	80.89	74.58	72.79	74.79	79.53
和泓服务（06093）	87.17	84.15	83.74	90.03	92.01
鑫苑服务（01895）	75.11	71.37	78.32	98.45	88.18
瑞森生活服务（01922）	93.60	90.73	90.41	91.07	89.81
保利物业（06049）	89.56	91.51	91.12	90.44	88.80
时代邻里（09928）	97.35	83.26	85.22	106.91	96.17
华发物业服务（00982）	98.63	87.44	83.36	82.51	79.14
宝龙商业（09909）	86.20	80.82	79.28	79.82	79.16
兴业物联（09916）	75.36	75.94	80.05	80.67	85.37
烨星集团（01941）	79.22	89.12	87.92	117.85	104.82
建业新生活（09983）	83.95	80.46	78.00	78.26	124.35
金融街物业（01502）	86.61	83.91	86.72	88.56	89.19
弘阳服务（01971）	84.91	88.16	84.41	89.77	97.17
正荣服务（06958）	88.12	78.93	80.95	122.87	100.15
卓越商企服务（06989）	83.40	83.48	79.62	83.14	90.03
第一服务控股（02107）	88.23	87.20	98.47	97.09	94.43
世茂服务（00873）	81.39	82.56	85.59	107.36	95.30
合景悠活（03913）	77.90	71.49	73.33	95.30	90.95
金科服务（09666）	89.60	79.93	78.37	135.90	123.58
融创服务（01516）	89.27	84.26	81.47	111.12	98.53
恒大物业（06666）	83.14	67.87	79.94	83.67	82.22
佳源服务（01153）	84.69	84.22	84.61	—	—
华润万象生活（01209）	93.55	85.88	79.78	80.87	77.53
远洋服务（06677）	97.71	85.26	83.31	83.93	90.52

2-17 续表1

单位：%

公司名称	2019年	2020年	2021年	2022年	2023年
建发物业（02156）	98.38	92.51	88.93	89.55	82.18
荣万家（02146）	94.03	81.67	79.28	84.27	91.40
宋都服务（09608）	81.06	85.00	77.00	88.38	—
新希望服务（03658）	91.96	85.80	78.23	77.41	78.85
越秀服务（06626）	92.68	79.98	73.42	81.26	82.22
中骏商管（00606）	82.27	72.15	69.02	80.15	83.36
朗诗绿色生活（01965）	104.66	91.51	89.76	91.54	99.35
领悦服务集团（02165）	85.61	81.23	84.58	85.13	79.09
德信服务集团（02215）	88.33	82.01	84.17	88.68	94.79
融信服务（02207）	81.25	82.74	83.89	97.88	98.67
康桥悦生活（02205）	79.55	81.11	85.77	84.39	84.21
星盛商业（06668）	68.43	59.53	59.54	67.24	68.42
京城佳业（02210）	95.88	93.77	92.93	92.64	93.80
力高健康生活（02370）	78.62	75.00	84.02	97.15	99.81
方圆生活服务（09978）	86.75	89.35	95.56	96.08	117.53
金茂服务（00816）	104.94	96.35	86.26	82.54	84.51
东原仁知服务（02352）	99.58	88.86	88.49	94.43	99.38
德商产投服务（02270）	55.86	65.13	86.06	92.81	95.53
万物云（02602）	92.04	90.73	92.11	95.15	94.09
润华服务（02455）	91.93	90.76	92.72	94.29	94.30
苏新服务（02152）	92.89	93.09	84.74	85.79	91.86
鲁商服务（02376）	89.33	87.15	84.66	85.88	92.92
众安智慧生活（02271）	78.79	74.75	81.28	79.06	81.29
南都物业（603506）	89.35	89.12	89.17	91.70	94.44
新大正（002968）	89.32	89.98	91.44	92.48	94.83
招商积余（001914）	93.61	94.16	94.70	94.81	94.82
特发服务（300917）	90.75	88.37	92.21	93.91	94.26
中天服务（002188）	339.08	290.55	86.14	84.75	85.71
珠江股份（600684）	95.85	125.21	96.71	152.78	99.34

数据来源：中指数据库监测。

2-18　2023年香港上市物业服务企业营业收入

单位：亿元人民币

公司名称	2023年中	2023年末
彩生活（01778）	7.58	15.23
中海物业（02669）	71.63	130.51
中奥到家（01538）	8.57	17.10
绿城服务（02869）	81.97	173.93
祈福生活服务（03686）	1.73	3.45
浦江中国（01417）	4.62	9.20
雅生活服务（03319）	76.99	154.43
碧桂园服务（06098）	207.33	426.12
新城悦服务（01755）	26.81	54.24
佳兆业美好（02168）	8.80	17.94
永升服务（01995）	31.84	65.37
星悦康旅（03662）	7.87	15.63
滨江服务（03316）	11.90	28.09
和泓服务（06093）	6.47	13.13
鑫苑服务（01895）	3.35	7.50
瑞森生活服务（01922）	9.47	19.73
保利物业（06049）	71.41	150.62
时代邻里（09928）	12.22	24.71
华发物业服务（00982）	8.28	17.76
宝龙商业（09909）	12.75	26.36
兴业物联（09916）	1.60	3.59
烨星集团（01941）	1.71	3.41
建业新生活（09983）	13.53	28.45
金融街物业（01502）	7.12	15.14
弘阳服务（01971）	5.44	10.64
正荣服务（06958）	6.06	11.46
卓越商企服务（06989）	18.39	39.27
第一服务控股（02107）	6.00	12.11
世茂服务（00873）	40.98	82.03
合景悠活（03913）	18.88	38.49
金科服务（09666）	24.65	49.80
融创服务（01516）	33.96	70.10
恒大物业（06666）	61.45	124.87
佳源服务（01153）	—	—
华润万象生活（01209）	67.93	147.67
远洋服务（06677）	15.56	31.33

2-18 续表1　　　　　　　　　　　　　　　　　　　　　　　　　　　　　　　　　　　　单位：亿元人民币

公司名称	2023年中	2023年末
建发物业（02156）	13.73	35.69
荣万家（02146）	8.81	18.32
宋都服务（09608）	1.36	—
新希望服务（03658）	6.00	12.61
越秀服务（06626）	15.12	32.24
中骏商管（00606）	6.20	12.48
朗诗绿色生活（01965）	4.83	9.31
领悦服务集团（02165）	2.95	6.09
德信服务集团（02215）	4.58	9.56
融信服务（02207）	4.38	9.01
康桥悦生活（02205）	4.45	9.34
星盛商业（06668）	2.88	6.35
京城佳业（02210）	8.88	18.29
力高健康生活（02370）	2.33	4.49
方圆生活服务（09978）	2.18	4.27
金茂服务（00816）	13.53	27.04
东原仁知服务（02352）	7.06	14.84
德商产投服务（02270）	1.49	3.40
万物云（02602）	160.20	331.83
润华服务（02455）	3.66	7.68
苏新服务（02152）	3.41	7.25
鲁商服务（02376）	3.14	6.21
众安智慧生活（02271）	1.66	3.51

数据来源：中指数据库监测。

2-19　2023年沪深上市物业服务企业营业收入

单位：亿元人民币

企业名称	2023第一季度	2023第二季度	2023第三季度	2023第四季度
南都物业（603506）	4.65	9.31	2.57	2.88
新大正（002968）	7.25	14.75	3.11	3.82
招商积余（001914）	33.06	69.78	13.13	17.14
特发服务（300917）	5.49	11.30	2.11	2.88
中天服务（002188）	0.73	1.59	0.68	0.93
珠江股份（600684）	21.13	24.47	3.66	4.68

数据来源：中指数据库监测。

2-20　2023年香港上市物业服务企业毛利润

单位：亿元人民币

公司名称	2023年中	2023年末
彩生活（01778）	2.19	4.54
中海物业（02669）	10.58	20.70
中奥到家（01538）	1.86	3.51
绿城服务（02869）	15.30	29.13
祈福生活服务（03686）	0.84	1.64
浦江中国（01417）	0.56	0.74
雅生活服务（03319）	15.74	26.46
碧桂园服务（06098）	51.58	87.32
新城悦服务（01755）	7.18	14.38
佳兆业美好（02168）	2.45	4.81
永升服务（01995）	6.43	12.53
星悦康旅（03662）	2.03	4.00
滨江服务（03316）	3.18	6.96
和泓服务（06093）	1.99	3.36
鑫苑服务（01895）	1.26	2.41
瑞森生活服务（01922）	1.47	3.08
保利物业（06049）	15.12	29.53
时代邻里（09928）	2.88	5.16
华发物业服务（00982）	2.14	4.78
宝龙商业（09909）	4.38	8.87
兴业物联（09916）	0.51	0.97
烨星集团（01941）	0.47	0.62
建业新生活（09983）	3.80	7.57
金融街物业（01502）	1.26	2.55
弘阳服务（01971）	1.20	2.52
正荣服务（06958）	1.57	2.45
卓越商企服务（06989）	3.93	7.47
第一服务控股（02107）	1.69	3.05
世茂服务（00873）	8.63	16.46
合景悠活（03913）	5.96	11.82
金科服务（09666）	5.64	9.28
融创服务（01516）	8.48	16.68
恒大物业（06666）	14.99	31.08
佳源服务（01153）	—	—
华润万象生活（01209）	22.53	46.94
远洋服务（06677）	3.21	5.98

2-20 续表1　　　　　　　　　　　　　　　　　　　　　　　　　　　　　　　　　单位：亿元人民币

公司名称	2023年中	2023年末
建发物业（02156）	3.52	10.01
荣万家（02146）	2.11	4.57
宋都服务（09608）	0.27	–
新希望服务（03658）	2.26	4.40
越秀服务（06626）	4.25	8.57
中骏商管（00606）	2.12	4.10
朗诗绿色生活（01965）	0.87	1.45
领悦服务集团（02165）	1.00	1.95
德信服务集团（02215）	1.29	2.26
融信服务（02207）	0.84	1.72
康桥悦生活（02205）	1.12	2.21
星盛商业（06668）	1.65	3.34
京城佳业（02210）	1.94	3.76
力高健康生活（02370）	0.71	1.26
方圆生活服务（09978）	0.52	0.87
金茂服务（00816）	3.57	7.47
东原仁知服务（02352）	1.28	2.12
德商产投服务（02270）	0.45	0.91
万物云（02602）	24.12	48.12
润华服务（02455）	0.68	1.33
苏新服务（02152）	0.75	1.47
鲁商服务（02376）	0.68	1.17
众安智慧生活（02271）	0.56	1.19

数据来源：中指数据库监测。

2-21　2023年沪深上市物业服务企业毛利润

单位：亿元人民币

企业名称	2023第一季度	2023第二季度	2023第三季度	2023第四季度
南都物业（603506）	0.99	1.87	2.57	2.88
新大正（002968）	1.10	2.09	3.11	3.82
招商积余（001914）	3.91	8.94	13.13	17.14
特发服务（300917）	0.74	1.40	2.11	2.88
中天服务（002188）	0.20	0.45	0.68	0.93
珠江股份（600684）	2.25	2.90	3.66	4.68

数据来源：中指数据库监测。

2-22　2023年香港上市物业服务企业营业利润

单位：亿元人民币

公司名称	2023年中	2023年末
彩生活（01778）	0.65	0.70
中海物业（02669）	8.71	16.41
中奥到家（01538）	0.78	1.00
绿城服务（02869）	4.77	11.45
祈福生活服务（03686）	0.54	1.12
浦江中国（01417）	0.03	−0.69
雅生活服务（03319）	11.40	12.80
碧桂园服务（06098）	31.76	45.34
新城悦服务（01755）	4.66	5.42
佳兆业美好（02168）	−1.23	−3.53
永升服务（01995）	3.32	6.40
星悦康旅（03662）	1.38	1.47
滨江服务（03316）	2.75	5.76
和泓服务（06093）	0.84	1.07
鑫苑服务（01895）	0.59	0.89
瑞森生活服务（01922）	1.09	2.07
保利物业（06049）	9.55	16.92
时代邻里（09928）	−2.24	0.95
华发物业服务（00982）	1.73	3.88
宝龙商业（09909）	3.24	5.93
兴业物联（09916）	0.32	0.53
烨星集团（01941）	0.16	−0.16
建业新生活（09983）	2.86	−6.86
金融街物业（01502）	0.94	1.67
弘阳服务（01971）	0.73	0.32
正荣服务（06958）	0.64	0.05
卓越商企服务（06989）	2.35	3.97
第一服务控股（02107）	0.47	0.68
世茂服务（00873）	3.26	4.31
合景悠活（03913）	1.15	3.84
金科服务（09666）	3.05	−11.65
融创服务（01516）	4.91	1.10
恒大物业（06666）	10.47	22.44
佳源服务（01153）	−	−
华润万象生活（01209）	16.98	34.42
远洋服务（06677）	2.05	2.98

2-22 续表1   单位：亿元人民币

公司名称	2023年中	2023年末
建发物业（02156）	1.96	6.40
荣万家（02146）	1.12	1.59
宋都服务（09608）	0.05	–
新希望服务（03658）	1.46	2.72
越秀服务（06626）	2.99	5.78
中骏商管（00606）	1.42	2.08
朗诗绿色生活（01965）	0.17	0.06
领悦服务集团（02165）	0.80	1.28
德信服务集团（02215）	0.61	0.51
融信服务（02207）	0.49	0.12
康桥悦生活（02205）	0.78	1.49
星盛商业（06668）	1.27	2.39
京城佳业（02210）	0.69	1.16
力高健康生活（02370）	0.37	0.02
方圆生活服务（09978）	−0.22	−0.73
金茂服务（00816）	1.87	4.24
东原仁知服务（02352）	0.38	0.10
德商产投服务（02270）	0.17	0.25
万物云（02602）	9.55	19.70
润华服务（02455）	0.25	0.54
苏新服务（02152）	0.47	0.74
鲁商服务（02376）	0.37	0.44
众安智慧生活（02271）	0.21	0.66

数据来源：中指数据库监测。

2-23　2023年沪深上市物业服务企业营业利润

单位：亿元人民币

企业名称	2023第一季度	2023第二季度	2023第三季度	2023第四季度
南都物业（603506）	0.48	1.07	1.26	1.02
新大正（002968）	0.51	0.92	1.38	1.58
招商积余（001914）	2.30	5.48	7.77	8.72
特发服务（300917）	0.39	0.67	0.95	1.36
中天服务（002188）	0.11	0.24	0.36	0.47
珠江股份（600684）	0.76	0.89	1.16	1.48

数据来源：中指数据库监测。

2-24　2023年香港上市物业服务企业净利润

单位：亿元人民币

公司名称	2023年中	2023年末
彩生活（01778）	0.31	0.23
中海物业（02669）	6.69	13.43
中奥到家（01538）	0.49	0.80
绿城服务（02869）	4.15	6.05
祈福生活服务（03686）	0.59	0.86
浦江中国（01417）	0.00	−0.74
雅生活服务（03319）	8.39	4.61
碧桂园服务（06098）	23.51	2.92
新城悦服务（01755）	2.94	4.45
佳兆业美好（02168）	−1.01	−4.50
永升服务（01995）	2.40	4.34
星悦康旅（03662）	0.63	1.57
滨江服务（03316）	2.31	4.93
和泓服务（06093）	0.54	0.78
鑫苑服务（01895）	0.41	0.28
瑞森生活服务（01922）	0.60	1.17
保利物业（06049）	7.64	13.80
时代邻里（09928）	−2.44	−2.02
华发物业服务（00982）	1.06	2.49
宝龙商业（09909）	2.57	4.53
兴业物联（09916）	0.21	0.40
烨星集团（01941）	0.13	−0.14
建业新生活（09983）	−3.00	−5.74
金融街物业（01502）	0.71	1.28
弘阳服务（01971）	0.53	0.11
正荣服务（06958）	0.15	−0.81
卓越商企服务（06989）	1.70	3.03
第一服务控股（02107）	0.37	0.57
世茂服务（00873）	1.55	2.73
合景悠活（03913）	0.63	0.30
金科服务（09666）	1.89	−9.51
融创服务（01516）	3.40	−4.35
恒大物业（06666）	7.81	15.41
佳源服务（01153）	—	—
华润万象生活（01209）	14.02	29.29
远洋服务（06677）	1.29	0.42

2-24 续表1　　　　　　　　　　　　　　　　　　　　　　　　　　　　　　　　　　　　　单位：亿元人民币

公司名称	2023年中	2023年末
建发物业（02156）	1.72	4.67
荣万家（02146）	0.98	1.26
宋都服务（09608）	0.04	—
新希望服务（03658）	1.09	2.15
越秀服务（06626）	2.48	4.87
中骏商管（00606）	1.38	2.57
朗诗绿色生活（01965）	0.13	-1.34
领悦服务集团（02165）	0.54	1.02
德信服务集团（02215）	0.63	0.62
融信服务（02207）	0.13	0.11
康桥悦生活（02205）	0.51	0.38
星盛商业（06668）	0.97	1.71
京城佳业（02210）	0.59	1.14
力高健康生活（02370）	0.14	-0.10
方圆生活服务（09978）	-0.23	-0.61
金茂服务（00816）	1.46	3.37
东原仁知服务（02352）	0.32	0.19
德商产投服务（02270）	0.18	0.39
万物云（02602）	9.98	19.55
润华服务（02455）	0.20	0.41
苏新服务（02152）	0.35	0.74
鲁商服务（02376）	0.30	0.39
众安智慧生活（02271）	0.15	0.49

数据来源：中指数据库监测。

2-25　2023年沪深上市物业服务企业净利润

单位：亿元人民币

企业名称	2023第一季度	2023第二季度	2023第三季度	2023第四季度
南都物业（603506）	0.40	0.92	1.15	1.86
新大正（002968）	0.47	0.86	1.26	1.60
招商积余（001914）	1.85	4.19	5.95	7.36
特发服务（300917）	0.33	0.60	0.84	1.20
中天服务（002188）	0.08	0.17	0.20	0.20
珠江股份（600684）	-0.51	-0.69	-0.76	-0.63

数据来源：中指数据库监测。

2-26　2023年香港上市物业服务企业经营活动产生的现金流量净额

单位：亿元人民币

公司名称	2023年中	2023年末
彩生活（01778）	−0.19	0.86
中海物业（02669）	−2.00	15.05
中奥到家（01538）	−0.44	1.24
绿城服务（02869）	−1.43	14.36
祈福生活服务（03686）	0.73	1.19
浦江中国（01417）	−0.35	0.03
雅生活服务（03319）	1.70	9.98
碧桂园服务（06098）	21.92	46.15
新城悦服务（01755）	0.07	4.24
佳兆业美好（02168）	0.02	0.66
永升服务（01995）	1.00	9.13
星悦康旅（03662）	−0.27	1.06
滨江服务（03316）	6.54	9.29
和泓服务（06093）	−0.01	0.79
鑫苑服务（01895）	0.04	0.14
瑞森生活服务（01922）	−1.05	1.99
保利物业（06049）	−20.13	24.16
时代邻里（09928）	0.08	1.38
华发物业服务（00982）	−0.57	1.78
宝龙商业（09909）	0.75	4.87
兴业物联（09916）	0.09	0.59
烨星集团（01941）	0.17	0.04
建业新生活（09983）	−2.72	−0.77
金融街物业（01502）	−0.38	1.39
弘阳服务（01971）	−1.07	1.23
正荣服务（06958）	0.37	1.35
卓越商企服务（06989）	−1.04	−1.85
第一服务控股（02107）	−0.04	0.93
世茂服务（00873）	3.51	10.30
合景悠活（03913）	−2.12	−3.76
金科服务（09666）	−0.69	4.51
融创服务（01516）	0.07	8.62
恒大物业（06666）	2.49	13.22
佳源服务（01153）	—	—
华润万象生活（01209）	10.19	30.42
远洋服务（06677）	−1.78	−1.11

2-26 续表1

单位：亿元人民币

公司名称	2023年中	2023年末
建发物业（02156）	−0.57	1.86
荣万家（02146）	−0.33	−0.14
宋都服务（09608）	−0.67	—
新希望服务（03658）	0.51	3.35
越秀服务（06626）	2.93	6.95
中骏商管（00606）	1.24	2.15
朗诗绿色生活（01965）	−0.24	1.20
领悦服务集团（02165）	0.26	2.45
德信服务集团（02215）	0.58	1.42
融信服务（02207）	−0.51	0.38
康桥悦生活（02205）	0.04	−0.04
星盛商业（06668）	1.22	2.99
京城佳业（02210）	−0.35	0.40
力高健康生活（02370）	0.62	0.81
方圆生活服务（09978）	−0.02	0.05
金茂服务（00816）	0.86	4.51
东原仁知服务（02352）	−0.83	0.57
德商产投服务（02270）	0.03	0.43
万物云（02602）	−10.96	25.86
润华服务（02455）	−0.29	0.54
苏新服务（02152）	0.01	1.35
鲁商服务（02376）	−0.35	−0.06
众安智慧生活（02271）	−0.03	0.01

数据来源：中指数据库监测。

2-27　2023年沪深上市物业服务企业经营活动产生的现金流量净额

单位：亿元人民币

企业名称	2023第一季度	2023第二季度	2023第三季度	2023第四季度
南都物业（603506）	−0.33	0.62	−0.36	1.85
新大正（002968）	−1.97	−1.42	−0.85	2.26
招商积余（001914）	−9.24	−3.13	−2.11	18.16
特发服务（300917）	0.08	0.73	1.16	2.12
中天服务（002188）	−0.18	−0.07	−0.07	0.44
珠江股份（600684）	−0.64	−0.47	−0.40	−1.29

数据来源：中指数据库监测。

2-28 2023年香港上市物业服务企业投资活动产生的现金流量净额

单位：亿元人民币

公司名称	2023年中	2023年末
彩生活（01778）	0.34	2.34
中海物业（02669）	−0.84	−2.79
中奥到家（01538）	−0.08	−0.00
绿城服务（02869）	−1.56	−3.78
祈福生活服务（03686）	−0.70	−0.55
浦江中国（01417）	0.01	−0.38
雅生活服务（03319）	0.15	−3.53
碧桂园服务（06098）	−1.47	−3.54
新城悦服务（01755）	0.09	−3.04
佳兆业美好（02168）	−0.12	−0.11
永升服务（01995）	1.44	1.21
星悦康旅（03662）	0.66	0.68
滨江服务（03316）	−5.83	−11.68
和泓服务（06093）	0.06	0.14
鑫苑服务（01895）	−0.06	−0.11
瑞森生活服务（01922）	0.53	0.03
保利物业（06049）	−0.08	0.56
时代邻里（09928）	0.01	0.04
华发物业服务（00982）	−0.03	−0.15
宝龙商业（09909）	0.37	1.78
兴业物联（09916）	0.02	−3.16
烨星集团（01941）	0.01	0.01
建业新生活（09983）	0.18	0.18
金融街物业（01502）	−0.08	−1.65
弘阳服务（01971）	−0.03	−0.08
正荣服务（06958）	−0.02	−1.45
卓越商企服务（06989）	0.32	0.44
第一服务控股（02107）	−0.35	0.50
世茂服务（00873）	15.92	9.21
合景悠活（03913）	−0.52	−0.65
金科服务（09666）	−0.90	−2.70
融创服务（01516）	−3.21	3.68
恒大物业（06666）	−0.69	−6.09
佳源服务（01153）	−	−
华润万象生活（01209）	−0.71	−18.27
远洋服务（06677）	5.42	5.07

2-28 续表1　　　　　　　　　　　　　　　　　　　　　　　　　　　　　　　　　　　单位：亿元人民币

公司名称	2023年中	2023年末
建发物业（02156）	0.10	0.21
荣万家（02146）	-0.42	-1.14
宋都服务（09608）	1.36	—
新希望服务（03658）	-0.33	-0.49
越秀服务（06626）	-0.08	-0.28
中骏商管（00606）	9.04	-0.84
朗诗绿色生活（01965）	-1.70	-1.42
领悦服务集团（02165）	-0.00	-0.03
德信服务集团（02215）	0.12	-0.06
融信服务（02207）	-0.04	-0.07
康桥悦生活（02205）	0.30	0.38
星盛商业（06668）	-1.47	-1.53
京城佳业（02210）	-0.34	-0.39
力高健康生活（02370）	-0.05	-0.53
方圆生活服务（09978）	-0.03	-0.11
金茂服务（00816）	-0.12	-0.55
东原仁知服务（02352）	-0.07	-0.17
德商产投服务（02270）	-0.61	-0.72
万物云（02602）	2.07	1.52
润华服务（02455）	-0.08	-0.07
苏新服务（02152）	-0.39	-0.64
鲁商服务（02376）	-0.03	-0.06
众安智慧生活（02271）	-0.00	-0.01

数据来源：中指数据库监测。

2-29　2023年沪深上市物业服务企业投资活动产生的现金流量净额

单位：亿元人民币

企业名称	2023第一季度	2023第二季度	2023第三季度	2023第四季度
南都物业（603506）	-1.19	-2.36	-2.19	-2.54
新大正（002968）	-0.04	-0.35	-0.97	-1.30
招商积余（001914）	-0.08	-0.20	-0.39	-0.39
特发服务（300917）	-0.54	-0.89	-1.12	0.26
中天服务（002188）	0.01	-0.02	-0.02	-0.10
珠江股份（600684）	-4.58	-4.54	-4.59	5.93

数据来源：中指数据库监测。

2-30　2023年香港上市物业服务企业筹资活动产生的现金流量净额

单位：亿元人民币

公司名称	2023年中	2023年末
彩生活（01778）	−0.37	−1.30
中海物业（02669）	−0.36	−4.63
中奥到家（01538）	−0.04	−0.40
绿城服务（02869）	−1.96	−7.17
祈福生活服务（03686）	−0.09	−0.40
浦江中国（01417）	0.03	0.03
雅生活服务（03319）	−2.25	−3.74
碧桂园服务（06098）	−6.73	−27.94
新城悦服务（01755）	0.15	−1.75
佳兆业美好（02168）	−0.05	−0.15
永升服务（01995）	−0.29	−2.24
星悦康旅（03662）	−0.14	−0.48
滨江服务（03316）	−0.01	−2.56
和泓服务（06093）	−0.24	0.05
鑫苑服务（01895）	−0.01	−0.03
瑞森生活服务（01922）	−0.45	−0.62
保利物业（06049）	−0.43	−4.18
时代邻里（09928）	−0.08	−0.34
华发物业服务（00982）	1.37	−2.35
宝龙商业（09909）	−0.35	−2.48
兴业物联（09916）	−	−
烨星集团（01941）	−0.00	−0.00
建业新生活（09983）	−2.60	−3.70
金融街物业（01502）	−0.25	−1.00
弘阳服务（01971）	−0.16	−0.23
正荣服务（06958）	−0.44	−0.99
卓越商企服务（06989）	−0.26	−2.68
第一服务控股（02107）	−0.05	−0.35
世茂服务（00873）	−1.91	−4.71
合景悠活（03913）	0.69	0.36
金科服务（09666）	−0.60	−3.43
融创服务（01516）	−4.44	−11.30
恒大物业（06666）	−1.40	−4.00
佳源服务（01153）	−	−
华润万象生活（01209）	−8.89	−22.28
远洋服务（06677）	−2.06	−2.10

2-30 续表1　　　　　　　　　　　　　　　　　　　　　　　　　　　　　　　　　　　　　　单位：亿元人民币

公司名称	2023年中	2023年末
建发物业（02156）	−0.05	0.43
荣万家（02146）	−	−0.38
宋都服务（09608）	−0.00	−
新希望服务（03658）	−0.14	−1.80
越秀服务（06626）	−0.27	−3.27
中骏商管（00606）	−1.07	−1.93
朗诗绿色生活（01965）	−0.02	−0.03
领悦服务集团（02165）	−0.00	−0.00
德信服务集团（02215）	−0.83	−1.15
融信服务（02207）	−0.02	−0.04
康桥悦生活（02205）	−0.08	−0.24
星盛商业（06668）	−0.07	−0.86
京城佳业（02210）	−0.32	−0.36
力高健康生活（02370）	−0.02	0.01
方圆生活服务（09978）	−0.02	−0.23
金茂服务（00816）	−0.21	−1.63
东原仁知服务（02352）	0.01	−0.07
德商产投服务（02270）	0.12	−0.13
万物云（02602）	−1.21	−5.17
润华服务（02455）	1.08	0.84
苏新服务（02152）	−0.06	−0.32
鲁商服务（02376）	−0.01	−0.06
众安智慧生活（02271）	−	1.32

数据来源：中指数据库监测。

2-31　2023年沪深上市物业服务企业筹资活动产生的现金流量净额

单位：亿元人民币

企业名称	2023第一季度	2023第二季度	2023第三季度	2023第四季度
南都物业（603506）	−0.06	0.11	0.79	0.68
新大正（002968）	−0.04	−0.92	−0.72	−0.81
招商积余（001914）	2.76	−3.47	−3.76	−5.95
特发服务（300917）	−0.02	−0.37	−0.42	−0.84
中天服务（002188）	−0.01	−0.01	−0.01	−0.02
珠江股份（600684）	−15.10	−15.55	−16.07	−25.61

数据来源：中指数据库监测。

2-32　2023年香港上市物业服务企业流动资产合计

单位：亿元人民币

公司名称	2023年中	2023年末
彩生活（01778）	42.60	42.44
中海物业（02669）	89.48	99.31
中奥到家（01538）	12.94	13.96
绿城服务（02869）	117.09	121.12
祈福生活服务（03686）	7.61	7.65
浦江中国（01417）	5.61	5.12
雅生活服务（03319）	157.88	164.88
碧桂园服务（06098）	379.71	358.69
新城悦服务（01755）	51.98	55.52
佳兆业美好（02168）	11.95	9.02
永升服务（01995）	53.88	54.57
星悦康旅（03662）	15.76	17.62
滨江服务（03316）	30.12	26.05
和泓服务（06093）	9.74	9.48
鑫苑服务（01895）	9.60	9.45
瑞森生活服务（01922）	10.39	11.47
保利物业（06049）	138.40	142.28
时代邻里（09928）	18.89	20.35
华发物业服务（00982）	13.38	9.53
宝龙商业（09909）	44.83	46.33
兴业物联（09916）	6.07	5.07
烨星集团（01941）	3.51	3.03
建业新生活（09983）	44.68	41.60
金融街物业（01502）	18.72	18.44
弘阳服务（01971）	13.64	14.07
正荣服务（06958）	13.10	10.42
卓越商企服务（06989）	42.60	42.72
第一服务控股（02107）	11.10	11.66
世茂服务（00873）	96.72	91.83
合景悠活（03913）	47.08	46.42
金科服务（09666）	69.13	56.67
融创服务（01516）	91.04	87.38
恒大物业（06666）	55.09	59.70
佳源服务（01153）	—	—
华润万象生活（01209）	188.21	195.18
远洋服务（06677）	31.78	29.77

2-32 续表1　　　　　　　　　　　　　　　　　　　　　　　　　　　　　　　　　单位：亿元人民币

公司名称	2023年中	2023年末
建发物业（02156）	35.53	36.06
荣万家（02146）	37.65	38.11
宋都服务（09608）	4.68	—
新希望服务（03658）	15.24	15.51
越秀服务（06626）	59.00	58.74
中骏商管（00606）	24.61	22.70
朗诗绿色生活（01965）	7.56	6.91
领悦服务集团（02165）	7.24	7.92
德信服务集团（02215）	10.40	13.95
融信服务（02207）	11.69	12.43
康桥悦生活（02205）	11.00	10.69
星盛商业（06668）	13.77	14.69
京城佳业（02210）	18.66	19.12
力高健康生活（02370）	4.76	4.66
方圆生活服务（09978）	4.43	3.67
金茂服务（00816）	29.32	29.98
东原仁知服务（02352）	9.08	10.17
德商产投服务（02270）	4.27	4.42
万物云（02602）	222.93	248.85
润华服务（02455）	3.99	4.57
苏新服务（02152）	6.49	8.68
鲁商服务（02376）	8.43	7.98
众安智慧生活（02271）	2.04	4.02

数据来源：中指数据库监测。

2-33　2023年沪深上市物业服务企业流动资产合计

单位：亿元人民币

企业名称	2023第一季度	2023第二季度	2023第三季度	2023第四季度
南都物业（603506）	16.50	18.23	18.17	18.63
新大正（002968）	12.58	12.09	13.70	14.84
招商积余（001914）	82.76	82.50	85.96	87.14
特发服务（300917）	14.78	14.78	16.24	16.13
中天服务（002188）	2.27	2.53	2.57	2.83
珠江股份（600684）	35.49	35.40	35.49	26.08

数据来源：中指数据库监测。

2-34　2023年香港上市物业服务企业总资产

单位：亿元人民币

公司名称	2023年中	2023年末
彩生活（01778）	59.31	58.49
中海物业（02669）	95.20	106.11
中奥到家（01538）	19.76	20.67
绿城服务（02869）	177.84	180.82
祈福生活服务（03686）	8.76	8.73
浦江中国（01417）	10.00	9.32
雅生活服务（03319）	236.70	240.51
碧桂园服务（06098）	730.02	692.44
新城悦服务（01755）	67.12	66.83
佳兆业美好（02168）	21.54	18.29
永升服务（01995）	85.12	88.29
星悦康旅（03662）	21.43	22.80
滨江服务（03316）	38.60	40.55
和泓服务（06093）	16.72	16.52
鑫苑服务（01895）	10.98	10.75
瑞森生活服务（01922）	12.90	14.63
保利物业（06049）	146.26	148.77
时代邻里（09928）	25.02	26.05
华发物业服务（00982）	14.28	10.47
宝龙商业（09909）	53.80	56.13
兴业物联（09916）	6.15	6.99
烨星集团（01941）	4.49	4.39
建业新生活（09983）	50.53	48.51
金融街物业（01502）	20.25	21.03
弘阳服务（01971）	16.45	16.94
正荣服务（06958）	20.07	18.47
卓越商企服务（06989）	52.74	51.98
第一服务控股（02107）	14.12	14.72
世茂服务（00873）	148.02	142.40
合景悠活（03913）	71.50	68.94
金科服务（09666）	86.08	76.57
融创服务（01516）	125.14	116.45
恒大物业（06666）	76.13	82.46
佳源服务（01153）	—	—
华润万象生活（01209）	263.67	277.83
远洋服务（06677）	42.59	40.39

2-34 续表1 单位：亿元人民币

公司名称	2023年中	2023年末
建发物业（02156）	37.11	38.03
荣万家（02146）	40.73	41.54
宋都服务（09608）	5.29	—
新希望服务（03658）	19.28	19.61
越秀服务（06626）	64.38	64.07
中骏商管（00606）	32.84	33.96
朗诗绿色生活（01965）	11.34	10.88
领悦服务集团（02165）	7.73	8.38
德信服务集团（02215）	13.76	14.25
融信服务（02207）	12.13	12.98
康桥悦生活（02205）	12.65	12.52
星盛商业（06668）	22.43	23.25
京城佳业（02210）	21.81	23.67
力高健康生活（02370）	6.15	6.17
方圆生活服务（09978）	5.41	4.78
金茂服务（00816）	34.91	36.14
东原仁知服务（02352）	12.78	13.95
德商产投服务（02270）	7.73	8.45
万物云（02602）	366.51	393.83
润华服务（02455）	6.49	7.16
苏新服务（02152）	14.95	16.17
鲁商服务（02376）	9.09	9.01
众安智慧生活（02271）	2.12	4.10

数据来源：中指数据库监测。

2-35　2023年沪深上市物业服务企业总资产

单位：亿元人民币

企业名称	2023第一季度	2023第二季度	2023第三季度	2023第四季度
南都物业（603506）	23.24	24.94	24.96	26.63
新大正（002968）	17.06	16.94	19.19	20.52
招商积余（001914）	182.46	182.33	185.83	186.04
特发服务（300917）	15.87	15.86	17.95	17.93
中天服务（002188）	2.54	2.82	2.85	3.22
珠江股份（600684）	38.48	38.78	38.90	29.84

数据来源：中指数据库监测。

2-36　2023年香港上市物业服务企业流动负债合计

单位：亿元人民币

公司名称	2023年中	2023年末
彩生活（01778）	14.43	13.66
中海物业（02669）	57.52	63.65
中奥到家（01538）	9.31	9.97
绿城服务（02869）	83.20	85.58
祈福生活服务（03686）	1.46	1.21
浦江中国（01417）	4.54	4.82
雅生活服务（03319）	83.03	90.44
碧桂园服务（06098）	269.79	263.84
新城悦服务（01755）	33.39	31.55
佳兆业美好（02168）	8.29	8.66
永升服务（01995）	32.47	35.12
星悦康旅（03662）	10.40	11.03
滨江服务（03316）	25.78	24.92
和泓服务（06093）	8.65	8.06
鑫苑服务（01895）	5.30	5.21
瑞森生活服务（01922）	8.08	9.18
保利物业（06049）	62.22	59.21
时代邻里（09928）	9.89	11.12
华发物业服务（00982）	13.20	7.93
宝龙商业（09909）	15.45	16.23
兴业物联（09916）	1.74	2.39
烨星集团（01941）	2.20	2.01
建业新生活（09983）	23.15	25.50
金融街物业（01502）	7.56	7.33
弘阳服务（01971）	6.48	7.47
正荣服务（06958）	7.84	7.29
卓越商企服务（06989）	13.74	14.52
第一服务控股（02107）	7.12	7.49
世茂服务（00873）	55.17	52.44
合景悠活（03913）	27.50	25.53
金科服务（09666）	27.78	33.73
融创服务（01516）	45.71	52.39
恒大物业（06666）	80.35	78.77
佳源服务（01153）	—	—
华润万象生活（01209）	79.68	83.40
远洋服务（06677）	19.42	18.23

2-36 续表1 单位：亿元人民币

公司名称	2023年中	2023年末
建发物业（02156）	22.23	19.05
荣万家（02146）	18.84	20.43
宋都服务（09608）	1.73	—
新希望服务（03658）	6.85	6.45
越秀服务（06626）	23.42	26.65
中骏商管（00606）	6.45	7.20
朗诗绿色生活（01965）	6.98	8.01
领悦服务集团（02165）	2.61	2.87
德信服务集团（02215）	5.84	6.56
融信服务（02207）	4.96	5.83
康桥悦生活（02205）	4.37	4.75
星盛商业（06668）	3.70	3.68
京城佳业（02210）	12.73	13.90
力高健康生活（02370）	2.57	2.79
方圆生活服务（09978）	3.15	2.96
金茂服务（00816）	20.14	19.09
东原仁知服务（02352）	7.51	8.75
德商产投服务（02270）	2.11	2.59
万物云（02602）	169.25	186.83
润华服务（02455）	2.34	2.87
苏新服务（02152）	4.09	5.11
鲁商服务（02376）	3.73	3.75
众安智慧生活（02271）	1.03	1.35

数据来源：中指数据库监测。

2-37　2023年沪深上市物业服务企业流动负债合计

单位：亿元人民币

企业名称	2023第一季度	2023第二季度	2023第三季度	2023第四季度
南都物业（603506）	11.58	13.39	13.22	13.98
新大正（002968）	4.91	5.08	6.71	7.78
招商积余（001914）	67.42	70.61	73.85	74.76
特发服务（300917）	5.66	5.71	6.80	6.37
中天服务（002188）	1.32	1.50	1.47	1.80
珠江股份（600684）	33.51	33.72	33.94	24.25

数据来源：中指数据库监测。

2-38　2023年香港上市物业服务企业总负债

单位：亿元人民币

公司名称	2023年中	2023年末
彩生活（01778）	14.65	13.86
中海物业（02669）	58.38	64.34
中奥到家（01538）	9.59	10.35
绿城服务（02869）	96.44	98.56
祈福生活服务（03686）	2.02	1.72
浦江中国（01417）	6.29	6.52
雅生活服务（03319）	88.18	96.01
碧桂园服务（06098）	321.63	304.62
新城悦服务（01755）	35.97	33.91
佳兆业美好（02168）	8.53	8.89
永升服务（01995）	33.96	36.16
星悦康旅（03662）	10.64	11.28
滨江服务（03316）	25.92	25.13
和泓服务（06093）	9.16	8.75
鑫苑服务（01895）	5.43	5.34
瑞森生活服务（01922）	8.53	9.67
保利物业（06049）	62.98	60.01
时代邻里（09928）	10.77	11.42
华发物业服务（00982）	13.26	7.99
宝龙商业（09909）	24.48	25.56
兴业物联（09916）	1.78	2.44
烨星集团（01941）	2.23	2.04
建业新生活（09983）	25.15	26.89
金融街物业（01502）	8.00	8.00
弘阳服务（01971）	7.05	7.95
正荣服务（06958）	8.22	7.58
卓越商企服务（06989）	15.76	15.46
第一服务控股（02107）	7.19	7.58
世茂服务（00873）	63.43	55.94
合景悠活（03913）	34.00	31.85
金科服务（09666）	30.37	35.60
融创服务（01516）	47.96	54.07
恒大物业（06666）	83.62	82.27
佳源服务（01153）	-	-
华润万象生活（01209）	113.73	117.47
远洋服务（06677）	20.22	18.93

2-38 续表1　　　　　　　　　　　　　　　　　　　　　　　　　　　　　　　　单位：亿元人民币

公司名称	2023年中	2023年末
建发物业（02156）	22.56	19.72
荣万家（02146）	18.93	20.61
宋都服务（09608）	1.74	–
新希望服务（03658）	7.45	7.04
越秀服务（06626）	29.32	27.87
中骏商管（00606）	6.45	7.20
朗诗绿色生活（01965）	7.20	8.23
领悦服务集团（02165）	2.63	2.88
德信服务集团（02215）	5.85	6.66
融信服务（02207）	4.99	5.86
康桥悦生活（02205）	4.53	4.89
星盛商业（06668）	10.38	10.53
京城佳业（02210）	13.76	15.12
力高健康生活（02370）	2.65	2.87
方圆生活服务（09978）	3.24	3.05
金茂服务（00816）	21.21	20.46
东原仁知服务（02352）	7.72	9.02
德商产投服务（02270）	4.84	5.33
万物云（02602）	191.65	211.63
润华服务（02455）	3.30	3.75
苏新服务（02152）	7.08	8.06
鲁商服务（02376）	3.75	3.77
众安智慧生活（02271）	1.03	1.35

数据来源：中指数据库监测。

2-39　2023年沪深上市物业服务企业总负债

单位：亿元人民币

企业名称	2023第一季度	2023第二季度	2023第三季度	2023第四季度
南都物业（603506）	12.29	14.07	13.85	14.79
新大正（002968）	5.23	5.40	7.25	8.32
招商积余（001914）	87.43	84.87	87.74	86.94
特发服务（300917）	5.84	5.88	7.04	6.65
中天服务（002188）	1.34	1.53	1.53	1.90
珠江股份（600684）	33.61	34.13	34.32	25.10

数据来源：中指数据库监测。

2-40　2023年中国物业服务企业新增合约面积TOP50排行榜

排名	企业名称	新增合约面积（万平方米）
1	中海物业管理有限公司	13600
2	雅生活智慧城市服务股份有限公司	12687
3	保利物业服务股份有限公司	12206
4	碧桂园生活服务集团股份有限公司	11719
5	华润万象生活有限公司	11238
6	龙湖物业服务集团有限公司	10739
7	万物云空间科技服务股份有限公司	9377
8	金科智慧服务集团股份有限公司	6967
9	招商局积余产业运营服务股份有限公司	6874
10	绿城物业服务集团有限公司	5169
11	深圳市金地物业管理有限公司	4886
12	世茂服务控股有限公司	4847
13	新城悦服务集团有限公司	3676
14	合景悠活集团控股有限公司	3404
15	金茂物业服务发展股份有限公司	3354
16	上海永升物业管理有限公司	3280
17	宝石花物业管理有限公司	3069
18	恒大物业集团有限公司	3061
19	河南建业新生活服务有限公司	2967
20	新大正物业集团股份有限公司	2957
21	山东明德物业管理集团有限公司	2941
22	荣万家生活服务股份有限公司	2827
23	卓越商企服务集团有限公司	2632
24	东原仁知城市运营服务集团股份有限公司	2352
25	杭州滨江物业管理有限公司	1926
26	广东宏德科技物业有限公司	1815
27	南都物业服务集团股份有限公司	1807
28	金融街物业股份有限公司	1779
29	华发物业服务有限公司	1516
30	彩生活服务集团有限公司	1515
31	深业物业运营集团股份有限公司	1466
32	高地城市服务产业集团	1456
33	中土物业管理集团有限公司	1266
34	佳兆业美好集团有限公司	1240
35	武汉城市服务集团	1229
36	山东省诚信行物业管理有限公司	1214
37	深圳市莲花物业管理有限公司	1176

2-40 续表1

排名	企业名称	新增合约面积（万平方米）
38	东吴服务产业集团（江苏）有限公司	1150
39	江西燕兴物业管理有限公司	1130
40	远洋服务控股有限公司	1102
41	南京银城物业服务有限公司	1032
42	深圳市特发服务股份有限公司	1016
43	和泓服务集团有限公司	1004
44	中铁建物业管理有限公司	976
45	明喆集团有限公司	832
46	德信服务集团有限公司	812
47	华保盛服务管理集团有限公司	796
48	美置服务集团有限公司	715
49	北京中铁慧生活科技服务有限公司	672
50	新日月生活服务集团股份有限公司	666

数据来源：中指数据库监测。

2-41　2023年中国物业服务企业品牌传播TOP50排行榜

排名	企业名称	微信公众号名称	阅读量
1	万物云空间科技服务股份有限公司	万物有云/邻居	7141547
2	中海物业管理有限公司	中海物业公众号矩阵	6528199
3	彩生活服务集团有限公司	彩生活公众号矩阵	3746708
4	保利物业服务股份有限公司	保利物业公众号矩阵	3274978
5	华发物业服务有限公司	华发物业公众号矩阵	1806057
6	融创物业服务集团有限公司	融创服务集团	1589026
7	长城物业集团股份有限公司	长城物业集团	1548521
8	金科智慧服务集团股份有限公司	金科服务/金科大社区	1422181
9	雅生活智慧城市服务股份有限公司	雅生活集团公众号矩阵	1370635
10	伟星物业	伟星物业公众号矩阵	1365368
11	绿城物业服务集团有限公司	绿城服务集团	1361718
12	宝石花物业管理有限公司	宝石花物业	1272754
13	河南建业新生活服务有限公司	建业物业	1254059
14	金碧物业有限公司	金碧物业服务	1067563
15	深圳市前海龙光智慧服务控股有限公司	龙光智慧服务公众号矩阵	1048513
16	深圳市莲花物业管理有限公司	莲花物业公众号矩阵	908804
17	招商局积余产业运营服务股份有限公司	招商积余/招商到家汇	807772
18	新希望物业服务集团有限公司	新希望服务公众号矩阵	689262
19	深圳市金地物业管理有限公司	金地智慧服务	634000
20	中交物业服务集团有限公司	中交服务集团公众号矩阵	531945
21	大华集团上海物业管理有限公司	大华服务	457674
22	越秀服务集团有限公司	越秀服务	453102
23	美置服务集团有限公司	美置服务/美的置业	451258
24	新大正物业集团股份有限公司	新大正	413376
25	碧桂园生活服务集团股份有限公司	碧桂园服务	401184
26	惠之美生活服务集团有限公司	惠之美集团	398000
27	康桥悦生活服务集团有限公司	康桥悦生活/康桥悦生活服务	366297
28	绿都智慧生活服务有限公司	绿都人家	358570
29	海南物管集团股份有限公司	海南物管	350175
30	中电建物业管理有限公司	中电建物业	346918
31	融信服务集团股份有限公司	融信服务集团公众号矩阵	340089
32	山东明德物业管理集团有限公司	明德物业管理集团	333548
33	南京银城物业服务有限公司	银城有范/银城生活	329467
34	新城悦服务集团有限公司	新城悦服务	327262
35	南京朗诗物业管理有限公司	朗诗绿色生活/诗友公社	326016
36	明喆集团有限公司	明喆集团	312317
37	弘阳服务集团	弘阳服务公众号矩阵	292498

2-41 续表1

排名	企业名称	微信公众号名称	阅读量
38	第一服务控股有限公司	第一服务控股	278360
39	深业物业运营集团股份有限公司	深业运营公众号矩阵	269308
40	华侨城物业（集团）有限公司	华侨城物业服务	261727
41	卓越商企服务集团有限公司	卓越商企服务	256050
42	山西建投城市运营集团有限公司	山西建投城市运营集团有限公司	248873
43	杭州滨江物业管理有限公司	滨江物业	235925
44	路劲物业服务集团有限公司	路劲会	234017
45	北京亦庄城市服务集团有限公司	亦庄城市服务集团公众号矩阵	227395
46	大悦城控股集团物业服务有限公司	大悦服务美好生活公众号矩阵	223096
47	力高健康生活有限公司	力高健康生活公众号矩阵	223057
48	河南正弘物业管理有限公司	正弘物业	214907
49	鑫苑科技服务集团有限公司	鑫苑物业官微	214472
50	北京爱情物业服务有限公司	WEAIOVE爱生活	206453

数据来源：中指数据库监测。

第三章
2023年宏观数据

3-1　2023年国内生产总值及同比增幅

	2023年	单位
国内生产总值	1260582	亿元
国内生产总值同比增幅	5.2	%
第一产业增加值	89755	亿元
第一产业增加值同比增幅	4.1	%
第二产业增加值	482589	亿元
第二产业增加值同比增幅	4.7	%
第三产业增加值	688238	亿元
第三产业增加值同比增幅	5.8	%
全部工业增加值	399103	亿元
全部工业增加值同比增幅	4.2	%
规模以上工业增加值同比增幅	4.6	%
装备制造业同比增幅	6.8	%
高技术制造业同比增幅	2.7	%
采矿业同比增幅	2.3	%
制造业同比增幅	5.0	%
电力、热力、燃气及水生产和供应业同比增幅	4.3	%
农副食品加工业增加值同比增幅	0.2	%
纺织业同比增幅	-0.6	%
化学原料和化学制品制造业同比增幅	9.6	%
非金属矿物制品业同比增幅	-0.5	%
黑色金属冶炼和压延加工业同比增幅	7.1	%
通用设备制造业同比增幅	2.0	%
专用设备制造业同比增幅	3.6	%
汽车制造业同比增幅	13.0	%
电气机械和器材制造业同比增幅	12.9	%
计算机、通信和其他电子设备制造业同比增幅	3.4	%
电力、热力生产和供应业同比增幅	4.3	%
批发和零售业增加值	123072	亿元
批发和零售业同比增幅	6.2	%
交通运输、仓储和邮政业增加值	57820	亿元
交通运输、仓储和邮政业同比增幅	8.0	%
住宿和餐饮业增加值	21024	亿元
住宿和餐饮业同比增幅	14.5	%
金融业增加值	100677	亿元
金融业同比增幅	6.8	%
房地产业增加值	73723	亿元
房地产业同比增幅	-1.3	%
信息传输、软件和信息技术服务业增加值	55194	亿元
信息传输、软件和信息技术服务业同比增幅	11.9	%
租赁和商务服务业增加值	44347	亿元
租赁和商务服务业同比增幅	9.3	%

数据来源：国家统计局。

3-2 2019—2023年各地区生产总值

单位：亿元

	2019	2020	2021	2022	2023
北京市	35445.1	35943.3	41045.6	41540.9	43760.7
天津市	14055.5	14008	15685.1	16132.2	16737.3
河北省	34978.6	36013.8	40397.1	41988	43944.1
山西省	16961.6	17835.6	22870.4	25583.9	25698.2
内蒙古自治区	17212.5	17258	21166	23388.9	24627.0
辽宁省	24855.3	25011.4	27569.5	28826.1	30209.4
吉林省	11726.8	12256	13163.8	12818.1	13531.2
黑龙江省	13544.4	13633.4	14858.2	15831.5	15883.9
上海市	37987.6	38963.3	43653.2	44809.1	47218.7
江苏省	98656.8	102807.7	117392.4	122089.3	128222.2
浙江省	62462	64689.1	74040.8	78060.6	82553.0
安徽省	36845.5	38061.5	42565.2	44607.7	47050.6
福建省	42326.6	43608.6	49566.1	51765.1	54355.0
江西省	24667.3	25782	29827.8	31213.8	32200.1
山东省	70540.5	72798.2	82875.2	87576.9	92069.0
河南省	53717.8	54259.4	58071.4	58220.1	59132.4
湖北省	45429	43004.5	50091.2	52741.7	55803.6
湖南省	39894.1	41542.6	45713.5	47558.6	50012.9
广东省	107986.9	111151.6	124719.5	129513.6	135673.2
广西壮族自治区	21237.1	22120.9	25209.1	26186.1	27202.4
海南省	5330.8	5566.2	6504.1	6889.6	7551.2
重庆市	23605.8	25041.4	28077.3	28576.1	30145.8
四川省	46363.8	48501.6	54088	56610.2	60132.9
贵州省	16769.3	17860.4	19458.6	20010.4	20913.3
云南省	23223.8	24555.7	27161.6	28556.1	30021.0
西藏自治区	1697.8	1902.7	2080.2	2150.2	2392.7
陕西省	25793.2	26014.1	30121.7	32838.2	33786.1
甘肃省	8718.3	8979.7	10225.5	11121.4	11863.8
青海省	2941.1	3009.8	3385.1	3623.3	3799.1
宁夏回族自治区	3748.5	3956.3	4588.2	5104.6	5315.0
新疆维吾尔自治区	13597.1	13800.7	16311.6	18042.7	19125.9

数据来源：国家统计局。

3-3　2019—2023年各地区城镇居民可支配收入

单位：元

	2019	2020	2021	2022	2023
北京市	73849	75602	81518	84023	88650
天津市	46119	47659	51486	53003	55355
河北省	35738	37286	39791	41278	43631
山西省	33262	34793	37433	39532	41327
内蒙古自治区	40782	41353	44377	46295	48676
辽宁省	39777	40376	43051	44003	45896
吉林省	32299	33396	35646	35471	37503
黑龙江省	30945	31115	33646	35042	36492
上海市	73615	76437	82429	84034	89477
江苏省	51056	53102	57743	60178	63211
浙江省	60182	62699	68487	71268	74997
安徽省	37540	39442	43009	45133	47446
福建省	45620	47160	51140	53817	56153
江西省	36546	38556	41684	43697	45554
山东省	42329	43726	47066	49050	51571
河南省	34201	34750	37095	38484	40234
湖北省	37601	36706	40278	42626	44990
湖南省	39842	41698	44866	47301	49243
广东省	48118	50257	54854	56905	59307
广西壮族自治区	34745	35859	38530	39703	41287
海南省	36017	37097	40213	40118	42661
重庆市	37939	40006	43502	45509	47435
四川省	36154	38253	41444	43233	45227
贵州省	34404	36096	39211	41086	42772
云南省	36238	37500	40905	42168	43563
西藏自治区	37410	41156	46503	48753	51900
陕西省	36098	37868	40713	42431	44713
甘肃省	32323	33822	36187	37572	39833
青海省	33830	35506	37745	38736	40408
宁夏回族自治区	34328	35720	38291	40194	42395
新疆维吾尔自治区	34664	34838	37642	38410	40578
全国	42359	43834	47412	49283	51821

数据来源：国家统计局。

3-4 2023年全国人口情况

指标名称	数值	单位
年末总人口	140967	万人
男性人口	72032	万人
女性人口	68935	万人
城镇人口	93267	万人
乡村人口	47700	万人
人口出生率	6.39	‰
人口死亡率	7.87	‰
人口自然增长率	-1.48	‰
65岁及以上人口	21676	万人

数据来源：国家统计局。

3-5　2019—2023年各地区年末常住人口

单位：万人

	2019	2020	2021	2022	2023
北京市	2190	2189	2189	2184	2186
天津市	1385	1387	1373	1363	1364
河北省	7447	7464	7448	7420	7393
山西省	3497	3490	3480	3481	3466
内蒙古自治区	2415	2403	2400	2401	2396
辽宁省	4277	4255	4229	4197	4182
吉林省	2448	2399	2375	2348	2339
黑龙江省	3255	3171	3125	3099	3062
上海市	2481	2488	2489	2476	2487
江苏省	8469	8477	8505	8515	8526
浙江省	6375	6468	6540	6577	6627
安徽省	6092	6105	6113	6127	6121
福建省	4137	4161	4187	4188	4183
江西省	4516	4519	4517	4528	4515
山东省	10106	10165	10170	10163	10123
河南省	9901	9941	9883	9872	9815
湖北省	5927	5745	5830	5844	5838
湖南省	6640	6645	6622	6604	6568
广东省	12489	12624	12684	12657	12706
广西壮族自治区	4982	5019	5037	5047	5027
海南省	995	1012	1020	1027	1043
重庆市	3188	3209	3212	3213	3191
四川省	8351	8371	8372	8374	8368
贵州省	3848	3858	3852	3856	3865
云南省	4714	4722	4690	4693	4673
西藏自治区	361	366	366	364	365
陕西省	3944	3955	3954	3956	3952
甘肃省	2509	2501	2490	2492	2465
青海省	590	593	594	595	594
宁夏回族自治区	717	721	725	728	729
新疆维吾尔自治区	2559	2590	2589	2587	2598

数据来源：国家统计局。

3-6　2019—2023年各地区年末城镇人口

单位：万人

	2019	2020	2021	2022	2023
北京市	1913	1916	1916	1913	1920
天津市	1168	1175	1165	1160	1166
河北省	4377	4484	4554	4575	4641
山西省	2143	2182	2207	2226	2252
内蒙古自治区	1605	1622	1637	1647	1667
辽宁省	3046	3070	3079	3064	3074
吉林省	1509	1503	1505	1496	1514
黑龙江省	2103	2080	2053	2052	2055
上海市	2214	2222	2223	2211	—
江苏省	6137	6226	6289	6337	6395
浙江省	4563	4668	4752	4826	4919
安徽省	3474	3561	3631	3686	3765
福建省	2808	2861	2918	2937	2972
江西省	2668	2731	2776	2811	2850
山东省	6252	6409	6503	6559	6634
河南省	5348	5510	5579	5633	5701
湖北省	3665	3613	3736	3779	3822
湖南省	3815	3905	3954	3983	4017
广东省	9073	9361	9466	9465	9583
广西壮族自治区	2639	2720	2774	2809	2855
海南省	591	610	622	631	652
重庆市	2175	2229	2259	2280	2287
四川省	4623	4749	4841	4886	4978
贵州省	1981	2051	2093	2114	2162
云南省	2294	2363	2394	2427	2473
西藏自治区	125	131	134	136	142
陕西省	2417	2478	2516	2532	2575
甘肃省	1272	1306	1328	1351	1368
青海省	347	356	362	366	373
宁夏回族自治区	456	468	479	483	491
新疆维吾尔自治区	1421	1464	1482	1498	1539

数据来源：国家统计局。

3-7 2019—2023年各地区出生率、死亡率、自然增长率

地区	人口出生率（‰）2019年	人口出生率（‰）2021年	人口出生率（‰）2022年	人口死亡率（‰）2019年	人口死亡率（‰）2021年	人口死亡率（‰）2022年	人口自然增长率（‰）2019年	人口自然增长率（‰）2021年	人口自然增长率（‰）2022年
北京市	8.12	6.35	5.67	5.49	5.39	5.72	2.63	0.96	-0.05
天津市	6.73	5.3	4.75	5.3	6.23	6.43	1.43	-0.93	-1.68
河北省	10.83	7.15	6.09	6.12	7.58	7.8	4.71	-0.43	-1.71
山西省	9.12	7.06	6.75	5.85	7.32	7.73	3.27	-0.26	-0.98
内蒙古自治区	8.23	6.26	5.58	5.66	7.54	7.83	2.57	-1.28	-2.25
辽宁省	6.45	4.71	4.08	7.25	8.89	9.04	-0.8	-4.18	-4.96
吉林省	6.05	4.7	4.32	6.9	8.08	8.39	-0.85	-3.38	-4.07
黑龙江省	5.73	3.59	3.34	6.74	8.7	9.09	-1.01	-5.11	-5.75
上海市	7	4.67	4.35	5.5	5.59	5.96	1.5	-0.92	-1.61
江苏省	9.12	5.65	5.23	7.04	6.77	7.04	2.08	-1.12	-1.81
浙江省	10.51	6.9	6.28	5.52	5.9	6.24	4.99	1	0.04
安徽省	12.03	8.05	7.16	6.04	8	8.09	5.99	0.05	-0.93
福建省	12.9	8.26	7.07	6.1	6.28	6.52	6.8	1.98	0.55
江西省	12.59	8.34	7.19	6.03	6.71	6.94	6.56	1.63	0.25
山东省	11.77	7.38	6.71	7.5	7.36	7.64	4.27	0.02	-0.93
河南省	11.02	8	7.42	6.84	7.36	7.5	4.18	0.64	-0.08
湖北省	11.35	6.98	6.08	7.08	7.86	8.09	4.27	-0.88	-2.01
湖南省	10.39	7.13	6.23	7.28	8.28	8.54	3.11	-1.15	-2.31
广东省	12.54	9.35	8.3	4.46	4.83	4.97	8.08	4.52	3.33
广西壮族自治区	13.31	9.68	8.51	6.14	6.8	7.08	7.17	2.88	1.43
海南省	12.87	9.74	8.6	6.11	6.01	6.16	6.76	3.73	2.44
重庆市	10.48	6.49	5.98	7.57	8.04	8.09	2.91	-1.55	-2.11
四川省	10.7	6.85	6.39	7.09	8.74	9.04	3.61	-1.89	-2.65
贵州省	13.65	12.17	11.03	6.95	7.19	7.32	6.7	4.98	3.71
云南省	12.63	9.35	8.14	6.2	8.12	8.21	6.43	1.23	-0.07
西藏自治区	14.6	14.17	14.24	4.46	5.47	5.48	10.14	8.7	8.76
陕西省	10.55	7.89	7.36	6.28	7.38	7.64	4.27	0.51	-0.28
甘肃省	10.6	9.68	8.47	6.75	8.26	8.51	3.85	1.42	-0.04
青海省	13.66	11.22	10.6	6.08	6.91	7.23	7.58	4.31	3.37
宁夏回族自治区	13.72	11.62	10.6	5.69	6.09	6.19	8.03	5.53	4.41
新疆维吾尔自治区	8.14	6.16	6.53	4.45	5.6	5.76	3.69	0.56	0.77

数据来源：国家统计局。

第四章

2023年房地产开发数据

4-1　2019—2023年全国房地产开发投资

单位：万平方米、亿元、元/平方米

指标	2019年	2020年	2021年	2022年	2023年
完成投资额	122629	130816	136275	122697	110913
住宅完成投资额	89571	96039	102035	92368	83820
办公楼完成投资额	5837	6139	5647	5001	4531
商业用房完成投资额	12081	11920	11333	9696	8055
本年资金来源小计	178609	193115	201132	147454	127459
国内贷款	25229	26676	23296	17312	15595
利用外资	176	192	107	78	48
自筹资金	58158	63377	65428	51932	41989
本年购置土地面积	25822	25536	21590	10042	/
施工房屋面积	893821	926759	975387	903747	838364
住宅施工房屋面积	627673	655558	690319	639696	589884
办公楼施工房屋面积	37252	37084	37730	34917	33132
商业用房施工房屋面积	100389	93198	90677	79966	72181
新开工房屋面积	227154	224433	198895	119868	95376
住宅新开工房屋面积	167463	164329	146379	87574	69286
办公楼新开工房屋面积	7084	6604	5224	3176	2589
商业用房新开工房屋面积	18936	18012	14106	8114	6459
竣工房屋面积	95942	91218	101412	85333	99831
住宅竣工房屋面积	68011	65910	73016	62539	72433
办公楼竣工房屋面积	3923	3042	3376	2612	2890
商业用房竣工房屋面积	10814	8621	8718	6800	7023
销售面积	164531	168560	171415	129766	111735
住宅销售面积	144040	148316	149602	109564	94796
办公楼销售面积	3655	3268	3301	3192	2717
商业用房销售面积	9688	8829	8580	7816	6356
商品房屋销售额	155802	169069	176946	129656	116622
住宅销售额	136181	150673	158428	113670	102990
办公楼销售额	5274	4988	4641	4469	3742
商业用房销售额	10673	9457	9260	7765	6619
销售价格	9469	10030	10323	9991	10437
住宅销售价格	9454	10159	10590	10375	10864
办公楼销售价格	14431	15264	14060	14003	13773
商业用房销售价格	11017	10712	10792	9934	10413

数据来源：国家统计局。

4-2　2023年全国房地产开发投资

单位：万平方米、亿元

指标	1~2月	1~3月	1~4月	1~5月	1~6月	1~7月	1~8月	1~9月	1~10月	1~11月	1~12月
商品房施工面积	750240	764577	771271	779506	791548	799682	806415	815688	822895	831345	838364
住宅施工面积	527695	538214	542968	548475	557083	563026	567792	574250	579361	585309	589884
办公楼施工面积	30522	30762	30951	31306	31521	31754	31962	32260	32459	32665	33132
商业用房施工面积	66350	67271	67710	68321	69190	69684	70258	70825	71391	71970	72181
商品房新开工面积	13567	24121	31220	39723	49880	56969	63891	72123	79177	87456	95376
住宅新开工面积	9891	17719	22900	29010	36340	41546	46636	52512	57659	63737	69286
办公楼新开工面积	373	613	826	1094	1353	1515	1662	1938	2143	2320	2589
商业用房新开工面积	879	1581	2109	2631	3374	3849	4358	4910	5369	5893	6459
商品房竣工面积	13178	19422	23678	27826	33904	38405	43726	48705	55151	65237	99831
住宅竣工面积	9782	14396	17396	20194	24604	27954	31775	35319	40079	47581	72433
办公楼竣工面积	322	482	647	883	1019	1164	1289	1461	1576	1805	2890
商业用房竣工面积	976	1451	1786	2080	2475	2806	3187	3469	3883	4539	7023
商品房销售面积	15133	29946	37636	46440	59515	66563	73949	84806	92579	100509	111735
现房销售面积	2880	6008	7506	9200	12056	13645	15445	18098	19925	21901	25156
期房销售面积	12253	23938	30130	37240	47458	52918	58504	66708	72653	78608	86579
住宅销售面积	13387	26251	32966	40663	51592	57623	63811	72770	79386	85965	94796
住宅现房销售面积	2175	4456	5529	6729	8715	9860	11106	12992	14297	15643	17765
住宅期房销售面积	11212	21796	27437	33934	42877	47763	52706	59777	65089	70321	77031
办公楼销售面积	246	552	728	911	1269	1430	1641	1948	2099	2280	2717
办公楼现房销售面积	88	214	282	353	506	577	676	796	861	941	1146
办公楼期房销售面积	158	338	445	558	763	853	965	1152	1238	1339	1571
商业用房销售面积	655	1428	1767	2178	3008	3418	3837	4501	4973	5493	6356
商业用房现房销售面积	268	609	766	960	1289	1468	1659	1927	2134	2374	2770
商业用房期房销售面积	387	819	1001	1219	1718	1950	2178	2574	2839	3119	3586
商品房待售面积	65528	64770	64487	64120	64159	64564	64795	64537	64835	65385	67295
住宅商品房待售面积	32699	31841	31429	31048	31006	31239	31366	31186	31362	31813	33119
办公楼待售面积	4717	4686	4721	4768	4756	4760	4736	4730	4751	4764	4854
商业用房待售面积	13935	14062	14103	14029	13992	14073	14066	14027	14020	14069	14231
土地购置费	3977	8173	12002	16184	21044	24476	27901	31468	34695	37393	38617
房地产开发投资额	13669	25974	35514	45701	58550	67717	76900	87269	95922	104045	110913
住宅开发投资额	10273	19767	27072	34809	44439	51485	58425	66279	72799	78852	83820
90平方米以下住宅投资额	1887	3561	4848	6215	7939	9145	10362	11705	12807	13830	14831
140平方米以上住宅投资额	1613	3064	4310	5633	7310	8554	9742	11111	12295	13403	14350

4-2 续表1　　　　　　　　　　　　　　　　　　　　　　　　　　　　　　　　　　　　单位：万平方米、亿元

指标	1~2月	1~3月	1~4月	1~5月	1~6月	1~7月	1~8月	1~9月	1~10月	1~11月	1~12月
办公楼开发投资额	614	1031	1392	1825	2332	2689	3036	3437	3794	4145	4531
商业用房投资额	1031	1928	2587	3261	4205	4837	5490	6269	6892	7493	8055
商品房销售额	15449	30545	39750	49787	63092	70450	78158	89070	97161	105318	116622
现房销售额	2411	4997	6350	7914	10225	11474	13041	15103	16671	18382	21200
期房销售额	13038	25548	33401	41873	52867	58976	65117	73968	80490	86936	95423
住宅销售额	14134	27647	36020	45132	56639	63184	69918	79311	86502	93646	102990
住宅现房销售额	1899	3820	4863	6036	7688	8611	9754	11257	12421	13662	15546
住宅期房销售额	12235	23827	31157	39096	48951	54573	60163	68054	74081	79984	87443
办公楼销售额	308	728	963	1224	1728	1923	2224	2640	2832	3088	3742
办公楼现房销售额	119	310	396	501	692	773	921	1084	1179	1312	1659
办公楼期房销售额	189	418	567	723	1036	1150	1304	1556	1652	1776	2083
商业用房销售额	662	1459	1849	2293	3185	3616	4059	4786	5263	5772	6619
商业用房现房销售额	250	573	722	912	1234	1397	1566	1805	2005	2228	2595
商业用房期房销售额	411	886	1127	1381	1951	2219	2493	2981	3257	3544	4023
资金来源合计	21331	34708	45155	55958	68797	78217	87116	98067	107345	117044	127459
国内贷款	3489	4995	6144	7175	8691	9732	10671	12100	13117	14227	15595
利用外资	5	8	12	13	28	30	35	36	37	43	48
自筹资金	6342	10171	12965	16267	20561	23916	27195	31252	34781	38505	41989
定金及预收款	7112	11909	15925	19878	24275	27377	30185	33631	36596	39583	43202
个人按揭贷款	3495	6188	8222	10354	12429	13950	15453	17028	18506	19982	21489

数据来源：国家统计局。

4-3　2019—2023年全国各地区房地产开发投资额

单位：亿元

省份	2019年	2020年	2021年	2022年	2023年
北京	3838	3939	4139	4178	4196
上海	4231	4699	5035	4980	5886
天津	2728	2609	2770	2128	1232
重庆	4439	4352	4355	3217	2792
广东	15852	17313	17466	14963	13466
浙江	10683	11414	12389	12940	13198
江西	2239	2378	2529	2209	1581
安徽	6670	7042	7263	6203	4659
黑龙江	958	983	936	629	457
江苏	12009	13171	13477	12407	11891
广西	3814	3846	3734	2206	1337
福建	5673	6027	6196	5134	4403
吉林	1316	1461	1541	1015	824
内蒙古	1042	1176	1234	978	963
海南	1336	1342	1380	1158	1171
河南	7465	7782	7874	5685	4189
河北	4347	4601	5024	4092	3094
山西	1657	1830	1945	1764	1751
陕西	3904	4404	4441	4255	2943
西藏	130	165	142	61	79
湖南	4445	4880	5428	4858	3833
湖北	5112	4889	6122	5934	5409
四川	6573	7315	7832	7216	5321
山东	8615	9450	9820	9180	8169
辽宁	2834	2979	2901	2362	1745
云南	4151	4505	4310	3152	2067
贵州	2991	3419	3383	1814	1188
甘肃	1258	1356	1526	1482	1263
新疆	1074	1261	1501	1159	1169
青海	406	421	443	296	201
宁夏	403	433	467	420	436

数据来源：国家统计局。

4-4　2023年全国各地区房地产开发投资额

单位：亿元

省份	1~2月	1~3月	1~4月	1~5月	1~6月	1~7月	1~8月	1~9月	1~10月	1~11月	1~12月
北京	452	924	1265	1697	2265	2599	3011	3464	3732	4022	4196
上海	851	1250	1672	2104	2559	3109	3597	4092	4631	5208	5886
天津	186	328	416	510	637	722	813	928	1015	1105	1232
重庆	359	763	959	1134	1487	1727	1940	2240	2426	2584	2792
广东	1620	2865	4038	5445	6956	7978	9060	10284	11282	12298	13466
浙江	1540	2692	3761	4934	6466	7571	8759	10071	11193	12326	13198
江西	262	470	650	831	1025	1122	1214	1358	1447	1524	1581
安徽	726	1328	1851	2236	2629	3017	3421	3805	4101	4396	4659
黑龙江	3	33	70	123	209	248	291	353	394	430	457
江苏	1742	3072	4233	5441	6655	7650	8530	9527	10445	11281	11891
广西	230	454	549	641	768	850	905	1033	1112	1185	1337
福建	703	1292	1668	1953	2456	2814	3138	3542	3860	4164	4403
吉林	23	56	89	173	349	428	540	663	730	782	824
内蒙古	32	101	164	265	436	549	666	799	868	927	963
海南	141	299	399	491	607	695	774	864	952	1046	1171
河南	592	1323	1475	1828	2334	2650	2987	3336	3607	3869	4189
河北	211	677	1031	1260	1421	1699	1987	2284	2647	2872	3094
山西	94	281	428	561	849	1016	1176	1393	1519	1639	1751
陕西	286	707	1060	1473	1989	2236	2473	2769	3091	3339	2943
西藏	2	9	16	25	42	52	60	67	74	77	79
湖南	424	822	1182	1432	1853	2132	2450	2848	3186	3516	3833
湖北	527	1150	1704	2285	2945	3374	3826	4333	4743	5073	5409
四川	919	1324	1784	2277	2827	3296	3743	4181	4611	4998	5321
山东	912	1825	2580	3492	4553	5276	5921	6597	7213	7781	8169
辽宁	125	352	506	683	955	1080	1239	1422	1541	1664	1745
云南	294	573	727	910	1135	1279	1422	1587	1729	1877	2067
贵州	341	711	660	532	661	728	812	914	1011	1101	1188
甘肃	41	143	261	412	613	740	864	1008	1111	1209	1263
新疆	15	60	163	324	535	689	831	977	1074	1138	1169
青海	0	30	53	82	115	140	162	180	195	200	201
宁夏	16	61	102	145	218	252	290	351	383	414	436

数据来源：国家统计局。

4-5　2019—2023年全国各地区房地产商品房施工面积

单位：万平方米

省份	2019年	2020年	2021年	2022年	2023年
北京	12515	13919	14055	13333	12531
上海	14803	15740	16628	16678	17216
天津	11453	12035	12628	11085	9718
重庆	27987	27368	26893	22647	20530
广东	86825	91642	94248	88663	82982
浙江	49605	56725	58819	55955	55611
江西	23557	23581	25220	22715	21609
安徽	43591	44975	46813	40842	34994
黑龙江	11441	11262	10741	9968	9080
江苏	65687	67889	68480	62512	57386
广西	29807	32184	34176	32203	29532
福建	34140	34557	34667	31670	27664
吉林	12404	12341	13062	11580	10529
内蒙古	15889	15311	16395	15312	13649
海南	9222	8589	8939	9057	9091
河南	57567	58438	62688	57197	52066
河北	29853	31408	35681	33652	31675
山西	19549	21938	24930	25351	24535
陕西	27728	28358	29978	28712	28573
西藏	764	945	945	698	646
湖南	40045	40757	42661	38367	31939
湖北	33825	35419	37741	34919	31570
四川	49114	50756	54249	51948	47770
山东	75767	79792	82772	75799	71308
辽宁	23787	24003	25424	22974	20860
云南	26314	25801	29148	27403	25039
贵州	27775	26923	28750	26243	24785
甘肃	10977	11328	13198	12268	12102
新疆	12970	14268	16454	16076	15376
青海	2922	2944	3399	3349	3150
宁夏	5937	5563	5607	4918	4851

数据来源：国家统计局。

4-6　2023年全国各地区房地产商品房施工面积

单位：万平方米

省份	1~2月	1~3月	1~4月	1~5月	1~6月	1~7月	1~8月	1~9月	1~10月	1~11月	1~12月
北京	11395	11642	11681	11731	11864	11994	12059	12178	12297	12419	12531
上海	14447	14993	14977	15193	14906	15254	15666	15893	16031	16502	17216
天津	9255	9435	9528	9591	9670	9722	9814	10012	10004	9813	9718
重庆	19321	19406	19504	19589	19770	19925	20137	20224	20340	20375	20530
广东	75869	77303	77809	78539	79487	80036	80463	81031	81559	82259	82982
浙江	45238	46076	46653	47373	49245	49756	50579	52324	53235	54560	55611
江西	19905	20179	20342	20482	20822	20970	21152	21190	21276	21562	21609
安徽	30727	31210	31735	32123	32598	32908	33311	33912	34309	34587	34994
黑龙江	8344	8478	8522	8635	8706	8784	8844	8947	8992	9049	9080
江苏	49709	50786	51216	52085	52877	53498	54082	54911	55606	56750	57386
广西	27919	28139	28305	28375	28578	28587	28765	28997	29085	29197	29532
福建	25040	25578	25791	26077	26328	26512	26794	26979	27215	27426	27664
吉林	9022	9626	9554	9905	10063	10094	10208	10334	10454	10472	10529
内蒙古	11254	11972	12183	12551	12676	13554	13666	13811	13937	13965	13649
海南	8142	8357	8488	8578	8619	8667	8738	8796	8888	8986	9091
河南	48489	49114	49468	49393	49901	50286	50609	50894	51284	51735	52066
河北	27026	27641	28109	28500	28935	29316	29780	30272	30682	31111	31675
山西	20947	22146	22415	22230	23076	23496	23429	24072	24188	24265	24535
陕西	23896	25433	26063	26514	27335	27607	27409	27745	28054	28527	28573
西藏	644	642	654	652	653	633	633	635	643	644	646
湖南	29415	29803	30021	30197	30569	30939	31181	31453	31751	32067	31939
湖北	29197	29415	29595	29638	29870	30078	30350	30567	30860	31258	31570
四川	43505	43864	44083	44420	44961	45480	45907	46233	46746	47164	47770
山东	64977	65715	66242	67079	68037	68587	69044	69652	70127	70794	71308
辽宁	19193	19693	19717	19908	20169	20278	20390	20524	20661	20798	20860
云南	23417	23827	23874	24109	24459	24700	24836	24967	25048	25261	25039
贵州	23179	23420	23511	23568	23730	23848	23977	24160	24401	24567	24785
甘肃	10385	10718	10821	11026	11278	11451	11618	11788	11884	11984	12102
新疆	13214	12669	12991	13947	14735	15048	15205	15313	15375	15230	15376
青海	2959	2952	2999	3004	3040	3057	3107	3109	3148	3153	3150
宁夏	4213	4346	4422	4493	4593	4616	4663	4766	4815	4867	4851

数据来源：国家统计局。

4-7　2019—2023年全国各地区房地产商品房竣工面积

单位：万平方米

省份	2019年	2020年	2021年	2022年	2023年
北京	1343	1546	1984	1938	2042
上海	2670	2878	2740	1676	2096
天津	1656	1634	1893	1504	1814
重庆	5069	3774	4196	2793	3257
广东	9956	7764	8043	8161	8017
浙江	5739	6693	6387	6130	9934
江西	2231	2239	2517	1463	1935
安徽	5674	5101	7013	5945	5634
黑龙江	1204	1438	968	732	829
江苏	9369	11151	9141	7892	8817
广西	2038	2129	2433	2345	2615
福建	2882	3804	4042	4034	4265
吉林	1222	965	845	724	671
内蒙古	951	841	1052	1101	1217
海南	1302	687	475	751	741
河南	6571	5413	6842	6317	6044
河北	2680	2367	2523	2523	3421
山西	2739	1481	2639	2127	2345
陕西	1782	1746	1770	1976	2172
西藏	19	28	88	36	67
湖南	3975	3964	4604	3436	4274
湖北	2559	2647	3398	3086	3779
四川	4580	4546	4379	4073	4118
山东	10179	9326	11374	6686	8862
辽宁	1818	1848	2339	1946	2242
云南	1844	1638	2541	2565	3195
贵州	955	862	916	963	1579
甘肃	674	881	1463	918	1241
新疆	1117	902	1502	1141	1298
青海	133	154	160	248	270
宁夏	1011	772	1144	627	1039

数据来源：国家统计局。

4-8　2023年全国各地区房地产商品房竣工面积

单位：万平方米

省份	1~2月	1~3月	1~4月	1~5月	1~6月	1~7月	1~8月	1~9月	1~10月	1~11月	1~12月
北京	85	178	288	369	484	599	719	909	1030	1196	2042
上海	358	472	571	711	865	921	1103	1204	1374	1644	2096
天津	287	357	425	499	514	642	780	932	1167	1508	1814
重庆	706	900	1033	1248	1588	1886	2131	2240	2467	2627	3257
广东	1448	2137	2389	2775	3402	3761	4087	4456	4978	5607	8017
浙江	754	1264	1592	2104	2947	3567	4134	5049	5546	6528	9934
江西	390	487	567	653	814	885	983	1001	1053	1130	1935
安徽	804	1183	1409	1649	1966	2141	2361	2667	2981	3466	5634
黑龙江	66	182	234	291	420	478	489	513	589	648	829
江苏	1683	2500	2855	3376	3998	4308	4599	5187	5667	6395	8817
广西	480	757	978	1029	1169	1302	1659	1774	1898	1996	2615
福建	585	749	914	1127	1321	1507	1874	2019	2235	2644	4265
吉林	83	95	111	111	147	175	234	296	323	405	671
内蒙古	56	92	128	183	244	309	349	353	506	640	1217
海南	149	209	235	193	225	243	260	291	309	396	741
河南	585	845	1162	1326	1555	1954	2236	2377	2548	3561	6044
河北	157	276	381	442	501	624	743	854	1040	1352	3421
山西	177	280	346	378	516	583	667	731	884	1107	2345
陕西	288	498	493	572	713	776	1017	1067	1193	1225	2172
西藏	11	6	11	27	27	30	36	36	49	51	67
湖南	719	952	1118	1301	1563	1728	1882	2037	2257	2565	4274
湖北	447	623	870	982	1202	1364	1475	1580	2532	2982	3779
四川	959	1268	1494	1642	1899	2022	2290	2571	2817	3019	4118
山东	942	1412	1844	2157	2666	2936	3339	3647	4031	6030	8862
辽宁	208	554	806	908	1007	1103	1248	1366	1497	1679	2242
云南	464	676	784	896	994	1133	1246	1406	1530	1679	3195
贵州	95	179	238	270	358	395	478	533	629	767	1579
甘肃	21	65	90	135	212	224	325	383	504	553	1241
新疆	94	128	164	272	369	485	581	644	815	1013	1298
青海	39	47	48	48	54	89	92	97	108	108	270
宁夏	39	50	101	152	162	234	310	485	592	714	1039

数据来源：国家统计局。

4-9　2019—2023年全国各地区房地产商品房销售额

单位：亿元

省份	2019年	2020年	2021年	2022年	2023年
北京	3371	3657	4486	3977	4233
上海	5204	6047	6789	7468	7260
天津	2274	2114	2323	1516	1893
重庆	5129	5071	5391	2955	2475
广东	19748	22573	22320	15870	15136
浙江	14352	17145	19052	12660	11504
江西	4710	5223	5894	4905	2482
安徽	6824	7346	8143	5160	3873
黑龙江	1268	1064	858	569	554
江苏	16260	19409	21361	14812	12682
广西	4366	4251	3672	2295	1686
福建	6939	7498	8217	5872	4657
吉林	1581	1382	1291	696	730
内蒙古	1244	1365	1215	868	993
海南	1276	1232	1559	1098	1494
河南	9010	9364	8658	5679	4546
河北	4139	4950	5053	3702	3539
山西	1632	1886	2171	1515	1588
陕西	3960	4375	4146	3270	2974
西藏	97	84	122	51	67
湖南	5578	5947	6041	4239	3700
湖北	7752	6088	7250	5203	4619
四川	9667	10394	10797	7600	7170
山东	10271	11066	12156	9808	9542
辽宁	3049	3366	3066	1815	1557
云南	3846	3970	2963	1999	1702
贵州	3184	3224	3244	1686	1252
甘肃	1019	1293	1345	835	901
新疆	1034	1146	1377	883	1167
青海	367	383	294	145	167
宁夏	574	698	675	502	479

数据来源：国家统计局。

4-10　2023年全国各地区房地产商品房销售额

单位：亿元

省份	1~2月	1~3月	1~4月	1~5月	1~6月	1~7月	1~8月	1~9月	1~10月	1~11月	1~12月
北京	417	858	1386	1764	2120	2457	2781	3196	3553	3820	4233
上海	1061	1738	2247	2748	3466	4109	4609	5401	5907	6414	7260
天津	253	530	723	883	1121	1154	1262	1439	1592	1727	1893
重庆	353	742	918	1088	1326	1514	1722	1996	2180	2302	2475
广东	1868	3856	5171	6618	8249	9174	10076	11520	12594	13612	15136
浙江	1717	3347	4333	5296	6747	7386	8171	9194	9807	10537	11504
江西	423	807	996	1236	1604	1735	1829	1968	2105	2259	2482
安徽	689	1253	1628	1988	2363	2588	2825	3165	3425	3651	3873
黑龙江	38	114	159	217	258	291	339	392	437	487	554
江苏	1608	3119	4048	5281	6722	7440	8258	9448	10388	11385	12682
广西	316	638	758	890	1054	1110	1173	1319	1420	1506	1686
福建	821	1543	1880	2234	2762	3005	3273	3556	3884	4267	4657
吉林	65	145	190	266	343	388	452	543	601	655	730
内蒙古	73	201	277	381	505	598	680	767	832	879	993
海南	159	313	461	626	754	869	993	1093	1174	1294	1494
河南	654	1459	1628	1941	2618	2910	3212	3583	3860	4131	4546
河北	255	680	921	1248	1735	1966	2190	2509	2771	3082	3539
山西	102	304	449	594	794	913	1040	1203	1310	1427	1588
陕西	301	646	868	1112	1354	1552	1793	2058	2358	2707	2974
西藏	2	9	16	25	29	33	42	51	57	59	67
湖南	449	957	1287	1545	1984	2217	2409	2850	3125	3367	3700
湖北	594	1208	1538	1931	2401	2659	2956	3336	3699	4017	4619
四川	1215	1933	2540	3157	3863	4302	4755	5350	5883	6432	7170
山东	903	2030	2722	3628	5085	5727	6390	7596	8150	8733	9542
辽宁	180	391	529	656	859	959	1064	1219	1324	1429	1557
云南	275	508	652	790	935	1042	1168	1285	1411	1536	1702
贵州	338	591	602	583	671	757	853	954	1054	1140	1252
甘肃	112	224	294	378	486	549	623	719	778	828	901
新疆	121	248	326	426	565	664	776	866	934	1032	1167
青海	20	38	51	67	86	99	111	126	142	154	167
宁夏	65	114	153	190	233	282	331	368	406	447	479

数据来源：国家统计局。

4-11　2019—2023年全国各地区房地产商品房销售价格

单位：元/平方米

省份	2019年	2020年	2021年	2022年	2023年
北京	35905	37665	40526	38240	37707
上海	30677	33798	36102	40302	40154
天津	15380	16172	16182	15572	16081
重庆	8402	8255	8699	7132	6928
广东	14262	15141	15930	14985	15731
浙江	15304	16726	19070	18576	18839
江西	7293	7757	7678	7318	7231
安徽	7393	7705	7784	7637	8279
黑龙江	7529	7121	6365	6152	6464
江苏	11637	12581	12906	12226	11509
广西	6505	6318	5944	5473	5779
福建	10748	11348	11779	10771	11023
吉林	7452	7544	7030	6955	6906
内蒙古	6194	6674	6535	6288	6569
海南	15383	16394	17541	17050	16603
河南	6311	6641	6521	6133	6527
河北	7834	8212	8239	8021	8186
山西	6896	7023	6775	6713	6750
陕西	8998	9828	9733	9884	10967
西藏	7578	9000	8645	8510	8377
湖南	6127	6302	6574	6372	6565
湖北	9012	9241	9130	8553	8774
四川	7448	7840	7885	8153	8956
山东	8070	8338	8517	8393	8454
辽宁	8249	8993	8930	8315	7518
云南	7954	8173	7634	6804	6834
贵州	5980	5807	5807	5799	5652
甘肃	5977	6572	6047	5682	6019
新疆	5999	5835	5740	5827	6134
青海	7643	8160	7623	7093	7060
宁夏	5685	6375	6655	7016	6945

数据来源：国家统计局。

4-12　2023年全国各地区房地产商品房销售价格

单位：元/平方米

省份	1~2月	1~3月	1~4月	1~5月	1~6月	1~7月	1~8月	1~9月	1~10月	1~11月	1~12月
北京	40345	39233	40157	40809	40546	40163	40108	40710	41181	40373	37707
上海	48900	44374	44762	45191	44600	44229	42534	42127	42062	41523	40154
天津	16425	16104	16702	16923	17126	16118	15988	15757	15901	16036	16081
重庆	6906	6872	7110	7208	7119	7112	7042	6979	7006	6950	6928
广东	13970	14690	15120	15353	15630	15632	15587	15781	15763	15693	15731
浙江	21532	19622	19840	19956	19397	19258	19077	18601	18677	18764	18839
江西	7363	7299	7287	7302	7318	7314	7342	7306	7299	7277	7231
安徽	7968	7916	8128	8279	8330	8304	8257	8216	8194	8255	8279
黑龙江	6333	6834	6750	6808	6615	6501	6395	6437	6439	6402	6464
江苏	13230	13243	13278	13464	12700	12646	12666	12163	12034	11867	11509
广西	5625	5701	5819	5872	5872	5836	5831	5771	5772	5776	5779
福建	11083	11462	11572	11671	11450	11440	11372	11101	11064	11104	11023
吉林	6591	7201	7187	7163	7142	7061	6951	6842	6863	6857	6906
内蒙古	6226	6306	6411	6508	6600	6530	6538	6556	6561	6512	6569
海南	17716	17519	18012	17810	17538	17456	17402	17258	17040	16814	16603
河南	6220	6171	6533	6676	6543	6537	6524	6524	6526	6533	6527
河北	7558	7778	7890	7978	8103	8124	8147	8098	8087	8128	8186
山西	6837	6913	6950	6965	6964	6930	6908	6816	6829	6839	6750
陕西	9719	9953	10199	10317	10437	10553	10655	10712	10821	11013	10967
西藏	7329	8133	7539	7976	7892	7964	8191	8276	8317	8267	8377
湖南	6366	6409	6464	6576	6505	6505	6549	6542	6535	6577	6565
湖北	8550	9017	8984	9141	9262	9142	9118	9041	8915	8830	8774
四川	7543	8185	8721	8945	8958	9006	9052	9026	9060	9042	8956
山东	8284	8408	8585	8652	8591	8549	8522	8538	8543	8485	8454
辽宁	8234	8015	8018	7947	7743	7634	7566	7505	7495	7497	7518
云南	7077	7128	7124	7102	6999	6970	6954	6922	6906	6878	6834
贵州	5320	5469	5622	5453	5494	5510	5523	5561	5594	5621	5652
甘肃	6534	6197	6200	6131	6038	6058	6079	6063	6053	6024	6019
新疆	6145	6100	5923	5911	6072	6080	6121	6083	6015	5975	6134
青海	7440	7243	7284	7373	7406	7376	7157	7154	7153	7143	7060
宁夏	6627	6717	6784	6838	6870	6884	6992	7002	7032	6978	6945

数据来源：国家统计局。

4-13 2019—2023年全国各地区房地产商品房销售面积

单位：万平方米

省份	2019年	2020年	2021年	2022年	2023年
北京	939	971	1107	1040	1123
上海	1696	1789	1880	1853	1808
天津	1479	1307	1435	974	1177
重庆	6105	6143	6198	4143	3572
广东	13847	14908	14011	10591	9622
浙江	9378	10250	9991	6815	6106
江西	6459	6733	7676	6703	3433
安徽	9229	9534	10461	6757	4678
黑龙江	1685	1494	1348	926	858
江苏	13973	15427	16552	12115	11019
广西	6712	6729	6178	4193	2917
福建	6456	6607	6976	5452	4225
吉林	2122	1831	1836	1001	1057
内蒙古	2008	2046	1859	1381	1512
海南	829	752	889	644	900
河南	14278	14101	13277	9260	6965
河北	5283	6028	6133	4616	4323
山西	2366	2685	3204	2257	2353
陕西	4401	4452	4260	3309	2711
西藏	128	93	141	60	80
湖南	9104	9437	9189	6653	5637
湖北	8602	6588	7941	6084	5265
四川	12979	13258	13693	9321	8006
山东	12727	13272	14273	11686	11287
辽宁	3696	3743	3434	2182	2071
云南	4835	4857	3881	2938	2491
贵州	5323	5553	5586	2908	2215
甘肃	1705	1968	2224	1470	1497
新疆	1724	1964	2399	1516	1903
青海	481	470	386	204	236
宁夏	1010	1095	1014	716	690

数据来源：国家统计局。

4-14 2023年全国各地区房地产商品房销售面积

单位：万平方米

省份	1~2月	1~3月	1~4月	1~5月	1~6月	1~7月	1~8月	1~9月	1~10月	1~11月	1~12月
北京	103	219	345	432	523	612	693	785	863	946	1123
上海	217	392	502	608	777	929	1084	1282	1404	1545	1808
天津	154	329	433	522	655	716	789	913	1001	1077	1177
重庆	511	1080	1292	1509	1862	2129	2446	2860	3112	3312	3572
广东	1337	2625	3420	4311	5278	5868	6465	7300	7989	8674	9622
浙江	798	1706	2184	2654	3479	3835	4283	4943	5251	5615	6106
江西	575	1105	1367	1693	2192	2373	2491	2694	2884	3104	3433
安徽	865	1583	2003	2401	2837	3117	3422	3853	4181	4423	4678
黑龙江	60	167	235	318	390	448	529	609	678	761	858
江苏	1215	2355	3049	3923	5293	5883	6520	7768	8633	9594	11019
广西	562	1119	1302	1516	1795	1902	2011	2285	2460	2608	2917
福建	741	1346	1624	1914	2412	2627	2878	3203	3511	3843	4225
吉林	99	202	264	371	480	549	650	793	876	955	1057
内蒙古	118	319	432	586	765	916	1041	1170	1268	1350	1512
海南	90	179	256	352	430	498	570	634	689	770	900
河南	1052	2364	2492	2908	4001	4451	4924	5492	5914	6324	6965
河北	337	874	1167	1565	2141	2420	2688	3098	3426	3791	4323
山西	150	440	646	853	1140	1317	1506	1765	1918	2087	2353
陕西	309	649	851	1078	1298	1471	1683	1921	2179	2458	2711
西藏	3	11	21	31	37	42	51	61	68	72	80
湖南	705	1494	1990	2350	3049	3409	3679	4357	4782	5120	5637
湖北	694	1340	1712	2113	2592	2909	3242	3690	4149	4550	5265
四川	1610	2361	2912	3530	4312	4776	5253	5927	6493	7113	8006
山东	1090	2414	3170	4193	5919	6699	7498	8896	9540	10293	11287
辽宁	219	488	659	826	1110	1256	1407	1625	1766	1906	2071
云南	389	712	915	1112	1336	1495	1680	1857	2044	2233	2491
贵州	636	1081	1070	1069	1221	1374	1545	1716	1885	2029	2215
甘肃	171	362	474	617	804	906	1025	1186	1286	1375	1497
新疆	197	407	550	720	930	1092	1267	1424	1553	1727	1903
青海	28	52	71	91	117	134	155	176	199	216	236
宁夏	97	170	226	278	340	409	474	525	577	641	690

数据来源：国家统计局。

4-15 2019—2023年全国各地区房地产商品房新开工面积

单位：万平方米

省份	2019年	2020年	2021年	2022年	2023年
北京	2073	3007	1896	1774	1257
上海	3063	3441	3846	2940	2374
天津	2545	2162	1885	667	1032
重庆	6725	5948	4873	2222	1971
广东	18437	18408	16097	8535	6880
浙江	12731	15875	12305	7989	7537
江西	5863	5302	5282	3629	2688
安徽	11117	11786	10435	6843	5175
黑龙江	2446	2222	1738	991	735
江苏	16227	17673	16873	9907	8234
广西	8219	7878	5329	3034	1863
福建	6398	6638	6439	4134	3526
吉林	2947	2662	3121	870	949
内蒙古	3706	3288	2912	1629	1428
海南	1220	1065	1341	1058	1053
河南	15837	14114	13653	8525	5628
河北	9453	10232	9069	5395	4953
山西	4879	5796	4348	3454	2499
陕西	6431	5797	5970	4413	4270
西藏	417	223	222	81	44
湖南	11933	10916	10168	5523	3880
湖北	8709	8453	7844	4269	3599
四川	15326	13940	11494	8330	5819
山东	22659	20204	16572	10521	7928
辽宁	4143	4404	4598	2379	1578
云南	8019	7538	6462	2923	2155
贵州	7240	5441	4528	2155	1809
甘肃	3307	3534	3370	2105	1578
新疆	3033	4526	4035	2623	1946
青海	866	923	791	423	233
宁夏	1186	1039	1397	766	754

数据来源：国家统计局。

4-16　2023年全国各地区房地产商品房新开工面积

单位：万平方米

省份	1~2月	1~3月	1~4月	1~5月	1~6月	1~7月	1~8月	1~9月	1~10月	1~11月	1~12月
北京	133	325	405	482	604	720	765	893	981	1100	1257
上海	107	294	566	790	877	1204	1399	1602	1846	2097	2374
天津	104	251	308	383	462	512	593	752	836	912	1032
重庆	328	614	749	912	1140	1288	1483	1620	1748	1793	1971
广东	750	1663	2144	2811	3760	4126	4527	5040	5523	6117	6880
浙江	738	1324	1807	2559	3188	3786	4405	5403	5997	6726	7537
江西	579	924	1140	1433	1771	1907	2082	2209	2336	2511	2688
安徽	896	1534	2060	2504	3001	3259	3658	4187	4530	4804	5175
黑龙江		31	79	188	327	412	483	593	636	697	735
江苏	1154	1986	2418	3132	3845	4432	5045	5800	6536	7530	8234
广西	305	582	712	804	1022	1110	1191	1417	1491	1614	1863
福建	809	1352	1625	1892	2141	2361	2631	2754	2978	3244	3526
吉林	28	105	173	260	426	462	578	696	815	857	949
内蒙古	9	57	159	308	606	902	1007	1206	1380	1529	1428
海南	196	341	408	489	578	651	703	786	849	955	1053
河南	1224	1925	2414	2926	3340	3708	4114	4390	4761	5225	5628
河北	405	938	1449	1877	2332	2666	3098	3593	4012	4548	4953
山西	159	435	625	785	1121	1418	1643	1998	2162	2325	2499
陕西	460	862	1283	1744	2510	2795	3066	3377	3701	4155	4270
西藏	4	5	17	22	24	31	31	33	42	42	44
湖南	593	1020	1305	1612	2003	2393	2653	3000	3270	3547	3880
湖北	776	1050	1298	1475	1710	1894	2204	2446	2737	3164	3599
四川	1317	1837	2198	2589	3163	3601	3987	4346	4786	5222	5819
山东	1555	2325	2862	3663	4558	5164	5601	6154	6610	7302	7928
辽宁	97	327	469	637	894	983	1091	1220	1359	1496	1578
云南	381	773	852	1069	1282	1475	1582	1726	1803	1976	2155
贵州	330	588	697	812	968	1078	1177	1299	1491	1613	1809
甘肃	76	330	378	571	809	970	1134	1285	1378	1489	1578
新疆	19	67	248	520	814	1023	1248	1477	1667	1889	1946
青海	6	51	88	108	141	150	183	189	227	231	233
宁夏	30	202	284	369	464	483	530	632	688	747	754

数据来源：国家统计局。

4-17　2023年重点城市商品房施工面积

单位：万平方米

城市	1~2月	1~3月	1~4月	1~5月	1~6月	1~7月	1~8月	1~9月	1~10月	1~11月	1~12月
北京	11395	11642	11681	11731	11864	11994	12059	12178	12297	12419	12531
上海	14447	14993	14977	15193	14906	15254	15666	15893	16031	16502	17216
广州	11466	11643	11707	11912	12140	12202	12270	12397	12514	12553	12739
深圳	9836	10009	10147	10294	10440	10507	10550	10596	10716	10917	11196
重庆	19321	19406	19504	19589	19770	19925	20137	20224	20340	20375	20530
海口	3399	3470	3516	3599	3685	3685	3717	3735	3762	3782	3808
杭州	10966	11108	11358	11685	12539	12807	13087	13434	13586	14027	14269
合肥	6041	6208	6453	6565	6717	6774	6913	7105	7246	7337	7430
济南	7539	--	7599	--	--	--	--	--	--	--	8144
南京	6450	6533	6587	6686	6801	6925	7011	7103	7186	7372	7475
南宁	--	--	--	--	--	--	--	--	--	--	--
青岛	9803	9812	9881	10010	10117	10158	10177	10250	10290	10367	10428
三亚	1117	1191	1210	1190	1144	1149	1160	1194	1196	1212	1258
沈阳	5774	5836	5846	5867	5898	5924	--	--	--	6029	6081
苏州	8320	8596	8652	8956	9026	9141	9239	9405	9487	9763	9812
天津	9255	9435	9528	9591	9670	9722	9814	10012	10004	9813	9718
温州	5005	5173	5415	5463	5527	5670	5864	5976	6168	6243	6314
银川	2786	2825	2868	2883	2923	2938	2964	3017	3027	3069	3095
保定	2282	2355	2385	2441	2463	2524	2576	--	2667	2707	2789
北海	--	--	--	--	--	--	--	--	--	--	--
常德	2166	2147	2141	2180	2202	2241	2260	2276	2279	2305	2173
德阳	2133	2117	2184	2186	2196	2201	2228	2235	2264	2284	--
鄂尔多斯	1865	1751	1890	2011	1975	2423	2432	2479	2502	2433	2349
佛山	--	6780	6828	6850	6928	6949	6990	6986	7011	7040	7072
桂林	--	--	--	--	--	--	--	--	--	--	--
河源	1647	1703	1722	1730	1731	1745	1748	1756	1770	1785	1805
湖州	--	--	--	--	--	--	--	--	--	--	3928
淮南	1285	1300	1329	1362	1368	1369	1394	1404	1424	1425	1494
惠州	7407	7465	7491	7573	7639	7656	7672	7702	7741	7782	7735
衡阳	2500	2510	2523	2552	2550	2581	2590	2591	2617	2672	2693
济宁	3684	3761	3798	3884	3961	4016	4037	4091	4115	4177	4238
嘉兴	3822	3629	3836	3906	4035	4070	4131	4213	4239	4317	4385
晋城	1294	--	1377	1387	1435	1445	1458	1472	1489	1502	1532
丽水	1830	1856	1872	1954	1975	2037	2046	2137	2036	2218	2266
临沂	5399	5516	5561	5628	5728	5809	5832	5893	5935	6041	6067
柳州	--	--	--	--	--	--	--	--	--	--	3459

4-17 续表1　　　　　　　　　　　　　　　　　　　　　　　　　　　　　　　　　　　　　单位：万平方米

城市	1~2月	1~3月	1~4月	1~5月	1~6月	1~7月	1~8月	1~9月	1~10月	1~11月	1~12月
龙岩	1245	1278	1285	1290	1291	1311	1323	1328	1341	1345	1364
茂名	3223	3272	3272	3283	3320	3328	3359	3404	236	3441	3498
梅州	1774	1852	1864	1893	1922	1938	1946	1951	1972	1999	2034
齐齐哈尔	--	656	652	642	604	605	609	612	603	605	605
清远	--	--	--	--	--	--	--	--	--	--	--
衢州	969	1100	1143	1087	1123	1166	1101	1106	1248	1316	1388
日照	1848	1860	1877	1911	1925	1940	1949	1958	1969	1973	2003
汕头	3088	3100	3120	3156	3212	3246	3248	3260	3295	3309	3311
韶关	--	--	--	--	--	--	--	--	--	--	1927
绍兴	3729	3749	3784	3832	3870	3901	3936	4028	4044	4083	4206
咸宁	1289	1378	1351	1359	1360	1381	1391	1397	1405	1422	1474
台州	--	--	4045	--	4162	4687	--	4416	4466	--	4598
泰安	2231	2263	2298	2295	2342	2360	2368	2379	2390	2454	2463
泰州	1206	1584	1600	1618	1629	1670	1692	1698	1743	1775	1835
唐山	2858	2884	2945	2970	2990	3011	3049	3054	3076	3099	3132
宣城	1220	1235	1249	1257	1275	1280	1290	1316	1337	1357	1370
阳江	--	--	--	--	--	--	--	--	--	--	--
岳阳	2115	2188	2203	2206	2254	2272	2289	2297	--	--	--
运城	--	--	2336	2315	--	--	--	--	--	--	2655
湛江	3343	3458	3477	3493	3577	3627	3653	3692	3708	3808	3831
肇庆	--	--	--	--	--	--	--	--	--	--	3202
中山	3261	3386	3380	3374	3414	3433	3462	3502	3507	3543	3554
珠海	3105	3141	3103	3125	3075	3126	3143	3180	3181	3199	3202
文昌	--	--	--	--	--	--	--	--	--	--	370

数据来源：国家统计局。

4-18 2023年重点城市商品房新开工面积

单位：万平方米

城市	1~2月	1~3月	1~4月	1~5月	1~6月	1~7月	1~8月	1~9月	1~10月	1~11月	1~12月
北京	133	325	405	482	604	720	765	893	981	1100	1257
上海	107	294	566	790	877	1204	1399	1602	1846	2097	2374
广州	--	--	--	--	--	--	--	--	--	--	1127
深圳	--	--	--	--	--	--	--	--	--	--	--
重庆	328	614	749	912	1140	1288	1483	1620	1748	1793	1971
海口	79	91	113	164	202	208	239	256	284	304	341
杭州	131	200	390	604	833	997	1224	1511	1595	1739	1942
合肥	252	474	681	793	959	1014	1132	1270	1412	1499	1587
济南	275	341	385	--	--	--	--	--	--	--	--
南京	149	262	351	427	533	632	714	786	851	980	1074
南宁	--	--	--	--	--	--	--	--	--	--	--
青岛	139	190	256	410	511	634	673	729	787	850	1016
三亚	16	86	101	111	120	141	136	170	172	188	219
沈阳	4	69	108	132	164	180	--	--	--	274	319
苏州	93	315	366	600	656	760	909	1057	1147	1428	1565
天津	104	251	308	383	462	512	593	752	836	912	1032
温州	57	167	250	308	369	434	535	651	799	--	910
银川	--	80	--	--	188	--	--	--	--	--	355
保定	--	--	--	--	--	--	--	--	--	--	--
北海	--	--	--	--	--	--	--	--	--	--	--
常德	--	--	--	--	--	--	--	--	--	--	--
德阳	--	--	--	--	--	--	--	--	--	--	--
鄂尔多斯	3	11	41	100	168	271	280	364	409	456	362
佛山	--	166	214	252	331	351	392	414	437	444	477
桂林	--	--	--	--	--	--	--	--	--	--	--
河源	26	68	101	109	110	124	126	135	149	164	184
湖州	34	63	112	120	181	239	568	410	420	470	465
淮南	38	53	67	101	106	108	132	142	162	163	232
惠州	--	--	--	--	--	--	--	--	--	--	--
衡阳	--	--	--	--	--	--	--	--	--	--	--
济宁	--	--	--	--	--	--	--	--	--	--	--
嘉兴	28	49	70	107	157	189	250	309	335	415	474
晋城	--	--	--	--	--	--	--	--	--	--	217
丽水	39	63	78	156	182	237	246	319	301	383	431
临沂	87	184	217	277	377	464	488	550	585	683	704
柳州	--	--	--	--	--	--	--	--	--	--	--

4-18 续表1　　　　　　　　　　　　　　　　　　　　　　　　　　　　　　　　　　　单位：万平方米

城市	1~2月	1~3月	1~4月	1~5月	1~6月	1~7月	1~8月	1~9月	1~10月	1~11月	1~12月
龙岩	19	48	54	59	60	81	92	97	110	114	133
茂名	59	78	95	104	139	149	182	227	178	263	322
梅州	--	--	--	--	--	--	--	--	--	--	187
齐齐哈尔	--	--	4	9	23	32	36	39	39	41	41
清远	--	--	--	--	--	--	--	--	--	--	240
衢州	19	68	90	96	119	116	124	141	182	230	290
日照	--	--	--	--	--	--	--	--	--	--	--
汕头	--	--	--	--	--	--	--	--	--	--	--
韶关	--	--	--	--	--	--	--	--	--	--	211
绍兴	133	161	192	257	276	307	357	452	474	497	607
咸宁	--	--	--	--	--	--	--	--	--	--	--
台州	--	--	226	--	342	651	--	597	646	--	775
泰安	--	--	--	--	--	--	--	--	--	--	--
泰州	47	113	133	145	154	196	214	220	264	294	354
唐山	--	--	--	--	--	--	--	--	--	--	--
宣城	28	42	56	63	81	86	95	121	124	143	156
阳江	--	--	--	--	--	--	--	--	--	--	--
岳阳	36	85	100	104	152	169	187	194	--	--	--
运城	--	--	--	135	--	--	--	--	--	--	427
湛江	--	--	--	--	--	--	--	--	--	--	--
肇庆	--	--	--	--	--	--	--	--	--	--	242
中山	--	--	--	--	--	--	--	--	--	--	187
珠海	--	--	--	--	--	--	--	--	--	--	--
文昌	--	--	--	--	--	--	--	--	--	--	14

数据来源：国家统计局。

4-19　2023年重点城市商品房竣工面积

单位：万平方米

城市	1~2月	1~3月	1~4月	1~5月	1~6月	1~7月	1~8月	1~9月	1~10月	1~11月	1~12月
北京	85	178	288	369	484	599	719	909	1030	1196	2042
上海	358	472	571	711	865	921	1103	1204	1374	1644	2096
广州	89	179	231	308	379	480	454	472	542	563	908
深圳	107	126	185	232	306	319	331	361	404	460	923
重庆	706	900	1033	1248	1588	1886	2131	2240	2467	2627	3257
海口	43	72	82	32	32	32	28	54	61	66	110
杭州	88	118	232	375	654	761	794	949	1035	1312	1629
合肥	143	237	312	464	545	581	656	780	961	1308	2281
济南	113	189	203	--	--	--	--	--	--	--	971
南京	78	139	144	249	292	323	363	438	474	562	964
南宁	--	--	--	--	--	--	--	--	--	--	--
青岛	193	260	468	528	594	701	784	841	890	1224	2066
三亚	18	18	18	21	21	25	35	35	40	84	237
沈阳	--	--	--	--	--	--	--	--	--	--	--
苏州	228	364	381	504	679	734	784	1005	1095	1224	1785
天津	287	357	425	499	514	642	780	932	1167	1508	1814
温州	32	47	86	203	227	250	325	446	581	--	1665
银川	19	--	32	64	68	123	167	320	402	474	736
保定	7	19	12	12	12	13	13	--	21	23	155
北海	--	--	--	--	--	--	--	--	--	--	--
常德	81	94	115	124	150	162	173	171	196	227	316
德阳	108	85	130	130	146	147	196	196	196	230	266
鄂尔多斯	--	--	0	0	0	1	17	17	22	22	22
佛山	--	190	204	216	245	249	266	273	284	303	559
桂林	--	--	--	--	--	--	--	--	--	--	--
河源	0	32	33	35	44	44	45	60	62	138	216
湖州	--	--	--	--	--	--	--	--	--	--	--
淮南	25	35	51	51	59	100	101	101	102	103	126
惠州	101	190	201	225	273	290	298	342	375	441	628
衡阳	78	91	95	118	174	189	205	213	252	263	491
济宁	43	123	135	160	205	238	271	283	330	665	792
嘉兴	59	103	106	125	169	174	295	319	368	433	591
晋城	--	--	--	--	--	--	--	--	--	--	294
丽水	69	84	84	86	95	116	119	143	155	174	280
临沂	71	89	90	123	154	205	246	277	307	494	573
柳州	--	--	--	--	--	--	--	--	--	--	264

4-19 续表1 单位：万平方米

城市	1~2月	1~3月	1~4月	1~5月	1~6月	1~7月	1~8月	1~9月	1~10月	1~11月	1~12月
龙岩	36	88	136	162	162	162	187	204	217	241	309
茂名	--	--	--	--	--	--	--	--	--	--	--
梅州	95	112	134	172	199	213	217	230	255	263	275
齐齐哈尔	--	17	17	17	52	52	52	52	52	69	73
清远	115	189	157	171	222	258	271	280	293	323	366
衢州	63	104	104	96	80	138	179	158	193	210	273
日照	15	17	36	36	38	29	32	35	38	60	283
汕头	74	118	175	182	325	343	356	392	508	591	650
韶关	--	--	--	--	--	--	--	--	--	--	198
绍兴	--	--	--	--	--	--	--	--	--	--	--
咸宁	27	64	65	69	71	93	94	123	212	213	293
台州	--	--	86	--	206	170	--	254	292	--	714
泰安	32	74	88	91	86	92	117	128	142	180	205
泰州	26	64	84	84	106	124	130	142	178	197	248
唐山	15	32	38	39	39	75	77	83	101	121	414
宣城	18	29	34	34	34	41	67	76	101	122	153
阳江	--	--	--	--	--	--	--	--	--	--	--
岳阳	37	60	70	73	85	100	119	120	--	--	--
运城	--	--	59	62	--	--	--	--	--	--	420
湛江	--	--	--	--	--	--	--	--	--	--	--
肇庆	--	--	--	--	--	--	--	--	--	--	460
中山	58	100	100	112	126	141	202	217	240	257	259
珠海	116	147	171	185	191	229	242	261	293	323	376
文昌	--	--	--	--	--	--	--	--	--	--	--

数据来源：国家统计局。

4-20 2023年重点城市商品房销售面积

单位：万平方米

城市	1~2月	1~3月	1~4月	1~5月	1~6月	1~7月	1~8月	1~9月	1~10月	1~11月	1~12月
北京	103	219	345	432	523	612	693	785	863	946	1123
上海	217	392	502	608	777	929	1084	1282	1404	1545	1808
广州	140	345	427	566	728	789	872	1074	1158	1269	1407
深圳	60	127	201	253	343	389	434	515	576	627	783
重庆	511	1080	1292	1509	1862	2129	2446	2860	3112	3312	3572
海口	31	62	93	125	162	190	213	231	250	278	319
杭州	236	386	535	657	793	887	968	1074	1156	1272	1448
合肥	132	286	405	522	653	715	767	886	976	1030	1109
济南	123	244	331	437	527	595	688	920	992	1057	1170
南京	113	209	272	342	425	464	504	632	708	782	906
南宁	148	338	396	450	541	559	582	749	789	823	953
青岛	96	295	380	525	855	921	1005	1199	1268	1326	1460
三亚	20	33	46	67	75	90	115	139	150	168	206
沈阳	60	139	185	219	297	324	353	415	441	475	534
苏州	209	415	546	--	--	--	--	--	--	--	1704
天津	154	329	433	522	655	716	789	913	1001	1077	1177
温州	103	246	294	344	461	484	534	604	634	665	706
银川	48	86	116	144	174	209	243	269	296	323	350
保定	31	89	124	166	221	249	283	--	363	402	507
北海	31	58	69	84	100	106	112	118	123	131	146
常德	50	78	120	174	228	236	246	299	331	372	411
德阳	81	107	127	153	195	230	252	271	285	310	350
鄂尔多斯	7	34	48	73	101	149	175	204	235	242	264
佛山	138	290	390	475	562	636	702	774	846	932	1015
桂林	44	98	91	90	110	119	124	135	148	162	178
河源	35	64	82	107	133	147	159	172	187	203	223
湖州	40	78	109	147	246	274	303	333	348	362	377
淮南	28	64	76	87	95	108	118	131	142	150	153
惠州	133	266	360	485	601	675	765	873	965	1065	1180
衡阳	62	107	134	162	214	283	330	401	428	447	520
济宁	123	255	348	448	585	655	748	899	956	1030	1114
嘉兴	57	144	166	193	236	274	333	378	397	418	435
晋城	10	--	43	61	86	97	106	126	136	145	165
丽水	23	59	75	87	119	131	147	200	219	242	261
临沂	90	218	280	396	595	656	743	864	951	1032	1134
柳州	40	104	121	139	155	148	144	153	167	178	203

4-20 续表1　　　　　　　　　　　　　　　　　　　　　　　　　　　　　　　　　　　　　单位：万平方米

城市	1~2月	1~3月	1~4月	1~5月	1~6月	1~7月	1~8月	1~9月	1~10月	1~11月	1~12月
龙岩	28	64	75	78	102	109	119	133	141	150	170
茂名	72	129	159	192	218	239	262	283	309	324	343
梅州	42	72	94	118	143	159	176	194	212	228	242
齐齐哈尔	--	14	20	29	38	43	51	58	64	70	79
清远	78	138	178	221	263	292	316	350	377	406	446
衢州	10	29	35	41	54	57	61	66	72	80	94
日照	23	51	65	87	128	140	149	167	174	179	193
汕头	49	90	120	156	189	210	232	259	284	320	363
韶关	46	71	91	111	134	147	155	166	180	191	205
绍兴	79	172	237	287	378	443	517	577	608	645	716
咸宁	43	93	120	143	163	177	189	219	237	248	261
台州	80	148	188	242	319	404	--	470	509	539	576
泰安	45	91	123	153	211	250	283	333	361	400	451
泰州	69	120	149	191	239	287	334	388	435	486	569
唐山	31	63	89	121	151	176	201	231	276	318	369
宣城	26	43	54	64	76	89	102	131	143	151	158
阳江	43	69	89	111	126	139	153	162	181	196	207
岳阳	37	72	95	115	153	171	189	224	--	--	291
运城	--	--	114	144	178	204	238	--	282	307	345
湛江	69	119	164	196	220	247	272	298	328	351	383
肇庆	64	67	163	200	229	251	284	320	346	374	411
中山	52	123	150	196	265	294	318	348	383	409	465
珠海	37	97	118	145	175	192	204	214	228	249	270
文昌	4	9	11	15	17	20	22	23	26	33	37

数据来源：国家统计局。

4-21 2023年重点城市房地产开发投资额

单位：亿元

城市	1~2月	1~3月	1~4月	1~5月	1~6月	1~7月	1~8月	1~9月	1~10月	1~11月	1~12月
北京	452	924	1265	1697	2265	2599	3011	3464	3732	4022	4196
上海	851	1250	1672	2104	2559	3109	3597	4092	4631	5208	5886
广州	413	692	964	1297	1698	1919	2183	2489	2752	2968	3134
深圳	364	633	950	1349	1742	2041	2333	2682	2972	3299	3774
重庆	359	763	959	1134	1487	1727	1940	2240	2426	2584	2792
海口	62	122	175	212	263	303	334	376	408	440	482
杭州	439	800	1140	1527	2057	2399	2805	3217	3593	4038	4340
合肥	215	335	462	619	787	917	1063	1191	1286	1399	1524
济南	185	352	441	660	820	913	1014	1175	1249	1335	1400
南京	362	672	1017	1332	1602	1820	2025	2234	2423	2592	2753
南宁	72	150	176	--	253	279	310	366	395	420	496
青岛	119	285	433	626	844	954	1070	1157	1256	1351	1441
三亚	24	66	78	100	122	140	158	179	199	219	255
沈阳	37	129	199	256	346	385	--	--	--	593	613
苏州	410	728	980	1238	1538	1748	1935	2121	2326	2494	2592
天津	186	328	416	510	637	722	813	928	1015	1105	1232
温州	165	290	426	581	755	893	1031	1165	1304	1441	1556
银川	12	38	62	87	134	152	176	213	231	249	266
保定	17	79	119	141	182	5	--	--	--	--	--
北海	11	20	25	--	35	39	42	46	49	54	61
常德	21	33	44	58	72	81	--	--	--	--	151
德阳	--	--	--	--	--	--	--	--	--	--	--
鄂尔多斯	4	16	27	48	74	107	124	150	159	167	170
佛山	140	320	448	593	714	830	929	1030	1122	1207	1277
桂林	14	33	27	--	33	38	43	53	56	62	70
河源	18	37	49	58	74	83	91	104	112	121	132
湖州	130	168	231	284	347	399	444	510	565	571	606
淮南	20	46	63	75	81	92	102	112	123	132	140
惠州	109	192	283	418	529	610	703	801	882	967	1037
衡阳	26	49	70	85	127	146	165	191	209	224	240
济宁	61	137	193	249	307	346	395	452	489	496	514
嘉兴	133	211	307	425	553	633	713	815	889	949	982
晋城	4	18	30	42	59	74	90	106	116	128	139
丽水	37	63	92	118	143	172	197	222	246	294	324
临沂	82	160	226	302	361	439	499	551	602	640	674
柳州	35	63	85	--	109	117	97	104	112	113	118

4-21 续表1 单位：亿元

城市	1~2月	1~3月	1~4月	1~5月	1~6月	1~7月	1~8月	1~9月	1~10月	1~11月	1~12月
龙岩	16	32	39	48	57	67	76	84	90	96	102
茂名	25	51	67	82	114	136	160	184	208	228	262
梅州	12	18	26	37	49	56	63	71	76	84	94
齐齐哈尔	--	1	4	7	12	13	14	17	18	18	19
清远	31	67	88	112	137	151	166	182	197	222	250
衢州	32	56	81	98	126	144	158	182	213	257	285
日照	24	38	51	60	89	107	121	142	157	182	201
汕头	52	93	126	154	189	211	231	255	275	291	318
韶关	14	25	34	44	54	62	71	81	87	96	107
绍兴	125	222	337	409	500	595	699	800	904	992	1058
咸宁	--	--	--	--	--	--	--	--	--	--	--
台州	92	170	212	283	408	488	568	669	721	747	779
泰安	35	58	84	112	155	182	203	225	241	260	268
泰州	61	112	136	171	207	242	253	290	322	343	365
唐山	--	--	--	--	--	--	--	--	--	--	--
宣城	19	37	51	65	81	91	102	114	122	129	138
阳江	11	19	26	31	38	42	48	55	59	68	78
岳阳	21	41	59	71	91	104	117	140	--	--	179
运城	--	32	47	55	88	100	108	128	138	152	155
湛江	41	76	99	127	164	190	218	249	270	295	328
肇庆	30	58	82	104	121	137	152	171	184	198	207
中山	49	79	98	121	149	169	196	222	241	264	295
珠海	105	154	202	239	290	326	368	405	436	470	510
文昌	7	16	21	25	31	34	38	44	49	53	59

数据来源：国家统计局。

4-22　2023年重点城市商品房销售额

单位：亿元

城市	1~2月	1~3月	1~4月	1~5月	1~6月	1~7月	1~8月	1~9月	1~10月	1~11月	1~12月
北京	417	858	1386	1764	2120	2457	2781	3196	3553	3820	4233
上海	1061	1738	2247	2748	3466	4109	4609	5401	5907	6414	7260
广州	--	--	--	--	--	--	--	--	--	--	--
深圳	--	--	--	--	--	--	--	--	--	--	--
重庆	353	742	918	1088	1326	1514	1722	1996	2180	2302	2475
海口	53	109	165	217	277	321	358	384	412	456	507
杭州	806	1262	1712	2108	2563	2824	3092	3384	3672	4034	4564
合肥	215	429	614	793	964	1047	1126	1274	1382	1480	1592
济南	151	329	453	607	743	825	951	1242	1340	1422	1553
南京	314	588	763	1016	1172	1272	1374	1570	1705	1859	2048
南宁	112	256	314	364	429	451	473	572	606	636	724
青岛	142	405	545	749	1176	1278	1394	1663	1763	1845	2034
三亚	52	91	133	190	215	250	299	341	362	393	478
沈阳	--	--	--	--	--	--	--	--	--	--	--
苏州	--	--	--	--	--	--	--	--	--	--	--
天津	253	530	723	883	1121	1154	1262	1439	1592	1727	1893
温州	159	367	446	525	693	729	803	904	955	1003	1066
银川	41	73	100	124	150	179	211	234	258	279	300
保定	--	--	--	--	--	--	--	--	--	--	--
北海	19	33	40	48	53	57	60	63	66	70	78
常德	25	40	62	92	120	124	129	154	170	191	209
德阳	47	62	75	90	112	130	143	153	161	173	--
鄂尔多斯	5	22	32	50	66	97	116	138	160	168	180
佛山	--	--	--	--	--	--	--	--	--	--	--
桂林	23	51	47	49	58	64	69	74	82	91	100
河源	20	37	46	58	74	83	89	94	101	110	119
湖州	--	--	--	--	--	--	--	--	--	--	--
淮南	18	40	48	56	62	71	77	86	94	100	103
惠州	143	288	388	520	627	703	789	896	991	1077	1188
衡阳	29	50	63	76	101	131	152	185	200	212	245
济宁	84	172	232	297	384	430	485	582	618	664	715
嘉兴	100	240	276	323	380	421	487	549	578	607	631
晋城	7	--	30	44	61	69	75	89	96	102	115
丽水	23	61	81	98	131	146	163	194	207	226	243
临沂	--	--	--	--	--	--	--	--	--	--	--
柳州	25	64	76	89	99	96	93	102	110	118	136

4-22 续表1 单位：亿元

城市	1~2月	1~3月	1~4月	1~5月	1~6月	1~7月	1~8月	1~9月	1~10月	1~11月	1~12月
龙岩	22	53	62	61	79	84	92	102	108	115	129
茂名	46	80	101	122	139	154	167	182	197	207	219
梅州	24	42	55	70	84	93	102	111	121	131	138
齐齐哈尔	--	7	10	15	20	23	27	31	35	38	44
清远	50	89	113	143	168	185	200	218	236	253	274
衢州	17	44	54	66	88	93	99	105	113	121	132
日照	21	48	61	80	113	124	131	146	151	156	165
汕头	--	--	--	--	--	--	--	--	--	--	--
韶关	26	41	52	64	77	85	90	96	104	110	117
绍兴	138	295	401	481	625	732	843	938	979	1050	1159
咸宁	19	41	53	63	76	82	87	100	108	114	120
台州	--	197	250	--	416	544	--	601	655	--	742
泰安	35	71	99	122	164	194	216	247	268	294	328
泰州	71	118	145	184	230	276	323	371	417	467	554
唐山	24	49	71	99	122	143	163	189	226	264	312
宣城	18	27	34	--	--	--	--	--	--	--	--
阳江	23	38	--	63	--	78	86	--	--	--	114
岳阳	20	39	54	65	86	95	101	120	--	--	153
运城	--	--	57	71	88	102	119	--	141	153	171
湛江	60	110	144	175	197	229	252	275	302	323	349
肇庆	36	120	91	112	129	142	161	181	197	210	231
中山	62	149	184	239	336	376	402	433	467	492	537
珠海	--	--	--	--	--	--	--	--	--	--	--
文昌	4	10	14	18	20	24	26	28	31	38	43

数据来源：国家统计局。

4-23　2023年全国主要城市二手房供求全年汇总统计

城市	成交套数（套）	成交面积（平方米）	参考成交价（元/平方米）	成交金额（万元）	套均面积（平方米/套）
北京市	174955	15384207.63	61877	95193508.33	87.93
上海市	191244	15477172.12	59818	92581625.87	80.93
广州市	105081	9544809.67	34892	33303753.33	90.83
深圳市	37823	3052843.00	63662	19434880.46	80.71
长春市	38158	3484152.34	9723	3387521.56	91.31
长沙市	58523	6506668.42	12521	8147070.91	111.18
成都市	216316	20699531.36	15483	32048242.26	95.69
重庆市	111353	11088076.12	13729	15223195.10	99.58
大连市	45916	3821590.60	16741	6397733.18	83.23
福州市	37932	3295191.75	27032	8907640.62	86.87
哈尔滨市	64974	5894772.08	10236	6033794.37	90.73
杭州市	70940	6568043.12	36706	24108893.58	92.59
合肥市	71962	6787243.62	20163	13685051.68	94.32
济南市	51763	5284320.27	17493	9243909.43	102.09
南昌市	21396	2259502.50	14480	3271675.30	105.60
南京市	99752	8816945.75	28662	25271385.71	88.39
南宁市	25276	2697222.12	12230	3298578.02	106.71
宁波市	61610	7321948.87	25797	18888566.28	118.84
青岛市	60923	6134292.50	18681	11459678.85	100.69
沈阳市	72410	6599067.49	11360	7496344.64	91.13
苏州市	69846	7331090.32	27391	20080791.87	104.96
天津市	157662	14194763.82	17983	25525870.44	90.03
武汉市	106465	10793273.21	16328	17623258.97	101.38
西安市	104315	10481790.42	14080	14758556.22	100.48
厦门市	27835	2740326.95	46948	12865319.39	98.45
郑州市	84614	8773368.52	14429	12658836.13	103.69
东莞市	33150	3372369.36	24428	8237922.62	101.73
佛山市	92651	9054161.84	16236	14700287.10	97.72
南通市	15886	1793717.36	17292	3101682.21	112.91
烟台市	11723	1121648.41	10148	1138217.35	95.68
镇江市	25570	2810876.03	9773	2746988.07	109.93
贵阳市	14149	1769059.21	9745	1723863.08	125.03
太原市	20164	2114569.83	10528	2226236.92	104.87

4-24　2023年全国主要城市二手房月度供求成交套数统计

单位：套

城市	1月	2月	3月	4月	5月	6月	7月	8月	9月	10月	11月	12月	统计
北京市	9549	17049	24536	16122	14802	13446	11116	11768	15875	12057	14074	14561	174955
上海市	8073	19348	23586	17213	15295	12566	14262	15351	17356	14688	16051	17455	191244
广州市	5332	9959	12258	10029	8803	8266	8110	6962	8587	9360	8999	8416	105081
深圳市	1763	2912	4615	3710	3393	3096	2781	2520	2856	2856	3280	4041	37823
长春市	2457	4320	5107	4093	3665	3278	2868	2327	2743	2538	2484	2278	38158
长沙市	4173	4541	4727	4146	3513	3260	3794	4202	5191	7574	7001	6401	58523
成都市	10416	16518	27584	24635	20704	17669	15524	15450	14327	17370	19164	16955	216316
重庆市	7547	11729	10331	8877	9517	7782	7487	9895	9917	9455	9827	8989	111353
大连市	3178	4336	5788	4006	3878	4109	3936	4146	3558	3077	3197	2707	45916
福州市	1615	2999	4513	3723	3585	2932	2534	2854	3282	3572	3337	2986	37932
哈尔滨市	2645	5256	8569	8054	7213	6814	6264	3464	3874	3975	4667	4179	64974
杭州市	2527	6640	9734	7236	6529	4616	3841	4629	4456	5678	8443	6611	70940
合肥市	2681	8477	7390	6911	6260	6689	5965	5799	5660	5744	5219	5167	71962
济南市	2765	4939	4422	3669	3446	3126	2783	4897	5535	5161	5318	5702	51763
南昌市	1039	1474	1948	2238	1875	1707	1781	1904	1997	2096	1802	1535	21396
南京市	6798	7998	13117	11727	9941	8159	7189	6631	6506	6587	8414	6685	99752
南宁市	1122	1755	2986	2578	3194	2356	2128	1967	1777	1778	2052	1583	25276
宁波市	3322	6430	9865	6761	5575	4855	4847	4026	3651	3854	4299	4125	61610
青岛市	2695	5623	8042	4646	5856	4433	4507	4777	4495	5322	5607	4920	60923
沈阳市	4133	7637	7891	6847	5938	6065	5132	5964	6248	5145	5205	6205	72410
苏州市	4231	4760	8314	7850	7590	6401	4908	4851	4514	4858	6389	5180	69846
天津市	8179	14656	21706	16895	14308	12022	10496	9956	11712	12423	13656	11653	157662
武汉市	5939	7028	11994	12015	11590	8291	9224	7371	8735	7554	7770	8954	106465
西安市	5262	8152	12321	9572	8240	7539	8129	9267	8404	8965	9720	8744	104315
厦门市	1796	2629	4164	3228	2848	2490	1488	1210	1817	1821	2265	2079	27835
郑州市	5657	5488	7566	9523	9716	7991	7367	6430	6275	6106	6859	5636	84614
东莞市	2028	2711	4425	3957	3655	3391	2704	2256	1986	1861	2142	2034	33150
佛山市	3712	6997	16878	9470	9343	9286	9053	4695	5398	5867	5800	6152	92651
南通市	1245	1319	1297	1326	1630	1631	1596	1424	1044	970	1228	1176	15886
烟台市	490	771	1531	1231	1072	1434	1115	907	758	734	829	851	11723
镇江市	2551	2915	3118	2724	2353	2282	1811	1678	1704	1690	1508	1236	25570
贵阳市	1118	1334	1390	1241	1136	1183	1188	1184	1193	1166	1105	911	14149
太原市	1105	1804	2117	1935	1653	1740	1720	1676	1676	1603	1532	1603	20164

4-25 2023年全国主要城市二手房月度供求成交面积统计

单位：万平方米

城市	1月	2月	3月	4月	5月	6月	7月	8月	9月	10月	11月	12月	统计
北京市	85.26	152.42	216.35	140.38	133.00	118.49	97.97	101.97	136.67	105.94	123.12	126.85	1538.42
上海市	66.13	156.47	190.74	140.12	124.35	102.16	115.58	121.77	141.54	116.64	129.68	142.54	1547.72
广州市	46.67	88.77	109.03	87.49	77.33	72.11	70.82	67.65	82.94	90.29	83.79	77.60	954.48
深圳市	13.40	22.13	35.33	28.09	25.59	23.00	21.02	22.74	24.50	25.27	29.23	34.99	305.28
长春市	23.01	40.98	48.26	38.36	34.68	30.43	26.87	20.87	20.96	22.23	21.53	20.23	348.42
长沙市	44.35	48.01	50.29	43.59	37.05	34.81	40.73	47.88	61.09	87.66	81.47	73.74	650.67
成都市	99.40	154.84	257.26	233.75	198.93	171.18	149.42	148.28	138.21	168.02	184.93	165.75	2069.95
重庆市	74.88	115.95	103.91	88.45	95.66	79.13	75.20	98.91	98.13	94.01	96.00	88.57	1108.81
大连市	26.72	35.83	47.66	32.53	31.92	33.99	32.47	34.28	29.33	26.15	27.69	23.59	382.16
福州市	13.01	22.56	35.78	29.86	28.57	23.52	20.24	27.68	31.74	34.27	32.79	29.49	329.52
哈尔滨市	23.54	47.65	79.06	74.45	66.02	62.99	57.97	29.42	33.08	33.15	43.80	38.34	589.48
杭州市	23.01	59.55	87.86	63.31	58.54	41.86	34.79	44.83	42.55	54.66	81.77	64.06	656.80
合肥市	25.41	78.91	69.49	64.77	59.26	63.79	56.47	54.18	52.89	54.08	50.70	48.78	678.72
济南市	27.24	47.82	42.88	36.37	34.06	30.62	27.55	51.87	58.65	54.21	56.39	60.78	528.43
南昌市	11.45	16.23	21.64	24.85	20.07	18.81	18.73	19.09	20.09	21.07	18.35	15.58	225.95
南京市	58.88	69.66	114.34	100.50	86.92	72.79	63.26	59.82	59.25	59.75	76.52	60.02	881.69
南宁市	11.95	19.23	32.47	27.92	34.14	25.41	23.16	20.35	18.59	18.51	21.68	16.30	269.72
宁波市	42.99	83.12	127.68	83.69	68.52	59.76	62.11	40.62	37.33	39.27	44.48	42.62	732.19
青岛市	27.34	55.87	80.70	45.53	58.85	44.60	45.32	48.35	45.93	54.43	57.57	48.94	613.43
沈阳市	38.50	70.58	73.15	62.48	54.60	56.25	47.27	56.01	57.53	42.36	45.83	55.34	659.91
苏州市	45.12	47.74	87.66	81.13	79.84	67.39	51.68	50.45	47.44	51.95	67.42	55.28	733.11
天津市	70.60	124.55	185.78	148.12	128.91	118.25	97.60	90.50	107.15	110.10	123.32	114.58	1419.48
武汉市	60.72	71.33	121.98	121.23	117.80	84.62	93.89	74.93	87.11	76.08	79.38	90.24	1079.33
西安市	53.14	81.98	124.42	96.01	83.43	75.32	80.97	89.32	85.46	91.07	98.54	88.51	1048.18
厦门市	17.36	25.74	40.59	30.89	27.67	23.62	14.37	12.52	19.69	19.65	21.62	20.32	274.03
郑州市	57.99	56.60	78.59	96.49	98.44	81.67	76.42	59.59	76.28	54.74	81.90	58.63	877.34
东莞市	20.03	27.73	44.70	42.23	37.10	34.87	27.83	22.27	20.47	17.82	21.70	20.48	337.24
佛山市	36.37	67.20	144.36	89.34	87.64	89.82	87.09	52.26	59.39	66.13	62.44	63.35	905.42
南通市	14.53	15.20	14.43	15.27	18.36	19.21	18.47	15.66	11.88	10.76	13.05	12.54	179.37
烟台市	4.62	7.33	14.67	11.57	10.42	13.84	10.78	8.68	7.34	7.08	8.01	7.83	112.16
镇江市	27.89	32.40	34.37	29.54	25.49	25.21	19.84	18.71	18.91	18.90	16.75	13.07	281.09
贵阳市	14.77	17.59	18.35	16.29	14.66	15.70	15.18	15.25	15.26	12.92	11.57	9.37	176.91
太原市	11.82	19.22	22.41	20.11	17.32	18.63	17.92	17.44	17.44	17.24	16.05	15.85	211.46

4-26 2023年全国主要城市精装修市场统计

城市	推出精装楼盘数（个）	精装修套数（套）	装修标准（元/平方米）	参考价格（元/平方米）
北京	60	37424	4127	73104
上海	157	97247	3734	62733
广州	53	36992	3604	56717
深圳	63	54469	3097	59526
长沙	26	20672	2435	16373
成都	124	81338	2928	26159
重庆	24	16015	2116	15766
大连	9	4878	2556	26314
福州	10	6544	2810	24600
海口	12	5390	1950	21809
杭州	138	77507	3553	33328
合肥	50	36905	2572	22131
济南	9	10544	3056	22417
昆明	15	15719	2413	18123
南昌	9	5845	2163	13978
南京	83	57759	3306	39173
宁波	31	16002	4715	34807
青岛	24	16514	4108	31304
三亚	10	6779	3200	32922
石家庄	8	7741	1813	14471
苏州	66	39303	2962	32346
太原	12	12293	1908	14827
天津	16	7652	2581	28969
温州	12	3626	1871	23307
无锡	14	12803	2800	29330
武汉	22	13593	3477	27416
西安	20	14520	2158	16442
厦门	14	10321	2607	46521
郑州	9	9590	2278	22578
东莞	32	24240	3378	43951
佛山	30	33225	1907	19319
淮安	5	3765	1820	13380
惠州	21	24445	1624	11393
嘉兴	10	9160	2480	19927
江门	11	8024	1091	8318

4-26 续表1

城市	推出精装楼盘数（个）	精装修套数（套）	装修标准（元/平方米）	参考价格（元/平方米）
聊城	15	11913	1680	10657
宁德	5	5400	1900	18360
秦皇岛	9	6821	1644	14567
绍兴	12	7544	2125	18158
徐州	7	6407	2111	15838
湛江	13	10617	1577	10908
中山	11	7318	1600	13955
珠海	21	22081	2343	28615
昆山	14	9108	2629	26185
太仓	8	5601	2438	23363

数据来源：中指数据库监测。

4-27 2023年全国主要城市精装楼盘推出统计

单位：个

城市	1月	2月	3月	4月	5月	6月	7月	8月	9月	10月	11月	12月	汇总
北京	2	1	5	4	3	6	1	3	8	8	5	14	60
上海	7	5	16	11	14	19	12	6	9	16	13	29	157
广州	--	1	2	--	5	5	2	6	1	6	6	19	53
深圳	3	--	4	2	3	7	2	3	16	7	3	13	63
长沙	1	2	5	2	2	3	3	--	1	3	2	2	26
成都	7	10	12	5	10	15	11	3	6	8	17	20	124
重庆	1	1	2	4	2	1	3	1	3	1	2	3	24
大连	--	--	--	1	--	2	1	1	1	--	1	2	9
福州	--	1	--	--	--	--	--	1	--	4	2	2	10
海口	1	1	1	2	1	1	1	2	1	--	1	--	12
杭州	10	8	9	4	13	10	11	6	23	6	10	28	138
合肥	12	4	4	5	1	1	1	3	1	3	8	7	50
济南	--	--	--	2	--	--	--	1	--	4	2	--	9
昆明	--	--	--	2	--	1	--	3	2	1	3	3	15
南昌	1	1	--	--	--	--	--	1	2	--	2	2	9
南京	4	1	4	2	8	11	10	1	4	6	17	15	83
宁波	2	--	2	1	2	5	2	4	2	4	2	5	31
青岛	--	--	1	3	1	4	1	2	2	4	2	4	24
三亚	1	--	--	--	1	2	1	--	2	--	--	3	10
石家庄	2	1	1	--	--	1	--	1	--	2	--	--	8
苏州	1	--	1	1	5	9	1	4	10	3	13	18	66
太原	1	--	--	--	--	1	--	2	1	3	1	3	12
天津	--	1	2	2	3	--	2	--	1	2	2	1	16
温州	2	1	5	1	1	1	--	--	--	--	--	1	12
无锡	--	1	2	--	--	1	--	--	1	3	2	4	14
武汉	2	1	3	--	1	2	3	1	5	3	1	--	22
西安	1	--	--	2	--	2	4	4	--	1	3	3	20
厦门	1	--	3	--	--	2	1	2	--	3	1	1	14
郑州	--	--	1	2	--	--	1	--	1	1	1	2	9
东莞	2	--	4	4	1	3	2	1	7	1	5	2	32
佛山	1	1	--	--	--	4	2	1	1	2	7	11	30
淮安	--	--	--	--	--	1	--	--	--	--	1	3	5
惠州	4	--	--	1	--	1	8	--	2	--	2	3	21
嘉兴	--	1	1	1	--	2	--	--	1	2	--	2	10

4-27 续表1

单位：个

城市	1月	2月	3月	4月	5月	6月	7月	8月	9月	10月	11月	12月	汇总
江门	3	--	1	3	1	1	--	--	1	1	--	--	11
聊城	--	--	1	6	--	--	1	3	2	--	2	--	15
宁德	--	--	1	--	--	--	--	--	--	3	--	1	5
秦皇岛	--	1	--	--	--	2	--	--	--	4	--	2	9
绍兴	--	--	3	1	--	--	--	1	--	2	--	5	12
徐州	--	1	2	1	--	1	--	--	--	--	1	1	7
湛江	4	--	--	--	--	2	--	--	1	4	2	--	13
中山	--	2	1	2	--	2	--	1	1	2	--	--	11
珠海	1	--	1	--	1	3	2	1	1	4	--	7	21
昆山	--	1	2	2	--	--	--	1	1	2	4	1	14
太仓	--	--	--	--	--	--	--	1	2	1	2	2	8

数据来源：中指数据库监测。

4-28　2023年全国主要城市精装房推出套数统计

单位：套

城市	1月	2月	3月	4月	5月	6月	7月	8月	9月	10月	11月	12月	汇总
北京	2077	586	3671	2138	2032	2919	1969	1685	5404	4070	2835	8038	37424
上海	1607	2369	10900	5393	6854	9058	8265	2423	7330	13075	7980	21993	97247
广州	--	570	2057	--	5680	1995	1606	3334	1024	4421	4667	11638	36992
深圳	1875	--	5341	1235	1782	9223	1409	2582	12486	5050	1430	12056	54469
长沙	114	2256	4713	1285	1306	3065	2951	--	588	1594	1509	1291	20672
成都	3368	7698	9907	3484	5974	6754	6534	1507	3074	3636	14669	14733	81338
重庆	1478	536	832	1902	794	690	1710	200	1426	1466	2255	2726	16015
大连	--	--	--	1600	--	161	330	42	515	--	430	1800	4878
福州	--	1489	--	--	--	--	--	436	--	1312	1695	1612	6544
海口	315	1000	508	1278	829	368	128	718	120	--	126	--	5390
杭州	4437	3751	4155	2474	7384	4300	7141	3233	13799	3006	4703	19124	77507
合肥	9793	3205	2732	3038	213	500	370	2075	1330	1517	7118	5014	36905
济南	--	--	--	2146	--	--	--	--	1121	--	5254	2023	10544
昆明	--	--	--	1922	--	227	--	4472	2892	1169	2214	2823	15719
南昌	1124	946	--	--	--	--	--	620	1762	--	1044	349	5845
南京	2507	178	2646	860	3499	7024	10460	576	1739	6248	13607	8415	57759
宁波	1038	--	1334	682	1158	1580	789	1764	633	2042	2259	2723	16002
青岛	--	--	1336	1435	750	3132	1000	519	936	4301	710	2395	16514
三亚	147	--	--	--	1767	1425	209	--	995	--	--	2236	6779
石家庄	2024	1200	788	--	--	636	--	1055	--	2038	--	--	7741
苏州	674	--	364	300	2655	3975	312	2553	6267	2556	7902	11745	39303
太原	1000	--	--	--	--	2188	--	1064	1987	2270	1711	2073	12293
天津	--	162	844	1156	1475	--	654	--	328	1334	1144	555	7652
温州	482	180	1244	1040	77	231	--	--	--	--	--	372	3626
无锡	--	298	2458	--	--	867	--	--	427	3287	2674	2792	12803
武汉	1442	945	942	--	374	829	747	408	3749	3669	488	--	13593
西安	1085	--	--	1170	--	1059	4582	2691	--	268	1472	2193	14520
厦门	794	--	2304	--	--	1362	779	988	--	2565	274	1255	10321
郑州	--	--	593	1440	--	--	1272	--	276	3250	1183	1576	9590
东莞	864	--	4303	2774	868	1877	1896	383	5384	1228	3297	1366	24240
佛山	952	1330	--	--	--	2789	1995	1916	1767	2605	7966	11905	33225
淮安	--	--	--	--	--	884	--	--	--	--	519	2362	3765
惠州	3490	--	--	--	1221	--	756	6729	--	1135	--	2194	8920	24445
嘉兴	--	1616	728	1468	--	1964	--	--	573	1235	--	1576	9160

4-28 续表1

单位：套

城市	1月	2月	3月	4月	5月	6月	7月	8月	9月	10月	11月	12月	汇总
江门	2633	--	1700	964	498	150	--	--	717	1362	--	--	8024
聊城	--	--	977	5314	--	--	298	3698	584	--	1042	--	11913
宁德	--	--	531	--	--	--	--	--	--	2081	--	2788	5400
秦皇岛	--	518	--	--	--	1128	--	--	--	4091	--	1084	6821
绍兴	--	--	3017	200	--	--	--	302	--	547	--	3478	7544
徐州	--	922	1272	504	--	500	--	--	--	--	962	2247	6407
湛江	1954	--	--	--	--	1780	--	--	809	4226	1848	--	10617
中山	--	2242	973	1129	--	496	--	425	1000	1053	--	--	7318
珠海	428	--	1159	--	1093	1909	1054	699	194	5143	--	10402	22081
昆山	--	1080	1538	626	--	--	--	656	780	1190	2905	333	9108
太仓	--	--	--	--	--	--	--	633	1442	473	1541	1512	5601

数据来源：中指数据库监测。

4-29　2023年全国主要城市精装房装修标准统计

单位：元/平方米

城市	1月	2月	3月	4月	5月	6月	7月	8月	9月	10月	11月	12月	汇总
北京	2900	3500	4400	4500	3000	5917	2000	6333	3913	3700	3760	3793	3976
上海	4143	3900	3988	3655	3679	4184	3500	3917	4222	3938	2831	3431	3782
广州	--	4500	1250	--	2900	6000	2750	4150	2000	3917	3833	3189	3449
深圳	3000	--	5000	3250	3000	3371	1750	3833	2956	3400	2533	2562	3151
长沙	3000	1500	2580	2250	2500	1500	3333	--	3000	2467	2500	2500	2466
成都	2640	2765	2667	2960	2946	2783	3236	2743	3333	3188	3216	2744	2935
重庆	1000	2500	2000	2575	2000	1800	1927	7000	1600	1800	1250	1767	2268
大连	--	--	--	1000	--	2750	2500	4000	3500	--	3000	1750	2643
福州	--	3000	--	--	--	--	--	5000	--	2775	2500	2000	3055
海口	2300	2200	1000	2250	2000	3500	1600	1500	1800	--	1500	--	1965
杭州	4000	3000	3333	3125	4077	4100	3045	3917	3565	3083	3400	3511	3513
合肥	2250	1875	2250	2500	3000	2500	3000	4167	2500	2433	2663	2929	2672
济南	--	--	--	2750	--	--	--	--	3500	--	2875	3500	3156
昆明	--	--	--	2100	--	3500	--	2267	1800	1800	2100	3333	2414
南昌	2500	1500	--	--	--	--	--	2069	2250	--	2250	2200	2128
南京	4500	3500	4113	2500	3063	3709	3470	4000	3250	3500	3025	2800	3452
宁波	4550	--	4100	5000	4550	6300	5900	7440	3500	2500	3150	3680	4606
青岛	--	--	2500	4500	1000	3625	3000	9000	1350	3050	7100	4250	3938
三亚	3000	--	--	--	2500	1750	2500	--	4000	--	--	4167	2986
石家庄	1250	1500	1500	--	--	1000	--	3000	--	2500	--	--	1792
苏州	3000	--	3000	3000	3000	3022	3000	2375	3330	2833	3077	2778	2947
太原	2000	--	--	--	--	3000	--	1950	2800	1400	1500	1833	2069
天津	--	4000	4000	3000	2000	--	1750	--	1500	1900	2500	3500	2683
温州	2675	1500	1240	1900	1500	1000	--	--	--	--	--	5000	2116
无锡	--	3000	3000	--	--	4400	--	--	4000	2733	2050	2375	3080
武汉	4000	5000	2667	--	3500	3250	2667	5000	4100	2833	3500	--	3652
西安	2000	--	--	1600	--	1750	2024	2015	--	2000	3833	1600	2103
厦门	3000	--	2667	--	--	3250	1500	3000	--	2167	3000	2000	2573
郑州	--	--	3500	2650	--	--	2000	--	4000	2500	1200	1000	2407
东莞	3500	--	3750	4125	3000	3000	1750	6000	4286	1800	2260	2500	3270
佛山	3000	1000	--	--	--	2325	2150	2000	2000	1150	1800	1882	1923
淮安	--	--	--	--	--	1600	--	--	--	--	2500	1667	1922
惠州	1750	--	--	1500	--	2000	1575	--	--	1250	--	1250	2000	1618
嘉兴	--	1900	2600	3000	--	1750	--	--	2500	2850	--	2800	2486

4-29 续表

单位：元/平方米

城市	1月	2月	3月	4月	5月	6月	7月	8月	9月	10月	11月	12月	汇总
江门	1133	--	1000	1000	1000	1000	--	--	1000	1600	--	--	1105
聊城	--	--	1000	1750	--	--	1600	2000	1050	--	2000	--	1567
宁德	--	--	1500	--	--	--	--	--	--	2000	--	2000	1833
秦皇岛	--	800	--	--	--	2000	--	--	--	2000	--	1000	1450
绍兴	--	--	2167	1900	--	--	--	3300	--	1750	--	2060	2235
徐州	--	4000	1750	1200	--	2600	--	--	--	--	2500	980	2172
湛江	2025	--	--	--	1050	--	--	1000	1625	1400	--	--	1420
中山	--	1000	2500	1750	--	1350	--	2000	2100	1400	--	--	1729
珠海	1600	--	3000	--	1500	3167	2250	1800	1500	2075	--	2500	2155
昆山	--	1500	1900	2250	--	--	--	3000	2000	4000	2750	3000	2550
太仓	--	--	--	--	--	--	--	2000	2000	2500	2000	3500	2400

数据来源：中指数据库监测。

4-30　2023年重点城市集中式长租公寓年度统计数据

城市	门店数量（个）	长租公寓平均租金（元/平方米）
北京市	610	135.18
上海市	1161	139.26
广州市	838	60.95
深圳市	823	78.97
成都市	246	55.77
重庆市	185	37.96
杭州市	652	87.02
合肥市	43	51.54
济南市	37	63.20
南京市	271	85.32
青岛市	37	62.71
苏州市	63	86.03
天津市	69	61.91
武汉市	112	55.72
西安市	49	58.37
厦门市	69	60.55
郑州市	22	57.34

数据来源：中指监测数据。

注1：覆盖城市：北京市、上海市、广州市、深圳市、成都市、重庆市、杭州市、合肥市、济南市、南京市、青岛市、苏州市、天津市、武汉市、西安市、厦门市、郑州市。

注2：门店数量统计口径：集中式长租公寓门店。

注3：长租公寓平均租金口径：2023年12月单月平均挂牌租金。

注4：长租公寓平均租金算法：该城市所有监测品牌集中式长租公寓门店的平均单平米挂牌租金的简单平均数。

4-31　2023年重点监控品牌集中式长租公寓数量

单位：个

品牌	1月	2月	3月	4月	5月	6月	7月	8月	9月	10月	11月	12月
泊寓	311	311	311	321	325	326	327	328	328	328	328	328
冠寓	267	267	267	278	281	283	287	289	290	292	294	296
魔方	304	311	311	314	315	315	318	319	321	321	324	326
旭辉瓴寓	64	69	71	75	75	77	78	80	85	86	86	88
乐乎公寓	237	248	250	254	254	255	257	297	299	299	299	299
华润有巢	28	33	34	34	35	35	35	37	37	37	37	37
朗诗寓	84	84	85	85	85	85	85	85	85	85	85	85
招商伊敦	29	30	30	33	33	34	34	37	38	38	38	38
方隅	19	21	21	22	22	22	22	22	22	22	22	22
乐璟生活社区	11	12	12	12	12	12	12	13	15	15	15	16
保利公寓	25	26	26	26	32	32	32	33	33	37	40	40

数据来源：中指监测数据。

注1：覆盖城市：北京市、上海市、广州市、深圳市、成都市、重庆市、杭州市、合肥市、济南市、南京市、青岛市、苏州市、天津市、武汉市、西安市、厦门市、郑州市。

注2：覆盖品牌：泊寓、冠寓、魔方、旭辉瓴寓、乐乎公寓、华润有巢、朗诗寓、招商伊敦、方隅、乐璟生活社区、保利公寓。

注3：统计口径：集中式长租公寓门店。

4-32　2023年20城市甲级写字楼平均租金

单位：元/平方米/天

城市	2023年3月	2023年4月	2023年5月	2023年6月	2023年7月	2023年8月	2023年9月	2023年10月	2023年11月	2023年12月
北京市	9.46	9.41	9.69	9.70	9.66	9.66	9.66	9.65	9.71	9.65
上海市	6.66	6.68	6.82	6.81	6.81	6.82	6.81	6.81	7.00	6.81
广州市	4.65	4.65	4.64	4.63	4.63	4.65	4.63	4.62	4.49	4.60
深圳市	5.03	5.04	5.10	5.09	5.06	5.04	5.03	5.02	4.87	5.01
长沙市	2.14	2.14	2.13	2.11	2.11	2.05	2.00	2.00	2.06	2.04
成都市	2.63	2.63	2.67	2.66	2.66	2.65	2.64	2.64	2.72	2.64
重庆市	1.99	2.01	2.03	2.00	2.01	2.02	2.01	2.01	1.95	2.01
福州市	2.72	2.72	2.71	2.73	2.73	2.71	2.71	2.71	2.71	2.65
杭州市	3.31	3.33	3.35	3.37	3.37	3.36	3.36	3.36	3.26	3.36
合肥市	1.69	1.68	1.68	1.68	1.68	1.66	1.66	1.66	1.66	1.65
济南市	2.73	2.76	2.78	2.86	2.91	2.94	2.91	2.92	2.83	2.92
南昌市	1.43	1.44	1.43	1.42	1.39	1.42	1.42	1.38	1.38	1.42
南京市	3.04	3.07	3.06	3.07	3.09	3.08	3.08	3.09	3.00	3.09
青岛市	2.49	2.47	2.55	2.56	2.53	2.55	2.54	2.52	2.44	2.42
苏州市	2.21	2.22	2.23	2.23	2.23	2.23	2.22	2.22	2.19	2.23
天津市	2.50	2.51	2.53	2.54	2.52	2.52	2.50	2.49	2.42	2.48
武汉市	2.63	2.64	2.64	2.65	2.65	2.62	2.61	2.62	2.54	2.58
西安市	2.39	2.41	2.37	2.36	2.35	2.35	2.35	2.33	2.26	2.31
厦门市	2.66	2.66	2.68	2.69	2.70	2.69	2.65	2.66	2.74	2.66
郑州市	2.03	2.03	2.03	2.02	2.01	2.01	2.02	2.02	1.96	2.02

注：城市租金数据根据20城选取固定样本计算所得。

数据来源：中指监测全网挂牌租金数据。

4-33　2023年20城市甲级写字楼平均售价

单位：元/平方米

城市	2023年3月	2023年4月	2023年5月	2023年6月	2023年7月	2023年8月	2023年9月	2023年10月	2023年11月	2023年12月
北京市	40107.87	40378.10	41589.44	41876.94	41886.98	42660.26	42191.99	42178.38	42450.17	41852.06
上海市	31806.08	31859.70	32363.88	32640.45	32573.57	32431.81	32402.24	32482.95	32463.87	32450.75
广州市	29379.24	29624.27	29726.76	29928.86	29961.75	29995.78	29971.57	30012.98	30096.69	29999.80
深圳市	39948.68	38750.22	37587.71	37747.93	37630.31	37628.07	37308.94	37504.65	38024.51	36883.77
长沙市	11931.38	11925.90	11955.03	12039.66	11961.70	11602.85	11445.31	11559.38	11507.00	11852.21
成都市	12611.26	12586.42	12557.08	12441.88	12606.21	12581.85	12669.94	12802.63	13186.71	12877.00
重庆市	12815.48	12746.46	12433.02	12564.18	12530.02	12685.74	12622.19	12654.04	12688.68	12543.45
福州市	18369.15	18609.00	18583.38	18621.00	18084.33	17969.87	17754.87	17619.73	17599.40	17772.53
杭州市	22564.28	22670.22	22119.43	22097.17	22279.99	22188.63	22256.79	22257.57	22563.83	22178.51
合肥市	9799.86	9768.95	9475.88	9356.97	9432.64	9416.31	9411.46	9399.46	9471.33	9495.70
济南市	12429.68	12596.14	12567.90	12585.64	12647.61	12600.61	12663.57	12648.79	13028.25	12637.40
南昌市	11980.33	11990.80	11859.13	11870.38	12046.00	11991.65	11791.18	11736.59	11670.29	11606.59
南京市	17753.38	17853.42	17994.02	18179.44	18075.52	18063.31	18015.74	17875.85	17832.67	17718.72
青岛市	18185.67	17741.94	18274.20	18502.86	18397.81	18259.29	18035.24	17865.00	18400.95	17848.92
苏州市	16775.42	16980.51	17320.02	17424.89	17438.15	17549.42	17402.20	17337.35	17597.50	17450.15
天津市	15365.71	15483.04	15595.61	15698.71	15681.79	15482.55	15051.13	15018.20	14933.57	14755.58
武汉市	12687.61	12603.90	12604.16	12608.55	12598.93	12621.82	12646.62	12687.19	12780.80	12614.74
西安市	12908.36	13027.89	12637.05	12257.94	12096.91	12092.61	12212.74	12149.35	12425.00	12631.25
厦门市	24505.10	24409.19	25141.47	25438.37	25325.63	24924.30	24749.33	24903.62	25351.80	25047.38
郑州市	11271.00	11280.00	11334.00	11332.00	11436.00	11439.00	11509.00	11669.00	11718.00	11530.00

注：城市售价数据根据20城选取固定样本计算所得。

数据来源：中指监测全网挂牌售价数据。

4-34　2023年20城市甲级写字楼空置率

单位：%

城市	2023年第一季度	2023年第二季度	2023年第三季度	2023年第四季度
北京市	14.46	14.53	14.65	14.85
上海市	13.49	13.23	13.25	13.38
广州市	11.37	11.70	11.84	11.79
深圳市	23.68	24.14	24.28	24.60
长沙市	34.60	33.66	33.44	33.15
成都市	20.43	20.98	21.17	21.38
重庆市	28.22	27.52	27.16	27.03
福州市	24.79	24.34	24.18	24.22
杭州市	12.08	12.28	12.34	12.31
合肥市	--	--	--	--
济南市	23.17	23.67	23.67	23.46
南昌市	--	--	--	--
南京市	22.51	22.12	21.71	21.16
青岛市	32.65	32.09	31.88	31.39
苏州市	15.85	16.09	15.92	15.76
天津市	31.40	30.81	30.52	30.21
武汉市	32.50	31.99	32.17	32.08
西安市	26.38	25.88	25.70	25.42
厦门市	27.58	27.15	26.98	27.28
郑州市	18.37	18.07	18.44	18.49

注：城市空置率数据根据20城选取固定样本计算所得。
数据来源：全网挂牌出租数据。

4-35　2022年125城市购物中心项目数量及存量面积

城市	项目总量（个）	存量面积（万平方米）
一线城市		
北京市	279	2161
上海市	543	3640
广州市	298	2109
深圳市	285	2130
二线城市		
长春市	62	666
长沙市	138	1238
成都市	254	2282
重庆市	267	2381
大连市	49	450
福州市	80	649
贵阳市	76	732
哈尔滨市	47	530
海口市	40	324
杭州市	209	1792
合肥市	105	1001
呼和浩特市	30	252
济南市	86	769
昆明市	95	971
兰州市	40	398
南昌市	88	679
南京市	210	1702
南宁市	77	563
宁波市	121	1009
青岛市	106	968
三亚市	21	192
沈阳市	83	928
石家庄市	54	467
苏州市	236	1810
太原市	48	425
天津市	133	1189
温州市	53	499
无锡市	98	853

4-35 续表1

城市	项目总量（个）	存量面积（万平方米）
武汉市	189	1728
西安市	175	1406
西宁市	21	224
厦门市	81	626
银川市	32	280
郑州市	117	995
三四线城市		
宝鸡市	14	108
保定市	25	200
北海市	8	51
沧州市	18	134
常德市	22	160
常州市	55	563
承德市	8	40
东莞市	105	720
鄂州市	9	69
佛山市	178	1459
赣州市	42	341
桂林市	17	147
邯郸市	20	167
衡水市	7	60
衡阳市	19	137
湖州市	29	199
淮安市	35	306
黄冈市	15	107
黄石市	16	137
惠州市	55	352
吉安市	16	118
吉林市	11	163
济宁市	28	216
嘉兴市	50	352
江门市	39	274
金华市	43	365
荆州市	15	117
九江市	27	267

4-35 续表 2

城市	项目总量（个）	存量面积（万平方米）
开封市	10	94
廊坊市	28	222
乐山市	12	97
丽水市	9	76
连云港市	14	161
临沂市	38	341
柳州市	16	118
泸州市	13	100
六安市	11	108
洛阳市	26	255
马鞍山市	12	102
眉山市	16	131
绵阳市	21	152
南充市	21	174
南通市	74	563
南阳市	22	120
莆田市	20	147
秦皇岛市	10	91
清远市	17	140
衢州市	12	83
泉州市	49	407
汕头市	25	154
商丘市	13	111
上饶市	14	103
绍兴市	50	430
台州市	37	312
泰安市	18	155
泰州市	32	299
唐山市	28	308
潍坊市	32	348
芜湖市	22	193
咸阳市	26	188
湘潭市	10	114
襄阳市	31	259
孝感市	11	95
新乡市	17	105

4-35 续表 2

城市	项目总量（个）	存量面积（万平方米）

4-35 续表3

城市	项目总量（个）	存量面积（万平方米）
邢台市	14	144
宿迁市	23	247
宿州市	14	130
许昌市	13	88
徐州市	61	480
烟台市	43	365
盐城市	47	369
扬州市	51	423
宜宾市	15	115
宜昌市	28	215
宜春市	20	177
岳阳市	13	100
湛江市	31	238
张家口市	16	96
肇庆市	18	141
镇江市	27	260
中山市	57	419
舟山市	11	86
珠海市	72	455
株洲市	25	186
驻马店市	17	149
淄博市	27	226
遵义市	37	277

注：统计口径为已开业和未开业的购物中心，存量面积是指项目建筑面积。
数据来源：中指数据库监测。

政策篇

第五章 2023年物业管理及相关政策

5-1　2023年物业管理政策

时间	地区	政策内容	政策来源
1月3日	北京	制定了《物业服务企业履行"劝阻、制止、报告"工作台账》《告知书》《关于××小区存在××问题的报告》示范文本。	北京市住房和城乡建设委员会关于印发《物业服务企业履行"劝阻、制止、报告"工作台账》等示范文本的通知
1月10日	全国	室内装修活动应采取有效措施并符合作业时间要求，物业管理单位应告知装修人和装修人委托的装饰装修企业相关禁止行为和注意事项，并做好巡查，发现问题及时报告。加强社区居民委员会环境和物业管理委员会建设，发挥社区居民委员会在指导业主委员会、物业服务人、业主等做好噪声污染防治工作方面的积极作用。	关于印发《"十四五"噪声污染防治行动计划》的通知
3月1日	云南	规定了业主、业主大会和业主委员会，物业管理服务，物业的使用与维护，监督管理等细则。	云南省物业管理规定
4月10日	陇南	加强物业管理服务：推行通过招投标选择物业服务企业管理的制度机制。进一步加大物业服务从业人员培训力度，不断提升从业人员法律意识、服务意识和服务能力。大力推广小区"红色物业"创建工作，充分发挥党建引领作用。指导各小区成立并健全业主委员会，不断强化业主自治能力。	关于印发《陇南市促进房地产市场平稳健康发展工作实施方案》《陇南市促进建筑业发展壮大实施方案》《陇南市关于加快发展保障性租赁住房的若干措施》的通知
5月11日	上海	制定了《上海市前期物业服务合同示范文本（2023版酬金制）》《上海市前期物业服务合同示范文本（2023版包干制）》《上海市物业服务合同示范文本（2023版酬金制）》《上海市物业服务合同示范文本（2023版包干制）》。	关于推行使用《上海市前期物业服务合同示范文本（2023版酬金制）》等四个示范文本的通知
5月26日	莆田	规范小区物业服务收费行为，维护业主合法权益。	莆田市人民政府办公室关于印发莆田市巩固拓展经济向好势头的一揽子政策措施的通知
6月18日	全国	建立安全责任层级负责机制。培育专业电梯使用管理主体。排查整治非法电梯使用。实现应急处置平台服务全覆盖。提升应急救援智能化水平。优化维保市场。持续推进按需维保。加强维保监督检查。提升检验工作服务效能。扎实推进检验行风建设。积极推进自行检测。加大检测市场监管力度。促进老旧电梯更新改造。	关于印发《电梯安全筑底三年行动方案（2023—2025年）》的通知
7月11日	全国	将超市、便利店、菜市场等纳入保障民生、应急保供体系，将智能快件箱、快递末端综合服务场所等纳入公共服务基础设施，有条件的地方可对微利、公益性业态给予房租减免、资金补贴等支持。对于符合条件的企业，按照市场化、法治化原则做好金融服务。支持大型物业公司向民生领域延伸，拓展"物业+生活服务"。鼓励探索社区基金模式，规范运营管理，引导社会资本参与。按相关规定落实创业补贴、创业担保贷款等支持政策。	关于印发《全面推进城市一刻钟便民生活圈建设三年行动计划（2023-2025）》的通知
7月12日	山东	创新物业服务。探索制定与高品质住宅相适应的物业服务标准，物业服务收费实行市场调节价机制，推动实现质价相符、优质优价。鼓励物业服务企业创新"物联网+维保"服务模式，与BIM运维相结合，实现多维度一体化物业服务体系，提高服务效率，降低服务成本。鼓励物业服务企业拓展服务内容，积极参与医养结合、居家养老、家政服务、住宅托管等居民服务业态，为高品质住宅室内设施设备提供专业维修养护服务。厘清物业和全体业主的权责关系，创造和谐邻里环境。	山东省住房和城乡建设厅关于印发《山东省高品质住宅开发建设指导意见》的通知

5-1 续表1

时间	地区	政策内容	政策来源
7月24日	福建	建立健全物业党建联建工作机制。推动成立业委会，提高物业服务覆盖率。加强物业党建经费保障。提升智慧物业建设水平。以党建引领物业服务管理规范化、制度化。规范小区公共收益和专项资金维修管理。完善前期物业服务价格形成和承接查验机制。加强物业服务区域安全管理。健全物业服务管理制度体系。完善物业问题解决化机制。	《关于加强物业党建联建促进基层治理水平提升行动方案》的通知
7月25日	北京	为扎实做好物业服务不标准、不规范和物业收费存在乱象问题整治，制定了《物业服务违规收费问题执法清单》。	关于印发《物业服务违规收费问题执法清单》的通知
8月2日	北京	①住宅物业管理区域内发生房屋漏雨情况的，经业委会（物管会）和物业服务人判断维修改造已经超出物业服务合同约定的维修范围的，业委会（物管会）、物业服务人应及时报告属地居（村）民委员会，街道（乡镇）应做好统筹指导工作。②属地居（村）民委员会应召集业委会（物管会）、物业服务人及相关业主等共同到现场对房屋漏雨情况进行查看确认。③属地居（村）民委员会应会同相关单位明确维修改造方式和范围，召开现场会议确认并形成会议纪要，同时将会议纪要抄送属地区住房城乡（市）建设委（房管局）。④由业委会（物管会）或物业服务人委托施工单位对房屋漏雨涉及部位进行维修改造。⑤维修改造竣工验收通过后，业委会（物管会）或物业服务人应委托造价咨询单位对工程造价情况进行结算审核，并将居（村）民委员会会议纪要、维修改造方案和工程造价结算审核结果在物业管理区域显著位置进行公示，不少于3日。⑥业委会（物管会）或物业服务人向各区住房城乡（市）建设委（房管局）提出住宅专项维修资金使用申请。	关于进一步推进房屋漏雨应急情况下住宅专项维修资金使用工作的通知
8月16日	北京	①物业服务人不得收取生活垃圾处理费。②物业服务收费标准中包含生活垃圾清运费的，物业服务人不得再收取生活垃圾清运费；未包含的，可以收取。生活垃圾清运费收费标准为30元/户·年，该标准应当在物业管理区域显著位置公示。③住宅物业管理项目的物业服务人不得向业主或者物业使用人收取或者变相收取住宅室内装饰装修管理服务费。④住宅物业管理项目的物业服务人不得向业主或者物业使用人收取或者变相收取住宅室内装饰装修保证金（含装修押金）。⑤各区住建房管部门应当强化对物业服务人的指导监督，加大执法力度；各物业服务行业党委应当强化党建引领行业治理，引导督促物业服务人主动落实相关要求，拒不落实的，各物业服务行业党委要予以通报；物业服务人应当加强物业管理区域内拆改共有部分的巡视检查，不得以不收费为由不履行义务。	关于进一步规范住宅物业管理项目生活垃圾和住宅室内装饰装修相关收费的通知
9月4日	宁德	加强和改进住宅物业管理水平，加大物业服务管理社区协调机制，大力推行红色物业星级评价，对评定为四星及以上物业服务企业，支持优先推荐参与政府、国有企业等公共物业项目的管理，更好地打造居民美好家园。	关于促进中心城区房地产高质量发展的若干措施
9月4日	北京	就维修资金划转后使用管理工作提出明确要求：一是业主大会、业主委员会应加强对划转后维修资金的使用管理，划转后维修资金除可以办理定期存款或购买一级市场国债外，禁止其他任何形式的理财或投资，并需严格按照国家及我市相关规定依法合规支取使用。二是维修资金划转后的业主委员会出现合并、分立或者撤销情况时，应及时凭借相关证明到开户银行办理账户的开立、变更或者撤销手续，以确保日后维修资金的正常支取使用。三是维修资金划转后的业主委员会出现不能履职等情形影响维修资金正常使用的，或业主委员会主动提出申请的，街道（乡镇）应组织召开业主大会临时会议，共同决定委托居委会、业委会或物管会将维修资金余额交存至市住房资金管理中心。	关于加强业主大会划转住宅专项维修资金使用管理有关问题的通知

5-1 续表2

时间	地区	政策内容	政策来源
9月10日	海口	①物业服务人依照《清单》界定的基本服务内容及标准,结合本物业服务小区(物业管理区域)的实际情况开展物业管理服务相关工作。②海口桂林洋开发区管理委员会、各区住房和城乡建设局、各街道办事处及各乡镇人民政府要依法加强对辖区物业管理服务活动的指导和监督;发现物业服务人提供物业管理服务不符合《清单》要求的,可依法责令改正。③市物业管理行业协会协助指导和督促会员单位做好本《清单》的使用工作。④本通知自2023年9月10日起施行,有效期5年。	关于印发《海口市住宅小区物业服务清单》的通知
9月11日	海口	①关于适用范围的问题。②关于续交标准的问题。③关于续交存方法的问题。④关于共有部分产生的收入作为专项维修资金使用的问题。⑤关于续交监督的问题。	关于印发《海口市住宅专项维修资金续交办法》的通知
9月11日	桂林	阶段性缓缴物业专项维修资金。房地产开发企业使用可销售房屋作为担保,可以申请延期缴纳物业专项维修资金6个月。	关于印发促进桂林市房地产市场平稳健康发展的通知
9月14日	玉林	缓交物业专项维修资金。即日起至2024年12月31日,房地产开发企业以可销售房屋作为担保,可以申请延期缴纳物业专项维修资金6个月。对申请延期缴纳企业,采取备案一套缴交一套的延期缴纳方式,确保物业专项维修资金全额归集。	关于印发玉林市支持房地产市场平稳健康发展若干政策措施的通知
9月15日	内蒙古	本《办法》共20条,严格落实《条例》规定,分别从适用范围、部门职责、组建条件、人员资格、成立流程、备案刻章、具体职责、会议制度等进行了规定。《办法》明确,有下列情形之一,应当依法组建物业管理委员会:①不具备成立业主大会条例的;②具备成立业主大会条件,但因相关原因影响未成立的;③业主大会会议召开后,未能选举产生业主委员会的;④需要重新选举业主委员会,经物业所在地苏木乡镇人民政府或者街道办事处指导、协助后仍不能选举产生业主委员会的。	关于印发《内蒙古自治区物业管理委员会组建办法》的通知
9月22日	福州	推动有物业服务的社区建立健全党建引领下的社区居民委员会、业主委员会、物业服务企业协调运行机制,强化社区党组织领导能力、居民委员会指导能力、物业服务企业服务能力。全面强化社区党组织对业主大会、业主委员会和物业服务企业的指导,推行"红色物业"等创新服务模式。	关于印发福州市"十四五"城乡社区服务体系建设实施方案的通知
10月20日	全国	鼓励企业参与建设和运营老年助餐服务设施、有条件的机关企事业单位食堂提供老年助餐服务,引导物业服务企业为老年人提供就餐便利。	关于印发《积极发展老年助餐服务行动方案》的通知
10月26日	河南	《办法》共二十四条,重点规范和明确了部门职责、组建条件、人员资格、成立运行流程、运行职责、终止情形等内容。	河南省住房和城乡建设厅关于印发《河南省物业管理委员会工作办法(试行)》的通知
11月13日	商丘	进一步提升物业服务管理水平。开展全市物业管理专项整治行动,对物业服务规范化、房屋质量监管、收费公开、电梯安全、违章搭建、涉黑涉恶、消防安全等七个方面专项整治,进一步提升全市物业管理水平,切实解决广大市民"急难愁盼"问题,不断提高广大市民幸福感、获得感和满意度。	关于进一步促进房地产市场健康发展的若干措施
11月13日	北京	①认真贯彻落实安全生产各项要求。②持续深入推进住宅物业管理项目安全生产大排查大整治。③物业服务人要切实落实安全生产责任制。④落实消防部门要求,切实加强消防安全管理。⑤落实城市管理部门要求,切实加强燃气使用安全。⑥切实加强监督检查。	关于进一步加强住宅物业管理项目安全管理的通知
11月23日	钦州	自措施发布之日起至2024年12月31日期间,房地产开发企业申办商品房销售手续时,可以申请延期缴纳物业专项维修资金6个月,采用等值可销售房屋作为担保,可以再次申请延期缴纳物业专项维修资金不超过1年,已销售部分在《商品房买卖合同》网签备案时同步缴纳。	关于进一步促进钦州市房地产市场平稳健康发展政策措施的通知

5-1　续表3

时间	地区	政策内容	政策来源
12月11日	梧州	阶段性缓交物业专项维修资金。即日起至2024年12月31日，对申请延期缴纳的企业，采取备案一套缴交一套的延期缴纳方式，缓解企业资金压力。加快推进网签备案系统和专项维修资金系统整合，确保住宅专项维修资金全额归集。	关于印发我市进一步促进房地产市场平稳健康发展若干措施的通知
12月14日	北京	市住房城乡建设委对物业管理领域相关文件进行了清理，决定废止涉及物业管理的相关文件12件。	北京市住房和城乡建设委员会关于废止部分物业管理文件的通知
12月14日	防城港	调整物业专项维修资金缴存方式。商品房预售项目，由购房人在商品房买卖合同备案前将物业专项维修资金交存至政府部门专户；商品房现售项目，由开发建设单位在办理现房销售手续前预交物业专项维修资金，开发建设单位确无法预交的，可申请延期缴纳，延期缴纳时间最长不超过取得现房销售手续后1年，延期缴纳期间，所售房屋的物业专项维修资金由购房人在商品房买卖合同备案之前交存。	关于印发进一步促进房地产市场平稳健康发展的若干措施的通知
12月28日	常州	物业承接查验包括文件资料和现场实物两个方面的查验。文件资料的内容包括竣工验收资料、共用设施设备清单、业主名册等前期物业管理资料。现场实物的内容包括物业管理区域内的共用部位、共用设施设备的配置标准、外观质量和使用功能等。	关于印发《常州市住宅物业承接查验办法》的通知
12月29日	北京	按照"6+4"一体化综合监管工作要求，针对住宅项目物业服务场景，市住房城乡建设委牵头编制了《北京市住宅项目物业服务合规手册（2023年版）》，明确物业服务企业从事经营活动应遵守的监管规则和标准，并提示违规风险和法律责任，为物业规范服务提供依据遵循。	关于印发《北京市住宅项目物业服务合规手册（2023年版）》的通知

5-2 2023年宏观经济政策

时间	地区	政策内容	政策来源
1月17日	全国	①坚持稳中求进工作总基调，完整、准确、全面贯彻新发展理念，加快构建新发展格局，着力推动高质量发展，更好统筹新冠疫情防控和经济社会发展，更好统筹发展和安全，全面深化改革开放，大力提振市场信心，把实施扩大内需战略同深化供给侧结构性改革有机结合起来，突出做好稳增长、稳就业、稳物价工作，有效防范化解重大风险，推动经济运行整体好转，实现质的有效提升和量的合理增长，为全面建设社会主义现代化国家开好局起好步。②明年要坚持稳字当头、稳中求进，继续实施积极的财政政策和稳健的货币政策，加强各类政策协调配合，优化新冠疫情防控措施，形成共促高质量发展的合力。③要有效防范化解重大经济金融风险，守住不发生系统性风险的底线。	国务院副总理刘鹤在世界经济论坛2023年年会上特别致辞
2月15日	全国	①总需求不足是当前经济运行面临的突出矛盾。把恢复和扩大消费摆在优先位置。通过政府投资和政策激励有效带动全社会投资。要继续发挥出口对经济的支撑作用。②加快建设现代化产业体系。一是确保国民经济循环畅通。二是加快实现产业体系升级发展。③把恢复和扩大消费摆在优先位置。要合理增加消费信贷，支持住房改善、新能源汽车、养老服务、教育医疗文化体育服务等消费。④防范房地产业引发系统性风险。房地产对经济增长、就业、财税收入、居民财富、金融稳定都具有重大影响。要正确处理防范系统性风险和道德风险的关系，做好风险应对各项工作，确保房地产市场平稳发展。各地区和有关部门要扛起责任。要因城施策，着力改善预期，扩大有效需求，支持刚性和改善性住房需求，支持落实生育政策和人才政策，解决好新市民、青年人等住房问题，鼓励地方政府和金融机构加大保障性租赁住房供给，探索长租房市场建设。要坚持房子是用来住的、不是用来炒的定位，深入研判房地产市场供求关系和城镇化格局等重大趋势性、结构性变化，抓紧研究中长期治本之策，消除多年来"高负债、高杠杆、高周转"发展模式弊端，推动房地产业向新发展模式平稳过渡。	《求是》杂志发表习近平总书记《当前经济工作的几个重大问题》的文章
3月5日	全国	①房地产市场风险隐患较多。②有效防范化解优质头部房企风险，改善资产负债状况，防止无序扩张，促进房地产业平稳发展。③加强住房保障体系建设，支持刚性和改善性住房需求，解决好新市民、青年人等住房问题。	第十四届全国人民代表大会第一次会议开幕，国务院总理李克强作政府工作报告
3月6日	全国	①统筹发展和安全，稳妥处置化解房地产、金融、地方政府债务等领域风险。②培育消费新增长点。大力倡导绿色消费、新型消费，支持住房改善、新能源汽车、养老服务、教育医疗文化卫生体育等重点领域的消费，鼓励发展消费新业态新模式新场景，进一步激发消费市场活力。	国新办举行"权威部门话开局"第十场系列主题新闻发布会，国家发改委相关领导答记者问
3月13日	全国	①大家更在乎的是住房、就业、收入、教育、就医、生态环境等身边具体事。②我国经济社会发展已经取得了巨大成就，经济总量稳居世界第二，但发展还不平衡、不充分。现在，我们的发展更多地只是解决"有没有"的问题，下一步需要更加重视解决"好不好"的问题，特别是提高科技创新能力、建设现代化产业体系、推动发展方式绿色转型等。③中国的经济总量已经突破120万亿元，基数很高，加上今年的新挑战不少，要实现5%左右的增长，并不轻松，需要倍加努力。④基本取向是坚持稳字当头、稳中求进，推动经济运行整体好转。稳，重点是稳增长、稳就业、稳物价；进，关键是在高质量发展上取得新进步。具体来讲，我想要特别做好几件事，或者说要打好这么几套组合拳：一是宏观政策的组合拳，二是扩大需求的组合拳，三是改革创新的组合拳，四是防范化解风险的组合拳。	国务院总理李强会见中外记者并答问

5-2 续表1

时间	地区	政策内容	政策来源
4月6日	全国	①经济运行的态势逐步回升向好。3月份，国民经济473个中类行业、1382个小类行业中，分别有79.7%和75.8%的行业实现了正增长。在过去的15个月里，全国企业销售收入增速基本上呈现了两个"V"字型，构成了一个"W"型。今年以来企业的销售收入增速在逐步回升。这个回升从同比看，今年一季度增长4.7%。更重要的是从环比看，较去年四季度提升了6.2个百分点，而且是一个月比一个月增幅提高，一路上行至今年3月份同比增长12.8%。3月份，全国企业采购金额同比增长14.1%，较1~2月份提高了12.8个百分点，4月1~5日进一步提升至同比增长23.8%。②住房消费呈现回暖迹象，房地产业1~2月份销售收入由负转正，同比增长2.3%，较去年全年加快19.5个百分点；3月份增速进一步提升，同比增长17.9%。③同时为支持居民合理住房需求，国家延续实施个人购买首套及第二套改善性住房契税的减免政策，精准实施公租房建设和运营的税收支持政策，这两项政策在2022年减税超过2000亿元。	国务院新闻办公室举行"权威部门话开局"系列主题新闻发布会，国家税务总局局长王军介绍"更好发挥税收职能作用更优服务经济社会高质量发展"有关情况，并接受媒体采访
4月18日	全国	①从下阶段看，我国经济增长的内生动力在逐步增强，宏观政策显效发力，经济运行有望整体好转。考虑到上年二季度受新冠疫情影响基数比较低，今年二季度经济增速可能比一季度明显加快。三、四季度随着基数的升高，增速会比二季度有所回落。②随着刚性和改善性合理住房需求的释放，房地产销售出现积极变化，房地产开发投资也有望逐步企稳。	国新办举行一季度国民经济运行情况新闻发布会，国家统计局相关领导介绍2023年一季度国民经济运行情况
4月18日	全国	①初步核算，一季度国内生产总值284997亿元，按不变价格计算，同比增长4.5%，比上年四季度环比增长2.2%。分产业看，第一产业增加值11575亿元，同比增长3.7%；第二产业增加值107947亿元，增长3.3%；第三产业增加值165475亿元，增长5.4%。②一季度，全国固定资产投资（不含农户）107282亿元，同比增长5.1%，与上年全年持平。分领域看，基础设施投资增长8.8%，制造业投资增长7.0%，房地产开发投资下降5.8%。全国商品房销售面积29946万平方米，下降1.8%；商品房销售额30545亿元，增长4.1%。	国家统计局发布一季度经济运行情况：一季度经济运行开局良好
4月28日	全国	①我国新冠疫情防控取得重大决定性胜利，经济社会全面恢复常态化运行，宏观政策靠前协同发力，需求收缩、供给冲击、预期转弱三重压力得到缓解，经济增长好于预期，市场需求逐步恢复，经济发展呈现回升向好态势，经济运行实现良好开局。②我国经济运行好转主要是恢复性的，内生动力还不强，需求仍然不足，经济转型升级面临新的阻力，推动高质量发展仍需要克服不少困难挑战。③恢复和扩大需求是当前经济持续回升向好的关键所在。积极的财政政策要加力提效，稳健的货币政策要精准有力，形成扩大需求的合力。④要坚持房子是用来住的、不是用来炒的定位，因城施策，支持刚性和改善性住房需求，做好保交楼、保民生、保稳定工作，促进房地产市场平稳健康发展，推动建立房地产业发展新模式。在超大特大城市积极稳步推进城中村改造和"平急两用"公共基础设施建设。规划建设保障性住房。要加强地方政府债务管理，严控新增隐性债务。要继续抓好新冠疫情防控工作。	中央政治局会议
5月19日	全国	①加快建设高效规范、公平竞争、充分开放的全国统一大市场，促进商品要素资源在更大范围畅通流动，有利于充分发挥我国经济纵深广阔的优势，提高资源配置效率，进一步释放市场潜力，更好利用全球先进资源要素，为构建新发展格局、推动高质量发展提供有力支撑。②要在深化改革上下更大功夫，进一步优化产权保护、市场准入、公平竞争、社会信用等市场经济基础性制度，健全激励约束和考核评价体系，完善适应全国统一大市场建设的体制机制。	李强主持召开国务院常务会议研究落实建设全国统一大市场部署总体工作方案和近期举措等

5-2　续表2

时间	地区	政策内容	政策来源
6月16日	全国	当前我国经济运行整体回升向好，随着前期政策措施的出台实施，市场需求逐步恢复，生产供给持续增加，物价就业总体平稳，高质量发展稳步推进。同时，外部环境更趋复杂严峻，全球贸易投资放缓等，直接影响我国经济恢复进程。针对经济形势的变化，必须采取更加有力的措施，增强发展动能，优化经济结构，推动经济持续回升向好。会议围绕加大宏观政策调控力度、着力扩大有效需求、做强做优实体经济、防范化解重点领域风险等四个方面，研究提出了一批政策措施。会议强调，具备条件的政策措施要及时出台、抓紧实施，同时加强政策措施的储备，最大限度发挥政策综合效应。	国务院总理李强主持召开国务院常务会议
7月24日	全国	当前经济运行面临新的困难挑战，主要是国内需求不足，一些企业经营困难，重点领域风险隐患较多，外部环境复杂严峻。新冠疫情防控平稳转段后，经济恢复是一个波浪式发展、曲折式前进的过程。我国经济具有巨大的发展韧性和潜力，长期向好的基本面没有改变。加大宏观政策调控力度、着力扩大内需、提振信心、防范风险，不断推动经济运行持续好转、内生动力持续增强、社会预期持续改善、风险隐患持续化解，推动经济实现质的有效提升和量的合理增长。要用好政策空间，找准发力方向，扎实推动经济高质量发展。要精准有力实施宏观调控，加强逆周期调节和政策储备。要继续实施积极的财政政策和稳健的货币政策，延续、优化、完善并落实好减税降费政策，发挥总量和结构性货币政策工具作用，大力支持科技创新、实体经济和中小微企业发展。要保持人民币汇率在合理均衡水平上的基本稳定。要活跃资本市场，提振投资者信心。要切实防范化解重点领域风险，适应我国房地产市场供求关系发生重大变化的新形势，适时调整优化房地产政策，因城施策用好政策工具箱，更好满足居民刚性和改善性住房需求，促进房地产市场平稳健康发展。要加大保障性住房建设和供给，积极推动城中村改造和"平急两用"公共基础设施建设，盘活改造各类闲置房产。要有效防范化解地方债务风险，制定实施一揽子化债方案。要加强金融监管，稳步推动高风险中小金融机构改革化险。	中共中央政治局召开会议，分析研究当前经济形势，部署下半年经济工作，中共中央总书记习近平主持会议
8月4日	全国	积极谋划实施一批储备政策。6月份，针对二季度经济运行出现的新变化，及时推出推动经济持续回升向好的储备政策。目前各部门正在抓紧落实，其中引导市场利率下行、促进汽车等大宗商品消费、推进超大特大城市城中村改造和"平急两用"公共基础设施建设、有序扩大基础设施领域不动产投资信托基金（REITs）发行规模等政策措施已经陆续出台实施，其他政策也在抓紧推进，为经济持续恢复提供有力的政策支撑。积极扩大国内需求。实施好恢复和扩大消费的系列政策，在更好满足居民刚性和改善性住房需求、积极扩大有效投资等方面加强政策储备，不断释放超大规模市场潜力。防范化解重点领域风险。系统谋划、精准施策，稳妥处置化解房地产、地方债务、金融等领域风险隐患。延续实施支持"保交楼"工作、帮助处置不良资产等阶段性政策。同时，在防范化解内外部风险挑战等方面加强政策储备，牢牢守住不发生系统性风险的底线。指导银行依法有序调整存量个人住房贷款利率。支持房地产市场平稳运行。延续实施保交楼贷款支持计划至2024年5月末，同时稳步推进租赁住房贷款支持计划在试点城市落地。	国家发展改革委、财政部、人民银行、税务总局联合召开新闻发布会，介绍"打好宏观政策组合拳，推动经济高质量发展"有关情况
8月25日	全国	推进保障性住房建设，有利于保障和改善民生，有利于扩大有效投资，是促进房地产市场平稳健康发展、推动建立房地产业发展新模式的重要举措。要做好保障性住房的规划设计，用改革创新的办法推进建设，确保住房建设质量，同时注重加强配套设施建设和公共服务供给。	国务院总理李强主持召开国务院常务会议

5-2 续表3

时间	地区	政策内容	政策来源
8月28日	全国	在防范化解重点领域风险方面，报告指出，加强风险预警和妥善处置，适应我国房地产市场供求关系发生重大变化的新形势，因城施策用好政策工具箱，优化供地结构，更好满足居民刚性和改善性住房需求，促进房地产市场平稳健康发展。增加保障性住房供给，支持地方政府和企业加大保障性租赁住房建设。有效防范化解地方债务风险，落实好一揽子化债方案。稳妥处置金融领域风险，稳步推动高风险中小金融机构改革化险。	国家发展改革委主任郑栅洁28日向十四届全国人大常委会第五次会议报告今年以来国民经济和社会发展计划执行情况
9月12日	福建	取消台胞在闽暂行登记。鼓励台胞申领台湾居民居住证。台胞在闽定居落户实现"愿落尽落"。扩大台湾居民居住证身份核验应用范围，努力实现台湾居民居住证与大陆居民身份证社会应用同等便利。鼓励台胞在闽购房置业。完善台胞在闽就业、就医、住房、养老服务、社会救助等制度保障，依法依规将在闽台胞纳入大陆社会保障体系。	中共中央、国务院发布《关于支持福建探索海峡两岸融合发展新路建设两岸融合发展示范区的意见》
9月20日	全国	7月中旬以来，得益于国内经济稳步回升向好，人民币对一篮子货币是稳中有升的，受美元指数走强影响，对美元双边汇率有所走贬，对非美元货币保持了相对强势。加大金融支持民企发展力度，满足民企多元化融资需求。房地产金融政策适时调整优化，在配合做好"认房不认贷"的基础上，推动降低首付比。降低二套房利率下限和存量首套房利率，指导金融机构合理调降中长期定期存款利率，促进储蓄向消费、投资转化。抓好"金融16条"落实，加大城中村改造、平急两用基础设施建设、保障性住房建设等金融支持。继续实施好存续的结构性工具，进一步落实好到期工具的延续和展期。引导实体经济融资成本稳中有降，推动银行积极调整存量房贷利率。	国务院新闻办公室举行国务院政策例行吹风会，解读经济形势和政策
12月8日	全国	会议强调，做好明年经济工作，要以习近平新时代中国特色社会主义思想为指导，全面贯彻落实党的二十大和二十届二中全会精神，坚持稳中求进工作总基调，完整、准确、全面贯彻新发展理念，加快构建新发展格局，着力推动高质量发展，全面深化改革开放，推动高水平科技自立自强，加大宏观调控力度，统筹扩大内需和深化供给侧结构性改革，统筹新型城镇化和乡村全面振兴，统筹高质量发展和高水平安全，切实增强经济活力、防范化解风险、改善社会预期，巩固和增强经济回升向好态势，持续推动经济实现质的有效提升和量的合理增长，增进民生福祉，保持社会稳定，以中国式现代化全面推进强国建设、民族复兴伟业。会议指出，明年要坚持稳中求进、以进促稳、先立后破，强化宏观政策逆周期和跨周期调节，继续实施积极的财政政策和稳健的货币政策。积极的财政政策要适度加力、提质增效，稳健的货币政策要灵活适度、精准有效。要增强宏观政策取向一致性，加强经济宣传和舆论引导。要以科技创新引领现代化产业体系建设，提升产业链供应链韧性和安全水平。要着力扩大国内需求，形成消费和投资相互促进的良性循环。	中共中央政治局召开会议分析研究2024年经济工作
12月11日	全国	明年要坚持稳中求进、以进促稳、先立后破，多出有利于稳预期、稳增长、稳就业的政策，在转方式、调结构、提质量、增效益上积极进取，不断巩固稳中向好的基础。要强化宏观政策逆周期和跨周期调节，继续实施积极的财政政策和稳健的货币政策，加强政策工具创新和协调配合。积极的财政政策要适度加力、提质增效。要用好财政政策空间，提高资金效益和政策效果。稳健的货币政策要灵活适度、精准有效。保持流动性合理充裕，社会融资规模、货币供应量同经济增长和价格水平预期目标相匹配。持续有效防范化解重点领域风险。要统筹化解房地产、地方债务、中小金融机构等风险，严厉打击非法金融活动，坚决守住不发生系统性风险的底线。积极稳妥化解房地产风险，一视同仁满足不同所有制房地产企业的合理融资需求，促进房地产市场平稳健康发展。加快推进保障性住房建设、"平急两用"公共基础设施建设、城中村改造等"三大工程"。完善相关基础性制度，加快构建房地产发展新模式。统筹好地方债务风险化解和稳定发展，经济大省要真正挑起大梁，为稳定全国经济作出更大贡献。	中央经济工作会议在北京举行

5-3 2023年金融财政政策

时间	地区	政策内容	政策来源
1月5日	全国	①自2022年第四季度起，各城市政府可于每季度末月，以上季度末月至本季度第二个月为评估期，对当地新建商品住宅销售价格变化情况进行动态评估。②对于评估期内新建商品住宅销售价格环比和同比连续3个月均下降的城市，阶段性放宽首套住房商业性个人住房贷款利率下限。③下调或取消贷款利率下限的城市，如果后续新建商品住宅销售价格环比和同比连续3个月均上涨，应自下一个季度起，恢复利率下限。④其他情形和二套住房商业性个人住房贷款利率政策下限按现行规定执行。	中国人民银行、银保监会发布通知，决定建立首套住房贷款利率政策动态调整机制
1月12日	全国	着力防范化解重大风险，密切关注地方融资平台风险，做好债务、房地产、金融、投资、安全环保等重点领域风险防控，加快健全风险监测防控工作体系，牢牢守住不发生重大风险的底线。着力增强国有资产监管效能，进一步加强专业化、体系化、法治化监管，加大国有资产监管力度，不断巩固完善业务监督、综合监督、责任追究"三位一体"监督工作体系，优化国资监管方式，持续深化集中统一监管，以有力有效的监管更好保障服务国资国企高质量发展。	国务院国资委召开地方国资委负责人会议，在深化国资国企改革推进高质量发展方面着重进行讨论
1月12日	全国	①支持恢复和扩大消费、重点基础设施和符合国家发展规划的重大项目建设。坚持对各类所有制企业一视同仁，引导金融机构切实加强和改进金融服务。②健全防范化解金融风险长效机制，持续防范化解金融风险。③坚持"房住不炒"的定位，落实好"金融16条"，做好金融支持房地产市场平稳健康发展相关工作。	2023年中国人民银行营业管理部工作会议以现场与视频结合形式召开
1月13日	全国	①鼓励住房、汽车等大宗消费。保持房地产融资平稳有序。坚持"房住不炒"的定位，因城施策实施好差别化住房信贷政策。用好保交楼专项借款、保交楼贷款支持计划等政策工具，维护好住房消费者合法权益。实施好改善优质房企资产负债表计划，有效防范化解优质头部房企风险。完善住房租赁金融支持政策，推动房地产行业向新发展模式平稳过渡。②研究推出结构性工具包括保交楼贷款支持计划、住房租赁贷款支持计划等。③有关部门起草了《改善优质房企资产负债表计划行动方案》。行动方案聚焦专注主业、合规经营、资质良好，具有一定系统重要性的优质房企，重点推进"资产激活""负债接续""权益补充""预期提升"四个方面共21项工作任务，综合施策，改善优质房企现金流，引导优质房企资产负债表回归安全区间。方案明确要完善针对30家试点房企的"三线四档"规则，在保持规则整体框架不变的基础上，完善部分参数设置。	国务院新闻办公室在北京举行新闻发布会，介绍2022年金融统计数据，并答记者问
2月2日	全国	大力推进公募REITs常态化发行。在服务民营经济、中小企业、促进房地产平稳健康发展、支持平台经济等重点领域和薄弱环节，推出更多务实举措。统筹推动提高上市公司质量和投资端改革。深入实施新一轮推动提高上市公司质量三年行动方案，推动权益类基金高质量发展，引导更多中长期资金入市。	中国证监会召开2023年系统工作会议
2月25日	全国	牢牢坚持房子是用来住的、不是用来炒的定位，坚持不将房地产作为短期刺激经济的手段，坚持稳地价、稳房价、稳预期，稳妥实施房地产金融审慎管理制度，扎实做好保交楼、保民生、保稳定各项工作，满足行业合理融资需求，推动行业重组并购，改善优质头部房企资产负债状况，因城施策支持刚性和改善性住房需求，做好新市民、青年人等住房金融服务，确保房地产市场平稳发展。	中国人民银行发布2022年第四季度中国货币政策执行报告
3月4日	全国	①房地产行业快速扩张、价格过快上涨、房地产市场泡沫化的势头得到了遏制。②下一步，我们将认真贯彻落实党的二十大和中央经济工作会议部署，坚持房子是用来住的、不是用来炒的定位，认真总结和吸取中国房地产市场发展过程中的经验和教训，会同相关金融部门抓好已出台各项政策落实落地，支持刚性和改善性住房需求，支持新市民住房需求，支持租购并举的住房市场发展，完善房地产金融基础性制度和宏观审慎管理制度，推动房地产业向新发展模式平稳过渡。	国新办举行"权威部门话开局"第九场系列主题新闻发布会，央行相关领导答记者问

5-3 续表1

时间	地区	政策内容	政策来源
3月15日	全国	①坚定不移推动高质量发展。精准有力实施稳健的货币政策，把握好信贷投放节奏，保持货币信贷总量合理增长，全力做好稳增长、稳就业、稳物价工作。②持续防范化解金融风险。坚持底线思维，织密金融安全网，强化金融稳定保障体系建设，完善应急处置预案，维护金融市场和金融基础设施平稳运行，牢牢守住不发生系统性风险的底线。坚持"房住不炒"定位，推动房地产市场平稳健康发展。	中国人民银行党委召开会议传达学习习近平总书记重要讲话和全国两会精神
3月17日	全国	为推动经济实现质的有效提升和量的合理增长，打好宏观政策组合拳，提高服务实体经济水平，保持银行体系流动性合理充裕，中国人民银行决定于2023年3月27日降低金融机构存款准备金率0.25个百分点（不含已执行5%存款准备金率的金融机构）。本次下调后，金融机构加权平均存款准备金率约为7.6%。	中国人民银行决定于2023年3月27日降低金融机构存款准备金率0.25个百分点，即外汇存款准备金率由现行的8%下调至7.6%
4月14日	全国	丰富农民工等新市民群体的专属金融产品，优化金融服务手续流程，依法合规对新市民信用信息进行归集利用，适当降低服务准入门槛，重点为新市民就业创业、住房消费、教育培训、健康养老等提供金融支持。优化乡村消费金融产品和服务，满足进城农民及农村居民对住房、汽车、家电、文旅等方面的消费需求。	银保监会发布《关于银行业保险业做好2023年全面推进乡村振兴重点工作的通知》
4月14日	全国	①要精准有力实施稳健的货币政策，搞好跨周期调节，更好发挥货币政策工具的总量和结构双重功能，全力做好稳增长、稳就业、稳物价工作，着力支持扩大内需，为实体经济提供更有力支持。②进一步疏通货币政策传导机制，保持流动性合理充裕，保持信贷合理增长、节奏平稳，保持货币供应量和社会融资规模增速同名义经济增速基本匹配。③结构性货币政策工具要坚持"聚焦重点、合理适度、有进有退"。④完善市场化利率形成和传导机制，优化央行政策利率体系，发挥存款利率市场化调整机制重要作用，发挥贷款市场报价利率改革效能和指导作用，推动企业综合融资成本和个人消费信贷成本稳中有降。⑤有效防范化解优质头部房企风险，改善资产负债状况，扎实做好保交楼、保民生、保稳定各项工作，因城施策支持刚性和改善性住房需求，加快完善住房租赁金融政策体系，推动房地产业向新发展模式平稳过渡。	央行发布中国人民银行货币政策委员会召开2023年第一季度例会新闻通稿
4月20日	全国	①今年一季度，金融运行总体平稳，流动性合理充裕，信贷结构持续优化，实体经济的融资成本稳中有降，金融支持实体经济的力度明显增强。②M2的增速比较高，主要是金融体系靠前发力，加强对实体经济的资金支持，派生的货币相应增加。M1的增速相对较低，一方面，宏观经济尚处于恢复阶段，另一方面，金融机构提供了更加丰富的存款产品，部分企业加强存款资金的管理，持有的活期存款相应减少。③下一步人民银行将继续实施稳健的货币政策，坚持以我为主、稳字当头，保持货币信贷合理增长，确保利率水平合适，发挥好结构性货币政策工具的引导作用。④房地产业贷款增长呈上升态势，贷款的行业结构进一步优化。⑤近一段时间，随着前期稳经济大盘、稳定房地产政策效果持续显现，各方信心加快恢复，房地产市场出现积极变化，交易活跃性有所上升，多项指标与去年四季度相比出现边际好转，在房地产金融数据上也有所反映。⑥"既管冷、又管热"，既支持房地产市场面临较大困难的城市用足用好政策工具箱，又要求房价出现趋势性上涨苗头的城市及时退出支持政策，恢复执行全国统一的首套房贷利率下限。⑦下一步，人民银行将继续密切关注房地产金融形势变化，坚持房子是用来住的、不是用来炒的定位，会同金融部门持续抓好已出台政策落实，支持刚性和改善性住房需求，保持房地产融资平稳有序，加大保交楼金融支持，加快完善住房租赁金融政策体系，推动房地产业向新发展模式平稳过渡。	中国人民银行举行2023年一季度金融统计数据有关情况新闻发布会

5-3 续表2

时间	地区	政策内容	政策来源
5月15日	全国	①继续深化利率市场化改革，完善央行政策利率体系，持续发挥贷款市场报价利率改革效能，发挥存款利率市场化调整机制的重要作用，保持利率水平合理适度。②重大项目建设加快推进，基建投资继续发挥稳增长重要支撑作用，制造业技术改造投资力度加大，房地产走稳对全部投资的下拉影响也会趋弱。③继续实施普惠养老、交通物流等专项再贷款政策，推动房企纾困专项再贷款和租赁住房贷款支持计划落地生效。④牢牢坚持房子是用来住的、不是用来炒的定位，坚持不将房地产作为短期刺激经济的手段，坚持稳地价、稳房价、稳预期，稳妥实施房地产金融审慎管理制度，扎实做好保交楼、保民生、保稳定各项工作，满足行业合理融资需求，推动行业重组并购，有效防范化解优质头部房企风险，改善资产负债状况，因城施策，支持刚性和改善性住房需求，加快完善住房租赁金融政策体系，促进房地产市场平稳健康发展，推动建立房地产业发展新模式。	中国人民银行发布2023年第一季度中国货币政策执行报告
6月7日	全国	中国经济韧性强、潜力大，政策空间充足，对中国经济持续稳定增长要有信心和耐心。下一步，人民银行将按照党中央、国务院决策部署，继续精准有力实施稳健的货币政策，加强逆周期调节，全力支持实体经济，促进充分就业，维护币值稳定和金融稳定。综合运用多种货币政策工具，保持流动性合理充裕，保持货币信贷总量适度、节奏平稳，推动实体经济综合融资成本稳中有降，保持人民币汇率在合理均衡水平上基本稳定。	中国人民银行行长易纲赴上海调研金融支持实体经济和促进高质量发展工作
6月8日	全国	多家国有大行调整人民币存款挂牌利率，活期存款挂牌利率较此前下调5个基点（BP）至0.2%；定期存款整存整取产品中，3个月期、6个月期、1年期挂牌利率保持不变，分别为1.25%、1.45%和1.65%；2年期挂牌利率下调10个基点至2.05%；3年期和5年期挂牌利率均下调15个基点分别至2.45%和2.5%；零存整取、整存零取、存本取息品种的挂牌利率保持不变，通知存款挂牌利率保持不变。	据市场消息，多家国有大行将正式调整人民币存款挂牌利率，3年及5年期挂牌利率均下调15个基点
6月9日	全国	①中国金融周期相对稳健背后的原因，是中国长期坚持稳健的货币政策。中国货币政策坚持以我为主，坚持跨周期和内外平衡的导向，不跟随美联储"大放大收"，不搞竞争性的零利率或量化宽松政策。②人民币资产具有竞争力的真实利率，为我国贸易投资伙伴持有的人民币提供了良好的保值能力。以2年期国债收益率减去核心居民消费价格指数（CPI）衡量，中国的真实利率处于1.7%左右，与大幅加息后的美国真实利率相当，显著高于德国、日本等发达经济体。	第十四届陆家嘴论坛召开，中国人民银行副行长、国家外汇管理局局长潘功胜发表演讲
6月13日	全国	①广义货币（M2）余额282.05万亿元，同比增长11.6%，增速比上月末低0.8个百分点，比上年同期高0.5个百分点；②狭义货币（M1）余额67.53万亿元，同比增长4.7%，增速比上月末低0.6个百分点，比上年同期高0.1个百分点；③5月末社会融资规模存量为361.42万亿元，同比增长9.5%；④5月人民币贷款增加1.36万亿元（预期1.45万亿元），同比少增5418亿元。分部门看，5月住户贷款增加3672亿元，同比多增784亿元。其中，短期贷款增加1988亿元，同比多增148亿。中长期贷款增加1684亿元，同比多增637亿。	中国人民银行发布5月金融数据
6月20日	全国	中国人民银行授权全国银行间同业拆借中心公布，2023年6月20日贷款市场报价利率（LPR）为：1年期LPR为3.55%，5年期以上LPR为4.2%。以上LPR在下一次发布LPR之前有效。	中国人民银行发布最新LPR公告

5-3 续表3

时间	地区	政策内容	政策来源
7月14日	全国	当前经济面临的挑战属于疫后经济复苏过程中的正常现象，国际上疫情过后消费和经济恢复都需要时间，一般认为，恢复正常需要一年左右的时间，我国新冠疫情平稳转段刚半年左右，经济循环和居民收入、消费等已出现积极好转。总量方面，根据形势变化合理把握节奏和力度，加大逆周期调节，为经济持续回升向好创造良好的货币金融环境。后续人民银行将根据经济和物价形势的需要，按照党中央、国务院的决策部署，加大宏观调控力度，精准有力实施稳健的货币政策，综合运用存款准备金率、中期借贷便利、公开市场操作等多种货币政策工具，保持银行体系流动性合理充裕，保持货币信贷合理增长，推动企业融资和居民信贷成本稳中有降。按照市场化、法治化原则，我们支持和鼓励商业银行与借款人自主协商变更合同约定，或者是新发放贷款置换原来的存量贷款。下一步，人民银行将深入贯彻落实党中央、国务院决策部署，坚持"房子是用来住的，不是用来炒的"定位，配合相关部门和地方政府扎实做好保交楼、保民生、保稳定工作，满足行业合理融资需求，继续为行业风险有序出清创造有利金融环境。考虑到我国房地产市场供求关系已经发生深刻变化，过去在市场长期过热阶段陆续出台的政策存在边际优化空间，金融部门将积极配合有关部门加强政策研究，因城施策提高政策精准度，更好地支持刚性和改善性住房需求，促进房地产市场平稳健康发展。	国务院新闻办公室举行2023年上半年金融统计数据新闻发布会
8月1日	全国	支持房地产市场平稳健康发展。落实好"金融16条"，延长保交楼贷款支持计划实施期限，保持房地产融资平稳有序，加大对住房租赁、城中村改造、保障性住房建设等金融支持力度。因城施策精准实施差别化住房信贷政策，继续引导个人住房贷款利率和首付比例下行，更好满足居民刚性和改善性住房需求。指导商业银行依法有序调整存量个人住房贷款利率。	中国人民银行、国家外汇管理局召开2023年下半年工作会议
8月3日	全国	中国人民银行将认真贯彻《中共中央、国务院关于促进民营经济发展壮大的意见》要求，精准有力实施稳健的货币政策，保持流动性合理充裕，加强金融、财政、产业等政策协调配合，引导金融资源更多流向民营经济。制定出台金融支持民营企业的指导性文件，推动商业银行优化内控管理制度，做好政策宣传解读，加强典型经验推广。支持地方政府主动解决拖欠企业账款问题。推进民营企业债券融资支持工具（"第二支箭"）扩容增量，强化金融市场支持民营企业发展。金融机构要积极营造支持民营企业发展壮大的良好氛围，提高风险评估能力，全面梳理绩效考核、业务授权、内部资金转移定价、尽职免责等政策安排，优化服务民营企业激励机制，提升贷款的意愿、能力和可持续性。要深入了解民营企业金融需求，回应民营企业关切和诉求，做好银企融资对接，为民营企业提供可靠、高效、便捷的金融服务。要精准实施差别化住房信贷政策，满足民营房地产企业合理融资需求，促进房地产行业平稳健康发展。	中国人民银行党委书记、行长潘功胜主持召开金融支持民营企业发展座谈会
8月18日	全国	在防控重点风险方面，强化城投、房地产等重点领域债券风险防控，违约风险总体保持收敛。加快推动REITs常态化发行和高质量扩容。推出REITs相关指数及REITs指数基金，优化REITs估值体系、发行询价机制，培育专业REITs投资者群体，加快推动REITs市场与香港市场互联互通。坚持底线思维，全力做好房地产、城投等重点领域风险防控。适应房地产市场供求关系发生重大变化的新形势，继续抓好资本市场支持房地产市场平稳健康发展政策措施落地见效。保持房企股债融资渠道总体稳定，支持正常经营房企合理融资需求。坚持"一企一策"，稳妥化解大型房企债券违约风险。强化城投债券风险监测预警，把公开市场债券和非标债务"防爆雷"作为重中之重，全力维护债券市场平稳运行。	证监会有关负责人就活跃资本市场、提振投资者信心答记者问

5-3 续表4

时间	地区	政策内容	政策来源
8月20日	全国	要注意挖掘新的信贷增长点，大力支持中小微企业、绿色发展、科技创新、制造业等重点领域，积极推动城中村改造、"平急两用"公共基础设施建设。调整优化房地产信贷政策。要继续推动实体经济融资成本稳中有降，规范贷款利率定价秩序，统筹考虑增量、存量及其他金融产品价格关系。发挥好存款利率市场化调整机制的重要作用，增强金融支持实体经济的可持续性，切实发挥好金融在促消费、稳投资、扩内需中的积极作用。	中国人民银行、金融监管总局、中国证监会联合召开电视会议
8月27日	全国	房地产上市公司再融资不受破发、破净和亏损限制。	证监会发布通知，统筹一二级市场平衡优化IPO、再融资监管安排
9月7日	全国	①涉及的人群类型，第一类为贷款发放时满足首套资格的购房家庭，第二类是贷款时为非首套房但当前已符合所在城市首套政策的购房家庭（当地已执行首套房"认房不认贷"），包括原购房时无住房但因"认房又认贷"政策按二套购房的家庭和原有多套住房，后期通过交易等方式出售后当前有唯一成套住房的家庭；第三类是其他满足所在城市首套房贷利率标准的存量房贷。②针对第一类原购房时按首套执行的贷款，各银行普遍将在9月25日统一调整房贷利率，针对第二类情况，银行普遍要求客户在9月25日之后主动提交申请并提供相关证明。③存量房贷的调整幅度根据原贷款发放时间、发放时所在城市首套房贷利率政策下限（简称"当地下限"）、发放时全国首套房贷利率政策下限（简称"全国下限"）有所不同。若当地下限高于全国下限，则调整至当地下限；若当地下限低于全国下限，且原贷款利率高于全国下限，则调整为全国下限；若原贷款利率低于全国下限，则不进行调整。针对全国下限，2022年5月14日（含）前发放的贷款，全国下限视为LPR；2022年5月14日后发放的贷款，全国下限为LPR-20BP。	工、农、中、建四大银行相继发布关于存量首套个人住房贷款利率调整的公告
9月8日	全国	要坚定对防范化解房地产风险的信心。近期有关部门在城中村改造、"平急两用"、保障房统筹建设方面推出了一系列举措，出台了调整存量住房贷款利率、降低最低首付比例、"认房不认贷"等方面实质性利好举措，同时充分运用"因城施策"工具箱，随着这些政策措施的实施，相信会促进房地产市场平稳回升。	中国证监会近日召开专家学者和境内外投资者座谈会
9月14日	全国	为巩固经济回升向好基础，保持流动性合理充裕，中国人民银行决定于2023年9月15日下调金融机构存款准备金率0.25个百分点（不含已执行5%存款准备金率的金融机构）。本次下调后，金融机构加权平均存款准备金率约为7.4%。	中国人民银行决定于2023年9月15日降低金融机构存款准备金率0.25个百分点
9月25日	全国	因城施策精准实施差别化住房信贷政策，支持刚性和改善性住房需求，落实新发放首套房贷利率政策动态调整机制，调降首付比和二套房贷利率下限，推动降低存量首套房贷利率落地见效，加大对"平急两用"公共基础设施建设、城中村改造、保障性住房建设等金融支持力度，推动建立房地产业发展新模式，促进房地产市场平稳健康发展。落实促进平台经济健康发展的金融政策措施，推动平台企业规范健康持续发展。	中国人民银行货币政策委员会2023年第三季度（总第102次）例会
10月13日	全国	下阶段，人民银行将继续精准有力实施稳健的货币政策，充分发挥货币信贷的政策效能，支持实体经济实现质的有效提升和量的合理增长，不断推动经济运行持续好转、内生动力持续增强、促进经济良性循环。人民银行将继续释放贷款市场报价利率改革效能，发挥好存款利率市场化调整机制的重要作用，支持银行更好地实现企业融资和居民信贷成本稳中有降。稳健的货币政策精准有力，为实体经济提供更有力、更高质量的支持，推动经济运行持续整体好转。预计下半年经济持续恢复，宏观杠杆率保持基本稳定。	中国人民银行举行2023年三季度金融统计数据有关情况新闻发布会

5-3 续表5

时间	地区	政策内容	政策来源
10月21日	全国	①继续实施好存续结构性货币政策工具，用好用足普惠小微贷款支持工具、保交楼贷款支持计划和租赁住房贷款支持计划。②加大保交楼金融支持力度，积极做好城中村改造、"平急两用"公共基础设施建设、规划建设保障性住房的金融支持工作。支持重大项目加快建设。推动基础设施领域和住房租赁领域不动产投资信托基金（REITs）市场建设，盘活存量资产。③对房地产市场风险，按照因城施策原则，指导各地精准实施差别化住房信贷政策，加大保交楼金融支持力度，一视同仁支持房地产企业合理融资需求，保持房地产融资平稳。④稳妥化解大型房地产企业债券违约风险，强化城投债券风险监测预警和防范。	中国人民银行行长潘功胜在第十四届全国人民代表大会常务委员会第六次会议上，就2022年第四季度以来金融工作情况作报告
10月31日	全国	健全房地产企业主体监管制度和资金监管，完善房地产金融宏观审慎管理，一视同仁满足不同所有制房地产企业合理融资需求。因城施策用好政策工具箱，更好支持刚性和改善性住房需求，加快保障性住房等"三大工程"建设，构建房地产发展新模式。	中央金融工作会议在北京举行
11月2日	全国	因城施策精准实施差别化住房信贷政策，更好支持刚性和改善性住房需求，有效满足房地产企业合理融资需求，支持"平急两用"公共基础设施、城中村改造和保障性住房建设"三大工程"，加大住房租赁金融支持力度，促进房地产市场健康平稳发展。	中国人民银行党委、国家外汇局党组召开扩大会议
11月6日	全国	健全市场化利率形成、调控和传导机制，疏通资金进入实体经济的渠道，促进优化金融资源配置。推动存贷款利率进一步市场化，坚持用改革的办法，引导融资成本持续下降。持续提升房贷利率市场化程度，更好支持刚性和改善性住房需求。坚决落实促进金融与房地产良性循环要求，持续完善差别化住房信贷政策，发挥新发放首套房贷利率政策动态调整机制作用，继续有序拓宽房贷利率自主定价空间，支持城市政府因城施策用好政策工具箱。坚持在市场化法治化轨道上推进金融创新发展，督促金融机构继续将降低存量房贷利率的成效落实到位，理顺增量和存量房贷利率关系，减轻居民利息负担，支持投资和消费。	央行货币政策司发表文章《持续深化利率市场化改革》
11月8日	全国	关于房地产金融风险。我国房地产市场经过20多年的长周期繁荣，正在进行重大转型并寻找新的均衡点。住房需求的中枢水平、住房市场交易结构以及业务模式都正在进行深刻变化，呈现出一些新的特征。房地产市场转型带来了挑战，同时也蕴含了新的发展机遇。我国城镇化仍处于发展阶段，新市民规模较大，刚性和改善性住房需求有很大潜力，房地产市场长期稳定发展具有坚实基础。行业发展长周期繁荣背景下，部分房地产企业长期"高杠杆、高负债、高周转"经营，资产负债快速扩张，叠加房地产市场供求关系的重大变化、新冠疫情冲击等，以恒大为代表的企业风险显性化并向行业扩散。近三年来，按照党中央、国务院部署，行业主管部门和地方政府采取了多项措施，金融部门配合从供需两端综合施策，改善行业融资性和经营性现金流，优化调整房地产金融政策，包括出台"金融16条"，设立保交楼专项借款，调整首付比、按揭贷款利率等宏观审慎金融政策。随着经济回升向好，加上房地产政策效果显现以及市场的自身修复，8月份以来，房地产市场成交总体改善。中国人民银行将积极配合行业主管部门和地方政府，做好金融支持房地产市场平稳健康发展工作，弱化房地产市场风险水平，防范房地产市场风险外溢。引导金融机构保持房地产信贷、债券等重点融资渠道稳定，一视同仁满足不同所有制房地产企业合理融资需求。为保障性住房等"三大工程"建设提供中长期低成本资金支持，完善住房租赁金融政策体系，推动构建房地产发展新模式。	中国人民银行行长、国家外汇局局长潘功胜在2023金融街论坛年会上讲话

5-3 续表6

时间	地区	政策内容	政策来源
11月10日	全国	会议强调，要坚持目标导向、问题导向，对风险早识别、早预警、早暴露、早处置，牢牢守住不发生系统性金融风险底线。深入推进中小金融机构改革转型。更好发挥保险业经济"减震器"和社会"稳定器"功能。积极配合化解地方债务风险。促进金融与房地产良性循环。大力支持超大特大城市"平急两用"公共基础设施、城中村改造、保障性住房等"三大工程"建设。	金融监管总局召开学习贯彻中央金融工作会议精神专题研讨班暨监管工作座谈会
11月17日	全国	会议强调，过去一段时间，金融部门积极配合行业主管部门和地方政府，从房地产市场的供需两端综合施策，保持信贷、债券、股权等重点融资渠道稳定，支持改善行业经营，优化调整个人住房贷款政策，着力稳定房地产市场，取得了良好的效果。近日金融部门和行业主管部门联合召开代表性房地产企业座谈会，调研了解行业风险化解和高质量发展的主要金融需求。各金融机构要深入贯彻落实中央金融工作会议部署，坚持"两个毫不动摇"，一视同仁满足不同所有制房地产企业合理融资需求，对正常经营的房地产企业不惜贷、抽贷、断贷。继续用好"第二支箭"支持民营房地产企业发债融资。支持房地产企业通过资本市场合理股权融资。要继续配合地方政府和相关部门，坚持市场化、法治化原则，加大保交楼金融支持，推动行业并购重组。要积极服务保障性住房等"三大工程"建设，加快房地产金融供给侧改革，推动构建房地产发展新模式。	中国人民银行、金融监管总局、中国证监会联合召开金融机构座谈会
11月27日	全国	合理提高民营企业不良贷款容忍度，建立健全民营企业贷款尽职免责机制，充分保护基层敢业人员的积极性。抓好《关于做好当前金融支持房地产市场平稳健康发展工作的通知》（银发〔2022〕254号文）等政策落实落地，保持信贷、债券等重点融资渠道稳定，合理满足民营房地产企业金融需求。	中国人民银行、金融监管总局、中国证监会、国家外汇管理局、国家发展改革委、工业和信息化部、财政部、全国工商联等八部门联合印发《关于强化金融支持举措助力民营经济发展壮大的通知》
12月4日	全国	主动适应我国房地产市场重大转型，战略上，牢牢坚持房子是用来住的、不是用来炒的定位；策略上，弱化房地产市场风险水平，防范房地产市场风险外溢，一视同仁满足不同所有制房地产企业合理融资需求，维护房地产市场稳健运行。为保障性住房等"三大工程"建设提供中长期低成本资金支持，完善住房租赁金融政策体系，加快构建房地产发展新模式。	中国人民银行党委书记、行长潘功胜发表题为《加快现代中央银行制度建设构建中国特色现代金融体系（深入学习贯彻习近平新时代中国特色社会主义思想）》的文章

5-4　2023年市场调控监管政策

时间	地区	政策内容	政策来源
1月1日	河南	从2023年1月1日起，全省所有城镇规划范围内新取得国有建设用地使用权的预售商品房项目全面实施"交房即交证"，以切实解决群众关切的不动产权证"办证难"，优化营商环境，提升群众的获得感和满意度。	据河南省政府官网消息，河南全面推行新建商品房"交房即交证"
1月3日	昆明	①购房人按照商品房买卖合同约定支付的全部房价款。②停工缓建、逾期交付或较大逾期交付风险等重大风险隐患，可依据政策申请使用冻结的预售监管资金用于支付建设工程款。③可依据政策申请使用冻结的预售监管资金用于支付建设工程款。④核算确定商品房项目自预售形象进度至竣工交付所需资金额度。在核算的资金额度基础上上浮20%，作为商品房项目的预售资金监管额度。⑤全装修项目应将装修工程费用计入监管额度。⑥提高部分节点使用重点监管资金额度。	云南省昆明市人民政府办公室印发《关于进一步规范商品房预售资金监管的通知》
1月4日	上海	2011年1月27日市政府印发的《上海市开展对部分个人住房征收房产税试点的暂行办法》（沪府发〔2011〕3号）经评估需继续实施，请继续按照执行。	上海市人民政府发布延长《上海市开展对部分个人住房征收房产税试点的暂行办法》
1月4日	郑州市荥阳市	①暂停执行住房限购政策。②各类人才首次购房最高10万元购房补贴。③支持团购合法在售商品住房。④支持二手房"带押过户"。⑤自建房、拆迁安置房不计入首套房，贷款已结清购房，或多孩家庭购二套房，均可享首套房政策。⑥首套首付最低20%，已结清二套30%，未结清二套40%。⑦公积金支持"一人购房全家帮"，公积金可提可贷。⑧6月30日前购房可享契税补贴30%~40%。⑨实行房票安置制度。⑩土地款保证金下调至20%，剩余1年内缴清。实现拿地即开工，推行交房即发证。	据媒体消息，郑州荥阳市人民政府办公室发布《关于印发进一步促进全市房地产市场平稳健康发展若干措施的通知（试行）》
1月5日	全国	①安居才能乐业。我们将牢牢抓住让人民群众安居这个基点，以努力让人民群众住上更好的房子为目标，从好房子到好小区，从好小区到好社区，从好社区到好城区，进而把城市规划好、建设好、治理好，让城市更宜居、更韧性、更智慧。②做好今年房地产工作，一是增信心。让房企有信心，让购房者有信心，让新市民、青年人有信心。二是防风险。这是底线，防范和化解好风险，房地产市场才能平稳健康发展，经济才能行稳致远。三是促转型。当前，房地产市场已经从解决"有没有"转向解决"好不好"的发展阶段，提升住房品质，让老百姓住上更好的房子。③要重点抓好五件事，努力推动房地产市场企稳回升——一是大力支持刚性和改善性住房需求。对于购买第一套住房的要大力支持。首付比、首套利率该降的都要降下来。对于购买第二套住房的，要合理支持。以旧换新、小换大、生育多子女家庭都要给予政策支持。对于购买三套以上住房的，原则上不支持。二是用力推进保交楼保民生保稳定工作。落实城市政府主体责任，做实"一楼一策"方案。三是着力化解房企风险。稳妥化解房企资金链断裂风险，满足合理融资需求。四是努力提升品质，建设好房子。提高住房建设标准，打造"好房子"样板，为老房子"治病"，研究建立房屋体检、养老、保险三项制度。五是合力整治房地产市场秩序。营造诚信守法、风清气正的市场环境。	人民日报记者采访住房和城乡建设部党组书记、部长倪虹
1月5日	深圳	①在二手房交易中，对于卖方未还清贷款、抵押尚未解除，买方也需要使用贷款购房的情况，买卖双方可选择二手房"带押过户"模式。②在二手房"带押过户"过程中，推行"顺位抵押"、二手房转移及抵押"双预告登记"等多种模式。	深圳六部门印发《深圳市推广二手房"带押过户"模式的工作方案》

5-4 续表1

时间	地区	政策内容	政策来源
1月5日	乌鲁木齐	①首次购买130平方米以下新房补贴契税50%。②推行"交房即办证"。③公积金最高贷款额度由70万元上调为80万元，二手房首付20%。支持一人购房全家帮。④支持异地公积金"按月对冲"。⑤外阳台按1/2面积计算容积率。⑥宅地不作商业限制要求，自行确定商业、住宅建筑面积。支持非住宅用房转为住宅。⑦土地保证金20%，缴纳50%后可容缺办理前期手续。⑧可容缺办理商品房现售备案。⑨允许企业使用银行保函代替重点监管资金。⑩暂停配建经济适用住房，配建经济适用住房改为1.5%比例。⑪新冠疫情复工项目预计40日内可建至正负零，预售时间可提前40日。⑫减免土地逾期利息和违约金。	据乌鲁木齐市房产局微信公众号消息，近日，新疆乌鲁木齐市人民政府发布《关于促进房地产业平稳发展的22条措施》
1月5日	萍乡市上栗县	①首套房首付比例下调至20%、二套房下调至30%；②首次申请公积金贷款的，首付比例下调至20%、贷款额度上调至60万元；二次申请的首付下调至30%、额度上调至50万元；③对毕业5年内的毕业生，签订1年以上劳动合同并缴纳3个月以上社保的，最高给予10万元一次性购房补贴；④对2023年1月1日至6月30日期间购买上栗县新房的，给予200元/㎡补贴；购买首套房按契税50%给予补贴。	据江西省房地产业协会消息，江西省萍乡市上栗县发布购房优惠政策
1月6日	东莞	①全市不分区域统一政策，且不查房。即东莞市区（南城、东城、莞城、万江）和松山湖，执行和28镇区一样的政策，不再区分。②不再区分普通住房和非普通住房。③商贷首套首付20%，二套已结清或未结清首付30%，两套在供暂停发放贷款。	据媒体消息，东莞市最新住房差别化信贷政策调整
1月6日	佛山	名下有且只有一笔房贷未结清，购买非普通住宅（144㎡以上）首付最低3成。	据媒体消息，佛山降低二套房首付比例
1月8日	六安	①土地保证金最低20%，1个月50%，1年内缴清。②缓交城市基础设施配套费，最长不超过6个月。③多孩家庭购144平方米以下新房享50%契税补贴。④原则上不再新建安置房，实行多样化回迁安置。⑤提高首次购房公积金最低贷款额度20%，单人最低36万元，双人48万元。租房可提取每年1.5万元，购买新房时可提取公积金作为首付。⑥推行公积金贷款"带押过户"。⑦鼓励采取银行保函置换预售监管资金。	六安市住建局等八部门印发《关于进一步促进全市房地产市场平稳健康发展的若干政策》
1月9日	广州	①取消144㎡豪宅界定。②首套房贷已结清，目前名下无房者，二套房首付三成起。③非限购区增城从化有房，当无房准入。	据媒体消息，广州限购政策调整
1月10日	全国	①坚持房子是用来住的、不是用来炒的定位，推动房地产业向新发展模式平稳过渡。要有效防范化解优质头部房企风险，实施改善优质房企资产负债表计划，聚焦专注主业、合规经营、资质良好、具有一定系统重要性的优质房企，开展"资产激活""负债接续""权益补充""预期提升"四项行动，综合施策改善优质房企经营性和融资性现金流，引导优质房企资产负债表回归安全区间。②要配合有关部门和地方政府扎实做好保交楼、保民生、保稳定各项工作，运用好保交楼专项借款、保交楼贷款支持计划等政策工具，积极提供配套融资支持，维护住房消费者合法权益。要落实好16条金融支持房地产市场平稳健康发展的政策措施，用好民营企业债券融资支持工具（"第二支箭"），保持房企信贷、债券等融资渠道稳定，满足行业合理融资需求。要因城施策实施好差别化住房信贷政策，更好支持刚性和改善性住房需求，加大住房租赁金融支持，做好新市民、青年人等住房金融服务，推动加快建立"租购并举"住房制度。	中国人民银行、银保监会联合召开主要银行信贷工作座谈会
1月10日	徐州	①建设智能化、高品质、差异性商品住宅，提高物业服务水平，改善住房生活以及外延的生活服务。加大对政策性住房归集、销售。研究探索发放购房补贴或消费券等形式，提振房地产市场信心。②扎实做好保交楼、保民生、保稳定各项工作。实施差别化住房信贷政策，支持个人住房贷款合理需求、刚性和改善性住房需求。保持房地产融资平稳有序。	据徐州官微消息，徐州市政府办公室印发新形势下稳经济促发展的17条政策措施

5-4 续表2

时间	地区	政策内容	政策来源
1月11日	武汉	买卖双方达成交易意向，通过网签系统申报二手房买卖合同网签。买方向买方贷款银行申请商业贷款、公积金贷款或组合贷款，卖方向卖方贷款银行申请提前还款和"带押过户"。	武汉市自然资源和规划局发布《关于推行二手房"带押过户"深化登记金融协同服务工作的通知》
1月11日	济南	①落本市户籍按照生育政策于2023年1月1日以后出生的二孩、三孩家庭，每孩每月发放600元育儿补贴，直至孩子3周岁。②二孩家庭申请住房公积金贷款购买首套自住房的，一人缴存住房公积金的职工家庭最高可贷60万元，两人及以上缴存住房公积金的职工家庭最高可贷90万元；生育三孩的缴存职工家庭，申请住房公积金贷款购买首套自住住房的，一人缴存住房公积金的职工家庭最高可贷60万元，两人及以上缴存住房公积金的职工家庭最高可贷100万元。	济南日前印发《济南市优化生育政策促进人口长期均衡发展实施方案》
1月12日	桂平	2023年购房节活动期间，桂平市辖区完成了网签及交付首付款可享受全额契税补贴。	据官微消息，桂平市发布2023年购房节活动期间辖区内购买新建商品住房契税补贴方案
1月12日	盐城	①继续延续市区"房八条"购房补贴政策2个月，截至2023年2月28日。②鼓励各地分板块开展线上线下返乡置业购房专场房展会，发放住房消费券。③支持产业园区、院校、企事业等单位集中团购商品住房解决职工住房问题，对团购商品住房的职工家庭，"卖旧买新"购置改善性住房的，鼓励开发企业在认购协议中延长认购期，购房人可将旧房作为担保并给予购房优惠。④鼓励发放家居消费券，重点支持在全市限额以上家居企业消费。	盐城住建局发布《关于促进春节期间消费持续恢复的政策意见》
1月13日	长沙	①符合二孩及以上家庭购房政策认定条件的，可在原有家庭限购2套的基础上增加1套购房指标，长沙户籍家庭购买限购区域第三套商品住房不受缴交社保或个税、房屋网签或办理不动产证时间等限制。②享受购房政策的二孩及以上本市户籍家庭，需同时满足以下3个条件：一是夫妻一方或双方为长沙户籍；二是现户籍家庭有两个及以上子女，且至少有一个未成年子女（18周岁以下）；三是所生育的子女均为依法生育（含合法收养）。	长沙市政府发布通知，明确依法生育二孩及以上本地户籍家庭增加1套购房指标
1月13日	南昌市安义县	①1月1日至2月28日购房补贴200元/㎡。多孩家庭补贴300元/㎡。②1月1日至2月28日购房补贴50%契税。③允许缓交报建规费。可申请延期纳税申报，对三条红线达标企业降低预售许可形象进度标准。④50%土地出让金后可容缺受理规划、建设等审批服务事项。	江西南昌安义县发布《安义县关于2023年春节期间促进房地产市场发展的若干措施》
1月13日	唐山	据多方消息称，自2023年1月13日起，唐山居民个人住房贷款首套利率调整为3.8%（LPR-50BP），较之前下降了0.3%，二套房利率保持不变4.9%。	据媒体消息，唐山市下调首套商贷利率至3.8%
1月16日	乌兰浩特	①公积金执行认房不认贷。②新出让土地保证金20%，1个月50%，一年内缴清。③中心城区新建小区车位可按1.1个/户配建，地上不超过15%。④11层及以上项目控制在3个单元以内。⑤社区用房50平方米/百户，不低于50平方米。⑥符合条件的项目取消首次物业招投标限制。⑦免收基础设施配套费，道路修复等费用免收。⑧居住型公寓可参考学区房入学。⑨非籍居民及家属可凭房屋落户。	据官微消息，内蒙古乌兰浩特市发布促进房地产市场平稳健康发展十条措施

5-4 续表3

时间	地区	政策内容	政策来源
1月17日	全国	①房地产工作要融入党和国家事业大棋局，锚定新时代新征程党的使命任务和当前的中心工作来展开。一是稳预期。要牢牢坚持房子是用来住的、不是用来炒的定位，增强政策的精准性协调性，以更大力度精准支持刚性和改善性住房需求，提升市场信心，努力保持供需基本平衡、结构基本合理、价格基本稳定，同经济社会发展相协调、同住宅产业发展相协调，严控投机炒房。二是防范风险。要"抓两头、带中间"，以"慢撒气"的方式，防范化解风险。三是促进转型。各项制度要从解决"有没有"转向解决"好不好"。有条件的可以进行现房销售，继续实行预售的，必须把资金监管责任落到位，防止资金抽逃，不能出现新的交楼风险。②以增信心、防风险、促转型为主线，促进房地产市场平稳健康发展。大力支持刚性和改善性住房需求，毫不动摇坚持房子是用来住的、不是用来炒的定位，因城施策、精准施策。推进保交楼保民生保稳定工作，化解企业资金链断裂风险，努力提升品质、建设好房子，整治房地产市场秩序，让人民群众放心购房、放心租房。③以发展保障性租赁住房为重点，加快解决新市民、青年人等群体住房困难问题。	全国住房和城乡建设工作会议在北京举行
1月17日	太原	太原首套房贷利率暂时调整至3.8%。	据媒体消息，太原市下调首套商贷利率至3.8%
1月17日	丽水	多方消息已确认部分银行执行首套3.8%、二套4.9%的利率，目前四大行已实行该利率标准。	据媒体消息，丽水市下调首套商贷利率至3.8%
1月18日	济南	对限购区域内已有3套及以上住房的，出售1套后，可于半年内在限购区域再购买1套住房。继续优化非本市户籍居民购房政策，非本市户籍家庭在我市限购区域内购房，不用再提供个人所得税或社会保险证明。	据济南市住房和城乡建设局，为促进房地产市场平稳健康发展，济南市进一步优化房地产市场政策措施
1月18日	九江	我市首套住房商业性个人住房贷款利率下限调整为LPR-30BP，自公告次日起执行。如后续评估期内（上季度末月至本季度第二个月为评估期）出现新建商品住宅销售价格环比和同比连续3个月均上涨情况，则自下一个季度起，恢复执行全国统一的首套住房商业性个人住房贷款利率下限。	九江市政府发布关于调整我市首套住房商业性个人住房贷款利率下限的公告，将首套住房商业性个人住房贷款利率下限调整为LPR-30BP
1月18日	湛江	2023年1月18日起，湛江市实施阶段性取消首套住房商业性个人住房贷款利率下限。	据媒体消息，湛江市实施阶段性取消首套住房商业性个人住房贷款利率下限
1月19日	长沙	①45周岁（含）以下的具有专科及以上学历（博士硕士学历不限年龄）或中级及以上专业技术资格（高级专业技术资格不限年龄）的人才，落户长沙并缴纳社保或个税后，可在限购区域内购买首套商品住房。②对湖南省内地、州、市高层次人才，按程序认定后享受长沙户籍同等购房待遇。	长沙市住建局、市委人才办印发《关于强省会人才购房实施细则》
1月19日	云浮	自2023年1月18日起，云浮市延续实施阶段性取消首套住房商业性个人住房贷款利率下限。	据媒体消息，云浮市延续实施阶段性取消首套住房商业性个人住房贷款利率下限
1月19日	济源	①认贷不认房，1套住房已结清贷款再次贷款执行首套房贷款政策。②支持企事业、院校等单位集中团购"五证"齐全的现房或准现房，补贴最高30元/m²。③发放购房补贴，<90m² 5000元/套补贴，90~144m² 10000元/套补贴，≥144m² 15000元/套补贴。④按照购房日期给予契税补贴，最高30%。	济源产城融合示范区管理委员会印发了《济源示范区2023年大力提振市场信心促进经济稳定向好政策措施》

5-4 续表4

时间	地区	政策内容	政策来源
1月19日	资阳	①原则上实行货币安置或用政府剩余安置房源安置,不再新建安置房。②探索建立"房票"安置制度,参与房票安置的房地产开发企业对持房票购买商品房的房屋被征收人给予5%的购房折扣。③强化闲置土地清理。全面清理中心城区范围内已出让商住用地。④超过2年未销售的车位公示后可对外销售。⑤购置车位补贴2000元/个。⑥鼓励团购优惠购房,鼓励特殊人群优惠购房。⑦购置非住宅商品房由开发企业折扣5%。⑧普通住宅土地增值预征率从1.5%下调到1%。⑨受新冠疫情影响职工可缓缴公积金及贷款。⑩新购房屋住房公积金可提可贷。灵活就业人员可参加住房公积金制度,公积金购房可5年内每年申请提取1次。	资阳市政府印发《促进房地产市场平稳健康发展若干措施》
1月19日	淮北	①公积金最高贷款额度提高,60万元/双人,50万元/单人。②公积金购买二手房首付30%,二次40%。③公积金贷款间隔缩减至次月。④二孩家庭租房提取额度提至1.5倍,三孩家庭租房提取额度提至2倍,多孩家庭购房公积金最高额度上浮20%。⑤推行公积金贷款带押过户,对拟出售家庭唯一住房的,房地产企业可延长认购期,最长1年。⑥原则上不再新建安置房,可通过购买新建商品房、货币化补偿、发放购房券等方式进行安置。⑦推行"拿地即开工";允许开发企业通过备案承诺制等方式提前开展场地平整、地质勘探和方案审查等前期工作。⑧缓缴城市基础设施配套费最长6个月。⑨鼓励采取银行保函置换预售监管资金。	淮北市印发《关于促进房地产市场平稳健康发展的若干措施》的通知
1月19日	监利	①全日制大专以上购首套房可申请领取2万元购房补贴。其他购房者1万元补贴。②购买新房补贴契税的70%。③公积金可提可贷,支持"一人购房全家帮"。④全面推行二手房"带押过户"。⑤对拥有一套住房并已结清购房贷款的家庭,再次申请贷款执行首套房贷政策。鼓励金融机构对房地产企业金融支持。⑥新出让土地保证金最低10%,土地款首次50%,1年内缴清,允许以银行保函代替竞买保证金、⑦规划许可证可容缺办理,首次预售按规定执行,后期预售面积不得低于1万平方米,且不得小于栋。	监利市人民政府办公室印发《关于进一步促进房地产市场平稳健康发展的若干措施》
1月20日	中山	中山部分银行首套房贷利率,将按照LPR-30BP执行,部分银行-40BP。	据媒体消息,中山市下调首套商贷利率至3.9%
1月20日	韶关	1月18日起,韶关市实施阶段性取消首套住房商业性个人住房贷款利率下限。	据官微消息,韶关市实施阶段性取消首套住房商业性个人住房贷款利率下限
1月20日	惠州	1月18日起,惠州市实施阶段性取消首套住房商业性个人住房贷款利率下限。	据政府网站消息,惠州市实施阶段性取消首套住房商业性个人住房贷款利率下限
1月20日	肇庆	1月18日起,肇庆市实施阶段性取消首套住房商业性个人住房贷款利率下限。	据媒体消息,肇庆市实施阶段性取消首套住房商业性个人住房贷款利率下限
1月21日	江门	1月18日起,江门市实施阶段性取消首套住房商业性个人住房贷款利率下限。	据江门政府网站,江门市实施阶段性取消首套住房商业性个人住房贷款利率下限
1月29日	郑州	中原银行、工商银行、中国银行等银行首套商贷利率调整为3.8%(单利),适用地区为郑州市。也有多家银行称尚未收到相关通知,要根据总行统一安排。	据媒体消息,郑州市下调首套商贷利率至3.8%
1月30日	杭州市临平区	临平区乔司街道、南苑街道加入限购政策放松的行列。	据媒体消息,杭州市临平区对此前放松限购的区域进行扩容
1月30日	珠海	珠海部分银行个人住房贷款首套房房贷利率下调至3.7%,1月31日开始执行。	据媒体消息,珠海市部分银行下调首套商贷利率至3.7%

5-4　续表5

时间	地区	政策内容	政策来源
1月30日	天津	中国人民银行天津分行、天津银保监局指导天津市市场利率定价自律机制确定：自2023年1月起，本市首套住房商业性个人住房贷款利率下限执行"不低于相应期限LPR-40个基点"（按照当前五年期LPR计算，即为3.90%）。	据媒体消息，天津市下调首套商贷利率至3.8%
2月1日	昆明	建行、招行等7家银行表示，目前，昆明首套房利率最低可申请3.95%。	据媒体消息，昆明市下调首套商贷利率至3.9%
2月1日	洛阳	①扩大青年人才住房补贴范围，青年人才最高可享10万元购房补贴。②租房补贴按不同人才标准，每季度发放1次，最高补贴3年。③筹建保障性租赁住房（含青年人才公寓）1万套；提升来洛就业创业青年补贴贷款额度，最高可给予10万元购房补贴、7.2万元生活补贴、4.3万元租房补贴，公积金贷款额度提升至65万元。	洛阳市"2022年重点民生实事落实情况"系列新闻发布会第三场——"助力青年创业创新"专场发布会举行
2月1日	合肥	①重点监管资金根据商品房项目建设工程造价、施工合同金额以及项目交付使用条件等因素确定。由监管部门依据不低于上年度市建设工程造价管理部门测算的商品房建设工程综合造价的1.3倍，加上30%不可预见费用核定。全装修预售项目重点监管资金在毛坯建设工程造价基础上按照每平方米增加1000元。②重点监管资金拨付节点：毛坯：正负零70%，主体1/2留存60%，主体封顶留存40%，完成外立面、门窗安装、脚手架拆除25%，竣工验收备案5%，首次登记解除监管。精装：正负零75%，主体1/2留存65%，主体封顶留存45%，完成外立面、门窗安装、脚手架拆除35%，竣工验收备案5%，首次登记解除监管。	合肥公开征求《合肥市商品房预售资金监督管理办法》（征求意见稿）意见
2月2日	洛阳	①个人首套房首付比例按照20%执行，并鼓励银行逐步降低二套房首付比例。②鼓励金融机构为"保交楼"项目提供新增配套融资。③降低商业贷款担保保证金，不高于3%。④个人最高贷款额度55万元，夫妻双方、青年人才最高贷款金额65万元，优化首套房贷款条件。⑤购买普通住宅发放购房补贴，最高1万元，人才购唯一住房补贴最高10万元。⑥房地产企业可申请分批缴纳城市基础设施配套费，最长不超过6个月。符合条件的受新冠疫情影响项目可顺延交付最高3个月。⑦土地保证金20%，三个月50%，1年内缴清。⑧积极推行存量房"带押过户"。⑨积极推行保函替代监管资金方式。	洛阳发布《洛阳市支持房地产市场健康发展若干措施》，明确3方面20条举措支持房地产市场健康发展
2月3日	襄阳市襄州区	①首次购房补贴2万元，改善购房补贴1.5万元，二孩三孩家庭分别2万/3万元。②2023年12月31日前缴清契税的，对购买业主给予50%契税财政补贴，<90㎡最高不超过1万元，其余不超过2万元。③主动放弃原有宅基地或宅基地分配资格，在城区购买新建商品住房的农民，一次性给予2万元的补贴。	襄阳市襄州区出台提振楼市举措
2月3日	十堰	自1月20日起，中国银行、中国工商银行、中国建设银行等多个银行陆续向合作楼盘发布下调首套房贷款利率通知，首套房5年以上利率下调至3.9%。	据媒体消息，十堰市下调首套商贷利率至3.9%
2月5日	哈尔滨	①2021年10月29日以后生育第二或第三胎的家庭在9区购买首套或第二套新房，分别补贴1.5万元、2万元。②缴纳6个月社保各类人才最高10万元购房补贴。③非户籍个人购首套或二套房给予1万元补贴。④个人购房且在房展销会期间网签备案的按照房款1%给予优惠。⑤单位或个人购非住宅按实际购房款的3%给予购房补贴。⑥农业户籍、退伍军人、教师购房给予3万元一次性购房补贴。⑦二手公积金购房贷款房龄年限提高到30年，贷款年限及房龄之和不超过50年。单人最高贷款额度60万元，双人80万元。支持异地公积金贷款。⑧女干部及高级职称女性贷款年龄调整至60岁。⑨支持居住用地、商业商务用地兼容比例灵活处置。"按项目配比商业商务"调整为"按同等生活圈配比商业商务"。可根据市场需求下调商住比例。⑩新冠疫情持续期间可不计入违约期，相应延长开竣工期限。分期项目可按程序办理分期规划核实手续。新出让土地20%保证金，一个月50%，一年内缴清。⑪推动城市更新采取"房票"安置补偿方式。	哈尔滨市政府下发《关于进一步促进哈尔滨市房地产市场平稳健康发展的若干措施》

5-4 续表6

时间	地区	政策内容	政策来源
2月5日	安阳	11家房地产公司推出总计121套房源享受优惠补贴，农民进城置业购房一套由市房协补贴5万元，城镇居民购房一套由市房协补贴3万元。	由市房地产开发协会主办的"惠民纾困、助推房地产市场健康发展"购房促销活动在市"两馆"综合大楼东广场正式启动
2月5日	淄博市临淄区	①二孩家庭购房补贴房价1%，最高2万元，三孩家庭补贴房价2%，最高3万元。②公积金购房多孩家庭贷款额度上浮20%，无房可按实际租金提取公积金。优先分配公租房。③二孩、三孩家庭购买新建商品住宅分别补贴契税80%和100%。④淄博市引进人才在规定区域内新购新建商品房的，再给予1万元补贴。⑤在二手房交易时，推行二手房资金监管和二手房"带押过户"机制。⑥群众可以自行组织群（团）购商品房。	据"临淄发布"官方微信号，山东省淄博市临淄区近期发布多项购房优惠措施
2月6日	武汉	①在我市住房限购区域购房的居民家庭可新增一个购房资格，在非限购区域拥有的住房不计入居民家庭购房资格认定套数，非本市户籍居民家庭在限购区域购买首套住房的可实行购房资格"承诺办、容缺办"。②减轻企业资金压力，在重点监管资金中增加"项目主体结构达到三分之二进度"拨付节点。③优化调整新建商品房预售条件，房地产开发企业可增加申请预售许可次数，预售许可最低规模不小于栋。④新出让住宅项目原则上不附带宗地范围以外的建设义务。	武汉市人民政府印发关于激发市场主体活力推动经济高质量发展政策措施的通知
2月7日	无锡	自2023年2月8日（含）起，将无锡市新发放首套住房个人住房贷款利率下限由LPR-20bp调整为LPR-50bp。	据媒体消息，无锡市下调首套商贷利率至3.8%
2月7日	河南	会议明确，今年将进一步规范商品房预售资金监管，逐步提高预售门槛，以郑州、开封为试点，积极探索预售制度改革和现房销售。推动房地产企业做强一批、整合一批、转型一批、出清一批，支持房地产企业向商业、文化、旅游、物业管理、住房体检、住房养老等延伸，由开发商向城市综合服务运营商转型。探索建立人房地钱联动机制。郑州市要开展长租房试点，培育市场主体，增加租赁住房供应，满足新市民、青年人住房需求。	河南省住房和城乡建设工作会议在郑州召开
2月7日	赣州	中心城区三区享受契税补贴的购房时限由2022年12月31日延续至2023年6月30日。另外，章贡区、赣州经开区、蓉江新区已停止实行新建商品住房和二手商品住房限购政策。	据公众号"赣州发布"消息，同意将章贡区、赣州经开区、蓉江新区享受契税补贴的购房时限由2022年12月31日延续至2023年6月30日。
2月7日	鹰潭	对刚性引进到鹰潭市企业并连续工作两年以上的人才，按人才分类给予最高100万元的购房补贴。	鹰潭市召开人才新政新闻发布会，对《关于深入推进"鹰才计划"打造技能人才高地的实施意见》
2月8日	铜陵市义安区	①2023年6月30日前购房契税补贴100%。②加快商业办公商品房去库存，《铜陵市人民政府办公室印发关于商业办公商品房去库存防风险政策意见的通知》有效期限延长至2024年12月31日。③新出让房地产项目地块无偿移交政府或业主的非营利性配套公共服务用房不计入容积率。④鼓励采取货币化、房票等方式进行征收安置。	铜陵义安区发布《关于印发义安区促进房地产市场平稳健康发展若干措施的通知》
2月8日	深圳	①所称积分入户是指对持有深圳经济特区居住证且在深具有合法稳定就业和合法稳定住所（含租赁）的人员，按照积分制要求进行积分，依照分值排序，在年度计划安排额度内审批入户。②申请积分入户人员应同时具备五个基本条件：年龄男性在55周岁以下，女性在50周岁以下；持有有效的深圳经济特区居住证；拥有深圳市合法产权住房连续满5年或合法租赁住所年限连续满5年；依照法律法规正常缴纳深圳市养老保险或医疗保险年限累计满5年；无刑事犯罪记录，且未参加过国家禁止的组织及活动。	深圳市发展和改革委员会、深圳市公安局、深圳市人力资源和社会保障局关于印发《深圳市积分入户办法》的通知

5-4 续表7

时间	地区	政策内容	政策来源
2月8日	福州市连江县	《连江县关于引人才稳就业购房补助政策》有效期将延长至2023年6月30日。	福州市连江县住建局近日宣布,《连江县关于引人才稳就业购房补助政策》有效期将延长至2023年6月30日
2月10日	贵阳市贵安新区	①每年经营性用地出让总规模控制在6000亩左右,鼓励单宗地块面积控制在100亩范围。②对公共交通站点及主要轨道站点周边500米红线范围内新建商住项目,公益性公建配套设施建筑面积不计入容积率计算,500米外项目非经营性的公益性公建配套设施建筑面积计入非住宅部分。③靠近轨道交通项目可结合地块实际进行商业建筑配套车位减配调整。④鼓励、引导金融机构首付20%政策,一套已结清贷款的支持首套政策。⑤完善房地产企业"白名单"制度,作为重点纾困帮扶企业、银行保函试点企业的依据。	贵阳市人民政府办公厅、贵安新区办公室印发《贵阳贵安促进房地产领域健康发展若干措施的通知》
2月10日	辽宁	提高风险意识,维护自身合法金融权益,警惕不法分子的不实宣传,抵制扰乱金融秩序行为,依法合规办理贷款、还贷业务,诚实守信,践行"合约精神",共同维护良好的社会金融秩序。	辽宁银保监局发布《关于提前还贷或转贷的风险提示》
2月11日	南昌市高新区	①在高新区创业或就业且与用工单位签订了劳动合同的全日制博士研究生、硕士研究生(含高级技师)、本科生(含技师)、大专生(含高级工),购买本辖区内新建住宅商品房的,最高补贴每平方米800元,补贴实际缴纳契税的50%。②人才可优先入住人才公寓,享受每年租金全额补贴。③对企业(含新型研发机构)引进的全职博士,高新区缴纳满半年以上社保,优先保障其子女选择区属公办义务教育阶段学校就读。	南昌高新区发布人才购房优惠措施
2月13日	福建	要稳妥实施房地产信贷政策支持居民住房消费。各银行机构要合理安排个人住房贷款额度,优化个人住房贷款业务流程,全力支持居民首套和改善性住房需求。在省内合格城市积极落实新发放首套住房个人住房贷款利率动态调整政策,鼓励银行机构合理下调个人住房贷款利率,降低居民购房融资成本。鼓励金融机构围绕智能家居、绿色家电、建材、家装等大宗消费领域,设计专属中长期消费信贷产品,重点加大家装家居家电等大宗消费的信贷支持。	中国人民银行福州中心支行联合福建银保监局出台《关于金融促消费工作十条措施》
2月15日	周口	①购新房<144㎡补贴契税50%,购新房>144㎡补贴契税30%。②购新房<144㎡,对人才进行补贴,大专学历补贴标准为0.6万元/人,本科学历补贴标准为1万元/人。新市民每套发放5000元购房券。购买公寓、写字楼按照实际缴纳税款的50%进行补贴。	周口市住房和城乡建设局发布《关于中心城区持续开展住房和契税补贴的公告》
2月15日	鞍山	①个人购买本次参展楼盘的一手新建商品房契税补贴60%。②针对本次房交会购买住宅的客户予以每套1000元的家电消费优惠券支持(共500套,额满即止)。③首套二套利率4.1%。首套首付最低可执行20%。	2023年鞍山春季房交会将于2月21日在万达广场启幕
2月15日	哈尔滨	哈尔滨的首套房商贷利率下调到3.8,之前利率是4.3。	据媒体消息,哈尔滨市下调首套商贷利率至3.8%
2月16日	惠州	我市商品住房(含新建商品住房和二手住房)限售年限调整为"取得不动产权证满1年方可转让"。	惠州市人民政府办公室发布《关于优化房地产调控政策的通知》
2月16日	北京市平谷区	为突出贡献人才在平谷提供1套150平方米左右、拥有自主产权的住房。其他类型人才可拎包入住专家小院、人才公寓、酒店式公寓,并享受最长3年、60%至100%的房租补贴。全职在平谷工作的优秀大学毕业生可免费入住3年人才公寓,在平谷成家的可免费入住5年。	2023北京·平谷人才发展大会举行,发布"平谷人才十条"

5-4 续表8

时间	地区	政策内容	政策来源
2月17日	沈阳	在配租公租房时，对于符合住房保障条件且有未成年子女的家庭，可以优先配租，可根据未成年子女数量在户型选择等方面给予适当照顾。落实支持多孩家庭购买自住住房的政策，对生育二孩、三孩未满18周岁的居民家庭在沈阳行政区域内已拥有2套住房的，可在我市限购区域内再购买1套新建商品住房。对生育二孩、三孩未满18周岁的住房公积金缴存职工家庭，使用住房公积金贷款购买自住房的，贷款限额可放宽到当期最高贷款额度的1.3倍。	沈阳市委、市政府印发《实施积极生育支持措施促进人口长期均衡发展实施方案》
2月20日	全国	①参与试点工作的私募股权投资基金管理人须股权结构稳定，公司治理健全，实缴资本符合要求，主要出资人及实际控制人不得为房地产开发企业及其关联方，具有不动产投资管理经验和不动产投资专业人员，最近三年未发生重大违法违规行为等。不动产私募投资基金的投资范围包括特定居住用房（包括存量商品住宅、保障性住房、市场化租赁住房）、商业经营用房、基础设施项目等。②试点基金产品的投资者首轮实缴出资不低于1000万元人民币，且以机构投资者为主。不动产私募投资基金首轮实缴募集资金规模不得低于3000万元人民币，在符合一定要求前提下可以扩募。鼓励境外投资者以QFLP方式投资不动产私募投资基金。	中国证监会官微发布消息，证监会启动不动产私募投资基金试点工作
2月20日	扬州	①将市区各地制定的支持人才和二孩以上家庭购房补贴政策统一延续至2023年6月30日。②在市区新购买改善性住房的，其原有住房取得不动产权证书即可上市交易。③首套房贷利率下限调整为LPR–50BP。④开展商业性住房贷款转个人住房公积金贷款业务。⑤6月30日前住房公积金贷款最高额度阶段性上调20%。⑥大专及以上人才在市区购买首套房，补贴契税100%。⑦鼓励金融机构按照市场化原则满足房地产项目合理融资需求。对存量融资积极予以贷款展期、调整还款安排。对"保交楼"项目提供配套融资支持。支持优质房地产企业发行债券融资。鼓励商业银行稳妥有序开展房地产项目并购贷款业务。	扬州市住房和城乡建设局出台《关于积极支持刚需和改善性住房需求的通知》
2月20日	徐州	为更好支持刚性住房需求，促进房地产市场平稳健康发展，根据中国人民银行、银保监会的文件精神，接到江苏省市场利率定价自律机制通知，并结合徐州房地产市场形势，2月20日起，我市下调新发放首套个人住房贷款利率至3.8%。	徐州首套房贷利率下限降至3.8%
2月21日	长春	①允许以保函替代部分预售监管资金，资金紧张可申请提前使用资金用于工程建设。②延续执行暂缓批量扣缴物业维修资金政策。③地下空间出让价格按照通知执行，不再评估收取。④持续加大企业融资支持力度。⑤首套首付20%，二套30%，认贷不认房，公积金贷款额度单人60万元，双人90万元，二孩上浮10万元，三孩上浮20万元，高校毕业生50万元。⑥支持组合贷、商转公贷款。⑦对进城农民、人才、环卫工人发放购房补贴。⑧支持团购、存量房带押过户。⑨未按期交付土地可局部开发预售。⑩对开发投资总额未达到25%的，经属地政府同意，可申请办理不动产转移预告登记。	长春市人民政府办公厅关于印发《进一步发挥政策叠加效应促进房地产市场企稳若干政策措施的通知》
2月22日	全国	①用好政策工具箱，支持刚性和改善性住房需求，加大保障性租赁住房供给，配合做好保交楼、稳民生工作，促进房地产市场平稳发展。②积极稳妥防范化解风险隐患，牢牢守住不发生系统性风险底线。要继续抓实化解地方政府隐性债务风险。要加强地方政府融资平台公司治理。	财政部党组书记、部长刘昆在全国财政工作会议上的讲话

5-4 续表9

时间	地区	政策内容	政策来源
2月22日	日照	①群（团）购商品住房不计入商品房备案价格跌幅比例范围。②公积金借款职工家庭合计月还款额占夫妻双方月收入的比例，由不超过50%调整为不超过60%。二孩家庭公积金贷款最高额度单人50万，双人70万。三孩家庭单人60万，双人80万。实施公积金贷款二手房"带押过户"政策。③新购首套或二套房，90~144 ㎡的，实际缴纳的契税与按1%税率计算的契税差额，可通过适当方式给予补贴。④2023年1月18日至3月16日，举办"暖春行动"2023住房消费季系列活动。⑤探索建立"房票"制度，丰富货币补偿安置方式。参与房票安置的房地产开发企业对持房票购买商品房的房屋被征收人给予5%的购房折扣。	日照市多部门联合印发《日照市促进房地产市场平稳健康发展的若干措施意见》
2月22日	阜阳	①"购买新建商品房（住宅、非住宅），同级财政按契税应税价格1%~3%的标准给予购房人补助"和"符合住房公积金贷款条件的，首次贷款已还清，第二次申请住房公积金贷款的，首付比例由50%下调至30%"延长至2023年6月30日。②购买非人防地下车位并签订网签合同的，同级财政按契税应税价格标准给予购买人补助。	阜阳市房屋管理局发布《关于进一步做好支持房地产市场平稳健康发展工作的通知》
2月22日	西安	①打好"保交楼"攻坚战：坚持市场化、法治化原则，完善"一楼一策"方案，明确"四责任一清单"，用好两批次保交楼专项借款。加快项目复工和建设，延期交房项目交付房屋5万套以上。不能按约定交付项目的房地产企业，坚决不允许再参与新项目开发。②促进房地产市场平稳健康发展：用好政策工具箱，适时出台房地产市场调控政策对购买首套、二套住房的大力支持。出台《商品房预售资金监督管理实施细则》，保障建设资金安全，防范延期交付风险。③做好住房保障：筹集建设保障性租赁住房2万套（间），建成分配公租房5000套，新增发放租金补贴4200户，争取发放项目建设贷款200亿元以上。核准出售公有住房8000套。落实职工住房补贴资金1.3亿元。跟进92个住房租赁试点项目，完成产出指标与效益指标。	西安市住房和城乡建设工作会议召开
2月24日	全国	①基本原则和要求：支持住房租赁供给侧结构性改革。重点支持自持物业的专业化、规模化住房租赁企业发展。建立健全住房租赁金融支持体系。②加强住房租赁信贷产品和服务模式创新：加大对租赁住房开发建设的信贷支持力度。创新团体批量购买租赁住房信贷产品。支持发放住房租赁经营性贷款。创新对住房租赁相关企业的综合金融服务。③拓宽住房租赁市场多元化投融资渠道：增强金融机构住房租赁贷款投放能力。拓宽住房租赁企业债券融资渠道。创新住房租赁担保债券（Covered Bond）。稳步发展房地产投资信托基金（REITs）。引导各类社会资金有序投资住房租赁领域。④加强和完善住房租赁金融管理：严格住房租赁金融业务边界。加强住房租赁信贷资金管理。规范住房租赁直接融资产品创新。防范住房租赁金融风险。建立住房租赁金融监测评估体系。	中国人民银行、中国银保监会发布关于《关于金融支持住房租赁市场发展的意见（征求意见稿）》公开征求意见的通知
2月24日	漯河	①稳定房地产开发贷款和建筑企业贷款。支持存量融资合理展期。支持保函置换部分预售监管资金。拓宽房企融资渠道。②做好保交楼金融支持。提高专项借款使用效率。加强商业银行配套融资支持。③推进房地产企业纾困。实施改善优质房企资产负债表计划。支持房地产项目并购。推进市场化处置。调整保障性住房配建政策。④一套已结清可执行首套房贷款政策。⑤继续发放购房人才补贴、契税补贴，执行至2023年8月31日。⑥公积金最高贷款额度提高，双人50万元，单人35万元，高层次人才最高80万元。实行"一人购房全家帮"。	漯河市住房和城乡建设局发布《关于进一步做好当前支持房地产市场平稳健康发展的通知》
2月24日	常州	2月24日，从有关部门获悉，常州首套房贷利率下限自明日起由4.1%降至3.8%。	据官微消息，常州市下调首套商贷利率至3.8%

5-4 续表10

时间	地区	政策内容	政策来源
2月24日	宿迁	①中心城区范围内购买商品住房，补贴契税总额50%，最高不超过3万元。生育二孩、三孩家庭给予80%、100%的补贴。购房＜144㎡，给予购房款1.5%的补贴；购房＞144㎡，给予购房款1%的补贴。②单缴存人住房公积金贷款最高额度由40万元调整为50万元，双人由60万元调整为70万元。③推行二手房"带押过户"服务。④货币补偿新增房票安置方式：被征收人在3个月内、4~6个月内购买本行政区域内新建商品住房的，给予房票购房使用金额部分3%、1%的奖励。⑤继续支持缓缴涉房相关税费。阶段性缓缴工程质量保证金。新建商品房价格备案实行告知性备案。商品房预售许可按栋申请。支持保函替代监管资金。商品房延期交付的，期限可顺延不超过90日。⑥鼓励银行业金融机构对居民首次购房执行最低首付比例或参照公积金首付比例执行。	宿迁市住房和城乡建设局印发《关于进一步促进中心城区房地产平稳健康发展的若干政策措施》的通知
2月26日	淮安	根据人民银行、银保监会发布的《关于建立新发放首套住房个人住房贷款利率政策动态调整长效机制的通知》（银发〔2022〕294号）精神，决定自2月27日起，将淮安市新发放首套个人住房贷款利率政策下限阶段性下调，即根据最新贷款市场报价利率，新发放首套住房贷款利率下限降至3.8%。	淮安首套房贷利率下限降至3.8%。
3月1日	瑞安	二孩家庭在"百日优惠促安居"活动期间（2023年1月19日至2023年3月31日）购房的，取得房屋不动产证后，给予购房款1%的消费补助；2023年4月1日至12月31日购房的，在取得房屋不动产证后，给予购房款0.5%的消费补助。三孩家庭购买新建商品住房，不受是否唯一住房限制，在"百日优惠促安居"活动期间购房的，取得房屋不动产证后，给予购房款1.2%的消费补助；2023年4月1日至12月31日购房的，在取得房屋不动产证后，给予购房款0.6%的消费补助。	瑞安市住建局发布通知，温州瑞安三孩家庭购房最高补助1.2%
3月2日	南京	在原有以土地竞买保证金缴纳作为参加土地竞买履约保证的基础上，增加见索即付银行保函作为参加土地竞买的履约保证方式。	南京土地市场网刚刚发布《关于印发〈南京市土地交易市场竞买保证金使用银行保函工作规则（试行）〉的通知》
3月2日	广东	①为基础设施、重大项目建设和房地产平稳健康发展提供融资1.5万亿。②因城施策实施好差别化住房信贷政策，支持居民刚性和改善性住房需求。③用足用好"保交楼"专项借款、"保交楼"贷款支持计划等政策工具，满足合理融资需求。④支持信托公司、金融资产管理公司依法合规参与房地产项目并购重组。⑤支持租购并举，鼓励银行为租赁住房提供多样化融资。	广东省人民政府办公厅印发2023年广东金融支持经济高质量发展行动方案
3月3日	厦门	①拥有二孩及以上的我市户籍家庭符合条件的，可购买第3套自住商品住房。②机关、企事业单位房屋主管部门积极作为，盘活存量闲置房屋，用于支持机关、企事业单位开展婴幼儿照护服务。	中共厦门市委、厦门市人民政府印发《关于优化生育政策促进人口长期均衡发展的实施方案》
3月6日	长沙	长沙已对住房限售政策做出调整，由原来的"不动产权证满4年方可上市交易"，调整为"网签满4年即可出售"。	据媒体消息，长沙限售政策放松
3月6日	重庆市江北区	在房交会期间购买江北区参展项目新建商品房（包括住宅、商服用房、办公用房、车位）及二手住房，按购买人实际缴纳契税金额的50%额度进行补贴。其中购买新建商品房（包括住宅、商服用房、办公用房、车位）采用"海尔"电器消费券或"长安"新能源车消费券的形式发放，购买二手住房的采用观音桥商圈消费券的形式发放，所有消费券的有效期长达3年。	重庆市江北区房交会开幕

5–4　续表 11

时间	地区	政策内容	政策来源
3月7日	全国	①2023年住房和城乡建设工作将在三个方面下功夫：一是稳支柱，二是防风险，三是惠民生。稳支柱：要稳住房地产，一方面，要坚持因城施策、精准施策、一城一策，大力支持刚性和改善性住房需求。另一个方面，增加保障性租赁住房供给和长租房建设。防风险：一类是安全生产的风险，再一类是防范化解房地产"灰犀牛"风险。用"抓两头、带中间"的方法，以"精准拆弹"的方式化解风险。"一头"是抓优质房企；另"一头"是抓出险的房企。同时，要大力整顿房地产市场秩序，营造诚实守信、风清气正的市场氛围，让人民群众放心购房、放心租房。惠民生：打造宜居、韧性、智慧的城市，努力为人民群众创造高品质生活空间。②1月5日，央视采访我的时候我回答是（房地产的企稳回升）很有信心。现在我要回答的是充满信心。从市场供给和需求看，新冠疫情防控取得了决定性的胜利，对房地产供需两端都发生了积极影响。从市场预期看，今年1、2月份全国商品房的销售结束了13个月的负增长，总体价格平稳。保交楼的工作扎实推进。从政策落实情况看，购买首套住房的大力支持政策，购买二套住房的合理支持政策，已经出台，正在落实见效。③我们期望的企稳回升，应该是，第一，是牢牢坚持"房子是用来住的，不是用来炒的"定位的企稳回升；第二，是大力支持刚性和改善性住房需求的企稳回升；第三，是防止市场大起大落的企稳回升；第四，是促进行业高质量发展的企稳回升。④城市更新是城镇化发展的必然过程。高质量发展是我们建设现代化国家的首要任务。城市更新就是推动城市高质量发展的重要手段，城市更新的目的就是要推动城市高质量发展。第一，持续推进老旧小区改造，建设完整社区。第二，推进城市生命线安全工程建设。第三，要做好城市历史街区、历史建筑的保护与传承。第四，要推进城市数字化基础设施建设。	"部长通道"采访活动中住建部部长倪虹接受采访
3月7日	常州	①商品住房自取得不动产权证后即可上市交易。②新建商品住房可按栋申领预售许可。③已完成备案的新建商品住房买卖合同，经买卖双方协商一致需注销合同备案的，所涉限制性规定不再执行。④"商品住房项目在价格备案后10个工作日内需申领商品房预售许可证"之规定不再执行。	常州市住房和城乡建设局发布《关于调整优化房地产相关政策的通知》
3月7日	福建	①加大对房地产项目（特别是收尾项目）金融扶持力度，加大对正常建设房地产项目的开发贷款、按揭贷款等合理融资需求的支持力度。②支持合理住房消费。研究调整限购区域、购房套数等住房消费领域限制性政策，落实最低购房首付比例和贷款利率政策。鼓励各地举办房产推介会。全面推行带押过户。实施房票安置。房地产企业和属地政府给予团购优惠和购房补贴。③调整供地节奏，细分片区均衡供地，优化土地出让条件，完善周边路网、水、电等基础设施配套建设，靠前服务，推动房地产项目加快投资建设。开展房地产企业信用评价，实施商品房预售条件、预售资金差异化监管，推广保函替代预售监管资金。	福建省人民政府官网发布"关于印发巩固拓展经济向好势头的一揽子政策措施的通知"
3月9日	安徽	促进房地产业健康发展。因城施策调整优化限制性政策、土地出让政策，合理确定个人住房贷款首付比例和贷款利率政策，根据实际情况调整公积金贷款政策，支持刚性和改善性住房需求。完善征收拆迁安置补偿方式，优化商品房价格备案制度。全面推行二手房交易"带押过户"登记模式，优化二手房交易流程。做好保交楼、保民生、保稳定各项工作。	安徽省人民政府印发关于进一步提振市场信心促进经济平稳健康运行若干政策举措的通知

5-4 续表 12

时间	地区	政策内容	政策来源
3月9日	驻马店	①分期缴纳城市基础设施配套费。优化联合验收备案制度。优化房屋网签备案服务。全面推行"交房即交证"。推行小区停车位办理不动产权证。②实行多样化回迁安置。支持团购在售商品住房。符合要求商业用地可"商改住"。③为新市民进城购房提供购房优惠，享受户口迁移、子女就近入学（含转学）。支持农民工进城购房。推进"租购同权"。落实购房税收优惠政策。落实购房税收优惠政策。降低购房信贷负担。④积极引导非公企业、新市民等群体缴存住房公积金。首次使用公积金单职工缴存家庭最高贷款额度为40万元，双职工50万元。租住商品住房提取额提高到不超过1.2万元。推行住房公积金贷款"带押过户"。⑥鼓励采取银行保函置换预售监管资金。	驻马店市人民政府印发《驻马店市进一步促进房地产市场平稳健康发展若干措施（试行）》
3月10日	深圳市深汕特别合作区	①放开限购，暂停对自然人实施商品住房限购，即无需提供无房证明；②优化商品住房转让管理，即自取得不动产权证书之日起2年内禁止转让；③推行优先申购制度，小于120平方米商品住房仍旧优先面向深汕辖区户籍居民销售，第二批销售放开对其他区域客户购买。同时，大户型购买资格不限。购房者或其家庭在深汕辖区内已有商品住房的，不再享有优先申购资格。	据媒体消息，深圳市深汕特别合作区住房建设和水务局近日发布《关于积极支持刚性和改善型住房需求的通知》
3月10日	登封	① 凡在2023年3月10日～2023年3月30日缴纳契税的，给予25%契税补贴；凡在2023年3月31日～2023年6月29日缴纳契税的，给予10%契税补贴。② 2023年12月31日前购房的，30日内缴纳契税的，给予25%契税补贴；90日内缴纳契税的，给予20%契税补贴。	登封市关于开展"服务于民、让利于民"缴纳契税领取补贴活动的公告
3月10日	大连	2023年大连春季房交会的主题是"展品质促销量，享购房补贴"。为提振市场信心，在备受关注的展会购房政府补贴上，今年春季房交会，个人在展会期间购买市内四区（中西沙甘）及高新园区参展的新建商品房，给予每平方米200元购房补贴。此外，为了促进展会成交让利购房人，组委会将组织开发商根据自身项目情况，提供专属房源和专属特价房等优惠活动。	据媒体消息，2023大连春季房交会将于3月15~20日在大连星海会展中心召开
3月10日	天津	加强招商引资与规划工作的衔接，对经论证确有必要修改控制性详细规划的土地，采用并联方式履行方案编制、公示、征求意见等法定程序，进一步提高土地规划审批效率。在全市范围内实行工业用地弹性年期土地出让等政策，在之前的政策基础上，进一步降低前期土地利用成本。	天津市发布《天津市促进招商引资扩大社会投资若干措施（暂行）》
3月14日	酒泉	①开展保函置换预售监管资金业务，符合条件的企业可增加两个预售资金拨付节点，额度可在原规定基础上提高5个百分点。②支持房地产开发企业合理融资需求。③新购买住房并购买地下停车位的，给予每户2万元的补贴。④自愿有偿退出农村宅基地且进城购房的，每年按照有关规定发放养老补助。对进城购买首套商品住房的农民享受农房建设贴息贷款支持政策，并给予50%契税补贴。参加城乡居民养老保险、基本医疗保险的进城购房农村居民、灵活就业人员，及65周岁以上的进城购房农村居民，按社保/养老金额50%予以补助。⑤缴纳社保满6个月的外地人员，购买"二手房"补贴标准为200元/㎡，购买新建商品房补贴标准为150元/㎡。⑥二孩家庭给予5万元的一次性购房补贴，三孩家庭给予10万元的一次性购房补贴。⑦个人购买家庭第二套改善性住房，面积为90平方米及以下的，减按1%的税率征收契税；面积为90平方米以上的，减按2%的税率征收契税。	酒泉市政府出台《酒泉市激励房地产业健康稳定发展若干措施》
3月14日	衡水	① 3月份起，下调首套住房商业性个人住房贷款利率下限至3.8%。② 3月18日至19日举办2023衡水春季住房博览会线下展会。	衡水市政府新闻办举行新闻发布会

5-4 续表 13

时间	地区	政策内容	政策来源
3月15日	徐州	①土地保证金最低20%，1个月50%，6个月内缴清。②定销房城市基础设施配套费调整为按国家和省规定直接减免。③供热、供电企业按国家和省规定停止收取建筑区划红线外接入工程费用。④海绵城市指标不单列入规划条件，评审所产生的专家劳务费由政府部门支付。⑤住宅与非住宅均可按栋申请办理商品房预售许可。六层及以下须达到正负零，小高层、高层建设工程进度须达到总层数（含地面以下）五分之一以上（不低于地面二层封顶）。⑥允许房地产开发企业调整住房套型结构。⑦支持市民卖旧换新，在市区购置新建普通商品住房的，允许原有一套权属登记满1年且不满上市交易时限的普通商品住房上市交易。继续执行新购商品住房144平方米以上的不限制转让。	徐州市人民政府办公室发布《关于优化房地产营商环境、促进房地产市场平稳健康发展的通知》
3月17日	亳州	①增加预售资金拨付节点，由整体项目调整为分楼栋解除预售资金监管，允许以商业银行保函置换相应额度的监管资金。②加大融资支持力度，落实金融16条，保交楼资金。进一步降低首付比例和贷款利率，支持购房业主延期还本付息。③复工补贴及延期缴纳城市基础设施配套费延长至2023年6月30日。④非公企业社保满6个月且公积金购房，补贴当年存缴月数100元/月，取消灵活就业人员就业证明限制。⑤可申请提取住房公积金支付购房首付款。⑥公积金商品房贷款额度单人提至45万元，双人提至55万元。公积金首付最低20%，第二次30%。⑦推行住房公积金贷款"带押过户"。⑧发放购房券，兑换企业给予10%的补贴。	亳州市住房和城乡建设局发布关于进一步促进房地产市场平稳健康发展的若干政策的通知
3月18日	连云港	①实行提取住房公积金用于购房首付措施。②转让二手住房六个月内又购置新建商品住房的，补贴契税100%。规上企业工人及大专以上购首套房，补贴契税80%。③公积金贷款额度提高，双缴家庭由60万元上调至72万元，单缴职工由30万元上调至36万元。④房地产开发企业可通过保函方式置换最高不超过30%的预售资金。⑤延迟城市基础设施配套费缴纳时限。⑥推广存量房"带押过户"。⑦开展"商转公"贷款业务。	连云港市住建局发布《关于进一步促进房地产市场发展相关措施的通知》
3月19日	无锡	①对在无锡工作但社保和个税缴纳在外地的居民，提供半年及以上居住证明，可以在本市购买1套新房。②长期在无锡居住符合落户条件可购买二套新房。③将梁溪区、滨湖区、新吴区的部分街道，以及锡山区的锡东新城，惠山区的惠山新城等区域，调整为非限购区域。④预售资金监管增加一个节点（领取建设工程规划核实合格证之后），预售监管重点资金留存比例调整为60%、50%、40%、30%、20%、5%。⑤首套房贷利率最低3.8%。⑥企业可在不超过有关限定条件范围内，自主申报备案价格。⑦符合条件的高品质项目可享受相关政策，按"指导价+企业自主申报"备案，企业可在不高于指导价的范围内自主确定均价。⑧加大拆迁安置货币化力度，推进"房票"购房。⑨支持房地产业合理融资需求，重点推进支持开发贷款、信托贷款等存量融资合理展期落地见效。	无锡市房地产市场调控领导小组出台了《关于进一步促进房地产市场健康发展若干措施的通知》
3月21日	西安	①由项目单位委托经省住建厅备案的一级房地产估价机构（以下简称：评估机构）评定租金标准。②项目单位按照不高于评估市场租金的90%确定每套（间）保障性租赁住房租金。③项目单位向本单位符合保障性租赁住房资格职工分配自建的保障性租赁住房，且租金明显低于市场租金的90%的，可不委托评估机构评定租金标准，直接报市保障性住房管理中心备案。④居民存量住房用作保障性租赁住房的租金由运营服务企业委托评估机构确定，按照不超过市场租金90%的标准报市保障性住房管理中心备案后执行。	西安市住建局发布关于规范保障性租赁住房租金标准的通知
3月23日	重庆	①渝中、渝北、北碚和两江新区按照住宅10000元/套、非住宅2000元/套的标准予以补贴；②江北、沙坪坝、南岸、九龙坡、大渡口采取直接补贴或消费券补贴等方式对购房人给已缴纳契税额50%的补贴；③巴南、重庆高新区等按照购房合同金额给予一定消费券补贴。	2023重庆春季房地产暨家装展示交易会在南坪国际会议展览中心启幕

5-4 续表 14

时间	地区	政策内容	政策来源
3月24日	全国	①优先支持百货商场、购物中心、农贸市场等城乡商业网点项目，保障基本民生的社区商业项目发行基础设施REITs。项目用地性质应符合土地管理相关规定。②项目发起人（原始权益人）应为持有消费基础设施、开展相关业务的独立法人主体，不得从事商品住宅开发业务。严禁规避房地产调控要求，不得为商品住宅开发项目变相融资。③申报发行基础设施REITs的特许经营权、经营收益权类项目，基金存续期内部收益率（IRR）原则上不低于5%；非特许经营权、经营收益权类项目，预计未来3年每年净现金流分派率原则上不低于3.8%。④首次申报发行REITs的保障性租赁住房项目，当期目标不动产评估净值原则上不低于8亿元，可扩募资产规模不低于首发规模的2倍。⑤推动扩募发行常态化。按照市场化法治化原则，鼓励运营业绩良好、投资运作稳健、会计基础工作规范的上市REITs通过增发份额收购资产，开展并购重组活动，鼓励更多符合条件的扩募项目发行上市。	证监会发布关于进一步推进基础设施领域不动产投资信托基金（REITs）常态化发行相关工作的通知
3月27日	厦门	①支持厦门户口单身可以购买第二套住房。②岛外限售政策由产权证日期之日起2年内限售改为网签日期之日起2年内限售。	据媒体消息，厦门对限购限售政策进行松绑
3月27日	盐城	①大专及以上学历人才或2016年后生育二孩的家庭，购房补贴契税50%，最高3万元。2021年后生育三孩的家庭，补贴契税100%，最高6万元。②首套住房贷款利率降至最低3.8%。③购买装配式建筑的商品房公积金贷款最高额度可上浮20%。未享受过公积金贷款的可申请"商转公"贷款。④推行不动产"带押过户"登记服务。⑤支持分步解除建设用地使用权抵押。	据盐城市住房和城乡建设局官网，盐城市发布《关于积极支持刚性和改善性住房需求促进房地产市场平稳健康发展的通知》
3月27日	丽水	①购买商品住房给予交易税费留存地方部分60%补贴时间延长至2023年6月30日。②6月30日前，18~35周岁购买市区144平方米以下新房按套给予1.5%的安居购房补贴补贴最高不超过3万元。③2023年购新房二孩给予5万元/套的购房补贴，三孩家庭给予10万元/套购房补贴。④首套首次公积金贷款，公积金贷款额度双人100万，单人60万元，二次或二套双人80万元，单人50万元。推出多孩家庭住房公积金优惠政策。⑤推广"带押过户"业务。⑥办理预售许可证满一年未售罄的商品房，可申请备案价5%以内的上浮价格调整、10%以内的下浮价格调整，两年未售罄可申请备案价10%以内的上下价格调整。申请预售面积调整为1万平方米。⑦优化商品房预售资金监管使用条件。⑧加强金融支持服务力度。	丽水市房地产市场平稳健康发展领导小组正式印发《丽水市区落实住有宜居促进房地产市场平稳发展政策意见》
3月28日	沈阳	①二季度起新发放首套住房个人住房贷款利率下限由一季度的LPR-40BP调整为LPR-50BP，即由3.9%降至3.8%。4月1日起至6月30日有效。②对购买公寓类非住宅实际用于居住且为首套刚需的，水电气暖收费价格参照住宅标准执行。③动态调整监管资金比例，实施差异化、精细化管理。④继续对和平、沈河、铁西、皇姑、大东、于洪等六区（不含二环外）实施限购政策。	沈阳市房产局与沈阳市自然资源局联合印发《关于促进我市房地产市场良性循环和健康发展的通知》
3月29日	襄阳	①公积金实行"认贷不认房"，贷款最高额度提高至70万元，首套购房暂不执行住房公积金存贷挂钩政策。公积金首套首付最低20%，二套最低30%。支持一人购房全家帮。②商贷首套首付最低20%，二套最低30%，认贷不认房。商贷利率实行动态调整。③购房并缴纳契税，补贴2万元。二孩、三孩家庭分别补贴2万元、4万元，人才最高补贴15万元。首套房和多孩购房补贴可重复享受，人才购房补贴政策不与之叠加重复享受。④二手房实施带押过户，不能正确计算房屋原值和应纳税额的，个人所得税核定征收率由2%下调至1%。	襄阳7部门联合出台《关于做好支持刚性和改善性住房需求工作的通知》

5-4 续表15

时间	地区	政策内容	政策来源
3月30日	全国	①以点带面，积极做好"带押过户"，要推动省会城市、计划单列市率先实现，并逐步向其他市县拓展；要推动同一银行业金融机构率先实现，并逐步向跨银行业金融机构拓展；要推动住宅类不动产率先实现，并逐步向工业、商业等类型不动产拓展。实现地域范围、金融机构和不动产类型全覆盖，常态化开展"带押过户"服务。②因地制宜，确定"带押过户"模式。地方在实践探索中，主要形成了三种"带押过户"模式。模式一：新旧抵押权组合模式；模式二：新旧抵押权分段模式；模式三：抵押权变更模式。	自然资源部、银保监会联合印发《关于协同做好不动产"带押过户"便民利企服务的通知》
3月30日	西藏	①对符合条件的依法给予地下空间建设用地使用权。②住房公积金贷款最高额度适当提高。推行"公积金＋商业"组合贷，支持区外公积金购房。③对购房人给予财政补贴，实行差异化补贴政策，各地市确定的购房补贴标准可比其他购房群体适当提高。④实施换购住房留存退税政策。⑤支持尚未还清贷款解除抵押的二手房交易"带押过户"。⑤推行单独验收，试点"交房即交证"，对因新冠疫情影响进度的，可视情况适当顺延交房时间。	西藏自治区政府办公厅印发《西藏自治区进一步落实城市主体责任促进房地产业良性循环和平稳健康发展若干政策》
4月1日	全国	①在设计上要像智能汽车一样，以科技赋能住宅。我们要打造好房子，也需要运用数字化的手段，使房子成为科技未集成应用的重要载体，让人民在房子里住得更健康，更安全，更方便。②在建造上，要像造汽车一样造房子。使房子标准化设计、工厂化生产、装配化施工、一体化装修，这样既有利于老房子的更新改造，方便维修更换部件，又可以减少环境污染，提升劳动生产率和质量安全水平。③在使用上，要像汽车一样建立房屋的体检和保险制度。要学习汽车行业的做法，建立房屋定期体检制度，按照房屋的建成年代、功能类型确定体检的频次，来及时查找和发现问题。④在服务上，要像汽车4S店一样搞好物业服务。好的房子也应该有好的服务，好的服务要靠好的物业，现在一些物业企业也积极探索一些新的业态和模式。	住房和城乡建设部党组书记、部长倪虹出席"中国电动汽车百人会论坛2023"，以"如何学习借鉴汽车产业，为人民群众建好房子"为题发表演讲
4月3日	合肥	经研究，2021年4月14日施行的《关于新建商品住房公证摇号公开销售有关事项的通知》（本市市区范围内当期登记购房人数与可售房源数之比大于（含等于）1.2，房地产开发企业应采取委托公证机构公证摇号方式公开销售）需继续实施，其有效期延长3年。	合肥市住房保障和房产管理局发布了延长《关于新建商品住房公证摇号公开销售有关事项的通知》有效期的通知
4月3日	郑州	①调整限购范围，二环外取消限购，二环区域内正常限购。限购区域外的房产套数，不计入限购房产数量。②限售政策调整为以网签时间、契税缴纳时间和不动产权登记时间为准，三者任一满一年可出售。	据媒体消息，郑州调整限购及限售政策
4月3日	襄阳	二手房"带押过户"是指在襄阳全市范围内，抵押贷款购买的房屋（房屋无二押或者查封）在抵押期间买卖过户，买方需要以该房屋申请抵押借款的，当事人可以共同向不动产登记机构申请办理二手房"带押过户"登记事项。买受人如选择全款购买存在抵押权登记的二手房也可参照办理。	襄阳市自然资源和规划局、襄阳市住建局、人行襄阳市中心支行、襄阳银保监分局四个部门联合下发通知，鼓励和支持在襄阳全市范围内开展二手房"带押过户"模式
4月4日	漳州市云霄县	在二手房交易过程中，对于卖方尚未还清贷款、抵押尚未解除，同时买方需使用贷款购房的情况，在买卖双方达成交易意向并向银行提出申请，经银行审批同意后，无需提前还清卖方原贷款，即可办理二手房交易过户、买房申请新贷款并设立新的抵押权登记，实现二手房"带押过户"。	漳州市云霄县制定二手房"带押过户"工作方案

5-4 续表 16

时间	地区	政策内容	政策来源
4月4日	合肥	①在庐阳区大杨镇、三十岗乡，蜀山区小庙镇，包河区淝河镇、大圩镇购买住房不限购。非限购区域住房不计入家庭住房套数。②刚需资格认定需3年内拥有市区累计缴纳2年以上个人所得税或社会保险证明，追溯补缴不予认可。③有60岁及以上成员的本市区户籍居民家庭或未成年子女的多孩家庭可购第三套房。④持有安徽省居住证且在合肥居住者可购买1套住房。	据政府官微消息，合肥房地产调控政策有所调整
4月7日	全国	①要严格落实各方责任，对排查发现存在安全隐患的经营性自建房，抓紧实施分类整治，加快推进危房解危。要抓紧开展非经营性自建房摸底排查，认真落实"快、准、严、实"工作要求，确保今年6月底前完成所有自建房摸底排查任务。②加强协同监管，强化省级统筹，省级专项整治工作领导小组要组织各部门抓好落实。③要积极构建房屋安全管理长效机制，加快推进房屋安全管理地方立法，积极推进房屋养老金、房屋定期体检、房屋质量保险"三项制度"试点和自建房安全跨部门综合监管试点。	全国自建房安全专项整治工作电视电话会议
4月7日	重庆	支持有条件的区县推行"房票"等货币化安置方式。支持区县通过集中购买和盘活市场存量房等方式筹集棚改安置房源，按安置房源的实际购置和安置价款计税，并按规定享受国家棚户区改造、房屋征收等方面的有关税收优惠政策。	重庆住建委发布《重庆市棚户区改造三年行动计划（2023-2025）（征求意见稿）》
4月10日	江门	①土地保证金最低20%，1个月50%，1年内缴清。②大力推广全装修交付。③对2022年1月1日至2023年6月30日竞拍取得商住用地，并在2023年6月30日前办理施工许可证的房地产项目，可以申请预售资金各环节的监管留存比例下调1%。④2022-2023年竞拍取得商住用地的房地产项目，2023年取得预售证可办理车位销售备案。⑤对现售项目或未网签套数比例少于10%的预售项目，每套住宅网签价格可以不低于备案价的80%。	江门市住房和城乡建设局近日发布关于进一步促进房地产业高质量发展的若干措施的通知
4月10日	泉州	对新落户台商区人员，购买本区新建（一手房）商品住房，最高给予5万元一次性补助。	泉州台商区近日出台《关于进一步引才聚人推动人口落户鼓励措施》
4月10日	北京	①全龄友好购房支持政策相关部门正在会签，已有3个部门签回，还有1个部门未签回，经与人行营管部沟通，同意在正式发文前就3个试点项目窗口指导银行办理全龄友好购房信贷业务。②多子女家庭和职住平衡家庭购房支持政策按照"一区一策"的方式由房山区试点。	北京市住房和城乡建设委员会官网发布2023年市政府工作报告重点任务清单及实事事项一季度工作进展情况
4月12日	南昌	在本市城区购买新建商品房的，由辖区房屋征收部门给予被征收人房票票面金额购房使用部分一定比例的购房补助。自出具房票之日起3个月内使用的，给予10%的购房补助；第4个月至第6个月内使用的，给予8%的购房补助；第7个月至12个月内使用的，给予5%的购房补助。	南昌市人民政府办公室印发关于推进中心城区房屋征收补偿房票安置的实施意见的通知
4月13日	陕西省安康高新区	①降低土地成本。土壤污染编制等事项，由高新区组织相关部门在土地出让前完成，减少企业负担。②缴纳不低于50%的土地出让金后可容缺办理审批手续。③对建筑主体施工形象进度要求调整为：低层和多层即八层及以下建筑达到地面二层，中高层即九层至十七层建筑达到地面三层，高层即十八层及以上建筑达到地面四层及以上。④保函可替换等额重点监管资金转为非重点监管资金使用，但最高额度不得高于重点监管额度的70%。⑤城市基础设施配套费可书面申请缓交。⑥房地产企业税款由企业申请，可依法办理延期缴纳税款。⑦2023年12月31日前高新区购房契税补贴50%。单套补贴不超过5万元。⑧团购5套及以上按照1万元/套标准给予团购补贴。	陕西省安康高新技术产业开发区管理委员会官网发文《安康高新区出台17条措施促推房地产市场高质量发展》

5-4 续表 17

时间	地区	政策内容	政策来源
4月13日	杭州市钱塘区	下沙街道和河庄街道加入钱塘区限购放宽圈，共计7个街道实行差异化限购范围。外地户籍居民只需1个月社保即可购买钱塘区首套新房或二手房，应提供1年以内社保缴纳证明。	据市场消息，杭州市钱塘区已纳入差异化限购范围
4月15日	沈阳	本次房交会，对个人购买本次房交会参展楼盘的商品住房，给予100元/平方米补贴。	2023年沈阳市春季房交会今日开幕
4月17日	绍兴市上虞区	①对无房户或现自有房（商品房）人均面积不超过30平方米的三孩家庭，购买商品房时一次性发放30万元房票。租房二孩、三孩家庭分别发放每月800元和1500元的租房补助。②三孩家庭公积金可贷额度允许上浮30%。③二孩、三孩家庭优先配租保障性租赁住房。	绍兴上虞区建立生育支持政策体系，推出优化生育政策13条
4月18日	苏州	吴江等四区将二手房"满五唯一"免征个税的认定标准由苏州市扩大为江苏全省。即省内有房产，苏州四区二手房交易将不满足"唯一"标准。	据媒体消息，苏州已有四区满五唯一认定标准变更为江苏全省范围
4月20日	河南	①商品房消费者以居住为目的购买房屋并已支付全部价款，主张其房屋交付请求权优先于建设工程价款优先受偿权、抵押权以及其他债权的，人民法院应当予以支持。只支付了部分价款的商品房消费者，在一审法庭辩论终结前已实际支付剩余价款的，可以适用前款规定。②在房屋不能交付且无实际交付可能的情况下，商品房消费者主张价款返还请求权优先于建设工程价款优先受偿权、抵押权以及其他债权的，人民法院应当予以支持。	最高人民法院就河南省高级人民法院《关于明确房企风险化解中权利顺位问题的请示》（豫高法〔2023〕36号）作出《关于商品房消费者权利保护问题的批复》
4月20日	黄山市祁门县	①发放购房补贴，总限购量100套，每套最高补贴3万元。②多孩家庭购房补贴上浮1万元。③黄山市以外户籍人员购房补贴上浮1万元。	祁门县房管中心发布关于实施祁门县购房奖补政策的通知
4月20日	深圳	银行核定二手房价以网签备案价和评估价就低为准，参考价仅做参考。	据媒体消息，深圳调整二手房指导价规则
4月21日	北京市房山区	为战略人才、领军人才提供最高100万元、50万元购房资金补贴，或最高100%、50%租金补贴。	北京市房山区发布《房山区实施"聚源计划"引才聚才支持办法》
4月21日	上海	上海二手房核验价和"三价就低"疑似有所放松，部分核验价可提高至接近合同价。	据媒体消息，上海二手房核验价和"三价就低"疑似有所放松
4月23日	杭州市临平区	临平区临平街道已经加入了临平区限购放松圈，临平区全域加入差异化限购范围，放宽限购条件。	据媒体消息，杭州市临平区临平街道已经加入临平区限购放松圈
4月23日	绍兴市新昌县	①房票的使用期限，原则为征收公告明确的签约腾空截止日起十二个月内；被征收人确需延长房票使用期限的，由其本人书面申请，经征收实施单位同意后可延长使用期限，但延长最多不超过十二个月。②被征收人申请房票安置的，原则上按照住宅房屋（含车棚、车库、地下室）按评估比准价乘以被征收房屋建筑面积为基数，国有土地上的给予35%奖励（集体土地上的给予30%奖励），计入房票。	绍兴市新昌县发布《新昌县拆改项目住宅房屋征收（搬迁）房票安置实施办法（试行）》
4月25日	乌鲁木齐	①停车位配建比例按房屋性质及户型面积分类控制。②自2023年起，出具的住宅类项目规划条件，不再标注商住比例，已出让地块可申报调整商住比例。③支持非住宅用房转为住宅或公寓。④实行分层供地，地下车库用地缴纳土地出让金按地下层数差异化。⑤对2023年当年签订购房合同且夫妻双方均为正常缴存职工的，可将住房公积金最高贷款额度提高至100万元。⑥支持144平方米以上公积金购房。⑦每季度举办1次以上房交会和商品房巡展活动。	乌鲁木齐发布《2023年促进房地产市场平稳健康发展政策措施的通知》

5-4 续表 18

时间	地区	政策内容	政策来源
5月4日	宁波	全力支持居民首套和改善性住房需求。因城施策落实差别化住房信贷政策，各银行机构要合理安排个人住房贷款额度，实施好个人住房贷款利率和首付比例政策，全力支持居民首套和改善型住房需求。鼓励金融机构加大对新市民购房信贷支持，发展住房租赁业务。推广二手房按揭贷款"带押过户"模式，为房产买卖双方提供交易和贷款便利。支持银行机构在风险可控前提下，放宽房贷年龄限制，激活老年人购房需求。	宁波市地方金融监督管理局、中国人民银行宁波市中心支行、中国银保监会宁波监管局发布《关于印发金融支持恢复和扩大消费的若干措施的通知》
5月6日	贵州	公积金最高贷款额度提高至70万元/双人，多孩家庭最高贷款额度可在其他标准的基础上再上浮10万元。	贵州省住房资金管理中心关于提高双缴存职工家庭购买首套住房和多子女家庭购房贷款额度的通知
5月8日	全国	①合理确定经纪服务收费。房地产经纪服务收费由交易各方根据服务内容、服务质量，结合市场供求关系等因素协商确定。房地产经纪机构要合理降低住房买卖和租赁经纪服务费用。鼓励按照成交价格越高、服务费率越低的原则实行分档定价。引导由交易双方共同承担经纪服务费用。②严格实行明码标价。房地产经纪机构应当在经营门店、网站、客户端等场所或渠道，公示服务项目、服务内容和收费标准，不得混合标价和捆绑收费。房地产经纪机构提供的基本服务和延伸服务，应当分别明确服务项目和收费标准。③严禁操纵经纪服务收费。具有市场支配地位的房地产经纪机构，不得滥用市场支配地位以不公平高价收取经纪服务费用。房地产互联网平台不得强制要求加入平台的房地产经纪机构实行统一的经纪服务收费标准，不得干预房地产经纪机构自主决定收费标准。	住建部、市场监管总局发布《关于规范房地产经纪服务的意见》
5月8日	郑州市高新区	高新区石佛、沟赵、枫杨、梧桐、双桥五个办事将开展2023年商品房契税缴纳补贴工作。5月8日至6月30日期间缴纳商品房契税的，按照契税总额的20%给予补贴。	郑州高新区石佛、沟赵、枫杨、梧桐、双桥五个办事将开展2023年商品房契税缴纳补贴工作
5月10日	宁德	①团购商品住房5套（含）以上可享受优惠政策。②鼓励中心城区新建商品住房一次装修到位。③在宁德市中心城区购买商品住房不受户籍和套数的限制。④允许企业认购开盘三个月后仍未售的新建商品住房。⑤推行房屋征收补偿房票安置方式。⑥实施二手房"带押过户"。⑦非人防车位经首次销售二年后仍有未售车位的，房地产开发企业可制定二次销售方案向同小区物业服务区业主销售。	宁德市住建局等七部门联合出台《关于进一步促进中心城区房地产市场平稳健康发展的若干意见》
5月11日	全国	①开展相关研究，加快建立健全信用管理制度。在深入调研的基础上，继续推进住房和城乡建设领域信用管理暂行规定出台。研究制定建设工程消防设计审查验收技术服务管理办法、物业服务企业红黑名单制度。开展园林绿化市场信用管理机制研究。②强化信用赋能建设工程质量安全监管，创新质量监管方式，完善市场准入制度。贯彻落实国务院关于提升监管效能的有关部署，积极探索符合住房和城乡建设监管需要的信用监管模式，规范开展建筑市场信用评价工作，促进信用评价结果应用。③推进建立基于信用的分级分类监管机制。强化信用赋能建设工程质量安全监管，创新质量监管方式，完善市场准入制度。贯彻落实国务院关于提升监管效能的有关部署，积极探索符合住房和城乡建设监管需要的信用监管模式，规范开展建筑市场信用评价工作，促进信用评价结果应用。	住房和城乡建设部发布关于《2023年信用体系建设工作要点》的通知

5-4 续表 19

时间	地区	政策内容	政策来源
5月12日	滁州	①拿地未开发企业可退地。②新出让的居住用地内商业建筑面积占计容建筑面积比例调整为1%~10%。③新出让土地装配式40%。④公积金贷款额度提至单缴50万元，双缴60万元。⑤多孩家庭首次公积金购房，贷款额度上浮10万元，租房提取额度提至24000元/年。⑥购房补贴契税50%。⑦人才购房补贴10%最高20万元。⑧团购商品住房网签价格下浮不低于备案价格85%。⑨网签价格不得高于"一房一价"备案价，也不得低于"一房一价"备案价的90%。3个月可重新备案。⑩已审核备案的，3个月后可以重新申报价格备案。⑪适度延缓配套用房交付期限，最长三个月。	安徽滁州印发《关于进一步促进房地产市场平稳健康发展的若干措施》
5月15日	杭州市余杭区	余杭区中泰街道和瓶窑镇放松限购，外地户籍只需1个月社保即可购买余杭区新房或二手房，本地户籍无需社保，购买二套也不再受落户5年限制。但各类家庭在限购区内限购的住房总套数不变。	据媒体消息，杭州市余杭区部分区域放松限购
5月16日	南京产业聚集区	南京本地户口可新开一张产业聚集区购房证明，在产业聚集区（江心洲、南部新城、红山新城、幕府创新区）都能增购一套。符合缴纳社保条件的外地户口居民，只要能开出产业聚集区购房证明，就可以在产业聚集区增购一套住房。	据媒体消息，南京产业聚集区放松限购
5月17日	鹤壁	①购买商业住房30平方米（含30平方米）以上的，每套享受10000元购房补贴；购买30平方米以下的，每套享受5000元购房补贴。②购买住宅144平方米以下的，每套享受10000元购房补贴；购买144平方米（含144平方米）以上的，每套享受5000元购房补贴。	据媒体消息，鹤壁市2023住房博览会于5月19日至5月21日在市会展中心广场举办
5月23日	福建	①凡在本省行政区域内从事房地产经纪活动的机构，包括通过互联网提供房地产经纪服务的机构，应当遵守本办法办理房地产经纪机构备案。②房地产经纪机构采取特许经营方式的，特许方应严格遵守《商业特许经营管理条例》有关规定合法经营，并不得与未办理备案及信息登记的房地产经纪机构签订特许加盟协议。网络平台不得为未办理备案的房地产经纪机构提供服务。③房地产经纪机构变更加盟信息的，应当自签订加盟合同之日起三十日内，通过管理服务平台进行机构信息变更。④完成备案及信息登记的房地产经纪机构，可以申请存量房网上签约资格。	福建省住房和城乡建设厅发布关于征求《福建省房地产经纪机构备案管理办法（征求意见稿）》修改意见的通知
5月24日	重庆市璧山区	①契税100%减免。②发放购房补贴，400元/平方米，最高5万元/套。③首套房享受本地居民贷款政策（最低首付20%）等专属优惠政策。④购房人及直系亲属户籍、子女教育、医疗等享受本地居民同等权利。⑤购房人及直系亲属在渝就业，符合用人单位招聘条件，由区就业和人才中心推荐就业。⑥一次性购买5套及以上，在享受1~5条优惠基础上，还可享受3%购房款优惠。	据媒体消息，重庆璧山区住建委发起外省购房优惠活动
5月24日	石家庄	①对毕业2年内的普通高等学校全日制毕业生新到石家庄市工作，或者在石家庄市初次自主创业，领取最高5万元的一次性安家补贴。②对企业全职引进年薪超过50万元的高层次人才，3年内每年按其工资薪金所得给予个人最高20%奖励；引进市人才绿卡A卡范围中的一至三类人才，每引进一名给予最高100万元奖励。企业吸纳高校毕业生层次高数量多的企业给予最高50万元奖励。统招应届毕业生在石工作数量较上年度增加100人以上的，给予高校20万元奖励。③集中打造人才社区和高端人才公寓，引进的高层次人才可免费拎包入住；在市区内购买首套自用商品住房的给予一定补助。	石家庄出台了《关于进一步加大人才引进力度助推现代化、国际化美丽省会城市建设的若干措施（试行）》
6月1日	全国	指导手册针对城市老年人居家适老化改造需求，在通用性改造、入户空间、起居（室）厅、卧室、卫生间、厨房、阳台7个方面形成了47项改造要点。基于老年人差异化需求将改造内容分为基础型、提升型两类，基础型改造内容以满足老年人基本生活需求、安全和生活便利需要为主；提升型改造内容主要满足老年人改善型生活需求，以丰富居家服务供给、提升生活品质为主。	住建部发布《城市居家适老化改造指导手册》

5-4　续表 20

时间	地区	政策内容	政策来源
6月1日	阳江	①土地保证金最低20%，1个月50%，1年内缴清。②允许开发项目变电房（配电室）不计入计容建筑面积。③调整土地增值税预征率。普通住宅预征率为2.5%，其他类型房地产预征率为3%。④房地产项目可分期实施建设。优化竣工验收及办理不动产权证条件。⑤调整城市基础设施配套费可分批缴交。⑥提高住房公积金租房提取额度。由每月600元提升至800元，⑦公积金缴存条件由12个月调整为6个月。⑧开发企业公积金贷款阶段性风险保证金的留存比例由10%下调至5%，超100万后下调至1%。⑨降低商品房预售款监管账户的最低预留资金比例。⑩"一房一价"由原来按最高价下浮15%调整为可上下浮15%，备案间隔时间缩短为1个月，滞销项目可自行调整价格。	阳江市住房和城乡建设局印发《阳江市关于促进房地产市场持续平稳健康发展的通知》的通知
6月1日	青岛	①特定群体（重大疾病、家庭收入不能支持住房贷款）住房符合新建商品住房合同网签备案满3年或取得《不动产权证书》满2年、二手住房取得《不动产权证书》满1年的，房屋产权人可申请解除住房交易限制。②非限购区域首付比例首套最低调整为20%、二套最低调整为30%，③二手房带押过户，实行"优鲜卖"。④鼓励各区（市）棚户区和城中村改造征收补偿货币化安置，试点房票制度。	青岛市住房和城乡建设局、中国人民银行青岛市中心支行、中国银行保险监督管理委员会青岛监管局联合发布《关于促进房地产市场平稳健康发展的通知》
6月7日	南通市通州区	①鼓励企业购房引进人才，一次性购房5套以上，补贴总房款1%。②在通州区购首套二套房，≤144㎡发放1.5%购房补贴，＞144㎡发放1%购房补贴。	南通市通州区住房和城乡建设局、南通市通州区财政局、南通市通州自然资源和规划局联合印发关于《关于促进全区房地产市场消费的意见》
6月7日	广东	①加快完善住房保障体系。加快发展保障性租赁住房，促进解决新市民、青年人等群体住房困难。公租房对多孩家庭增加支持。②实施精准购房租房倾斜政策。住房政策向多子女家庭倾斜，对在缴存城市无自有住房且租赁住房的多子女家庭，可适当提高租房提取额度，或按照实际房租支出提取住房公积金；对购买首套自住住房的多子女家庭，有条件的城市可给予适当提高住房公积金贷款额度等相关支持政策。	广东省发布《关于进一步完善和落实积极生育支持措施的实施意见》
6月7日	泰州市海陵区	自出具房票之日起3个月内购房的，给予房票购房使用金额部分20%的奖励；第4个月至第6个月内购房的，给予房票购房使用金额部分16%的奖励；第7个月至第12个月内购房的，给予房票购房使用金额部分12%的奖励。房票有效期内未购房的不予奖励。	泰州就《海陵区房屋征收房票安置实施办法（试行）》征求意见
6月7日	北京	已购共有产权住房家庭取得不动产权证未满5年的，不允许转让房屋产权份额。购房家庭因家庭成员患大病导致家庭生活困难确需转让房屋产权份额的，产权人向区住房行政管理部门提出申请，经区住房行政管理部门审核确认后，由共同签约的代持机构回购。已购共有产权住房家庭取得不动产权证满5年的，可按市场价格转让所购房屋产权份额。	北京市住建委就《关于加强已购共有产权住房管理有关工作的通知》（以下简称《通知》）公开征求意见
6月12日	江西	明确为进一步提升不动产登记和金融便利化服务水平，降低制度性交易成本，我省全面推行不动产"带押过户"。	江西省近日联合中国银行保险监督管理委员会江西监管局、省住房和城乡建设厅、中国人民银行南昌中心支行，印发了《关于在全省推行不动产"带押过户"的通知》

5-4　续表 21

时间	地区	政策内容	政策来源
6月14日	南京市六合区	①2023年6月10日至2023年11月9日期间，在六合区范围内（不含葛塘、长芦、大厂街道）购买新建商品住房，可享受本次优化政策。政策适用以办理房屋《不动产权证书》为条件，以商品房认购时间为依据。购买新建商品住房并网签认购的购房对象，在取得《不动产权证书》后，符合条件的可以申请人才购房专项补贴，区财政根据不动产权证证载面积按300元/平方米的标准发放。鼓励用人单位对购买六合区新建商品住房的职工给予购房补贴。②对于企业组织职工集体购买新建商品住房的，鼓励开发企业在现有优惠价格以外再给予团购优惠。	南京市六合区出台"引才安居聚才惠企"人才购房政策优化方案
6月15日	大连	①下调2023年三季度新发放首套住房商业性个人住房贷款利率下限。②实施房交会购房补贴政策，7月30日前网签备案的，给予200元/平方米购房补贴。③购买市内四区新建非住宅商品房，按照网签备案成交额的3%给予购房补贴。④调整完善个人住房商业贷款转住房公积金贷款政策；支持提取公积金支付首付，允许按月提取偿还商贷，优化租房提取公积金的额度、频次和周期。	大连市保持房地产市场平稳健康发展工作领导小组办公室发布《关于进一步促进我市房地产市场平稳健康发展的通知》
6月15日	郑州	支持房地产市场平稳健康发展。落实差别化住房信贷政策，合理确定商业性个人住房贷款的最低首付款比例、最低贷款利率要求，支持居民刚性和改善性住房需求。用足用好"保交楼"专项借款、"保交楼"贷款支持计划等政策工具，保持开发贷款和债券融资稳定，加快开展保函置换预售监管资金业务，满足项目合理融资需求。持续推动金融机构有机融入"一楼一策一专班一银行"机制，积极向总行争取专项支持，对牵头项目逐一制定完善融资方案，加快资金落地投放。做好重点房地产企业风险处置项目并购的金融支持和服务工作，协调金融监管部门对并购出险和困难房地产企业项目的并购贷款暂不纳入房地产贷款集中度管理。支持租购并举的房地产发展新模式。申请租赁住房贷款支持计划，大力推动全市市场化批量收购存量房用作租赁住房。鼓励银行机构为人才公寓、保障性租赁住房、长租房市场发展提供多样化信贷融资服务，满足租赁企业和经纪机构合理信贷需求。推动不动产私募投资基金试点，发展租赁住房不动产投资信托基金业务。	郑州市政府印发《郑州市金融支持经济高质量发展若干措施》
6月15日	福清	①结合新建商品住房库存实际，落实最低购房首付比例和贷款利率政策，优化落实公积金政策，支持多孩家庭和新市民购房需求。鼓励举办房产推介会，营造促进住房消费的市场氛围。全面推行"带押过户"，实现二手房交易登记无需提前还贷，支持"卖旧买新"改善性住房需求。鼓励各地根据实际，实施房票安置，对于使用房票在规定期限内购房，房地产企业和属地政府给予团购优惠和购房补助。②取消新房两年限售的限制。	福清市政府发布《关于贯彻落实巩固拓展经济向好势头的一揽子政策措施的实施意见》
6月16日	全国	鼓励运用信贷、债券、资产支持证券、基础设施领域不动产投资信托基金（REITs）等方式，支持专业化、规模化住房租赁企业发展，依法合规加大对新市民等群体保障性租赁住房建设融资支持力度。扩大金融产品和服务供给，支持新市民就业创业、安家落户、子女教育、健康保险和养老保障。	中国人民银行、国家金融监督管理总局、证监会、财政部、农业农村部联合印发《关于金融支持全面推进乡村振兴加快建设农业强国的指导意见》
6月19日	沈阳	①个人购买新建商品住房，由政府给予100元/平方米补贴。②在沈就业的大中专以上学历的新市民、青年人，公积金贷款额度提至1.2倍。③高等学校、中等职业学校全日制在校生，购买我市新建商品住房，给予200元/平方米购房补贴及全额契税补贴。④首次购房者，本科毕业生补贴2万元，研究生中硕士毕业生补贴4万元、博士毕业生补贴7万元。符合条件的上述政策可以叠加享受。	据市场消息，沈阳市政府开展了"沈水之阳，我心向往——青年英才'留沈阳，好住房'活动"

5-4 续表 22

时间	地区	政策内容	政策来源
6月19日	临沂	①对符合条件的高品质住宅项目，充分考虑项目品质成本增加因素，可按不超过5%的比例适当上浮销售价格。②对开发企业按ABCD四个等级进行量化评价，调整商品房预售重点监管资金标准，分别按原标准的70%、85%、100%、150%执行。③对群（团）购住房可在销售价格15%幅度内优惠。④鼓励开发企业对青年人购买住房在销售价格15%幅度内优惠。⑤面向各类人才进行住房优惠销售，鼓励企业在销售价格15%幅度内进行优惠。	临沂市住房和城乡建设局和临沂市自然资源和规划局联合下发《关于促进房地产市场平稳健康发展的通知》
6月20日	南阳	①大中专以上学历人才和新市民，中心城区购首套新房给予1万至5万元的一次性购房补贴。②多孩家庭中心城区购首套新房给予1万至2万元的一次性购房补贴。③中心城区购首套房补贴契税50%。④中心城区购房的多孩家庭及人才，可使用公积金支付首付，最高贷款额度提高10万~40万元。⑤优化预售资金监管模式，实施保函替代监管资金、预售资金不可预见费差异化监管。	南阳市近期在支持中心城区刚需和改善性购房方面出台一系列利好政策
6月25日	扬州	①在市区购买改善性住房的，不再执行限购政策，其原有住房不再执行限售政策。②公积金贷款额度提高至60万元/单人、100万元/双人，支持提取公积金支付首付。③继续执行人才契税补贴及多孩家庭购房补贴。④将《关于助企纾困优化居住地块规划管理要求的通知》适用时间范围扩大至2018年1月份之后出让的非高品质居住地块。⑤增加银行保函作为土拍履约方式。	扬州市住建局发布《关于促进市区房地产市场平稳健康发展的通知》
6月25日	内江	安置补贴由各类传统安置优惠政策组成。①高层物业补贴。按照资料整改安置面积×0.91元/平方米/月计算，一次性补贴15年。②住宅专项维修资金补贴：按照资料整改安置面积×75元/平方米计。③房票安置补贴：按照资料整改安置人员×3000元/人计。	内江高新区拆迁协调办公室发布关于征求《内江高新区房票安置实施办法》（征求意见稿）意见的公告
6月26日	莆田	①加大对房地产项目金融扶持力度。推动金融机构加大对正常建设房地产项目的开发贷款、按揭贷款等合理融资需求，拓宽融资渠道，提高融资比例，为项目提供优质高效便捷的金融服务。②促进房地产市场良性健康发展。坚持"房住不炒"定位，建立人房地钱四位一体新机制，因城因地精准实施房地产市场调控。调整供地节奏，细分片区均衡供地，优化土地出让条件，合理设定商住用地起拍价和溢价率，适当降低土地拍卖佣金，调整土地出让金分期付款期限，土地出让公告可明确教育划片。对全装修的项目中住宅部分划出20%建筑面积的全装修价位由企业与购房人自行商定，以适应市场个性化需求。完善项目周边路网、水、电等基础设施配套建设，靠前服务，推动房地产项目加快投资建设。实施商品房预售条件、预售资金差异化监管，推广保函替代预售监管资金。支持县（区）推行住房消费券或房票制度，并予以一定补贴奖励。鼓励选择商业办公用房作为征收安置。推动各级政府加快支付企业回购款、代建款等各类欠款。优化房地产开发项目工程造价计税成本标准，解决房地产开发项目工程造价成本涉税审核难等问题。支持房地产行业正常信贷需求和房地产项目合理融资需求。规范小区物业服务收费行为，维护业主合法权益。	莆田发布《莆田市人民政府办公室关于印发莆田市巩固拓展经济向好势头的一揽子政策措施的通知》
6月26日	连云港	①降低首套公积金首付至20%，优化公积金贷款额度计算方式，支持商转公贷款，支持提取公积金支付首付，以及扩大公积金覆盖面至灵活就业人员。②市区购房契税补贴延长至12月31日。③将土地出让金缴纳最长时限调整为不超过一年。④推进"房票"安置制度。⑤落实新发放首套住房商业性个人住房贷款利率政策动态调整长效机制。	连云港市住建局发布《关于进一步促进房地产市场平稳健康发展的通知》

5-4 续表23

时间	地区	政策内容	政策来源
6月27日	武汉	①购房人应当按照商品房买卖合同、交款通知书等约定，将定金、首付款以及其他形式房价款全部直接交存至监管账户。②在商品房项目完成不动产首次登记前，监管银行不得擅自扣划监管额度内预售资金；设立子公司的房地产开发企业，集团公司不得抽调监管额度内预售资金。③监管额度内预售资金应当按照工程建设进度予以拨付。项目完成不动产首次登记前，监管账户内预售资金余额不得低于监管额度的百分之五。	武汉市人民政府印发武汉市新建商品房预售资金监管办法的通知
6月28日	全国	①住房发展已经从总量短缺转为结构性供给不足，进入结构优化和品质提升的发展时期；城市发展由大规模增量建设转为存量提质改造和增量结构调整并重，进入城市更新的重要时期；乡村发展在全面完成脱贫攻坚任务基础上，进入了提升乡村建设水平、推动乡村全面振兴的关键时期。人民群众对住房和城乡建设的要求从"有没有"转向"好不好"，期盼拥有更舒适安全的居住条件、更便捷高效的市政公共服务设施和更优美宜人的城乡环境，住房和城乡建设事业发展站到了新的历史起点上。②坚持稳中求进工作总基调，完整、准确、全面贯彻新发展理念，以让人民群众住上更好的房子为目标，从好房子到好小区，从好小区到好社区，从好社区到好城区，进而把城市规划好、建设好、管理好，打造宜居、韧性、智慧城市，建设宜居宜业和美乡村。③要牢牢抓住安居这个基点，坚持因城施策、精准施策，大力支持刚性和改善性住房需求，促进房地产市场平稳健康发展；增加保障性租赁住房供应，加快解决新市民、青年人等群体住房问题；提高住房建设标准，提升物业服务水平，打造"好房子"样板，研究建立房屋体检、养老、保险三项制度，为房屋提供全生命周期安全保障，让人民群众的居住生活更加舒适美好。④要瞄准"农村基本具备现代生活条件"目标，加快推进乡村建设行动，实施农房质量安全提升工程，继续开展农村危房改造和农房抗震改造，推进现代宜居农房建设。⑤要坚持统筹发展和安全，把安全发展理念贯穿住房和城乡建设各领域和全过程，着力防范化解房地产风险，防止与金融风险、地方政府债务风险交织引发系统性风险；全面加强人防、物防、技防水平，深入排查整治施工现场、既有房屋和市政基础设施运行等领域安全隐患，切实保障人民生命财产安全，以高水平安全促进高质量发展。	《学习时报》发表住建部党组书记、部长倪虹的文章《谱写住房和城乡建设事业高质量发展新篇章》
6月29日	三门峡	在三门峡市区内已购买商品房（不含二手房）但尚未缴纳契税的购房人，凡在2023年2月16日至2023年4月20日期间缴纳商品房契税且符合补贴范围的，按缴纳契税总额的15%给予补贴。	据市场消息，河南三门峡发布契税补贴政策
7月4日	自贡	①探索推行城市森林花园住宅试点。②取消公积金贷款保证金。③大力推行修建改善型住房。④鼓励商业银行合理增加房地产信贷投放额度。⑤规范新房销售市场秩序。	自贡市政府发布关于印发《促进我市房地产市场健康稳定发展的九条措施》的通知
7月4日	河南	①加强房地产经济机构备案管理，建立健全备案管理制度。推行经纪从业人员实名登记。②房地产经纪服务收费由交易各方根据服务内容、服务质量，结合市场供求关系等因素协商确定。房地产经纪机构要合理降低住房买卖和租赁经纪服务费用。③严禁操纵经纪服务收费，反对市场垄断。具有市场支配地位的房地产经纪机构，不得滥用市场支配地位以不公平高价收取经纪服务费用。房地产互联网平台不得干预房地产经纪机构自主决定收费标准。	河南省住房城乡建设厅、省市场监管局联合发布《关于贯彻落实〈住房和城乡建设部市场监管总局关于规范房地产经纪服务的意见〉的实施细则》，面向社会公开征求意见
7月4日	张掖市高台县	①将对规划区内购买首套商品住宅、生育二孩以上家庭购房人发放购房补贴。②进一步降低商业性个人住房首付比例和贷款利率，提高商业贷款额度，延迟个人房贷还款时限。③向引进人才及招商引资落地企业相关人员在高台县城市规划区内购房的给予补贴。	张掖市高台县人民政府印发高台县贯彻落实甘肃省促进经济稳中有进推动高质量发展若干政策措施的实施意见的通知

5-4 续表24

时间	地区	政策内容	政策来源
7月5日	广元	①用好优化二套房认定标准、动态调整首套房贷款利率下限等政策。②稳定房地产开发贷款和建筑企业信贷投放，支持房地产开发贷款合理展期。③对土地或在建工程已作抵押的备案楼盘，住房公积金贷款保证金比例从10%降为5%；对土地和在建工程均未作抵押的备案楼盘，住房公积金贷款保证金比例从5%降为3%。④支持商业银行与优质房地产企业开展保函置换预售监管资金业务。⑤对住房公积金贷款最高限额，双职工由原70万元调整为90万元，单职工由原50万元调整为70万元。	广元市人民政府印发《广元市聚焦高质量发展推动经济运行整体好转的若干具体政策措施》
7月5日	韶关	经市人民政府同意，现将《关于促进房地产市场平稳健康发展的若干意见》（韶府办发函〔2022〕92号）有效期延长至2023年12月31日。	韶关市发布《韶关市人民政府办公室关于进一步延长促进房地产市场平稳健康发展相关政策的通知（韶府办发函〔2023〕70号）》
7月6日	广州	①对无偿提供符合规定的政府储备用地、超出规定提供公共服务设施用地或者对历史文化保护作出贡献的"三旧"改造项目，可以按照有关规定给予容积率奖励。②"三旧"改造包括下列类型：全面改造、微改造、混合改造。③"三旧"改造全面改造项目主要包括以下模式：政府收储、自主改造、合作改造、本市规定的统筹做地等其他模式。	广州市住房和城乡建设局发布关于对《广州市旧村庄旧厂房旧城镇改造实施办法（征求意见稿）》
7月6日	九江	①不再延长"实施阶段性购房补贴""给予交易契税财政补贴"政策。对2022年6月2日至2023年3月31日之间网签购房的购房对象，继续按《九江市中心城区申领购房补贴实施细则》申请阶段性购房补贴和交易契税财政补贴。②下调个人贷款利率下限。对首套住宅商业性个人住房贷款利率下限调整为不低于相应期限市场报价利率减20个基点，改为减30个基点。③对《通知》中其他内容的执行期限延长一年，至2024年6月2日。	九江市住建局发布《九江市人民政府办公室关于促进房地产业健康发展和良性循环若干措施的通知》执行期限的公告
7月7日	全国	坚持城市体检先行。建立城市体检机制，将城市体检作为城市更新的前提。依据城市体检结果，编制城市更新专项规划和年度实施计划。创新城市更新可持续实施模式。加强存量资源统筹利用，鼓励土地用途兼容、建筑功能混合，探索"主导功能、混合用地、大类为主、负面清单"更为灵活的存量用地利用方式和支持政策，建立房屋全生命周期安全管理长效机制。坚持"留改拆"并举、以保留利用提升为主，鼓励小规模、渐进式有机更新和微改造，防止大拆大建。	住建部官网发布《关于扎实有序推进城市更新工作的通知》
7月10日	全国	《中国人民银行中国银行保险监督管理委员会关于做好当前金融支持房地产市场平稳健康发展工作的通知》有关政策有适用期限的，将适用期限统一延长至2024年12月31日。	央行、金融监管总局发布关于延长金融支持房地产市场平稳健康发展有关政策期限的通知
7月10日	温州	①购买、建造、翻建、大修首套住房公积金贷款最低首付款比例20%，第二套住房贷款最低首付款比例40%。②公积金贷款全市统一额度，双人缴存家庭最高贷款额度调整至100万元，单人65万元。③支持外地职工来温购房贷款。④无房租赁提取住房公积金的，每月可提取额度提高至1600元。⑤出售自有住房并在现住房出售后1年内购置市区新建商品住房的购房人，取得新建商品住房不动产权证后，将给予出售住房交易申报价格0.6%的财政补助。⑥推进二手房"带押过户"新模式。	温州市近日出台《关于进一步促进房地产市场平稳健康发展的若干措施》
7月12日	南京市雨花台区	在安置房申购优惠幅度的基础上，被征收人持房票购买雨花台区绿洲保障房，再给予被征收人房屋面额使用部分不超过10%的购房奖励。在安置房申购优惠幅度的基础上，被征收人持房票购买本市其他安置房的，再给予被征收人房票面额使用部分不超过5%的购房奖励。仅选择货币补偿且放弃申购征收安置房和保障性住房的持房票购买本市商品房的，给予被征收人房票面额使用部分不超过5%的购房奖励。	南京市雨花台区发布关于《南京市雨花台区国有土地上住宅房屋征收房票安置暂行细则》（征求意见稿）公开征求意见的通知

5-4 续表 25

时间	地区	政策内容	政策来源
7月12日	山东	将高品质住宅项目纳入绿色金融支持范围，鼓励银行等金融机构对符合条件的企业、项目通过开辟绿色通道、加大信贷支持力度、降低信贷融资成本等方式给予支持。对使用住房公积金贷款购买高品质住宅的，贷款额度可按一定比例上浮。同时，优先将相关技术纳入住房和城乡建设领域推广应用技术公告和科技成果推广目录，促进转化应用。	山东省住建厅发布《山东省高品质住宅开发建设指导意见》
7月12日	新乡市延津县	①通过"以旧换新""以小换大"等方式购买改善性新建商品住房，持续完善"带押过户"业务流程。②支持团购在售商品住房。③截至12月31日，购买住宅补贴契税20%，商用补贴契税50%。④公积金最高贷款额度单人提高至45万元，双人提高至65万元。支持一人购房全家帮，推行公积金"带押过户"。	新乡市延津县发布《关于进一步促进房地产市场平稳健康发展的若干措施》
7月14日	全国	在超大特大城市积极稳步推进"平急两用"公共基础设施建设，是统筹发展和安全、推动城市高质量发展的重要举措。实施中要注重统筹新建增量与盘活存量，积极盘活城市低效和闲置资源，依法依规、因地制宜、按需新建相关设施。要充分发挥市场机制作用，加强标准引导和政策支持，充分调动民间投资积极性，鼓励和吸引更多民间资本参与"平急两用"设施的建设改造和运营维护。	国务院总理李强主持召开国务院常务会议，审议通过《关于积极稳步推进超大特大城市"平急两用"公共基础设施建设的指导意见》
7月15日	湘潭	①加大房地产信贷支持力度。降低个人住房消费负担，根据房地产市场环境合理确定首付比例。②公积金贷款最高限额调整为70万元；三孩家庭、高层次人才住房公积金贷款最高限额可达90万元。③商品住宅、非住宅商品房、地下车位签订网签合同并在1个月内全部缴清契税的，补贴契税50%。④在潭工作满6个月的，符合条件的人才在城区购买首套新建商品住房时可享受购房补贴。⑤对已出让但尚未建设的商业用地，可调整为养老、文化、体育等用地进行开发建设；商住项目可以适当降低商住配比。⑥土地出让金1个月内缴至不低于50%，最长可在12个月内全额缴清。⑦在确保30%的工程进度款直接拨付至农民工工资专户的前提下，A级信用等级或一级资质房地产开发企业的预售监管资金支取比例上浮10%。	湘潭市政府办公室印发《关于延续和优化促进房地产市场平稳健康发展相关措施的通知》
7月17日	衢州	①住房公积金政策上，对二孩、三孩家庭无房租赁住房提取住房公积金的，实际租房提取限额可上浮50%。对二孩、三孩家庭购买自住住房且符合公积金贷款条件的，贷款额度可按家庭或单方当期最高贷款额分别上浮20%、30%。②对符合公租房保障条件的二孩、三孩家庭，在公租房户型选择、租金和公租房租赁补贴上予以适当照顾。	衢州市印发《中共衢州市委衢州市人民政府关于优化生育政策促进人口长期均衡发展的实施意见》
7月18日	南京	①单套户型建筑面积应当有效满足居住需求，以90平方米以下中小户型面积为主。②销售价格按照略低于周边同品质、同类型普通商品住房实际成交价格标准核定，并报市人民政府同意。③保障对象首次购买的产权份额比例为50%~80%。④本市户籍或人才取得不动产证5年后，可上市转让。	南京市住房保障和房产局发布《南京市共有产权住房管理办法（征求意见稿）》
7月18日	北京	①房地产经纪机构、住房租赁企业均应具备至少4名专业人员，且法定代表人和主要业务负责人应为专业人员。②要求企业在经营场所、网络服务端的醒目位置公示备案证明、服务内容和标准、收费事项和标准等信息。③暂停备案信息公示期间互联网信息平台不得为经纪机构、租赁企业的从业人员提供房源信息发布服务。	北京市住建委就《北京市房地产经纪机构、住房租赁企业备案管理暂行办法（征求意见稿）》公开征求意见

5-4 续表 26

时间	地区	政策内容	政策来源
7月20日	全国	将完整社区建设试点工作与城镇老旧小区改造、养老托育设施建设、充电设施建设、一刻钟便民生活圈建设、社区卫生服务机构建设、家政进社区、"国球"进社区、社区嵌入式服务设施建设等重点工作统筹起来，整合有关资源、资金和力量，完善配套政策制度，指导督促试点社区细化试点工作方案，落实资金来源、建设时序和建设运营方式，确保试点工作取得实实在在的成效。制定完整社区建设项目清单，补齐养老、托育、健身、停车、充电、便利店、早餐店、菜市场、"小修小补"点等设施短板，推进社区适老化、适儿化改造，推动家政进社区，完善社区嵌入式服务，提高社区治理数字化、智能化水平，不断增强人民群众的获得感、幸福感、安全感。	住房和城乡建设部办公厅等多部门印发完整社区建设试点名单
7月21日	全国	在超大特大城市积极稳步实施城中村改造是改善民生、扩大内需、推动城市高质量发展的一项重要举措。要坚持稳中求进、积极稳妥，优先对群众需求迫切、城市安全和社会治理隐患多的城中村进行改造，成熟一个推进一个，实施一项做成一项，真正把好事办好、实事办实。要坚持城市人民政府负主体责任，加强组织实施，科学编制改造规划计划，多渠道筹措改造资金，高效综合利用土地资源，统筹处理各方面利益诉求，并把城中村改造与保障性住房建设结合好。要充分发挥市场在资源配置中的决定性作用，更好发挥政府作用，加大对城中村改造的政策支持，积极创新改造模式，鼓励和支持民间资本参与，努力发展各种新业态，实现可持续运营。	国务院总理李强主持召开国务院常务会议，审议通过《关于在超大特大城市积极稳步推进城中村改造的指导意见》
7月24日	东莞	①开发企业应在取得预售（现售）许可证后10日内一次性对全部准售房源启动集中认购登记。②建筑面积144平方米及以下房源成功登记并冻结诚意金的购房人人数超房源数3倍的，仍需积分摇号选房；建筑面积144平方米以上房源成功冻结诚意金的购房人人数超过当期可售房源数3倍的，可直接进行公证摇号选房，无需进行积分排序。	东莞市住建局发布《关于进一步优化购房意向登记系统的通知》
7月27日	全国	稳住建筑业和房地产业两根支柱，对推动经济回升向好具有重要作用。要以工业化、数字化、绿色化为方向，大力推动建筑业持续健康发展，充分发挥建筑业"促投资、稳增长、保就业"的积极作用。要继续巩固房地产市场企稳回升态势，大力支持刚性和改善性住房需求，进一步落实好降低购买首套住房首付比例和贷款利率、改善性住房换购税费减免、个人住房贷款"认房不用认贷"等政策措施；继续做好保交楼工作，加快项目建设交付，切实保障人民群众的合法权益。要坚持系统思维、协同发力，通过科技创新和制度创新解决发展中遇到的问题。要深化住房供给侧结构性改革，强化科技赋能，提高住房品质，为人民群众建造"好房子"。希望建筑企业和房地产企业积极参与保障性住房建设、城中村改造和"平急两用"公共基础设施建设，促进企业转型升级和高质量发展。	住房和城乡建设部倪虹部长召开企业座谈会，就建筑业高质量发展和房地产市场平稳健康发展与企业进行深入交流
7月27日	北京	个人使用住房公积金贷款购买二星级以上绿色建筑、装配式建筑或者超低能耗建筑的，可以给予适当政策支持，具体办法由住房公积金管理部门制定。	北京市十六届人大常委会第四次会议对《北京市建筑绿色发展条例（草案）》进行一审

5-4 续表27

时间	地区	政策内容	政策来源
8月3日	郑州	①对青年人才发放100%购房契税补贴。②对多子女家庭发放2万~3万元购房补贴。③实施购房契税补贴政策。④取消"自取得《不动产权证书》之日不满3年的不得上市转让"的规定。⑤做好金融信贷支持。落实新发放首套住房个人住房贷款利率政策动态调整长效机制，落实"认房不认贷"政策。⑥加大公积金支持力度。对多孩家庭、首次使用公积金贷款实施差异化倾斜支持政策。⑦降低住房交易税费。落实置换退税、满五唯一免个税、满二免增值税。⑧鼓励在郑各商业银行依法有序调整存量个人住房贷款利率，引导个人住房贷款利率和首付比例下行。⑨推进商品房现房销售。着力抓好郑东新区和惠济区各一个试点项目。⑩提升商品住房品质。⑪加快推进租购并举。⑫稳妥推进城中村改造和城市更新。涉及的房屋征收，通过购买商品住房、发放安置房票等货币化为主的方式实施安置。⑬规范二手房交易居间服务。严格落实经纪机构明码标价制度，严禁操纵经纪服务收费。⑭落实土地款分期缴纳优惠政策，可使用保函作为土拍保证金。⑮试行地下停车位办理预售。	郑州市住房保障和房地产管理局发布《关于进一步促进我市房地产市场平稳健康发展的通知》
8月3日	江苏	①支持刚性和改善性住房需求。支持各地因城施策适时调整限制性房地产政策，综合采取购房补贴、房票安置、购房团购等方式，更好满足居民刚性和改善性住房需求。落实好降低购买首套房首付比例和贷款利率、改善性住房换购费用减免、个人贷款"认房不认贷"等政策，支持各地提高住房公积金贷款额度。指导商业银行依法有序调整存量个人住房贷款利率。进一步发挥住宅专项维修资金在老旧小区改造和老旧住宅电梯更新改造中的作用，继续支持城镇老旧小区居民提取住房公积金用于加装电梯等自住住房改造。②全省（南京、苏州市区除外）全面取消落户限制政策，试行以经常居住地登记户口制度，确保外地与本地农业转移人口进城落户标准统一。	江苏省发改委发布关于公开征求《关于促进全省经济持续回升向好助力高质量发展继续走在前列的若干政策措施》（征求意见稿）意见的公告
8月4日	南京	①鼓励新六区对购买新建商品住房的实施补贴。②对集体土地房屋征收推行房票安置。研究出台《南京市征收集体土地涉及住宅房屋房票安置暂行办法》。③建立全市统一的"安置房源超市"。④项目车位车库达到预售条件的，允许与地上房屋同步申请上市销售。⑤优化商品房预售资金不可预见费管理，开发企业可根据项目进度情况申请逐步释放不可预见费额度。⑥探索在外围区域优化容积率和规划指标。⑦优化商办用地供应时序与布局。	据南京市住房保障和房产局官微消息，南京发布《进一步优化政策举措促进南京房地产市场平稳健康发展》的通知
8月4日	瑞安	①向A、B、C、D、E、F1、F2（瑞安市"菁英人才"计划入选者）、F3类人才分别发放800万元（含税，具体由"一事一议"明确）、160万元、130万元、100万元、60万元、40万元、30万元、20万元的人才房票。其中非"无住房"的E类人才只可购买政府房源；BCDEF类人才购买新建商品住房的，按80%比例享受房票金额。②人才房票抵扣金额不高于所购住房房款的50%，不得套现，提现、转让、赠与等。	瑞安市住房和城乡建设局发布关于征求《瑞安市人才房票实施细则（征求意见稿）》意见的通知
8月4日	长沙	支持青年人才凭毕业证或专业技术资格证书直接落户。允许创新平台以长期自持等方式，购置商品住宅引进科研人员。创新平台科研人员家庭持有长沙居住证6个月以上，且有工资流水或纳税证明，可在限购区购买一套商品住宅。对经认定的高层次人才发放"长沙人才绿卡"，可享受长沙户籍人口购房政策，申请住房公积金贷款不受缴存时间限制，依法依规享受就医绿色通道及子女入学等系列便利政策。	长沙发布《长沙市全力建设全球研发中心城市的若干政策》

5-4 续表 28

时间	地区	政策内容	政策来源
8月4日	河南	①支持各地因城施策，持续完善购房补贴等促进住房消费健康发展政策。对有未成年子女的二孩、三孩家庭以及老人投靠养老的家庭购买新建商品住房的，可通过发放购房券或购房补贴方式，支持合理住房需求。对2023年7月1日至2023年12月31日期间在当地就业的应届毕业大学生购房的，在原有支持人才购房政策基础上，可给予一次性货币补贴。鼓励对外来经商、务工人员、返乡人员出台支持购房、租房政策，满足合理租购房需求。支持按照职住平衡原则，研究出台支持团体购买商品住房的政策措施。②落实新发放首套住房商业性个人住房贷款利率政策动态调整长效机制，对符合条件的城市，阶段性放宽首套住房商业性个人住房贷款利率下限。银行业金融机构应按照贷款合同中明确的利率重定价周期及调整方式，在利率重定价日及时调整存量房贷利率。完善二套房认定标准，未实施限购措施的城市，拥有1套住房并已结清相应购房贷款的家庭，为改善居住条件再次申请贷款购买普通商品住房的，银行业金融机构执行首套房贷款政策。支持郑州开展商品房预售制度改革，推进郑州、开封现房销售试点。	河南省发布《持续扩大消费若干政策措施》
8月5日	郑州市中牟县	自2023年8月3日起至2023年12月31日期间在中牟县购买新建商品住房并完成契税缴纳的（以购房合同网签时间为准，不限户籍），给予50%比例的购房契税补贴。	郑州市中牟县人民政府发布《关于实施购房契税补贴政策的通知》
8月6日	郑州市荥阳市	自2023年8月3日起至2023年12月31日期间在荥阳市范围内购买新建商品住房并完成契税缴纳的按照缴纳商品住房契税税款总额的50%给予优惠补贴。	郑州市荥阳市人民政府发布关于实施购房契税补贴政策的通知
8月7日	杭州市余杭区	杭州市余杭区闲林街道天目山西路以南区域街道加入余杭区限购放宽圈。外地户籍只需1个月社保即可购买余杭区新房或二手房，本地户籍无需社保，购买二套也不再受落户5年限制。但各类家庭在限购区内限购的住房总套数不变。	据媒体消息，杭州市余杭区闲林街道天目山西路以南区域街道加入余杭区限购放宽圈
8月7日	武汉市江夏区	鼓励"以旧换新"，在本措施发布之日起，出售自有住房，并在2023年12月31日前，在江夏区购买新建商品住宅的个人（家庭），按购买新建商品房合同成交金额的1%给予奖励。	武汉市江夏区发布关于促进创新创业的若干措施
8月9日	全国	目前各地保交楼工作顺利推进，项目复工和建设交付加快进行。保交楼专项借款项目总体复工率接近100%，累计已完成住房交付超过165万套，首批专项借款项目住房交付率超过60%。	据住房城乡建设部消息，目前各地保交楼工作顺利推进
8月10日	郑州市中原区	自2023年8月3日起至2023年12月31日期间在中原区购买新建商品住房并完成契税缴纳的（以购房合同网签时间为准，不限户籍），给予50%比例的购房契税补贴	郑州市中原区发布关于实施购房契税补贴政策的通知
8月15日	阳泉	积极引导住房消费。积极推动公积金"一站式"业务办理。鼓励以旧换新、以小换大、生育多子女家庭等改善性住房需求。推行住房"以租换购"。推动房屋销售与家装、家电、家具、汽车等消费联动。强化房地产市场监管。扎实推进保交楼工作，持续开展整治规范房地产市场秩序三年行动。	阳泉市城区人民政府发布《关于印发阳泉市城区推进服务业提质增效2023年行动计划的通知》
8月15日	新乡市经开区	将契税缴纳政府补贴执行时间延长至2024年5月15日，凡在2022年12月16日至2024年5月15日缴纳商品房契税，且符合补贴范围的，按照缴纳契税总额的20%给予补贴。纳税人提交申报补贴时间延长至2024年5月31日。	新乡市经济技术开发区发布《新乡经开区关于继续延长商品房契税缴纳政府补贴办法执行时间的通告》

5-4 续表29

时间	地区	政策内容	政策来源
8月15日	山东	支持刚性和改善性住房需求，各市可通过发放住房消费券、优化公积金贷款服务等，对新市民、青年人等群体开展群购商品房给予支持。新市民、青年人连续足额缴存住房公积金满3个月，本人及配偶在缴存城市无自有住房且租赁住房的，可按照上月本人住房公积金月缴存额度提取住房公积金。住房公积金政策向多子女家庭倾斜，在缴存城市无自有住房且租赁住房的多子女家庭，可按照实际房租支出提取住房公积金；对购买首套自住住房的多子女家庭，可适当提高住房公积金贷款额度。	山东省人民政府印发关于进一步提振扩大消费的若干政策措施的通知
8月15日	潜江	①出台鼓励生育政策，对按政策生育二孩、三孩的家庭，在市域内购买新建商品住房（已签订协议企业）的予以补助。生育二孩家庭购房奖补15平方米/套，生育三孩家庭购房奖补25平方米/套；符合条件配租公租房、保租房时，在户型选择、轮候排序、房源调换等方面给予优先配租。②潜江市村镇户口和非本市户籍务工人员可以申请缴纳住房公积金，连续足额缴存住房公积金6个月（含）以上（本地异地合并计算），在购房时可享受住房公积金贷款政策。	潜江市商务局发布《关于印发潜江市促进消费恢复和扩大的若干措施的通知》
8月16日	厦门	①首套贷款未结清的二套房贷首付比例由50%降至40%。②二套房商贷利率最低由LPR+80基点调整至LPR+60基点。	据媒体消息，厦门市优化信贷政策
8月16日	全国	①职工提取住房公积金用于支付房租的，可按月提取住房公积金。②职工家庭在北京市行政区域内无自有住房且租赁住房的，可按每人每月2000元限额提取住房公积金。③多孩家庭、保租房提供租房发票可按实际月租金提取，不受月缴存额限制。④职工在北京市外的工作地、户籍地或户籍地所在省份的省会（首府）城市购买自住住房的，可申请提取住房公积金。⑤同一套住房12个月内发生2次（含）以上交易距末次交易满12个月的，可申请提取住房公积金。⑥非家庭成员关系的多名职工购买同一套住房的，其中1名职工可申请提取住房公积金。	中央国家机关住房资金管理中心发布《关于优化住房公积金提取政策进一步规范提取行为的通知》
8月17日	南昌	①"人才10条"购房，给予100%的契税补贴，其他人员由受益财政给予50%的契税补贴。②推行二手房"带押过户"。③推行货币化和"房票"安置方式。④优化房地产用地供应。探索采用"竞地价+竞品质"的方式。⑤土地保证金最低20%，1个月50%，住宅用地6个月内缴清。⑥支持商业库存加快去化。支持适当调减商业，或调整为居住用地。⑦全面取消144㎡以下户型的住宅建设比例要求。⑧提供"见索即付"类型保函置换预售监管资金。⑨公积金或商业银行贷款购买住房的，首次购房首付比例20%，二套房30%。⑨实施我市公积金全省一体化贷款政策，可预提住房公积金支付购房首付款；多子女家庭使用住房公积金贷款额度上浮20%。⑩对于房地产企业开发贷款、信托贷款等存量融资，可以允许超出原规定多展期1年。	南昌市发布《促进我市房地产市场平稳健康发展的若干政策措施》
8月18日	太原	①购买二手商品住房的，该房屋须取得不动产权证且自办理房屋网签之日起满2年；未网签或无法确定网签时间的，须取得不动产权证之日起满2年。②家庭名下唯一住房纳入保障性租赁住房管理，再次购房按首套政策执行。家庭名下有2套住房，将其中一套住房纳入保障性租赁住房管理，再次购房按第二套政策执行。	太原印发市政府办公室印发《关于促进房地产市场平稳发展的若干措施》
8月21日	温州市鹿城区	A类人才，给予最高800万元购房补贴，B、C、D、E、F1、F2、F3类人才分别给予160万元、130万元、100万元、80万元、60万元、40万元、20万元人才房票补贴。	温州市鹿城区人民政府出台《温州市鹿城区人才房票补贴实施细则（试行）》
8月25日	全国	居民家庭（包括借款人、配偶及未成年子女，下同）申请贷款购买商品住房时，家庭成员在当地名下无成套住房的，不论是否已利用贷款购买过住房，银行业金融机构均按首套住房执行住房信贷政策。家庭住房套数由城市政府指定的住房套数查询或认定责任部门，根据居民家庭申请或授权，提供查询服务并出具查询结果或认定证明。此项政策作为政策工具，纳入"一城一策"工具箱。	住房城乡建设部、中国人民银行、金融监管总局联合印发了《关于优化个人住房贷款中住房套数认定标准的通知》

5-4 续表 30

时间	地区	政策内容	政策来源
8月25日	全国	自2024年1月1日至2025年12月31日，对出售自有住房并在现住房出售后1年内在市场重新购买住房的纳税人，对其出售现住房已缴纳的个人所得税予以退税优惠。	财政部、税务总局、住建部发布《关于延续实施支持居民换购住房有关个人所得税政策的公告》
8月25日	嘉兴	①取消行政限制性措施。②完善"房票"安置政策，拓宽房源选择范围。③上调住房公积金贷款最高限额，单人由30万元提高至40万元，双人由60万元提高至80万元。首套购房单人50万元，双人100万元。④公积金首付首套最低20%，二套最低30%。⑤深入推进"带押过户"改革。⑥实施多孩家庭住房补贴政策。⑦开展团购住房活动。⑧优化商品住房预售许可管理。	嘉兴房地产与住房保障管理服务中心发布《嘉兴市关于进一步促进房地产市场平稳健康发展的措施》
8月25日	沈阳	执行"带押过户""卖旧买新""以租换购"等举措，实施贷款利率动态调整、预售资金监管、优化限购区域等政策，对限购区域外首套住房、二套住房贷款首付比例分别按照20%、30%执行。	沈阳市发改委发布《关于沈阳市恢复和扩大消费政策措施的通知》
8月28日	成都	对土地出让合同（补充协议、履约协议）等未约定清水销售价格、符合现房销售条件的商品住房项目，开发企业可按不高于周边"双限地"限价水平申报清水销售价格。其他商品住房项目按原有规定执行。	成都市住建局印发《关于支持商品住房现房销售促进行业高质量发展的通知》
8月28日	成都	①符合下列情形之一的，可不再实施公证摇号：建筑面积在144平方米以上（不含144平方米）的房源；取得现售备案意见书的项目。②优化无房居民家庭认定标准，购房家庭中至少有一名登记购房人符合我市住房限购政策，且购房家庭在我市无自有产权住房的，认定为无房居民家庭。	成都市住建局、成都市司法局印发《关于优化完善商品住房公证摇号有关规定的补充通知》
8月29日	厦门	①居民家庭（包括借款人、配偶及未成年子女）申请贷款购买商品住房时，家庭成员在我市名下无成套住房的，不论是否已利用贷款购买过住房，银行业金融机构均按首套住房执行住房信贷政策。②优化公积金支持政策。实行二手房"带押过户"住房公积金贷款业务，落实住房公积金贷款异地缴存互认政策。	厦门市发改委发布《关于进一步稳增长转动能推动经济高质量发展的若干措施》（征求意见稿）
8月30日	广州	居民家庭（包括借款人、配偶及未成年子女）申请贷款购买商品住房时，家庭成员在当地名下无成套住房的，不论是否已利用贷款购买过住房，银行业金融机构均按首套住房执行住房信贷政策。	广州市人民政府办公厅发布关于优化我市个人住房贷款中住房套数认定标准的通知
8月30日	广东	①严格落实房地产经纪机构备案制度。②明确经纪服务内容。合理确定经纪服务收费。严格落实明码标价制度。	广东省住建厅、市场监督管理局发布《关于规范房地产经纪服务的实施意见》
8月30日	深圳	居民家庭（包括借款人、配偶及未成年子女）申请贷款购买商品住房时，家庭成员在我市名下无成套住房的，不论是否已利用贷款购买过住房，银行业金融机构均按首套住房执行住房信贷政策。	深圳市住房和建设局、中国人民银行深圳市分行、国家金融监督管理总局深圳监管局联合发布《关于优化我市个人住房贷款中住房套数认定标准的通知》
8月31日	全国	对于贷款购买商品住房的居民家庭，首套住房商业性个人住房贷款最低首付款比例统一为不低于20%，二套住房商业性个人住房贷款最低首付款比例统一为不低于30%。首套住房商业性个人住房贷款利率政策下限按现行规定执行，二套住房商业性个人住房贷款利率政策下限调整为不低于相应期限贷款市场报价利率加20个基点。中国人民银行、国家金融监督管理总局各派出机构按照因城施策原则，指导各省级市场利率定价自律机制，根据辖区内各城市房地产市场形势及当地政府调控要求，自主确定辖区内各城市首套和二套住房商业性个人住房贷款最低首付款比例和利率下限。	中国人民银行、国家金融监督管理总局发布关于调整优化差别化住房信贷政策的通知

5-4 续表31

时间	地区	政策内容	政策来源
8月31日	全国	自2023年9月25日起，存量首套住房商业性个人住房贷款的借款人可向承贷金融机构提出申请，由该金融机构新发放贷款置换存量首套住房商业性个人住房贷款。新发放贷款的利率水平由金融机构与借款人自主协商确定，但在贷款市场报价利率（LPR）上的加点幅度，不得低于原贷款发放时所在城市首套住房商业性个人住房贷款利率政策下限。新发放的贷款只能用于偿还存量首套住房商业性个人住房贷款，仍纳入商业性个人住房贷款管理。	中国人民银行、国家金融监督管理总局发布关于降低存量首套住房贷款利率有关事项的通知
8月31日	武汉	居民家庭（包括借款人、配偶及未成年子女）申请贷款购买商品住房时，家庭成员在我市名下无成套住房的，不论是否已利用贷款购买过住房，银行业金融机构均按首套住房执行住房信贷政策。	武汉市住房保障和房屋管理局发布《关于优化我市个人住房贷款中住房套数认定标准的通知》
8月31日	中山	居民家庭（包括借款人、配偶及未成年子女）申请贷款购买商品住房时，家庭成员在我市名下无成套住房的，不论是否已利用贷款购买过住房，银行业金融机构均按首套住房执行住房信贷政策。	中山市住建局发布《关于优化我市个人住房贷款中住房套数认定标准的通知》
8月31日	惠州	居民家庭（包括借款人、配偶及未成年子女）申请贷款购买商品住房时，家庭成员在我市名下无成套住房的，不论是否已利用贷款购买过住房，银行业金融机构均按首套住房执行住房信贷政策。	惠州市住建局发布《关于优化我市个人住房贷款中住房套数认定标准的通知》
9月1日	成都	居民家庭（包括借款人、配偶及未成年子女）在我市申请贷款购买商品住房时，家庭成员在我市名下无成套住房的，不论是否已利用贷款购买过住房，银行金融机构均按首套住房执行住房信贷政策。	成都市住房和城乡建设局等四部门发布关于优化成都市个人住房贷款中住房套数认定标准的通知
9月1日	北京	居民家庭（包括借款人、配偶及未成年子女）申请贷款购买商品住房时，家庭成员在本市名下无成套住房的，不论是否已利用贷款购买过住房，银行业金融机构均按首套住房执行住房信贷政策。	北京市住房和城乡建设委员会、中国人民银行北京市分行、国家金融监督管理总局北京监管局关于优化我市个人住房贷款中住房套数认定标准的通知
9月1日	上海	通知规定，居民家庭（包括借款人、配偶及未成年子女）申请贷款购买商品住房时，家庭成员在我市名下无成套住房的，不论是否已利用贷款购买过住房，银行业金融机构均按首套住房执行住房信贷政策。该规定自通知印发次日起执行。	上海四部门联合印发《关于优化我市个人住房贷款中住房套数认定标准的通知》
9月1日	佛山	居民家庭（包括借款人、配偶及未成年子女）申请贷款购买商品住房时，家庭成员在我市名下无成套住房的，不论是否已利用贷款购买过住房，银行业金融机构均按首套住房执行住房信贷政策。	佛山市住建局发布《关于优化我市个人住房贷款中住房套数认定标准的通知》
9月1日	天津	①本市住房限购区域调整为市内六区。②非本市户籍大学毕业生在本市住房限购区域无住房的，可凭劳动合同或企业注册证明和毕业证购买一套住房。③非限购区按照不实施限购措施城市的差别化住房信贷政策执行。延长本市商业性个人住房贷款最长期限。	天津市住房城乡建设委等四部门发布关于进一步调整优化房地产政策更好满足居民刚性和改善性住房需求的通知
9月1日	长沙	居民家庭（包括借款人、配偶及未成年子女）申请贷款购买商品住房时，家庭成员在长沙市名下无成套住房的，不论是否已利用贷款购买过住房，银行业金融机构均按首套住房执行住房信贷政策。	长沙市住建局发布《关于优化个人住房贷款中住房套数认定标准的通知》
9月1日	厦门	居民家庭（包括借款人、配偶及未成年子女）申请贷款购买商品住房时，家庭成员在我市名下无成套住房的，不论是否已利用贷款购买过住房，银行业金融机构均按首套住房执行住房信贷政策。	厦门四部门发布《关于优化我市个人住房贷款中住房套数认定标准的通知》

5-4 续表32

时间	地区	政策内容	政策来源
9月1日	安徽	居民家庭（包括借款人、配偶及未成年子女）在申请贷款购买商品住房时，家庭成员在购房所在地的市、县名下无成套住房的，不论是否已利用贷款购买过住房，均按首套住房信贷政策执行。	安徽省住建厅发布《关于贯彻落实国家三部门优化个人住房贷款中住房套数认定标准的通知》
9月1日	重庆	①将中心城区范围内新购的住房由"须取得不动产权证满2年后才能上市交易"调整为"取得房屋买卖合同备案证明满2年，且取得不动产权证后才能上市交易"。② 2023年市级秋交会期间，在中心城区购买房屋的，给予一定的购房补贴。③居民家庭（包括借款人、配偶及未成年子女）申请贷款购买商品住房时，家庭成员在当地名下无成套住房的，不论是否已利用贷款购买过住房，银行业金融机构均按首套住房执行住房信贷政策。④首套商贷首付比例最低20%，二套30%，二套商业住房贷款利率调整为LPR+20BP。	重庆市促进房地产市场平稳健康发展领导小组办公室发布关于进一步支持刚性和改善性购房需求的通知
9月1日	肇庆	居民家庭（包括借款人、配偶及未成年子女）申请贷款购买商品住房时，家庭成员在我市名下无成套住房的，不论是否已利用贷款购买过住房，银行业金融机构均按首套住房执行住房信贷政策。	肇庆市住建局发布《关于优化我市个人住房贷款中住房套数认定标准的通知》
9月1日	成都	①《成都市人才分类目录》中的A、B、C、D、E、F类人才符合条件均可租购人才公寓。②《成都市人才分类目录》中的A、B、C、D、E、F类人才在蓉工作并取得人才安居资格后，可不受户籍、社保缴纳时间限制在我市购买商品住房或二手住房。A、B、C、D、E类人才购房还可不受住房限购区域限制。③符合条件的企业认定人才主管部门确认后可不受户籍、社保、住房限购区域限制在我市购买商品住房或二手住房。	成都市住建局、市委人才办联合制定《成都市进一步加强人才安居的若干政策措施》
9月2日	苏州	居民家庭（包括借款人、配偶及未成年子女）申请贷款购买商品住房时，家庭成员在我市名下无成套住房的，不论是否已利用贷款购买过住房，银行业金融机构均按首套住房执行住房信贷政策。	苏州市住建局发布《关于优化我市个人住房贷款中住房套数认定标准的通知》
9月2日	江门	居民家庭（包括借款人、配偶及未成年子女）申请贷款购买商品住房时，家庭成员在当地名下无成套住房的，不论是否已利用贷款购买过住房，银行业金融机构均按首套住房执行住房信贷政策。	江门市房地产工作领导小组办公室印发《江门市关于优化我市个人住房贷款中住房套数认定标准的通知》
9月2日	南宁	①南宁市中心城区购买新房，补贴契税100%。②支持提取住房公积金支付新建预售商品住房首付款。③居民家庭（包括借款人、配偶及未成年子女）申请贷款购买商品住房时，家庭成员在南宁市中心城区名下无成套住房的，不论是否已利用贷款购买过住房，在邕商业银行均按首套住房执行住房信贷政策。④中心城区购买新建车位，补贴契税50%。	南宁八部门联合发布《关于进一步促进南宁市房地产市场平稳健康发展的通知》
9月2日	清远	居民家庭（包括借款人、配偶及未成年子女）申请贷款购买商品住房时，家庭成员在当地名下无成套住房的，不论是否已利用贷款购买过住房，银行业金融机构均按首套住房执行住房信贷政策。	清远市人民政府办公室发布关于优化我市个人住房贷款中住房套数认定标准的通知
9月3日	无锡	居民家庭（包括借款人、配偶及未成年子女）申请贷款购买商品住房时，家庭成员在我市名下无成套住房的，不论是否已利用贷款购买过住房，银行业金融机构均按首套住房执行住房信贷政策。	无锡市住房和城乡建设局、中国人民银行无锡市分行、国家金融监督管理总局无锡监管分局发布《关于优化我市个人住房贷款中住房套数认定标准的通知》

5-4 续表33

时间	地区	政策内容	政策来源
9月3日	江苏	①支持刚性和改善性住房需求。支持各地因城施策适时调整限制性房地产政策措施，综合采取购房补贴、房票安置、团购等方式，更好满足居民刚性和改善性住房需求。落实降低购买首套房首付比例和首套房、二套房贷款利率，改善性住房换购税费优惠，个人首套房"认房不认贷"等政策，放宽住房公积金提取政策，指导商业银行依法有序调整存量个人住房贷款利率。引导金融机构加大对已售逾期难交付项目"保交楼"配套融资力度。②稳定房地产投资。优化住宅用地供应。积极稳步推进城中村改造，做好城镇老旧小区、危旧房改造，继续支持城镇老旧小区居民提取住房公积金用于加装电梯等自住住房改造。支持房地产企业开发高品质住宅。引导房地产企业由住宅开发为主向城市更新、住房租赁、项目代建、物流仓储和养老健康等领域延伸。指导金融机构支持房地产企业合理融资，支持省内上市房地产企业开展股权、债券融资，做好央地合作增信支持民营房地产企业债券融资。加快城市燃气管道等老化更新改造，以及城镇污水垃圾处理设施、城市内涝治理等领域建设，因地制宜推进城市地下综合管廊建设。	中共江苏省委、江苏省人民政府近日印发《关于促进经济持续回升向好的若干政策措施》
9月4日	全国	①何立峰强调，保障性住房建设要坚持规划先行、谋定后动，扎实做好前期工作，严格项目管理和成本控制，综合考虑市场形势，合理把握建设节奏。②要建立公平公正的配售机制，加强监督审计，重点针对住房有困难且收入不高的工薪收入群体及政府引进人才，按保本微利原则配售。③保障性住房要实施严格封闭管理，不得上市交易。	规划建设保障性住房工作部署电视电话会议在京召开，国务院副总理何立峰出席会议并讲话
9月4日	韶关	居民家庭（包括借款人、配偶及未成年子女）申请贷款购买商品住房时，家庭成员在当地名下无成套住房的，不论是否已利用贷款购买过住房，银行业金融机构均按首套住房执行住房信贷政策。	韶关市人民政府办公室发布《关于优化我市个人住房贷款中住房套数认定标准的通知》
9月4日	长沙	无房商贷首付比例最低20%，二套无贷款或贷款已结清，首付比例25%。二套贷款未结清首付比例30%。	据媒体消息，长沙首付比例降至最低首套20%，二套30%
9月4日	宁德	①居民家庭（包括借款人配偶及未成年子女）申请贷款购买商品住房时，家庭成员在当地名下无成套住房的，不论是否已利用贷款购买过住房，银行业金融机构均按首套住房执行住房信贷政策。②公积金或商贷购买第一套住房的，首付比例可按照20%执行。	宁德市出台《关于促进中心城区房地产高质量发展的若干措施》
9月4日	沈阳	①取消二环内限购政策，取消住房销售限制年限规定。②居民家庭（包括借款人、配偶及未成年子女，下同）名下在本市无住房的，购买商品住房的首付款，按不低于购买首套住房的最低比例执行，不再区分是否有住房贷款（含商业性住房贷款和公积金住房贷款）记录以及住房贷款是否还清，住房贷款利率享受购买首套住房的利率。③商贷首付比例统一调整为首套20%，二套30%。④高层次人才公积金贷款限额最高可放宽到当期贷款最高限额的1.5~4倍。⑤多孩家庭公积金贷款限额可放宽到当期最高贷款额度的1.3倍。⑥新市民、青年人公积金贷款限额可放宽到当期最高贷款额度的1.2倍。⑦对拥有1套住房并已结清贷款的缴存职工家庭，申请住房公积金贷款购买自住住房的，执行首套房最低首付比例。⑧公积金首付比例统一调整为首套20%，二套30%。⑨唯一住房：≤90㎡减按1%的税率征收契税，>90㎡减按1.5%的税率征收契税。二套住房：≤90㎡减按1%的税率征收契税，>90㎡减按2%的税率征收契税。⑩来沈就业创业高校毕业生首次购房最高补贴7万元。对高等学校、中等职业学校全日制在校生、新毕业生（毕业5年内），购买新建商品住房给予全额契税补贴，其中在校生再给予每平方米200元购房补贴。	沈阳市房产局发布《关于进一步支持刚性和改善性住房需求的通知》

5-4 续表34

时间	地区	政策内容	政策来源
9月5日	新疆	自2023年9月6日起，新疆新发放二套商业性个人住房贷款利率不低于相应期限贷款市场报价利率加20个基点。首套商业性个人住房贷款利率按照原有自律约定执行，即不低于相应期限贷款市场报价利率减20个基点。商业性个人住房贷款首付比例按照原有自律约定执行，即首套住房商业性个人住房贷款最低首付款比例不低于20%；二套住房商业性个人住房贷款最低首付款比例不低于30%。商业用房购房贷款仍按照原有自律约定执行，即首付比例不低于50%，利率不低于相应期限贷款市场报价利率加60个基点。公积金个人住房贷款利率政策暂不调整。	在中国人民银行新疆维吾尔自治区分行和国家金融监督管理总局新疆监管局指导下，新疆市场利率定价自律机制召开2023年第一次会议
9月5日	杭州	居民家庭（包括借款人、配偶及未成年子女）申请贷款购买商品住房时，家庭成员在本市名下无成套住房的，不论是否已利用贷款购买过住房，银行业金融机构均按首套住房执行住房信贷政策。	杭州对有关住房信贷政策再次进行了调整，首套房认房不认贷
9月6日	珠海	居民家庭（包括借款人、配偶及未成年子女）申请贷款购买商品住房时，家庭成员在我市范围内，其名下无成套住房的，不论是否已利用贷款购买过住房，银行业金融机构均按首套住房执行住房信贷政策。	珠海市住房和城乡建设局网站发布《关于优化我市个人住房贷款中住房套数认定标准的通知》
9月6日	宿迁	居民家庭（包括借款人、配偶及未成年子女）申请贷款购买商品住房时，家庭成员在我市名下无成套住房的，不论是否已利用贷款购买过住房，银行业金融机构均按首套住房执行住房信贷政策。	宿迁市住房和城乡建设局网站发布《关于优化我市个人住房贷款中住房套数认定标准的通知》
9月7日	孝感	即日起，居民家庭（包括借款人、配偶及未成年子女）申请贷款购买商品住房时，家庭成员在当地名下无成套住房的，不论是否已利用贷款购买过住房，银行业金融机构均按首套住房执行住房信贷政策。	孝感市住建局等多部门联合发布通知优化我市个人住房贷款中套数认定标准
9月7日	南京	①自9月8日起，玄武区、秦淮区、建邺区、鼓楼区等四区范围内购买商品房不再需要购房证明。②落实国家调整优化差别化住房信贷政策和降低存量首套住房贷款利率政策，更好满足刚性和改善性住房需求。③部分区域对在2023年8月1日~12月31日期间购置新建商品住房的给予补助，具体补助标准和条件以各区细则为准。④对出售自有住房并购买90平方米以上新建商品住房的，再给予一定补助，具体补助标准和条件以各区细则为准。	南京在《进一步优化政策举措促进南京房地产市场平稳健康发展》基础上发布促进房地产市场发展南京最新举措
9月7日	大连	①个人购买中山区、西岗区、沙河口区、甘井子区新建商品住宅给予200元/平方米的购房补贴，不超过买方缴纳的契税总额。②居民家庭申请贷款购买商品住房时，对家庭成员在大连市名下无成套住房的，不论是否已利用贷款购买过住房，银行业金融机构均按首套住房执行住房信贷政策。③商贷首付比例最低首套20%，二套30%，二套商贷利率执行LPR+20BP。④解除限购政策。⑤关于住房上市交易的限制解除，个人在中山区、西岗区、沙河口区、甘井子区、高新区购买的房屋不再受上市交易年限影响。	大连发布《关于进一步促进我市房屋消费的通知》
9月7日	长春	①对使用公积金和商业贷款购买本市新建商品住房的，每年按贷款金额给予1%财政贴息（最高贴息1万元/年），贴息期为3年；全款购买新房，一次性发放1.5万元购房消费券。②给予进城农民和环卫工人200元/平方米的购房奖励，奖励额度最高不超过2万元。③对近5年毕业的大专以上学历高校毕业生，首次购房给予3万元一次性购房补贴。规定条件的高校毕业生，可同时一次性领取24个月的租房和生活补贴。④规鼓励企业购买商业、办公用房。上一年度总纳税额达5000万元以上的企业购房补贴标准为500元/平方米，最高补贴额度500万元。	长春市人民政府发布《关于进一步促进房地产消费若干措施的通知》

5-4 续表35

时间	地区	政策内容	政策来源
9月7日	上海市临港新片区	①对已进入可选房序列内未进行房源选定的人才，取消锁定期限。②对已选定房源但最终未签约购房的人才，予以限期锁定，即从原先"不得再次申请"调整为"在其后的12个月内不得再次申请"。③在重点支持单位工作的人才，工作年限要求从6个月以上缩短为3个月以上。	中国（上海）自由贸易试验区临港新片区管理委员会发布《关于优化调整临港新片区人才住房政策相关工作提示的通知》
9月8日	合肥	居民家庭（包括借款人、配偶及未成年子女）在申请贷款购买商品住房时，家庭成员在购房所在地的市、县名下无成套住房的，不论是否已利用贷款购买过住房，银行业金融机构均按首套住房执行住房信贷政策。	合肥市房管局发布《关于优化我市个人住房贷款中住房套数认定标准的通知》
9月8日	兰州	①取消在主城四区购买商品住房和存量住房自取得《不动产权证》登记记簿日期满三年方可上市交易的限制措施。②取消现行限购措施。③新市民存缴公积金与单位缴存职工享受同等权益。④购新房按照缴纳契税总额的50%给予补贴。⑤鼓励选择货币补偿和房票安置。⑥全面落实购买首套房贷款"认房不认贷"政策措施，居民家庭（包括借款人、配偶及未成年子女）申请贷款购买商品住房时，家庭成员在兰州市范围内名下无成套住房的，不论是否已利用贷款购买过住房，银行业金融机构均按首套住房执行住房信贷政策。⑦商贷及公积金贷款首套首付最低20%，二套30%。⑧提高公积金贷款额度，单人60万，双人70万，多孩家庭上浮20%。⑨支持提取住房公积金支付购房首付款。⑩全面推进二手房"带押过户"。	兰州市人民政府办公室印发《关于进一步促进房地产市场平稳健康发展的若干措施》
9月10日	淮北	①团购一次性购买3套以上，新建商品住房网签价格下浮不低于备案价格85%。②实行多样化回迁安置，可通过购买新建商品房、货币化补偿等方式进行安置，推行房屋征收"房票"安置。③贯彻落实银行保函置换预售监管资金政策。④支持公积金支付首付，购买绿色一星及以上建筑住房公积金贷款额度可上浮10%~20%。	淮北市住建局发布《淮北市进一步促进房地产市场平稳健康发展若干措施》
9月11日	青岛	①调整住房限购区域。将市南区、市北区（原四方区域除外）移出限购区域，全域取消限购政策。②优化住房上市交易年限。在本市范围内，商品住房取得《不动产权证书》可上市交易。	据青岛住建局消息，青岛市调整优化房地产政策
9月11日	济南	取消二环以内的历下区、市中区区域购房限制；同时，商品住房取得《不动产权证书》后即可上市交易。自2023年9月11日起施行。	据媒体消息，济南市调整优化房地产政策
9月11日	苏州	①新市民、青年人、新就业人群、常住人口购房与本地户籍居民家庭适用同等政策。②对于购买120平方米及以上商品住房不再进行购房资格审核。③落实降低首套房、二套房执行首付比例和首套房、二套房贷款利率，居民个人换购住房个税优惠，个人首套房"认房不认贷"，鼓励各县级市（区）根据区域市场实际延长购房补贴等政策。	中共苏州市委苏州市人民政府印发《关于促进全市经济持续回升向好的若干政策措施》
9月11日	福州	①优化购房服务流程。在本市鼓楼区、台江区、仓山区、晋安区、马尾区范围内购买商品住房（含二手住房），不再审核购房人资格。②优化住房上市条件。在本市鼓楼区、台江区、仓山区、晋安区、马尾区范围内的商品住房（含二手住房）取得不动产权证后可上市交易。	据福州市住房保障和房产管理局消息，福州市调整房地产政策：五城区取消限购政策，优化限售政策
9月11日	南宁	①首套住房商业性个人住房贷款最低首付款比例为不低于20%。②首套住房商业性个人住房贷款利率下限为LPR减60个基点。③二套住房商业性个人住房贷款利率政策下限由不低于LPR加60个基点调整为不低于LPR加20个基点。	南宁市落实《中国人民银行国家金融监督管理总局关于调整优化差别化住房信贷政策的通知》精神
9月12日	郑州	①取消二环内住房限购政策等购房消费限制性规定。②取消住房销售限制年限规定。③购买新房二手家庭，首套首付最低20%，二套首付最低30%。④进一步优化二手房"带押过户"和不动产登记业务"全城通办"。	郑州市房管局发布《关于进一步支持合理住房需求的通知》

5-4 续表36

时间	地区	政策内容	政策来源
9月12日	苏州	首套房首付从3成下降到2成，二套房无贷款记录或贷款已结清首付最低2成，二套房贷款未结清，首付最低3成。	据媒体消息，苏州降低首付比例
9月12日	沈阳	按购房备案时间先后顺序，向符合条件的在市内九区购房的前3000名购房人发放金额1万元/套购房消费券，后续购房人发放金额5000元/套购房消费券。按购房备案时间先后顺序，向辽中区、新民市、法库县、康平县等区、县（市）符合条件的累计前100名购房人发放金额1万元/套购房消费券，后续购房人发放金额5000元/套购房消费券。	据官微消息，沈阳市将在9月15日~10月6日举办"2023年沈阳'金九银十'购房活动"
9月12日	漳州	居民家庭（包括借款人、配偶及未成年子女）在本市购买商品住房申请贷款时，家庭成员在新购商品住房属地无成套住房的，不论是否已利用贷款购买过住房，银行业金融机构均按首套住房执行住房信贷政策。	漳州市住房和城乡建设局等四部门发布关于优化个人住房贷款中住房套数认定标准的通知
9月13日	海口	居民家庭（包括借款人、配偶及未成年子女）申请贷款购买商品住房时，家庭成员在我市名下无成套住房的，不论是否已利用贷款购买过住房，银行业金融机构均按首套住房执行住房信贷政策。	海口市人民政府办公室发布关于优化我市个人住房贷款中住房套数认定标准的通知
9月13日	湛江	居民家庭（包括借款人、配偶及未成年子女）申请贷款购买商品住房时，家庭成员在当地名下无成套住房的，不论是否已利用贷款购买过住房，银行业金融机构均按首套住房执行住房信贷政策。	湛江市住建局发布关于优化湛江市个人住房贷款中住房套数认定标准的通知
9月13日	郑州	①市内五区、郑州经开区、郑州高新区和郑东新区范围内，具有一定规模，已建成闲置和低效利用的商业、办公、厂房等非住宅，可按程序申请改建。改建类别以闲置非住宅改建为租赁住房、文体场馆或产业租赁用房为主。②对于政府主导回购的改建租赁住房项目，运营年限期满后，经市政府研究同意，符合建办标〔2021〕19号规定住宅型标准的项目可改变土地性质，补缴土地出让金后，可作为普通住宅销售。	郑州市政府办公厅发布《关于加快推进闲置和低效利用的非住宅改建为租赁住房、文体场馆、产业租赁用房的通知》
9月13日	雅安市石棉县	①符合条件的开发项目，允许使用监管账户里的全部资金用于本地在建项目建设。②2023年7月1日至2024年6月30日期间，对商品房销售面积5万平方米、8万平方米、10万平方米以上的单个房地产项目分别给予不低于20万元、40万元、60万元的奖补。③公积金贷款最高额度单缴存职工提高到60万元，双缴存职工提高到70万元。三孩家庭提高20万元。④支持公积金贷款提取作为首付款。⑤从扩大补贴范围、提高补贴标准、积极推行"房票"安置等方面制定更契合当地实际的支持政策，提振市场信心。	雅安市石棉县发布关于支持刚性和改善性住房需求确保房地产市场平稳健康发展的十六条措施
9月13日	桂林	①桂林市六城区及灵川县购新房补贴契税100%。②支持提取住房公积金支付新建预售商品住房首付款。③居民家庭（包括借款人、配偶及未成年子女）申请贷款购买商品住房时，家庭成员在桂林市拟购买商品房所在区域内（分别为五城区、临桂区、灵川县）名下无成套住房的，不论是否已利用贷款购买过住房，银行金融机构均按首套住房执行住房信贷政策。④二套利率下限调整为LPR+20BP。⑤在桂林市六城区及灵川县购买新建车位补贴契税100%。⑥阶段性调整城市基础设施配套费缴纳时间。	桂林市住房和城乡建设局等七部门发布关于印发促进桂林市房地产市场平稳健康发展的通知
9月14日	福州	居民家庭（包括借款人、配偶及未成年子女）在本市申请贷款购买商品住房时，家庭成员在当地名下无成套住房的，不论是否已利用贷款购买过住房，银行业金融机构均按首套住房执行住房贷款政策。	福州优化个人住房贷款中住房套数认定标准
9月14日	南通	①2023年9月16日起至2024年3月31日在主城区购房按照购房款总额的1%给予奖补；2022年5月20日至2023年9月15日在主城区购房按照购房款总额的0.75%给予奖补。②"卖旧换新"再给予购房款总额0.5%的补助。③企业一次性团购3套以上（含）新建商品住房用于解决职工住房的，按照购房款总额的2%给予企业购房补助。	南通市住建局发布《关于调整主城区购房奖补政策的通知》

5-4　续表 37

时间	地区	政策内容	政策来源
9月14日	海口	居民家庭（包括借款人、配偶及未成年子女）申请贷款购买商品住房时，家庭成员在海口市名下无成套住房的，不论是否已利用贷款购买过住房，银行业金融机构均按首套住房执行住房信贷政策。	海口市人民政府办公室发布关于优化我市个人住房贷款中住房套数认定标准的通知
9月14日	南平	居民家庭（包括借款人、配偶及未成年子女）在我市申请贷款购买商品住房时，家庭成员在我市名下无成套住房的，不论是否已利用贷款购买过住房，银行金融机构均按首套住房执行住房信贷政策。	南平市住建局等四部门发布《关于优化我市个人住房贷款中住房套数认定标准的通知》
9月14日	汕头	居民家庭（包括借款人、配偶及未成年子女，下同）申请贷款购买商品住房时，家庭成员在我市名下无成套住房的，不论是否已利用贷款购买过住房，银行业金融机构均按首套住房执行住房信贷政策。	汕头市住房和城乡建设局、中国人民银行汕头市分行、国家金融监督管理总局汕头监管分局发布关于优化我市个人住房贷款中住房套数认定标准的通知
9月15日	天津	①首套房的最低首付比例是20%，二套房的最低首付比例是30%，第三套及以上住房的原则上不低于第2套的标准。将全市范围内的二套房贷款利率下限由4.8%下调至4.4%。②限购区有一套房的，在非限购区购第一套房可以享受首套房的信贷政策。	天津三部门详解住房政策情况
9月15日	合肥	①调整限购政策，在本市市区购买住房（含二手住房）的普通购房人，不再审核购房资格。②调整限售政策，销售登记起始时间在本通知发布后（含当日）的房源，取得不动产权证后可上市交易。人才公寓等特殊情形商品住房需上市交易的，仍按相关政策和合同约定执行。③调整信贷政策，落实国家信贷政策最新要求，调整优化差别化住房信贷政策，降低存量首套住房贷款利率。④调整价格政策，充分发挥市场调节作用，鼓励优质优价，取消商品住房楼层差价率限制。⑤强化住房保障，在发挥好现有公租房、保障性租赁住房兜底保障作用的基础上，规划建设保障性住房，促进房地产市场平稳健康发展和民生改善。	合肥房地产市场调控工作联席会议办公室发布《关于进一步优化房地产调控政策的通知》
9月15日	玉林	①在玉林城区购房补贴契税100%。②购买车位补贴契税100%。③居民家庭（包括借款人、配偶及未成年子女）申请贷款购买商品住房时，家庭成员在玉林城区名下无成套住房的，不论是否已利用贷款购买过住房，在玉商业银行均按首套住房执行住房信贷政策。④公积金贷款额度最高可调至60万元；缴存人申请公积金贷款的缴存时限缩短为6个月。⑤贷款购房首套首付最低20%，二套最低30%。二套房贷利率为LPR+20BP。	玉林市住房和城乡建设局等八部门发布关于印发玉林市支持房地产市场平稳健康发展若干政策措施的通知
9月15日	河源	居民家庭（包括借款人、配偶及未成年子女）申请贷款购买商品住房时，家庭成员在我市名下无成套住房的，不论是否已利用贷款购买过住房，银行业金融机构均按首套住房执行住房信贷政策。	河源市住建局等三部门发布《关于优化我市个人住房贷款中住房套数认定标准的通知》
9月17日	南京	主城区首付恢复首套首付3成、二套房首付4成的政策执行，二套房的房贷利率也从4.4%上调至4.5%。非主城区依然执行首套首付2成、二套房首付3成的政策。	据媒体消息，南京主城四区2成首付被叫停
9月18日	天津	居民家庭（包括借款人、配偶及未成年子女）在住房限购或非限购区域申请贷款购买商品住房时，家庭成员在相应区域名下无成套住房的，不论是否已利用贷款购买过住房，银行业金融机构均按首套住房执行住房信贷政策。	天津住建委等三部门发布《关于优化我市个人住房贷款中住房套数认定标准的通知》
9月18日	潮州	居民家庭（包括借款人、配偶及未成年子女）申请贷款购买商品住房时，家庭成员在我市范围内，其名下无成套住房的，不论是否已利用贷款购买过住房，银行业金融机构均按首套住房执行住房信贷政策。	潮州市住建局发布《关于优化我市个人住房贷款中住房套数认定标准的通知》

5-4 续表38

时间	地区	政策内容	政策来源
9月18日	厦门	①在集美区、海沧区、同安区、翔安区购买商品住房，不再审核购房人资格，不再限制上市交易时间。②落实国家调整优化差别化住房信贷政策和降低存量首套住房贷款利率政策，适时调整优化岛内外首套和二套住房商业性个人住房贷款最低首付比例和利率下限。③公积金贷款的住房套数认定、最低首付比例、首套及第二套利率，对照商业性个人住房贷款政策认定。住房公积金贷款最高贷款额度为120万元。④根据房地产开发企业信用评级，优化商品房项目预售资金监管，在风险可控的前提下支持房地产开发企业盘活资金。	厦门市房管局发布《关于进一步促进房地产市场平稳健康发展的通知》
9月19日	无锡	①全市域取消限购政策。②居民家庭（包括借款人、配偶及未成年子女）申请贷款购买商品住房时，家庭成员在我市名下无成套住房的，不论是否已利用贷款购买过住房，银行业金融机构均按首套住房执行住房信贷政策。③降低购买首套房首付比例，首套最低20%，二套最低30%。④进一步落实房票购房政策，原则上不再新建拆迁安置房。⑤优化商品住房价格备案流程，给予企业更高的定价自由度。⑥优化商品房预售监管资金管理办法，完善农民工工资、开发贷与预售监管资金联动监管机制。	无锡市住建局发布《关于促进我市房地产市场平稳健康发展若干政策措施的通知》
9月19日	武汉	①取消我市二环线以内住房限购政策。②多孩家庭购二套房执行首套政策，购三套房执行二套政策。对两套房挂牌出售或出租一套前提下购新房，认定为第二套住房。③购买首套新建商品住房的，可享受1万元家电家具数字消费券或购房消费券。对房交会期间购首套房，补贴契税100%，购二套房补贴契税50%。④12月31日前公积金贷款额度上浮20%，但不超过最高贷款额度。	武汉市房管局发布《关于进一步促进我市房地产市场平稳健康发展的通知》
9月19日	西安	进一步优化调整限购范围，我市二环以外区域取消限购。	近日西安市住建局组织召开促进房地产市场平稳健康发展工作会议
9月20日	广州	①限购区域调整为越秀、海珠、荔湾、天河、白云（不含江高镇、太和镇、人和镇、钟落潭镇）、南沙等区。②将越秀、海珠、荔湾、天河、白云、黄埔、番禺、南沙、增城等区个人销售住房增值税征免年限从5年调整为2年。③限购区非本地户籍家庭个税／社保年限调整为2年。	广州市人民政府办公厅发布关于优化我市房地产市场平稳健康发展政策的通知
9月20日	海南	9月21日起，对于拥有海南省户籍的居民家庭，贷款购买海口市商品住房，首套住房商业性个人住房贷款最低首付款比例调整为25%，二套住房商业性个人住房贷款最低首付款比例调整为35%；二套住房商业性个人住房贷款利率政策下限调整为不低于相应期限贷款市场报价利率（LPR）加30个基点。	中国人民银行海南省分行官网发布《海南省市场利率定价自律机制适度调整海口市差别化住房信贷政策》
9月20日	雄安新区	①雄安新区取消商品住房预售，实行现房销售，实现"所见即所得、交房即交证"。②在雄安新区稳定工作的疏解人员，可购入市场化项目住房，包含商品住房和共有产权住房。③雄安新区市场化项目住房按照"成本＋税费＋合理利润"方式测算备案价格，引导房价保持在合理区间，在新建片区市场化项目中，配置不低于30%的"只租不售"型住房。	据媒体消息，河北雄安新区取消商品住房预售
9月20日	扬州	居民家庭（包括借款人、配偶及未成年子女）申请贷款购买商品住房时，家庭成员在我市范围内，其名下无成套住房的，不论是否已利用贷款购买过住房，银行业金融机构均按首套住房执行住房信贷政策。	据媒体消息，扬州已执行首套房"认房不认贷"
9月20日	揭阳	居民家庭（包括借款人、配偶及未成年子女）申请贷款购买商品住房时，家庭成员在我市范围内，其名下无成套住房的，不论是否已利用贷款购买过住房，银行业金融机构均按首套住房执行住房信贷政策。	揭阳市住房和城乡建设局、中国人民银行揭阳市分行、国家金融监督管理总局揭阳监管分局联合印发《关于优化我市个人住房贷款中住房套数认定标准的通知》

5-4 续表 39

时间	地区	政策内容	政策来源
9月20日	重庆	将征收对象中"在重庆市同时无户籍、无企业、无工作的个人新购的首套及以上的普通住房"修改为"在重庆市同时无户籍、无企业、无工作的个人新购的第二套（含第二套）以上的普通住房"。	重庆市人民政府发布关于修改《重庆市关于开展对部分个人住房征收房产税改革试点的暂行办法》和《重庆市个人住房房产税征收管理实施细则》的决定
9月21日	中山	①对符合国家生育政策生育二孩及以上的家庭，购房资格审核时无需提供住房证明。②落实当地个人住房贷款"认房不认贷"政策。③对购买首套或二套自住住房的二孩及以上家庭，住房公积金贷款额度可上浮30%。④《中山市人力资源和社会保障局关于进一步优化我市人才安居保障措施的通知》中关于商品住房上市交易的限制解除。	中山市住房和城乡建设局、中山市人力资源和社会保障局、中山市自然资源局等九部门联合发布《关于进一步支持合理住房需求的通知》
9月21日	昆明	居民家庭（包括借款人、配偶及未成年子女）申请贷款购买商品住房时，家庭成员在拟购房所在县级行政区域名下无成套住房的，不论是否已利用贷款购买过住房，银行业金融机构均按首套住房执行住房信贷政策。	昆明市近日促进房地产业平稳健康发展领导小组办公室发文正式实施"认房不认贷"政策措施。
9月22日	长沙	①居民家庭（含非本市户籍家庭）在长沙购买首套商品住房，不再需要提供购房证明。②商品住房网签备案满4年，可进行转让。	长沙市住房和城乡建设局印发《关于优化房地产调控政策的通知》
9月22日	绵阳	①绵阳市缴存职工使用商业性个人住房贷款购买自住住房后又提取过住房公积金支付所购住房首付款的，在符合其他相关规定的情况下，可申请办理"商转公"。②对于购买新建商品住房的给予契税补贴。其中，面积90平方米（不含）以下的全额补贴，90（含）至144平方米（不含）的补贴80%，144平方米及以上的补贴50%。③对于符合政策生育二孩、三孩的家庭，购买新建商品住房的，按建筑面积给予每平方米200元补贴，单户补贴最高不超过2万元。④对于购买新建商品房项目商业用房的，按总房款的1.5%给予补贴；对于购买新建商品房项目车位的，对购房人给予3000元/个、每户最高不超过6000元的补贴。⑤向绵阳市外购房人累计销售新建商品住房（网签备案面积）达到以下面积的，分别给予房地产开发企业资金奖补：3万（含）至4万（不含）平方米的奖补100万元，4万（含）至5万（不含）平方米的奖补200万元，5万（含）平方米以上的奖补300万元。政府给予特殊政策的房地产开发项目不享受奖补。	绵阳市人民政府办公室印发《关于促进房地产市场平稳健康发展十八条措施的通知》
9月23日	茂名	居民家庭（包括借款人、配偶及未成年子女）申请贷款购买商品住房时，家庭成员在当地名下无成套住房的，不论是否已利用贷款购买过住房，银行业金融机构均按首套住房执行住房信贷政策。	茂名市住房和城乡建设局等三部门发布《关于优化我市个人住房贷款中住房套数认定标准的通知》
9月23日	澄迈	居民家庭（包括借款人、配偶及未成年子女）申请贷款购买商品住房时，家庭成员在澄迈县名下无成套住房的，不论是否已利用贷款购买过住房，银行业金融机构均按首套住房执行住房信贷政策。	澄迈县人民政府办公室发布关于优化澄迈县个人住房贷款中住房套数认定标准的通知
9月24日	中山	东区街道暂停实行商品住房限购政策。	中山市住房和城乡建设局发布《关于优化房地产调控政策的通知》
9月25日	西安	符合我市购房资格的二孩及以上家庭，在住房限购区域内限购套数的基础上可新购买1套住房。在住房限购区域内，本市户籍居民家庭购买首套、第2套住房取消落户时间限制；非本市户籍居民家庭须持有本市有效期内《居住证》，且在购房之日前6个月在本市连续缴纳社保或个人所得税，可购买首套住房。	西安住建局官微发布住房交易政策调整相关问题解答

5-4 续表40

时间	地区	政策内容	政策来源
9月25日	三亚	居民家庭（包括借款人、配偶及未成年子女）申请贷款购买商品住房时，家庭成员在三亚市名下无成套住房的，不论是否已利用贷款购买过住房，银行业金融机构均按首套住房执行住房信贷政策。	三亚市人民政府办公室发布关于优化我市个人住房贷款中住房套数认定标准的通知
9月26日	成都	①限购区域收窄为天府新区、高新南区、锦江区、青羊区、金牛区、武侯区、成华区。②购买144㎡以上住房，不再审核购房资格，非本地户籍购房个税/社保年限降为6个月。③家庭限购3套，单身、非本地户籍限购2套，二孩家庭套数可增加1套，三孩及以上家庭可增加2套。④中心城区新出让土地所建商品住房由企业根据市场情况自主定价。除控制性详细规划公服配套设施外，新出让住宅类用地不再设置配建要求。⑤成品住宅装修价格由企业根据市场情况自主确定，不再执行二手住房成交参考价格发布机制。⑥生育多子女家庭商业贷款购买第三套住房认定为二套住房。⑦个人转让住房增值税征免年限统一调整为2年。	成都出台《关于进一步优化政策措施促进房地产市场平稳健康发展的通知》
9月26日	九江	①取消我市中心城区住房限购政策。②对在一定期限内购买本区域新建商品住房的个人，适当给予购房补贴。③自2023年10月1日至2024年12月31日，在浔阳区、濂溪区、九江经开区、八里湖新区城区购房补贴契税50%。④支持征收安置对象购买新房。适当提高农房征收货币补偿标准。⑤对人才购房补贴1万~100万元。⑥在市中心城区开展"买房抽大奖"活动。⑦优化土地供应机制。⑧每年一季度向社会公开当年土地供应计划，每次公开拟出让住宅地块详细清单对应的拟出让时间段原则上不少于3个月。⑨加快盘活存量用地。组织开展土地收回和规划优化可行性研究。⑩支持商业可改建改造改用为保障性租赁住房、其他租赁住房及养老、文化、旅游、体育等国家鼓励的产业用房。	九江市人民政府办公室发布《关于进一步促进房地产市场平稳健康发展的若干措施》
9月28日	全国	对保障性住房项目建设用地免征城镇土地使用税。对保障性住房经营管理单位与保障性住房相关的印花税，以及保障性住房购买人涉及的印花税予以免征。	财政部、税务总局、住房和城乡建设部发布《关于保障性住房有关税费政策的公告》
10月2日	德州	①全面执行差别化住房信贷政策。商贷首套首付比例20%，二套30%，首套商贷利率LPR-20bp，二套LPR+20bp。②积极推行房票制度。③精选品质项目，举办线上线下房交会，鼓励开发企业配套推出优惠政策，组织开展多种形式的群团购活动。	德州市召开《促进我市房地产市场平稳健康发展的若干举措》解读新闻发布会
10月9日	全国	①各地要切实将党中央、国务院批准的"三区三线"划定成果作为调整经济结构、规划产业发展、推进城镇化不可逾越的红线。②市县国土空间规划实施中，要避免"寅吃卯粮"，在城镇开发边界内的增量用地使用上，为"十五五""十六五"期间至少留下35%、25%的增量用地。③城镇开发边界外不得进行城镇集中建设，不得规划建设各类开发区和产业园区，不得规划城镇居住用地。	自然资源部发布《关于做好城镇开发边界管理的通知（试行）》
10月9日	赤峰	①居民家庭（包括借款人、配偶及未成年子女，下同）申请贷款购买商品住房时，家庭成员在购房地（各旗县区均为独立购房地）名下无成套住房的，不论是否已利用贷款购买过住房，银行业金融机构均按首套住房执行住房信贷政策。②居民家庭申请贷款购买商品住房时，对家庭拥有1套住房且家庭成员名下无住房贷款的，银行业金融机构按首套住房执行住房信贷政策。③三代及以上共同居住的家庭、多孩家庭、子女已满18周岁未独立生活的家庭、有大专及以上学历毕业生回本市就业的家庭购二套房按首套住房执行住房信贷政策。④购房人购买2套以内住房且无公积金贷款的，可以利用公积金贷款且不限定使用次数。⑤购存量房补贴契税100%。	赤峰市发布《赤峰市人民政府关于保持房地产市场健康平稳发展支持刚性和改善性住房需求的实施意见》

5-4 续表41

时间	地区	政策内容	政策来源
10月9日	衡阳	在2023年10月18日~2023年10月23日期间，购买衡阳市2023年房交会市城区参展楼盘新建商品住房或地下车位的购房人，按其实际缴纳的契税分别予以50%和80%的财政补贴。	衡阳市财政局、市住建局发布《关于2023年房交会期间实施购房契税财政补贴的公告》
10月10日	宿迁	①土地款1个月50%，1年内结清。②在建住宅用地配建的商业用房尚未建设的可以优化商业指标比例。③原则上不新建拆迁安置房，建立房票购房"房源信息库"，推进房票全城通兑。	宿迁市发布《关于进一步优化中心城区房地产业发展的若干政策措施》
10月11日	银川	①二孩家庭、三孩及以上家庭贷款额度分别额外上浮10万元和20万元。②若公积金首次贷款已结清，二次公积金贷款首付20%。③提高房屋征收货币化安置比例。	银川市住房和城乡建设局等15部门关于印发《进一步促进银川市房地产市场平稳健康发展若干措施的通知》
10月11日	绍兴	①完善房票安置政策。优化房屋征迁补偿安置方式，全市域推进房票安置政策，在市区范围内加快房票跨区域使用，提高房票安置奖励幅度，满足被征收群体多样化安置需求。②实施购房契税补贴。鼓励各地根据区域市场实际延续房地产交易契税财政补贴政策。③优化首套住房信贷政策，购买首套住房最低首付款比例不低于20%，二套住房最低首付款比例不低于30%。④支持公积金提取支付首付款。⑤放开限售限制。⑥支持保函置换预售资金。	绍兴市住房和城乡建设局发布《关于优化政策举措促进房地产市场平稳健康发展的通知》
10月12日	荆门	①原则上通过购买商品住房、发放安置房票等货币化为主的方式实施安置，各区可结合实际给予购房优惠。②首套住房商业性个人住房贷款利率下限阶段性调整为LPR减40个基点，二套住房商业性个人住房贷款利率政策下限调整为LPR加20个基点。③与优质房地产企业开展保函置换预售监管资金业务。④积极开展商品房现房销售试点。⑤专科及以上学历购房给予2万~10万元购房补贴。	荆门市人民政府办公室发布关于进一步促进中心城区房地产市场健康平稳发展的通知
10月13日	中山	石岐街道暂停实行商品住房限购政策。	中山市住房和城乡建设局发布《关于进一步优化房地产调控政策的通知》
10月14日	台州	①多孩家庭公积金最高贷款额度上浮20%。②对于贷款购买商品住房的居民家庭，首套、二套住房商业性个人住房贷款最低首付款比例和最低贷款利率统一调整为全国政策下限。	台州调整优化房地产政策举措
10月16日	杭州	①本市住房限购范围调整为上城区、拱墅区、西湖区、滨江区。本市户籍家庭在本市限购范围内限购2套住房；非本市户籍家庭在本市市区范围内有缴纳城镇社保或个人所得税记录的，在本市限购范围内购1套住房。②对职工使用住房公积金贷款购买二手住房的，二手住房房龄与贷款期限合计年限由不超过50年延长至不超过70年。	杭州市房地产市场平稳健康发展领导小组办公室发布《关于优化调整房地产市场调控措施的通知》
10月16日	玉溪	①限价商品住房多层建筑单套建筑面积应当控制在90平方米以内，高层建筑单套建筑面积应当控制在120平方米以内。②玉溪市将对限价商品住房实行最高限价管理。在综合考虑开发建设成本、税费和合理利润的基础上，按照不高于同地段或同区域、同类别普通商品住房价格80%的原则确定。③限价商品住房自取得不动产权证书之日起5年内不得上市交易。5年后需要上市交易的，应当按照申购限价商品住房价格的10%向项目所在地人民政府交纳收益价款。	玉溪市发布《玉溪市人民政府关于印发玉溪市限价商品住房管理规定的通知》
10月17日	全国	9月底，自然资源部已给各省市自然资源主管部门下发文件，内容包含：建议取消土地拍卖中的地价限制、建议取消远郊区容积率1.0限制等。多个信源透露，济南、南京、合肥、宁波、苏州、成都、西安等城市已落地"取消地价上限"这一动作，多数城市将在下一批次土地出让文件中删去地价上限等内容。北京、上海等核心城市仍在研究如何调整竞买规则。	据媒体消息，9月底，自然资源部已给各省市自然资源主管部门下发文件建议取消地价上限

5-4 续表42

时间	地区	政策内容	政策来源
10月17日	连云港	①在市区房屋征收中采取"房票"安置的基础上，探索将"房票"安置模式推广到征地补偿、新农村建设等方面。②使用人才购房券购买市属、区属国有房地产开发企业商品住房的，在原有售房优惠的基础上再给予房价1%以上的优惠。	连云港市房地产市场调控发展领导小组办公室发布《关于进一步促进住房消费活跃房地产市场的通知》
10月17日	海南	10月18日起，对于拥有海南省户籍的居民家庭，贷款购买三亚市商品住房，首套住房商业性个人住房贷款最低首付款比例调整为25%，二套住房商业性个人住房贷款最低首付款比例调整为35%；二套住房商业性个人住房贷款利率政策下限调整为不低于相应期限贷款市场报价利率（LPR）加30个基点。	海南省市场利率定价自律机制发布公告指出，10月18日起，海南省户籍居民家庭，在三亚购买首套住房，商业性个人住房贷款首付款比例调整为25%
10月18日	温州	①当前，温州市居民家庭成员（包括借款人、配偶及未成年子女，下同）在购房当地名下无商品住房的，不论是否已利用贷款购买过住房，银行业金融机构均按首套住房执行住房信贷政策，即执行"认房不认贷"政策。②首套住房商业性个人住房贷款最低首付款比例为不低于20%，二套住房商业性个人住房贷款最低首付款比例为不低于30%。二套房贷利率LPR+20bp。	据媒体报道，为进一步促进房地产市场平稳健康发展，更好地满足购房者合理住房需求，温州市近期结合实际调整优化若干房地产政策举措
10月18日	酒泉市阿克塞县	①提高预售资金使用效率。开发企业申请使用商品房预售资金，额度可在原规定基础上提高5个百分点。小高层以上建筑，增加两个预售资金拨付节点。②本县农民自愿有偿退出农村宅基地且进城购房的，每年按照有关规定发放养老补助。③凡在阿克塞就业并缴纳社保满6个月的外地人员，购首套"二手房"补贴标准为200元/㎡，购首套新建商品房补贴标准为150元/㎡。④个人购买家庭第二套改善性住房，面积为90平方米及以下的，减按1%的税率征收契税；面积为90平方米以上的，减按2%的税率征收契税。	酒泉市阿克塞县人民政府办公室印发《阿克塞县贯彻落实〈酒泉市激励房地产业健康稳定发展若干措施〉实施细则》
10月18日	南京	①存量房交易资金监管范围包括购房定金、首付款、购房贷款等购房款项。鼓励房地产经纪机构将经纪服务费用纳入交易资金监管范围。②交易完成后，由监管机构通过转账的方式划入房产卖出方指定的银行账户；交易未达成的，由监管机构通过转账的方式划入房产买入方指定的银行账户，涉及银行贷款由监管机构通过转账的方式划回原贷款银行。	南京市住房保障和房产局发布关于进一步做好南京市存量房交易资金监管工作的通知
10月19日	漳州市华安县	①华安县将实施购买新建商品房补贴。对个人在华安县购买新建商品住房，在商品房买卖合同备案后，每套按成交合同总额的1.5%给予补贴，每套最高补贴金额不超过1.5万元。对单位和个人在华安县购买新建商业用房的，在商品房买卖合同备案后，华安县籍户口的，按合同成交总额的0.5%给予补贴，非华安县籍户口的，按合同成交总额的0.7%给予补贴，每套最高补贴金额不超过2万元。②支持"卖旧买新"改善住房，本人、配偶购买新建商品住房的，补贴5000元；其子女购买新建商品住房的，补贴1万元。③实施人才补贴，毕业生最高2.5万元，职称补贴最高3万元。④三孩家庭，购房另行补助购房人0.5万元。	漳州市华安县发布《华安县人民政府办公室关于印发华安县促进房地产市场平稳健康发展若干措施的通知》
10月19日	郑州市高新区	二孩家庭给予一次性2万元/套的购房补贴；三孩家庭给予一次性3万元/套的购房补贴。	郑州高新技术产业开发区管委会发布关于2023年多子女家庭购房补贴办法的通告
10月20日	郴州	在10月27日至10月29日举行的2023年郴州市房地产展示交易会期间购房，按照实际缴清契税额的80%予以补贴；2023年9月25日至2024年6月30日期间，购买新建非住宅商品房，按照实际缴清契税额的50%予以补贴；购买房地产开发企业开发建设的新建商品房项目地下车位（库），按照实际缴清契税额的50%予以补贴。	郴州市住房和城乡建设局联合市财政局、市自然资源和规划局、国家税务总局郴州市税务局出台《郴州市城区2023年个人购房补贴操作细则》

5-4 续表43

时间	地区	政策内容	政策来源
10月20日	南通	①试点推进房票安置。房票购房给予房票实际使用金额一定比例的奖励。②有序落实增值税增量留抵退税,对客观原因不能按期缴纳土地使用税、房产税、城市基础设施配套费等税费的房地产开发项目,可依法办理延期缴纳税费款,最长不超过三个月。	南通市近期印发《关于促进全市经济持续回升向好的若干政策措施》等系列文件
10月21日	吉林	①居民家庭(包括借款人、配偶及未成年子女,下同)申请贷款购买商品住房时,家庭成员吉林市无成套住房的,不论是否已利用贷款购买过住房,银行业金融机构均按首套住房执行住房信贷政策。②缴纳6个月公积金即可申请公积金贷款,首套首付最低20%。账户余额不足3万元的按3万元计算,可贷款额度提高至30万元。③支持符合条件的全国异地公积金在本市贷款或商转公。④公积金最高贷款额度提高至单人50万元,家庭70万元。⑤存量房房龄限制由20年延长至30年,公积金贷款年限与房龄之和不得超过40年。⑥多孩家庭购房每平方米补贴100元,最高补贴额不超过1.44万元。⑦鼓励企业开展商品房团购活动。⑧车位、车库可与商品房同步办理预售许可证。⑨依法重点打击房地产经纪人通过自媒体发布抹黑、唱衰房地产市场的不当言论行为。	吉林市人民政府办公室发布《关于印发吉林市进一步促进房地产消费若干措施的通知》
10月23日	张掖	①多孩家庭新购住房、子女为父母购买孝老住房补贴1万元。②年内购买新建商品住房并缴纳购房契税的,补贴契税50%。③人才购房给予一次性购房补贴,最高40万元。④商贷或公积金贷款购首套房首付比例不低于20%,二套不低于30%(公积金不低于20%)。⑤居民家庭(包括借款人、配偶及未成年子女)申请贷款购买商品住房时,家庭成员在我市范围内名下无成套住房的,不论是否已利用贷款购买过住房,银行业金融机构均按首套住房执行住房信贷政策。⑥公积金双缴职工贷款额度提至50万元,单缴职工贷款额度提高到40万元。	张掖市人民政府办公室发布印发《关于激发市场活力扩大住房消费促进房地产市场平稳健康发展的若干措施》的通知
10月23日	大冶	①本地居民城区购买首套新房(<144㎡)给予100元/㎡补贴,非本地户籍人员给予200元/㎡补贴,农村居民在大冶城区、建制镇购房分别给予200元/㎡、100元/㎡补贴。②医共体、教联体工作人员在大冶城区、建制镇购房分别给予300元/㎡、200元/㎡补贴。③二孩、三孩家庭购房分别再补贴100元/㎡、200元/㎡。④大冶城区、建制镇购房并缴纳契税的,补贴契税100%。购买二手房补贴契税50%。对房地产中介机构每交易一套奖励1000元。	大冶市近日出台《关于推进以县城为重要载体的新型城镇化建设,进一步促进我市房地产市场平稳健康发展的若干措施》
10月23日	六安市霍邱县	①购买霍邱县城区规划区范围内住宅、公寓的(含二手房),补贴契税50%。②发放消费券,每张消费券按200元/平方米确定额度,最高不超过2万元。③一次性团购住宅、公寓5套及以上的,可按购房合同价款的1%申请团购补贴。④使用公积金贷款购买新建商品住房的,最高贷款额度单职工提高到60万元,双职工提高到80万元。⑤首套商贷最低首付款比例不低于20%,二套不低于30%。⑥土拍保证金20%,1个月50%,余款一年内缴清。	六安市霍邱县住房和城乡建设局等六部门联合发布《霍邱县关于进一步促进房地产市场平稳健康发展的若干措施》
10月24日	上海市金山区	①到"十四五"期末,争取金山区人才公寓房源规模达到1万套以上。②经区人才管理部门认定,同时符合单位条件、个人条件以及工作年限条件的非本市户籍人才,按规定在沪缴纳职工社会保险或个人所得税3年及以上、且在本市无住房的,可购买1套住房,同时购房资格由居民家庭调整为个人。	为深入落实《关于加快推进南北转型发展的实施意见》中关于"人才安居置业优选地"的工作要求,促进产城融合、实现职住平衡,上海市金山区出台人才安居新政

5-4 续表44

时间	地区	政策内容	政策来源
10月24日	宝鸡	①土拍保证金20%，土地款可1年内分期缴纳。②可延期缴纳城市基础设施配套费，最长延期6个月。③实行差别化预售许可和资金监管。对企业信用等级为AAA级、AA级优化资金监管。信用等级为A级、B级的按现行政策执行。④双缴职工公积金可贷额度调至60万元，单缴职工可贷额度调至50万元。建筑面积＜144㎡的，首套首付20%，二套首付25%；建筑面积＞144㎡的，首套首付25%，二套首付35%。⑤符合引进人才条件，在宝首次购买新建商品房的，给予购房款5%的购房补贴。	宝鸡市人民政府办公室发布《宝鸡市人民政府办公室关于〈宝鸡市促进房地产业良性循环和健康发展若干政策〉修订和延期的通知》
10月24日	柳州	①居民家庭（包括借款人、配偶及未成年子女）申请贷款购买商品住房时，家庭成员在当地名下无成套住房的，不论是否已利用贷款购买过住房，银行业金融机构均按首套住房执行住房信贷政策。②商住用地土地款1年内分期缴纳，并免除分期付款利息和出让交易服务费。③鼓励开展商品房现房销售。支持现房销售项目购房者通过先缴后补方式享受契税财政补贴100%。④支持提取住房公积金支付新建商品住房购房首付款。	柳州市住房和城乡建设局等10部门联合发布《关于进一步促进房地产市场平稳健康发展的通知》
10月24日	广州	①至2035年拟推进的旧村庄旧城镇全面改造与混合改造项目291个，其中：旧村庄全面改造项目252个（含城中村项目150个）、旧村庄混合改造项目24个（含城中村项目15个），"拆、治、兴"并举推动改造；旧城混合改造项目15个。②优化成本核算与征拆标准，探索房票安置政策机制，拓宽城中村改造资金支持渠道等策略，破解城中村改造难题，提升改造效率。	《广州市城市更新专项规划（2021-2035年）》《广州市城中村改造专项规划（2021-2035年）》经第四届广州市规划委员会地区规划专业委员会第十四次会议审议通过
10月25日	丽江	①公积金贷款购房首套20%，二套30%。②居民家庭（包括借款人、配偶及未成年子女）申请贷款购买商品住房时，家庭成员在拟购房所在县级行政区域名下无成套住房的，不论是否已利用贷款购买过住房，银行业金融机构均按首套住房执行住房信贷政策。③购买丽江市新建商品住房按所缴契税额50%测算作为购房补贴标准（不超过2万元），二孩家庭补贴契税80%（不超过2.5万元），三孩家庭补贴契税100%（不超过3万元）。④个人将购买2年以上（含2年）的普通住房对外销售的，免征增值税。	丽江市人民政府办公室发布《关于印发丽江市促进房地产市场平稳健康发展若干措施的通知》
10月25日	宜春	①在"四区"购买新建商品房的，补贴契税50%（最高不超过2万元）；购买二手房的最高不超过1.5万元。②居民家庭（包括借款人、配偶及未成年子女）申请贷款购买商品住房时，家庭成员在当地名下无成套住房的，不论是否已利用贷款购买过住房，银行业金融机构均按首套住房执行住房信贷政策。③土拍保证金30%，土地款1个月50%，余款6个月内缴清。④凡未纳入商业网点规划的地块，除基本的便民服务设施外，不再要求配建其他商业设施，未动工土地属地政府可根据优化商业布局需要依法收回土地，已出让的商住用地项目可根据情况调整商业比例。⑤支持团购，对满足团购条件购房的（一次性购买10套以上等），可在新建商品住房原标价基础上再下降不超过8个点。	宜春市人民政府办公室印发《关于进一步促进中心城区房地产市场平稳健康发展若干措施（暂行）的通知》
10月29日	广西	大力推动中国人民银行等有关部委出台的优化个人住房贷款政策相关文件落地生效，对广西个人住房信贷政策进行积极调整，将全区首套住房贷款首付比例统一为20%，并进一步下调各设区市首套房贷利率下限至历史低位。	据市场消息，广西首套住房贷款首付比例统一为20%
11月1日	泉州市德化县	在正在销售的楼盘购买新建商品房的，二孩、三孩家庭可享受原有优惠的基础上给予总价款1%~3%优惠。	泉州市德化县住房和城乡建设局继续落实购房优惠等利好政策，鼓励引导开发企业推出二孩、三孩家庭购房补贴优惠措施

5-4 续表45

时间	地区	政策内容	政策来源
11月1日	贵港	①居民家庭（包括借款人、配偶及未成年子女）申请贷款购买商品住房时，家庭成员在贵港市辖区范围内（三区两县市）名下无商品住房的，不论是否已利用贷款购买过住房，在贵港市商业银行均按首套住房执行住房信贷政策。②首套商贷首付最低20%，二套30%，利率下限LPR+20BP。③支持提取住房公积金支付新建预售商品住房首付款。④支持公寓或办公性质的非住宅商品房按程序调整为住宅性质商品房出售。	贵港市住房和城乡建设局等八部门关于印发贵港市促进房地产市场平稳健康发展若干措施的通知
11月1日	丽水	①市区购房且累积套数不超过2套的，取证后给予购房款1%的财政补助，新房最高6万元，二手房最高4万元。②青年人购房补贴延续至2024年6月30日。③多孩家庭购房补贴延续至2024年6月30日。④试点推进居民住房"以旧换新"活动，参与"以旧换新"活动的企业或个人，给予"旧房"即二手房交易税费留存地方部分100%补贴。	丽水市房地产平稳健康发展领导小组办公室正式印发《〈进一步促进房地产市场平稳健康发展若干措施〉相关补贴政策实施细则》
11月1日	北海	①房地产开发企业在办理竣工验收前缴纳城市基础设施配套费。②符合条件企业可凭借保函阶段性缓缴物业专项维修资金。③居民家庭（包括借款人、配偶及未成年子女）申请贷款购买中心城区的商品住房时，家庭成员在北海市中心城区名下无成套住房的，不论是否已利用贷款购买过住房，在北海市的商业银行均按首套住房执行住房信贷政策。④支持提取住房公积金支付新建预售商品住房首付款。⑤将土地出让竞买保证金最低比例下调至出让起始价的20%。增加银行保函作为竞买人参加土地竞买的履约保证方式。⑥至2024年3月31日，购房补贴契税100%。	北海市人民政府办公室印发《关于进一步促进北海市房地产市场平稳健康发展的若干措施》
11月2日	荆门	按照"试点先行、分步实施、稳妥推进、以点带面"原则，不断提高新建商品房现房销售的比重和规模，逐步推进新建商品房全部实现现房销售。	荆门市人民政府办公室发布《荆门市商品房现房销售试点工作实施方案》
11月2日	昆明	①取消限售，原呈贡区为取证满两年、其他区域为取证满三年；②取消限购，原为18岁以下不得购买、非本省户籍限购1套。	昆明市人民政府官网发布《昆明市人民政府办公室关于废止一批房地产政策文件的通知》
11月2日	岳阳市岳阳县	①支持盘活土地，对未完成开发投资总额25%以上的出让商住土地，可探索实行预告登记转让制度。②尚未建设的非住宅商品房用地可适当调整商住配比。③已建未售的非住宅用房经申请批准可变更为商品住房或企业自持租赁住房。④对全职引进人才发放购房补贴，最高20万元。⑤购买新房的个人发放补贴1万元。⑥购买新房的个人补贴50%契税。⑦实施住房贷款或租金个人所得税附加扣除。⑧对拥有一套住房并已结清相应购房贷款的家庭，为改善居住条件再次购买普通商品住房申请贷款的，金融机构执行首套房贷款政策。⑨统一执行80万元的住房公积金贷款额度上限，二套房首付最低30%，二套组合贷可贷最高60%。⑩新引进人才可按首套房政策办理住房公积金贷款，且贷款额度上限调整为120万。⑪开发企业可暂缓储存房地产开发项目资本金，实现销售收入后在资金监管账户上留足项目资本金。	岳阳市岳阳县发布《岳阳县人民政府办公室印发〈关于进一步支持刚性和改善性住房需求促进我县房地产市场平稳健康发展的若干措施（试行）〉的通知》
11月3日	珠海	①对智慧住宅以及低容积率、高绿地率、环保节能和立体生态商品住宅，价格备案无需进行价格比较，按报备价格备案。②实施"认房不认贷"公积金配套政策。单缴职工贷款最高限额保持不变，双缴职工贷款最高限额调整为90万元。	珠海市住房和城乡建设局等六部门日前联合发出《关于进一步促进我市房地产市场平稳健康发展的通知》

5-4 续表 46

时间	地区	政策内容	政策来源
11月4日	绍兴市越城区	①支持越城区范围内的拆迁安置房票在越城区、柯桥区、上虞区三区范围内实行跨区域使用。②三孩家庭购买区域内新建商品房，给予每平方米1200元（最高30万元）的购房房票补贴。③引进的博士学历人才每人可申请60万元房票补贴，双博士夫妇可免费享受一套人才房或最高150万房票。④商贷购买新房给予不低于第一年贷款利息15%的一次性补贴。⑤购买首套住房最低首付款比例不低于20%，二套住房最低首付款比例不低于30%。⑥实行公积金贷款购房"认房不认贷"政策，支持住房公积金支付购房首付款。⑦对团购5套及以上（纯叠排或排屋项目3套及以上）的，鼓励房地产企业可在现有折扣基础上再予以让利5%。	绍兴市越城区发布《关于优化政策举措促进房地产市场平稳健康发展的通知》
11月6日	宜宾	①2023年11月6日至2024年3月31日期间主城区购房，对不同人群发放购房补贴。②组团购买10套及以上住房的购房群体，按15000元/套给予团购补贴。③鼓励房企让利，优惠价格不计入商品房预售申报价格跌幅范围。④提高公积金贷款额度，单人50万元，双人70万元，多孩家庭上浮10万元，中高端人才上浮20万元。⑤在优先满足本小区业主需要的基础上，支持库存车位对外销售。⑥支持延期缴纳城市基础设施配套费。⑦推动保函置换预售资金政策落地落实。	宜宾市房地产市场调控协调机制办公室发布关于印发《进一步促进房地产市场平稳健康发展若干政策措施（试行）》的通知
11月6日	郑州市中牟县	在中牟县范围购买新建商品住房（不含安置房、公租房、经适房）并完成契税缴纳，二孩家庭给予一次性2万元/套的购房补贴；三孩家庭给予一次性3万元/套的购房补贴。	郑州市中牟县发布多子女家庭购房补贴办法
11月6日	南通	①纾困房地产企业，进一步优化规划方案，盘活存量土地，提升住房品质。②在区域平衡下，对去化周期较长、区位比较偏的开发项目，可以适当降低装配率和绿建要求，调整商品住房的成品房比例，允许毛坯销售。③加快推进人才房多渠道、多方式供应，对各类人才实施分档分类购房补贴；支持企事业等单位集中团购商品住房解决职工住房问题。④支持开发企业使用见索即付银行保函作为参与土地竞买的履约保证方式。	南通市政府新闻办召开新闻发布会，对市住建、人社、资规、行政审批4个部门联合印发的《优化中心城区房地产业发展若干措施》进行解读
11月7日	梧州	①在梧州城区购买新建商品住房给予财政补贴。②实施购买新建非商品住房补贴政策。③居民家庭（包括借款人、配偶及未成年子女）在梧州城区申请贷款购买商品住房时，家庭成员在梧州市城区名下无成套住房的，或名下有成套住房但未利用贷款购买（含贷款已结清）现再次购买普通商品住房的，在梧州商业银行可按首套住房执行住房信贷政策。④支持提取住房公积金支付新建商品住房首付款。⑤允许地下车库分期分区申请预售。⑥开发企业即可按需申请使用监管额度内的资金专项用于支付工程款及农民工工资。	梧州市住房和城乡建设局发布《关于进一步促进梧州市房地产市场平稳健康发展的通知（征求意见稿）》
11月8日	海南	①贷款购买儋州市、澄迈县、定安县、临高县和昌江县5个市县商品住房，首套住房商业性个人住房贷款最低首付款比例调整为20%。②对于拥有白沙县户籍（常住）的居民家庭，贷款购买白沙县商品住房，首套住房商业性个人住房贷款最低首付款比例调整为20%，二套住房商业性个人住房贷款最低首付款比例调整为30%。	中国人民银行海南省分行发布"海南省市场利率定价自律机制"
11月9日	玉林市容县	2023年10月18日至2023年12月31日期间在容县购买新建商品住房及新建车位，按已缴契税金额的100%给予财政补贴。	玉林市容县住房和城乡建设局容县财政局发布关于印发《容县购买新建商品住房以及车位财政契税补贴政策实施细则》

5-4 续表47

时间	地区	政策内容	政策来源
11月10日	临沂	自2023年2月4日起至2023年12月31日（含起止日）在中心城区（包括兰山区、河东区、罗庄区、沂河新区、高新区）新购买面积为90~144平方米的家庭唯一住房或第二套改善性住房，实际缴纳的契税与按1%税率计算的契税差额，由财政予以补贴。	临沂市住房和城乡建设局、临沂市财政局、临沂市自然资源和规划局联合发布《关于印发临沂市中心城区新购家庭唯一住房或第二套改善性住房契税补贴实施细则的通知》
11月10日	盐城	①对在市区购买新建商品房的个人或企业给予所缴纳契税50%的购房补贴，对团购10套（含）以上新建商品住房的个人，给予购房者所缴纳契税100%的购房补贴。②对出售自有住房并购买120平方米及以上新建商品住房的个人再给予所购新房缴纳契税30%的购房补贴。③鼓励通过团购新建商品房用于安置。根据购房时间实施10%、12%、15%分段奖励。④阶段性缓缴房地产开发建设工程质量保证金，可缓缴6个月。	盐城市四部门对《关于进一步促进市区房地产市场平稳健康发展的措施》和《关于进一步提升市区住房品质推动房地产企业转型升级的措施》两项政策进行解读
11月11日	宁波市北仑区	①新建商品住宅。对符合条件的新建商品住宅（预售、现售）购买人一次性给予网签备案合同总价的1%的货币补贴，最高不超过6万元。②二手住宅。对符合条件的二手住宅购买人一次性给予完税价格（即税收完税证明中记载的计税依据）1%的货币补贴，最高不超过4万元。	宁波市北仑区住房和城乡建设局、宁波市北仑区财政局、宁波市自然资源和规划局北仑分局、宁波市北仑区（宁波经济技术开发区）税务局印发《北仑区购房补贴实施细则》
11月12日	全国	今年的房地产市场，总的看是"前高、中低、后稳"，"认房不认贷""降低首付比例和利率"等政策措施起到了积极效果。房地产市场已经从主要解决"有没有"转向主要解决"好不好"的阶段，过去追求速度和数量的发展模式，已不适应高质量发展的新要求，亟须构建新的发展模式。在理念上，要始终坚持房子是用来住的、不是用来炒的定位，以满足刚性和改善性住房需求为重点，努力让人民群众住上好房子。在体制机制上，一方面，建立"人、房、地、钱"要素联动的新机制，从要素资源科学配置入手，以人定房，以房定地，以房定钱，防止市场大起大落。另一方面，建立房屋从开发建设到维护使用的全生命周期管理机制，包括优化开发方式、融资方式、销售方式，建立房屋体检、房屋养老金、房屋保险等制度。在抓落实上，要实施好规划建设保障性住房、城中村改造和"平急两用"公共基础设施建设"三大工程"；落实中央金融工作会议精神，一视同仁满足不同所有制房地产企业合理融资需求，促进金融与房地产良性循环。	住房和城乡建设部党组书记、部长倪虹接受采访
11月13日	商丘	①多子女家庭购买首套自住住房申请住房公积金贷款最高额度上浮10万元。②在中心城区范围内购买商品住房（含二手商品住房）的，补贴契税的15%，最高3万元。③支持国有投融资平台公司或国有非银行业金融机构作为投资主体，购买存量房屋用作保障性租赁住房。④实行多样化回迁安置，根据当前征收安置实际，市中心城区原则上不再新建安置房，通过购买商品住房、发放安置房票等货币化为主的方式实施安置。⑤支持存量房"带押过户"。⑥土地保证金30%，1月内缴纳50%，6个月内缴清。⑦资金困难的建设单位最长延期6个月缴清城市基础设施配套费。⑧支持团购在售商品住房。⑨符合条件的优质房地产企业重点监管资金比例可降低15%。支持采取银行保函置换预售监管资金。	商丘市人民政府印发《关于进一步促进房地产市场平稳健康发展的若干措施》的通知
11月14日	东莞	已办理预（现）售但未售出的新建商品住房需变更销售价格的，自取得预售许可证（或现售备案证书）之日起或自上一次调整申报价格之日起满30天方可变更，其他事项不变。	东莞市住房和城乡建设局发布关于优化新建商品住房销售价格申报有关事项的通知

5-4 续表48

时间	地区	政策内容	政策来源
11月14日	攀枝花	①土拍保证金20%，30日内缴纳50%土地款，余额可1年内分期缴纳。②支持房企分期缴纳城市基础设施配套费。③优化商品房预售形象进度条件。④享受优惠政策的普通住房标准必须同时满足以下条件：住宅小区容积率在1.0以上；单套建筑面积在144平方米以下（含144平方米）；实际成交价格低于同级别土地上住房平均交易价格1.2倍以下。⑤对闲置和低效利用的商业办公、旅馆、厂房、仓储、科研教育等非居住存量房屋，经属地政府（管委会）批准，报市政府同意，在符合规划原则、权属不变、满足安全要求、尊重群众意愿的前提下，允许改建为保障性租赁住房。⑥对已经竣工验收备案且符合交付使用条件2年的未销售的车位，为小区预留车位后可进行租售。⑦公积金及商贷首套首付20%，二套房30%。⑧多子女家庭购房公积金可贷额度上浮10万元。支持公积金支付首付及提取偿还房贷。⑨鼓励企业开展团购活动。⑩推行存量房"带押过户"。	攀枝花市发布《攀枝花市住房和城乡建设局等八家单位关于促进攀枝花市房地产市场平稳健康发展的通知》
11月16日	厦门	①思明区、湖里区不再审核购房人资格。②首套商贷最低首付款比例为25%，二套商贷低首付款比例为35%，二套房贷利率LPR+30BP。③阶段性启动住房公积金异地贷款业务。允许缴存人按年提取住房公积金偿还住房贷款本金。符合条件的职工家庭缩短住房公积金贷款期限业务。支持住房公积金贷款展期。支持住房公积金贷款在等额本金和等额本息之间予以变更。④土地款可用"见索即付"的银行保函缴纳竞买保证金。	厦门市促进房地产市场平稳健康发展领导小组办公室发布关于进一步优化房地产市场相关政策的通知
11月16日	西昌	①各商业银行对个人住房贷款最低首付款比例按首套20%、二套30%标准执行，首套住房贷款利率按下限执行；贷款住房套数认定标准执行"认房不认贷"。②调整公积金政策。推行组合贷款业务；双缴存职工家庭在西昌市购买首套普通自住住房时，住房公积金贷款额度标准上调为80万元。③对新落户家庭、多孩家庭等购房给予200~300元/平方米补贴。④鼓励购买非住宅类商品房。外地居民在西昌市一次性购买100万元以上非住宅可落户。⑤强化商品房预售和预售资金监管。调整预售许可形象进度，工程形象进度达到主体地面以上1层的，开发企业可申请办理商品房预售许可；开展开发企业信用评价工作，对信用良好、评价等级高的企业（项目），适当放宽监管政策；对参加房票政策的开发企业，适当下调预售资金监管额度。	西昌市近日发布《西昌市房地产事务中心关于公开征求〈西昌市促进房地产市场平稳健康发展十条措施（征求意见稿）〉意见的通知》
11月17日	衢州	①全面放开原行政性住房限制政策。② 2023年11月20日至2024年6月30日期间，前1000套购房给予购房补贴。≤90㎡补贴契税80%，90~144㎡补贴契税64%，＞144㎡补贴契税50%，最高不超过3万元。③积极推动我市各征迁项目实行房票安置，并根据市场情况，在现有房票政策基础上，优化房票政策，建立相应的房票使用项目库。④商品住宅地块不限价出让。⑤市区试点开展优质商品住宅地块现房销售。⑥每期预售面积最低可按楼幢申请。⑦每期预售面积最低可按楼幢申请。⑧积极探索推行房地产企业白名单、星级评价等制度，实施商品房预售资金差异化监管。支持房地产企业使用银行保函置换商品房预售资金，最高可置换资金监管额度的30%。⑨购买市区新建商品住房可提取住房公积金支付首付款。公积金缴存人可申请提取本人及其配偶、父母、子女的公积金账户余额，用于支付购买市区新建商品房的首付款。⑩多渠道筹集保障性租赁住房，加快解决新市民、青年人等群体临时住房困难问题。持续加大公租房保障力度，加快推进分配入住，使住房困难家庭尽快受益。智慧新城、智造新城、县（市、区）可通过购买存量商品房方式筹集各类政策性住房，满足困难群众居住需求，切实提高城镇住房保障受益覆盖率。	衢州市住建局发布关于优化政策举措促进房地产市场平稳健康发展的通知

5-4 续表49

时间	地区	政策内容	政策来源
11月20日	绍兴市嵊州市	①延续新购住房家庭补贴政策。②全面推广二手房"带押过户"，简化交易流程，降低交易成本，保障资金安全。③新出让住宅用地对全装修不作强制性要求。④购买首套住房最低首付款比例不低于20%，二套住房最低首付款比例不低于30%。⑤可申请提取住房公积金支付购买新建商品住房首付款，减轻购房首付款压力。⑥支持房地产企业信贷延（展）期，以缓解资金困难。⑦优化价格备案制度。根据项目去化情况及市场接受度，在风险可控的前提下，制定差异化定价机制，适度调整备案价。⑧优化商品住房预售许可管理。每期预售最低可按楼幢申请，最低预售规模可放宽至5000平方米。⑨积极探索推行房地产企业白名单、星级评价等制度，实施商品房预售资金差异化监管。支持房地产企业使用银行保函置换商品房预售资金。	绍兴市嵊州市发布《关于优化政策举措促进嵊州市房地产市场平稳健康发展的通知》
11月20日	宁波市镇海区	①新建商品住宅：对符合条件的新建商品住宅（预售、现售）购房人一次性给予购房发票价款（不含税部分）1%的货币补贴（以房地产企业交付结算出具的全额购房发票为准），最高不超过6万元。②二手住宅：对符合条件的二手住宅购房人一次性给予完税价格（即税收完税证明中记载的计税依据，以税务部门出具的契税完税凭证登记信息为准）1%的货币补贴，最高不超过4万元。	宁波市镇海区发布购房补贴实施细则
11月21日	武汉市青山区	对毕业6年以内全职在青山工作、连续缴纳社保6个月以上的全日制本科及以上学历的大学毕业生，2023年11月22日至2024年6月30日期间购房的，给予5万元购房补贴。	武汉市青山区发布2023年版引才聚才政策清单
11月21日	昆明	生育二孩、三孩的住房公积金缴存职工家庭购买首套自住住房的，住房公积金贷款最高额度分别上浮20%、30%。	昆明市委、市政府印发《关于优化生育政策促进人口长期均衡发展的实施方案》
11月21日	上海	会议要求，金融机构要落实好房地产"金融16条"，坚持"两个毫不动摇"，一视同仁满足不同所有制房地产企业合理融资需求。对正常经营的房地产企业不惜贷、抽贷、断贷。继续用好"第二支箭"支持民营房地产企业发债融资。支持房地产企业通过资本市场合理股权融资。配合地方政府因城施策做好房地产调控，更好支持刚性和改善性住房需求，加大力度支持保障性住房等"三大工程"建设，推动构建房地产发展新模式。金融机构要按照市场化、法治化原则，配合地方政府稳妥化解地方债务风险。	中国人民银行上海总部、金融监管总局上海监管局、上海证监局、上海市地方金融监管局、上海市科委联合召开金融机构座谈会
11月22日	自贡	①继续执行《促进房地产业良性循环和健康发展若干措施》中购中心城区新房补贴、多孩家庭补贴、车位补贴，鼓励房交会期间给予团购优惠。②首套房商贷最低首付比例下调至20%，二套房最低首付比例统一下调至30%。③支持按月提取住房公积金偿还公积金贷款、组合贷款和商业性住房贷款。支持"商转公"贷款。④允许将已缴清全部土地价款、未办理预售许可的存量商业用地按程序调整一定比例为住宅用地。⑤鼓励各区县探索"以旧换新""发放购房券"和"现金救助"等模式，对愿意拆除C、D级危旧住房的群众给予一定的财政补助或面积优惠。⑥进一步优化预售资金提取流程，合理增加监管资金拨付节点。⑦房地产开发企业因有特殊困难，不能按期缴纳税款的，可按照《中华人民共和国税收征收管理法》及其实施细则规定，经批准后延期缴纳税款。⑧对建设体量超5万平方米的项目探索实行分期办理工程许可、分期验收。	自贡市发布《自贡市住房和城乡建设局等11部门关于印发〈进一步推动我市房地产市场平稳健康发展的十三条政策措施〉的通知》
11月22日	深圳	二套住房个人住房贷款最低首付款比例由原来的普通住房70%、非普通住房80%统一调整为40%。	深圳发布通知，从11月23日起调整二套住房最低首付款比例
11月22日	深圳	现将我市享受优惠政策的普通住房标准调整为：住宅小区建筑容积率1.0以上（含1.0），且单套住房套内建筑面积120平方米以下（含120平方米）或者单套住房建筑面积144平方米以下（含144平方米）。	深圳市住房和建设局发布关于调整享受优惠政策普通住房认定标准的通告

5-4 续表50

时间	地区	政策内容	政策来源
11月23日	武汉	①可约定分期支付首付款；②开发商不及时解除抵押，将支付违约金。	武汉市房管局联合市市场监管局组织修订了2021年版《武汉市商品房买卖合同（示范文本）》（以下简称《合同》）部分条款
11月23日	临海	①2023年10月31日以前在我市购买自住住房时已办理本地商业银行个人住房贷款的职工，符合我市公积金贷款条件，可申请办理商业性个人住房贷款转住房公积金个人住房贷款。②无公积金贷款记录，按首套房执行，有过一次贷款记录且已结清的，按二套房执行。③多子女家庭首套房公积金贷款额上浮20%，最高达100万元。	临海市住房和城乡建设局近日发布《关于公开征求〈临海市人民政府办公室关于促进房地产市场平稳健康发展的若干意见（试行）〉意见》的通知
11月23日	钦州	①居民家庭（包括借款人、配偶及未成年子女）在本市（不含灵山县、浦北县，下同）申请贷款购买商品住房时，家庭成员在本市名下无成套住房的，不论是否已利用贷款（含商业性住房贷款和公积金住房贷款）购买过住房，在钦银行业金融机构均按首套住房执行住房信贷政策。②持续完善"带押过户"业务流程。③城市更新涉及的房屋征收，可以通过以购代建、发放房票等方式实施安置。④降低住房公积金贷款购房首期付款比例，优化住房公积金贷款的套数认定标准及自2023年10月1日起新购买住房、新办住房贷款的提取政策。⑤阶段性缓缴物业专项维修资金。⑥阶段性调整城市基础设施配套费缴纳时间。⑦开展房地产促销活动，对购房人给予购房补贴。	钦州市人民政府办公室发布《关于进一步促进钦州市房地产市场平稳健康发展政策措施》
11月24日	广州	支持民营企业盘活存量资产。用好基础设施REITs等创新工具，鼓励民营企业盘活购物中心、仓储物流、产业园区、通信基础设施等自有存量资产，形成以"存量带增量"的民间投资良性发展局面。增强部门工作合力，加快项目手续的补办完善，推动存量资产尽快达到发行条件。支持国有企业通过股权合作、引入战略投资人和专业运营管理等方式，引导民间资本参与国有存量资产盘活。	据官微消息，近日《广州市进一步促进民间投资高质量发展若干政策措施》印发
11月24日	长沙	①在本市购买第2套商品住房，不受首套房网签时间的限制。②本市居民家庭名下商品住房单套面积均不足144平方米的可购买1套改善性住房（144平方米及以上）。	长沙市住建局发布《关于优化本市居民家庭改善性住房政策的通知》
11月27日	蚌埠市怀远县	①支持提取住房公积金支付首付款，支持家庭公积金互通共享。②二孩、三孩家庭购房由财政按每套建筑面积最高不超过90平方米，每平方米给予150元补贴；不足90平方米的，按实际面积计算。③人才购房最高补贴600元/平方米（不超过8万元）。	蚌埠市怀远县正式出台《怀远县促进房地产市场平稳健康发展若干措施》
11月28日	抚州市东临新区	①强化人才购房政策支持，根据引进人才类别，兑现相应购房补贴政策。②市中心城区每完成网签备案1000套新建商品住房，组织开展一次抽奖活动。③支持在控制性详细规划中适当调减商业、商务用地比例或将商住混合用地调整为居住用地；鼓励和引导土地使用权人改变存量商业用地用途。④推行二手房带押过户。⑤通过新建、改建、盘活存量等多种方式，多渠道筹集住房租赁房源，构建多层次租赁住房供应体系。⑥执行首套房贷款"认房不用认贷"。⑦首次公积金贷款最高贷款额度为70万元/户，首付比例首套20%，二套30%。⑧适当延长土地出让价款缴交时限。⑨放宽商品房预售申报条件。	抚州市东临新区发布《抚州市东临新区党政办公室关于印发〈关于进一步促进东临新区房地产市场平稳健康发展的若干措施〉的通知》

5-4 续表51

时间	地区	政策内容	政策来源
12月1日	武汉	①支持刚需和改善性住房需求。落实好我市房地产市场平稳健康发展相关政策，细化完善相关操作细则。支持居民换购住房政策延长至2024年12月31日。②阶段性调整住房公积金贷款可贷额度，优化完善住房商贷转公积金贷款政策，支持提取住房公积金支付购房首付款。③促进房地产投资。摸清全市住房需求，合理确定各类房屋供需总量。进一步完善房地产开发企业"白名单"管理制度，优化项目审批，加快项目建设，扩大有效投资。积极推进"商改租"，盘活存量商办类房屋，用于保障性租赁住房、租赁住房等。做好危旧房合作化改造、适老化改造、青年人才公寓、科技工作者社区建设、房地产供应链平台搭建等工作，鼓励开发探索"精装+适老"产品。组织开展保障性住房试点工作。	武汉市人民政府印发《关于增强发展内生动力推动经济恢复向好若干政策措施的通知》
12月1日	杭州市临平区	①住宅房屋新征迁项目实行多高层公寓安置的区域，鼓励实行房票安置。②2023年12月1日起至2024年2月29日购新房补贴契税的50%。③全面推行二手房交易"带押过户"。④支持使用公积金支付购房首付款。⑤实施购房贷款贴息政策，贷款金额超过100万的按照100万金额给予贴息补助，因正常还贷造成贷款金额少于100万的，按实际贷款余额给予相应比例贴息补助。	杭州市临平区发布了《临平区关于"提经济促发展强动能"相关政策若干意见》
12月5日	九江市德安县	①自2023年10月1日至2024年12月31日，中心城区购新房补贴契税50%。②稳步提高棚户区改造项目货币化安置比例，鼓励被征收人选择"房票"方式进行补偿安置。③实施人才安家购房补贴政策，最高100万元。④新发放首套住房个人住房贷款利率下限继续按LPR-30BP执行。⑤实行"既贷又提"公积金政策。二孩、三孩家庭购买首套自住住房申请公积金贷款最高额度分别上调10%、20%。	九江市德安县人民政府办公室印发德安县关于进一步促进房地产市场平稳健康发展的若干措施的通知
12月5日	广州	①在严格落实明码标价制度方面，房地产中介机构应当通过经营门店、网站、客户端等线下或线上的渠道，公示服务项目、服务内容和收费标准，不得混合标价和捆绑收费。②合理确定经纪服务收费。房地产中介机构要合理降低住房买卖和租赁中介服务费用。鼓励按照成交价格越高、服务费率越低的原则实行分档定价。	广州市住建局、广州市市场监管局发布了关于规范房地产经纪服务的实施意见
12月5日	厦门	①发放租金补贴4亿多元。把落实"5年5折租房"政策，作为加大新市民住房保障力度的有效措施，做到应保尽保。两年来，已发放租金补贴4亿多元，让来厦新就业大学生等青年群体享受实惠、感受温暖。②今年共启动4个批次保障性租赁房配租工作，推出20个批次市级公共租赁住房，同时，开展1个批次人才住房、1个批次保障性商品房（骨干人才）配售工作，预计全年共配租配售保障性住房0.9万套，为近三年最高。此外，筹集保障性租赁住房房源8万余套，为3.75万人次发放大学生"5年5折租房"租金补贴1.37亿元，着力解决新就业大学生、青年人等新市民群体住房问题。	厦门市住房局召开2023年度保障性租赁住房发展成效介绍新闻发布会
12月5日	苏州	对于2023年1月1日以来在苏州大市范围内出售自有住房后，并在2024年12月31日前购置新建商品住房的购房家庭，分层次实施契税补贴：①在2023年1月1日~2023年12月31日出售自有住房后，并在政策实施之日至2024年3月31日、4月1日~6月30日、7月1日~12月31日期间购置新建商品住房的购房家庭，分别给予新房契税缴纳份额100%、80%、50%的购房补贴。②在2024年1月1日~2024年12月31日期间出售自有住房，并在出售后3个月内、3~6个月内、6~12个月内购置新建商品住房的购房家庭，分别给予新房契税缴纳份额100%、80%、50%的购房补贴。	苏州市实施"卖旧买新"购房契税补贴

5-4 续表 52

时间	地区	政策内容	政策来源
12月6日	抚州市东乡区	①2023年9月1日至2023年10月31日期间购房发放购房补贴。②公积金最高贷款额度由60万元/户提高至70万元/户。公积金首付首套最低20%，二套30%。③对网签购买住房因开发企业原因不能按期交房的业主，引导金融机构在政策允许范围内相应放宽购房贷款偿还期限。④支持推行"带押过户"。⑤土地款保证金20%，一个月50%，剩余一年内缴清。⑥允许开展保函置换业务。	抚州市东乡区人民政府办公室关于印发进一步促进东乡区房地产业良性循环和健康发展的补充措施的通知
12月6日	宁波市余姚市	2023年10月1日起至2024年6月30日，对符合条件的新建商品住宅（预售、现售）购买人一次性给予购房发票价款1%的货币补贴（不含车库、车位、储藏室等附属用房价款），最高不超过4万元。	宁波市余姚市住房和城乡建设局、余姚市财政局联合印发《余姚市购房补贴实施细则》
12月6日	无锡	①新启动的国有土地上房屋（住宅）征收、征收集体土地涉及房屋（住宅）安置补偿的项目以及城中村改造、棚户区改造项目中涉及房屋（住宅）征收的可以使用房票结算。允许使用房票购买新建非住宅类商品房。②已完成的征收集体土地涉及房屋（住宅）安置补偿项目中，被征收人已签订安置补偿协议，安置房未交付或已交付未使用的，可以使用房票进行回购。③突破各区间的行政区划限制，积极鼓励房票可在全市范围内用于购买新建商品房屋。	无锡发布《关于进一步做好我市市区房屋征收房票补偿安置相关工作的意见》
12月7日	温州	①增加"见索即付"的银行保函作为参加土地竞买的履约保证方式。②申请预售时，重点监管资金总额最低按工程预算清册总额的110%计算，支持企业开展保函置换预售监管资金。③推行企业"白名单"机制，其开发项目的重点监管资金总额可适当下调。④探索"房票"用于购房首付。⑤2024年1月1日至2024年6月30日期间继续实施商品住房换购补贴，给予房款0.6%的财政补助。⑥加大公积金支持力度。二套公积金贷款最低首付款比例40%下调为30%。⑦优化商品房销售方式试点"准现房+订单"销售模式。	温州市住建局发布《关于进一步优化房地产市场平稳健康发展的若干政策》
12月11日	宁波市高新区	对符合条件的新建商品住房购房人一次性给予购房完税金额（即税收完税证明中记载的计税总额）1%的货币补贴，最高不超过6万元；对符合条件的二手住房购房人一次性给予购房完税金额（即税收完税证明中记载的计税总额）1%的货币补贴，最高不超过4万元。	宁波市高新区发布《高新区住房购房补贴实施办法》
12月12日	梧州	①2023年12月7日至2024年3月31日梧州城区购买新房，补贴契税100%。②2023年12月7日至2024年12月31日购买新建车位，补贴契税100%；购买非住宅补贴契税50%。③居民家庭（包括借款人、配偶及未成年子女）在梧州城区申请贷款购买商品住房时，家庭成员在梧州城区名下无成套住房的，或拥有一套住房但已结清相应购房贷款的家庭，为改善居住条件再次申请贷款购买普通商品住房，在梧商业银行均执行首套住房信贷政策。④支持提取住房公积金支付新建商品住房首付款。多孩家庭公积金购首套房或首套已结清购买二套的，最高贷款额度提高至45万元。⑤允许地下车库分期分区申请预售。⑥阶段性缓交物业专项维修资金。⑦预售资金存入监管账户后，开发企业即可按需申请使用监管额度内的资金，专项用于支付工程款及农民工工资。	梧州市发布《梧州市进一步促进房地产市场平稳健康发展若干措施》
12月12日	株洲市攸县	①在县城区内购买新建商品房补贴50%的契税。②在县城区内购买商品房开发小区地下车位补贴80%的契税。③大学毕业生首次购房最高给予5万元的购房补贴。④在攸县购买首套新建商品住房县财政给予1万元的购房补贴，非首次给予5000元的购房补贴。⑤将预售资金留存标准设置为10%，有房源担保的可进一步调整至5%。	株洲市攸县人民政府办公室发布《印发〈关于促进房地产业良性循环和健康发展的若干措施〉的通知》

5-4 续表53

时间	地区	政策内容	政策来源
12月13日	全国	针对部分房企出现债务违约风险，金融管理部门已出台了一系列支持政策，但风险出清还需要一个过程，将继续配合金融管理部门，抓好各项政策的落实，一视同仁，满足不同所有制房地产企业的合理融资需求，支持暂时资金链紧张的房企解决短期现金流紧张问题，促进其恢复正常经营，坚决防止债务违约风险集中爆发。房企一般是集团公司加项目公司的架构，集团公司和项目公司都是独立法人，集团公司出现债务违约，并不意味着项目公司停止运转，项目的开发运营还在继续。比如某大型房企去年上半年发生了债务违约，但公司今年1到11月份，仍然实现了近800亿元的销售收入，并且完成了债务重组。在体制机制上，要根据人口变化确定住房需求，科学安排土地供应，配置金融资源，实现以人定房，以房定地，以房定钱，防止市场大起大落。建立房屋从开发建设到维护使用的全生命周期管理机制，形成房屋安全长效机制。要推进住房领域供给侧结构性改革，建立满足高品质生活需要的好房子，强化科技赋能，建设绿色低碳智能安全的好房子。重点要加快实施规划建设保障性住房、"平急两用"公共基础设施建设和城中村改造，目前有关工作已经全面启动。规划建设保障性住房，改革的重点是拓展配售型保障性住房的新路子，最终是要实现政府保障基本需求，市场满足多层次改善性住房需求，最终建立租购并举的住房制度。	在中国国际经济交流中心举行的2023-2024中国经济年会上，住房和城乡建设部副部长董建国发表讲话
12月13日	商丘	凡在2023年12月13日至2023年12月31日缴纳房屋契税（以完税凭证所载开具日期为准）的购房人，按照缴纳契税总额的15%给予补贴；凡在2024年1月1日至2024年3月31日缴纳房屋契税（以完税凭证所载开具日期为准）的购房人，按照缴纳契税总额的12%给予补贴。	商丘市财政局、国家税务总局商丘市税务局、市自然资源和规划局、市住房和城乡建设局联合印发关于市辖区房屋契税缴纳政府补贴办法的通告
12月13日	连云港	①提高住房公积金贷款额度，单缴家庭由原来的30万元提高至50万元，双缴存职工家庭额度提高至80万元。二孩家庭额度单方缴存的提高至60万元，双方缴存的提高至100万元；三孩家庭额度单方缴存的提高至70万元，双方缴存提高至120万元。②支持使用直系亲属公积金支付购房首付款。③推进灵活就业人员参加住房公积金制度。④鼓励团购商品房，其中购房款2000万至5000万元（不含）的，给予不低于0.3%的资金补贴；5000万元至1亿元（不含）的，给予不低于0.5%的资金补贴；1亿元以上的，给予不低于0.7%的资金补贴。⑤对大专学历以上或中级职称以上人员购买国企商品住房的，由相关企业给予不低于5%的优惠。⑥对于已经完成土地招拍挂，规划条件需要配建保障性住房，但尚未建设的房地产开发项目，允许房地产开发企业按照原标准的90%缴纳保障性住房易地建设费或提供等值商品房。	连云港发布《关于进一步优化政策措施促进房地产市场平稳健康发展的通知》
12月14日	上海	①普通住房标准需满足：五层以上（含五层）的多高层住房，以及不足五层的老式公寓、新式里弄、旧式里弄等；单套住房建筑面积在144平方米以下（含144平方米）。②优化差别化住房信贷政策。首套住房商业性个人住房贷款利率下限调整为不低于相应期限贷款市场报价利率（LPR）减10个基点，最低首付款比例调整为不低于30%。二套住房商业性个人住房贷款利率下限调整为不低于相应期限贷款市场报价利率（LPR）加30个基点，最低首付款比例调整为不低于50%。同时，为支持推进"五个新城"和南北转型重点区域高质量发展，促进产城融合、职住平衡，在自贸区临港新片区以及嘉定、青浦、松江、奉贤、宝山、金山6个行政区全域实行差异化政策，二套住房商业性个人住房贷款利率下限调整为不低于相应期限贷款市场报价利率（LPR）加20个基点，最低首付款比例调整为不低于40%。	上海先后发布《上海市发布优化差别化住房信贷政策》以及《关于调整本市普通住房标准的通知》

5-4 续表54

时间	地区	政策内容	政策来源
12月14日	西藏	①对在我区未缴纳满三年社保的区外人员在我区范围内通过商业银行贷款购买普通商品住房时，按照实际贷款利率与补贴期限对应的西藏金融机构一般商业性贷款利率的差额进行补贴。②居民家庭（包括借款人、配偶及未成年子女）申请贷款购买商品住房时，家庭成员在我区购房所在地（市）、县（区、市）范围内名下无成套住房的，不论是否已利用贷款购买过住房，银行金融机构均按首套住房信贷政策执行。③对符合国家生育政策生育多子女（二孩及以上）家庭购买普通自住商品房时，购买的第二套住房认定为首套住房，购买第三套时认定为二套住房。④支持利用闲置低效工业、商业、办公等非住宅用地建设保障性住房，变更土地用途，不补缴土地价款，原划拨的土地继续保留划拨方式。⑤开展商品房现房销售试点。	西藏发布《关于印发〈关于进一步贯彻落实国家支持楼市政策的通知〉的通知》
12月14日	防城港	①多子女家庭购买首套自住住房申请住房公积金贷款最高额度提高到55万。②支持提取住房公积金支付新建商品住房首付款。③居民家庭（包括借款人、配偶及未成年子女）申请贷款购买商品住房时，家庭成员在防城港市名下无成套住房的，不论是否已利用贷款购买过住房，本市银行业金融机构均按首套住房执行住房信贷政策。④自2022年10月1日至2025年12月31日，对出售自有住房并在现住房出售后1年内在同一城市重新购买住房的纳税人，对其出售现住房已缴纳的个人所得税予以退税优惠。其中新购住房金额大于或等于现住房转让金额的，全部退还已缴纳的个人所得税；新购住房金额小于现住房转让金额的，按新购住房金额占现住房转让金额的比例退还出售现住房已缴纳的个人所得税。⑤鼓励在棚户区改造和城中村改造安置过程中，探索采取发放购房券方式引导和鼓励征迁群众购买商品住房作为安置房。⑥土地保证金最低20%，一个月内缴纳50%，剩余出让金10个月内缴清。⑦房地产开发企业可申请跨一个节点提前使用商品房预售监管资金，累计申请使用额度不超过监管额度的98%。⑧鼓励房地产企业适当让利，加快销售速度，快速回笼资金，促进住房消费。组织团购活动，鼓励企业现房销售。⑨阶段性调整城市基础设施配套费缴纳时间。⑩加快盘活商业服务业用地存量。对已出让尚未建设的商业服务业用地，允许按规定转型用于国家支持的新兴产业、养老产业、文化产业、体育产业等项目用途的开发建设。	防城港市住房和城乡建设局发布《防城港市住房和城乡建设局等9部门关于印发进一步促进房地产市场平稳健康发展的若干措施的通知》
12月14日	西安	①项目均价小于2万元/平方米的：重点监管资金额度为3800元/平方米乘以建筑面积（毛坯）、5500元/平方米乘以建筑面积（全装修）。项目均价大于等于2万元/平方米的：重点监管资金额度为项目均价的20%乘以建筑面积（毛坯）、项目均价的30%乘以建筑面积（全装修）。②项目辖区住房建设行政主管部门或开发区管委会可结合建筑工艺升级等实际情况适度提高重点监管额度，提高额度不得超过上述标准的20%。③完成主体结构验收前，累计申请使用重点监管资金不得超过重点监管资金总额的50%；外墙装饰完成前，累计申请使用重点监管资金不得超过重点监管资金总额的65%；内外装饰装修（含外墙装饰）完成前，累计申请使用重点监管资金不得超过重点监管资金总额的85%；完成竣工验收前，累计申请重点监管资金不得超过重点监管资金总额的95%；完成竣工验收备案前，累计申请重点监管资金不得超过重点监管资金总额的99%；完成不动产首次登记后，可以申请提取剩余1%的重点监管资金。7层以上（不含7层）的建筑，增加建设层数达三分之一节点、建设层数达三分之二节点，累计申请使用重点监管资金分别不得超过重点监管资金总额的20%和35%。	西安市住房和城乡建设局发布《西安市商品房预售资金监督管理实施细则》

5-4 续表55

时间	地区	政策内容	政策来源
12月15日	遂宁	①阶段性购房补贴政策执行时间延续到2024年3月31日。②提供"以旧换新"置换购房服务，探索建立居民现有房屋置换购买商品房一体化服务模式。③提高住房公积金贷款额度。单缴家庭最高贷款限额50万元，双缴存人家庭最高贷款限额60万元；多孩家庭上浮5万元。④降低第二套房首付比例至30%。⑤优化住房公积金贷款住房套数认定标准。未使用过住房公积金贷款或已使用过一次住房公积金贷款且结清的，按照首套房政策执行。⑥实施房屋征收货币补偿时，可实行"房票"安置。⑦组团购买10套及以上住房的购房群体，房地产开发企业可按总房款的5%~10%给予团购优惠。⑧延长土地使用权出让价款缴纳时限最长不超过12个月。⑨支持符合条件的商业服务业用地按程序调整为住宅用地。⑩适当调整地下车位配建比例。⑪开发建设项目的商品房预售重点监管资金由工程建设资金总额的1.2倍下调至1.0倍。项目重点监管资金余额按100元/平方米标准留存。⑫延期缴纳城市基础设施配套费。	遂宁市发布《进一步促进遂宁市主城区房地产市场健康发展若干政策措施》
12月18日	清远	①对已出让但尚未建设的商业用地，按程序调整为养老、文化、体育等公共服务设施用地进行开发建设。②优化商业贷款住房套数认定，居民在市区及其他县（市）新购住房的，个人住房商业贷款仅将所在区域的住房纳入套数核查范围。居民将自有住房用于长租，承诺租期不少于5年或提供租赁合同租赁不少于3年，并提供相关佐证材料的，可不纳入家庭住房套数计算；原则上一个家庭只核减一套。③积极开展团购商品房系列活动，鼓励房地产开发企业为机关事业单位、高等院校、产业园区、企业等用人单位或其他不特定群体组织集中采购，提供优质房源。	清远市发布《关于印发〈关于进一步优化我市房地产支持政策的通知〉的通知》
12月19日	雅安	①各县（区）要积极鼓励房地产开发企业对教职工、医务人员、现役或退役军人、消防救援人员、公安民辅警（职工）、"三属"、新就业大学生等群体在十六条措施基础上再给予2%的购房优惠。②对教职工、医务人员等群体购买首套或二套140平方米（含）以下商品住宅给予不低于每平方米300元的补贴。	雅安市住房和城乡建设局、雅安市自然资源和规划局等十部门联合发布《关于支持刚性和改善性住房需求确保房地产市场平稳健康发展的补充通知》
12月20日	玉溪	①延续使用允许项目分期建设分期验收、持续优化营商环境审批办理、扩大住房公积金制度覆盖面、优化调整商品房预售资金监管方式、持续整治规范房地产市场秩序和做好房地产政策宣传六个方面的政策措施。②保证金最低20%，土地款一个月50%，余款最长一年缴清。③存量商品住房允许转化为保障性租赁住房。④购买首套房认房不认贷。对个人申请商业银行贷款购买住房时，家庭成员（家庭成员范围包括借款人、配偶以及未成年子女）在拟购房所在县级行政区域名下无成套住房，申请商业银行住房贷款的，银行业金融机构均按首套住房执行住房信贷政策。⑤落实契税优惠政策。对个人购买家庭唯一住房，≤90㎡减按1%税率征收契税，>90㎡减按1.5%税率征收契税；购二套房≤90㎡减按1%税率征收契税，>90㎡减按2%税率征收契税。⑥个人将购买2年以上（含2年）住房对外销售的，免征增值税。⑦推进房屋征收补偿房票安置试点。⑧支持团购商品住房。⑨推行存量房"带抵押过户"合并登记服务。	玉溪市人民政府办公室印发《玉溪市关于进一步促进房地产市场平稳健康发展的若干措施的通知》
12月20日	绍兴市越城区	①凡在2022年9月9日至2024年12月31日期间，在越城区新购买新建商品住房且选择商业按揭贷款的个人，给予一次性财政贴息，贴息标准为购房户实际支付商业贷款第一年利息额的15%。②符合享受贷款贴息政策的购房者，以签订购房合同当月为享受贴息政策的起始时间。即购房合同的网签日期在2022年9月9日至2024年12月31日范围内的购房者可享受贷款贴息政策。	绍兴市越城区对于采用商业贷款方式在绍兴市越城区购买新建商品住房的购房者给予贴息支持

5-4 续表 56

时间	地区	政策内容	政策来源
12月20日	泸州	2024年1月1日至2024年2月29日期间，符合条件的申请补助对象在泸州市中心城区建设用地范围内购买的首套或二套新建商品住房按照购房款总额的2%一次性给予购房补助。同一套新建商品住房只能享受一次购房补助。	泸州市人民政府发布关于印发《促进房地产市场平稳健康发展支持合理住房需求发放购房补助实施细则》的通知
12月20日	海口	①省外户籍人员提供5年以上社保或个税证明可在限购区域内购买一套住房，提供2年以上社保或个税证明可在限购区域外购买一套住房。②在海南注册的总部企业，其未落户员工，符合引进人才条件的，可购买一套住房。③符合条件的企事业单位、社会组织及个体工商户可购买住房。④个人或单位购买商业办公用房，可按项目规划设计方案户型购买，不再限制最小面积。⑤离异人士购房，按离婚后各方实际拥有的住房套数计算。	海口市发布一篇名为《海口：未放开全域限购政策调整系支持企业人才购房需求》的文章
12月21日	全国	加强国土空间规划管控，做好乡村振兴用地保障。要研究制定村庄规划引领乡村建设的文件，坚持县域统筹，用好村庄空闲土地，保障农民建房合理用地需求，支持有条件有需求的村庄分区分类编制实用性村庄规划。在守好底线的前提下，为乡村建设和农村一二三产业融合发展提供要素保障。进一步深化农村土地制度改革，为乡村振兴添活力、增动力。深入推进农村集体经营性建设用地入市试点，探索建立兼顾国家、集体和农民利益的土地增值收益调节机制，加快房地一体宅基地确权登记颁证，妥善化解历史遗留问题，切实维护好农民土地权益，真正为群众办实事、办好事。	自然资源部召开党组会议，传达学习习近平总书记对"三农"工作的重要指示和中央农村工作会议精神，研究贯彻落实举措。部党组书记、部长王广华主持会议并讲话
12月21日	全国	明年的工作要坚持稳中求进、以进促稳、先立后破，重点抓好4大板块18个方面工作。要坚持房子是用来住的、不是用来炒的定位，适应房地产市场供求关系发生重大变化新形势。稳定房地产市场，坚持因城施策、一城一策、精准施策，满足刚性和改善性住房需求，优化房地产政策，持续抓好保交楼保民生保稳定工作，稳妥处置房企风险，重拳整治房地产市场秩序。构建房地产发展新模式，建立"人、房、地、钱"要素联动的新机制，完善房屋从开发建设到维护使用的全生命周期基础性制度，实施好"三大工程"建设，加快解决新市民、青年人、农民工住房问题，下力气建设好房子，在住房领域创造一个新赛道。	全国住房和城乡建设工作会议在北京召开
12月21日	唐山	①大力满足刚性住房需求。积极推动国企低价收购平价出售、规划建设平价商品住房、鼓励开发企业组织团购等方式，加大120平方米以下低价位商品住房供应力度，满足无房居民家庭购买首套住房的刚性需求。采取收购库存商品房等多种方式，增加公共租赁住房、保障性租赁住房、长租房、人才公寓等有效供给。②推行平价商品住房。鼓励房地产开发企业特别是国有企业建设平价商品房，限定销售价格和套型面积，参照同地段、同品质普通商品住房价格下浮20%，住房套型建筑面积原则上不超过90平方米。③允许房地产企业调整建设工程设计方案。④鼓励具备条件的房地产企业实行现房销售，逐步取消商品房预售制度。	唐山市近日印发《关于进一步支持居民刚性和改善性住房需求的实施意见》
12月21日	宣城市宁国市	①大力推进货币化安置，优化房地产用地供应。土地出让款一个月20%，6个月内再缴纳土地成交价的30%，余款50%在签订出让合同后1年内缴清。②对个人购买家庭90平方米以下的住房按总房价1%的比例给予购房补贴，对购买面积在90平方米以上新建商品住房的，首套和第二套分别按总房价1.5%和2%的比例给予购房补贴。③对非宁国市户籍居民在宁国市购买首套或二套房，按其所购房屋面积给予300元/平方米购房补贴，最高不超过4万元。④对2022年以来的高校毕业宁国市户籍居民首套或二套房给予150元/平方米购房补贴。⑤农户自愿放弃宅基地安置，选择进城购买住房给予300元/平方米购房补贴，最高不超过4万元。⑥民营企业和个人在我市购买新建非住宅类商品房的，按总房价3%的比例给予购房补贴，最高不超过4万元。⑦45周岁以下职工家庭首次或第二次使用公积金贷款的，保底可贷35万元，外市连续缴纳公积金6个月的家庭在我市购买住房可在我市申请住房公积金贷款。	宣城市宁国市发布《宁国市促进房地产市场平稳健康发展十条措施》

5-4 续表 57

时间	地区	政策内容	政策来源
12月22日	北京	①强化属地责任，引入专业监管机构。②在资金入账方面，购房人支付的预售资金，包括定金、首付款、按揭贷款、分期购房款及其他形式的购房款等，应全部直接存入监管账户，由市住房资金中心按类目进行标识。③在资金支取方面，一是重点监管额度资金应确保封闭运行、专款专用于本项目有关的工程建设。重点监管额度内资金可覆盖后续建设费用时，开发企业可按照用款计划、资金使用节点申请支取重点监管额度内资金。市住房资金中心现场踏勘后，提出初审意见，区住房城乡建设部门审核同意后支付。二是重点监管额度外资金支取，由市住房资金中心提出初审意见，区住房城乡建设部门审核同意后拨付至开发企业指定账户。鼓励开发企业将超出重点监管额度外资金留存在监管专户内使用。④增设资金应急支取通道。当项目确需应急使用重点监管额度内预售资金推进项目建设时，在不超建设阶段支付资金或支付后剩余资金仍可覆盖后续建设费用的前提下，可向区住房城乡建设部门提交有关材料申请拨付使用。	北京市住建局就《〈北京市商品房预售资金监督管理办法（2023年修订版）〉征求意见稿》公开征集意见
12月22日	沈阳	自2023年12月22日至2024年3月31日，在本市范围内，对出售自有住房并购买一套新建商品住房的购房人，由市财政给予购买新建商品住房100元/平方米补贴，卖旧房买新房时间不分先后。	沈阳市房产局发布《关于开展"卖旧买新"活动的公告》
12月26日	全国	原有的住房保障体系以公共租赁住房、保障性租赁住房为主体；现在则在原有以租为主的住房保障体系基础上，将保障性住房建设分为配租型和配售型两种保障性住房，其中配租型包括公共租赁住房、保障性租赁住房，配售型保障性住房按保本微利原则配售。各地当前重点要保障好两类群体，一类是住房困难未得到解决、收入不高的工薪收入群体，另一类是城市需要引进的科技人员、教师、医护人员等。有条件的地方可以逐步覆盖其他群体。保障性住房不得上市交易、实施严格的封闭管理，将是区分保障性住房和市场化住房的一个重要举措，可以最大限度地保障保障性住房的供给。配售型保障性住房建设将坚持"以需定建"原则。地方政府要根据需求科学确定保障性住房发展目标，制定年度建设筹集计划。针对部分城市个别区域出现供给过剩的情况可充分利用依法收回的已批未建土地、司法处置住房和土地等建设筹集配售型保障性住房，避免闲置浪费。与此同时，涉及土地、财税、金融等配套政策已陆续出台。	住建部相关负责人介绍新一轮保障性住房规划建设
12月26日	长治市黎城县	①公积金再次申请住房公积金贷款购买新建自住住房的，首付款比例调整为不低于20%。②购买商品房（住宅、非住宅），受益财政给予购房者实际缴纳契税的50%补助。③首套商贷首付比例最低20%，贷款利率最低可降至LPR减20个基点。对拥有一套住房并已结清相应购房贷款的家庭，为改善居住条件再次购买普通商品住房申请贷款的，金融机构可参照首套房贷款政策执行。	长治市黎城县发布《关于促进房地产业良性循环和健康发展若干措施》
12月26日	宜宾市筠连县	①预售形象进度条件为在投入开发建设资金达到工程建设总投资25%的基础上及满足以下条件：七层及以下的主体施工形象进度需达到地面正负零，七层以上至十一层的须修至地面1层，十二层及以上的须修至地面2层。②允许分期缴纳城市基础设施配套费。③单缴家庭公积金最高贷款额度提高到50万元。双缴家庭公积金最高贷款额度提高到70万元。二孩家庭上浮10万元，三孩家庭上浮20万元。④推行"带押过户"。⑤已交付项目在优先满足本小区业主需要的基础上，支持库存车位对外销售。	宜宾市筠连县发布《筠连县进一步促进房地产市场平稳健康发展若干措施》（征求意见稿）
12月27日	北京	在北京市行政区域内从事房地产经纪、住房租赁经营活动的房地产经纪机构、住房租赁企业及其分支机构应当自领取营业执照之日起30日内，向注册地所在区住房和城乡建设或者房屋主管部门备案。	北京市住房和城乡建设委员会印发《北京市房地产经纪机构、住房租赁企业备案管理暂行办法》的通知

5-5　2023年住房保障政策

时间	地区	政策内容	政策来源
1月5日	乌鲁木齐	新建商品房项目暂停按住房总建筑面积5%配建经济适用住房。将原规定按住房总建筑面积2%的比例配建公共租赁住房，调整为按1.5%的比例配建公共租赁住房。	关于促进房地产业平稳发展的22条措施
1月11日	济南	对符合公租房申请条件的未成年政策内二孩及以上家庭，在申请公租房时优先予以分配；对因家庭人口增加、就业、子女就学等原因需要调换公租房的，根据房源情况实施常态化申请、统一调换；符合租赁住房补贴申请条件的，提高保障面积标准，每增加一孩保障面积标准增加15平方米。	《济南市优化生育政策促进人口长期均衡发展实施方案》发布
1月13日	岳阳	主要利用集体经营性建设用地、企事业单位自有闲置土地、产业园区配套用地、存量闲置房屋建设，适当利用新供应国有建设用地建设，齐全配套水、电、气、路、信等基础设施，并合理配套商业服务设施，满足日常生活需要。可将闲置的棚改安置房、公租房、经适房等政府的闲置住房用作保障性租赁住房。支持专业化规模化住房租赁企业建设和运营管理保障性租赁住房。积极争取中央、省相关资金，持续加大对保障性租赁住房的资金支持。综合利用税费手段，加大对发展保障性租赁住房的支持力度。执行民用水、电、气价格。银行业金融机构应加大对保障性租赁住房建设运营的信贷支持力度。	关于加快发展保障性租赁住房的通知
1月17日	厦门	国有企事业单位自有用地建设保障性租赁住房，可变更土地使用性质，不补缴土地价款，原划拨性质的土地可以继续保留划拨方式等政策；允许土地使用权人通过自建或合作建设运营保障性租赁住房政策。商业银行面向保障性租赁住房项目发放的有关贷款，不纳入房地产贷款集中度管理政策；对商业地产改造为保障性租赁住房的项目，银行发放贷款的期限、利率适用保障性租赁住房贷款相关政策。执行中央财政及省市财政资金支持保障性租赁住房政策。符合条件的可适用减按1.5%计算缴纳增值税、减按4%的税率征收房产税。用水、用电、用气价格按照居民标准执行政策。	关于进一步规范保障性租赁住房优惠政策申领事项的通知
1月31日	南京	公租房保障包含实物配租和租赁补贴两种方式。实物配租主要解决城镇低保、低收入家庭住房困难问题，无房家庭可优先配租。租赁补贴主要解决城镇中等偏下收入家庭住房困难问题，缓解新就业大学生和外来务工人员阶段性住房困难。对2人户的被保障家庭，且相互关系为父子（女）、母子（女）两代人或祖孙隔代的，允许配租两居室公租房。对不具有完全行为能力的1人户，监护人可为其申请配租两居室公租房，超出公租房最小保障面积45平方米的部分，租金按照公租房标准租金收取。城镇中低收入家庭与公租房所有权人（或受委托的运营单位）签订的公租房租赁合同一般为3年至5年。合同期满前，住房保障部门应牵头做好资格复核工作。因房屋质量原因导致无法正常使用或因承租人行动不便、精神残疾的，被保障家庭在公租房承租期间，可申请调换公租房。	关于进一步加强公共租赁住房管理工作的通知
2月5日	淄博市临淄区	符合公租房申请条件的未成年二孩及以上家庭，在申请公租房时优先予以分配。	临淄区"二孩""三孩"家庭购房补贴政策来了
2月5日	金华	加快发展保障性租赁住房，积极引导市场主体参与投资建设、运营保障性租赁住房，增加保障性租赁住房供给，着力解决新市民、青年人住房困难问题，2023年，建设筹集保障性租赁住房2.9万套（间）。	关于推动经济高质量发展若干政策的通知
2月14日	漯河	自2022年8月1日起，新办理商品房预售许可时，暂不执行"按照住宅面积2%的比例配建保障性租赁住房"及"棚户区改造项目（含城中村、旧城区）按照总建筑面积扣除安置房面积后1%的配建比例"的规定。之前已办理商品房预售许可的项目，不再调整。调整保障性住房配建政策延续到2023年底。	关于进一步做好当前支持房地产市场平稳健康发展的通知
2月17日	沈阳	在配租公租房时，对于符合住房保障条件且有未成年子女的家庭，可以优先配租，可根据未成年子女数量在户型选择等方面给予适当照顾。	沈阳市出台《实施积极生育支持措施促进人口长期均衡发展实施方案》

5-5 续表1

时间	地区	政策内容	政策来源
3月1日	安阳	《实施意见》是我市发展保障性租赁住房的指导性文件，主要包括指导思想、基本原则、保障标准、支持政策、保障措施五部分主要内容和一个附件（安阳市保障性租赁住房工作领导小组组成人员名单）。土地支持政策方面：一是探索利用集体经营性建设用地建设；二是支持企事业单位利用自有土地建设保障性租赁住房；三是支持产业园区配建保障性租赁住房；四是支持非居住存量房屋改建保障性租赁住房；五是按照职住平衡原则，提高住宅用地中保障性租赁住房用地供应比例，单列租赁住房用地计划、优先安排、应保尽保。财政支持和税收减免政策方面：一是用好中央财政奖补资金支持；二是免收城市基础设施配套费；三是比照适用住房租赁增值税、房产税等税收优惠政策；四是执行水、电、气、暖民用标准。金融支持政策方：落实国家金融支持政策。公共服务政策方面：落实承租人按规定享受义务教育、医疗卫生等基本公共服务。	关于加快发展保障性租赁住房的实施意见
3月20日	聊城	保租房应坚持"保基本"原则，以建筑面积不超过70平方米的小户型为主。保租房的筹集主体主要包括政府、村集体（农村集体经济组织）、企事业单位、工业园区企业、产业园区企业、房地产开发企业、住房租赁企业等。保租房利用国有建设用地、企事业单位自有闲置土地、产业园区配套用地、集体经营性建设用地建设，或利用非居住存量闲置房屋改建。保租房申请人应当符合以下条件：十八周岁以上或十六周岁以上以自己的劳动收入为主要生活来源的未成年人；持有当地合法有效的居住证或当地城镇户籍；合法稳定就业，并依法正常缴纳养老保险和住房公积金；在当地无自有住房且未享受各类保障性住房政策或人才购房补贴、人才住房补贴（安家费）政策。保租房租金价格实行"一房一价"，经审核认定后的保租房价格信息表应在保租房经营场所显著位置公开悬挂，并通过网站等媒体向社会公示。	关于印发《聊城市保障性租赁住房项目认定细则》的通知
3月20日	西安	由项目单位委托经省住建厅备案的一级房地产估价机构（以下简称：评估机构）评定租金标准。面向本市公开供应的保障性租赁住房项目，项目单位按照不高于评估市场租金的90%确定每套（间）保障性租赁住房租金。市保障性住房管理中心发布房源时，同时公布房屋租金标准。实际执行的租赁价格不得高于备案价格。项目单位、居民存量住房运营服务企业每年度可申请调整一次备案价格。项目单位、居民存量住房出租人、居民存量住房运营服务企业可根据出租情况进行打折、减免租金等优惠让利活动。	关于规范保障性租赁住房租金标准的通知
3月30日	曲靖	《办法》包含总则、房源筹集、支持政策、供应管理、项目认定、监督管理、附则7章部分，共56条。主要对保障性租赁住房的供应对象、申请程序、租金价格、租赁合同年限、闲置房源调剂等作了规定。其中，供应对象为在曲靖市就业的新市民（非本市户籍）、青年人（本市户籍，45周岁〈含〉以下的成年人）。租赁合同期限最长不超过5年。租金价格在本地同地段、同品质市场租金的90%以下。	关于印发曲靖市保障性租赁住房管理办法（试行）的通知
4月6日	济南	符合下列条件之一的无房家庭可申请公租房实物配租：①享受城市最低生活保障家庭和城市分散供养特困人员；②经民政部门认定，人均可支配收入低于我市上年度城镇居民人均可支配收入40%（含）的家庭；③经民政部门认定，人均可支配收入高于我市上年度城镇居民人均可支配收入40%（不含）低于60%（含），且家庭中有以下特殊情形的：60周岁以上老人、重病患者、持有《中华人民共和国残疾人证》的人员、市级以上劳模、见义勇为者、优抚对象、现役军人家属、退役军人、归侨侨眷、长期住济的台湾同胞、计划生育特殊困难家庭、生育二孩以上的家庭。	关于调整济南市公租房实物配租常态化申请准入条件的通知
4月10日	陇南	强化土地要素保障，加大金融财税支持力度。	关于印发《陇南市关于加快发展保障性租赁住房的若干措施》的通知

5-5 续表2

时间	地区	政策内容	政策来源
4月17日	广州	规定了推进保障性租赁住房工作的工作原则、工作流程和监督管理事项。	关于推进非居住存量房屋改建保障性租赁住房工作的通知
4月17日	绍兴市上虞区	二孩、三孩家庭优先配租保障性租赁住房，二孩家庭按市场价70%标准确定，三孩及以上家庭按市场价60%标准确定。	绍兴上虞推出13条生育优化政策
4月28日	岳阳	已建未售的非住宅用房（含商业公寓、营业性商业用房），经申请批准可变更为商品住房或企业自持租赁住房，支持以适当比例改为保障性租赁住房，并及时向水、电、气经营单位和物业主管部门报备，其用水、用电、用气和物业费执行居民收费标准；非住宅用房经批准变更后的住房，其土地使用年限不变。市财政利用住房公积金增值收益部分，购买已完成竣工验收且符合保障性住房要求的商品房，用作人才住房或保障性租赁住房。	印发《关于进一步支持刚性和改善性住房需求促进岳阳市城区房地产市场平稳健康发展的若干措施（试行）》的通知
4月28日	南宁	①已取得南宁市本级（不含市辖县、横州市、武鸣区、东盟开发区，下同）公租房保障资格尚未实物配租的家庭，其家庭保障人口中有三名及以上未成年子女的，可申请定向配租公租房。由住房保障部门根据房源情况及家庭意愿，给予定向实物配租一套公租房，配租的户型为二房一厅或一房一厅或单间配套。②已获得南宁市本级公租房实物配租的家庭，其家庭保障人口中有三名及以上未成年子女的，可申请调换房源。由住房保障部门根据房源情况及家庭意愿，给予办理调换一套公租房，调换的户型为二房一厅或一房一厅或单间配套。	关于给予三孩家庭优先公租房保障有关事项的通知
6月1日	青岛	积极支持平台公司或金融机构所属租赁企业收购存量房源作为保租房。支持住房租赁企业发行信用债券和担保债券等直接融资产品，专项用于租赁住房建设和经营。	关于促进房地产市场平稳健康发展的通知
6月7日	广东	进一步完善公租房保障对促进积极生育的支持措施，各地在配租公租房时，对符合条件且有未成年子女的家庭，可根据其未成年子女数量，在户型选择方面给予适当照顾；进一步优化公租房轮候与配租规则，将家庭人数及构成等纳入轮候排序或综合评分的因素，对符合条件且子女数量较多的家庭可纳入优先配租范围，也可结合当地房源实际直接组织选房；完善公租房调换政策，对因家庭人口增加、就业、子女就学等原因需要调换公租房的，根据房源情况及时调换。对选择租赁补贴的未成年子女数量较多的家庭，适当提高补贴标准。	广东省关于进一步完善和落实积极生育支持措施的实施意见
6月10日	云浮	"十四五"期末全市计划新筹建保障性租赁住房不少于0.1万套。筹集渠道如下：①鼓励盘活存量住房。②鼓励产业园区工业项目配套建设。③支持企事业单位利用自有土地建设。④探索利用集体经营性建设用地建设。⑤支持利用非居住存量房屋改建。⑥鼓励企事业单位参与。⑦其他筹集方式。	关于印发云浮市加快发展保障性租赁住房实施意见的通知
7月3日	深圳	共有产权住房的配售对象主要是符合条件的本市户籍居民，并根据住房供需情况，逐步将常住居民纳入保障范围。申购共有产权住房的，需满足《办法》第十二条规定的条件，主要包括户籍、在本市无自有住房、未在本市享受过购房优惠政策、正常缴纳社会保险且累计缴纳5年（具备市人民政府规定的人才引进迁户核准条件的，累计缴纳社会保险3年）等。市住房建设部门可以根据实际情况，调整申请人、共同申请人的户籍以及申请人的年龄等申请条件，在配售通告中载明。共有产权住房配售建筑面积标准按照符合条件的家庭人口数确定，具体为：3人以下（含3人）家庭或者单身居民为65平方米左右，4人以上（含4人）家庭为85平方米左右。建筑面积85平方米左右的房源，也可以根据实际情况面向3人家庭配售，具体在配售通告中载明。共有产权住房项目的销售均价按照市场参考价格的50%确定。购房人产权份额按照项目销售均价占市场参考价格的比例确定，原则上不低于50%；其余部分为政府产权份额。	深圳市共有产权住房管理办法

5-5 续表3

时间	地区	政策内容	政策来源
7月3日	深圳	保障性租赁住房的出租对象包括符合条件的新市民、青年人及各类人才。申请政府组织配租的保障性租赁住房，需满足《办法》第十一条规定的条件，主要包括在本市无自有住房、未正在本市享受住房保障优惠政策、具备市人民政府规定的人才引进迁户核准条件、正常缴纳社会保险等。住房建设部门可以结合实际情况设定其他申请条件，具体申请条件在配租通告中载明。申请社会主体出租的保障性租赁住房的条件是在本市特定区域无自有住房、未正在本市租住具有保障性质的住房。承租产业园区配套宿舍不受前述条件限制。	深圳市保障性租赁住房管理办法
7月3日	深圳	公共租赁住房的配租对象主要包括符合条件的住房困难户籍居民，以及为社会提供基本公共服务的一线职工。申请轮候公共租赁住房的，需满足《办法》第十一条规定的条件，主要包括户籍、在本市无自有住房、未正在本市享受住房保障优惠政策、收入财产符合限额标准、正常缴纳社会保险且累计缴纳3年等。公共租赁住房配租建筑面积标准按照符合条件的家庭人口数确定，具体为：单身居民以不超过35平方米为主；2人家庭以不超过50平方米为主；3人以上（含3人）家庭以不超过60平方米为主。建筑面积超过70平方米的房源，优先面向5人以上（含5人）家庭配租，根据供需情况也可以面向4人家庭配租。符合公共租赁住房收入财产限额标准的，租金为市场参考租金的30%。属于特困人员、最低生活保障家庭、最低生活保障边缘家庭的，租金为市场参考租金的3%。	深圳市公共租赁住房管理办法
7月3日	深圳	保障性住房可以通过新供应建设用地建设，城市更新、土地整备建设，机关企事业单位、社会组织等自有用地建设，产业园区配套用地建设，未完善征（转）地补偿手续空地、历史遗留未完善出让手续用地、公用设施用地、交通设施用地、轨道交通用地等建设，具有居住功能的存量房屋筹集，非居住存量房屋改建等。保障性住房设计遵循因地制宜、经济实用、绿色健康、智慧人文的原则，执行保障性住房建设标准及相关建筑设计规范，不断提升居住品质，落实交通、教育、医疗配套与新建保障性住房项目同步规划、同步建设、同步交付使用的要求，推进基本公共服务均等化。根据国家及广东省相关要求，公共租赁住房户型建筑面积以60平方米以下为主，新增建设筹集的保障性租赁住房户型建筑面积以70平方米以下为主，共有产权住房户型建筑面积以90平方米以下为主。	深圳市保障性住房规划建设管理办法
7月5日	广元	鼓励银行机构支持刚性和改善性住房需求，加强对保障性租赁住房建设运营的金融支持。	关于印发《广元市聚焦高质量发展推动经济运行整体好转的若干具体政策措施》的通知
7月17日	北京	明确保障房样板间户型需覆盖60%房源总数，同时首次明确成品样板间封样后，不得随意变更全装修部品、材料，如需更换则需满足同档品牌、同等标准的替换原则要求。	关于印发《保障性住房设计方案评审工作规程》的通知
8月15日	山东	加快发展保障性租赁住房，全年筹集保障性租赁住房8.3万套（间），发放住房租赁补贴4万户。对利用非居住存量土地建设和非居住存量房屋建设的保障性租赁住房，取得有关单位出具的保障性租赁住房项目认定书后，用水、用电、用气、用暖价格按照居民标准执行。	山东省人民政府印发关于进一步提振扩大消费的若干政策措施的通知
8月18日	厦门	对《厦门市存量非住宅类房屋临时改建为保障性租赁住房实施方案》（厦房租赁〔2021〕9号）进行了修订。《方案》主要包括适用范围、改建原则、改建条件及要求、工作流程、其他事项共五部分内容。根据工作需要，本次修订按照新改建项目和已改建项目两种类型，区分新改建项目和已改建项目的实施流程，对五个部分内容进行了补充、完善，重点增加了2023年9月1日前已改建项目申请认定为保租房的相关程序。	关于印发存量非住宅类房屋临时改建为保障性租赁住房实施方案的通知

5-5 续表4

时间	地区	政策内容	政策来源
8月23日	包头	申请公共租赁住房租赁补贴可以个人或家庭为单位申请。以家庭为单位申请的，须确定1名主申请人；家庭成员之间应有抚养、扶养和赡养关系；户籍外的配偶和在校学生子女均视为家庭成员。根据申请人（家庭）成员数量实行梯度补贴，每月每平方米补贴5元。补贴按月计算，按季发放。	关于印发包头市关于加快推进公共租赁住房租赁补贴的实施方案（修订稿）的通知
9月1日	全国	加大保障性住房建设和供给，"让工薪收入群体逐步实现居者有其屋，消除买不起商品住房的焦虑，放开手脚为美好生活奋斗"。	关于规划建设保障性住房的指导意见
9月4日	韶关	《通知》主要有五部分内容，一是明确调整配建保障性住房形式情况；二是配建保障性住房建设要求；三是保障性住房配建流程；四是配建保障性住房管理要求；五是其他要求。	关于规范韶关市区普通商品住房新开发项目配建保障性住房工作的通知
9月8日	广东	扩大保障性租赁住房供给，鼓励机关事业单位、国有企事业等单位对现有符合安全要求物业改造为租赁住房，简化利用存量土地和房屋改建保障性租赁住房调整规划手续。加快推进广州、深圳、佛山、东莞市位于中心城区及位于重要功能平台、重点发展区域的城中村实施改造，探索城中村改造与扩大保障性租赁住房供给相结合的模式，拓宽保障性租赁住房筹集渠道。	广东省扩大内需战略实施方案的通知
9月15日	合肥	强化住房保障，在发挥好现有公租房、保障性租赁住房兜底保障作用的基础上，规划建设保障性住房，促进房地产市场平稳健康发展和民生改善。	关于进一步优化房地产调控政策的通知
9月20日	广州	大力加快推动公共租赁住房、保障性租赁住房和配售的保障性住房发展。提高公共租赁住房保障水平，完善户籍家庭公共租赁住房保障方式；支持各类市场主体积极参与，多主体、多渠道筹集建设保障性租赁住房；建立健全配售的保障性住房体系，稳慎有序开展规划建设。	广州市人民政府办公厅关于优化我市房地产市场平稳健康发展政策的通知
9月26日	成都	进一步发挥好现有公共租赁住房、租赁补贴、保障性租赁住房等兜底保障作用。规划建设保障性住房，重点保障住房困难的工薪收入群体以及城市需要的人才群体。	关于进一步优化政策措施促进房地产市场平稳健康发展的通知
9月27日	荆门	优化保障性租赁住房政策。完善土地、财税、金融等配套措施，引导市场主体利用自有商品房项目，参与先租后售试点。在产业园区，原则上不再分散建设生活配套服务设施，鼓励将同一产业园区中多宗工业用地项目的双控指标对应的用地面积或建筑面积集中起来，统一建设保障性租赁住房。	市人民政府办公室关于进一步促进中心城区房地产市场健康平稳发展的通知
10月16日	宿迁	拓宽保障性房源筹集渠道，属地政府（管委会）可购置存量商品房用作安置房，对房地产去化周期偏长的项目可购置作为保障性租赁住房，实现多方共赢。	关于进一步优化中心城区房地产业发展的若干政策措施
10月16日	杭州	加大保障性住房建设和供给，提高保障性住房在住房总供给中的比例。	关于优化调整房地产市场调控措施的通知
10月17日	连云港	可根据房地产开发项目具体情况对在开发项目中配建保障性住房事项一事一议。支持国有房地产企业通过收购、易地建设的方法筹集保障性住房。根据市场租金情况调整保障性住房补贴标准，增加货币化保障的比例。	关于进一步促进住房消费活跃房地产市场的通知
10月24日	蚌埠	支持购买商住房发展保障性租赁住房。支持用人用工单位购买符合条件的新建商品住房、公寓发展保障性租赁住房，用于解决职住平衡。符合条件的保障性租赁住房享受补贴优惠等支持政策。	关于支持合理住房需求提升服务效能促进房地产平稳健康发展若干措施
10月31日	南平	加快推进乡镇保租房、人才房建设。全方面降低保障性住房建设和交易环节税费。坚持以人为本，统筹发展，引导多方参与，支持社会团体、城郊村、城中村等集体建设保租房，分类政策支持，构建公平多元的住房保障体系。	关于印发促进建阳区房地产市场平稳健康发展若干措施的通知

5-5 续表5

时间	地区	政策内容	政策来源
10月31日	南平市建阳区	加快推进乡镇保租房、人才房建设。全方面降低保障性住房建设和交易环节税费。	促进建阳区房地产市场平稳健康发展若干措施
11月1日	成都	房源筹集方式：①存量住房改造。支持各类市场主体将自有存量住房在报经批准后，改造盘活用作保障性租赁住房。②存量土地建设。支持各类市场主体利用依法取得使用权的土地在报经批准后，建设保障性租赁住房。③非居住存量房屋改建。支持各类市场主体将自有闲置和低效利用的商业办公、旅馆、厂房、仓储、科研教育等非居住存量房屋在报经批准后，改建为保障性租赁住房。④租赁住房纳管。鼓励专业化规模化租赁企业将整体运营并实施集中管理的租赁住房、房地产开发企业将配建自持的租赁住房等房源，在符合安全要求的基础上，报经批准后，纳入保障性租赁住房管理。	关于印发《关于支持各类市场主体积极建设保障性租赁住房的实施方案》的通知
11月6日	宜宾	加大住房保障力度。加强保障性租赁住房、共有产权住房、人才公寓等各类保障住房筹集和建设，支持和鼓励通过改建、盘活存量房屋、购买新建商品房等方式筹集房源，积极推行"房票"安置，满足群众多元化住房需求。	关于印发《进一步促进房地产市场平稳健康发展若干政策措施（试行）》的通知
11月13日	衢州	扩大政策性住房供给。多渠道筹集保障性租赁住房，加快解决新市民、青年人等群体临时住房困难问题。持续加大公租房保障力度，加快推进分配入住，使住房困难家庭尽快受益。智慧新城、智造新城、县（市、区）可通过购买存量商品房方式筹集各类政策性住房，满足困难群众居住需求，切实提高城镇住房保障受益覆盖率。	关于优化政策举措促进房地产市场平稳健康发展的通知
11月13日	商丘	积极发展保障性租赁住房。支持国有投融资平台公司或国有非银行业金融机构作为投资主体，购买存量房屋用作保障性租赁住房。实行多样化回迁安置，根据当前征收安置实际，市中心城区原则上不再新建安置房，通过购买商品住房、发放安置房票等货币化为主的方式实施安置。	关于进一步促进房地产市场平稳健康发展的若干措施
11月13日	甘肃	坚持供需匹配的原则，扩大保障性租赁住房供给，着力构建"一张床、一间房、一套房"的多层次租赁住房供应体系，推动解决新市民、青年人等住房困难群体的住房问题。	甘肃省人民政府办公厅转发省发展改革委关于恢复和扩大消费若干措施的通知
11月14日	攀枝花	对闲置和低效利用的商业办公、旅馆、厂房、仓储、科研教育等非居住存量房屋，经属地政府（管委会）批准，报市政府同意，在符合规划原则、权属不变、满足安全要求、尊重群众意愿的前提下，允许改建为保障性租赁住房。用作保障性租赁住房期间，不变更土地使用性质，不补缴土地价款。取得保障性租赁住房认定书后，落实税收优惠政策，执行民用水电气价格。加强与金融机构的对接，加大对保障性租赁住房建设运营的信贷支持力度。	关于促进攀枝花市房地产市场平稳健康发展的通知
11月20日	东莞	①第一阶段按原政策销售。首次销售时，共有产权住房（含三限房、配建安居房）仍按照原政策进行定向分配和公开配售。②第二阶段在全市范围调整申购条件销售。共有产权住房中三限房取得预售证满6个月后、配建安居房首次发布配售公告6个月后，仍有剩余房源的，配售单位可以对项目全部房源启动第二阶段销售，对申购人的基本条件进行以下调整：一是放宽同住家庭成员要求。二是放宽社保要求。三是放宽配售区域要求。四是设定优先分配顺序，兼顾公平的同时向人才和多人家庭倾斜。	关于调整东莞市共有产权住房（含三限房、配建安居房）申购资格条件的通知
11月24日	广东	扩大保障性住房供给。推动重点城市规划建设保障性住房，加快筹建保障性租赁住房，2023年新增筹建保障性租赁住房不少于22万套（间）。支持企事业单位利用自有空闲土地建设保障性租赁住房。鼓励机关事业单位、国有企业等单位将符合安全要求的现有物业改造为保障性租赁住房。简化利用存量土地和房屋改建保障性租赁住房调整规划的手续。支持广州、深圳结合城中村改造规模化建设保障性租赁住房。	广东省人民政府办公厅关于印发广东省进一步提振和扩大消费若干措施的通知

5-5 续表6

时间	地区	政策内容	政策来源
11月24日	自贡	加强保障性租赁住房、共有产权住房、人才公寓等各类保障住房筹集和建设，支持和鼓励通过改建、盘活存量房屋、购买新建商品房等方式筹集房源，采取"房票"等方式统一购买存量商品住房作为安置房源。满足群众多样化需求。	关于印发《进一步推动我市房地产市场平稳健康发展的十三条政策措施》的通知
11月26日	湖北	加强中低收入群体住房保障。缓解住房租赁市场结构性供给不足，支持各地通过购买、改建、改造、租赁、新建等多种方式筹集保障性租赁住房，力争2025年以前全省每年新增5万套以上。支持房地产企业推出"换新购"等新模式，更好激发"以小换大""卖旧换新"等改善性住房需求。购买首套住房，公积金贷款额度核定暂不与借款人住房公积金缴存时间系数和账户余额挂钩；有条件的市县可支持提取住房公积金支付购房首付款，允许缴存职工购买住房时，提取使用父母或子女的住房公积金。	湖北省关于进一步保障和改善民生若干措施的通知
11月27日	四川	加大住房供给保障。扩大保障性租赁住房供给，力争"十四五"期间筹集30万套（间），着力解决新市民、青年人等群体住房困难。	转发省发展改革委《关于恢复和扩大消费若干措施》的通知
12月11日	广东	推进保障性安居工程建设。扩大保障性租赁住房供给，制定和完善保障性租赁住房配套政策，用好土地、财税、金融等各类优惠政策，进一步挖掘集体经营性建设用地、企事业单位自有闲置土地资源潜力，推进政府和企业事业单位闲置住房、自有物业转为保障性租赁住房；发挥国资国企作用，培育发展专业化住房租赁企业，引导农村集体经济组织参与保障性租赁住房建设运营，促进解决新市民、青年人等群体住房困难问题。持续做好公租房保障，优化公租房保障方式，推行实物保障和货币补贴并举，对城镇户籍低保、低收入住房困难家庭依申请应保尽保，对其他保障对象在合理轮候期内给予保障。规范租赁补贴发放，满足住房困难群众多样化的住房需求。2023—2027年，新增累计筹集建设保障性安居工程住房77万套（间、户），其中：保障性租赁住房60万套（间）、公租房5万套，实施发放租赁补贴12万户。	关于印发《广东省"民生十大工程"五年行动计划（2023—2027年）》的通知
12月13日	连云港	市住建部门积极调整配建保障房异地建设费缴纳标准，对于已经完成土地招拍挂，按规划设计条件需要配建保障性住房，但尚未建设的房地产开发项目，允许房地产开发企业按照原标准（住宅商品房平均销售价格）的90%缴纳保障性住房易地建设费或提供等值商品房。	关于进一步优化政策措施促进房地产市场平稳健康发展的通知
12月14日	青岛	已经取得《保障性租赁住房项目认定书》的保租房项目，出租单位自愿申请参加"保租房+青年人才驿站"试点的，应向当地区（市）住房城乡建设部门提出申请，提交项目以及房源基本情况信息。	关于印发《"保障性租赁住房+青年人才驿站"试点工作方案》的通知
12月18日	玉溪	存量商品住房允许转化为保障性租赁住房。转化为保障性租赁住房的商品住房项目，运营期间享受保障性租赁住房相应政策支持。	关于进一步促进房地产市场平稳健康发展的若干措施的通知
12月27日	福州	四城区（鼓楼、台江、仓山、晋安）内合法建设的住宅、单位宿舍等存量住房，在满足房屋安全、符合规划条件的前提下，可以装修改造后盘活为保障性租赁住房。经城中村改造后的存量房屋，符合保障性租赁住房有关认定要求的，也可以申请盘活为保障性租赁住房。	关于印发《关于利用存量住房筹集盘活为保障性租赁住房实施细则（试行）》的通知

5-5 续表7

时间	地区	政策内容	政策来源
12月27日	常州	新政进一步优化了公租房保障范围，重点向两个群体倾斜：一是进一步扩大城镇困难家庭的公租房实物配租覆盖面，重点向"一老一小"家庭、残疾人家庭、失独家庭、大病家庭等特殊困难群体倾斜；二是加大公共服务重点行业一线职工公租房保障力度，构建多层次公租房供应体系，在现有基础上，进一步加大对市容环卫及保洁、公共交通、医疗、市政设施管养维护、邮政及快递、绿化园林等城市必需和公共服务重点行业外来一线职工的保障。同时，新政进一步完善了公租房梯级退出机制。原公租房家庭在取消资格后，确实存在腾退困难的，在搬迁期和市场租金的渐涨过程中增加了过渡期。过渡期租金渐涨，这些家庭如能再次符合公租房条件，可以原地配租。	关于进一步优化完善公共租赁住房保障体系的通知
12月29日	南充	加大住房保障力度。鼓励属地人民政府在实施年度保障性租赁住房建设时，优先回购库存小户型商品住房、公寓，并直接或经改造后作为保障性租赁住房。对近3年内毕业的大中专毕业生在南就业、创业并落户的，租住保障性租赁住房、公租房可享受50%的租金减免。支持保障性住房建设。在符合规划、满足安全要求的前提下，支持利用闲置低效商业、办公等非住宅用地建设保障性住房，须变更土地用途，原划拨的土地继续保留划拨方式，不补缴土地价款，原出让的土地应收回并以划拨方式供应。	关于印发《南充市进一步促进房地产市场平稳健康发展若干政策措施》的通知

5-6　2023年公积金政策

时间	地区	政策内容	政策来源
1月1日	北京	（1）租住保障性租赁住房的，可依据实际房租提取住房公积金。（2）职工新申请以下7类住房公积金提取事项时，可按月提取：①购买北京市行政区域内住房申请提取住房公积金。②使用北京住房公积金管理中心贷款购买住房申请提取住房公积金。③购买北京市行政区域外住房申请提取住房公积金。④使用商业银行贷款及使用异地公积金贷款购买北京市行政区域外住房申请提取住房公积金。⑤租房申请提取住房公积金。⑥大修、翻建、自建北京市行政区域内自住住房申请提取住房公积金。⑦因婚姻关系提取住房公积金。	北京市住房公积金管理中心发布《关于进一步优化住房公积金提取业务的通知》
1月1日	常州	商转公贷款可选择"以贷还贷"或"先还后贷"其中一种住房公积金提取方式。	常州市住房公积金管理中心制定出台《常州市商业性个人住房贷款转个人住房公积金贷款管理办法（试行）》
1月5日	防城港	①多孩家庭购首套房。公积金可贷额度提高至55万元。②无自有住房且租赁住房的多子女家庭，提取住房公积金提高标准200元。	防城港市住房公积金管理委员会印发《关于实施多子女家庭使用住房公积金支持政策的通知》
1月5日	兰州	兰州公积金中心缴存职工使用商业住房贷款购买兰州市内住房，取得不动产权证书或房屋所有权证，且正常偿还商业住房贷款一年以上，符合兰州公积金中心现行贷款政策规定的，可向兰州公积金中心申请，将原商业住房贷款剩余本息超出转公积金贷款金额的差额部分以自筹资金方式足额偿还，商业住房贷款本金余额转为住房公积金贷款。	兰州市住房公积金管理中心发布《兰州住房公积金管理中心商业性个人住房贷款转住房公积金个人住房贷款暂行规定（试行）》
1月5日	连云港	①无房或仅一套住房购房的，可以申请公积金贷款。②提高多孩家庭公积金最高贷款额度，二孩家庭单人40万双人80万，三孩家庭单人45万双人90万。③人才差别化贷款政策，最高公积金贷款额度100万元。④公积金借款人年龄与贷款期限之和可延长至法定退休年龄后5年，最长不超过30年。	连云港市发布《关于进一步优化住房公积金贷款政策的通知》
1月6日	大连	①本市级最高贷款额度调整为单人45万元、双人80万元；其他区域最高贷款额度调整为单人40万元、双人67万元，多子女家庭购买首套自住住房公积金最高可贷100万元。②首套房贷款，建筑面积90平方米（含）以下的，首付最低20%；90平方米以上首付最低30%。二套首付最低30%。	大连市住房公积金管理中心起草《关于调整住房公积金使用政策的通知（征求意见稿）》，面向社会征求公众意见
1月9日	丹东	①贷款条件取消"再次申请公积金贷款，申请时间与前次贷款结清时间需间隔12个月以上"政策要求。②对已过户至借款人名下的二手住宅不予贷款。	丹东市住房公积金管理中心发布个人住房公积金贷款管理实施细则
1月10日	亳州	在亳州市购买新建商品住房且首次申请住房公积金贷款的，贷款最高额度可按家庭当期最高贷款额度限额上浮10万元确定。	据安徽省亳州市住房公积金管理中心官网，亳州市发布《关于支持多子女家庭使用住房公积金贷款的通知》
1月11日	绍兴	①公积金贷款最高额度上调：三区及诸暨市单人70万，双人100万。嵊州市、新昌县单人50万，双人80万。②全市住房公积金贷款保底额度统一调整为不低于30万元。③大专及以上毕业3年内落户或就业的首套首次住房公积金贷款额度上浮20%。④二孩、三孩公积金贷款额度上浮20%、30%，不得超过最高额度的120%。⑤支持自建房住房公积金贷款。⑥支持公积金贷款"带押过户"。	绍兴市住房公积金管理委员会关于印发《住房公积金"惠民生、促共富"十条举措》的通知
1月11日	台州	①首次或第二次申请住房公积金贷款的首付比例分别为20%和30%。②最高贷款额度单方50万元，夫妻100万元，三孩家庭上浮20%。③"认房"范围以购房所在地行政区域为认定标准。④首次住房公积金贷款结清符合条件即可再次申请。⑤租房提取额度提高至1500元/人。	据台州日报，我市部分住房公积金阶段性支持政策将继续实施

5-6 续表1

时间	地区	政策内容	政策来源
1月30日	长沙	我市缴存职工（含省直分中心）可贷额度按照借款人夫妻双方住房公积金账户余额之和的16倍计算。	长沙市住房公积金管理委员会发布《关于明确2023年个贷倍数的通知》
2月2日	咸宁	采用"先还后贷"方式，即针对符合"商转公"贷款条件且能够自筹资金先结清商业银行个人住房按揭贷款的借款申请人，符合《咸宁市住房公积金贷款管理办法》贷款申请条件，同时商业银行同意借款申请人提前结清借款并出具原商贷余额及剩余贷款期限的证明，可以直接办理住房公积金个人住房贷款。	咸宁市住房公积金中心发布关于开展"商转公"贷款业务的通知
2月3日	东营	①贷款额度由一人缴存住房公积金最高30万元调整为40万元，两人缴存住房公积金最高50万元调整为60万元。②公积金购买首套自住住房的，首付款比例由30%降低为20%，购买第二套自住住房的，首付款比例由40%降低为30%。同时，月还款额与月收入比上限由50%提高到60%。	东营市住房公积金管理委员会印发《关于调整部分住房公积金使用政策的通知》
2月5日	威海	①公积金首套首付降为20%。②多孩家庭最高贷款额度提高10万元。③申请公积金贷款的缴存时限放宽至6个月。④商转公贷款取消办理商业住房贷款不超过三年的限制，调整为取得房屋不动产权证后即可申请。⑤支持首付款提取公积金。⑥提高租房提取公积金额度到每人每年12000元。	威海市住房公积金管理中心发布《关于调整住房公积金使用政策的通知》
2月6日	临沂	①多孩家庭购房公积金可贷额度提高，二孩家庭上浮10万元，三孩家庭上浮20万元。商转公最高贷款额度为50万元。②在临沂市购买首套普通自住住房申请住房公积金贷款的，最低首付款比例由30%降至20%。	临沂市住房公积金中心发布关于抓好住房公积金贷款相关政策落实的通知
2月7日	丹东	①受新冠疫情影响员工2023年6月30日前申请公积金贷款和提取公积金不受缓缴影响。②缴存职工第二次申请公积金贷款不再受12个月以上间隔时间限制。③将冻结开发企业阶段性担保保证金比例由10%下调为5%。	丹东市住房公积金管理中心印发《关于进一步调整住房公积金相关政策的通知》
2月7日	太原	①购买首套住房申请住房公积金个人贷款的，首付比例为不低于购房总价的20%；购买第二套改善型住房申请住房公积金个人贷款的，首付比例为不低于购房总价的40%。②我市目前住房公积金贷款额度为双职工最高64万元，单职工最高40万元，同时最高贷款额度受缴存职工缴存年限限制，缴存年限在3年以下的，最高贷款额度24万元。	太原市住房公积金管理中心答复贷款常见问题
2月8日	乌兰察布	将现行的单缴职工最高贷款额度由40万元提高到50万元，双缴职工最高贷款额度由70万元提高到80万元。	乌兰察布市住房公积金中心关于调整贷款额度的通知
2月8日	淄博	①多孩家庭首套二套公积金贷款额度上浮20%。②无自有住房且租赁住房的多子女家庭，按照实际房租支出提取住房公积金。	淄博市公积金管理中心发布《关于实施我市多子女家庭住房公积金支持政策有关事项的公告》
2月10日	德州	自2月13日起，对购买自住住房使用住房公积金贷款的多子女家庭，一人缴存住房公积金的职工家庭最高贷款额度为50万元；夫妻双方均缴存住房公积金的职工家庭最高贷款额度为60万元。	德州市住房公积金管理中心发布《关于支持多子女家庭使用公积金的通知》
2月14日	海南	将原认定标准"二手房房产价格认定，依据存量房买卖合同或协议载明的购房价款、税务部门出具增值税普通发票载明的计税价格（即发票中的'金额'）两者中的低值予以确认"，调整为"二手房房产价格认定，以网签备案的存量房买卖合同载明的购房价款、税务部门出具增值税普通发票载明的价税合计额两者中的低值予以确认"。	海南省住房公积金管理局对住房公积金贷款审批过程中二手房房价认定标准做出调整

5-6 续表2

时间	地区	政策内容	政策来源
2月14日	吉林	①单职工缴存住房公积金的家庭最高贷款额度为50万元，双职工70万元。②申请公积金不得有未结清的公积金贷款，未结清其他贷款纳入审核。③存量房房龄限制延长至30年，贷款年限与房龄之和不得超过40年。④延长以下政策至2023年年底：住房公积金贷款条件为缴纳公积金6个月、首套首付20%、公积金贷款额度最高为公积金账户余额之和的10倍、无房且租房职工租房提取额度上浮50%。	吉林市公积金中心发布《关于延长阶段性支持政策实施时间和调整相关贷款政策的议案》
2月27日	南京	在本市缴存住房公积金的职工及其配偶购买南京市新建商品住房且符合购房提取条件的，可以与开发企业签订协议，用个人住房公积金账户内余额作为购房前期资金。	南京市住房公积金管理中心发布《关于优化南京市提取住房公积金支付购房款相关规定的实施细则》
3月1日	合肥	①多子女家庭购买首套自住住房且首次申请住房贷款的，单方正常缴存最高可贷款额度提高至65万元，夫妻双方正常缴存最高可贷款额度提高至75万元。②多子女家庭无房租赁住房提取住房公积金的，提取限额按现行规定额度标准上浮50%确定。	合肥市住房公积金管理中心发布关于公开征求《关于实施多子女家庭住房公积金优惠政策的通知（征求意见稿）》意见的公告
3月13日	揭阳	①多子女家庭在本市无自有住房且租赁住房提取的，可按照实际租房支出提取住房公积金，不受我市租房提取最高额度限制，每年可提取一次，每次可提取一年实际租房支出金额。②多子女家庭首次申请住房公积金贷款的，二孩家庭贷款额度可按揭公积金管委〔2022〕3号文件标准上浮10%，三孩家庭贷款额度可按揭公积金管委〔2022〕3号文件标准上浮20%。	揭阳市印发《关于实施多子女家庭住房公积金支持政策的通知》
3月13日	襄阳	住房公积金缴存职工及灵活就业缴存人员在申请住房公积金贷款时，可以通过申请添加共同还款人的方式，提高还款能力，增加可贷金额。共同还款人的条件和范围包括借款人或共同借款人的父母、子女，具备完全民事行为能力、具有稳定收入，无未结清的各类商业性贷款和住房公积金贷款，且信用记录良好，年龄在65周岁以内的人员，但添加共同还款人最多不超过4人。	襄阳市住房公积金中心出台借款人和共同借款人可添加共同还款人的政策
3月14日	南阳	①公积金二套首付比例降至20%。②商品住房贷款额度提至80%。③二手房贷款额度提至不得超过契税完税凭证房产计税价格的80%。④提高建造、翻建、大修住房贷款额度至不得超过支付工程建设费用的增值税发票应税金额的80%。⑤提高抵押住房价值额度至不得高于评估现值的80%。	南阳市公积金管理中心发布关于调整住房公积金贷款管理办法部分条款的通知
3月15日	玉溪	①可按年提取公积金偿还商业银行个人住房贷款。②将双缴存职工最高贷款额度提高到60万，单职工40万元。③首套贷款首付20%，二套房贷款的首付比例下调至30%。④取消两次公积金贷款间隔。	玉溪市公积金管理中心宣布从5月4日起玉溪调整住房公积金政策
3月16日	梅州	①公积金最高贷款额度提高，50万元/双人，30万元/单人，25万元/异地。②建立贷款额度和预警等级联动调整机制，动态调整公积金贷款额度。③在本市范围内无房产且正常缴存租赁住房的职工家庭可提取1080元/月。④购房可一次或分次提取本人及配偶住房公积金账户内存储余额。	梅州市住房公积金管理委员会四届一次全会审议通过了公积金相关政策
3月17日	吉安	①各类人才公积金购房优先受理和放款。②三孩家庭租房提取额度上升1000元/月。购房公积金贷款额度上浮50%。③中西城区购房贷款最高额度提升至80万元/双人，70万元/单人或异地。④灵活就业人员可自愿缴存和使用住房公积金。	吉安市召开优化住房公积金政策措施新闻发布会
3月17日	攀枝花	在本市无自住住房且租住商品住房的非多子女家庭，提取金额由不超过18000元/年提高至24000元/年；多子女家庭的提取限额为实际发生的租金额。	据攀枝花市住房公积金管理中心消息，该市提高租赁商品住房公积金提取限额

5-6 续表3

时间	地区	政策内容	政策来源
3月20日	马鞍山	①提高职工住房公积金贷款最高限额,双缴职工最高70万元,单缴存职工50万元。多孩家庭双缴上浮10万元,单缴上浮5万元。符合条件的人才额度最高70万元。②婚前办理过公积金贷款的,婚后购改善住房可申请一次公积金贷款。③支持公积金支付首付,支持二手房公积金"带押过户"。④对于预售期房主体结构形象进度达到三分之二的,开发企业可办理住房公积金贷款预准入。	马鞍山发布《关于调整我市住房公积金使用政策的通知》
3月21日	丽水	①提高职工住房公积金贷款最高限额,首套双缴职工最高100万元,单缴存职工60万元;二套双缴职工最高80万元,单缴存职工50万元。②多孩家庭住房公积金最高限额上浮20%,租房提取限额上浮50%。③职工住房公积金可贷额度调整为20倍。④全市住房公积金贷款保底额度调整为每户30万元。⑤支持按月提取住房公积金偿还商贷。	丽水市住房公积金管理中心发布《关于进一步完善住房公积金政策的通知(征求意见稿)》
3月21日	南通	①提高职工住房公积金贷款最高限额,双缴职工最高100万元,单缴存职工50万元。②公积金租房提取额度由每月1000元/人调整为1200元/人。③新市民、灵活就业人员正常缴存住房公积金满6个月,最高贷款额度不超过50万元/人、100万元/户。④高层次人才公积金贷款额度最高200万元/户。⑤二孩家庭上浮10万元/户,三孩家庭上浮20万元/户。⑥二孩家庭租房提取额度上浮50%,三孩家庭上浮100%。⑦支持公积金缴存人用公积金支付购房首付。	南通市发布关于调整住房公积金相关政策的通知
3月21日	德州	对购买自住住房使用住房公积金贷款的多子女家庭,一人缴存住房公积金的职工家庭最高贷款额度为50万元;夫妻双方均缴存住房公积金的职工家庭最高贷款额度为60万元。	德州市住房公积金管理中心发布《关于支持多子女家庭使用住房公积金的通知》
3月21日	赣州	双缴存职工(夫妻双方)家庭在我市购(建)自住住房首次使用住房公积金贷款的最高额度统一提高到80万元,单缴存职工(夫妻一方)家庭在我市购(建)自住住房首次使用住房公积金贷款的最高额度统一提高到70万元。第二次使用住房公积金贷款的最高额度保持不变。	赣州市住房公积金管理中心发布《关于提高职工首次使用住房公积金贷款额度的通知》
3月21日	赣州	依法生育三孩的缴存职工家庭(夫妻双方)在工作所在地无自有住房且租赁普通自住住房的,可每年按不超过租住商品住房所在地现行上限标准的3倍,提取一次本人及配偶住房公积金个人缴存账户存储余额用于支付上一年度租房资金。	赣州市住房公积金管理中心发布《关于调整依法生育三孩的缴存职工家庭租赁普通自住住房提取住房公积金额度的通知》
3月21日	赣州	统一全市住房公积金贷款最高额度,不再对中心城区(章贡区、赣州经开区、蓉江新区、赣县区和南康区)和各县(市)缴存职工申请住房公积金贷款最高额度实行差别化管理。	赣州市住房公积金管理中心发布《关于统一全市住房公积金贷款最高额度的通知》
3月21日	赣州	灵活就业人员连续正常缴存住房公积金满6个月(180天),且符合我市住房公积金贷款政策规定条件的,可申请住房公积金贷款。	赣州市住房公积金管理中心发布《赣州市灵活就业人员缴存和使用住房公积金暂行管理办法》
3月22日	深圳	①单人公积金贷款最高额度为50万元,双人90万元。首套上浮20%;绿建二星上浮30%;多孩家庭首套上浮30%;多孩家庭首套绿建二星上浮40%。②,若上年度末深圳住房公积金个贷率处于85%(含)~95%区间的,上述情形贷款最高额度上浮比例回调10个百分点,即上浮10%、20%、30%;若上年度末深圳住房公积金个贷率在95%(含)以上,上述情形贷款最高额度上浮比例回调20个百分点,即上浮0%、10%、20%。③在老旧小区改造项目竣工验收后3年内,房屋产权人及其配偶、父母、子女可以申请提取住房公积金,用于支付房屋产权人出资的改造费用。④商转公贷款可贷额度以商品住房进行抵押的,可贷额度不高于抵押物评估价的70%。	深圳市住房公积金管理委员会印发《深圳市住房公积金贷款管理规定》

5-6 续表4

时间	地区	政策内容	政策来源
3月23日	蚌埠	①住房公积金存量房贷款所购住房房龄最长不超过30年，贷款年限加房龄合计不超过40年。②首次公积金购房，首付比例不低于20%；二次首付比例不低于30%。③存量房：首次公积金贷款购买存量房，房龄10年（含）以内，首付比例不低于20%，房龄10年以上30年（含）以内，首付比例不低于30%。二次使用住房公积金贷款购买存量房，房龄10年（含）以内，首付比例不低于30%，房龄10年以上30年（含）以内，首付比例不低于40%。	蚌埠市发布《关于调整住房公积金个人住房贷款政策的通知》
3月23日	海南	①在海口、三亚地区租赁住房已办理房屋租赁登记备案的，最高提取限额提高至每人1500元/月，夫妻双方按个人限额分别计算最高为3000元/月（夫妻双方应均为缴存职工，下同）；在海口、三亚以外其他市县租赁住房已办理房屋租赁登记备案的，最高提取限额提高至每人1200元/月，夫妻双方按个人限额分别计算最高为2400元/月。②在海南省租赁住房未办理房屋租赁登记备案的，不分市县最高提取限额为每人900元/月，夫妻双方按个人限额分别计算最高为1800元/月。③养育两个及以上未成年子女的缴存人家庭，以家庭为单位，在上述最高提取限额基础上增加300元/月。	海南省住房公积金管理局发布《海南省住房公积金管理局关于落实进一步优化租房提取住房公积金政策的实施细则（征求意见稿）》
3月24日	株洲	①实施首套房"可提可贷"政策，购买二手房和异地住房公积金"又提又贷"的，购房提取分别在不动产权证发证1年以内或购房合同备案2年以内办理。②灵活就业人员住房公积金月缴存额调整为1200元；可贷额度按缴存余额的20倍计算，最高贷款额度为40万元。取消"夫妻双方住房公积金月缴存额之和不低于住房公积金贷款月还款额"的规定。③公积金贷款最高额度调整至70万元；多孩家庭缴存职工家庭最高额度为80万元。④取消"商品房套内建筑面积超过180㎡不予贷款"的规定。⑤住房套数包括申办业务的本套住房和不动产权信息系统联网核查的有效住房。	记者从市第五届住房公积金管理委员会第一次全体会议了解到，管委会集体审议通过了《关于优化住房公积金业务政策和流程的议案》
3月24日	哈尔滨	①支持政策内二孩及以上家庭租赁住房提取额度上浮50%，即市区（含呼兰、阿城、双城）每户39600元/年，县（市）每户28800元/年。②支持租赁保障性住房家庭提取公积金，即市区（含呼兰、阿城、双城）每户26400元/年，县（市）每户19200元/年。	哈尔滨市公积金管理中心发布关于支持政策内二孩及以上家庭和租赁保障性住房家庭提取住房公积金的通知
3月24日	遂宁	①公积金租房提取限额提高至18000元/年，生育二孩三孩缴存人家庭租房提取限额提高至25000元/年。②购买自住住房申请住房公积金贷款的，留足12个月的住房公积金还款余额后，可申请提取剩余部分住房公积金。③在房屋套数认定上，只查询缴存人家庭尚未结清的住房贷款情况。	遂宁市住房公积金管理委员会发布关于适当调整住房公积金使用政策的通知
3月25日	郑州	①重点支持以独立法人运营、业务边界清晰、具备房地产专业投资和管理能力的自持物业型住房租赁企业，提升长期租赁住房的供给能力和运营水平。按照依法合规、风险可控、服务可持续的原则，为新市民、青年人住房公积金缴存人和租赁住房运营和管理主体提供提取住房公积金按期付房租全周期服务。②优化调整新就业大中专毕业生、灵活就业人员等新市民、青年人群体的住房公积金缴存政策，便捷缴存渠道，确保更多新业态从业人员纳入住房公积金制度保障范围，为培育和发展住房租赁市场提供需求支持。③通过加强政企合作，开展对团体批量租赁住房提取住房公积金按期付房租服务，为企业带来优质长期的客户和稳定的租金收入，降低管理成本，引导多主体、多渠道供给，支持专业化规模化住房租赁企业建设和运营管理租赁住房。	郑州市住房公积金管理中心印发《郑州住房公积金管理中心关于住房公积金支持新市民和青年人住房租赁需求的实施意见》
3月28日	宣城	①恢复办理异地公积金贷款。在外市连续足额缴存住房公积金6个月以上的职工家庭，在我市购买住房并且本人（或配偶）户籍或工作地在我市的，可在我市申请住房公积金贷款，享受与我市住房公积金缴存职工同等的住房公积金贷款政策。②提高住房公积金贷款保底额。45周岁以下住房公积金缴存职工家庭购买住房首次或第二次使用公积金贷款的，保底可贷35万元。	据安徽省宣城市人民政府官网，宣城市发布《关于调整住房公积金贷款政策的通知》

5-6 续表5

时间	地区	政策内容	政策来源
3月28日	宿州	①提高住房公积金贷款额度，即职工正常缴存公积金的，单方最高额度由30万元提高到40万元，夫妻双方最高额度由50万元提高到60万元。②实施"组合贷款"政策，即允许同一处房产既可作为商业贷款抵押物，也可作为公积金贷款抵押物。	宿州市公积金管理中心发布关于调整住房公积金贷款政策的通知
3月28日	中山	对购买首套或二套改善型自住住房的多子女家庭，住房公积金贷款额度可上浮30%。	中山市住房公积金管理中心发布《关于加强多子女家庭公积金政策支持的通知》
3月30日	莆田	①多孩家庭购房公积金可贷额度上浮10万元，即调整后双缴存职工70万，单缴存职工55万。②在临沂市购买首套普通自住住房申请住房公积金贷款的，最低首付款比例20%，二次公积金贷款或二套房首付30%。③公积金贷款结清后次月可再次申请住房公积金贷款。④连续3个月住房公积金个贷使用率（含贴息贷款）≤86%时，启动"商转公"业务；连续3个月住房公积金个贷使用率（含贴息贷款）≥90%时，暂停"商转公"业务。	莆田市住房公积金管理委员会发布关于调整住房公积金政策的通知
4月3日	宜宾	①提取时间由取得购房证明材料之日起12个月内调整为24个月内。②提取金额由不超过实际支付购房款的80%调整为不超过实际支付的购房款。③二孩家庭每年可提取公积金支付房租限额20000元，三孩家庭25000元。高端人才30000元。④单缴公积金最高贷款额度50万元，双缴70万元，多孩家庭上浮10万元，高端人才上浮20万元。⑤住房公积金贷款放款条件调整为多层住宅、高层住宅主体形象进度达四分之一放款。⑥按揭合作项目首次合作期限由2年调整至3年。	宜宾市住房公积金管理中心发布《关于优化住房公积金使用政策支持刚性和改善性住房需求促进房地产行业转型升级的通知》
4月3日	大庆	①放开租房提取限制频次，可按季度提取。②年租房提取限额升至市区20000元和县区16000元/年/户。③"新市民"租房提取，可按实际支付租金提取。④以单位住房公积金缴存地划分租房提取，按市区和县区的地域划分，职工在其单位缴存地无房且租房的，可以申请租房提取。	大庆市住房公积金管理中心调整住房公积金租房提取政策
4月4日	新乡	①已婚缴存职工家庭，每月最高可提取住房公积金额度由原来的1200元调整为1600元；单身缴存职工仍为每月1000元。②夫妻双方按时连续足额缴存住房公积金的，贷款最高额度55万元调整为65万元；单方按时连续足额缴存住房公积金的，贷款最高额度由40万元调整为45万元。	新乡市住房公积金中心发布《新乡市住房公积金管理委员会关于调整住房公积金提取、贷款业务政策的通知》
4月4日	黄山	①适当扩大既有住宅增设电梯可提取住房公积金范围，缴存职工父母的既有住宅增设电梯的可提取职工本人及配偶的住房公积金。②支持无房租赁住房的缴存职工按需分次提取住房公积金，并提高多孩家庭无房租赁住房月提取额至1800元。③提高住房公积金D类以下人才贷款可贷款额计算倍数，切实发挥住房公积金住房民生保障功能。	黄山市公积金中心召开保障住房民生促进经济发展新闻发布会
4月4日	大同	①最高可贷额度由80万元提高至100万元。②多孩家庭购首套房公积金贷款额度上浮10%。③公积金每年每户提取总额不超过2.6万元，每月可提取一次，多孩家庭上浮50%。④缴存职工本人及配偶提取，同一套房屋可提取两次，提取总额不超过房屋总价。⑤实行先提后贷，在发放贷款前，可申请提取住房公积金一次。	大同市正式调整住房公积金个人住房贷款政策
4月7日	郑州	①承租郑州市公租房、人才公寓、保障性租赁住房或其他租赁住房的，年内可多次提取住房公积金。单缴存家庭18000元/年，双缴存家庭36000元/年。②购首套房公积金最高贷款额度双人最高100万元。二套或二次公积金贷款80万元。	郑州市住房公积金管理中心发布关于住房公积金租房提取和购房贷款有关事项的通知
4月7日	常州	①二孩家庭、三孩家庭在可贷额度基础上分别增加20万元、30万元。②常州市引进的博士研究生，首次申请住房公积金贷款最高贷款额度为120万元。③对于常州市引进的35周岁以下硕士研究生，首次最高贷款额度为70万元，其他共同借款申请人若有符合贷款条件的，最高贷款额度为100万元。	常州市住房公积金管理中心出台《关于调整我市住房公积金贷款有关支持政策的通知》

5-6 续表6

时间	地区	政策内容	政策来源
4月7日	杭州	①多孩家庭首次首套房公积金可贷额度上浮20%。②无房多孩家庭租房提取公积金限额上浮50%。实际房租超限额可申请按实际提取。	杭州市住房公积金管理委员会制发《关于完善多子女家庭住房公积金优惠政策的通知》
4月7日	焦作	①公积金最高贷款额度提高，60万元/双人，40万元/单人，可贷比例不超总房价的70%。②公积金贷款使用次数在两次（含两次）以上，符合条件可再次使用住房公积金贷款。③符合条件的人才缴存六个月可享受住房公积金贷款最高缴存时间系数，即可享受缴存三年以上职工待遇。	焦作市对住房公积金有关使用政策进行调整
4月10日	安阳	夫妻双方最高贷款额度为70万元；夫妻一方或单身人员最高贷款额度为60万元。	安阳市住房公积金管理中心发布关于调整住房公积金个人住房贷款额度的通知
4月10日	周口	①提取住房公积金的年限由一年或以内统一调整为三年以内。②将购房提取住房公积金范围放宽至直系亲属（配偶、父母、子女）。③租房提取限额执行每人每年不超过6000元。④已结清贷款二次申请公积金贷款双人、人才最高贷款额度提高至60万元。⑤推出"住房公积金+商业银行"组合贷款业务。⑥二套房认定标准由"认房又认贷"调整为以户籍所在地的不动产中心出具的个人房屋信息查询情况表登记内容为准。⑦取消公积金贷款户籍限制。⑧办理多层住宅楼栋的备案准入工程进度的要求调整为"达到主体结构的2/3"。	据河南省周口市住房公积金管理中心网站消息，该市决定放款多项住房公积金政策
4月10日	无锡	①公积金提取可支付本市既有住宅增设电梯费用。②支持公积金余额提前偿还公积金贷款。③多子女家庭租赁商品住房提取住房公积金的额度提高至每人每年20000元。	无锡发布《无锡市住房公积金提取管理有关规定》等有关事项的通知
4月11日	漳州	单职工家庭申请住房公积金贷款的最高贷款额度调整为35万元，双职工家庭申请住房公积金贷款的最高贷款额度调整为60万元。	漳州市住房公积金中心发布关于优化住房公积金最高贷款额度动态调整机制的通知
4月11日	韶关	①租住商品房住房公积金提取额度调整为800元/月/人。②一人申请最高贷款额度为35万元，两人及以上共同申请最高贷款额度为60万元。③公积金购买首套自住住房的多子女家庭，符合二孩政策的最高贷款额度为65万元，符合三孩政策的最高贷款额度为80万元。④支持退役军人住房公积金贷款。	韶关市住房公积金管理委员会日前发布关于调整住房公积金使用政策的通知
4月13日	合肥	缴存人购买合肥市（含四县一市）新建商品住房的，可向合肥市住房公积金管理中心申请提取本人及配偶账户内的住房公积金，用于支付购房首付款。提取额度不超过购买新建商品住房合同约定的首付款金额。	合肥市住房公积金管理中心就《关于支持提取住房公积金支付购房首付款的通知》公开征求社会各界意见
4月13日	福州	①公积金租房提取可每月申请。②公积金租房提取额度提高至1500元，多孩家庭提至1800元。租住公共租赁住房的，可按照实际房租支出金额提取。③租房购房提取金额参与贷款额度测算。④多孩家庭首套公积金贷款额度上浮20万元。	福州市住房公积金管理委员会关于优化租房购房提取政策和进一步支持多子女家庭购房贷款的通知
4月13日	济源	①夫妻双方缴纳住房公积金的贷款最高额度由50万元提高至60万元。单方缴纳住房公积金的贷款最高额度由35万元提高至40万元。②济源三孩以上家庭购买首套自住住房且首次申请公积金贷款的夫妻双方最高额度为80万元。单方缴纳住房公积金贷款申请最高额度为60万元。③支持职工提取住房公积金支付购房首付款，提取金额不超过购房首付款。④租房每年提取最高限额由10000元提高至20000元。⑤支持既有住宅加装电梯提取公积金。	济源市住房公积金管理中心出台《关于调整住房公积金使用政策的通知》

5-6 续表7

时间	地区	政策内容	政策来源
4月14日	鹤壁	①公积金最高贷款额度调整，首次首套双缴50万元提至65万元，单缴35万元提至55万元，二套双缴45万元提至60万元，单缴30万元提至50万元/单人。②首套首次公积金贷款，贷款额度不受账户余额倍数和缴存时间系数限制。③二套房认房不认贷。④无房租房提取公积金额度提至1200元/月，每年申请一次。	鹤壁市住房公积金管理中心发布关于调整住房公积金政策的通知
4月14日	中山	购买首套或二套房的多子女家庭，住房公积金贷款额度可上浮30%。	中山市住房公积金管理中心发布关于加强多子女家庭公积金政策支持的通知
4月15日	泉州	①公积金购首套、二套房，首付款比例调整为不低于20%、30%。②双缴公积金最高贷款额度由60万元调整为80万元，单缴由40万元调整为50万元。	泉州市住房公积金管理委员会近日发布关于继续实施住房公积金阶段性支持政策的通知
4月17日	合肥	①多孩家庭购首套房，公积金可贷额度提至单缴65万元，双缴75万元。②多孩家庭租房提取额度上浮50%。	合肥市住房公积金管理中心印发《关于实施多子女家庭住房公积金优惠政策的通知》
4月18日	杭州	①多孩家庭首次首套房公积金可贷额度上浮20%。②无房多孩家庭租房提取公积金限额上浮50%。实际房租超限额可申请按实际提取。	杭州市住房公积金管理委员会制发《关于完善多子女家庭住房公积金优惠政策的通知》
4月19日	安徽	①多孩家庭购首套房，公积金可贷额度提高至单缴65万元，双缴75万元。②多孩家庭租房提取额度上浮50%。	安徽省省直住房公积金管理分中心发布《关于实施多子女家庭住房公积金优惠政策的通知》
4月20日	郑州	郑州住房公积金管理中心决定开展住房公积金存量房"带押过户"贷款业务，支持公积金贷款及组合贷款。	郑州市住房公积金管理中心发布关于开展住房公积金存量房"带押过户"贷款业务的通知
4月20日	宁波	提高在宁波市就业并缴存住房公积金的各类人才公积金贷款额度及租房提取额度。本科生：贷款额度上浮20%，租房提取限额提至1800元。硕士生：贷款额度上浮30%，租房提取限额提至2000元。高层次人才：贷款额度上浮50%，租房可按实际租金提取。	宁波市住房公积金管理委员会发布《关于对引进人才等住房消费加大住房公积金支持力度的通知》
4月20日	永城	多孩家庭购房公积金可贷额度上浮10万元。目前申请人一人满足多子女家庭贷款条件的，最高贷款额度为60万元；夫妻双方满足多子女家庭贷款条件的，最高贷款额度为80万元。	永城市住房公积金管理委员会发布关于调整住房公积金使用政策的通知
4月22日	安徽	①上调无房租住商品住房提取限额标准。具体为：单身职工由每月1000元上调至1200元，每年度不超过14400元；已婚职工家庭由每月2000元上调至2400元，每年度不超过28800元。②缴存职工每年度办理租房提取次数由一次提取调整为多次提取，每个月不超过一次。	安徽省省直住房公积金管理分中心发布《关于调整住房公积金租房提取政策的通知》
4月23日	合肥	缴存人购买合肥市新建商品住房的，可申请提取本人及配偶账户内的住房公积金支付购房首付款。	合肥市住房公积金管理中心正式印发《关于支持提取住房公积金支付购房首付款的通知》
4月24日	河南	①郑州市区公积金最高贷款额度由80万元、60万元统一调整为100万元。首套或二套住房、夫妻双方缴存或单方缴存不影响最高贷款额度。郑州市郊县最高贷款额度统一提高至80万元。②高层次人才贷款额度由原来的120万元、90万元统一调整为150万元。	河南省发布《关于调整住房公积金部分使用政策的通知》
4月24日	承德	提高多孩家庭首次购房公积金最高贷款额度：二孩家庭单缴70万元；二孩家庭双缴90万元；三孩家庭单缴80万元；三孩家庭双缴100万元。	承德市住房公积金管理中心发布关于提高二孩三孩家庭公积金贷款额度的通知

5-6 续表8

时间	地区	政策内容	政策来源
4月24日	潮州	①公积金购首套房，支持夫妻双方提取公积金支付首付款。②取消借款人户籍地限制。③最高贷款额度提高至不得超过申请时借款人住房公积金账户内存储总额的20倍。④多孩家庭租房提取最高额度提高20%。二孩家庭贷款额度提高10%，三孩家庭提高20%。	潮州市公积金管理中心实施促进房地产市场平稳健康发展五项措施
5月5日	苏州	①员工公积金缴存在苏州大市范围内的（不包括工业园区），目前首次住房公积金贷款按不超过账户余额的15倍（原为10倍）计算，但贷款额度上限不变，即个人60万元，双职工缴存家庭90万元。②第二次办理住房公积金贷款按公积金余额的10倍（原为6倍）计算。③多孩家庭首次贷款额度可上浮30%。	据市场消息，苏州大市范围内住房公积金贷款政策有所调整
5月6日	南昌	①租房提取住房公积金额度由每月1500元调增至每月1800元，单身职工减半执行。②多孩家庭租房提取额度上浮20%。③多孩家庭公积金贷款额度上浮20%。	南昌市住房公积金管理中心发布关于调整住房公积金有关使用政策的通知
5月6日	南昌	停止向全市范围内房地产开发企业收取住房公积金贷款担保保证金。	南昌市住房公积金管理中心关于停止收取住房公积金贷款担保保证金的通知
5月6日	荆门	①取消单、双缴存职工家庭最高贷款额度上限区别限制，单缴存职工家庭最高贷款额度由50万元提升至70万元。②在荆门行政区域内新购、建、大修住房的，支持公积金一人购房全家帮。③推行住房公积金"带押过户"贷款业务。④阶段性放宽预售楼盘备案条件，公积金待楼栋主体结构封顶后发放贷款。	荆门市住房公积金中心发布关于进一步优化住房公积金使用政策的通知
5月6日	贵州	租房提取额度提升，单身职工每年提取金额不超过14400元；已婚职工家庭每年提取金额不超过20160元；多子女家庭每年提取金额不超过25920元。	贵州省住房资金管理中心发布关于进一步支持缴存职工及多子女家庭租房提取住房公积金的通知
5月8日	汉中	①多孩家庭购房公积金可贷额度上浮10万元，即调整后双缴存职工80万，单缴存职工70万。②优化部分住房公积金提取政策。租房每年提取住房公积金总金额由原10000元提高至15000元。	汉中市住房公积金管理中心发布《关于优化调整住房公积金使用政策的通知》
5月9日	漳州	自2023年5月15日起将单职工家庭申请住房公积金贷款的最高贷款额度调整为35万元，将双职工家庭最高贷款额度调整为60万元。	漳州市住房公积金中心发布关于住房公积金最高贷款额度调整的通告
5月11日	营口	①公积金最高贷款额度提高至70万元/双人，50万元/单人。②二套公积金首付比例由40%降为30%。③放开全款购房提取住房公积金次数限制。④取消提取住房公积金留存一年存储余额的限制。⑤多孩家庭使用公积金贷款购买首套自住住房的，公积金贷款限额上浮20%。⑥租金提取额度提至1000元/月，无房多孩家庭租房可按实际提取租金。	营口市公积金管理中心发布关于调整住房公积金使用政策的通知
5月11日	泉州	①购房职工、配偶及直系血亲可提取住房公积金支付购房首付款。②提高住房公积金贷款最高额度。双缴由60万元调整为80万元，单缴由40万元调整为50万元。	泉州市住房公积金管理委员会发布关于调整住房公积金使用政策的通知
5月11日	郑州	拟认购郑州市中原区、二七区、金水区、管城回族区、惠济区新建预售商品住房，同时符合购房提取住房公积金条件的职工，可以预提住房公积金支付购房首付款。	郑州市房管局和公积金中心联合印发《关于购买新建预售商品住房提取住房公积金支付购房首付款有关事项的通知（试行）》
5月15日	开封	申请公积金贷款购买首套自住住房时，"二孩家庭"最高可贷额度可以上浮8万元，"三孩家庭"最高可贷额度可以上浮15万元，上浮最高贷款额度不超过我市公积金最高可贷额度80万元。	开封市宣布调整多子女家庭购房的公积金贷款额度

5-6 续表9

时间	地区	政策内容	政策来源
5月19日	海南	在全省范围内实施二手房"带押过户"住房公积金贷款业务，要求交易房产原关联贷款银行（或受委托银行）与二手房"带押过户"住房公积金贷款承办银行为同一家银行。	海南省住房公积金管理局发布公告称，对开展二手房"带押过户"住房公积金贷款业务公开征求意见
5月22日	广州	缴存人及其配偶、未成年子女在本市行政区域内无自有产权住房且租房自住，无租赁合同或租赁合同未登记备案的，租房提取限额提高至每人每月1400元。	广州市住房公积金管理中心发布关于调整租房提取额度的通知
5月23日	海南	①无未结清住房公积金贷款，在本省工作无房租房的，可提取夫妻双方住房公积金支付房租。②租房提取额度提高至1500元/月，夫妻3000元/月，在海口、三亚以外按照80%提取。多孩家庭在提取限额基础上增加300元/月。	海南省住房公积金管理局发布关于印发《海南省住房公积金管理局关于落实进一步优化租房提取住房公积金政策的实施细则》的通知
5月24日	济南	①灵活就业缴存人按照国家规定的范围和标准缴纳的住房公积金，可以在个人所得税综合所得年度汇算清缴时申报扣除。②灵活就业缴存人按照住房公积金缴存使用协议约定履行缴存义务，存储时间满1年的资金部分，最高可获得1%的缴存补贴。	济南市政府办公厅印发《济南市灵活就业人员参加住房公积金制度试点实施方案》
5月25日	信阳	①购买、建造、翻建、大修自住住房及城镇老旧小区改造加装电梯的，可一次性提取本人及配偶、父母、子女的住房公积金。②无房多孩家庭租房额度增加5000元。③住房公积金涉及销户类提取业务的，不受每年只能提取一次的限制。④支持公积金偿还商贷。⑤农村宅基地房屋租房或公积金贷款不计入房屋套数。	信阳市对《信阳市住房公积金管理中心关于调整住房公积金相关政策的通知》公开征求意见
5月25日	天津	公积金认房不认贷，职工家庭住房数为0的，发放首套住房贷款；职工家庭住房数为1的，发放二套住房贷款；职工家庭购买第三套及以上住房的，不予发放住房公积金贷款。职工家庭已使用过2次住房公积金贷款的，不予发放住房公积金贷款。	市场消息称，天津住房公积金将出新政，执行认房不认贷。
5月25日	南京	①无房家庭单人公积金提取额度提高至1800元，夫妻提取额度提高至3600元。②使用住房公积金贷款购买第二套住房时，首套房面积认定标准为：家庭已有一套住房人均建筑面积不超过40平方米。③多子女家庭，首次最高可贷额度在普通家庭贷款最高限额基础上上浮20%。④对于无房的多子女家庭，每月提取住房公积金支付房租的限额提高20%。	南京住房公积金管理中心发布《关于调整部分住房公积金政策的通知》
5月26日	衡阳	①公积金缴满5年，最高贷款额度70万元。②未满五年贷款额度按30万+上年度实际月平均缴存额×100计算。	衡阳市住房公积金管理委员会发布关于调整衡阳市住房公积金贷款最高额度的通知
6月1日	苏州	苏州大市范围内（不包括工业园区），即苏州姑苏区、高新区、相城区、吴中区、吴江区、昆山市、常熟市、张家港市、太仓市。苏州市缴存职工在苏州市购房，可提取住房公积金用作购房首付款使用；提取公积金用作首付款后，符合公积金贷款条件的缴存人申请公积金贷款，已被提取的公积金一并计入有效账户余额，用作贷款额度计算。	据市场消息，苏州公积金发布新政
6月1日	兰州	由现行的以购房合同（协议）网签备案日期（签订日期）、拆迁安置房差价款缴款日期或《不动产权证书》登记日期为准1年内可以提取调整为3年内可以提取，且分别只能提取1次。通过这次优化，职工购买住房后3年内均可提取本人和配偶的住房公积金。	兰州市公积金管理中心发布通知，购买住房提取住房公积金时限延长至3年
6月5日	北京	①租住北京市商品住房，未提供租房发票的，每人每月提取额度由1500元调整为2000元；提供租房发票，并备案的，按实际月租金提取，实际租金超过月缴存额的，按月缴存额全额提取。②多孩家庭、保租房提供租房发票可按实际月租金提取，不受月缴存额限制。	北京市公积金管理中心发布《关于进一步优化租房提取业务的通知》

5-6 续表 10

时间	地区	政策内容	政策来源
6月9日	滁州	规定了"商转公"的贷款对象及条件；贷款额度、期限和利率；贷款申请资料；贷款办理程序等。	滁州市印发《滁州市商业性个人住房贷款转住房公积金贷款暂行办法》
6月12日	赣州	①办理购房提取和一次性结清房贷提取公积金后，申请公积金贷款的间隔由24个月调整为6个月。②提前一次性还清住房贷款本息申请提取住房公积金的时限由3个月调整为12个月。③租房提取频次由每年可提取一次调整为每季度可提取一次。	赣州市公积金管理中心发布《关于优化调整住房公积金部分提取和贷款政策的通知》
6月12日	赣州	有一套房公积金贷款已结清的，再次申请公积金贷款按首套首付执行，利率按二套执行。	赣州市公积金管理中心发布《关于延续和完善部分住房公积金阶段性政策相关事项的通知》
6月13日	马鞍山	即日起在本市缴存住房公积金的职工购买本市新建商品住房且符合购房提取条件，并与开发企业签订购房合同（或协议）的，可提取公积金支付首付款。有效期暂定一年。	马鞍山市住房公积金管理中心发布《提取住房公积金支付新建住房首付款实施细则》
6月21日	嘉兴	自2023年7月1日起，在嘉兴市缴存住房公积金的二孩及以上家庭购买自住住房申请住房公积金贷款的，贷款额度可按当期住房公积金贷款最高限额上浮20%确定；其中首次申请住房公积金贷款购买首套自住住房的，贷款额度可按当期首套首次最高额度上浮20%。	嘉兴出台二孩及以上家庭住房公积金支持政策
6月25日	佛山	缴存职工个人申请的，最高可贷额度提高至50万元，夫妻双方同时申请的，最高可贷额度提高至100万元。	佛山市住房公积金管理中心发布关于征求《关于阶段性提高个人住房公积金贷款额度的通知（征求意见稿）》意见的公告
6月26日	宿州	①夫妻双方最高贷款额度由60万元提高到65万元。②符合宿州市住房公积金贷款资格条件的缴存职工，可将其在本市行政区域内已办理的商业性个人住房贷款转为个人住房公积金贷款。③允许因重大疾病造成家庭生活严重困难提取住房公积金。④新市民、青年人及多子女家庭在本市无自住住房需要提取住房公积金用于租赁住房的，提取限额可按规定标准上浮20%。⑤缴存职工及共同购房人购买宿州市行政区域内新建商品住房的，可一次性提取住房公积金用于支付购房首付款。	宿州市出台住房公积金新政
6月28日	广州	生育二孩及以上的家庭（至少一个子女未成年）使用住房公积金贷款购买首套自住住房的，住房公积金贷款最高额度上浮30%。	广州市住房公积金管理中心发布关于贯彻落实二孩及以上家庭支持政策的通知
6月29日	毕节	①七星关区住房公积金贷款最高额度为单缴职工45万元，双缴职工50万元；除七星关区外单缴存职工40万元、双缴存职工45万元。②多孩家庭公积金贷款最高额度上浮20%。③引进的高层次人才，引进后3年内首套最高贷款额度上浮20%。④购买二套房申请公积金贷款的最低首付款比例由30%调整为20%；未结清30%。⑤支持户籍在毕节的外地职工公积金异地贷款。⑤延长公积金"又提又贷"政策时限至年末。⑥新市民公积金贷款6个月以上即可公积金贷款购房。	毕节市住房公积金管理中心出台缴存职工购房六条新举措
7月1日	内蒙古	①住房公积金贷款最高额度由80万元提高至100万元。②符合住房公积金贷款条件的多子女家庭购买自住住房，在申请住房公积金贷款时，最高贷款限额在现行最高贷款额度的基础上上浮10%，即贷款最高额度为110万元。③无房缴存人租房提取住房公积金额度由12000元/人·年提高至14000元/人·年。	内蒙古自治区住房资金中心决定对部分住房公积金政策进行调整

5-6 续表 11

时间	地区	政策内容	政策来源
7月1日	湖南	商转公贷款业务支持拥有唯一一套自住住房的职工家庭申请办理，职工家庭住房套数认定以长沙市行政区域范围内的自有产权住房为限。	湖南省直单位住房公积金管理中心发布《关于调整商转公业务政策和办理流程的通知》
7月3日	安庆	①夫妻双方缴存住房公积金的，住房公积金最高贷款额度为60万元，单方缴存住房公积金的，最高贷款额度为50万元。②在安庆市行政区域内工作的全日制大专及以上学历的毕业生，最高贷款额度增加10万元。	安庆市住房公积金管理中心发布《关于调整住房公积金贷款最高额度的意见》
7月4日	潜江	①多孩家庭住房公积金可贷额度上浮20%。②推行"带押过户"申请公积金贷款业务。③鼓励村镇户口和非本市户籍人员"先缴后贷"。	潜江市住房公积金中心发布《关于调整住房公积金贷款政策的通知》
7月5日	九江	①调整公积金贷款最高额度，中心城区双人由60万元/户提高至80万元/户，单人由30万元/户提高至40万元/户；在县（市）双人由35万元/户提高至50万元/户，单人由25万元/户提高至30万元/户。②调整公积金贷款租房提取额度，中心城区由7200元/年提高至12000元/年，各县由3600元/年提高至7200元/年；二孩家庭租房提取额度每月提高500元；三孩家庭租房提取额度每月提高1000元。③缴存人可在一年内一次或多次申请租房提取住房公积金，取消"提取人及配偶未在本市通过提取公积金或住房公积金贷款购房的、未办理住房公积金约定还贷业务"的条件限制。	九江市住房公积金管理中心发布《关于调整住房公积金使用政策的通知》
7月7日	珠海	多子女家庭在购买首套自住住房申请住房公积金贷款时，贷款额度在可贷额度基础上可上浮20%。	珠海市住房公积金管理中心就《关于多子女家庭在我市申请住房公积金贷款实施优惠额度政策的通知》公开征求意见
7月10日	厦门	职工配偶在异地公积金中心缴存住房公积金，连续缴存时间符合我市住房公积金贷款条件的，可纳入计算其家庭住房公积金贷款额度。该政策自7月1日起施行。	厦门市住房公积金管理委员会近日发布关于住房公积金贷款落实异地缴存互认政策的通知
7月10日	汕头	多孩家庭公积金最高额度上浮20%。	汕头市住房公积金管理中心近日发布《关于贯彻落实多子女家庭住房公积金支持政策》的通知
7月11日	德阳	①公积金认贷不认房，住房贷款已结清，再购房按照二套房公积金贷款政策执行。②夫妻双方婚前各有一笔公积金贷款记录的，只要住房贷款已结清，婚后再购房将按照二套房公积金贷款政策执行。③将贷款额度计算公式中的计算倍数从20倍调整为30倍。	德阳市住房公积金管理中心对《德阳市住房公积金个人住房贷款实施细则》部分内容进行修订
7月11日	沈阳	职工在"都市圈城市"内异地现金购买二手房提取住房公积金，《不动产权证书》签发半年以上，可办理提取。	沈阳市公积金管理中心发布《关于完善沈阳现代化都市圈内异地购房提取住房公积金政策的通知》
7月18日	海南	购房人及其配偶无未结清住房公积金贷款，在签订合同并办理备案后，可向我省住房公积金管理机构申请提取其住房公积金用于支付购房首付款。	海南省住房公积金管理局发布《关于提取住房公积金支付购买新建商品住房和保障性住房首付款的通知（征求意见稿）》

5-6 续表12

时间	地区	政策内容	政策来源
7月19日	合肥	①对骗提套取住房公积金的职工，一经发现，责令全额退回骗提套取资金。同时向职工所在单位通报其骗提套取住房公积金行为，由单位依规处理；并将该职工失信信息记入中心业务系统1至5年，在一定期限内限制其住房公积金的提取、贷款和外部转出；情节严重、涉嫌犯罪的，移交司法机关依法处理。②对帮助职工套取住房公积金的中介机构，将向相关行业主管部门通报，由主管部门依规处理；同时向有关部门报送失信信息，并在相关媒体公开曝光；涉嫌违法犯罪的，移交司法机关依法处理。	合肥发布关于严厉打击骗提套取住房公积金行为的通告
7月19日	厦门	符合住房公积金贷款条件的职工在购买在押期间的二手房时，经买卖双方协商一致，在我市不动产登记全程网办系统办理二手房预告转移登记后，可到住房公积金贷款受理机构申请办理住房公积金贷款。	厦门市正式实行二手房"带押过户"住房公积金贷款业务
7月19日	佛山	缴存职工个人申请的，公积金最高可贷额度提高至50万元，缴存职工家庭（夫妻双方）同时申请的，公积金最高可贷额度提高至100万元。本通知实施日期自2023年8月1日起至2023年12月31日止（起止时间以银行受理贷款日期为准）。	佛山市住房公积金管理中心发布关于阶段性提高个人住房公积金贷款额度的通知
7月25日	天津	①租赁保障性租赁住房的职工本人及配偶可按照每月不超过月实际租金提取。②通过市场租房的职工本人及配偶每月提取金额合计不超过3000元。③新市民、青年人符合租房提取条件的，职工及配偶可按照不超过上月缴存额提取住房公积金。④公积金贷款可以提取支付首付款。⑤申请贷款时的最低连续缴存住房公积金时间由1年调整为6个月。⑥提高贷款最高限额，将首套住房贷款最高限额由80万元提高至100万元，多子女家庭首套住房提高至120万元、第二套住房贷款最高限额由40万元提高至50万元。⑦在外地缴存住房公积金的职工在本市申请住房公积金贷款的，与本市缴存职工实行相同的贷款政策。	天津市住房公积金管理中心网站发布关于调整个人住房公积金贷款有关政策的通知
7月27日	焦作	①取消异地贷款"借款人在就业地正常缴存社保半年以上"之规定。②购买再交易住房或商品房现房的，贷款最长期限为：40年减房龄，同时不超借款人法定退休年龄的剩余工龄。③贷款额度＝住房公积金缴存余额（借款人住房公积金缴存余额＋共同借款人住房公积金缴存余额）×30倍×缴存时间系数。	焦作市住房公积金管理委员会发布关于调整住房公积金贷款有关政策的通知
8月3日	深圳	①无房家庭提取公积金支付房租可提取当月应缴存额的80%，新市民及青年人可按申请当月应缴存额提取。②多孩家庭可按申请当月应缴存额提取，办理房屋租赁合同备案的，可按实际月租金提取。③租赁公租房的可按实际月租金提取。④建立保障性租赁住房租金直付机制，可以授权市住房公积金管理中心每月将其按规定提取的住房公积金转入具备转入条件的保障性租赁住房运营管理单位指定的银行账户，用于支付其住房租金。	深圳市住房和建设局发布关于向社会公开征求《关于调整我市住房公积金提取有关事项的通知（征求意见稿）》意见的通告
8月3日	青岛	为加速存量房交易流转，更好满足市民刚性和改善性住房需求，市住房公积金管理中心持续扩大业务办理范围，将存量房"带押过户"业务拓展至住房公积金组合贷款，放开了买卖双方的贷款类型限制，既支持卖方"带押"出售存在组合贷款的住房，又支持买方申请组合贷款购买"带押"房屋，为购房职工提供更多渠道和资金保障，进一步扩大住房公积金低息贷款惠及面，促进房地产市场平稳健康发展。	青岛存量房"带押过户"业务拓展至住房公积金组合贷款
8月4日	郑州	郑州市行政区域内公积金购买新房最低首付款比例为20%，所购住房为存量商品房（二手房）的，最低首付款比例为30%。	郑州市公积金管理中心发布《郑州住房公积金管理中心关于住房公积金贷款有关事项的通知》

5-6 续表13

时间	地区	政策内容	政策来源
8月7日	海南	买卖双方协商一致，可以自愿选择"带押过户"服务。在卖方房产存在未结清贷款（住房公积金贷款、商业贷款、组合贷款）的前提下，买方使用住房公积金贷款、商业贷款或组合贷款的任一方式进行二手房交易的，住房公积金管理局、各受委托银行均支持二手房交易以"带押过户"模式办理。	海南省住房公积金管理局发布关于开展二手房"带押过户"住房公积金贷款业务的通知
8月9日	金华	购买首套住宅职工单方从40万元提高至50万元，夫妻双方从80万元提高至100万元。购买二套住宅职工单方从25万元提高至30万元，夫妻双方从50万元提高至60万元。	金华市区上调公积金最高可贷额度
8月11日	重庆	①提高缴存人家庭租房提取额度，中心城区每人1800元/月，夫妻双方为3600元/月；中心城区以外每人1500元/月，夫妻双方为3000元/月。②加大对多子女缴存人家庭租房支持力度。中心城区每人2700元/月，夫妻双方为5400元/月；中心城区以外每人2250元/月，夫妻双方为4500元/月。③放宽城镇老旧小区加装电梯提取范围，放宽至本人、配偶、子女以及本人与配偶双方的父母。④支持提取住房公积金直接支付贷款购房首付款。⑤支持新市民、青年人申请住房公积金个人住房贷款。⑥无公积金贷款记录的家庭，仅有一笔未结清的商业住房贷款且在我市仅有一套住房，可申请将未结清的商贷置换为住房公积金贷款。⑦使用公积金贷款新购住房的，须核查公积金贷款记录和拟购住房所在区县住房套数。	重庆市住房公积金管理中心发布关于进一步优化住房公积金使用政策的通知
8月12日	金华	支持灵活就业人员存缴使用公积金，灵活就业人员存缴公积金要求在金华市行政区域内有较稳定的经济收入来源；年满18周岁，且男性不超过60周岁，女性不超过50周岁，具有完全民事行为能力。	金华市住房公积金管理委员会印发《金华市灵活就业人员住房公积金缴存使用暂行办法》的通知
8月14日	阜阳	①符合条件的人才在阜阳市及下辖县市区首次申请住房公积金购买新建商品住房，贷款额度在原可贷额度的基础上增加10万元/单职工、20万元/双职工。②对普通高校本科毕业生、大专毕业生，在阜阳市及下辖县市区首次申请住房公积金购买新建商品住房，贷款额度在原可贷额度的基础上增加5万元/单职工、10万元/双职工。	阜阳市住房公积金管理中心发布《关于调整各类人才公积金贷款优惠政策的通知》
8月14日	兰溪	此次贷款政策调整后，购买首套住宅的，职工单方公积金可贷额度从40万元提高至50万元，夫妻双方从80万元提高至100万元。购买二套住宅的，职工单方从25万元提高至30万元，夫妻双方从50万元提高至60万元。	兰溪市上调公积金最高可贷额度，进一步加大购房支持力度
8月15日	温州	①公积金首套首付20%，二套首付40%。②调高并统一全市住房公积金贷款额度，双人缴存家庭最高贷款额度调整至100万元，最低保底贷款额度调整至30万元；单人缴存家庭最高贷款额度调整至65万元，最低保底贷款额度调整至20万元。③优化了住房公积金贷款家庭住房套数认定标准，缴存人家庭住房套数认定范围，以不动产登记部门记载的购房所在地县（市）级行政区域范围内房屋信息为准，已拥有的房屋使用土地性质为集体所有的，申请住房公积金贷款时不计入住房套数。	温州市住房公积金管理中心发布《关于进一步完善我市住房公积金业务政策规定的通知》
8月15日	合肥	①缴存人使用公积金贷款购买一星级及以上居住类绿色建筑的，计算最高可贷额度时上浮20%。②在合肥市购买首套自住住房的，租房提取额与公积金余额合并计算贷款额基数。③合肥还将推出偿还公积金贷款、商业贷款、组合贷款提取事项"随心取"服务举措。将还贷提取次数由每年一次放宽至每月一次，缴存人在累计提取额不超过实际已还贷款本息时可随时提取公积金。	合肥市发布关于公开征求《关于进一步优化住房公积金使用政策的通知（征求意见稿）》意见的公告
8月17日	昆明	为有效支持缴存职工家庭的刚性住房需求，生育二孩、三孩的缴存职工家庭购买首套自住住房的，住房公积金贷款最高额度分别上浮20%、30%。	昆明市住房公积金管理中心发布新政

5-6　续表 14

时间	地区	政策内容	政策来源
8月18日	菏泽	①异地缴存公积金、灵活就业缴存公积金人员申请公积金贷款的最高贷款额度参照我市缴存公积金职工的最高贷款额度执行。②借款人正常还款12个月后可申请提前部分偿还住房公积金贷款业务。	菏泽市住房公积金管理委员会发布关于调整住房公积金个人住房贷款政策的通知
8月19日	黄石	①鼓励灵活就业人员缴存住房公积金。②允许在校大中专学生预缴住房公积金。③毕业生、复员退伍军人在毕业或退伍后的一年内可享受一次性缴存补贴2000元计入个人公积金账户。租房提取时，每年租房提取最高金额由1.5万元提高至2万元。购首套房贷款最高额度上浮10万元。④公积金贷款额度提高，双人90万元，单人80万元，二孩、三孩家庭分别上浮20%、30%。新市民100万元。⑤公积金最低首付比例降至20%。⑥新市民、青年人购90平方米以下房屋，按首套房执行公积金政策。⑦放开异地公积金贷款政策。⑧取消贷款时间间隔限制。⑨增加租房提取频次，可按月、季、年提取。⑩支持公积金一人购房全家帮。	黄石市住房公积金满足居民刚性和改善性住房需求"十六条"措施发布
8月21日	枣庄	缴存职工家庭首次使用住房公积金贷款购买自住住房最低首付比例为20%；再次申请住房公积金贷款购买住房，最低首付比例为30%。	枣庄市公积金管理中心发布《关于下调住房公积金贷款首付款比例的通知》
8月21日	枣庄	符合国家生育政策的多子女职工家庭，在我市购买自住住房申请住房公积金贷款的，最高贷款额度增加10万元（职工单方缴存公积金最高贷款额度提高至40万元，夫妻双方缴存公积金最高贷款额度提高至60万元）。	枣庄市公积金管理中心发布《关于实施多子女家庭住房公积金支持政策的通知》
8月22日	青岛	在青岛市行政区域内购买家庭首套自住新建商品房的，支持购房人及其直系亲属提取住房公积金用于支付购房首付款，政策放宽有效期延长至2024年8月31日。直系亲属是指购房人本人的配偶、父母和子女。	青岛市公积金管理中心发布《青岛市住房公积金管理中心关于延续提取住房公积金支付购房首付款阶段性支持政策的通知》
8月22日	成都	①缴存人租住住房为未登记备案的，每月限额由1000元调整为1200元，每年累计提取金额不超过1.44万元。多子女家庭租房提取额度在同期提取政策规定的额度基础上，再上浮50%。②子女可申请提取住房公积金支持老旧小区加装电梯。③成都公积金缴存人在重庆、绵阳市域内异地购房，可按缴存地提取政策申请提取本人及其配偶公积金账户余额，不受户籍地、工作所在地限制。	成都市住房公积金管理中心发布《关于调整成都住房公积金有关政策的通知（征求意见稿）》
8月23日	汕头	①汕头住房公积金贷款取消户籍地和缴存地限制，只要符合汕头住房公积金贷款条件的住房公积金缴存职工，均可以在汕头申请办理使用住房公积金个人住房贷款。②汕头市住房公积金管理中心开通"公积金贷款直冲（部分）结清还款"业务，住房公积金贷款职工申请提前（部分或结清）还款时，如果公积金缴存账户有可用余额，可以用余额直接冲还。	汕头市住房公积金管理中心发布两则通知，明确汕头住房公积金贷款取消异地限制，以及开通住房公积金贷款直冲（部分）结清还款业务
8月25日	六盘水	①本市公积金购房贷款额度最高按账户余额20倍测算。②多孩家庭公积金贷款额度上浮20%。③公积金首付首套最低20%，已结清再次申请按首套执行。	六盘水市住房公积金管理委员会发布关于优化调整住房公积金管理有关规定促进房地产业平稳健康发展的通知
8月28日	盐城	缴存人购买盐城市域内新建商品住房的，可申请提取本人及符合提取条件的家庭成员账户内的住房公积金支付购房首付款。	盐城市公积金管理中心发布《关于支持提取住房公积金支付购房首付款的通知》
8月28日	贵阳	贵安新区：①公积金首付比例最低20%。②首次在贵安新区购买自住住房的，住房公积金贷款在现行最高额度基础上上浮20%。③支持提取住房公积金支付首付款。④支持住房公积金既提又贷。⑤取消第二次住房公积金贷款申请时间限制。⑥贵安新区高层次人才贷款额度上浮50%。⑦鼓励灵活就业的新市民、青年人参加住房公积金制度。	贵阳市住房公积金管理中心发布关于落实《住房公积金服务贵安新区高质量发展的十条措施》的通知

5-6 续表15

时间	地区	政策内容	政策来源
8月28日	青岛	自2023年8月28日起,购买我市非限购区域的首套和第二套自住住房,公积金贷款首付比例分别调整为20%和30%。	青岛市公积金管理中心发布《青岛市住房公积金管理中心关于调整我市非限购区域住房公积金贷款首付比例的通知》
9月1日	温州	①个人住房公积金贷款登记审核时借款人的最后一期还款年龄从不超过60周岁调整为不超过65周岁。②购买绿色建筑贷款额度上浮10%。③非博士的E类和F类人才可贷额度按双人缴存最高贷款额度计算。④二孩家庭可贷额度上浮20%,三孩家庭上浮50%。	温州市公积金管理中心发布关于调整我市住房公积金若干业务政策的公告
9月5日	赣州	三孩家庭公积金最高贷款额度提高20%,双缴职工最高额度由80万元提高到96万元,单缴职工最高额度由70万元提高到84万元。	赣州市住房公积金管理中心发布《关于完善三孩家庭住房公积金优惠政策的通知》
9月5日	随州	①调整优化"认房认贷"标准缴存。职工家庭(包括借款人、配偶及未成年子女,下同)购买住房申请办理住房公积金贷款时,住房套数的认定不再考虑其已使用过的住房公积金贷款次数。②申请住房公积金贷款时,允许一次性补缴住房公积金,补缴金额计入可贷额度核定范围。③取消异地使用的户籍限制。④取消异地缴存职工开户存入金额限制。	随州市住房公积金中心发布关于调整优化住房公积金"认房认贷"等使用政策的通知
9月7日	上海	对借款人购买6(含)至35年之间房龄的存量住房的住房公积金最长贷款期限进行调整。其中,所购存量住房房龄为6(含)至20年之间的,住房公积金最长贷款期限从原来的不超过"35减房龄"的计算规则调整为不超过30年;所购存量住房房龄为20(含)至35年之间的,住房公积金最长贷款期限从原来的不超过15年调整为不超过"50减房龄"。	上海市住房公积金管理委员会第六十九次全体会议审议通过《关于调整本市住房公积金购买存量住房最长贷款期限的通知》
9月11日	深圳	离异三年内再婚或复婚家庭购房时,按照现有家庭的房产套数计算,不再追溯离异前家庭名下拥有房产套数。	据深圳市住房公积金管理中心消息,近期有关部门对深圳购房政策进行了相应的优化
9月13日	淮南	①单职工缴存住房公积金的,最高贷款额度调整为50万元,双职工缴存住房公积金的,最高额度调整为65万元。②住房公积金贷款额度由缴存余额15倍调整为25倍。③继续支持公积金余额支付购房首付。	淮南市住建局发布《关于调整我市住房公积金有关使用政策的通知》
9月15日	济南	济南住房公积金中心本部缴存住房公积金的职工,在济南行政区域内购买新建商品住房或存量房,本人及配偶可申请提取住房公积金支付购房首付款。	济南市住房公积金中心发布关于支持提取住房公积金支付购房首付款的通知
9月22日	惠州	①落实"认房不认贷""阶段性放宽首套住房商业性个人住房贷款利率下限"政策。②多孩家庭公积金贷款额度上浮20%。③推广二手房"带押过户"模式。④开展住房团购活动。⑤优化预售资金监管。其项目预售资金监管额度可按3300元/㎡×项目建筑面积精装修增加1000元/㎡×项目预售面积核定。精装修增加1000元/㎡×项目预售面积核定。	惠州市住建局、自然资源局、住房公积金管理中心联合印发《关于印发促进我市房地产市场平稳健康发展若干措施的通知》
9月22日	哈尔滨	此次公积金"认房不认贷"优化政策,特别对公积金首次贷款结清且购房地无住房的职工家庭公积金贷款进行了优化,此类人群在全国范围内第二次使用住房公积金的,可按首套房政策进行贷款。该项优化政策将于9月27日正式实施。	哈尔滨市召开住房公积金管理委员会2023年第二次会议。会议审议通过了关于拟出台优化公积金贷款住房套数认定标准的汇报
10月1日	扬州	①购买一星级、二星级及以上居住类绿色建筑,公积金贷款最高额度可分别上浮10%、20%。②住房公积金贷款购买首套自住住房的最低首付比例为20%。③缴存人家庭申请住房公积金贷款(含异地贷款),其住房套数以家庭成员(包括借款人、配偶和未成年子女)名下在本市行政区域内实际拥有的成套住房数量进行认定。	扬州公积金发布关于优化调整我市住房公积金部分政策的通知

5—6 续表16

时间	地区	政策内容	政策来源
10月7日	安徽	①支持购买居住类绿色建筑,可贷额上浮20%。②延长二手房贷款年限。二手房住房公积金贷款年限最长为30年且贷款年限与房屋年限之和最长不超过60年。③调整贷款计算基数。支持新市民、青年人刚性购房需求,省直住房公积金缴存职工在合肥市购买首套自住住房的,在省直分中心租房提取额纳入公积金账户余额合并计算贷款额度。	安徽省省直住房公积金管理分中心发布《关于进一步优化住房公积金使用政策的通知》
10月8日	合肥	①购买一星级及以上居住类绿色建筑（新建商品住宅）的,计算最高可贷额度时上浮20%。②家庭最高公积金贷款额度为55万元,首套首次住房贷款最高公积金贷款额度为65万元。多子女家庭75万元。单人公积金最高贷款额度45万元,单人首套首次贷款55万元。③延长二手房贷款年限。房屋年限在10年以内的,首付款不低于房价的20%;房屋年限超过10年在20年以下的,首付款不低于房价的30%;房屋年限超过20年在30年以下的,首付款不低于房价的40%;房屋年限超过30年在40年以下的,首付款不低于房价的50%。	合肥市公积金管理中心发布《关于进一步优化住房公积金使用政策的通知》
10月11日	海南	缴存职工家庭（包括借款申请人、配偶及未成年子女）贷款购买新建自住住房,属首套住房公积金贷款的,最低首付比例由30%调整为25%。	海南省住房公积金管理局官网发布关于调整首套住房公积金个人住房贷款最低首付比例的通知
10月12日	舟山	市中心现推出购买新建商品房提取公积金支付首付款业务。	据官微消息,舟山市中心现推出购买新建商品房提取公积金支付首付款业务
10月16日	六安	①公积金购买新建商品住房可在购房合同备案之日两年内申请提取,提取金额不超过个人支付金额。②优化提取住房公积金付首付政策。缴存职工在购买新建商品住房、政府存量住房、公寓式住宅时,可申请提取住房公积金支付购房首付款。	六安市住房公积金中心发布《关于进一步优化住房公积金使用政策的通知》
10月16日	保定	①首付比例下调:首套首付调整为20%,二套首付调整为30%;②提高贷款额度:单人最高60万元,夫妻双方最高130万元（原最高上限60万元）;③放宽住房套数认定标准:商业银行住房贷款记录不再作为核定住房套数的依据。	保定市住房公积金管理中心网站发布修订后的《保定市住房公积金个人住房贷款管理暂行办法》
10月18日	上海	缴存职工家庭名下在本市无住房、在全国未使用过住房公积金个人住房贷款或首次住房公积金个人住房贷款已经结清的,认定为首套住房;对于在全国有未结清的住房公积金个人住房贷款,或者在全国有两次及以上住房公积金个人住房贷款记录的缴存职工家庭,不予贷款。	上海市住房公积金管理委员会审议通过《关于优化本市住房公积金个人住房贷款套数认定标准的通知》
10月20日	成都	①无住房的,认定为购买首套住房,执行首套房住房公积金贷款政策;②有一套住房的,认定为购买第二套住房,执行第二套房住房公积金贷款政策;③有两套及以上住房的,不予住房公积金贷款。	成都市住房公积金管理中心发布《关于调整住房公积金贷款相关规定的通知》
10月25日	洛阳	公积金"认房不认贷"政策执行后,申请人家庭无住房或首次公积金贷款结清后且家庭名下无住房,第二次使用公积金贷款的,按照首套房政策执行。	据洛阳政府网消息,11月1日起洛阳公积金将执行"认房不认贷"新政
10月25日	杭州	①职工家庭（包括借款人、配偶及未成年子女,下同）名下无住房,且无住房公积金贷款记录的,执行首套房政策。②职工家庭名下拥有1套住房,或有1次住房公积金贷款记录且相应贷款已结清的,执行二套房政策。③职工家庭名下拥有2套及以上住房,或有2次住房公积金贷款记录,或未结清住房公积金贷款的,不得申请住房公积金贷款。④限购范围内购房执行首套房首付不低于25%;执行二套房首付款比例不低于35%。⑤非限购范围内购房执行首套房政策的,首付款比例不低于20%;执行二套房政策的,首付款比例不低于30%。	杭州市调整优化住房公积金信贷有关政策

5–6 续表 17

时间	地区	政策内容	政策来源
10月26日	四川	购买德眉资攀四市的省级住房公积金贷款合作项目的自住住房，向省级公积金中心申请住房公积金贷款的：①无住房的，认定为购买首套住房，执行首套房住房公积金贷款政策；②有一套住房的，认定为购买第二套住房，执行第二套房住房公积金贷款政策；③有两套及以上住房的，不予住房公积金贷款。	四川省省级住房公积金管理中心发布《关于调整住房公积金贷款相关规定的通知》
10月30日	芜湖	支持"商转公"贷款，可选"先还后贷""以贷还贷"两种方式。	芜湖市住房公积金管理中心正式发布《芜湖市商业性个人住房贷款转住房公积金贷款实施办法》
10月30日	常州	①多孩家庭公积金可贷额度的基础上分别增加20万元、30万元。②顶尖人才可贷额度为180万元。引进的35周岁以下硕士研究生，可贷额度为110万元；其他共同借款人有符合贷款条件的，可贷额度为150万元。③现役军人、退役军人、现役军人配偶可贷额度为120万元。退役军人退役5年内在常州购房，单笔贷款在可贷额度基础上增加20万元。	常州市公积金管理中心发布关于支持刚性和改善性住房需求购房人使用住房公积金的实施意见
10月31日	北京	①借款申请人（含共同申请人，下同）在北京市无住房且全国范围内无公积金贷款（含住房公积金政策性贴息贷款，下同）记录的，执行首套住房公积金贷款政策。②借款申请人在北京市有1套住房的；或在北京市无住房但全国范围内有1笔公积金贷款记录的；或在北京市有1套住房且全国范围内有1笔公积金贷款记录的，执行二套住房公积金贷款政策。③借款申请人在北京市有2套及以上住房的或全国范围内已使用过2次公积金贷款的，不予公积金贷款。	北京住房公积金管理中心发布关于优化住房公积金个人住房贷款中住房套数认定标准的通知
11月6日	青岛	职工可以将原商业性住房贷款的一部分直接转为公积金贷款，形成组合贷款，无需自筹资金提前结清原商业贷款，大幅减轻资金压力。	青岛市住房公积金管理中心推出"商转公"新模式，开展"商转组合"贷款业务
11月7日	佛山	①公积金贷款首付款比例应不低于20%。②公积金最高贷款额度，首套单缴家庭60万元，双缴家庭100万元；第二套单缴家庭40万元，双缴家庭70万元；首套绿建二星可上浮10%；首套装配式建筑可上浮10%；首套多孩家庭可上浮10%。	佛山市住房公积金管理中心发布征求《关于明确个人住房公积金贷款有关事项的通知（征求意见稿）》意见的公告
11月9日	江苏	符合住房公积金个人住房贷款条件的法拍房买受人，可在未付清全款前办理住房公积金个人住房贷款。	江苏省高级人民法院、江苏省住房和城乡建设厅、中国人民银行江苏省分行共同制定《关于做好住房公积金个人住房贷款购买法拍房业务的实施意见》
11月14日	广州	购首套房公积金贷款最低首付款比例为20%。对无住房贷款（含商业性住房贷款和公积金贷款，下同）记录或住房贷款记录已结清，且在我市拥有1套住房的购房人家庭，公积金贷款最低首付款比例为30%。对有未结清住房贷款记录且在我市拥有1套住房的购房人家庭，公积金贷款最低首付款比例为40%。	广州市住房公积金管理中心发布关于优化个人住房公积金贷款有关事项的通知
11月15日	信阳	若职工所购房屋为信阳市市区新建商品住房，职工和房地产企业签订了《预提住房公积金支付购房首付款承诺书》，房地产企业已在信阳市住房公积金管理中心办理楼盘备案手续。以及职工本人及配偶无未结清的住房公积金贷款，公积金账户无冻结，未列入公积金管理中心黑名单，本年度无提取记录。职工购房即可提取住房公积金用于支付购买新建商品住房首付款。	信阳市住房公积金管理中心和信阳市住房和城乡建设局联合发布《关于提取住房公积金支付购买新建商品住房首付款的通知（试行）》

5-6 续表 18

时间	地区	政策内容	政策来源
11月21日	银川	①二孩家庭、三孩及以上家庭贷款额度分别额外上浮10万元和20万元。②借款申请人（含共同申请人）已使用过一次住房公积金个人住房贷款并已结清，再次使用住房公积金个人住房贷款购买新建商品房的，首付款比例由不低于房屋总价款的30%调整至20%。	银川市住房公积金管理中心计划调整优化住房公积金信贷有关政策
11月21日	湛江	①第一次申请住房公积金个人住房贷款：单方缴存住房公积金，每户最高贷款额度不超过50万元；双方缴存住房公积金，每户最高贷款额度不超过80万元。②第二次申请住房公积金个人住房贷款：单方缴存住房公积金，每户最高贷款额度不超过40万元；双方缴存住房公积金，每户最高贷款额度不超过70万元。	湛江市住房公积金管理中心发布关于公开征求《湛江市住房公积金管理委员会关于调整住房公积金个人住房贷款额度有关问题的通知（征求意见稿）》
11月26日	海南	将在今年12月份全面开展住房公积金个人住房贴息贷款业务，办理贴息贷款的借款人享有与住房公积金贷款借款人同等的权利和义务。	海南省住房公积金管理局发布《关于开展住房公积金贴息贷款业务的通告》
11月29日	唐山	二孩缴存职工家庭最高贷款额度由可额外最高增加10万元上调为20万元，三孩缴存职工家庭由可额外最高增加20万元上调至30万元。政策调整日之前已受理的住房公积金贷款业务，仍执行原二孩三孩家庭购房贷款政策。	据官微消息，唐山市将上调多孩家庭购房公积金贷款额度
12月4日	海南	房地产开发企业向住房公积金直属管理局申请办理现房销售项目楼盘基础信息登记时，免存保证金。对已留存保证金的现房销售项目，房地产开发企业可申请解付保证金或解除保函。	海南省公积金管理中心发布《关于现房销售房地产项目住房公积金个人住房贷款免存保证金的通知》
12月5日	内蒙古	①夫妻双方在呼和浩特市首次使用住房公积金贷款购买首套商品住宅，住房公积金贷款的可贷额度由个人公积金账户余额的20倍提高为25倍。②取消申请商转公贷款时所购住房的商业按揭贷款必须正常还款1年以上的规定。	内蒙古自治区调整部分住房公积金贷款政策
12月7日	信阳	缴存职工在我市购买首套住房申请住房公积金贷款时，最低首付款比例由30%降低至20%。购买二套住房申请住房公积金贷款时，最低首付款比例维持原30%不变。	信阳市住房公积金管理中心发布《关于降低住房公积金个人首套住房贷款最低首付款比例的通知》
12月7日	黔东南	对在黔东南州行政区域内购买自住住房的缴存人，在其住房公积金账户保留6个月缴存额的前提下，可申请提取不高于20%的购房首付款后，同时还可以申请住房公积金贷款。	黔东南州住房公积金管理中心发布《黔东南州住房公积金管理中心关于执行住房公积金"又提又贷"政策的通知》
12月8日	郑州	多子女家庭在郑州市行政区域内首次使用住房公积金贷款购买家庭首套住房的，贷款金额可执行贷款最高额度的1.2倍，目前可申请120万元，购买家庭第二套改善性住房的，贷款金额按照贷款最高额度执行，目前可申请100万元。	郑州市公积金管理中心发布《关于住房公积金支持多子女家庭租购住房有关事项的通知》
12月8日	郑州	①支持对象在郑州市行政区域内租赁住房的，可按照实际支出的租金金额提取住房公积金。②支持对象累计缴存住房公积金6个月以上可申请住房公积金贷款，工作迁出地和迁入地的住房公积金缴存记录可合并计算。③支持对象在郑州市行政区域内购买家庭首套住房时，可按照首次首套双缴存家庭的住房公积金贷款政策认定贷款金额。④支持对象办理住房公积金贷款时，可按照工作迁出地或迁入地家庭住房公积金缴存基数认定还款能力。	郑州市公积金管理中心发布《关于住房公积金支持人才建设有关事项的通知》
12月11日	玉溪	①公积金住房套数认定标准"认房不认贷"。②二孩、三孩家庭首套房最高贷款额度分别上浮20%、30%。③支持购买玉溪市辖区内新建现售商品住房、拍卖住房办理住房公积金个人住房贷款。	玉溪市住房公积金管理委员会发布关于调整优化住房公积金使用政策的通知

5-6 续表 19

时间	地区	政策内容	政策来源
12月14日	北京	①普通住房标准需满足：住宅小区建筑容积率在1.0（含）以上；单套住房建筑面积在144平方米（含）以下；5环内住房成交价格在85000元/平方米（含）以下、5~6环住房成交价格在65000元/平方米（含）以下、6环外住房成交价格在45000元/平方米（含）以下。②降低首付款比例。对于贷款购买首套住房的居民家庭，最低首付款比例不低于30%。对于贷款购买二套住房的居民家庭，所购住房位于城六区（东城、西城、朝阳、海淀、丰台、石景山区）的，最低首付款比例不低于50%；所购住房位于城六区以外的，最低首付款比例不低于40%。③个人住房贷款年限最长30年。④优化个人住房贷款利率。城六区首套、二套利率政策下限分别为不低于相应期限贷款市场报价利率加10个基点、不低于相应期限贷款市场报价利率加60个基点；非城六区首套、二套利率政策下限分别为不低于相应期限贷款市场报价利率、不低于相应期限贷款市场报价利率加55个基点。	北京市住房城乡建设委、税务总局北京市税务局、人民银行北京市分行、金融监管总局北京监管局、北京住房公积金管理中心联合印发了《关于调整优化本市普通住房标准和个人住房贷款政策的通知》
12月18日	中山	缴存人及配偶、未成年子女在本市行政区域内均无自有产权住房且租房自住的，租赁房屋属于保障房、安居房、人才房等住房保障项目且已在市公积金中心登记备案的，可申请将本人住房公积金按月提取转入出租人指定账户用于支付租金。	中山市住房公积金管理中心发布关于实施住房公积金直付房租支持政策的通知
12月19日	平凉	①已申请过一次住房公积金个人住房贷款的缴存职工，在结清贷款后，再次申请住房公积金个人住房贷款，经核查家庭成员在购房地无住房的，执行首套房贷款金额和贷款利率。②已申请过一次住房公积金个人住房贷款的缴存职工，在结清贷款后，再次申请住房公积金个人住房贷款，经核查家庭成员在购房地有一套住房的，执行二套房贷款金额和贷款利率。	平凉市住房公积金管理委员会发布关于优化住房公积金"认房不认贷"政策的通知
12月22日	石家庄	①房产套数的认定遵循认房不认贷的原则，房产套数的认定范围仅限本市行政区域内。②支持现役军人及退役军人办理住房公积金贷款。③二孩家庭的最高贷款额度在现行政策基础上提高10万元；三孩家庭的最高贷款额度在现行政策基础上提高20万元。	从石家庄市住房公积金管理中心获悉，石家庄住房公积金管理委员会近日印发《石家庄住房公积金贷款业务实施细则》
12月22日	恩施	①多孩家庭公积金贷款额度上浮20%至单职工60万元、双职工72万元。②大学生和专业技术人才给予公积金托底贷款额度40万元。③允许恩施州外住房公积金正常缴存职工为直系血亲（父母、成年子女）在恩施州内购买自住房时，向州住房公积金中心申请代际互助贷款。④将住房公积金异地贷款购房范围由期房扩大到期房、一手现房，最低首付比例为30%。⑤支持省外住房公积金缴存职工在恩施州内购房申请住房公积金异地贷款，最低首付比例30%，最高贷款额度40万元。⑥支持住房公积金"带押过户"贷款。	恩施土家族苗族自治州印发《恩施州住房公积金支持职工合理住房需求促进房地产市场平稳健康发展二十条措施》
12月25日	合肥	《关于支持提取住房公积金支付购房首付款的通知》政策有效期延长两年，至2025年12月31日止。	合肥市住房公积金管理委员会办公室发布关于支持提取住房公积金支付购房首付款的补充通知
12月26日	绍兴	2024年1月1日起将"商转公贷款"申请条件放宽至家庭名下拥有不超过二套住房的缴存职工家庭（具体以区、县〈市〉不动产部门的查询结果为准），其他申请条件保持不变。	绍兴市公积金管理中心决定于2024年1月1日起将"商转公贷款"申请条件放宽至家庭名下拥有不超过二套住房的缴存职工家庭

5-7　2023年城市更新政策

时间	地区	政策内容	政策来源
1月18日	上海	主要目标至"十四五"期末，城乡公园体系进一步完善，以人民为中心的绿色共享空间进一步优化，生态价值转换效益进一步显现，城市宜居宜业宜游品质进一步提升。生态基底更加厚实。绿色空间更加开放。公园与城市更加融合。公园城市建设路径更加明晰。	上海市"十四五"期间公园城市建设实施方案
3月13日	北京	请各区加强统筹协调，健全项目管理，做好工程组织实施和质量安全监管，抓紧推进项目开工和已开工项目实施，确保2023年度市属老旧小区改造任务顺利完成。各区应全面梳理"十四五"老旧小区改造剩余任务量，摸底尚未纳入改造的需抗震节能综合改造和节能综合改造的小区，有序安排项目申报。坚持自下而上的原则，在居民愿意改造并同意承担改造义务的前提下进行申报，将综合整治、管线改造、加装电梯及管线拆改移等小区内各类改造项目一并考虑，由市级相关部门联审联批，报市政府同意后纳入改造计划。各区应在积极推进市属改造项目的同时，按照"双纳入"机制，主动支持配合做好央产老旧小区改造工作。	关于下达2023年全市老旧小区综合整治工作任务的通知
3月27日	上海	聚焦区域，分类梳理，重点开展城市更新六大行动。①综合区域整体焕新行动。②人居环境品质提升行动。③公共空间设施优化行动。④历史风貌魅力重塑行动。⑤产业园区提质增效行动。⑥商业商务活力再造行动。	上海市人民政府办公厅关于印发《上海市城市更新行动方案（2023—2025年）》的通知
3月28日	广州	科学分片分类施策。深刻把握城市发展规律，把全周期管理理念贯穿城市更新工作全过程，坚持集约发展、统筹谋划和"拆治兴"并举，加强历史文化和自然生态保护，按照"保护优先、规划引领、因地制宜、分片施策、分类指导、分步推进"的原则有力有序实施城市更新行动。	广州市黄埔区广州开发区关于实施城市更新行动推进城市高质量发展的若干措施
4月23日	长沙	到2025年，全市单位国内生产总值能源消耗比2020年下降15%，能源消费总量得到合理控制。化学需氧量、氨氮、氮氧化物、挥发性有机物重点工程减排量分别为22400吨、1450吨、3030吨、5878吨。重点领域能源资源利用效率基本达到国际先进水平，二氧化碳排放增量得到有效控制，绿色低碳循环发展的经济体系基本形成。	关于印发《长沙市"十四五"节能减排综合工作实施方案》的通知
4月25日	江苏	指引包括内涵认识、推进方法、关注重点、实施举措、支撑保障5大内容，以29条问答的形式，来详细阐述什么是城市更新、如何更新、具体实施方法等。	《江苏省城市更新行动指引（2023版）》
5月11日	杭州	①推动居住片区改善，提高宜居生活品质。②推动产业片区改造，助力经济高质量发展。③推动基础设施能级提升，守住城市安全韧性底线。④推动公共空间优化升级，打造绿色生态魅力天堂。⑤推动文化遗产传承利用，彰显城市特色风貌。⑥推动复合空间集约开发，树立区域更新标杆。⑦推动设施数字化运用，支撑智慧城市建设。	杭州市人民政府办公厅关于全面推进城市更新的实施意见
5月30日	上海	主要目标：加快建成一批品质卓越、文化彰显、高效实用、低碳韧性、数字智能的新时代基础设施示范工程，持续推进城市基础设施体系高质量发展，实现经济效益、社会效益、生态效益、安全效益相统一。	关于印发《关于推进高质量发展，全面提升基础设施品质的指导意见》的通知
6月2日	深圳	2023年度全市通过城市更新和土地整备实现用地保障规模900公顷，其中，通过拆除重建类城市更新移交入库公共利益用地不少于100公顷，通过土地整备完成不少于800公顷。2023年实施城市更新单元计划流量管控机制，将2023年度新增城市更新单元计划规模与2022年度城市更新和土地整备各项任务完成情况进行关联，建立"流进"与"流出"相关联的流量调节机制。	市规划和自然资源局关于印发《深圳市2023年度城市更新和土地整备计划》的通知

5-7 续表1

时间	地区	政策内容	政策来源
6月9日	郑州	《办法》共分为8个章节和2个附件。从资金、规划、产业、产权等方面制定了12条支持政策。如组建郑州市城市更新发展基金；允许对城市更新项目各类规划指标予以优化，对提供了公共服务和公共空间等项目，可予以规划指标支持；对既有建筑规划指标不能满足现行规范要求的，应按照"较实施更新前综合有所提升，单项更新指标不低于现状"的总体要求，予以优化；提出探索既有建筑用途转换；明确对通过局部拆建、保留修缮、完善基础设施以及建筑物功能转换等方式开展的部分项目，不需编制控制性详细规划；鼓励就地、就近购买存量房安置和货币化安置；对因客观原因无法满足现行消防技术标准的，可开展专项消防设计，确保消防安全。	关于印发郑州市城市更新实施办法（试行）的通知
7月5日	全国	建立城市体检机制，查找影响城市竞争力、承载力和可持续发展的短板弱项，将城市体检作为城市更新的前提。依据城市体检结果，编制城市更新专项规划和年度实施计划，结合国民经济和社会发展规划，系统谋划城市更新工作目标、重点任务和实施措施，划定城市更新单元，建立项目库，明确项目实施计划安排。将城市设计作为城市更新的重要手段，完善城市设计管理制度，明确对建筑、小区、社区、街区、城市不同尺度的设计要求，提出城市更新地块建设改造的设计条件，组织编制城市更新重点项目设计方案，规范和引导城市更新项目实施。加强存量资源统筹利用，鼓励土地用途兼容、建筑功能混合，探索"主导功能、混合用地、大类为主、负面清单"更为灵活的存量用地利用方式和支持政策，建立房屋全生命周期安全管理长效机制。坚持"留改拆"并举、以保留利用提升为主，鼓励小规模、渐进式有机更新和微改造，防止大拆大建。	关于扎实有序推进城市更新工作的通知
7月14日	全国	会议指出，在超大特大城市积极稳步推进"平急两用"公共基础设施建设，是统筹发展和安全、推动城市高质量发展的重要举措。实施中要注重统筹新建增量与盘活存量，积极盘活城市低效和闲置资源，依法依规、因地制宜、按需新建相关设施。要充分发挥市场机制作用，加强标准引导和政策支持，充分调动民间投资积极性，鼓励和吸引更多民间资本参与"平急两用"设施的建设改造和运营维护。	关于积极稳步推进超大特大城市"平急两用"公共基础设施建设的指导意见
7月19日	杭州	落实区、县（市）主体责任，摸清辖区内社区公共服务设施底数，编制并优化城镇社区建设专项规划。加强街道（15分钟公共服务圈）和社区（5分钟公共服务圈）两级公共设施服务配置。统筹推进全市未来社区建设，按照"先急后缓、先重后轻、分类实施"的原则，编制市级未来社区创建三年行动计划并下达年度建设计划。落实完整社区建设要求，按普惠型和引领型分层分类推进未来社区建设。开展公共服务补短板行动，以创建儿童友好城市、青年发展型城市、"一刻钟"便民生活圈试点城市、老年友好型社区和无障碍社区等为契机，进一步加强托育、养老、助残、文化、教育、医疗、健身、快递、商超、物业等设施的统筹配置。进一步优化未来社区项目建设审批流程。联动推进未来社区建设和城镇老旧小区改造，鼓励相邻的城镇老旧小区成片创建未来社区。构建运营可持续、资金可平衡、管理可闭环的运营机制。提升社区文化品质。深化社区治理体制改革，聚焦基层治理重大需求，推动社区治理数字化变革。各级政府应统筹相关政策和资金支持未来社区创建，建立多元化资金筹集机制和成本共担机制。	关于高质量全域推进未来社区建设的实施意见
7月26日	山东	《若干措施》立足更新片区资源统筹、系统配套、一体打造，从科学谋划论证、明确实施路径、严格项目管理、强化用地保障、拓宽资金渠道、开展试点示范等6个方面提出了20条推进措施。	关于推动城市片区综合更新改造的若干措施
6月29日	南京	《办法》包含5个章节、38条细则，进一步明确了我市城市更新的内涵原则、职责分工、责任义务、实施流程、支持政策等，建立创新突破、特色鲜明、实用管用的政策底板。	南京市城市更新办法

5-7 续表2

时间	地区	政策内容	政策来源
8月11日	上海	①纳入本市城市更新范围内的旧住房更新改造项目，业主（产权人或公有住房承租人，下同）购买改造后具备交易条件的房屋（含增加面积），可以提取住房公积金支付实际购房款。②纳入本市城市更新范围内的旧住房更新改造项目，业主在项目建设期内租赁住房过渡安置的，可以提取住房公积金支付扣除过渡费补贴后个人承担的租金。	关于本市住房公积金支持城市更新有关政策的通知
8月16日	全国	儿童友好空间建设应在城市、街区、社区三个层级统筹推进，重点工作内容包括公共服务设施、道路空间、公园绿地的适儿化改造和校外活动场所、游憩设施建设。	关于印发《〈城市儿童友好空间建设导则（试行）〉实施手册》的通知
8月29日	河套深港科技创新合作区深圳园区	《规划》从4个方面部署了主要任务：一是协同香港推动国际科技创新，推动深港双方园区协同发展，支持港澳高校优势学科发展能级跃升，联手打造国际一流科技创新平台。二是建设具有国际竞争力的产业中试转化基地，推动新一代信息技术产业突破发展，支持先进生物医药技术创新应用，加快布局人工智能与数字经济发展前沿领域。三是构建国际化的科技创新体制机制，便利科研人员进出，实施货物分线管理，创新科研相关资金跨境流动监管，探索国际互联网数据跨境安全有序流动，加快建立更高水平的知识产权保护制度，建立高度便利的市场准入制度。四是打造汇聚全球智慧的科技合作平台，深化国际交流与合作，构筑国际创新人才港，完善全方位科研服务，塑造国际化高品质的科研生活社区。	关于印发《河套深港科技创新合作区深圳园区发展规划》的通知
9月13日	阳泉	"5642"总体架构：五个抓手，推进数智底座、数智产业、数智治理、数智民生、数智生态协同发展。六大工程，实施算力基础设施夯基、数字产业集聚、产业数字化示范、智慧城市应用创新、数字人才引育、数字生态涵养六大工程。四个支撑，一是强化技术支撑，加强技术攻关，推动新一代信息技术广泛应用，助力数字经济发展。二是强化智库支撑，加强数智新城战略决策研究。三是强化载体支撑，加强各类园区、平台建设，提升数字经济和企业的承载力。四是强化项目支撑，建立数字经济领域重点项目库，打造数字转型标杆项目。两个主引擎，一是加快高新区"数智示范区"建设，迈好数智新城建设第一步。二是培育市场主体，引进行业领军企业，壮大本土优势企业，发展数字经济平台型企业。	关于印发阳泉市数智新城建设行动方案（2023-2025年）的通知
10月7日	全国	到2027年，基本建成具有中国特色的城市高质量发展标准体系，城市治理标准供给显著增加，标准协同和国际化程度显著增强，城市标准化发展基础更加牢固，标准化融入城市社会治理的基础性、战略性、引领性作用更加凸显。	关于印发《城市标准化行动方案》的通知
10月12日	全国	超大特大城市正积极稳步推进城中村改造，分三类推进实施。一类是符合条件的实施拆除新建，另一类是开展经常性整治提升，第三类是介于两者之间的实施拆整结合。	超大特大城市城中村改造将分三类实施
10月19日	上海	主要任务：①构建泛在互联的高水平网络基础设施。②建设云网协同的高性能算力基础设施。③建设数智融合的高质量数据基础设施。④打造开放赋能的高能级创新基础设施。⑤打造便捷智敏的高效能终端基础设施。	关于印发《上海市进一步推进新型基础设施建设行动方案（2023-2026年）》的通知
10月24日	广州	至2035年累计推进城市更新约300平方公里（含城中村改造155平方公里），通过微改造、混合改造、全面改造多种方式并举，推动低效存量土地的盘活再利用。市规划和自然资源局表示，《专项规划》顺利审议通过，标志着广州市城市更新、城中村改造工作在规划统筹引领、土地要素保障等多个方面迈上了一个新台阶，成为指导广州市面向2035年城市更新、城中村改造工作的重要纲领性规划。	《广州市城市更新专项规划（2021-2035年）》《广州市城中村改造专项规划（2021-2035年）》

5-7 续表3

时间	地区	政策内容	政策来源
11月1日	上海	完善城市更新实施机制。坚持规划引领，在空间布局上进行整体统筹、系统谋划，强调保障民生，分类施策，加快推进"两旧一村"改造。	上海市人民政府印发修订后的《关于本市全面推进土地资源高质量利用的若干意见》的通知
11月10日	全国	《指引》明确，要将城市更新要求融入国土空间规划体系，同时针对城市更新特点，改进国土空间规划方法。比如在城市更新方式与措施方面，《指引》提出，要按照"留改拆"的优先顺序，在更新规划单元详细规划中对更新对象组合采用保护传承、整治改善、改造提升、再开发和微改造等更新方式，并明确其适用条件。以"保护优先、少拆多改"为原则，在更新实施单元详细规划中对各类建（构）筑物、设施等空间对象，研究确定保护、保留、整治、改建、拆除、重建（含复建和新建）等更新措施。	自然资源部办公厅关于印发《支持城市更新的规划与土地政策指引（2023版）》的通知
11月20日	上海	允许在规划编制阶段，对工业、研发、仓储用地地块叠加产业融合管理要求（M0）。允许在规划编制阶段，对商业服务业、商务办公用地叠加公共设施融合管理要求（C0）。允许在规划编制阶段，对商业服务业、商务办公用地地块叠加居住融合管理要求（R0）。允许在规划编制阶段，对公共绿地叠加绿化融合管理要求（G0）。允许在规划编制阶段，对居住、商业服务业、商务办公用地地块叠加物流仓储融合管理要求（W0）。	关于印发《关于促进城市功能融合发展创新规划土地弹性管理的实施意见（试行）》的通知
11月20日	上海	①构建全周期城市更新模式。②构建城市更新单元动态生成机制。③制定各区年度更新单元规划实施报告。④构建城市更新综合实施平台。⑤开展城市更新单元谋划、策划。⑥制定城市更新单元规划实施方案。⑦制定城市更新项目建筑设计方案。⑧形成城市更新综合价值评估报告。⑨联动推进控详规划实施完善。⑩创新城市更新资源配置方式。⑪探索建立四资贯通的综合收益平衡机制。⑫优化建设项目规划许可流程。	关于印发《关于加快转变发展方式集中推进本市城市更新高质量发展的规划资源实施意见（试行）》的通知
11月23日	开封	持续推进中原数据湖项目建设，打造大数据资源存储服务平台，建设交通运行、市场监管、城市管理、治安防控、企业产业等多领域的主体数据库；加快建设郑开城际铁路延长线、开封综合客运枢纽北站智能化升级改造、日兰高速兰考西精准示范收费站试点等重大工程；高标准建设开封市种业实验室、中医药实验室，推动河南省心脏电生理重点实验室融入省科学院体系架构，争创河南省抗癌小分子创新药重点实验室；推动兰考争创省级农业高新技术产业示范区；支持精细化工开发区争创国家高新区，尉氏、祥符、顺河争创省级高新区。	关于印发开封市重大新型基础设施建设提速行动方案（2023—2025年）的通知
12月6日	漳州	《行动计划》内含五大部分，包括建设"五新"基础设施、实施三大行动、培育两大体系等29项工作任务。	关于印发漳州市新型基础设施建设三年行动计划（2023—2025年）的通知
12月11日	内蒙古	《若干举措》围绕增强一体化基础设施体系、完善一体化公共服务体系、优化一体化科技创新体系、夯实一体化生态环保体系、打造一体化现代产业体系、加强组织保障6个部分提出22项具体举措。	关于推动呼包鄂乌一体化发展若干举措的通知
12月25日	福州	工作目标：到2025年，深化国内外交流合作，协同国内外城市积极践行联合国《2030年可持续发展议程》《新城市议程》，全面推动经济、社会、环境等方面可持续发展。	关于印发福州市建设可持续发展城市行动纲要的通知
12月29日	泉州	发展目标：到2025年，全市互联网出口带宽达24T，千兆宽带接入用户占比达32%，千兆宽带家庭普及率达20%。每万人拥有5G（第五代移动通信技术）基站30个以上，5G用户普及率70%。建成NB-IoT基站数2万个，物联网终端用户数达1750万个。在用标准机架数达到2万个，建成边缘数据中心100个，算力达到1.8EFLOPS（每秒百亿亿次浮点运算）以上。全市新型基础设施建设取得突破性进展，基本形成以新发展理念为引领，以科技创新为驱动，以信息网络为基础，支撑数字转型、智能升级、融合创新的新型基础设施体系。	关于印发泉州市新型基础设施建设三年行动计划（2023—2025年）的通知

5-7 续表4

时间	地区	政策内容	政策来源
12月29日	山西	总体目标：通过海绵城市建设，综合采取"渗、滞、蓄、净、用、排"等措施，保护和利用城市自然山体、河湖、湿地、耕地、林地、草地等生态空间，发挥建筑、道路、绿地、水系等对雨水的吸纳和缓释作用，提升城市蓄水、渗水和涵养水的能力，最大限度地减少城市开发建设对生态环境的影响，促进形成生态、安全、可持续的城市水循环系统；提高城市雨水管理能力，缓解城市内涝，有效应对内涝防治设计重现期以内的强降雨，使城市在适应气候变化、抵御暴雨灾害等方面具有良好"弹性"和"韧性"。到2025年，城市建成区50%以上的面积达到海绵城市建设要求；到2030年，城市建成区80%以上的面积达到海绵城市建设要求。	关于系统化全域推进海绵城市建设工作的实施意见

报告篇

主题报告

报告一　2024中国物业服务百强企业研究报告

第一部分　研究背景与目的

由中指研究院与中国房地产TOP10研究组开展的"中国物业服务百强企业研究",自2008年以来已连续进行十七年。这十七年中,研究组紧扣行业发展脉搏,深入研究物业服务企业经营规律,为促进行业良性运行、企业快速成长发挥了重要作用,相关研究成果已成为评判物业服务企业综合实力及行业地位的重要标准,对促进市场资源向物业服务百强企业聚集、推动物业服务百强企业高质量发展起到了重要作用。

2023年,物业管理行业经历了前所未有的考验,宏观经济承压,房地产债务危机传导,资本市场表现受挫,项目拓展内卷严重。面对诸多挑战,物业服务企业的发展战略变得更加审慎,不再盲目追求扩规模,而是专注于做精、做透、做好服务品质,在维持稳定现金流和业务发展速度的基础上,先立后破。同时,国家发改委公布《产业结构调整指导目录(2024年本)》,将物业服务纳入"鼓励类—商务服务业","物业服务"内容更为细化,发展方向更为明确,定位更为清晰,为行业发展注入新的动能。2024年,行业将以新的姿态继续前行,物业服务企业坚持高质量发展,坚守高品质服务,承担好自身的责任和使命。

中指研究院以"高品质服务,高质量发展"为主题,全面启动"2024中国物业服务百强企业研究",发掘一批规模大、实力强、服务品质高的物业服务企业,发挥示范带头作用,引领行业快速、健康发展。在总结十七年研究经验的基础上,中指研究院进一步完善了"2024中国物业服务百强企业研究"方法体系,更加全面、客观地评价企业的综合实力。

2024中国物业服务百强企业研究的目的:

(1)科学评价企业的真实实力,发掘一批综合实力强、服务水平优、业主满意度高的优秀物业服务企业;

(2)系统总结优秀企业的服务理念和经营模式,供广大物业服务企业学习借鉴,促进物业服务企业提升运营水平和服务质量;

(3)以客观的数据和研究结果,反映行业最新状况和主流企业的发展态势,为有关部门制定研究政策和加强管理提供参考,为金融机构选择投资标的提供决策依据。

第二部分　　百强企业研究方法体系

（一）评价指标体系

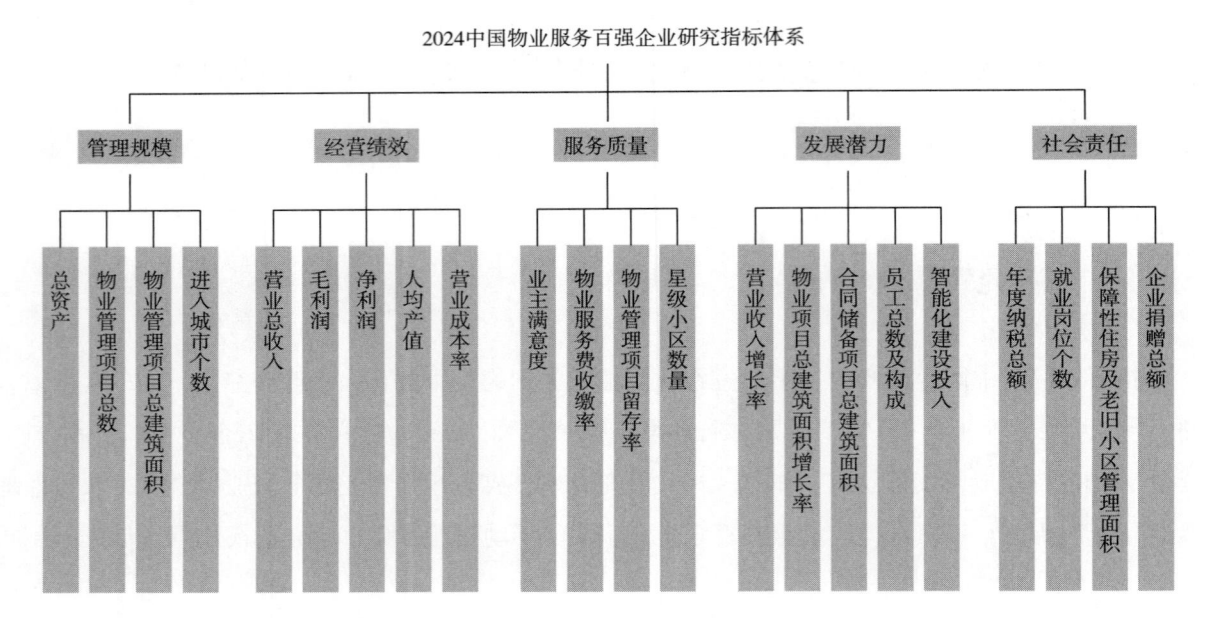

2024中国物业服务百强企业研究指标体系

- 管理规模
  - 总资产
  - 物业管理项目总数
  - 物业管理项目总建筑面积
  - 进入城市个数
- 经营绩效
  - 营业总收入
  - 毛利润
  - 净利润
  - 人均产值
  - 营业成本率
- 服务质量
  - 业主满意度
  - 物业服务费收缴率
  - 物业管理项目留存率
  - 星级小区数量
- 发展潜力
  - 营业收入增长率
  - 物业项目总建筑面积增长率
  - 合同储备项目总建筑面积
  - 员工总数及构成
  - 智能化建设投入
- 社会责任
  - 年度纳税总额
  - 就业岗位个数
  - 保障性住房及老旧小区管理面积
  - 企业捐赠总额

（二）评价指标体系设计原则

指标体系的设计遵循以下三个准则：

（1）管理规模与服务质量相结合。管理规模的持续扩大是物业服务企业提升市场占有率、获得稳定业绩的主要方式，而良好的服务质量是企业绩效提升的有力支撑，只有实现管理规模与服务质量的结合，才能实现企业的持续健康发展。中指研究院继续采用总资产、物业管理项目总数、总建筑面积、进入城市个数来评价企业的管理规模，在服务质量的评定方面，采用星级小区数量、业主满意度、物业服务费收缴率及物业管理项目留存率等指标结合，来综合评价企业的服务质量。

（2）经营绩效与发展潜力相结合。经营绩效不仅是关注企业盈利能力和运营能力的重要指标，也是企业市场拓展和发展速度的重要保障，丰富的储备项目及智能化建设投入展现出企业未来的发展潜力，营业成本率的控制则体现了企业的成本管控水平，对经营绩效有较大影响。

（3）经营业绩与社会责任相结合。作为与业主日常生活密切相关的行业，物业服务企业在构建和谐社会方面发挥了重要的作用。企业对社会的积极贡献有利于提高群众对于物业服务企业的认知度，树立企业品牌形象，促进企业快速发展。中指研究院采用年度纳税总额、就业岗位个数、保障性住房及老旧小区管理面积、企业捐赠总额四个指标评价企业的社会责任贡献，引导行业重视社会责任。

（三）计量评价方法

采用因子分析（Factor Analysis）的方法。因子分析是一种从变量方差—协方差结构入手，在尽可能多地保留原始信息的基础上，用少数新变量解释原始变量方差的多元统计分析方法。它将原始变量分解为公共因子和特殊因子之和，并通过因子旋转，得到符合现实意义的公共因子，然后用这些公共因子去解释原始变量的方差。计算中国物业服务百强综合实力时，主要是计算各构成要素的相关矩阵，通过相关矩阵得到特征值、累计特征值及因子载荷。根据最初几个特征值在全部特征值的累计百分率大于或等于某百分比的原则，确定公共因子的具体个数。然后再根据因子载荷矩阵确定各个因子的现实意义并进行重新命名，最后根据不同企业各个因子得分及载荷矩阵，通过加权累加构成2024中国物业服务百强企业综合实力指数。

（四）门槛值

（1）依法设立、具有独立法人资格；

（2）按照国际惯例和国内目前行业整体发展现状，中指研究院确定现阶段入选门槛值为：近三年平均在管项目数量不低于10个或平均在管项目总建筑面积不低于50万平方米；

（3）为了引导物业服务企业做大做强，中指研究院鼓励企业以集团的名义参与。

（五）复核审查

（1）企业财务数据通过会计师事务所出具的审计报告进行复核；

（2）对收集的数据坚持交叉复核：通过公开信息对企业填报数据交叉复核；对有疑问的数据中指研究院将进入社区进行业主一对一访谈现场复核；

（3）根据企业历史数据交叉复核。

企业填报数据经过复核存在疑义或未提供数据的企业未纳入本次研究范畴。

（六）实施原则

（1）自愿、诚信原则。此次活动由企业自愿参加，参加企业必须填报真实数据，并签署承诺书，对承诺内容负责。一经发现弄虚作假，取消评选资格。

（2）客观、公平、公正原则。中指研究院本着公平、公正的原则对企业申报的数据进行审查，对企业发展情况做出客观分析和全面评价。

（3）保密原则。活动过程中涉及的所有上报数据、审查结果均不得外传，如有泄漏，由责任人承担相应法律后果。

第三部分　2024中国物业服务百强企业名单

排名	企业名称	排名	企业名称
1	碧桂园服务	9	长城物业集团股份有限公司
2	保利物业服务股份有限公司	10	深圳市金地物业管理有限公司
3	华润万象生活有限公司	11	新城悦服务集团有限公司
4	中海物业管理有限公司	11	河南建业新生活服务有限公司
5	雅生活智慧城市服务股份有限公司	11	时代邻里控股有限公司
6	绿城物业服务集团有限公司	12	幸福基业物业服务有限公司
7	融创物业服务集团有限公司	12	卓越商企服务集团有限公司
8	金科智慧服务集团股份有限公司	12	广州越秀物业发展有限公司

续表

排名	企业名称	排名	企业名称
12	佳兆业美好（佳兆业物业管理（深圳）有限公司）	24	和泓服务集团有限公司
12	杭州滨江物业管理有限公司	24	中土物业管理集团有限公司
12	远洋服务控股有限公司	25	重庆新鸥鹏物业管理（集团）有限公司
13	南都物业服务集团股份有限公司	25	康桥悦生活服务集团有限公司
13	山东省诚信行物业管理有限公司	25	阳光恒昌物业服务股份有限公司
13	华发物业服务有限公司	25	新日月生活服务集团股份有限公司
14	金茂物业服务发展股份有限公司	25	厦门联发（集团）物业服务有限公司
14	高地城市服务产业集团	26	山东绿地泉物业服务有限公司
14	深圳市彩生活物业管理有限公司（彩生活服务集团）	27	中交物业服务集团有限公司
14	广州珠江城市管理服务集团股份有限公司	28	正商服务
14	南京银城物业服务有限公司	29	大悦城控股集团物业服务有限公司
14	金融街物业股份有限公司	29	湖北联投城市运营有限公司
15	鲁能物业服务有限公司	30	曙一物业服务有限公司
15	深业物业运营集团股份有限公司	31	永旺永乐服务管理集团有限公司
15	鑫苑科技服务集团有限公司	32	华侨城物业（集团）有限公司
15	东原仁知城市运营服务集团股份有限公司	33	力高健康生活有限公司
15	广州敏捷新生活物业管理有限公司	33	厦门国贸城市服务集团股份有限公司
15	中铁建物业管理有限公司	33	苏新美好生活服务股份有限公司
16	上海陆家嘴物业管理有限公司	34	上海复医天健医疗服务产业股份有限公司
16	江苏银河物业管理有限公司	34	大华集团上海物业管理有限公司
17	天骄智慧服务集团股份有限公司	35	潍坊恒信物业管理有限公司
17	北京京城佳业物业股份有限公司	35	上海中建东孚物业管理有限公司
17	弘阳服务集团（南京弘阳物业管理有限公司）	36	深圳市国贸物业管理有限公司
18	宝石花物业管理有限公司	37	重庆加州物业服务有限公司
18	星悦康旅股份有限公司	37	中电建物业管理有限公司
19	路劲物业服务集团有限公司	37	众安智慧生活服务有限公司
19	宁波银亿物业管理有限公司	38	云南鸿园电力物业服务有限公司
19	广东康景物业服务有限公司	39	重庆海源怡生活服务集团有限公司
20	青岛海尚海生活服务集团有限公司	39	北京网信物业管理有限公司
20	中天城投集团物业管理有限公司	40	北京瑞赢酒店物业管理有限公司
20	德信盛全物业服务有限公司	40	金服物业服务集团有限公司
21	华宇优家智慧生活服务集团有限公司	41	深圳历思联行物业管理有限公司
21	新希望物业服务集团有限公司	42	西安高科物业服务有限公司
21	世邦泰和（上海）物业管理有限公司	42	河南正弘物业管理有限公司
21	成都蜀信物业服务有限公司	43	重庆两江新区物业管理有限公司
21	深圳市莲花物业管理有限公司	43	惠之美生活服务集团有限公司
22	南京朗诗物业管理有限公司	43	成都德商产投物业服务有限公司
23	东吴服务产业集团（江苏）有限公司	43	深圳市华创生活股份有限公司
23	北京中铁慧生活科技服务有限公司	44	融汇悦生活集团有限公司

续表

排名	企业名称	排名	企业名称
44	西安经发物业股份有限公司	63	中能未来智慧城市服务集团（浙江）有限公司
44	北京金泰物业管理有限公司	63	北京北控物业管理有限责任公司
44	中铁诺德城市运营服务有限公司	64	浙江鸿城物业股份有限公司
45	绘生活服务（巨和物业服务有限公司）	65	江山智联（江苏）物业服务有限责任公司
45	绿都智慧生活服务有限公司	66	上海漕河泾开发区物业管理有限公司
46	华保盛服务管理集团有限公司	67	绿益物业服务集团有限公司
46	浙江大家物业服务集团有限公司	68	上海科箭物业服务有限公司
47	北京万通鼎安国际物业服务有限公司	68	重庆凯美物业管理有限公司
47	泓盈城市运营服务集团股份有限公司	69	北京长峰新联工程管理有限责任公司
47	贵州绿地物业管理有限责任公司	70	中建四局城市运营服务有限公司
48	昆明银海物业服务有限公司	70	重庆通邑智慧城市运营管理有限公司
49	北京北大资源物业经营管理集团有限公司	71	苏州工业园区建屋物业发展有限公司
49	成都嘉善商务服务管理有限公司	71	中旅城市运营服务有限公司
49	泛海物业管理有限公司	72	上海新金桥物业经营管理有限公司
49	绿城绿发生活服务集团有限公司	72	贵阳市物业集团有限公司
49	河南亚新物业服务有限公司	72	万怡物业服务有限公司
50	中信泰富（上海）物业管理有限公司	73	重庆高远物业管理有限公司
50	青岛天泰爱家物业服务有限公司	74	重庆康田智慧生活服务有限公司
50	伟星物业	75	重庆渝地物业服务有限公司
50	金鹏祥和物业管理有限公司	75	中國國信服務集團
51	武汉城市服务集团有限公司	76	北京建工物业服务有限公司
52	湖南中建物业服务有限公司	76	四川蜀道物业服务集团有限责任公司
52	上海复瑞物业管理有限公司	77	抱朴物业集团有限公司（深圳市抱朴物业服务有限公司）
52	山西锦地物业管理有限公司	78	成都润锦城实业有限公司
53	长春赢时物业服务股份有限公司	78	深圳市恒基物业管理有限公司
53	中天美好生活服务集团有限公司	79	安徽新地锐意物业服务有限公司
54	浙江彩虹物业服务集团有限公司	80	深圳市万厦世纪物业管理有限公司
54	上海中企物业管理有限公司	80	北京东亚时代物业管理有限公司
55	苏州书香服务股份有限公司	80	深圳市赤湾物业管理有限公司
56	深圳德诚物业服务有限公司	81	上海锦江城市服务有限公司
56	厦门地铁恒顺物泰有限公司	82	浙江雷迪森物业服务有限公司
57	宁波市城市广场物业管理有限公司	83	四川万景汇物业服务集团有限公司
58	杭州新天地园区运营服务有限公司	83	湖南竹胜园物业服务有限公司
59	中建壹品物业运营有限公司	84	上海海鸿福船物业管理有限公司
59	广西安信物业服务有限公司	85	重庆国强物业服务有限公司
60	山东大正物业服务集团有限公司	85	天津中建物业服务有限公司
60	中建玖合城市运营管理（上海）有限公司	86	苏州工业园区综保产业服务有限公司
61	武汉百步亭花园物业管理有限公司	87	深圳力合物业管理有限公司
62	苏州市天翔物业管理有限公司	88	湖州湖城投物业管理有限公司
63	浙江金昌物业服务有限公司	88	成都智荟生活服务有限公司

续表

排名	企业名称	排名	企业名称
89	贵阳欣和逸居物业管理有限公司	94	南京亿文物业管理有限责任公司
89	宜昌城投物业服务有限公司	95	银钥匙物业发展集团有限公司
90	上海复欣物业管理发展有限公司	95	江苏洁霸物业管理有限公司
90	晨安物业集团有限公司	95	德州联强物业管理有限公司
90	苏州中锐华田物业管理有限责任公司	96	湖北长运物业服务有限公司
91	浙江蓝城乐居物业服务集团有限公司	97	河南华信玖邻好生活服务有限公司
91	南京汇仁恒安物业管理有限公司	98	上海城建物业管理有限公司
92	湖北襄投物业管理有限公司	99	武汉正阳物业管理有限公司
92	江苏万邦物业服务有限公司	99	海口市智诚物业集团有限公司
92	济南福仁城市运营服务有限公司	100	中鑫物业管理集团有限公司
93	广东钧明物业服务有限公司	100	河南伟业慧生活服务有限公司
93	武汉万嘉弘泰物业服务有限公司	100	中铁十一局集团武汉物业管理有限公司
94	福建晶洁物业服务有限公司	100	广州颐和酒店物业管理有限公司

第四部分　2024中国物业服务百强企业发展特点分析

一、管理规模：管理面积均值6798万平方米，增速放缓，注重高质量发展

（一）管理面积同比增长6.2%，规模增长以质换量，储备面积由增转降

经历近几年的调整后，物业管理行业的发展脚步显著放缓，管理规模增速进一步下降，高质量发展成为主旋律。2023年，百强企业管理面积均值为6798.10万平方米，同比增长6.21%，增速较上年下降6.22个百分点，近5年来首次低于10%；合约面积均值为8759.36万平方米，同比增长2.16%，增速较上年下降9.43个百分点。管理面积保持增长主要得益于两个方面，第一，2023年保交楼成效显著，关联方项目供给成为管理面积增量的重要来源；第二，百强企业通过市场竞标、合资合作等方式开展市场化外拓，取得良好成效。管理面积增速下降的原因主要有三方面，第一，百强企业有所舍取，主动退出部分效益不佳的项目，对管理面积的增长产生影响；第二，年内并购市场冷淡，快速扩规模手段难以持续；第三，行业由增量市场转为存量市场，竞争更为激烈，市场拓展内卷严重。在此背景下，百强企业积极应对行业变化，将发展速度与效益、质量结合起来，谋求自身高质量、可持续发展。

值得注意的是，部分百强企业的管理面积和合约面积出现了不同程度的下降。2023年，星悦康旅、彩生活、时代邻里管理面积分别下降13.79%、12.78%、6.55%；金科服务、时代邻里、弘阳服务、彩生活、星悦康旅、康桥悦生活、远洋服务等多家企业合约面积均出现下降，部分企业降幅超过10%。百强企业出于经营效益考虑主动退出部分"拖后腿"项目，以质量置换数量，提升留存项目的效益水平。此外，部分企业年内部分项目到期未能续约而自动终止，当新增项目不能完全覆盖减少项目时，管理面积出现减少趋势。

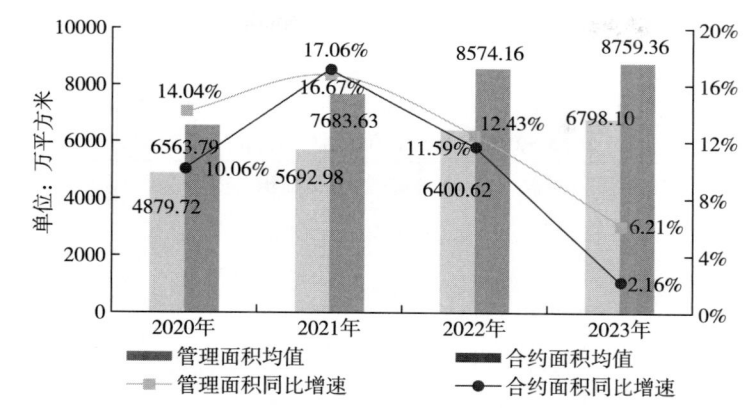

图1-1　2020—2023年百强企业管理面积、合约面积均值及增速变化情况

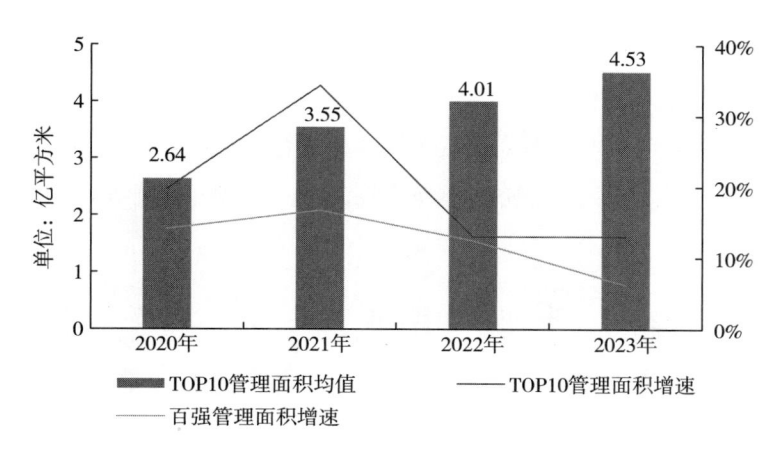

图1-2　2020—2023年TOP10企业管理面积均值及增速

在行业发展降速的背景下，头部企业仍然保持着相对较快的增速，竞争优势明显，企业分化加剧。2023年百强企业TOP10管理面积均值达到4.53亿平方米，同比增长13.01%，管理面积均值和增速分别是百强企业的6.67倍和2.10倍。头部企业一方面承接到更多关联地产公司供给的项目，另一方面，凭借突出的市场竞争优势和较强的外拓能力在激烈的竞争中斩获了更多第三方项目，管理规模仍然实现较快增长。

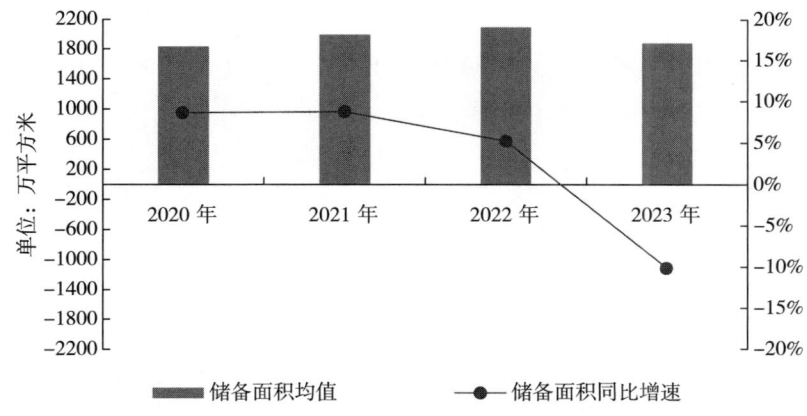

图1-3　2020—2023年百强企业储备面积均值及增速变化情况

房地产市场的整体下行对百强企业的储备面积产生了不利影响。2023年，百强企业储备面积均值首年出现下降，未来规模增长承压。储备项目是物业公司签约但尚未接管的部分，是保障管理面积未来持续增长的蓄水池，目前已转入下行通道，由增转降。2023年，百强企业储备面积均值为1881.78万平方米，首次出现下降，同比下降10.15%。德信盛全服务、康桥悦生活、时代邻里2023年储备面积同比下降均超50%，降幅较大，未来在保持管理面积持续增长以及项目拓展方面将面临较大压力。

表1-1　　2022—2023年部分百强企业储备面积及变化情况

企业名称	2022年储备面积（万平方米）	2023年储备面积（万平方米）	同比变化（万平方米）	同比增速（%）
碧桂园服务	73280	67610	-5670	-7.74
彩生活	19063	17339	-1724	-9.04
融创服务	14942	10100	-4842	-32.41
金科服务	10528	8326	-2202	-20.92
时代邻里	1543	664	-879	-56.97
东原仁知服务	1513	780	-733	-48.45

从储备面积的绝对值来看，目前的储备量是管理面积的约三分之一，仍然能支撑百强企业未来一定时间的稳步发展，但企业长期的规模增长面临一定挑战。百强企业必须快速提升市场拓展能力，以应对储备项目的下降，同时，提升在管项目的服务密度和经营效益，以保障公司可持续发展。

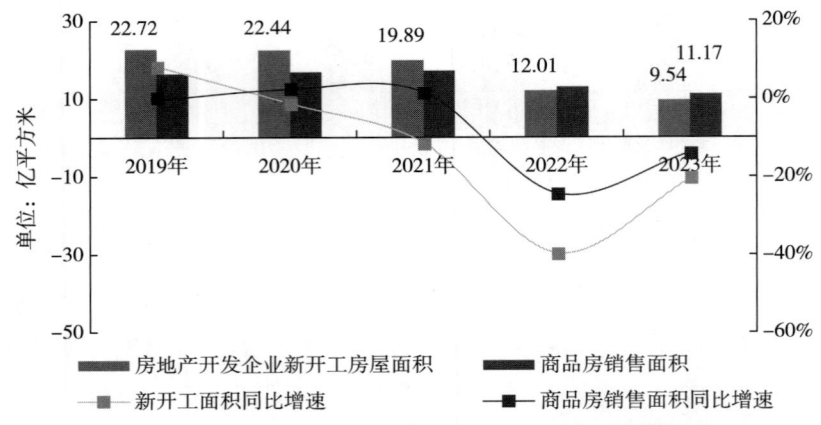

图1-4　2019—2023年房地产开发企业新开工面积及商品房销售面积情况

从长期发展趋势看，房地产开发市场增量逐步萎缩，新开工面积和商品房销售面积连年下降，地产关联方的项目供给将逐步成为百强企业拓规模的重要补充，起到"锦上添花"的作用。2023年，房地产开发企业新开工面积和商品房销售面积分别为9.54亿、11.17亿平方米，同比下降20.59%和13.90%，并创近五年来新低，处于快速下行通道，预期未来增量空间会进一步压缩。

（二）突破外拓困局：合资合作对冲市场内卷，"资源型"并购取代盲目扩张

1. 第三方管理面积占比54.53%，保持稳定

面对房地产行业的持续承压，物业服务百强企业或被动或主动摆脱关联方依赖，强化自身内生增长能力，加大力度进行市场外拓。2023年，百强企业第三方管理面积占比达到54.53%，已连续三年超过50%，与2022年基本持平。当前阶段，百强企业在市场外拓方面面临困局。一方面，2023年并购市场冷淡，高速外拓的方式不可持续；另一方面，市场竞标难度大，竞争激烈，外拓节奏有所放慢。长期看，市场外拓能力必然成为百强企业未来发展的核心竞争力，如何突破市场外拓困境，持续强化第三方拓展能力，成为企业面临的一项重要课题。

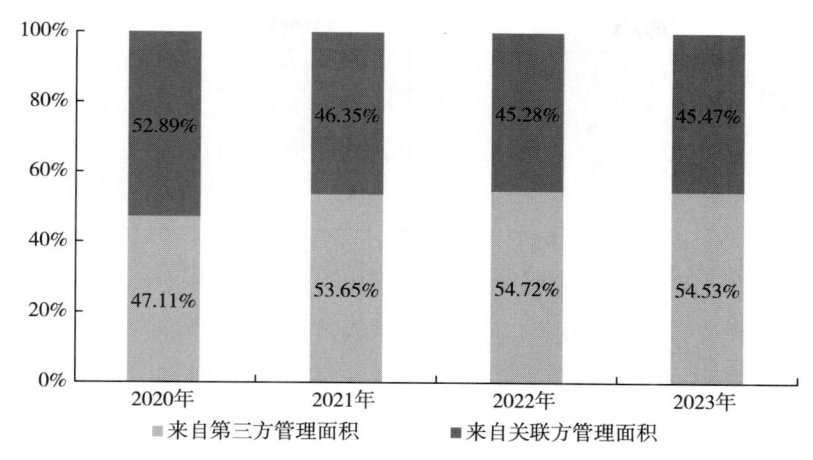

报告一　2024中国物业服务百强企业研究报告　249

图1-5　2020—2023年百强企业第三方在管面积占比情况

年份	来自第三方管理面积	来自关联方管理面积
2020年	47.11%	52.89%
2021年	53.65%	46.35%
2022年	54.72%	45.28%
2023年	54.53%	45.47%

2.竞标内卷下锻造核心外拓能力，合资合作成为有效拓展方式

长期看，市场化拓展将随着行业的发展变得越来越重要，是体现企业市场竞争力和品牌影响力的核心所在。市场竞标难度较大，竞争激烈，行业内卷严重，尤其住宅领域出现了"物业带资进场"的"疯狂"现象。部分百强企业也被卷入，在物业选聘或公开招投标过程中，承诺进驻小区后会额外带资几十万到几百万不等，用于小区设施、环境的改造提升。我们认为，"带资进场"需理性对待，中标的前提不仅仅是资金支持，更重要的是企业的口碑、服务的诚意，百强企业应在激烈的"市拓之战"中做好权衡，充分发挥自身的优势，用心管理好每一个项目，赢得业主信任。

加强团队建设
结合区域布局和资源禀赋成立专业市场拓展团队，提升拓展能力。

明确拓展方向
加大非住宅业态拓展力度，积累经验优势，强化外拓能力；加大核心区域拓展力度，提升项目密度。

把握拓展机会
及时获取最新项目信息，了解市场动态，提前跟踪项目，精准高效外拓。

图1-6　百强企业提升市场竞标能力的发力点

物业服务企业应从以下几个方面发力提升外拓能力。第一，加强团队建设。百强企业积极调整拓展策略，结合自身区域布局及资源优势选择深耕重点城市和区域，并成立专业的市场拓展团队，提升拓展能力。第二，明确拓展方向。打造样本标杆积累经验，树立口碑，再"以点带面"复制推广，打造该领域的竞争优势，成功打破壁垒。同时，增加核心优势区域及城市的拓展力度，借助当地的品牌影响力提高竞标成功率，提升管理密度及运营效益。第三，把握拓展机会。加强资源联动，了解市场动态，寻找拓展机会，可借助科技手段跟踪各大城市土地出市场、项目招标市场、合约到期项目等信息，精准高效地进行项目拓展。

表1-2　　　　　　　　　　　2023年部分百强企业合资/合作情况

企业名称	时间	合作方	合作内容
滨江服务	2023.06	浙江志城集团	进入衢州志城集团开发的项目，提升项目服务水平
绿城服务	2023.09	上海市浦东新区房地产（集团）有限公司	深度耕耘物业服务，拓展发展空间

续表

企业名称	时间	合作方	合作内容
雅生活集团	2023.04	海南百雀物业	带来更多海南当地的优质公建项目合作机会，有助于提升雅生活集团的属地化竞争力
融创服务	2023.08	上海振兴物业	合资成立上海新融玥居物业管理有限公司，为上海建工房产住宅、办公楼等业态提供臻品物业服务，共同拓展服务边界

与市场竞标相比，以合资合作或战略合作的方式获取第三方项目更灵活，成为百强企业重要的拓展手段。这种轻资产的合作模式不需要花费重金，但能充分发挥合作双方的资源优势、品牌优势，达到"1+1>2"的效果，有利于百强企业拓展非住宅和专业赛道，强化外拓能力。2023年6月，滨江服务与浙江志城集团达成战略合作，拓展第三方开发项目。滨江服务非常重视通过合作方式进行外拓，2023年6月将IPO募集资金未动用所得款净额的约7520万元调整分配用作与当地政府及物业开发商合作设立合营公司或平台。此外，百强企业不仅在规模拓展方面开展战略合作，在增值服务、城市服务、IFM等领域建立了多样化的合作关系，为业务增长、模式探索创造了更多可能，通过资源互补、资源共享实现强强联合，多方共赢。

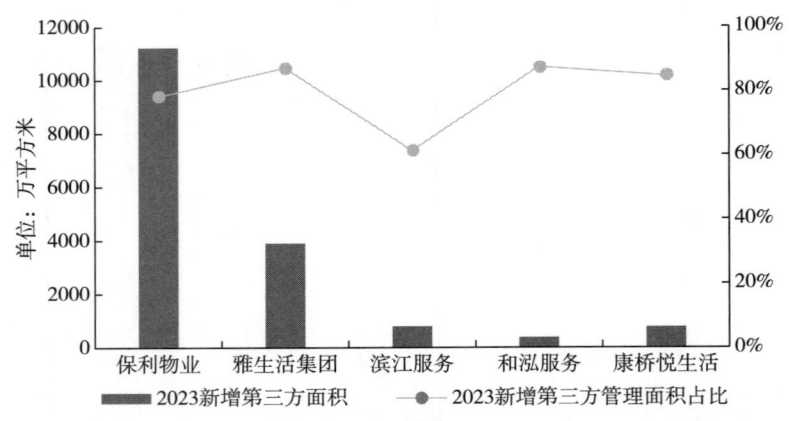

图1-7　2023年部分百强企业新增第三方管理面积及占比情况

百强企业在实践中不断磨练，市场拓展能力逐渐提升，奠定了管理规模可持续增长的基础。部分百强企业管理规模增长，已经实现主要依靠第三方拓展，且形成稳定的拓展能力。2023年，保利物业、雅生活集团、滨江服务、康桥悦生活、和泓服务新增第三方管理面积分别为11224.6万平方米、3898.7万平方米、788.9万平方米、770.0万平方米和382.2万平方米，占新增管理面积的78.22%、87.22%、61.26%、84.62%、87.36%。值得关注的是，以上企业在2023年和2022年的市场拓展中均取得亮眼成绩，近两年新增管理面积中第三方占比均较高，表明百强企业基于丰富的市场经验、品牌优势和服务品质形成的市场外拓能力是非常稳定的，是推动企业长期发展的核心能力所在。

3. 及时止损优化过往并购项目，提升能力理性规划未来并购方向

表1-3　　2023年以来部分百强企业收并购情况

并购方	时间	标的	标的公司主营业务	披露交易总金额（亿元）	股权份额（%）
金科服务	2023年3月	重庆韵涵餐饮	餐饮服务	–	57
	2023年4月	新东方物业	物业管理	–	100
	2023年5月	蜀川物业	物业管理	–	51
	2023年7月	荷特宝配餐服务	餐饮服务	2.33	67
远洋服务	2023年2月	远洋机电设备技术发展	机电工程建设、技术开发	0.54	100

续表

并购方	时间	标的	标的公司主营业务	披露交易总金额（亿元）	股权份额（%）
金茂服务	2024年1月	北京润物嘉物业	物业管理	3.24	100
金融街物业	2023年3月	置佳物业	物业管理	1.35	70
中天服务	2023年3月	杭州联每户网络科技	软件研发、科技公司	0.05	—
中骏商管	2023年11月	北京门头沟奥莱	商业	10.90	—
彩生活	2023年4月	陕西隆桥物业	物业管理	—	70
	2023年10月	北京豪城物业	物业管理	—	65

资料来源：中指数据库·物业版。

2023年以来，行业并购市场进一步降温，披露相关信息的典型并购涉及交易金额约19亿元，相比2022年交易金额大幅下降约75%。经过盘点，我们发现，第一，最直观的变化是并购案例的金额普遍较小，绝大多数不超过1亿元，表明百强企业对待并购的态度更为谨慎。部分上市企业变更原用于并购的上市资金用途，并对并购标的提出明确的标准以确保并购标的的质量，控制并购风险。第二，"规模型"并购减少，并购标的主要聚焦环卫、餐饮、科技类公司，实现更精准的"物业+"，跨越专业壁垒，提高竞争力。2023年以来，为扩规模而开展的并购无论从数量还是单笔体量都表现出明显的收缩，而为拓展业务而开展的细分领域专业公司的并购进一步升温，且标的公司主要集中于环卫、餐饮、科技这三大类，较之前更聚焦。第三，终止并购的案例时有发生，且终止收购的多为金额较高的大标的，体现了收购方对理性并购、标的质量及性价比等多方面的考量。

表1-4　　　　　　　　　　　　　　　2023年终止并购的典型案例

并购方	标的	标的公司主营业务	拟交易总金额	股权份额
碧桂园服务	合富辉煌	策划代理	1.15亿港元	10.63%
华润万象生活	祥生物业	物业管理	10.36亿元	100%
中海物业	中海通信、中海监理	工程监理	9.5亿港元	100%

（三）住宅项目增量显著，非住宅管理面积占比下降，专业壁垒尚待突破

1. 非住宅管理面积占比为34.16%，下降1.12个百分点

住宅物业是物业管理行业中最传统的业态，近年来，对于住宅项目的争夺颇为激烈。百强企业审时度势，通过多种手段争取非住宅物业项目，实现管理业态的多元化，规避红海竞争，抢占细分领域优质赛道。

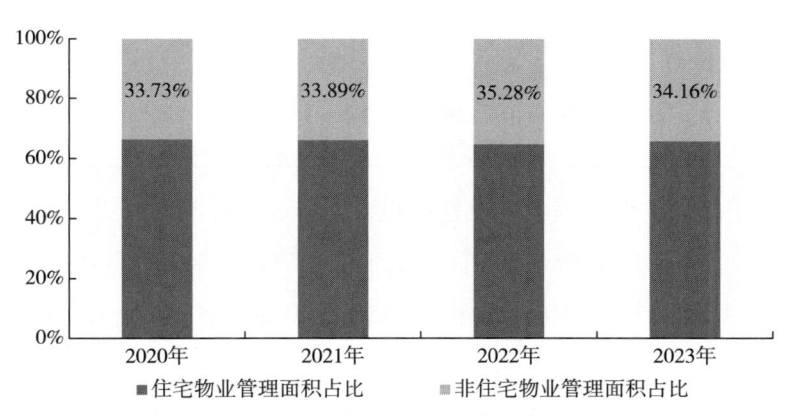

图1-8　2020—2023年百强企业管理面积业态分布情况

2023年，百强企业非住宅业态管理面积占比达34.16%，较上一年降低1.12个百分点，一改往年持续增长的趋势。分业态看，商业物业和办公物业占比最高，分别达到6.71%和7.75%；产业园物业、医院物业、学校物业、公众物业占比分别为6.13%、3.84%、3.71%、3.81%。

过去的几年，抢滩非住宅市场是绝大多数百强企业重点发力的方向，在收并购加持、合作及市场竞标拓展的共同作用下，整体看近几年百强企业非住宅占比基本处在稳步提升阶段，但2023年出现了阶段性下降。主要原因有以下几个方面。第一，"保交楼"工作的持续推进，成效显现。2023年商品房竣工面积约9.98亿平方米，其中，住宅竣工面积7.24亿平方米，不少百强企业承接到更多新建住宅项目。第二，相比住宅业态，非住宅业态专业性更强，细分业态领域存在一定的专业壁垒，尤其在市场拓展中，在某领域的优势、经验非常重要。百强企业权衡自身竞争优势和市场机会理性做出决断，如滨江服务坚持拓展非住项目，2023年年内新签南京银行杭州分行、青田环球购物中心等非住项目，但同时凭借住宅物业领域的优势，以品牌拓市场，年内住宅管理面积占比仍有提升。第三，过去几年，为了克服非住宅细分领域的专业壁垒，很多百强企业采用并购的方式实现对非住宅赛道的快速布局，而2023年并购市场进一步回归理性，几乎不存在收购非住宅物业管理公司的案例，导致非住宅扩张速度减缓。

2. 医院物业、学校物业和公众物业成热门赛道，持续沉淀锻造专业服务力

非住宅物业细分赛道繁多，主要包括商业物业、办公物业、产业园物业、公众物业、医院物业、学校物业等。其中，商业、办公、产业园的物业管理相对比较成熟，而公众物业、医院物业、学校物业则成为百强企业近两年争相布局的热门赛道。2023年，百强企业医院物业、公众物业的管理面积占比分别达到3.84%、3.81%，占比均有提升，由于这几大领域专业性较强，有一定进入壁垒，目前竞争较为分散，存在发展及整合空间。

表1-5　　　　　　　　　　　　　　部分非住宅业态的专业壁垒

业态	专业壁垒	具体内容
医院物业	服务专业性高	环境卫生要求高，标准严格，避免交叉感染风险
	服务连续性强	连续24小时服务不间断，秩序维护，车辆管理，设备管理做好安排
	设施管理技术性强	对各种医疗辅助类设施设备管理要求高，人员需具备专业技术性知识
	应急能力要求高	有能力应对突发事件，并做好预案准备
学校物业	安全保障要求高	学校内学生数量多，人员密集，学生的安全非常重要，尤其中学、小学和幼儿园
	教育属性强	学校是教书育人的场所，服务中应注重营造清洁、舒适、安静的环境
	公益属性强	教育关乎国之大计，物业公司并不能完全从盈利视角，而要融入社会责任，人文关怀等服务理念
公众物业	服务对象特殊性	细分种类丰富，涵盖场馆、公园、交通枢纽、军队、能源电站等，每一细分领域专业性都较强
	服务内容差异化	不同服务对象的服务内容不同，业主的需求具有特定性，需要物业公司提供定制化的物业管理服务

医院物业管理相比于传统物业管理的专业性更强，服务要求更严格，服务对象和服务内容更具特殊性，存在一定的进入壁垒。第一，服务专业性高。由于医院物业汇集了大量病患，产生大量的医疗垃圾，存在多种安全风险因素，需要对环境卫生制定极为严格的规定和标准，防止有毒物质、细菌等交叉感染事件的发生。第二，服务连续性强。医院是24小时运行的医疗服务机构，承担着治病救人的使命，物业管理服务也不能停歇，做好人员安排及各岗位的部署，以协助医院保障病患在第一时间得到妥善救治处理。第三，设施管理技术性强。医院病患多，就医流程繁琐且不同医院流程上不尽相同，各种设施设备能提供

便利，但是对设施设备管理要求也较高，需加强物业服务人员的培训。第四，应急能力要求高。医院突发事件较多，急诊不断，要求物业公司具备一定的应急管理能力，并做好突发事件的预案准备。

对学校物业而言，第一，安全保障要求高。学校内学生数量多，人员密集，学生的安全非常重要，尤其中学、小学和幼儿园，因此在安保方面要求严格。第二，教育属性强。学校是教书育人的场所，服务中应注重营造清洁、舒适、安静的学习及教学环境。第三，公益属性强。教育关乎国之大计，物业公司并不能完全从盈利视角，而要融入社会责任，人文关怀等服务理念。

公众物业由于涵盖了场馆、公园、交通枢纽、军队、能源电站等多种细分业态，服务对象多样化，特殊性强。同时，不同项目的服务内容差异较大，业主需求特殊性强，需要物业公司提供定制化的物业管理服务。

面对非住宅领域存在的竞争壁垒，百强企业通过合作、市场竞标及并购等方式获取项目，逐步积淀非住宅物业服务能力。百强企业在拓展非住宅领域的过程中，通过多种举措获取新项目并将其打造成标杆，通过持续的经验积累和服务沉淀，形成某一细分领域的专业服务优势，在长期战略拓展中逐步突破非住宅细分领域的专业壁垒，实现多元业态组合的优化。2024年，中海物业、京城佳业成功中标医院物业，逐步赢得市场认可；保利物业、远洋服务也在医院物业有所突破。

表1-6　　部分百强企业非住宅领域拓展情况

企业	项目	管理业态
京城佳业	2023年承接北京城市副中心C1、C5区新增区域、国家网球中心、青岛市民中心	公众物业
	2024年中标北京安贞医院通州院区	医院物业
	北京大学医学部、北京服装学院、北京政法职业学院	学校物业
中海物业	2024年中标香港医院管理局支援中心	医院物业
	2024年中标澳门本岛及路环岛12座独立式公共图书馆	公众物业
保利物业	2023年中标南昌市老年大学碟子湖校区和阳明路校区	学校物业
	2023年中标鄂尔多斯市中医医院	医院物业
	2023年中标南航物流大兴货站	公众物业
远洋服务	2023年拓展中国人民解放军一四八医院	医院物业
	2023年中标温州市第十七中学	学校物业

二、经营绩效：营收均值15.5亿元，基础服务收入贡献超八成

（一）营收增速持续放缓到4.6%，央国企提速发展

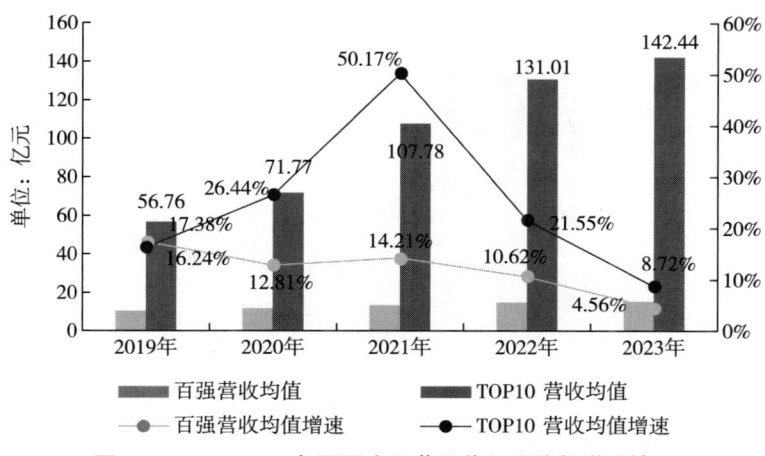

图1-9　2019—2023年百强企业营业收入均值与增速情况

2023年，百强企业营业收入均值为15.5亿元，同比增长4.56%，增速较上年下降6.06个百分点，首次低于10%。TOP10企业营业收入均值为142.44亿元，同比增长为8.72%，较上年大幅下滑12.83个百分点。主要原因在于：一方面，百强企业主动放弃部分低质项目，优化在管项目组合，同时谨慎并购，导致在管面积增速降低，营收增速亦随之放缓，注重高质发展，坚守长期主义；另一方面，由于行业整体新增在管面积缩小，增量市场转为存量市场，外拓竞争异常激烈，拓展难度提升；非业主增值服务受关联方影响显著减少，社区增值服务恢复不及预期，创新型服务还在探索中，未打开局面，导致营收增长被动放缓，物业管理行业步入低速增长时代。但TOP10营业收入均值及增速分别是百强企业的9.2倍、1.9倍，仍发挥行业"火车头"作用。

百强企业中多数央国企营业收入仍旧保持两位数的增长，显著高于整体水平，呈现出良好的发展态势。第一，受益于关联方的稳健发展，能够获得优质且稳定的项目和资源支持；第二，外拓竞争能力强，相对更易获得公建、城市服务等项目，提升业务增量；第三，风险把控更加严格，运营更加稳健，抗风险能力更强。其中，央企营业收入增长表现稳健，稳中求进，国企营业收入增速普遍高于央企，主要原因在于央企营业收入规模基数相对大，长期高速增长相对困难。苏新服务深耕长三角，专注于提供城市服务、商业物业管理服务、住宅物业管理服务，2023年营收达到7.25亿元，同比增长35.73%。

表1-7　　　　　　　　　　2023年部分百强央国企营收及营收增长情况

企业性质	企业名称	营业收入（单位：亿元）	营业收入增长（%）
央企	保利物业	150.62	10.05
	华润万象生活	147.67	22.89
	中海物业	130.51	19.74
	金茂服务	27.04	11.02
国企	越秀服务	32.24	29.66
	京城佳业	18.29	16.73
	华发物业服务	17.75	11.05
	苏新服务	7.25	35.73

多因素下，民营企业营业收入增长失速，增速普遍下滑严重，部分企业甚至出现负增长。上市民营企业中，近70%的企业营收增速低于10%。

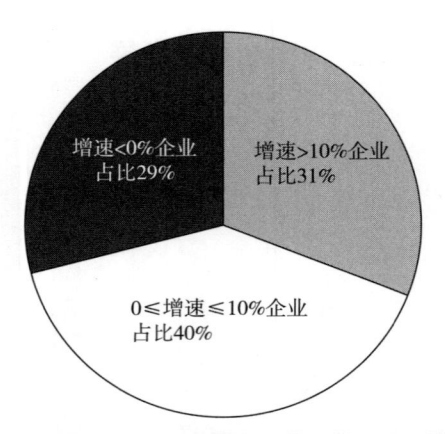

图1-10　2023年上市民营物企营业收入增速情况

在不利环境下，也有部分民营企业积极调整，实现了逆势增长。这些民营企业呈现出以下特征：第一，关联方供给逐年减弱，但仍为项目重要来源，且关联方发展稳健；第二，坚持区域深耕，布局多元业态，坚定不移地走市场化发展道路；第三，外拓能力强，项目来源多元化；第四，在基础服务稳增长的同时，"第二增长曲线"业务增长较快。

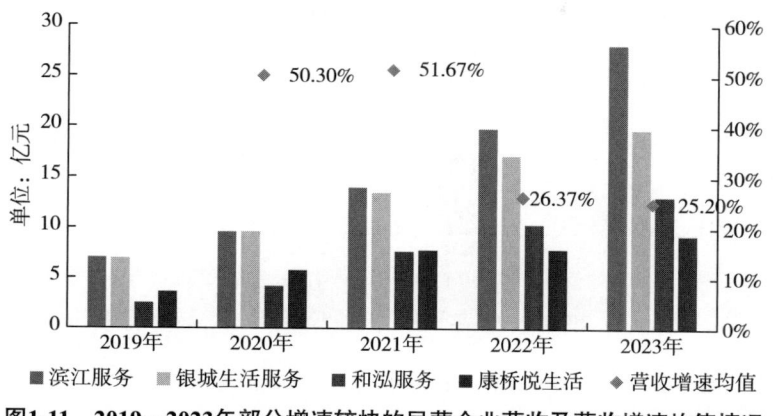

图1-11　2019—2023年部分增速较快的民营企业营收及营收增速均值情况

2023年，百强企业基础服务收入均值12.72亿元，近四年占比首次超过八成，达到82.05%，占比较上年提升2.97个百分点，为近几年新高。央国企、民营企业该特征表现一致，且普遍呈现出基础服务收入增速高于总收入增速的特征。基础服务作为物业企业最稳定的收入来源，发挥着"顶梁柱"作用，百强企业积极调整，回归行业本源，做实、做强、做优主业，稳固高质量发展基石。

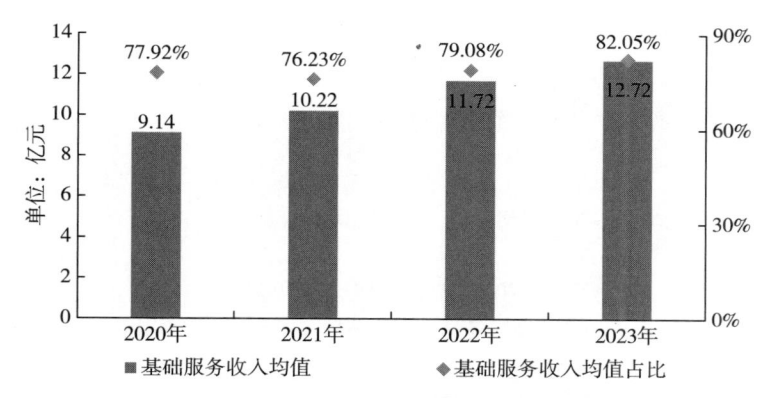

图1-12　2020—2023年百强企业基础服务收入均值及占比情况

注：根据行业发展趋势，将百强企业的营业收入划分为三个板块：基础物业服务收入、增值服务收入及创新型服务收入。其中增值服务包括社区增值服务和非业主增值服务；创新型服务是指近几年行业新拓板块，如城市服务、IFM、商业运营、智能科技服务或企业特色的创新服务等。

（二）社区增值服务贡献稳定，非业主增值服务下降超三成，创新服务营收有限

在增值服务及创新型服务业务方面，百强企业已经由大而全的平台模式，转向专注于高潜力细分赛道，实现资源聚焦和垂直化发展，在维持诸如空间运营等传统业务基础之上，发挥近场服务优势，实现部分业务的逆势增长。

2023年，百强企业增值服务收入均值2.36亿元，较上年的2.7亿元下降12.59%，占比为15.23%，较上年下降2.99个百分点。一方面，非业主增值服务收入均值为0.7亿元，较上年的1.05亿元下跌超三成，是增值服务收入下降的主要原因，预计此项业务还将进一步萎缩；另一方面，受限于消费大环境的影响，居民收入预期降低、消费降级等导致需求没有明显增长，社区增值服务收入均值为1.66亿元，与上年基本持平，业务的大幅提振尚待时日。

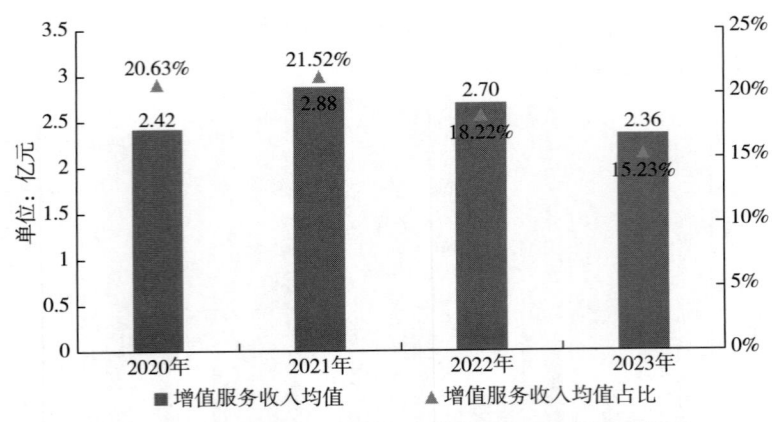

图1-13 2020—2023年百强企业增值服务收入及占比情况

在社区增值服务中，空间运营服务、资产运营服务、社区生活服务仍为主要组成部分，2023年的收入均值分别为5468.8万元、4120.8万元及4470.4万元，合计占社区增值服务收入的比重达84.7%。其中，空间运营服务主要包括停车场运营、广告投放或租赁等业务，同比增长4.16%。

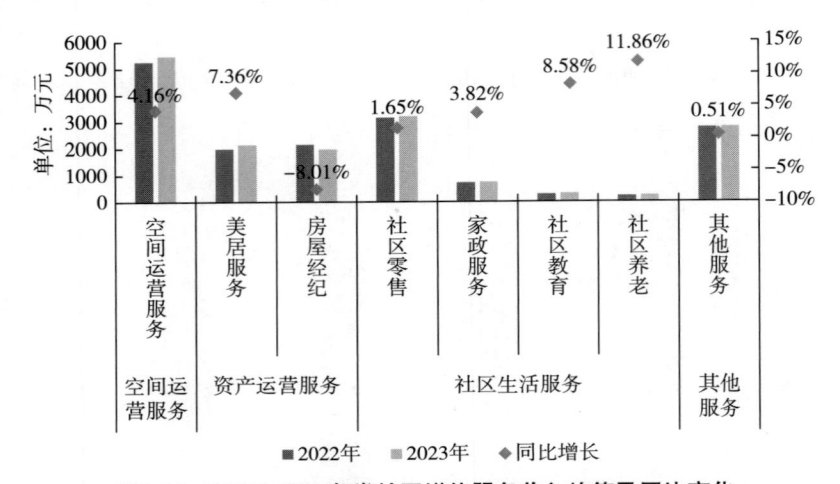

图1-14 2022—2023各类社区增值服务收入均值及同比变化

美居服务涵盖拎包入住、设计服务、整装旧改等业务。百强企业通过"一站式家居服务""个性定制化解决方案""一对一"与"去标准化"等措施，在关注新房市场的同时，聚焦旧房焕新，打通产业链条纵向壁垒，成效显著。2023年，百强企业美居服务收入均值达到2141.6万元，同比增长7.36%。百强企业中，除碧桂园服务、雅生活集团等头部企业外，2023年滨江服务等"入局者"表现优异。其中，滨江服务打造以5S为中心的增值服务体系，包括优家服务、优居服务及优享生活服务。优居服务秉承"生活家"软装服务理念，为客户提供格调高雅、时尚、现代化的定制硬装、软装、家装服务等，2023年该板块营收大幅增长，达到5.32亿元。

百强企业社区零售营收均值为3196.8万元，同比增长1.65%。物业企业虽然占据着天然靠近业主等诸多优势，但是社区零售涉及供应链、仓储、物流、平台系统等一系列环节，物业企业跨界经营难度大；另外，受线上电商巨头及网红电商的挤压，大部分物业企业难以破局。但是部分百强企业紧扣时代发展脉搏，进军直播业务，挖掘社区增值业务。2023年，越秀服务社区增值服务收入9.32亿元，同比增长43.34%，公司不仅增加了投资增值服务的储备金，还将进一步加强社群团购和直播带货业务。

2024中国互联网社区运营领先企业
深圳一应社区科技集团有限公司
中天城投集团物业管理有限公司
南京朗诗物业管理有限公司

另外，社区生活服务中，家政服务、社区教育及社区养老增速分别为3.82%、8.85%和11.86%。2023年国家出台众多关于家政及社区养老相关政策，如《促进家政服务提质扩容2023年工作要点》《居家养老上门服务基本规范》《城市社区嵌入式服务设施建设工程实施方案》等，提出包括"支持物业企业因地制宜提供居家社区养老服务""明确社区嵌入式服务设施面向社区居民提供养老托育、家政便民等"的鼓励措施和相关指引，在业主信任的基础上，或自营或联营，"面对面"业务更易开展并获得成功。中海物业旗下"优你互联"公司，经过多年的业务探索，厚积薄发，聚焦社区生活场景，通过社区空间运营、不动产增值服务、社区生活服务三大运营业务体系，持续培育具有持久生命力的社区商业环境，打造行业领先的资产运营能力，逐渐形成中海物业又一核心市场竞争力。

2024中国物业社区增值服务优秀企业
深圳市优你家互联网科技有限公司
雅生活智慧城市服务股份有限公司
深圳市卓品商务服务有限公司
湖南中建物业服务有限公司

在诸多不利环境下，百强企业并未坐以待毙，仍在多赛道积极寻找"出路"，在头部企业的引领下，百强企业有侧重地发力城市服务、IFM等业务，创新型服务收入均值为0.42亿元，同比增长5.0%，保持连续增长态势，占比微幅提升至2.72%。

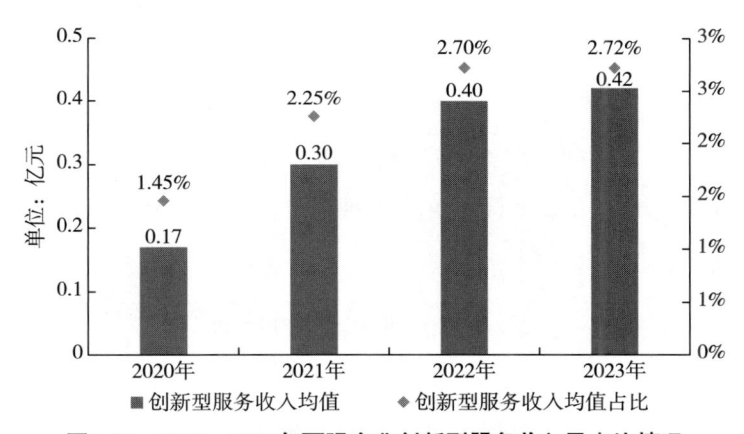

图1-15 2020—2023年百强企业创新型服务收入及占比情况

头部企业或少数重点企业引领百强企业开展创新型服务，更加关注项目盈利能力以及回款情况，与基础物业管理服务产生联动，坚守主业，坚持创新，平衡风险与回报。

城市服务呈现业务融合的发展趋势，借助智慧化运营平台，将住宅小区、街道、办公大楼、公园绿地等业务场景融为一体，从管理到运营、由单体向全域，实现新场景突破。头部企业布局早、业务体量大，规模优势和先发优势明显，其他企业保持跟进态势，纷纷试水，探索新领域，寻求突破和增长机会。2023年，碧桂园服务和雅生活集团城市服务收入分别为48.84亿元和13.87亿元，保持着较高的年复合增长率。其他头部企业,如中海物业在2024年工作策略会议上指出"强调守正与创新的平衡,主动介入城市服务"。

城市服务对于物业企业营收规模提升作用明显,但存在三个问题:第一,城市服务需要高投入,无论是铲雪车等大型设备的购置,还是"自建智慧平台"等软件方面的要求,都需要庞大的资金、技术、人才投入;第二,服务能力、人才队伍建设、标准体系建设、信息安全等问题,都考验一个企业的综合能力与专业能力;第三,服务对象的支付能力是物业企业首要考虑的方面,尤其是地方债突出的当下,更要审慎选择服务对象。

在非住宅领域,IFM作为新蓝海,更能体现百强企业的专业化服务能力。百强企业从需求端出发,以帮助客户提高生产效率,降低运营成本为目标,为客户量身定制服务清单,提供综合化解决方案,找差异化竞争路径,并形成企业自身的护城河。目前百强企业主要涉足餐饮、设备管理及能源服务等业务。新希望服务是西部领先、深耕成都的综合物业管理企业,围绕"资产增值保值"与"生活安心美好",为中高端住宅、办公楼宇等不同业态提供"物业+商业运营、物业+团餐、物业+生活"等民生服务系统解决方案,已凭借良好客户口碑与优异经营质量,实现持续高质增长。

表1-8　　　　　　　　　　　　　部分百强企业2023年IFM业务介绍

企业名称	业务收入（百万元）	增长情况（%）	业务涵盖内容
金科服务	344.4	73.8	集团着力发展餐食服务,通过内生加并购模式,快速抢占市场份额。
新希望服务	47.35	56.4	公司在满足企业标品采购方面积累了较为成熟的经验,持续满足B端企业客户需求,实现B端零售66.1%的复购率,共计为客户提供个性定制礼盒超11万份,定制研发设计24款商品。
彩生活	22.71	36.15	公司开展包括设备安装服务、维修保养服务、节能服务等在内的工程服务。

除此之外,商业运营、智慧化解决方案输出业务也是物业企业创新型服务中两个重要赛道。当前,商业运营经营难度加大,整体表现有所下滑。但是,部分百强企业仍然凭借着对于场景终端的把握,紧扣商业中心消费结构转型升级,深挖消费数据,周期性调整商品种类,提升消费体验,注重平衡写字楼长短租客需求,精细化运作。2023年,华润万象生活、越秀服务、合景悠活、德商产投服务等的商业运营服务都取得了不错的业绩。智慧化解决方案是百强企业以科技平台构建智能生态系统,赋能客户智慧化改造,助力我国智慧化城市建设,未来发展可期。

2024中国物业生态链优质服务商
广州江迅环境科技有限公司
西安卓越软件开发有限公司
北京通川科技有限公司

（三）利润率双降,毛利润微增,风险逐步出清,提质发展初见成效

2023年,百强企业"增收不增利"现象仍在持续,毛利率和净利率双双下降,但降幅收窄。同时,2023年百强企业毛利润均值为3.23亿元,较上年增长0.81%,转降为升。净利润均值为8385.5万元,较上年下降11.18%,降幅收窄11.22个百分点。

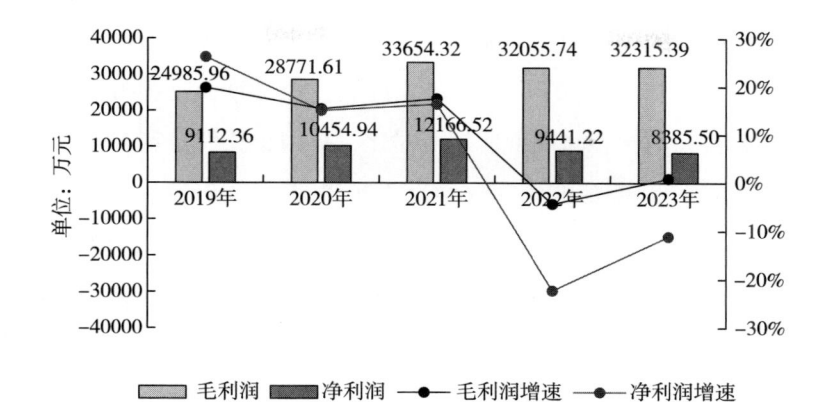

图1-16　2019—2023年百强企业毛利润均值、净利润均值及增速情况

2023年，百强企业毛利率均值为20.85%，较上年下降0.77个百分点，净利率均值为5.41%，较上年下降0.96个百分点，降幅分别收窄2.72个百分点和1.75个百分点。

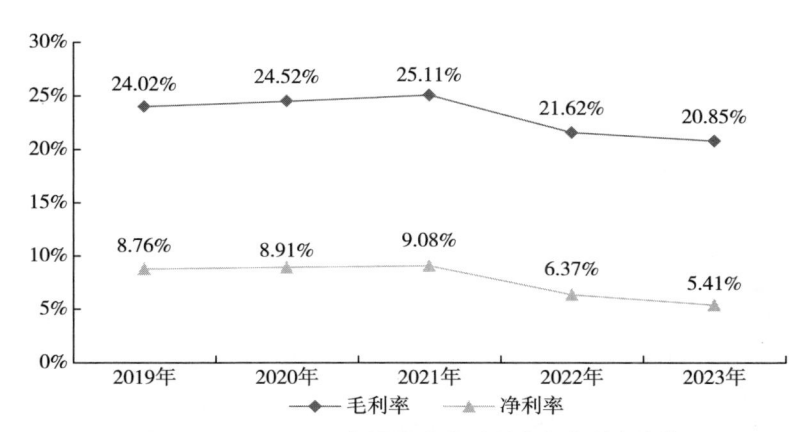

图1-17　2019—2023年百强企业毛利率和净利率均值

在利润构成方面，2023年，基础服务毛利润占比78.53%，较上年提升3.88个百分点；增值服务毛利润占比19.48%，下降3.64个百分点；创新型服务毛利润占比1.99%。毛利率方面，基础服务毛利率维持在18%左右，保持稳定；增值服务毛利率为30.59%，下降2.36个百分点；创新型服务毛利率降至14.82%。

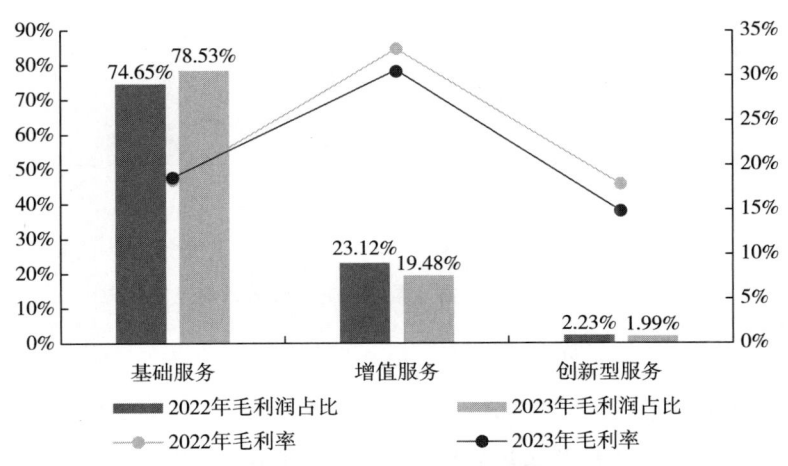

图1-18　2022—2023年百强企业各业务毛利润占比及毛利率情况

造成利润下降的主要原因包括：第一，受关联方影响，非业主增值服务大幅缩减，高毛利业务占比下降，由过去的利润"贡献点"转变为当前的"沉重负担"。第二，关联方面临流动性困境，导致企业对关联方应收款项计提的减值准备大幅增加，坏账风险加大，利润"失血"。第三，2023年，虽然商誉及无形资产占净资产的比重下降，商誉减值对于利润的冲击减弱，但是百强企业出于谨慎性考虑，计提商誉减值准备，对利润影响仍需要时间消化。与此形成鲜明对比，央国企凭借稳定关联方的加持，受减值影响较低，利润及利润率仍有保障。净利率最能说明该情况，2023年百强企业中央国企净利率均值为11.05%，高出百强企业均值5.64个百分点。越秀服务主动调整求变，探索多元业务，持续优化营收结构，财务状况保持稳定，2023年实现毛利8.57亿元，同比增长26.22%，毛利率为26.6%，实现净利润4.99亿元，同比增长17.8%，净利率为15.5%。

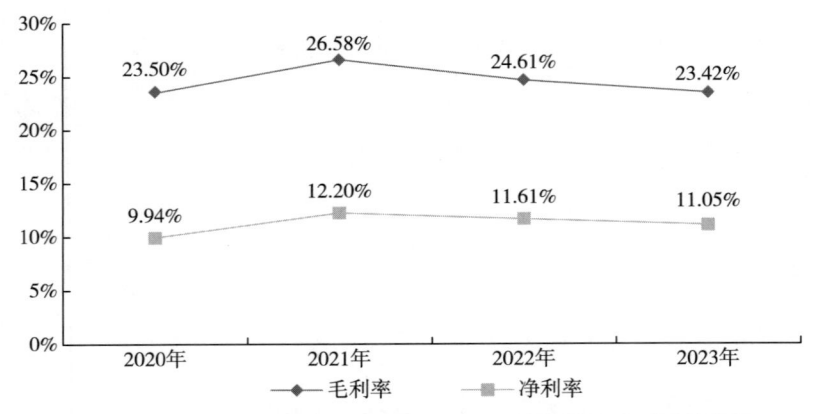

图1-19　2020—2023年百强企业中央国企毛利率均值及净利率均值情况

百强企业面对"增收不增利"的局面，积极采取应对措施。第一，百强企业不再简单追求全国化的规模扩张，在项目外拓时对目标城市进行更为严格的筛选，聚焦高能级城市群，提升服务密度；优化项目组合，拓展优质项目，主动去化营利弱的项目；项目深耕，探索更多增值服务，进一步丰富产品内容，提升单项目营业收入。2023年百强企业单城市营业收入均值4289.19万元，同比增长7.58%，单项目营业收入均值为583.46万元，同比增长5.38%。

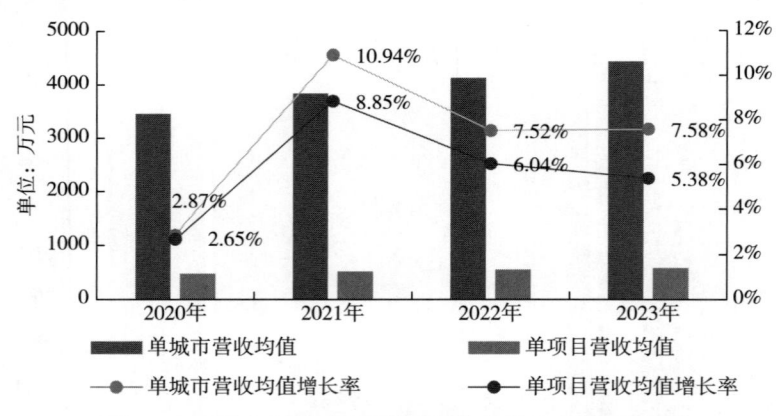

图1-20　百强企业单城市及单项目营业收入均值及增长率

第二，百强企业保持审慎战略，不再盲目扩张，进一步放缓并购步伐，主动撤销有问题的并购，下调并购储备金，对下一步的并购更加深思熟虑，把握交易底线，减少追求短期成效和快速回报的行为。物业企业通过横向并购扩大业务范围，通过纵向并购融合产业链资源，在追求规模收入增长的同时，更加注重成本协同，提升服务质量和效率；通过混合并购开辟新赛道进入新市场，对创新型服务业务进行品牌投资或整合收购，寻求更多的增长机会。2023年多家百强上市企业发布公告，称变更其IPO募资款用途，拟将原先用于收购及战略投资的资金压缩或变更为其他用途，企业战略回归稳健，有效提高企业抗风险和抗周期能力。

表1-9 部分百强企业变更IPO募资款情况

企业名称	变更前	变更后
越秀服务	IPO募得资金16.32亿元，按照最初拟定用途，约60%的资金用于策略收并购，约40%用于发展增值服务业务和补充流动性资金。	2024年1月2日公告称，决议将未动用所得款项净额（约16.32亿元）的35%用于策略收购和投资；20%用于发展增值服务；约15%分配予开发信息技术系统（包括投资信息技术公司或与其合作）及智慧社区的部分；10%用于促进ESG发展；剩余的20%用于营运资金和一般公司用途。
滨江服务	IPO募得资金约35%（159.4百万港元）将用作收购位于长江三角洲的主要城市以及深圳等新城市的物业管理公司以进一步增加本集团于现有市场的市场份额及扩大本集团的地域覆盖面。	2023年5月29日公告称，拟将原先用于收购物业公司及战略投资的金额变更为"更新其管理服务系统、招募培养人才以及与当地政府和开发商设立合营公司"。

资料来源：中指研究院根据企业公告整理。

第三，百强企业优化组织架构，精简战线，减少层级，综合化、扁平化管理，开创新模式，动态化调整。"总部—城市公司/区域公司—项目"三层次组织架构是目前多数物业企业采取的形式，为了更好地平衡品质管理、增值业务开展以及市场拓展，物业企业积极尝试，下沉区域级人员或总部人员，打通与缩短决策路径，三级架构两级化运作；考虑到某些社区增值业务及非住宅业态业务的专业要求及商业逻辑，由独立部门或独立公司运作，呈现专业业务公司化发展。同时，严格控制销售、管理及财务等费用，2023年行政、销售及一般管理费用占收入比例均值为11.03%，连续两年保持下降态势。

另外，百强企业在新技术的推动下，顺势而为优化业务流程，提升用工效率，人均收入得到稳步提升，2023年达到25.26万元，较上年增长5.87%。保利物业保持战略定力，回归经营本质，追求高质量发展，系统性加速迈进，持续推进组织突破、增速突破等，人员构成更为合理，2023年人均收入达到44.43万元，高出百强均值75.89%。

三、服务质量：品质为本，标准先行，构建新质服务力

（一）以客户满意为导向，打造独具特色的"管家服务体系"

服务品质是物业企业的生命线和发展根基，没有以服务品质为基础的"1"，再多的业务也将失去依托成为"0"。物业管理行业在经历了由资源驱动、资本驱动后逐渐回归由市场驱动，在存量市场的背景下，物业服务企业生存与发展将面临全方位、多角度的激烈竞争，回归服务本源，提升服务品质，成为企业持续经营与发展的不二选择。

企业端　　　　　　　　　　　　　　客户端

高质量发展的必要条件　←　服务品质　→　优质体验的保障

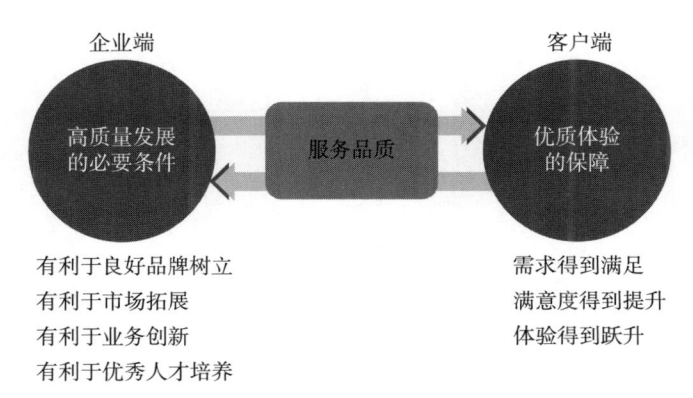

有利于良好品牌树立　　　　需求得到满足
有利于市场拓展　　　　　　满意度得到提升
有利于业务创新　　　　　　体验得到跃升
有利于优秀人才培养

图1-21　品质服务助力企业高质发展和保障客户优体验

服务品质是百强企业高质量发展的必要条件。当下，高质量发展是物业管理行业发展主旋律，百强企业要实现高质量发展，离不开以品质为基石的优产品、强品牌、提效益、谋创新、定战略。在强品牌方面，多家百强企业实施新举措，融创服务品牌Logo焕新，金科服务发布全新企业服务品牌"金悦未来"，奥园健康更名为"星悦康旅"等，以更加独立的品牌姿态与全新的品牌形象开拓市场。

好的服务品质是客户体验的保障。在体验经济到来的背景下，客户更加注重个体体验，要求物业企业提供的服务或产品具备人性化、个性化和感性化的特征；在保障人身与物资安全前提下，希望环境优美、生活便捷、宜居宜业，从服务内容、服务时限、服务标准、响应反馈等多维度要求"有物业"向"好物业"转变，客户需求的转变牵引着物业企业对服务品质的提升。

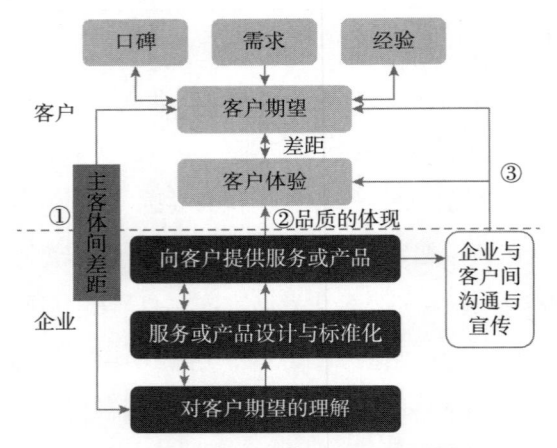

图1-22 百强企业服务品质提升路径

服务品质是多维甚至是多阶的复合结构体系，因而提升服务品质是系统工程。百强企业以客户期望为起点，分析主客体间差距以求全面理解客户诉求，寻找提升服务品质路径，打造优质服务产品。客户期望源于客户实际需求、服务或产品口碑、客户过往体验所形成的经验。在缩小主客体间差距时，百强企业应对措施主要包括：对内注重从一线员工得到客户反馈，对外加强市场调研，深入剖析客户诉求。其中，外部市场调研行之有效的方法为满意度调查，2023年，据中指研究院物业服务企业普查数据，满意度总得分继续下探，已降至72.6分。从各细项得分来看，客服中心得分最高为77.5分，表明物业企业普遍在回应客户问题及需求方面取得了不错成绩；公共设施维护、装修管理、车辆管理三项得分排名低，其中车辆管理项得分最低，反映出停车位不足、停车区域管理混乱的问题较为严重。

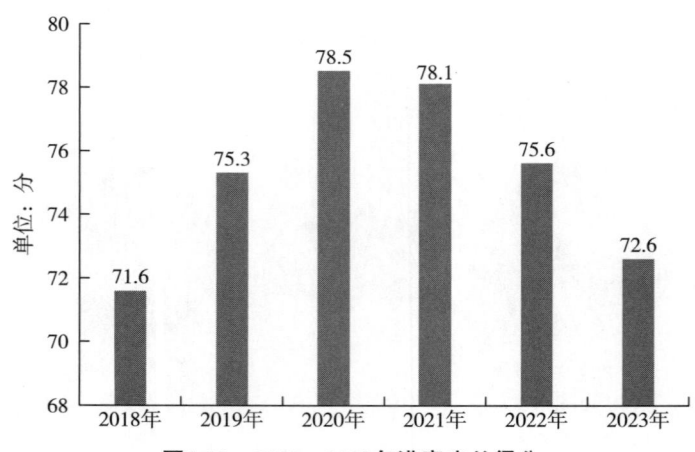

图1-23 2018—2023年满意度总得分

资料来源：2023中国物业服务满意度研究报告。

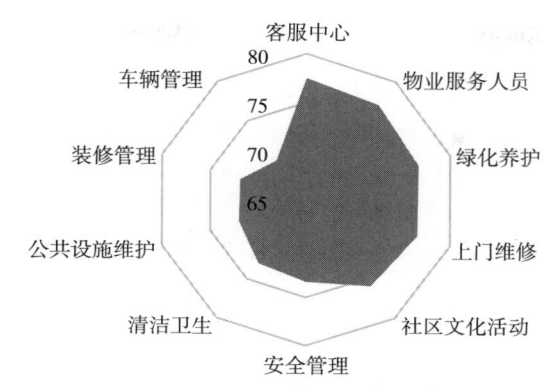

图1-24　2023年满意度细项指标得分

资料来源：2023中国物业服务满意度研究报告。

为提升服务品质，部分百强企业打造了具有自身特色的"管家服务体系"，提升客户体验，消除盲点，解决痛点，挖掘爽点，将企业服务或产品有效传递于客户。一线员工为服务品质的"守门人"，一事一物皆品质，一举一动皆服务。百强企业抛弃传统粗放的物业管理模式，狠抓行业服务升级，科技赋能强化一线，文化引领让一线员工找到价值所在，调动其主动性与激发潜力的同时，打造管家服务体系，彰显服务至高品质，打造差异化市场竞争力。

百强头部企业率先完成物业管家服务体系建设，具体包括岗位责任设定、规章制度制定、业务考核等方面，引领行业开启物业"管家服务"时代。整体来看，管家服务体系呈现出高品质与优体验、综合性与个性化、强互动与高效率、智能化与低碳化的特点。

高品质与优体验：物业管家主动洞察客户需求，利用自身的"必备属性""魅力属性""期待属性"等来满足客户"多样化""多层级"的服务品质需求，确保优质服务精准触达，给客户带来优体验。

综合性与个性化：管家是岗位的综合，对客户体验负责，对服务品质巡检，是责任的综合，同时又是客户的"百科全书"，体现综合能力。管家是客户接触物业服务最频繁和最紧密的端口、公司服务的桥头堡，是问题分配解决的枢纽，能够针对不同客户，从不同维度，满足客户普遍及个性化需求。

图1-25　管家服务体系主要特征

强互动与高效率：强互动有助于打破"陌生社区"状态，满足客户"信任需求"，有助于树立物业公司"代言人"形象，加强社区成员间的互动与交流，减少彼此间的矛盾纠纷。信任关系的建立有助于物业企业各项业务的开展，顺畅沟通，易于工作执行，有效提升运营效率。

智能化与低碳化：数据集成管控平台已成为百强企业标配，它有助于企业进行可视化管理，同时也是管家必须掌握的技能之一。追求低碳化是客户美好生活的重要主题之一，百强企业利用智慧科技监测能源使用，降本增效，节能降耗，减少对环境的负面影响，同时，组织开展环保宣传讲座，增强客户环保意识，践行垃圾分类。

表1-10　　　　　　　　　　　　　　　　部分百强企业管家服务主要内容

企业名称	管家服务及主要内容
保利物业	面向优质住宅领域打造专属服务品牌"亲情和院"，提供基础的"亲情管家"服务，以亲情为前提和基础，在服务过程中注入真情实感，与客户建立信任关系，顺应当下人们渴求亲情回归社区；高端品牌"东方礼遇"，提供"专属管家＋礼遇管家"双管家配置，围绕客户"衣、食、住、行、健康"五大需求，量身定做服务，坚持"尊崇、信赖、人文"的服务理念，实现和谐居住与生活的理想目标。
中海物业	奉行"亲切的生活，质朴的管家"理念，坚持擦亮"第一管家"金字招牌；强调物业管家两种特征：提升外在形象与强化内在素质和职业素养；具备五项基本职责：信息收集、需求响应、关系维护、品质监管、产品推荐。
金地物业	以人体舒适的温度为灵感，建立"26℃管家服务体系"。管家从客户角度出发，深度挖掘客户需求，建立客户黏性，推动业务开展。岗位职责包括品质管理、需求响应、关系维护、促进产品交易、社群运营等。同时，公司建立了严格的管家评估与考核制度。

百强企业借助社区活动开展强化沟通与互动，加强投诉管理，保证承诺与行为的一致性。作为统筹运营社区的重要构成部分，社区活动不仅可以丰富客户的文化生活，加强邻里关系，还可以营造团结和谐的氛围，传递企业服务理念，提升客户满意度；事不议不明，高品质离不开多方共同参与，百强企业充分调动业主基层自治意识，党建引领，有效实现社区治理和业主自治良性互动，共促社区品质提升。

表1-11　　　　　　　　　　　　　　　　部分企业社区活动开展情况

企业名称	社区活动开展及主要内容
融创服务	积极举办不同主题的社区活动，如太阳果计划、星空影院、便民服务日等；针对不同年龄的客户，打造"健走未来""果壳计划""邻里计划""达人秀""业主春晚"品牌活动，建立与业主间的连接，构建关系新形态。
金茂服务	依托旗下业主邻里社交平台茂lin里社群组织，开展亲子成长、健康运动、生活艺术、公益共建活动，积极为业主打造差异性、趣味性的社群文化活动，不断满足客户对美好生活的追求，引领幸福品质生活。
合景悠活	焕彩灯光节：连续多年开展，将低碳、环保理念带进社区，2022年以"守护地球·共聚美好"为题，从社区环境、变废为宝、绿色健康、儿童成长等方面开展。合睦文化节：通过邻里集市、艺术展览、文艺晚会等形式，搭建起业主间的沟通桥梁，汇聚业主，共同发掘生活小惊喜。

（二）建立服务标准体系，分类分级设计服务产品，差异化竞争助高质发展

物业管理行业正处于发展的关键阶段，复杂背景环境下，标准化体系建设对于物业服务企业提高运营效率、引领和推动高质量发展具有十分重要的意义。另外，在目前形势下，地方国资物企迎来发展机遇，但部分企业也存在"小、散、弱"的问题，重使用、轻管理、专业程度不高、标准化建设不足、发展不规范。面对发展关键抉择，地方国资物企通过资源整合的方式盘活资产，围绕长期价值战略，通过标准化体系建设作为指引，做大做强，从而提高整体水平，提升服务质量。

百强企业以建设可落地的标准化体系为抓手，从服务流程、作业规范、客观考评等多维度全面落实，实现项目管理的标准化，保障企业运营规范、高效。百强企业识别客户需求，细化生活场景，拆解客户行为，在场景中寻找服务触点，形成岗位触点矩阵。根据触点矩阵合理安排一线员工，并将服务进行标准化及模块化设计。保利物业首创I-TRUST客户体验感知评论体系，为项目一线提供精准的

服务品质评估抓手，助力公司把握服务提升的关键点，在服务响应速度、客户需求满足与服务感知度上进一步提升。

表1-12　　部分百强企业标准化体系建设情况

企业名称	标准化体系建设
保利物业	保利物业坚持高质量服务，打造行业领先的服务标准，建设《住宅极致标准化服务管控体系》《城镇全域化标准体系》《星云企服标准体系》《轨道交通项目标准体系》等多套标准体系，提高客户满意度。
康桥悦生活	针对不同业务种类，制定并发布各条线《内控标准化手册》，包括运营管理、品质控制、风险管控等，规范业务操作，加强体系化控制管理。
和泓服务	为维持优质的服务质量，发布《和泓服务集团服务标准白皮书》《物业服务业务管理控制程序》和《质量检查管理控制程序》等相关制度，规范员工的服务流程和标准。

标准化体系建设应以客户体验为出发点，避免形式主义。客户体验优劣取决于问题的解决，更取决于在服务接受过程中精神层面的满足。物业服务人员既是决策者也是执行者，没有标准的服务是不专业的服务，掌握工作标准后有助于好的临场发挥与应变，这能够让客户感受到温暖，心情舒畅，从而提升客户评价和满意度水平。如高考期间，推出高考免费接送车服务，可谓暖心之举，而这早已成为不少百强企业常规标准动作。

在服务标准化体系建设基础之上，针对不同客户价值主张，以客户体验反馈为服务产品调整依据，百强企业分业态、分级设计服务产品，努力将客户感受上的期望与现实的差距降到最低。滨江物业以专业的星级服务体系为基础，涵盖物业延伸服务、个性定制服务、社区文化建设服务、环保公益等多方面，深度契合所服务客群需求，凭借高服务品质、高满意度水平、高标准服务体系，赢得了市场和业主的认可。

2024中国高端物业服务领先企业

融创物业服务集团有限公司	金茂物业服务发展股份有限公司
广州越秀物业发展有限公司	华侨城物业（集团）有限公司
泛海物业管理有限公司	苏州金狮大厦发展管理有限公司
雅生活智慧城市服务股份有限公司	正商服务
杭州滨江物业管理有限公司	中建四局城市运营服务有限公司
合景悠活集团控股有限公司	湖南中建物业服务有限公司
时代邻里控股有限公司	深圳市荣超物业管理股份有限公司

针对住宅业态，不同价格下都有好的服务和产品，百强企业在追求极致基础服务的基础上提供差异化的服务，以满足不同客户需求。在研究公司战略、目标客户、市场导向及成本因素的前提下，综合考量项目定级匹配原则，在产品分级设计时，重点从提供增值服务种类及标准、服务频次及效率、软硬件等资源差异化配置及服务精细化程度上下功夫，高端体现客户身份象征，消费属性更突出，中低端满足客户合理化需求，服务品质有保障。2023年，雅生活集团在管理定位的基础上，基于差异化的服务需求，完成超过600个项目的服务定级，完善在住宅项目的"管理定位+服务定级"的分级体系建设。金茂服务通过高端客户多个重点生活场景识别，梳理与提炼服务亮点，建立其具有品牌特色的12大服务方向和服务亮点：摆脱生活琐碎的"4S房屋"、关注特质差异的"四色管家"、体会自然本味的"四季博物馆"和共建人文底蕴的"四邻文化"，成就"品质筑就更美生活"的服务使命。

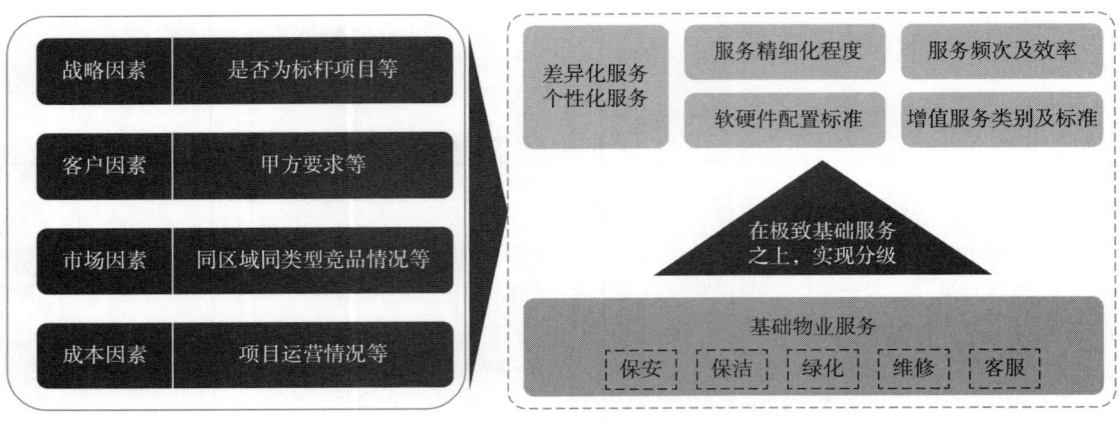

图1-26　百强企业服务产品设计

面对非住业态的服务场景，百强企业以提升客户整体运营效率和客户员工满意度为目的，以企业非核心业务整体性规划为策略，助力客户业务发展，所提供的服务产品呈现出鲜明的特点，包括多样化、定制化、一站式、专业性等。以基础物业服务为"敲门砖"，百强企业通过服务列表的形式，围绕空间、物、客户及客户员工设计服务产品，为客户提供包括企业服务、资产运营、设备管理等一系列可选产品，做到基础服务标准化，可选服务品质化。企业服务主要围绕客户员工展开，百强企业提供包括员工福利、员工用餐、活动团建等后勤一体化服务，实现客户员工满意度的提升，赋能企业发展；百强企业提供的资产运营服务主要包括招商租赁、空间规划、车场运营等，助力客户资产保值增值及投资最大化回报；设备管理服务主要包括智慧楼宇、能源优控等，百强企业借助信息化管理平台，围绕科技、绿色，用专业服务对客户工作生活环境提供各项支持服务，改善空间管理质量，帮助客户生产部门和使用部门节约能源，提高客户核心业务生产力。保利物业立足国资服务领军品牌的角色定位，创新推出国资商办"星盾模式"全新产品，重点加强能源管理、资产管理、综合设施设备管理等关键服务能力的建设，依托产品力升级，加速跨行业深耕。

2024中国专项物业服务力优秀企业

住宅物业	
中海物业管理有限公司	广州敏捷新生活物业管理有限公司
雅生活智慧城市服务股份有限公司	上海中建智地物业服务有限公司
长城物业集团股份有限公司	中电建物业管理有限公司
碧桂园服务	大华集团上海物业管理有限公司
深圳市莲花物业管理有限公司	广东钧明物业服务有限公司
时代邻里控股有限公司	上海中建东孚物业管理有限公司
华宇优家智慧生活服务集团有限公司	河南华信玖邻好生活服务有限公司
深业物业运营集团股份有限公司	广东康景物业服务有限公司
商业物业	
碧桂园服务	时代邻里控股有限公司
华润万象生活有限公司	粤海物业管理有限公司
河南正弘物业管理有限公司	广州城投物业
华侨城物业（集团）有限公司	广州市领展物业管理有限公司
办公物业	
雅生活智慧城市服务股份有限公司	北京长峰新联工程管理有限责任公司
产业园区物业	
苏州工业园区综保产业服务有限公司	上海聚悦资产管理有限公司
上海科筒物业服务有限公司	北京长峰新联工程管理有限责任公司

非住宅业务专业门槛高，对于物业企业提出更高要求。目前，物业企业非住宅业务仍在扩充、探索中，服务广度与深度有待提升。同社区增值服务一样，经过时间沉淀，百强企业应该结合自身优势，聚焦于优势航道，有所为有所不为，通过提供优质服务及良好品牌形象，打造核心竞争力。

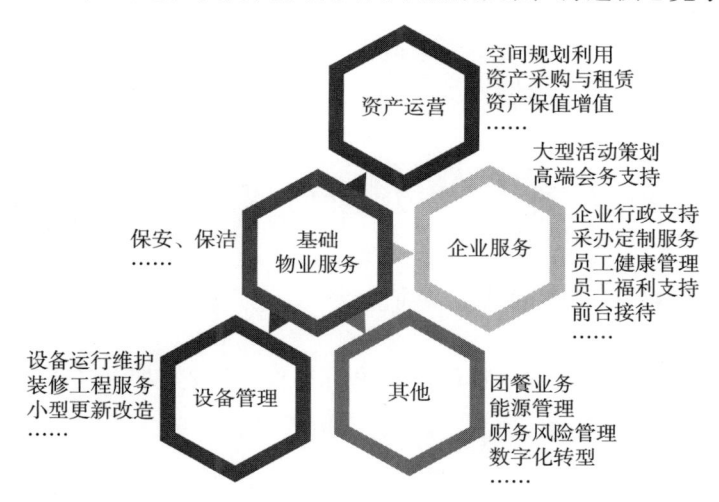

图1-27　百强企业非住业态服务菜单图谱

（三）平衡规模、效益与品质，收缴率与留存率超 90%

服务质量的提升不是无条件的迎合，而是准确契合客户的需求，同时要平衡发展速度、经营效益。百强企业回归自身，修炼内功，严控成本，狠抓公司治理，在追求服务品质的同时保障公司效益，在追求效益的同时保证品质。

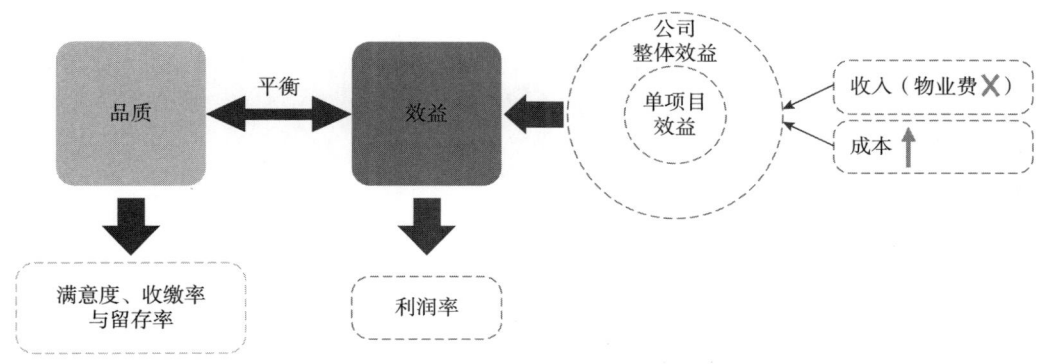

图1-28　百强企业追求品质与效益的平衡

评价物业企业服务品质优劣最直接的指标为满意度、收缴率与留存率。2023 年，百强企业物业服务费收缴率与留存率与过往年份相比基本保持不变，这是对企业服务品质提升行动的正向反馈。

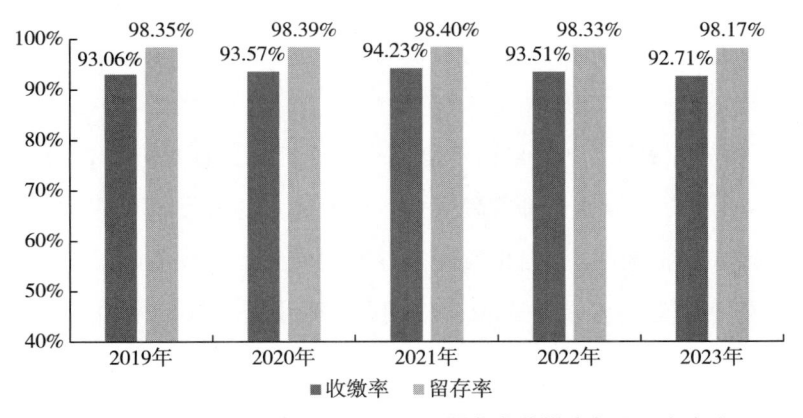

年份	收缴率	留存率
2019年	93.06%	98.35%
2020年	93.57%	98.39%
2021年	94.23%	98.40%
2022年	93.51%	98.33%
2023年	92.71%	98.17%

图1-29　2019—2023年百强企业物业服务费收缴率与项目留存率

物业费是企业最主要的收入来源，然而受多因素影响，物业费市场化不及预期，难提价；成本端，物价上涨，劳动力成本逐年上升，导致物业企业运营成本增加，"合理利润"进一步受到挤压。去化低坪效项目，优化在管项目组合，百强企业以项目单元为最小经营管理模块，以保障现金流为业务发展基础，完善市拓立项机制，着力解决部分市拓项目利润率和收缴率较低的问题，主动终止部分利润率低、管理难度大且成本较高的项目，调整项目组合，使公司运营更加合理。

四、发展潜力：人才建设与科技应用夯基础，聚焦优势赛道开新篇

（一）"拓深度"激活社区增值潜力，"掘优势"紧抓非住宅物业机会

近年来，物业管理早已由"四保一服"传统行业转变为基础物业管理、社区增值、城市服务、IFM、商业运营等多元化专业赛道协同发展的综合型行业，行业边界突破，充满想象空间。尽管近年来受多方面的影响，物业管理行业的社区增值服务、开发商增值服务、城市服务等专业赛道均受到一定冲击，与基础物业管理相比，营收规模及利润率有所下滑，但从行业长远发展看，做好基础服务的同时，各项增值服务和创新服务依然是物业企业必须攻克的领域，尤其在房地产开发市场进入存量时代后，如何充分发掘物业的自身优势进一步激活多元赛道潜力，是行业面临的重要课题。

图1-30　百强企业在社区增值服务中的竞争优势

基于住宅物业发展而来的社区增值服务被视为物业管理行业的第二增长曲线，对物业公司而言本质上是一种跨行业竞争的市场行为，存在一定竞争壁垒。百强企业应充分认识并发挥自身优势，才有机会获得成功。如百强企业开展上门服务、家政服务等与物业管理跨度小，但频次高、需求高的增值服务，凭借响应及时、服务专业的优势更容易赢得业主认可。在房屋经纪类业务，尤其是针对二手房的租售业务，物业企业可以发挥熟悉房源、了解业主、更好为客户匹配房源的优势。而在美居服务中，除了新房装修，物业企业凭借强大的资源整合优势，及时与客户进行互动沟通，安心的售后保障等使存量房装修业务的拓展更具可行性。

在业务布局方面应保持审慎态度，尽量做到少而专、专而精，根据自身优势筛选赛道，避免资源和人力投入过度分散导致全局失败。百强企业在发展社区增值业务的过程中不是盲目地追求服务多元，而是结合自身优势和资源禀赋精挑细选适合自己的赛道。绿城服务发力社区零售服务，借助"绿城生鲜"小程序、"绿城生活"APP、社区驿站等开展生鲜及生活用品零售业务，2023年获得收益共计12.72亿元，同比增长11.7%。

基于非住宅物业的 IFM 是近两年的热门赛道，客户需求多，服务内涵广，市场潜力大，专业性、综合性更强，对服务提供方的要求更高。IFM 是 B 端企业客户和 G 端政府机构的非核心业务的外包服务，涵盖内容丰富，定制化强，目前竞争程度不高，是百强企业争相布局的蓝海市场。传统物业管理是针对非住宅项目的公区进行管理，IFM 是服务于非住宅的业主和租户，物业管理叠加 IFM 服务有效提升非住宅项目的服务密度，充分挖掘市场潜力。

2024国际物管服务可持续发展优秀企业
东原仁知城市运营服务集团股份有限公司
中交物业服务集团有限公司
卓越商企服务集团有限公司

IFM 在欧美市场已经发展得十分成熟，部分物业服务百强企业也在布局国际市场。东原仁知服务始终坚持非住赛道的拓新与深耕，旗下国际综合设施管理服务商 GSN（皆斯内），为企业客户提供全生命周期的综合设施管理服务。仁知将客户核心主业之外的需求订单，通过物业资产、设施设备、工作流程、人员要素的 IFM 整合，深度服务上百家世界知名企业，构建全球资源圈。

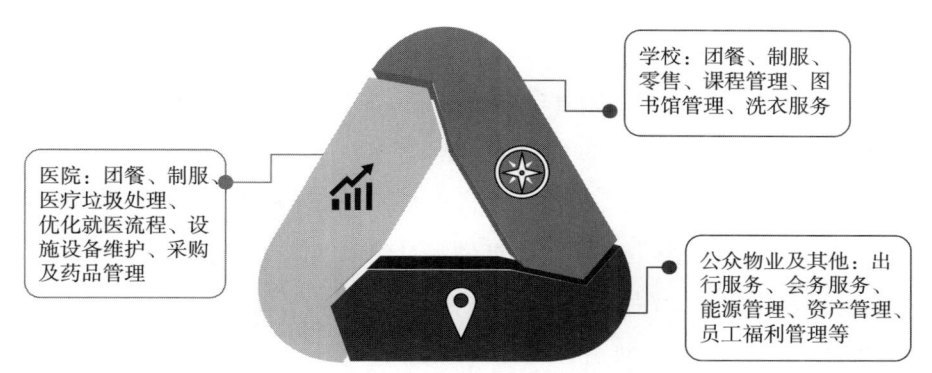

图1-31　非住宅各业态IFM服务有待深拓领域

目前国内百强企业主要以团餐服务、保洁服务为切入口进入 IFM 领域，其他诸如资产管理、制服服务、环境与能源管理、企业设施维修维护、员工福利管理等尚待突破，IFM 服务深度值得进一步拓展，巨大的市场潜力远没有释放出来。例如，分业态看，医院物业潜在的团餐服务、制服服务、医疗垃圾处理、就医流程优化、设施设备维护等多方面的需求仍未得到满足，而学校物业中的餐饮、制服、零售、课程管理、洗衣服务等业务仍有待百强企业进一步深拓。

2024中国IFM服务优秀企业	
金科智慧服务集团股份有限公司	新城悦服务集团有限公司
卓越商企服务集团有限公司	广州越秀物业发展有限公司
长城物业集团股份有限公司	时代邻里控股有限公司

由于 IFM 服务主要衍生自非住宅业态，国内非住宅物业存量市场空间大、机会多，为 IFM 的发展提供了有机沃土。交通物业方面，据《2022 年交通运输行业发展统计公报》，2022 年末全国铁路营业里程 15.5 万公里，其中高铁营业里程 4.2 万公里；全国公路里程 535.48 万公里，比上年末增加 7.41 万公里；全国港口生产用码头泊位 21323 个，比上年末增加 456 个；颁证民用航空运输机场 254 个，比上年末增加 6 个。重庆通邑作为国内首创轨道交通运营保障一体化服务商，服务重庆轨道交通 1 号线、2 号线、4 号线、

9号线、10号线、18号线、环线及江跳线共8条线路，公司通过不断革新产业布局，创新优化自身产业结构，实现保安（安检、驻站、勤务）、保洁一站式链接服务，达到1+1>2的服务效果，让轨道服务方能在最短的时间内聚集所有资源要素，在出行高峰时集中力量办大事，更高效地提供公共物业服务。医院物业方面，据国家统计局数据，截至2023年末，全国医疗卫生机构数量为107.1万个，其中包括综合医院、中医医院、中西医结合医院、民族医院、各类专科医院和护理院在内的医院数量达3.9万个（不包括专科疾病防治院、妇幼保健院和疗养院）；基层医疗卫生机构数量约101.6万个。学校物业方面，据教育部公开信息，2023年全国共有各级各类学校49.83万所，存量市场广阔，仍值得物业公司进一步拓展。

2024中国交通物业服务优秀企业
中交物业服务集团有限公司
重庆通邑智慧城市运营管理有限公司
武汉迅和物业管理有限公司
南宁轨道物业服务有限责任公司
云南云智城市服务有限责任公司

此外，城市服务是近几年物业行业的热门赛道，跟传统物业管理业务相似，尤其清洁、绿化养护、垃圾清运等市政环卫服务，主要是服务空间的升维，由社区物业管理演变为城市服务甚至城市运营。随着全国环卫市场化的逐步推进，物业服务企业的参与程度越来越高，已在市政环卫领域占据一定市场份额。据公开数据统计，截至2023年末，就全国环卫市场而言，城区市场化率增至77%，农村市场化率增至64%，全域市场化率增至59%，尚未开展环卫市场化改革的区县仅剩514个，不足总量（2862个区县）的两成（18%）。碧桂园服务、雅生活集团、深业运营等多家百强企业均在市政环卫领域谋得一席之地。目前，百强企业主要抢占市政环卫市场，头部企业开始布局智慧城市运营、城市综合治理等领域。伴随城市服务的逐步深入，城市综合治理、智慧城市运营等服务成为百强企业探索的新领地。

2024中国智慧城市服务领先企业

碧桂园服务	幸福基业物业服务有限公司
保利物业服务股份有限公司	苏新美好生活服务股份有限公司
融创物业服务集团有限公司	宝石花物业管理有限公司
雅生活智慧城市服务股份有限公司	泓盈城市运营服务集团股份有限公司
广州珠江城市管理服务集团股份有限公司	厦门国贸城市服务集团股份有限公司
深业物业运营集团股份有限公司	武汉三镇城市运营服务有限公司
长城物业集团股份有限公司	时代东康城市服务（广州）有限公司

（二）科技赋能全业态、全场景，智能化手段化解管理难题

近年来，物业管理行业在时代浪潮中不断积淀科技底色，逐步由传统物业管理服务转变为智慧社区管理者甚至智慧城市运营商，行业在科技的助推下发生巨变。互联网、物联网、人工智能、大数据、智能机器人等发展之迅速令人惊叹，也极大改变了人们的生活和工作方式。物业服务百强企业顺势而为，积极拥抱科技，将新技术不断应用于管理和服务，开启"智慧物管"新时代。

2013年及以前：科技应用萌芽期
部分百强企业通过引入闭路电视、电脑等硬件设施或者购买软件系统应用，进行较为初级的智能化建设。

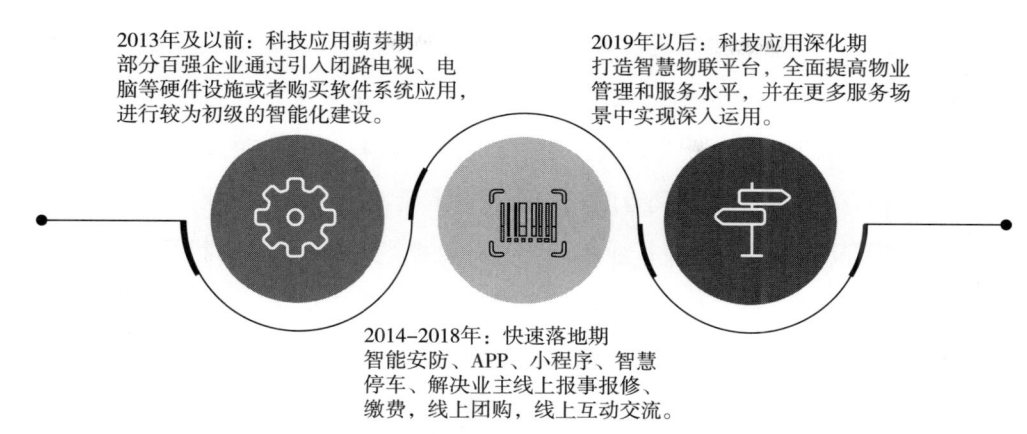

2019年以后：科技应用深化期
打造智慧物联平台，全面提高物业管理和服务水平，并在更多服务场景中实现深入运用。

2014—2018年：快速落地期
智能安防、APP、小程序、智慧停车、解决业主线上报事报修、缴费、线上团购，线上互动交流。

图1-32　百强企业应用科技的不同发展阶段

2013年及以前是行业的科技应用萌芽期，绝大部分物业服务企业对如何应用科技没有清晰的认识和明确的发展策略，部分百强企业通过引入闭路电视、电脑等硬件设施或者购买软件系统应用，进行较为初级的智能化建设；2014—2018年，行业在科技应用方面进入快速落地期，各种业主端及员工端APP、微信小程序、智能设施设备纷纷涌现，大部分百强企业在此阶段实现了线上缴费、报事报修、线上团购、互动交流以及智慧停车、智能安防，提高了服务的精准度，优化了业主体验，增强了物业管理的安全系数，让业主更安心，更放心；2019年以来，越来越多的百强企业加大智慧物联平台的建设力度，并在实际物业管理多场景中深化科技应用，解决社区治理中的困难，提供一揽子解决方案，行业进入科技应用深化期。

表1-13　　　　　　　　　　　　部分百强企业基于不同业态的智能解决方案

企业名称	业态	内容
金科服务	"智慧小区"解决方案	为社区的通行、安防、能耗、环境、设备管理提供一体化管理支撑，降低20%项目运营成本，革新现代化人居体验
	"智慧楼宇"解决方案	高度集成建筑中照明、暖通、安防、运营、办公、物业等子系统，并提供资产管理、合同管理、租务管理等一体化运营服务
	"智慧园区"解决方案	园区生活服务、企业服务、招商服务、资产经营、基础管理、创新创业等多元化服务支持
	"智慧校园"解决方案	智慧管理、智慧环境、智慧服务、智慧教学，将教学、科研、管理和校园生活充分融合
	"智慧医院"解决方案	划分医院服务场景并划定重点管控区域，打造一体化、可视化、智能化的智慧医院综合管理平台
	"智慧环卫"解决方案	从耗材监控、可视调度、耗能分析、作业轨迹等维度打造可视管控体系，提升效率和精细度
融创服务	杭州奥体中心	水处理系统会根据水质实时检测结果通过精密计量泵自动投加酸碱液和次氯酸钠溶液；通过能源管理系统计算各个时间节点的最佳照度、能耗等调控灯光及模式
	智慧园区	建立了设备设施精益化线上管理系统，自动化监测系统和各项数据分析维度指标，根据数据不断优化调整集团各项运维标准
	智慧医院	运用互联网、移动手持机、扫描定位等科技手段，形成闭环式、全数据、全流程整合方案，实现系统互联互通，使医院运送服务更安全、精准、便捷

科技赋能物业管理已在全业态、全场景中体现得淋漓尽致。百强企业结合不同业态的特殊性分类别输出不同的解决方案，不断打破服务边界，满足不同业态的物业管理需求。金科服务的天启科技分别针对住宅、商写、园区、学校、医院、城市服务等业态或场景提供"智慧小区""智慧楼宇""智慧园区""智慧校园""智慧医院""智慧环卫"等智能解决方案，赋能生活方式升级，为多元人群创造更大的价值。融创服务在管理重庆医科大学附属儿童医院项目的过程中，引进先进机器设备，采用智能物流

机器人全周期保驾护航配送服务，物流机器人采用RFID识别技术，自动收发系统，采用独立货柜、鉴权取货，可以有效避免送错药、拿错药，保障临床用药安全；在医废管理方面，通过智能手段使医废数据自动统计形成报表，减少统计工作，医废数据可追溯，有利于减少丢失遗漏风险等。泛海物业始终站在科技服务的前沿，积极探索科技赋能模式，通过自主研发的"海e智慧社区平台""乾洋智慧物联平台"双引擎战略，利用科技手段，解决行业痛点，为行业提供智慧社区/智慧园区整体解决方案，实现"人互通+物互联"，为城市生活新生态进行"全场景赋能"。围绕"实现智慧物业管理"核心理念，中天城投物业依托"一个中心、三个建设"的信息化2.0应用架构，坚持"智慧物业管理系统"核心，构建全方位覆盖的数字社区，开发打造高效调度系统，建立精准科学决策机制，形成横向畅通、纵向贯通、调度有力、助力决策的"三位一体化"科技物业目标，聚焦打造"智能科技化"管理及"智慧人性化"服务，解码美好数智生活。

<table>
<tr><th colspan="2">2024中国物业科技赋能领先企业</th></tr>
<tr><td>碧桂园服务</td><td>东原仁知城市运营服务集团股份有限公司</td></tr>
<tr><td>金科智慧服务集团股份有限公司</td><td>泛海物业管理有限公司</td></tr>
<tr><td>长城物业集团股份有限公司</td><td>和泓服务集团有限公司</td></tr>
<tr><td>深圳市彩生活物业管理有限公司（彩生活服务集团）</td><td>中天城投集团物业管理有限公司</td></tr>
<tr><td>宝石花物业管理有限公司</td><td>深圳市华创生活股份有限公司</td></tr>
<tr><td>深业物业运营集团股份有限公司</td><td>高地城市服务产业集团</td></tr>
</table>

随着"物业+科技"的不断深化，科技应用几乎实现全场景覆盖，并成为解决物业管理实操难题的金钥匙。电动车充电的安全问题，垃圾分类及处理问题，小区安全的检测等问题迎刃而解。电动车火灾是十分常见的社区悲剧，这个问题由来已久。部分百强企业通过引入智能充电桩的方式解决业主电动自行车"充电难"的问题，还有企业借助科技手段阻断业主推电动自行车上楼，从一定程度上杜绝了安全隐患。

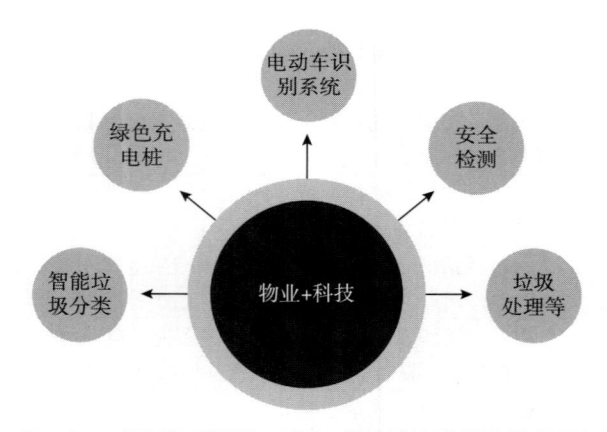

图1-33 "物业+科技"在解决物业管理难题中的应用场景

中海物业自主研发"黑科技"电动车识别系统，在电梯轿厢安装了监控摄像头，一旦监控到电瓶车进入电梯，控制中心就会发出指令，语音播报安全提示，同时电梯也进入短暂瘫痪状态，必须将电动车推出电梯才能恢复正常，杜绝电动车上楼可能造成的安全隐患。中海物业还引进智能垃圾分类系统，让垃圾从投放、满溢报警、清运都实现了智能化管理，正确投放使用系统后可以获得积分并换购生活用品，提高了业主积极性。此外，中海物业还推出"无人机外墙空鼓检测"，改变传统的望远镜观察、"蜘蛛人"排查，能全面、清晰、直观、高效地观测外墙完损状况，及时发现问题并做好修缮，保障业主安全。随着物业管理行业与科技的不断融合，科技应用场景将越来越丰富，百强企业借助科技之手提升服务的温度、精度、深度、满意度，为业主打造全新体验。

2024中国数智科技服务商领先企业
北京千丁智能技术有限公司
深圳一应社区科技集团有限公司
深圳市兴海物联科技有限公司

（三）以业务为导向重构人才梯队，提升行业价值汇聚英才

随着行业发展节奏放缓，由高速发展转为高质量发展，企业对于人员素质和能力提出了更高要求。好的服务是优秀的员工在实践工作中磨练出来的，物业服务质量与员工的素质息息相关，百强企业通过精简、优化现有员工团队，招聘更多专业人才，实现组织结构的优化及员工素质的提升，为企业未来发展积蓄能量。

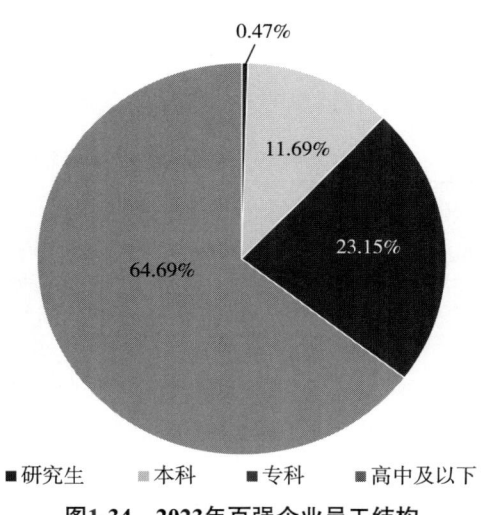

图1-34　2023年百强企业员工结构

（研究生 0.47%，本科 11.69%，专科 23.15%，高中及以下 64.69%）

从学历结构看，2023年，百强企业的从业人员中，本科及以上人员占比12.16%；大专学历人员占比23.15%；高中及以下人员占比为64.69%。百强企业从业人员的学历平均水平持续提升。一方面，我国劳动者受教育程度不断提升，物业管理行业也相应呈现出学历普遍提升的趋势；另一方面，由于物业管理行业不断开辟多元新赛道，需要更多学历高、专业性强的人才；更重要的，由于物业行业近年来的深化发展，需要一批懂战略、懂管理、懂资本、懂技术的高素质人才。此外，随着智能设施设备的进一步应用，一定程度上减少了用工数量，而这些大多数为学历较低的基层岗位。

尽管学历结构不断优化，百强企业高中及以下的员工占比仍然很高，达64.69%。物业管理行业的服务特质十分突出，并不是只有学历高的员工是"人才"，平凡的岗位，尽职尽责的心，能做好服务的员工都是人才，他们奠定了企业稳步发展、赢得市场口碑的基础。百强企业的基层员工占比较高，保安、保洁、绿化、维修、客服等都是学历相对较低的基层岗位。但百强企业不断加强标准化建设，强化员工培训，提升员工的服务理念，使每个岗位的物业人都发挥出应有的价值。

表1-14　　部分百强企业引入专业人才及要求

类别	工作内容	人才要求
房产经纪	收集房源、客源信息并做好登记；为客户提供置业咨询服务；陪同客户看房，促进新房、二手房买卖及房屋租赁的成交；办理签约及过户手续	大专及以上学历，有销售、服务行业从业经验；熟悉房地产相关政策及业务流程；优秀的团队合作及沟通能力
美居服务	建立和完善供方资源库；优化供应商准入及清退制度；协同供应商进行家居服务的产品设计，适配和满足客户需求；产品质量及风险管控等	专科以上学历；2~5年相关工作经验；熟悉和了解家居及物业行业；具备新房美居和存量住宅美居的成功案例
社区零售	建立零售业务管理体系；对零售各品类进行规划，完善供应链；根据用户数据、特征、流程等制定用户运营策略；关注客户服务口碑，关注产品品控及售后	专科或本科以上学历；工商管理、市场营销、电子商务；O2O、零售行业知识；电商平台、团购等操盘经验
IFM	统筹乙方的设施管理服务，制定项目管理标准，推动服务方案落地，整合先进管理方式，根据甲方要求实施方案，综合素质强	本科以上学历；3年以上大型项目管理经验；有团队管理经验等

除了传统岗位，物业管理行业的"新兴"岗位越来越多，主要原因在于物业服务企业在不断探索新业务，而不论是发展社区零售、美居服务、房屋经纪、养老服务等社区增值服务，还是布局诸如团餐、能源管理、城市服务等创新型服务赛道，本质上都是物业管理行业跨越到新的专业领域。跨行业发展新业务并不容易，纵观行业近几年的增值服务发展状况便可窥见一斑。物业公司的最大优势就是"近场优势"，而在专业领域的能力短板是制约社区增值服务发展的关键因素。百强企业充分认识到引进专业人才的重要性，制定了严格的专业人才招募标准，逐步搭建起各业务板块的人才团队，为新业务的发展和模式探索注入新动力。

表1-15　　部分百强企业培养/激励人才举措

企业名称	培训/激励情况	具体内容
保利物业	星生代、星辰铁三角、星河运营官、星耀专才、星海指挥官人才培养项目	2023年上半年，"星辰铁三角"特训营再次聚焦客服主管岗位，24家平台公司分六大片区相继开展六场集训，以4天，9门课程，3项专题研讨及学习高能输出培训要点
金融街物业	融泽培训中心	融泽培训中心通过"贯"系列培养"金管家、融管家""金匠人""金卫士"三金系列专业型人才；在"人"系列的学习中严格按照公司党委的要求选拔适合的公司级后备人才进行培养

人才是推动物业管理行业持续发展的核心动力，吸聚优秀人才仅仅是第一步，能进一步留住人才，激发员工的工作热情，使其发挥自身价值则更为重要。百强企业高度重视人才培养，通过定期、不定期，线上及线下等多样化培训方式，不断提高员工的专业能力和综合素质。同时，关注员工的发展和需求，为员工提供更好的工作环境及福利保障，部分上市公司也通过建立股权激励机制激发员工的潜能，提高工作积极性，提升团队稳定性，推动企业实现高质量发展。

2024中国物业管理行业最佳雇主
中海物业管理有限公司
长城物业集团股份有限公司
雅生活智慧城市服务股份有限公司
碧桂园服务
深业物业运营集团股份有限公司
宝石花物业管理有限公司
广东康景物业服务有限公司
中建四局城市运营服务有限公司

（四）资本市场 IPO 降温，地方国企加快上市进程

2023 年，物业管理行业 IPO 热度进一步降低，年内新增上市公司仅两家，分别是众安智慧生活和润华服务，募集资金总额约 2.4 亿港元。上市物企数量及募集资金总额均创近六年来新低，回落至 2015 年的水平。

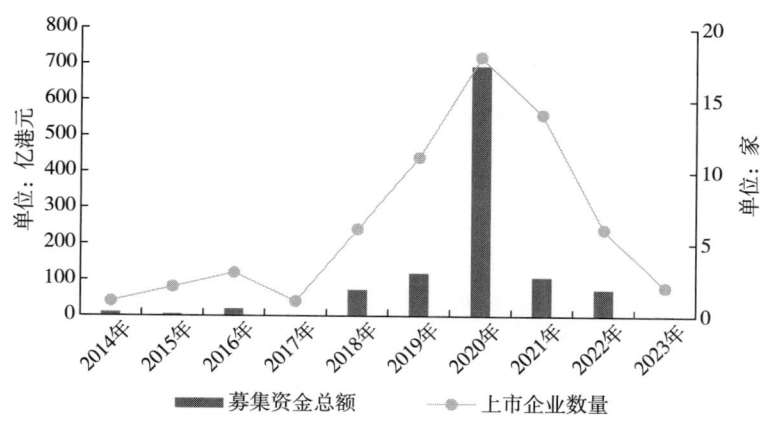

图1-35　2014—2023年物业服务企业上市情况

部分物业服务企业，尤其地方国资背景物业企业，仍在寻求奔赴资本市场的机会，以实现资产保值增值及组织结构优化。截至 2024 年 3 月底，泓盈运服、深业运营、经发物业三家物业企业仍在 IPO 进程中，且于 2 月份均已获得中国证监会发布的境外上市备案通知书，3 月均已再次向港交所递交招股书，2024 年年内有望登陆港交所主板市场。

表1-16　行业国资物业服务企业IPO进展

企业名称	企业性质	最新进展
泓盈运服	地方国资	2024 年 3 月 15 日，长沙市泓盈运服向港交所递交招股书，拟于香港主板 IPO 上市
深业运营	地方国资	2024 年 3 月 28 日，深圳市深业运营向港交所递交招股书，拟在香港主板上市
经发物业	地方国资	2024 年 3 月 26 日，西安市经发物业向港交所递交招股书，拟在香港主板挂牌上市

从资本市场表现看，物业板块自 2023 年以来，总市值仍处在波动下行趋势。截至 2024 年 4 月 11 日，港股物业上市公司总市值约为 2065.70 亿港元，其中，市值最高的是华润万象生活，为 617.42 亿港元。受上市公司盈利情况影响，已有超十家港股物业上市公司净利润为负值，剔除这部分企业后，其他上市公司平均市盈率约处于 10 倍到 11 倍之间，2024 年以来保持稳定。

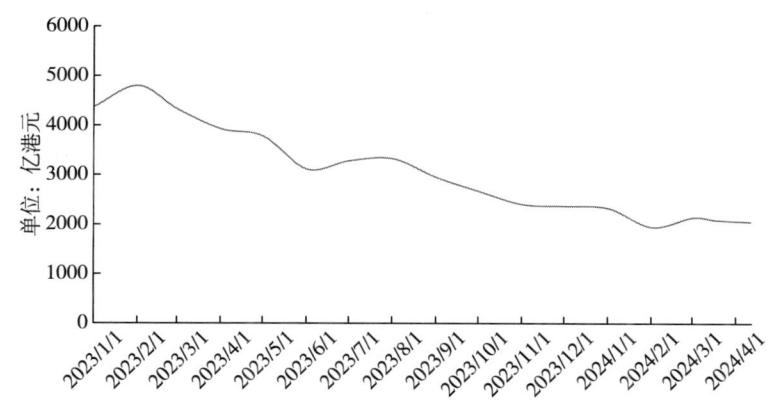

图1-36　港股物业服务板块总市值走势

五、社会责任：新征程ESG共建谋发展，逆境下恪尽职守促就业

（一）积极响应国家号召，ESG融入发展链条

当前，我国经济社会发展进入绿色低碳的高质量发展阶段，节能减排、垃圾分类、废弃物处理等已成为全民共识。ESG建设作为企业可持续发展的重要抓手，成为企业竞争力的重要组成部分，被社会所认可与接纳。百强企业积极响应国家号召，坚持用中长期的努力，去构建真正融入企业使命和价值观的、可持续的新型企业社会责任模式，以ESG建设为支点，撬动整个利益相关者生态圈，共推社会可持续发展。

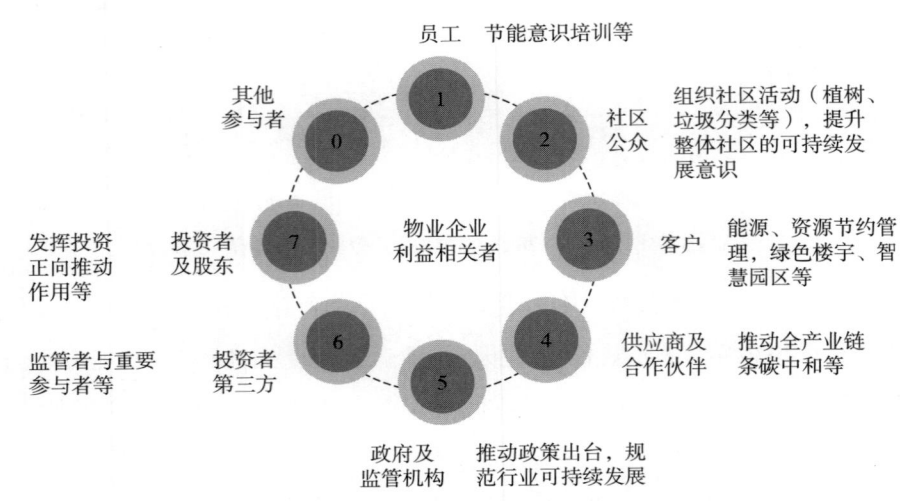

图1-37 百强企业推动利益相关者参与可持续发展

面对员工、客户、合作伙伴、政府等不同利益相关方，百强企业采取不同方法引导绿色发展。在企业整体发展战略指引下，百强企业在打造培训体系方面，针对各层级员工，除了提供针对性的业务技能培训外，可持续发展相关理念及具体实践案例被纳入培训教程，在提升服务品质的同时，减少运营所需资源，提升使用效率，强化企业环境管理水平，也将绿色发展、低碳理念传递于服务客户。

2024中国物业服务ESG发展优秀企业

中海物业管理有限公司	新城悦服务集团有限公司
融创物业服务集团有限公司	力高健康生活有限公司
碧桂园服务	湖南中建物业服务有限公司
雅生活智慧城市服务股份有限公司	永旺永乐服务管理集团有限公司
金融街物业股份有限公司	苏州工业园区恒泰第一太平物业管理有限公司
广州越秀物业发展有限公司	中信泰富（上海）物业管理有限公司

绿色环保主题活动成为百强企业社区活动必选项，在加深与业主信任关系的同时，丰富社区文化建设，提高居民绿色环保意识，营造环保、节约良好氛围。百强企业除了开展"垃圾分类"常规操作外，亦举办"以旧换新""以物易物""废旧自行车、电动车兑换礼品"等活动，让居民得到实惠的同时消除安全隐患，帮助居民解决废旧物处理难题，助力提升居民幸福感。

表1-17　部分百强企业推动利益相关方可持续发展行为

企业名称	相关利益相关者	具体内容
保利物业	合作伙伴等	推行"机房标准化、运营管理规范化、维保管理体系化、科技应用智能化"等，联合产业链上下游企业成立行业首个"消碳联盟"，向合作伙伴发出倡议并签订星云低碳倡议书，建设绿色生态楼宇。
碧桂园服务	员工、客户、合作伙伴等	积极推行环境保护教育宣传活动，向利益相关方传递环保理念，逐步完善社区环保设施，促进环境安全意识全员化。
越秀服务	客户、员工等	向在管写字楼租户发出《绿色环保倡议书》，鼓励使用绿色环保装修材料，鼓励使用节能环保灯具，并执行监督检查；鼓励业主做好垃圾分类，废旧物资循环利用；开展环保市集、城市农场等活动，将低碳环保理念根植于客户心中；通过多媒体平台、租户手册等渠道向利益相关者进行环保宣传；向高层员工开展《绿色租约》《BOMA能源效率计划（BEEP）》等培训课程。
新城悦服务	客户等	开展"绿色种子计划"，走访物业管理协会、辖区内街道社区以及业主，通过主题活动（"妙手回春 变废为宝"、"绿色XIN动派"等）向全社会及客户宣传绿色生活，带动更多人参与绿色园区共治。

百强企业联合合作伙伴，将ESG建设纳入企业使命、业务战略和日常运营，鼓励技术创新，减少温室气体排放，提升可再生能源使用比例，通过签署倡议书、ESG相关指标纳入招标条款等措施，加快实现价值链与产业链（范围三）碳中和，为净零转型与可持续发展助力，以务实行动推动高质量发展。相较于温室气体排放范围一及范围二，范围三排放监测难度大，企业不易管理，目前也处于自愿披露状态。根据部分百强企业对外公布的温室气体排放（范围三）情况，目前数据测算采取的排放因子并不统一，覆盖范围不尽相同，但能够公布数据已是走在行业前列。

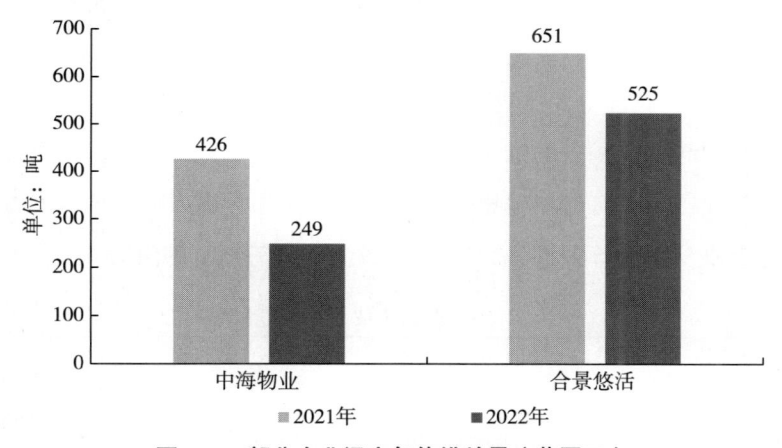

图1-38　部分企业温室气体排放量（范围三）

（二）诚信纳税践行社会责任，吸纳人员就业促社会和谐

依法诚信纳税是企业承担社会责任的有力证明，2023年，在行业整体盈利下滑的不利局面下，百强企业依旧积极履行纳税义务，践行社会责任，为国家贡献了大量税收，纳税总额达245.32亿元。

物业企业已经成为基层治理的重要参与者，对于维护社会稳定，促进社会和谐，具有至关重要的作用。因此，包括税收优惠政策在内的鼓励性政策应该向物业行业有所倾斜，以此提振物业企业持续发展的信心，对企业承担社会责任与义务给予肯定与奖励。

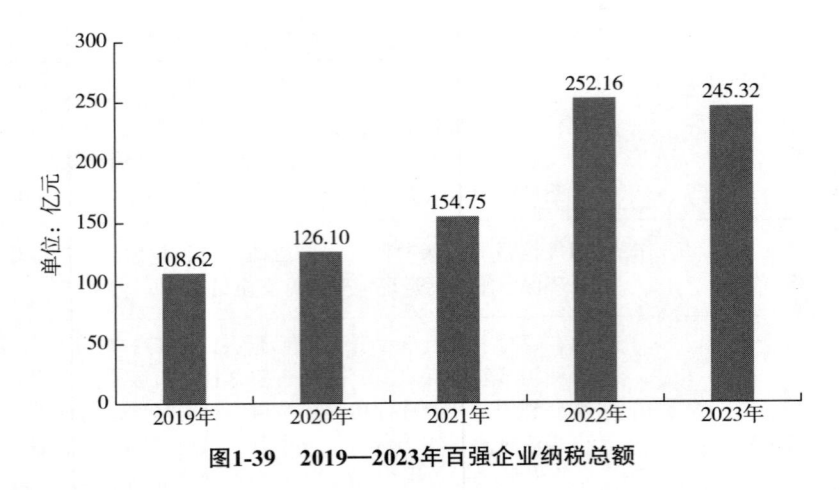

图1-39　2019—2023年百强企业纳税总额

国家统计局发布数据显示，2023年，全国普通、职业本专科生及研究生毕业人数规模达1148.5万人，在经济增长承压的大背景下，解决好就业问题，始终是国民经济和社会发展的重要环节。

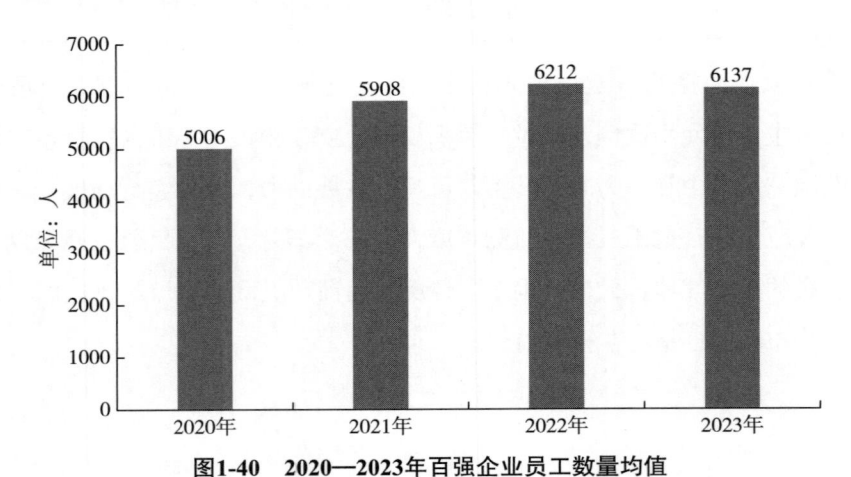

图1-40　2020—2023年百强企业员工数量均值

百强企业在吸纳就业中起到了积极的推动作用，在维持企业正常经营的前提下，力争做到不裁员，并积极为下岗人员创造再就业机会，有计划地招收大中专毕业生和引进人才，加大专业人才培养力度，为改善就业作出贡献，也为企业发展储备力量，2023年百强企业员工数量均值为6137人。

表1-18　　　　　　　　　　　　　　　部分百强企业人才培养计划

企业名称	人才培养
保利物业	2023年，保利物业开展的"星海指挥官""星河运营官""星辰铁三角客服特训营""星生代""星耀专才"等一系列人才培养培训行动，解决人才储备等问题，持续赋能多业态多业务条线发展。
中海物业	实行"分层培养、联合培养"的机制，开展系列专项培养项目，包括"领军计划""领航计划""远航计划"和"启航计划"。
雅生活集团	通过开展"百一计划""全生命周期人才发展体系"等，建设完善人才梯队，形成人才储备池，保障组织对复合人才的需求，以人才提升服务，以高质潜瞻未来。

（三）构建全域服务场景，为人民美好生活贡献力量

2023年，《中共中央 国务院关于全面推进美丽中国建设的意见》的发布，开启了全面推进美丽中国建设的新篇章。美丽中国建设内涵丰富且形象具体，主要内容包括但不限于：建设美丽城市，推进污水处理，推进各类园区的清洁化、绿色化发展等；建设美好乡村，统筹推进乡村生态振兴和农村人居环境整治等。百强企业打破小区服务边界，协助街道治理，积极外拓非住业态，参与城市服务，全场景开展相关业

务，为美丽中国建设贡献力量，为人民创造美好生活。

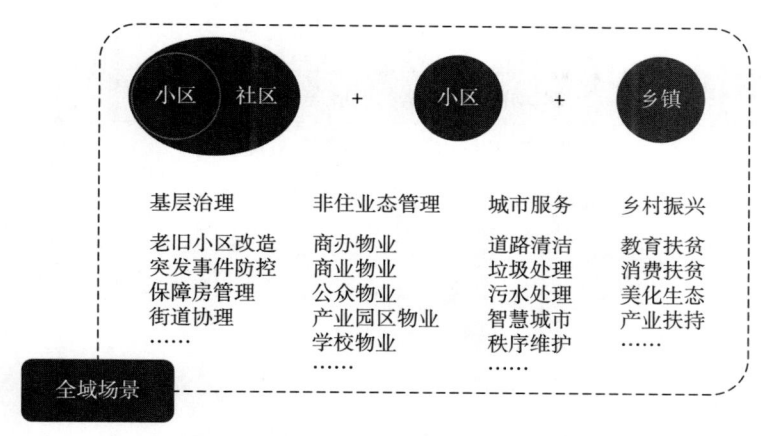

```
┌─────────────────────────────────────────────────────────────┐
│   小区 社区        +      小区       +      乡镇            │
│                                                             │
│   基层治理          非住业态管理      城市服务      乡村振兴 │
│   老旧小区改造      商办物业          道路清洁      教育扶贫 │
│   突发事件防控      商业物业          垃圾处理      消费扶贫 │
│   保障房管理        公众物业          污水处理      美化生态 │
│   街道协理          产业园区物业      智慧城市      产业扶持 │
│                     学校物业          秩序维护              │
│   ……                ……                ……           ……      │
│                                                             │
│   全域场景                                                   │
└─────────────────────────────────────────────────────────────┘
```

图1-41　百强企业参与美丽中国建设环节

在参与基层治理方面，不少物业企业积极承担老旧小区的物业管理工作，对接管项目进行局部翻新、停车场改造、加装电梯、安装新能源汽车及电动车充电桩、优化垃圾分类等，使不少年久失修、管理混乱、居住环境较差的老旧小区焕然一新，极大便利了业主及住户的日常生活，规范了社区管理，提高了居民生活质量。电建物业内视自身，远见市场，打造"红色物业—红悦邻"，通过构建社区、业主、物业三方协调机制，有效解决基层治理难题。

2024中国红色物业服务优秀企业

保利物业服务股份有限公司	深圳市莲花物业管理有限公司
时代邻里控股有限公司	上海中建东孚物业管理有限公司
河南亚新物业服务有限公司	杭州西湖乐居物业服务有限公司
深业物业运营集团股份有限公司	广州市城壹物业发展有限公司
宝石花物业管理有限公司	中建四局城市运营服务有限公司
合景悠活集团控股有限公司	重庆高远物业管理有限公司
高地城市服务产业集团	中建玖合城市运营管理（上海）有限公司
中电建物业管理有限公司	一爱城市建设服务有限公司
浙江雷迪森物业服务有限公司	深圳市万厦世纪物业管理有限公司
北京瑞赢酒店物业管理有限公司	云南澜沧江物业服务有限公司
绘生活服务（巨和物业服务有限公司）	湖北荆楚城市运营服务有限公司
德信盛全物业服务有限公司	济南福仁城市运营服务有限公司
河南省信原物业服务有限公司	阳光壹佰物业发展有限公司
武汉百步亭花园物业管理有限公司	河南山顶物业管理有限公司

城市服务作为物业企业拓展热门赛道之一，已成为百强企业争相布局的重点。目前，城市服务无统一定义，具体内容及服务边界也无清晰划分，例如，碧桂园服务既提供道路清扫等基础物业服务，也提供公园景区、交通枢纽等空间运营服务，不同物业企业有各自不同理解和业务模式。

在乡村振兴方面，"农村型物业"逐渐兴起。百强企业直接参与乡村治理，具体内容包括道路清扫、河道绿化养护、垃圾分类、群众所需的小修小补、代买代办等便捷服务，由政府直接聘用第三方机构，专业人干专业事，"小物业"服务"大民生"。

此外，百强企业积极响应国家政策号召，参与保障性住房的物业管理，为业主和租户提供性价比高、人性化的物业服务，既履行了自身社会责任，又增加了企业的营收渠道。

2024中国保障房物业服务优秀企业
北京首开城市运营服务集团有限公司
安居（深圳）城市运营科技服务有限公司
中天美好生活服务集团有限公司
上海中建东孚物业管理有限公司
深圳地铁物业管理发展有限公司

第五部分　2024中国物业服务百强企业TOP10研究

为进一步深入而全面地评价此次入榜的百强企业，中指研究院在"2024中国物业服务百强企业研究"的基础上，对各分项指标表现突出的优秀企业进行专项研究，从行业整体及企业特色维度，分析其具体优势和特点，总结成功经验，供广大物业服务企业及相关从业人员参考。

1. 2024中国物业服务百强企业服务规模TOP10

2024中国物业服务百强企业服务规模TOP10

序号	企业名称
1	碧桂园服务
2	保利物业服务股份有限公司
3	雅生活智慧城市服务股份有限公司
4	绿城物业服务集团有限公司
5	中海物业管理有限公司
6	华润万象生活有限公司
7	金科智慧服务集团股份有限公司
8	长城物业集团股份有限公司
9	新城悦服务集团有限公司
10	河南建业新生活服务有限公司

2024服务规模TOP10企业积极承接关联方项目，在激烈的竞争中加强市场化外拓，积极参与竞标，与第三方公司建立合资合作，持续扩大管理规模，稳定基本盘。

（1）保交楼成效显著，关联方项目供给贡献提升

随着我国保交楼的持续推进，成效显著，2023年成为近几年房地产市场的竣工大年。由于关联地产公司贡献了较多项目，规模TOP10企业管理规模实现稳步扩张。华润万象生活2023年新增管理面积中约2000万平方米来自关联方。

（2）市场竞标竞争激烈，合资合作成为规模扩张的重要力量

第一，受房地产下行影响，物业管理行业由增量市场转为存量市场，规模TOP10企业市场竞争力及品牌优势突出，有利于拓展更多第三方项目。2023年，雅生活集团凭借突出的市场拓展能力新增第三方

管理面积约 3900 万平方米，占全部新增管理面积的近九成。

第二，由于行业拓展竞争加剧，竞标内卷，合资合作方式成为拓规模的有效方式，也有利于企业进入新业态、新业务。此外，并购虽然是一种快速扩规模的手段，但目前并购市场冷淡，百强企业对待并购策略更为审慎。

2. 2024 中国物业服务百强企业成长性领先企业

2024中国物业服务百强企业成长性领先企业

保利物业服务股份有限公司	宝石花物业管理有限公司
华润万象生活有限公司	华发物业服务有限公司
广州越秀物业发展有限公司	正商服务
和泓服务集团有限公司	成都德商产投物业服务有限公司
河南建业新生活服务有限公司	山东省诚信行物业管理有限公司

（1）规模稳定增长，逆境下表现不凡

2024 成长性领先企业充分整合自身优势资源，加强市场化外拓和合资合作，不断拓展新业态，争取新项目、新突破，在行业规模增速显著放缓的背景下仍然实现较快增长。截至 2023 年底，越秀服务在管面积约 6521.1 万平方米，同比增速高达约 26.2%。

（2）夯实基础服务，聚焦优势赛道

在地产危机影响及宏观经济承压的背景下，2024 成长性领先企业通过规模增长拉动基础物业服务收入增长，聚焦社区增值服务中的优势业务，积极布局创新型服务，取得了较快的业绩增长。越秀服务 2023 年营业收入 32.24 亿元，同比增长约 30%，表现出优异的成长性。

3. 2024 中国物业服务百强企业经营绩效 TOP10

2024中国物业服务百强企业经营绩效TOP10

序号	企业名称
1	碧桂园服务
2	雅生活智慧城市服务股份有限公司
3	保利物业服务股份有限公司
4	华润万象生活有限公司
5	中海物业管理有限公司
6	绿城物业服务集团有限公司
7	新城悦服务集团有限公司
8	长城物业集团股份有限公司
9	卓越商企服务集团有限公司
10	广州越秀物业发展有限公司

（1）提升服务密度与渗透度，挖掘更大服务价值

经营绩效 TOP10 企业并未受限于行业规模及营收增速的下降，而是通过不断提升项目密度和服务

浓度，持续发展多元业务，进一步挖掘市场价值。2023年，绿城服务营业收入为173.9亿元，同比增长17.1%，毛利为29.1亿元，较同期增长21.3%，实现稳健、高效、高质发展；在不断创收的同时，积极采取一系列提质增效措施，成本管控成效显现，2023年，绿城服务毛利率达16.8%，较2022年增加0.6个百分点。

（2）科技赋能、组织优化，实现降本增效

经营绩效TOP10企业调整组织架构，降本增效的同时，更加注重资源的有效整合及智能化建设，以在竞争中取得优势。中海物业旗下的科技创新平台兴海物联坚持"平台＋生态"战略，通过自主研发的软硬件产品，提升建筑内智慧设备的部署效率和管理效能。同时，积极整合技术资源，与科技巨头合作，打造领先的智慧空间解决方案，不断探索智慧城市建设等前沿领域，巩固核心竞争力。

4. 2024中国物业服务质量领先企业

2024中国物业服务质量领先企业

保利物业服务股份有限公司	大华集团上海物业管理有限公司
金科智慧服务集团股份有限公司	粤海物业管理有限公司
融创物业服务集团有限公司	河南正弘物业管理有限公司
雅生活智慧城市服务股份有限公司	山东省诚信行物业管理有限公司
广州越秀物业发展有限公司	深圳市莲花物业管理有限公司
长城物业集团股份有限公司	苏新美好生活服务股份有限公司
金茂物业服务发展股份有限公司	北京网信物业管理有限公司
时代邻里控股有限公司	北京建工物业服务有限公司
高地城市服务产业集团	湖北楚天中大物业管理有限公司
世邦泰和（上海）物业管理有限公司	北京金泰物业管理有限公司
广州敏捷新生活物业管理有限公司	湖北荆楚城市运营服务有限公司

（1）建立标准化分级服务体系，强化管家服务机制

2024服务质量领先企业以标准化为起点，加强"服务标准化、标准产品化、产品品牌化、品牌价值化"的四化建设，同时，构建"管家服务"体系，以细心、用心、贴心的服务诠释行业本质，强化服务质量。高品质服务离不开标准化的品控能力、投运一体机制的落地。金茂服务严格坚守和执行品控的标准化体系，保障了服务标准的稳定输出。

（2）加强员工专业素质，奠定优质服务基石

物业管理行业的业务逐步多元化，对各领域人才的需求逐步加大，对专业型、复合型人才的要求越来越高。2024服务质量领先企业重视人才团队建设，完善招人、用人及留人机制，提升员工的综合素养和服务能力，提升服务品质。2023年，保利物业开展的"星海指挥官""星河运营官""星辰铁三角客服特训营""星生代""星耀专才"等一系列人才培养培训行动，解决人才储备等问题，持续赋能多业态多业务条线发展。

5. 2024中国物业服务百强满意度领先企业

2024中国物业服务百强满意度领先企业

绿城物业服务集团有限公司	广州敏捷新生活物业管理有限公司
金科智慧服务集团股份有限公司	华宇优家智慧生活服务集团有限公司
中海物业管理有限公司	山东绿地泉物业服务有限公司
碧桂园服务	重庆新鸥鹏物业管理（集团）有限公司
华发物业服务有限公司	高地城市服务产业集团
重庆加州物业服务有限公司	大华集团上海物业管理有限公司
广东康景物业服务有限公司	云南城建物业运营集团有限公司
北京京城佳业物业股份有限公司	湖南中建物业服务有限公司
远洋服务控股有限公司	西安经发物业股份有限公司
厦门联发（集团）物业服务有限公司	深圳市赤湾物业管理有限公司

（1）及时解决业主问题，优化业主体验

2024满意度领先企业以满意度建设为抓手，及时解决业主日常服务中的问题，优化用户体验，提升满意度水平。金科服务持续完善与业主的沟通渠道，进一步优化投诉管理流程，在第一时间接到客户投诉意见后15分钟内完成响应，建立客户访谈心声台账，跟踪整改形成闭环，全面提高客户满意度。

（2）满足业主多元需求，提供全生活场景服务

2024满意度领先企业挖掘业主多元生活需求，在社区零售、美居服务、经纪服务、社区养老等方面持续探索，优化服务模式，真正成为业主的"生活管家"。绿城服务积极探索社区增值服务模式，在社区零售方面表现突出；在养老服务方面已形成以"椿悦荟"为代表的机构养老运营、以"陶然里"为代表的康养社区运营及以"椿天里"为代表的居家养老运营三大居家养老服务模式；在文化教育服务方面已形成"绿城奇妙园城+普惠托育园+澳蒙国际园"三大品牌体系。

6. 2024中国物业服务年度社会责任感企业

2024中国物业服务年度社会责任感企业

保利物业服务股份有限公司	众安智慧生活服务有限公司
中海物业管理有限公司	重庆渝地物业服务有限公司
碧桂园服务	厦门国贸城市服务集团股份有限公司
北京京城佳业物业股份有限公司	北京网信物业管理有限公司
厦门联发（集团）物业服务有限公司	湖南中建物业服务有限公司
宝石花物业管理有限公司	重庆经开区物业管理有限公司
中天城投集团物业管理有限公司	一爱城市建设服务有限公司
重庆两江新区物业管理有限公司	上海锦江城市服务有限公司

2024社会责任感企业全面践行社会责任，通过吸纳人员解决就业、缴纳税收、参与基层治理以及推动绿色发展等方面，积极承担社会责任。

（1）赋能基层治理，赋能美好生活

2024社会责任感企业积极参与社会治理，投身于老旧小区改造、保障房管理、社区养老、应急管控等多个方面，解决各类基层民生问题，促进社会和谐。两江物业始终坚持党建引领，不断推动党史学习与履职深度融合相互赋能，践行国有企业的社会责任与担当，不断在社区服务"精度"上下足功夫，全力推进"红色物业"向辖区覆盖，在解决好每一项关乎民生的"关键小事"中，真抓实干为群众办实事、解难题。

（2）加强绿色物业管理，共建低碳社区

在双碳目标的指引下，2024社会责任感企业一方面从自身业务出发，通过采用节能设备、环保意识培训、社区环保主题活动开展等实际行动减少碳排放及废弃物排放；另一方面，推动利益相关方参与可持续发展，通过签署包含相关条件的合同、共同培训、碳足迹排查等，寻求产业链碳中和。渝地物业积极承接保障性住房，助力老旧小区改造升级，加强城市更新，发展智慧社区，让企业不断迸发新优势，成为市场经济中的经济主体。

7. 2024中国物业管理行业市场化运营领先企业

2024中国物业管理行业市场化运营领先企业

长城物业集团股份有限公司	阳光恒昌物业服务股份有限公司
雅生活智慧城市服务股份有限公司	南京银城物业服务有限公司
融创物业服务集团有限公司	大连德泰城市服务集团有限公司
碧桂园服务	华保盛服务管理集团有限公司
北京万通鼎安国际物业服务有限公司	南京朗诗物业管理有限公司

2024市场化运营领先企业在波动市场环境下，抗风险能力更强，外拓优势也更明显。对于关联方，更多物业企业逐渐以市场化原则处理业务往来，提升自身独立化发展水平；项目来源更加多元，通过招投标、合资合作、并购等方式，降低关联方项目供给占比，使业务开展更加科学合理。

（1）建标准，夯品质，构建新质服务力，提升市场竞标能力

2024市场化运营领先企业打造服务标准体系，以高品质为内核设计服务产品；注重客户体验，缩小服务产品与客户感知差距，加大宣传，依托市场口碑、品牌优势等提升竞标中标率，密切关注市场动态，利用先发优势寻找更多机会。融创服务打造"归心全生活服务"住宅服务体系，以客户体验为中心，从"悦居""悦享""悦邻""悦身""悦心"五个角度，全方位细化服务环节，落地服务场景，提升服务品质，为客户打造"有家、有生活、有知己"的高品质社区体验。

（2）汇聚优质资源，开展合资合作，提升第三方拓展能力

外拓市场竞争异常激烈，"内卷"严重，市场化运营领先企业汇聚优质资源，依据自身与资源禀赋，通过与第三方开展合资合作，扩大第三方项目占比，有效保持在管面积增长，支撑业绩发展。长城物业作为市场化运营领先企业，一如既往地传承市场合作经验与管理模式，围绕包括基础设施运营、民生服务、资产运营、产业发展等诸多领域在内的业务，与各方开展深度合作。

8. 2024 中国专项物业服务优秀企业

2024中国专项物业服务优秀企业	
商业物业管理	
华润万象生活有限公司	合景悠活集团控股有限公司
深圳历思联行物业管理有限公司	广州越秀物业发展有限公司
高地城市服务产业集团	深圳市鸿荣源物业管理有限公司
办公物业管理	
金融街物业股份有限公司	山东省诚信行物业管理有限公司
卓越商企服务集团有限公司	中天城投集团物业管理有限公司
海纳万商物业管理有限公司	晨安物业集团有限公司
北京金泰物业管理有限公司	中铁诺德生活服务有限公司
阳光恒昌物业服务股份有限公司	泛海物业管理有限公司
产业园区物业管理	
雅生活智慧城市服务股份有限公司	上海科箭物业服务有限公司
宝石花物业管理有限公司	苏州金狮大厦发展管理有限公司
上海漕河泾开发区物业管理有限公司	上海锦江物业管理有限公司
深圳力合物业管理有限公司	北京金泰物业管理有限公司
重庆高远物业管理有限公司	上海新金桥物业经营管理有限公司
医院物业管理	
上海复医天健医疗服务产业股份有限公司	金科智慧服务集团股份有限公司
融创物业服务集团有限公司（融创开元）	贵州绿地物业管理有限责任公司
曙一物业服务有限公司	晨安物业集团有限公司
教育物业管理	
东吴服务产业集团（江苏）有限公司	北京京城佳业物业股份有限公司
金科智慧服务集团股份有限公司	贵州绿地物业管理有限责任公司
上海生乐物业管理有限公司	上海汇成物业有限公司

2024专项物业服务优秀企业发力各个非住宅细分赛道，凭借自身的专业性和特色，在细分领域备受关注，成为行业各细分市场中的标杆企业。

商业物业领域，优秀物业服务企业借助消费环境复苏，为不同年龄、不同层次人群提供各色商品，满足差异化需求，注重服务细节，保障服务品质，优化用户体验，获得广泛认同与信任。华润万象生活商管航道业务夯实基础服务，强化特色服务，进阶高端服务，消费者满意度持续维持高位，公司深化各项策略，优化客户体验，重视质量管理，商业物业赛道竞争优势明显。

办公物业领域，优秀物业服务企业以基础物业服务为"敲门砖"，以提升客户企业运营效率和客户员工满意度为目标，为企业客户及其员工提供包括会务、团餐、设施设备管理、空间规则等在内的多种创新型服务，项目深耕，开辟新赛道，增厚服务密度，提高收益。中海物业旗下海纳万商，持续探索非住业态专业化运营与服务产品创新，目前业务涵盖写字楼、商业综合体、政府公建、产业园、物流园、医院、城市服务等不同业态，实现多区域、多业态、多元化业务布局，将物业管理服务以产品设计的理念进行全方位剖析，对全链条的服务进行系统、全面地优化设计，打造行业领先的商业物业服务体系。

产业园区物业领域，优秀物业服务企业在做好基础服务的同时，以园区大客户为主要服务对象，从被动跟随到主动拓展，不断开展多元业务，提供诸如餐饮服务、租赁、物流、咨询等增值服务，为园区产业发展提供基础性支持，提高园区整体运营效率；同时延伸服务链条，从大客户所在行业全局出发，将大客户上下游企业纳入潜在服务目标。高远物业以"只为您的信任托付"为企业宗旨，秉承着"服务一座城，共建美好未来"的企业使命，全面践行规范化管理和标准化服务，高品质的物业服务获得了客户的广泛认可，服务满意度位居行业领先，致力于成为西南区域乃至全国领先的国有城市综合服务商。金狮物业秉持"顾客满意、环境保护、安全生产"管理理念，聚焦物业服务、房屋销售与租赁、资产运营与管理三大主业，基于"城市服务+资产管理"双轮驱动企业发展模式，努力成为苏州城市服务领头羊。

教育物业领域，优秀物业服务企业注重在服务中提升学校的安全管理，并为广大师生打造干净、舒适、安静的工作、学习及生活环境。贵州绿地物业管理有限责任公司为学校、住宅、医院等多种业态类型的项目提供一体化综合物业服务，公司始终坚持"安全、资金、品质、创新、效率、价值"的发展观，致力打造新时代智慧物业管理企业。

医院物业领域，优秀物业服务企业能够有效维护医院环境的整洁、安全和舒适，提升服务质量，保障患者和医护人员的健康。除此之外，物业企业还能够协助医院进行节能环保工作，如医疗垃圾的清运、设备设施的维护等，降低医院的能源消耗和排放，提高医疗工作效率。针对临床诊疗的医患需求，金科服务建立起专业、精细的医疗后勤服务体系。针对医院环境、医疗垃圾、应急事件等专业场景，公司采取针对性的解决方案，赋能医院高效运转，为生命健康昼夜坚守，圆满完成各项后勤保障工作。

9. 2024中国国有物业服务优秀企业

2024中国国有物业服务优秀企业

排名	企业名称	排名	企业名称
1	保利物业服务股份有限公司	26	北京北大资源物业经营管理集团有限公司
2	中海物业管理有限公司	27	武汉城市服务集团有限公司
3	华润万象生活有限公司	28	北京金泰物业管理有限公司
4	金茂物业服务发展股份有限公司	29	苏州书香服务股份有限公司
5	广州越秀物业发展有限公司	30	中建壹品物业运营有限公司
6	鲁能物业服务有限公司	31	中建玖合城市运营管理（上海）有限公司
7	中铁建物业管理有限公司	32	山西锦地物业管理有限公司
8	广州珠江城市管理服务集团股份有限公司	33	广西安信物业服务有限公司
9	深业物业运营集团股份有限公司	34	北京长峰新联工程管理有限责任公司
10	金融街物业股份有限公司	35	重庆通邑智慧城市运营管理有限公司
11	华发物业服务有限公司	36	重庆高远物业管理有限公司
12	北京京城佳业物业股份有限公司	37	重庆康田智慧生活服务有限公司
13	宝石花物业管理有限公司	38	重庆渝地物业服务有限公司
14	北京中铁慧生活科技服务有限公司	39	贵阳市物业集团有限公司
15	大悦城控股集团物业服务有限公司	40	北京建工物业服务有限公司
16	中交物业服务集团有限公司	41	上海锦江城市服务有限公司
17	上海中建东孚物业管理有限公司	42	大连德泰城市服务集团有限公司
18	厦门国贸城市服务集团股份有限公司	43	广东粤电物业管理有限公司
19	苏新美好生活服务股份有限公司	44	海南海垦物业服务有限公司
20	广州市城壹物业发展有限公司	45	苏州工业园区综保产业服务有限公司
21	重庆两江新区物业管理有限公司	46	武汉迅和物业管理有限公司
22	中铁诺德生活服务有限公司	47	上海城建物业管理有限公司
23	泓盈城市运营服务集团股份有限公司	48	湖北荆楚城市运营服务有限公司
24	湖北联投城市运营服务有限公司	49	武汉三镇城市运营服务有限公司
25	西安高科物业服务管理有限公司	50	广东和顺物业管理有限公司

2023年，国资背景物业服务企业在运营管理及业绩表现方面更加稳健，部分地方国资物业企业也在加快IPO进程。

（1）中铁建物业秉承铁道兵"逢山凿路 遇水架桥"的精神，在传承中不断创新，党建引领高质量发展，用科技赋能服务，搭建美好家，"安享家""悠享家""尊享家"三级物业服务体系，打造中铁建特色生活方式，为业主带来"满意+惊喜+尊贵"的服务体验。

（2）中建壹品物业始终坚持"以客户为中心，提升客户尊享价值"的发展理念，是以高品质物业服务、专业化多种经营、智慧物联管理为一体的"物业服务商和社区运营商"，凭借国有企业品牌优势和独特的"1+3+N"创新思路，大力探索社区治理新模式，打造客户满意的智慧型物业服务标杆企业。

（3）综保产服深耕产业园综合配套服务，在发展中形成具有综保特色的企业文化生产力，以产业配套服务集成商为发展定位，建立了全面覆盖业主方、入驻企业及员工服务需求的三大服务体系。秉承一切以客户需求为导向，"尽管不是无所不能，为您竭尽所能""用心极致，满意+惊喜"的服务理念，全力为客户提供综合性服务解决方案，助力产业成长，致力成为中国卓越的现代服务外包企业。

10. 2024中国特色物业服务领先企业

2024中国特色物业服务领先企业

企业名称	特色
中海物业管理有限公司	港澳地区最大中资物企
长城物业集团股份有限公司	一应云
广州越秀物业发展有限公司	社区运营服务
佳兆业美好（佳兆业物业管理（深圳）有限公司）	多元智慧业态
鲁能物业服务有限公司	绿色物业
金融街物业股份有限公司	商务物业服务
广州敏捷新生活物业管理有限公司	心服务
天骄智慧服务集团股份有限公司	商住产城全息服务商
北京京城佳业物业股份有限公司	增值服务
宝石花物业管理有限公司	社区增值服务
中天城投集团物业管理有限公司	科技引领多元"蜜生活"
山东省诚信行物业管理有限公司	山东区域优秀物业企业
中交物业服务集团有限公司	城市服务
山东绿地泉物业服务有限公司	社区康养
大悦城控股集团物业服务有限公司	从工厂到城市全业态物业服务商
云南鸿园电力物业服务有限公司	电力系统后勤管理服务
深圳历思联行物业管理有限公司	高端品牌智慧服务领先企业
北京瑞赢酒店物业管理有限公司	酬金制物业服务领先企业
河南正弘物业管理有限公司	高品质、多业态物业运营服务商
绘生活服务（巨和物业服务有限公司）	老旧小区物业服务
深圳市华创生活股份有限公司	城市服务
泓盈城市运营服务集团股份有限公司	城市照明
北京万通鼎安国际物业服务有限公司	单一业主服务
河南亚新物业服务有限公司	红色物业+居家养老
阳光壹佰物业发展有限公司	人文社区建设
北京北大资源物业经营管理集团有限公司	科创服务
中信泰富（上海）物业管理有限公司	商办综合体优秀服务企业

续表

企业名称	特色
长春赢时物业服务股份有限公司	多元化服务体系
北京住总北宇物业服务有限责任公司	医院后勤一体化物业服务 & 城市服务优秀企业
深圳德诚物业服务有限公司	高端楼宇服务 + 智慧安防服务体系
杭州新天地园区运营服务有限公司	园区运营服务专家
青岛诚辉物业管理有限公司	高端物业酒店化服务领先企业
中铁诺德生活服务有限公司	雄安新区物业管理优势企业
浙江鸿城物业股份有限公司	聚焦新型"物业 +"全产业链发展路径
上海中建智地物业服务有限公司	商写物业
山西锦地物业管理有限公司	智慧科技服务
湖北荆楚城市运营服务有限公司	城市运营
一爱城市建设服务有限公司	社区增值服务
云南春城财富物业服务有限公司	特色文旅康养
广西安信物业服务有限公司	"五心"服务
重庆田智慧生活服务有限公司	"悦万家"智慧服务
中國國信服務集團	商 / 住 / 产 / 教 / 旅全息一体化服务运营商
上海地益物业管理有限公司	会展物业运营服务
浙江雷迪森物业服务有限公司	高端酒店式物业服务领先企业
济宁城投服务集团有限公司	社区托育
中建玖合城市运营管理（上海）有限公司	城市综合运营创新企业
德州联强物业管理有限公司	智享三方共赢发展模式

2024 中国特色物业服务领先企业建立差异化市场定位，提供有针对性、有特色的管理和服务，不断强化自身优势，打造独特亮点。在 2024 中国物业服务百强企业研究中，研究组通过对服务模式、服务理念、服务体系、服务领域等方面综合评价，挖掘出一批表现突出的特色物业服务企业。

（1）勇于探索特色赛道，满足业主多元化需求。北京京城佳业物业股份有限公司于 2020 年 12 月 22 日正式注册成立，隶属于北京城建集团，是一家立足首都、深耕京津冀、辐射全国，的物业管理服务综合运营商。公司三项主要业务板块为物业管理服务、非业主增值服务及社区增值服务。目前已进驻北京、天津、重庆、成都、长沙、三亚等全国 12 个省市，项目类型涵盖写字楼公建、科研院校、地铁场站、住宅、党政机关办公楼等。京城佳业积极融入国家发展战略，立足首都、辐射全国，朝着区域深耕型、特色服务型的发展方向，致力打造成为"全国知名的城市服务和美好生活服务供应商"，为建设新时代美好生活贡献力量。

（2）探索社区养老服务新模式，助力老人实现康养之梦。绿地泉服务倾力打造"物业 + 学院式"社区居家康养服务新模式，在积极开展基础关爱服务的基础上，开拓了长者学堂、日间照料中心、康养旅居三大特色温情服务，积极助力社区老人实现"老有所乐、老有所学、老有所为"的康养之梦。

（3）构建多元化、高活力智慧园区。新天地服务十年深耕，匠心运营，围绕文商旅综合新模式，积极探索中央活力区、文旅度假区、产业园区、商业街区等多元化园区运维思路。坚持以品质为导向，智慧精益运营，形成独特的管理模式，作为园区运营服务专家，为客户提供专业周到的服务，推动城市更新运营发展，助力共建未来社区。

（4）拓展"物业 +"产业，实现多种衍生产业并举。鸿城服务在夯实主业的基础上，跳脱传统物业，聚焦于打造"衣食住行医、康养乐一体化"的全产业链大格局新型业态，重点拓展"物业 +"系列产业，实现多种衍生产业并举的健康发展路径。

11. 2024 中国主要城市物业服务优秀企业

2024中国主要城市物业服务优秀企业

北京 TOP10	上海 TOP10	广州 TOP10	深圳 TOP10	重庆 TOP10	成都 TOP10
京城佳业	绿城服务	越秀服务	中海物业	金科服务	保利物业
中海物业	陆家嘴物业	保利物业	招商积余	融创服务	中海物业
保利物业	高地	时代邻里	深业运营	天骄智慧服务集团	华润万象生活
碧桂园服务	招商积余	合景悠活	长城物业	东原仁知服务集团	招商积余
金融街物业	新城悦服务	星河湾物业	华润万象生活	华宇优家集团	合达联行
金茂服务	世茂服务	天力物业	彩生活服务集团	华润万象生活	中铁建物业
远洋服务	大华服务	珠江城市服务	卓越商企服务	中海物业	新城悦服务
中铁建物业	锦江城市服务	侨鑫物业	华侨城物业	保利物业	建发物业
华润万象生活	中信泰富物业	敏捷物业	莲花物业	金茂服务	优品道物业
网信物业	古北物业集团	粤海物业	鸿荣源物业	融汇悦生活	优居物业
杭州 TOP10	**武汉 TOP10**	**天津 TOP10**	**无锡 TOP10**	**郑州 TOP10**	**佛山 TOP10**
绿城服务	万科物业	融创服务	金科服务	正商服务	碧桂园服务
滨江物业	武汉城市服务集团	中海物业	瑞景城市服务	绿都智慧服务	时代邻里
南都物业	融创服务	绿城服务	怡庭物业	亚新服务	保利物业
融创服务	惠之美集团	保利物业	锡铁科技	永威物业	万科物业
德信盛全服务	天源物业	天津中建物业	金佳物业	碧桂园服务	美置服务
金地智慧服务	百步亭花园物业	天房物业	房冠物业	绿城服务	招商积余
安居服务	中建壹品物业	华厦物业	招商积余	保利物业	光大物业
彩虹物业	保利物业	天力物业	顺茂物业	永升服务	金发物业
大家服务	金地智慧服务	盛泰物业	永基物业	长城物业	顺控物业发展
中天美好服务	碧桂园服务	城投物业	大桥物业	伟业慧生活	龙光服务
济南 TOP10	**合肥 TOP10**	**昆明 TOP10**	**太原 TOP10**	**贵阳 TOP10**	**保定 TOP10**
诚信行	绿城服务	俊发七彩服务	金碧物业	中天城投物业	中铁建物业
明德物业	保利物业	鸿园物业	万科物业	碧桂园服务	荣万家生活服务
宏泰物业	信联物业	巨和物业（绘生活服务）	天力物业	融创服务	中铁慧生活
润华物业	伟星物业	银海物业	保利物业	中铁建物业	中铁诺德
银丰物业	新地锐意	城建物业运营集团	丽华物业	贵州绿地物业	隆泰物业
中土物业	安徽高速物业	碧桂园服务	星河湾物业	贵阳物业集团	长城物业
山东鲁能物业	皖投服务	昆明怡和物业	碧桂园服务	美置服务	卓正物业
山东健康物业集团	招商积余	春城财富物业	雅生活集团	保利物业	华中物业
保利物业	华地好生活集团	云南城投物业	华润万象生活	欣和逸居物业	绿城服务
高新绿城物业	永升服务	招商积余	中铁建物业	晨安物业集团	秀兰物业

城市物业服务优秀企业布局全国重点城市，持续进行项目拓展和城市深耕，在主要城市树立了良好的品牌口碑，取得较强的市场竞争力。

第六部分　结　语

在过去一年中，在市场大环境遇冷背景下，面对"剪不断，理还乱"的关联方关系，百强企业扎实推进高质量发展，在逆境中保持定力，夯实主业，安全穿越周期底部；在不确定性中寻找增长路径，通过多元化的布局重塑竞争优势，开启新的增长曲线。

管理规模方面，面对总量增长趋缓压力，百强企业强化市场拓展能力，高速增长转挡稳健可持续发展，积极发挥主观能动性和自主决策能力，更加理性地开展并购，积极调整拓展策略，结合自身实际深耕重点区域与城市，目标项目更加明确，发展步伐更为稳健。经营业绩方面，百强企业优化营收结构，做实做强做优基础服务，巩固可持续发展基石；合理布局业务体系，消化非业主增值服务收入下降带来的冲击；积极主动采取措施，严控经营风险，有效提升经营效率，利润率降幅收窄，央国企稳中求进，快中提质；服务质量方面，百强企业确立服务品质为立足之根本，以提升客户满意度为抓手，分业态分等级，围绕个性化、体验化打造差异化服务产品，构建核心竞争力；综合平衡规模、效益与服务品质，信守承诺，优质优价。发展潜力方面，挖掘自身优势，激活专业赛道，"拓深度"紧抓非住宅物业机会；科技赋能物业管理全业态、全场景，持续打破服务边界，释放潜力，满足客户需求；高学历及专业性人才不断涌入，为行业发展注入新动力；上市热度持续降温，地方国企加快IPO进程。社会责任方面，百强企业以ESG建设为支点，带动企业全面可持续发展；诚信纳税，吸纳就业人员，积极承担社会责任；开展"全域场景"业务，为人民美好生活贡献力量，助力美丽中国建设。

物业管理行业步入低速增长时代，但仍充满着机遇。未来，百强企业顺势而为，凭借着远见卓识，不断开拓创新，引领行业朝着更加健康、可持续的方向发展。

报告二 2024中国物业服务上市公司TOP10研究报告

一、研究背景与方法体系

（一）研究背景与目的

截至2024年4月30日，共有66家物业服务上市公司登陆资本市场，其中港交所主板60家，A股6家。2023年以来，物业板块整体表现欠佳，市场竞争加剧，规模拓展承压，企业进入高质量稳步发展阶段。受地产拖累，增收不增利，盈利能力减弱等问题突出，物业上市公司亟需挖掘新业务以应对非业主增值服务缩水的不利局面，转型发展迫在眉睫。在此背景下，优秀上市公司强化市场拓展能力争夺存量项目，持续深挖细分领域蓝海市场增加营收渠道，引领行业高质、高效发展。在2024中国物业服务上市公司研究中，中指研究院针对公司规模、盈利能力、服务品质、成长潜力、财富创造能力等方面制定了研究方法和指标体系，本着"客观、公正、准确、全面"的原则，发掘综合实力强、经营业绩佳、投资价值大的优秀物业服务上市公司，探索不同市场环境下物业服务上市公司的价值增长方式，为投资者提供科学全面的投资参考依据。

中国物业服务上市公司TOP10研究的目的：

（1）客观反映中国物业服务上市公司的整体发展水平和最新动态，促进物业服务上市公司做大、做强、做优。

（2）发掘综合实力强、投资价值高的物业服务上市公司；扩大企业在机构投资者中的影响力，拓宽企业融资渠道，帮助企业更快更好发展。

（3）通过系统研究和客观评价，打造"中国物业服务上市公司TOP10"品牌，引领物业管理行业投资良性循环和健康发展。

（二）研究方法体系

1. 研究对象

（1）依法设立且公司股份于2024年4月30日前在上海证券交易所、深圳证券交易所及香港联交所等境内外证券交易所公开上市的物业服务企业（业务收入主要来自中国大陆，且收入构成需满足下款条件）。

（2）主营业务收入构成满足以下条件之一：第一，物业管理相关业务收入（必须包括基础物业服务收入）所占比重不低于50%或所占比重虽低于50%但比其他业务收入比重均高出30%（源自《上市公司分类与代码》，中国证监会2005年3月颁布）；第二，如果公司收入来自两个行业，物业管理相关业务收入占其总收入60%以上或其收入和利润均占整体比重超过50%，或按历史和未来趋势来看，物业管理业务为企业提供最主要的收入和利润。如果公司业务收入来自三个或以上行业，物业管理相关业务收入或者利润占整体比重超过 50%（源自全球行业分类标准，Global Industry Classification Standard，摩根斯坦利公司和标准普尔公司联合发布，简称 GICS）。

2. 评价指标体系

在 2024 中国物业服务上市公司 TOP10 研究中，中指研究院从公司规模、盈利能力、服务品质、成长潜力和财富创造能力五个方面对企业进行评价，对同一家企业在五个指标体系中的得分按一定的权重值（权重来自五项得分的"方差—协方差分析"）进行加总，最终得到企业的综合实力得分，评价得出"2024 中国物业服务上市公司综合实力 TOP10"。

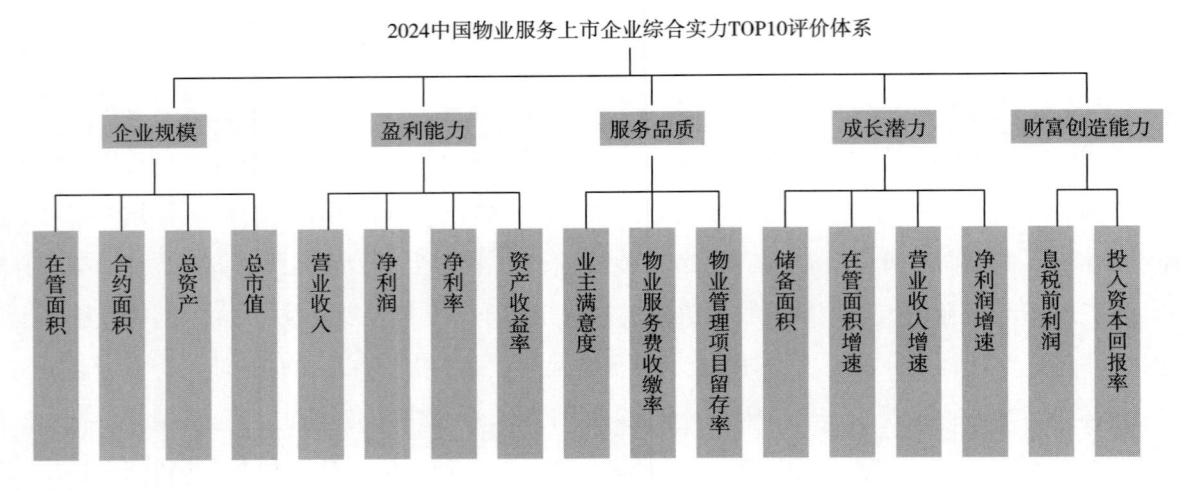

2024中国物业服务上市企业综合实力TOP10评价体系

- 企业规模：在管面积、合约面积、总资产、总市值
- 盈利能力：营业收入、净利润、净利率、资产收益率
- 服务品质：业主满意度、物业服务费收缴率、物业管理项目留存率
- 成长潜力：储备面积、在管面积增速、营业收入增速、净利润增速
- 财富创造能力：息税前利润、投入资本回报率

3. 数据来源

（1）中国房地产指数系统（CREIS）数据库，包括物业版数据库及其他相关的数据库板块；

（2）物业服务上市公司对外公布的信息（包括公司年报、公告、公司网站公布的信息和对外派发的资料）；

（3）有关政府部门（包括建委、房管局和统计局等）的公开数据；

（4）2020—2023 中国物业服务上市公司研究收集的企业数据资料；

（5）2021—2024 中国物业服务百强企业研究收集的企业数据资料。

4. 计量评价方法

研究方法上，为增加研究的严谨性，采用因子分析（Factor Analysis）方法进行。因子分析是一种从变量方差—协方差结构入手，在尽可能多地保留原始信息的基础上，用少数新变量解释原始变量方差的多元统计分析方法。它将原始变量分解为公共因子和特殊因子之和，并通过因子旋转，得到符合现实意义的公共因子，然后用这些公共因子去解释原始变量的方差。

设 $x_1, x_2, \cdots, x_p$ 是初始变量，$F_1, \cdots, F_m$ 表示因子变量，使用统计软件 SPSS 可以计算出每个研究对象的各个因子的得分，然后计算出因子综合得分：

$$A = (\alpha_1 F_1 + \ldots + \alpha_m F_m) / \sum \alpha_i, \quad i = 1,\ldots,m$$

其中 α 表示各个因子变量的方差贡献率。

二、2024 中国物业服务上市公司 TOP10 研究成果

（一）2024 中国物业服务上市公司综合实力 TOP10

2024中国物业服务上市公司综合实力TOP10

2024 排名	股票代码	股票简称
1	6098.HK	碧桂园服务
2	6049.HK	保利物业
3	2669.HK	中海物业
4	1209.HK	华润万象生活
5	3319.HK	雅生活服务
6	2869.HK	绿城服务
7	001914.SZ	招商积余
8	9666.HK	金科服务
9	9983.HK	建业新生活
10	1755.HK	新城悦服务

综合实力 TOP10 公司以稳为进，在管理规模、经营业绩、风险管控、品质建设、运营管理等方面不断突破，进一步拉开与其他企业间差距，凝聚高质量发展动能，综合实力进一步提升。

2023 年，在经济形势复杂多变，上游房地产行业持续波动，不确定性因素持续给物业管理行业带来挑战的情况下，保利物业坚定做强市场拓展，加速区域深耕，聚焦 50 个核心城市，构建多中心聚焦发力格局，年内新拓展第三方项目年合同金额达到人民币 29.7 亿元。服务品质上，多维度提升，加速核心产品迭代升级，推动服务品质与效率实现新的飞跃。精益化与标准化管理上，强化标准化建设，推动制度、流程、作业等多维度标准化落地；夯实目标成本精益化管理，围绕各业务节点制定精细的全面预算体系，共筑稳健发展基石。

（二）2024 中国物业服务上市公司规模 TOP10

2024中国物业服务上市公司规模TOP10

2024 排名	股票代码	股票简称
1	6098.HK	碧桂园服务
2	6049.HK	保利物业
3	3319.HK	雅生活服务
4	2669.HK	中海物业
5	2869.HK	绿城服务
6	1209.HK	华润万象生活
7	9666.HK	金科服务
8	001914.SZ	招商积余
9	1516.HK	融创服务
10	9928.HK	时代邻里

有效规模扩张能够使物业服务上市公司争取发展先机、占据规模优势、获取新业务主动权等，是衡量企业成长发展的重要指标。在增量市场逐渐转为存量市场的大环境下，2023 年，部分企业仍能保持较快增速。

在高质量发展时代背景下,碧桂园服务以"稳中求进,以进促稳"作为发展方针,面对外部诸多挑战,积极拥抱市场变化,谋求长期可持续发展。2023年,公司实现业务稳健增长,管理规模突破10亿平方米,共7345项物业,遍布31个省、自治区、直辖市。

(三)2024中国物业服务上市公司市场拓展能力TOP10

2024中国物业服务上市公司市场拓展能力TOP10

2024排名	股票代码	股票简称
1	6098.HK	碧桂园服务
2	3319.HK	雅生活服务
3	9666.HK	金科服务
4	2669.HK	中海物业
5	6049.HK	保利物业
6	1209.HK	华润万象生活
7	9928.HK	时代邻里
8	1755.HK	新城悦服务
9	001914.SZ	招商积余
10	0873.HK	世茂服务

2023年以来,并购市场冷淡,并购更加审慎,物业服务上市公司或被动或主动摆脱关联方依赖,强化自身内生增长能力,加大力度进行市场外拓,持续强化第三方拓展能力。

中海物业凭借品牌优势,积极主动推进市场拓展扩大经营规模,并通过丰富市场业态获得更多来自第三方项目。2023年,公司管理面积较上年的3.2亿平方米增长8120万平方米至4.0亿平方米,提升25.4%;其中,新增项目70.6%来自独立第三方。

2023年,世茂服务实行"城市深耕"战略,设定19个深耕城市,重点关注市场拓展的集中化和协同性问题。重点建设2到3个主力业态的拓展和运营能力,健全物业管理生态多样性。2023年,新增年饱和收入中,来自东部沿海山东、江苏、浙江和福建四省的贡献超过50%;来自二手住宅、政府公建、新建住宅三类优质业态的项目类型超过二分之一,第三方市场外拓项目的质量有效提升。

(四)2024中国物业服务上市公司成长潜力TOP10

2024中国物业服务上市公司成长潜力TOP10

2024排名	股票代码	股票简称
1	6049.HK	保利物业
2	6098.HK	碧桂园服务
3	2869.HK	绿城服务
4	0982.HK	华发物业服务
5	9666.HK	金科服务
6	6626.HK	越秀服务
7	1755.HK	新城悦服务
8	1922.HK	银城生活服务
9	6093.HK	和泓服务
10	6989.HK	卓越商企服务

衡量企业成长潜力可从储备面积大小、营收、利润及管理面积的增长情况等多方面考虑，具备成长潜力的公司仍旧值得期待。

2023 年，和泓服务在成都设立运营总部，开启北京、成都双总部运营模式。依托西南省份物业市场，提高市场份额，优化区域布局。公司实现收入 13.13 亿元，较上年增加约 26.1%，毛利约 3.36 亿元，较上年增加约 13.9%，净利润约 1.14 亿元，较上年增加 10.1%。2023 年，碧桂园服务的储备面积高达 6.76 亿平方米，能支持规模进一步的增长，表明后续仍有较大的增长潜力。

（五）2024 中国物业服务上市公司社区增值服务能力 TOP10

2024中国物业服务上市公司社区增值服务能力TOP10

2024 排名	股票代码	股票简称
1	6098.HK	碧桂园服务
2	6049.HK	保利物业
3	2669.HK	中海物业
4	3319.HK	雅生活服务
5	1995.HK	永升服务
6	1778.HK	彩生活
7	1755.HK	新城悦服务
8	0873.HK	世茂服务
9	3658.HK	新希望服务
10	0982.HK	华发物业服务

物业上市公司发挥近场优势，已由大而全的平台模式，转向专注于高潜力细分赛道，实现资源聚焦和垂直化发展，社区增值服务实现平稳增长。雅生活服务围绕社区服务场景，聚焦生活服务产品提升盈利能力，开展包括生活及综合服务、家装宅配服务、空间运营等服务。其中，2023 年，生活及综合服务实现收入 13.43 亿元，较上年增长约 16.4%。

（六）2024 中国物业服务上市公司非住宅物业服务 TOP10

2024中国物业服务上市公司非住宅物业服务TOP10

2024 排名	股票代码	股票简称
1	6049.HK	保利物业
2	3319.HK	雅生活服务
3	001914.SZ	招商积余
4	2669.HK	中海物业
5	0873.HK	世茂服务
6	9928.HK	时代邻里
7	2168.HK	佳兆业美好
8	6989.HK	卓越商企服务
9	1516.HK	融创服务
10	300917.SZ	特发服务

非住宅为管理面积增量的重要来源，多业态为企业发展重要战略方向。优化业态布局能够有效改善企

业收入结构，提升盈利能力。

2023 年，招商积余积极稳妥推动"12347"战略落地，依托"沃土云林"商业模式，构建全业态、全场景综合解决方案，以"机构＋住宅＋城市服务"并驾齐驱，涵盖住宅、办公、商业、园区、政府、学校、医院、场馆、交通、城市空间等细分业态，进驻全国超 100 个城市。2023 年，公司抢滩非住宅业态，非住宅业态管理面积达 2.1 亿平方米，占比达到 61.9%。

（七）2024 中国物业服务 ESG 发展优秀企业

2024中国物业服务ESG发展优秀企业

股票代码	股票简称
2669.HK	中海物业
6098.HK	碧桂园服务
1516.HK	融创服务
1755.HK	新城悦服务
1502.HK	金融街物业
9928.HK	时代邻里
0982.HK	华发物业服务
2107.HK	第一服务
2210.HK	京城佳业
9978.HK	方圆生活服务

当前，我国经济社会发展进入绿色低碳的高质量发展阶段，节能减排、垃圾分类、废弃物处理等已成为全民共识。ESG 建设作为企业可持续发展的重要抓手，成为企业竞争力的重要组成部分，被社会所认可与接纳。同时借助 ESG 投资，也能够找到既创造股东价值又创造社会价值，具有可持续成长能力的投资标的。

物业服务上市公司积极响应国家政策，依据相关准则或指引，将 ESG 融入经营实践，关爱员工，回馈社会，减少温室气体排放，保护环境，努力实现和谐发展。中海物业秉承践行可持续发展理念，开展双碳工作计划，向能源、废弃物、水及碳排放四个量化环境目标前进，包括逐步扩大废弃物工作城市试点、地库灯具节能改造、优化充电设施布局规划等，积极履行央企责任担当，为社会可持续发展贡献力量。

（八）2024 中国上市物业服务投资价值优秀企业

2024中国上市物业服务投资价值优秀企业

股票代码	股票简称	股票代码	股票简称
2669.HK	中海物业	0816.HK	金茂服务
1209.HK	华润万象生活	9983.HK	建业新生活
6049.HK	保利物业	1502.HK	金融街物业
6098.HK	碧桂园服务	001914.SZ	招商积余
9928.HK	时代邻里	300917.SZ	特发服务

资本市场物业板块有逐步企稳态势，在相关政策刺激等因素影响下估值有望进一步回升。包括央国企在内的优秀上市公司在管理规模、服务品质、盈利能力等方面表现突出，获得市场认可。2023 年，华润万象生活构建独特稳健业务模式，明确商管及物管两大主航道专业化发展，坚定落实"高质量的规模发

展"及"高品质和高效率的运营"两大支撑体系，持续做优组织变革与激励、科技赋能及战略型收并购三大发展引擎。2023年，公司总市值长期稳定行业第一名。

（九）2024值得资本市场关注的物业服务企业

2024值得资本市场关注的物业服务企业

深业物业运营集团股份有限公司	泓盈城市运营服务集团股份有限公司
苏新美好生活服务股份有限公司	厦门国贸城市服务集团股份有限公司
西安经发物业股份有限公司	上海古北物业管理有限公司
北京中铁慧生活科技服务有限公司	上海漕河泾开发区物业管理有限公司
山东省诚信行物业管理有限公司	深圳市华创生活股份有限公司

泓盈城市服务是一家国有城市服务及运营提供商，业务主要集中在长沙市，涵盖物业管理服务、城市服务和商业运营服务三大领域。2021年、2022年、2023年，泓盈城市服务的营业收入分别为4.32亿元、5.29亿元和6.52亿元，净利润分别为4084.1万元、5359.6万元和7017.8万元。

苏新服务提供综合性的城市服务及物业管理服务，2023年公司已签约136个项目，总合约建筑面积为1670万平方米，较上年增加83.5%，公司总收入7.25亿元，同比增长35.7%，毛利润和净利润分别增长18.9%和23.14%。公司不断扩大规模，提升行业影响力，用行动诠释"美好生活场景"的N种想象，赢得了业界认可和良好口碑。

三、中国物业服务上市公司整体发展状况分析

目前，物业服务上市公司共66家，其中港股60家，A股6家。截至2024年5月3日，仍有2家（宋都服务、佳源服务）未披露2023年年报。剔除未披露年报的上市公司和奥克斯国际（会计期间为4月1日至次年3月31日），共计63家上市公司成为本次研究样本。

（一）资本表现：板块企稳有望反弹，央国企表现较优，企业加大分红力度

1. 总市值2420亿元，市值TOP10企业占比80.47%，PE均值11.28

2023年全年，物业板块总市值处于下行通道，由年初的4366.62亿元跌至年末的2384.58亿元，跌幅高达45.39%；2024年前4个月，板块开始企稳，尤其是4月中下旬以来，A股受"国九条"政策刺激及关联方地产利好政策出台、港股受国际资金流入等多方面因素影响，出现连续反弹。截至5月3日收盘，板块总市值较4月低点提升约22%，达到2420.35亿元，PE均值提升约20%，达到11.28。

2023年，物业服务上市公司增收不增利仍在持续，但在风险出清后，物业上市公司经营质量提升，盈利改善，板块利润率有望迎来新一轮上行，估值有望进一步回升。

截至5月3日收盘，华润万象生活总市值677.90亿元，排名第一；万物云、碧桂园服务分别以总市值274.52亿元和203.26亿元分列二、三位。排名前十的公司市值合计1947.57亿元，占总市值比例为80.47%，较上年同期提升5.23个百分点，头部效应显著，分化格局进一步加剧。

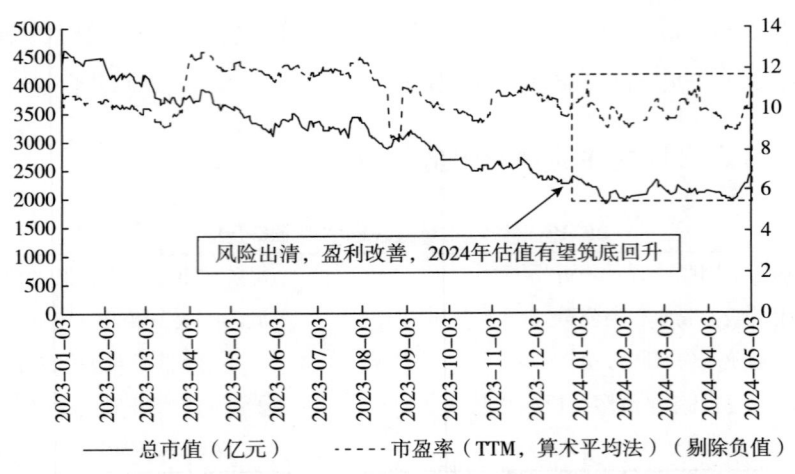

图2-1　2023年1月1日至2024年5月3日收盘板块总市值及PE均值走势

数据来源：中指研究院整理。

表2-1　截至2024年5月3日收盘物业上市公司市值TOP10

证券代码	证券简称	总市值（亿元）	市盈率PE（TTM）	股价（元）
1209.HK	华润万象生活	677.90	20.98	29.70
2602.HK	万物云	274.52	12.73	23.35
6098.HK	碧桂园服务	203.26	63.01	6.08
6049.HK	保利物业	191.18	12.55	34.55
2669.HK	中海物业	168.29	11.36	5.12
2869.HK	绿城服务	127.13	19.03	3.98
001914.SZ	招商积余	113.24	15.26	10.68
6666.HK	恒大物业	71.35	4.20	0.66
1516.HK	融创服务	61.44	–	2.01
9666.HK	金科服务	59.26	–	9.50

数据来源：中指研究院整理。

2. 央国企市值稳定，整体表现显著优于民营企业

以2022年12月31日收盘为基准点，至2024年5月3日收盘，央国企总市值涨跌走势明显好于民营企业，央国企市值均值跌幅为24.88%，民营企业市值均值跌幅为42.92%，较央国企高出约18个百分点。

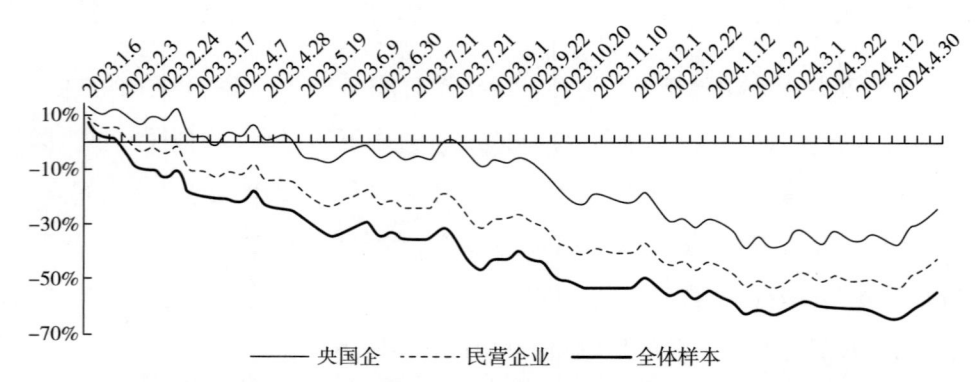

图2-2　2023年1月1日至2024年5月3日央国企、民营企业总市值走势

数据来源：中指研究院整理。

具体来看，2024年5月3日收盘较2023年1月1日收盘，63家样本企业中，总市值保持正增长的仅有5家，占比7.94%。其中，华发物业服务涨幅为29.11%，表现最为优秀，其次为京城佳业，涨幅为28.25%。

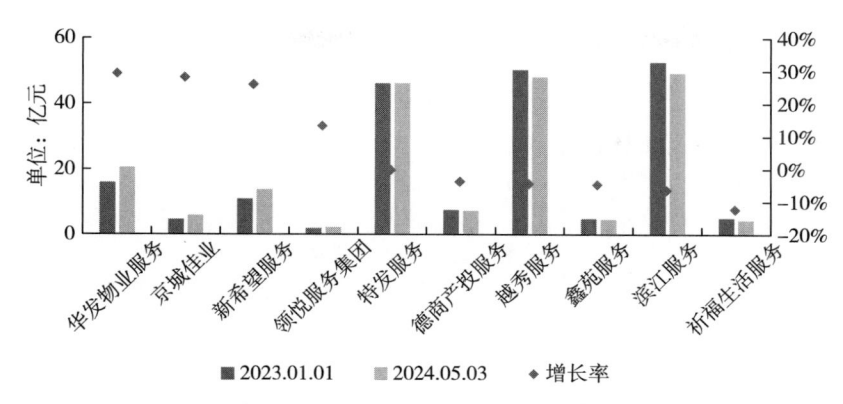

图2-3　2024年5月3日收盘较2023年1月1日收盘市值涨幅TOP10

数据来源：中指研究院整理。

3. 分红与回购力度创历史新高，资本市场给予正面反馈

截至2024年5月3日，共有34家物业服务上市公司宣布发放2023年年度现金股息，共计分红92.21亿元，创历史新高。从分红金额看，华润万象生活分红金额最高，为17.63亿元；万物云14.13亿元，紧随其后。派息率超过50%的有13家，其中，碧桂园服务派息率高达335.98%，排名第一，康桥悦生活达96.24%，排名第二。另外，股息率也是投资参考重要指标，卓越商企服务和第一服务控股股息率超过10%，表现佳[①]。

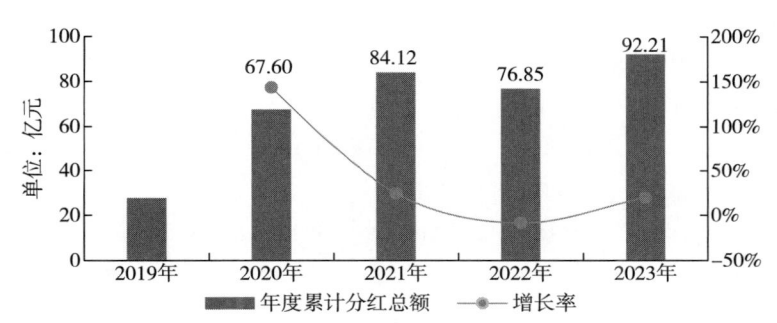

图2-4　2019—2023年上市公司分红金额及增长情况

数据来源：中指研究院整理。

表2-2　2023年度上市公司派息情况

证券简称	年度派息总额TOP10（亿元）	证券简称	年度派息率TOP10（%）	证券简称	年度股息率TOP（%）
华润万象生活	17.63	碧桂园服务	335.98	卓越商企服务	12.34
万物云	14.13	康桥悦生活	96.14	第一服务控股	12.00
碧桂园服务	9.85	绿城服务	71.72	新希望服务	9.90
保利物业	5.52	建发物业	71.00	祈福生活服务	9.56
绿城服务	4.79	滨江服务	69.88	星盛商业	9.35
中海物业	4.60	星盛商业	69.85	金融街物业	8.08
融创服务	4.37	鑫苑服务	69.48	康桥悦生活	8.00
滨江服务	3.80	卓越商企服务	69.42	融创服务	7.88
建发物业	3.66	第一服务控股	66.63	建业新生活	7.85
越秀服务	2.68	万物云	65.52	滨江服务	7.39

数据来源：上市公司年报或公告，中指研究院整理。

---

① 派息率=派息额/当年收益；股息率=每股派息额/派息公告当日收盘价。

从分红持续性看，上市以来能够保持每年分红的公司共计32家，大部分公司分红金额保持稳定，少数企业在近两年行业整体经营不佳的情况下能够做到稳中有升，如中海物业、滨江服务、华润万象生活等。近五年累计分红总额最高的为碧桂园服务，共计分红金额48.67亿元，其次为华润万象生活，共计分红40.43亿元。

表2-3　　　　　　　　　　　　　上市以来保持持续分红公司　　　　　　　　　　　　　　单位：亿元

证券代码	证券简称	2019年	2020年	2021年	2022年	2023年	累计分红总额	上市时间
2669.HK	中海物业	1.64	2.10	2.96	3.94	4.60	15.25	2015.10
1538.HK	中奥到家	0.22	0.26	0.21	0.21	0.21	1.12	2015.11
2869.HK	绿城服务	2.41	6.49	6.49	3.23	4.79	23.42	2016.07
3686.HK	祈福生活服务	0.25	0.27	0.22	0.25	0.44	1.44	2016.11
603506.SH	南都物业	0.34	0.41	0.65	0.58	0.65	2.64	2018.02
6098.HK	碧桂园服务	4.57	8.54	11.86	13.85	9.85	48.67	2018.06
1755.HK	新城悦服务	1.61	2.88	1.58	1.52	1.79	9.37	2018.11
1995.HK	永升服务	0.80	1.40	2.28	2.16	2.39	9.02	2018.12
3316.HK	滨江服务	0.88	1.56	2.35	2.77	3.80	11.36	2019.03
6049.HK	保利物业	1.82	2.88	1.98	3.14	5.52	15.34	2019.12
9909.HK	宝龙商业	1.24	1.78	2.89	1.93	0.96	8.81	2019.12
002968.SZ	新大正	0.44	0.59	0.81	0.68	0.65	3.18	2019.12
9928.HK	时代邻里	0.33	0.84	0.54	0.24	0.24	2.19	2019.12
001914.SZ	招商积余	1.06	1.38	1.06	1.27	1.80	6.57	2019.12
9983.HK	建业新生活	–	3.08	6.11	5.12	1.13	15.45	2020.05
1502.HK	金融街物业	–	0.69	0.97	0.67	0.65	2.98	2020.07
6989.HK	卓越商企服务	–	1.16	4.40	2.52	2.32	10.40	2020.10
2107.HK	第一服务控股	–	0.40	0.68	0.30	0.42	1.79	2020.10
1516.HK	融创服务	–	2.17	4.46	4.65	4.37	15.65	2020.11
1209.HK	华润万象生活	–	3.61	7.74	11.46	17.63	40.43	2020.12
300917.SZ	特发服务	–	0.35	0.33	0.34	0.37	1.38	2020.12
6677.HK	远洋服务	–	0.78	1.35	3.52	0.19	5.84	2020.12
2156.HK	建发物业	–	–	0.80	1.34	3.66	5.81	2020.12
6668.HK	星盛商业	–	–	1.02	1.07	1.32	3.41	2021.01
3658.HK	新希望服务	–	–	0.68	1.07	1.41	3.16	2021.05
6626.HK	越秀服务	–	–	1.55	1.66	2.68	5.89	2021.06
2205.HK	康桥悦生活	–	–	0.25	0.43	0.37	1.05	2021.07
2210.HK	京城佳业	–	–	0.27	0.36	0.31	0.94	2021.11
0816.HK	金茂服务	–	–	–	1.54	1.54	3.07	2022.03
2352.HK	东原仁知服务	–	–	–	0.10	0.02	0.12	2022.04
2152.HK	苏新服务	–	–	–	0.20	0.34	0.53	2022.08
2602.HK	万物云	–	–	–	3.11	14.13	17.24	2022.09

数据来源：上市公司年报或公告，中指研究院整理。

从大多数企业的派息率和股息率来看，2023年物业公司的经营性现金流普遍好转，通过提高派息比例和股息率来回馈股东，提振投资者信心，吸引资本关注行业及企业发展。资本市场对于公司加大分红等行为给予了正向反馈。从二级市场表现看，2024年以来，有分红物业上市公司股价涨幅均值为6.48%，显著高于其他无分红物业上市公司（-0.56%）。

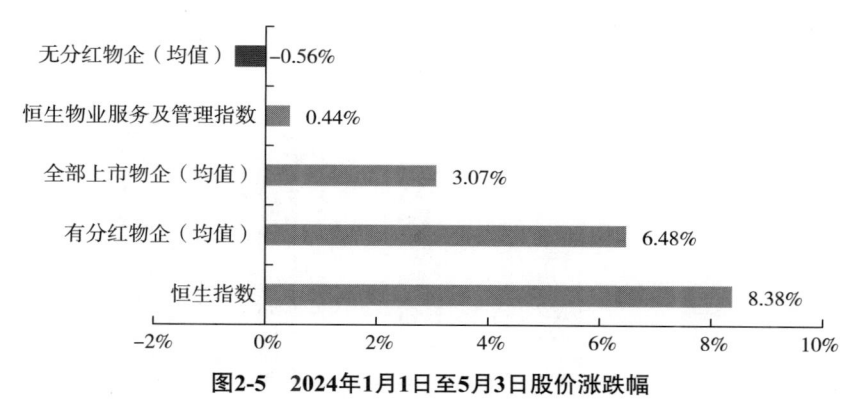

```
无分红物企（均值）      -0.56%
恒生物业服务及管理指数    0.44%
全部上市物企（均值）     3.07%
有分红物企（均值）      6.48%
恒生指数           8.38%
```

图2-5　2024年1月1日至5月3日股价涨跌幅

数据来源：中指研究院整理。

二级市场回购股票，一方面能够调节财务杠杆水平，改变加权平均资本成本，进而影响企业业务经营；另一方面被视为管理层发出的股价被低估信号，对市场预期产生积极影响。2023年1月1日至2024年5月3日，共计有12家物业企业进行了回购，共计回购3.42亿股，回购金额总计13.14亿元。其中，中骏商管回购股份数量最多，达到1.4亿股，金科服务回购金额最大，为2.97亿元。上市物企发起股票回购，向外界传递了对自身经营情况好转的信心，有利于缓解投资者的担忧，稳定股价。

表2-4　2023年1月1日至2024年5月3日物业上市公司股票回购情况

证券代码	证券简称	回购数量（万股）	回购金额（亿元）
0606.HK	中骏商管	14000.00	2.08
2869.HK	绿城服务	6748.00	2.07
2215.HK	德信服务集团	4317.40	1.13
6098.HK	碧桂园服务	3018.40	2.90
9666.HK	金科服务	2943.62	2.97
1995.HK	永升服务	1349.00	0.17
2602.HK	万物云	602.75	1.26
6668.HK	星盛商业	460.80	0.06
2669.HK	中海物业	290.00	0.12
002968.SZ	新大正	249.19	0.28
9983.HK	建业新生活	125.00	0.03
603506.SH	南都物业	71.92	0.06
总计		34176.08	13.14

数据来源：上市公司公告，中指研究院整理。

（二）经营绩效：管理面积与营收增速回落，风险逐步出清，回归现金流逻辑

1. 经营业绩：营收均值46.04亿元，增速放缓，利率双降但现金流显著改善

（1）营收均值同比增长7.74%，增速下降，基础服务收入占比提升3.53个百分点

2023年，物业服务上市公司营业收入均值为46.04亿元（63家样本企业），同比增长7.74%，下降8.12个百分点，增速明显放缓。主要原因在于：第一，管理规模上，行业整体新增管理面积有缩量迹象，

同时，外拓竞争异常激烈，拓展难度提升，依靠管理面积高速增加而支撑营收高速增长的局面被打破；第二，业务上，增值业务①中的非业主增值服务收入断崖式下跌，社区增值服务恢复不及预期，创新型服务未打开局面，营业收入降速增长。

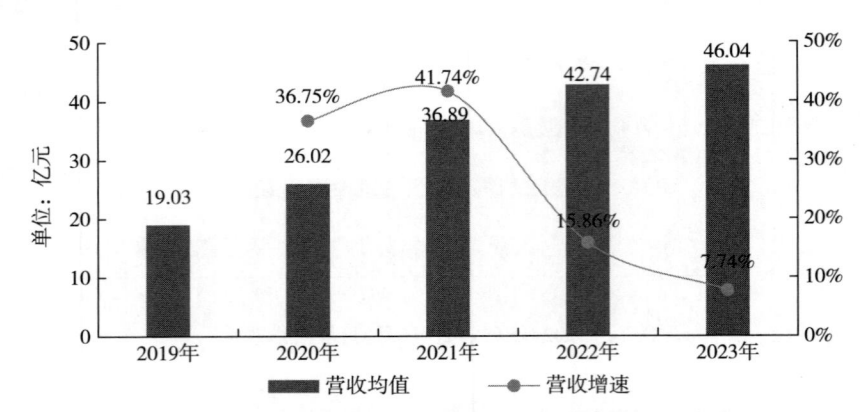

图2-6　2019—2023年物业服务上市公司营收均值及增速

数据来源：上市公司年报，中指研究院整理。

从营业收入构成看，基础物业服务收入均值为41.02亿元（可拆分收入的42家样本企业），同比增长13.98%。物业企业立足主业，做优、做强、做实根基，基础物业服务占比进一步提升至69.2%，较上年提升3.53个百分点。增值服务收入均值下降6.29%至11.91亿元，占比也由2022年23.19%下滑至20.09%；创新型服务收入均值增长3.93%至6.35亿元。其中，在增值服务中，社区增值收入均值为7亿元，同比增长4.79%，非业主增值服务大幅下降18.44%至4.91亿元，是收入增速下滑的主要原因。

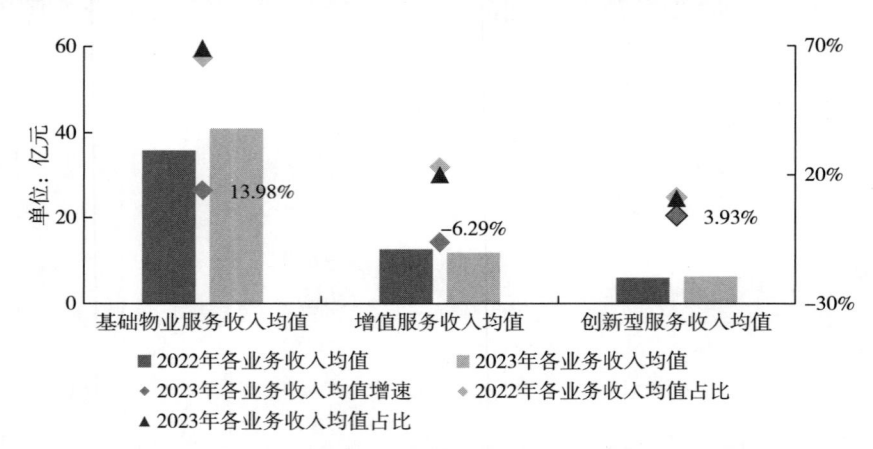

图2-7　2022—2023年物业上市公司营收构成、增长及占比情况

数据来源：上市公司年报，中指研究院整理。

社区增值服务主要包括空间运营服务、业主资产管理服务和本地生活服务三大类，2023年物业服务上市公司中，社区增值服务收入排名前三的企业为碧桂园服务（37.53亿元）、保利物业（28.16亿元）、雅生活服务（23.34亿元）。收入增速排名前三的企业为建发物业、滨江服务和中海物业，分别达到189%、172%和71%。建发物业社区增值服务大幅增长主要得益于房屋硬装业务，较上年增长约24倍，其他社区增值服务如家居生活服务、房屋经纪、空间运营、养老及健康增值等业务也保持较快增速。

---

① 根据行业发展趋势，将营业收入划分为三个板块：基础物业服务收入、增值服务收入及创新型服务收入。其中增值服务包括社区增值服务和非业主增值服务；创新型服务是指近几年行业新拓板块，如城市服务、IFM、商业运营、智能科技服务或企业特色的创新服务等。

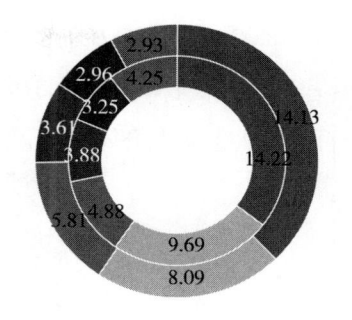

图2-8 2022—2023年碧桂园服务社区增值服务收入构成（单位：亿元）

注：内圈为2022年数据，外圈为2023年数据。
数据来源：公司年报。

创新型服务主要包括城市服务、商业运营、IFM、智慧化解决方案输出等业务。城市服务是物业服务上市公司较早进入的业务领域，头部企业在探索中取得领先优势。2023年碧桂园服务城市服务收入48.84亿元，与其他企业拉开差距，但增速仅有0.97%。城市服务具有体量大、客户信誉高等优点，能够大幅提升收入，物业服务公司保持积极尝试态势，但需要有足够的实力承接。

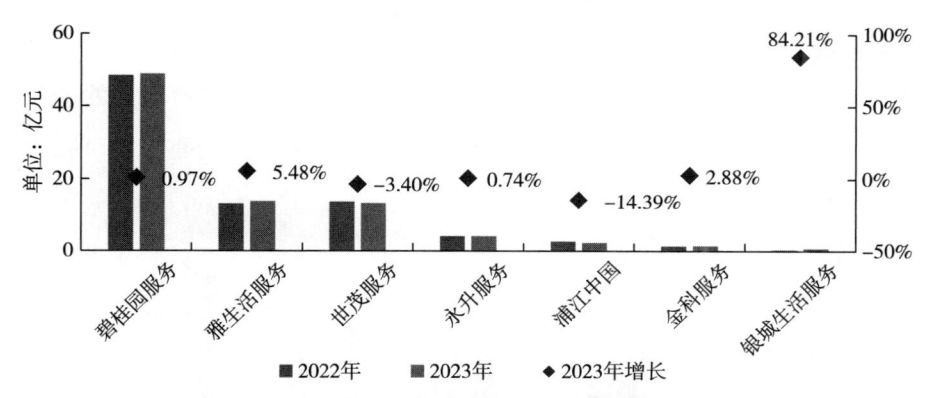

图2-9 2022—2023年部分物业服务上市公司城市服务收入

数据来源：上市公司年报，中指研究院整理。

商业运营方面，物业服务上市公司将商业物业管理与商业运营深度融合，打开成长空间。在上市企业中，华润万象生活商业运营保持领先优势。2023年，公司商业运营及物业管理服务营收总计51.66亿元，同比增长22.59%。其中，公司为98个已开业购物中心提供商业运营及物业管理服务，总建筑面积达到1060万平方米，同时还为26个写字楼提供商业运营及物业管理服务，总建筑面积为1700万平方米。

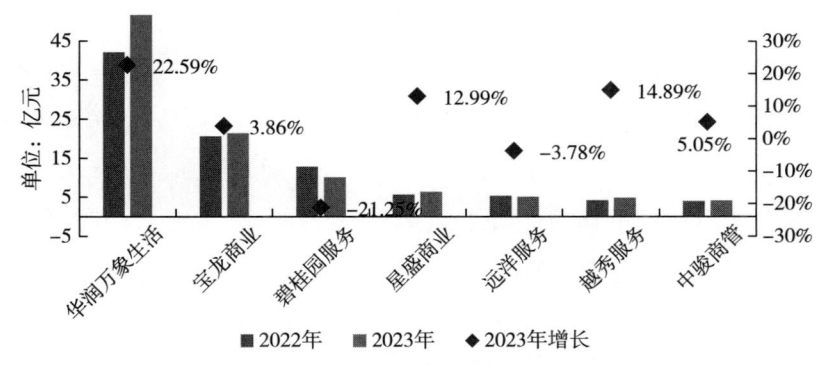

图2-10 物业服务上市公司商业运营情况

数据来源：上市公司年报，中指研究院整理，商业运营数据披露口径有差异。

分层讲，营收 TOP10 企业营收均值为 188.02 亿元，是所有企业均值的 4.08 倍，是 TOP11~63 均值的 9.62 倍，头部效应显著；但从营收增速看，TOP10 营收增速为 8.31%，虽然高于全体样本营收增速 0.57 个百分点，高于 TOP11~63 营收增速 1.6 个百分点，但差距并不明显。

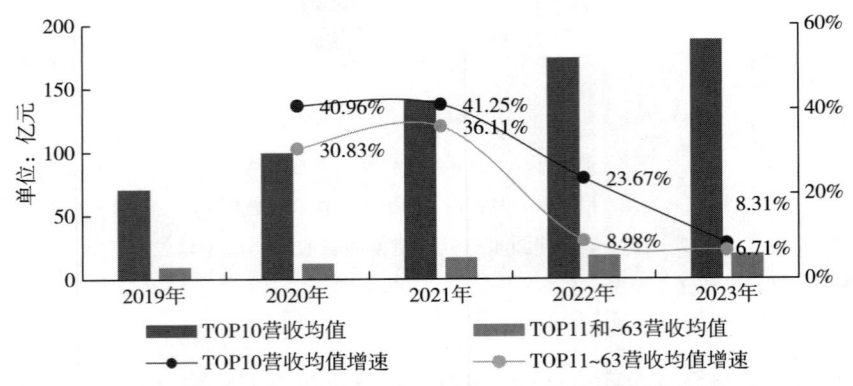

图2-11　2019—2023年TOP10、TOP11~63营收均值及增速

数据来源：中指研究院整理。

分企业性质看，央国企营收表现优于民营企业。2023 年，央国企营收均值为 55.58 亿元，较全样本企业高 20.72%，较民营企业高 29.23%。营收增速看，央国企营收增速为 13.89%，较上年下滑约 13.19 个百分点，但仍保持两位数增长，民营企业营收增速 5.21%，较上年下滑 6.88 个百分点，近几年增速首次降至个位数。央国企仍旧保持较高增速原因：一方面，央国企拥有稳定的关联方，能够持续获得优质项目，支撑企业快速发展；另一方面，在外拓中，能够更易中标公建、城市服务等项目，有效提升收入。

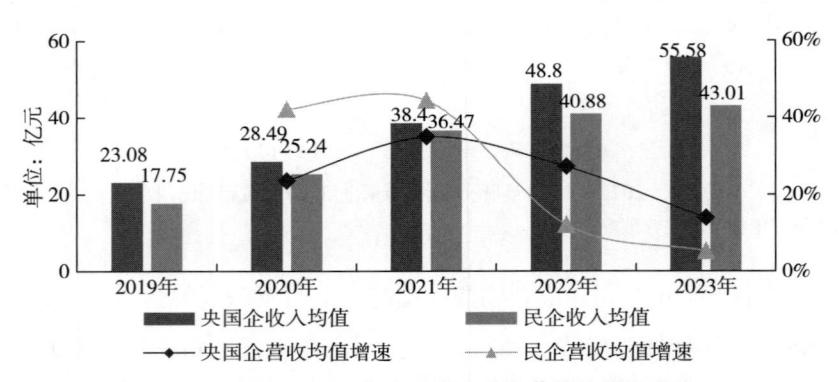

图2-12　2019—2023年央国企、民企营收均值及增速

数据来源：中指研究院整理。

从营收增速看，63 家物企中，增速超过 20% 的共计 10 家，较上年减少 9 家，负增长的共计 15 家，与上年持平，更多企业营收增速落在 0~20% 之间。增速 TOP10 中，央国企占据六席，表现优秀，其中，建发物业营收增长 55.88%，全样本中排名第一；民营企业中，滨江服务营收增速为 41.50%，排名第一。营收增速表现较优的民营企业主要呈现以下特点：第一，外拓能力较强，能够从第三方获得项目，提升管理规模，摆脱过度依靠关联公司的局面；第二，主营业务保持稳中向好，其他各项业务开展也较为成功；第三，能够合理处理与关联方之间的业务往来，包括非业主增值服务在内的各项业务。2023 年，滨江服务营收增长 41.5%，其中，物业管理服务增长 29.9%，非业主增值服务增长 7.5%，5S 增值服务增长 172.5%。

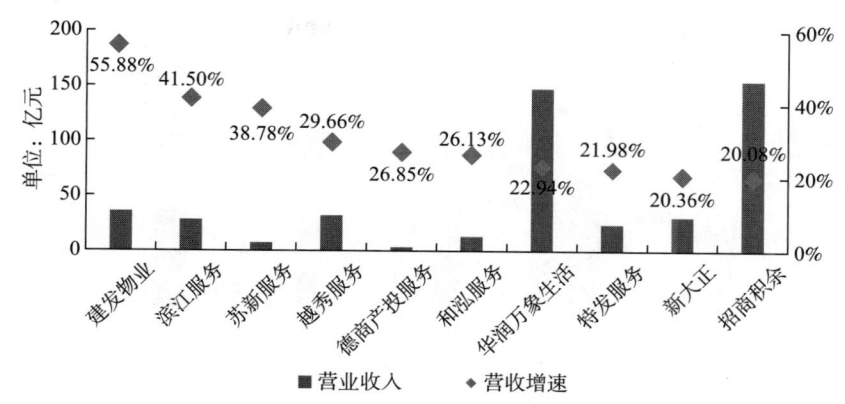

图2-13 2023年物业上市公司营收增速TOP10

数据来源：上市公司年报，中指研究院整理。

从营收稳定性看，营收增速每年都维持在10%以上的上市公司共计18家，在20%以上的有7家，复合增长率超过30%以上的有7家，彰显稳定增长能力。

表2-5 自上市以来营收增速均保持在10%以上的公司（以2023年营收增速降序排列）

证券代码	证券简称	2020年	2021年	2022年	2023年	复合增长率
2156.HK	建发物业	28.16%	51.34%	47.24%	55.88%	45.26%
3316.HK	滨江服务	36.85%	45.74%	41.61%	41.50%	41.39%
6626.HK	越秀服务	–	64.22%	29.63%	29.66%	40.27%
6093.HK	和泓服务	67.64%	84.41%	35.78%	26.13%	51.69%
1209.HK	华润万象生活	15.46%	31.01%	35.43%	22.94%	25.98%
300917.SZ	特发服务	24.63%	52.45%	18.76%	21.98%	28.80%
002968.SZ	新大正	24.97%	58.47%	24.42%	20.36%	31.23%
001914.SZ	招商积余	41.22%	22.64%	23.22%	20.08%	26.52%
2869.HK	绿城服务	17.78%	24.34%	18.23%	17.10%	19.33%
2210.HK	京城佳业	–	12.18%	28.01%	16.76%	18.80%
1922.HK	银城生活服务	38.66%	40.01%	26.84%	16.29%	30.09%
9916.HK	兴业物联	15.41%	32.12%	13.99%	11.80%	18.07%
2455.HK	润华服务	–	–	–	11.08%	11.08%
0816.HK	金茂服务	–	–	60.75%	10.99%	33.57%
2352.HK	东原仁知服务	–	–	12.49%	10.53%	11.51%
3658.HK	新希望服务	–	57.10%	23.29%	10.50%	28.87%
2602.HK	万物云	–	–	27.01%	10.22%	18.32%
6049.HK	保利物业	34.70%	34.16%	26.92%	10.10%	26.06%

数据来源：中指研究院整理。

（2）毛利率与净利率降幅收窄，核心利润率保持稳定

2023年，物业服务上市公司毛利润均值为10.80亿元，较上年微增0.04亿元；净利润均值2.7亿元，较上年下降0.13亿元，增收不增利仍在持续。毛利率均值和净利率均值分别为23.45%和5.87%，较上年分别下降1.73百分点和0.74个百分点，但降幅分别收窄1.64个百分点和4.87个百分点。

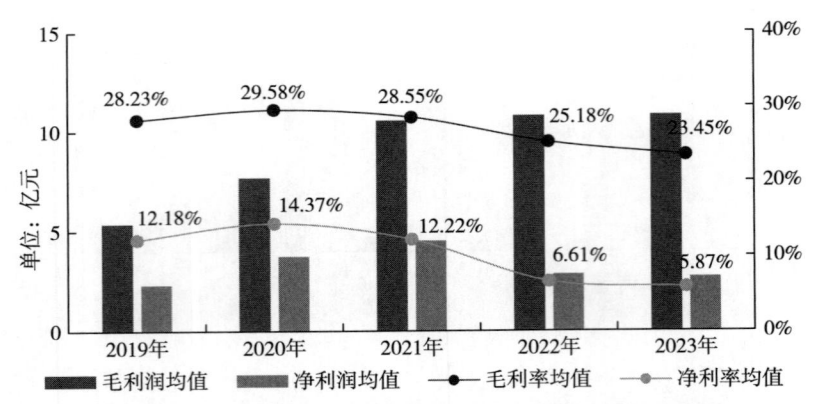

图2-14　2019—2023年物业上市公司毛利润、净利润及利润率

数据来源：上市公司年报，中指研究院整理。

从盈利稳定性看，毛利润能够每年保持增长的上市公司有19家，其中每年增速均能维持在10%以上的有7家；净利润能够每年保持增长的有15家，其中每年增速均能维持在10%以上的公司有7家。

表2-6　自上市以来毛利润增速均保持在10%以上的公司（以2023年毛利润增速降序排列）

证券代码	证券简称	2020年	2021年	2022年	2023年	复合增长率
2156.HK	建发物业	37.23%	54.70%	37.92%	86.49%	52.87%
1209.HK	华润万象生活	93.89%	50.98%	30.90%	30.00%	49.40%
2152.HK	苏新服务	–	–	14.24%	21.12%	17.63%
1922.HK	银城生活服务	45.14%	35.02%	18.29%	18.78%	28.81%
3316.HK	滨江服务	50.89%	51.24%	31.70%	17.50%	37.09%
6049.HK	保利物业	23.82%	34.39%	27.76%	14.73%	24.97%
6093.HK	和泓服务	76.99%	77.42%	11.78%	13.85%	41.39%

数据来源：中指研究院整理。

表2-7　自上市以来净利润增速均保持在10%以上的公司（以2023年净利润增速降序排列）

证券代码	证券简称	2020年	2021年	2022年	2023年	复合增长率
2156.HK	建发物业	55.64%	50.19%	55.11%	89.05%	61.81%
1209.HK	华润万象生活	124.07%	110.95%	27.90%	32.76%	68.31%
6049.HK	保利物业	37.31%	25.56%	31.60%	24.01%	29.51%
001914.SZ	招商积余	52.03%	17.86%	15.72%	23.96%	26.62%
3316.HK	滨江服务	91.44%	46.55%	28.05%	19.55%	43.96%
6626.HK	越秀服务	–	80.55%	15.73%	17.04%	34.73%
2152.HK	苏新服务	–	–	16.76%	14.93%	15.84%

数据来源：中指研究院整理。

2023年，央国企毛利率均值为20.63%，净利率均值为10.12%，毛利率和净利率近五年波幅较小，保持稳定，凸显央国企业务稳定及风险管控能力强；民营企业毛利率与净利率自2020年达到近五年最高水平后，连续三年下滑，但2023毛利率年仍有24.17%，高于央国企，说明在开展像社区增值服务等高毛利率业务上，民营企业要优于央国企，2023年净利率为4.59%，低于央国企，说明在风险管控等方面较弱。

2023年，民营企业的核心利润率均值为11.54%，较上年提高1.13个百分点，连续五年维持在两位数以上，物业上市公司虽然受到关联方影响，高毛利业务非业主增值服务萎缩、大幅计提对关联方应收款项减值准备，造成利润"失血"，但是物业企业核心业务属性良好，仍是门好生意，利润率有保障。

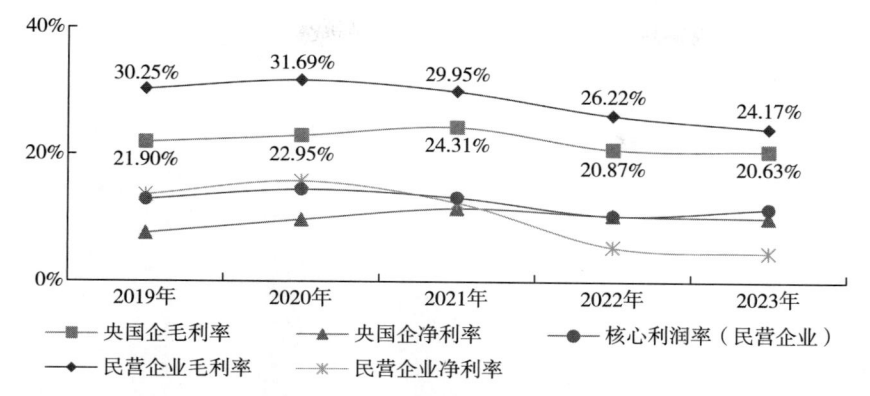

图2-15　2019—2023年央国企、民营企业毛利率、净利率、核心利润率

注：核心利润率=核心净利润/营业收入，核心净利润=毛利润-销售、行政及一般费用-折旧与摊销-利息支出+利息收入-研发费用-所得税。
数据来源：中指研究院整理。

（3）应收账款增速大幅回落，风险逐步出清，净现比1.97，盈利质量显著改善

2023年，物业服务上市公司应收账款及票据总额达到861.35亿元，同比增长8.54%，较上年大幅下降33.48个百分点，与营收增速持平，应收与收入增速剪刀差也已较上年大幅下降25.63个百分点，增速相对可控。

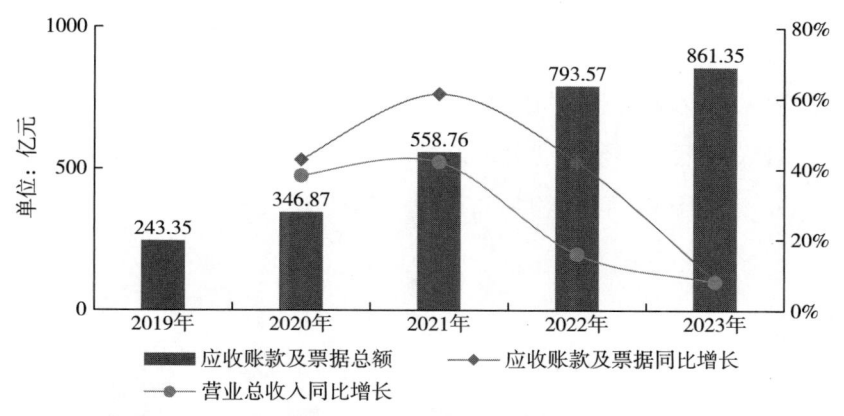

图2-16　2019—2023年应收账款及票据总额及增速、营收增速

数据来源：上市公司年报，中指研究院整理。

物业上市公司加大预收力度，提高收缴率，2023年经营活动产生的现金流量净额达到294.49亿元，较上年显著改善；净现比回到1以上，2023年达到1.97，为近几年新高。行业风险逐步出清，物业企业正逐步回归现金流逻辑，业绩及估值也将进一步回升。

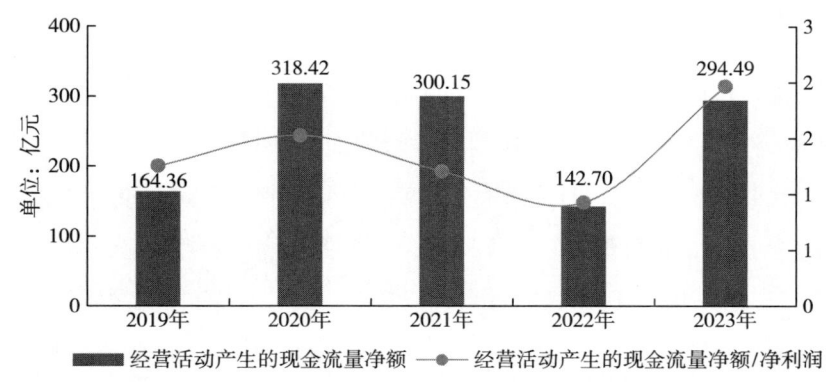

图2-17　2019—2023年经营活动产生的现金流量净额及净现比

数据来源：上市公司年报，中指研究院整理。

此外，物业上市公司通过优化组织架构，精简战线，严格控制销售、管理等费用，提升管理效率，近5年期间费用率保持下降趋势，2023年创新低为8.84%。

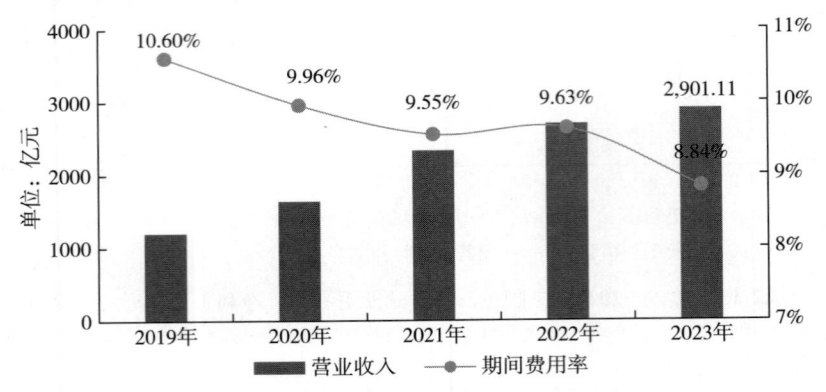

图2-18 2019—2023年期间费用率

注：期间费用率=销售、行政及一般费用/营业收入。
数据来源：上市公司年报，中指研究院整理。

2. 管理规模：管理面积均值1.45亿平方米，以稳为进，高速增长转为高质增长

（1）管理面积同比增长12.4%，下降3.81个百分点，央国企增速22.35%

2023年，物业服务上市公司管理面积均值1.45亿平方米，同比增长12.40%，较上年下降3.81个百分点，增速放缓；合约面积1.92亿平方米，同比增长4.35%，较上年下降6.5个百分点。增速均较上年下降，原因在于：第一，市场竞争激烈，外拓难度大；第二，收并购更加审慎，规模高速增长不可持续；第三，部分物业服务上市公司陆续退出一些低效益项目，对管理面积增长产生影响。

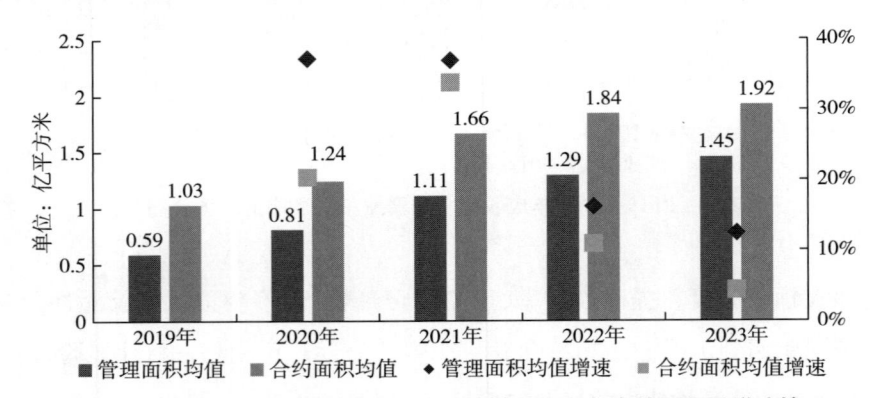

图2-19 2019—2023年物业服务上市公司管理面积与合约面积及增速情况

注：未披露相关数据的上市公司未被纳入。
数据来源：上市公司年报，中指研究院整理。

TOP10企业管理面积合计49.05亿平方米，占比为66.27%，较上年提升约5个百分点，头部效应显著，进一步拉开与其他企业差距。其中，碧桂园服务管理面积9.57亿平方米，位列第一，保利物业排名第二为7.2亿平方米。TOP10企业中，央国企占据四席；中海物业、华润万象生活和保利物业增速排名前三，央国企凭借外拓竞争优势，在稳健关联方支持下，获得更多优质项目，管理规模持续保持较快增长。

2023年，央国企管理面积均值1.77亿平方米，增速22.35%。在所有已披露管理面积数据的企业中，苏新服务管理面积0.15亿平方米，较上年增长116.63%，增速排名第一；金茂服务管理面积0.84亿平方米，同比增长47.98%；建发物业管理面积0.61亿平方米，同比增长32.99%。增速排名前三均为央国企，展现出良好的成长性。

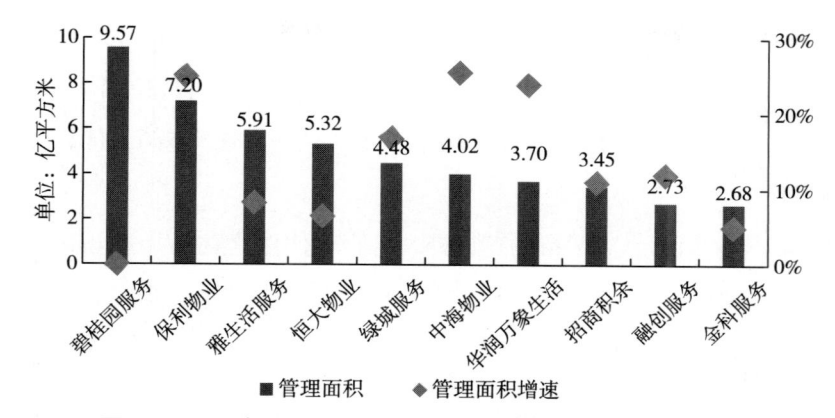

报告二 2024中国物业服务上市公司TOP10研究报告 309

图2-20 2023年物业服务上市公司管理面积TOP10及增速情况

数据来源：上市公司年报，中指研究院整理。

与上年相比，管理面积超过3亿平方米的有8家，增加2家；管理面积介于1亿~3亿平方米的有9家，减少1家；管理面积介于5000万至1亿平方米为11家，与上年持平；管理面积介于3000万至5000万平方米的为12家，小于3000万平方米的为9家。

从增长潜力看，截至2023年年底，48家上市公司披露了储备面积，储备面积超过1000万平方米的有28家，超过1亿平方米的有8家，其中碧桂园服务储备量最大为6.76亿平方米，具备较强的增长潜力。

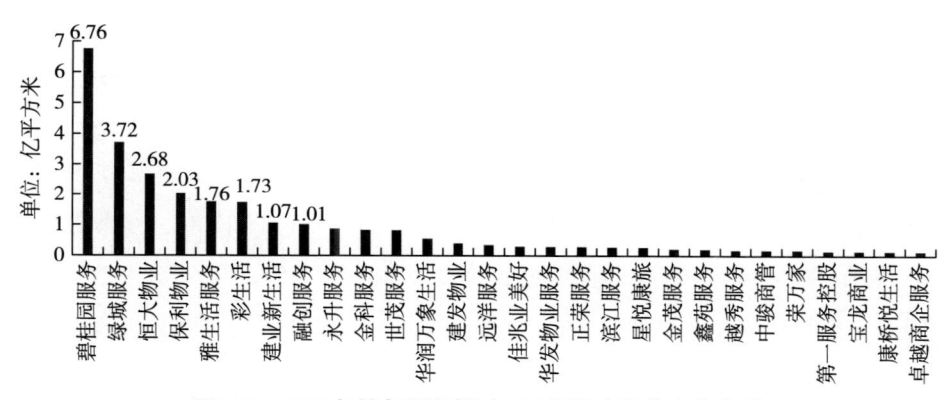

图2-21 2023年储备面积超过1000万平方米的上市公司

数据来源：上市公司年报，中指研究院整理。

（2）第三方管理面积占比均值53.21%，关联方项目供给短期内仍为重要支撑

2023年，物业服务上市公司管理面积中来自第三方的占比均值为53.21%，较上年下降0.68个百分点，为近五年来首次下降，但相较于上年变化不大。一方面，物业企业并购更加理性，并购数量和并购金额锐减，管理面积高速增长受阻；另一方面，增量市场逐步转为存量市场，外拓竞争异常激烈，管理规模增长放缓。

图2-22 物业服务上市公司管理面积来源情况

数据来源：上市公司年报，中指研究院整理。

管理面积增长来源主要源于并购、外拓和关联方供给，在前两者受限的局面下，关联方项目供给成为管理面积增长的重要支撑，也是导致来自第三方管理面积占比下降的直接原因。2023年"保交楼"工作的持续推进，成效显现，商品房竣工面积约9.98亿平方米，其中，住宅竣工面积7.24亿平方米，不少上市公司承接到更多新建住宅项目。

面对竞争日益激烈的外拓局面，除了市场竞标外，与合作伙伴建立平台公司拓展项目，或是跟随大客户延伸产业链上下游亦是获取第三方项目的重要方式。合资合作能充分发挥合作双方的资源优势、品牌优势，达到"1+1>2"的效果，有利于物业上市公司拓展非住宅和专业赛道，强化外拓能力，同时共担风险，减少损失。

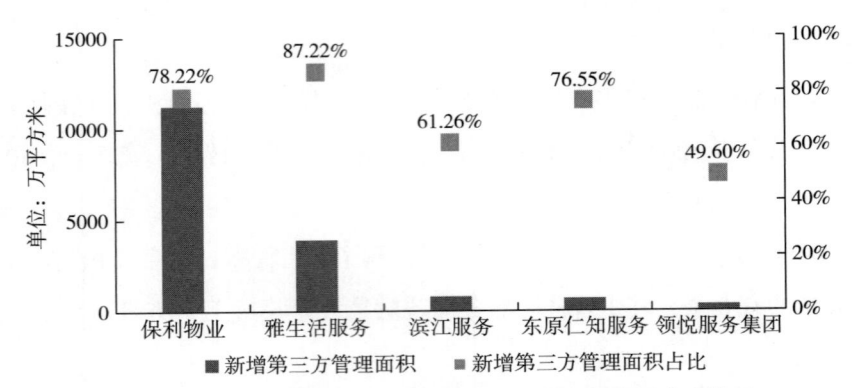

图2-23　2023年部分上市企业新增第三方管理面积及占比情况

数据来源：上市公司年报，中指研究院整理。

2023年，行业并购市场进一步降温，披露相关信息的典型案例涉及交易金额约19亿元，相比上年大幅下降约75%。"规模型"并购减少，"资源型"并购取代盲目扩张，并购标的主要聚焦环卫、餐饮、科技类公司，实现更精准的"物业+"，跨越专业壁垒，提高竞争力。另外，部分物业上市公司发布公告称变更其IPO募资款用途，拟将原先用于收购及战略投资的资金压缩或变更为其他用途，企业战略趋向回归稳健风格，有效提高企业抗风险和抗周期能力。例如，滨江服务2023年5月29日发布公告称，拟将原先用于收购物业公司及战略投资的金额变更为"更新其管理服务系统、招募培养人才以及与当地政府和开发商设立合营公司"。

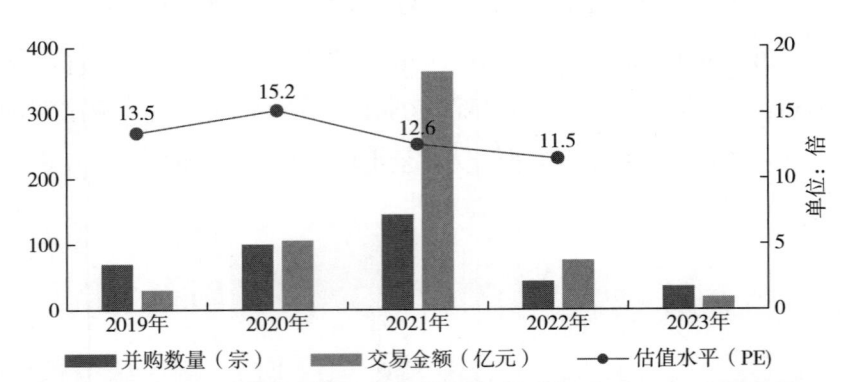

图2-24　2019—2023年物业管理行业收并购交易情况（中指数据库·物业版监测）

注：2023年披露PE的案例仅一宗，失去参考价值。

数据来源：上市公司年报及公告，中指研究院整理。

表2-28 2023年部分上市公司收并购情况

证券代码	证券简称	时间	标的	标的公司主营业务
9666.HK	金科服务	2023年3月	重庆韵涵餐饮	餐饮服务
		2023年7月	荷特宝配餐服务	餐饮服务
6677.HK	远洋服务	2023年2月	远洋机电设备技术发展	机电工程建设、技术开发
002188.SH	中天服务	2023年3月	杭州联每户网络科技	软件研发、科技公司
0606.HK	中骏商管	2023年11月	北京门头沟奥莱	商业
002968.SH	新大正	2023年5月	香格里拉市和翔环保	环保科技
		2023年5月	瑞丽市缤南环境	市政环卫
6958.HK	正荣服务	2023年12月	鑫琪瑞电子商务	停车位销售代理、管理咨询

数据来源：上市公司年报及公告，中指研究院整理。

（3）上市公司优化业态布局，非住宅管理面积占比基本稳定

2023年，上市公司管理面积中非住宅业态占比29.67%，近五年来首次出现下降，较上年下降0.48个百分点，降幅不大。一方面，2023年，关联方供给为新增项目主要来源，而关联方项目以住宅为主；另一方面，相比住宅，非住宅细分领域专业壁垒高，对物业企业提出更高要求，上市物企权衡自身优势和市场机会做出决策，并购更加审慎，投标竞标更加有取舍。

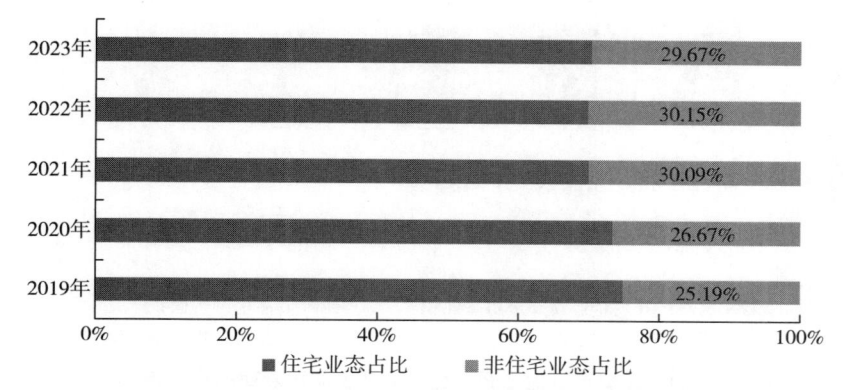

图2-25 物业服务上市公司管理面积中非住宅业态占比

数据来源：上市公司年报，中指研究院整理。

市场化外拓中，非住宅为管理面积增量的重要来源，多业态为企业发展重要战略目标。优化业态布局能够有效改善企业收入结构，提升盈利能力。2023年，招商积余抢滩非住宅业态，非住宅业态管理面积达2.1亿平方米，占比达到61.9%。业态构成上包括城市空间及其他（6022.48万平方米）、园区（4063.48万平方米）、公共（3625.93万平方米）、学校（2408.2万平方米）和政府（1123.93万平方米）。

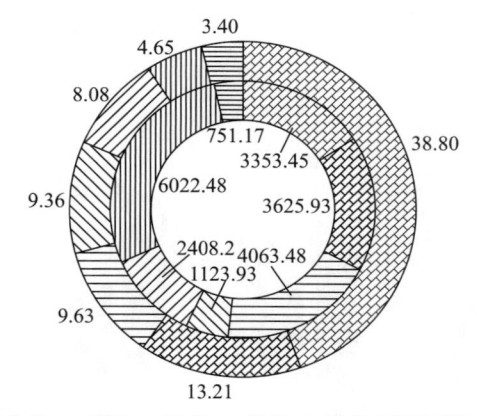

图2-26 2023年招商积余非住宅业态构成及营收情况

注：外圈为收入（亿元），内圈为管理面积（万平方米）。
数据来源：公司年报。

（三）发展策略：稳速增效，固本兴新，转型升级

1. 理性扩张：由注重"规模增长"转为"效益增长"

受我国房地产市场供求关系重大变化的影响，作为地产后运营阶段的物业管理行业，管理项目规模也逐步转入存量市场。从地产数据看，2023年，我国"保交楼"工作持续稳步推进，效果显现，全年房地产开发企业竣工房屋面积约9.98亿平方米，较上年增长17%，是近五年来仅次于2021年竣工面积的交付大年，对稳民生、稳经济起到了积极作用。即便如此，结合年内医院、各类场馆新增情况估算得出2023年全国物业管理面积总量约为302.02亿平方米，同比增长约4.42%，增速仍然有所下降。

叠加房地产开发市场增量逐步萎缩，新开工面积和商品房销售面积连年下降，未来物业管理面积的增量市场亦将逐步收缩，全国管理面积增速也将进一步放缓。2023年，房地产开发企业新开工面积和商品房销售面积分别为9.54亿、11.17亿平方米，同比下降20.59%和13.90%，创近五年来新低，未来仍将面临下行压力。

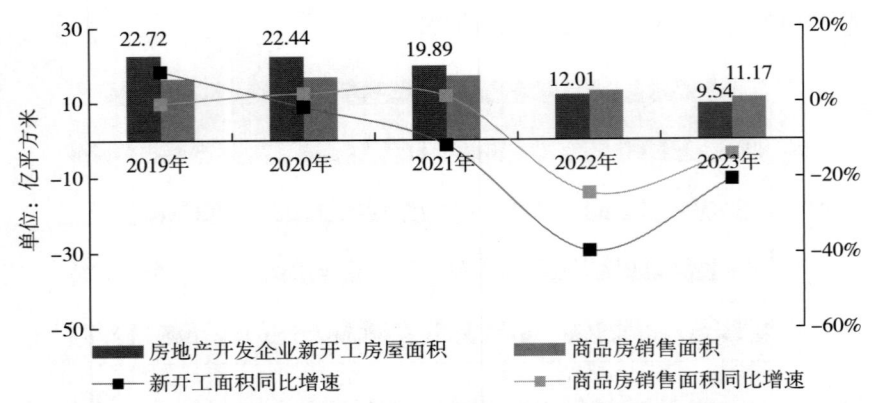

图2-27 2019—2023年房地产开发企业新开工面积及商品房销售面积情况

数据来源：国家统计局，中指研究院整理。

以披露储备面积数据的46家上市公司为研究样本，经过盘点发现，储备面积均值由增转降，表明未来在管面积的持续快速增长是有难度的。截至2023年底，46家上市公司的储备面积均值约为6178.4万平方米，同比下降10.82%，近年来首次由增转降；"储备/在管"进一步下降至42.84%，降幅扩大；具体看，46家上市公司中，储备面积同比出现下降的有38家，占比高达82.61%，绝大部分上市公司的储备面积均出现下降，且德商产投服务、德信服务、康桥悦生活、领悦服务集团、融信服务、时代邻里等降幅均超过50%。

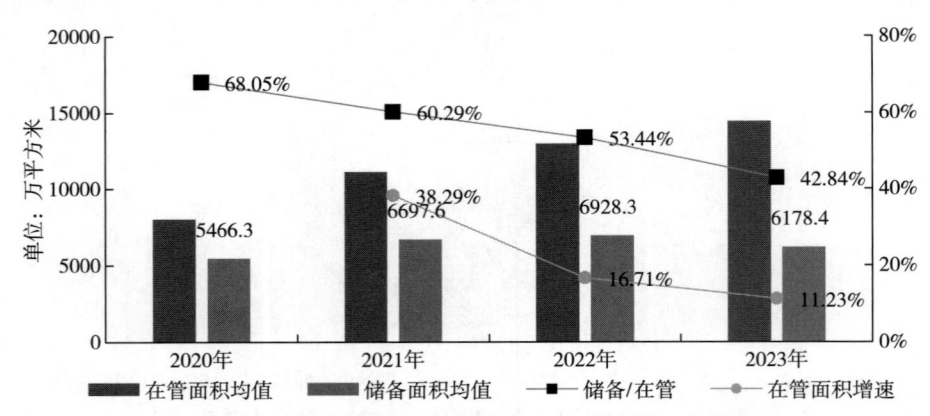

图2-28 2020—2023年港股物业服务上市公司储备面积情况

数据来源：46家披露储备面积的物业上市公司年报，中指研究院整理。

目前，虽然"储备／在管"仍在40%左右，但近四年来该比例持续降低，且降幅有所扩大。表明规模扩张难度大，未来在管面积增长承压。若保持当前在管面积约11%的增速，则当前的储备面积仅能维持未来三年左右的增长，若储备面积持续出现下降趋势，则长期看上市公司将面临较大的规模增长压力，进入稳速甚至低速增长阶段。

上市公司不再盲目追求项目数量及管理规模的增长，而是出于经营效益考虑主动退出部分"拖后腿"项目，以质量置换数量，提升留存项目的效益水平。如合景悠活积极主动管理项目组合，撤出高风险项目，优化经营管理。永升服务、荣万家主动终止若干物业管理服务合同，不再续约，并将资源分配到效益更强的项目上，以优化物业管理组合。

表2-9　　部分物业上市公司优化项目、稳速提质战略

企业简称	优化项目、稳速提质战略
永升服务	终止若干自愿不续约的物业管理服务合同，重新分配资源至盈利能力更强的项目，以优化物业项目组合
合景悠活	主动管理项目组合，撤出高风险项目，优化经营
时代邻里	坚持有质量的规模扩张，并主动淘汰部分综合品质较差的项目，为业绩长期健康发展筑牢规模基础
荣万家	终止若干自愿不续约的物业管理服务合同，重新分配资源至盈利能力更强的项目，以优化物业项目组合
银城生活服务	从"面积导向"转为"营收导向"，从"数量导向"转为"质量导向"，从"增长率导向"转为"投入产出比导向"

数据来源：上市公司年报，中指研究院整理。

此外，我们还发现一个特殊的现象。众所周知，在管面积对于物业管理行业而言是一个重要的指标，既是基础物业管理收入的直接来源，也是增值服务衍生的土壤，因此历来被作为行业的一个特色指标重点分析。但越来越多的上市公司逐步弱化对于管理面积的数据披露，甚至在年报中并不重点提及这一指标，这与前几年形成鲜明对比。如合景悠活、万物云、浦江中国、润华服务、银城生活服务等均未在年报中披露管理面积相关数据。其中，银城生活服务明确指出，公司从关注面积的增加调整为更关注营收的增长，因此不再发布项目的在管面积数据。

背后的原因主要有以下几个方面。第一，物业公司由注重规模增长转为营收增长，且伴随城市服务、IFM等业务的发展，管理面积和营业收入的直接相关性弱化了，企业经营重点应转变为提升服务密度和经营效益；第二，管理面积的增长趋缓，且预计很难会有高速增长，这样的数据放在年报里意义不大；第三，上市公司管理的业态更加多元，精细度更高，像学校、医院、景区、轨道交通基本是以项目为单位，根据服务内容和要求确定项目金额，与管理面积关联度较小，甚至很多公众物业细分业态，如公园、景区等是没有建筑管理面积的。因此综合看，上市公司对管理面积的重视程度有所下降。

2. 聚焦深耕：锚定重点区域，布局优势业态

可以预见，行业将逐步转入存量市场，增量空间有限，市场拓展竞争将变得更为激烈。通过市场化方式拓展第三方项目尤其第三方存量项目成为物业公司重点发力的方向，也将成为其核心竞争力的重要体现。

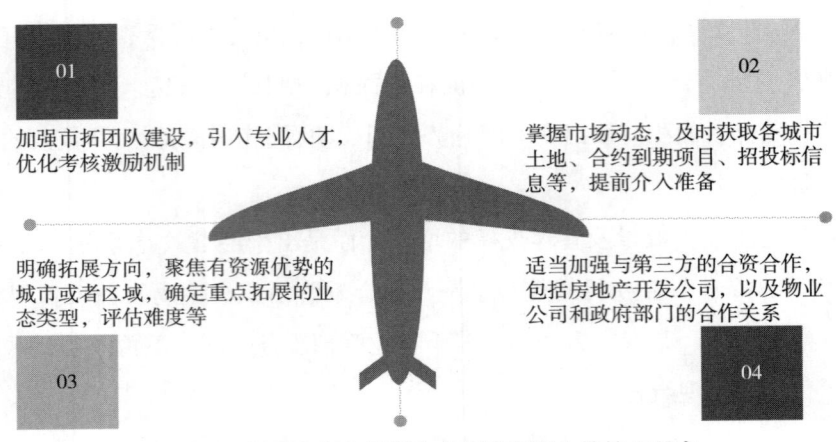

01 加强市拓团队建设，引入专业人才，优化考核激励机制

02 掌握市场动态，及时获取各城市土地、合约到期项目、招投标信息等，提前介入准备

03 明确拓展方向，聚焦有资源优势的城市或者区域，确定重点拓展的业态类型，评估难度等

04 适当加强与第三方的合资合作，包括房地产开发公司，以及物业公司和政府部门的合作关系

图2-29 物业上市公司强化市场外拓能力的核心要点

在市场化拓展中，需要把握四个要点。第一，加强市拓团队建设，秉持"专业人做专业事"的原则，引入专业的市拓人员，同时优化考核激励机制，提升内在市拓能力；第二，借助专业数据库系统跟踪市场动态，及时获取各城市重要招投标、土地及合约到期项目信息，把握市场拓展机会；第三，加强城市深耕，根据自身优势选择适合的城市、优势的项目、相宜的业态，评估拓展难度以及与公司战略发展的协同性；第四，加强外部合作，获得更多的资源及项目支持。

表2-10 部分物业上市公司聚焦/深耕策略

企业简称	非住宅业态拓展方向
融创服务	聚焦45个核心城市，聚焦核心城市中高端项目
金科服务	持续深耕优势区域，深耕西南及长江沿线核心城市，以管理密度促发展、降成本、提质效，进一步巩固在核心市场的领先地位
滨江服务	持续深耕长三角洲地区，持续通过战略合作、成立合资公司及存量盘直拓等方式多渠道拓展市场
世茂服务	实行"城市深耕"战略，设定19个深耕城市，重点关注市场拓展的集中化和协同性问题
建业新生活	深耕中原市场，坚持长期价值主义，真正实现高质量和可持续的成长
金茂服务	聚焦高能级城市、核心市场、核心赛道

数据来源：上市公司年报，中指研究院整理。

在区域深耕方面，不同企业的战略布局差异较大，没有统一标准，这主要与不同公司的自身特点、资源和区域优势有关，如雅生活服务在管面积的73.8%集中于一、二线城市，金茂服务也主要聚焦高能级城市，截至2023年底，一线、新一线及二线城市管理面积占比达九成以上；而建业新生活、滨江服务主要深耕本土市场，分别在河南省及浙江省占据市场优势。总之，物业上市公司充分意识到城市聚焦和区域协同发展的重要性，通过现有项目的优势以点带面，拓展项目，提升区域密度和经营效益。

表2-11 部分物业上市公司非住宅业态拓展方向

企业简称	非住宅业态拓展方向
保利物业	商业及写字楼拓展加速突破，优质客户持续深耕，在通讯、金融、税务、交通、能源等领域积累资源，取得国家开发银行西安数据中心等优质项目。公共物业方面，公司涵盖城镇景区、高校及教研物业、轨道及交通物业、医院物业、政府办公楼、城市公共设施等多种细分业态
中海物业	进一步丰富管理业态，包括商业综合体、写字楼、购物中心、酒店、产业园区、物流园区、航空、高铁、医院、学校、政府、城市服务、公园、口岸、公交场站及其他等
招商积余	公司发展物业管理及资产管理两项核心业务，构建"沃土云林"商业模式，为客户提供全业态、全价值链、全场景的综合解决方案

续表

企业简称	非住宅业态拓展方向
雅生活服务	完善市场拓展体系搭建，兼顾规模及效益，年内中标多个优质项目，覆盖商写办公、交通枢纽、政府机关、学校等细分业态

数据来源：上市公司年报，中指研究院整理。

在业态布局方面，上市公司积极推进"多业态发展战略"，尤其非住宅领域，细分程度显著提高，布局业态逐步扩展至学校、医院、交通、军队、场馆、景区等。如保利物业在商业及写字楼拓展加速突破，持续深耕优质客户，在通讯、金融、税务、交通、能源等领域积累资源，取得国家开发银行西安数据中心等优质项目。公共物业方面，公司涵盖城镇景区、高校及教研物业、轨道及交通物业、医院物业、政府办公楼、城市公共设施等多种细分业态。

3. 回归本源：夯实基础，提升品质，建立信任

近两年，受地产关联方影响，物业上市公司的开发商增值服务大幅缩水，加之社区增值服务和创新服务的增长有限，导致营业收入增速下降明显，不少企业甚至出现营收下降的现象。相比之下，基础物业服务为刚需服务，且正常收取物业费受法律保护，成为营业收入中的"中流砥柱"，占比显著提升。上市公司的经营发展战略有所调整且更为理性，重心逐步回归至服务质量，坚守本源，巩固主业。

服务品质是物业企业的生命线和发展根基，没有以服务品质为基础的"1"，再多的业务也将失去依托终为"0"。物业管理行业在经历了由资源驱动、资本驱动后逐渐回归由市场驱动，企业生存与发展将面临全方位多角度的激烈竞争，回归服务本源、提升服务品质成为企业持续经营发展的不二选择。行业在高质量发展导向下，越来越多的企业选择夯实服务品质，提高客户满意度与黏性，追求以高质量服务为支点，撬动企业高质量发展战略。保利物业提出切实落地刷新服务，品质建设从"点状改进"到"全面刷新"。

表2-12　　　　　　　　　部分物业上市公司回归本源、提升品质策略

企业简称	加强品质建设的战略
保利物业	坚守服务本真，笃行品质之道。倾听客户之需，致力于持续优化品质，为客户提供高质量、有温度的服务体验
中海物业	坚持品质为本，进一步完善全业态服务标准及品质管控体系，以强化物业服务产品力建设，通过建立全业态、全生命周期的管控标准体系和成本标准体系，通过信息化工具赋能，助推项目最小单元实现品质、效率和效益的提升
招商积余	融合业主需求，以高品质服务背书，打造增值服务产品+服务的一站式闭环体验，提升服务标准化、智能化、个性化水平，通过品质巡查、线上稽查等形式，力求彻底解决品质遗留问题，并推出形象焕新的"5分行动"。打造服务模式标杆，推广服务标杆及经验，助力服务标准提升
雅生活服务	对基础物业管理的各环节进行全方位提升整改，构建物业管理的全面管理体系，升级关键服务环节，推动物业管理服务从标准化向精细化发展

数据来源：公开资料，中指研究院整理。

然而，服务品质的建设并非一朝一夕之功，业主信任的链接也并非易事，通过提升品质赢得业主满意仍是一个充满挑战的课题。2023年全国物业服务满意度得分仅为72.6分，延续了前两年整体回落趋势。客户对高品质物业服务的预期不断提高，部分企业未能及时跟上市场变化节奏，传统粗放的服务模式将无法满足客户需求，而开展物业服务颠覆式创新又可能带来企业运营成本上涨，因此，物业管理行业在向高质量发展方向精进过程中依然面临阵痛。

图2-30　2018—2023年全国物业服务满意度得分情况

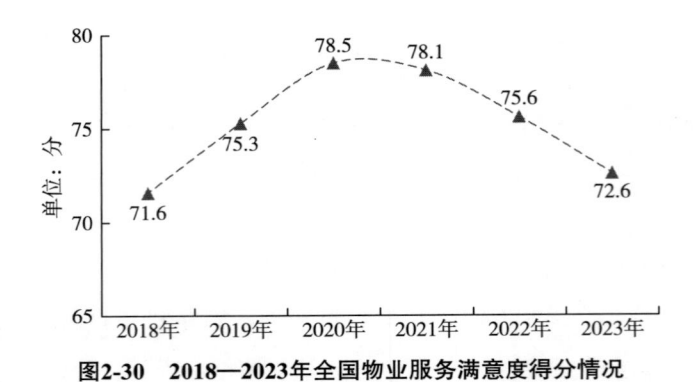

数据来源：中指研究院。

4. 业务探索：因企制宜，轻重有度

社区增值服务是物业上市公司开展较早的增值服务，主要基于住宅项目，围绕业主的生活需求提供便捷的日常多元服务。这一板块在2021年的增速非常高，有的企业甚至超过200%，但2022年以来，增速急转直下，不少上市公司出现负增长。首先，这与管理面积，尤其是住宅物业管理面积增速下降有直接关系；其次，宏观经济承压，经济下行，人们的消费需求不高，购买服务的意愿有所降低；再次，房地产开发市场供求关系发生显著变化，与之相关的房产经纪及美居服务均受到一定影响；最后，相比于基础物业服务，社区增值服务刚性较弱，增速不及管理面积和基础物业服务增速，表明该板块仍未取得突破性发展。

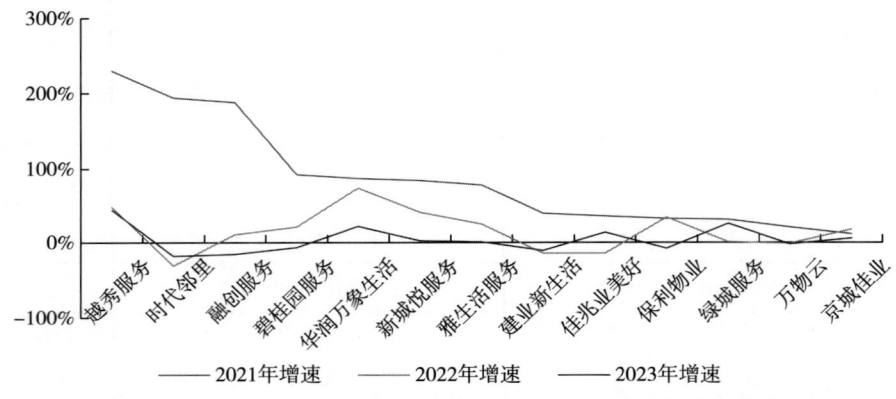

图2-31　2021—2023年部分物业上市公司社区增值服务收入增长情况

数据来源：上市公司年报，中指研究院整理。

从对营业收入的贡献看，社区增值服务收入占比仍然较低，尤其头部企业占比更低。部分头部企业社区增值服务收入有所下降，业务发展面临困局。我们选取部分有代表性的上市公司，发现社区增值服务收入占比普遍位于5%~27%的区间内，均值约为15%，贡献度较低。值得关注的是，碧桂园服务、融创服务、中海物业、万物云等多家头部企业社区增值服务占比均低于10%，社区增值服务仍有很大的探索空间。需要注意的是，对于每一家企业而言，在布局社区增值服务过程中不要盲目地追求服务种类多样，而是要结合自身优势，有所侧重地发展少数几种业务，并做到"少而专、专而精"，将其培育成能真正支持业绩可持续增长的重要力量。

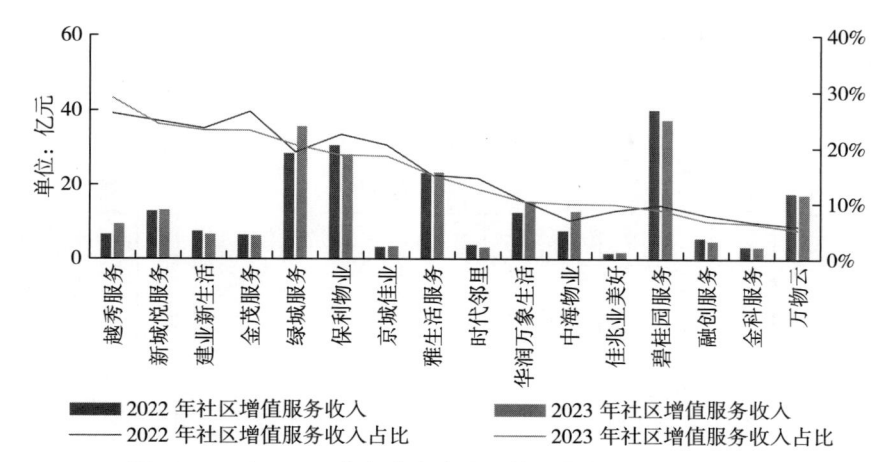

图2-32 2022—2023年部分上市公司社区增值服务及占比情况

数据来源：上市公司年报，中指研究院整理。

面对社区增值服务的发展困局，物业上市公司积极寻找新的突破口。IFM主要衍生自非住宅物业，是为企事业单位、学校、医院等单一业主或客户提供的非核心业务的外包服务，近年来备受物业公司关注，越来越多的企业也入局此赛道，挖掘其中的蓝海市场。IFM包括团餐、设备管理、能源管理、空间规划、员工福利管理、饮水服务、会务服务、礼宾服务、制服服务等。目前，团餐服务是IFM中比较适合物业公司开展的业务。据公开资料显示，我国团餐行业市场规模超过2万亿元，物业公司正在积极拓展此业务。

表2-13 部分上市公司布局团餐业务的情况

企业名称	布局情况	2022年团餐收入（亿元）	2023年团餐收入（亿元）
世茂服务	集团下"浙大新宇"拓展多个校园团餐项目	3.98	4.13
新城悦服务	收购诚悦时代、上海学府餐饮、苏州海奥斯餐饮	3.55	4.49
金科服务	收购上海荷特宝、金辰酒店管理	3.48	3.65
雅生活服务	与国内领先的数字团餐平台企业美餐携手打造团餐业务新品牌——乐美膳	3.05	3.11
新希望服务	在医疗机构、政企机关等布局团餐服务	1.06	1.11

数据来源：据公开资料、企业年报整理，数据口径可能存在披露差异。

目前，上市公司布局IFM主要以团餐为突破口，通过收购及战略合作的方式开展团餐业务。但整体看，除团餐服务外，IFM的大部分业务仍有待物业公司进一步探索，整个IFM市场空间巨大。

上市公司中布局城市服务的企业不在少数，但头部企业入局较早，优势更突出，经过近几年的发展已经取得一定成效，探索出合适的业务模式，并形成独立的业务板块和经营品牌，如碧桂园服务的"城市共生计划"、万物云的"万物云城"、保利物业的"镇兴中国"、华润万象生活的"万象服务"、招商积余的"城市运营板块"、绿城服务的"城市绿洲"、正荣服务的"荣城"等。

根据各上市公司2023年年报的数据披露情况，我们发现物业公司的城市服务板块毛利率水平普遍较低，基本位于8%~20%之间，平均水平在14%左右，仅苏新服务超过20%。而同期的环卫上市公司的毛利率水平普遍位于20%以上，均值约为23.61%。物业上市公司布局城市服务不过三五年，主要通过并购、合资合作、战略合作等方式，以市政环卫为切入点，逐步建立起自己的业务模式，但对于大多数企业而言仍处于探索关键期，毛利率水平偏低。当城市服务业务发展逐步成熟之后，毛利率水平尚有提升空间。

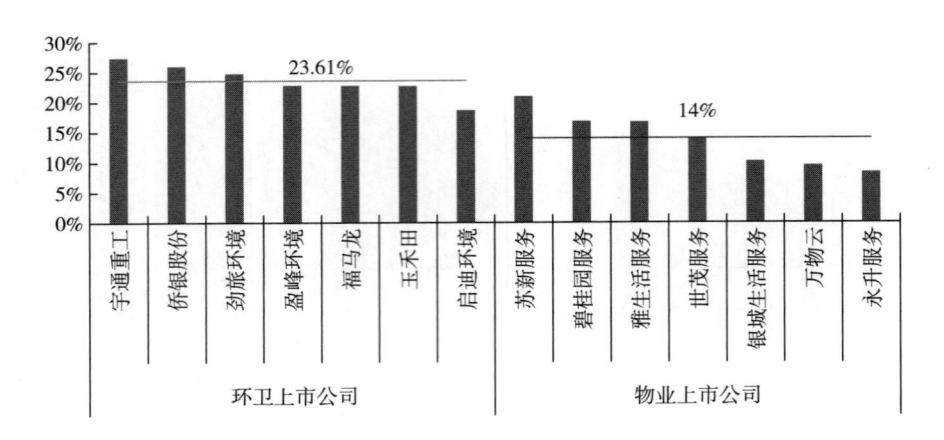

图2-33　2023年物业上市公司与环卫上市公司毛利率情况

数据来源：各上市公司2023年报，中指研究院整理。

此外，城市服务的对象主要是地方政府，鉴于目前地方债务突出，政府财务状况及支付能力是接管项目时首先要考虑的。否则会面临应收账款回款难、计提减值准备的风险，进一步影响企业的盈利水平。

5. 数字转型：加强智能化建设，头部企业投入力度大

随着信息技术与物业管理行业的深度融合，物业企业纷纷深化科技应用水平，具备了更加强大的服务能力和业务能力：一是科技帮助企业打破传统过度的人力依赖服务模式，实现降本增效；二是企业借助智慧科技手段能够为客户带来全新的服务体验，并探索多元增值业务。

整体看，头部企业作为行业的领航者在数字转型、智能化建设方面走在了前列：明确科技化战略，用创新技术武装企业组织，以技术赋能改造服务流程，通过打造智慧物业参与城市发展和建设，充当人民美好生活的守护者和赋能者。例如，雅生活服务定位为领先的智慧城市服务运营商，以科技赋能打造全领域、全周期、全要素城市综合治理体系；碧桂园服务、保利物业、融创服务等企业亦在强化通过科技建设提升智慧服务能力。2023年，碧桂园服务科研投入高达3.2亿元，持续推进数字化转型，提升服务质量和管理效能。

表2-14　部分头部企业关于科技化战略的最新表述

企业	内容	投入情况	研发成果
碧桂园服务	引领行业科技进步，构建SaaS数字化服务平台，实现科技赋能	2023年投入3.2亿元	楼宇清洁机器人"零号居民"
万物云	科技战略助力空间效率持续改善。2024年，将加大研发投入，以科技创新推动业务技术提升和知识积累	截至2023年底，募集资金中已投入4.14亿元	凤梨一号、黑猫系列产品、灵石边缘服务器、飞鸽任务平台
保利物业	加大前沿物业科技探索，沉淀智慧社区建设经验	截至2023年底，募集资金中已投入0.62亿元	RADAR智慧服务系统
雅生活服务	运用独特的数字化运营能力实现产业融合、品质运营、管理闭环及效益提升	——	雅管家、雅助手、安吉拉智能设备等
融创服务	推动数字科技建设、技术与业务深度协同，实现智慧服务	——	融e看板，臻心APP

数据来源：据公开资料，中指研究院整理。

（四）发展研判：行业稳中向好，业务尚待破局，构筑特色壁垒，加强ESG实践

1. 行业发展长期稳定，板块价值预期回归，地方国资企业IPO仍有机会

物业管理行业是一个可以永续发展的行业，且具备现金流充足、轻资产、弱周期性等优势。可以说，与其他行业相比，物业公司拥有极其稳定充足的中长期合同订单，因为物业管理是消费刚需服务，并且行业的续约率非常高，是一门能长久稳定发展的生意。即使宏观经济承压，上游地产行业面临重大变局，物业上市公司依然取得不错的业绩，绝大多数企业营收稳定增长，核心利润率稳定。

自2024年1月1日以来，物业板块总市值、市盈率（剔除部分异常值和市盈率为负的数据）保持基本稳定，处于正常波动范围内。我们认为，在宏观经济承压，地产危机影响下，物业板块的抗周期、现金流稳定等特有行业属性以及重要的民生属性始终没有改变，伴随物业上市公司发展更加独立，更加稳健，风险逐步出清，物业板块的市场价值有望回归。

2023年，物业管理行业IPO热度进一步降低，年内新增上市公司仅三家，分别是众安智慧生活、润华服务和珠江股份，其中，众安智慧生活和润华服务为首发上市，募集资金总额约2.4亿港元；珠江股份为珠江城市服务重组上市。上市物企数量及募集资金总额均创近六年来新低，回落至2015年的水平。

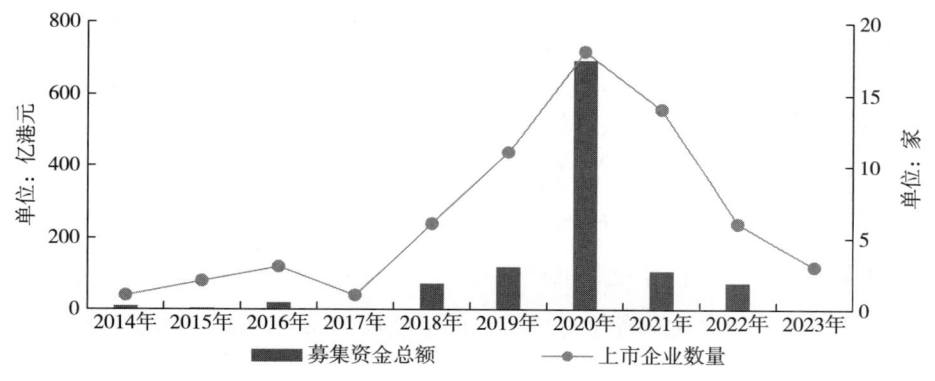

图2-34 2014—2023年物业服务企业上市情况

数据来源：中指研究院。

部分物业服务企业，尤其是地方国资背景物业企业，仍在寻求奔赴资本市场的机会，以实现资产保值增值及组织结构优化。截至2024年3月底，泓盈城市服务、深业运营、经发物业三家物业企业仍在IPO进程中，且于2月份均已获得中国证监会发布的境外上市备案通知书，3月均已再次向港交所递交招股书。泓盈城市服务于4月24日顺利通过港交所上市聆讯，于2024年5月8日至2024年5月13日招股，预期H股将于5月17日在香港联交所上市交易。2024年年内，三家地方国资企业均有望成为港股新成员。

表2-15　　　　　　　　　　　　　物业管理行业国资物业服务企业IPO进展

企业名称	企业性质	最新进展
泓盈城市服务	地方国资	2024年3月15日，长沙市泓盈城市服务向港交所递交招股书；4月24日通过港交所聆讯；5月17日敲钟上市
深业运营	地方国资	2024年3月28日，深圳市深业运营在港交所递交招股书，拟在香港主板上市
经发物业	地方国资	2024年3月26日，西安市经发物业向港交所递交招股书，拟在香港主板挂牌上市

数据来源：公开资料，中指研究院整理。

2. 构筑第二增长曲线，新业务亟需突破性发展

基础服务固然重要，但事实上，仅回归主业，做好基础物业服务，提升服务品质远远不够。我们盘点了上市公司披露的营业收入及构成数据发现，52家样本企业的基础服务收入均值增速呈明显下降趋势，由2021年的31.26%下降至2022年的27.97%，再下降至2023年的17.05%，且降幅有所扩大，很容易理解，这与管理面积的增长情况是高度一致的。而营业收入的降幅更快更大，由2021年的41.54%下降至2022年的15.93%，再下降至2023年的8.20%，且降幅有所收窄，表明非业主增值服务收入可下降的空间进一步缩小，未来对营业收入的影响可能会进一步减小。

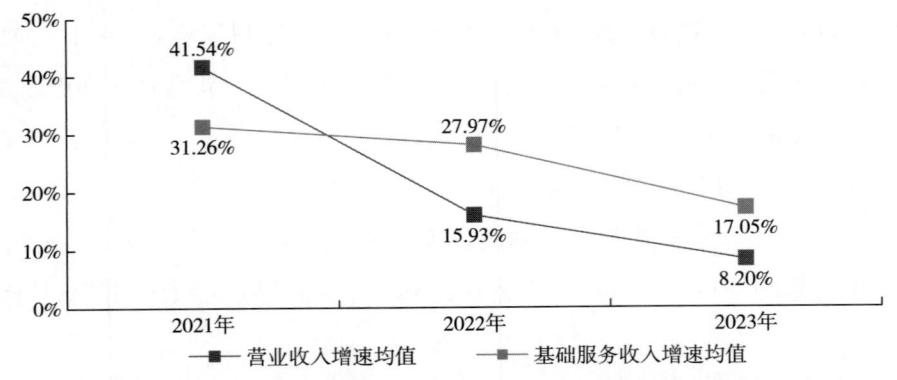

图2-35　2021—2023年物业服务上市公司营收及基础服务收入增速情况

数据来源：52家披露营业收入及构成的上市公司年报，中指研究院整理。

当前行业面临增长困局，一方面规模增长降速，基础物业服务短期对业务起到重要支撑作用，但长期看增长潜力不足；另一方面，非业主增值服务断崖式减少，但未培育出增速稳定、模式成熟的可持续发展新业务。因此当前的重任不仅是巩固基础物业服务，同时也要继续加深对社区增值服务、城市服务以及IFM服务的探索，争取早日建立起行业增长的第二曲线。如下图，当前物业管理行业大概处于阴影位置，基础物业服务收入增速下降，而多元业务增速更低，尚待破局的发展阶段，因此未来物业公司的发展仍然具备一定挑战性。

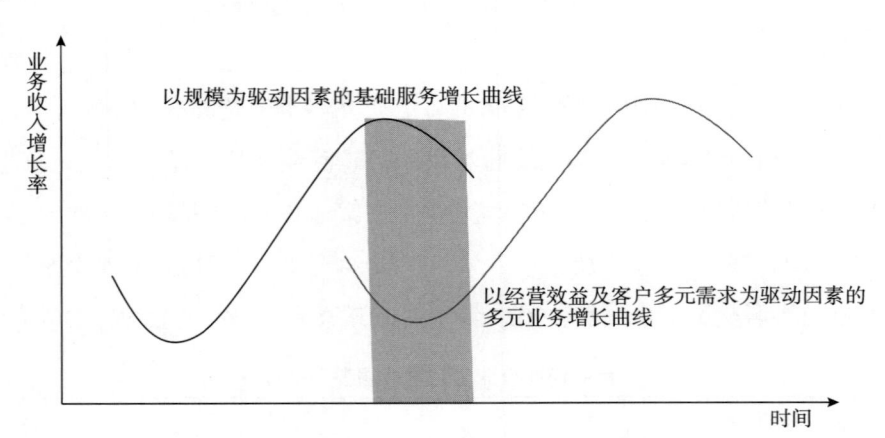

图2-36　物业管理行业业务增长曲线示意图

数据来源：中指研究院。

3. 特色赛道是发力方向，竞争格局尚未形成

非住宅领域成为各上市公司发力的重要方向，未来非住宅项目的细分程度将越来越高。前几年，非住

宅的热门赛道是商业物业和办公物业，随着行业不断发展，各个细分赛道逐步打开，诸如医院、学校、交通、场馆、景区、公园等。非住宅领域也逐渐产生了代表性的上市公司，比如华润万象生活、卓越商企服务等以商业物业为特色的上市公司，以办公物业为优势业态的金融街物业，以轨道交通为特色赛道的越秀服务，以文体场馆为特色服务对象的珠江股份，以工地物业为特色的京城佳业等。但产业园物业、医院物业、学校物业、景区物业等细分领域仍没有上市公司。伴随细分市场的不断突破，优秀的非住宅物业公司有望做大做强并登陆资本市场。

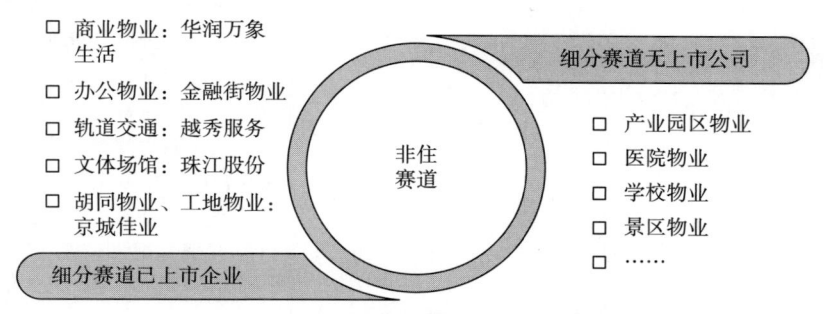

图2-37 非住宅细分赛道上市公司布局情况

资料来源：中指研究院整理。

4. 积极适应ESG相关政策变化，主动融入公司实践

近年来，ESG在国内的发展引人注目，逐步从一个边缘概念发展成为全球商业和投资的核心议题。2023年以来，上交所、深交所、北交所及港交所均对上市公司ESG信息披露方面制定了新规，整体看，披露要求不断提高，强制性披露范围（上市公司披露对象范围和披露内容范围）不断扩大。2024年4月12日，上交所、深交所和北交所正式发布《上市公司自律监管指引》，上交所明确，报告期内持续被纳入上证180、科创50指数样本公司，以及境内外同时上市的公司应当披露《可持续发展报告》；深交所明确，报告期内持续被纳入深证100、创业板指数样本公司，以及境内外同时上市的公司应披露《可持续发展报告》；北交所考虑到创新型中小企业的发展阶段特点，鼓励公司"量力而为"。

2024年4月19日，香港联合交易所有限公司（简称"联交所"）发布其就优化环境、社会及管治框架下的气候相关信息披露的咨询总结，并随附《实施指引》，以协助联交所发行人了解附录C2《环境、社会及管治报告守则》D部分气候相关披露规定。

表2-16 我国主要资本市场ESG披露相关政策

部门	时间	相关政策	具体内容
上海证券交易所	2023.08.04	上交所修订发布《上海证券交易所上市公司自律监管指引第9号——信息披露工作评价（2023年8月修订）》	将上市公司履行社会责任的披露情况纳入评价范围。大力引导上市公司完整、准确、全面贯彻新发展理念，积极融入国家重大战略，履行好社会责任，推动形成重回报、有担当、受尊敬的上市公司群体
上海证券交易所	2024.02.09	上海证券交易所制定完成《上海证券交易所上市公司自律监管指引第14号——可持续发展报告（试行）（征求意见稿）》	报告期内持续被纳入上证180、科创50指数样本公司，以及境内外同时上市的公司应当披露《可持续发展报告》。披露议题方面，按强制披露、不披露即解释、引导披露和鼓励披露的层级对不同议题设置披露要求
上海证券交易所	2024.04.12	《上海证券交易所上市公司自律监管指引第14号——可持续发展报告（试行）》	终版发布

续表

部门	时间	相关政策	具体内容
深圳证券交易所	2024.02.09	《深圳证券交易所上市公司自律监管指引第17号——可持续发展报告（试行）（征求意见稿）》发布	报告期内持续被纳入深证100、创业板指数样本公司，以及境内外同时上市的公司应披露《可持续发展报告》，鼓励其他上市公司自愿披露
深圳证券交易所	2024.04.12	《深圳证券交易所上市公司自律监管指引第17号——可持续发展报告（试行）》	终版发布
香港联交所	2023.03.13	香港联交所发布《2022上市委员会报告》	提出着重将气候披露标准调整至与气候相关财务披露小组（TCFD）的建议及国际可持续发展准则理事会（ISSB）的新标准一致
香港联交所	2024.04.19	发布其就优化环境、社会及管治框架下的气候相关信息披露的咨询总结，并随附《实施指引》	经修订的《上市规则》将于2025年1月1日生效；对不同发行人制定了不同要求；新增宽免措施，包括能力宽免、商业敏感宽免、财务影响宽免和合理资料宽免等
北京证券交易所	2024.02.09	发布《北京证券交易所上市公司持续监管指引第11号——可持续发展报告（试行）（征求意见稿）》	考虑到创新型中小企业的发展阶段特点，不作强制性披露规定，鼓励公司"量力而为"。此外，还设置了缓释措施，平衡信息质量和成本控制
北京证券交易所	2024.04.12	《北京证券交易所上市公司持续监管指引第11号——可持续发展报告（试行）》	终版发布

数据来源：公开资料，中指研究院整理。

物业上市公司积极响应政策号召，深刻意识到可持续发展的重要性，逐步加强ESG体系建设，提升ESG相关信息披露质量，将ESG理念融入企业经营管理中，兼顾经济价值和社会价值，力争实现可持续发展。

第一，积极响应新规要求，完善披露机制，提升披露质量。在新的规则下，企业需要披露的内容与信息质量都有了进一步的扩充和提升，如在战略方面，企业需要披露其战略和商业模式对气候相关变化、发展和不确定性有关的韧性分析，在指标和目标方面，要求主体披露的目标既包括主体设定的目标，也包括法律法规要求主体实现的目标。

第二，ESG生态体系逐渐形成，参与各方共同推动可持续发展。通过各利益相关方循序渐进、不断迭代的探索、突破与创新，物业行业ESG生态圈体系正在加速构建。这些利益相关方既包括物业服务企业、客户、供应商及合作伙伴等直接利益相关方，也包括政府监管机构、媒体、第三方机构等间接利益相关方。

第三，摒弃"为披露而披露"，ESG融入物业企业全业务链条。初期的ESG报告，因交易所强制要求披露，无论从篇幅、数据、排版等多个维度都呈现出"非情愿""应付""为披露而披露"，被企业视为负担。如今，物业服务企业从建立以董事会为首的ESG管治架构到关爱员工、为业主提供高品质服务，再到打造阳光绿色产业链，ESG已全面融入企业业务运营。

第四，发展绿色物业成为必修课，点滴细节积蓄发展潜力。在环境效益方面，绿色物业有助于企业减少能源和资源的使用，减少废弃物的产生，降低碳排放，缓解温室效应，综合提升环境质量；在社会经济发展方面，绿色物业使得整个行业向低投入、低能耗、低污染和高效益方向转变，从而促进产业结构转变，改变行业增长模式，为行业带来持续的经济效益；从客户的角度，绿色物业可为人们提供更加舒适的生活、工作与休息环境，有利于改善生活品质，降低生活成本。

第五，内外并举，物业服务企业积极践行社会责任。物业服务企业"员工责任"主要体现在保障员工的基本劳工权益，保障职业健康安全，提供有竞争力的薪酬福利，民主沟通与关爱等。物业服务企业"客户责任"主要体现在面对不断变化的业主及客户需求时，能够持续优化完善物业管理服务体系，积极探索服务模式，提供高品质服务，提高满意度，将服务做到极致。社会责任主要体现在积极融入社会治理、公共突发事件防控、助力乡村振兴等方面。

四、结语

2023年是物业管理行业调整与沉淀之年，在经历高速增长之后，物业服务上市公司需要把成长成果压实，"大起大落"不符合行业发展规律，认清事物发展本质，追求高质发展方可持续。2024年，国家发改委公布《产业结构调整指导目录（2024年本）》，将物业服务纳入"鼓励类—商务服务业"，"物业服务"内容更为细化，发展方向更为明确，定位更为清晰，为行业发展注入新的动能。此外，上游地产行业相关支持政策紧密出台，缓解房地产市场面临的压力，也会在一定程度上对物业公司产生利好。

在管理面积总量增长放缓的前提下，物业服务上市公司更加合理地处理与关联方关系，强化市场拓展能力，审慎开展并购，深化业态布局，高速增长转挡稳健可持续发展。业务开展决定业绩呈现，物业服务上市公司优化营业收入结构，筑牢基础服务，巩固可持续发展基石；勇于探索与创新，消化非业主增值服务收入下降带来的冲击；积极主动采取措施，严控经营风险，应收账款与票据增速可控，经营性现金流大幅提升，核心利润率稳中有升，盈利能力显著改善。

资本市场估值波动是多因素综合作用的结果，估值走势能够侧面且先行反映企业经营状况。物业板块在经过长期估值调整后，2024年低位震荡盘整，保持稳定。在风险出清后，企业经营质量提升，盈利改善，板块估值有望进一步回升，二级市场或将提前反应。

未来，行业规模稳速增长将成为常态，业务转型发展仍面临一定挑战。物业服务上市公司将持续提升市场外拓能力，在激烈的市场竞争中保持稳步的规模增长，坚持"因企制宜"发展多元业务，拓宽营收渠道，提升盈利水平。行业现金流稳定，弱周期性的属性未变，在政策支持，宏观环境改善以及业务转型升级的共同作用下，物业板块价值有望回归。

报告三　2024年上半年中国物业服务价格指数研究报告

一、概要

2024年上半年，物业服务企业在提升服务品质、优化运营模式以及增强市场竞争力等方面不懈努力，紧跟国家政策的指引，围绕"高质量发展、高品质服务"，以客户为中心，以科技为驱动，以质量为生命，不断探索和实践，为构建和谐、便捷、智能的居住环境贡献力量，推动整个行业可持续发展。

在此背景下，中指研究院秉持"客观、准确、科学、合理"的理念，在分析总结历年研究经验及物业管理行业发展现状的基础上，开展"中国物业服务价格指数系统"和"中国物业服务星级评价标准体系"研究，并对五星级物业服务标杆案例进行剖析。

本次研究有以下主要结论。

整体来看，2024年6月二十城物业服务价格综合指数为1075.77，环比上涨0.01%，涨幅较上期收窄0.01个百分点；同比上涨0.03%。物业服务收费方面，二十城物业服务均价为2.64元/平方米/月；三星级物业服务收费为2.03元/平方米/月，同比上涨0.02%；四星级物业服务收费为2.83元/平方米/月，同比下跌0.04%；五星级物业服务收费为3.98元/平方米/月，同比上涨0.05%。

样本方面，整体来看二十城物业服务水平以四星为主，占比47.56%，四、五星级项目占比58.75%。从城市分级看，一线城市的四、五星级项目占比为68.26%；从区域看，珠三角地区和西南地区四星级与五星级样本之和占比均超60%，分别为63.62%和66.01%，占比领先于环渤海地区、长三角地区和中部地区；从城市角度看，北京、上海、广州、深圳、南京、武汉、天津、重庆、成都、宁波、昆明十一个城市的四、五星级样本占比均超过60%，领先于其他城市；二十个城市的软件和硬件平均得分分别为82.88分和82.31分，软件平均得分略微高于硬件平均得分，2024年上半年软件、硬件服务水平均有提高。

二、主要研究成果

本次研究基于"中国物业服务星级评价标准体系"，对北京、上海等二十个代表城市2024年上半年的项目物业服务水平进行打分、评级，并计算其物业服务价格指数，得到研究结论如下。

1. 指数：二十城综合指数环同比微幅上涨，环比涨幅较上期收窄 0.01 个百分点

表3-1　　　　　　　　　　2024年6月二十城物业服务价格指数（按环比降序排列）

序号	城市	2023年6月	2023年12月	2024年6月	同比	环比
	二十城	1075.47	1075.64	1075.77	0.03%	0.01%
1	深圳	1042.30	1042.30	1045.41	0.30%	0.30%
2	苏州	1094.22	1094.35	1095.09	0.08%	0.07%
3	济南	1028.28	1029.53	1029.75	0.14%	0.02%
4	广州	1022.93	1023.00	1023.05	0.01%	0.00%
5	宁波	1070.83	1070.83	1070.86	0.00%	0.00%
6	北京	1132.30	1132.30	1132.30	0.00%	0.00%
7	重庆	1109.53	1109.53	1109.53	0.00%	0.00%
8	无锡	1107.57	1107.77	1107.77	0.02%	0.00%
9	青岛	1078.34	1078.42	1078.42	0.01%	0.00%
10	天津	1027.32	1027.35	1027.35	0.00%	0.00%
11	上海	1054.40	1054.40	1054.40	0.00%	0.00%
12	昆明	1115.90	1115.90	1115.90	0.00%	0.00%
13	成都	1047.50	1047.50	1047.50	0.00%	0.00%
14	合肥	1040.49	1040.49	1040.49	0.00%	0.00%
15	长沙	1103.54	1102.94	1102.94	−0.05%	0.00%
16	武汉	1100.23	1099.96	1099.96	−0.02%	0.00%
17	常州	1120.63	1120.99	1120.72	0.01%	−0.02%
18	南京	1097.55	1099.94	1099.40	0.17%	−0.05%
19	杭州	1076.48	1077.32	1076.55	0.01%	−0.07%
20	南昌	1058.66	1058.66	1057.86	−0.08%	−0.08%

注：各城市以各自2012年12月为基期，基点为1000点。
数据来源：中指数据 CREIS，www.cih-index.com。

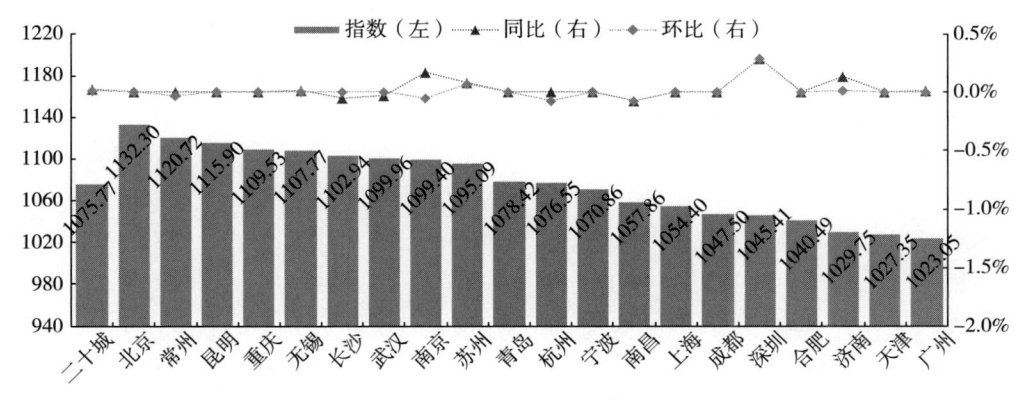

图3-1　2024年6月二十城物业服务价格指数

数据来源：中指数据 CREIS，www.cih-index.com。

2024年6月，二十城物业服务价格综合指数为1075.77，同比上涨0.03%，涨幅与上年同期持平；环比上涨0.01%，涨幅较上期收窄0.01个百分点。同比来看，二十城中，深圳、南京、济南等9个城市物业服务价格指数上涨，上涨城市数量较上年同期增加1个；宁波、天津、北京等8个城市物业服务价格指

数与上年同期持平；南昌、长沙和武汉物业服务价格指数同比均下跌。其中深圳同比上涨0.30%；南京和济南同比涨幅分别为0.17%、0.14%；苏州、无锡、广州等6个城市同比涨幅则均在0.10%以内。物业服务价格指数同比下跌城市中，南昌跌幅较大，为0.08%；长沙和武汉物业服务价格综合指数同比分别下跌0.05%、0.02%。

与2023年12月相比，二十城中，深圳、苏州、济南共3个城市物业服务价格指数上涨，上涨城市数量较上期减少5个；广州、宁波、北京等13个城市环比持平；南昌、杭州、南京和常州环比则均下跌。其中，深圳环比上涨0.30%；苏州、济南环比涨幅分别为0.07%和0.02%。物业服务价格指数环比下跌城市中，南昌、杭州环比分别下跌0.08%和0.07%；南京和常州跌幅均在0.05%（含）以内，其中常州跌幅最小，为0.02%。

分区域[①]来看，近半年来，珠三角地区物业服务价格指数环比上涨0.14%，区域内深圳环比上涨0.30%。环渤海地区、西南地区环比均持平。长三角地区、中部地区物业服务价格指数环比均下跌0.01%，其中长三角区域中，杭州、南京和常州环比分别下跌0.07%、0.05%、0.02%；中部区域内南昌物业服务价格指数环比下跌0.08%。

表3-2　　　　2024年6月不同星级物业服务价格指数（按三星环比指数值降序排列）

序号	城市	环比指数（上期=1000）			同比指数（上年同期=1000）		
		三星级	四星级	五星级	三星级	四星级	五星级
	二十城	1000.29	999.91	1000.46	1000.45	999.83	1000.82
1	南昌	1007.89	991.38	——	1007.89	991.38	——
2	苏州	1001.01	1000.00	1000.00	1001.19	1000.00	1000.00
3	深圳	1000.80	1003.03	1009.38	1000.80	1003.03	1009.38
4	宁波	1000.78	999.58	——	1000.78	999.58	——
5	广州	1000.11	1000.00	1000.00	1000.11	1000.00	1001.04
6	南京	1000.00	999.70	998.38	1000.00	999.70	1008.32
7	北京	1000.00	1000.00	1000.00	1000.00	1000.00	1000.00
8	重庆	1000.00	1000.00	1000.00	1000.00	1000.00	1000.00
9	无锡	1000.00	1000.00	1000.00	1000.28	1000.00	1000.00
10	青岛	1000.00	1000.00	——	1000.30	999.32	——
11	天津	1000.00	1000.00	1000.00	1000.23	999.94	1000.00
12	上海	1000.00	1000.00	1000.00	1000.00	1000.00	1000.00
13	昆明	1000.00	1000.00	1000.00	1000.00	1000.00	1000.00
14	成都	1000.00	1000.00	1000.00	1000.00	1000.00	1000.00
15	合肥	1000.00	1000.00	1000.00	1000.00	1000.00	1000.00
16	长沙	1000.00	1000.00	1000.00	999.76	998.80	1000.00
17	武汉	1000.00	1000.00	1000.00	1000.00	1000.00	996.50
18	常州	1000.00	999.38	1000.00	1000.00	999.39	1001.46
19	济南	999.89	1001.16	1000.00	1001.54	1001.16	1000.00
20	杭州	999.16	999.28	1000.00	1000.76	999.28	1000.00

注：宁波、南昌、青岛共3个城市因五星样本较少，不具代表性，暂未纳入指数计算；20城五星级物业服务价格指数根据其余17城计算，下同。

① 本报告城市区域划分标准如下：环渤海地区包括北京、天津、青岛和济南；长三角地区包括上海、杭州、南京、常州、宁波、苏州和无锡；西南地区包括重庆、成都和昆明；中部地区包括武汉、长沙、合肥和南昌；珠三角地区包括广州和深圳。

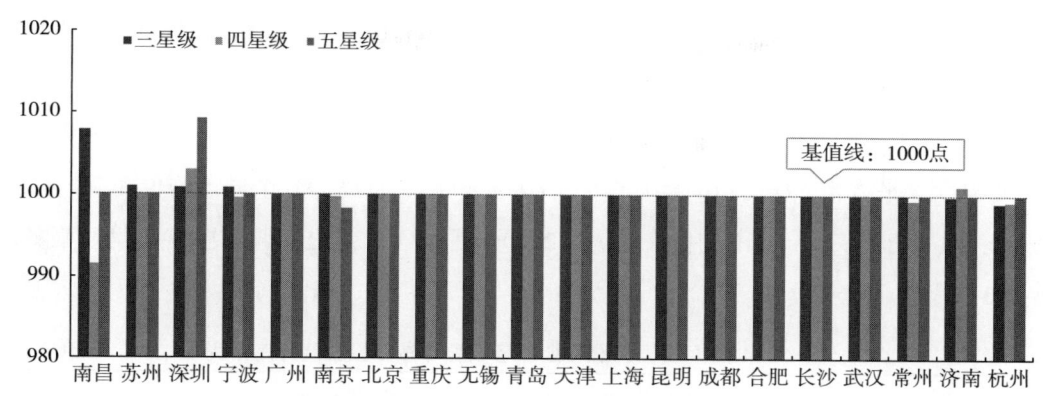

图3-2 2024年6月不同星级物业服务价格环比指数

数据来源：中指数据CREIS，www.cih-index.com。

从不同星级物业服务价格指数来看，二十城三星级、五星级物业服务价格指数同比均上涨，四星级物业服务价格指数同比下跌。2024年6月，二十城三星级物业服务价格指数环比上涨0.03%，同比上涨0.04%；四星级物业服务价格指数环比下跌0.01%，同比下跌0.02%；五星级物业服务价格指数环比上涨0.05%，同比上涨0.08%。同比来看，三星级物业服务价格指数中，南昌、济南、苏州等10个城市较上年同期上涨，其中南昌、济南和苏州涨幅相对较大，均超0.1%；南京、北京、重庆等9个城市同比持平；长沙同比下跌，跌幅为0.02%。四星级物业服务价格指数中，深圳、济南共2个城市较上年同期上涨，其中深圳涨幅为0.30%；苏州、无锡、广州等10个城市同比持平；南昌、长沙、杭州等8个城市较上年同期下跌，其中南昌和长沙跌幅较大，均超0.1%。五星级物业服务价格指数中，深圳、南京、常州和广州共4个城市较上年同期上涨，涨幅分别为0.94%、0.83%、0.15%和0.10%；北京、济南、苏州等12个城市同比持平；武汉同比下跌0.35%。

2. 价格：二十城均价为2.64元/平方米/月，物业服务收费略有上涨

表3-3　　　　　　　　　　　　　2024年6月城市物业服务均价　　　　　　　　　　　单位：元/平方米/月

城市	深圳	北京	上海	杭州	广州	天津	宁波	武汉	成都	青岛	苏州
样本均价	3.95	3.65	3.31	2.93	2.77	2.76	2.64	2.61	2.36	2.34	2.33
城市	重庆	无锡	长沙	南京	济南	昆明	南昌	合肥	常州	二十城综合	
样本均价	2.30	2.26	2.18	1.93	1.80	1.75	1.72	1.71	1.26	2.64	

注：本报告南京物业服务价格不含公摊费，下同。

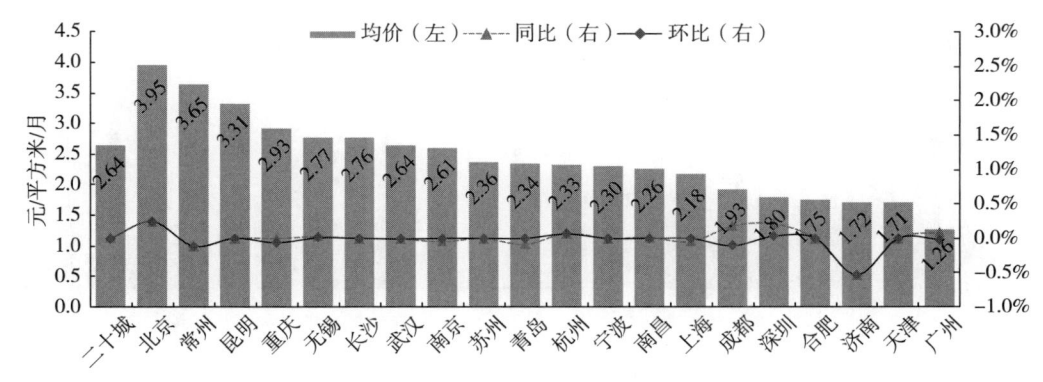

图3-3 2024年6月二十城物业服务均价

数据来源：中指数据CREIS，www.cih-index.com。

2024年6月，二十城物业服务均价为2.64元/平方米/月。一线城市物业服务价格水平居前列，其中深圳均价最高，为3.95元/平方米/月；北京、上海紧随其后，分别为3.65元/平方米/月和3.31元/平方米/月；杭州、广州、天津、宁波、武汉均价分别为2.93元/平方米/月、2.77元/平方米/月、2.76元/平方米/月、2.64元/平方米/月、2.61元/平方米/月；成都、青岛等6个城市均价在2.0~2.5元/平方米/月之间；南京、济南等6个城市均价在1.0~2.0元/平方米/月之间，其中常州物业服务均价水平仍相对较低，为1.26元/平方米/月。

表3-4　　2024年6月不同星级物业服务收费（按三星收费降序排列）　　单位：元/平方米/月

序号	城市	三星级	四星级	五星级
	二十城	2.03	2.83	3.98
1	深圳	3.44	4.00	5.20
2	北京	2.64	3.65	4.83
3	广州	2.33	2.88	4.63
4	杭州	2.18	3.39	4.73
5	武汉	2.18	2.72	3.86
6	上海	2.11	3.31	5.12
7	青岛	2.09	3.17	——
8	苏州	2.08	2.76	3.22
9	天津	2.08	2.64	3.77
10	长沙	1.99	2.35	3.58
11	无锡	1.94	2.90	3.44
12	宁波	1.87	3.12	——
13	重庆	1.78	2.43	3.21
14	成都	1.69	2.54	3.67
15	济南	1.64	2.25	2.89
16	南昌	1.46	1.96	——
17	合肥	1.38	2.20	2.76
18	南京	1.37	1.98	2.64
19	昆明	1.11	1.90	3.62
20	常州	0.78	1.22	2.22

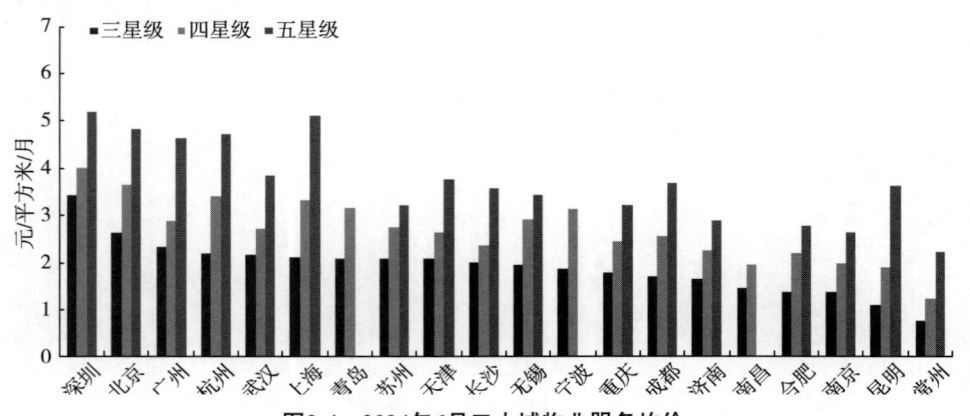

图3-4　2024年6月二十城物业服务均价

数据来源：中指数据CREIS，www.cih-index.com。

从不同星级物业服务收费来看，2024年上半年，二十城三星级、五星级物业服务收费同比均上涨，四星级同比下跌。2024年6月，二十城整体三星级物业服务收费为2.03元/平方米/月，同比上涨0.02%，其中深圳收费最高，为3.44元/平方米/月；北京、广州等8个城市收费介于2.0~3.0元/平方米/月之间；长沙、无锡等10个城市介于1.0~2.0元/平方米/月之间；常州收费为0.78元/平方米/月。四星级物业服务收费为2.83元/平方米/月，同比下跌0.04%，其中深圳、北京、杭州、上海、青岛、宁波收费相对较高，均在3.0元/平方米/月以上；无锡、广州等10个城市介于2.0~3.0元/平方米/月之间；南京、南昌、昆明、常州均在2.0元/平方米/月以下，其中常州最低，为1.22元/平方米/月。五星级物业服务收费为3.98元/平方米/月，同比上涨0.05%，其中深圳和上海收费较高，均超5.0元/平方米/月；北京、杭州和广州收费亦在4.0~5.0元/平方米/月之间；武汉、天津、成都、昆明、长沙、无锡、苏州以及重庆收费在3.0~4.0元/平方米/月之间；济南、合肥、南京、常州收费均低于3.0元/平方米/月，其中常州收费最低，为2.22元/平方米/月。

3. 样本：四星级项目占比持续上升，一线城市四、五星项目占比超六成

中指研究院严格按照样本选择规范要求，于2024年4月至6月对二十个城市进行了物业服务星级评价研究工作，样本数量为7402个，其中达到物业服务价格指数编制要求的合格样本数量为3940个，占比为53.23%，伴随物业服务越来越受到社会各界的关注，物业服务企业管理愈加规范，服务质量不断提升，合格样本占比环比略有上升，本期物业服务价格指数评价体系覆盖范围广泛，样本选择标准严格谨慎，研究成果持续反映了行业发展方向。

表3-5　　　　　　　　　　2024年上半年中国物业服务星级评价样本统计

调查项目数：7402个，合格样本数量：3940个

城市	调查项目数	合格样本数	城市	调查项目数	合格样本数
北京	533	234	上海	676	366
广州	511	302	深圳	603	311
杭州	437	245	南京	433	200
武汉	363	191	天津	474	289
重庆	506	297	成都	426	264
昆明	277	148	苏州	229	124
无锡	260	124	长沙	256	124
宁波	265	163	青岛	253	132
南昌	200	98	济南	245	109
合肥	231	116	常州	224	103

数据来源：中指数据CREIS，www.cih-index.com。

（1）二十城样本各星级项目中，四星级与五星级项目占比58.75%

整体来看，二十城物业服务水平以四星为主，占比47.56%，四星级和五星级项目占比分别为47.56%、11.19%，五星级项目占比稳中有升；从城市分级来看，一线城市的四、五星级项目占比为68.26%，环比上涨3.12%；一线城市中四星级项目占比为51.69%。二线城市四星级项目占比为45.73%，环比上涨约1%；五星级项目占比为8.80%，三星级项目占比45.47%，四、五星级项目占比之和仍超过三星级项目。

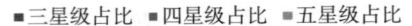

图3-5 二十个城市物业服务星级评价情况

数据来源：中指数据CREIS，www.cih-index.com。

一线城市的四星级项目达51.69%，在国家政策影响下，物业服务企业有更多精力提升服务质量，磨练自身软、硬件服务能力，提升整体项目实力，规范各项服务流程，加强卫生保洁以及美化社区环境，提高项目软件服务水平。

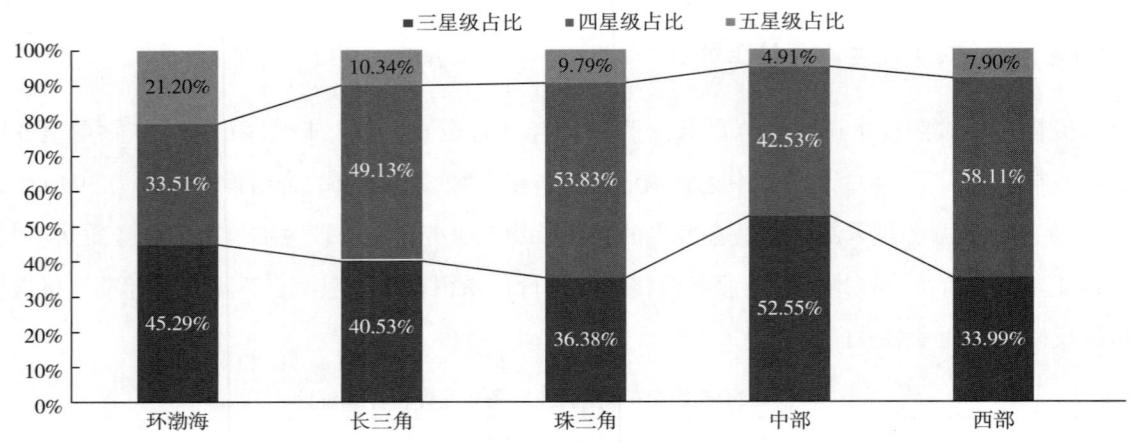

图3-6 区域物业服务星级评价情况

数据来源：中指数据CREIS，www.cih-index.com。

从区域分布来看，珠三角地区和西南地区四星级与五星级样本之和占比超60%，分别为63.62%和66.01%，占比领先于环渤海地区、长三角地区和中部地区。环渤海地区、中部地区和长三角地区四星级样本占比分别达33.51%、42.53%、49.13%，中部地区与长三角地区四星级样本较上年均同比上升，长三角地区和环渤海地区经济更为发达，具备较好的物业服务发展基础，服务水平居全国前列，环渤海地区的五星级样本占比最高达21.20%；中部地区四星级与五星级样本之和占比相对略低，仅达47.45%，环比小幅上涨。

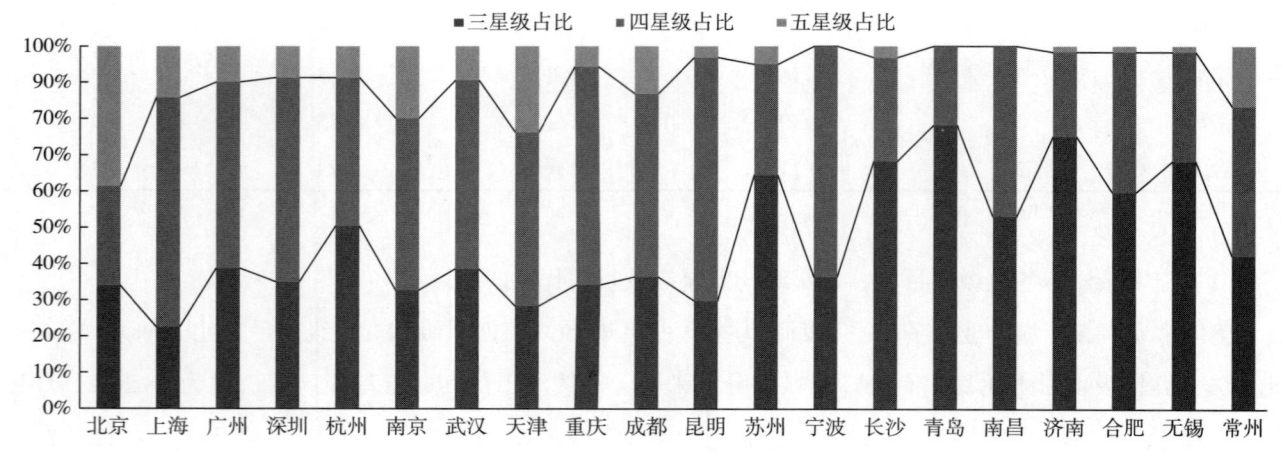

图3-7 二十个城市综合物业星级评价

数据来源：中指数据CREIS，www.cih-index.com。

从城市方面看，北京、上海、广州、深圳、南京、武汉、天津、重庆、成都、宁波、昆明十一个城市的四、五星级样本占比均超过60%，领先于其他城市。其中北京、上海、深圳、南京、重庆、天津、昆明七座城市四、五星级样本占比超过65%。北京的五星级样本占比为38.89%，环比大幅上涨11.76%，仍居于所有城市首位，上海、广州、南京、天津、成都和常州的五星级项目占比也均超过10%，分别为13.66%、10.60%、20.00%、23.88%、13.26%和16.50%。

（2）物业服务软硬件整体发展均衡，软件、硬件服务两翼齐飞

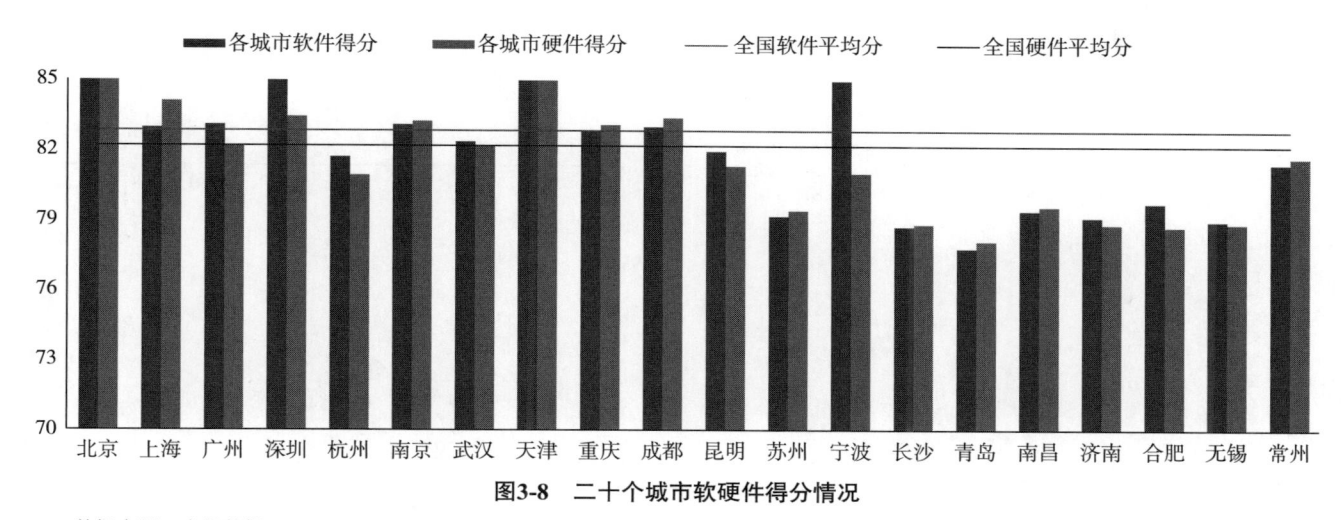

图3-8 二十个城市软硬件得分情况

数据来源：中指数据CREIS，www.cih-index.com。

物业服务软件、硬件服务双提升，均衡发展。根据调研结果来看，二十个城市的软件和硬件平均得分分别为82.88分和82.31分，软件平均得分略高于硬件平均得分。通过优化经营和提高服务质量，提高客户满意度和忠诚度，优质的"软"实力帮助企业在激烈的市场竞争中脱颖而出，并实现业务的持续增长。一方面，不断升级硬件系统，更新设备设施；另一方面，物业服务企业持续加大软件方面投入，提升公共秩序、保洁、绿化等软件服务质量，除此之外企业还通过聚焦增值服务不断满足业主个性化、多元化需求，提高软件服务水平。2024年上半年软件、硬件服务水平均有提高。

多数城市软硬件服务水平差距不大，深圳软硬件得分差绝对值较大。深圳软件得分比硬件得分高5.38分，为二十个城市中软硬件得分差绝对值最大的城市；其余城市软硬件得分差绝对值较小，宁波与合肥，硬件得分与软件得分的差值为3.93、1.02，其余十四个城市软硬件得分差绝对值均小于1分，匹配程度较高。

不同星级项目软件、硬件得分均值差距较小。2024年上半年分星级来说，三星级、四星级和五星级项目的软件得分均值均略高于硬件得分均值，相差0.82分、0.27分和0.22分，其中，天津与重庆各星级项目的硬件得分均高于软件得分。深圳不同星级项目的软件、硬件得分均值差值均超过2.5分。

物业企业认识到回归服务本质的重要性，兼顾质量和速度的平衡，寻求行业高质量发展。软硬件得分的上升反映出物业服务质量在不断提高。此次研究为进一步明晰高质量物业服务的共性和特征，选取物业服务项目中有代表性的标杆项目进行深入挖掘。

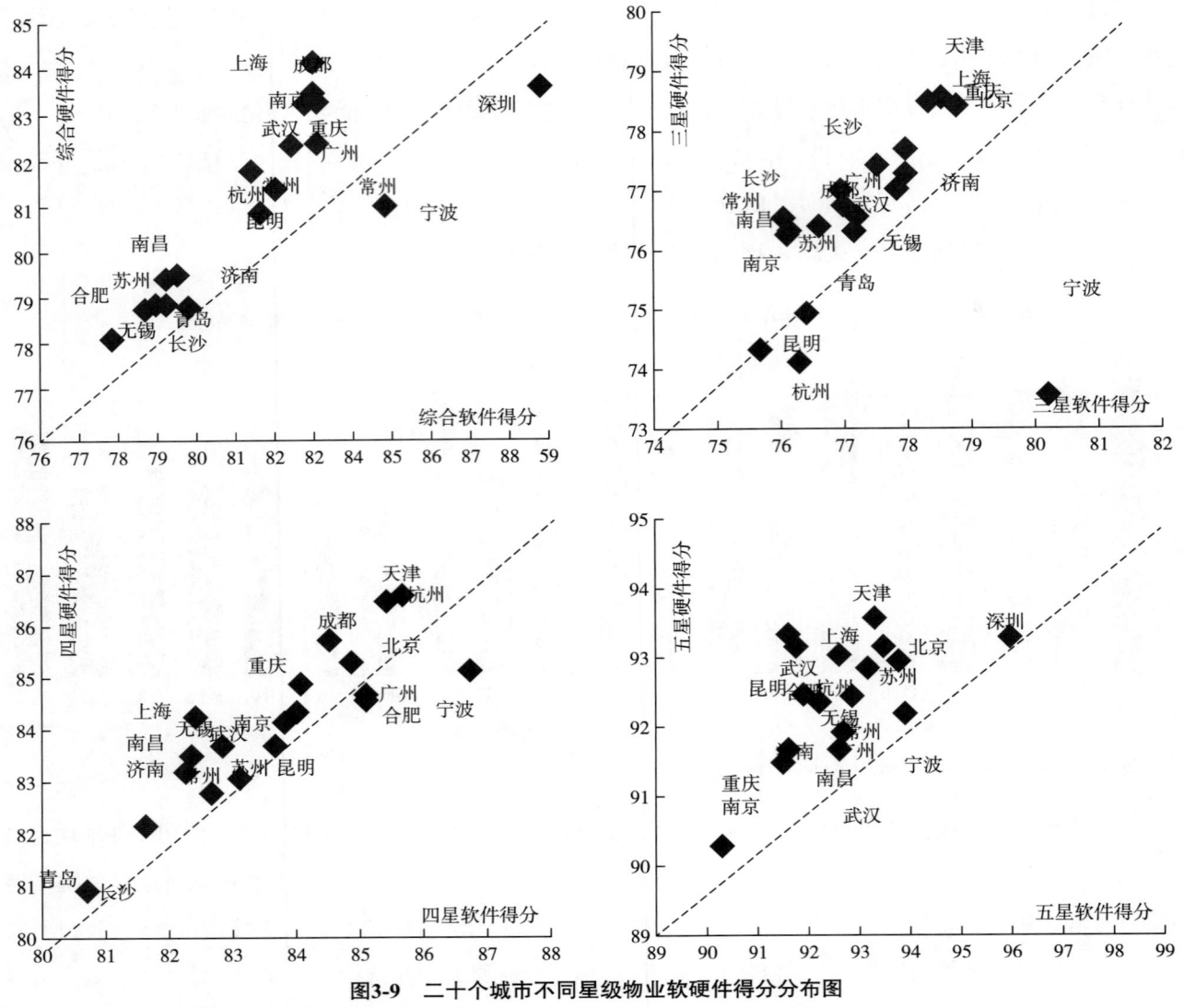

图3-9 二十个城市不同星级物业软硬件得分分布图

数据来源：中指数据CREIS，www.cih-index.com。

标准化、定制化已成为高品质物业服务的显著特征。通过观察标杆项目，高品质物业服务已具有以下几点特征：一是建立系统的标准化服务体系，从源头抓好服务品质建设；二是定制化服务增加用户黏性，紧跟客户需求，提供贴心服务。

三、物业服务样本标杆

1. 重庆白云湖天鹅堡——生活与自然亲密共生

东亚·白云湖——约1300亩低密湖山生态大盘。北京东亚新华投资集团入渝首筑项目，打造新型"生态+智慧"墅区。毗邻约10万平方米白云湖，背靠约7600公顷缙云山脉，约96.6%原生态森林覆盖率，层层绿意挡住了城市灰尘和噪音。园区临湖打造约0.6低容积率墅区，于城市繁华之上享自然静谧。项目建筑融汇巴渝世家风情与现代简约的建筑美学，人、自然、建筑相融合社区空间，营造舒适、健康、自然、潮流的生活方式。

（1）项目基本情况

项目位置	项目规模	物业服务收费价格
重庆市璧山区青杠白云大道 276 号	约 81 万平方米	一期联排别墅 2.8 元 / 平方米 / 月 一期独栋别墅 3.5 元 / 平方米 / 月 二期别墅 3.5 元 / 平方米 / 月 二期洋房 2.6 元 / 平方米 / 月

（2）项目服务亮点

✓ 服务亮点一：生态内湖，业主专享

白云湖项目园内有专属业主共用湖泊，原生态鱼类供业主垂钓。

为了提升业主居住感幸福感，项目配置观光游艇，业主可乘坐游艇感受白云湖的湖光山色。

✓ 服务亮点二：特色定制，服务至微

统一着装，佩戴统一标志，仪容仪表整洁规范，语言文明规范，配备对讲装置，并定期开展职业技能培训。

随着消费者需求的不断变化，定制化服务已经成为一种趋势。在这个项目中，增设"一对一"式服务及"私家定制"服务，让每一位客户都能享受到独一无二、贴心至微的体验。

基础服务：利用配套设施设备，为业主、宾客提供多类基础便民服务，如资料复印打印服务、信息咨询服务、电梯指引服务、物品借出服务（雨伞、手推车、医药箱、工具箱等）、邮件代收代寄服务……满足业主一切合理需求。

晨送晚迎服务：每天早上 7：30~8：30 由礼仪安保在小区主出入口送业主出门，晚上 17：30~18：30 由礼仪安保在小区主出入口迎业主回家，一人一礼，一车一礼，朝夕之间，迎来送往，关怀无微不至。

移动服务：为了将更有温度的服务"移动"至业主身边，白云湖小区特别设立了观光接驳车，业主随时拨打观光车专线，便到业主楼下接驳业主，为业主出行提供便利，让业主感受温暖。

一对一服务：为墅区空置业主每年提供两次私家花园精细打理。

2. 云电科技园物业服务中心——智慧园区，定制生活

在追求卓越的物业服务道路上，云南鸿园电力物业有限公司以"业主至上、服务至诚"为核心理念，精心打造了一套全方位的物业服务标准体系。通过综合服务、设备设施管理、秩序消防、会务礼仪、环境保洁五大服务体系，涵盖了作业规程、岗位职责、档案记录等方方面面，确保服务的全面性和专业性。以标准化服务手册和安全生产运营手册为指导，以标准化制度规范为作业依据，通过持续培训和宣贯，让每一位服务中心人员都能深刻理解并践行公司的服务文化。

（1）项目基本情况

项目位置	项目规模	物业服务收费价格
云南省昆明市经济技术开发区 105 号云电科技园	约 9.4 万平方米	4.2 元 / 平方米 / 月

（2）项目服务亮点

✓ 服务亮点一：协作与效率的典范

物业管理团队展现出卓越的协作能力和管理效率。面对 20 余家业主方的复杂需求，团队通过高效的

沟通和专业技术支持，确保了园区治理工作的顺利推进。不仅应对突发事件和复杂问题的能力突出，而且通过专业团队的协作，构建了和谐的园区关系，促进了园区内各单位的共同繁荣。

✓ 服务亮点二：高标准与个性化服务

服务标准严格遵循供电行业特性，同时符合国际企业标准。服务人员展现出高标准的服务水平，能够快速整合资源，高效响应各类事件。此外，提供高度个性化的服务，根据不同业主的特点和需求，量身定制服务方案，不仅提升了工作环境，也增强了业主的幸福感。

✓ 服务亮点三：全天候保障与智慧管理

实现全年无休的全天候服务保障，无论是科研设施设备的安全还是实验室的24小时供电，都得到了严格的保障。同时，园区的保密性要求得到了全员的遵守，确保了科研信息的安全。在智慧物业管理方面，通过物联网、大数据、人工智能等技术的应用，实现了资源的优化配置和高效利用，不仅提升了管理效率，也为物业管理行业的创新和发展开辟了新路径。

3. 复地御西郊——御享尊贵服务

复地御西郊坐落于上海市闹中取静的西郊板块，承接了国宾宅邸的私密幽静，具有极高的人文宜居价值。作为高地服务的高端住宅项目，高地御西郊物业管理团队围绕客户动线、服务触点构建精致环境、精细服务，并通过多样化、定制化需求，为客户建立品质生活与精神富足兼具的社区服务体验。

（1）项目基本情况

项目位置	项目规模	物业服务收费价格
上海市长宁区金浜路188弄	约10万平方米	10.8元/平方米/月

（2）项目服务亮点

✓ 服务亮点一：尊享服务，御享体验

高地将"金钥匙管家"服务导入其中。将对"物"的管理转变为对"人"的多维服务，深研客户、洞察需求，建立了全面系统的对客服务档案，根据客户家庭生命周期，为其提供专业化、个性化的全天候"星级管家"定制服务。同时，高地御西郊物业管理团队倾心打造了包括"家政服务""臻遇礼仪""会所服务""特色关爱"等多重服务。

✓ 服务亮点二："至臻和鸣"高端服务体系

①聚焦客户、精研需求：通过深入的沟通和了解，让每一户业主信息以"客户画像"的形式呈现在对客服务档案之中。在24小时"星级管家"服务中，有的放矢地给予业主温馨周到、耐心体贴的个性化生活服务。

②智慧安防、尽享私密：通过智能化门禁识别系统，提供业主快捷便利的出行方式和安全私密的保卫措施，项目秩序维护部门除正常门岗、车库执勤巡逻以外，设立专门的义务消防队、防暴处置队伍，以快速应对可能出现的突发事件。项目每年应对突发事件演练演习超过10次，演练科目包含消防演习、防台防汛、电梯困人、停水停电、治安防盗等。

③以人为本，御享生活：复地御西郊遵循"以人为本，御享生活"的服务理念，围绕业主的日常生活服务需求，复地御西郊188会所提供小区业主全天候的泳池服务、多功能的健身房、瑜伽房、桌球房、乒乓球房、高尔夫模拟训练场、舞蹈排练厅、会议室等服务场所，并配以专业的游泳教练、体能教练、瑜伽

教练,给予业主专业的、个性化的健身训练辅导。同时携手专业的培训公司,提供业主各种生活、才艺辅导,辅导科目涵盖舞蹈训练、中式太极、空手道、手工插花、书法绘画,满足了业主精神文化需求。

④东方文化,浪漫传承:随着东方生活美学的不断注入,高地御西郊物业管理团队将东方人文和社区活动相结合,全年共开展20多场社区活动,包括复悦生活节、健康养生讲座、重大节日庆贺、家庭亲子活动、老年关爱活动,获得业主广泛的参与和赞许。其中,最受人关注的当属御西郊专属活动IP——樱花节,以赏樱雅集、围炉煮茶、樱花拓印、风铃DIY等活动,让业主徜徉于春日浪漫中。

表3-6　　2024年上半年部分星级物业服务项目

物业项目	所在区域	物业服务企业	物业服务星级
金浩·仁和天地	安徽	深圳历思联行物业管理有限公司	★★★★★
金鹏天著	安徽	金鹏祥和物业管理有限公司	★★★★★
众安时代公寓	安徽	众安智慧生活服务有限公司	★★★★★
中铁滨湖名邸	安徽	德信盛全物业服务有限公司	★★★★★
金鹏天誉	安徽	金鹏祥和物业管理有限公司	★★★★★
金鹏北城玖玖	安徽	金鹏祥和物业管理有限公司	★★★★★
碧桂园服务·哈德门广场	北京	碧桂园服务	★★★★★
枫丹丽舍	北京	北京瑞赢酒店物业管理有限公司	★★★★★
鲁园上河村	北京	北京瑞赢酒店物业管理有限公司	★★★★★
自在莲花湖	重庆	重庆国强物业服务有限公司	★★★★★
君领西城	重庆	厦门联发(集团)物业服务有限公司重庆分公司	★★★★★
富力城新壹站	重庆	广州天力物业发展有限公司重庆分公司	★★★★★
碧桂园服务·西永微电子产业园	重庆	碧桂园服务	★★★★★
隆鑫鸿府	重庆	和泓服务集团有限公司	★★★★★
东亚·白云湖	重庆	北京东亚时代物业管理有限公司	★★★★★
厦门中铁诺德逸都	福建	北京中铁慧生活科技服务有限公司	★★★★★
金石雅苑	广东	深圳历思联行物业管理有限公司	★★★★★
广州诺德阅泷花园	广东	北京中铁慧生活科技服务有限公司	★★★★★
东莞碧海云天	广东	佳兆业美好(佳兆业物业管理(深圳)有限公司)	★★★★★
贵州医科大学	贵州	贵州绿地物业管理有限责任公司	★★★★★
楚天都市·沁园	湖北	湖北楚天中大物业管理有限公司	★★★★★
都市径水澜苑	湖北	武汉三镇城市运营服务有限公司	★★★★★
碧桂园悦华府	湖北	碧桂园服务	★★★★★
碧桂园生态城左岸	湖北	碧桂园服务	★★★★★
联投光谷瑞园一期	湖北	武汉联投物业有限公司	★★★★★
中建大公馆	湖北	中建壹品物业运营有限公司	★★★★★
碧桂园清江明珠	湖北	碧桂园服务	★★★★★
碧桂园云廷	湖北	湖北清能碧桂园物业服务有限公司	★★★★★
南阳·建业壹号城邦	河南	河南建业新生活服务有限公司	★★★★★
郑州·建业海马九如府	河南	河南建业新生活服务有限公司	★★★★★
海垦广场	海南	海南海垦物业服务有限公司	★★★★★
富力首府北区住宅	海南	广州天力物业发展有限公司海口分公司	★★★★★
长沙振业城四期	湖南	深圳市振业城市服务有限公司	★★★★★
龍宸壹號	江苏	中建智地物业	★★★★★
狮山金融创新中心	江苏	苏新美好生活服务股份有限公司	★★★★★
苏州高新国际商务广场	江苏	苏州金狮大厦发展管理有限公司	★★★★★
佳兆业东戴河	辽宁	佳兆业美好(佳兆业物业管理(深圳)有限公司)	★★★★★
上海中铁逸都	上海	北京中铁慧生活科技服务有限公司	★★★★★

续表

物业项目	所在区域	物业服务企业	物业服务星级
碧桂园服务·浦明华庭	上海	碧桂园服务	★★★★★
东亚·国睿华庭	山东	北京东亚时代物业管理有限公司	★★★★★
鲁信有邻花园	山东	青岛诚辉物业管理有限公司	★★★★★
半岛美庐	山东	青岛诚辉物业管理有限公司	★★★★★
天泰·书院壹号	山东	青岛天泰爱家物业服务有限公司	★★★★★
太原诺德逸宸云著	山西	北京中铁慧生活科技服务有限公司	★★★★★
泾河智谷	陕西	西咸新区泾河新城产发运营管理有限公司	★★★★★
和泓麓江府	四川	和泓服务集团有限公司	★★★★★
天津壹方九里	天津	中建智地物业	★★★★★
大理州中级人民法院	云南	云南澜沧江物业服务有限公司	★★★★★
云南电网有限责任公司丽江供电局	云南	云南澜沧江物业服务有限公司	★★★★★
新天地·尚座	浙江	杭州新天地园区运营服务有限公司	★★★★★
新天地·望座	浙江	杭州新天地园区运营服务有限公司	★★★★★
玖望	浙江	浙江鸿城物业股份有限公司	★★★★★
仙居春风合院	浙江	浙江蓝城乐居物业服务集团有限公司	★★★★★
嘉兴柳岸兰庭	浙江	浙江蓝城乐居物业服务集团有限公司	★★★★★
悦风华邸	浙江	德信盛全物业服务有限公司	★★★★★
金昌·烟波飞鹭	浙江	浙江金昌物业服务有限公司	★★★★★
众安荷源府	浙江	众安智慧生活服务有限公司	★★★★★
氢泉别院	浙江	绿城绿发生活服务集团有限公司	★★★★★
桂语江南里	浙江	绿城绿发生活服务集团有限公司	★★★★★
马尔贝拉度假城	浙江	中能未来智慧城市服务集团（浙江）有限公司	★★★★★

数据来源：中指数据 CREIS，www.cih-index.com。

表3-7　　　　　　　　　　2024年上半年部分物业服务行业示范基地

物业项目	所在区域	物业服务企业
中铁顺义办公基地园区	北京	北京中铁慧生活科技服务有限公司
中铁股份办公楼	北京	北京中铁慧生活科技服务有限公司
中铁·诺德北京诺德大厦项目	北京	中铁诺德生活服务有限公司
百步亭大厦	湖北	武汉百步亭花园物业管理有限公司
楚天都市·御湖一品（荆州）	湖北	湖北楚天中大物业管理有限公司
武汉江夏智能制造产业基地	湖北	武汉小竹物业管理有限公司
中铁·青岛中心	山东	北京中铁慧生活科技服务有限公司
昆明中铁大厦	云南	北京中铁慧生活科技服务有限公司
云电科技园物业服务中心	云南	云南鸿园电力物业服务有限公司
总部自由港	浙江	湖州湖城投物业管理有限公司
湖盛大厦	浙江	湖州湖城投物业管理有限公司
钱江·西溪新座	浙江	浙江彩虹物业服务集团有限公司
龙坞大物业项目	浙江	杭州西湖乐居物业服务有限公司
浙江大学海宁国际校区	浙江	浙江浙大求是物业管理有限公司
莱茵·矩阵国际	浙江	浙江蓝盛物业服务有限公司
西溪未来里	浙江	绿城绿发生活服务集团有限公司
赭溪老街	浙江	浙江杨帆物业管理有限公司

数据来源：中指数据 CREIS，www.cih-index.com。

中指研究院对本次物业星级评价中表现突出的星级物业服务项目及示范基地进行深入分析，星级物业服务项目软、硬件服务发展均衡，示范基地特色鲜明。

北京哈德门广场是碧桂园服务在管高端商写项目，依托基础物业管理、数字化产品以及智能制造的服务基底，以客户为中心，匹配商企客户需求，全链条服务贯穿企业楼宇发展的生命周期，匹配商企客户的每个阶段的运营服务需求，重构商务写字楼空间、环境和服务场景，打造高效、智能、人性化的空间新生态。同时，洞察客户多元化需求，用专业服务对客户工作生活环境提供服务规划以及各项支持服务，改善空间管理质量，提高客户核心业务生产力。

上海金晨物业经营管理有限公司是碧桂园服务旗下的全资子公司，公司遵循"服务成就美好生活"的品牌理念，致力于为人们提供全程无忧的服务，提升生活品质，促进资产增值，推动社会人文素质进步的理想目标，其服务的浦明华庭项目获评五星级。

四、结语

2024年上半年，物业服务行业延续了稳健的发展势头，特别是在全国二十个重点城市中，物业服务价格的稳定性得到了显著的体现。深入调研的样本揭示了一个明显趋势：四星级物业服务项目凭借其卓越的服务品质和适中的价格优势，不仅超越了三星级项目，而且逐渐成为市场的主导力量，其市场占有率呈现逐年上升的态势。进一步分析软硬件得分情况，在这些主要城市中，软件得分普遍高于硬件得分，这反映出物业企业在软实力上的持续进步和提升。与硬件设施的更新相比，软性服务水平的优化直接关系到业主的居住体验和满意度。物业服务的人性化、个性化和专业化，已成为影响业主感知的关键因素。这一现象不仅凸显了物业服务行业对高品质发展的不懈追求，而且也映射出市场对中高端物业服务日益增长的需求。物业服务行业正逐步从传统的基础服务向更加注重居住体验和个性化需求的方向发展，力求在激烈的市场竞争中，以服务的软实力赢得业主的信任和支持。

物业企业不断提升服务质量和工作效率，加强内部管理，积极应对市场变化，展现出了较强的适应能力和发展潜力。物业行业正处于转型升级的关键时期，面对挑战，物业企业通过夯实基础、提升服务品质，不断创新服务模式，以满足市场和客户的多元化需求。

在此背景下，我们通过物业服务星级评价工作持续挖掘和传播优秀项目的服务经验和服务标准，彰显标杆项目的特点和优势，发挥优秀星级物业服务项目的示范带头作用。同时，通过对国内主要城市项目的物业服务水平和价格进行持续的跟踪调查和研究，客观反映行业发展变化，探讨物业服务价格定期调整机制的建立和落实，实现物业服务价格与服务水平的统一，推动行业的健康平稳发展。

附录：中国物业服务价格指数编制说明

基于物业管理行业需要，中指研究院在中国房地产指数系统的基础上，并结合多年积累的研究经验，参考国内外相关研究成果，形成了"中国物业服务星级评价标准体系"和"中国物业服务价格指数系统"等理论体系，并在2013年上半年进行了调研和试算。2013年6月28日，住房和城乡建设部政策研究中心主持的"中国物业服务价格指数专家鉴定会"在北京召开。由国家统计局、国务院发展研究中心、北京大学、清华大学、北京物业协会等中国房地产业界及物业服务行业的权威专家组成的评审委员会对"中国物业服务价格指数理论与实践"研究成果进行了评审，并一致通过研究成果的评审。会后，研究组对理论体系进行了完善，最终形成了中国物业服务价格指数研究方法体系。2013年12月20日，中国物业服务价格指数研究报告首次对外发布。

1. 样本选择

"质价相符"的定价原则要求物业服务价格与服务水平要相适应，在编制指数时必须区分不同标准物业服务对服务价格的影响，选择具有一定服务水平的物业项目作为指数研究的样本。基于此，研究组制定"中国物业服务星级评价标准体系"[①]，根据该评价标准选择数量充分的、符合要求的在管物业项目作为物业服务价格指数编制的样本。

"中国物业服务星级评价标准体系"分为软件和硬件两个方面的标准体系。软件标准体系由基本要求、房屋管理、公共设施管理与维修、协助维护公共秩序、保洁服务、绿化养护管理和其他管理组成；硬件标准体系包括基本要求、综合配套、绿化及景观、车位、文体娱乐设施、共用设施设备、安保系统、物业管理硬件及人员配备、物业标识等内容。

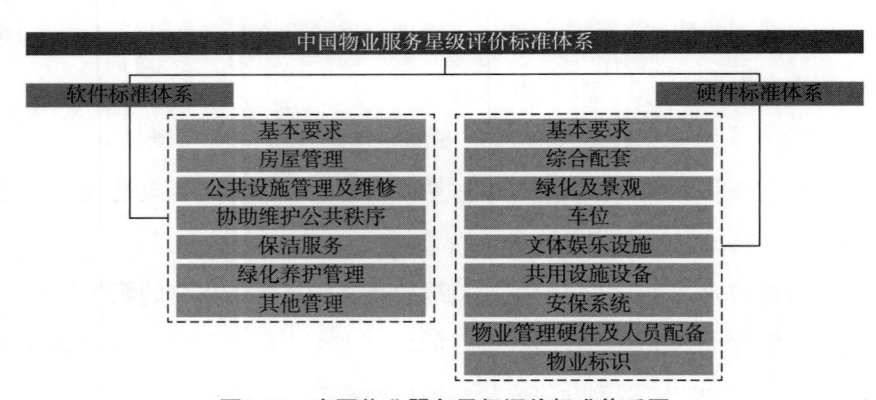

图3-10　中国物业服务星级评价标准体系图

资料来源：中指研究院综合整理。

根据星级评价标准体系，软硬件满分均为100分，满足70分≤考核评分＜80分，则符合三星级标准；满足80分≤考核评分＜90分，符合四星级标准；如果考核评分≥90分，其符合五星级标准。最终样本项目的物业服务评级取软件评价和硬件评价中较低者。如果项目物业服务的软件或硬件评价低于三星级水平，则将其录入数据库中，但不作为样本用于物业服务价格指数的计算。

在"中国物业服务星级评价标准体系"基础上，本次研究的样本选择标准如下：①位于各市城区（不包含下辖县和县级市）；②2000年后竣工验收，入住时间1年（含）以上的商品住宅项目，其中一线城市

[①] 参见中指研究院2013年6月《中国物业服务星级评价标准体系》。

（北京、上海、广州、深圳）的项目建筑面积需在10万平方米以上，其他城市在5万平方米以上；③有合法注册的物业服务企业在管；④根据"中国物业服务星级评价标准体系"，物业服务水平和硬件设施的评价结果均在三星级以上（含三星）。

考虑到数据的可获得性和在全国的代表性，遵循典型性原则，选择二十个代表城市作为研究对象：北京、上海、广州、深圳、天津、武汉、重庆、南京、杭州、成都、长沙、常州、昆明、宁波、青岛、苏州、无锡、济南、合肥、南昌。

2. 指数模型

（1）指数系统的结构

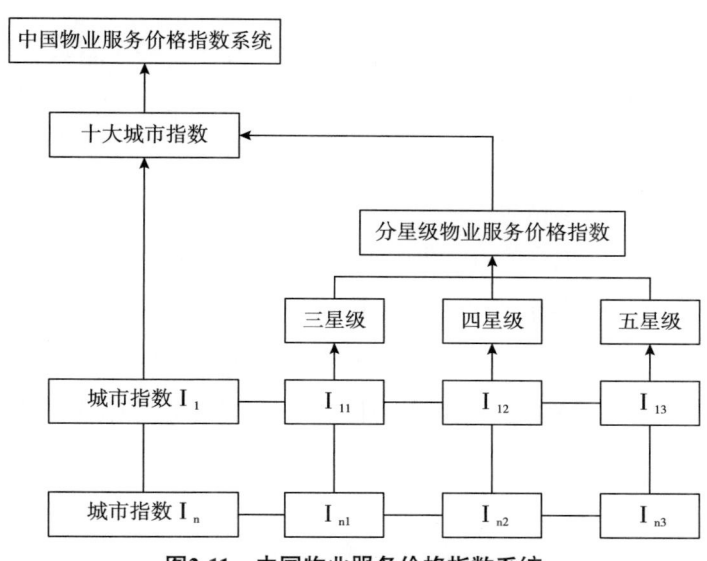

图3-11　中国物业服务价格指数系统

资料来源：中指研究院综合整理。

中国物业服务价格指数系统以城市各星级服务价格指数为最低层级，逐级生成城市物业服务价格指数、二十城物业服务价格综合指数。根据研究分析需要，还可以扩展构建城市分城区物业服务价格指数等。

（2）指数编制方法

表3-8　　　　　　　　　　中国物业服务价格指数计算模型

类别	基本分类及以下类别环比价格指数	基本分类以上各类别环比价格指数
公式	$K_{t,t-1}=\dfrac{\sum_{i=1}^{n}(\dfrac{p_t^i}{p_{t-1}^i})w_{t-1}^i}{\sum_{i=1}^{n}w_{t-1}^i}$	$K_{t,t-1}=\sum_{i=1}^{n}K_{t,t-1}^i\dfrac{w_i}{\sum_{i=1}^{n}w_i}$

资料来源：中指研究院综合整理。

计算物业服务价格指数时，以每个物业项目的建筑面积占样本库中所有合格物业项目建筑面积总和的比重为该物业项目权重。①环比价格指数，以三星级物业、四星级物业、五星级物业价格为基本项计算；②城市物业服务价格指数，根据城市各星级的物业服务价格指数按各星级样本项目建筑面积加权平均计算；③二十城物业服务价格综合指数，根据二十个重点城市的城市物业服务价格指数按各城市样本项目建筑面积加权平均计算。

3. 数据采集

物业服务价格指数的数据采集工作以企业填报、电话调研、实地调查为主。

①调查内容。一是物业服务水平，包括物业项目的软件及硬件两大方面，具体细分项参见《中国物业服务星级评价标准体系》。二是物业服务价格及建筑规模等基本信息，物业服务价格是项目的月均每平米物业服务费用；建筑规模是项目总建筑面积，是计算样本物业项目权重的指标，其他基本信息包括项目名称、竣工时间、入住时间、所在区域等。

②数据来源。一是通过中国房地产指数系统（CREIS）数据库，获取该城市住宅项目名单及基本信息。二是通过对物业项目实施电话访问和调查，收集物业服务价格等相关信息，对有地址但无联系方式的项目实施实地调查。三是通过物业服务企业填报其在管项目的相关信息。

③数据补充。对于无法取得价格数据等基础资料的样本，将采取两个方式补充，一是将没有价格数据的样本项目用同区域、同星级样本项目的价格推算；二是对无法获得当前建筑面积的样本项目通过批准上市面积等资料来估计。

④数据整理。调查所得的原始数据需进行必要处理。第一，对原始数据只有单户物业服务价格数据的项目，根据项目的户型面积等估计项目的月均每平方米物业服务价格，以便于指数计算；对原始数据中的项目进行统一的区域划分，并根据分析需要对数据范围进行适当的调整等。第二，对异常数据进行检验。按照所在区域和物业服务星级进行划分，计算每档样本均值 X 和标准差 S，正常样本数据应在两个标准差（X−2S，X+2S）即 95% 的置信范围内，超出此范围的数据应剔除，剔除后再计算样本新均值和标准差；再检验，再剔除，直到无异常数据为止。

报告四　2024中国物业服务满意度研究报告

一、2024中国物业服务满意度研究概述

（一）调查背景与目的

在当前快速变化的市场环境下，物业服务行业蓬勃发展，各物业企业纷纷致力于追求高质量发展，以赢得客户的满意度和忠诚度。这种行业态势既带来了众多机遇，也带来了严峻挑战。因此，对服务品质进行深入研究和精益求精，高度重视客户满意度，成为物业企业发展的必由之路。

在物业服务中，业主的体验感和满意度是衡量服务品质的唯一标准。业主对物业服务的满意度不仅是推动企业向服务标准化方向发展、形成品牌意识、注重提高服务品质的重要标尺，更是物业品牌长久不衰的底蕴和关键。物业企业在追求规模扩张的同时，必须认识到服务品质稳定的重要性，并努力寻求两者之间的平衡点。

为助力物业企业更好地满足客户需求，实现可持续发展，自2007年起，中指研究院已连续多年组织开展了中国居民居住物业服务满意度普查。该普查以客户视角为基础，关注对应生活场景上的物业服务体验感受和评价，帮助企业更精准地聚焦客户需求。

2024年4月至6月，中国城市居民物业服务满意度普查再次在北京、上海、广州、深圳、天津、重庆、杭州、南京、苏州等多个城市同步启动。中指研究院依托强大的中指云调研平台，凭借对物业服务百强企业40余年的专注研究和数据积累，致力于开展针对中国物业服务满意度的系统研究。这不仅为我国物业管理行业的健康发展提供了有力指导，也为全国物业企业提供了权威而高效的参考意见，从而推动整个行业的精益发展。

中国物业服务满意度研究目的：

（1）依托多年的全国性满意度研究实践，精心构建了独家数据资源库，从而能够准确揭示全国整体、各级城市以及物业服务具体细项内容等各层面的满意度真实水平；

（2）遵循行业调查标准，致力于帮助企业识别自身在竞争中的优势所在，并寻找与竞争对手的差距。通过客观调查全国各城市物业企业的满意度水平，为企业提供科学、可靠的决策参考；

（3）深入挖掘各城市中满意度表现卓越的企业，充分发挥其行业示范效应，从而全面提升整个行业的满意度水平。

（二）调查时间

2024年4月~6月。

（三）调查社区选择标准

为建立科学统一的中国物业服务满意度研究体系，形成行业规范，满足可连续测评与不同城市及企业间对比测评的要求，研究组对调查的社区进行了全面、严格的筛选，入选的社区需满足以下条件：

（1）城市主流物业服务企业服务的社区；

（2）以交付满两年以上的商品住宅类社区为主。

（四）受访者选择标准

为获得有效定量数据，客观反映居民对于产品及服务体验的满意度评价，我们严格筛选受访对象，目标群体需满足以下条件：

（1）自有住房，且购买的是新房，非二手房屋；

（2）已交付或收房的业主；

（3）对目前居住的社区物业状况比较了解。

（五）满意度研究模型及测量指标

借鉴 ACSI 理论模型框架，分析总结历年经验及业主对物业服务各细项内容的感知情况，从客户期望、质量感知、价值感知三个方面进一步优化完善指标体系，力求全面、客观评价业主对物业服务满意度水平。

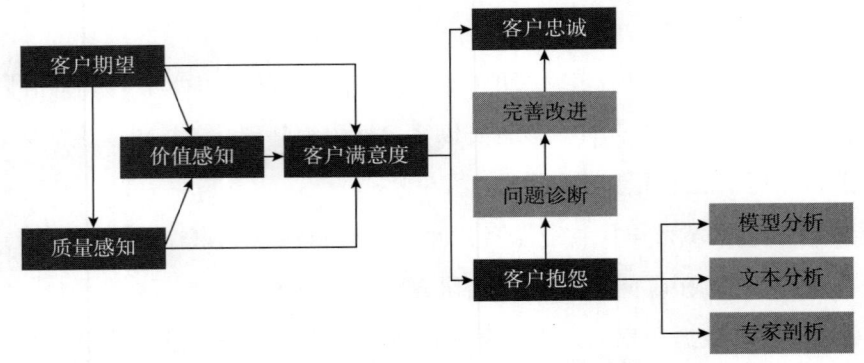

图4-1　2024年中国物业服务满意度研究模型

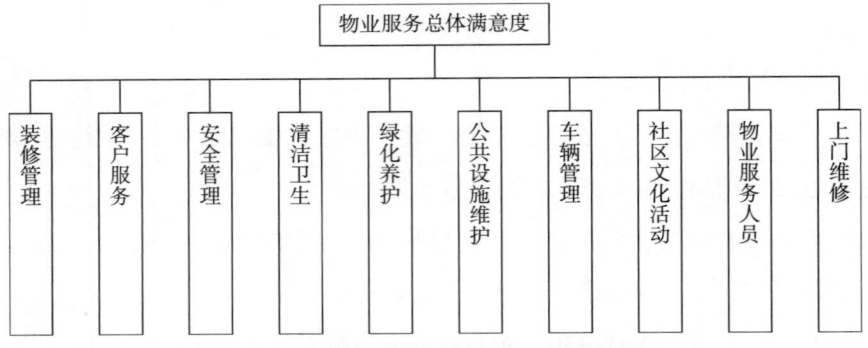

图4-2　2024年中国物业服务满意度测量指标

指标说明：

满意度 = 单项指标得分均值

有效样本量 = 对该指标给出有效回答的被访者人数，即在总人数中剔除回答"不清楚""不知道""拒答"或其他无效答案的被访者人数

（六）评分体系

对于定量问卷实际测评题目，采用5级李克特量表评价体系。李克特量表是评分加总式量表最常用的一种，该量表由一组陈述组成，每一组陈述有"非常满意""比较满意""一般""不太满意""非常不满意"五种回答，分别记为5、4、3、2、1。

5分	4分	3分	2分	1分
非常满意	比较满意	一般	不太满意	非常不满意
100分	75分	50分	25分	0分

（七）调查方式

为保证调查实施的高质量与样本的有效性，本次调查严格遵守随机抽样原则，综合运用多种采样方式以获取目标样本，具体使用的调查方式包括：

（1）借助房天下平台开展线上调研；

（2）以微信扫码为主的"互联网+"调研；

（3）重点城市安排访问员在固定地点筛选符合条件的受访者进行拦截访问，以获得被访者真实评价。

考虑到居民生活习惯的改变，本次调研以"互联网+"方式为主，降低了现场拦截访问的比例。同时对调查流程、问卷形式也进行了相应地优化，进一步提升答题效率与样本质量。

（八）样本分布

2024年中国城市居民物业服务满意度调查在全国近30个省份200多个城市同步推进，累计收集162家物业企业213420份有效样本。

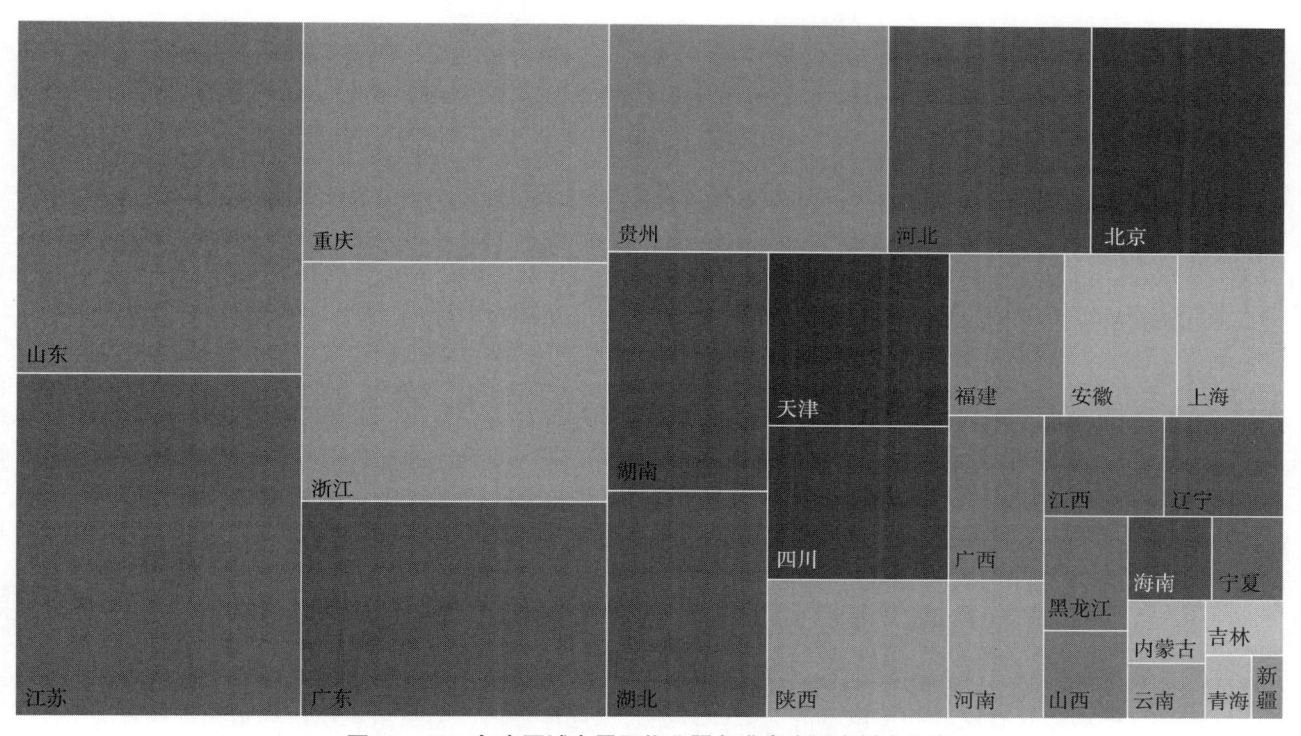

图4-3　2024年中国城市居民物业服务满意度调查样本分布

数据来源：中指研究院·中指调查。

（九）受访者背景信息

在本次调研中，受访者的性别分布呈现均衡态势，男性与女性受访者人数大致相当。从年龄构成看，80后群体依然是主体力量，占据受访者总数的32.0%，随后为90后群体，其占比为26.1%。此外，就物业费支付标准而言，2~3元/平方米/月的费用区间在受访者中占比最高，达到37.3%，其次，1~2元/平方米/月的费用区间也在受访者中占据相当比例，超过30%。

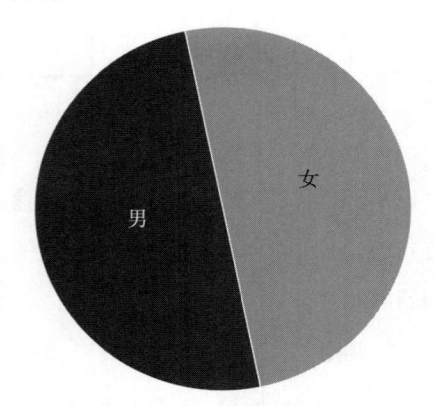

图4-4 受访者性别分布

数据来源：中指研究院·中指调查。

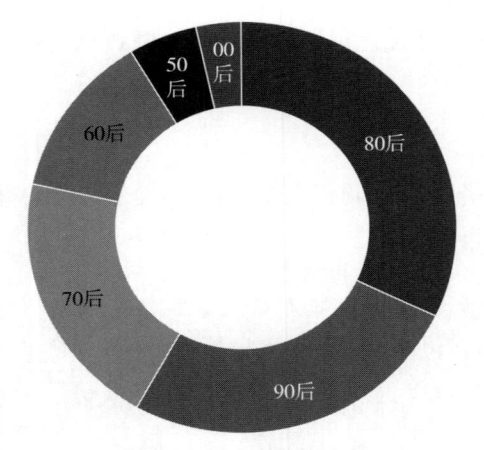

图4-5 受访者年龄分布

数据来源：中指研究院·中指调查。

二、中国物业服务满意度研究结果

（一）全国总体评价结果

1. 物业服务满意度止住下跌趋势，呈现稳定态势。2024年全国物业服务满意度为73.1分，显示出物业服务行业在提升服务质量和满足业主需求方面取得了一定的成效

优质的物业服务不仅是住宅品质的进一步延伸，更是提升居民居住体验的关键因素。在现代社会，物业服务已逐渐超越简单的清洁、绿化与安保工作范畴，深入到居民生活的各个层面，成为社区治理不可或缺的一环。优质的物业服务能够为居民打造舒适且安全的居住环境，对于提升居民的生活品质具有至关重要的作用。然而，若物业服务管理存在松懈，则将对居民的日常生活造成负面影响，甚至可能导致居民对

物业管理产生不信任感，进而引发一系列社区问题。例如，物业服务不到位可能导致小区环境脏乱差、绿化养护不当、垃圾清理不及时等问题，严重降低居民的生活质量。同时，安全隐患未能及时发现和处理，也将对居民的生命财产安全构成潜在威胁。

为提升服务质量，物业企业深刻认识到服务质量的重要性，始终坚持以客户满意为业务可持续发展的核心。他们致力于对物业服务进行持续改进和创新，以满足居民日益增长的需求。品牌企业更是通过定期开展"自省"服务，如物业服务满意度评价等方式，对服务进行全面诊断与评估。通过收集居民的反馈意见，物业企业能够及时发现服务的短板，并采取有效措施进行改进。此外，物业企业还注重提升服务人员的素质和能力，他们加强对服务人员的培训和管理，提高服务意识和专业技能水平；同时，通过引入智能化、信息化等先进技术，提升服务的效率和质量。

随着居民对居住品质要求不断提升，物业服务满意度也在回升。根据最新调查数据显示，2024年物业服务满意度相比往年有了小幅提升，达到73.1分。这一成绩的取得，离不开物业企业持续努力和创新，他们通过提供优质服务、加强与居民的沟通互动等方式，赢得了居民的广泛信任和认可。

而行业内领先的物业企业以满意度建设为抓手，注重客户体验，深化生活场景，努力将客户感受上的期望与现实的差距降到最低，提升满意度水平，依托市场口碑、品牌优势获得更多客户的认可，2024年标杆物业企业满意度达到近五年最好水平90.1分。

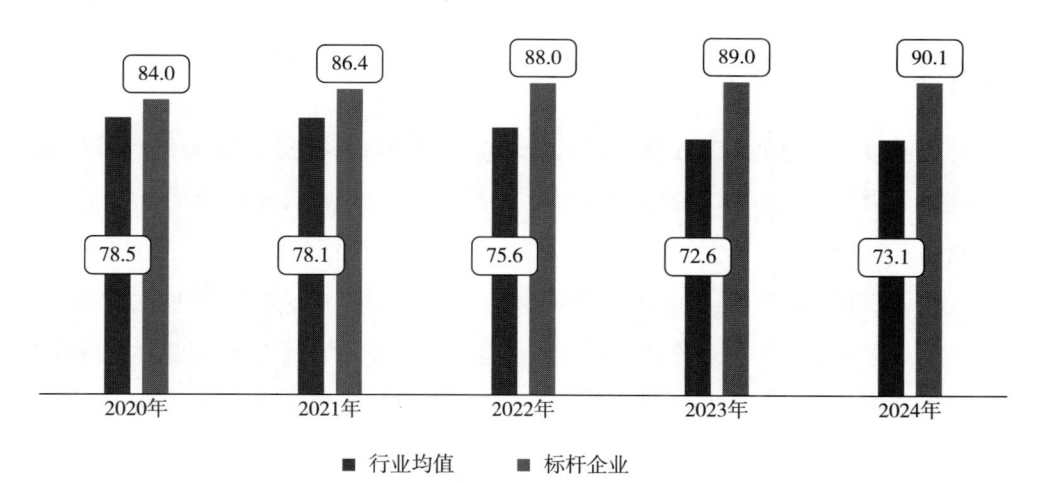

图4-6 近五年物业服务满意度变化情况

年份	行业均值	标杆企业
2020年	78.5	84.0
2021年	78.1	86.4
2022年	75.6	88.0
2023年	72.6	89.0
2024年	73.1	90.1

说明：本次中国物业服务满意度普查所采集的有效数据，仅限于已收房且对物业服务有深入了解的业主群体。这一取值范围旨在确保数据的准确性和代表性，从而更全面地反映物业服务的质量和业主的满意度。

数据来源：中指研究院·中指调查。

2. 随着入住时间的逐渐增长，业主对于物业服务满意度的提升呈现出积极趋势，其中，老业主对物业服务的评价出现回升态势

本次调研涵盖了磨合期、稳定期及老业主三个阶段的业主群体。在磨合期阶段，业主普遍期望物业企业能够迅速响应其报修请求，并有效解决各类问题。然而，由于房屋交付现实与前期预期的差异，业主可能产生不满情绪，导致此阶段满意度相对较低，仅为66.1分。随着时间推移，业主进入稳定期，对物业企业有了更深入的了解，并开始对物业服务的内容进行更为客观的评价。此时，业主的需求逐渐从基础服务转向增值服务，物业企业也相应提供了更为个性化、多样化的服务。因此，物业服务满意度在稳定期有所上升，达到71.9分。在老业主阶段，物业服务的稳定性和持续性成为业主最为关注的重点，物业企业致力于长期提供优质服务，确保业主的生活品质不受影响。同时，随着业主对物业管理流程的熟悉，对物业服务的满意度进一步提升，达到76.0分。

相较于2023年的数据结果，磨合期与稳定期的评价均呈现下滑趋势，分别降低了0.5分和0.1分。然而，老业主群体的物业服务满意度取得了进步，增幅达到1.0分，这一积极变化表明，老业主物业服务满意度的提升对整体行业产生了积极的推动作用，促使行业满意度有所回升。

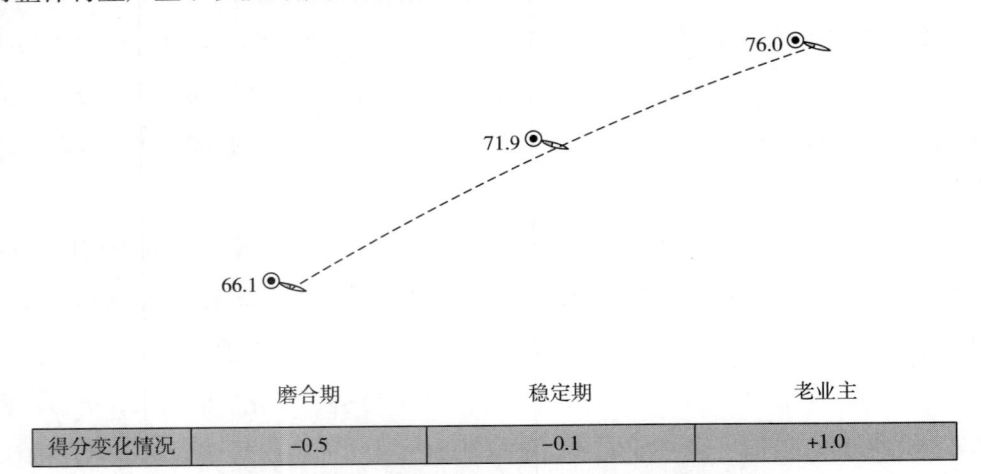

	磨合期	稳定期	老业主
得分变化情况	−0.5	−0.1	+1.0

图4-7　不同业主类型物业服务满意度年度变化情况

数据来源：中指研究院·中指调查。

（二）物业服务细项评价结果

近年来，随着物业服务行业的蓬勃发展，各大物业企业纷纷致力于提升服务质量以满足市场需求。为此，我们针对该领域开展了深入且详尽的调研工作，围绕10项细项指标进行全面分析，旨在深刻揭示物业服务行业的现状与发展趋势。

根据2024年的调研数据显示，在10个细项指标中，客户服务满意度得分位居首位，高达78.6分，这得益于各物业企业对客户服务工作的高度重视和持续投入，充分体现了客服团队在提升服务品质方面的重要作用。同时，物业服务人员作为行业的核心力量，其专业素养和服务态度对于业主的居住体验具有重要影响，调研结果显示，物业服务人员满意度达到78.4分，显示出物业企业在人员培训和管理方面取得的积极成效。然而，我们也注意到，装修管理、公共设施维护以及车辆管理指标在整体排名中仍处于较低位置。其中，车辆管理评价得分最低，显示出物业企业在这些方面仍需加强改进。

值得一提的是，相较于2023年，10个细项指标均呈现出不同程度的提升。其中，社区文化活动指标的上涨幅度最为显著，较上年提升了2.1分，这得益于物业企业通过举办各类文化活动，丰富了业主的业余生活，增强了业主之间的交流与互动，同时也提升了物业服务的品牌形象和影响力。

综上所述，物业服务行业在提升服务质量方面已取得显著成果，但仍需继续努力。未来，物业企业应进一步加强员工培训和管理工作，提高服务效率和质量；同时，密切关注业主需求和反馈，不断优化服务内容和方式，为业主提供更加优质、便捷的物业服务。

（1）客户服务

客户服务的满意度得分在2024年达到78.6分，成绩显著，成功扭转了下滑趋势，显示出物业企业在客户服务质量提升方面取得了一定成效。

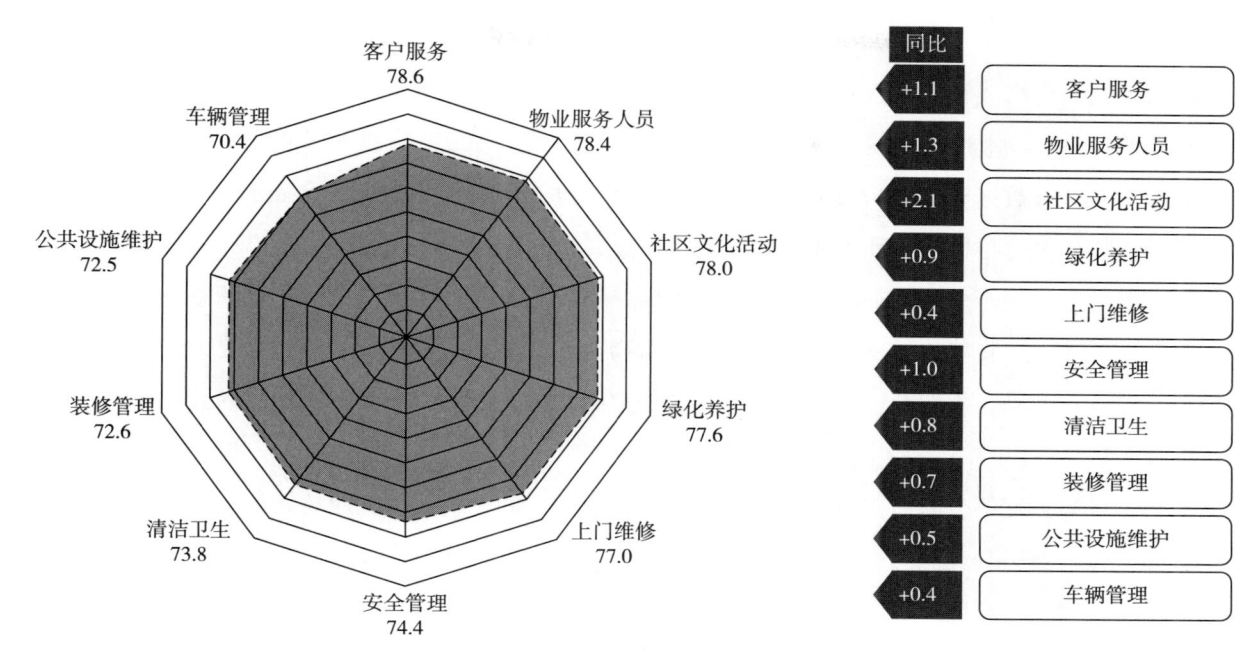

报告四　2024中国物业服务满意度研究报告　347

图4-8　物业服务细项指标满意度情况

数据来源：中指研究院·中指调查。

根据2024年最新调查数据显示，物业客户服务的满意度评分达到78.6分，相较于上年，提升了1.1分，呈现出进步态势。这一提升不仅彰显了物业客户服务在提升服务质量和客户满意度方面的不懈努力，更是广大业主对物业服务认可与信赖的直观体现。首先，在服务态度上，客服中心的员工始终秉持热情、耐心的原则，无论面对何种问题，都能迅速响应、耐心解答，为业主营造如家般的温馨氛围；其次，在服务质量上，积极引进先进的管理理念和技术手段，致力于提升服务效率和质量，为业主提供更加便捷、高效的服务体验；此外，还积极探索服务创新，以满足业主日益增长的需求。

为了进一步提升业主满意度，品牌物业企业已深入研究，以客户为本，针对不同群体的需求，量身定制专属服务，并对原有业务进行精细化管理。这一系列的努力旨在让客户感受到更加贴心、周到的服务，从而锻造出优质的服务体验，实现服务差异化，进一步彰显品牌底蕴。

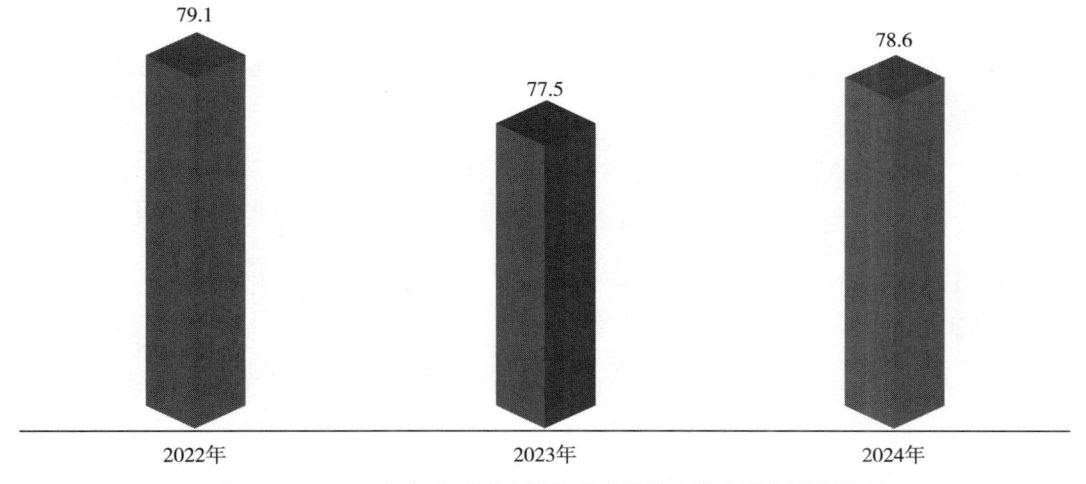

图4-9　2022—2024年中国物业服务满意度普查客户服务得分情况

数据来源：中指研究院·中指调查。

（2）物业服务人员

物业服务人员是物业管理的核心，2024年满意度得分仅次于客户服务。

在物业管理中，物业服务人员发挥着不可或缺的作用，其工作成效直接关联着业主与住户的日常生活体验与满意度。调查数据显示，2024年物业服务人员满意度78.4分，相较于上年提升了1.3分，充分印证了物业服务人员的努力与付出得到了业主的广泛认可。

这一积极的变化源于多方面的因素影响。一方面，物业服务人员经历了更为系统和专业的培训，从而提高了服务质量和专业技能；另一方面，物业企业对物业服务人员的管理和考核机制更为强化，激励他们更好地履行职责；此外，物业企业强化了与业主及住户的沟通与互动，及时解决他们的问题和反馈，从而进一步提升了满意度。

然而，尽管满意度得分有所提升，但仍有进一步优化的空间。物业企业应持续加强对物业服务人员的培训与管理，以不断提升其服务质量和专业素养；同时，亦应加强与业主及住户的沟通与交流，及时了解他们的需求与反馈，以便更好地满足他们的期待。

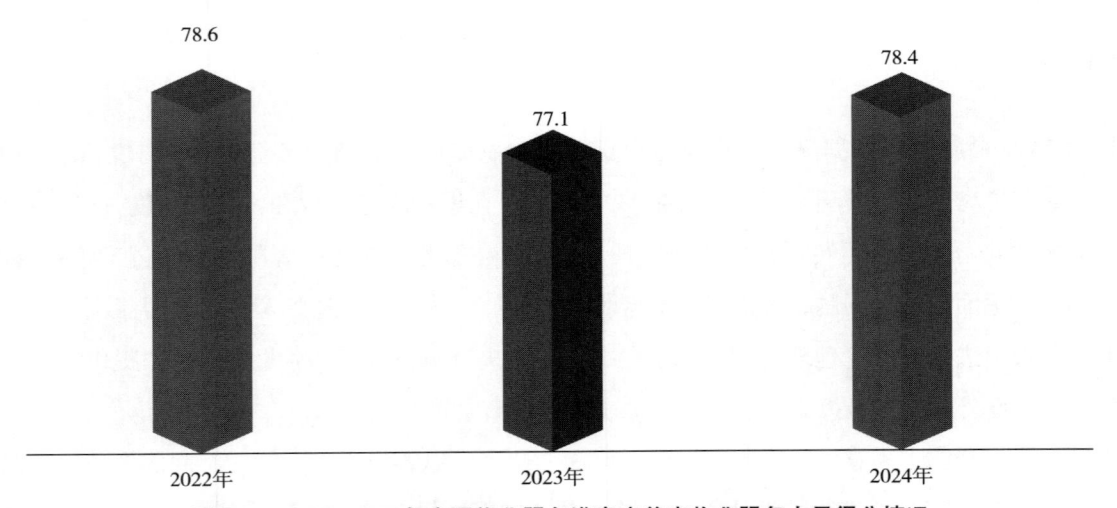

图4-10　2022—2024年中国物业服务满意度普查物业服务人员得分情况

数据来源：中指研究院·中指调查。

（3）社区文化活动

2024年的各细项指标中，提升幅度相对最大，较上年增加了2.1分，显示出社区文化活动在居民中受到了更广泛的认可和喜爱。

近年来，随着居民生活品质的显著提升与精神文化需求的持续增强，物业社区文化活动已成为居民日常生活中不可或缺的重要组成部分。根据2024年最新调查数据，物业社区文化活动的满意度得分实现了2.1分的增长，达到78.0分，这一显著的增长趋势无疑为社区文化建设注入了新的活力。

社区文化活动满意度增长背后，是多重因素的共同推动。首先，物业企业对社区文化活动的重视程度显著提升，逐年加大了人力、物力、财力的投入。他们精心策划并组织了多样化的活动，积极倾听居民声音，依据居民需求和兴趣定制活动内容，确保活动贴近居民生活。其次，社区文化活动的内容与质量亦在稳步提升，从传统的节日庆典、文艺演出，到现代的科技体验、健康讲座，活动形式与内容日益多样化和个性化；同时，物业企业积极引进专业的策划与执行团队，确保活动的专业性与创新性。这些努力不仅提升了活动的吸引力，也使居民在参与中获得了更多乐趣与收获；此外，居民对社区文化活动的参与度和认同感也在不断增强。随着活动的持续开展与宣传力度的加大，越来越多的居民开始关注并参与其中，他们在活动中找到了兴趣与爱好，结识了更多朋友与邻居，增强了社区的凝聚力与归属感。

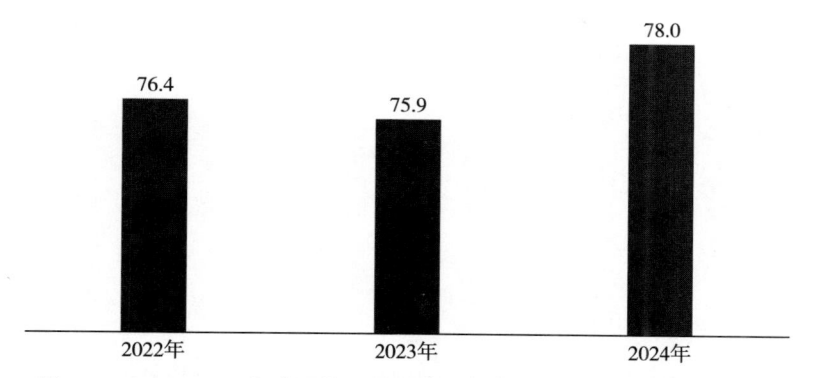

图4-11　2022—2024年中国物业服务满意度普查社区文化活动得分情况

数据来源：中指研究院·中指调查。

然而，我们也应清醒地认识到，尽管物业社区文化活动的满意度得分增长明显，但仍面临一些问题和挑战。部分居民对活动的宣传与推广了解不足，参与度有待提升；部分活动的组织与管理还需加强，需进一步提高活动的专业性与规范性。

为进一步提升物业社区文化活动的满意度得分，我们可从以下几个方面着手：一是持续加大投入力度，提升活动数量与质量；二是加强活动策划与执行团队建设，提高活动专业性与创新性；三是加大活动宣传与推广力度，提高居民参与度和认同感；四是建立健全活动组织与管理机制，确保活动规范性与安全性。物业社区文化活动满意度得分的增长是一个积极的信号，它标志着社区文化建设正不断向前发展，物业企业应珍视这一成果，持续努力推动社区文化活动的繁荣与发展，为居民创造更加丰富多彩、健康向上的生活环境。

（4）绿化养护

物业企业致力于优化服务触点，稳固基础管理，并着力提升服务亮点，成功将绿化养护的评分提升至77分以上，体现了企业对于服务质量和环境美化的高度重视与持续改进。

在现代都市生活的快节奏背景下，绿色植被的重要性愈发凸显。它们不仅为城市环境增添美感，提供视觉上的愉悦，更在维护生态平衡、提升居民生活品质方面起到至关重要的作用。为确保绿色植被的健康生长，绿化养护工作必须严格遵循季节与气候变化的规律，因地制宜地实施翻耕、喷药、灌溉等必要措施。通过精心策划与细致执行，园区内的绿色植被得以繁茂生长，构筑出一幅幅富有诗意的自然画卷，使忙碌的都市居民亦能深切领略大自然的魅力与和谐。

根据调查数据显示，2024年物业绿化养护工作的评价得分为77.6分，较之于2023年上升了0.9分。部分物业企业强化了绿化的日常养护工作，如定期修剪草坪、浇水、施肥、病虫害防治等，确保植物健康生长；同时，根据季节和植物的生长习性，物业企业制定科学的养护计划，使得绿化养护工作更为精准高效；此外，物业还加强了与业主的沟通与合作，通过定期的业主大会、问卷调查等方式，收集业主对绿化养护工作的意见和建议，并及时进行改进。这种紧密的合作关系不仅提高了绿化养护工作的针对性，还增强了业主对物业服务的信任与满意度。

与此同时，物业企业还积极引入先进的绿化养护技术和设备，如智能灌溉系统以实现精准浇水控制，以及生物防治技术来减少化学农药的使用。这些先进技术的应用不仅提升了绿化养护工作的效率与质量，还降低了物业服务的成本；最后，物业团队加强了对绿化养护人员的培训与管理，定期进行技能和知识培训，提升他们的专业水平和服务意识；同时，建立完善的考核与激励机制，以激发绿化养护人员的工作积极性和责任心。

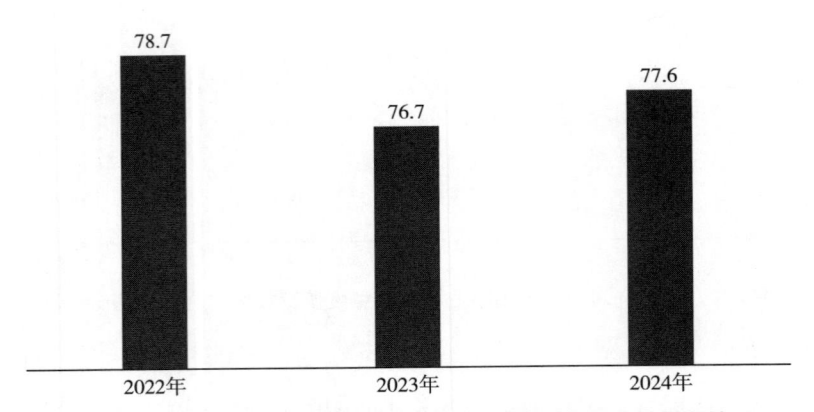

图4-12　2022—2024年中国物业服务满意度普查绿化养护得分情况

数据来源：中指研究院·中指调查。

（5）上门维修

上门维修满意度已回升至77.0分，相较于上年，实现了0.4分的微幅增长。

在2024年，物业上门维修服务的满意度评价得分达到77.0分，较上年同期上升了0.4分。这一数据反映了上门维修服务质量在一定程度上有所提升，但仍具备进一步优化的潜力。首先，应积极推动设备升级工作，通过引进先进、高效的维修设备，以提升维修工作的效率与质量；其次，需加强员工培训工作，包括专业技能培训与服务态度培训，以提升员工的专业素养和服务意识，使其能更好地满足居民的维修需求；此外，建议建立有效的奖励机制，对表现优秀的员工进行表彰与奖励，以激发员工的工作积极性与创新精神，从而推动物业服务质量的持续提升；同时，物业应持续关注并深入了解居民的需求与期望，通过定期收集与分析居民的反馈意见，及时发现并解决服务中存在的问题与不足，确保服务质量得到持续改进。

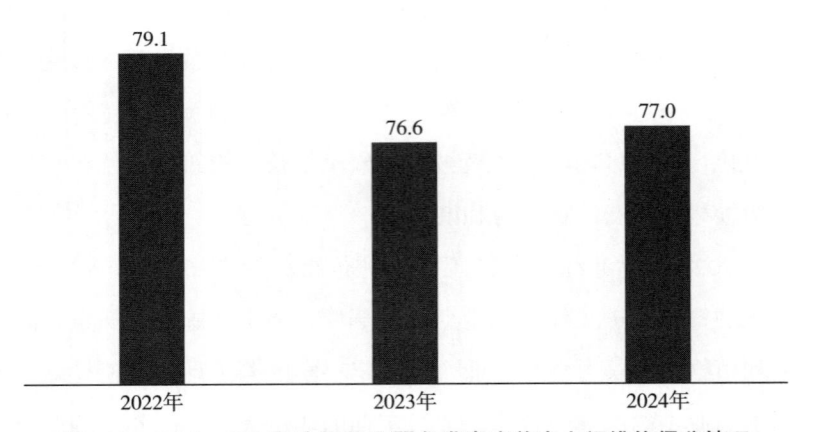

图4-13　2022—2024年中国物业服务满意度普查上门维修得分情况

数据来源：中指研究院·中指调查。

综上所述，物业通过设备升级、员工培训、奖励机制建设及持续关注居民需求等多方面的努力，能够不断提升维修服务质量，进而提高居民的满意度评价得分。此举不仅有助于提升物业服务的市场竞争力，也为物业企业的长远发展奠定了坚实基础。

（6）安全管理

2024年安全管理满意度提升1.0分，达到了74.4分。

安全管理作为物业服务不可或缺的一环，涵盖了治安保卫、消防安全、应急处理等多个核心领域。根据2024年物业服务满意度普查结果，安全管理满意度评价得分达到74.4分，较2023年上升1.0分。这一增长不仅是对物业企业勤勉努力的肯定，更是对其高度负责、严谨稳重态度的体现。

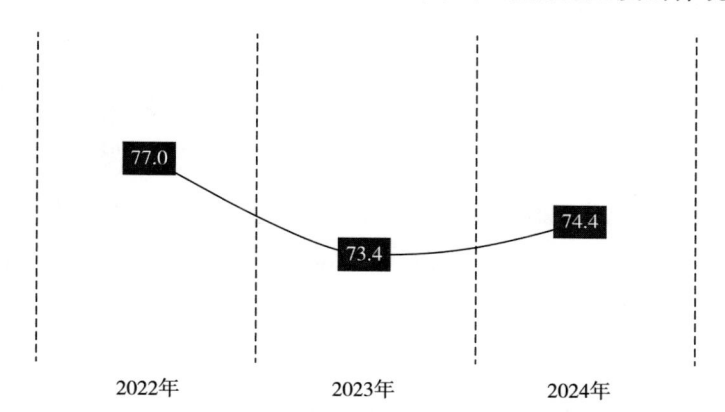

图4-14 2022—2024年中国物业服务满意度普查安全管理得分情况

数据来源：中指研究院·中指调查。

在社区安全管理实践中，物业企业始终坚守严谨、稳重、理性的原则，对安全设施进行定期维护和更新，确保其功能正常、运行有效；同时，对老旧设施进行及时更替，以适应日益复杂的安全环境；此外，物业企业还加大了巡逻和监控的力度，通过提高巡逻频次和扩大监控范围，确保社区安全无死角；借助先进技术手段，实施实时监控和预警机制，一旦发现异常，立即进行处置，保障社区的安全稳定。除硬件升级外，物业企业还非常重视与居民的沟通互动，定期召开居民会议，倾听居民意见和建议，及时回应和处理居民的安全问题和投诉；同时，积极开展安全宣传活动，普及安全知识和应急处理措施，提升居民的安全意识和自我保护能力。

在行业内，部分优秀的物业企业在安全管理方面也采取了多项措施。例如，龙湖智创生活致力于构建全方位的安全防护体系，引进先进的安全技术和管理模式，提升社区安全防范能力；绿城服务则注重安全文化建设，通过各类安全培训和教育活动，增强员工和居民的安全意识；万科物业实施了一系列智能化安全管理措施，如智能门禁系统、智能监控系统等，提高社区安全管理效率；金茂服务则注重与社区周边环境的协调，与公安、消防等部门紧密合作，共同维护社区的安全稳定。这些行业内领先企业的安全管理实践，不仅为社区安全管理提供了宝贵的经验和参考，也推动了整个行业安全管理水平的持续提升。

（7）清洁卫生

得分较上年基本持平，仅有0.8分的微增，最终得分为73.8分。

根据最新调查结果，2024年物业清洁卫生满意度得分为73.8分，相较于上年同期呈现出微增的趋势。虽然增长的幅度相对较小，实际上反映出了小区在维护环境卫生方面所付出的坚持不懈的努力和所取得的令人瞩目的成果。

76.1　　　　73.0　　　　73.8

2022年　　　2023年　　　2024年

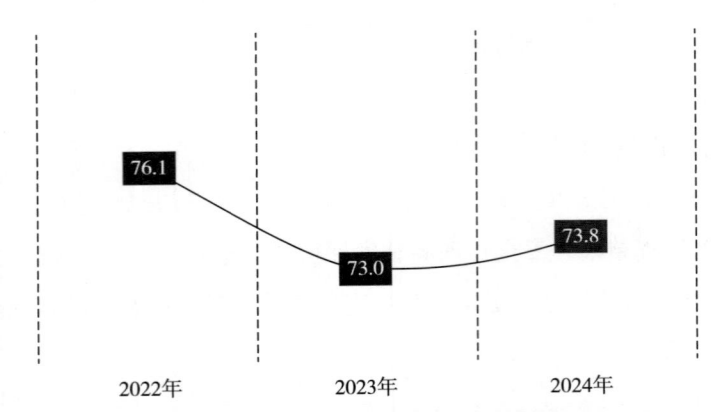

图4-15　2022—2024年中国物业服务满意度普查清洁卫生得分情况

数据来源：中指研究院·中指调查。

　　清洁卫生作为社区整体环境质量不可或缺的关键组成部分，其维护水平的高低直接影响着居民的生活舒适度和健康状态。一个整洁、清新的居住环境，不仅让居民们心情愉悦，还能有效防止疾病的滋生与传播。因此，物业企业始终将提升清洁卫生的工作标准作为重要的职责和目标，他们通过引进先进的清洁设备，加强清洁人员的专业培训，制定更加科学、合理的清洁计划，确保小区的每一个角落都能保持干净整洁；此外，物业企业还积极倾听居民的声音，及时了解他们的需求和期望，不断对清洁工作进行调整和改进，以满足居民不断提升的期待，这种以居民为中心的服务理念，让居民们更加信任和支持物业企业的工作。

　　（8）装修管理

　　2024年装修管理满意度同比增长0.7分，提升至72.6分。

　　2024年物业装修管理的满意度评分为72.6分，比上年提升0.7分，这一进步无疑彰显了物业企业在装修管理方面已经取得了一定程度的改善。为了持续提升装修管理服务的满意度评分，物业企业可以从以下几个方面着手。

　　第一，加强装修监管是提升装修管理服务水平的重要保障，物业企业应建立健全的装修监管制度，加强对装修工程的监督和检查，及时发现并解决施工过程中的问题；同时，还应加强对装修施工人员的培训和管理，提高他们的专业素养和安全意识，确保装修工程的安全、高效进行。

　　第二，物业企业应提升装修服务水平，为业主提供个性化的装修设计方案，满足他们不同的需求和审美；同时，还应优化施工流程，减少施工过程中的噪音、灰尘等污染，为业主创造一个更为舒适的生活环境。

　　第三，加强物业与业主之间的沟通与协调也是提升装修管理满意度的重要手段，物业企业应定期举办业主座谈会、装修管理培训等活动，加强与业主的沟通和交流，了解他们的需求和期望；物业企业还应建立有效的反馈机制，及时收集和处理业主的投诉和建议，确保装修管理工作得到业主的认可和支持。

　　第四，持续改进是提升装修管理服务水平的关键。物业企业应定期组织装修管理服务的评估与反馈工作，及时发现并改进存在的问题和不足；同时，物业企业还应积极借鉴其他优秀物业企业的装修管理经验和做法，不断引进新的管理理念和技术手段，推动装修管理服务工作的持续改进和创新发展。

图4-16　2022—2024年中国物业服务满意度普查装修管理得分情况

数据来源：中指研究院·中指调查。

（9）公共设施维护

满意度同比仅增长0.5分，客户评价为72.5分。

物业公共设施的维护工作对于确保居民生活品质与安全至关重要，任何设施故障或损坏都可能给居民带来不便，甚至引发安全隐患。根据最新调查数据显示，2024年物业公共设施维护工作的评价得分为72.5分，相较于上年，这一得分实现了0.5分的同比增长，显示出物业企业在维护工作方面的稳步提升与努力。具体而言，物业企业在公共设施维护工作方面采取了一系列切实有效的措施，通过加强公共设施的定期巡检和预防性维护，确保了设施的正常运行和延长使用寿命。同时，注重提升维护人员的专业技能和服务水平，通过系统培训和考核，不断提高他们的工作能力和责任意识。这些举措的实施，使得物业公共设施维护工作取得了一定成效。居民们普遍反映，小区内的各项设施运行状况良好，维护及时有效，大大提升了他们的生活品质与居住安全感。

然而，物业公共设施维护工作仍然面临着诸多挑战与不足。加强日常巡查、提升员工素养、运用科技手段以及加强与居民的沟通和互动是改善物业公共设施维护工作水平的关键措施，将有助于提升物业企业的服务质量，为居民营造更加安全、舒适的生活环境。

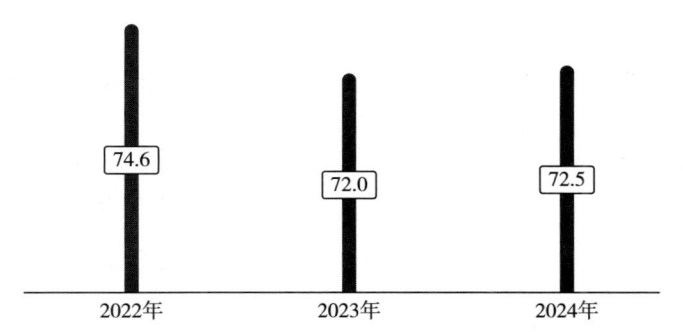

图4-17　2022—2024年中国物业服务满意度普查公共设施维护得分情况

数据来源：中指研究院·中指调查。

（10）车辆管理

车辆管理是得分显著偏低的核心指标，也是行业普遍存在的挑战，构成了企业亟待强化和改进的薄弱环节。

车辆管理作为行业内普遍存在的共性问题，已成为各物业企业亟需加强的薄弱环节。据调研数据显示，2024年物业车辆管理的满意度评价得分为70.4分，这一成绩在物业服务各细项指标中处于最低位，与上一年度相比，其满意度仅微增0.4分。鉴于车辆管理在物业管理中的核心地位，以及其对业主日常生活和社区整体秩序的深远影响，各物业企业正深入剖析当前车辆管理存在的问题，并积极探索有效的改进措施。

从业主反馈中可发现，导致车辆管理满意度较低的原因众多，包括但不限于停车资源紧张、车辆停放秩序混乱、交通疏导不畅等问题。针对这些挑战，物业企业应以严谨的态度、稳重的作风，进行理性分析，并据此制定切实可行的解决方案。

首先，应完善车辆管理制度，明确各方职责和权利，规范车辆停放和行驶行为，确保管理制度的明确性和可执行性；其次，加大执法力度，对违规行为进行严肃处理，确保管理制度得到有效执行，维护社区秩序；此外，还需加强服务人员培训，提升其专业素养和服务水平，确保车辆管理工作的高效运转；同时，物业企业应积极探索并应用新技术和新方法于车辆管理中，例如通过引入智能化停车系统、车牌识别技术等手段，提升车辆管理的智能化水平，优化管理效率和服务质量。

综上所述，提升物业车辆管理满意度是一项长期且艰巨的任务，物业企业应秉持严谨、稳重、理性的态度，积极采取有效措施，不断完善管理制度，提升服务人员素质，并积极应用新技术和新方法，以推动车辆管理工作的持续改进和整体提升。

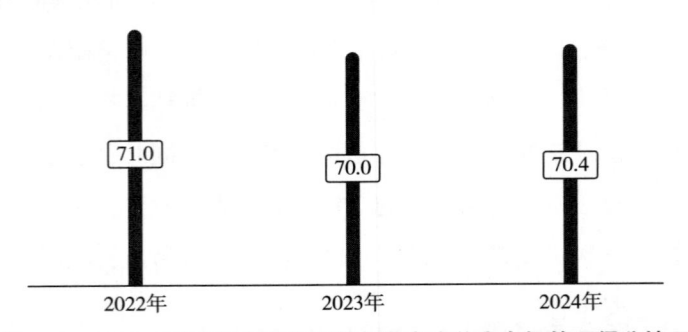

图4-18　2022—2024年中国物业服务满意度普查车辆管理得分情况

数据来源：中指研究院·中指调查。

（三）典型城市评价结果

1. 北京、上海、广州、深圳这四个一线城市物业满意度水平普遍稳定，大致维持在74分左右，这一结果反映了这些城市在物业管理与服务方面所取得的相对稳定的成效

一线城市在物业服务领域展现出了显著的优势，平均得分超过73分，均超出行业平均水准。其中，北京和上海的表现较好，其得分位居前列，彰显了这两大城市在物业服务领域的强劲实力。相对而言，深圳的表现稍显逊色，其得分与其他一线城市相比略低，但仍处于行业较高水平。

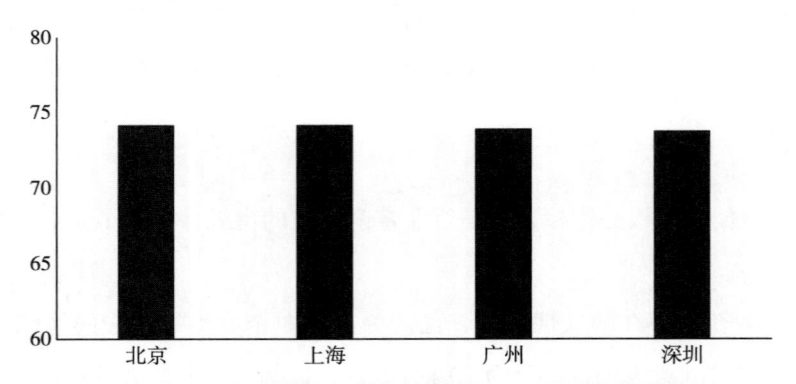

图4-19　2024年中国物业服务满意度普查一线城市得分情况

数据来源：中指研究院·中指调查。

2. 新一线城市中，杭州物业服务满意度方面表现卓越，得分名列前茅，显著领先于其他城市

在新一线城市中，各城市的物业服务水平呈现出显著的差异。其中，杭州凭借其雄厚的经济实力、高度繁荣的服务业以及政府对物业管理行业的持续关注与扶持，在物业服务领域取得了显著的成效，得分最高，成为新一线城市中的翘楚，从而吸引了大量的人才和投资。然而，成都、天津、郑州、长沙、青岛等城市在物业服务方面得分优势不突出，物业企业需对相关问题给予足够重视。

物业服务作为城市发展的重要支撑，其质量和水平直接关系到居民的生活品质。因此，各方应共同努力，致力于提升物业服务的整体质量和水平，为居民创造更加宜居的生活环境。一方面，这些城市可以积极借鉴杭州等优秀城市的先进经验，加强物业服务的专业化和规范化建设，提升服务团队的专业素养和管理能力；另一方面，政府也应出台相关政策，加强对物业管理行业的引导和监管，推动行业的健康发展，切实保障居民的合法权益。

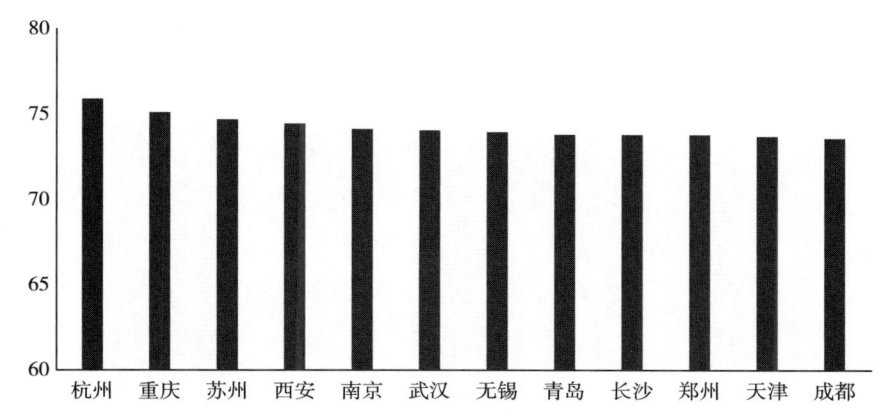

图4-20　2024年中国物业服务满意度普查新一线城市得分情况

数据来源：中指研究院·中指调查。

3. 二线城市中，济南的满意度水平表现相对突出，呈现较高态势；而常州表现则稍显不足，未能达到行业平均水平

参与本次调研的五个二线城市中，济南的物业服务在质量与效率上均得到了业主的广泛认可与高度评价，其满意度指标显著高于其他城市。相对而言，常州市的物业服务则显现出了明显的短板，不仅服务质量和效率未能满足业主的期望，甚至尚未达到整个行业水平，一定程度上映射出当地物业管理水平的不足，亟待改进与提升。

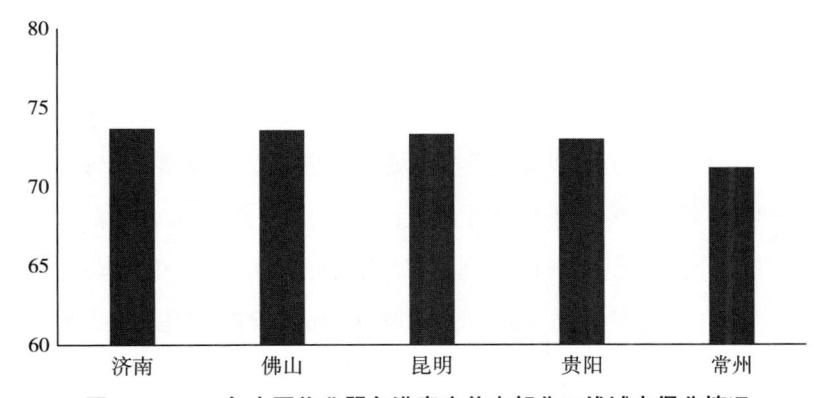

图4-21　2024年中国物业服务满意度普查部分二线城市得分情况

数据来源：中指研究院·中指调查。

4. 重点城市具体表现

北京

2024年调查结果显示，北京市的物业服务满意度显示出了积极的增长态势，整体满意度评分达到了74.3分，相较于2023年，实现了0.2分的微幅提升。这一提升虽细微，但无疑标志着北京市在物业服务领域所付出的努力已取得初步成效，居民对物业服务的满意度正逐步提升。这微小的0.2分增长，彰显了北京市政府及相关企业在提升物业服务方面所取得的积极进展。然而，这一提升并非终点，仍需持续保持并强化，确保居民能够持续享受到更加优质、高效的物业服务。综上，2024年北京市物业服务满意度的小幅提升，是北京市在物业服务领域持续努力与投入的结果。

面向未来，北京市已明确提出"建成100个群众满意的物业服务示范项目"的目标。这一目标的设定，充分体现了北京市在提升物业服务质量上的坚定决心与实际行动，通过推动这些示范项目的建设，北京市期望在全市范围内形成标杆效应，从而带动整体物业服务水平的提升，进一步满足居民对于优质居住生活的期待。

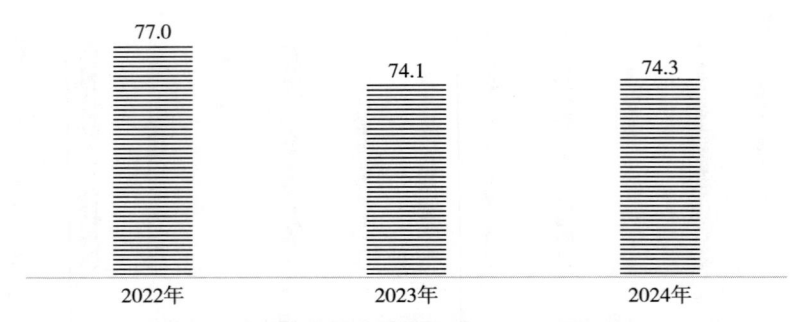

图4-22 中国物业服务满意度普查—北京得分情况

2022年	2023年	2024年
77.0	74.1	74.3

数据来源：中指研究院·中指调查。

金茂服务秉持"客户需求至上"的原则，坚守高品质服务的初心，持续完善客户体验管理体系，积极构建并维护各阶段客户关系。通过创新服务升级，多维度深入挖掘客户体验及需求，不断优化服务能力，并定期组织年度品质提升行动，旨在全面提升客户的体验感与满意度。

绿城服务以"真诚、善意、精致、完美"为核心价值观，坚持人本理念，以终为始，以创新为核心的发展方针。公司明确以客户满意度和员工满意度为核心导向，确立以质效优先、创新引领、固本培元为三大发展纲领。全面回归园区服务，高度聚焦于优质城市、优质客户、优质项目，加速推动物业服务向生活服务和城市服务的转型升级。

上海

当前，物业企业正积极响应市场变革，将品质服务作为核心竞争力，以谋求更为长期、稳健的发展，进而推动行业整体规模有序增长。与此同时，资本市场亦在进行快速调整，随着高估值泡沫的逐渐消散，行业价值正逐步回归理性。值得注意的是，2024年上海市物业服务满意度延续下滑态势，满意度得分为74.3分，较2023年下降0.2分，显示出当前物业服务品质提升仍面临不小的挑战。

然而，优秀的物业企业凭借自身实力和远见，不断实施战略改革，创新服务模式，并通过党建引领和智慧化建设等举措，努力打造令客户满意、政府放心的服务标准，这些企业正积极引领行业朝着更加健康、可持续的方向迈进。

75.6	74.5	74.3
2022年	2023年	2024年

图4-23　中国物业服务满意度普查—上海得分情况

数据来源：中指研究院·中指调查。

绿城物业服务集团有限公司上海分公司，于2004年正式成立，作为一家现代服务企业，其业务核心稳固于物业服务，同时拓展至生活服务与城市服务两大领域，并以智慧科技为驱动，推动公司向数字化、平台化、生态型方向发展。公司始终坚守"真诚、善意、精致、完美"的核心价值观，致力于为广大业主提供富含人文关怀的服务，其卓越的服务品质赢得了业界广泛认可与赞誉。

高地以智慧创新为引领，将住宅场景、商业场景和公共场景的需求打通，从物业服务、生活服务、资产服务、城市服务四个维度出发，打造健康、快乐、富足的智慧城市生态圈。服务品质是物业企业的立身之本、发展之基。高地坚持从用户和业主视角出发，设计服务方案、创新服务内容、规范服务流程、提升服务意识。未来，高地将持续聚焦产业用户和家庭用户需求，在东方生活美学引领下，不断探索"新场景""新消费""新服务"，为业主和用户提供资产全生命周期管理服务解决方案，并最终成为中国领先的城市综合运营商及幸福生活服务商。

广州

根据最新的调查数据，2024年广州物业服务满意度评分为74.0分，相较于2023年有所提升，增幅为0.5分。在当下复杂多变的环境和日趋激烈的市场竞争格局中，物业企业普遍认为高质量发展是实现长期发展的基石。因此，众多物业企业选择回归服务品质的本质，将聚焦服务细节作为核心战略。特别在粤港澳大湾区，领先的物业企业更加重视有质量的增长，秉持长期主义的发展理念，通过构建可实施的标准化体系，从服务流程、作业规范、客观考评等多个维度全面推动项目管理的标准化，以确保企业运营的规范性和高效性，进而实现客户满意度的持续提升。

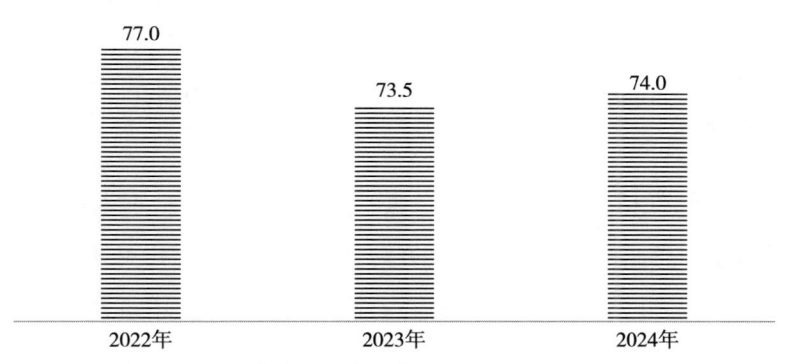

77.0	73.5	74.0
2022年	2023年	2024年

图4-24　中国物业服务满意度普查—广州得分情况

数据来源：中指研究院·中指调查。

越秀服务始终将服务品质视为企业发展的核心，通过建立完善的服务标准和质量管理体系，构建"享越、铂越、臻越、臻越PLUS"多层级服务标准，为业主提供专业化、精细化和个性化的服务，满足不同区域、不同层级、不同维度的客户需求，确保每一项服务都能给客户带来"满意+惊喜"。秉承"用心用情，精益求精"的服务理念，越秀服务不断打磨和焕新服务细节，坚持开展各类品质焕新专项行动，守护园区舒心模样，提高秩序团队的业务技能和服务意识，让业主放心出门，安心回家。

雅生活集团将提升服务质量作为战略核心，致力于回归服务品质的初心。持续将资源聚焦于项目一线，推动服务的分类和分级，不断提高服务标准，并积极参与行业认证，以确保业主满意度得到实质性提升。集团紧密关注社会和业主的需求，积极履行企业社会责任，通过提升基层服务质量，深化以党建为引领的"五方共建"基层治理模式，不断增强业主满意度和社区体验。

时代邻里2023年升级"初心计划3.0"，围绕"客户+员工"，以"一个原则（品质零容忍）、两大提升（服务力提升、内驱力提升）三大行动（美颜行动、焕新行动、安心行动）为总纲领"，通过提升内部管理和服务执行力度，配合美化环境、确保安全、焕新服务等措施，全面提升客户满意度，从而获得业主对高品质服务的高度评价。

深圳

2024年深圳物业服务满意度达到73.8分，较2023年提升了1.1分，这一数据表明物业服务行业正逐步进入理性回归与高质量发展的轨道。面对市场环境的转变，各大物业企业均采取了积极策略，通过回归服务本质、提升服务品质以巩固市场地位，并强化与用户的紧密关系。尽管如此，当前满意度得分与过往水平相比仍有一定差距，这反映出在体验经济日益凸显的背景下，客户对物业服务的需求正日益趋向于个性化、人性化和情感化。客户在追求人身与物资安全的同时，更期待获得环境优美、生活便捷、宜居宜业的居住环境。因此，物业服务行业需要进一步优化服务内容、缩短服务时限、提升服务标准，并积极响应客户反馈，以实现从"有物业"向"好物业"的全面转变。

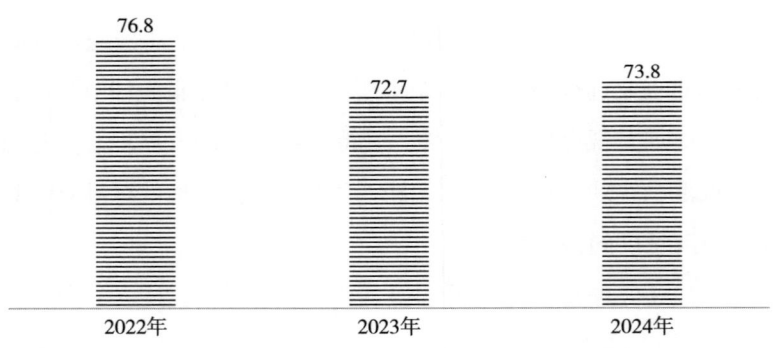

年份	得分
2022年	76.8
2023年	72.7
2024年	73.8

图4-25　中国物业服务满意度普查—深圳得分情况

数据来源：中指研究院·中指调查。

中海物业客户满意度持续保持行业标杆水平。基于项目发展全生命周期，中海物业精细策划MOT关键节点，为客户制造"满意+惊喜"的服务，围绕客户全生命周期的客户关怀体系，打造具备人文内核的"中海360°熟人社区"，营造邻里交往、交融、交心的精彩社区生活。中海物业对于生活品质的追求，永无止境，以"精筑幸福，创领潮流"为品牌理念，通过服务模式创新和技术创新，为客户提供个性化、差异化的优质服务。运用终端用户理解能力，关注业主生活细节，尤其注重满足老年人和儿童多样化需求。打造健康、绿色、舒适、便捷的生活空间，提供优质、高效、热情、周到的品质服务。始终如一，为业主营造生活的美好。

华侨城物业深耕高端物业服务，始终围绕"创想优质生活、创造精品服务"的服务理念，以高标准引领树立服务标杆项目；打造"华·管家"高端物业服务品牌，以专业、高效、卓越的物业服务，满足居民多样化的生活需求，推动物业服务向高品质和多样化升级。2023年华侨城物业开展"橙心美家计划"，赋能品质生活，以服务致美好。在为期60天的行动计划中，全国万名华侨城物业人燃激情、齐心力，秉承"服务为本、客户至上"的理念，围绕四保一服基础服务、四动线打造、管理标准化等八大维度，以客户真正的需求为导向，扩大服务范围，延伸服务深度，提升服务效能，构建高品质、多样化、专业化的物业服务新格局。华侨城物业不断创新管理和服务模式，将华侨城独特的文化气质融入到物业服务中，致力于为业主打造舒适、安全、宜居、生态的社区生活。

彩生活始终坚持"把社区服务做到家"的服务理念，视服务品质为物业管理服务的生命线，在传统物业服务基础上，同时运用互联网+的思维提供多种形式的便民服务，真正以"温度社区"为目标，为业主创造安全、舒适、便捷的生活工作环境。2024年彩生活开展"天天315"品质监督行动，通过业主不断地监督和鞭策，精进服务，持续提供质价相符的服务。

杭州

在当前城市化进程不断加速的背景下，杭州这座充满活力的创新型都市，其物业服务行业亦面临着日益加剧的市场竞争和日趋多元化的客户需求。为应对这一挑战，杭州的物业企业始终坚守"精工品质"的核心理念，致力于提供高品质的产品与服务，以满足现代城市居民对于舒适、便捷、安全的居住体验需求。这些企业高度关注客户的居住体验和价值需求，将客户满意度作为衡量与提升产品与服务水平的核心标准，努力为客户打造更加美好的居住空间。

2024年，杭州在提升物业服务品质方面取得了成效，居民物业服务满意度得分达到75.9分，相较于2023年提升了0.5分。多年来，杭州凭借其独特的城市魅力、完善的基础设施和优质的公共服务，持续保持城市发展的领先地位，赢得了广大居民的高度赞誉和认可。

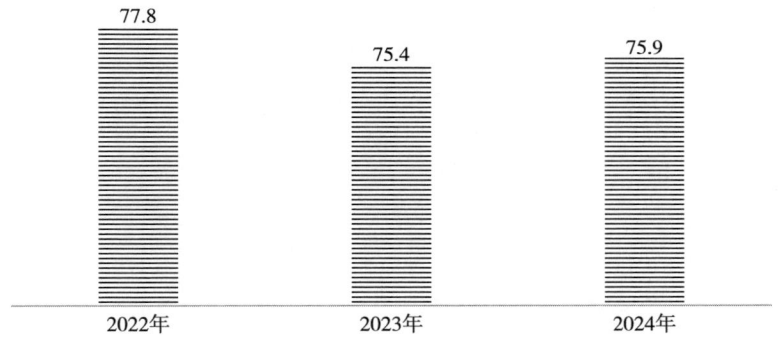

图4-26 中国物业服务满意度普查—杭州得分情况

数据来源：中指研究院·中指调查。

滨江物业，作为一家拥有近三十年历史的物业管理服务提供商，始终秉持"业主第一、服务第一、质量第一"的企业宗旨，恪守"真诚、创新、完美、安全、健康、绿色"的质量方针，在长三角地区享有盛誉。滨江物业注重细节，追求品质，致力于为业主打造一个安全、舒适、和谐的居住环境。通过专业的绿化养护管理、严格的消防安全措施以及多样化的社区文化活动，不断提升物业服务品质，增强社区的凝聚力和文化氛围。同时，滨江物业还特别关注老年人的需求，推出"银杏服务"相伴老人计划，为长者提供贴心、个性化的关怀服务，让他们的晚年生活更加温馨、幸福。

绿城服务，坚持以人为本，贯彻"服务让生活更美好"理念，践行"客户为本 品质为核"的服务策略，始终将客户满意度放在首位。通过精益化的运营和全面的数字化转型，绿城服务不仅持续提升管理效率，更以高效的服务响应和便捷的业主互动赢得业界的广泛赞誉；其独特的"幸福里共治组织"模式，汇聚了7.2万名里长，带动热心业主，共同推动社区共建共治，实现品质生活的升级；同时，绿城服务注重人才梯队的建设和员工的幸福感提升，形成人才自给自足的良性循环。未来，绿城服务将坚持高质量发展，以全员管家和幸福里长双轮驱动，持续创新服务，加速向生活服务和城市服务转型，致力于为业主打造更加美好的生活体验。

万科物业坚持以高标准、严要求，不断提升服务水平，通过采用先进的物业管理系统，确保服务流程的高效与透明，无论是日常的清洁、绿化，还是紧急情况下的快速响应，万科物业都力求做到最好，让每一位业主感受到贴心和专业。在关注物理空间维护的同时，万科物业也在积极组织如"朴里节"等丰富多彩的社区活动，促进邻里间的交流与互动，增强社区的凝聚力和归属感。此外，其推出的"住这儿"APP发起的"消费支持社区更新"行动——"友邻计划"，通过线上"友邻市集"的消费模式，让商家为社区筹集资金，支持硬件常新与文化建设，进一步增强社区的凝聚力，让每一位业主都能成为社区更新的参与者与见证者。

重庆

2024年重庆居民对居住物业的满意度达到了75.2分，相较于2023年，提升了0.2分。在经历前几年的迅速扩张后，当前物业行业已经迈入了理性拓展、追求高质量发展的新阶段。重庆市内优秀的物业企业正逐渐回归服务的本质，专注于满足居民对美好生活的向往，通过提供高质量的服务来促进物业价值的增值，强化品牌形象，以实现行业的可持续发展。

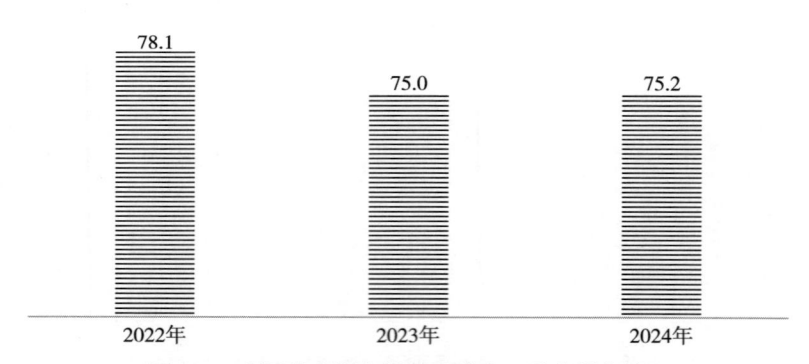

图4-27 中国物业服务满意度普查—重庆得分情况

年份	得分
2022年	78.1
2023年	75.0
2024年	75.2

数据来源：中指研究院·中指调查。

作为业内一直以来的"优等生"，金科服务坚持长期主义下的高质量、可持续发展，从跨越周期到悦见未来，打造出了"好服务、好口碑赢得市场"的优秀范本。基于20余年的住宅服务经验，金科服务打造出"贴心+喜悦"的全周期心悦服务体系，为业主生活的方方面面精细护航；坚持邻里文化16年，在全国打造邻里社群3000余个，为业主提供丰富多彩的精神文化生活；坚持"美好家园计划"，累计投入超3亿元，让成熟住宅小区历久弥新。

融创服务依托过硬的专业素养和温暖的服务为业主打造更美好的生活，持续引领重庆高品质生活的方向。2023年在重庆，融创服务通过全心爱家服务，以"增值服务＋社区共建"双重模式，提升物业服务感知。夏季，为消除居家安全隐患，融创服务开展"安全总动员"主题便民活动，入户进行水、电、燃气安全隐患排查，并举办线上的安全知识竞答，让业主参与到社区安全共建之中。冬季，融创服务组织"暖冬行动"，为业主送上暖心热饮，用心温暖邻里。

天骄智慧服务深耕重庆25年，以"业主关注"为服务焦点，以"邻好＋"为服务品牌，真诚对待业主，落地提供"暖心、用心、贴心、热心、专心"的五"心"级服务，切实提升客户感知，创造真实价值；以品牌力、产品力、服务力加速高质量发展，实现综合实力的持续进阶。在住宅服务领域，天骄智慧服务每年开展专项品质提升行动，常态化开展客户面对面活动，倾听客户心声，提供精准服务，优化生活体验。在软性体验上，注重社区氛围的营造，通过"骄邻家年华""骄邻环球跑"系列特色文娱活动，打造出幼有所学、青有所为、老有所依、家有团圆的"天骄式"幸福生活。

苏州

2024年苏州地区物业满意度普查结果显示其总体得分为74.7分，相较于2023年下降了1.5分。在行业日益向市场化转型的当下，业主对物业服务的质量标准提出了更高的期望。在这种背景下，即便是服务中的细微环节出现问题，也可能引发业主对企业整体服务水平的不满。然而，一些标杆企业通过不断对服务品质进行优化、增强用户体验以及传递情感价值等策略，成功建立了良好的企业口碑，赢得了市场的认可。

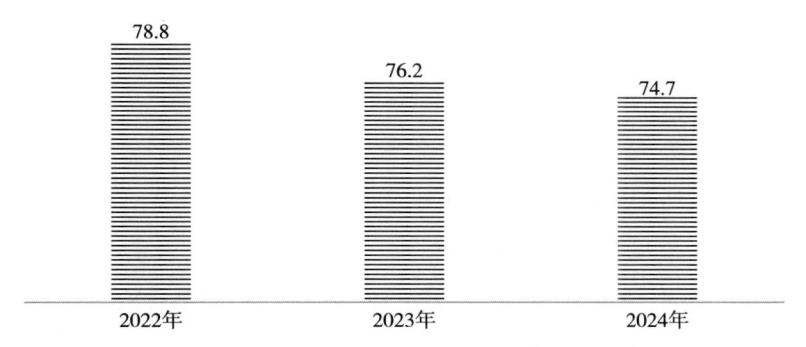

图4-28　中国物业服务满意度普查—苏州得分情况

数据来源：中指研究院·中指调查。

永旺永乐服务集团致力于为客户提供一流的日式综合物业服务，充分考虑客户多元化需求，最大限度灵活运用设施，聚焦客户非核心业务，用一站式服务为客户创造良好的生活及经营环境，将客户生命周期成本降到最低，使客户的核心价值最大化。此外，永旺永乐服务集团崇尚快乐工作，更注重以员工的快乐带动客户的快乐，鼓励员工在工作中将快乐的情绪传递给客户，以自身为驱动力提升客户满意度。

苏新服务专注于城市服务与物业服务两大业务板块，专业进取打造定制化物业服务，持续提升服务质量和客户满意度，通过定期客户反馈调查和满意度评估，改进服务流程和提升服务水平。强化员工培训和技能提升，确保团队成员具备专业知识和技能，能够应对各种复杂情况。加强与客户的沟通与合作，持续了解需求和期望，提供定制化的物业解决方案。

建屋物业执行规范化、制度化营运管理，优质服务创品牌，规模经营创效益，创新能力谋发展的运营管理方针，坚持品牌化、专业化、市场化、产业化、人性化的管理模式，秉承"服务感动生活"的服务宗旨，坚持关心、细心、耐心、放心、恒心的"五心"服务理念，提供全员、全效、全程的人性化优质服务，真正实现绿色生活、绿色服务、健康成长、与时俱进。为向业主提供全方位的高品质服务，建屋物业借鉴国内外先进物业服务经验，引入国际白金管家服务，让建屋物业服务品质得到全面提升。

南京

2024年南京物业满意度普查结果显示，总体得分为74.2分，较2023年有所下滑，具体降幅为1.0分。这一变动主要归因于两方面的因素。首先，随着业主对物业服务满意度预期逐年提升，物业企业在努力和创新方面难以完全满足业主日益增长的需求；其次，受地产方房屋质量等历史遗留问题的影响，部分项目的物业满意度受到一定程度的牵连。尽管如此，仍有部分优秀的物业企业，在持续为业主提供全面且均衡的优质服务方面取得了显著成效，赢得了客户的高度认可和赞誉。

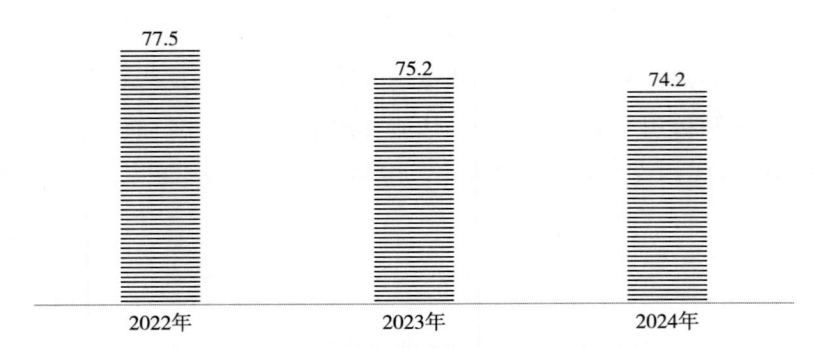

图4-29 中国物业服务满意度普查—南京得分情况

数据来源：中指研究院·中指调查。

在存量为王时代，银城生活服务摒弃规模化追求，聚焦提升服务品质，将有质量地运营作为目标，不断加密南京都市圈布局，持续收获大型项目进驻邀约，市场战略版图高效扩大，服务内容覆盖住宅与非住宅客户的多方面需求，包括健身、养老、家政、装修、托育等，通过700余位生活顾问的前线工作，不断优化服务质量，提升客户满意度。

苏宁银河物业坚持服务精耕，战略连锁布局全国，业态覆盖综合商业、科技办公、产业园区、高端住宅、公共服务等城市圈五大多元业态二十个业态产品线，以"物业服务"为本源，挖掘用户和业主日益变化的服务诉求，通过营造工作、生活、购物、教娱等各类场景服务体验，与企业同成长，予业主更便利，形成"一体两翼"三线并发的特色服务能力。

作为美好生活服务的深入践行者，弘阳服务深谙客户需求，打造全周期的物业服务体系，从秩序、环境、工程和客服四个方面，为业主提供安全、安心的居住环境，实现房屋的保值与增值。通过开展房屋租售、房屋托管等个性化私属服务，全方位满足客户的生活需求。针对不同年龄层的客户，弘阳服务从社区共建，到贯穿全年的各类社区活动，传递有温度的社区人文生活。为持续提升客户满意度和客户忠诚度，弘阳服务将继续秉承"以客户为中心"·的服务理念，结合市场环境和业务结构变化，从服务体系、质量标准和制度建设等方面不断优化，使公司质量管控体系匹配市场需求和内部发展需要，追求提供高品质服务。

郑州

2024年郑州物业服务满意度取得了73.9分的成绩，相较于2023年，实现了0.7分的增长。鉴于物业管理行业近年来经历的深度调整，行业发展速度有所放缓，而高质量发展则成为行业的主流趋势。在此背景下，河南省的标杆物业企业积极应对行业变革，调整战略方向，并重新聚焦于服务的本质。通过实施标准化建设和科技赋能，企业持续提升了自身的服务能力，进而带动了客户服务满意度的提升。然而，相较于行业调整前的水平，当前满意度仍存在较大的提升空间。因此，物业企业在追求经济效益的同时，亦需注重提供"质价相符"的服务，力求在服务质量与成本控制之间找到新的平衡点，以促进企业的健康、高质量发展。

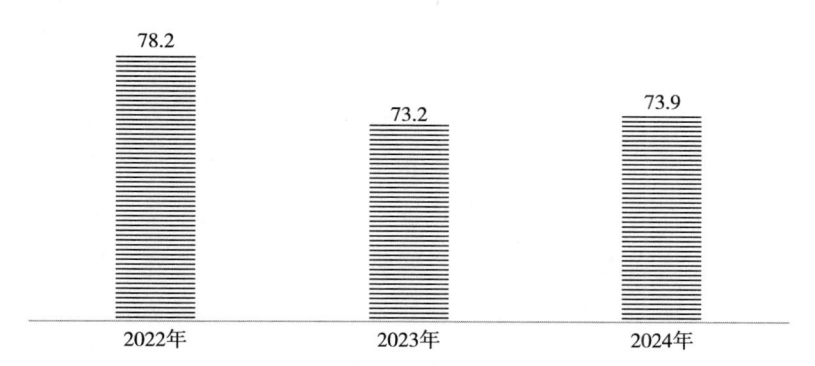

图4-30 中国物业服务满意度普查—郑州得分情况

数据来源：中指研究院·中指调查。

永威物业在注重"精细化、精致化、精品化"服务的同时，更注重于提升服务的体验感，致力于做深、做细、做强客户分析和需求精研，完成在精细化品质基础上提供惊喜化服务，针对不同人群打造不同的服务举措，为业主提供高"质价比"的服务。

随着业主需求更加多样化，鑫苑服务从对"物"的管理延伸至对"人"的服务，坚持高品质、有温度、讲人文，精研鑫服务体系，为各业态提供定制化的服务方案，让客户感受有温度的智慧服务体验。聚焦物业行业的民生定位，通过"政企融合＋专业服务＋智慧平台"的路径，探索鑫苑服务的大物管产业生态建设，与政务服务平台互通，形成以社区服务为基点的智慧服务辐射圈，让业主生活更有幸福感和获得感。

鸿宝物业围绕物业管理、社区生活配套、社区健康管理、青少年成长教育等打造"园缘圆"价值服务体系，涵盖了生态园基础服务体系、邻里缘亲情服务体系、和谐圆特色服务体系等内容，致力于营造祥和的人文居住环境，打造深具人文关爱的高端物业品牌。鸿宝物业坚守服务品质，做真基础服务，满足业主底层需求的同时，以业主体验为导向，细化场景服务，提升业主的感知度及体验度，从而不断提升业主的满意度。

天津

在2024年的普查调研中，天津物业服务满意度得分为73.8分，相较于2023年下降了1.0分，但降幅已收窄至2.2分。随着近几年房地产市场的深度调整与市场格局的显著变化，部分优质的物业企业积极应对行业变革，持续强化基础物业服务，并探索新的业务增长点，从而实现了企业的稳健与高质量发展。

[图表：2022年 78.0；2023年 74.8；2024年 73.8]

图4-31　中国物业服务满意度普查—天津得分情况

数据来源：中指研究院·中指调查。

融创服务聚焦核心城市中高端物业，践行高质量发展战略，布局物业管理及商业运营综合服务两大业务板块，行业影响力不断扩大。"归心全生活服务"是融创服务重点打造的住宅服务体系，其以客户体验为中心，从"悦居""悦享""悦邻""悦身""悦心"五个角度，全方位细化服务环节，落地服务场景，提升服务品质，为客户打造"有家、有生活、有知己"的高品质社区体验。此外，融创服务以"归心全生活服务"为基础，秉承匠心情怀，注重客户体验，通过"三标一体"完善的监督机制与动态质量管理控制体系，推出归心礼御、融臻、融享、融悦四级服务产品。近年来，融创服务通过管理提效、科技赋能和专业化发展，凭借对物业行业的深刻理解和对多业态服务的丰富经验，不断挖掘用户需求，完善服务体系，精研服务品质，以持续发展的匠心精神，为广大客户提供优质的产品和服务，积累下良好的口碑。

绿城服务以"园区生活服务体系"为基础，围绕人的全生命周期升级推出"四保四乐"服务，为业主提供全龄段、全方面的生活服务，为美好生活赋能。2023年，天津绿城迎来集中交付，绿城服务将服务前置，在项目交付前就参与到工程检验、服务铺排等环节中，服务管家提前一个月与业主建立联系，园区安保与保洁也进入工作状态，致力于打造让业主无忧入住的"安心宅"。

远洋服务以规范、完善的物业管理体系为基础，始终秉承"懂心意·有新意"的服务理念，以物业服务为根基，以服务平台为介质，以智慧科技为手段，不断满足人们对理想生活的追求，用服务构建健康美好生活。在社区增值服务方面，远洋服务围绕业主"食""住""行""养老"等生活场景，以"懂心意"洞察业主需求，以"有心意"设计服务品类，整合优质资源，为业主提供一站式生活服务平台。

成都

2024年成都市物业服务满意度从72.1分上涨至73.7分，在物业服务领域取得显著成效，是市民生活质量提升的有力体现。物业服务满意度得分的稳步上升，不仅彰显了物业企业服务品质的持续提升，更凸显了市民对物业服务工作的普遍认可与满意。

成都市物业服务满意度的提升，源于多方面的共同努力。一方面，物业企业强化了对服务人员的培训与管理，有效提升了他们的专业素养和服务意识；另一方面，物业企业也积极采纳市民的反馈与建议，对服务内容和方式进行了针对性的优化与改进。此外，成都市政府对物业服务行业的关注与支持亦功不可没。政府出台了一系列政策措施，旨在规范物业服务市场秩序，保障市民的合法权益，同时为物业企业的稳健发展提供了坚实保障。

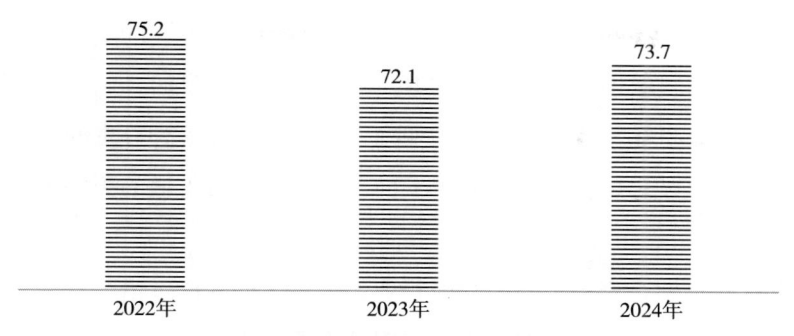

```
75.2                72.1               73.7
2022年              2023年             2024年
```

图4-32　中国物业服务满意度普查~成都得分情况

数据来源：中指研究院·中指调查。

民生新服，始于烟火成都。新希望服务凭借成熟的高端物业服务、商业资产盘活、团餐运营、企业服务及生活服务能力，围绕"资产增值保值"和"生活安心美好"，为不同业态提供系统解决方案。当前在管的D10天府也因此获得"服务力高端住宅标杆"荣誉，中鼎国际则通过"物业+生活+团餐+商业运营"综合服务提供，优化办公体验。同时，公司也已成为成都武侯区人民政府、武侯国投、经开国投的重要合作伙伴，共同服务城市发展。

保利物业以"客户体验感知评价体系"出发，在住宅服务品牌打造中，全新构建"ITRUST"六大服务内核，全面升级社文地图，同步焕新服务品质。同时将持续深耕住宅服务领域，围绕"共治共建共享"，坚持将社区从管理型到服务型，再到运营型进阶，三方联合打造新时代人文社区。

贵阳

2024年贵阳居民居住物业满意度评测结果显示，得分达73.1分，较上一年度提升了1.2分。随着物业行业经历繁荣发展期后的逐步平稳，物业企业展现出更加理性务实的姿态，将服务品质作为行业发展的根本，全力推动服务流程的标准化、规范化和精细化。在此背景下，贵阳的优质物业企业凭借自身独特优势，坚守服务质量的核心理念，专注于服务能力的持续提升，为贵阳物业行业的进一步发展注入了新的活力。

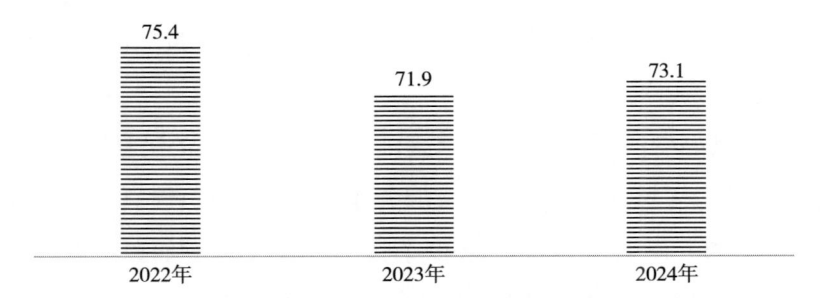

```
75.4                71.9               73.1
2022年              2023年             2024年
```

图4-33　中国物业服务满意度普查—贵阳得分情况

数据来源：中指研究院·中指调查。

中天城投物业深耕贵州30载，"坚持品质为先"是其本固枝繁的核心密码。为持续巩固、提升物业管理服务品质及企业品牌竞争力，中天城投物业以业主需求为导向，全面推进"百日焕新行动""差异化服务锻造""高接触区亮化"主题年目标落地，深耕业主高接触区软性服务研磨，坚持亮点服务、长者服务打造，做好暖心服务、走心服务等人性化服务，让业主保持服务期待、形成满意依赖。

中铁建物业深耕贵州13载，一直以来致力于为业主提供有温度的服务，一切以"让客户满意"为中心，视业主为亲人和朋友，跑步式服务、微笑服务、专业服务、22项零干扰服务、30项客户关怀，为不同需求的客户提供差异化服务。针对不同产品线和客户群，搭建"安享家、悠享家、尊享家"三级服务体系，打造多样性、全生命周期的生活服务产品，为业主带来满意、惊喜和尊贵的服务体验。始终坚持传承铁道兵精神，践行央企担当与使命，持续稳健发展，向"做中国最具价值的美好生活服务商"的目标不断迈进。

和泓服务·贵阳兴隆物业立足贵州，深耕物业行业，秉承"做的比承诺的更好"的宗旨，践行"业主无小事，都是我的事"的服务理念。公司坚持以党建引领企业高质量发展，红色物业护航幸福人居，公司"一心六翼"红色品牌已成为贵州红色品牌的典型案例，在全国广泛推广。历经二十载岁月淬炼，兴隆物业管理着30多个项目，涵盖住宅、商业、学校等多种服务业态，服务20万业主，业主满意度在贵州名列前茅。未来，和泓服务·贵阳兴隆物业将紧紧围绕"和泓相伴 幸福一生"的理念，不断满足业主对美好生活的追求，深耕红色物业，努力为探求中国未来物业发展贡献新路径。

昆明

在2024年普查调研中，昆明居民对居住物业的满意度得分为73.3分，相较于2023年有所下滑，降幅达3.2分。当前，物业管理行业已逐渐从高速扩张阶段过渡到追求高质量发展的新时期。鉴于此，昆明物业企业应深刻认识到，行业的本质始终在于提供优质服务。因此，需要更加关注客户的需求，不断致力于提升服务品质，以强化企业的核心竞争力，并持续稳固企业发展的基础。

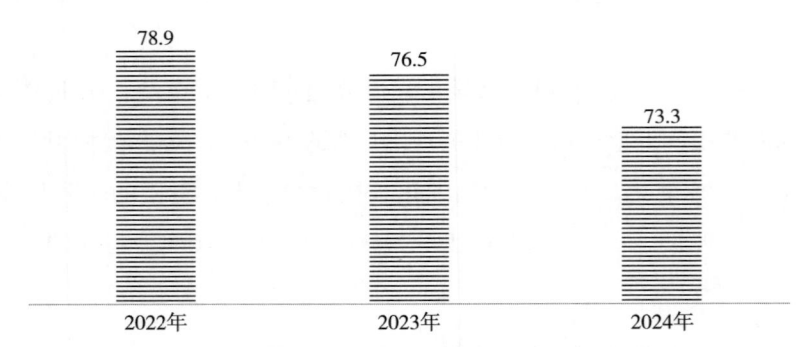

图4-34 年中国物业服务满意度普查—昆明得分情况

数据来源：中指研究院·中指调查。

作为70万业主信赖的美好生活服务商，俊发七彩服务始终以业主的满意度为核心，不断提升服务质量。企业梳理二十多年的服务经验，构建"舒心"服务体系，体系内共包括1125个标准服务动作、7种客户服务感受、4大产品系列、12套服务标准、149个服务场景、201项服务流程等。在智能化管理方面，企业不断引入先进技术，实现了物业设施的智能监控和远程管理。同时，企业成立客研小组，通过线上问卷和线下等方式，获取业主居住需求，挖掘深度服务，让满意度调研常态化，让业主参与到小区建设共创中来，以更及时、更精准地提供特色服务。

城建物业运营集团深耕云南27载，以"共创健康和谐美好社区"为服务理念，长期致力于"为客户创造更有价值的生活空间"为企业使命，大力推行实施"精细化服务"，以客户需求为导向，满足多层次业主的多元化需求，切实为业主提供高品质的物业服务，促进业主和住户的满意度持续提升。多年来，企业坚持不断全方位提升服务品质，与世邦魏理仕、第一太平戴维斯等五大行长期保持顾问合作，朝着更加规范化、标准化、专业化、系统化的企业发展之路推进。

银海物业深耕云南市场 27 载，始终坚持"用心服务、服务到家"核心理念，以"安居 + 宜居 + 乐居"的美好居文化为核心，"安心物业 + 花园物业 + 到家服务"为核心产品，构筑起业主的理想家园。银海物业客服管家制实施过程中强调从服务中心走向岗亭，距离业主更近一步；开设项目经理接待日，积极倾听业主心声；同业主代表共治，接受业主监督和心声；开通 7×24 小时全国客服热线，随时接听业主咨询。另外，银海物业常年开展焕新行动，常修常新；定期进行净园行动和 Tony 行动，打造小区美颜绿化景观亮点。通过一系列让业主生活安心、舒心、暖心的行动，银海物业与 30 万业主共同守候美好生活。

服务品质作为物业企业的核心竞争力和持续发展的基石，具有举足轻重的地位。中指研究院坚守公正、客观、全面的原则，采用科学的方法论体系，针对全国重点城市的业主，进行了关于物业企业满意度的全面调研。基于 2024 年物业服务满意度普查的详尽数据，结合客户期望、质量感知、价值感知等核心评价指标，筛选出了一批在业主满意度和服务品质方面表现卓越的企业。

2024年中国城市物业服务满意度优秀企业

北京	上海	广州	深圳
万科物业	万科物业	中海物业	中海物业
金茂服务	绿城服务	保利物业	华侨城物业
保利物业	招商积余	时代邻里	长城物业
中海物业	金茂服务	越秀服务	万科物业
绿城服务	高地	雅生活集团	彩生活

佛山	重庆	杭州	南京
碧桂园服务	金科服务	滨江物业	银城生活
时代邻里	融创服务	绿城服务	苏宁银河物业
雅生活集团	天骄智慧服务集团	万科物业	弘阳服务
招商积余	华宇优家集团	金地智慧服务	江山智联
泰禾物业	渝地物业	融创服务	招商金城物业

中山	长沙	武汉	成都
雅居乐集团	万科物业	联投城市运营	保利物业
时代邻里	绿城服务	湖北楚天中大物业	新希望服务
万科物业	金茂服务	武汉城市服务集团	中海物业
万宁物业	中建物业	绿城服务	蜀信物业
实地物业	华润万象生活	华侨城物业	招商积余

苏州	宁波	昆明	嘉兴
中海物业	绿城服务	俊发七彩服务	绿城服务
永旺永乐服务集团	荣安物业	城建物业运营集团	滨江物业
苏新服务	万科物业	银海物业	鸿城服务
招商积余	奥克斯曙一服务	招商积余	万科物业
建屋物业	亚太酒店物业	绘生活服务（巨和物业）	金都物业

续表

郑州	济南	合肥	贵阳
永威物业	龙湖智创生活	保利物业	中天城投物业
鑫苑服务	碧桂园服务	华润万象生活	中铁建物业
绿城服务	万科物业	安徽高速	和泓服务·贵阳兴隆物业
鸿宝物业	中海物业	新地锐意	碧桂园服务
中海物业	绿城服务	德信盛全服务	中海物业

金华	西安	天津	青岛
滨江物业	龙湖智创生活	融创服务	华润万象生活
绿城服务	万科物业	绿城服务	海尚海服务
德信盛全服务	高科物业	保利物业	中海物业
中天美好服务	绿城服务	中海物业	绿城服务
万科物业	经发物业	远洋服务	保利物业

（四）结语

从近年物业服务满意度得分趋势可以看出，自 2018 年至 2020 年连续提升不少于 3 分后，2021 年起呈现下滑态势，物业企业在维持既有努力与创新方面出现不足，未能满足客户的服务期望。受地产关联方房屋交付情况影响，2023 年降幅加剧，几近回归至 2018 年水平。物业管理行业已告别高速增长阶段，步入高质量发展轨道，2024 年物业服务满意度实现小幅增长。特别值得一提的是，物业服务标杆企业表现突出，客户满意度平均得分达 90.1 分，较上年显著提升，深受消费者认可和信赖，其品牌口碑和市场领先地位得以进一步巩固。

当前，高质量发展已成为物业管理行业的主旋律，行业竞争日益激烈。各物业企业不再满足于提供基础服务，而是积极探索创新服务模式，拓展服务领域，提供多元化服务。例如，开展养老、家政等生活性服务业务，以满足客户多样化需求，不仅拓宽了企业的收入来源，也提升了客户满意度和忠诚度。同时，智能化管理成为众多物业企业的优选路径。物业企业需要积极引入物联网、大数据、人工智能等智能化技术，以提高服务效率和品质。通过智能化设备实现远程监控、智能巡检等功能，显著提升了管理效率和服务质量。

此外，政府亦持续加强对物业服务行业的监管力度，出台了更为严格的行业标准和规范。2024 年上半年，重庆、广东、杭州、北京等地相继发布了一系列规范性文件，对物业企业的品质化和标准化发展提出了明确要求，并从收费标准、服务质量和人员规范等方面进行了规范，促进了物业行业的有序发展。

综上所述，物业服务行业客户满意度的变化及发展趋势表明，企业需要积极应对挑战，调整发展策略，提升服务品质，拓展服务领域，加强智能化发展，并强化行业监管和自律。只有这样，方能持续提高客户满意度和忠诚度，实现可持续发展。

附录：

1. 物业服务满意度调查

随着我国房地产市场的发展与变革，物业服务在民众生活和工作中的关键地位日益凸显。客户满意度调查不仅是对物业服务质量的衡量标准，更是企业优化服务、提升竞争力的核心工具。通过调查业主满意度，企业能够第一时间了解业主的真实需求和期望，进而发现服务质量的不足并加以改进。同时，这也助于企业及时掌握市场动态，调整发展战略，确保在市场竞争中始终保持优势。满意度调查对于提升企业品牌形象具有深远影响，有助于吸引更多潜在客户的关注和支持。因此，企业应充分认识到客户满意度调查的重要性，积极开展相关工作，以实现服务质量的持续优化和企业竞争力的不断提升。唯有如此，企业才能在激烈的市场竞争中稳居不败之地，为业主创造更大价值。

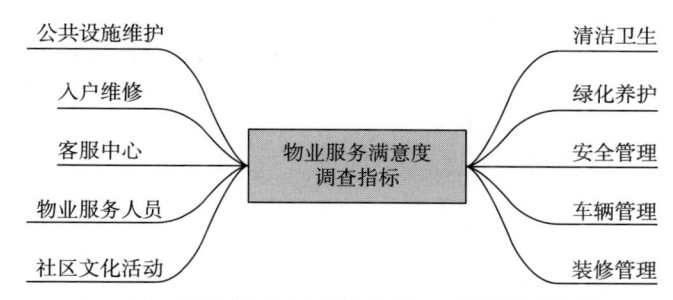

图4-35 中国房地产物业服务满意度调查指标体系

常见的三种调查方式：

（1）互联网+调查：借助"中指·云调查"系统平台，实现"互联网+"云调研模式。通过二维码扫码答题、短信邀约、公众号推送等多种方式收集数据，使受访者从传统的被动调查转变为主动参与，充分利用碎片化时间，激发受访者的表达需求。这种调查方式能够在更短的时间内、以更低的成本获取精确的访问数据。

（2）CATI电话访问：访问员利用中指院研发的CATI系统，即电脑辅助电话调查系统，进行一系列的调查访问工作。该系统具备全程录音监控功能，使得调查者能够实时掌握访员的操作情况，包括访员上机、拨打电话等各个环节，从而确保以更加高效的方式获取准确的访问数据。

（3）APP入户访问：被访问者在家中单独接受访问的一种调查方式。即调查员根据抽样方案，进入选定的家庭或企业单位，按照预先设定的方法，选取合适的被访者，然后面对面地直接提问，以完成问卷或调查提纲。

2. 物业神秘客暗访调查

随着我国物业服务市场化水平的不断提高，神秘客暗访在物业服务领域的应用日益广泛。这种暗访方式是通过扮演潜在或真实消费者，对物业服务过程进行亲身体验与反馈评估的一种测评方法。神秘客会按照预先设定的时间和需求，前往指定物业服务区域，通过实地体验、咨询等途径，对物业服务进行全面评估。由于服务人员难以识别或确认神秘客的身份，从而降低了主观因素的影响，使得评估结果更为真实、客观地揭示了物业服务的实际状况。神秘客暗访的核心目标在于真实反映物业项目在各环节的表现，协助企业高层精准发现管理短板，探寻服务与企业标准之间的差距，旨在提升项目现场服务品质，塑造企业品牌形象，增强企业的核心竞争力。

图4-36　物业神秘客暗访调查类型

表4-1　住宅项目物业神秘客暗访调查指标

分值权重	8	8	20	22	9	5	15	5	5	3
环节	园区周边	进入园区	园区环境	楼内环境	车库环境	维修养护	客服中心	楼宇管家	安全管理	外围商业
指标数量	7	8	29	30	9	4	11	4	3	3
检查内容示例	外墙维护 绿化养护 环境清洁 车辆停放 指引标识 外围景观	外来管理 门岗服务 门岗形象 岗亭环境 闸机闭合 路面卫生	景观绿化 卫生环境 公共设施 宣传展示 保洁人员 车辆停放	电梯轿厢 卫生环境 设备设施 消防安全 信息公告	停车管理 设备设施 消防安全	报修测试 接电时效 接电态度 维修响应	环境卫生 信息公示 设备设施 客服仪表 客服接待	接听及时 响应及时 报事登记 接听礼仪	巡逻人员 门禁管理 安全隐患	环境清洁 车辆停放 占道经营 私拉横幅 小广告张贴

表4-2　办公项目物业神秘客暗访调查指标

分值权重	8	10	13	12	26	6	5	7	13
环节	周边环境	停车场管理	大堂管理	电梯管理	公共区域	装修管理	外来人员	客服热线	客服中心
指标数量	8	10	15	13	27	6	5	8	12
检查内容示例	环境清洁 停车秩序 沟渠井 水景水池 绿化修剪 巡视人员	工作人员 道闸系统 标识指引 停车秩序 照明满足 环境清洁 安全隐患	大堂清洁 绿植养护 照明/温度 工作人员 晨迎服务 客流管控 楼层指引	电梯管理 运行规划 货梯管理 紧急对讲	楼层清洁 绿植养护 照明/温度 标识指引 楼层垃圾桶 走火通道 消防设备 卫生间 硬件设施 工作人员	装修保护 现场管理 证件张贴 巡察记录 安全隐患	对客服务 登记规范 路线指引 逗留人员询问	接听及时 问候标准 沟通顺畅 态度友好 挂机礼仪	环境清洁 对客服务 着装规范 用语礼貌 沟通顺畅 送别礼仪 工作秩序

表4-3　商业项目物业神秘客暗访调查指标

分值权重	9	14	16	25	14	5	7	10
环节	商业街区外围	停车场管理	商场氛围感受	公共设施运行维护	便民服务	装修管理	客服热线	服务台问询
指标数量	13	10	12	18	11	6	7	10
检查内容示例	商场LOGO醒目 底商/牌匾 露天设施 外街秩序 沟渠井 环境清洁 水景水池 绿化修剪 停车秩序	工作人员 道闸系统 标识指引 停车秩序 照明满足 环境清洁 安全隐患 缴费便捷	环境清洁 购物秩序 导视系统 照明/温度 装饰摆件 背景音乐 门店音乐 绿植养护 工作人员	电梯运行 扶梯运行 液晶广告屏 紧急对讲系统 休息等候设施 儿童活动设施 消防通道	卫生间 母婴室 无障碍通道	装修保护 现场管理 证件张贴 巡察记录 安全隐患	接听及时 问候标准 沟通顺畅 态度友好 挂机礼仪	环境清洁 对客服务 着装规范 用语礼貌 讲解清晰 送别礼仪 工作态度

3. 客户需求调查

中指·客户调查定制化服务主要建立在不同维度的大数据（内部多体系强大的客群数据支持）、房天下潜客数据，以及中指调查强大的调研工具（中指云调研系统）基础上的线上及线下调研。目前，中指已为万科、保利发展、远洋地产、新城控股、当代置业、美的置业等多家房企提供包括板块客户地图研究、城市居民置业需求跟踪调查、住房产品需求偏好调查、精装修发展策略与配置需求调研、科技住宅需求调研、第四代住宅需求调研，以及其他专项调查等多项服务。

表4-4 中指·客户需求调查及研究服务内容

服务类型	服务内容	解决问题
01 城市板块客户地图研究	1. 研究城市板块土地价值属性，形成土地属性地图 2. 通过大数据、抽样调研研究城市板块客户特征及流动特点，形成各板块客户画像 3. 结合土地属性、各板块客户画像，建立对应的产品落位建议	建立土地—客户—产品对应关系，快速精准落位产品，助力去化
02 城市居民置业需求跟踪调查	中指调查每月开展对全国城市居民的置业意愿调查，动态了解居民置业信心、置业计划、政策及价格预期等。截至2024年5月，本调查已形成49期的置业跟踪调查报告，累计样本超过50万份。 1. 针对企业划定的重点城市开展居民置业需求月度调研跟踪（12期/年） 2. 调研内容包括但不限于： （1）城市居民当前住房满足程度 （2）政策预期、价格预期 （3）产品、服务等住房需求偏好 （4）置业行为、置业意愿变化 （5）其他企业需要加入的个性化题目	提前了解市场需求变化，安排营销、投资节奏
03 住房产品需求偏好调查	通过设计问卷，以量访+深访形式了解需求偏好 类型1：城市居民住房产品需求调研 类型2：区域或板块居民产品需求调研 类型3：为产品线优化开展的客户需求调研 类型4：围绕特定地块调研潜在客群需求 类型5：老业主入住体验痛点及需求调查 类型6：养老/康养客户住房产品需求调查	为企业拿地决策、产品设计、产品优化方向提供参考
04 精装修需求调研	包括但不限于以下方面： 1. 全国及区域装修市场分析 2. 城市精装修市场特征分析 3. 不同类型客户精装偏好及触点调研分析 4. 典型开发企业装修策略分析 5. 典型城市精装修项目分析 6. 企业装修配置策略建议	为企业精装修产品配置提供建议
05 科技住宅需求调研	1. 科技住宅行业发展研究 2. 某城市科技住宅客户调研分析 3. 某城市科技住宅科技产品配置建议	为企业科技住宅产品发展及配置提供建议
06 第四代住宅需求调研	1. 第四代住宅发展情况分析 2. 典型第四代住宅项目分析 3. 某城市居民对第四代住宅偏好分析 4. 企业发展第四代住宅设计建议	为企业第四代住宅产品发展及配置提供建议
07 企业年度客户服务白皮书	主要内容包括：企业客服梳理、行业客服对标、客户服务需求调查、年度白皮书撰写与发布。	凸显企业客户服务成绩与价值，提高客户黏性
08 其他专项需求调查	根据企业需要沟通相应的服务提纲及相关内容。	为企业解决特定阶段、特定业态相关问题开展的调研和策略建议输出

■ 合作伙伴

保利物业服务股份有限公司	中铁诺德物业管理有限公司
金科智慧服务集团股份有限公司	北京万通鼎安国际物业服务有限公司
长城物业集团股份有限公司	中冶置业集团物业服务有限公司
彩生活服务集团有限公司	海南珠江格瑞物业管理有限公司
万达物业管理有限公司	北京首开城市运营服务（集团）有限公司
雅生活智慧城市服务股份有限公司	金隅投资物业管理集团
深圳恒基物业管理有限公司	港联不动产服务（中国）股份有限公司
富力物业服务集团	西安天地源物业服务管理有限公司
重庆新龙湖物业服务有限公司	浙江开元物业管理股份有限公司
河南建业新生活服务有限公司	武汉嘉信物业管理有限公司
鑫苑科技服务集团有限公司	海亮物业管理有限公司
阳光城物业服务有限公司	俊发七彩服务有限公司
南京银城物业服务有限公司	上海景瑞物业管理有限公司
南京朗诗物业管理有限公司	武汉中建三局物业管理有限责任公司
厦门合嘉源生活服务集团有限责任公司	浙江绿升物业服务有限公司
楷林商务服务集团有限公司	江苏路劲物业服务有限公司
河北隆泰物业服务有限责任公司	浙江佳源物业服务集团有限公司
贵州宏立城物业服务有限公司	北京中铁第一太平物业服务有限公司
宁波奥克斯物业服务有限公司	河北恒辉物业服务集团有限公司
领悦物业服务集团有限公司	武汉地产集团东方物业管理有限公司
北京鸿坤瑞邦物业管理有限公司	南京弘阳物业管理有限公司
苏新美好生活服务股份有限公司	贵阳中天物业服务有限公司
阳光壹佰物业发展有限公司	广东康景物业管理有限公司
上海盛高物业服务有限公司	中电建五兴物业管理有限公司
上海爱家物业管理有限公司	美好幸福物业服务有限公司
西安天朗物业管理有限公司	上海中建东孚物业管理有限公司
上海科瑞物业管理发展有限公司	武汉当代恒居生活服务有限公司
	……

报告五　2024中国物业管理行业上半年总结与下半年展望

一、2024上半年中国物业管理行业总结

（一）规模业绩：营收与利润增速双降，"增收不增利"现象仍在持续

1. A股物企营收均值同比增长12.37%，毛利润均值同比增长1.44%

2024年一季度，5家A股物企[①]营业收入均值为11.45亿元，同比增长12.37%。保持营收正增长的企业有4家，其中招商积余的营业收入最高，约为37.05亿元；新大正的营收增速最快，约为19.51%。

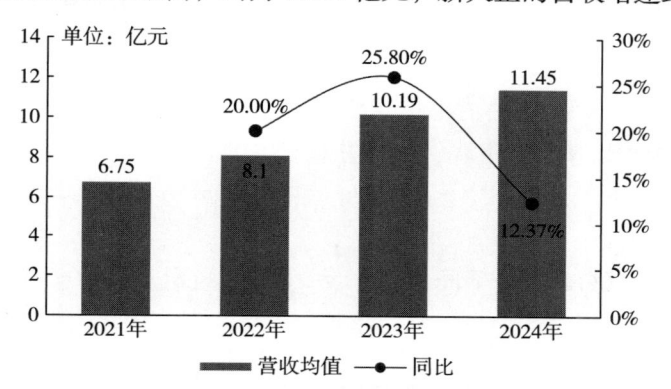

图5-1　2021—2024年一季度A股物企营收均值及增长

数据来源：公司季报，中指研究院整理。

利润方面，2024年一季度，5家A股物企毛利润均值约1.41亿元，同比增长1.44%，净利润均值约0.58亿元，同比下降6.95%。其中，招商积余的毛利润与净利润分别为4.18亿元和1.91亿元，均排名第一位。

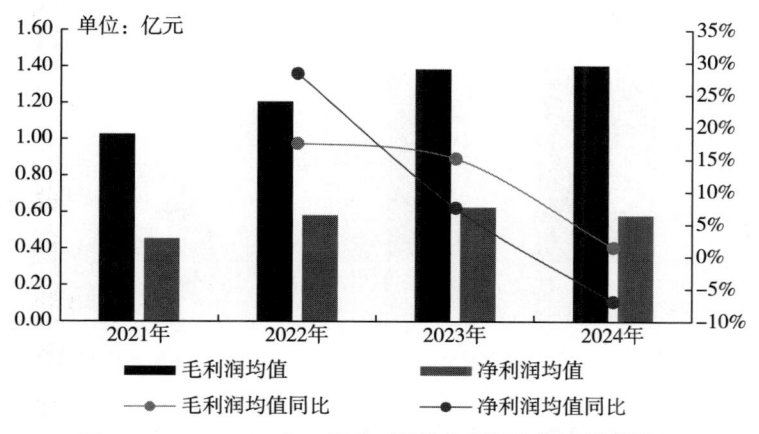

图5-2　2021—2024年一季度A股物企利润均值及增长情况

数据来源：公司季报，中指研究院整理。

---

① 包含南都物业、新大正、招商积余、特发服务、中天服务。珠江股份未计入。

2023 年，物业服务上市公司营业收入均值为 46.04 亿元，同比增长 7.74%，下降 8.12 个百分点，增速明显放缓。主要原因在于，第一，管理规模上，行业整体新增管理面积有缩量迹象，同时，外拓竞争异常激烈，拓展难度提升，依靠管理面积高速增加而支撑营收高速增长的局面被打破；第二，业务上，增值业务中的非业主增值服务收入断崖式下跌，社区增值服务恢复不及预期，创新型服务未打开局面，营业收入降速增长。

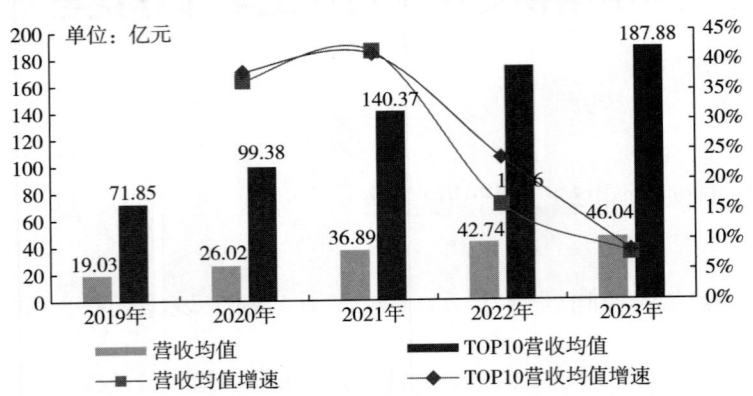

图5-3 2019—2023年物业上市企业、营收TOP10企业营收均值及增速

数据来源：公司年报，中指研究院整理。

2023 年，收入排名前十的上市企业，营收均值为 187.88 亿元，是行业均值的 4.08 倍；同比增长 8.72%，较上年大幅下滑 15.45 个百分点，但仍高于全样本近 1 个百分点。TOP10 企业仍然发挥行业"火车头"作用。

根据对部分企业的调研，结合 2023 年上市企业数据及 2024 年一季度 A 股企业数据表现，2024 年上半年，由于物业企业管理面积增速继续下降、关联方非业主增值萎缩等多重因素，物业企业营收及利润增速持续放缓。

2. 增量贡献中，关联方供给显著下降，第三方外拓加速补位

2024 年上半年新增合约面积排名前 50 的企业，新增合约面积合计约 5.6 亿平方米，同比下降 6.38%。其中，来自关联方的管理面积供给合计 9836 万平方米，同比下降 40.96%；来自第三方外拓的管理面积为 4.61 亿平方米，同比增长 6.98%。

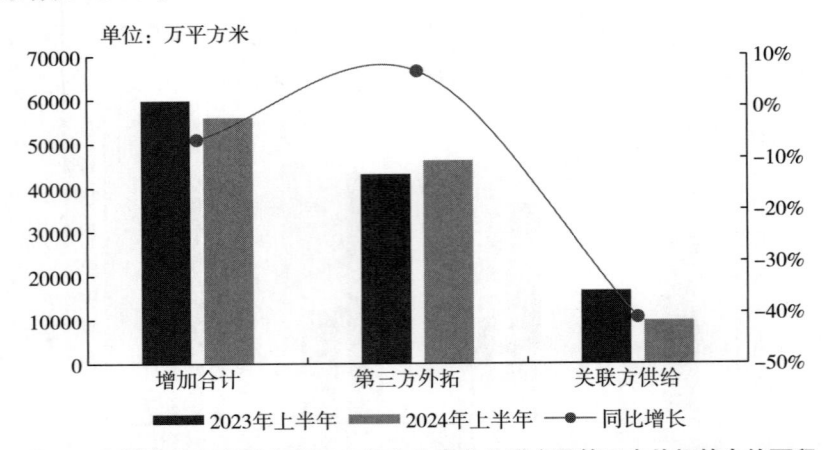

图5-4 新增合约面积排名前五十的企业来自关联方及第三方外拓的合约面积

数据来源：中指数据 CREIS。

2024 年上半年，新增合约面积排名前十的企业，新增合约面积合计 2.52 亿平方米，同比下降 7.59%。其中，来自关联方合约面积为 5352.2 万平方米，同比下降 47.77%；来自第三方外拓合约面积为 1.98 亿平方米，同比增长约 16.68%。

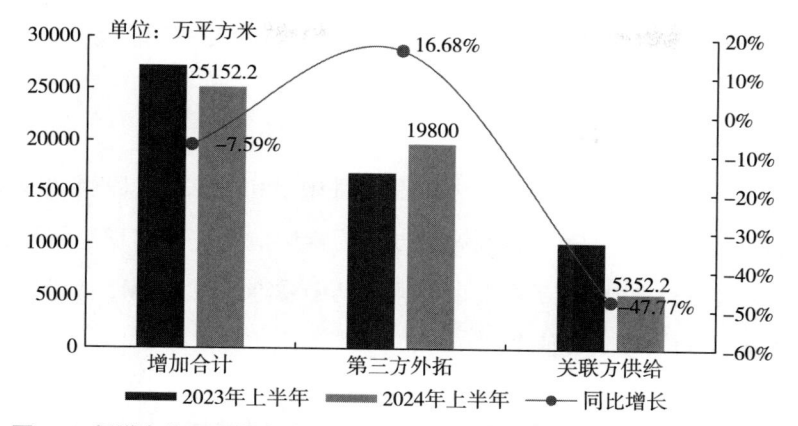

图5-5 新增合约面积排名前十的企业来自关联方及第三方外拓的合约面积
数据来源：中指数据CREIS。

从百强企业的情况看，经历近几年的调整后，物业管理行业的发展脚步显著放缓，管理规模增速进一步下降，高质量发展成为主旋律。2023年，百强企业管理面积均值为6798.10万平方米，同比增长6.21%，增速较上年下降6.22个百分点，近5年来首次低于10%；合约面积均值为8759.36万平方米，同比增长2.16%，增速较上年下降9.43个百分点。

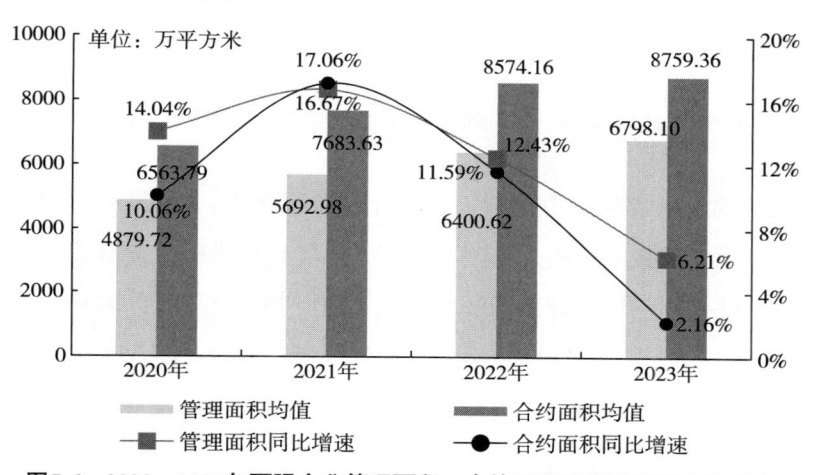

图5-6 2020—2023年百强企业管理面积、合约面积均值及增速变化情况
数据来源：中指数据CREIS。

2023年，并购市场进一步降温，披露相关信息的典型案例涉及交易金额约19亿元，相比上年大幅下降约75%。部分上市公司发布公告称变更其IPO募资款用途，拟将原先用于收购及战略投资的资金压缩或变更为其他用途，企业战略趋向回归稳健风格，有效提高企业抗风险和抗周期能力。2024年上半年，并购市场进一步降温，未监测到典型并购案例，物业服务企业并购更加理性与谨慎。

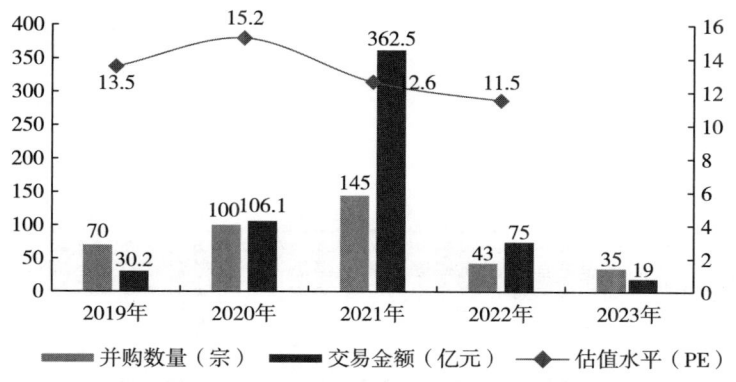

图5-7 2019—2023年行业收并购交易情况
数据来源：中指数据CREIS。

（二）资本市场：关联方影响仍在蔓延，板块总市值仅2210亿元

1. 市场表现缺乏亮点，地方国资仍受关注

2024年上半年，港股物业板块略有企稳，尤其是4月中下旬以来，A股受"国九条"政策刺激及关联方地产利好政策出台、港股受国际资金流入等多方面因素影响，一度出现连续反弹，较最低点略有提升。截至2024年6月28日，行业共有67家上市公司，其中香港主板61家，A股6家，板块总市值约为2210.85亿元，PE均值为12.44（剔除负值）。

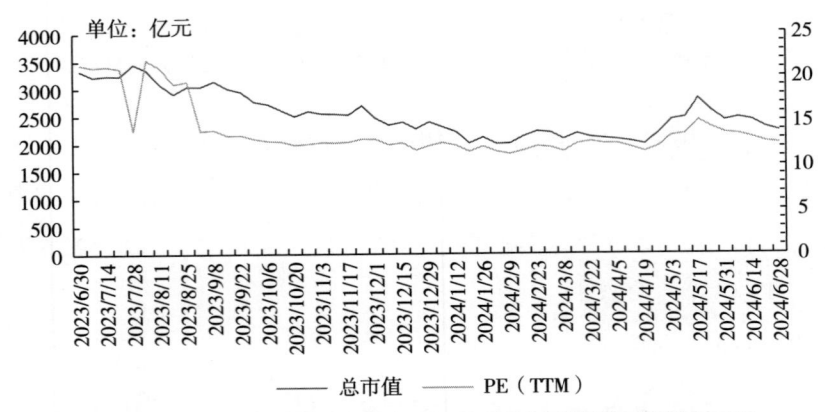

图5-8　2023年6月30日—2024年6月28日物业板块总市值及市盈率

数据来源：中指研究院整理。

物业企业需要新的估值逻辑支撑价值回归。2014年彩生活上市，凭借物业管理与社区O2O的概念在资本市场获得了较高的估值；在接下来的几年里，物业企业凭借规模的快速增长、多元业务的开展得到了资本市场的认可，估值一路走高。但随着市场环境变化、地产关联方下行，多元业务无法显著突破，第二增长曲线不够明确，估值也失去锚点。20%以上的利润复合增长率短时间内较难实现，如今，物业企业低速稳步增长，回归现金流逻辑，基于现金牛属性及部分多元业务参考综合考量，合理的估值体系仍需资本市场进一步明确。

个股市值分化严重，港股物企股价表现优于A股物企。截至6月28日收盘，华润万象生活以总市值538.51亿元位列第一，万物云以251.08亿元排名第二。板块平均市值为33亿元，超过均值的共计15家；超过100亿元的共6家，市值合计达1329.12亿元，占总市值的60.14%。TOP10企业市值合计1604.41亿元，占总市值的比例为72.60%，是尾部10名企业市值总和的127倍，市值分化显著。

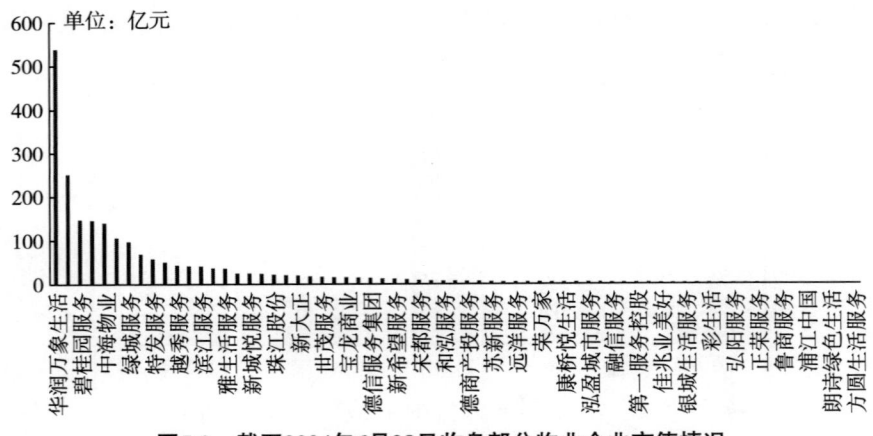

图5-9　截至2024年6月28日收盘部分物业企业市值情况

数据来源：中指研究院整理。

从股价表现来看，港股物企股价表现优于A股物企。港股物企共61家，6月28日收盘价较年初收盘价涨幅均值为2.29%，22家企业股价较年初有增长，其中领悦服务集团涨幅最高，达到138.46%；6家A股企业股价跌幅均值为14.86%，仅特发服务1家企业保持增长，涨幅为36.53%。

表5-1　　2024上半年物业企业股价涨幅TOP10

证券代码	证券简称	2024.1.1收盘价	2024.6.28收盘价	股价涨幅
2165.HK	领悦服务集团	0.6500	1.5500	138.46%
2168.HK	佳兆业美好	1.0400	2.2400	115.38%
2207.HK	融信服务	0.4350	0.8500	95.40%
0982.HK	华发物业服务	0.1450	0.2650	82.76%
6666.HK	恒大物业	0.4850	0.7000	44.33%
9608.HK	宋都服务	0.1710	0.2460	43.86%
2107.HK	第一服务控股	0.2190	0.3100	41.55%
0816.HK	金茂服务	1.8000	2.5100	39.44%
3658.HK	新希望服务	1.1600	1.6100	38.79%
300917.SZ	特发服务	25.3200	34.5700	36.53%

数据来源：中指研究院整理。

2024年上半年，物业管理行业IPO热度依旧处在低位。

地方国资背景物业企业仍在等待机会奔赴资本市场，以实现资产保值增值及组织结构优化。泓盈城市服务于5月17日在香港联交所主板正式挂牌上市，成为2024年第一家成功登陆港股的物业服务企业，募资总额为1.28亿港元。6月12日，经发物业通过港交所主板上市聆讯，即将登陆资本市场。此外，深业物业、瑞景城市服务等地方国资物企，也在推动自身的上市计划。

此外，借壳地产股重组上市也成为物业企业登陆资本市场的另一途径。继珠江控股于2023年实现重组上市后，美的置业也将进行股权重组，将房地产开发业务剥离，围绕物管、商管、智能化、装配式建筑和内装开展业务。

表5-2　　截至2024年7月1日部分物企上市进度

资本市场	企业名称	上市进度	企业性质
港股	泓盈城市服务	已挂牌上市	国企
	经发物业	已通过聆讯，开始招股	国企
	深业物业	已获得证监会备案	国企
	瑞景城市服务	拟赴港IPO，尚未递交招股书	国企
	美置服务	剥离地产业务，将重组后上市	民企

数据来源：中指研究院整理。

2. 应收账款增速大幅回落，风险逐步出清，净现比1.97

2023年，物业服务上市公司应收账款及票据总额达到861.35亿元，同比增长8.54%，较上年大幅下降33.48个百分点，与营收增速持平，应收与收入增速剪刀差也已较上年大幅下降25.63个百分点，增速相对可控。

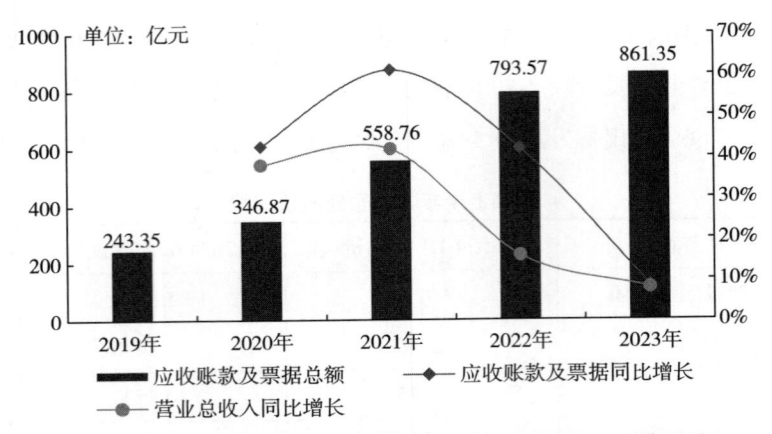

图5-10 2019—2023年应收账款及票据总额及增速、营收增速

数据来源：上市公司年报，中指研究院整理。

物业上市公司加大预收力度，提高收缴率，2023年经营活动产生的现金流量净额达到294.49亿元，较上年显著改善；净现比回到1以上，2023年达到1.97，为近几年新高。行业风险逐步出清，物业企业正逐步回归现金流逻辑，业绩及估值也将进一步回升。

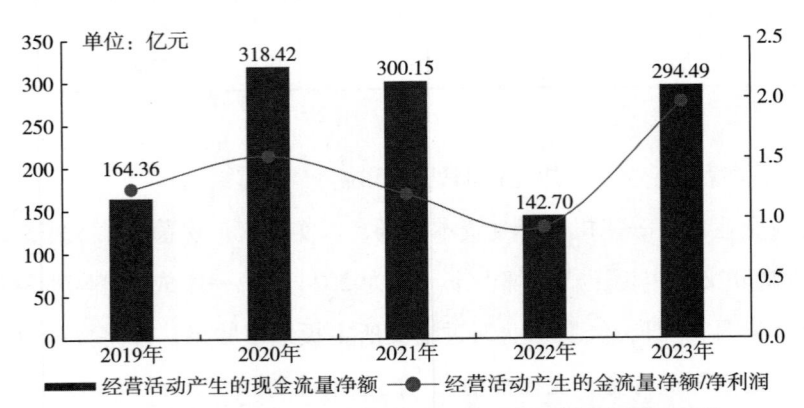

图5-11 2019—2023年经营活动产生的现金流量净额及净现比

数据来源：上市公司年报，中指研究院整理。

此外，物业上市公司通过优化组织架构，精简战线，严格控制销售、管理等费用，提升管理效率，近5年期间费用率保持下降趋势，2023年创新低为8.84%。

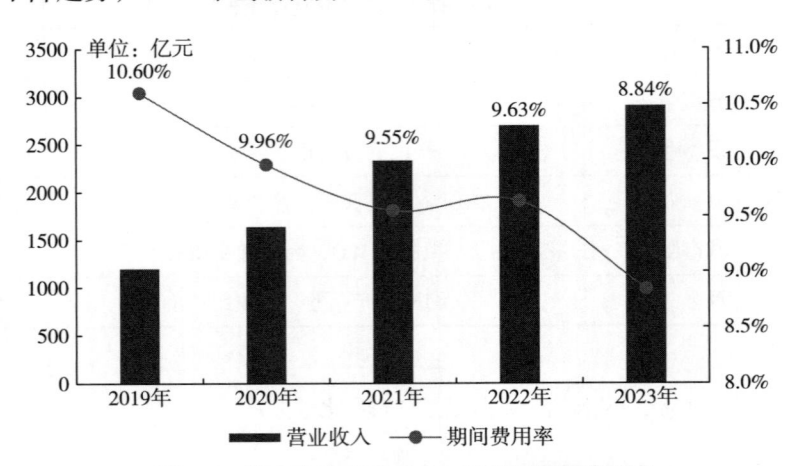

图5-12 物业上市企业2019—2023年期间费用率

数据来源：上市公司年报，中指研究院整理。

3. 分红与回购力度创历史新高，资本市场给予正面反馈

2024年上半年，共有34家物业服务上市公司宣布发放2023年年度现金股息，共计分红92.21亿元，创历史新高。从分红金额看，华润万象生活最高，为17.63亿元；万物云14.13亿元，紧随其后。派息率超过50%的有13家，其中，碧桂园服务派息率高达335.98%，排名第一，康桥悦生活达96.24%，排名第二。

2024年上半年，港股有8家物企开展了股份回购，包括万物云、绿城服务、德信服务集团、金科服务、永升服务、中海物业、越秀服务和星盛商业。这些企业2023年经营活动现金流量净额均为正，企业资金相对充裕。万物云的回购金额为7199.81万元，是回购金额最高的企业。

物业企业分红与回购举措，一方面说明物业行业目前估值处于低位，有回升预期；另一方面，向外界传递了对自身经营情况好转的信心，有利于缓解投资者的担忧。从成效来看，回购在短期内对于部分企业股价具有一定的提振作用，但也有部分企业股价仍延续了下跌态势，长期影响仍有待观察。

（三）增值服务：基于"社区服务"核心逻辑，建立专业、独立运营团队

1. 社区增值服务贡献稳定，非业主增值服务下降超三成

在增值服务及创新型服务业务方面，百强企业已经由大而全的平台模式，转向专注于高潜力细分赛道，实现资源聚焦和垂直化发展，在维持诸如空间运营等传统业务的基础上，发挥近场服务优势，实现部分业务的逆势增长。

2023年，百强企业增值服务收入均值2.36亿元，较上年的2.7亿元下降12.59%；增值服务收入占比为15.23%，较上年下降2.99个百分点。一方面，非业主增值服务收入均值为0.7亿元，较上年的1.05亿元下跌超三成，是增值服务收入下降的主要原因，预计此项业务还将进一步萎缩；另一方面，受限于消费大环境的影响，居民收入预期降低、消费降级等导致需求没有明显增长，社区增值服务收入均值为1.66亿元，与上年基本持平，业务的大幅提振尚待时日。

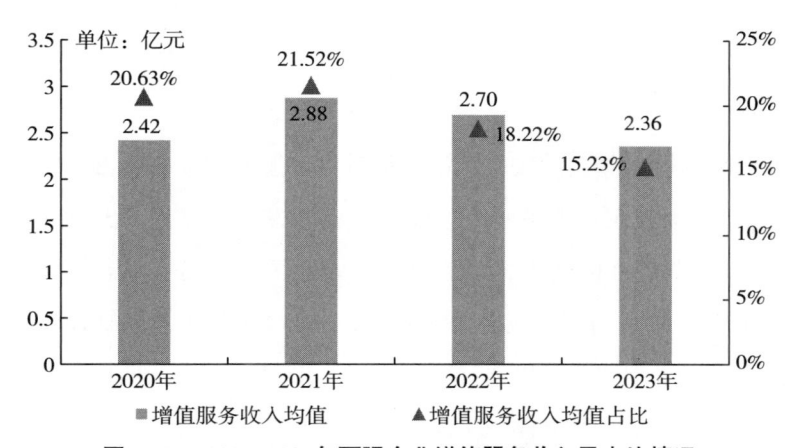

图5-13　2020—2023年百强企业增值服务收入及占比情况

数据来源：中指数据CREIS。

2. 发挥近场优势，"人、物、场"运营是主要来源

在百强企业的社区增值服务中，空间运营服务、资产运营服务、社区生活服务仍为主要组成部分，2023年的收入均值分别为5468.8万元、4120.8万元及4470.4万元，合计占社区增值服务收入的比重达

84.7%。其中，空间运营服务主要包括停车场运营、广告投放或租赁等业务，同比增长4.16%。

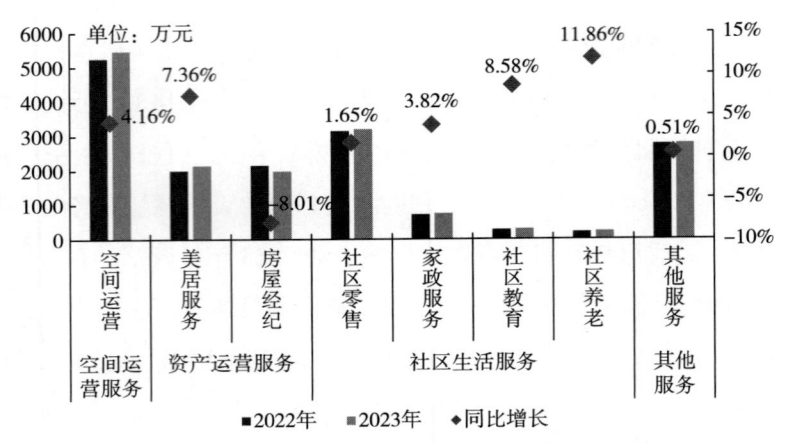

图5-14 2022—2023年百强企业各类社区增值服务收入均值及同比变化

数据来源：中指数据CREIS。

美居服务涵盖拎包入住、设计服务、整装旧改等业务。百强企业通过"一站式家居服务""个性定制化解决方案""一对一"与"去标准化"等措施，在关注新房市场的同时，聚焦旧房焕新，打通产业链条纵向壁垒，成效显著。2023年，百强企业美居服务收入均值达到2141.6万元，同比增长7.36%。百强企业中，除碧桂园服务、雅生活集团等头部企业外，2023年滨江服务等"入局者"表现优异。其中，滨江服务打造以5S为中心的增值服务体系，包括优家服务、优居服务及优享生活服务。优居服务秉承"生活家"软装服务理念，为客户提供格调高雅、时尚、现代化的定制硬装、软装、家装服务等，2023年该板块营收大幅增长，达到5.32亿元。

百强企业社区零售营收均值为3196.8万元，同比增长1.65%。物业企业虽然占据着天然靠近业主等诸多优势，但是社区零售涉及供应链、仓储、物流、平台系统等一系列环节，物业企业跨界经营难度大；另外，受线上电商巨头及网红电商的挤压，大部分物业企业难以破局。但是部分百强企业紧扣时代发展脉搏，进军直播业务，挖掘社区增值业务。2023年，越秀服务社区增值服务收入9.32亿元，同比增长43.34%，公司不仅增加了投资增值服务的储备金，还将进一步加强社群团购和直播带货业务。

另外，社区生活服务中，家政服务、社区教育及社区养老增速分别为3.82%、8.85%和11.86%。2023年国家出台了众多关于家政及社区养老的政策，如《促进家政服务提质扩容2023年工作要点》《居家养老上门服务基本规范》《城市社区嵌入式服务设施建设工程实施方案》等，提出包括"支持物业企业因地制宜提供居家社区养老服务""明确社区嵌入式服务设施面向社区居民提供养老托育、家政便民等"的鼓励措施和相关指引，在业主信任的基础上，或自营或联营，"面对面"业务更易开展并获得成功。中海物业旗下"优你互联"公司，经过多年的业务探索，厚积薄发，聚焦社区生活场景，通过社区空间运营、不动产增值服务、社区生活服务三大运营业务体系，持续培育具有持久生命力的社区商业环境，打造行业领先的资产运营能力，逐渐形成中海物业又一核心市场竞争力。

3. 创新服务收入贡献有限，主要在头部企业中开展

置身于不利环境之中，百强企业并未坐以待毙，仍在多赛道积极寻找"出路"。在头部企业的引领下，百强企业有侧重地发力城市服务、IFM等业务，创新型服务收入均值为0.42亿元，同比增长5.0%，保持连续增长态势，占比微幅提升至 2.72%。

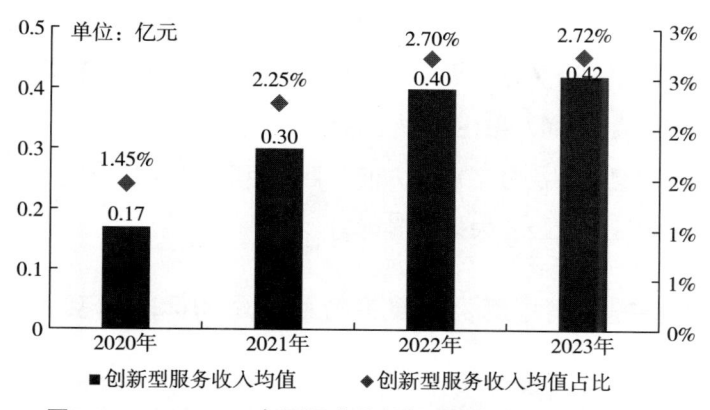

图5-15　2020—2023年百强企业创新型服务收入及占比情况

数据来源：中指数据 CREIS。

头部企业或少数重点企业引领百强企业开展创新型服务，更加关注项目盈利能力以及回款情况，与基础物业管理服务产生联动，坚守主业，坚持创新，平衡风险与回报。

城市服务呈现业务融合的发展趋势，借助智慧化运营平台，将住宅小区、街道、办公大楼、公园绿地等业务场景融为一体，从管理到运营、由单体向全域，实现新场景突破。头部企业布局早、业务体量大，规模优势和先发优势明显，其他企业保持跟进态势，纷纷试水，探索新领域，寻求突破和增长机会。2023年，碧桂园服务和雅生活集团城市服务收入分别为48.84亿元和13.87亿元，保持着较高的年复合增长率。其他头部企业亦有布局，如中海物业在2024年工作策略会议上指出"强调守正与创新的平衡，主动介入城市服务"。

城市服务对于物业企业营收规模提升作用明显，但存在三个问题：第一，城市服务需要高投入，无论是铲雪车等大型设备的购置，还是"自建智慧平台"等软件方面的要求，都需要庞大的资金、技术、人才投入；第二，服务能力、人才队伍建设、标准体系建设、信息安全等问题，都考验企业的综合能力与专业能力；第三，服务对象的支付能力是物业企业首要考虑的方面，尤其是地方债突出的当下，更要审慎选择服务对象。

在非住宅领域，IFM 作为新蓝海，更能体现百强企业的专业化服务能力。百强企业从需求端出发，以帮助客户提高生产效率、降低运营成本为目标，为客户量身定制服务清单，提供综合化解决方案，寻找差异化竞争路径，并形成企业自身的护城河。目前百强企业主要涉足餐饮、设备管理及能源服务等业务。新希望服务是西部领先、深耕成都的综合物业管理企业，围绕"资产增值保值"与"生活安心美好"，为中高端住宅、办公楼宇等不同业态提供"物业＋商业运营""物业＋团餐""物业＋生活"等民生服务系统解决方案，已凭借良好客户口碑与优异经营质量，实现持续高质增长。

表5-3　部分百强企业2023年IFM业务情况

企业名称	业务收入（百万元）	增长情况	业务涵盖内容
金科服务	344.4	73.8%	集团着力发展餐食服务，通过内生加并购模式，快速抢占市场份额。
新希望服务	47.35	56.4%	公司在满足企业标品采购方面积累了较为成熟的经验，持续满足B端企业客户需求，B端零售复购率66.1%，共计为客户提供个性定制礼盒超11万份，定制研发设计24款商品。
彩生活	22.71	36.15%	公司开展包括设备安装服务、维修保养服务、节能服务等在内的工程服务。

数据来源：公司年报，中指研究院整理。

除此之外，商业运营、智慧化解决方案输出业务也是物业企业创新型服务的两个重要赛道。当前，商业运营经营难度加大，整体表现有所下滑。但是，部分百强企业仍然凭借着对于场景终端的把握，紧扣商业中心消费结构转型升级，深挖消费数据，周期性调整商品种类，提升消费体验，注重平衡写字楼长短租客需求，精细化运作。2023年，华润万象生活、越秀服务、合景悠活、德商产投服务等企业的商业运营服务都取得了不错的业绩。智慧化解决方案输出方面，百强企业以科技平台构建智能生态系统，赋能客户智慧化改造，助力我国智慧化城市建设，未来发展可期。

（四）服务品质：扎实提升满意度，构建完备且实用的标准体系

1. 以客户满意度为驱动，持续改善服务质量

物业服务满意度止住下跌趋势，呈现稳定态势。随着居民对居住品质要求不断提升，物业服务满意度也在回升。最新调查数据显示，2024年物业服务满意度相比上年有了小幅提升，达到73.1分。这一成绩离不开物业企业持续努力和创新，他们通过提供优质服务、加强与居民的沟通互动等方式，赢得了居民的信任和认可。

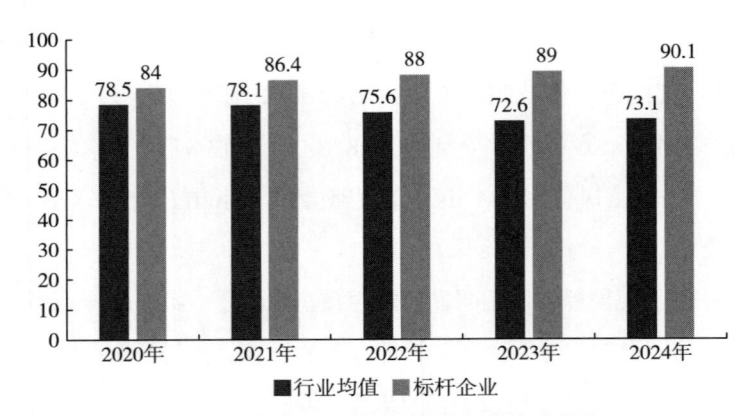

图5-16　2020—2024年物业服务满意度得分

数据来源：中指研究院整理。

行业内领先的物业企业以满意度建设为抓手，注重客户体验，深化生活场景，努力将客户的期望与现实的差距降到最低，提升满意度水平，依托市场口碑、品牌优势获得更多客户的认可。2024年标杆物业企业满意度达到90.1分，是近五年最好水平。

物业企业保持满意度调研的持续性，掌握客户需求，及时反馈调整。物业企业通过企业自查、第三方调查、神秘访客等方式，采用网上问卷与现场走访相结合的调查方法，倾听业主真实诉求和服务意见建议，解决问题短板，优化服务内容，改善客户体验，持续促进服务品质、业主满意双重提升。

物业企业强化服务品质监督，提升满意度水平建设。强化问题导向，开展自查自纠。物业企业按照工作方案，对于满意度得分较低的方面，进行面面自查，通过自查自纠，进一步增强责任意识，尤其是要加强一线工作人员的服务意识培养，及时发现并梳理存在的问题和不足，及时整改。强化绩效考核，以绩效考核为抓手，设立考核目标，确定考核周期，多维度、多层级考核员工，坚持公开、公平和公正的原则，并将考核与职务晋升、培训发展、薪酬调整结合起来，形成企业独特的考核氛围，将企业服务理念与员工考核绑定，形成企业文化的一部分。

2. 以客户为中心，制定标准与设计服务

卓越的服务质量，不仅是行业的立身之基，更是持续发展的动力之源。在激烈的市场竞争中，唯有真正以客户为中心，方能深刻洞察市场脉搏，领航发展浪潮。回归高质量发展根基，行业需更加贴近客户服务需求，深入了解客户痛点与期望，从而定位服务标准。物业企业从管理视角转变为客户体验视角，纷纷设置"体验官"岗位，读懂客户"真实需求"，将服务聚集并落位于客户体验之上，围绕场景、触点、动线、环境等制定标准，实现优质服务落地与提升。

在此基础上，通过一线员工及客户反馈，找出服务与客户期望的差距，增加对客户需求了解，提高响应速度，动态调整标准，不断创新服务模式，优化服务工艺，确保为客户提供更加精准、有效的服务。同时，建立深度的服务文化，提升企业每一名员工的服务意识和服务精神，将服务的标准化、场景的差异化和需求的个性化有机融合，关注服务过程中的每一个细节，努力为客户打造舒适的服务体验。

3. 智慧科技赋能服务体系迭代升级

科技让生活越来越便捷，物业企业的服务也不断更迭，从"有服务"到"优服务"再到"智服务"。随着管理规模不断扩大，管理业态不断丰富，物业服务从传统的住宅、商业写字楼扩展到城市，比如"AI巡逻车"能及时反馈街头的违章，智能传感器能及时通知保洁人员清理垃圾桶，刷卡、"刷脸"等让业主回家通行更方便，通过远程控制中心，能够及时响应并解决现场问题，精准匹配近场人员调度和高效触达，实现"云调度+人工辅助"。物业企业通过数字化转型提升管理能力、赋能员工的服务效能，持续优化服务质量与提升客户体验、增强用户满意度，让物业服务更智慧、更高效。

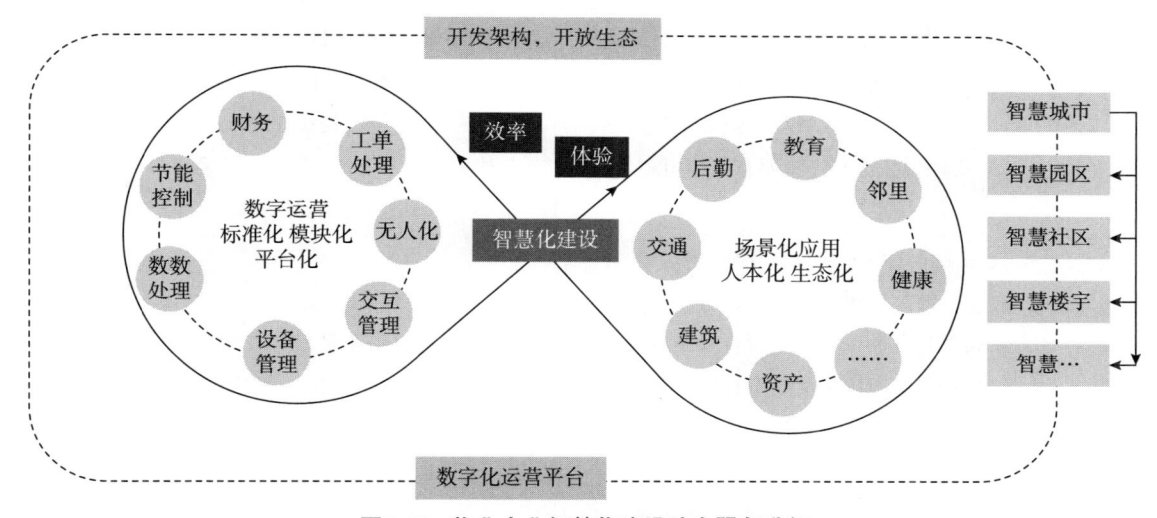

图5-17 物业企业智慧化建设助力服务升级

数据来源：中指研究院整理。

（五）品牌建设：专业能力构筑品牌力，"做实做专"优于"做大做全"

1. 增加品牌曝光度，提升品牌传播的触达率

随着互联网时代的快速进展，信息传播渠道加速拓宽，物业企业灵活运用传统媒体和新媒体平台进行全方位、多触角链接，构建传播矩阵，实现信息传播的无边界、全覆盖。就线上传播方式而言，物业企

业不断尝试新型数字媒体渠道，利用"双微一抖"等新媒体传播媒介及自有平台传播渠道，增加品牌曝光度，提升品牌传播的触达率。物业企业通过微信公众号、微信视频号、抖音号，自主设计个性化、实用性功能模块，增加品牌传播的覆盖力度，提升品牌的传播广度，让受众群体通过多渠道、多视角了解企业品牌理念，提升品牌知名度。

2024年上半年，微信公众号阅读量排名前五十的企业阅读总量为1843.77万次，微信视频号排名前三十的企业视频号观看总量为189.09万次，抖音视频号排名前5的企业点赞和转发总计36.69万次。

表5-4　2024年1~6月中国物业服务企业微信公众号TOP50

排名	企业名称	微信公众号名称	阅读量
1	保利物业服务股份有限公司	保利物业公众号矩阵	2203937
2	中海物业管理有限公司	中海物业公众号矩阵	1980901
3	万物云空间科技服务股份有限公司	万物有云/邻居	1237082
4	长城物业集团股份有限公司	长城物业集团	1065000
5	彩生活服务集团有限公司	彩生活公众号矩阵	990457
6	宝石花物业管理有限公司	宝石花物业	945096
7	融创物业服务集团有限公司	融创服务集团	772896
8	伟星物业	伟星物业公众号矩阵	576351
9	华发物业服务有限公司	华发物业公众号矩阵	544659
10	金科智慧服务集团股份有限公司	金科大社区/金科服务	501318
11	绿城物业服务集团有限公司	绿城服务集团	446391
12	雅生活智慧城市服务股份有限公司	雅生活集团公众号矩阵	401236
13	河南建业新生活服务有限公司	建业物业/建业新生活	400921
14	招商局积余产业运营服务股份有限公司	招商积余/招商到家汇	376685
15	金碧物业有限公司	金碧物业服务	330144
16	杭州滨江物业管理有限公司	滨江物业	304073
17	康桥悦生活服务集团有限公司	康桥悦生活/康桥悦生活服务	249958
18	弘阳服务集团	弘阳服务公众号矩阵	240426
19	南京银城物业服务有限公司	银城有范/银城生活	233686
20	时代邻里控股有限公司	时代邻里/时代物业	229836
21	南都物业服务集团股份有限公司	南都物业服务集团	228197
22	深圳星河智善生活有限公司	星河智善生活公众号矩阵	219431
23	新城悦服务集团有限公司	新城悦服务	219050
24	正商服务	正商服务	214558
25	大悦城控股集团物业服务有限公司	大悦服务美好生活公众号矩阵	213470
26	深圳市金地物业管理有限公司	金地智慧服务	207445
27	海南物管集团股份有限公司	海南物管	197487
28	第一服务控股有限公司	第一服务控股	189796
29	融信服务集团股份有限公司	融信服务集团公众号矩阵	179923
30	绿都智慧生活服务有限公司	绿都人家公众号矩阵	178713
31	西安高科物业服务管理有限公司	高科物业	166166
32	南京朗诗物业管理有限公司	朗诗绿色生活/诗友公社	163051
33	越秀服务集团有限公司	越秀服务	157072

续表

排名	企业名称	微信公众号名称	阅读量
34	大华集团上海物业管理有限公司	大华服务	150667
35	碧桂园生活服务集团股份有限公司	碧桂园服务	147749
36	北京亦庄城市服务集团有限公司	亦庄城市服务集团公众号矩阵	137690
37	德信盛全物业服务有限公司	德信盛全服务公众号矩阵	137488
38	深圳市前海龙光智慧服务控股有限公司	龙光智慧服务公众号矩阵	130512
39	新大正物业集团股份有限公司	新大正	129013
40	中天城投集团物业管理有限公司	中天城投物业	122780
41	河南正弘物业管理有限公司	正弘物业	117951
42	美置服务集团有限公司	美置服务/美的置业	110497
43	鑫苑科技服务集团有限公司	鑫苑服务官微	108197
44	华侨城物业（集团）有限公司	华侨城物业服务	106865
45	路劲物业服务集团有限公司	路劲会	103949
46	中湘美好城市运营服务股份有限公司	中湘美好城市服务	82147
47	一爱城市建设服务有限公司	一爱城市服务	79325
48	佳兆业美好集团有限公司	佳兆业美好公众号矩阵	77271
49	东莞市光大物业管理有限公司	光大物业服务	69137
50	河南亚新物业服务有限公司	红色物业筑美好/亚新服务	61000

数据来源：中指研究院。

表5-5　　　　　　　　　　2024上半年部分企业微信号受关注文章及阅读量

官微	最受关注的文章	阅读量	内容概述
保利物业	行业第二、央企第一！保利物业回归本源，全面刷新	2.8万	再度荣膺"2024中国物业服务百强企业"重量级奖项，以卓越实力跃居行业第二、央企第一
	业主找事儿后，我们在忙些什么？	2.1万	继续保持开放的姿态，聆听业主声音，直面批评
融创服务集团	荣誉丨融创服务斩获2024中国物业服务百强企业TOP7等多项殊荣	1.6万	融创服务荣获"2024中国物业服务百强企业TOP7"等荣誉
	焕新改版！归心App带你迈入生活的Next Level	1.2万	融创服务归心APP全面升级
	一起达人秀舞蹈组线上投票已开启，哪一种舞姿更得你心！	1.7万	一起达人秀舞蹈组线上投票
	陪伴可抵岁月漫长，记录小融光和你的两年时光~	1.3万	记录融创"小融光"两周年成就
彩生活	22周年丨二十二就是最好的彩生活	2.1万	一起来听听22岁彩生活的故事
	该！这波戳心窝子的服务被拉出来狠狠表扬了！	3.2万	彩生活收到了一封特殊的信件
	特大暴雨袭击深圳，彩生活永远站在防雨防涝第一线！	2.9万	彩生活极力保障业主住户们的人身以及财产安全

数据来源：中指研究院整理。

物业企业积极参与重大活动，细节彰显服务品质，树立品牌形象，助力品牌宣传。重大赛事或重大活动涉及工作条线多，任务繁杂，有软性的服务，也有硬件的保障，从基础服务到增值服务，既需要保障场馆整洁、实施人员疏导、预备突发应急等，也需要保障弱电机房、多媒体屏、智慧灯标、水下救生系统等设备的正常运行，涵盖照明系统、空调系统、电力系统、通风系统等多方面。物业服务企业用"绣花功夫"扎实完成任务，品质为基，展现专业服务，精益求精，体现企业综合实力。同时，大型活动周期长、人员多，备受社会关注，物业企业的员工穿着、精神面貌、工作内容等都向外界传递品牌理念，树立品牌形象。保利物业不仅多次协助广交会开展大型展会活动，还陆续交出了北京冬奥会、世界军运会、博鳌亚洲论坛经安大会等大型节展赛会服务的样本答卷。保利物业以央企物业的责任担当和专业的服务能力，向世界及人民大众，传递着"大物业时代的国家力量"品牌理念。

2.理性处理与关联方关系，做好品牌区隔，独立发展

不可否认，在房地产供求关系发生重大变化的当下，不少关联地产公司仍旧是支撑物业服务企业发展的重要力量。但是，独立化发展已经是物业企业绕不开的话题，或完全独立，或依靠而非依赖，或选择回归融合发展，不同企业不同发展阶段做出不同选择。

加强独立品牌建设，助力企业市场化高质发展。一方面地产关联方已经对物业企业自身的发展造成了负面影响，包括可能的资金挪用、现金流质押融资等；另一方面，地产关联方无法能够为物业企业提供优质项目，物业企业业务量来自关联方进一步压缩至可有可无。此种状态下，物业企业从控股股权到管理层再到品牌"完全切割"，走市场独立化发展道路合情合理。恒大物业将其官方微信公众号的名称由"恒大物业"更改为"金碧物业服务"，奥园健康更名为"星悦康旅"，"旭辉永升服务"更名为"永升服务"，都表明物业企业在与地产关联方做"切割"。

3.住宅业态品牌打造阶梯，多元赛道品牌区隔

（1）综合物业服务阶梯化

目前，物业服务企业针对住宅业态提供一体化的服务产品，既包含基础服务，也包含增值业务，而产品内分级分档呈现差异化。在人员配置、环境打造、人文设计、智慧化应用等多个维度，进行不同成本的分级分配，使各品牌服务配置合理、标准化。例如，保利物业为了保障服务有效落地，通过三维标准化的方式，对运营标准、服务标准、经营标准进行分级分档标准化管理，在持续稳定地将品质服务呈现给客户的同时，表现出高中低档阶梯化。同时，保利物业联动地产，从地产产品端到物业服务端，在保利发展人文社区理念指导下，实现地产标志性设计与物业服务品牌特色及专属服务场景对位，形成产品与服务一致的人文价值以及人文体验。

架构	新美学功能（空间）			新价值场景（服务）		
内核	意韵、礼序、私享、邻里、趣活、智造			安全、便捷、专业、意趣、透明、和谐		
品牌	天字系 天瑞、天珺、天瓒	悦字系 臻悦、琅悦、璞悦	和字系 和煦、和著、和颂	东方礼遇	四时雅集	亲情和院
标签	名门贵府 六道门庭、私享会所	一园三堂 厅堂、门堂、轩堂 山水隐园	两盒两场 学习盒子、邻里盒子 街区剧场、活力剧场	分寸感礼	艺术性雅	人情味亲
价值	极致美学	东方美学	生活美学	尊崇信赖人文	闲情雅智	真善美和

图5-18 保利物业产品服务一体化

资料来源：企业资料。

（2）多元业务品牌区隔化

多元业务品牌定位（理念、人群、价值）及品牌落地（营销方式、渠道展示、服务体验）等都有别于传统业务，物业服务企业在打造多元业务品牌时，应该做区隔处理。例如，细分赛道中的医院物业和学校物业，物业企业面对的是医护、病人、学生和教师，品牌理念与价值中要纳入关爱、责任甚至义务，品牌宣传中要注重突出安全、环境、卫生等，品牌营销方式要彰显人文气息而非明星代言。

（六）企业战略：高质量发展，高品质服务

1. 整体战略：稳中求进，以进促稳，追求有质量的增长

在公司整体战略规划方面，物业服务企业"稳"的特征突出，以稳促进、稳中求进、追求有质量的增长，成为2024年上半年主要战略表现。

物业服务企业保持现有的市场份额，不再盲目扩张，而聚焦于稳定和巩固现有的市场地位。头部企业及区域性企业在追求"规模广度"基础上更加倾向于追求"规模厚度"。快速规模化可能导致组织经营规模和业务范围超出资源和能力的承受范围，效率迅速降低。因此，物业服务企业对新区域的拓展热情逐渐消退，聚集核心城市、核心经济带，新市场及新产品需求逐渐增强。物业服务企业在布局多元业态的同时，规模扩张由分布式、同质化竞争，向集中式、专属化的拓展转变；由随机式的机会型拓展，向追求优势区域密度、优势业态密度和优势产品密度的方向转变。企业更加关注客户的综合、系统性需求，积极探索多业务联动的一站式解决方案，改善服务综合效能，在需求新市场和产品新市场上下功夫，提升单面积产值，追求合理经济效益和合理增长，实现稳中有进的发展。

此外，多家物业服务企业以退为进，宣布主动撤场一些经营效益不佳的项目，聚焦核心城市、核心业态、核心优质客户，回避回款风险大的项目、需要过度垫资的项目、住宅去化预期不高的项目等，追求有质量的发展。

2. 业务战略：厚植基础物业服务沃土，开展与主业产生协同效果的多元业务

（1）多业务协同发展，差异化打造核心竞争力

目前，物业管理行业由增量市场转向存量市场，头部企业面临规模增长、市场占有率触及瓶颈的局面，其他企业增长亦更加困难。多条线业务延伸，多领域市场整合或许能够打破僵局，但是，多元业务的选择需要注重与基础物业服务的协同性，实现"一干多枝"，协同发展。

业务间协同性主要表现在中后台的统一管理与前台业务运营的相对独立性。物业服务企业借助科技化手段，建立统一的后台管理系统，构建"多对一""一对多"的管理格局，根据实际需求，科学调配、调剂资源，统筹管理和运营，提高经营效率，实现成本领先。多元业务是区别于物业基础服务业务的新赛道，保持相对独立的运营，有助于打开市场空间，另一方面，客户或被动或主动地接受企业提供基础物业服务的同时，并不等同于天然成为企业多元业务开展的目标群体。多元业务的成功开展要基于客户的真实需求，而非业务间的交叉引流；要"依靠而非依赖"主业基础物业服务。

（2）多元业务开展实施集中化与差异化战略，同时注重自身能力建设

面对政府客户，物业企业提出"一城一策""一街一策"等，面对企业客户提出"一企一策"等，根据"场景+需求"，筛选细分赛道，利用自身优势，寻求并实施集中化战略，打造差异化竞争优势。

头部物业服务企业依托自身的资金、规模体量、品牌等优势，针对各自多元业务发展模式进行创新与探索，并形成了商业上的闭环。目前，轻资产战略被头部企业"放弃"，积极尝试自营模式，有效提升营业利润。如，华润万象生活借助万象城、万象汇和万象天地三大产品线竞争优势，有序推进化妆品自营业务试点落地，试点设立消费基金，构建商业生态圈，赋能航道高质量发展。

更多企业要结合战略方向与资源禀赋，理性选择布局赛道。针对多元业务诸多发展机会，物业企业要去伪存真，并充分考虑自身资源禀赋，理性选择进入时机。以基础物业服务为"敲门砖"，优先布局"看得懂""易上手""做得通"、符合企业资源配置方向、具备差异化优势的新业务。对已经布局的多元业务，要建立复盘机制，根据财务指标、战略方向选择，勇于"做减法"，实现聚焦发展，保证资源的有效利用。如：雅生活服务细化业务布局和架构，集中发展投入少、回款好、效益佳、可持续的优质产业。公司深耕家庭生活服务、机构类增值服务和节能管理三大业务，旗下团餐品牌"乐美膳"外拓获取首个高端总部商写项目，落地广州益云科技园智慧员工餐厅。

3. 职能战略：目标具化，提升效率与效益

（1）搭建业财一体化平台，强化现金流管理，加大催付款力度

物业服务企业搭建集中化、规模化、一体化的统一业财平台，覆盖核心商业运营业务到财务一体化建设，设计灵活可配置的接口模型、计费模型、单据模型等，快速应对新业务扩张和业务调整。一体化的平台支持业财大数据管理，有效支撑企业业务运营分析和资金风险预测。通过一体化平台优化业务流程，实现资金流可追溯，提高信息处理透明度和真实性；同时，提供催款数据支持，精准预测资金回款，帮助企业审时度势调整策略，聚焦经营效益，关注回款及现金流，以精细化运营提升企业经营效益。如：世茂服务狠抓现金流管理与回款率，明确目标要求，提高现金流管理的各项标准，升级收缴回款制度，建立跨部门的沟通协调机制。完善前线的收缴回款策略库和工具库，通过制订"一盘一策"，夯实现金流动态管理，持续提升收缴回款能力。

（2）重塑组织架构，创新管理模式，实现组织效能提升

物业企业更加强调扁平化，通过多种方式精简组织架构，追求组织集约与管理扁平，实现组织从"大"到"精"的转变。为了提升组织管控效率，物业服务企业过去"能三不四"的管理构架也已有弱化趋势，从传统金字塔组织向平台化组织演变。在服务领域上，多元业务要聚集，组织层面则要求建设专业团队，且要实现由"专"到"强"的转变。部分物业服务企业设置不同的业务部门以支撑多元业务开展；较大型企业则采取事业部或子公司的形式承接业务，以相对独立的业务单元区隔于其他业务；还有些企业则与外部强势品牌成立子公司，在分担风险的同时，"强强联合"实现跨越式发展。例如，中海物业打造合伙人模式，以项目经理为核心组建"1+N"的作业团队，财务、人力、市场等协助项目经理，紧密合作，保证项目的高质量运营。

（3）科技助力企业降本增效，实现可持续发展

随着物业企业对信息化、数字化日益重视，物业企业纷纷开展数智建设，目前已进入系统平台搭建及应用深化期。如长城物业成立的数字化全资子公司深圳一应社区科技集团有限公司，通过一应云智慧平台将物业管理和社区经营深度融合，促进了物业管理的良性发展和社区生活方式的进化。

岗位物联网化，作业流程化与机械化，服务AI化或许是未来发展趋势。通过这些信息化手段，持续

推进业务、人、科技融合，跨业务流程作业，显著提升工作流程效率及控制成本。借助科技实现成本精益化管理，持续优化成本科目分级分档标准，围绕各业务节点制定精细的全面预算体系，依托项目信息化管理实现项目运营情况的实时监控与精准纠偏，提升运营过程管控的精益化管理水平。另外，企业通过科技手段能够实践节能降耗、绿色低碳等可持续发展理念，实现成本标准、服务体验与服务工艺的联通，实现成本与质量的均衡优化。如：中海物业以自研星启物联网中台技术作为本集团科创资源池及数字化建设的技术底座，赋能科技引领集团数字化转型升级、运营管理升级。坚持"平台＋生态"战略，基于星启物联网中台技术，实现建筑内智慧设备的高效率部署，提升建筑运维效率和管理效能。

（七）行业政策：个别城市出台物业费限价措施，影响行业市场化发展

2024年上半年，物业管理行业政策继续以规范行业发展、建设行业标准为主线，鼓励企业开展多元服务为辅，从全国到各地均出台各类政策，持续构建良好的政策环境，为物业管理行业可持续发展"保驾护航"。

1. 着力规范行业发展，信用建设加速推进

2024年上半年，物业管理行业政策延续往年方向，以规范类政策为重心，明确物业服务内容、人员权责、收费标准等内容，同时不断优化行业标准，以期全面提高行业合规性与服务质量，促进行业高质量发展。

表5-6　　　　　　　　　　　　2024年以来部分物业管理行业规范性政策

时间	区域	名称	内容
2024年2月	全国	《智慧环卫系统建设标准》（征求意见稿）	适用于智慧环卫系统的设计、建设、验收、运行和维护
2024年1月	广东	《广东省基本公共服务标准（2023年版）》	严格抓好标准贯彻实施；及时开展地方标准调整；加强监测评估和创新实施
2024年1月	济宁	《济宁市物业管理条例》	规定物业服务人的选聘、物业服务的内容、物业服务人的公示义务及应当遵守的规定和禁止行为、物业服务收费等内容；规定业主、物业使用人、物业服务人的禁止行为等内容；规定有关法律责任
2024年1月	济南	《济南市商品房小区物业服务清单》	规定商品房小区包含的物业服务事项，会同相关职能部门指导街道办事处、居民委员会监督业主委员会依法开展工作，加强物业服务工作的监督检查
2024年3月	广州	《广州市物业小区电动汽车充电设施建设管理规定》	旨在推动和规范物业小区电动汽车充电设施的建设和管理，满足广大电动汽车用户的充电需求，并促进电动汽车产业的高质量发展
2024年3月	北京	《北京市物业管理条例》修订	涵盖物业的使用和维护、法律责任等方面的内容，旨在全面规范物业管理活动，提升物业管理水平，为业主提供更加优质的服务
2024年5月	河南	《河南省物业服务企业信用管理实施办法（试行）》的通知	规范市场秩序，加快构建以信用为核心的新型市场监管机制。明确信用信息的构成和采集、信用信息的分类和公开期限、信用评价及应用；信用评价分为市场行为规范、物业安全管理、"红色物业"创建、智慧物业建设、履行社会责任等五个类别
2024年5月	聊城	修改《聊城市物业管理条例》的决定	秉持法治统一，保持与上位法规定一致；完善法规体系；坚持问题导向，助力基层社会治理；细化部门职责，提升物业管理监管效能
2024年6月	南宁	《南宁市物业服务企业信用信息管理办法（试行）》的通知	涉及信用信息构成与采集方式、信用评价与信用修复、信用评价结果应用等内容，并明确AAA级企业激励措施及B级企业惩罚措施

数据来源：中指研究院综合整理。

规范类政策主要涉及物业管理条例的修订、物业收费机制等强约束性内容，信用建设、公共服务、智慧环卫系统等标准化建设内容，以及安全相关的内容，高效整治行业不合规行为，促进行业健康发展。具体来看，除修订物业管理条例外，规范性政策集中在信用建设与物业收费机制和定价方面。近年来，全国各地针对物业管理行业信用建设的相关政策纷纷出台，主要明确信用信息构成、采集、评价、修复以及奖惩措施，联动信用信息评价与企业运营，对信用信息评价较低的企业开展重点监督，全力推进以信用为核心的市场监督机制，进一步规范行业市场。

2. 部分城市物业费定价政策变化引发关注

物业收费定价政策成为上半年重点关注对象。2024年1月，重庆提出"将住宅前期物业服务收费由现行的政府指导价、市场调节价两种价格管理形式调整为政府指导价一种价格管理形式"，规范住宅前期物业收费标准，避免涨价现象。随后，青岛市城阳区、宁夏银川市、武汉市江夏区均发布相关物业费定价机制，明确收费标准，重申指导价。目前来看，物业收费定价似乎开始趋严；不过我国大部分省市对住宅前期物业收费实行政府指导，对于超过标准的收费可以通过审批备案方式进行。

表5-7　　2024上半年部分城市出台的物业服务收费相关政策

时间	区域	名称	内容
2024年1月	重庆	《重庆市物业服务收费管理办法》	住宅前期物业服务收费实行政府指导价，将住宅前期物业服务收费由现行的政府指导价、市场调节价两种价格管理形式调整为政府指导价一种价格管理形式
2024年5月	银川	《银川市普通住宅前期物业服务和停车收费政府指导价标准方案》	适用于业主大会成立前的普通住宅前期物业服务和小区停车收费
2024年5月	青岛	《关于对普通住宅前期物业服务收费超出政府指导价进行自查整改的通知》	"中小套型住房（建筑面积144平方米及以下）套数占本物业服务区域住房总套数70%以上（含70%）的物业服务区域"，按规定，界定为普通住宅，应当在政府指导价规定范围内予以调整。收费建筑面积8万平方米以内（含8万平方米），上浮幅度不超过20%；收费建筑面积8万~15万平方米以内（含15万平方米），上浮幅度不超过10%；收费建筑面积15万平方米以上，收费标准不得上浮
2024年6月	武汉	《关于制定江夏区住宅前期物业服务收费标准的通知》	新建住宅前期物业服务收费标准参照《武汉市住宅物业服务等级标准》，实行分级定价。建设单位在前期物业管理招标时，应综合考量项目品质、服务特点、实际需要等项目具体情况，选择适当的服务星级和收费标准

数据来源：中指研究院综合整理。

3. 鼓励企业开展多元服务，生活服务为主要风向标

2024年上半年，物业管理行业定调"高品质服务、高质量发展"。《政府工作报告》提出，要"推动商品和服务质量不断提高，更好满足人民群众改善生活需要；推动养老、育幼、家政等服务扩容提质，支持社会力量提供社区服务"，鼓励更多物业服务企业开展多元服务，为行业整体发展指明方向。2024年上半年，指导性与鼓励性政策大多集中在增值服务领域，重点提及打造"物业服务+生活服务"，满足人民群众美好生活需求。

表5-8　　　　　　　　　　2024年以来部分物业管理行业指导性与鼓励性政策

时间	区域	名称	内容
2024年1月	全国	《城市社区嵌入式服务设施建设导则（试行）》	社区嵌入式服务设施主要是通过在社区（小区）公共空间嵌入功能性设施和适配性服务，在居民适宜步行范围内，提供养老托育、社区助餐、家政便民、健康服务、体育健身、文化休闲、儿童游憩等一种或多种服务，更好满足社区居民公共服务和美好生活需求
2024年1月	全国	《关于发展银发经济增进老年人福祉的意见》	提出拓展居家助老服务。鼓励养老机构、家政企业、物业服务企业开展居家养老上门服务。支持社区助浴点、流动助浴车、入户助浴等多种业态发展
2024年1月	四川成都	《成都市居民小区电动汽车充电设施技术规定（试行）》	明确居民小区充电设施建设管理中业主、施工单位、物业服务人及受托第三方等相关主体权责和技术标准，确保有序充电落地的可行性，保障充电过程中的安全
2024年2月	全国	《关于加快构建废弃物循环利用体系的意见》	推进废弃物精细管理和有效回收；提高废弃物资源化和再利用水平；加强重点废弃物循环利用；培育壮大资源循环利用产业；完善政策机制；加强组织实施
2024年3月	江苏常熟	常熟市促进房地产市场平稳健康发展11条工作措施	制定与住宅品质改善提升相适应的物业服务政策，促进物业收费质价相符，并支持物业企业向养老、托幼、健康等领域延伸拓展服务，探索"物业服务＋生活服务"模式
2024年6月	江苏苏州	苏州市房地产长效机制试点工作领导小组关于进一步促进我市房地产市场平稳健康发展若干政策措施的通知	实施16条措施。制定品质住宅物业服务指引，精准满足个性化需求。支持物业企业向养老、托幼、健康等领域延伸拓展服务，探索"物业服务＋生活服务"模式。建立智慧物业管理服务平台，引导物业服务企业提供定制化产品和个性化服务，提高物业服务效能
2024年6月	江苏苏州	《关于物业服务企业参与老年助餐服务工作的意见》	通过提供建设补贴、运营补贴、送餐补贴、税收优惠等支持政策，鼓励支持物业服务企业因地制宜参与老年助餐服务，提升"原居安老"生活品质，有效满足老年人多层次、多样化助餐服务需求

数据来源：中指研究院综合整理。

二、2024年下半年中国物业管理行业展望

（一）"瓦片经济"增量市场放缓，"服务经济"存量市场博弈

1. 上游增量市场趋弱，行业规模和业绩增速放缓

中国房地产在过去很长一段时间侧重于物理空间建设和销售，但随着市场需求变化，其增量市场正在放缓。近五年，全国商品房销售面积持续收缩：2023年全国商品房销售面积约11.17亿平方米，同比下降13.92%；2023年全国房地产竣工房屋面积约9.98亿平方米，虽然实现了正增长，但与此同时，全国新开工房地产项目大幅减少：2023年全国房地产开发企业新开工房屋面积从2021年约20亿平方米大幅下降至2022年的约12亿平方米，2023年进一步下降至不足10亿平方米。

物业管理作为房地产产业链上的服务运营环节，其增量市场必然受到上游产业发展的深远影响，未来，行业规模增速将继续放缓。目前，虽然行业整体管理规模仍在增长，但增速显著放缓：2023年，港股上市物业企业在管面积均值约为1.50亿平方米，同比增长11.94%，合约面积均值约1.99亿平方米，同比增长仅为1.02%，无论是合约面积还是在管面积，增速均显著低于此前年份水平；另一方面，早期通过收并购等非常规手段实现规模爆炸式增长的"虚胖"企业已开始出现"消化不良"症状：商誉减值、利润下滑、管理失衡、口碑下降等。

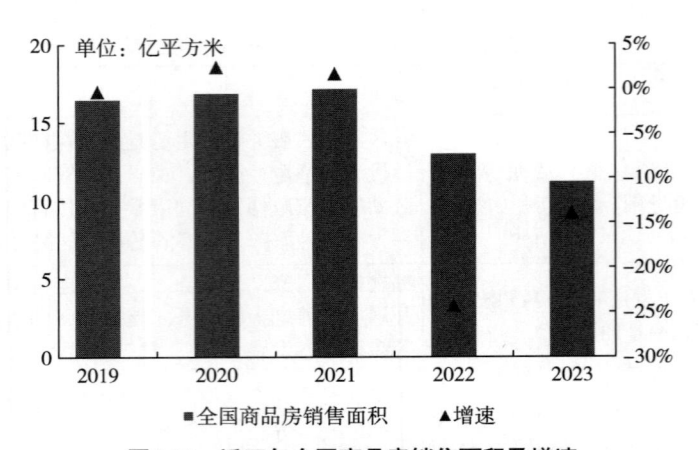

图5-19　近五年全国商品房销售面积及增速

数据来源：国家统计局。

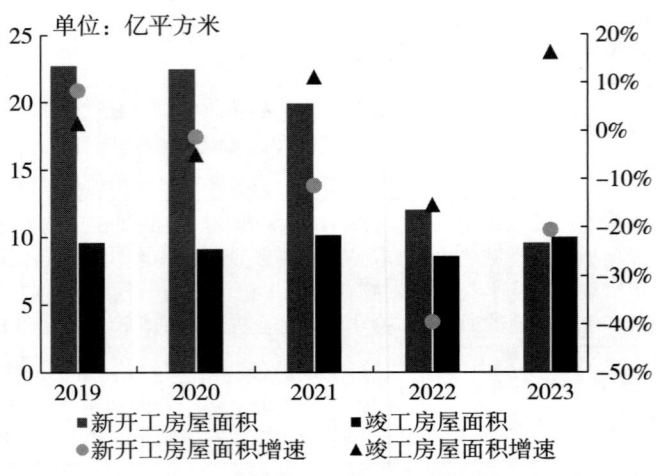

图5-20　近五年全国房地产新开工/竣工房屋面积及增速

数据来源：国家统计局。

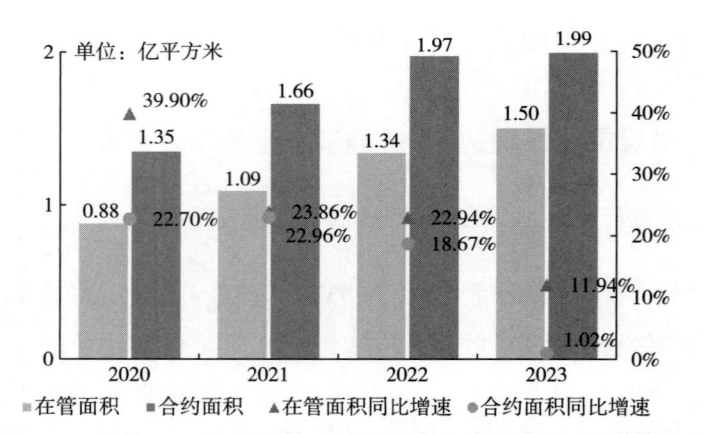

图5-21　2020年—2023年港股上市物业企业在管面积及合约面积情况

数据来源：上市企业财务报告，中指研究院整理。

行业增量市场面临困境的同时，市场外部环境快速变化，也使企业面临更严峻挑战，因此，行业业绩增长切换为降速调整模式。根据上市企业最新披露的财务报告显示：2023年，港股上市物业企业营业收入均值约为48.76亿元，营收增速约为13.93%，增速同比下降约4.76个百分点；利润表现方面，同期港股上市物业企业毛利润均值约为10.22亿元，增速为7.81%，毛利润绝对值虽然有所放大，但是相较于行业高速增长时期，毛利润的增速下滑明显；净利润均值约为2.93亿元，增速为8.92%，虽然净利润绝对值实现止跌回升，但相较于行业高速增长时期，增速同样明显下滑。

2. 行业利润率继续"挤水分",加速探底企稳

2024年上半年,在上游产业深度调整背景下,物业企业以非业主增值服务为代表的高毛利业务继续收缩,叠加大部分企业的"第二曲线"探索效果不明显,未来行业整体利润率将持续向基础服务水平回归,港股上市物业企业毛利率均值从2021年的29.51%,下降至2022年的25.40%,进一步下滑至2023年的23.95%;同期,净利率均值从13.01%下降至7.83%,进一步调整至6.51%。预计2024年上半年港股上市物企利润率水平将实现探底企稳。

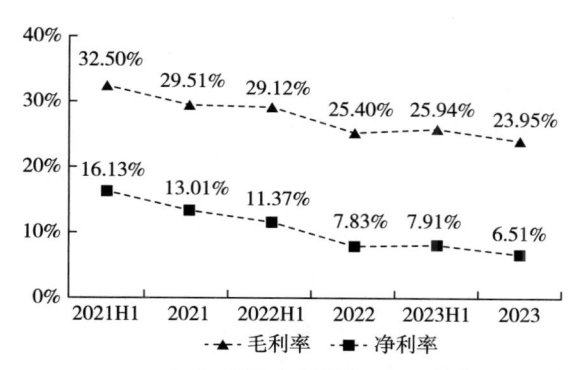

图5-22　2021H1—2023年港股上市物企毛利率和净利率均值情况

数据来源:企业财报,中指研究院整理。

目前行业典型头部及第三方物企的净利率水平集中在4%~10%之间,毛利率大都低于20%。短期看,物业企业管理能力和服务能力的提升依赖较高的资金投入,大概率会推升企业运营成本,进而影响企业利润率表现;长远看,行业如果没有新的增长亮点与业务突破,当前的利润率水平可能将是行业常态。

3. 存量市场博弈加剧,内卷竞争矛盾升级

2024中国物业服务市场正在从增量与存量并重的蓝海市场转化为存量主导、增量辅助的红海市场。行业市场形势的重大变化,加剧了企业与企业之间、企业与客户之间的竞争和博弈,推动客户地位快速上升,放大了其对高品质服务的预期;同时,倒逼物业企业破除增量惯性思维,转变经营思路,追求高质量发展。在这场以"活下来"为底线、以"高质量"为目标的转型发展攻坚战中,"等靠要"型的企业将加速出局,独立性强、服务口碑好的企业将在竞争中占据有利位置。

新市场环境下,物业企业若套用传统发展模式,可能将难以适应,因为无论从日常服务和运营还是从市场外拓的角度来看,增量市场都与存量市场都存在显著区别。例如,增量市场下,物业企业的项目来源基本上为关联方输送,而在存量市场,物业企业需要直面市场化竞争;增量市场下,物业企业只需具备基本的物业服务能力就能够满足客户的售后服务保障需求,而在存量市场,物业企业需要强化独立经营能力建设。

存量竞争市场中,物业企业创造增量机会的路径已经非常清晰:争夺优质项目,盘活存量资源,发展多元增值。但是,每条路都竞争激烈且充满挑战。争夺优质项目,需要物业企业具备过硬的市场竞标能力;盘活存量资源,要依靠物业企业独特的资源禀赋或高壁垒的服务能力;发展多元增值业务,对物业企业的跨赛道经营能力和渠道管理能力提出很高要求。以上企业竞争力的基础,都是高品质的物业服务。

随着优质项目日渐稀缺,物业企业间的内卷竞争不可避免。在市场拓展环节,为了提升竞标成功率,

有的企业将"带资进场""低价竞标"等极限手段作为存量争夺的标配动作，有的企业推行全员外拓，加大对外拓团队的考核目标；在服务运营环节，为了优化服务品质，有的企业着力打造高标准的服务体系，为业主提供 7×24 小时的管家服务，有的企业聚焦社区文化建设，为广大业主开展定制化、多元化的社区活动；在内部管理环节，为了压缩和控制成本，有的企业大力推行"扩大化"的集中采购，细化到要求项目清洁使用的抹布都通过"拼单"的方式来采买，将省钱的办法用到了极致。

（二）房地产价值重心向产业链后端移动，物业服务市场地位显著提升

1. 物业服务作为房地产后端产业链，在服务经济中价值突出

存量时代，房地产价值重心加速向产业链后端移动，以不动产交易、运营、管理为主的业务成为行业重心，相关企业的商业模式、财务模型、估值体系将被重塑，代表性公司有物业管理公司、房产经纪公司、长租公寓运营商等。其中，物业管理作为房地产开发商的直接关联业务，具有联动效应和先发优势。

物业服务不仅成为维系社区生命力的关键，更是房企转型升级、拓展盈利渠道的重要抓手。在房地产价值重心向产业链后端转移的过程中，物业服务的角色愈发凸显，它不仅是维护小区日常运营的基石，更是提升业主生活品质、增强社区凝聚力的核心力量。优秀的物业服务不仅能有效延长物业的使用寿命，提升物业价值，还能通过高品质的服务体验，构筑强大的品牌壁垒，形成独特的市场竞争力。

物业服务企业作为直接面对终端用户的桥梁，通过提供细致入微的日常维护、安全监控、环境美化、设施升级等基础服务，确保居住环境的舒适与安全。更重要的是，随着科技的进步，智慧物业的兴起让物业服务更加高效、便捷，如智能家居的集成管理、社区 APP 的线上服务、大数据分析下的个性化需求预测等，极大地提升了服务的响应速度与精准度，满足了现代居民对于便捷生活的需求。物业服务不仅是房地产产业链后端的重要组成部分，而且将在服务经济中发挥愈发突出的作用。

2. 物业服务"刚需+长周期"优势凸显，市场增长空间可期

物业服务贯穿于整个房地产后服务市场，具备"刚需+长周期"消费特征，将是服务经济下的"主角"。虽然房地产产业链庞杂，从拿地、规划、设计、工程建设到销售、交付、运营等，但最后落位都是物业企业对空间、设备和人的服务。房地产开发是增量市场逻辑，物业服务是"增量+存量"市场逻辑，即使在房地产开发增速放缓情况下，预计 2025 年全国物业管理规模仍将达到 315 亿平方米。

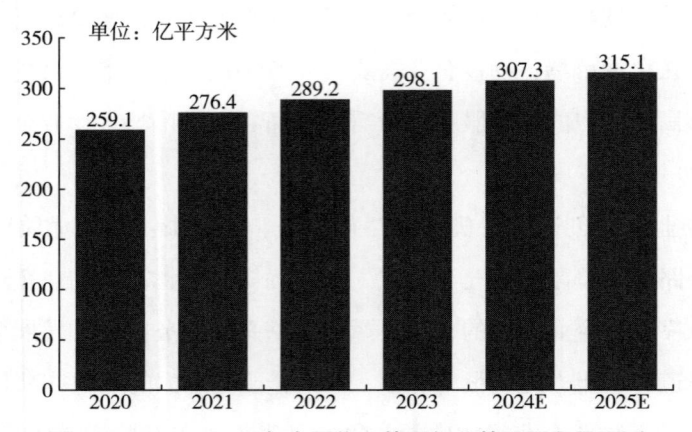

年份	管理面积（亿平方米）
2020	259.1
2021	276.4
2022	289.2
2023	298.1
2024E	307.3
2025E	315.1

图 5-23　2017—2025 年中国物业管理行业管理面积及预测

资料来源：中指研究院。

作为专业不动产运营机构，物业服务在科技和资本加持下，将进一步拓展业务边界，并追求从城市到乡村的全域覆盖服务。服务业态从住宅单一业态横向扩展到多元化的非住宅业态；对增值服务内容和价值空间纵向挖掘；从城市到县域、乡村，进一步向全域服务拓展。

（三）服务经济"品质为王"，"好房子＋好服务"共筑生态闭环

1. 地产与物业协同成趋势，"好房子＋好服务"缺一不可

在房地产开发链条中，地产开发与物业管理构成了一个完整的居住生态系统：开发商建设好房子，物业企业提供好服务，两者缺一不可。地产与物业的深度协同在现代房地产行业中扮演着重要角色，它不仅关乎企业市场竞争力的塑造，更是响应消费者对高品质居住环境与个性化服务需求的必然选择。地产与物业协同的价值主要体现在主要四个方面。

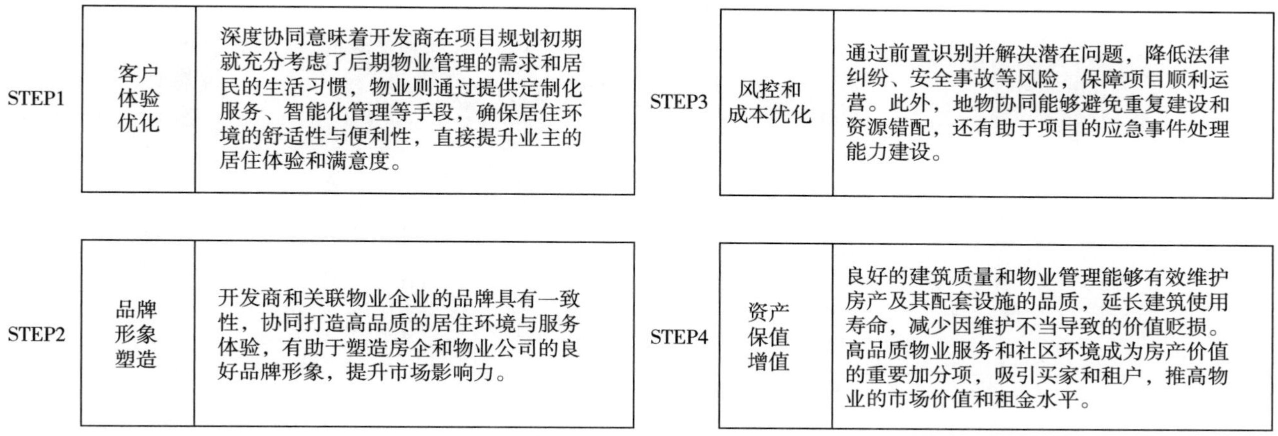

STEP1	客户体验优化	深度协同意味着开发商在项目规划初期就充分考虑了后期物业管理的需求和居民的生活习惯，物业则通过提供定制化服务、智能化管理等手段，确保居住环境的舒适性与便利性，直接提升业主的居住体验和满意度。	STEP3	风控和成本优化	通过前置识别并解决潜在问题，降低法律纠纷、安全事故等风险，保障项目顺利运营。此外，地物协同能够避免重复建设和资源错配，还有助于项目的应急事件处理能力建设。
STEP2	品牌形象塑造	开发商和关联物业企业的品牌具有一致性，协同打造高品质的居住环境与服务体验，有助于塑造房企和物业公司的良好品牌形象，提升市场影响力。	STEP4	资产保值增值	良好的建筑质量和物业管理能够有效维护房产及其配套设施的品质，延长建筑使用寿命，减少因维护不当导致的价值贬损。高品质物业服务和社区环境成为房产价值的重要加分项，吸引买家和租户，推高物业的市场价值和租金水平。

图5-24 地产与物业业务协同的意义

资料来源：中指研究院。

第一，客户体验优化。深度协同意味着开发商在项目规划初期就充分考虑了后期物业管理的需求和居民的生活习惯，物业则通过提供定制化服务、智能化管理等手段，确保居住环境舒适、便利，直接提升业主的居住体验和满意度。

第二，品牌形象塑造。开发商和关联物业企业的品牌具有一致性，协同打造高品质的居住环境与服务体验，有助于塑造房企和物业公司的良好品牌形象，提升市场影响力。

第三，风控和成本优化。通过前置识别并解决潜在问题，降低法律纠纷、安全事故等风险，保障项目顺利运营。此外，地物协同能够避免重复建设和资源错配，还有助于项目的应急事件处理能力建设。

第四，资产保值增值。良好的建筑质量和物业管理能够有效维护房产及其配套设施的品质，延长建筑使用寿命，减少因维护不当导致的价值贬损。高品质物业服务和社区环境成为房产价值的重要加分项，吸引买家和租户，推高物业的市场价值和租金水平。

目前，地产开发与物业管理的协同在实践中仍面临诸多问题，例如，战略目标不一致：地产开发侧重于项目销售和快速回笼资金，而物业关注长期运营和服务质量，两者战略目标的差异可能导致协同困难；角色定位模糊：在实际操作中，地产与物业各自的职责边界可能不够清晰，导致责任推诿或重复工作；资源整合难度大：地产与物业在资源分配、技术支持、人力资源等方面可能存在整合难题，影响协同效果；

沟通机制不畅：由于地产开发和物业管理属于不同阶段和领域，双方在信息共享、沟通协调上可能存在障碍，导致决策不一致或信息滞后；适应市场变化慢：市场趋势、消费者需求不断变化，地产与物业协同若不能快速响应，将难以满足市场需求。

未来双方须在战略层面达成共识，明晰各自角色与责任，加大资源整合力度，并持续优化工作流程，以实现全程深度协同，全面提升项目整体价值。

2. 项目全周期视角下，"地物协同"重点工作与策略

在项目全周期视角下，从前期规划设计、建设施工、营销推广阶段到后期交付运营，地产与物业在项目不同阶段，地产与物业的协同（简称"地物协同"，下同）重点亦有所区别。对物业企业而言，应将运营和服务经验向前端设计、开发阶段调整；对地产企业而言，应在项目开发阶段充分考虑后期运营实际情况。

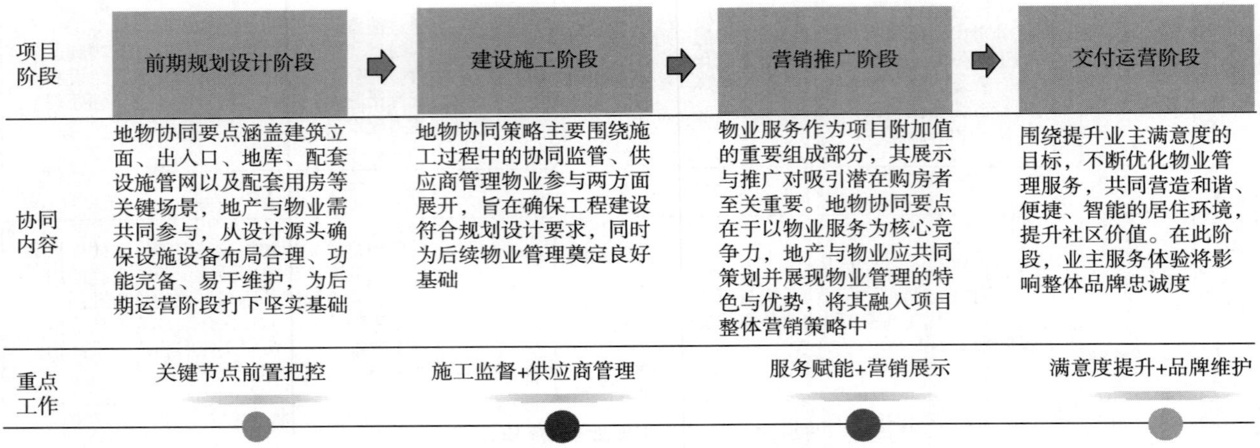

项目阶段	前期规划设计阶段	建设施工阶段	营销推广阶段	交付运营阶段
协同内容	地物协同要点涵盖建筑立面、出入口、地库、配套设施管网以及配套用房等关键场景，地产与物业需共同参与，从设计源头确保设施设备布局合理、功能完备、易于维护，为后期运营阶段打下坚实基础	地物协同策略主要围绕施工过程中的协同监管、供应商管理物业参与两方面展开，旨在确保工程建设符合规划设计要求，同时为后续物业管理奠定良好基础	物业服务作为项目附加值的重要组成部分，其展示与推广对吸引潜在购房者至关重要。地物协同要点在于以物业服务为核心竞争力，地产与物业应共同策划并展现物业管理的特色与优势，将其融入项目整体营销策略中	围绕提升业主满意度的目标，不断优化物业管理服务，共同营造和谐、便捷、智能的居住环境，提升社区价值。在此阶段，业主服务体验将影响整体品牌忠诚度
重点工作	关键节点前置把控	施工监督+供应商管理	服务赋能+营销展示	满意度提升+品牌维护

图5-25 分阶段地产与物业协同内容及重点工作

资料来源：中指研究院。

在前期规划设计阶段，对于物业企业而言，重点工作是关键节点前置把控。地物协同要点涵盖建筑立面、出入口、地库、配套设施管网以及配套用房等关键场景，地产与物业需共同参与，从设计源头确保设施设备布局合理、功能完备、易于维护，从而为后期运营阶段打下坚实基础。

在建设施工阶段，对于物业企业而言，重点工作是施工监督+供应商管理。地物协同策略主要围绕施工过程中的协同监管、供应商管理物业参与两方面展开，旨在确保工程建设符合规划设计要求，同时为后续物业管理奠定良好基础。

在营销推广阶段，物业服务作为项目附加值的重要组成部分，其展示与推广对吸引潜在购房者至关重要。此阶段物业企业的重点工作是服务赋能和营销展示。地物协同要点在于以物业服务为核心竞争力，地产与物业应共同策划并展现物业管理的特色与优势，将其融入项目整体营销策略中。

在交付运营阶段，物业企业的重点工作是满意度提升和品牌维护。物业企业要围绕提升业主满意度这一目标，不断优化物业管理服务，共同营造和谐、便捷、智能的居住环境，提升社区价值。在此阶段，业主服务体验将影响整体品牌忠诚度。

（四）多元业务仍存结构性机会，企业能力适配是关键

1. 择优开展适配的增值服务，打造企业"第二增长极"

增值服务是物业企业商业模式的深化与创新，不仅可以拓宽企业的收入来源，而且体现企业的综合实力与运营水平。未来，物业服务企业开展增值服务将聚焦自身"能力圈"。受外部市场环境变化和企业经营能力差异影响，部分企业的多元业务出现"多而不强"的问题，而标杆企业在开展增值服务时，更加关注自身"能力圈"的边界：如果一项新业务要求企业能力出圈，则要谨慎对待；针对正在开展中的多元业务，标杆企业也会根据自身能力和战略变化，及时做出优化调整，实现将企业核心资源、核心能力聚焦到核心业务中来的目标。

图5-26 物业企业开展社区增值服务的主要内容

资料来源：中指研究院。

2024物业百强企业的社区增值服务中，以下三类服务内容合计占比约85%：空间运营服务营收均值为5468.8万元，占比32.94%；社区生活服务营收均值为4470.4万元，占比26.93%；资产运营服务营收均值为4120.8万元，占比24.82%。此外，社区养老、美居服务营收均值分别增长11.86%和7.36%，增长较快。

未来，越来越多的物业企业将尝试采用"由轻及重"的节奏布局增值服务。现阶段，国内物业企业开展的多元业务基本符合"轻"的抽成模式，这有助于企业迅速在新赛道上做大规模，但此模式也存在明显发展瓶颈，例如市场竞争激烈、利润水平低等；而物业企业构建自营能力不但有助于企业夯实核心竞争力、创造增量价值，也能够进一步打开发展空间。

注重专业人才培养和组织革新将成为物业企业增值服务建设的重点保障。企业在树立"基础物业服务是根本"的意识后，在保证满足基础服务资源的同时，要针对多元业务构建新布局，包括新的人员、新的模式、新的激励机制等。因此标杆物业企业正积极组建合理的人员架构来支撑多元化战略的执行落地：培养或引进具有经营理念的专业化人才，建立合理的经营机制和组织架构，明晰人员权责，确保多元业务项目顺利推进。

2. 聚焦非住宅业态优势赛道，通过三类业务布局IFM

非住宅业态对服务企业的专业服务水平和综合服务能力要求高，现阶段，市场需求远未满足，潜力有

待深拓。2024百强企业服务项目中，非住宅业态面积占比约34.16%，仍较低，在以医院、学校、交通等为代表的特色赛道中，物业企业的多元服务能力尚未充分释放，未来仍有较大拓展空间。

图5-27 非住宅业态部分特色赛道内容

资料来源：中指研究院。

我国庞大的非住宅物业规模奠定了IFM（综合设施管理服务）业务广阔的发展空间。以中国非住宅物业规模作为基础，结合各业态平均物业服务收费水平，综合考虑IFM服务的溢价水平和市场接受度，在相对保守的情况下以3倍于物业管理费用作为平均收费标准，通过加权平均法估算出我国物业管理行业IFM服务市场需求规模将由2023年的7622亿元增长至2026年的10699亿元，年均复合增长率约为14.07%。

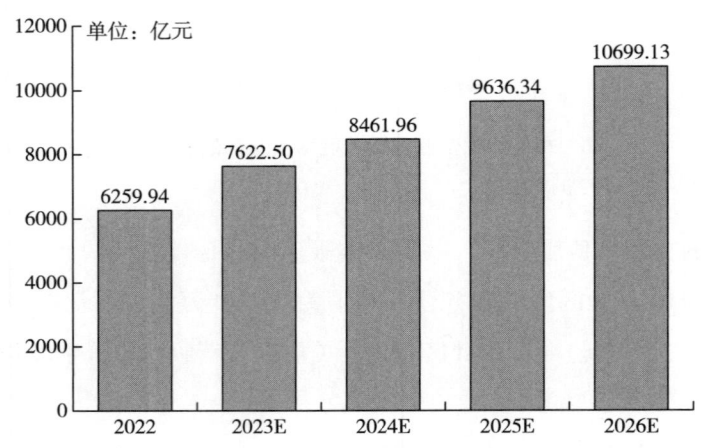

图5-28 2022—2026年中国IFM服务市场规模及预测

资料来源：中指研究院。

物业企业在布局IFM领域的实践过程中，基本形成了自上而下的战略导向和自下而上的需求导向两种布局模式，聚焦三大类服务内容：团餐、综合服务和设施管理。例如金科服务、新城悦服务布局团餐业务；招商积余、特发服务主攻设施管理领域；万物云聚焦以互联网总部办公为主的综合服务。

3. 城市服务空间广阔，但面临毛利低、回款难等问题

在城市精细化管理背景及"放管服"改革持续推进下，城市治理公共服务市场不断开放，市场规模持续增长。根据中指研究院测算，2023年物业服务企业拓展城市服务的市场空间约为5947亿元，2019年至2023年复合年均增长率达35.91%，预计2025年将增加至9708亿元，2023年至2025年的复合年增长率约为27.76%。

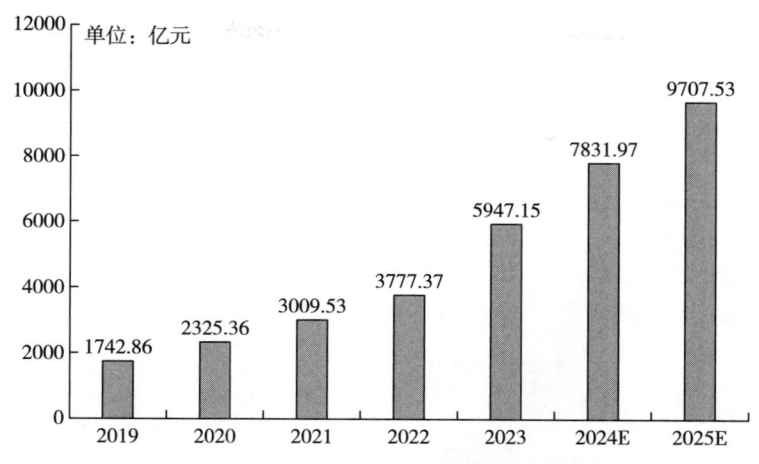

图5-29　2019—2025年物业企业开展城市服务市场空间及预测

资料来源：中指研究院。

物业企业参与的城市服务项目虽然正在加速落地，但并非每个区域都值得物企进入。一些区域城市管理难度较大，财政预算又比较紧张，企业强行进入可能无法取得良好盈利，或者损害企业自身的品牌美誉度。因此，物企在选择进入城市时，既要考量企业自身资源与业务属地的适配程度，例如政商关系、区域战略、业务协同等企业内在基础条件，也要重点关注拟进入城市的多维度指标，例如财政状况、营商环境、人口总量、城建情况等外部因素。

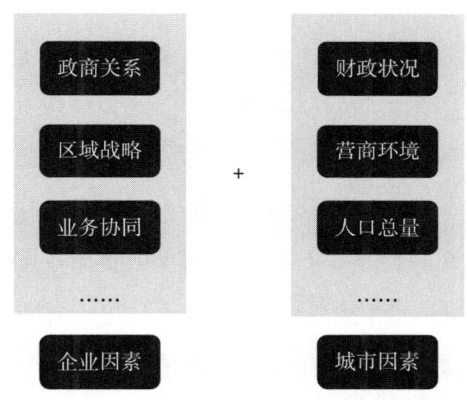

图5-30　企业考量能否进入目标城市的因素

资料来源：中指研究院。

物业企业在开展城市服务业务过程中，仍面临一些实际问题。第一，服务内容有限，目前仍以市政环卫为主，少数街道有数字化城管、城市管家"智慧平台"业务等；第二，业务拓宽机会未达预期，物企在中标城市服务项目后，政府再次委托其他业务的机会很少，业务拓宽的难度比较大；第三，利润率低，由于城市服务业务的毛利率低于物企整体毛利率，现阶段城市服务对企业的营收贡献仍大于利润贡献；第四，回款问题，地方财政预算吃紧、账期拉长，导致城市服务业务回款难。

（五）行业科技化进程在探索中延续，人才需求结构优化

1. 科技驱动企业创新发展，提升从业人员自我价值

科技建设是产业互联网时代物业企业降本增效、创新业务的重要选项。智慧科技在企业组织、业务和战略等层面广泛渗透，将从以下三个维度驱动企业的创新发展：一是科技应用带来企业经营效率提升，二

是数字要素带来的企业业务能力和经营思维升级，三是科技化建设带来的网络效应，促进企业服务生态资源整合。另一方面，以智慧科技为基础，凭借靠近"人""场""物"的独特优势，物业企业在追求创新发展过程中，将对自身人才需求和人才结构提出新要求。

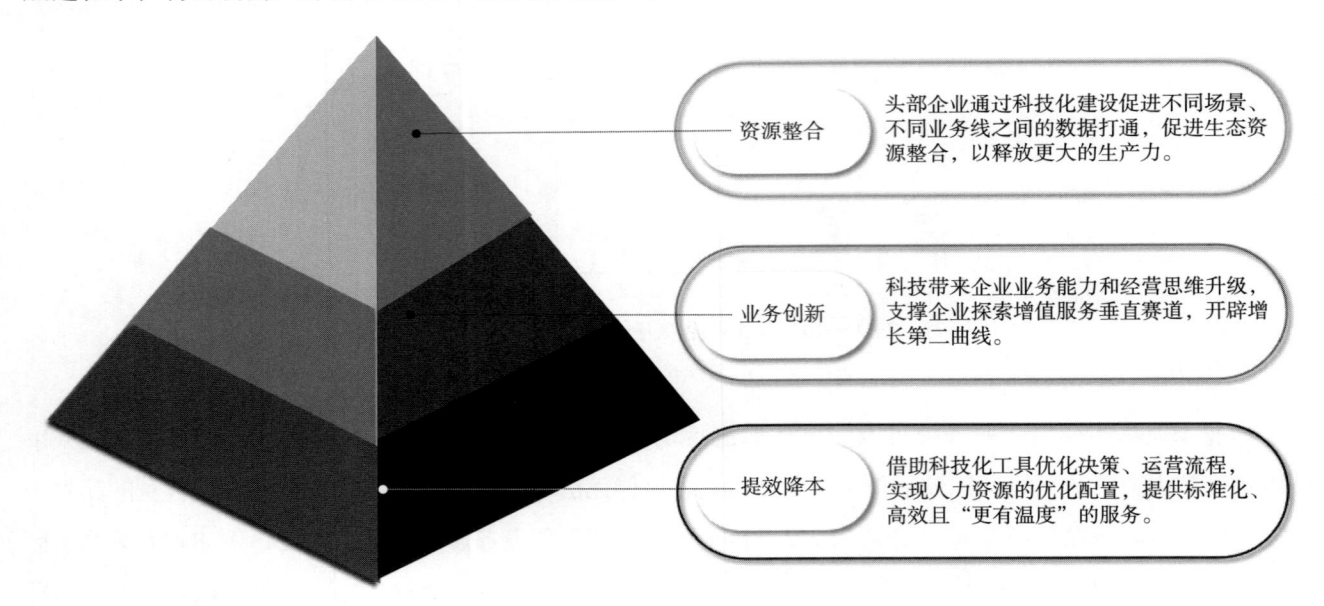

资源整合：头部企业通过科技化建设促进不同场景、不同业务线之间的数据打通，促进生态资源整合，以释放更大的生产力。

业务创新：科技带来企业业务能力和经营思维升级，支撑企业探索增值服务垂直赛道，开辟增长第二曲线。

提效降本：借助科技化工具优化决策、运营流程，实现人力资源的优化配置，提供标准化、高效且"更有温度"的服务。

图5-31　科技驱动物业企业创新发展的三个维度

资料来源：中指研究院。

技术工具成为物业企业的"基础设施"，正在为行业相关从业者带来重大变革。首先，科技赋能人：物业企业在智慧科技的支持下，依托海量数据，能够实时获取客户信息、流程进度、设备情况等，大幅度提高了人在基础服务中的决策和监督效率；其次，科技解放人：基础服务依赖大量的人工作业，并且仍然存在大量重复、程序性的工作，物业企业通过科技化改造，能够有效减少员工机械化工作的耗时，将员工从细碎、庞杂的重复劳动中解放出来，使其具有更多时间提供直面业主的"有温度"物业服务及其他增值服务；最后，科技成就人：企业的科技化建设会倒逼从业人员主动寻求工作技能的更新和学历的提升，同时，随着企业效益提升，员工收入逐步增加，在这种良性循环中实现个人与行业的共赢。

2. 多元化人才保障是重点，复合型人才将更受青睐

企业实现由科技驱动的创新发展，基础是人才保障。在行业科技含量提升、业务生态创新的背景下，标杆企业正积极加快人才队伍建设，储备和培养更多具备信息化、智能化及创新管理能力的高素质人才，驱动企业效益持续提升。一方面，在物业企业向精细化、专业化服务集成商转型升级的趋势下，企业更加注重客户体验和市场口碑，需要围绕业主和市场需求，培养专业型人才来驱动企业服务品质持续提升；另一方面，以AI、物联网等为代表的创新技术与行业的跨界应用日渐成熟，物业企业的创新发展更加依赖具备创新、科技、营销和管理等方面才能的复合型人才，以满足物业现代化管理和业务多元化的发展需要。

2024年，物业企业通过精简现有员工团队、招聘更多专业人才，实现了组织结构的优化及员工素质的提升，为企业未来发展积蓄能量。从学历结构看，百强企业的从业人员中，本科及以上人员占比12.16%，大专学历人员占比23.15%，高中及以下人员占比为64.69%，百强企业从业人员的学历平均水平持续提升。一方面，我国劳动者受教育程度不断提升，物业管理行业也相应呈现出学历普遍提升的趋势；另一方面，由于物业管理行业不断开辟多元新赛道，需要更多学历高、专业性强的人才；更重要的是，由于物业行业近年来的深化发展，需要一批懂战略、懂管理、懂资本、懂技术的高素质人才。此外，随着智能设施设备的进一步应用，一定程度上减少了用工数量，而这些大多数为学历较低的基层岗位。

除了传统岗位，物业管理行业的"新兴"岗位越来越多，主要原因在于物业服务企业在不断探索新业务，而不论是发展社区零售、美居服务、房屋经纪、养老服务等社区增值服务，还是布局诸如团餐、能源管理、城市服务等创新型服务赛道，本质上都是物业管理行业跨越到新的专业领域。跨行业发展新业务并不容易，纵观行业近几年的增值服务发展状况便可窥见一斑。物业公司的最大优势就是"近场优势"，而在专业领域的能力短板是制约社区增值服务发展的关键因素。百强企业充分认识到引进专业人才的重要性，制定了严格的专业人才招募标准，逐步搭建起各业务板块的人才团队，为新业务的发展和模式探索注入新动力。

随着企业愈发注重专业化、高素质、复合型人才的培养和引进，物业管理行业已经涌现出一批业务能力强、综合素质高、具备国际视野的优秀职业经理人。他们作为卓越的舵手，正在与行业和企业互相成就，追求共赢，并可能引领行业的发展风帆驶向深蓝。

（六）协同国家战略，持续创新 ESG 实践

1. 企业深度参与基层治理，平衡自身发展与社会效应

社区是国家组织体系的神经末梢，社区治理的逻辑深刻反映着国家组织体系的逻辑。物业管理作为服务社区的准公共行业，是国家基层治理水平建设的重要抓手。依照《中共中央 国务院关于加强基层治理体系和治理能力现代化建设的意见》提出的目标，力争用 5 年左右时间，"建立起党组织统一领导、政府依法履责、各类组织积极协同、群众广泛参与，自治、法治、德治相结合的基层治理体系"，力争再用 10 年时间，"基本实现基层治理体系和治理能力现代化，中国特色基层治理制度优势充分展现"。在政策指引下，全国各地积极探索党建引领参与社区治理的路径和模式，探索物业管理发展新格局。

表5-9　　　　　　　　　部分城市探索党建引领物业管理发展新格局

城市	实践情况
北京	推动构建党建引领社区治理框架下的物业管理体系，在物业服务企业、业主委员会、物业管理委员会中建立党组织
上海	建立健全以居民区党组织为领导核心的住宅小区治理架构
天津	发挥社区党组织基层治理的轴心作用，推行交叉任职，健全完善党建领导下基层协商治理机制
重庆	成立1500多个党建引领的社区物业服务中心，解决老旧住宅社区物业管理问题
成都	发布了全国首个物业管理行业细分领域党建示范创建导则：构建"一核三治、共建共治共享"的基层治理体系

资料来源：中指研究院。

物业企业愈发重视平衡自身经济价值与社会价值，通过战略驱动和管理创新，落实行业高质量发展目标。部分物业企业积极参与到以老旧小区改造为主的城市更新工作中，对项目进行局部翻新、停车场改

造、加装电梯、安装新能源汽车及电动车充电桩、优化垃圾分类等，使年久失修、管理混乱、居住环境较差的老旧小区焕然一新，在提高居民社区生活质量的同时，提升基层社会治理效果；部分物业企业响应国家号召，建设美丽乡村，积极参与消费扶贫、教育扶贫，美化生态，促进乡村产业发展，用实际行动解决"乡愁"。

2. 打造绿色物业，追求可持续发展

企业愈发关注可持续发展能力建设。从时间维度来看，一个物业项目的建成一般只需要几年时间，后期的物业服务却可能贯穿几十年；从价值维度来看，围绕物业项目产生的建设成本与运营成本，前者多为开发单位的一次性投入，规模相对固定，价格波动较小，而后者具有更大的价值弹性空间。因此，在长周期、高价值的物业服务过程中，如何实现低碳、绿色、可持续的发展目标，是物业企业在发展中面临的重要课题。

绿色物业是行业未来发展的重要方向。标杆物业企业为满足自身ESG建设和发展需要，持续加大在绿色物业方面的建设力度。万物云、华润万象生活、中海物业等企业已经将绿色物业管理列为企业ESG建设的重要议题，持续加强企业绿色运营管理；保利物业、雅生活集团不断加大在绿色科技方面的研发力度，支撑企业落实可持续发展目标。此外，越来越多的非上市物业企业也开始积极探索绿色物业发展道路，在保证服务质量等基本要求的前提下，通过科学管理、数字化技术赋能和行为引导，提高各类物业运行能效，将绿色、低碳、可持续的理念深度融入物业服务中。

建筑、社区、城市将是物业企业发展绿色物业、落实低碳环保的三大核心场景。围绕"建筑"场景，物业企业关键要做好能源管理，通过对建筑基础设施（包括照明系统、空调和电梯等设备）进行节能改造，充分利用可再生能源，提高设施设备能效，实现环境效益与经济效益的统一；围绕"社区"场景，物业企业关键要做好服务落地，包括垃圾分类、废物回收、节约能源等；围绕"城市"场景，物业企业关键要做好理念推广，将企业社区绿色运营理念延伸到城市服务中，邀请更多社会主体参与节能减排实践。

能源管理将是物业企业落实绿色、低碳、环保，实现可持续发展的关键环节。目前标杆物业企业应用在能源管理环节的技术主要包括：建筑物理环境系统、围护结构系统、制冷空调系统、供暖系统、可再生能源利用系统、绿色照明及智能控制系统、电气节能系统及其他能源管理系统。未来，标杆物业企业通过制定能源管理相关制度、采取更先进的能源管理技术手段等方式，能够减少物业运营带来的碳排放，确保能源系统和设备处于最佳节能状态，进而不断降低建筑主体运营带来的能源消耗。

供应链的绿色低碳管理，将是物业企业实现可持续发展目标的重要抓手。物业服务与终端能源消费、资源使用高度关联，减排潜力突出。未来，物业企业需加强对供应链的绿色低碳管理，提升自身在绿化、保洁、垃圾分类、可再生资源回收以及危废物品处置方面的综合能力，以实现可持续发展目标。

附录：2024上半年全国及部分省市物业服务优秀企业

2024年上半年，物业管理行业继续践行高质量发展主基调，机遇与挑战并存。在力争降低房地产市场影响的基础上，物业服务企业坚守服务本心，以品质服务为抓手，辅以科技手段，深化降本增效提质，让企业在激烈竞争的市场环境中立于不败之地。同时，物业服务企业更加关注项目效益与服务质量的平衡，坚持党建引领和绿色物业，谋求长远发展。中指研究院甄选出服务质量领先、运营特色突出等企业及品质物管"好小区"，分析总结其在服务品质、特色服务、项目运营等方面的经验，为物业服务企业长久发展提供借鉴。

1. 部分省市物业服务质量领先企业

北京		上海		重庆	
企业名称	企业名称	企业名称	企业名称	企业名称	企业名称
金茂服务	中海物业	绿城服务	中海物业	金科服务	天骄智慧服务集团
融创服务	中建智地物业	融创服务	中信泰富物业	融创服务	华宇优家集团
第一服务	中铁建物业	招商积余	高地	东原仁知服务集团	融汇悦生活
中铁慧生活	京城佳业	金茂服务	大华服务	康田智慧服务	渝高物业
和泓服务	保利物业	上海保利物业酒店管理集团	新城悦服务	华润万象生活	加州物业

天津		江苏		四川	
企业名称	企业名称	企业名称	企业名称	企业名称	企业名称
融创服务	绿城服务	招商积余	金科服务	保利物业	新希望服务
保利物业	远洋服务	银城生活	金茂服务	华润万象生活	嘉诚新悦集团
格调物业	天力物业	苏宁银河物业	弘阳服务	蜀信物业	邦泰物业
天津中建物业	天房物业	朗诗绿色生活	永旺永乐服务集团	招商积余	德商产投服务
中建智地物业	华厦物业	苏新服务	建屋物业	优品道物业	新城悦服务

河南		湖北		陕西	
企业名称	企业名称	企业名称	企业名称	企业名称	企业名称
建业新生活	正弘物业	联投城市运营	世茂服务	龙湖智创生活	经发物业
亚新服务	绿城服务	湖北楚天中大物业	绿城服务	高科物业	万科物业
碧桂园服务	乐享服务集团	武汉城市服务集团	万科物业	中海物业	广瑞物业
恒达物业	保利物业	碧桂园服务	保利物业	保利物业	绿城服务
华信玖邻好生活	伟业慧生活	中建壹品物业	百步亭物业	长城物业	碧桂园服务

云南		贵州		广州	
企业名称	企业名称	企业名称	企业名称	企业名称	企业名称
俊发七彩服务	鸿园物业	中天城投物业	碧桂园服务	保利物业	越秀服务
城建物业运营集团	银海物业	中铁建物业	和泓服务丨贵阳兴隆物业	中海物业	时代邻里
招商积余	绘生活服务（巨和物业）	融创服务	贵阳物业集团	珠江城市服务	合景悠活
春城财富物业	华润万象生活	美置服务	绿地物业	金地智慧服务	粤海物业
保利物业	怡和物业	华润万象生活	欣和逸居物业	中建四局城市服务公司	世茂服务

续表

郑州		佛山		濮阳	
企业名称	企业名称	企业名称	企业名称	企业名称	企业名称
正弘物业	绿城服务	碧桂园服务	保利物业	华信玖邻好生活	建业新生活
亚新服务	金茂服务	时代邻里	天力物业	冶都物业	丽景物业
保利物业	华润万象生活	美置服务	招商积余	碧桂园服务	龙昊物业
和昌物业	老管家物业	光大物业	龙光服务	景观城物业	清华物业
鸿宝物业	星联智慧生活	中国国信服务集团	广东钧明物业	信德物业	科苑物业

在日益激烈的市场竞争中，物业服务企业更加重视服务质量，深度研究客户实际需求，以标准化建设、服务设计、品质提升行动等措施，全面优化服务体验，提高客户满意度，树立良好品牌形象，夯实企业核心竞争力。

保利物业坚持以业主真实需求优化提升服务，用心关怀不同年龄段业主日常生活及兴趣爱好，以不断焕新的19类服务场景概念打造温暖、和谐、包容的全龄段友好社区；创造更安全、和谐、舒心的生活场景，提供更多元、更优质的社区生活体验，让美好日常时刻在身边。

越秀服务通过建立完善的服务标准和质量管理体系，构建"享越、铂越、臻越、臻越PLUS"多层级服务标准，为业主提供专业化、精细化和个性化的服务，满足不同区域、不同层级、不同维度的客户需求，确保每一项服务都能给客户带来"满意+惊喜"。

中信泰富物业成立于2004年，系中信泰富（中国）投资有限公司旗下全资子公司。秉承"品质源自于细节的关怀"的服务理念，以"精品商办楼宇及精品住宅管理专家"为发展导向，依托中信集团多元化业务平台，为客户提供更加智慧、精准、贴心的定制化服务。

大华集团上海物业管理有限公司（简称大华服务）成立于2000年，是大华集团旗下的城市生活综合服务运营商。大华服务秉承"平方公里·精研生活"的城市更新理念，聚焦城市更新周期服务，为城市公共生活营造"共享美好"的乐活样本，坚持以客户满意为核心，与城市共生共荣。

河南亚新物业服务有限公司成立于2000年，企业始终坚持党建引领，打造红色物业，创新实施"365"工作机制，创立特色"红管家"服务品牌及"七彩芯"智慧社区平台，致力于为业主提供多业态、多场景的智慧化、人性化全生命周期服务。

许昌恒达物业成立于1999年，是一家以住宅物业服务为主，集商业物业、公建物业、社区服务、老旧小区托管、政府项目服务等于一体的综合性物业服务企业。企业始终铭记"业主满意，员工满意，社会满意"的创业初衷，坚持党建引领，全力打造"红色物业"，以有温度的服务品质、亲情化的服务方式，为业主构建和谐舒适的幸福家园。

华信玖邻好生活（濮阳）是新型邻里关系的倡导者和践行者，全面实施物业服务+生活服务，创新推行楼宇"贴心管家"+私人"威廉管家"双管家服务模式，建立59项个性化菜单式服务，"让客户因为我们而美好，让生活因为我们而幸福"，致力于为品质人居做加法，得到了业主及社会得一致认可。

鸿园物业秉承"服务让生活更美好"的服务宗旨，以"规范化管理+标准化作业+智慧化服务"的现代SSI管理模式，致力于实现企业、员工和客户的本质安全，通过标准化作业保证高品质服务，通过互联网云平台、一体化物联网等智慧服务不断提升服务体验。

云南城建物业运营集团有限公司多年来不断全方位提升服务品质，朝着更加规范化、标准化、专业化、系统化的企业发展之路推进，以"共创健康和谐美好社区"为服务理念，长期致力于"为客户创造更有价值的生活空间"的企业使命。

中铁建物业贵阳分公司通过标准建设、美好提升行动、技能比武等措施开展全方位品质服务升级，以匠心精神要求自我，增强服务意识，规范服务行为，提升服务质量；洞察客户需求，以高标准、高品质的服务导向，精细化的服务标准，激发社区活力，守护社区美好，与业主共美好。

2. 2024 部分城市物业服务标杆项目

上海	苏州
外滩设施—上海虹桥国际机场西区能源中心	苏新服务—狮山金融创新中心
上海保利物业酒店管理集团—上海翡丽甲第	苏州金狮物业—高新智造港 A 区
丰禾物业—智创壹佰	永旺永乐服务集团—诚品居所
中建玖合城市运营公司—上海玖里书香项目	建屋物业—依顿花园
招商积余—招商局上海中心	中新和乔—中新大厦
佛山	东莞
碧桂园服务—藏珑华府	碧桂园服务—运河碧桂园
时代邻里—佛山时代南湾一期	保利物业—保利生态城二区
美的物业—美的花城湾	中海物业—中海云麓公馆
龙光智慧服务—龙光·天曜	时代邻里—东莞时代芳华
泰禾物业—泰禾世茂佛山院子	光大物业—天骄峰景

物业服务企业持续细化服务标准，深化标杆项目建设，充分发挥标杆项目示范作用，"以点带面"切实提高服务品质，不断赢得客户认可。上海保利物业酒店管理集团有限公司（以下简称保利物业）于 1996 年 12 月在北京成立，隶属于保利置业集团，是首批国家一级资质物业管理企业。保利物业从传统的厚重中一路走来，在人们对生活服务的需求迭代中再次绽放，提供更为精致的基础服务、更加开放的共治体系、更多邻里价值的社区文化、更有温度的管家服务内容和重新被定义的生活空间服务体系。

上海丰禾物业通过先进的管理策划、规范的操作实施和国际标准的导入等方法，结合自身的资源优势，实施以关怀员工、关注顾客需求，关注环境的温馨和谐，关注物业整体氛围为特征的物业管理，为业主提供了高品质的物业管理专业服务。

金狮物业秉持"顾客满意、环境保护、安全生产"管理理念，聚焦物业服务、房屋销售与租赁、资产运营与管理三大主业，基于"城市服务+资产管理"双轮驱动企业发展模式，努力成为苏州城市服务品牌企业。

3. 2024 物业服务优秀运营企业

物业服务优秀运营企业

企业名称	运营特色
金宁物业	遵义市市场地位领先 & 红色物业
中建壹品物业	IFM 服务优秀企业
泛海物业	华中区域优秀城市 CBD 综合服务商
中铁慧生活	红色物业
北京银泰第一太平戴维斯物业	商业运营

物业服务企业在关注服务品质的基础上，积极探索差异化服务，拓宽盈利空间的同时，形成自身发展特色，并持续深耕重点城市，不断打破运营"瓶颈"，使得企业加速向长远未来迈进。和泓服务目前已进驻 42 个城市，拥有项目 346 个，涵盖住宅、别墅、公建、学校、医院等多种业态，管理面积逾 6300 万平

方米。上市后，和泓服务依托服务力、拓展力和运营力等综合能力的提升，坚持走快速、高质量发展的道路，力争在未来行业发展中成为行业领先者。

4. 2024年品质物管"好小区"

北京	上海	广州	天津
北京·西山燕庐—绿城服务北京公司	东方帕堤欧小城—永升服务	海怡半岛花园—星河湾物业	碧桂园天誉—碧桂园服务京津区域
丰和园小区项目—华服物业	玖盛湾名邸—大华服务	汇景新城—侨鑫物业	格调榴园—格调物业
泷悦长安—中电建物业	丽晶博园—复欣物业	时代柏林—时代邻里	皓阳园—路劲物业天津分公司
千鹤家园—京城佳业	陆家嘴滨江苑—中信泰富物业	西派云峰—中铁建物业广州分公司	金御花园—碧桂园服务京津区域
阳光丽景—碧桂园服务京津区域	秋竹坊—贝成集团	星汇园—越秀服务	庆祥南里—天津宝石花物业
中建京西印玥·幸福里—中建智地物业	上海花园广场（北区）—高地	雅居乐剑桥郡—雅生活集团	融创181—融创服务
中粮祥云国际生活区—大悦服务	同瓴佳苑—复瑞物业	颐德公馆—珠江城市服务	远洋奥来花园—远洋服务
筑华年—京城佳业	招商外滩玺—招商积余上海公司	越颂华府—越秀服务	远洋琨庭项目—远洋服务
深圳	**重庆**	**福建**	**江西**
长城二花园—长城物业	国瑞御府—国瑞智慧服务	名城珑域—华创生活	九江中海九樾—中海物业
华侨城天鹅湖花园—华侨城物业	金科10年城—金科服务	榕发悦乐郡—融侨物业	南昌弘阳府—乐奥服务
颐安都会中央花园三区—颐安物业	康桥融府—康田智慧服务	厦门天合嘉苑—世邦泰和物业	南昌绿都悦府小区—绿都智慧服务
中海九号公馆—中海物业	十里长江·澜庭—中海物业重庆分公司	橡树湾项目—润加物业	中海锦城—中海物业
卓越皇后道—卓越物业	万友·七季城—渝地物业	中海·国贸上城—国贸服务	中海天玺—中海物业
贵州	**新疆**	**海南**	**苏州**
贵安花语墅—中铁建物业贵阳分公司	保利堂悦—保利物业	海口招商雍华府—招商局物业海南公司	前山澜庭—招商积余
贵阳铁建城—中铁建物业贵阳分公司	呈信铂晶湾（三期）—和瑞祺物业	海蓝福源南一区—海南鲁能物业	常熟紫云名邸—碧桂园服务
林城花都—欣和逸居物业	哈密石油基地—宝石花物业哈密分公司	海蓝公馆—海南鲁能物业	琴鸣雅院—招商积余
中天·会展城九号—中天城投物业	和枫雅居—新疆广汇物业	美丽五区三期东区—海南鲁能物业	裕沁庭西区—华新国际物业
中铁阅山湖樾园—和泓服务丨贵阳兴隆物业	万科·华府里—万科物业阿克苏地区	三亚万科海上大都会左岸—海南万科物业	中锐星悦湾名苑—中锐华田物业
成都	**杭州**	**武汉**	**南京**
D10天府—新希望服务	滨江·华家池—滨江物业	碧桂园生态城左岸—碧桂园服务	雍宁府—招商积余
保利大国璟—保利物业	大家传宸府—大家服务集团	汇悦天地—武汉城市服务集团	爱上花园—弘阳服务
凯德·世纪名邸—励志一行物业	凤起潮鸣—绿城服务	联投光谷瑞园一期—武汉联投物业	博翠花园—金科服务
时代风华—时代邻里	德信·臻园—德信盛全服务	统建天成美景—武汉城市服务集团	凤凰熙岸—中海物业
央湖名邸—嘉祥·万丰创新物业	钱江·水晶澜轩—彩虹物业集团	中建大公馆—中建壹品物业	依山溪谷—招商积余

续表

无锡	长沙	青岛	郑州
翡翠文华—海尚海服务	绿城青竹园—绿城服务	被动房住宅推广示范小区—中德物业	建业海马九如府—建业新生活
凯旋华庭—碧桂园服务	中建江山壹号—中建城服	波尔多小镇—海尚海服务	蓝堡湾—正弘物业
无锡锡溪名邸—永升服务	运达中央广场—水清木华物业	佳源华府—智想大成青岛分公司	亚新润泽园—亚新服务
雍荣院—招商积余	金茂湾—金茂服务	康大·开元府—青岛康大物业	郑州绿都澜湾枫园—绿都智慧服务
紫郡花园—金佳物业	建工象山国际—中湘美好城市服务	云玺—海尚海服务	郑州鑫苑名家—鑫苑服务
佛山	济南	西安	常州
可逸诚品广场—越秀服务	济南绿地国际城·牡丹明都—绿地泉服务	白桦林溪—经发物业	御城—路劲物业宁常区域公司
伦教碧桂园珑湾苑—碧桂园服务大良分公司	绿地国际城·百花明都—绿地泉服务	城市风景·都市印象—高科物业	牡丹国际花园—牡丹物业
浅水南湾花园—碧桂园服务佛山三水分公司	万科城—万科物业	大华锦绣前城东区—大华服务	铂悦花园—中海物业
时代天境—时代邻里	中海御山首府—中海物业	莱安逸珲—莱安物业	金坛金郡花园—新城悦服务
时代香海彼岸—时代邻里	中铁逸都国际阅山—中铁十局城市运营服务公司	西旅逸都—广瑞物业	九熙台苑—新城悦服务
昆明	嘉兴	襄阳	宜昌
航空小区—巨和物业	传承府—鸿城服务	碧桂园·嘉悦城—碧桂园服务	碧桂园清江明珠—碧桂园服务
湖畔之梦—城建物业运营集团	春风江南里—绿城服务	国投·襄阳府—襄投物业	碧桂园云廷—清能碧桂园物业
七彩俊园—俊发七彩服务	玖望府—鸿城服务	国投·襄阳院子—襄投物业	东辰壹号·峰景—宜昌城投物业
银海尚御—银海物业	夏宫花园—金都物业	汉江一品—民发物业	龙腾佳苑小区—合田物业
招商雍和府—招商积余	云望府—鸿城服务	民发庞公别苑—民发物业	宜昌碧桂园—碧桂园服务
洛阳	南宁	济宁	保定
建业龙城—建业新生活	保利·领秀前城领秀府—保利物业广西区域公司	常青盛源—蓝盾物业服务集团	长城家园—爱情物业
绿都塞纳春天—绿都智慧服务	北投荷院—安信物业公司	红星8号—九巨龙物业	国宅华府—华中物业
升龙城—万盈服务	华润置地西园—华润万象生活	南风花园—济宁市城投物业	哈弗城—爱情物业
偃师橄榄城三期—亚新服务	南宁西派御江—中铁建物业	森泰御城—大正物业服务集团	万和蓝山—隆泰物业
中成颐尚苑—洛阳中成物业	荣和·公园悦府—荣和服务	新华府—蓝盾物业服务集团	未来城—隆泰物业
泰安	荆州	十堰	清远
大安·书香世家—至诚物业	碧桂园央玺—碧桂园服务	丹江口碧桂园—碧桂园服务丹江口分公司	碧桂园新亚山湖城—碧桂园服务新亚山湖城分公司
华新山水居—华新物业	碧桂园悦华府—碧桂园服务	丹江口碧桂园悦江山—碧桂园服务丹江口分公司	朝南·维港半岛—朝南物业
绿地云水谣—绿地泉服务	楚天都市·诚园—楚天中大物业	国瑞府—国瑞智慧服务	恒大金碧天下—金碧物业
五矿万境水岸—嘉盛物业	楚天都市·朗园—楚天中大物业	国瑞文旅城—国瑞智慧服务	际华园湖蝶湾—际华服务
中南·世纪锦城—中南服务	中豪明珠城—居安物业	香榭丽花园—十堰大美物业	碧桂园新城之光—碧桂园服务清远新亚山湖城分公司

随着人民群众对美好生活的向往不断向纵深拓展，人们对居住环境的要求越来越高。小区已不再是单纯的居住空间，而是人们享受品质生活的重要场所，因此，好小区承载着人们对幸福、安全生活的美好期

待，亦是人们情感、社会关系和文化认同的归属地，将对人的生活方式、社会的整体和谐产生深远影响。好小区建设也是物业管理行业实现高质量发展的重要举措。

北京京城佳业千鹤家园项目自始至终秉承管理服务标准化、设备机房基础标准化、人员管理标准化、环境管理标准化、人性化服务理念五大服务宗旨，并且项目在管期间定期征求业主意见和建议，召开业主座谈会，以积极的心态始终把服务业主放在第一位。

北京京城佳业筑华年项目始终秉持着"品质人生，共创美好生活"的服务理念，为业主提供专业化、精细化的物业服务。项目曾获北京市"青年文明号"，满意度及收缴率接近百分百。

东方帕堤欧项目在永升服务团队进场后，环境绿化、工程维修、智能改造等方面问题快速实现改造提升，网格管家实时响应业主需求，居民"急难愁盼"问题逐一被攻克解决。永升服务团队日常用心关注社区的一老一小，组织丰富多彩的社区文化活动，三驾马车真正形成合力，成为永升服务外接二手住宅的满意度提升项目典范。

陆家嘴滨江苑物业以质量管理体系、环境管理体系、职业健康安全管理体系认证为服务基础，秉承"品质源自于细节的关怀"服务理念，让住户感受超五星酒店式的尊贵体验，坚信"唯一不变的是万变的服务"，提供满意＋惊喜的专享服务。

贝成集团秋竹坊项目围绕"求实创新、至诚服务"的经营理念，将集团近二十年住宅物业管理经验与住宅服务品牌"HOUSE好事发生"有机结合，营造秋竹特色住宅物业管理标准与社区文化共建，在社区党组织的领导下，开发商、居委会、片警与物业管理服务企业也形成紧密的共建模式。

广州星河湾海怡半岛花园匠心打造智慧生态人居典范，以卓越管理、生态园林和智能科技为核心，为业主打造尊崇、舒适的高品质生活体验。专业管家团队24小时酒店式贴心服务，智慧物业管理平台，专业园艺团队定期养护精心设计绿色景观，全方位智能安防系统守护业主安全。

汇景新城是有文化内涵现代活力社区典范。每年近百场丰富多彩的国际社区文化活动，多方认证的图书馆、文化馆等创新文化项目，是汇景书香家园的文化阵地和艺术方舟，充分展现了汇景物业卓越的服务理念，绽放了独具汇景特色的活力和实力。

广州时代柏林在节能工程改造、智慧系统升级、园林绿化养护、保洁及垃圾分类、减碳生活方式宣导工作、电动车管控工作等方面都成果显著，并积极开展"党建引领、红色物业"建设等方面的探索，以党建为引领，联动政府、业主构建"多方共治"社区治理机制。

西派云峰是中国铁建地产旗下"西派系"高端豪宅项目，项目配套西派荟"π+"服务体系，提供一站式24小时365天管家式服务，构建全方位物业管理；提供八大定制增值服务，满足业主精神、文化上的需要，以精品服务和品质服务打造高端物业服务品牌。

越秀星汇园实现了"对内智慧管理、对外智慧服务"完美落地。智能化社区360°守护业主平安，引入智慧化平台实现业主、平台、物业三方共赢，暖心便民服务打造红色社区文化，专属管家制度无微不至的"越"式服务大大提高业主们的安全感、幸福感与归属感。

雅居乐剑桥郡通过搭建多重智慧安防与设备监测系统，为业主营造更安全、更高效、更便捷的智慧型社区生活体验，始终秉承匠心精神，以业户至上的服务宗旨全力以赴提升服务品质，持续开展创意墙绘等社区"微创新"，不断刷新社区"颜值"。

颐德公馆对标金钥匙服务标准打造楼栋专属管家团队，围绕业户个性化需求提供服务；围绕服务质量，推出五心服务体系（红心、安心、贴心、舒心、开心），赢得业户高度认可，连续多年满意度达到98%以上。打造业主茶话会、游园会等多种形式的社文活动，营造良好社区氛围。

越秀越颂华府以用心、专业、优质的物业服务，搭建和谐、安全、与住户共建共治共维系的社区：酒店级大堂体验，无忧安心守护，泛会所特色圈层活动，24小时安防监控体系，双管家全天候服务，日间专岗管家前台守候，夜间线上服务不断线。

格调榴园位于天津市河东区，是格调现代中式宅院的升级之作。在东方意境的山水庭园，格调物业为业主提供管家一站式服务，打造"可行、可望、可游、可居"的诗意生活。

路劲·皓阳园是路劲物业在管的高端项目之一，秉承着"用心筑造品质生活"的理念，倾力打造城市人居品质好小区，拥有安全系统与社区智能化等软硬件服务，在做好物业基础服务的同时，注重与业主进行良好的沟通，强调"有品质+有温度"的物业服务，为每一位业主提供更贴心的人性化服务。

远洋琨庭软硬件条件优秀，管理团队专业，项目提供优质的物业管理服务、丰富的社区活动、具有健全的安全系统和良好的环境展现，物业保值率高。

远洋奥来花园以"红色物业"为引领，积极打造民心所向的社区，注重客户沟通，积极解决客户问题，从细节入手开展各类特色服务，增强业主归属感、幸福感，让远洋高端物业服务成为舒适生活的安全保障。

天鹅湖花园作为华侨城地产倾力打造的高端项目，具有优越的位置和高端的配套设施。华侨城物业凭借在高档住宅管理方面的丰富经验，配备"华·管家"团队，增设"华·逸站"及"私家定制"服务，让每位客户都能享受到贴心至微的体验。

颐安都会中央花园三区根据业主需求提供定制化服务，主动了解客户需求，开展丰富多彩的社区文化活动；配合业主家庭营造喜庆氛围；开辟宠物寄养区，文明养宠。同时运用现代物联网技术，实现设备信息实时动态监控管理，通过数据化管理和设备联动提高物业服务的效率及可靠性。

中海九号公馆是深圳尖岗山片区别墅精品豪宅。项目配置的玖系服务是中海物业为高端作品定制的高端物业服务，通过精准服务、高密度的服务人员配置、高格调的社区文化演绎，向业主提供尊享生活。

国瑞御府物业以业主需求为导向，为业主提供全场景、全生命周期的高端物业管理服务，让业主享受便捷、细致的社区生活。不仅有个性化私享服务、快递到家、美居乔迁等个性化特色服务，同时利用智能化设备实现全程管护，智能识别陌生人，为业主创造良好、安全的居住环境。

康桥融府为高端别墅类住宅项目，绿地率达30%，环境优美舒适。小区生活配套丰富，出行交通便利，能满足居民多元化需求。作为市级智能物业示范项目，全面应用康田"悦万家"智慧社区平台功能，从智慧安防、智慧服务等方面让业主享受智能化、高品质物业服务新体验，为业主创建美好生活。

万友·七季城小区在党支部"红色物业"理念的引领下，精心打造党建活动室和红色长廊，不仅加强了社区党建工作，还促进了社区共建与基层协同治理。老旧设施顺利改造，突发事件处理迅速及时，公共设施维护保养到位，得到业主一致好评，共同营造了一个和谐宜居的社区环境。

林城花都小区为欣和逸居物业品质示范小区。欣和逸居进场管理超过15年，通过每一个细节的品质塑造、持之以恒的品质维护，使项目设施设备与形象历久弥新。同时，通过与业主生活的温暖交互，成功打造业主食堂等增值服务示范点，获得业主的认可与赞扬。

贵阳铁建城从"更新城市、生活领地、铁建范本"三个方面，构建符合未来人居生活的产品力体系，打造"更有温度的国际居住小区"。整合社区各类服务资源，为群众提供多种便捷服务，将"智慧城市"的概念引入社区，为人们提供更加高效、舒适、安全、便利、环保的居住环境。

贵安花语墅以构建一个"会呼吸、有生命"的城市住宅为目标，服务定位为悠享家蓝金服务系列。在优质物业基础服务之外，更加侧重生活便民、老人儿童关怀、社区活动等，为业主打造充满亲情、温馨、和谐的美好社区，提供安全可靠的人居环境、暖心便捷的居住体验。

中铁阅山湖樾园为贵州省高端居住社区。小区物业以人为本，围绕业主对美好生活的追求，积极践行、落地公司"一心六翼"红色物业战略，主动融入社区基层治理，共建共治共享，有力提升业主幸福感、安全感和获得感，并代表贵州省红色物业典型案例向全国推广。

招商积余前山澜庭项目坚守物业服务初心和品质，凝聚服务力量，建立前台管家服务+后台专业保障服务矩阵，让服务高感知、快响应、有跟踪、可评价，致力于在党建引领下，围绕"安居、智享、舒心、乐活"四个关键词，持续提升服务标准，打造品质家体验示范项目。

D10天府项目，新希望服务从团队配置、服务模式等维度，打造涵盖"7×24小时"全天候前台、公区石材≥85GU、360°24小时电子巡查等高标准物业服务助力资产保值增值；秉承D10Life精彩永续理念，以私宅管家、私人订制等特色服务实现客户生活安心美好。

时代风华小区绿化面积高，环境优美，宁静和谐，人员配置等均按五星级服务标准执行；小区安保系数较高，24小时值岗，定期巡逻，连续两年零安全事故。

央湖名邸于2023年获评"锦江区园林式居住小区"。公司专业的物业管理、服务，营造了良好的邻里关系，客户认可度较高，丰富的业主活动更增进了彼此的感情联系。万丰创新物业以"为社区创造美好生活"为服务理念，以"业主关注"为焦点，持续改进，向业主提供高效有序、专业优质的服务产品。

招商积余雍宁府项目致力于提供优质服务，注重业主入住感受。房屋交付至今，联合地产部门制定"彩虹计划"对地库环氧地坪进行区域性品质提升；注重业主归家动线，对地库所有单元门进行更换；园区机动车出入口优化改造品质提升等举措得到小区业主的一致认可。

波尔多小镇作为海尚海服务的高端服务项目之一，位于青岛崂山区5A风景区旁，小区内五山环绕内拦一湖，拥有天然山林湖海资源。波尔多小镇聚焦用户美好生活体验，不断升级优化服务体系，以"智慧家"服务、高端别墅"人文关怀"体验式服务为业主创造更优质的生活环境，真正做到与业主心连心、零距离。

越秀可逸诚品广场从客户体验出发打造设计细节，打造生活场景，营造温情社区：提供24小时线上商务管家服务与全域安全守护；开展空间商务运营，满足商务需求；提供一站式线上服务，智能改变生活；打造垂直生态的文化圈，定期开展社区活动、课题或讲座。

伦教碧桂园珑湾苑以其超过30%的绿地覆盖率和优美环境著称。物管部一直将业主安全放在首位，至今未发生任何被盗事件。伦教碧桂园珑湾苑2023年获佛山市住建局颁发"佛山市住宅小区文明提升测评结果综优物业管理小区"，进一步证明了小区的优秀品质和卓越管理水平。

佛山时代天境围绕业主关注的热点问题，制定专属解决方案：通过疏堵结合消除电动车入园安全隐患；低成本打通小区消防生命通道；快速解决小区信号覆盖问题；积极推动电梯空调加装提升乘梯感受；持续开展丰富多彩社区文化活动升温邻里氛围。

佛山时代香海彼岸秉承"品质让人惊喜，服务让人感动"的宗旨，致力于提供超越期望的服务。小区电动车全部顺利实现了统一管理和统一停放，后续技防与人防相结合全方位加强防范"无死角"；投入超10万元进行绿化全面翻新补种，为客户营造了更宜人的居住环境。

路劲御城项目依托党建，探索总结"阳光议事园+阳光志愿服务队+阳光先锋岗"的阳光机制；致力拼全"养老地图"，以文化养生为主线，以绿色健康为延伸，以长者康养嘉园、长者食堂为驻点，打造硬件托底的"多功能"养老社区。

招商雍和府小区专注于为业主打造优美绿化景观与舒适居住环境，以精细化、人性化的服务赢得赞誉。从细节出发，物业提供全方位、高品质的服务，让每一位业主感受到家的温馨与舒适。雍和府不仅是高品质生活的理想选择，更是对物业服务品质的生动诠释。

保定爱情物业长城家园项目为业主提供庆乔迁服务，增强业主黏性。暖心婚庆服务，让业主真切感受到物业服务有温度；每月举办社区活动，以形成良好的社区生活氛围，拉进物业与业主的友好关系；定期开展品质焕新活动环境服务，聚焦细节，持续输出稳定的物业服务口碑。

保定爱情物业哈弗城项目坚持以"网格化管家"为核心，倾心打造"体系运营标准好，设备设施运行好，秩序井然环境好，贴心服务管家好，增值服务体验好"的五好品质服务。在业主看不到的地方，管理规范，公共设施设备用心维护，让小区"心脏"跳动得更稳健、更长久。

丹江口碧桂园物业团队展现出高度热情和专业素养，迅速响应居民需求，精心构建与居民的沟通桥梁。"童筝绘趣·放飞梦想"社区文化活动增进了业主间的亲密关系，培养了孩子们的动手能力，也得到了《湖北日报》的宣传报道，进一步彰显了项目的社区责任感和公共形象。

碧桂园悦江山是商住一体项目。2024年3月，项目联合社区、消防、派出所、燃气公司、市医院共同开展"消防应急演练"活动，提高社区、物业、居民的消防安全意识及灭火技能，为小区创造良好的消防安全环境，真正做到防患于未"燃"。

国瑞府物业推出"258+瑞历"服务体系，旨在为业主提供全场景、全资源的高品质生活服务，包括三级（基础服务、特色服务、定制服务）、四雅（老与少、大与小、远与近、雅与俗）、两亲（向日葵+夕阳红上下两代至亲服务）等维度内容，重塑十堰物业标杆体系。

国瑞文旅城采用人脸识别系统、远程全覆盖高清系统、智能安防门禁系统、自动报警系统等多方位、多角度的呈现社区生活中更舒适、安全和健康的场景，打造出具备智能生活理念的智能社区。国瑞智慧服务采用主流的互联网通信渠道，配合丰富的智能产品终端，构建智能控制系统，使业主享受新的生活方式。

碧桂园新城之光拥有独具特色的立体园林景观和多样化配套设施。物业每月组织中小型社区文化活动，提供便民服务，助力打造和谐社区氛围。秉承"服务至上"的理念，专注于提供高品质、高效率的物业服务，重视业主客户的信任和口碑，兑现"服务成就美好生活"的承诺。

报告六 2023中国物业服务上市公司ESG测评研究报告

一、研究背景与目的

ESG又称环境（Environmental）、社会（Social）和公司治理（Governance），意在从环境、社会和公司治理三个维度评估企业经营的可持续性对社会、环境等影响。

1992年在里约热内卢联合国环境与发展大会上，150多个国家和地区共同签署了《联合国气候变化框架公约》，奠定了应对气候变化国际合作的法律基础；1997年，缔约方通过了旨在限制发达国家温室气体排放量以抑制全球变暖的《京都议定书》，并于2005年2月正式生效，首开人类历史在全球范围内以法规的形式限制温室气体排放的先河；1997年，美国非营利环境经济组织（CERES）和联合国环境规划署（UNEP）共同成立了全球报告倡议组织（GRI），确定了ESG的三个主要部分；2004年，在由联合国邀请，金融机构联合发起的主题为"Who Cares Wins"倡议后，ESG一词被广泛传播，后被投资者所重视。2009年，美国证券交易委员会（SEC）要求上市公司在报告中披露相关环境数据等。同年，联合国可持续证券交易所倡议组织（UNSSE）成立，协助交易所编制发布ESG报告指南。之后，可持续发展会计准则委员会基金会（SASB）、气候相关财务信息披露工作组（TCFD）等相继成立，联合国提出17个可持续发展目标（SDGs），各主要发达国家也发布ESG报告指引，国外ESG发展走向成熟。

在我国，早在2002年，《上市公司治理准则》就阐明了上市公司治理的基本原则，指出"上市公司在保持公司持续发展、实现股东利益最大化的同时，应关注所在社区的福利、环境保护、公益事业等问题，重视公司的社会责任"。之后，2006年深交所发布《深圳证券交易所上市公司社会责任指引》，2008年上交所发布《上海证券交易所上市公司环境信息披露指引》，2012年，香港交易所发布《环境、社会及管治报告指引》，建议上市公司披露ESG的相关情况。此后，由于环境污染、气候变化等问题日益突出，可持续发展成为共识，相关披露要求也越来越严格。以港交所ESG披露规则为例，2012年《环境、社会及管治报告指引》为自愿性披露建议，至2016年部分建议转变为半强制披露，要求"不披露就解释"。2019年12月，新版《环境、社会及管治报告指引》发布，再次强化了上市公司ESG信息披露要求，将披露建议全面调整为"不披露就解释"。在国际可持续准则理事会（ISSB）发布首批准则IFRS S1和IFRS S2后，港交所拟2025年起推行新准则披露要求，设有两年过渡期安排。可见，我国在加紧与国际ESG发展接轨，积极迎合全球投资者对于ESG信息披露的实际需要，完善ESG实践、披露、评价、投资等方面的相关政策和市场机制，对ESG发展的重视程度在进一步提升。

在ESG评级体系方面，国内外呈现出相似的两大特征。第一，ESG评级体系大都采用了自上而下构建与自下而上加总的方式，从环境、社会和公司治理三个方面入手，逐级设立指标并拆解至底层。第二，在考虑行业差异性的基础上设计指标和权重分配，通过设计行业特有指标、针对不同行业赋予指标不同权重或二者兼有的方式，建立各行业的ESG评价体系。

物业管理行业具有民生属性和准公共服务属性，物业公司在守护社区安全、协助基层治理、解决就业、稳定民生等方面发挥了重要的基础性作用。同时，作为房地产产业链中独立的一环，近年来，在资本的加持下，物业管理行业得到了快速的发展，上市公司数量逐年增长，受到了社会及投资者的广泛关注。

目前，针对物业管理行业的ESG研究相对较少，对于物业服务上市公司的ESG测评体系还没有系统地搭建起来，尚处于起步阶段。如何评价物业企业ESG的实践成果，树立以ESG为价值导向的理念，促进物业公司逐步重视ESG建设，提高其实践效果和ESG披露水平具有重要意义。

在此背景下，中指研究院、中信证券研究部、北京秩鼎公司联合对物业管理行业ESG体系开展研究与测评，旨在客观评价物业服务上市公司在环境、社会和公司治理方面的综合表现，为社会各方提供参考和决策依据，同时激励企业更加重视并积极履行ESG相关职责，推动中国物业管理行业的可持续发展，连续两年发布《物业服务上市公司ESG测评研究报告》。

二、研究对象与方法

（一）测评对象

鉴于数据的可得性原则，我们的测评对象从港股和A股上市公司中选择。截至2023年11月30日，共有66家物业服务上市公司，港股主板60家，A股6家。考虑到数据的可比性，我们筛选出其中披露了2022年度ESG报告且会计年度从1月1日至12月31日的上市公司，共有59[①]家（港股57家，A股2家），较上年增加7家，作为本次研究的测评对象。

（二）数据来源

本次测评的主要依据为各公司发布的环境、社会及管治（ESG）报告或社会责任报告（以下简称报告或ESG报告）。一方面，该报告本身反映了被测评企业的ESG发展水平、ESG绩效及态度，因此适宜作为测评的基本依据；另一方面，目前来看，其他外部数据采集途径可能存在不一致性、偶然性、选择性等问题，具有较大的不确定性。本研究选择ESG报告作为主要依据，目的是保证研究的稳定性、可延续性，同时也为了推动企业提高ESG信息披露水准。此外，上市公司年报及公告，公开信息渠道，调研等方式亦作为重要数据补充来源，对于解决数据的缺失问题提供了有效支持。

当然，本次研究发现，部分企业的ESG数据存在一定问题，包括数据披露不充分、不规范，既影响到报告的准确性和客观性，也影响到外部相关利益者对企业ESG发展的认知和评估。在此后的研究中，我们将进一步推进ESG多源数据整合工作，将ESG报告信息结合外部多点采集数据，通过科技手段进行信息验证，以期更准确刻画样本企业ESG发展全貌。

（三）指标体系及测评方式

本次测评在研究主流ESG指标体系的基础上，分析其科学性与适用性，在兼顾环境、社会责任和公

[①] 奥克斯国际的会计年度是从7月1日至次年6月30日，鑫苑服务处于停牌期未披露ESG相关信息，众安智慧生活招股书ESG信息披露不全，基于可比性原则本次测评未入选，港股共57家上市公司被选为本次测评对象，再加上A股的新大正与特发服务，共计59家上市公司。

司治理三个维度的同时，结合中国所处发展阶段和中国物业管理行业实践特点，综合重要性、相关性、数据一致性和可得性，筛选建立指标体系，并根据物业管理行业属性和发展特征赋予权重。

在环境维度，物业服务企业本身几乎不存在生产属性，也均不属于国家重点污染排放管理单位，自身运营的污染排放较少，其环境表现更多地体现在其服务客户的污染排放和能源使用上，因此我们主要考察企业是否制定了绿色运营相关政策和规划目标，是否对气候风险和机遇进行识别和管理等。

在社会责任维度，物业管理行业属于人力密集型行业且员工流动性较强，因此员工培训、员工薪酬等议题重要性较高；另外，物业服务企业作为社区的管理者，具备天然的社会基层治理属性，在推进社会治理、提升社会治理效率方面发挥重要作用，在这方面，我们重点关注企业受到的行政处罚，涵盖消防安全、防疫工作、垃圾分类等治理细节。

在公司治理维度，物业管理行业与其他行业大体类似，我们更关注反腐败与合规运营等议题。

综上所述，本次研究将ESG指标体系分为E（环境）、S（社会）、G（公司治理）3个一级指标。一级指标以下包含环境管理体系、气候变化管理、排放物管理、能源管理、员工发展与关怀、供应链管理、产品与服务、社会贡献、商业道德、内部管理合规、ESG治理、股权结构12个二级指标、50个基础指标。详细评价指标体系及指标解释见附件。

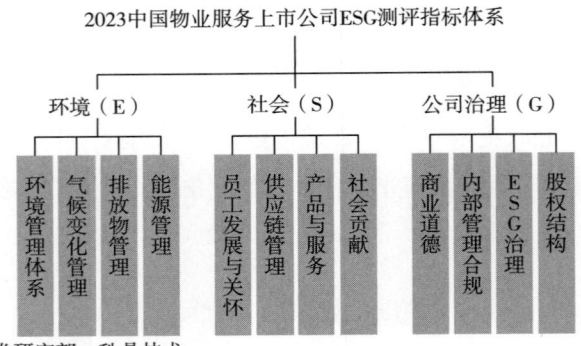

2023中国物业服务上市公司ESG测评指标体系

资料来源：中指研究院，中信证券研究部，秩鼎技术。

本次测评采用标杆分析、层次分析、专家打分等相结合的方法，通过量化计算，最终形成各级指标得分及综合ESG评价总分。

三、2023中国物业服务上市公司ESG测评结果

（一）2023中国物业服务上市公司ESG实践优秀企业

根据2023中国物业服务上市公司ESG测评指标体系，对59家物业服务上市公司2022年度ESG报告表现进行了测评研究，依据ESG报告测评得分结果，选出ESG实践优秀企业。

2023中国物业服务上市公司ESG实践优秀企业（按音序排列）

股票代码	企业简称	股票代码	企业简称
06049.HK	保利物业	01209.HK	华润万象生活
06098.HK	碧桂园服务	09983.HK	建业新生活
02352.HK	东原仁知服务	09666.HK	金科服务
01971.HK	弘阳服务	01502.HK	金融街物业

续表

股票代码	企业简称	股票代码	企业简称
02869.HK	绿城服务	00873.HK	世茂服务
01516.HK	融创服务	02602.HK	万物云
02207.HK	融信服务	03319.HK	雅生活服务
02210.HK	京城佳业	01922.HK	银城生活服务
01965.HK	朗诗绿色生活	06626.HK	越秀服务
02376.HK	鲁商服务	02669.HK	中海物业

资料来源：中指研究院。

（二）2023中国物业服务上市公司环境责任（E）优秀企业

根据ESG测评指标体系中环境（E）一级指标中包含的15个基础指标的评价规则，对59家物业服务上市公司2022年度ESG报告表现进行了测评研究，依据环境（E）总评分，选出环境责任（E）优秀企业。

2023中国物业服务上市公司环境责任（E）优秀企业（按音序排列）

股票代码	企业简称	股票代码	企业简称
06049.HK	保利物业	02207.HK	融信服务
06098.HK	碧桂园服务	00873.HK	世茂服务
03316.HK	滨江服务	02602.HK	万物云
02215.HK	德信服务集团	03658.HK	新希望服务
02107.HK	第一服务控股	01995.HK	旭辉永升服务
06093.HK	和泓服务	03319.HK	雅生活服务
00982.HK	华发物业服务	01922.HK	银城生活服务
01153.HK	佳源服务	06626.HK	越秀服务
09983.HK	建业新生活	01538.HK	中奥到家
01965.HK	朗诗绿色生活	02669.HK	中海物业

资料来源：中指研究院。

（三）2023中国物业服务上市公司社会责任（S）优秀企业

根据ESG测评指标体系中社会（S）一级指标中包含的22个基础指标的评价规则，对59家物业服务上市公司2022年度ESG报告表现进行了测评研究，依据社会（S）总评分，选出社会责任（S）优秀企业。

2023中国物业服务上市公司社会责任（S）优秀企业（按音序排列）

股票代码	企业简称	股票代码	企业简称
06049.HK	保利物业	02869.HK	绿城服务
06098.HK	碧桂园服务	01516.HK	融创服务
02215.HK	德信服务集团	00873.HK	世茂服务
03913.HK	合景悠活	02602.HK	万物云
01971.HK	弘阳服务	03658.HK	新希望服务
01209.HK	华润万象生活	03319.HK	雅生活服务
09666.HK	金科服务	01922.HK	银城生活服务
00816.HK	金茂服务	06626.HK	越秀服务
01502.HK	金融街物业	02669.HK	中海物业
02376.HK	鲁商服务	06989.HK	卓越商企服务

资料来源：中指研究院。

（四）2023中国物业服务上市公司公司治理（G）优秀企业

根据ESG测评指标体系中公司治理（G）一级指标中包含的13个基础指标的评价规则，对59家物业服务上市公司2022年度ESG报告表现进行了测评研究，依据公司治理（G）总评分，选出公司治理（G）优秀企业。

2023中国物业服务上市公司公司治理（G）优秀企业（按音序排列）

股票代码	企业简称	股票代码	企业简称
06049.HK	保利物业	02210.HK	京城佳业
06098.HK	碧桂园服务	02205.HK	康桥悦生活
01971.HK	弘阳服务	02376.HK	鲁商服务
00982.HK	华发物业服务	01516.HK	融创服务
01209.HK	华润万象生活	02602.HK	万物云
01153.HK	佳源服务	01755.HK	新城悦服务
09983.HK	建业新生活	01922.HK	银城生活服务
09666.HK	金科服务	06677.HK	远洋服务
00816.HK	金茂服务	06626.HK	越秀服务
01502.HK	金融街物业	02669.HK	中海物业

资料来源：中指研究院。

四、2023中国物业服务上市公司ESG报告总体评价

（一）整体披露率达到92.42%，港股物业企业显著高于A股企业

鉴于港交所的强制性披露要求，60家港股上市物业服务企业，除鑫苑服务因停牌无披露外，其余59物业企业都有ESG相关信息披露，披露率达到98.33%，显著高于A股；A股6家企业中，共2家企业发布了《环境、社会及管治报告》，较上年增加1家，披露率为33.33%。整体来讲，2022年物业服务上市公司ESG报告披露率达到92.42%，较上年同时期提升8.29%，披露率持续提升。其中，47家上市公司以单独的《环境、社会及管治报告》形式发布，较上年增加5家，占上市物业企业总数的71.21%，较上年提升4.55%，13家在年报中以特定章节发布，较上年增加2家，众安智慧生活于今年7月份上市，招股书中依据港交所相关ESG披露要求进行了披露。

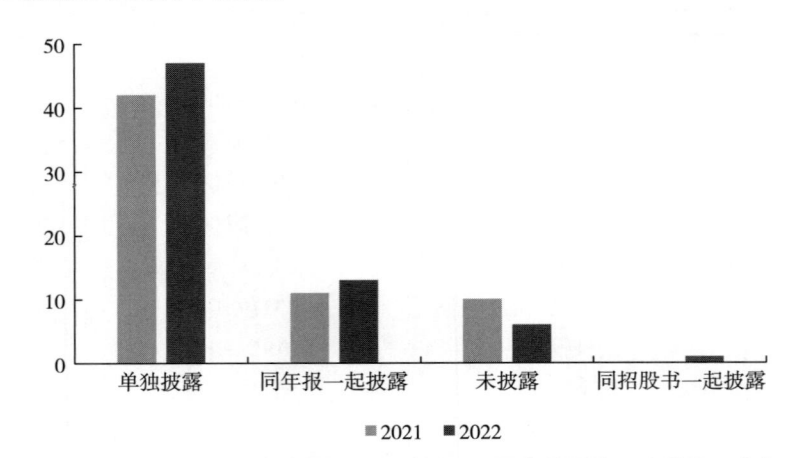

图6-1 2021—2022年物业服务上市公司ESG报告披露情况（单位：家）

资料来源：中指研究院。

2022年5月，国务院国资委制定印发《提高央企控股上市公司质量工作方案》，要求中央企业探索建立健全ESG体系，力争2023年央企控股上市公司ESG专项报告披露"全覆盖"。2023年8月，国资委发布《央企控股上市公司ESG专项报告编制研究》，为推行统一的ESG信息披露准则提供了良好的示范效应。相信随着政策的不断完善，A股上市公司的披露率有望继续提升。

与2021年相比，2022年样本企业披露的ESG报告越发详细，内容更加全面具体，企业能够按照相关指引规定，逐条披露，具体表现在ESG报告页数上，80页以上的报告数量明显增多，说明企业对于ESG重视程度在增加，对自身要求也越来越高。

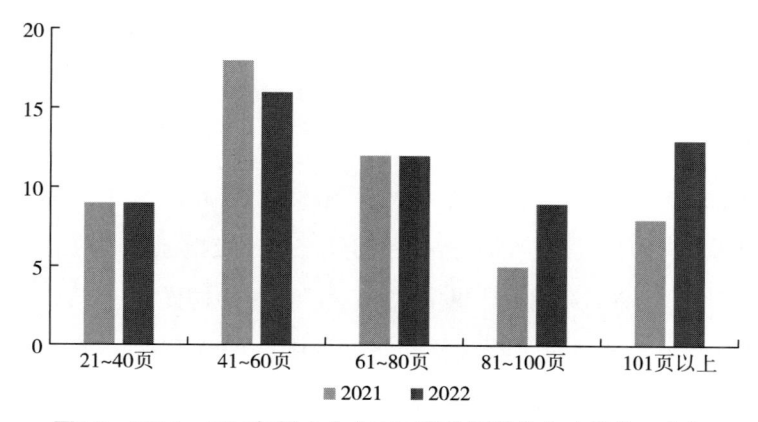

图6-2 2021—2022年样本企业ESG报告页数分布（单位：家）

资料来源：中指研究院。

大多数物业服务企业在港交所上市，虽然港交所没有强制规定ESG报告编写所采取的语言形式，但面对全球投资者，2022年有19家上市公司采用了中英文编写，较上年增加3家，采用单语种（中文）的上市公司为40家，占比为67.80%。

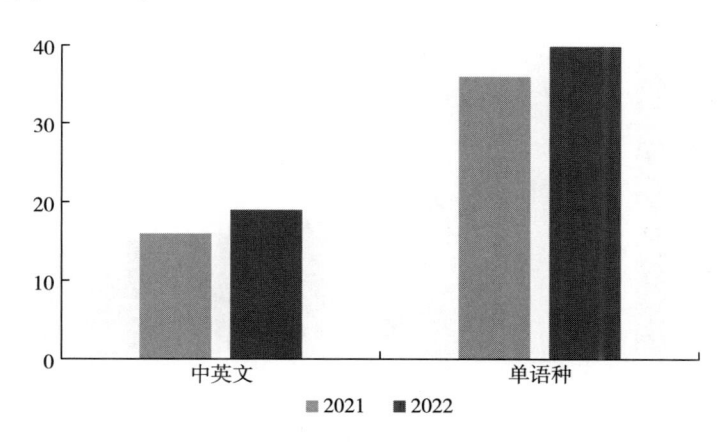

图6-3 2021—2022年样本企业ESG报告语言形式（单位：家）

资料来源：中指研究院。

（二）及格率较上年提升6.97%，央国企平均得分高出民企7.55分

整体来讲，2022年物业服务企业ESG表现优于2021年。59家样本企业ESG得分均值为66.29分，较上年提升1.69分，46家企业得分超过60分，及格率达到77.97%，较上年提升6.97%；样本企业ESG得分中位数为67，较上年提升1.5分，重心上移，整体表现越来越好；上四分位数为71.5，较上年下降2分，下四分位数为61，较上年上升2.25分，50%的企业ESG总得分介入61~71.5分之间。

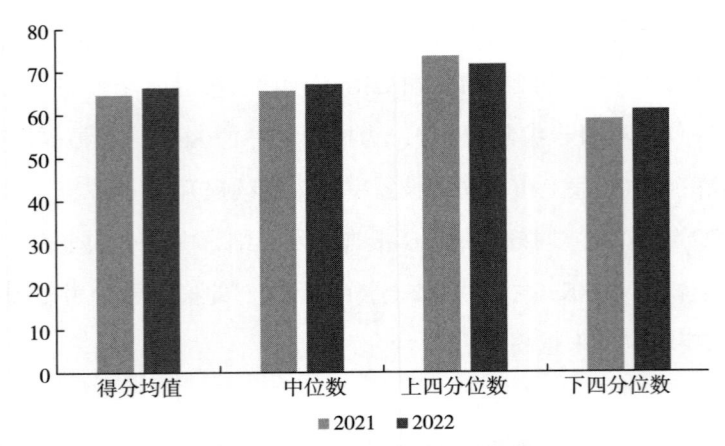

图6-4　2021—2022年样本企业ESG得分情况（单位：分）

资料来源：中指研究院。

从三个一级指标看，2022年样本企业社会（S）指标及公司治理（G）指标中位数较上年小幅上涨，而环境（E）指标较上年变化不大。社会（S）指标仍旧是三个一级指标中表现最为优秀的，说明物业服务企业积极履行企业社会责任，推动社区和谐与发展，树立了良好的榜样。

央国企是国民经济体系的重要支柱，在我国经济发展中占据着重要地位，在履行社会责任及可持续发展方面一直备受关注，在"双碳"目标的要求下，央国企ESG专业治理能力、风险管理能力不断提高，也承担着推进ESG理念本土化的重任。59家样本企业中，央国企共计13家，ESG平均得分72.42分，较全部样本高6.13分，较民营企业高7.55分。一级指标方面，环境（E）指标得分各类样本企业相差不大，社会（S）指标及公司治理（G）指标得分央国企明显优于民营企业及全样本企业。得分前10名的企业中，央国企占比为40%，得分前20名的企业中，央国企占比为35%。

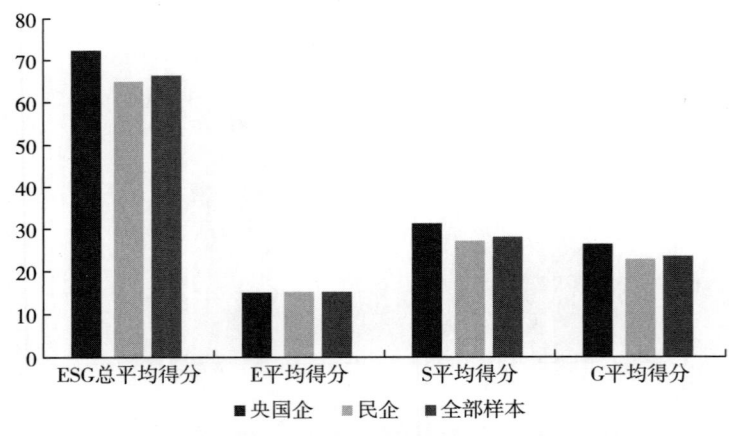

图6-5　央国企、民企及全部样本企业指标得分（单位：分）

资料来源：中指研究院。

（三）公司治理（G）表现突出，"环境管理"整体分化大

1."产品与服务"得分提升佐证企业回归服务本质，"实质性"投入需加强

2022年，从得分率看（得分率＝均值/指标分，反映某指标上各公司平均得分情况），物业服务企业在"ESG治理""气候变化管理""内部管理合规"三个指标表现较优，得分分别为0.9378、0.8262、0.7938，其中，较上年，"内部管理合规"取代"商业道德"指标升至第三位。"ESG治理"作为物业服务企业践行

ESG 的逻辑起点，从顶层制度设计、公司治理结构等方面入手，建立董事会层面的 ESG 工作决策监督机制，推动董事会成员结构多元化，建立可持续发展委员会，健全 ESG 管理体系，持续完善相关组织架构和职责，将 ESG 因子落实到公司经营管理和业务执行各个方面。

"内部管理合规"指标得分率显著提升，反映出物业服务企业加强内部管理以应对当前充满挑战的市场经济环境。"内部管理合规"是物业服务企业运营中不可或缺的一环，通过建立内部合规框架、加强员工培训、建立监督机制和强化文化建设，有助于物业服务企业提升合规能力，降低运营风险，应对负面舆情，提升竞争力与美誉度。

"产品与服务"指标得分率为 0.6762，较上年提升 0.1354，这是物业服务企业回归服务本质的有力证据。物业服务企业迎来发展关键时期，回归服务本质，以品质服务为支撑，促进管理规模有序、有质、稳步扩张，扩大品牌影响力，延伸增值服务，才能实现可持续高质量发展。

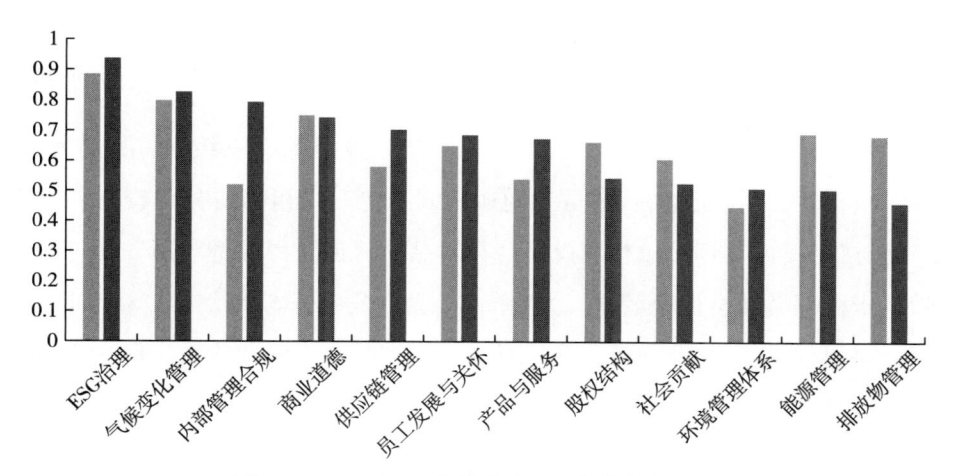

图6-6　2021—2022年样本企业二级指标得分率

资料来源：中指研究院。

环境责任（E）表现较差，二级指标中排名末位的三个指标全部与环境相关。与上年相比，"能源管理""排放物管理""社会贡献"指标出现了得分率下降的情况。在新冠疫情管控放开、恢复生产经营的情况下，包括我国在内的全球碳排放量迅速上涨，复工复产及经济刺激计划的实施，使得排放物及污染物快速反弹。部分企业为了追求利润，对于能源管理的要求降低，导致环境相关指标得分出现了明显的下滑。

2. 样本企业整体得分趋于集中且向好，环境相关指标离散度高

2022 年，从变异系数（标准差/均值，反映指标得分的离散程度）看，二级指标整体变异系数均值为 0.2936，较上年降低 0.0391，说明物业服务企业二级指标得分离散程度在缩小。变异系数值最小的三个为"ESG 治理""员工发展与关怀"和"产品与服务"，分别为 0.1295、0.1648 和 0.2025，说明样本企业在过去一年中该三项得分比较集中。

变异系数值最大的三个为"能源管理""排放物管理"及"社会贡献"，分别为 0.4915、0.4232 和 0.4073，说明样本企业在环境（E）方面得分离散程度大，优秀的样本企业通过科学管理、技术改造等打造智慧社区降低物业运营能耗，同时识别商企服务空间，从数字化赋能、设备改造、优化管理等方面确保能源系统和设备处于最佳节能状态，提高资源利用效率，降低环境影响，发挥企业责任效应，而表现较差的样本企业鉴于投入产出比等原因疏于环境（E）方面改善。

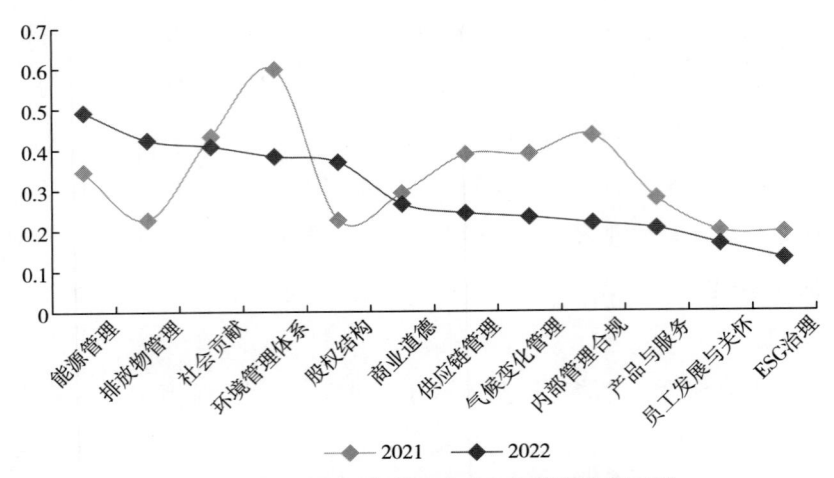

图6-7 2021—2022年样本企业二级指标变异系数

资料来源：中指研究院。

3. 从三级指标看，"制度建设类"指标得分普遍较高，"实质性投入类"指标得分较低

除"排放物管理""能源管理"两个指标外，同一个二级指标下三级指标得分率呈分化特征，如"员工发展与关怀"指标下，"员工培训""员工沟通机制"等三级指标得分率较高，而"股权激励"得分率却较低，"产品与服务"指标下，"客户投诉"与"品质认证"得分率较高，而"研发投入"得分率较低，"社会贡献"指标下"社会应急管理""慈善与公益"得分率较高，而"社会投入"得分率较低。总体来讲，物业服务企业在制度建设方面，已经形成了一套较为成熟的体系，但在实质性投入方面仍需要加强。

表6-1　部分指标得分率情况

二级指标	部分三级指标	得分率
员工发展与关怀	员工培训情况	0.8305
	员工沟通机制	0.9492
	股权激励	0.4407
产品与服务	客户投诉	0.8051
	品质认证	0.8475
	研发投入	0.3390
社会贡献	社会应急管理	0.9153
	慈善与公益	0.9322
	社会投入	0.2768

资料来源：中指研究院。

（四）ESG得分与业绩增长正相关，公司治理（G）系数最高

从企业层面观察，践行ESG理念的企业一般具有更优质的基本面特征，将ESG理念融入企业发展战略，能够提升企业整体的经营管理水平，同时对于企业的品牌形象、客户黏性、盈利能力等都会产生较为积极的影响，进而促进企业可持续发展。我们选取营业收入、净利润、经营活动产生的现金流量净额作为衡量指标，并且用2023H1与2022H1样本企业数据变化情况来说明其可持续性。将样本企业ESG得分从高到低划分为高分档、中分档与低分档三组，高、中、低分档样本企业2023H1较2022H1营业收入保持增长的概率分别为70%、68%和55%，同样净利润及经营活动现金流量净额指标也呈现出明显的阶梯特

征，保持增长的概率分别为55%、53%、45%和75%、63%、60%。此种结果也反映出样本企业ESG总得分与可持续发展能力呈正相关关系。

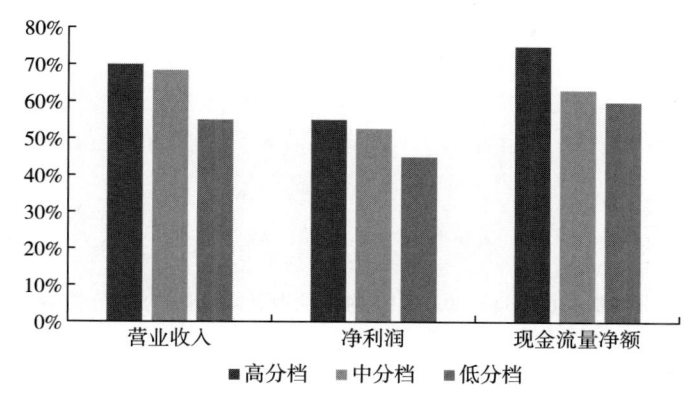

图6-8　2022H1—2023H1样本企业可持续发展能力指标保持增长的概率

资料来源：中指研究院。

若将样本企业一级指标得分分别与可持续发展能力指标作相关性分析，结果显示，除环境责任（E）与净利润变化指标呈负相关关系外，其余八对指标皆呈现正相关关系，其中公司治理（G）对于提高收入贡献度最高，而社会责任（S）对于提高净利润贡献度最高，同时也是改善现金流状况的有效工具。

表6-2　一级指标与可持续发展能力指标相关关系

一级指标	可持续发展能力指标	相关系数
环境责任（E）	营业收入变化	0.1637
	净利润变化	−0.0336
	现金流量净额变化	0.2992
社会责任（S）	营业收入变化	0.4916
	净利润变化	0.1322
	现金流量净额变化	0.3005
公司治理（G）	营业收入变化	0.5154
	净利润变化	0.127
	现金流量净额变化	0.079

资料来源：中指研究院。

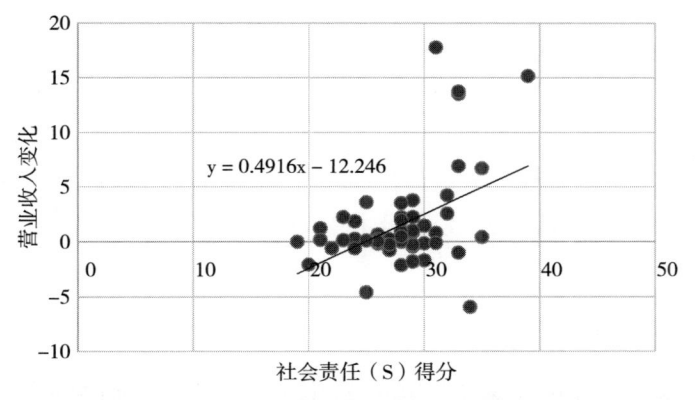

图6-9　2022H1—2023H1样本企业营业收入变化与S得分关系

资料来源：中指研究院。

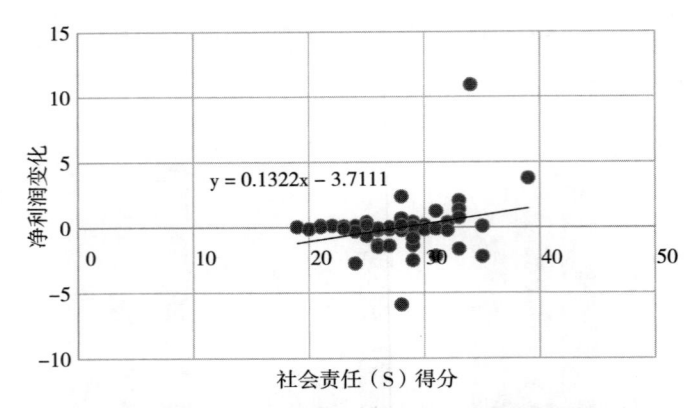

图6-10　2022H1—2023H1样本企业净利润变化与S得分关系

资料来源：中指研究院。

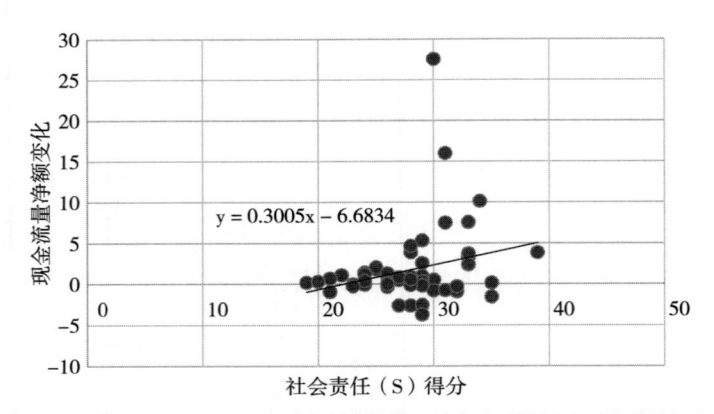

图6-11　2022H1—2023H1样本企业经营活动现金流量净额变化与S得分关系

资料来源：中指研究院。

ESG理念综合平衡企业相关各方的利益要求，同时关注股东权益与社会效益，有益于企业经营运转。对于物业服务企业而言，推行ESG理念所带来的正面形象以及实践过程中不断提升服务品质、逐步完善人才管理机制、优化供应链体系、科技创新节能降耗、加强风险管理等，能够充分提升企业整体的生产效率；注重ESG能力建设的物业企业往往具有更为稳健的经营管理，能够有效避免风险。此外，还会降低企业的融资约束、融资成本，给企业带来诸多优势。

（五）2023中国物业服务上市公司ESG表现第三方评价

为了更全面地反映中国物业服务上市公司的ESG表现，我们在此介绍第三方机构的ESG评价，以期凝聚共识，提供借鉴。

1. 第三方机构评价结果

我们统计了Sustainalytics、路孚特、标普、秩鼎、Wind共5家机构针对中国物业服务上市企业截至2023年9月30日的评价结果。总体而言，各机构评价结果仍保持较大差异，海外机构评价结果相关性较高。

从各机构对企业ESG评价的相关系数来看，统计结果呈现两个特征。①5家机构评价结果的相关系数整体较低：10组相关系数中仅有4组为正，其中2组超过0.3，各机构的评价结果相关性普遍较弱，部分机构间评分结果反而呈现负相关；②海外评级机构相关性相对高：Sustainalytics和路孚特的评价结果相关系数达到 0.91，远高于其他机构之间的结果。

表6-3 各机构评价结果相关系数

	Sustainalytics	Wind	标普	路孚特	秩鼎
Sustainalytics	1.00	0.58	0.10	0.91	−0.18
Wind		1.00	−0.16	−0.16	−0.01
标普			1.00	−0.02	0.23
路孚特				1.00	−0.36
秩鼎					1.00

资料来源：Wind，Bloomberg，Refinitiv，秩鼎技术，中信证券研究部。

从各机构对物业服务上市企业的整体历史评价来看，总体上各家机构的评价结果呈现上升趋势，且评价结果所在区间更加集中，标普的评价结果上升势头最快，在 2023 年仍然保持缓慢上升态势；Sustainalytics 始终对该行业企业给予较高评价，秩鼎技术对该行业企业的覆盖时间最长。

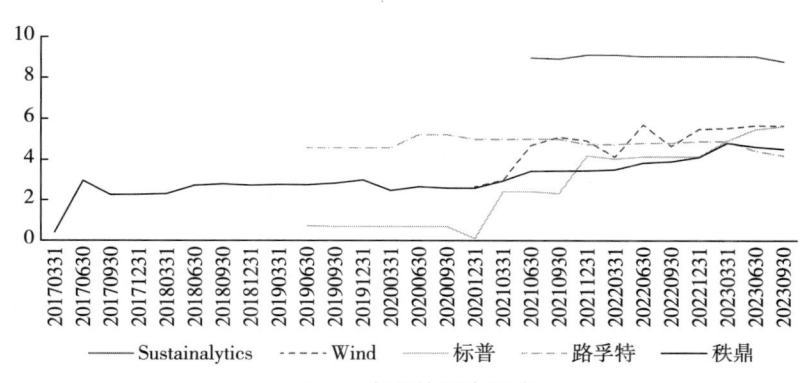

图6-12 各机构历史评价

资料来源：Wind，Bloomberg，Refinitiv，秩鼎技术，中信证券研究部。

2. 第三方机构一致性评价

由于不同机构的 ESG 评价结果差异显著，为提炼共识，我们通过 ESG 评价更新频率归一化，绝对评价结果归一化，以及相对排名结果归一化，构建了市场 ESG 一致评价，体系构建的详细方法参见中信证券研究部报告《ESG 研究专题：凝聚全球共识，聚焦投资场景，构建市场 ESG 一致评价》（2022-9-1）。

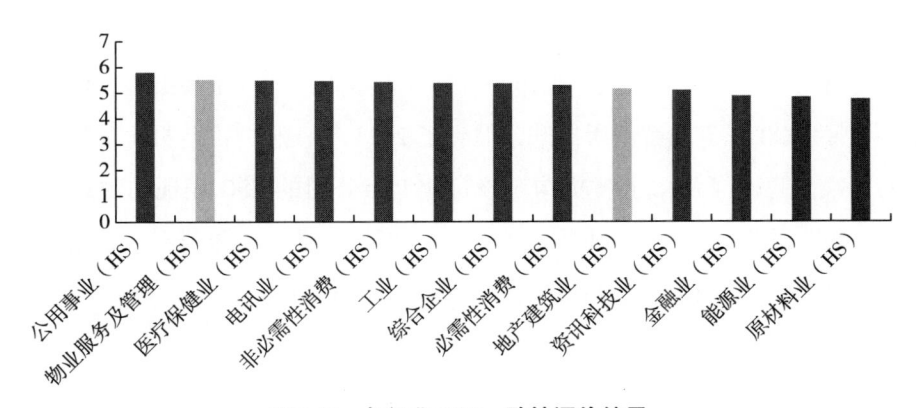

图6-13 各行业ESG一致性评价结果

资料来源：Wind，Bloomberg，Refinitiv，秩鼎技术，中信证券研究部。

按照港交所（HS）行业分类，三级行业"物业服务及管理"（即本文提及的"物业服务行业"）位于一级行业"地产建筑业"和二级行业"地产"下。从行业间对比来看，"地产建筑业"的一致性评价位于港交所12个一级行业中间偏后位置（第9位）；单独考察"物业服务及管理"三级行业的一致性评价，其位于港交所12个一级行业的领先位置（第2位）。

从历史维度来看，物业服务行业的一致性评价结果总体呈波动上升趋势，其一致性评价结果在各行业中的排名曾长期处于落后位置，但近年来改善较为明显，尤其2023年来以港交所12个一级行业的ESG一致性评分为参考，稳定居于第2位，仅次于公用事业。

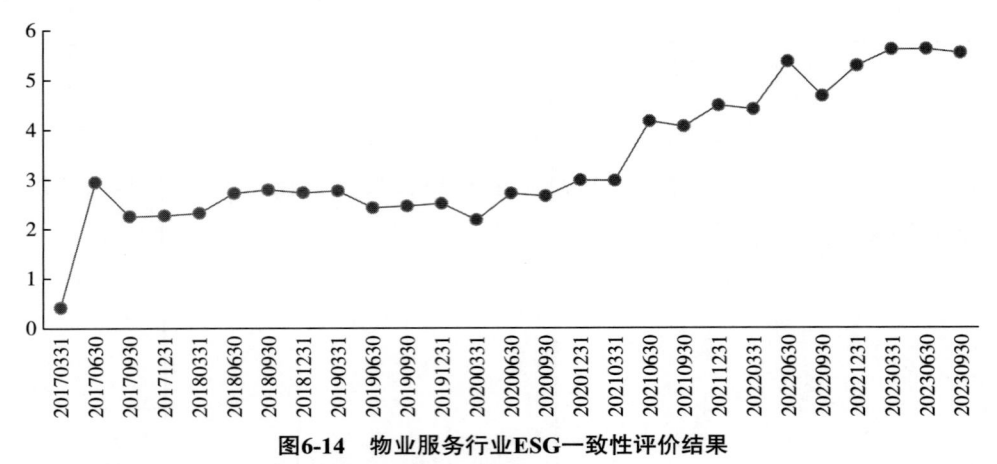

图6-14　物业服务行业ESG一致性评价结果

资料来源：Wind，Bloomberg，Refinitiv，秩鼎技术，中信证券研究部。

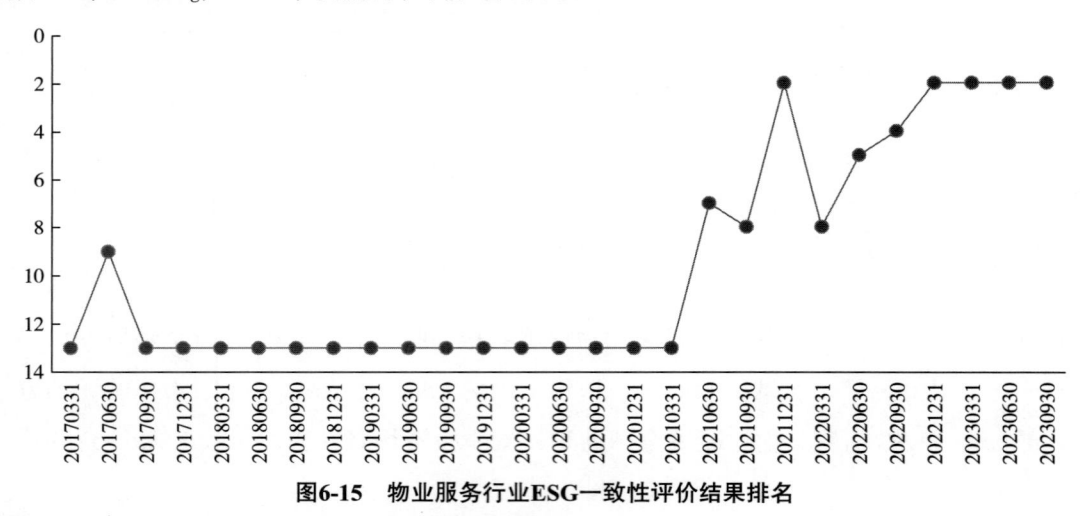

图6-15　物业服务行业ESG一致性评价结果排名

资料来源：Wind，Bloomberg，Refinitiv，秩鼎技术，中信证券研究部。

同样从历史维度出发，物业服务行业的机构评价标准差呈现波动性下降态势，但标准差在所有行业中的排名一直较低。尽管在2022年前后有所提升，但到了2023年，这一排名再次下降，在所有行业中仍然落后。机构评价的标准差反映了历史上各机构对该行业上市公司的ESG表现的观点差异，标准差越大意味着观点分歧越大。物业服务行业的机构评价分歧较大，即使标准差的数值在波动中有所下降，但相比其他行业ESG评价的一致性，各机构对该行业的评价尚未形成普遍共识。

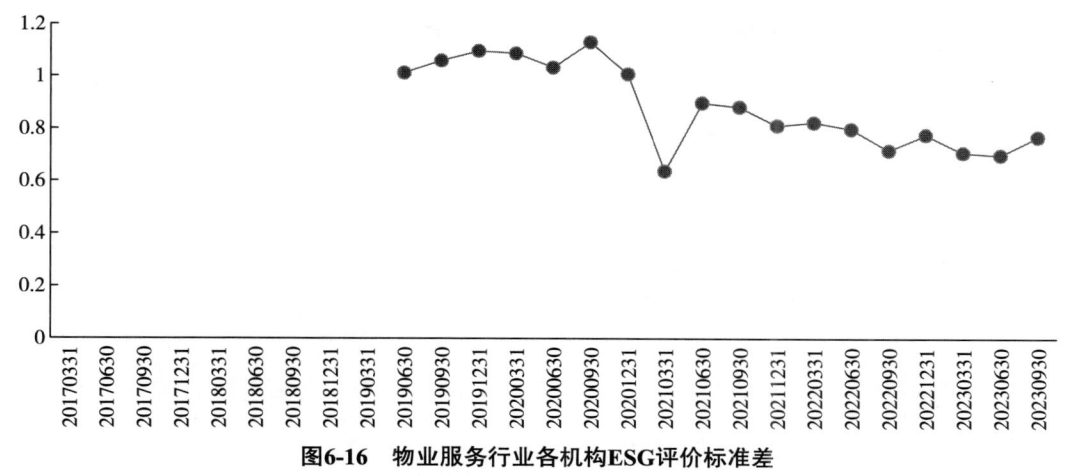

图6-16　物业服务行业各机构ESG评价标准差

资料来源：Wind，Bloomberg，Refinitiv，秩鼎技术，中信证券研究部。

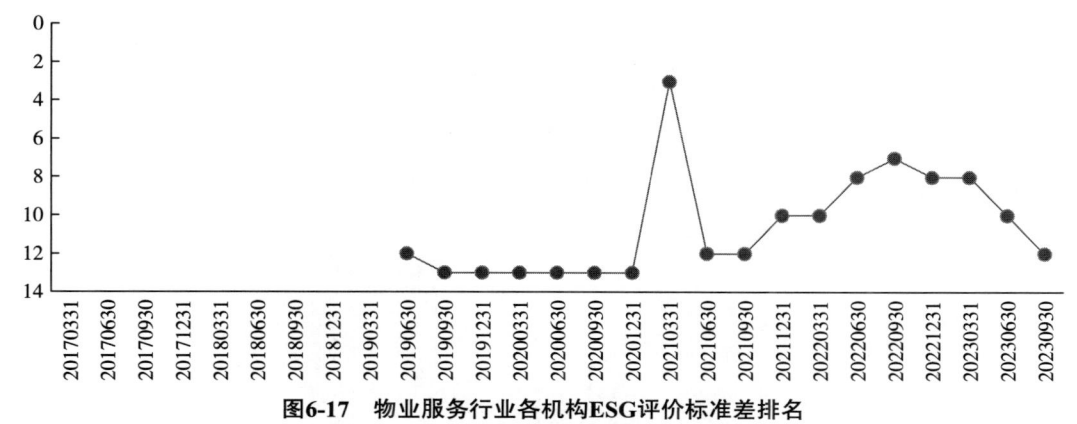

图6-17　物业服务行业各机构ESG评价标准差排名

资料来源：Wind，Bloomberg，Refinitiv，秩鼎技术，中信证券研究部。

五、物业管理行业 ESG 发展趋势及建议

（一）国际标准发生重大变化，对披露内容与质量提出更高要求

2023 年 6 月，国际可持续准则理事会（ISSB）正式发布了首批国际可持续披露准则（S1、S2），加速了全球 ESG 披露的标准化、统一化。统一披露非财务信息，可以使信息得到标准化和可量化的呈现，增加企业信息的可比性和透明度，帮助利益相关者更加清晰全面地了解企业。

2023 年 4 月，港交所发布咨询文件以征询市场意见，建议强制所有发行人在其 ESG 报告中披露与气候相关的信息，以及推出参考国际可持续准则理事会（ISSB）气候相关披露准则的新气候相关信息披露要求，并拟将作为香港上市规则附录二十七的 D 部分引入上市规则。这意味着，港股市场将步入新一轮与国际标准接轨的 ESG 信息披露监管时代。另外，国内交易所并未明确公布采纳准则的具体时间，但均表示将参考 ISSB 准则编制上市公司 ESG 披露指导文件，当然，交易所也会给企业过渡时间来准备，从而逐渐符合准则要求。

新准则必然会给物业服务企业带来新的挑战，但同时也存在发展机遇。在新的规则下，企业需要披露的内容与信息质量都有了进一步的扩充和提升，如在战略方面，企业需要披露其战略和商业模式对气候相关变化、发展和不确定性有关的韧性分析，在指标和目标方面，要求主体披露的目标既包括主体设定的目标，也包括法律法规要求主体实现的目标。虽然港交所给予了过渡期，但这肯定会增加企业的披露成本，如碳核算、雇用专业团队等，同时也给企业的商业活动、业务经营带来影响。

与挑战并存，新规则必然带来新机遇。深化践行 ESG 理念、统筹加强 ESG 管理，既是接轨国际规则、更好开展市场竞争的客观需要，也是物业服务企业实现高质量发展的必然要求。上市公司良好的 ESG 表现有助于企业获得资本市场的认可，提升物业企业资本市场的定价，为股东和投资者创造长远价值。

（二）ESG 生态体系逐渐形成，参与各方共同推动可持续发展

通过各利益相关方循序渐进、不断迭代的探索、突破与创新，物业行业 ESG 生态圈体系正在加速构建。这些利益相关方既包括物业服务企业、客户、供应商及合作伙伴等直接利益相关方，也包括政府监管机构、媒体、测评机构等非直接利益相关方。在 ESG 生态圈体系中，在推进可持续发展及社会责任的议程中，因参与者角色不同，其发挥的作用也各不相同。

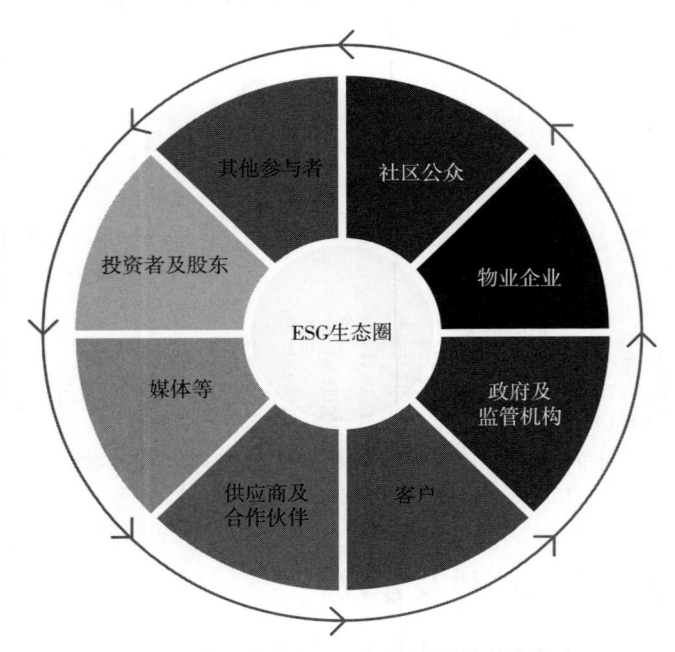

图6-18 物业管理行业ESG生态圈体系参与方

资料来源：中指研究院。

物业服务企业作为物业管理行业 ESG 生态圈体系的起点、主要建设者与实践者，其稳健的 ESG 主张是与各利益相关方之间"社会契约"的体现，在追求经济价值的同时，做好 ESG 信息披露更能凸显生产经营活动对社会和环境的价值。ESG 信息披露是 ESG 生态圈建设的重要根基之一。ESG 信息可以展示物业服务企业业务的运行情况，是投资者投资参考的重要因素，也是众多利益相关者了解企业社会责任、环境责任的窗口。

政府等监管机构作为主要监管者与服务者，更需要不断培育、支持和引导等多元 ESG 参与主体参与进来，加强互动合作，共推可持续发展。监管者制定政策，评级者制定标准，投资者及股东作为 ESG 等非财务信息使用者，持续提升投资端对 ESG 生态体系建设的撬动作用，业主在参与的同时也是受益者，在市场各主体的共同努力下，推动建立一套可持续发展的规则体系，生态圈闭环结构已经形成。

（三）摒弃"为披露而披露"，ESG 融入物业企业全业务链条

物业服务企业践行 ESG，目前来看经历了三个阶段，从被动接受到主动融入企业管理，再到将 ESG 理念全面融入企业发展全业务流程。ESG 报告作为企业向外界披露其在环境、社会、治理方面的绩效与表现的载体，最能直观地展现这一发展进程。

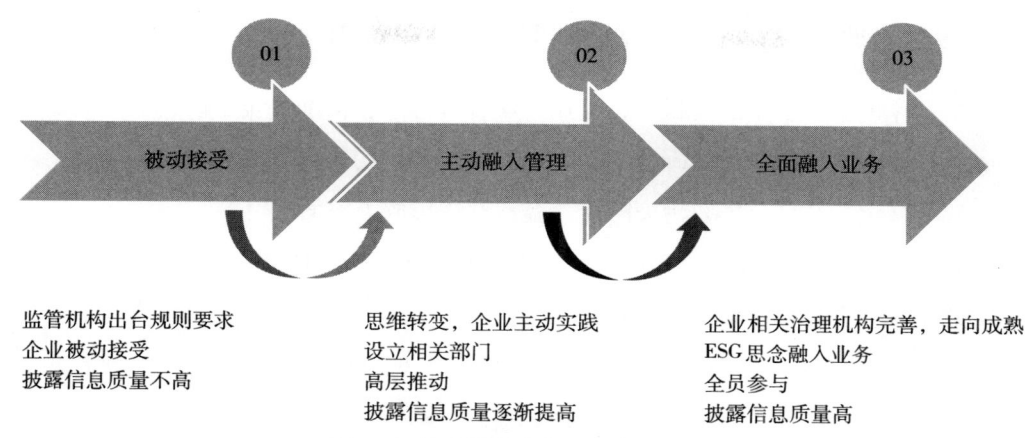

```
    01                      02                      03
被动接受          →    主动融入管理      →      全面融入业务
```

监管机构出台规则要求   思维转变，企业主动实践   企业相关治理机构完善，走向成熟
企业被动接受   设立相关部门   ESG思念融入业务
披露信息质量不高   高层推动   全员参与
                         披露信息质量逐渐提高   披露信息质量高

图6-19　物业服务企业ESG发展演变

资料来源：中指研究院。

初期的ESG报告，因交易所强制要求披露，无论从篇幅、数据、排版等多个维度都呈现出"非情愿""应付""为披露而披露"，被企业视为负担；随着国家"双碳"战略目标制定与实施及人们意识的转变，越来越多的物业企业认同可持续发展的理念，主动将ESG融入企业管理，"实质重于形式"成为该阶段最重要的特征之一，打造一篇高质量的ESG报告逐渐成为企业共识，做好充分的信息披露也成为企业展现实力的象征。如今，物业服务企业从建立以董事会为首的ESG管治架构到关爱员工、为业主提供高品质服务，再到打造阳光绿色产业链，ESG已全面融入企业业务运营，融合发展成为时代主题。

目前，头部物业企业大都处于从第二阶段到第三阶段的过渡期，可持续发展战略已融入业务管理，从节能减碳、社区运营、员工关怀、社会责任、企业治理等多维度出发，借助AI科技等降低运营管理成本，提升全链条专业服务品质，多赛道并进齐发，同时，智慧运营还将进一步打破服务边界，ESG可持续战略正逐渐深植于物业行业。

表6-4　　2022年部分物业企业ESG融合发展案例

	主要表现
环境（E）方面	万物云城在深圳市河流水质科技管控项目中利用智慧化平台、科技化手段、精细化理念，通过建立"海陆空"立体监测网络，实施网格化管理，为治水决策提供有力支撑。 旭辉永升服务落地电动自行车充电桩项目415个，落地电动汽车充电桩项目112个。 朗诗绿色生活采用"红外线感应＋区域自由组网"技术，对南京部分在管项目地库进行节能改造，节能效果达80%以上。公司与南京大学生态环境研究院合作开展"低碳社区朗诗模式"探索研究，研发"低碳社区智慧管理平台"，从碳排放管理、能源管理、水资源管理、废弃物管理等维度构建社区减碳与绿色运维新体系。
社会（S）方面	保利物业探索"RADAR智能服务系统"，通过生产工具优化生产关系，提升生产力，让数字化、信息化、智能化的管理与服务"响应度"重新诠释客户满意度。 金融街物业融泽培训中心将培训课程分为"融""会""贯""通""泽""企""育""人"八个系列，全方位提升员工素质，赋能员工职业发展。 融创服务指定专职人员及时进行客户投诉接单、响应、跟进与处理，投诉回应率为100%。 东原仁知服务在社区配备AED急救设备，助力小区居民应急意识提升；安装高空抛物监控、道路监控、楼栋人脸识别、楼栋无线消防烟感探测器等，安全守护家园。
公司治理（G）方面	京城佳业以董事会作为集团可持续发展决策机构，下辖ESG委员会，承担集团ESG事宜的整体落实。 远洋服务具备完善的公司治理结构，董事局下设审核委员会、提名委员会和薪酬委员会；重视与股东的沟通，保障股东权益，及时回应投资者诉求；坚守披露准则，在合理、切实可行的范围内，及时有效地对外披露信息。

资料来源：中指研究院，上述企业ESG报告。

（四）发展绿色物业成为必修课，点滴细节积蓄发展潜力

绿色物业是指在保证服务质量的前提下，运用科学管理理念，借助科技手段，提高物业管理效率，节约资源，降低能耗，保护环境，打造低碳生活、生产和工作环境的物业管理活动。其主要内容涉及能源管理、资源管理、环境绿化、垃圾分类、污染防治、温室气体排放等方面。

绿色物业的推广在环境效益方面，有助于企业减少能源和资源的使用，减小废弃物的产生，降低碳排放，缓解温室效应，综合提升环境品质；在社会经济发展方面，绿色物业使得整个行业向低投入、低能耗、低污染和高效益方向转变，从而促进产业结构转变，改变行业增长方式，为行业带来持续的经济效益；从使用者的角度，绿色物业可为人们提供更加舒适的生活、工作与休息环境，改善生活品质，降低生活成本。

物业服务企业绿色物业开展具体措施包括：采取技术回收水资源，采用新技术降低能耗，调整能源使用结构、加大新能源使用占比，开展垃圾分类等。佳兆业美好通过"海绵城市"建设，收集雨水用于绿化、道路清洗，打造节水型小区，多个小区节水器具普及率100%覆盖，并荣获"节水型居民小区"称号。时代邻里加大在管项目水电巡查力度，及时排查异常情况，避免水电浪费与流失，部分项目2013年1~9月，水电耗用量较往年同比下降达到10%。第一服务控股将绿色物业与社区活动相结合，带动产业链减排，在提供服务的同时，回馈社会，绿色发展，一举多得。如2022年5月，公司发起"清洁家园、共创文明"活动，组织职员、业主、党员志愿者等清除社区"牛皮癣"、清洗小广告、清扫卫生死角等，弘扬人与自然和谐相处。

表6-5　　　　　　　　　　　　　　　部分物业服务企业绿色物业开展案例

企业名称	技术创新	采用新能源	垃圾分类
保利物业	采用红外线雷达感应控制照明设备，回收利用空调冷凝水，使用节能型冷却塔，安装电梯能源反馈系统等。	使用太阳能加热装置，部分公共区域照明改造为光电两用，设置新能源汽车充电站等。	设立垃圾分类小组，进行规范管理，合理分布投放点位，常态化管理与积极宣传等。
越秀服务	精细化管理，提升能源使用效率，降低全流程能耗；收集雨水，改造冷却塔等。	安装新能源汽车充电设备等。	成立绿色健康委员会，为国内首个写字楼绿色健康组织，开展垃圾分类培训，定期拜访宣传。
万物云	在商企节能方面，在员工中推行"海豚行动"，2022年评选出"金海豚"提案：谷期电价预冷、波动水温控制办法。该提案在某高端制造项目试点运行，预计每年为该项目节省用电成本约112万元。	使用太阳能光伏电池地灯。	设施设备建设方面投放桶、站、垃圾清运车等；创新激励机制方面设立"垃圾分类PK赛""垃圾分类红黑榜"等运营管理机制；社会文化营造方面开展多形式的宣传教育活动。

资料来源：中指研究院，上述企业ESG报告

（五）内外并举，物业服务企业积极践行社会责任

从测评体系的社会责任（S）方面讲，物业服务企业的内功打磨在于"员工责任"与"客户责任"，对外则体现为"社会贡献"。

物业服务企业"员工责任"主要体现在保障员工的基本劳工权益，保障职业健康安全，提供有竞争力的薪酬福利以及民主沟通与关爱等。严守法律法规，推动平等就业；订立、履行、变更、解除及终止劳动合同，保障员工合法权益；不断优化薪酬福利体系，"基本工资+绩效工资+专项奖励+其他"等成为员工工资主要构成，除此，提供多项福利补贴；提供职业健康培训、职业发展培训，畅通员

工晋升通道，赋能员工发展；以人为本，积极关怀员工，与员工保持民主沟通，平衡工作生活，同员工共发展。

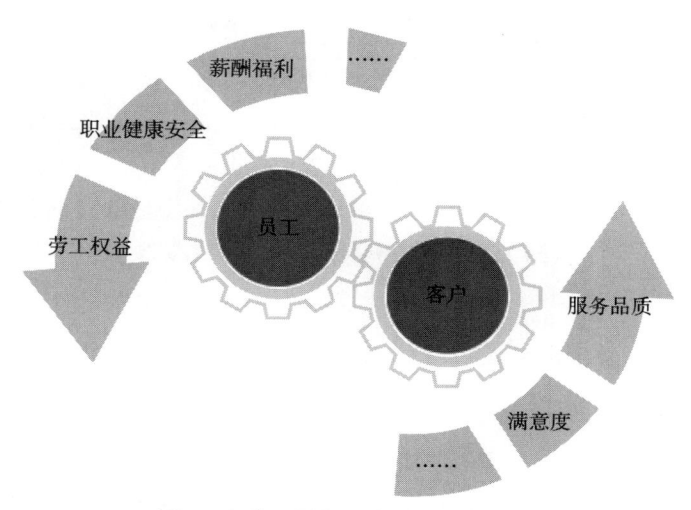

图6-20　物业服务企业"内功"打磨

资料来源：中指研究院。

物业服务企业"客户责任"主要体现在面对不断变化的业主及客户需求时，能够持续优化完善物业管理服务体系，积极探索思考服务模式，提供高品质服务，提高满意度，将服务做到极致。融信服务在所管小区定期组织社区文化活动，为贫困、老年、儿童等人群提供定向服务，成立党建单位，协助政府开展基层治理工作，保证了人们生活安康幸福。

外在方面，主要体现于"社会贡献"，包括积极融入社会治理、公共突发事件防控、助力乡村振兴等。碧桂园服务连续第五年联合碧乡农业发展有限公司开展"社区的力量"消费助农行动，2022年，该消费助农行动完成额超1333万元；2022年，越秀服务开展一系列关爱弱势群体、尊老爱幼公益活动，参加志愿活动员工人数达4352人，2022年10月开始，公司在全国115个项目启动"春风行动"专项活动，投放2000多万元维修资金用于老旧小区的改造，受到了广泛关注与好评。

（六）建立风险防控"三道防线"，"气候风险"纳入风险管控

物业服务企业要实现长远的业务增长和可持续发展，有效的风险管理和内部监控是必要及不可缺少的部分。

在风险应对方面，依据"总部—城市—项目"三层次管治架构，头部物业服务企业一般都搭建了风险管理"三道防线"，在董事会为最高层的统一指挥下，在审核及风险管理委员会、风险管理团队及各职能部门的共同努力下，提升风险管理体系的有效性。大部分运营风险出现在项目层级，项目负责人及职能负责人承担着风险监管及消除责任，将风险化解于日常业务中；城市级法务人员负责组织该单位重大风险评估工作，跟进督导重大风险事件的应对，监督业务及职能部门的风险管理工作，组织分公司开展培训等；审计监察工作定期不定期展开，对前两道防线的风险管理工作稽查、审计和监察，督促并跟进整改落实，视情况进行追责与问责。"三道防线"组织架构清晰、规范，分工明确，有力保障了企业内部管理合规的有效性。

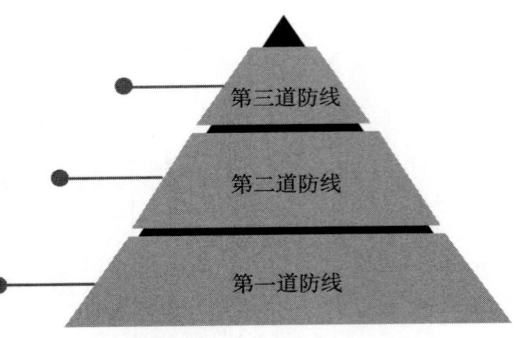

图6-21 物业服务企业风险防控三道防线

第三道防线：由总部审计监察负责，对企业风险体系健全性、有效性进行检查、评估。

第二道防线：各城市法务连同总部法务进行重大风险评估、识别与应对，并组织宣讲、培训等。

第一道防线：各项目、各职能部门，对其领域内进行风险识别、评估、监测及处置等。

资料来源：中指研究院。

根据气候相关财务信息披露小组（TCFD）的分类，气候变化带来的风险主要包括由于极端天气或气温上升等导致的实体风险以及为应对气候变化而产生的市场、监管、政策等变化而带来的转型风险。这些风险短期来讲影响企业的生产经营，造成财产损失，长期来讲，企业可能面临被淘汰的危险。目前，应对气候变化带来的风险措施逐渐融入企业风险管控中，物业服务企业同其他风险防控一样，采取风险识别、风险评估、风险应对等一系列程序与流程，设立专门的组织架构，配置专业人员，制定相关政策制度，配以技术支撑。例如：朗诗绿色生活识别出"高温/干旱"可能导致供配电系统异常，潜在会发生火灾等危险，公司采取预先检修等措施以应对。

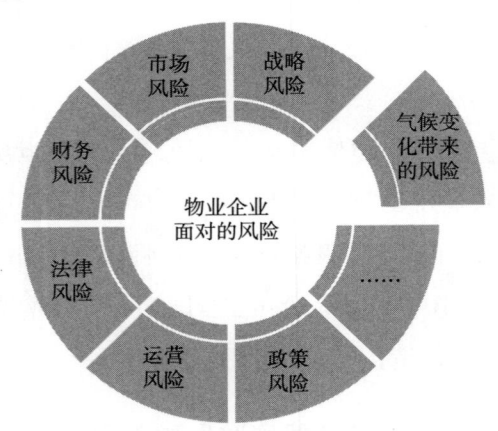

图6-22 物业服务企业所面对的风险

（市场风险、战略风险、气候变化带来的风险、政策风险、运营风险、法律风险、财务风险）

资料来源：中指研究院。

腐败及舞弊等违反商业道德的行为会对公司经营、声誉等造成重大影响，在态度上，各物业企业"零容忍"，在应对策略上，一是在国家相关法律文件的基础上，编制自己内部廉洁相关制度；二是畅通投诉举报渠道，在对举报人作出保护承诺的基础上，通过电话、微信、邮箱、官微等公开渠道接收举报信息；三是强化教育培训，通过线上线下相结合的方式，以反面案例为教材，时刻提醒员工守住底线；四是推进供应链廉正建设，避免"塌方式腐败"。

图6-23 物业服务企业恪守商业道德四大举措

廉洁制度　举报机制　教育培训　供应链廉洁建设

资料来源：中指研究院。

表6-5　　　　　　　　　　　　　　部分物业服务企业反腐败举措

企业名称	廉洁制度	教育培训	推动供应商廉洁
中海物业	《员工廉洁自律实施细则》《反欺诈及反贿赂政策》《举报政策》《致中海物业各外包商和供应商的公开信》《廉洁协议书》等。	100%董事会成员已接受反贪污培训；100%前线员工签订《项目廉洁从业承诺书》。	100%供应商签署《廉洁协议书》，已将廉洁列为供应商选择准则之一，于年度表现审核中纳入供应商廉洁行为。
保利物业	2022年，公司修订7项制度，推动纪检和廉洁工作规范化、程序化、标准化。	逐层逐级签订廉洁承诺书，向全体党员派发廉洁家书；强化新员工廉洁培训，宣讲案例154个；开展警示教育大会29场，组织拍摄廉洁"微视频"6个等。	招标活动遵循"公平、公正和诚实信用"的原则，合理引进竞争机制，制定供货商廉洁规定，签订廉洁协议，明确双方权责，保障采购过程公开、公平、公正。
华润万象生活	《华润万象生活廉洁防控体系》《华润万象生活采购管理细则》等。	2022年公司开展廉洁教育875场次，覆盖12.8万人次等。	通过纪检廉洁课堂、审计风控交流会、月度合规宣传会等培训活动，筑牢阳光采购。

资料来源：中指研究院，上述企业ESG报告。

六、结语

当前，绿色可持续发展是我国经济发展转型的重要方向，ESG兼顾经济效益与社会效益、绿色与健康协同发展的战略理念，是实现可持续发展的重要行动法则。相较于其他行业，物业管理行业天然具有实施ESG的条件与优势，其ESG表现逐年向好。在相关制度指引下，行业整体得分重心上移，信息披露的质量明显提升，数据广度、深度及颗粒度也在增强，透明度及可靠性得到了利益相关者的认可。

物业服务企业致力于为客户提供卓越的服务，坚守服务品质，提升业主满意度，加强人文建设，丰富增值服务，参与社会公益活动，优化人居环境，完善绿色物业管理；在市场经济增速下行的情况下，为大量基层人员提供就业岗位，为稳定就业发挥重要作用，同时加强人才建设，注重员工职业发展，开展多种类采取多形式的培训，畅通员工晋升渠道，关心关爱员工，注意员工身心健康，保障员工基本权益，提供薪酬福利待遇；加强供应链管理，将ESG因素纳入供应商考核体系中，促进业务全链条碳中和。

国内外ESG发展已经进入快车道，ESG突破了传统的以单一财务绩效来评估企业价值的固定思维，打开了新的价值衡量维度，必将影响企业的长期发展与生存，新的变化对于物业企业来讲也是一个紧迫性和现实性的挑战。面对新的价值创造衡量标准，企业需要找到实现新的价值的途径、方法、技术手段，同样，督促着物业企业在内部业务流程、运营方式、商业模式、产品打造等方面做出创新，在ESG实践中发现问题解决问题，以及在企业外部构建新的多重利益相关方组成的价值生态。

附件：2023物业服务上市公司ESG指标评价体系及评分规则

本次研究的指标体系包括E（环境）、S（社会）、G（公司治理）3个一级指标，一级指标以下包含环境管理体系、气候变化管理、排放物管理、能源管理、员工发展与关怀、供应链管理、产品与服务、社会贡献、商业道德、内部管理合规、ESG治理、股权结构12个二级指标，二级指标以下又包含50个基础指标。本附件将具体介绍评价指标和得分规则。我们选出披露2022年度ESG报告的59家上市物业公司作为测评对象，主要通过对企业ESG报告的信息进行梳理，并按照评分规则进行量化得分处理，同时，年报的部分数据和信息、上市公司公告、公开媒体信息也成为本次测评的重要数据和资料补充。

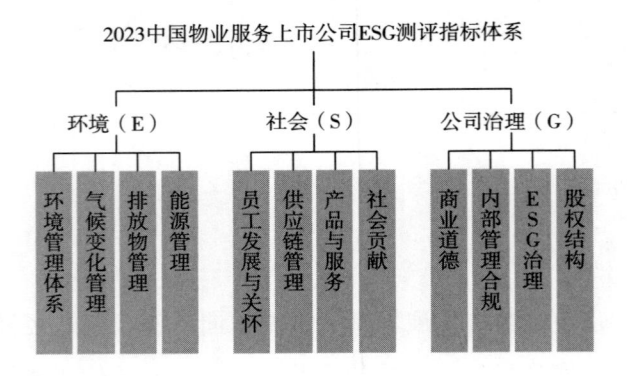

2023中国物业服务上市公司ESG测评指标体系

环境（E）：环境管理体系、气候变化管理、排放物管理、能源管理

社会（S）：员工发展与关怀、供应链管理、产品与服务、社会贡献

公司治理（G）：商业道德、内部管理合规、ESG治理、股权结构

一、E（环境）（总分28分）

（一）环境管理体系

1. 环境管理体系认证

是否获取国家环境管理体制认证？

2. 环境管理政策

是否制定环境或可持续管理政策？

3. 能源管理体系认证

是否获取国家能源管理体系认证？

4. 绿色管理认证

是否有在管项目在本年度管理期间获得相关机构绿色管理认证（WELL、LEED、绿建）？

（二）气候变化

1. 气候风险识别

是否对气候风险与机遇进行识别（TCFD情景模拟）？

2. 气候变化应对

是否对气候风险制定具体管理措施？如应急机制和应对措施等。

（三）碳排放（排放物）管理

1. 氮氧化物排放

单位面积氮氧化物排放量。

2. 硫氧化物排放

单位面积硫氧化物排放量。

3. 二氧化碳排放

单位面积二氧化碳排放量。

4. 有害废弃物排放

单位面积有害废弃物排放量。

5. 无害废弃物排放

单位面积无害废弃物排放量。

6. 排放目标设定

是否设定排放物管理目标和行动计划？

（四）能源管理

1. 能源耗用

单位面积能源耗用密度。

2. 水量耗用

单位面积水量耗用密度。

3. 能源耗用／管理目标

是否制定能源管理目标及具体举措或执行计划。

二、S（社会）（总分42分）

（一）员工发展与关怀

1. 安全管理体系

是否获取安全生产认证或职业健康安全管理体系认证？

2. 员工安全

是否发生安全生产事件并导致员工因工死亡？

3. 职工薪酬与福利

是否为员工建立各项基本福利及完善的保障制度？

4. 股权激励

是否建立股权激励机制或方案。

5. 员工稳定性

职工离职率。

6. 员工数量

员工数量。

7. 员工结构

是否按照不同类别披露员工构成？

8. 员工培训

是否制定完备的员工培训体系？

9. 员工沟通机制

是否建立企业与员工工作沟通渠道与反馈途径，了解员工诉求？

（二）供应链管理

1. 供应商管理机制

是否建立完善的供应商考核机制（包括供应商准入，供应商评估考核，供应商沟通，供应商培训，供应商战略合作，供应商信息化管理系统等）？

2. 供应商认证情况披露

是否披露供应商在质量、健康或环境方面相关认证情况（ISO9001，ISO14001，OHSAS18001等）以及相关审核标准？

3. 供应链结构

有质量、健康或环境等方面认证的供应商占比。

（三）产品与服务

1. 服务合法合规

是否受到监管机构处罚，如住房与建设委员会、街道办、消防费队、市场监管局等机构。

2. 客户满意度

是否披露客户满意度水平？

3. 客户投诉

是否建议有效的客户投诉处理流程和规范（包括客户投诉制度，客户投诉渠道，接收客户处理流程等）？

4. 研发投入

是否披露研发投入情况？

5. 品质认证

企业是否通过ISO9001质量管理认证？

6. 质管体系

企业是否建立完善的质量监督管理体系？

（四）社会贡献

1. 扶贫及乡村振兴

是否参与扶贫、乡村振兴？

2. 慈善与公益

是否参加慈善基金、捐款及其他形式社会公益活动？

3. 疫情防控

是否参与疫情防控并承担部分疫情管控及管理工作？

4. 社会投入

社区投入金额、时长、人数等情况。

三、G（公司治理）（总分 30 分）

（一）商业道德

1. 廉政建设

企业是否针对廉政／反腐制定相关制度章程？

2. 监督举报

企业是否建立多渠道监督举报途径以及举报处理流程？

3. 廉政培训

企业是否对于廉政进行定期培训？

4. 贪污案件诉讼

企业是否有贪污案件诉讼？

（二）内部管理合规

1. 信息安全

企业是否针对信息安全制定相关管理制度？

2. 知识产权管理

企业是否针对知识产权管理制定相关管理制度？

3. 合规管理

企业内部是否设置相应的合规管理部门？

4. 合规培训

企业是否对于合规管理进行定期培训？

（三）ESG 治理

1. ESG 治理结构

是否建立 ESG（可持续发展、社会责任）的相关组织架构？

2. ESG 治理责任

董事会是否作为 ESG（可持续发展、社会责任）工作的最高管理层？

3. 利益相关者分析

对于相关利益者诉求进行调研、分析（重要性排序）、回应等。

（四）股权结构

1. 大股东持股比例
2. 与地产公司业务关联性

注：增加"一票否决"制度，若某企业存在重大经营风险，则不会被列入优秀企业名单。

报告七　2023中国房地产服务品牌价值研究报告

一、研究背景与方法体系

（一）研究背景与目的

2023年，房地产服务品牌企业顺应时代发展新变革，洞察市场发展新趋势，提升服务质量，丰富服务链条，在颇具挑战的市场环境中保持了企业规模和收入的增长，托举行业整体品牌价值实现了逆势上涨。但是，在行业加速向高质量发展方向精进过程中，部分企业的服务能力建设未能跟上市场变化节奏及客户的预期增长，因此导致品牌价值增速放缓甚至价值缩水。因此，在经历市场的洗礼后，越来越多的房地产服务品牌企业开始目光向内，回归行业本源，寻求高质量的发展路径。

中指研究院自2005年起开展中国房地产服务品牌的研究，多年来，通过深入挖掘优秀房地产服务品牌成功要素，积极探索中国房地产服务品牌可持续发展之路，研究成果引起社会各界广泛关注，对品牌企业提升品牌形象、沉淀品牌资产、强化行业地位发挥了重要作用，研究目的如下：

（1）客观量化房地产服务企业品牌价值，判断房地产服务品牌的行业地位，为房地产服务企业定位品牌、规划品牌、管理品牌提供科学依据；

（2）挖掘房地产服务企业品牌价值内涵，发挥品牌价值在业绩评价、投资融资、兼并重组及对外合作等活动中的作用，帮助企业吸纳、聚集、整合社会资源；

（3）推动社会和消费者全面认知房地产服务企业的品牌价值，塑造房地产服务品牌良好的社会形象，建立房地产服务企业与消费者之间的品牌契约关系，帮助房地产服务企业提升消费者的品牌忠诚度；

（4）定期跟踪房地产服务企业品牌价值变化，指导企业及时调整品牌策略和措施，促进企业无形资产的保值、增值。

（二）研究对象与方法

1. 研究对象

（1）在全国范围内有较强影响力和知名度的房地产服务企业；

（2）在某一地区范围内有较强影响力和知名度的房地产服务企业；

（3）在某一专业领域有较强影响力和知名度的房地产服务企业；

（4）中国房地产策划代理百强企业、中国物业服务百强企业等。

2. 评价指标体系

在研究方法上，中指研究院充分借鉴国内专家学者以及国外著名品牌价值评估机构 Interbrand 和 Brand Finance 的研究经验和操作实务，并结合宏观经济发展条件和房地产行业发展特点，基于现金流折现法（DCF）和无形资产评估的理论方法，建立了一套实操性较强的研究体系，客观全面地评价房地产服务企业品牌价值。

该研究体系中对房地产服务品牌价值的主要评估流程有：

第一，公司财务分析：对未来经营收入进行预测。

在房地产服务品牌价值评估过程中，对未来营业收入准确可信的预测直接影响到房地产服务品牌价值的大小。

中指研究院在全面分析宏观经济环境、政策环境的基础上，对房地产服务行业的市场状况和企业进入主要城市的市场进行深入分析，并根据企业的经营业绩、区域布局、业务范围等，预测企业未来 3~5 年的营业收入。

第二，BVA 分析：计算品牌对公司收益的贡献。

在计算房地产服务品牌贡献率（BVA 系数）时，假设房地产服务品牌的价格溢价由其服务、品牌、技术等因素所贡献，并采用"品牌作用指数"（Role of Branding Index）的方法来决定品牌资产所创造的收益。"品牌作用指数"是指品牌贡献占溢价的比重，通过专家咨询法（Delphi）来确定。

第三，品牌风险分析：确定品牌折现系数。

房地产服务品牌价值评估的关键环节是对品牌进行风险分析以确定品牌未来收益的折现系数。折现系数的确定首先需要对房地产服务品牌进行风险分析得到品牌强度系数，由品牌强度系数得到对应的品牌贝塔系数，再运用资产定价模型相关原理，计算得到房地产服务品牌未来收益的折现系数。

其中，品牌强度系数反映了房地产服务品牌将其预期收益转化为现实收益过程中抵御风险的能力。品牌强度系数越大，抗风险能力越强；反之亦然。品牌强度系数由品牌强度指标决定，是各品牌强度指标得分的总和。

第四，计算品牌价值。

中指研究院采用资产评估中未来收益折现公式（DCF: Discounted Cash Flow），将房地产服务品牌未来 3 年的品牌收益进行折现，并对 3 年后的品牌收益作年金化处理，从而计算出相应的房地产服务品牌价值。

在上述评估过程中，BVA 系数、品牌强度系数和品牌贝塔系数三个模型最为重要，分别对其阐述如下。

（1）BVA 系数模型

中指研究院通过 BVA 系数模型和"品牌作用指数 RBI"（Role of Branding Index）来计算房地产服务企业的品牌贡献度，其中，BVA 系数由品牌对企业服务（产品）市场溢价的贡献率 BVA_1 系数和品牌对资本市场溢价的贡献率 BVA_2 系数组成。

BVA_1 系数是指假设某服务（产品）的市场溢价由品牌、技术等因素所贡献的，因此 BVA_1 系数由该品牌的市场溢价总和占该品牌服务收入的比例，乘以品牌在服务市场的作用指数 RBI_1 得到。

$$BVA_1 系数 = \frac{S_1 \times (P_1-AVP_1) + S_2 \times (P_2-AVP_2) + \cdots\cdots + S_i \times (P_i-AVP_i)}{S_1 \times P_1 + S_2 \times P_2 + \cdots\cdots S_i \times P_i} \times RBI_1 \qquad (7-1)$$

公式（7-1）中：S 为服务 / 产品总量，P 为单位服务 / 产品均价，AVP 为同质条件下的服务 / 产品均价，其中，同质条件是指某一时间段内服务 / 产品在区位特征、服务 / 产品特征、环境特征等方面相接近。

BVA_2 系数是指品牌对资本市场溢价的贡献率，中指研究院通过计算房地产服务公司的 Tobin Q 值来反映其在资本市场的溢价水平，乘以品牌在资本市场作用指数 RBI_2，得到 BVA_2 系数。

$$BVA_2 系数 = (Tobin\ Q - 1) \times RBI_2 \qquad (7-2)$$

公式（7-2）中：Tobin Q 值是房地产服务上市公司资本市场溢价水平，非房地产服务上市公司 Tobin Q 值为 1。Tobin Q 值的计算公式如下：

$$Tobin\ Q = \frac{MV}{RC} = \frac{MV_E + MV_L}{RC} \qquad (7-3)$$

公式（7-3）中：MV 表示公司的市场价值，RC 表示公司的重置成本，MV_E 表示公司的所有者权益的市场价值，MV_L 表示公司负债的市场价值。

公式（7-1）与公式（7-2）之和为品牌贡献率（BVA 系数），即：

$$BVA 系数 = BVA_1 系数 + BVA_2 系数 \qquad (7-4)$$

（2）品牌强度系数模型

中指研究院在研究品牌强度相关理论的基础上，结合中国房地产行业发展状况和市场运行特性，对中国房地产服务品牌强度指标结构及指标含义作如下设定。

① 品牌强度指标结构图：

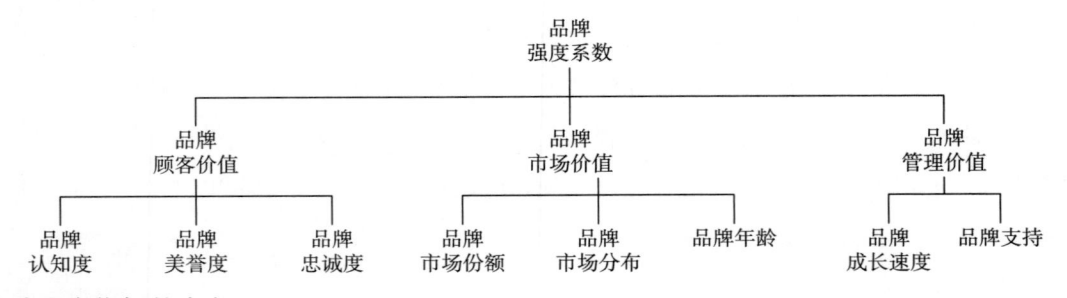

```
                        品牌
                      强度系数
          ┌─────────────┼─────────────┐
         品牌           品牌           品牌
        顾客价值        市场价值        管理价值
      ┌───┼───┐     ┌───┼───┐       ┌───┐
     品牌  品牌 品牌  品牌 品牌  品牌  品牌  品牌
     认知度 美誉度 忠诚度 市场份额 市场分布 年龄 成长速度 支持
```

② 品牌强度指标的含义：

序号	品牌强度系数	指标含义
1	品牌认知度	反映客户对品牌内涵 / 价值的认识和理解的情况
2	品牌美誉度	反映客户心目中对品牌的口碑和信任程度的情况
3	品牌忠诚度	反映客户在购买决策中，多次表现出来对某品牌有偏向性的行为反应，通过客户的再次购买、推荐购买和缺货忠诚等来反映
4	品牌市场份额	反映品牌的销售面积、销售额、个案数量等指标的市场占有率情况
5	品牌市场分布	反映品牌的区域分布、业务布局和客户数量方面的情况
6	品牌年龄	反映品牌进入市场的时间，较早进入市场的品牌往往拥有更多的忠诚消费者，具有更强的品牌效应
7	品牌成长速度	反映品牌在营业收入、利润等方面的增长速度
8	品牌支持	反映品牌在品牌投入费用、重点投资、持续推广以及公益事业投入等方面获得支持的情况

中指研究院根据房地产服务品牌区域布局和客户分布的状况，针对各服务品牌主要进入城市的客户，

开展深入的品牌三度（认知度、美誉度和忠诚度）问卷调查，全面准确地衡量房地产服务企业的品牌认知度、美誉度和忠诚度。

（3）品牌贝塔系数模型

中指研究院利用资产定价模型（Capital Asset Pricing Model），确定品牌收益折现率：

$$E(R_j) - R_f = (R_m - R_f) \times \beta_j \quad (7-5)$$

其中，贝塔系数综合考虑了行业风险和品牌风险，行业预期回报率是通过对房地产服务企业以及相关机构的调查获得。

3. 数据来源

（1）经中指研究院复核的房地产服务企业填报的数据；

（2）2023中国房地产服务品牌认知度、品牌美誉度和品牌忠诚度的调查结果；

（3）2005—2023中国房地产策划代理百强企业及策划代理品牌价值研究企业资料库；

（4）2008—2023物业服务百强企业及品牌价值研究企业资料库；

（5）中指研究院房地产顾客满意度研究资料库；

（6）中国房地产指数系统（CREIS）数据库及监测数据；

（7）相关政府部门（包括建委、房管局和统计局等）的公开数据。

4. 数据复核

（1）企业填报的数据须如实客观，同时对填报数据进行复核；

（2）企业财务数据通过会计师事务所出具的审计报告进行复核；

（3）通过税单复核企业经营收入及利润；

（4）对收集的数据坚持交叉复核：通过各地房地产交易中心公开的项目交易情况复核企业提供的销售数据；通过统计局的企业直报数据进行交叉复核；对有疑问的数据可要求进行现场复核。

二、2023中国物业服务品牌价值研究成果

在2023中国房地产服务品牌价值研究中，中指研究院根据房地产服务品牌的发展状况与经营表现，基于BVA系数模型、品牌强度系数模型和品牌贝塔系数模型，运用现金流折现法和无形资产评估的理论方法，科学、全面地评估房地产服务品牌价值，研究产生了物业服务领先品牌、区域品牌、特色品牌、值得资本市场关注的物业品牌、优秀物业管理团队等。

（一）2023中国物业服务领先品牌

2023年，我国房地产行业进入深度调整期，市场对房地产增长的关注重点，正在从前期的项目开发切换到前期开发与后期服务并重，特别是随着城市化发展的不断深入，人们对于居住环境及配套服务的品质要求越来越高。物业服务作为居民生活和工作环境品质的保障因素，当前正处于品牌化发展的重要阶段，行业涌现出了一批领先品牌企业。在我国宏观经济增速放缓、房地产信用危机传导影响下，品牌企业

选择目光向内、固本强基，开辟出高质量发展的道路。

表7-1　　　　　　　　　　　　2023中国物业服务专业化运营领先品牌企业

品牌名称	企业名称	品牌名称	企业名称
碧桂园服务	碧桂园生活服务集团股份有限公司	保利物业	保利物业服务股份有限公司
雅生活集团	雅生活智慧城市服务股份有限公司	中海物业	中海物业管理有限公司
华润万象生活	华润万象生活有限公司	龙湖智创生活	龙湖智创生活有限公司
融创服务	融创物业服务集团有限公司	建业新生活	河南建业新生活服务有限公司
时代邻里	时代邻里控股有限公司	金融街物业	金融街物业股份有限公司
珠江城市服务	广州珠江城市管理服务集团股份有限公司	深业运营	深业物业运营集团股份有限公司
中铁建物业	中铁建物业管理有限公司	海尚海服务	青岛海尚海生活服务集团有限公司
正弘物业	河南正弘物业管理有限公司	东原仁知服务集团	东原仁知城市运营服务集团有限公司
中铁慧生活	北京中铁慧生活科技服务有限公司	中冶物业	中冶置业集团物业服务有限公司
力高健康生活	力高健康生活有限公司	经发物业	西安经发物业股份有限公司
苏新服务	苏新美好生活服务股份有限公司	诺德服务	中铁诺德城市运营服务有限公司
圆融商管	苏州工业园区圆融商业物业管理有限公司	易亨物业	北京易亨物业管理有限责任公司
信豪服务集团	信豪物业服务（佛山）有限公司	伊泰物业	内蒙古伊泰物业服务有限公司

　　在行业发展迎来由量到质升级发展的关键时刻，更加考验物业服务企业的专业化运营能力。保利物业以"大物业"发展战略为引领，品牌定位为"大物业时代的国家力量"，全方位践行"善治善成 服务民生"的企业使命，为国家经济发展与民生福祉改善贡献力量，书写物业服务的"软基建"价值；东原仁知服务集团品牌定位为城市多元业态综合服务商，坚持"大物业·全价值"战略引领，推动城市向精细化、专业化和智能化发展；伊泰物业致力于中高端物业品质服务，秉承"伊人创馨生 泰然建服务"的公司理念，将"用心服务 创造不同"的服务理念贯穿始终，为广大业主提供充满人文关怀的"伊泰服务"，让业主更幸福、生活更便捷、资产更保值。

表7-2　　　　　　　　　　　　2023中国物业服务市场化运营领先品牌企业

品牌名称	企业名称
长城物业	长城物业集团股份有限公司
金科服务	金科智慧服务集团股份有限公司
彩生活	深圳市彩生活服务集团有限公司
绿城服务	绿城物业服务集团有限公司
招商积余	招商局积余产业运营服务股份有限公司
金地智慧服务	深圳市金地物业管理有限公司
银城生活服务	南京银城物业服务有限公司
德信盛全服务	德信盛全物业服务有限公司
和泓服务	和泓服务集团有限公司
莲花物业	深圳市莲花物业管理有限公司

　　在市场发展面临挑战的时候，更加考验物业服务企业的市场化运营能力，2023中国物业服务市场化运营领先品牌企业一方面继续保持敏锐的市场嗅觉，持续强化自身市场外拓能力，例如，德信盛全服务通过市场化竞争，实现了在管面积构成中63%来自独立第三方的目标，此外，企业坚定布局核心经济带为主的中心城市，提升区域服务密度；另一方面在夯实自身主业的同时，积极推进服务外延，为业主提供全

生命周期的社区增值服务，满足客户多元化需求，企业品牌影响力得到提升。此外，行业领先品牌企业特别注重品牌三度、市场口碑以及客户满意度等方面的建设，通过创新力、服务力和执行力加强客户对于物业服务的感知与体验，用实力赢得业主认可和信任，实现品牌价值的可持续增长。

（二）2023中国物业服务区域品牌

我国的物业管理市场高度分散且具有明显的长尾特征，因此行业里除了全国性领先品牌企业，也存在大量优质的区域品牌企业。在行业加速变革的阶段，部分区域品牌企业正努力把握市场机会，变得更加积极有为。例如，武汉城市服务集团有限公司作为湖北本土优秀品牌企业，围绕"集约化、专业化、规范化"发展思路，坚持问题导向，突出科技创新、改革升级、挖潜增效，为公司实现港股上市和高质量发展目标打下了坚实基础；中天城投物业深耕贵州二十九年，围绕业主需求领域，不断夯实服务品质，以标准化、专业化、可视化、差异化和精细化"五化"多维落地品质管理，持续构筑社区服务生态圈，助力服务升维，促业主满意度提升；惠之美集团秉承"真诚、阳光、担当、创新"的价值观，在提供专业、优质生活服务的基础上，未来将为客户创造更大价值。

表7-3　　2023中国物业服务部分区域及省市品牌企业

区域/省市	品牌名称	企业名称
华中	建业新生活	河南建业新生活服务有限公司
	联投城市运营	湖北联投城市运营有限公司
	惠之美集团	惠之美生活服务集团有限公司
	泓盈集团	泓盈城市运营服务集团股份有限公司
	正弘物业	河南正弘物业管理有限公司
	武汉城市服务集团	武汉城市服务集团有限公司
华东	碧桂园服务	碧桂园生活服务集团股份有限公司
粤港澳大湾区	雅生活	雅生活智慧物业服务有限公司
西南	中天城投物业	中天城投集团物业管理有限公司
	新鸥鹏文教服	重庆新鸥鹏物业管理（集团）有限公司
	康田智慧服务	重庆康田智慧生活服务有限公司
	高远物业	重庆高远物业管理有限公司
重庆	渝地物业	重庆渝地物业服务有限公司
广东	越秀服务	越秀服务集团有限公司
广西	安信物业	广西安信物业服务有限公司
福建	嘉源服务	厦门合嘉源生活服务集团有限责任公司
海南	雅生活	雅生活智慧物业服务有限公司
	珠江格瑞物业	海南珠江格瑞物业管理有限公司
河南	建业新生活	河南建业新生活服务有限公司
	鑫苑服务	鑫苑科技服务集团有限公司

近年来，党建引领下的红色物业成为很多品牌企业发展的方向，红色物业搭建起了政府、业主、物业三方协商议事沟通桥梁，让物业管理与社区治理融为一体，让居民、物业企业、社区党组织多方联动，通力协作，破解居民生活难题，不断提升物业服务质量。红色物业是深化党建引领基层治理的重要抓手，是基层党组织联系群众、推动基层治理体系现代化的重要平台，也为消除社会隐患，提升居民生活满意度，获得生活幸福感创造有利条件。例如，两江物业始终坚持党建引领，不断推动党史学习与履职深度融合、

相互赋能，践行国有企业的社会责任与担当，不断在社区服务"精度"上下足功夫，全力推进红色物业向辖区覆盖，在解决好每一项关乎民生的"关键小事"中，彰显以红色物业赋能辖区治理的决心和魄力，真抓实干为群众办实事、解难题。

表7-4　　　　　　　　　　2023中国部分省市红色物业服务优秀品牌

省市	品牌名称	企业名称
北京	中铁慧生活	北京中铁慧生活科技服务有限公司
重庆	两江物业	重庆两江新区物业管理有限公司
重庆	新速达服务	重庆新速达物业服务集团有限公司
广东	中海物业	中海物业管理有限公司
广东	敏捷物业	广州敏捷新生活物业管理有限公司
广东	深业运营	深业物业运营集团股份有限公司
浙江	中能未来智慧城市服务	中能未来智慧城市服务集团（浙江）有限公司
湖北	联投城市运营	湖北联投城市运营有限公司
湖北	正阳物业	武汉正阳物业管理有限公司
湖北	当阳城投物业	当阳市城投物业服务有限公司
湖北	雅生活集团	雅生活智慧城市服务股份有限公司
湖南	中建物业	湖南中建物业服务有限公司
湖南	雅生活集团	雅生活智慧城市服务股份有限公司
陕西	西安沣东商服集团	西安沣东商服集团股份有限公司
海南	海南鲁能物业	海南鲁能物业服务有限公司
雄安	诺德服务	中铁诺德城市运营服务有限公司

（三）2023中国物业服务特色品牌

企业经营状况和服务品质是塑造品牌的基础，而品牌特色能够在不同程度上放大企业的品牌价值。例如，中海物业品牌特色是港澳地区最大中资物企；彩生活在社区运营方面处于行业领先地位；金融街物业专注于为包括大型银行、证券、保险、外资等金融类企业业主提供专业、高端的商务物业服务，服务特色显著，服务品质深受客户认可；蓝城乐居服务在未来社区运营方面特色突出，打造了面向不同年龄、时段、人群复用的"服务魔方"和"乐享"服务体系。

表7-5　　　　　　　　　　2023中国物业服务特色品牌企业

品牌名称	品牌特色
中海物业	港澳地区最大中资物企
彩生活	社区运营领先
金融街物业	商务物业管理
东原仁知服务集团	IFM综合设施管理服务 GSN、医疗智慧后勤服务东原盛康
蓝城乐居服务	未来社区运营优秀品牌
和泓服务	多种经营物业服务优秀品牌
联投城市运营	红领美好生活
融汇悦生活	复合大盘运营服务
正弘物业	品质正弘温度服务
诺德服务	中铁诺德产业园优秀运营企业

续表

品牌名称	品牌特色
中信泰富物业	高端商办物业优秀企业
融通物管	物业信息安全与保密领先品牌 & 营区物业服务特色品牌
星卓物业	智慧绿色物业
新速达服务	智慧社区服务运营商
龙祥物业	医院后勤一体化智慧服务
银川中房物业	健康养老服务领先品牌
滨江鼎信	友好人居企业
西安沣东商服集团	一站式智慧服务
渝地物业	特色餐饮增值服务
伊泰物业	城市美好生活守护者
欣和逸居物业	逸居生活服务运营商

2023 年，企业品牌价值提升较快的物业服务企业，不但具备良好的基本面，而且格外重视服务品质的提升和市场口碑的打造，甚至在某些专项领域形成了特色服务优势。例如，德信盛全服务持续发力非住服务板块，进行差异化业务结构布局，提升盈利能力，打造的高端服务品牌"德信 SPACE"，为一批城市优质商业写字楼、产业园提供专业化服务，获得了良好的市场口碑；新鸥鹏文教服核心业务聚焦于生活服务和教育服务，通过与集团在产业、教育和服务领域的业务协同，突出企业"教育+服务"特色优势；大正物业持续创新物业服务模式，稳步推进服务标准化建设，以"人性化、星级化、标准化"的全方位医院物业管理新模式，服务于行业的高质量发展。

表7-6　　　　　　　　　　　　　　　2023中国专项物业服务优秀品牌

专业服务	品牌名称	企业名称
商业物业	德信 SPACE	德信盛全物业服务有限公司
	融汇悦生活	融汇悦生活集团有限公司
写字楼物业	金融街物业	金融街物业股份有限公司
	诺德服务	中铁诺德城市运营服务有限公司
	安信物业	广西安信物业服务有限公司
公建物业	雅生活集团	雅生活智慧城市服务股份有限公司
	时代邻里	时代邻里控股有限公司
	高远物业	重庆高远物业管理有限公司
	产发运营	西咸新区泾河新城产发运营管理有限公司
	正阳物业	武汉正阳物业管理有限公司
产业物业	深业运营	深业物业运营集团股份有限公司
	易亨物业	北京易亨物业管理有限责任公司
教育物业	新鸥鹏文教服	重庆新鸥鹏物业管理（集团）有限公司
医院物业	龙祥物业	龙祥物业管理有限公司
	大正物业	山东大正物业服务有限公司
IFM	长城物业	长城物业集团股份有限公司
	卓越商企服务	卓越商企服务集团有限公司
	嘉信立恒	嘉信立恒设施管理（上海）有限公司
	新城悦服务	新城悦服务集团有限公司
	中企物业	上海中企物业管理有限公司

续表

专业服务	品牌名称	企业名称
城市服务	深业运营	深业物业运营集团股份有限公司
	中海物业	中海物业管理有限公司
	泓盈集团	泓盈城市运营服务集团股份有限公司
	中湘美好	中湘美好城市运营服务股份有限公司
	九洲服务	珠海九洲现代服务有限公司
	新日月生活服务集团	新日月生活服务集团股份有限公司
	武汉城市服务集团	武汉城市服务集团有限公司
城市更新	北控物业	北京北控物业管理有限责任公司
	瑞景城市服务	无锡市瑞景城市服务有限公司

物业管理行业与医疗、教育、养老等行业有部分市场高度重合，而且在这些领域里存在着一批优秀的服务企业。例如，医安康作为专业从事高端医疗综合医辅服务的企业，秉承"护理专业＋护理产业＝健康中国民众需求"的发展理念，着力打造护理产业的内涵和无限创新发展空间，共创新时代大健康护理产业，2023年，医安康主导编制了《医疗辅助服务指南》地方标准，对于推动行业标准的落地、促进医疗辅助行业健康有序发展具有重大意义。湖北沮漳城市科技有限公司打造的"信义生活服务平台"，以当阳老旧小区的物业管理为载体，全力打造城市"公众服务一站式"的高效管理体系，该平台通过业态整合、数据分析、运营合作等多元化模式，将政府机关、市场企业、城市居民共同构建成一套可持续的供需生态圈，为县域级城市提供了可行性复制经验。

表7-7　　　　　　　　　　　2023中国物业服务创新品牌企业

平台优秀品牌	医疗临床护理服务领先品牌	标准化运营领先品牌
长城物业（一应云：开放·合作·共享）	医安康	中海物业
金地智慧服务（想家：智享联盟）	上海助康	长城物业
沮漳科技（信义生活服务）	泰心康护	中天城投物业

物业品牌企业通过标准化运营，在稳步提升服务品质和服务效率的同时，能够使企业品牌焕发出新的生命力。中海物业以专业化、规范化、创新化和标准化经营为特点，建立了一整套完善的物业管理体系，通过标准化运营，实现了企业内部管理提效和客户服务体验优化；长城物业的"一应科技"包含产品、行业解决方案两大核心模块，并具备完善的战略咨询能力、标准产品＋定制化能力、运营服务能力以及智能创新能力，致力于帮助地产、物业企业实现数字化转型，打造高品质智慧社区，实现生态共赢，共创共享行业生态圈价值；中天城投物业通过"服务标准化、标准可视化、体系差异化、需求精细化、能力专业化"五化多维落地品质管理，持续构筑社区服务生态圈，助力服务升维，促进业主满意度提升，打造至臻品质生活。

三、2023中国物业服务品牌价值研究成果分析

2023年，随着我国房地产行业的深入调整，物业服务品牌价值受到了一定影响。一方面，品牌企业的规模和收入保持了正增长，托举行业整体品牌价值稳中有升；另一方面，在行业向高质量发展转型升级

过程中，部分企业的品牌价值正面临严峻挑战，在当前市场环境中，如何实现品牌价值的保值增值，已经成为企业重点关注的问题。

（一）规模与收入构成良好基本面，"均好"与"长板"驱动品牌价值提升

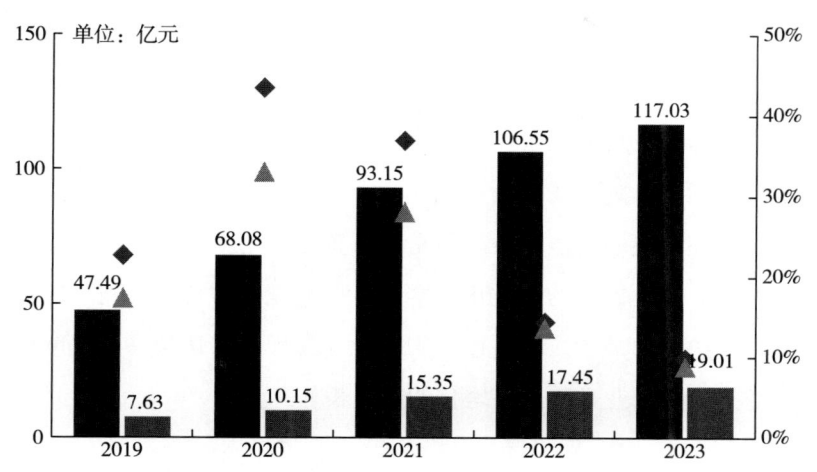

图7-1　2019—2023物业服务品牌企业品牌价值均值及增长率

2023年，物业管理行业继续向高质量发展方向精进，品牌企业始终引领行业稳步前行。面对市场高增长预期的压力，以及行业近期出现的"增收不增利"等问题，品牌企业坚定了高质量发展的目标，持续发力稳步提高管理规模，提升服务能力，深入落实品质聚焦战略，在行业波动的环境中，实现了品牌价值的稳步上涨。2023全国性物业服务领先品牌企业品牌价值均值为117.03亿元，同比增长9.84%；区域性物业服务品牌企业品牌价值均值为19.01亿元，同比增长8.92%。物业服务品牌价值的稳步提升，印证了行业发展加速向高质、高效的品牌化方向精进。

行业发展新格局下，品牌在助力企业赢得业主信任，进而实现规模和业绩增长等方面的作用愈发突出，加强品牌建设，强化品牌策略，完善品牌体系，全面提升品牌竞争能力，已经成为行业和企业的共识。随着行业竞争的加剧，品牌企业凭借强大的品牌影响力，在市场竞标过程中更易获得成功机会，从而能够优先进入高潜力、高能级的项目及城市，进而实现企业高质量发展的目标。此外，品牌企业还围绕品牌新使命，提升服务新水准，注重品牌延伸，不断丰富品牌内涵；部分领先品牌企业持续加大品牌建设力度，强化品牌管理与多维品牌传播，推动品牌价值稳定增长。

1. 行业整体品牌价值增速趋缓，区域品牌提升空间大

进入2023年，面对宏观经济变化和市场挑战，行业整体品牌价值估值在企业规模和收入的托举下，虽然仍保持着稳中有升的良好成绩，但品牌价值的增速显著趋缓。2023全国性物业服务领先品牌企业品牌价值增速均值仅为9.84%，而2019—2022年其品牌价值增速均值约为29.31%；2023区域性物业服务品牌企业品牌价值增速均值为8.92%，而2019—2022年其品牌价值增速均值约为23.05%。

当前，行业正加速向高质量发展方向精进，部分企业的服务能力建设未能跟上市场变化节奏及客户的预期增长，因此导致品牌价值增速放缓甚至缩水。特别是在行业管理规模急速扩大的背景下，部分企业的服务品质稳定性正在受到挑战；也有企业仍存在过度依赖以往品牌势能、过度透支品牌口碑的问题。此

外，行业发展变革期，企业成长的不确定性被放大，上游产业的信用风险仍尚未完全出清、资本市场的估值回归理性、企业前期大规模收并购导致的商誉减值、部分企业利润的下滑等，也都对品牌价值增长产生了负面影响，导致行业整体品牌价值增速放缓。

面对市场变化，全国性领先品牌企业的规模和业绩仍保持着稳定增长，这一定程度上赋予了行业整体品牌价值韧性。现阶段，规模仍是企业品牌价值的底气，2023全国性领先品牌企业截至2022年底的在管面积均值同比增长14.74%，高于品牌价值均值增速4.90个百分点。从行业角度看，物业服务市场具有明确的"存量+增量"特性，即使在行业上游产业增速放缓的背景下，行业整体市场规模仍在持续扩大，并且在市场化趋势下，全国性领先品牌企业不断加大外拓力度，强化多业态的服务能力建设，稳步落实品牌扩张战略，因此能够实现管理规模的稳步增长。但是，从企业的角度看，规模大并不意味着实现了高质量发展，也并不必然形成对企业品牌价值的等效正向推动。企业规模增长在突破一定临界值后，对企业品牌价值增长的贡献度可能存在边际递减效应，所以品牌企业在规模扩张达到一定程度后，需要主动摆脱"规模崇拜"的心理惯性，挖掘支撑企业品牌价值增长的新"长板"。

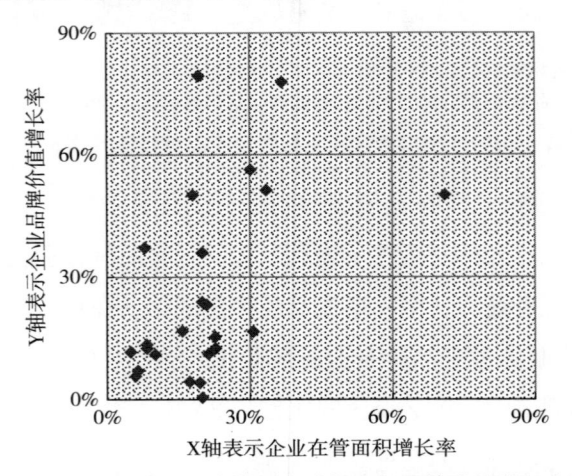

图7-2　2022—2023品牌企业在管面积增长率与品牌价值增长率关系情况

经营业绩是企业品牌价值的定盘星。2023全国性领先品牌企业截至2022年底的营业收入均值同比增长19.79%，高于品牌价值均值增速9.96个百分点。基础物业服务收费仍是行业收入的"压舱石"，也是物业企业探索多元增值服务和创新业务的"定心丸"，即使在行业市场出现波折后，基础物业服务仍能为物业企业带来稳定收入。此外，在全国性领先品牌企业的引领下，物业服务的边界仍在持续扩展，并且已经构筑起了多场景、多赛道的行业竞争格局，正在形成新的业绩增量，为企业未来品牌价值的提升埋下了希望的种子。

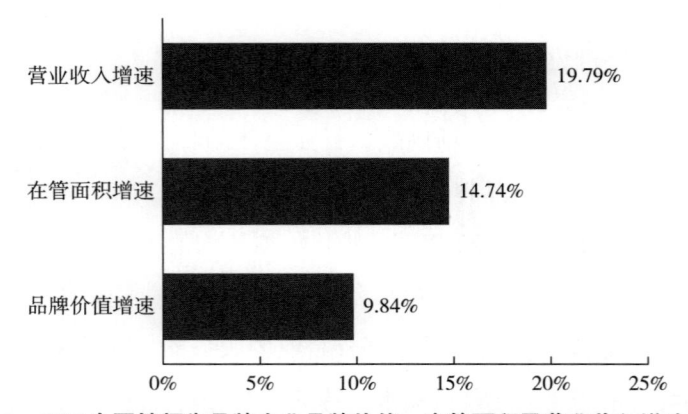

图7-3　2023全国性领先品牌企业品牌价值、在管面积及营业收入增速情况

注：面积增速、营收增速取值于企业2022年终数据。

良好的业绩指标表现是支撑企业品牌价值估值的基础，特别是在行业竞争加剧时，企业品牌价值增值动能很大程度上来自业绩提升或改善。例如，2022年物业管理行业整体增速明显放缓，部分企业甚至出现了"增收不增利"问题，在这种情况下，保利物业、德信盛全服务和苏新服务的营业收入和净利润仍保持了稳定增长，企业品牌价值增速与业绩增速高度趋同。

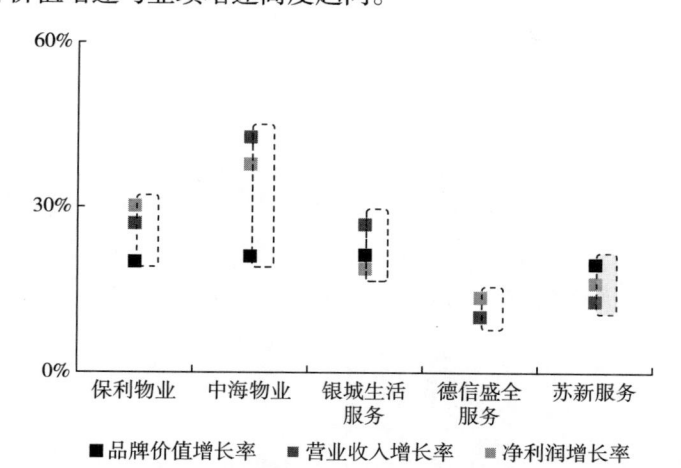

图7-4　2023部分品牌企业品牌价值、营业收入及净利润增速情况

注：取值于企业2022年业绩公告。

从企业的动态表现看，在较长的时间维度下，企业品牌价值与营收表现呈现出明确的正相关关系；但是在较短的时间维度下，企业基于自身战略调整或外部市场环境变化而出现的短期业绩波动，不会对企业品牌价值走势产生根本影响。物业服务作为房地产产业链上的重要环节，受到上游产业的深刻影响，在国内房地产市场规模增速放缓、开发企业转型发展的关键时期，短期内，物业服务企业的经营业绩或不可避免地受到来自关联方的影响和冲击；但长期看，如果物业服务企业能够有效阻断来自关联方的信用危机传导，构建起属于自身的独立品牌自信，那么相关企业不但可以有效释放短期业绩下行的压力，而且可以保持企业品牌价值的积极走势。但是，就目前行业情况来看，市场和投资者对物业服务企业的品牌评价已然受到来自关联方的负面反馈，因此，此时更需要物业服务品牌企业通过实实在在的经营业绩自证身价，进而保护自身品牌并给予市场和投资者信心。

我国的物业管理市场高度分散且具有明显的长尾特征，因此行业里除了全国性领先品牌企业，也存在大量优质的区域性品牌企业。但是整体来看，区域性品牌企业与全国性领先品牌企业在管理规模、服务能力、品牌建设等方面存在显著差距，因此在过去几年时间里，区域性品牌企业的品牌价值均值基本上保持在同期全国性领先品牌企业品牌价值均值的1/6左右，品牌价值处于较低水平，未来仍有较大的提升空间。

在行业加速变革阶段，以地方国资企业为代表的区域性品牌企业正努力把握市场机会，变得更加积极有为。一方面，继续深耕区域市场，并稳步进行规模扩张，持续提升所在区域的服务品质和服务密度，甚至能够在区域市场实现对全国性领先品牌企业的"弯道超车"；另一方面，积极筹备上市，并通过上市前期的准备工作，推动企业内部治理规范化建设。

表7-8　2023值得资本市场关注的物业品牌

品牌名称	企业名称
泓盈集团	泓盈城市运营服务集团股份有限公司
中铁慧生活	北京中铁慧生活科技服务有限公司
联投城市运营	湖北联投城市运营有限公司

2. 企业品牌价值分化，国央企品牌价值增速是民企九倍

现阶段看，伴随着物业管理行业整合进度的深入，品牌企业间在管理规模和经营收入方面的差距逐渐拉大，带动企业品牌价值加速分化。2023全国品牌企业品牌价值不足30亿元的企业数量占比约为68.83%；品牌价值在30亿~100亿元间的品牌企业数量占比约19.48%，其中约60%的企业品牌价值不足50亿元，可见中小规模物业品牌企业仍然是行业主流的存在；而品牌价值超过200亿元的品牌企业数量占比仅为3.90%。

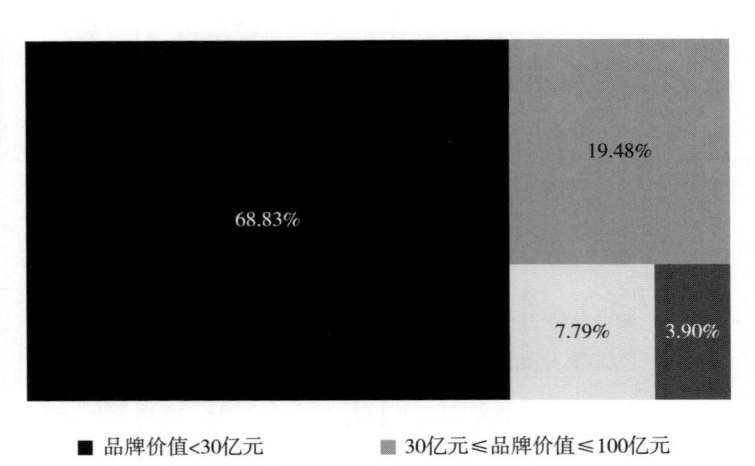

图7-5　2023物业管理行业不同层级品牌价值企业数量占比情况

在行业整体发展速度趋缓的背景下，拥有国资背景的物业服务企业展现出了前所未有的发展信心。中央国有企业的规模和业绩优势最为突出，表现出强者恒强的态势，规模方面，2022年中央国有企业在管面积均值约为3.13亿平方米，分别是地方国有企业和民营企业的2.24倍和1.82倍，中央国有企业的在管面积在高基数下实现了高速增长，其在管面积增速分别是地方国有企业和民营企业的3.13倍和2.45倍；营收方面，2022年中央国有企业的营业收入均值约98.68亿元，分别是地方国有企业和民营企业的2.36倍和2.32倍，营收增速分别为地方国有企业和民营企业的2.28倍和11.05倍；利润方面，行业在"增收不增利"的质疑声中，中央国有企业实现净利润均值约12.08亿元，分别为地方国有企业和民营企业的3.61倍和6.41倍，净利润增速均值为47.10%，与民营企业净利润下滑形成了鲜明的对比。

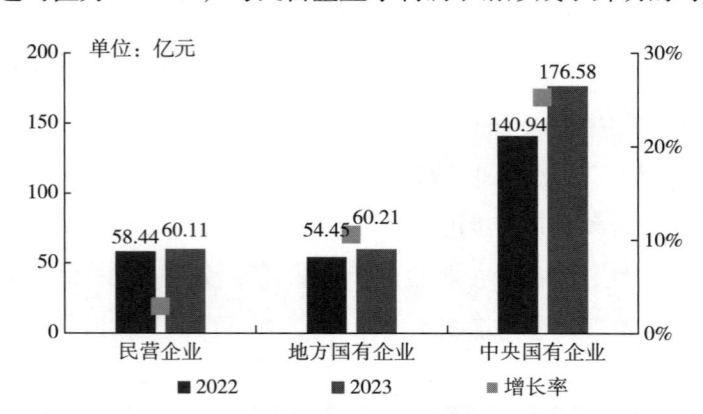

图7-6　2022—2023不同类型品牌企业品牌价值均值及增长情况

以地方国企为代表的国资背景物业服务企业，凭借稳健的经营能力和良好的发展前景，受到集团层面的重视，紧抓发展机遇，强化资源整合能力建设，不断打磨产品和优化服务体验，提升客户满意度，取得

了显著成绩。港股上市物业服务企业中，虽然地方国有企业在营收和规模体量上与民营企业相比优势不明显，但是，2022年地方国有企业的净利润均值为3.35亿元，是民营企业的1.78倍，此外，在民营企业净利润大幅下滑的背景下，地方国有企业的净利润保持了正增长。

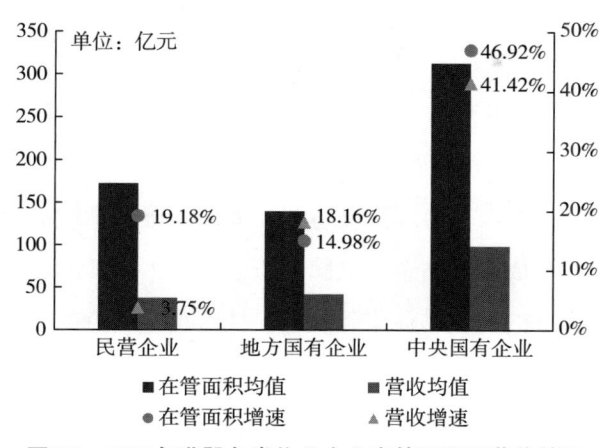

图7-7　2022年港股各类物业企业在管面积及营收情况

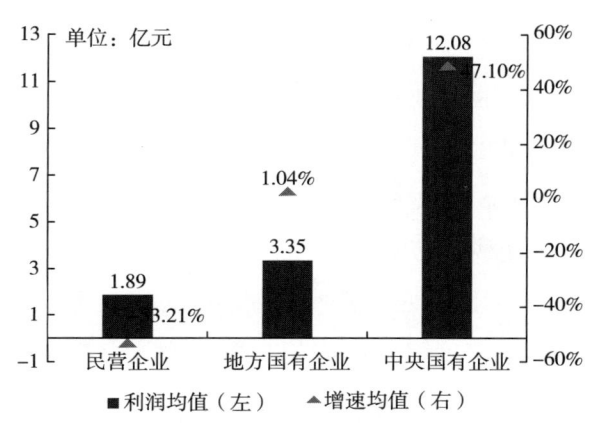

图7-8　2022年港股各类物业企业净利润及增速情况

基于国资物业服务企业稳健的经营现状及良好的市场表现，一批优质的国资企业品牌受到市场的认可，其品牌价值获得了快速增长。2023年，以地方性国有企业和中央国有企业为代表的国资背景品牌企业，其品牌价值均值达到118.39亿元，同比增长约25.29%，该增速是民营企业品牌价值增速的8.85倍。其中中央国有企业品牌价值均值最高且增速最快，其品牌价值均值为176.58亿元，分别是民营企业和地方性国有企业品牌价值均值的2.94倍和2.93倍，中央国有企业品牌价值增速为25.29%，分别超过民营企业和地方性国有企业品牌价值增速14.71个百分点和22.43个百分点；地方性国有企业其品牌价值均值与民营企业相当，但其品牌价值增速较快，约为10.58%，显著高于民营企业品牌价值的增速。

3."均好"指标支撑品牌价值提升，"长板"业务擦亮品牌特色

品牌企业在经历市场的洗礼后，开始目光向内，回归行业本源，寻求高质量的发展路径。企业发展重心转向对内挖掘业务潜力和修炼内功，品牌建设重点聚焦于企业发展的五大维度指标：服务品质、经营业绩、管理规模、资本表现和经营效率。企业更加强调品牌建设的内生力量，通过追求经营指标的"均好"表现，来支撑企业品牌价值的提升；通过整合企业优势资源，挖掘业务"长板"，形成特色服务或强势业务，助力企业品牌升级。

图7-9　企业品牌建设相关的五大维度指标

服务品质是企业品牌价值的试金石，特别是在行业发展回归服务本质的背景下，物业企业基于自身服务能力形成的差异化服务品质正在成为评估企业品牌价值的重要因素。品牌企业顺应市场形势变化，从业主的实际需求出发，提供优质优价的基础物业服务和直击社区消费痛点的增值服务，让业主切实体验到企业品牌背后实实在在的品质服务，进而在业主、行业和社会之间形成良性的品牌互动。例如，2023年初，中海物业提出了"好时节、好物业、好社区"的崭新品牌主张，强调通过品质服务深化品牌建设，透过"三好"昭示中海物业对现代美好社区生活的洞察与坚守，从业主视角体现品牌价值承诺，从行业视角体现战略外化，从社会视角体现中海物业的责任担当。

提升服务品质不应只是企业面向业主的口号，更应是企业战略发展道路上的必修课。品牌企业从内部视角出发，梳理与服务品质相关的量化指标，包括物业服务费收费水平、物业服务费收缴率、物业服务满意度、项目续约率、客户投诉率、问题解决率等，做到先"内省"再提高，不断优化和提升服务品质，牵引企业高质量发展。从品牌企业的实践情况来看，高品质的物业服务能够在市场上产生口碑效应，进而形成企业的品牌溢价，这不但有助于企业实现经营业绩的改善和提升，而且能够为企业的品牌建设提供保障。2023年，对物业品牌企业的品牌三度综合调查结果显示，物业品牌企业的品牌三度综合得分为58%，品牌三度继续稳步提升，其中品牌认知度和忠诚度依旧增速明显。

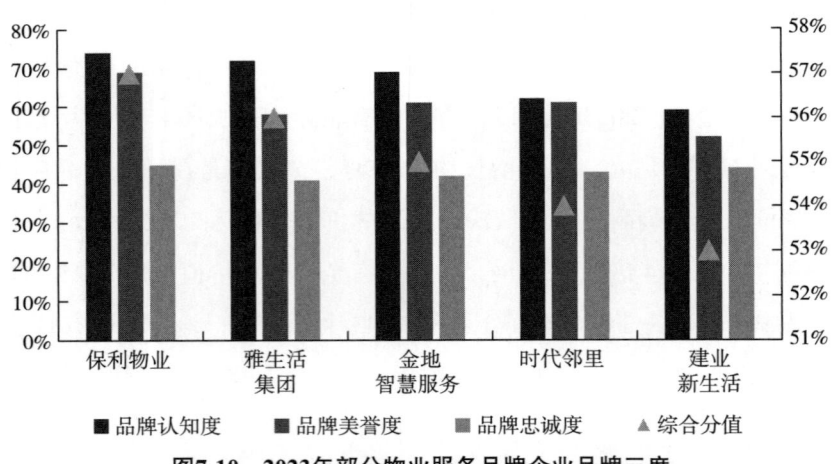

图7-10　2023年部分物业服务品牌企业品牌三度

管理规模和经营业绩在企业品牌价值评估中，是最易量化且有效的核心指标。现阶段，管理规模仍是物业企业品牌建设的重要抓手，是品牌价值增长的续航力，所以也成为很多企业打造和强化的"长板"优势；经营业绩作为企业商业行为的变现，是投资者评价企业的关键因素，当以经营业绩作为衡量企业品牌价值的因素时，要以一种多维指标组合的形式出现，包括营收及增速、利润及增速、利润率水平等，因此需要企业通盘考虑，争取各项经营业绩指标的均好表现。

资本市场是物业服务企业品牌建设的催化剂，通过Tobin Q值可以有效衡量物业服务企业在资本市场的溢价水平，在物业企业品牌价值评估中，Tobin Q值是作为影响物业服务企业品牌贡献度的重要因素。过去几年中，部分物业服务企业曾经通过资本市场实现了品牌价值的急速放大，但在资本市场理性回归后，很多物业品牌企业的品牌价值在资本市场出现了缩水甚至被低估的现象，也有优秀品牌企业的品牌价值在资本"退潮"过程中展现出了极强的韧性。未来，随着行业外部市场环境的改善，物业品牌企业在资本市场的估值大概率会回归到合理区间，并且在经历了市场波动后，品牌企业的品牌价值会在资本市场的助力下获得更好的发展。

经营效率是物业企业品牌转型升级进度的晴雨表，高效率意味着企业通过相同单位服务可以支撑更大的服务规模，或者可以支撑起更具多样性的服务内容。短期内企业经营效率的变化并不会立刻作用于企业品牌价值估值结果，但长远来看，企业经营效率的稳步改善或提升，标志着企业实现了转型升级发展，会对企业品牌价值估值逻辑产生重要影响。当前，物业管理行业正处于向高质量方向转型升级的关键阶段，越来越多的品牌企业开始讨论如何提高经营效率，如何创新企业发展模式，推动行业从粗放式的发展转变为科学发展和集约发展，企业的战略目标是一致的，即实现企业的转型发展，进而完成企业品牌的升级，因此，提高经营效率成为物业服务企业把握品牌未来命运的关键。

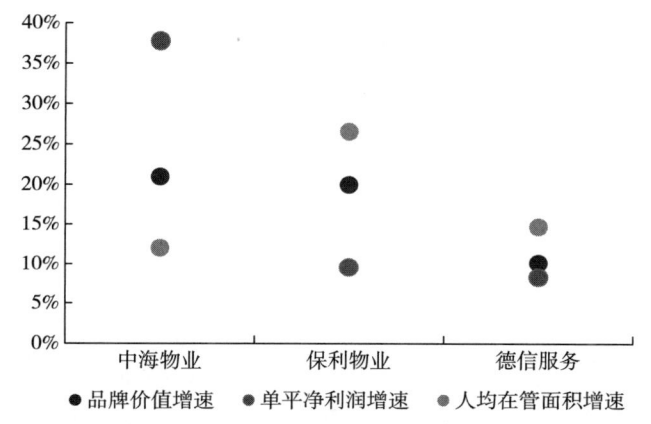

图7-11　2023部分品牌企业品牌价值、单平净利润及人均管理面积增速情况

物业服务企业的品牌建设存在一定的"木桶效应"，要实现品牌的持续健康发展，关键要及时补齐"短板"项目，通过优化各项经营和服务指标，使企业呈现出各项发展指标的"均好性"，进而驱动品牌价值实现可持续增长。例如，保利物业近年来虽然在行业收并购市场上的动作较小，但一直保持着稳健的规模增长态势。作为最早提出大物业战略的物企，得益于战略先发优势，保利物业在业绩增长上始终处于行业前列。保利物业通过智慧化赋能和搭建长效品质机制，实现了经营效率的稳步提升，服务品质进一步提高，物业服务满意度始终处于行业较高水平。在资本市场的波动中，保利物业作为央企，股价颇具韧性，市盈率也始终在行业处于较高水平。基于企业各项指标的"均好"表现，近三年，保利物业品牌价值一直保持着年均20%以上的增速，显著优于行业整体发展水平。

当前，物业管理市场需要"优等生"，也呼唤"特长生"。围绕上述五个维度的能力建设，品牌企业一方面精炼内功、蓄力发展，追求各项指标的均好性，完成"广积粮"；另一方面，品牌企业积极打造新的"长板"优势，或在现有优势上续接长板，实现"筑高墙"。例如，中海物业的各项发展指标均表现良好，企业致力于擦亮"第一管家"的金字招牌，服务品质持续优化，管理规模稳步扩张，经营业绩稳定增长，在资本市场表现稳健，经营效率不断提高。但是，中海物业并未止步于行业"优等生"，而是仍在积极挖掘自身特长，持续加码品质服务建设。提出了"为客户服务，让客户满意，请客户监督"的服务理念,通过识别服务过程中的客户关键触点,开展层次丰富的服务产品设计,并在主流城市树立"物业服务样板",用示范项目的"管理特色"与"服务亮点"向全国辐射,将物业服务的精细化动作做到极致。

品牌企业正在通过聚焦或放大自身"长板"业务实践,来擦亮品牌特色。例如,雅生活集团持续强化企业在超高层建筑领域的专业服务能力,并将其打造成为自身的业务"长板"。近年来,雅生活集团在超高层写字楼及大体量综合体项目拓展上屡获突破,拿下了多个地区的第一高楼项目,刷新了城市天际线,也为其在超高层领域的规模化发展赢得了未来的竞争优势。金融街物业将自身战略定位聚焦在高端商务物业运营方向,深耕服务品质,致力于成为中国商务物业服务的引领者,实现了品牌价值稳步提升。

(二)以客户满意为宗旨,品质服务筑牢品牌根基

品质服务是物业品牌的底蕴,是物业品牌经久不衰的关键。物业企业意识到,规模的急速扩张与服务品质稳定之间,需要找准平衡点。品牌企业回归服务初心,从客户满意出发,修炼服务内功,通过满意度评价、标准化建设、服务设计等方式,持续改善服务品质,扎实做好物业服务,确保始终如一、不断精进的服务品质,进一步夯实品牌根基,兑现品牌期待。

表7-9　　　　　　　　　　　　2023中国物业服务品质领先品牌

品牌名称	企业名称
中海物业	中海物业管理有限公司
融创服务	融创物业服务集团有限公司
远洋服务	远洋服务控股有限公司
深业运营	深业物业运营集团股份有限公司
中天城投物业	中天城投集团物业管理有限公司
嘉诚新悦	成都嘉诚新悦物业管理集团有限公司
正弘物业	河南正弘物业管理有限公司
国贸服务	厦门国贸城市服务集团股份有限公司
鸿荣源物业	深圳市鸿荣源物业服务有限公司
信豪服务集团	信豪物业服务(佛山)有限公司
和泓服务	和泓服务集团有限公司
迅和物业	武汉迅和物业管理有限公司
楚天中大物业	湖北楚天中大物业管理有限公司

1.服务是物业之本,品质服务厚植品牌底蕴

物业管理行业已从高速扩规模阶段步入高质量发展时期,品牌企业愈发认识到行业的本质仍然是服务,更加重视客户需求,持续深耕服务品质,提升企业核心竞争力,不断夯实品牌根基。首先,品牌企业不约而同强调服务品质的重要性,倡导行业从量变向质变转型,呵护好物业服务品牌。2022年,中海物业、长城物业等四家物业企业联合签署《住宅物业服务倡议书》,明确行业需要回归本源,共同呼吁做实物业服务。大部分品牌企业表示提升品质服务是企业当下及未来重要的战略部署,并坚持从客户需求出

发，持续改善服务质量，用始终如一、不断优化的服务回报客户，强化品牌感知。

	2020年	2021年	2022年
雅生活集团	以品质为先，打造"有温度的社区"	以高品质服务守护业主	回归服务初心，查漏补缺，狠抓服务品质
保利物业	以标准化服务体系打造高品质服务体验	加强全业态服务的品质建设	更加注重以服务品质赢得市场
融创服务	高品质服务是核心战略之一	以高品质服务守护业主，继续夯实基础服务力	坚守服务本源，以品质为根基
建业新生活	科技赋能，提升服务品质，提高服务效率	服务高质量发展，提升用户幸福感	以心致新，锻造服务品质
时代邻里	坚持做好基础服务同时打造多种特色服务	匠造服务，严格把控服务质量	聚焦服务品质，以品质为先，驱动服务创新

图7-12 部分品牌企业品质服务认知变化情况

从上市企业来看，随着市场环境的波动，品牌企业对品质服务的认知也不断更新。2022年，品牌企业提出要守住服务初心，再次拔高品质服务地位，如雅生活集团虽然在2022—2021年保持以品质打造服务的理念，但在2022年明确提出要查漏补缺，狠抓服务品质，展现了品质服务对企业发展至关重要的作用。近年来，时代邻里在ESG报告中多次提到品质服务建设，2022年直接在董事会主席报告中表达要聚焦服务品质，以品质为先，驱动服务创新，品质服务的重要性不容忽视。此外，部分品牌企业始终坚守品质服务是立业之本，深化服务品质。如中海物业三十余年坚信"有品质、更温暖"，以"客户为本、品质保障、价值创造"为核心价值践行使命，持续深耕服务品质，保持长期稳健经营。

01 以客户为中心，创新服务产品
碧桂园服务
"以人为本"，成立客户体验研究院，有意识地挖掘需求变化，推动服务产品创新。
保利物业
以客户需求为中心，加大核心产品开发和迭代升级，向"装配式"服务跨越。

02 员工技能提升
融创服务
全方位系统强化各条线：管家（关键时刻MOT培训、礼仪标准）、秩序（融型门岗打造、安全边界"六防线"）、环境（土壤改良、草坪复壮）、工程（上门服务、施工现场打围规范）、项目经理（经营管理培训、团队管理赋能）。

03 加速标准化、数字化
建业新生活
通过十个标准化体系认证，不断提升服务标准，并依托"建业+"平台全年无间断服务，确保服务有质、有序。

图3-14 品牌企业服务品质提升实际举措

其次，品牌企业积极采取实际行动，用切实有效的方式，全面提升服务品质，服务质量的重要性愈发突显。一方面，品牌企业以客户满意为核心，通过深入研究客户需求，不断升级服务、优化客户体验，实现品牌满意度和企业美誉度的双重提升。另一方面，品牌企业坚持深度推进标准化、数字化建设工作，精细化管理服务，让服务更加颗粒化、立体化、规范化，确保众多管理项目中品质服务的稳定性，从而增强品牌认知度，扩大品牌影响力。例如，大家服务坚持以业主满意度为核心，持续聚焦品质服务，不断提升服务内驱动力，凭借高品质物业服务，赢得了业主的高度认可，同时增强了业主的安全感、获得感、幸福感。

表7-10　　2023中国物业服务满意度优秀品牌

品牌名称	企业名称
雅生活集团	雅生活智慧城市服务股份有限公司
长城物业	长城物业集团股份有限公司
大家服务	浙江大家物业服务集团有限公司
鑫苑服务	鑫苑科技服务集团有限公司
新鸥鹏文教服	重庆新鸥鹏物业管理（集团）有限公司
武汉城市服务集团	武汉城市服务集团有限公司
中铁慧生活	北京中铁慧生活科技服务有限公司
安信物业	广西安信物业服务有限公司

服务标准化建设通常是"内外兼修"，品牌企业对内洞察研究客户需求，着眼于细节，清晰厘定服务内容，形成可复制的服务标准，规范服务操作及流程，并定期在项目层面进行考核，用高标准监测服务品质状态。如2022年，雅生活集团优化标准化体系建设，推进全业态标准架构及项目分级模型搭建，共建立100+个服务标准；中海物业启动标杆项目建设工程，通过4类15项26个品质监测点，确保项目高效高质，品质精进不停歇；保利物业以68个短视频，涉及22个高频服务场景，应用于环境、客服、工程、安防4大业务模块，实现写字楼服务标准像素级拆解，便于员工学习。

品牌企业对外邀请专业第三方进行相关管理体系的评估，发现问题及时纠正，不断优化标准化体系建设，完善管理，确保服务品质的一致性。服务标准既是员工操作的指引，又是企业内部管理的指导，在提升服务效率的同时，确保每个管理项目均以高水平的服务质量运营。如建业新生活持续推进标准化建设，已完成ISO 9001（质量）、ISO 14001（环境）、ISO 50001（能源）等"十标"体系认证。在经历数次实践的锤炼后，不断完善的标准化服务更加契合企业自身发展定位及特色，有利于增强企业品牌认知度，夯实企业核心竞争力。此外，品牌企业亦重视员工培训，定期开展岗位培训、专项技能提升培训，全方位提升服务人员的专业素养，有效提升服务质量。

图7-14　标准化建设路径

2. 以获得更高满意度为目标，用心设计美好服务

物业企业深知服务质量的重要性，始终坚持以客户满意为业务可持续发展的核心，持续做好、做实物业服务。品牌企业围绕提升客户满意度定期开展"自省"服务，通过物业服务满意度评价等方式，诊断服务的"短板"，弥补服务不足，从而提升客户满意度。具体来说，业主对物业服务的满意与否，通常会受到单个细分服务影响，任何一个细分服务都有可能让整体服务满意度大打折扣，物业服务企业可通过物业服务满意度评价，从多个维度考察服务质量，从而发现服务不足，避免出现"木桶效应"。2022年，根据全国物业服务满意度评价结果，行业整体的满意度得分（72.6分）连续下滑至2018年相近水平，挖掘服务劣势、提升服务品质对于品牌企业的稳定发展迫在眉睫。根据评价结果，安全管理和清洁卫生得分下滑较为明显，主要是安全与卫生是最为直观的考核标准，当缺乏有序、严格的安全管理体系和清洁频率减少带来的环境质量下降出现时，会迅速拉低客户的体验感和满意度。因此，通过物业服务满意度评价，物业服务企业可"查漏补缺"，针对性解决服务不足之处，改善服务质量，提升品牌认可度和美誉度。

环境改善
- 绿化改造（及时补种补植、科学修剪等）
- 设备巡查与焕新升级（监控升级、照明改造、消防设施检查等）
- 垃圾清理
- 路面维修翻新、道路标识刷新
- 楼层卫生抽检
- 氛围打造：废旧物再利用

服务优化
- 门岗人员整顿、岗位作业培训、管家培训

业务管理 — 品质提升行动 — 项目层面

与业主沟通：了解痛点，把握需求
品质体验官：亲自进入项目，从每个环节体验，发现问题所在

图7-15　品质提升行动思路

品牌企业用品质提升行动，让看得见的服务助力品牌走入人心，提升客户满意度。品牌企业一方面通过定期改造、升级社区环境，让生活环境有质的提升，优化客户体验。如雅生活集团开展"5分行动"，围绕服务形象、环境保洁、设施修复、秩序维护等维度进行全面升级，提升人居环境舒适感。建业新生活的"春风琢玉"行动，从业主关心的小场景出发，围绕礼兵、维修、保洁、绿化、管家等不同序列工作持续升级，通过科技化、数智化手段打造可生长、可进化的生活环境，提升业主幸福感与舒适感。时代邻里推出初心计划2.0，聚焦服务、环境、工程与安全四个重点模块，全方位提升社区生活品质。另一方面通过与业主面对面访谈和线上调研等方式，掌握服务痛点，在项目层面实施针对性优化措施，定向提升单个项目的服务质量，从而提高客户满意度，夯实品牌根基。如保利物业成立全国品质联盟，开展品质巡检活动，多名首席品质官来到业主身边，倾听业主的声音，深入挖掘服务问题，有效推进品质建设。雅生活集团执行"亮剑行动"，通过管理层巡查、访谈等形式覆盖近百个重点项目，深入一线全面了解业主需求，切实解决品质管理方面的痛点及难点。

优质的服务，不是"生搬硬套"，而是通过潜心研究，不断优化设计出来的，从而使品牌体验得到提升。品牌企业不做千篇一律的服务，以客户为本，针对不同群体的需求，量身打造专属服务，做好原有业务的精细化管理，让客户感受到更加贴心、周到的服务，锻造优质服务体验，实现服务差异化，彰显品牌底蕴。如保利物业针对住宅社区各类群体的居住需求，打造"东方礼遇""四时雅集""亲情和院"三大品牌；越秀服务根据服务内容、服务场景等方面，针对基础物业服务，推出"臻越""铂越""享越"三大住宅物业管理产品线，实现高端及超高端服务、中端服务、基础服务精细化管理。服务设计一般以客户需求为中心，综合考虑整体环境、所有流程和相关方，依据有序的服务路径，设计可视化的细节处理，从而加深服务体验，品牌印记深入人心。

图7-16 服务设计的五大关键点

令人满意的物业服务，必须洞察客户的底层需求，而客户对物业服务最深的需求，莫过于"初见时刻"的物业服务。当步入社区时，环境的整洁、保安的专业、绿化的赏心悦目，无疑是"让客户满意"的一种视觉铺垫。因此，物业服务设计需要以客户视角在对应的生活场景开展沉浸式体验，在完整动线的每一个环节挖掘细节，设计令人惊艳的细微触点，增强服务质感。品牌企业通过线上问卷调查、线下业主面对面交流、投诉点梳理、内部访谈、实地考察等方式，以客户视角审视服务全流程，厘清服务关注点，充分把握客户真实需求，融入服务触点，加深服务体验，提升服务品质。

图7-17 物业服务设计路径

在面对千人千面的需求时，物业企业可以先从各类关注点中发掘共性痛点问题，把握客户动线高频场景，重点打造关键服务，迅速提升客户服务感知。如保利物业根据写字楼客户的动线，聚焦大堂、电梯厅、洗手间三大重点场景，通过大堂照明焕新、空气焕新、控梯服务、地毯焕新、洗手间氛围打造及规范管理等细节提升写字楼服务的品质，让服务不经意间"亮眼"。同时，在颗粒化服务的基础上，物业企业借助客户画像发掘个性化需求，针对性创造服务"惊喜"，增强峰值体验，增加客户黏性，品牌口碑同步提升。如长城物业针对物业服务感知不足、服务质量不一致、服务视野受限等痛点，对一应驿站服务平台进行全局服务体验设计，通过服务项目可触达、服务流程可视化、服务内容高感知、情感化互动等四大策略进行用户体验的提升。

图7-18 长城物业一应驿站数字化服务场景设计

美好物业服务始于用心设计，成于专业化管理，夯实品牌内涵。品牌企业从三个方面高效管理服务，使得服务品质稳定输出。第一，根据顶层物业服务设计，从空间、时间维度入手，构建完善的服务标准化体系，协同部署工作安排，确保服务落实到位，如夜间开启静音服务模式，减少对客户作息的干扰，让客户体验到有温度、贴心的服务。不断颗粒化、规范化的服务，让物业服务质量稳步提升，品牌口碑日渐累积。第二，强化员工培训，用心做好服务。员工对物业服务的提升，同样至关重要。一方面，员工是服务的"代言人"，员工定期进行培训，提升业务技能，不断展现专业、有质量的服务，在提升客户服务感知度的同时，让服务有迹可寻，增强品牌认知。同时，员工可以通过与客户的沟通、接触等，了解客户的不满与真实需求，便于物业企业及时优化服务触点，提升服务品质。第三，借助智能化、数字化信息平台，物业企业对内优化管理平台，提升服务响应效率，对外增强互动界面可视化，用APP、小程序等方式，让服务触手可及，提升服务质量和品牌美誉度。

没有一成不变的需求，只有千变万化的想法，因此，物业服务设计需要持续更新迭代，不断为客户送去最佳的服务体验，使得物业品牌深入人心。好的物业服务设计不是一蹴而就，而是结合当下大环境、行业本质、服务痛点等问题，深入思考，每一次服务升级，都是一场品牌的淬炼。近年来，品牌企业紧跟时代脚步，不断更新服务体系，打磨服务品质，让品牌在"期待"中不断蜕变。此外，物业服务设计可在服务的全周期开展，根据不同的需求结合不同的场景，细化服务触点，提升服务品质，擦亮品牌招牌。在房地产开发商设计项目阶段，物业服务设计可以前置，物业企业通过提供后期服务成本、便利、服务内容等方面有价值、可操作的经验供开发商进行产品设计，便于交工后的项目与物业服务更加契合，有效降低客户因项目本身设计不足与物业服务冲突而带来的不满，实现双赢。如中海地产根据中海物业收到的业务反馈，采用橘纹工艺地面材质，增加地面摩擦力，提升小区车行出入口防滑性能，降低雨雪天气车辆失控概率，并降低车库行车噪音，减少对业主生活的影响，增加舒适体验感，获得业主认可。

当然，一味追求极致服务并不是物业企业长久发展的良策，物业企业需要结合企业运营、成本测算、收费单价等方面，综合考量服务"上限"，用最贴心的服务为客户带去最佳的体验，使得品牌深入人心。企业的正常运营离不开收支的博弈，对于物业企业来说，服务的成本不应作为服务质量提升的牺牲品，而是在权衡诸多因素后，找到恰到好处、贴近需求的服务，加码物业企业续航能力，让品牌历久弥新。

3. 优质服务兑现品牌期待，助力业务可持续增长

品质服务是物业品牌期待兑现的表现，是业务可持续发展的关键点。一方面，当客户对物业服务质量满意时，会更愿意按时缴纳物业费，从而确保物业企业收缴率的稳定，企业现金流得到不断充实。另一方面，物业服务的续约与否，与客户是否满意强挂钩，令人满意的品质服务通常可以在项目接近合约到期时，增加项目续约概率，确保业务持续开展。如在面对业委会决定是否沿用原有物业企业时，业主的投票至关重要，而让业主投出支持票的重要因素离不开对服务的认可度，高品质服务更易获得业主的"芳心"，让物业企业在投票环节占据高地。另外，优质服务带来的高收缴率、高续约率，彰显了物业企业服务的专业性，可以帮助企业在市场竞争中快速获得招标方的青睐。

品牌企业凭借卓越的服务，与客户建立深厚的情感联系，增强品牌信任感，进而高效推进增值业务。好的物业服务是厚植增值服务的沃土，可以帮助物业企业在不断接触业主中产生情感关怀，增加物业品牌

信任度，从而有效推进社区增值业务的开展。当业主足够信赖物业时，会在有需求的第一时间寻求物业的帮助，而物业可借此推进匹配的业务，增加创收渠道，因此，服务品质有保障的物业企业，能快速、高效推进社区增值服务。如保利物业、融创服务和越秀服务通过累积的服务口碑，让社区增值服务对收入的拉动作用稳步提升，实现客户体验与经营业绩双提升。

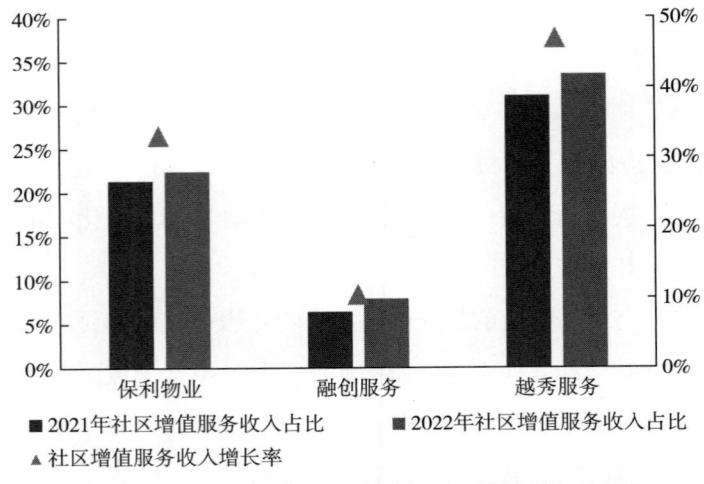

图7-19　2021—2022年部分品牌企业社区增值服务收入情况

此外，在竞争激烈的市场中，品牌企业借助优质的服务口碑，持续得到市场认可，市场化程度稳步提升，不断向高质量、健康发展迈进。近年来，受限于宏观经济与房地产市场的波动，物业管理市场存量与增量增速放缓，行业竞争愈发激烈。品牌企业以优质的服务持续提高品牌影响力，尤其在与其他企业公平竞争之下，品牌企业以其专业、高品质的服务赢得青睐，更具领跑实力。如2020—2022年，银城生活服务、雅生活集团、保利物业和建业新生活的第三方在管面积占比逐年提升，品牌效应突显。

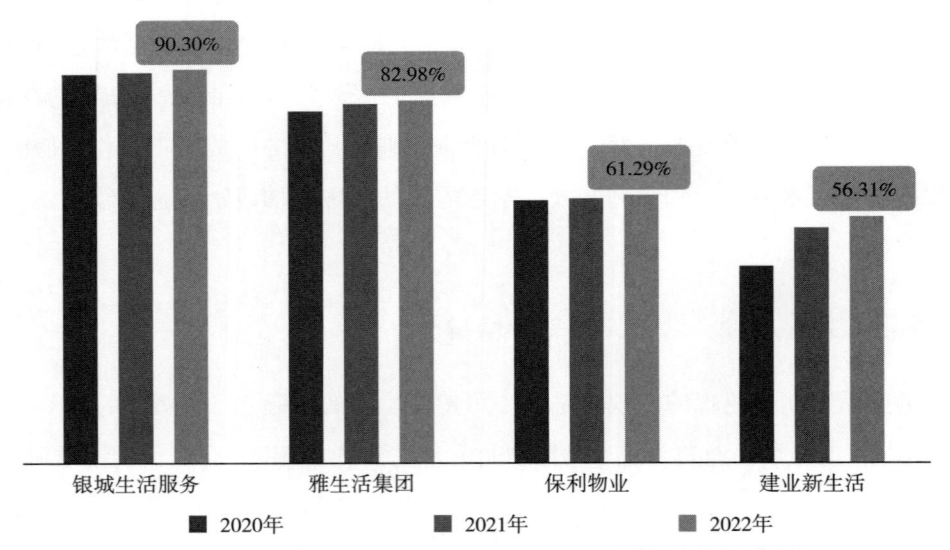

图7-20　2020—2022年部分品牌企业第三方在管面积占比情况

（三）专业能力构筑品牌力，"做实做专"优于"做大做全"

在行业迅速变化，市场竞争激烈的背景下，物业服务企业以主品牌为根基，厘清专业品牌以及子品牌，通过打造专业服务体系，支撑专业品牌；专业品牌赋能专业业务，实现业务的高质量发展。深入了解自身优势和行业需求，聚焦资源，在特定细分赛道上精耕细作，舍弃不擅长和竞争异常激烈的子业务，同时也实现子品牌矩阵优化，做到业务与品牌的良性互动与发展；三层次品牌架构成主流，物业企业做好品牌区隔与品牌数量统筹，实现品牌价值的最大化并持续提升品牌价值。

1. 厘清专业品牌与子品牌关系，打造专业服务体系支撑品牌发展

目前，物业服务企业开展的业务主要包括住宅物业服务、非住宅物业服务、城市服务，以及以住宅物业服务为依托的增值服务和以非住宅物业服务为依托的IFM服务。品牌依托于业务，由此产生相应的专业品牌和子品牌，厘清专业品牌与子品牌关系，也就明晰了业务条线及业务发展。品牌物业企业以主品牌为基础，进行专业大类品牌的划分，随着行业的发展，部分企业将增值服务也作为一个大类业务单独进行了品牌的赋名。

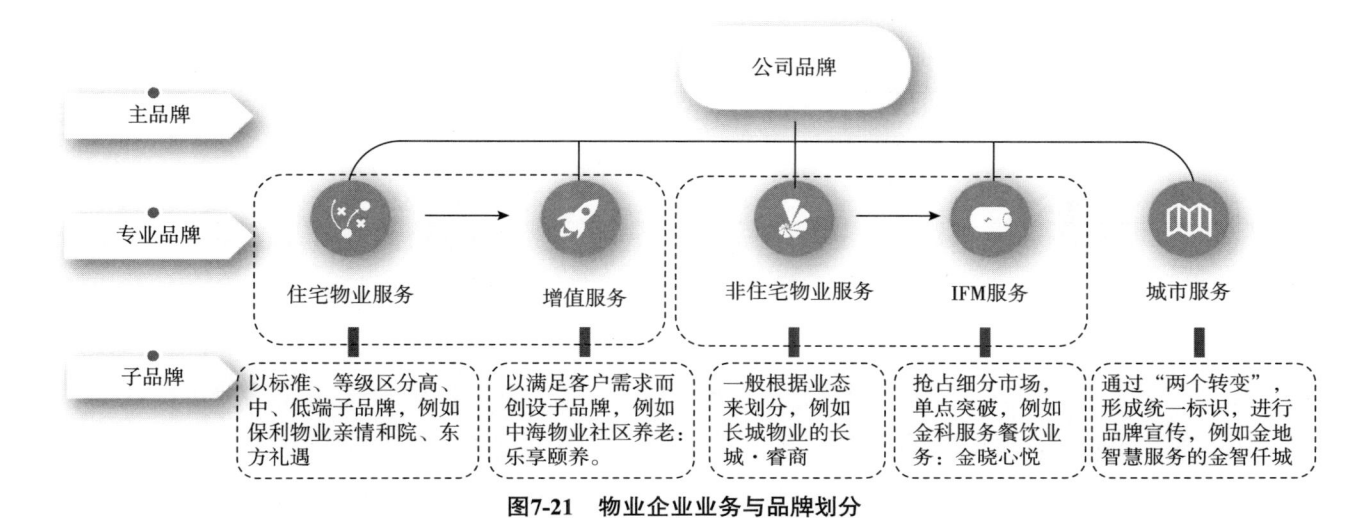

图7-21 物业企业业务与品牌划分

在专业品牌打造方面，企业在尝试进入每一个新业务领域时，都需要考虑适配的专业品牌；同时，适配的专业品牌需要构建包括专业服务标准在内的服务体系，彰显其专业服务力，兑现其品牌承诺。

图7-22 专业品牌、服务体系及业务间的关系示意

住宅物业服务作为物业企业的基本业务，其专业品牌一般与公司主品牌共用，这是由行业属性及公司主营业务属性所决定的，例如保利物业、雅生活集团等行业领先的品牌企业，住宅物业服务体系建设非常完备，从范式突出的标准化基础服务，到丰富多元的管家服务体系，全方位表达出企业对业主美好生活的承诺。增值服务业务方面，少数物企将其社区增值服务整体进行了品牌赋名。例如，中海物业的社区增值服务品牌"优你互联"，紧密围绕社区空间运营、不动产增值服务、社区生活服务三大场景，搭建社区增值服务体系，为客户和家庭提供全生命周期的生活需求服务；建业新生活顺应生活需求多元化的时代背景，依托建业集团丰富的资源，全力打造以"建业+"增值服务体系，以客户需求为出发点，以提供多样化生活服务为宗旨，链接资源、搭建平台，围绕购房、装修、入住等场景延伸服务脉络，开展美居、美家、零售等服务以及空间服务和案场服务，持续提高客户满意度，提升服务价值。

表7-11　　　　　　　　　　　　部分品牌企业非住宅物业品牌服务内容

企业名称	专业品牌名称	服务内容
中海物业	海纳万商	为写字楼、商业综合体、产业园区、政府公建、学校、医院等非住宅全业态客户，提供从前期招商、运营到后期运营维护的全价值链条服务
保利物业	星云企服	以企业为中心，为非住宅物业客户提供全生命周期物业服务，实现包括"让企业实现资产增值、让商务服务更高效、使企业员工更幸福"等在内的"六大服务价值"，呈现包括"星云康体、星云会务、星云加速器"等在内的"十大服务特色"，2022年发布了独具特色的国资商办服务产品体系"4T"模式
长城物业	长城·睿商	全域案场综合服务、全生命周期物业运营、科技数字化建设、资产增长官

在非住宅物业业务拓展中，品牌物业企业以客户需求为中心，以资产保值增值为目标，用专业服务打造专业品牌，实现业务增长。品牌企业根据客户需求，构建自身的专业服务体系，不断提升服务能力和水平，提升细分领域内品牌知名度和影响力，有效提升非住宅类物业服务业务的经营效益和品牌口碑。

表7-12　　　　　　　　　　　　2023河南省商办物业服务领先品牌

品牌名称	企业名称
兴业物联	河南兴业物联网管理科技有限公司
万盈服务	广州市万盈物业服务有限公司
索克服务	索克科技服务股份有限公司
科瑞物业	上海科瑞物业管理发展有限公司
伟业慧生活	河南伟业慧生活服务有限公司

在城市服务专业品牌打造方面，品牌物业企业将城市服务能力、服务理念、服务方式进行产品化包装，并形成统一标识，进行品牌发声。品牌物业企业以城市环卫基础业务作为切入口，或自建团队，或开放合作，或通过收并购逐渐发力，实现"两个转变"。第一，角色转变，由原来的基础服务提供者向城市运营商转变，承接政府所剥离的部分公共服务管理职能，解构多元复杂的城市更新、治理等问题，实现多元主体协同管理；第二，服务方式转变，借鉴智慧城市理念，实现平台化、智能化、体系化服务管理，推动城市服务业务落实数字化转型。例如，碧桂园服务针对城市服务业务提出了"城市共生计划"并持续进行迭代，追求兼顾城市公共服务综合效益和企业长期效益的平衡，为服务城市提供全场景数字解决方案。

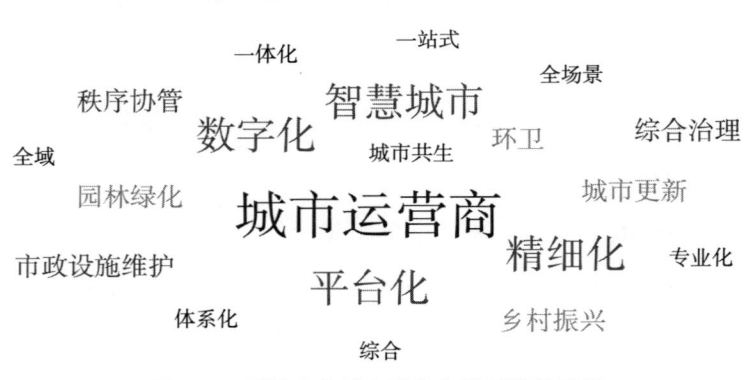

图7-23　品牌企业城市服务专业品牌关键词

IFM（Integrated Facility Management，综合设施管理）作为一项综合性、系统性的管理工程，集成了丰富的服务内容，每项服务都需要供应商拥有专业能力，因而对物业企业能力要求较高。目前，物业服务企业的IFM业务大都处于探索期，如同增值服务一样，部分企业正在加快对部分细分业务进行探索，并积极打造细分领域的专业品牌，例如在团餐领域金科服务打造的专业品牌"金晓心悦"等。

子品牌产生于专业品牌，以满足客户需求或以服务标准、等级为准进行子品牌的创设与划分，子品牌主要出现于增值服务、住宅物业服务和 IFM 服务业务中。对于住宅物业服务，品牌物业企业多采用标准、等级进行子品牌的区分。例如，越秀服务其住宅物业管理服务分为"臻越""铂越""享越"三大"子品牌"，并发布各自的产品、管理、运营和作业手册，因应业主的不同需求提供专业化、精细化和个性化的服务。

2. 立足客户画像与自身资源，实现品牌去繁就简，精准聚焦

社区增值服务作为物业企业的重要业务构成，也是物业服务企业子品牌"聚焦地"。品牌物业企业量力而行、有的放矢，做到"知己知彼"。"知己"就是要挖掘自身竞争优势，在自己擅长的业务领域精耕细作，以企业资源禀赋为基点，以优势业务服务能力作为品牌布局业务核心；聚焦"知彼"，就是要了解行业、业主与客户的需求，及时调整自身的业务布局，做好品牌矩阵的"减法"，通过舍弃部分品牌业务，将企业的发展重心聚焦在更适应市场需求的品牌业务中。

在各项社区增值服务中，社区养老服务成为最近几年业务聚焦点之一。随着人口老龄化进程的加剧，需求端方面，适老化改造需求正在持续释放，当前适老化改造市场规模有望超过万亿；政策端方面，国家也推出了诸多政策为适老化改造与相关服务提供支持，聚焦于社区养老、适老化改造并提供金融支持等。在此背景下，诸多物业服务企业也开启了养老服务的探索实践，构建了专属的养老产业的子品牌。

除了养老服务以外，也有部分品牌企业将布局重点放在教育服务、房屋经纪、社区零售、家装美居等业务。如金科服务为社区儿童提供专业的阅读平台，打造"悦读佳"子品牌；银城生活服务构建"银佳好物"线上购物商城，上线日用洗化、生活家电、清洗及家装产品等 125 种商品，满足客户日常需求。

即便是行业当前的"热门"赛道，物业企业也需要深入调研与分析，盲目进入只会"消化不良"，及时做好"减法"实现止损也是相当有必要的，这样不但能够减少成本投入，提高现金流量，而且能够实现对其他优质品牌和优质项目的聚焦。2023 年 5 月，保利物业选择出售旗下"保利和乐"的全部股权，放弃对"物业＋教育"服务模式的探索，一个月之后，保利物业再次向关联方转让了旗下房地产经纪有限公司"保利爱家"的全部股权，退出了房地产中介的相关业务；2023 年 6 月，苏新服务通过公开挂牌方式出售了苏高新怡养健康管理有限公司 49% 的股权，弱化了企业在该板块的业务布局。品牌企业主动"瘦身"，主要是基于对自身能力和市场发展进行综合评估，进而做出的科学、合理的战略选择。

IFM 业务领域，品牌企业聚焦核心优势资源，抢占细分赛道，单点突破，为客户提供专业化、定制化的服务。其中，团餐业务是物业企业布局 IFM 业务的重点。随着供应链的日趋完善，叠加消费者日益注重生活品质与健康的需求，以团餐服务协同物业管理的方式，将带来更多模式与发展的想象空间，部分物企或凭借自身的餐饮供应资源禀赋，或通过收并购方式开启了对团餐服务市场的竞逐。

表7-13　　　　　　　　　　　　　　部分物业企业团餐服务子品牌及品牌表现

物业企业	品牌名称	业务说明
碧桂园服务	碧鲜惠餐饮	全资成立了广西自贸区碧鲜惠餐饮管理有限责任公司，正式进入了团餐行业
雅生活集团	乐美膳	与国内领先的数字团餐平台企业美餐携手打造的团餐业务品牌，2023 年实现在全国各地快速布局
金科服务	金晓心悦	构建全方位餐食产品体系，快速提升餐食服务能力和团餐项目市场外拓能力，并收购"荷特宝"助力餐食业务发展

品牌物业企业子品牌产生路径主要有三种：第一，通过收并购方式，保留原品牌作为子品牌继续使用；第二，承接关联方品牌；第三，内部培育产生。通过收购方式获得的子品牌，在延续原品牌知名度的基础之上，有利于品牌企业迅速进入新领域，打开新赛道。雅生活集团在深耕主营业务外，还不断拓宽服务广度，先后携手陕西明堂、北京慧丰清轩、大连明日等国内领先的城市综合服务企业，在完成收购后，保留了原品牌，共同发力智慧城市服务领域。

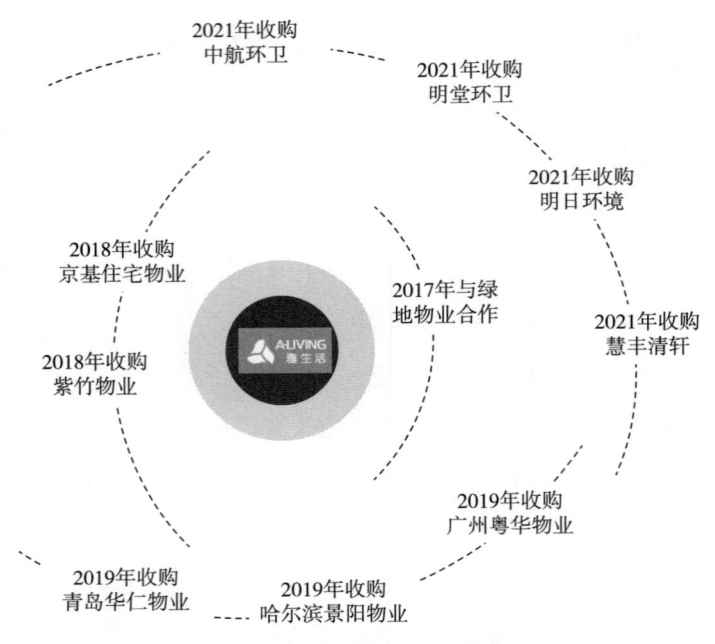

图7-24　雅生活集团品牌收购案例

承接关联方品牌方面，品牌物业服务企业在承接关联方业务的同时，往往也将相应品牌一并接纳。相较于其他方式的品牌建设，物业服务企业对于关联方的品牌与业务的了解程度更深，使得物业服务企业能够更加方便、安全地进行业务的整合与品牌的嫁接，而且业务整合难度与成本较低。2023年7月，苏新服务接连收购了关联方苏高新集团旗下的"苏铜科嘉机电"和"润嘉工程"，收购事项有助于公司建立自身的零星工程团队，满足集团物业管理营运产生的零星工程及保养服务需求，从而降低提供物业管理服务的成本，并提高营运效率。

内生品牌指的是物业服务企业结合自身的发展情况，将部分市场需求高、发展潜力大、竞争优势明显的业务，重点培养与区分，并在适当的时候赋予子品牌。虽然这种品牌构建方式周期相对较长，也需要投入大量的资源，但是，内生品牌与企业的核心价值观、企业文化紧密相关，可以为企业建立良好的形象与声誉；内生品牌经过长时间的培养，可以帮助企业建立与消费者的情感联系，获得消费者的信任，增强企业品牌的忠诚度；再者，内生品牌可以根据市场反馈及时调整业务，降低风险的同时，避免更大损失。例如，碧桂园服务于2014年成立租售中心，向业主提供房屋租赁、房屋转让、房产评估、房屋管理、商铺租赁、代办过户等服务，并在2021年全面升级为"有瓦"品牌。

3."三层次"品牌架构成主流，统筹品牌管理，优化品牌区隔

随着物业企业业务的扩张，企业品牌逐渐丰富，企业以精心设计的品牌体系引领复杂多元的业务阵列。简单的业务排列，是加减法，而在品牌阵列的引领下，就可以变为乘法与乘方。基于市场环境、自身能力与战略目标，品牌物业企业不断优化品牌架构，统筹品牌管理，部分物业服务企业还要做好与关联方企业品牌区隔，保持独立性，做好品牌舆情监测，进而实现品牌价值的最大化并持续提升品牌资产的价值。

三层次品牌架构成为行业主流，合理设计品牌架构层次，让每个品牌发挥最大的作用，避免内耗，有利于企业在市场竞争中更加主动，进而提高品牌溢价。三层次品牌架构，对内可以界定公司战略、业务范围及重点，有效整合内部资源，有效协同各板块领域、产品线及产品间的品牌关系；有利于传递清晰的品牌内涵，进行有效的品牌延伸和品牌区隔；有利于让利益相关者认知品牌，强化品牌影响力，驱动业务发展。

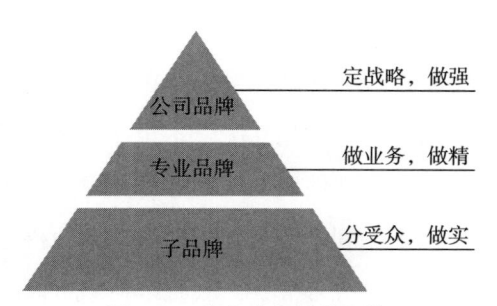

图7-25 物业企业品牌架构

在物业企业规模化发展过程中，特别是在开拓新业务时，打造专业品牌具有必要性。以业态划分为基础，品牌企业专业品牌以公司品牌（主品牌）为背书，并对其价值识别进行补充和调整，专业品牌与公司品牌及专业品牌间区隔也更加明晰。在专业品牌的广度上需要明确以一个维度出发界定品牌的业务边界，才能做到分工明确，互不冲突。品牌物业企业大都选择了以服务业态进行区隔，结合服务对象的差异性，综合考虑业务风险交叉度和业务属性关联度，让各业务线都有足够的发展空间的同时，协同作战而风险分离。

图7-26 区隔专业品牌的考虑因素

表7-14 部分企业专业品牌划分

主品牌	专业品牌	内容
中海物业	中海物业	住宅物业管理领域提供的物业管理服务
	中海城服	城市服务
	海纳万商	非住宅物业管理领域提供的物业管理服务
	兴海物联	以智能硬件、人工智能技术为核心，提供智能园区整体解决方案

续表

主品牌	专业品牌	内容
保利物业	保利物业	住宅物业管理领域提供的物业管理服务
	星云企服	为商办业态内的企业提供全生命周期的物业运营服务
	镇兴中国	提供政府或其他企事业单位采购的公共产品与服务
	创新空间	将健康、教育、美居等业务纳入该品牌
金地智慧服务	金地物业	住宅物业管理领域提供的物业管理服务
	金地商服	为写字楼、综合体、产业园、政府公建、医院、高校等提供的物业管理服务
	金智仟城	城市服务

避免细分赛道业务发展无序，子品牌多而无力，资源分配不合理等问题，品牌物业企业通过子品牌数量评估模型，合理统筹子品牌数量，实现业务合理化发展。在子品牌的布局上，一方面，品牌物业企业要达到的核心目标是各品牌分工明确，边界清晰，相互配合，相互补充，形成协调效应，避免公司内部出现恶性竞争；另一方面，对子品牌数量进行合理性评估，在综合考虑企业实力、企业品牌战略发展、业务开展难易、竞争门槛及投入门槛等基础之上，利用取舍性指标与检验性指标，基于业务发展导向和市场需求竞争及运营模式等考量配置子品牌及是否保留与舍弃，从而达到子品牌数量科学合理。

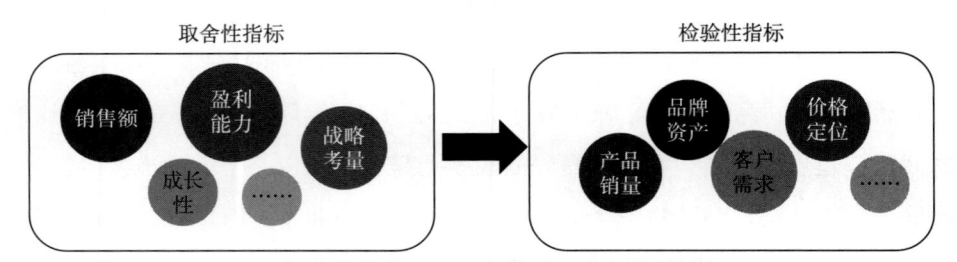

图7-27 品牌物业企业子品牌数量评估模型

此外，做好与关联方品牌区隔，建立舆情监测机制，包括定期采集、分析、评估与反馈，独立策划与运营品牌，以求给品牌带来更清晰的市场规划及摆脱关联方带来的市场影响。直接与母公司带来的地产刻板印象进行切割有助于物业企业迅速重塑品牌形象，明确市场定位，获得更多的生存与发展机会，也有助于自身销售渠道搭建，组建外拓团队，加速转型发展。

（四）"智媒体"时代品牌传播再升级，ESG与红色物业共促品牌发展

1. 精细区分受众，优化传播渠道，激发内容势能

传统物业企业认为品牌关系就是品牌与业主之间的相互关系。如今，品牌企业品牌关系已经从狭义的品牌与业主之间的关系，扩展到广义的品牌与多元利益相关者之间的关系。对外，品牌企业需要处理包括品牌与业主、供应商、股东或投资者、政府或监管机构、社会公众、媒体等多方面全方位的相互关系；对内，品牌企业需要把握品牌与员工、管理层等之间的关系。在品牌传播受众区分更加精细化后，品牌传播更加高效，品牌传播内容与方式因受众不同而不同，让利益相关者清晰认知品牌，强化品牌影响力，促进品牌价值提升。

品牌企业紧跟时代发展，一方面用优质内容吸引用户，打造高势能内容。好的内容可以帮助品牌建立标签，让品牌变得独特而鲜明；还可以为公众设置议题，引发社会关注和讨论，从而形成扩散效应。品牌企业借助优质的内容来承载品牌信息进行品牌传播，并且利用内容与消费者产生交互，进而形成更加亲密的用户关系和更强烈的品牌认同。

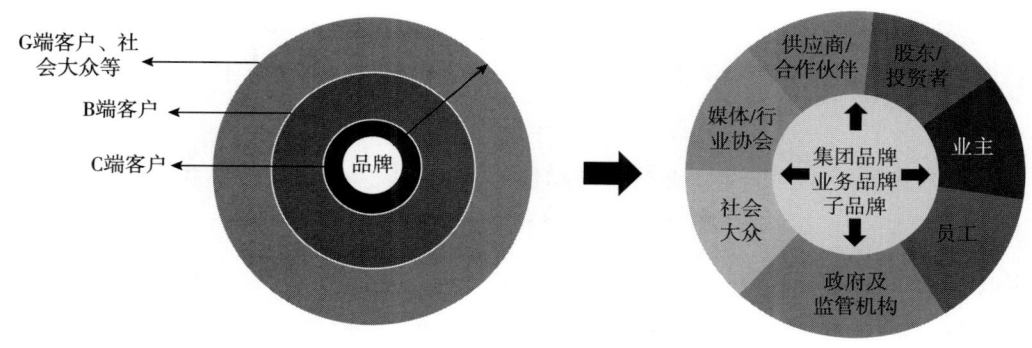

图7-28 物业服务企业品牌传播路径及受众演变

另一方面通过常态化"传播+直播"方式占据消费者的注意力。传统的品牌传播重视曝光，追求的是品牌触达与扩散，尽可能扩大品牌的宽度覆盖，直播注重品牌深度沟通，主动吸引用户，创造持续对话。品牌企业品牌传播越来越注重内容素材的开发，比如话题、故事、IP、事件营销、态度方案、段子、表情包等。例如，保利物业的"和院小蜜蜂""万家灯和"以人文社区活动为核心，积极组织开展多种形式的线上、线下社文活动，为不同年龄、不同需求的业主提供多层次、多类型的服务，增进与业主之间的情感联系，营造和谐的邻里关系，让温暖在城市社区传递。

一个深入人心的品牌口碑才能在市场中得到有效发声与广泛传播，并通过价值传递吸引更多优质人才的加入，增强品牌凝聚力。品牌物业企业坚持以人为本，倡导挖掘员工的价值与潜能、提升员工的积极性与创造力的人才观，通过加强企业文化建设，打造员工名片，重视员工文化与企业文化的融合，增强企业认同感与归属感。雅生活集团推出乐活职场员工关怀系列活动，从员工激励维度出发，围绕员工安全感、幸福感、成就感、价值感四个维度，以员工关怀为立足点，开展包括设计大赛、读书活动、十月慰问、民主生活会等系列活动，极大地促进员工间、员工与公司间的和谐关系，有利于公司文化、品牌形象深入人心。

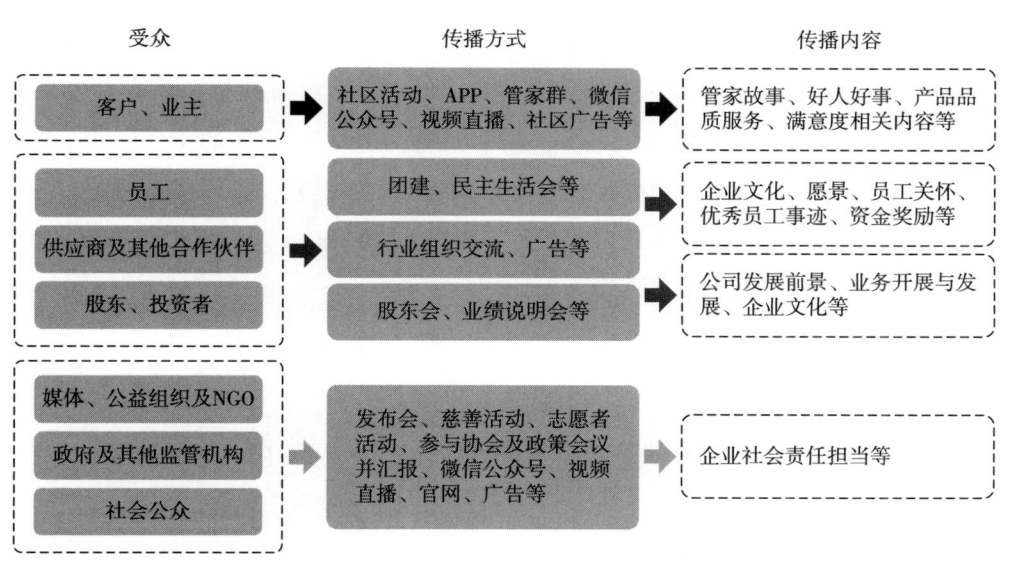

图7-29 品牌企业传播渠道及传播内容

品牌企业践行伙伴共赢理念，积极营造优势互补、彼此成就的合作氛围，实现自身业务增长与合作伙伴发展的统一，或品牌借势，或联合组建品牌，达到1+1>2的品牌效果，开创品牌价值共创时代。一方面品牌企业的分享意识、开放意识和共赢意识在不断增强。单打独斗不再成最优解，通过借力、借势、借智，与相关企业之间形成优势互补、资源共享、互利互惠、共同发展。另一方面，通过合作，品牌企业服务边界再突破，积极参与城市治理，大胆尝试 IFM 等业务，品牌内涵再延伸，品牌辐射进一步扩大。

公众品牌形象深入人心，进而能够汇聚品牌号召力。面对社会大众、媒体、政府监管机构等，品牌物业积极打造红色物业品牌，参与消费扶贫、教育扶贫，美化生态，为社会发展贡献力量的同时用实际行动将公司品牌社会形象传播开来。中海物业打造"物色物业·一核多元"党建品牌，联合村委、社会组织、居民等大力推进物业+社区+业主共建共治，每月进行精神文明宣传，开展安全知识讲座，播放露天电影，节假日舞龙舞狮，营造节日氛围，定期开展大扫除、打通生命通道等专项活动，获得了当地政府、居民的高度赞扬，公众品牌形象融入居民生活，品牌号召能力进一步增强。

2. ESG 融入品牌发展脉络，"党建引领"展现品牌新气象

物业企业将 ESG 建设融入公司的发展决策中，不断提升 ESG 可持续发展竞争力，降低企业业务运营成本；落实党建引领，积极参与基础治理，大力发展红色物业；实现经营效益提高，赋能企业品牌形象，助力企业品牌宣传与提升品牌溢价。

以目标为指引，以数据为抓手，以外部鉴证为佐证，ESG 成公司名片，融入品牌企业发展战略之中。ESG 报告作为品牌企业的"第二财报"，追求数据的深度、广度及颗粒度。在外部鉴证方面，品牌企业通过第三方机构来验证报告信息的真实性与可靠性，提高投资者对企业 ESG 报告的信任度。

表7-15　　　　　　　　　　　　　2023优秀物业管理团队

品牌名称	企业名称
长城物业	长城物业集团股份有限公司
力高健康生活	力高健康生活有限公司
中铁慧生活	北京中铁慧生活科技服务有限公司
海垦物业	海南海垦物业服务有限公司

减少温室气体的排放，反映了企业对资源使用效率的提升。企业通过 ESG 建设可以实现运营成本的优化，如节约电费、减少化石能源消耗等。此外，还可以获得融资成本更低的绿色贷款，有助于品牌企业拓宽融资渠道，降低融资成本。另外，长期来看，ESG 建设可以提高物业企业竞争力。随着社会进步和人民对美好生活的需要，产品的物质构成价格持续下降，而嵌含的服务或无形资产价值却在不断提高，这是因为嵌含的服务和无形资产既有科学技术，又含有绿色、人文关怀等内容，绿色的产品更加符合社会整体收益，而人文关怀则能满足客户精神需求。因此，长期而言，ESG 内化为物业企业的品牌和无形资产，消费者愿意为包含 ESG 内容的产品支付溢价，从而提高企业收入。

建立实质性议题管理制度。品牌企业利益相关方数量众多，涉及的 ESG 议题众多，但每个议题的重要程度有差异，需要进行评估，以确定哪些议题应该披露及对重要性进行排序。为此，品牌企业建立了实质性议题管理制度，通过内部访谈、外部咨询、行业调研等方式确定关键议题和重要性矩阵，并针对性地开展 ESG 信息披露工作。根据对组织的影响程度和对利益相关者的影响程度，将议题大体分为三大类，分别为高度重要性议题、中度重要性议题和低度重要性议题。品牌物业企业高度重要性议题以社会议题为主，主要包括围绕客户展开的品质服务、客户安全与隐私保护等，围绕员工展开的员工健康与安全、员工职业发展与培训等，另外还包括管治议题下的反腐败等；中度重要性议题以社会议题中的员工薪酬、多元化和平等机会、防止童工及劳工使用、员工权益保护等和以环境议题中的能源使用、减排等为主。

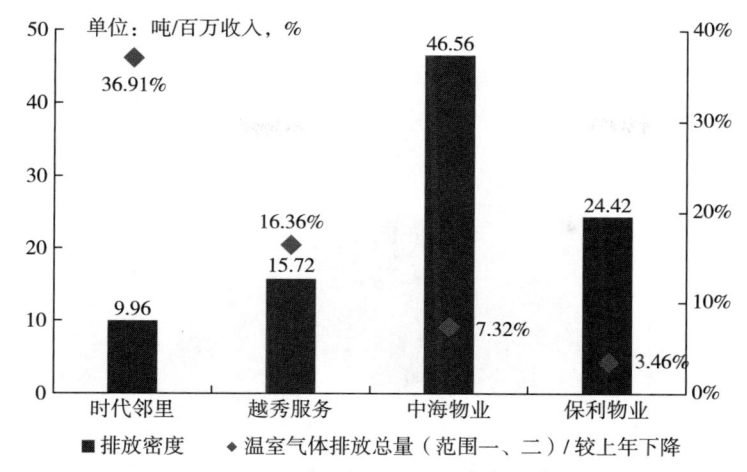

图7-30　2022年部分品牌物业企业温室气体排放情况

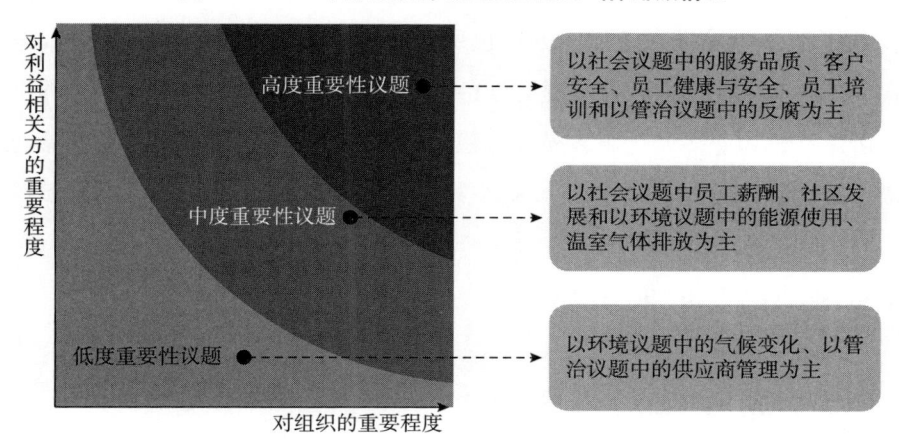

图7-31　品牌物业企业议题重要性划分及议题分布

表7-16　部分品牌物业企业重要性议题分布

企业名称	高度重要性议题
碧桂园服务	服务品质与客户满意度、员工健康与安全、推动智慧物业服务发展、客户健康与安全、廉洁健康与安全、廉洁文化建设、员工晋升及发展、绿色运营及环境影响
中海物业	建立完善的雇佣制度、职业健康与安全、防止童工或强制劳工、员工培训与发展、员工福祉、反贪污、物业管理行业发展
保利物业	服务品质、员工职业健康与安全、合规经营、客户安全与健康、信息安全与隐私保护、客户满意度、风险管理、反腐倡廉、员工招聘和团队建设、员工职业培训与发展、碳达峰、碳中和
雅生活集团	服务品质与客户满意度、保障员工健康与安全、保护客户安全与健康、信息安全和隐私保护、智能化管理与创新、廉洁文化与商业道德建设
建业新生活	服务品质与客户满意度、员工培训与发展、员工职业健康与安全、客户信息与隐私保护、员工招聘与团队建设、廉洁建设与反贪污、智慧服务与创新、负责任的供应链管理

党建引领下的红色物业搭建起了政府、业主、物业三方协商议事沟通桥梁，让物业管理与社区治理融为一体，让居民、物业企业、社区党组织多方联动，通力协作，破解居民生活难题，不断提升物业服务质量。红色物业的"小支点"能够撬动社区治理的"大格局"，"红色物业"是深化党建引领基层治理的重要抓手，是基层党组织联系群众、推动基层治理体系现代化的重要平台，也为消除社会隐患、提升居民生活满意度、获得生活幸福感创造有利条件。品牌物业企业积极融入社区基础治理，通过红色物业建设，"双向进入、交叉任职"，将物业公司党建工作情况作为业务评定重要依据，推动服务功能与政治功能相融合，同时与居民自治相结合，创新管理模式，加强社区管理的标准化和规范化建设，引导业主参与社区公共事务管理，有效实现社区治理和居民自治的良性互动。

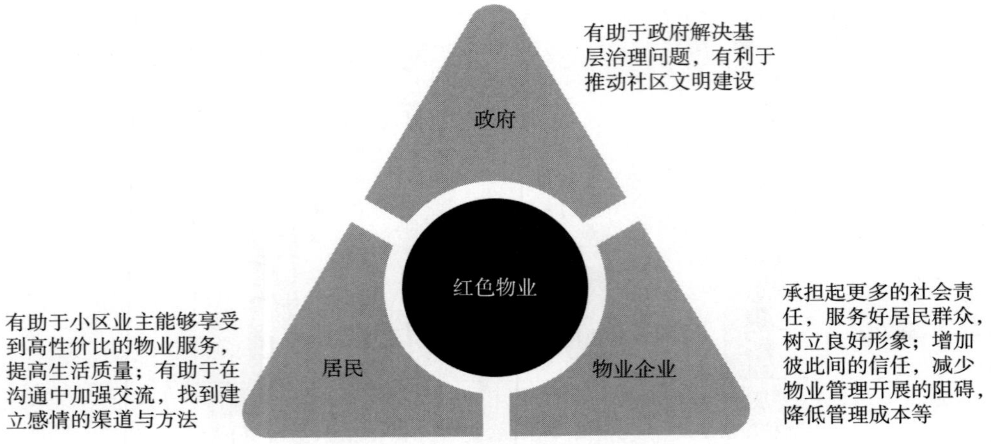

图7-32 红色物业对相关方的意义

保利物业将党建引领作为推进事业发展的红色引擎，强化新时代理论武装工作，深化党建与业务融合，将"星火模式"落到实际工作中，持续提升红色物业影响力。中铁诺德城市运营服务有限公司充分发挥党建引领作用，运用红色物业多元化服务模式，积极融入社会基层治理，增进民生福祉，提高人民生活品质，助力提升诺德品牌影响力。

四、2023中国房地产关联服务品牌

（一）2023中国房地产销售服务品牌

2022年，房地产调控政策整体有所放松，但政策传导仍需时间，全国商品房销售额13.33万亿元，同比下降26.7%；全国新房销售面积13.6亿平方米，同比下降24.3%。在此背景下，房地产市场仍处于深度调整期，市场观望情绪浓厚，销售去化速度放缓。策划代理企业应积极发展多业务品牌驱动、多元化发展的新模式，构筑核心竞争力，加快新智能技术应用，深化营销渠道，巩固与开发商间合作关系。2023年，中国房地产TOP10研究组选取30家全国性房地产销售服务企业进行研究，甄选出10家全国性销售服务品牌，并分析总结其在业务创新、服务升级以及资源整合等方面的成功经验和发展特点，为销售服务企业的品牌发展提供借鉴。

表7-17　　2023中国房地产销售服务领先品牌

品牌名称	企业名称
世联行	深圳世联行地产顾问股份有限公司
保利和润	保利和润房地产投资顾问有限公司
同策集团	同策房产咨询股份有限公司
新联康	新联康（中国）有限公司
合富辉煌	合富辉煌集团控股有限公司
兴城人居	成都兴城人居营销咨询有限公司
若缺科技	金华市若缺房地产科技有限公司
方圆生活服务	方圆生活服务集团有限公司
上海策源	上海策源置业顾问有限公司
优居	广西优居科技集团有限公司

房地产销售服务领先品牌凭借强大的品牌号召力，以专业的服务能力和资源整合优势，不断完善流程、细化服务及充实体系，以最好的营销服务，实现发展商、代理商、购房客户三赢。品牌企业一方面依托自身集聚的品牌资源，精准把握城市的结构性机遇，加大潜力城市的布局，助推品牌价值提升。成都兴城人居营销咨询拥有营销全过程委托服务、营销业务专项咨询服务 2 大核心业务模块，销售业务、客研定位、品牌服务 3 大体系，覆盖别墅、洋房、高层、商办等全系产品，累计服务项目 35 个，体量超 450 万平方米，遍布成都 17 个区市县，近三年销售面积位列成都房企前三。另一方面聚焦服务质量和创新运营模式，进一步融合产业资源，打造差异化优势，助力品牌三度提升。保利和润秉承"以客户为中心"的理念，围绕"全域营销生态圈"的战略，不断创新和完善房地产营销服务全链条，致力于提供全生命周期地产服务业务，成为客户的终身置业顾问。同时，房地产销售服务领先品牌加强与客户关系管理，全渠道、多平台进行品牌建设，提升品牌知名度。

（二）2023 中国房地产金融服务品牌

2023 年以来，房地产政策环境整体处于宽松期，中央、监管部门频繁表态并落地具体举措"防风险""促需求"，房地产金融政策亦在持续优化和调整，为防范化解房地产市场风险、推动房地产行业向新发展模式过渡助力。2 月，证监会启动了不动产私募投资基金试点工作，中国证券投资基金业协会发布《不动产私募投资基金试点备案指引（试行）》，明确了试点原则、不动产投资范围、管理人要求，投资范围进一步向特定居住用房（包括五证齐全存量商品住宅、保障性住房、市场化租赁住房）扩大。7 月，央行、金融监管总局延长金融支持房地产市场平稳健康发展有关政策期限，包括房地产企业开发贷款、信托贷款等存量融资以及向专项借款支持项目发放的配套融资，相关时间延长至 2024 年 12 月 31 日，缓解房企资金压力。8 月底，沪深交易所发布《关于优化公开募集基础设施证券投资基金（REITs）发行交易机制有关工作安排的通知》，规范基础设施 REITs 发行交易相关事项，有利于深化 REITs 投融资功能，也有利于 REITs 市场平稳有序可持续发展，进一步助推保租房市场发展。整体来看，房地产市场的持续深度调整，为房地产金融企业提出了更高要求，而随着房地产金融相关政策的持续落位，防范化解企业风险、"保交楼"风险，推动保租房加快建设等，也为房地产金融品牌企业提供了更多业务拓展机会。

表7-18　　　　　　　　　　2023中国房地产基金优秀品牌企业

品牌名称	企业名称
信保基金	信保（天津）股权投资基金管理有限公司
光大安石	光控安石（北京）投资管理有限公司
中城投资	上海中城联盟投资管理股份有限公司
中信资本	中信资本控股有限公司
华金资管	华金资产管理（深圳）有限公司

房地产基金品牌企业不断提高风险把控能力，创新金融产品，品牌价值愈加凸显。2023 年以来，房地产市场调整态势并未改变，房企销售回款承压，多家房企风险暴露，在此背景下，房地产基金企业在深耕重点区域、严格风险管控的同时，也在主动拓宽投资渠道。一方面，监管部门加大住房租赁市场的政策支持力度，保障性租赁住房 REITs 稳步推进，为房地产基金企业提供了更大发展空间。信保基金致力深耕 REITs 业务领域，2022 年成功获取深圳安居及厦门安居两只保租房 REITs 战投份额，成为当时市场上

唯一实现两只保租房REITs战略投资的私募股权基金，未来将持续在REITs业务模式创新、重点突破上发力，不断推动REITs业务更好更快发展。光大安石已发展十余年，凭借其优秀的综合投研能力、前瞻的资产管理模式、自主的商业地产品牌、斐然的资产证券化业绩以及对中国基础设施公募REITs的探索，近些年成长为中国房地产私募股权行业的先行者之一。中城投资连续多年持续积极探索房地产PERE投资和REITs，以敏锐的市场洞察力和前瞻的金融创新能力提供精细化、专业化的资产管理服务。

另一方面，在行业发展过程中，房地产基金品牌企业不断强化自身的运营能力和资产管理能力，并通过多元化的投资策略推动其稳健发展。华金资管专注于不动产领域投融资、特殊资产投资、持有型物业投资、资产证券化等资产管理业务，以强大的资本运作能力、资产管理能力和资源整合能力，为股东、投资人、客户和社会创造价值，连续多年被评为行业优秀品牌企业，资产管理及运营能力得到行业充分认可。

五、结语

2023年，房地产服务品牌企业顺应时代发展新变革，洞察市场发展新趋势，提升服务质量，丰富服务链条，满足客户多元化需求，在颇具挑战的市场环境中保持了企业规模和收入的增长，托举行业整体品牌价值实现了逆势上涨。但是，我们也应该看到，在行业加速向高质量发展方向精进过程中，部分企业的服务能力建设未能跟上市场变化节奏及客户的预期增长，因此导致品牌价值增速放缓甚至价值缩水，特别是在行业管理规模急速扩大的背景下，部分企业的服务品质稳定性正在受到挑战，也有企业仍存在过度依赖以往品牌势能、过度透支品牌口碑的问题。面对这些新的挑战和问题，房地产服务品牌企业将如何破局，正在成为市场关注的重点。

品牌价值作为市场衡量企业发展水平的重要标尺之一，聚焦到房地产服务行业，企业品牌价值和溢价能力的变化背后映射着房地产服务企业的经营能力及服务水平，关系着业主日常工作生活环境的美好体验。因此，房地产服务企业品牌价值的提升既是企业自身品牌建设的目标，也是房地产服务行业健康、高质发展的关键动能。在经历市场的洗礼后，越来越多的房地产服务品牌企业开始目光向内，回归行业本源，寻求高质量发展路径。企业发展重心转向对内挖掘业务潜力和修炼内功，品牌建设重点聚焦于企业发展的五大维度指标：服务品质、经营业绩、管理规模、资本表现和经营效率。企业更加强调品牌建设的内生力量，通过追求经营指标的"均好"表现，来支撑企业品牌价值的提升；通过整合企业优势资源，挖掘业务"长板"，形成特色服务或是强势业务，助力企业品牌升级。

报告八　中国物业管理行业2023年总结与2024年展望

2023年，物业服务企业积极拥抱市场变化，以品质服务为抓手，谋求更加长期、稳定的发展，行业整体规模实现有序提升。同时，资本市场也在加速调整，随着高估值的不断出清，行业价值回归理性，上市物业服务企业此时通过回购等方式表达对企业未来良好发展的认可，以期增强投资者信心，提振资本市场。可以说，这是一个挑战和机遇并存的时刻，物业服务企业凭借着自身的实力和远见，不断开拓创新，引领行业朝着更加健康、可持续的方向发展。

一、规模篇

1. 高质量发展成行业主旋律，摒弃盲目追逐规模的"数字游戏"

2023年，高质量发展已成为行业主旋律。物业企业摒弃盲目追逐规模的"数字游戏"，不再以量为先，而是更加注重有质量的拓展，结合成本等经营要素，有选择、有目的地拓展，同时主动割舍"拖后腿"项目，稳住收益，为可持续发展奠定基础。

从行业规模来看，2023年物业管理行业管理规模预计将迈入300亿平方米大关，远高于2017年，行业整体管理规模稳步增长。但上游房地产市场继续承压、并购回归理性，增量市场空间有限，存量市场竞争愈发激烈，行业整体管理规模增速近年来略有放缓。

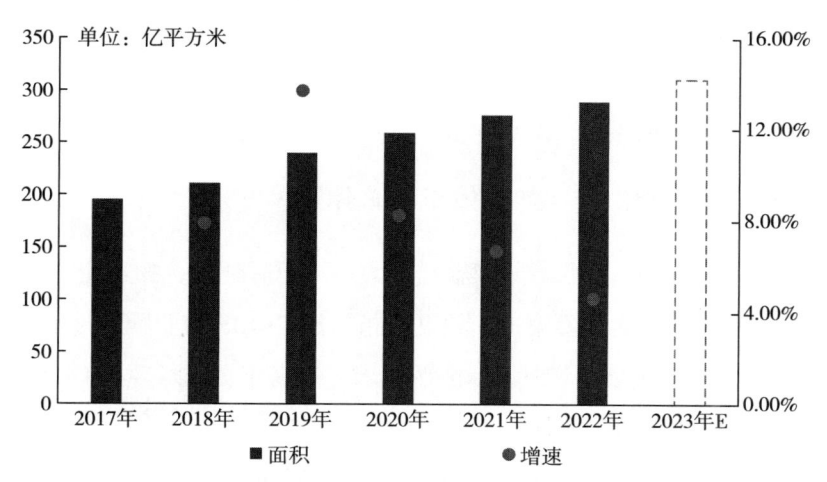

图8-1　2017—2023年（预估）物业管理行业管理规模情况

从港股上市企业管理规模来看，2023年上半年，上市企业在管面积均值达1.4亿平方米，同比增长27.7%，增速略高于上年同期水平（24.44%），但远不及2020—2021年水平（40%左右），呈现放缓态势；上市企业合约面积均值约1.91亿平方米，较上年同期增长13.02%，低于上年同期增速3.53个百分点，低于2020—2022年全年水平，合约面积增长亦步入"低速"阶段。

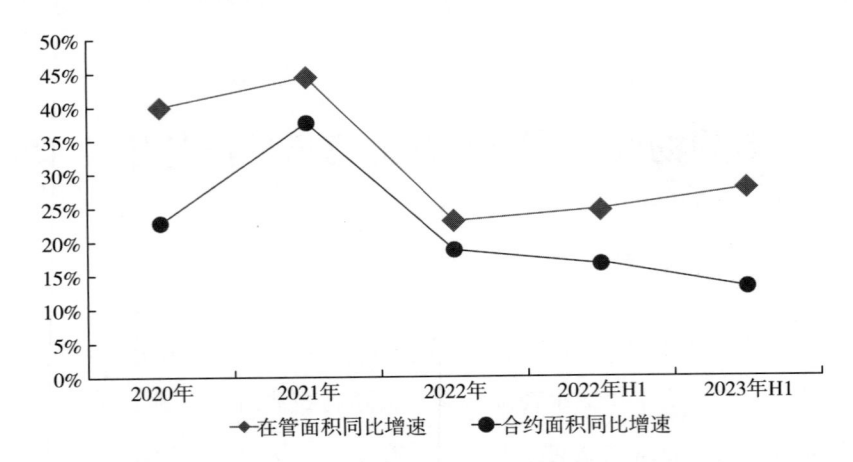

图8-2　2020—2023年H1港股上市物业企业在管面积及合约面积增速情况

从港股上市企业营收规模来看，上市物业服务企业营收均值稳中有升，但增速明显放缓，且企业分化程度愈发明显。2023年上半年，上市企业营收均值约22.3亿元，同比增长9.9%，远低于2020年至2022年水平，增速明显回落。同时，港股上市的物业企业中，央企表现依然最为突出，营收保持超20%的速度增长，地方性国企同比增长18.44%，而民营物企表现相对逊色，营收均值同比增速仅为6.74%，较去年同期下降40.37个百分点，民企与国央企的差距进一步拉大。

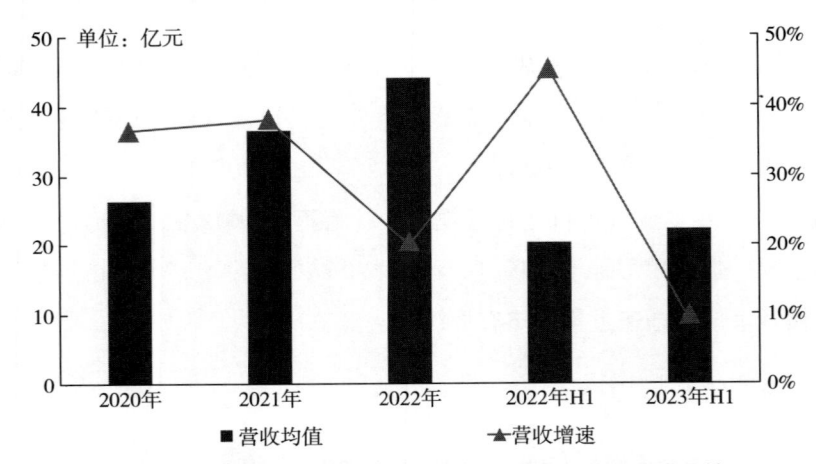

图8-3　2020—2023年H1港股上市物业企业营业收入及增速情况

2. 承接关联方面积持续下降，第三方市场拓展显著增长

由于房地产市场延续低迷态势，关联方规模输送能力进入下降通道，物业企业纷纷寻求更"稳妥"出路，第三方拓展成为管理规模增长的重要渠道。根据中指数据CREIS物业版的月度监测，2023年上半年，TOP50物业服务企业第三方市场拓展面积达8.1亿平方米，远高于2022年同期水平（4.8亿平方米），可见第三方拓展已成为物业企业提升管理规模不可或缺的"利器"。

虽然承接关联方面积仍然是物业企业当下管理规模的重要来源，但物业企业积极采取措施，降低对关联方依赖，减少房地产行业波动带来的负面影响，探索独立发展之路。从港股上市物业企业在管面积构成来看，2023年上半年，港股上市企业来自独立第三方的在管面积占比达64.8%，高于去年同期水平（55.5%），第三方在管面积占比稳步增长。在披露第三方在管面积情况的上市企业中，超六成企业第三方在管面积超过50%，已成为企业管理规模的"主力军"。

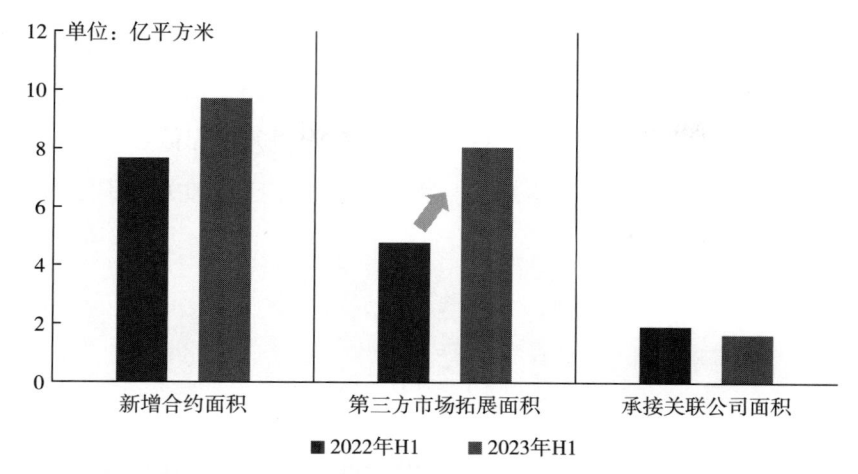

图8-4 2022年H1—2023年H1物业服务企业新增合约面积TOP50、第三方市场拓展TOP50、承接关联方面积TOP50总面积

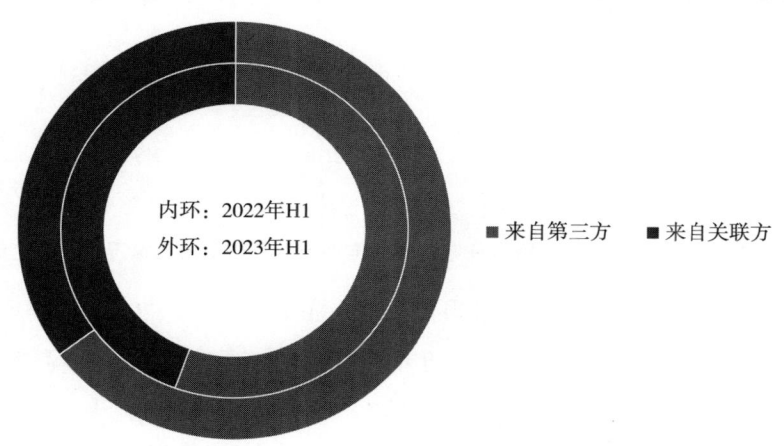

图8-5 上市物业服务企业2022年H1—2023年H1在管面积占比情况

注：此处仅统计已正式披露第三方在管面积的企业数据。

3. 并购热潮褪去，非住宅市场竞标成常态

物业管理行业并购热潮已褪去，截至目前，根据中指数据CREIS物业版监测，2023年物业管理行业已披露相关信息的并购交易有90余宗，交易金额近20亿元，不足2022全年交易总额的一半；大宗交易锐减，2023年以来并未发生单项并购金额超过10亿元的案例，并购金额超过5亿元的案例共发生一宗。2023年并购市场风格延续去年：并购更加谨慎；央国企并购相对活跃；"规模型"并购与"业务型"并购共存，其中"规模型"并购更加聚焦特色细分赛道。

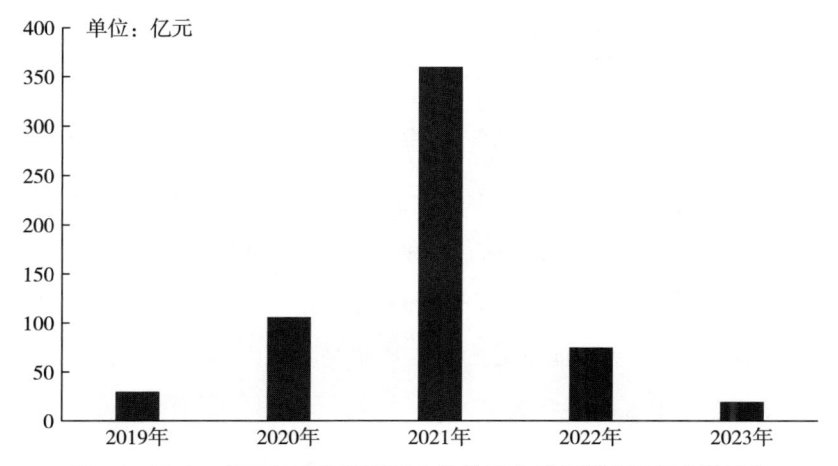

图8-6 2019—2023年物业管理行业收并购交易金额（不完全统计）

市场竞标是目前物业企业拓展项目的必经之路，非住宅拓展项目已成重要"战场"。随着政府、事业单位等后勤服务市场改革的推进，物业服务企业有机会通过市场竞标，挖掘相关存量市场机会。根据中指数据 CREIS 物业版，截至目前，2023 年已公布的物业管理行业相关招标信息已超过 20 万条（与 2022 年招标总量持平），其中非住宅领域招标占比达 96%。物业服务企业应更加关注非住宅物业管理赛道，精耕优势领域，奠定未来业绩增长的稳固基础。

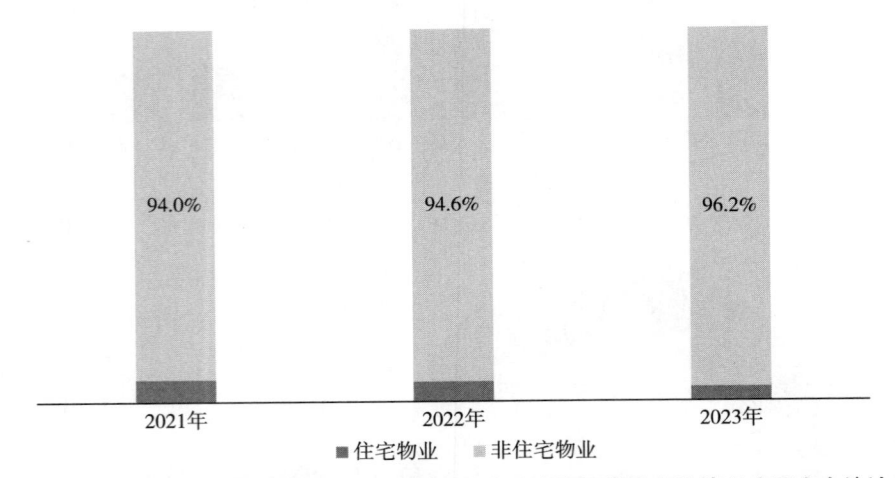

图8-7　2021—2023年物业管理行业住宅与非住宅业态招标数量占比情况（不完全统计）

在非住宅领域中，办公物业及学校物业是当下可重点布局的业态。2023 年招标量位居前二的业态分别为办公物业、学校物业，在非住宅招标信息中的占比分别为 61%、23%。非住业态物业管理费普遍高于住宅业态，可高效提升盈利空间，同时衍生出会议服务、团餐等配套服务，打破服务边界，拓宽盈利渠道。但由于市场参与者众多，竞争程度直线上升，物业管理费可能陷入低价竞争。物业企业若想取胜，切莫图量，应以质为先，在被动"优价"时，勤修服务"内功"，完善服务体系，沉淀管理经验，形成良好的服务口碑，为企业拓展非住宅市场打下坚实的基础。

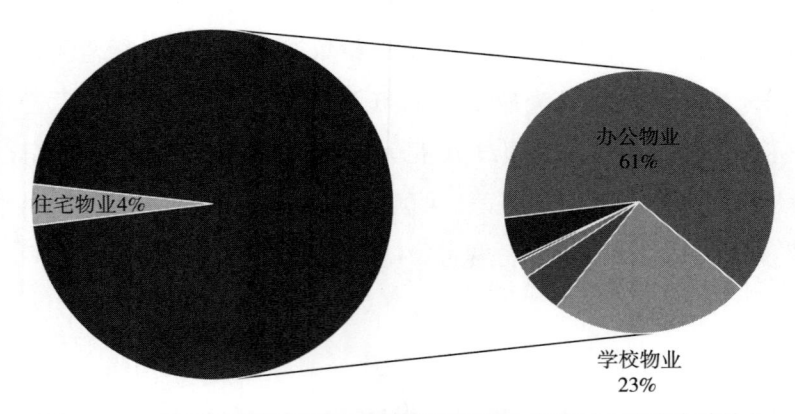

图8-8　2023年物业管理行业各业态招标数量占比情况（不完全统计）

此外，竞争激烈的住宅物业存量市场仍然不容小觑。一方面，虽然公开招标中住宅物业项目数量占比不高，但究其原因，主要为大部分住宅物业项目不采用公开竞标模式，故市场监测无法准确统计相关信息。另一方面，从存量市场来看，住宅物业项目是管理规模的"基石"。根据中指数据库物业版的监测，截至 2023 年底，合约到期项目中住宅物业在管面积占比最高。以北京市为例，2023 年，共有 477 个项目到期，其中住宅物业项目在管面积占比超 50%。

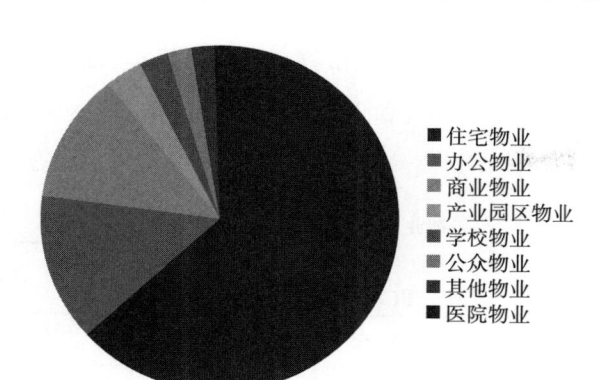

图8-9　2023年北京市合约到期项目各业态在管面积占比情况

二、资本篇

1. 市值下跌明显，市场整体处于修复期

截止2023年12月22日，国内物业管理行业共有66家上市公司，其中香港主板60家，A股6家。2023年上半年，部分企业增收不增利现象明显，行业估值继续下行，2023年全年港股物业服务行业总市值下降49.04%。目前，资本市场市值下跌明显，行业整体仍旧处于修复期。

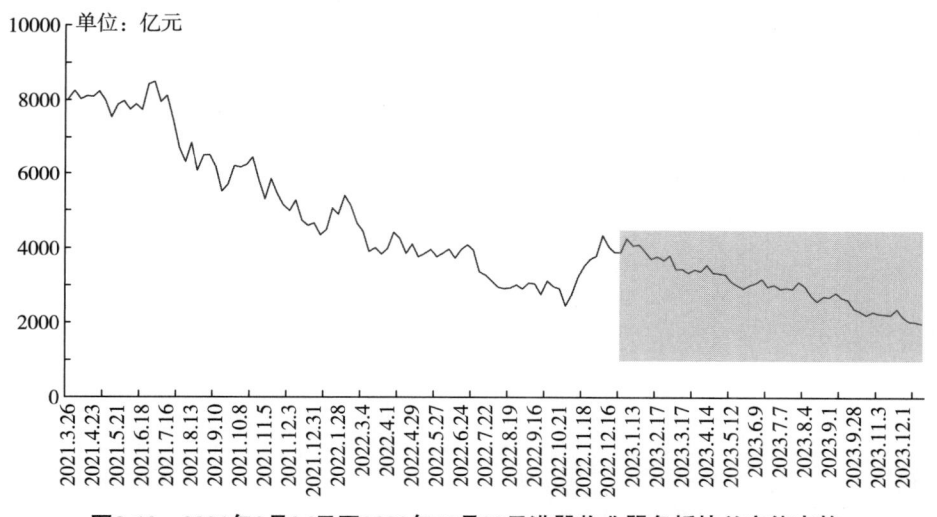

图8-10　2021年3月26日至2023年12月22日港股物业服务板块总市值走势

市值变化分民营企业与国营企业来看，港股民营企业市值变化均值为-67.12%，国资企业为-33.74%；市盈率方面，截至2023年12月22日，港股上市物企的平均市盈率为7.93倍，国资企业为9.03倍，民营企业为7.61倍。

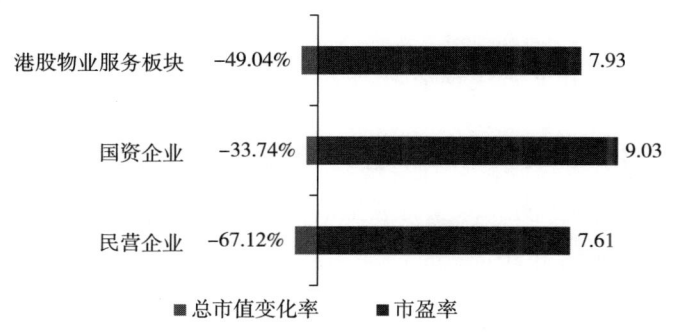

图8-11　2023年1月2日至2023年12月22日港股物业服务板块及成分企业总市值涨跌幅及市盈率情况

截至2023年12月22日，华润万象生活在上市物企汇总市值排名第一，市值为536.11亿元，市盈率为21.08倍；市值排名第二和第三的是万物云和碧桂园服务，市值分别约为245.74亿元、185.90亿元，市盈率分别为15.25倍和10.97倍。市盈率最高的企业是中天服务，为57.79倍。

表8-1　　　　　　　　　　　　　物业上市公司市值及市盈率TOP10

证券代码	证券名称	市盈率（PE, TTM）	证券代码	证券名称	总市值（亿元）
002188.SZ	中天服务	57.79	1209.HK	华润万象生活	536.11
300917.SZ	特发服务	37.19	2602.HK	万物云	245.74
2270.HK	德商产投服务	24.29	6098.HK	碧桂园服务	185.90
9608.HK	宋都服务	23.15	2669.HK	中海物业	166.35
2215.HK	德信服务集团	22.29	6049.HK	保利物业	139.52
1209.HK	华润万象生活	21.08	001914.SZ	招商积余	130.10
001914.SZ	招商积余	18.17	2869.HK	绿城服务	81.06
603506.SH	南都物业	17.67	9666.HK	金科服务	60.54
002968.SZ	新大正	17.38	1516.HK	融创服务	50.27
6093.HK	和泓服务	16.10	6666.HK	恒大物业	44.69

注：数据截至2023年12月22日收盘。

整体来看，市值前三企业的市值总和，占66家上市企业总市值的40%以上，市值最高的企业是市值最低企业的1715倍，企业在资本市场的表现头部效应明显。

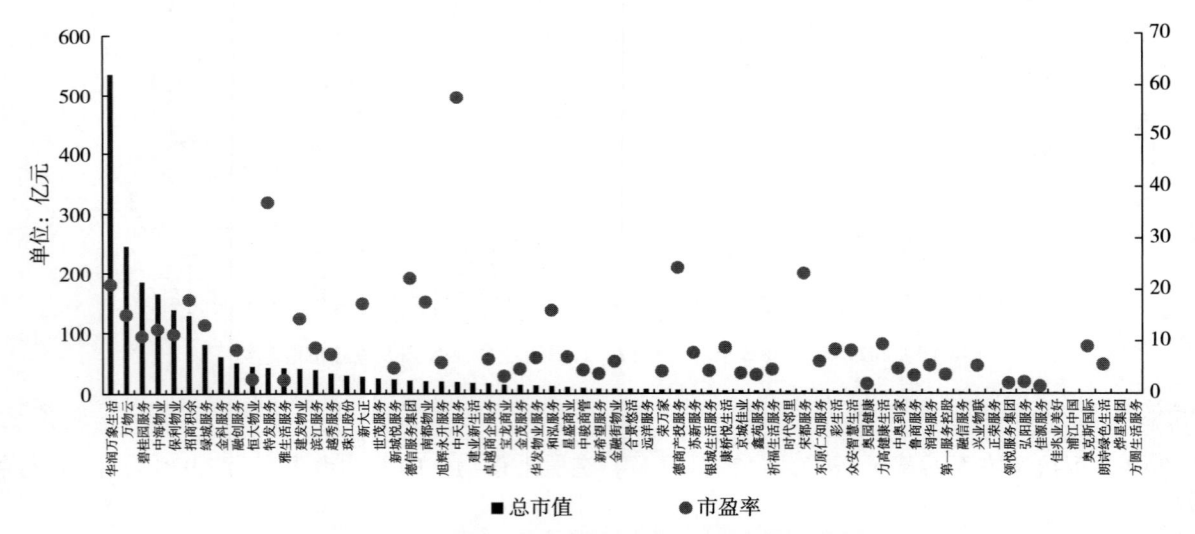

图8-12　2023年12月22日上市物企市值与市盈率情况

2. 物企IPO热度下降，年内上市仅2家

2023年，物业服务企业IPO热度较2022年进一步降温。截至2023年12月22日，仅有2家区域型企业在港股成功上市，分别为润华服务与众安智慧生活。2023年企业IPO融资总金额约为2.9亿港元，新增上市企业数量及融资水平与2015年相近。

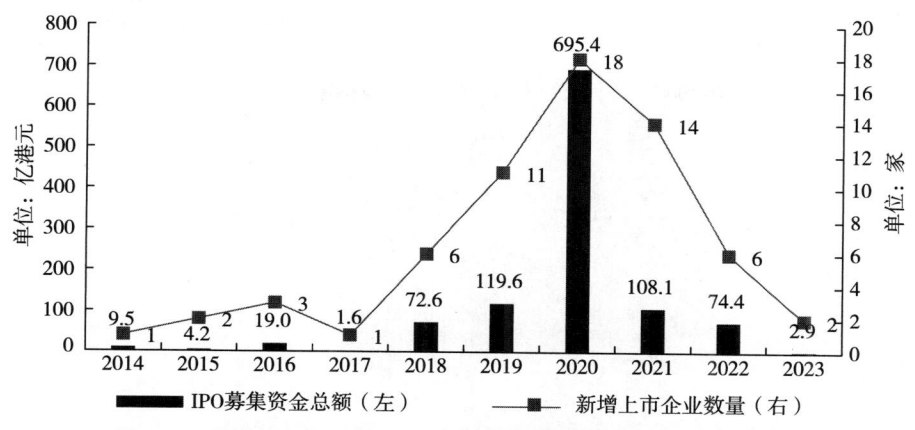

图8-13　港股历年新增物业上市企业数量及IPO募集资金总额情况

年份	IPO募集资金总额（亿港元）	新增上市企业数量（家）
2014	9.5	1
2015	4.2	2
2016	19.0	3
2017	1.6	1
2018	72.6	6
2019	119.6	11
2020	695.4	18
2021	108.1	14
2022	74.4	6
2023	2.9	2

3. 开启回购，彰显企业发展信心

今年物业企业的股份回购不在少数，截至2023年底，66家上市物企中10家企业回购，以回购金额排序，碧桂园服务年内回购3018万股，耗资2.66亿元，居首位；中骏商管回购数量最多，为14000万股。结合资本市场情况来看，目前物业企业估值普遍偏低，此时开展回购可以通过较低的成本实现；物企回购股票的行为彰显出公司对自身业务发展及前景充满信心，并最终使公司受益及为股东创造价值回报，符合公司及股东的整体利益；此外，回购行为还能够显示企业现金流充沛，也能够进一步增强投资者的信心，推动股价回升。然而，通过回购拉升股价是一个长期且具有不确定性的过程，目前已发生的回购行为对股价的推动效果较为有限，仍需面临市场的检验。

表8-2　2023年上市物业企业回购情况

证券代码	证券名称	回购金额（万元）	回购数量（万股）
6098.HK	碧桂园服务	26587.22	3018.40
9666.HK	金科服务	20868.36	2280.35
0606.HK	中骏商管	18436.89	14000.00
2869.HK	绿城服务	11588.08	3863.60
2215.HK	德信服务集团	8336.18	3345.30
2602.HK	万物云	2953.64	130.72
002968.SZ	新大正	1854.98	153.14
1995.HK	旭辉永升服务	472.66	414.20
6668.HK	星盛商业	344.75	250.20
9983.HK	建业新生活	292.80	125

三、品质篇

1. 品质服务重点提及，服务提升行动不断

企业深刻意识到满意度对发展的重要性，在行业发展回归服务本质的背景下，物业企业基于自身服务能力形成的差异化服务品质正在成为评估企业发展能力的重要因素，以品质服务提高满意度，赢得业主信赖。从2023年上半年港股上市物业企业的业绩公告来看，九成以上的物业企业提到了服务品质提升和服务品质建设，其中包含的关键词有"提升服务体验""加强投诉管理""客户满意度""品牌升级""品质体

验官"以及"以客户为中心"等，这些词语的高频出现揭示了行业内提升服务品质的共识和趋势。

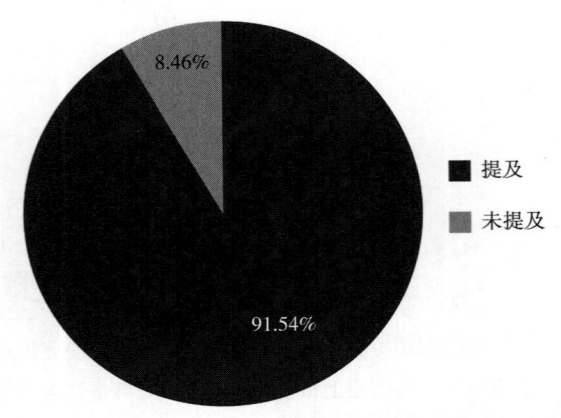

图8-14 2023年上半年港股上市物业企业提及服务品质建设比例情况

表 部分物业企业提升基础服务品质的实践

企业名称	提升基础服务品质动作
保利物业	坚持品质为本，建立全业态、全生命周期的管控标准体系和成本标准体系
雅生活集团	打造服务模式标杆，推广服务标杆及经验，助力服务标准提升
越秀服务	对基础物业管理的各环节进行全方位提升整改，构建物业的全面管理体系
绿城服务	以服务为重心，谋高质量发展，强化内控，深化改革
华润万象生活	坚持为客户提供高品质服务，持续精进专业化运营管理

2. 二十城综合指数环同比上涨，同比涨幅收窄

二十大城市物业服务价格指数稳中有升，在一定程度上反映了物业管理行业发展环境是向好的。2023年12月，二十城物业服务价格综合指数为1075.67，同比上涨0.03%，涨幅较上年同期收窄0.04个百分点；环比上涨0.02%，涨幅较上期扩大0.01个百分点。

表8-4 2023年12月二十城物业服务价格指数（按指数值环比降序排列）

序号	城市	2022年12月	2023年6月	2023年12月	同比	环比
	二十城	1075.37	1075.50	1075.67	0.03%	0.02%
1	南京	1097.60	1097.55	1099.94	0.21%	0.22%
2	济南	1028.28	1028.28	1029.53	0.12%	0.12%
3	杭州	1075.64	1077.00	1077.92	0.21%	0.09%
4	常州	1121.12	1120.63	1120.99	−0.01%	0.03%
5	无锡	1106.95	1107.63	1107.84	0.08%	0.02%
6	苏州	1093.63	1094.26	1094.39	0.07%	0.01%
7	青岛	1077.95	1078.34	1078.42	0.04%	0.01%
8	广州	1022.66	1023.00	1023.07	0.04%	0.01%
9	天津	1028.06	1027.29	1027.32	−0.07%	0.00%
10	宁波	1069.04	1071.03	1071.03	0.19%	0.00%
11	上海	1054.41	1054.41	1054.41	0.00%	0.00%
12	重庆	1109.39	1109.39	1109.39	0.00%	0.00%
13	北京	1132.30	1132.30	1132.30	0.00%	0.00%
14	南昌	1058.68	1058.68	1058.68	0.00%	0.00%
15	合肥	1040.60	1040.60	1040.60	0.00%	0.00%
16	昆明	1115.90	1115.90	1115.90	0.00%	0.00%

续表

序号	城市	2022年12月	2023年6月	2023年12月	同比	环比
17	深圳	1042.30	1042.30	1042.30	0.00%	0.00%
18	成都	1047.50	1047.50	1047.50	0.00%	0.00%
19	武汉	1100.82	1100.23	1099.94	−0.08%	−0.03%
20	长沙	1103.55	1103.55	1102.90	−0.06%	−0.06%

同比来看，二十城中，南京、杭州、宁波等8个城市物业服务价格指数上涨，上涨城市数量较去年同期减少4个；上海、北京、重庆等8个城市物业服务价格指数与去年同期持平；武汉、天津等4个城市物业服务价格指数同比下跌。

3. 二十城物业费均价为2.57元/平方米/月，价格略有上涨

2023年12月，二十城物业服务均价为2.57元/平方米/月。一线城市物业服务价格水平居前列，其中深圳均价最高，为3.92元/平方米/月；北京、上海紧随其后，分别为3.45元/平方米/月和3.07元/平方米/月；杭州、广州、天津、宁波、武汉均价分别为2.84元/平方米/月、2.74元/平方米/月、2.74元/平方米/月、2.62元/平方米/月、2.56元/平方米/月；青岛、成都等6个城市均价在2.0~2.5元/平方米/月之间；南京、济南等6个城市均价在1.0~2.0元/平方米/月之间，其中常州物业服务均价水平仍相对较低，为1.26元/平方米/月。

表8-5　　　　　　　　　2023年12月城市物业服务均价（单位：元/平方米/月）

城市	深圳	北京	上海	杭州	广州	天津	宁波	武汉	青岛	成都	——
样本均价	3.92	3.45	3.07	2.84	2.74	2.74	2.62	2.56	2.34	2.34	——
城市	苏州	重庆	无锡	长沙	南京	济南	昆明	南昌	合肥	常州	二十城综合
样本均价	2.32	2.27	2.24	2.13	1.93	1.80	1.73	1.69	1.66	1.26	2.57

从不同星级物业服务收费来看，今年下半年，二十城三星级物业服务收费同比上涨态势，四、五星级同比均下跌。2023年12月，二十城整体三星级物业服务收费为2.02元/平方米/月，同比上涨0.02%，其中深圳收费最高，为3.43元/平方米/月；四星级物业服务收费为2.78元/平方米/月，同比下跌0.01%；五星级物业服务收费为3.95元/平方米/月，同比下跌0.04%，其中深圳收费最高，为5.19元/平方米/月。

表8-6　　　　　2023年12月不同星级物业服务收费（单位：元/平方米/月）（按三星收费降序排列）

序号	城市	三星级	四星级	五星级
	二十城	2.02	2.78	3.95
1	深圳	3.43	3.98	5.19
2	北京	2.64	3.64	4.83
3	广州	2.31	2.86	4.59
4	杭州	2.18	3.36	4.71
5	武汉	2.15	2.69	3.81
6	上海	2.11	2.98	4.93
7	青岛	2.09	3.17	——
8	天津	2.07	2.63	3.77
9	苏州	2.07	2.75	3.22
10	长沙	1.96	2.25	3.58
11	无锡	1.93	2.89	3.44

续表

序号	城市	三星级	四星级	五星级
12	宁波	1.86	3.11	——
13	重庆	1.75	2.41	3.23
14	成都	1.68	2.52	3.70
15	济南	1.64	2.25	2.89
16	南昌	1.43	1.95	——
17	合肥	1.38	2.16	2.61
18	南京	1.37	1.98	2.64
19	昆明	1.04	1.89	3.63
20	常州	0.78	1.22	2.22

四、品牌篇

随着物业企业的扩张，企业品牌逐渐多元化，通过精心设计的品牌体系来引领各种复杂的业务。简单的业务排列只是一加一减，而在品牌的引领下，可以实现更大的乘法效应。一些物业服务企业还需要与关联企业的品牌进行区隔，保持独立性，并进行品牌舆情监测，以实现品牌价值的最大化，并持续提升品牌资产的价值。

三层次品牌架构成为行业主流，合理设计品牌架构层次，让每个品牌发挥最大的作用，避免内耗，有利于企业在市场竞争中更加主动，进而提高品牌溢价。

品牌依托于业务，业务决定品牌。部分企业根据自身业务开展设立专业品牌与子品牌，保利物业采用的是多品牌策略，各主要业务拥有独立的品牌名称和自成一套的体系，中海物业、特发服务、卓越商企服务则采取的是单一品牌策略，名称形式上，中海物业以"海"字为串联，卓越商企服务以"卓"字为串联；保利物业以"树"形展现，中海物业以矩阵形式展现。

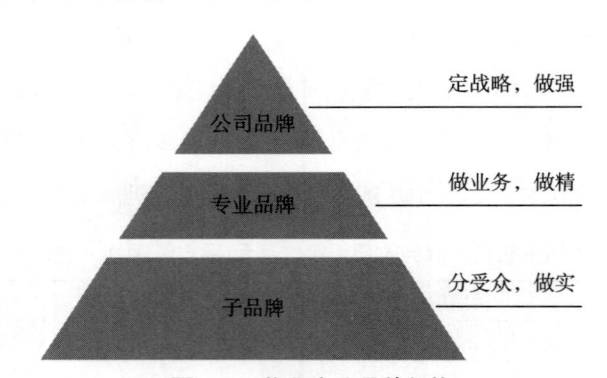

图8-15 物业企业品牌架构

表8-7 部分物业企业品牌划分

主品牌	专业品牌	子品牌
中海物业	中海物业（住宅类）	玖系、颂系、悦系、中海美居等
	中海城服（城市服务）	—
	海纳万商（商企类）	—
	兴海物联（科技类）	—
保利物业	保利物业（住宅类）	东方礼遇、四时雅集、亲情和院
	星云企服（商企类）	—
	镇兴中国（城市服务）	—
卓越商企服务	卓品（企业服务类）	卓品FORONE、卓品BUSINESS、卓品LIFE

五、ESG 篇

1. 整体披露率超 90%，港股物企显著高于 A 股企业

物业上市企业整体披露率高。66 家上市物业企业中有 61 家进行了 ESG 信息披露，披露率为 92.42%，较去年提升 8.29%。其中，60 家港股企业中，59 家披露，6 家 A 股上市公司中，2 家披露，较去年提升 1 家。其中，47 家以单独的《环境、社会及管治报告》形式发布，较去年增加 5 家；13 家在年报中以特定章节发布，较去年增加 2 家；众安智慧生活于今年 7 月份上市，招股书中依据港交所相关要求进行了披露。

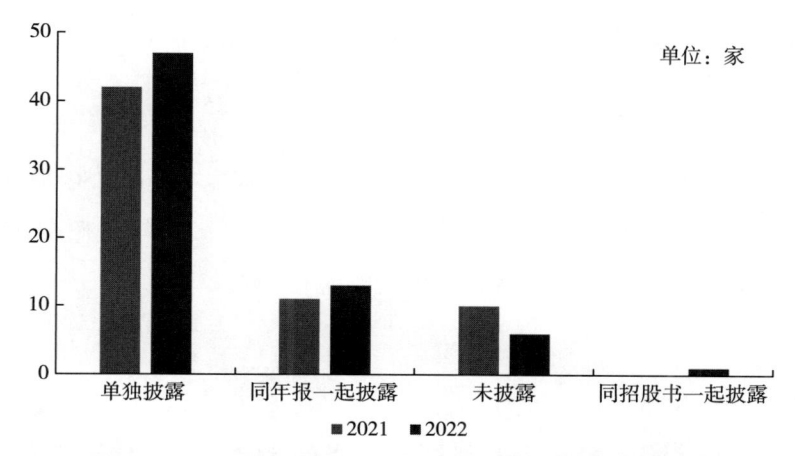

图8-16　2021—2022年物业服务上市公司ESG报告披露情况

与 2021 年相比，2022 年样本企业披露的 ESG 报告越发详细，内容更加全面具体，企业能够按照相关指引规定，逐条披露。具体表现在 ESG 报告页数上，80 页以上的报告数量明显增多，说明企业对于 ESG 重视程度在增加，对自身要求也越来越高。

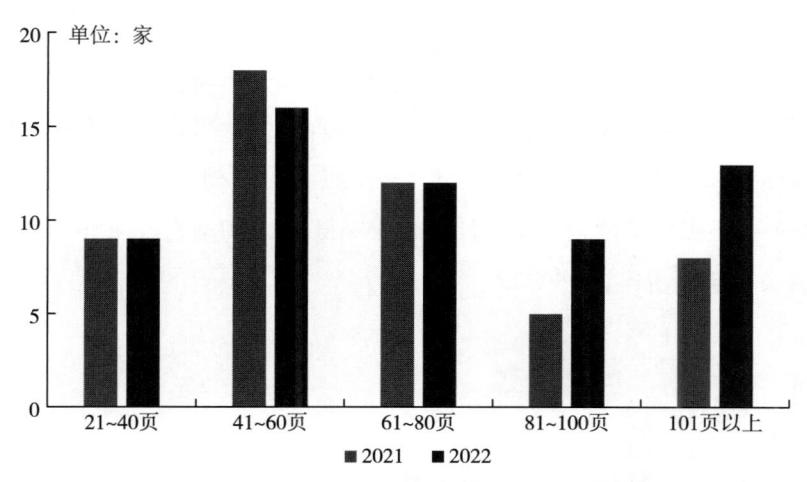

图8-17　2021—2022年样本企业ESG报告页数分布

报告语言形式采用单语种的企业仍占多数，但采用双语种的企业在增加。2022 年有 19 家上市公司采用了中英文编写，较上年增加 3 家，占比为 32.2%，采用单语种（中文）的上市公司为 40 家。

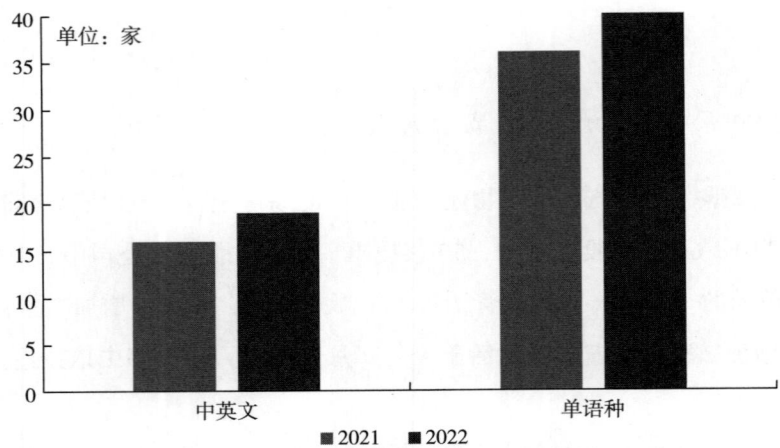

图8-18 2021—2022年样本企业ESG报告语言形式

2. 及格率较去年提升6.97%，央国企平均得分高出民企7.55分

整体来讲，2022年物业服务企业ESG表现优于2021年。59家样本企业ESG得分均值为66.29分，较去年提升1.69分；46家企业得分超过60分，及格率达到77.97%，较去年提升6.97%；样本企业ESG得分中位数为67，较去年提升1.5分，重心上移，整体表现越来越好。

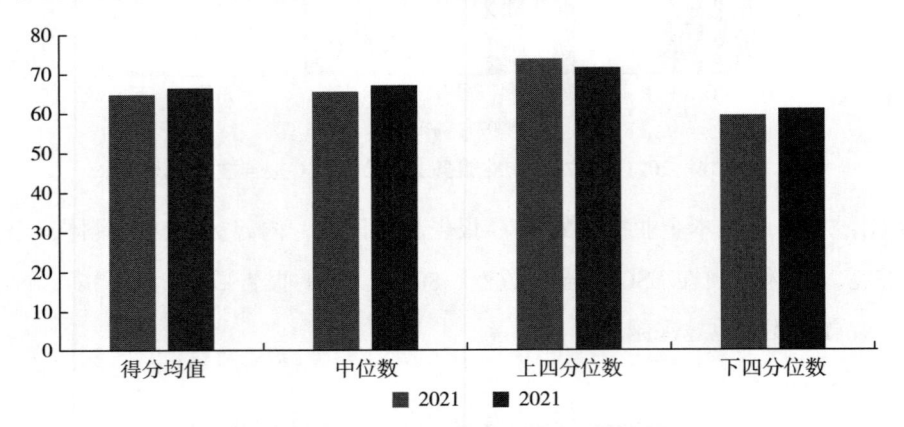

图8-19 2021—2022年样本企业ESG得分情况

59家样本企业中，央国企共计13家，ESG平均得分72.42分，较全部样本均分高6.13分，较民营企业高7.55分。一级指标方面，环境（E）指标得分，各类样本企业相差不大；社会（S）指标及公司治理（G）指标得分，央国企明显优于民营企业及全样本企业。得分前10名的企业中，央国企占比为40%，得分前20名的企业中，央国企业占比为35%。

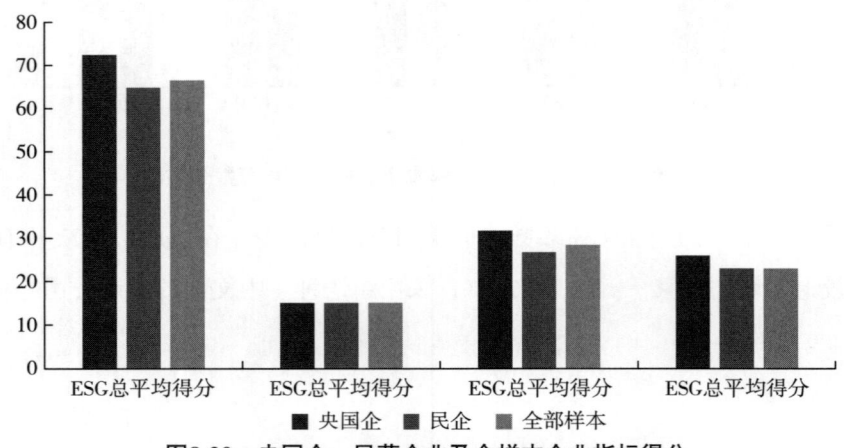

图8-20 央国企、民营企业及全样本企业指标得分

3. 样本企业整体得分趋于集中且向好，环境相关指标离散度高

2022年，从变异系数（标准差/均值，反映指标得分的离散程度）看，二级指标整体变异系数均值为0.2936，较去年降低0.0391，企业二级指标得分离散程度在缩小。变异系数值最小的三个为"ESG治理""员工发展与关怀""产品与服务"，分别为0.1295、0.1648和0.2025，说明该三项得分差异性较小。变异系数值最大的三个为"能源管理""排放物管理"及"社会贡献"，分别为0.4915、0.4232和0.4073，说明样本企业在环境（E）方面得分离散程度大。优秀的样本企业从数字赋能、设备改造、优化管理等方面提高资源利用效率，降低环境影响，发挥企业责任。

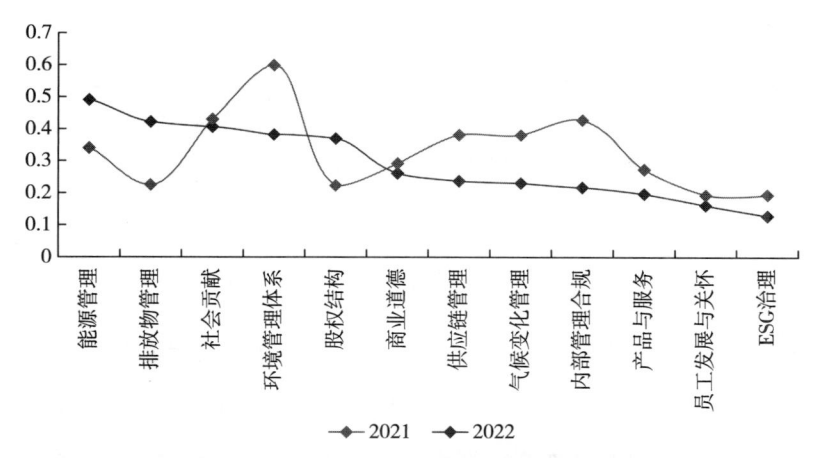

图8-21　2021—2022样本企业二级指标变异系数

4. 各行业一致性评价结果：物业管理行业处于领先位置

按照港交所（HS）行业分类，三级行业"物业服务及管理"（即"物业服务行业"）位于一级行业"地产建筑业"和二级行业"地产"下。从行业间对比来看，"地产建筑业"的一致性评价位于港交所12个一级行业中间偏后位置（第9位）；单独考察"物业服务及管理"三级行业的一致性评价，其位于港交所12个一级行业的领先位置（第2位）。

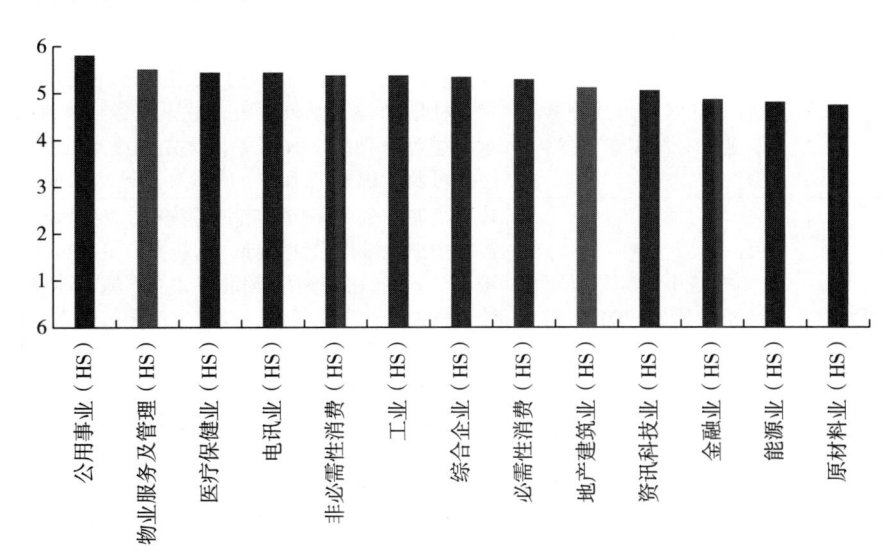

图8-22　各行业ESG一致性评价结果

从历史维度来看，物业服务行业的一致性评价结果总体呈波动上升趋势。其一致性评价结果在各行业中的排名曾长期处于落后位置，但近年来改善较为明显，尤其是2023年来，以港交所12个一级行业的

ESG 一致性评分为参考，物业服务行业排名稳定居于第 2 位，仅次于公用事业。

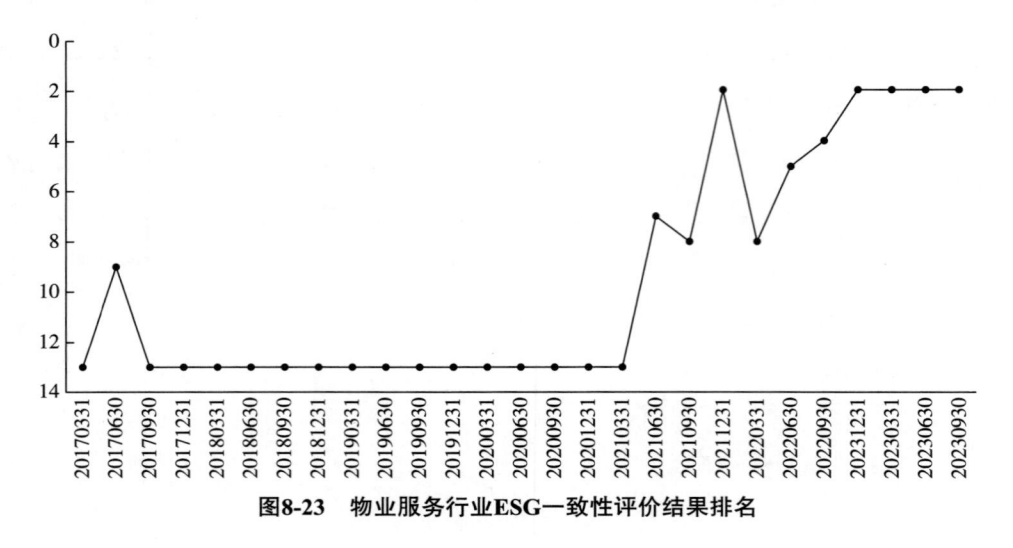

图8-23　物业服务行业ESG一致性评价结果排名

六、政策篇

国家和地方政策不断完善，与物业管理行业有关的政策为行业的发展以及规范运营指明了道路。从各项政策来看，城市更新、城市改造、社区养老、保障性住房、收费标准与规范安全生产等内容与行业息息相关。这些政策的落地，有望提高行业整体水平、促进企业发展，并对物业管理行业产生积极影响。

1. 城市更新拓宽物业行业市场，机遇与挑战并存

2023 年城市更新的政策方针总结为配套设施和政策规范双螺旋模式。国家不仅从顶层设计出发，明确了城市更新的区域重点和功能分级，还注重改善基础设施。社区作为城市的重要组成部分，改善社区环境，使其融入城市发展是实现城市更新的关键环节。在这个过程中，物业企业可以充分发挥作用。

表8-8　2023年城市更新等相关政策

时间	颁发部门	政策名称	主要内容
2023/11	国家发展改革委	《城市社区嵌入式服务设施建设工程实施方案》	《实施方案》明确，社区嵌入式服务设施面向社区居民提供养老托育、社区助餐、家政便民、健康服务、体育健身、文化休闲、儿童游憩等一种或多种服务，优先和重点提供急需短缺服务，确保便捷可及、价格可承受、质量有保障，逐步补齐其他服务。
2023/11	住房城乡建设部	《实施城市更新行动可复制经验做法清单（第二批）》	政策机制分为：坚持城市体检先行；发挥城市更新规划统筹作用；强化精细化城市设计引导；创新城市更新可持续实施模式。涉及的城市及具体做法包括：河北省建立"城市体检、城市更新、城市设计"统筹推进工作机制；辽宁省沈阳市建立城市体检与城市更新统一部署协调机制；辽宁省沈阳市建立城市体检与城市更新统一部署协调机制；四川省成都市优化城市更新项目实施方案审查程序；河北省唐山市安排专项资金对城市更新给予支持等。
2023/10	国家标准委、工业和信息化部等联合六部门	城市标准化行动方案	到 2027 年，城市高质量发展标准体系基本建成，在城市可持续发展、新型城镇化建设、智慧城市、公共服务、城市治理、应急管理、绿色低碳、生态环境、文化服务、基础设施等领域制修订国家标准、行业标准 150 项以上。提出 16 项重点任务，其中，在智慧城市领域，将研制智慧城市分类分级、基础设施智能化改造、数据治理、城市大脑、城市数字孪生等关键技术标准，完善智慧养老、智慧园区、智慧社区、智慧交通等典型应用领域标准。

续表

时间	颁发部门	政策名称	主要内容
2023/06	国务院办公厅	《关于进一步构建高质量充电基础设施体系的指导意见》	优化完善网络布局（建设便捷高效的城际充电网络、建设互联互通的城市群都市圈充电网络、建设结构完善的城市充电网络、建设有效覆盖的农村地区充电网络）。加快重点区域建设（积极推进居住区充电基础设施建设、大力推动公共区域充电基础设施建设）。
2023/06	广州市住房和城乡建设局	《关于广州市引入社会资本参与城镇老旧小区改造试行办法的通知》	主要内容包括：（一）工程建设；（二）存量资源运营；（三）提供便民专业服务，提供养老、托幼、教育、医疗卫生、文化体育等公共服务和超市、菜市场、家政等便民商业服务，鼓励根据业主需求提供家电维修、社区团购等特色服务；（四）长效治理；（五）专业物业管理。
2023/04	上海市人民政府	《上海城市更新行动方案》	明确了未来三年上海城市更新核心行动方向，助力《上海市城市更新条例》的全面实施，着力强化城市功能，以区域更新为重点，分层、分类、分区域、系统化推进城市更新。
2023/03	北京市人大常委会	《北京市城市更新条例》实施	《条例》明确了北京城市更新包括居住类、产业类、设施类、公共空间类和区域综合性5大更新类型、12项更新内容，提出了北京城市更新的9个基本要求。2023年，北京将力争完成核心区平房申请式退租（换租）2000户、修缮1200户，老旧小区综合整治新开工300个、完工100个，积极探索创新路径，不断提升百姓居住环境，打造出更多高品质活力空间。

2. 保障性住房地位提升，重点城市市场空间大

今年以来，国务院在4月、7月中央政治局会议均提到要加大保障性住房建设和供给，并且在8月25日的常务会议上审议通过了《关于规划建设保障性住房的指导意见》，明显提升了保障性住房的地位。这份指导意见涵盖了保障对象、面积标准、配售规则、运营管理、试点范围、筹建方式、资金支持以及政策衔接等方面的内容。作为重要的社会福利政策，保障性住房政策体系不断完善，公租房、保障性租赁住房和共有产权住房的建设不断扩大。随着住房供应量的增加，产业链上的物业管理行业也面临着机遇和挑战。据住建部预测，"十四五"期间保障性租赁住房供给将逐步扩展，40个重点城市计划新增650万套（间）。市场规模扩大，为物业企业提供了更广的市场空间。

政策提到保障性租赁住房的重点针对对象是住房有困难且收入不高的工薪收入群体，以及城市引进人才等群体，由此分析，未来物业企业在进入保障性住房市场时将面对更多元化的租户群体，包括新市民、青年人、低收入家庭等。如何及时了解不同群体的特点，适应其各自需求，满足不同的预期，提供个性化的服务，这是物业企业将面临的机遇和挑战。

与此同时，保障性住房的高服务品质也对物业服务企业提出了挑战。作为企业价值的试金石，特别是在行业发展回归服务本质的背景下，物业企业基于自身服务能力形成的差异化服务品质正在成为评估物企的重要因素。企业顺应市场形势变化，从业主的实际需求出发，提供优质优价的基础物业服务和直击社区消费痛点的增值服务，以质优价廉的服务脱颖而出，顺应政策发展。

针对试点范围，要求以需定建，支持城区常住人口300万以上的大城市率先探索实践。这些政策推动了大规模的住房建设和租赁项目，进而增加了物业管理企业的服务机会。根据第七次人口普查结果，上海、北京、广州、深圳等共35个城市常住人口超过300万，作为重点城市，未来保障房供应速度将加快，物企未来的区域布局围绕重点城市展开，市场空间更为广阔。然而，需要注意到，保障性住房除了增加了物业服务需求外，也对服务质量提出了新要求，更专业、更优质的服务将成为未来市场的主流。

3. 地方收费标准建立，明确前期收费标准

2023年11月，广州市人民政府发布关于规范住宅物业服务收费等问题的通知，该通知指出：在业主大会成立之前的普通住宅（不含别墅）及配套自有产权车位（车库）的物业服务收费将实行政府指导价，而别墅、非住宅以及业主大会成立之后的普通住宅及配套自有产权车位（车库）的物业服务收费将实行市场调节价。通知从服务定价服务标准、负责部门、收费方式以及适用对象等方面进行了规定，并明确了建设单位与物业买受人签订的买卖合同应当包含的内容、未出售未交付物业的收费、物业服务费年度预决算公布情况、增值服务等相关细节。广州作为一线城市，其政策制定具有一定前瞻性，也填补了目前期国内前物业服务收费标准的空白。

尽管广州推出的收费标准为前期物业提供了指导意见，但此次"定价"的推出对目前的行业收费也产生了一定影响。从主要城市物业费指导价相关政策来看，已推出的政策核心大致相同："前期物业费由政府指导，业委会成立后的住宅类项目，实行市场调节价，由业主与物业企业双方协商约定。"其中，北京和上海已全面取消指导价，交由市场自行调整。由于目前社会舆论对物业收费存在一些争议，广州在此时推出收费标准提高了住户对物业收费的敏感程度。

4. 社区养老鼓励政策延续，潜力将进一步释放

2023年上半年延续了2022年的政策导向，社区养老仍是主要发力方向。"物业+养老"试点推行，有助于缓解社会老龄化的压力，满足养老的个性化需求。2023年下半年，7月11日，商务部等13部门办公厅（室）联合印发《全面推进城市一刻钟便民生活圈建设三年行动计划（2023—2025）》，聚焦补齐基本保障类业态、发展品质提升类业态，优化社区商业网点布局，改善社区消费条件，创新社区消费场景，提升居民生活品质，将一刻钟便民生活圈打造成保障和改善民生、恢复和扩大消费的重要载体。10月，针对老年人的日常餐饮问题，民政部、国家发展改革委、财政部等发布《积极发展老年主餐服务行动方案》，进一步完善多元化供给格局，进一步提升老年人生活水平。2023年内养老相关政策不断融合多元服务，打造便民生活圈，并且从多个方面入手，更实际地解决了老年人生活中的一些不便。随着政策逐步完善与升级，物业服务企业可通过增值服务丰富服务内涵，持续挖掘增长空间，不断提升服务密度和渗透度，不仅限于养老，而是力求打通产业链，形成"物业+多元"的商业模式，进一步拓宽创收渠道。

表8-9　　　　　　　　　　　　2023年国家出台的养老相关政策

时间	颁发部门	政策名称	主要内容
2023/10	民政部、国家发展改革委、财政部等	积极发展老年助餐服务行动方案	到2025年底，已在全区域实施老年助餐服务政策的省份，进一步向城乡社区延伸服务，提质增效取得新进展；尚在局部区域实施老年助餐服务政策的省份，服务扩面增量实现新突破。全国城乡社区老年助餐服务覆盖率实现较大幅度提升，服务网络形成一定规模。对特殊困难老年人的助餐服务力度进一步加大，面向其他老年人的助餐服务广泛开展。到2026年底，全国城乡社区老年助餐服务覆盖率进一步提升，服务网络更加完善，多元供给格局基本形成，可持续发展能力得到巩固，老年人就餐便利度、满意度明显提升。
2023/10	民政部	居家养老上门服务基本规范	我国针对居家养老上门服务发布的首个国家标准，将为合理界定居家养老上门服务范围、规范供给主体资质条件及供给流程内容要求等提供基本依据，对于推动居家养老服务标准化、规范化、专业化发展具有现实意义。

续表

时间	颁发部门	政策名称	主要内容
2023/7	商务部等13部门办公厅（室）	《全面推进城市一刻钟便民生活圈建设三年行动计划（2023—2025）》	到2025年，在全国有条件的地级以上城市全面推开推动多种类型的一刻钟便民生活圈建设实施重点任务。包括在居民"家门口"（步行5~10分钟范围内）优先配齐购物、餐饮、家政、快递、维修等基本保障类业态，引进智能零售终端，让消费更便捷；在居民"家周边"（步行15分钟范围内）因地制宜发展文化、娱乐、休闲、社交、康养、健身等品质提升类业态，让消费更舒心聚焦发展"一店一早"，补齐"一菜一修"，服务"一老一小"。
2023/5	中共中央办公厅、国务院办公厅	《关于推进基本养老服务体系建设的意见》	制定落实基本养老服务清单。建立精准服务主动响应机制。提高基本养老服务供给能力。完善基本养老服务保障机制。鼓励社会力量参与提供基本养老服务，支持物业服务企业因地制宜提供居家社区养老服务。提升基本养老服务便利化及化水平。依托和整合现有资源，发展街道（乡镇）区域养老服务中心或为老服务综合体。支持社会力量为老年人提供日间照料、助餐助洁、康复护理等服务。鼓励开展无障碍环境认证，提升无障碍环境服务水平。引导社会化专业机构为其他有需求的老年人家庭提供居家适老化改造服务。

表8-10　2023年部分地方政府出台的与物业关联度较高的养老政策

时间	颁发部门	政策名称	主要内容
2023/6	海南省委、海南省人民政府	《关于加强新时代老龄工作的实施方案》	要完善城乡社区居家养老服务模式，推动具备全托、日托等综合功能的社区养老服务机构建设，鼓励在社区建立嵌入式养老服务机构。鼓励社会资本投资建设运营医养结合机构，支持符合条件的养老机构内设医疗机构、医务室、护理院（中心、站），鼓励养老机构与周边医疗卫生机构开展多种形式的签约合作。
2023/5	中山市民政局	中山市创新探索"物业+养老服务"模式	精细化盘活设施，奠定服务基础。鼓励和引导物业服务企业盘活小区既有公共设施，整合居住小区内各类闲置和低效使用的公共房屋主设施，经业主同意，交由物业服务企业统一改造成居家社区养老服务。多元化精准服务，织密关爱网络。结合物业服务企业主要功能，建立专属本小区的居家养老服务清单。规范化以奖代补，激励质量提升。鼓励试点单位充分发挥好物业服务企业常驻社区、贴近居民、响应快速等优势，着力破解高龄、空巢、独居、失能老年人生活照料和长期照护难题，促进家庭幸福、邻里和睦、社区和谐。

5. 规范安全生产，助力社会基层治理

物业服务企业是社会基层治理的重要组成部分，在围绕小区消防、防汛、综合治理等安全防范工作上，需要主动对接消防等相关部门，及时通过物业管理平台等方式，将相关工作部署要求传达各物业服务项目，做好服务区域隐患排查工作，完善应急管理措施。如遇暴雨等恶劣天气，立即加强小区排水设施巡查检查，确保物业服务区域的安全，减少损失，创建"平安"物业，强化安全生产。

表8-11　2023年国家出台的相关政策

时间	颁发部门	政策名称	主要内容
2023/06	深圳市住房和建设局	《深圳市重大事故隐患专项排查整治2023行动总体方案》	（1）检查时间：6月12日~7月10日；（2）检查方式：物业服务企业自查-区住房建设部门督促-市住房建设部门督查；（3）检查内容：消防安全专项检查、防风防汛落实、有限空间规范、新能源汽车充电设施管理、高空坠物防范等。

时间	颁发部门	政策名称	主要内容
2023/06	重庆市住房和城乡建设委员会	《物业服务企业安全生产标准》	（1）采取组织管理、教育培训、传授专业技术等方式，将企业员工在操作过程中的安全生产流程按照规范化、专业化、标准化的模式进行服务； （2）对影响安全生产的危险源进行辨识、评估、管控与风险应对，降低生产安全事故发生的概率，避免或减少安全生产中的事故发生频次； （3）在预防过程中必须管理、控制并重，将安全的危险源和隐患控制在可控的范围内或萌芽状态之中。
2023/05	住房和城乡建设部办公厅	《关于加快排查整改燃气橡胶软管安全隐患的通知》	（1）抓紧摸清燃气用户使用橡胶软管的底数并制定更换工作计划。各地要采取措施逐一排查，全面排除安全隐患情况； （2）加快组织实施燃气橡胶软管更换工作。各地要采取更有力措施推进城市燃气管道老化更新改造工作，切实将更换老化及不合格橡胶软管作为2023年度重点任务； （3）督促燃气经营企业切实落实入户安检责任。社区等要做好配合工作； （4）积极加强安全用气宣传教育。开展燃气安全"进社区、进学校、进企业"等宣传教育活动，普及安全用气知识。

七、展望篇

1. 市场空间依旧广阔，城市服务及 IFM 服务未来可期

随着管理规模逐渐增加、服务边界不断延伸，物业管理行业管理规模及收入将继续保持稳定增长。根据测算，预计到 2027 年，物业管理行业管理规模将突破 350 亿平方米，结合平均物业费实际情况，基础服务收入规模将接近万亿元。目前，市场竞争已从增量市场逐渐转向存量市场，并购市场回归理性，物业服务企业不再一味追求扩张规模，而是更加注重有质量的规模拓展，在关联方管理规模输送能力下降的时期，积极提升业务水平和服务质量，全力拓展第三方市场，夯实企业发展。

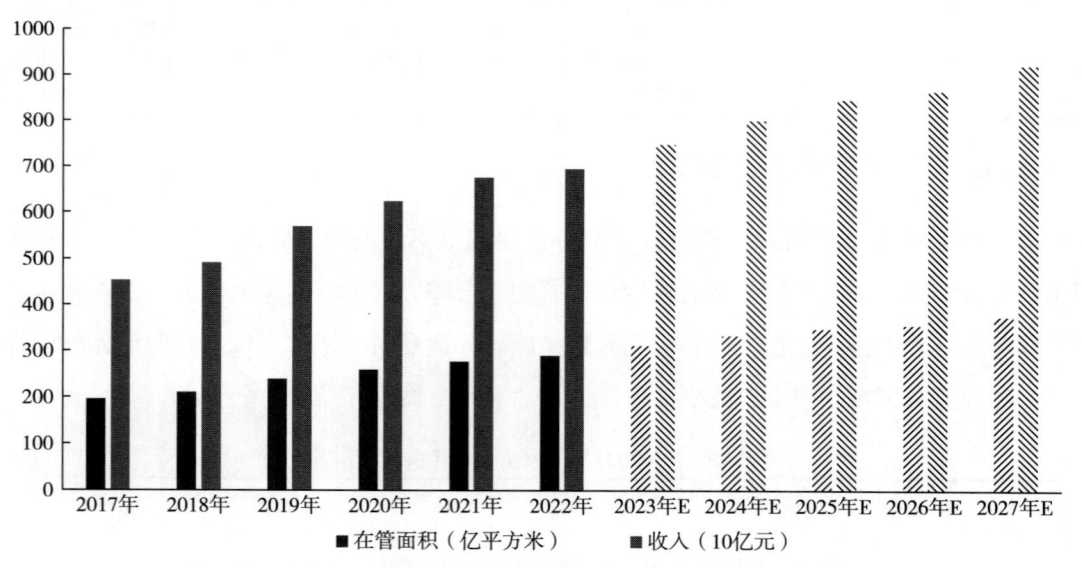

图8-24 2017—2027年（预估）物业管理行业在管面积及收入情况

此外，物业服务企业已涉足更多创新型服务领域，如城市服务、IFM 服务等，不断推高盈利"天花板"。具体来看，城市服务是物业企业争相"角逐"的重点领域。据测算，预计到 2027 年，物业服务企业参与城市服务的潜在市场容量将超过一万亿元；同时，部分近期上市进程中的物业服务企业已将城市服务作为主要业务进行重点布局。未来，城市服务将成为物业服务企业业绩增长的"助推器"之一。此外，智慧城市也是城市服务未来重要的发展领域，不少头部物业服务企业积极参与智能化建设，搭建智慧城市服务平台，为城市治理贡献力量。

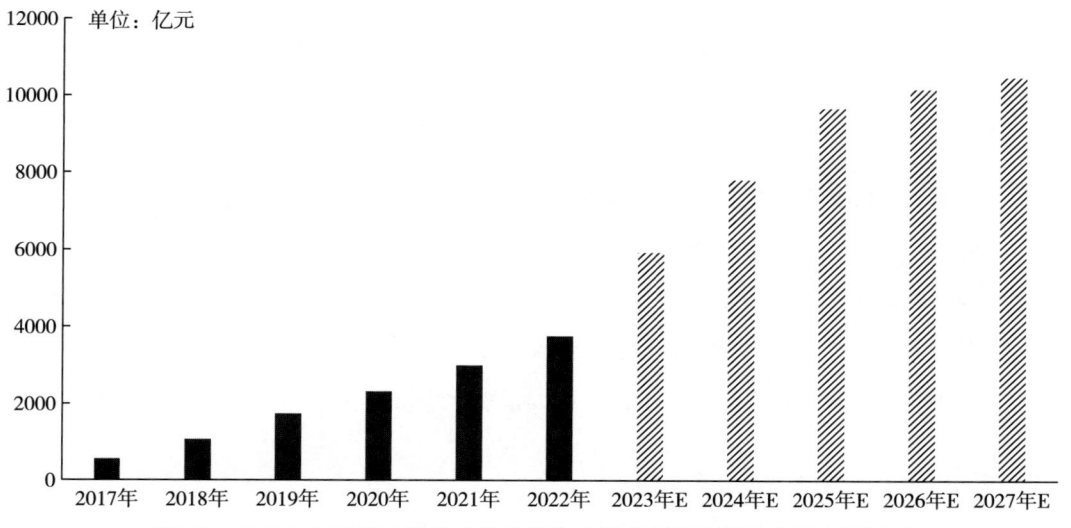

图8-25 2017—2027年（预估）物业服务企业参与城市服务市场空间情况

IFM通过整合资源，满足客户日常所需，对工作场所进行空间利用，对设施设备维护降耗，对环境进行管理，一言以蔽之，可以统一筹划与管理客户的非核心业务，是近两年物业服务企业开拓的新赛道。从内容来看，IFM服务包括七大类：设施维修及维护、环境与能源管理、安保服务、保洁服务、企业和资产管理、餐饮服务、综合服务（空间规划、员工福利管理、饮水服务、会务服务、制服服务、礼宾服务等）。根据国际调研机构PMR的预测，到2031年全球IFM市场规模将超万亿美元。同时，预计到2027年，国内IFM市场将成万亿蓝海，市场空间巨大，亦是物业服务企业可重点布局的领域。

2. 资本市场热情有待回升，三大类企业仍有机会

纵观全年，资本市场估值下降明显，IPO水平也与2015年基本持平。虽然目前IPO排队企业不在少数，但市场热情回升仍需时间。近期，多家企业成功复牌，部分企业努力摆脱关联方影响，未来资本市场价值仍旧可以期待。第一类是未来，我们认为，以下三大类企业在资本市场的价值仍值得期待：第一类是国资背景企业，特别是地方国资企业，截至目前共有15家国资背景企业已经登陆资本市场；第二类是专业赛道中的领先者，例如在商管、市政、公建等领域有特色优势或特殊资源的企业，已经获得了投资者关注，未来冲击上市机会大；第三类是规模型企业，依旧具备冲击资本市场的实力。

3. 优化服务品质，提升客户满意度

物业行业客户满意度自2021年起逐年下降，2023年降幅更为明显，同比下降3.0分。因此，物业企业需着眼于高质量、稳定的服务，提升短板，解决痛点，赢得业主信任。

随着行业向高质量精进，物业企业的发展正在回归常识：通过高品质服务夯实品牌根基，实现市场份额扩张；凭借基础服务维持稳定的现金流量和企业利润，并在此过程中不断探索多元、创新服务来提升企业整体经营水平。企业扎实做好物业服务是未来发展的"1"，其他要素都是跟在后面的"0"，如果服务品质无法保证，物业企业的价值将无从谈起。

```
                78.5    78.1
        75.3                    75.6
71.6                                    72.6

2018年  2019年  2020年  2021年  2022年  2023年
```

图8-26 物业行业满意度变化趋势

物业企业深刻认识到满意度的重要性，正在通过增加区域范围内服务项目的数量、提高服务密度、落实规模化集约化管理的方式来摊薄运营成本，促进服务效率提升；此外，标杆企业积极开展多元增值服务，提升服务浓度，提高单位规模内的企业营收水平，并借助智能化手段，在管理提效的同时优化客户服务体验。

4.统筹品牌管理，优化品牌区隔

随着物企业务扩张，企业品牌逐渐丰富，企业以精心设计的品牌体系引领复杂多元的业务阵列。简单的业务排列，是加减法，而在品牌阵列的引领下，就可以变为乘法与乘方。基于市场环境、自身能力与战略目标，品牌物业企业不断优化品牌架构，统筹品牌管理，部分物业服务企业还要做好与关联方企业品牌区隔，保持独立性，做好品牌舆情监测，进而实现品牌价值的最大化并持续提升品牌资产的价值。

为了避免细分赛道业务发展无序、子品牌多而无力、资源分配不合理等问题，品牌物业企业通过子品牌数量评估模型，合理统筹子品牌数量，实现业务合理化发展。在子品牌的布局上，一方面，品牌物业企业要达到的核心目标是各品牌分工明确，边界清晰，相互配合，相互补充，形成协调效应，避免公司内部出现恶性竞争；另一方面，对子品牌数量进行合理性评估，在综合考虑企业实力、企业品牌战略发展、业务开展难易、竞争门槛及投入门槛等基础之上，利用取舍性指标与检验性指标，基于业务发展导向、市场需求竞争及运营模式等考量配置子品牌，决定已有的子品牌应当保留还是舍弃，使子品牌数量科学合理。

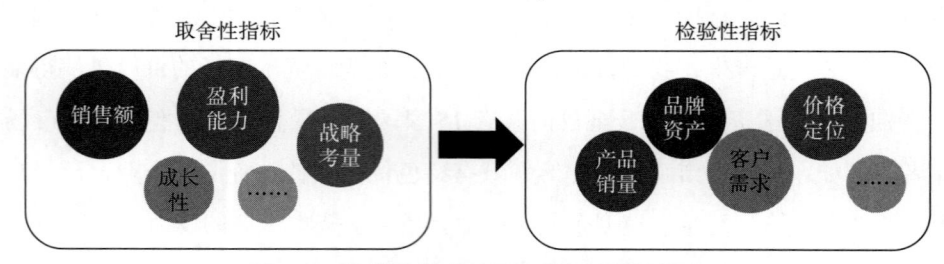

图8-27 品牌物业企业子品牌数量评估模型

（取舍性指标：销售额、盈利能力、战略考量、成长性、……）→（检验性指标：产品销量、品牌资产、客户需求、价格定位、……）

5.社区增值服务更加聚焦，生活服务类业务成重要支柱

在社区增值服务方面，物业服务企业从最初的"从无到有"，逐步演变为"从有到全"，如今正处于迈向"从全到优"的阶段，这标志着其进入高质量发展时期。目前，企业已不再盲目地追求服务种类的多样性，而是专注于某些特定领域。标杆企业在布局社区增值服务时，不再一味求全，而是重点发力1~3项细分业务，尤其是生活服务类收入占社区增值服务收入比例较高，是企业社区增值服务的"主力军"。同时，标杆企业充分发挥自身资源优势，打造具有特色的增值服务。

表8-12　　　　　　　　　　　2023年H1部分企业社区增值服务收入及业务情况

企业名称	社区增值服务收入（亿元）	占比	主要内容
碧桂园服务	18.84	9.1%	①到家服务；②家装中介服务；③小区传媒服务；④本地生活服务；⑤房地产经纪服务。
保利物业	12.72	17.8%	①资产经营服务，例如美居服务、车位代销服务、房屋租售经纪等服务；②小区生活服务及其他，涵盖小区零售、家政服务、车场服务、空间运营。
建业新生活	2.98	22.0%	智慧小区解决方案、园区销售服务、拎包入住等服务。
康桥悦生活	0.74	16.7%	①家居生活服务，例如家居清洁服务、家居维修服务、装修及拎包入住服务以及购物服务；②空间运营服务；③资产运营服务。

这种转变不仅在于业务的多样性，更体现在社区增值服务的质量和深度上。优质的社区增值服务不仅提升了用户的满意度，还增强了用户与企业的黏性。企业在经营和服务之间寻求平衡，以长期主义为核心理念，不断进行多种经营变革，以适应市场需求，并为用户创造更大价值。

6. ESG生态圈逐渐形成，各方参与推动可持续发展

通过各利益相关方循序渐进、不断迭代的探索、突破与创新，物业管理行业ESG生态圈体系正在加速构建。这些利益相关方既包括物业服务企业、客户、供应商及合作伙伴等直接利益相关方，也包括政府监管机构、媒体、测评机构等非直接利益相关方。在ESG生态圈体系中，在推进可持续发展及社会责任的议程中，参与者角色不同，其发挥的作用也各不相同。

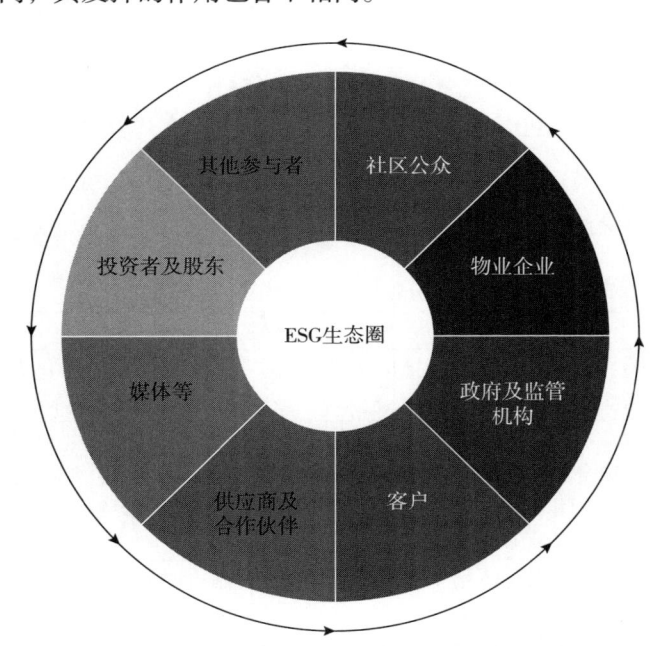

图8-28　物业服务行业ESG生态圈体系参与方

物业服务企业作为物业管理行业ESG生态圈体系的起点、主要建设者与实践者，其稳健的ESG主张是与各利益相关方之间"社会契约"的体现。在追求经济价值的同时，做好ESG信息披露更能凸显生产经营活动对社会和环境的价值。ESG信息披露是ESG生态圈建设的重要根基之一。ESG信息可以展示物业服务企业业务的运行情况，是投资者的重要参考因素，也是众多利益相关者了解企业社会责任、环境责任的窗口。

政府等监管机构作为主要监管者与服务者，更需要不断培育、支持和引导多元ESG主体参与进来，加强互动合作，共推可持续发展。监管者制定政策，评级者制定标准，投资者及股东作为ESG等非财务信息使用者，持续提升投资端对ESG生态体系建设的撬动作用，业主在参与的同时也是受益者……在市场各主体的共同努力下，推动建立一套可持续发展的规则体系，生态圈闭环结构已经形成。

7. 超七成企业明确提及科技应用，智能化助力企业降本增效

物业管理行业是劳动密集型行业，面对人工成本刚性上涨，如何降本增效是企业长久发展必须解决的问题。借助科技手段通常是企业降本增效的"捷径"；同时，随着自有科技产品的成熟，企业可通过对外输出科技服务，为企业创收再添动力。从2023年上半年港股上市物业企业的半年报来看，七成以上的物业企业明确提到了科技应用的具体措施和产品方向。

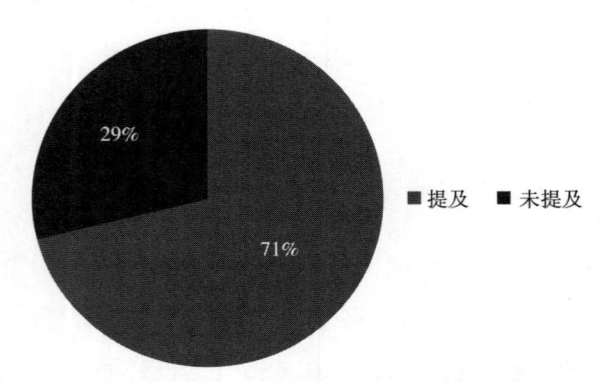

图8-29　2023年上半年港股上市物业企业明确提及科技应用比例情况

目前，物业企业科技应用主要体现在以下三个方面。第一，内部运营效率提升：推进企业内部管理数字化建设，全流程采用电子化，在提升内部沟通效率的同时，实现企业精细化管理与运营，提升运营效率；第二，优化服务体验：一方面，通过APP、微信小程序等手段，强化客户互动，并通过线上服务的方式高效处理客户需求，提升客户满意度，另一方面，在项目管理中运用智能停车系统、智慧门禁等科技产品，减少人工成本，提升服务效率，优化客户体验；第三对外输出智能化、数字化解决方案，拓宽企业盈利渠道。

表8-13　部分物业企业科技应用的实践

企业名称	科技应用成果
碧桂园服务	聚焦客户体验：通过智能化手段批量处理常规业务，聚焦解决差异化需求。提升运营效率：通过400客服、管家巡检、企业微信等渠道，应用成熟的技术，全面提升整体运营效率。
雅生活集团	持续建设组织流程共享平台，实现跨组织协同管控；主数据系统持续覆盖物业管理、城市服务业务，并推广应用各项合同管理、财务及运营系统，提升运营精细化、智能化水平及管理能效；升级客服工单系统，完善服务闭环，加强客户回访满意度管理功能，客服应答效率显著提升；深化与钉钉（中国）合作，有效提升外包员工管理及客服响应效率。
卓越商企服务	经营管理：运用"业财一体化"管理平台，进行一站式财务、业务全流程数字化管控。业务运营：构建覆盖整体业务脉络的主数据平台，以数据驱动实现标准化经营，提升整体管理效率。客端服务：推进"智慧园区"应用及打造统一的增值服务平台，提升客户体验，打造满足多业态场景需求的服务平台，带动更多的线上消费。
彩生活	建立数据化"云"系统，把"北斗七星"系统升级为"物业数字化管控平台"，新增智慧客户服务功能（涵盖保安、保洁、保绿、保修、工程五大基础服务，电梯、能源、装修板块工单化作业体系，及包含投诉、报修、停车、缴费、装修等的客诉平台）；细化拆分物业管理服务全流程，进一步提升服务效率；积极打造社区服务在线平台"彩之云"。

随着人工智能、大数据、云计算、物联网等科技应用与物业管理的深度融合，数字化、智能化已然是

物业服务企业打破服务瓶颈的"加速器"，在助力企业降本增效的同时，提升客户体验，促进企业稳定发展。但科技应用不是一蹴而就，既需持续研发的毅力，又需不容小觑的"财力"，因此，物业服务企业要量力而行，把握自身节奏，适度推进智能化、数字化建设。

8.避免关联方危机影响，物业企业积极尝试自救

近年来，上游出险房企数量多、违约金额大、债务重组周期长，房地产市场不稳定因素增加，部分物业企业受到关联方"拖累"，面临巨大的发展挑战。目前，房企主要通过质押融资、现金借款、高额保证金、股权转让及出售物业等方式从关联物业企业获取流动性，导致物业企业风险加剧，未来发展不确定性增加。

在关联方的影响下，物业服务企业面临以下后果：（1）应收账款恶化，财务坏账风险加大。（2）大额资产减值计提，导致企业利润"失血"。（3）持续经营风险升高，企业战略发展受限。（4）控制权转移风险及其破坏性被加速放大。

为降低关联方传导来的风险，物业服务企业不断尝试自救。三种主要方法如下。

第一种，法律诉讼追款：确认债权，表明态度。今年以来，至少有鑫苑服务、金科服务和恒大物业三家上市物业企业对关联方提起了法律诉讼，追缴借款及被挪用的资金。目前相关案件均已被受理，但我们认为，企业通过诉讼行为直接追回欠款或被挪用资金的可能性较低，诉讼的意义一是从法律角度公开确认债权关系，二是表明企业独立发展的态度，向市场和投资者交代实际情况。

第二种，终止关联交易：迫于压力，回应市场。作为独立上市企业，物业企业向关联方"输血"已经引起了市场的广泛质疑。迫于内部管理规范和外部市场压力，部分物业企业选择终止关联交易，及时回应市场的质疑声，给其他企业起到积极作用。不过，目前行业里的相关案例较少，并不是主流事件。

第三种，接受抵债资产：整合困难，折价变现。据不完全统计，2023年以来，出险房企通过"抵房"向关联物企出售固定资产的典型案例不低于10宗，涉及交易金额约26.44亿元，涉及固定资产建筑面积约10.82万平方米。在我国房地产市场深入调整阶段，房企经营改善尚需时间，出险房企通过"抵房"向关联物企出售固定资产的操作有可能成为常态或继续升级，而关联物业被动接受"抵房"资产后，可能面临两大风险：相关资产变现困难，市场折价预期高；冲击企业运营模式，扰乱战略发展节奏。基于以上风险预期，物业企业在接受相关抵账资产后，基本上都会选择主动大幅折价变现。

在当前房地产市场形势严峻、关联房企风险尚未出清的背景下，物业企业战略发展重心应是稳住当下经营现状，守住不被关联方"拖垮"的底线，通过务实经营和品质服务突出企业发展"韧性"。此外，要继续通过法律诉讼等多途径来保障企业自身和投资者权益。

从中长期来看，物业服务企业需优化企业治理结构，突出业务能力建设。物业企业一方面可以改善治理结构，优化控制权配置，另一方面，可以强化外拓能力建设，突出优势业务的垂直化发展，最终实现对关联方的业务乃至品牌的反超。物业企业的业务发展和能力建设可聚焦于以下两个方面：其一，以市场竞标为主的独立外拓能力；其二，优化增值服务的垂直化建设能力，通过高度专业化的服务，得到消费者对物业品牌的认可。

报告九　2023年中国物业服务价格指数研究报告

一、概要

2023年，物业服务企业健康发展势头保持不变，随着服务品质不断夯实，行业规模再创新高，并且通过优质的业务赢得市场口碑。物业服务企业注重自身业务的独立性建设，以创新精神推动企业发展再上更高台阶。站在新的发展起点，物业服务企业紧抓战略机遇，坚定战略定力，开启了"服务升级、奋斗不止"的新征程。

在此背景下，中指研究院秉持"客观、准确、科学、合理"的理念，在分析总结历年研究经验及物业管理行业发展现状的基础上，开展"中国物业服务价格指数系统"和"中国物业服务星级评价标准体系"研究，并对五星级物业服务标杆案例进行剖析。

本次研究有以下主要结论。

整体来看，2023年12月二十城物业服务价格综合指数为1075.67，环比上涨0.02%，同比上涨0.03%，涨幅收窄0.04个百分点。物业服务收费方面，二十城物业服务均价为2.57元/平方米/月；三星级物业服务收费为2.02元/平方米/月，同比上涨0.02%；四星级物业服务收费为2.78元/平方米/月；五星级物业服务收费为3.95元/平方米/月，保持稳定态势。

样本方面，整体来看二十城物业服务水平以四星为主，占比46.80%，四、五星级项目合计占比56.71%。从城市分级看，一线城市的四、五星级项目占比为65.14%；从区域看，珠三角地区和西南地区四星级与五星级样本之和占比均超60%，分别为62.37%和64.93%，占比领先于环渤海地区、长三角地区和中部地区；从城市角度看，上海、深圳、南京、武汉、天津、重庆、成都、宁波、昆明九个城市的四、五星级样本占比均超过60%，领先于其他城市；二十个城市的软件和硬件平均得分分别为82.68分和81.98分，软件平均得分略微高于硬件平均得分，2023年软件、硬件服务水平均有提高。

二、主要研究成果

本次研究基于"中国物业服务星级评价标准体系"，对北京、上海等二十个代表城市2023年的项目物业服务水平进行打分、评级，并计算其物业服务价格指数，得到研究结论如下。

1. 指数：二十城综合指数环同比均微幅上涨，同比涨幅较去年同期收窄 0.04 个百分点

表9-1　　2023年12月二十城物业服务价格指数（按环比降序排列）[①]

序号	城市	2022年12月	2023年6月	2023年12月	同比	环比
	二十城	1075.37	1075.50	1075.67	0.03%	0.02%
1	南京	1097.60	1097.55	1099.94	0.21%	0.22%
2	济南	1028.28	1028.28	1029.53	0.12%	0.12%
3	杭州	1075.64	1077.00	1077.92	0.21%	0.09%
4	常州	1121.12	1120.63	1120.99	−0.01%	0.03%
5	无锡	1106.95	1107.63	1107.84	0.08%	0.02%
6	苏州	1093.63	1094.26	1094.39	0.07%	0.01%
7	青岛	1077.95	1078.34	1078.42	0.04%	0.01%
8	广州	1022.66	1023.00	1023.07	0.04%	0.01%
9	天津	1028.06	1027.29	1027.32	−0.07%	0.00%
10	宁波	1069.04	1071.03	1071.03	0.19%	0.00%
11	上海	1054.41	1054.41	1054.41	0.00%	0.00%
12	重庆	1109.39	1109.39	1109.39	0.00%	0.00%
13	北京	1132.30	1132.30	1132.30	0.00%	0.00%
14	南昌	1058.68	1058.68	1058.68	0.00%	0.00%
15	合肥	1040.60	1040.60	1040.60	0.00%	0.00%
16	昆明	1115.90	1115.90	1115.90	0.00%	0.00%
17	深圳	1042.30	1042.30	1042.30	0.00%	0.00%
18	成都	1047.50	1047.50	1047.50	0.00%	0.00%
19	武汉	1100.82	1100.23	1099.94	−0.08%	−0.03%
20	长沙	1103.55	1103.55	1102.90	−0.06%	−0.06%

数据来源：中指数据 CREIS，www.cih-index.com。

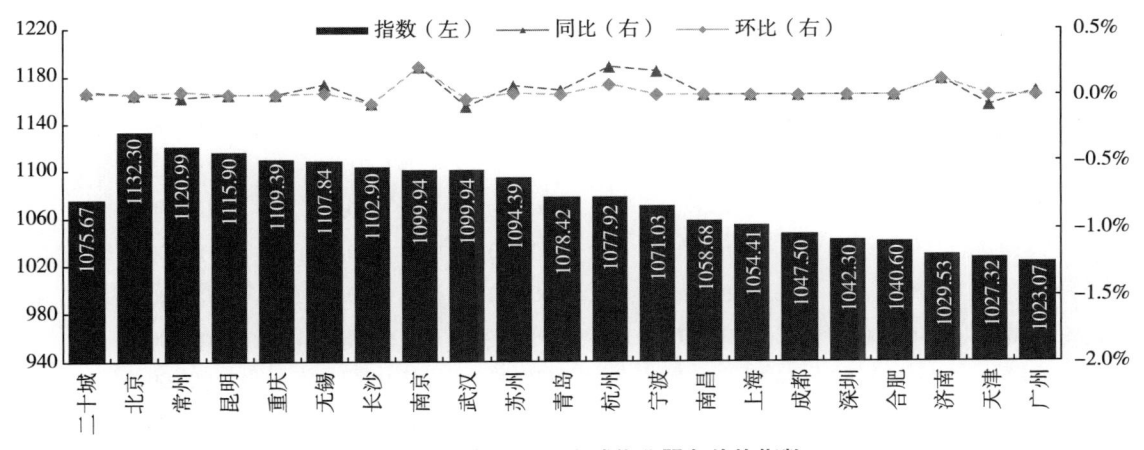

图9-1　2023年12月二十城物业服务价格指数

数据来源：中指数据 CREIS，www.cih-index.com。

2023年12月，二十城物业服务价格综合指数为1075.67，同比上涨0.03%，涨幅较去年同期收窄0.04个百分点；环比上涨0.02%，涨幅较上期扩大0.01个百分点。同比来看，二十城中，南京、杭州、宁波等8个城市物业服务价格指数上涨，上涨城市数量较去年同期减少4个；上海、北京、重庆等8个城市物业服务价格指数与去年同期持平；武汉、天津等4个城市物业服务价格指数同比下跌。其中南京、杭州同比

[①] 各城市以各自2012年12月为基期，基点为1000点。

均上涨 0.21%；宁波、济南同比分别上涨 0.19% 和 0.12%；无锡、苏州、青岛和广州同比涨幅则均在 0.10%以内。物业服务价格指数同比下跌城市中，武汉跌幅较大，为 0.08%；天津、长沙和常州同比跌幅分别为 0.07%、0.06% 和 0.01%。

与 2023 年 6 月相比，二十城中，南京、济南、杭州等 8 个城市物业服务价格指数上涨，上涨城市数量较上期增加 2 个；天津、宁波、上海等 10 个城市环比持平；长沙、武汉环比下跌。其中，南京、济南环比分别上涨 0.22% 和 0.12%；杭州环比上涨 0.09%，涨幅较上期收窄 0.04 个百分点；常州、无锡、苏州、青岛和广州涨幅在 0.05% 以内。物业服务价格指数环比下跌城市中，长沙、武汉环比分别下跌 0.06% 和 0.03%。

分区域[①] 来看，近半年来，长三角地区物业服务价格指数环比上涨 0.04%，涨幅较上期收窄 0.01 个百分点，环比涨幅居各区域前列，区域内南京和杭州涨幅相对较大，环比分别上涨 0.22%、0.09%；环渤海地区环比上涨 0.02%，区域内济南和青岛环比分别上涨 0.12% 和 0.01%；珠三角地区和西南地区物业服务价格指数环比均持平；中部地区环比下跌 0.02%，区域内长沙和武汉环比分别下跌 0.06%、0.03%。

表 9-2　　2023 年 12 月不同星级物业服务价格指数（按三星环比指数值降序排列）

序号	城市	环比指数（上期=1000）			同比指数（上年同期=1000）		
		三星级	四星级	五星级	三星级	四星级	五星级
	二十城	1000.16	999.92	1000.33	1000.31	1000.05	999.90
1	济南	1001.65	1000.00	1000.00	1001.65	1000.00	1000.00
2	杭州	1001.61	1000.00	1000.00	1001.78	1003.01	1000.00
3	青岛	1000.30	999.32	——	1000.85	999.03	——
4	无锡	1000.28	1000.00	1000.00	1001.17	1000.00	1000.00
5	天津	1000.23	999.93	1000.00	999.85	998.61	1000.00
6	苏州	1000.18	1000.00	1000.00	1000.77	1000.65	1000.00
7	南京	1000.00	1000.00	1009.96	999.98	999.91	1009.96
8	广州	1000.00	1000.00	1001.09	1000.79	1000.00	1001.09
9	宁波	1000.00	1000.00	——	1001.42	1002.15	——
10	上海	1000.00	1000.00	1000.00	1000.00	1000.00	1000.00
11	重庆	1000.00	1000.00	1000.00	1000.00	1000.00	1000.00
12	北京	1000.00	1000.00	1000.00	1000.00	1000.00	1000.00
13	南昌	1000.00	1000.00	——	1000.00	1000.00	——
14	合肥	1000.00	1000.00	1000.00	1000.00	1000.00	1000.00
15	昆明	1000.00	1000.00	1000.00	1000.00	1000.00	1000.00
16	深圳	1000.00	1000.00	1000.00	1000.00	1000.00	1000.00
17	成都	1000.00	1000.00	1000.00	1000.00	1000.00	1000.00
18	武汉	1000.00	1000.00	995.97	1000.00	999.98	987.91
19	常州	1000.00	1000.00	1001.46	999.45	999.44	1001.46
20	长沙	999.74	998.64	1000.00	999.74	998.64	1000.00

注：宁波、南昌、青岛共 3 个城市因五星样本较少，不具代表性，暂未纳入指数计算；20 城五星级物业服务价格指数根据其余 17 城计算，下同。

---

① 本报告城市区域划分标准如下：环渤海地区包括北京、天津、青岛和济南；长三角地区包括上海、杭州、南京、常州、宁波、苏州和无锡；西南地区包括重庆、成都和昆明；中部地区包括武汉、长沙、合肥和南昌；珠三角地区包括广州和深圳。

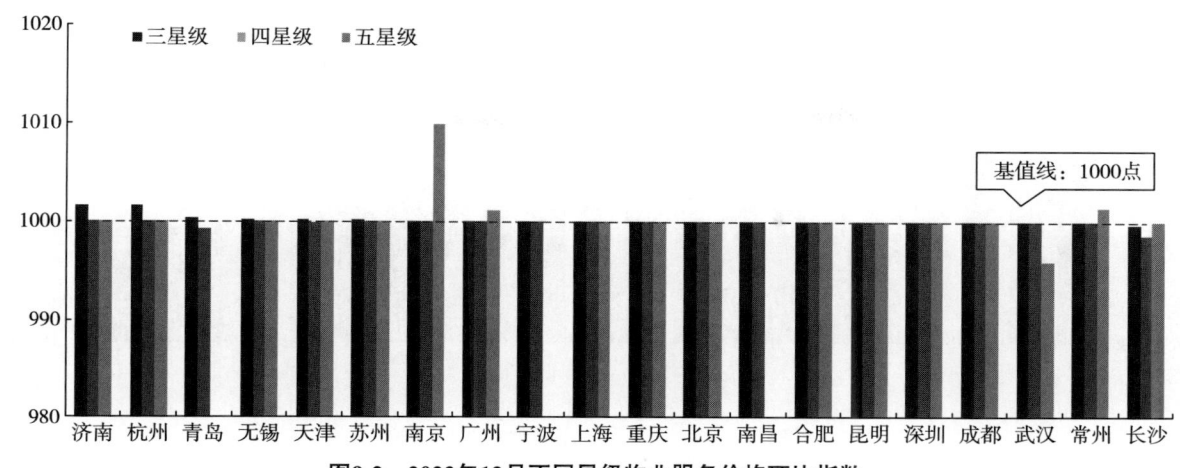

图9-2　2023年12月不同星级物业服务价格环比指数

数据来源：中指数据CREIS，www.cih-index.com。

从不同星级物业服务价格指数来看，二十城三星级物业服务价格指数同比上涨，四星级物业服务价格指数同比持平，五星级指数同比出现下跌。2023年12月，二十城三星级物业服务价格指数环比上涨0.02%，同比上涨0.03%；四星级物业服务价格指数环比下跌0.01%，同比持平；五星级物业服务价格指数环比上涨0.03%，同比下跌0.01%。同比来看，三星级物业服务价格指数中，杭州、济南、宁波等7个城市较上年同期上涨，其中杭州、济南、宁波和无锡涨幅相对较大，均超0.1%；上海、重庆、北京等10个城市同比持平；常州、长沙和天津同比均下跌，跌幅均在0.1%以内。四星级物业服务价格指数中，杭州、宁波、苏州共3个城市较上年同期上涨，其中杭州涨幅为0.30%；济南、无锡、广州等12个城市同比持平；天津、长沙、青岛等5个城市较上年同期下跌，其中天津和长沙跌幅较大，均为0.14%。五星级物业服务价格指数中，南京、常州和广州共3个城市较上年同期上涨，涨幅分别为1.0%、0.15%和0.11%；杭州、苏州、济南等13个城市同比持平；武汉受部分小区物业服务收费下调影响，五星物业服务价格指数较去年同期下跌1.21%。

2. 价格：二十城均价为2.57元/平方米/月，物业服务收费略有上涨

表9-3　　　　　　　　　　2023年12月城市物业服务均价（单位：元/平方米/月）

城市	深圳	北京	上海	杭州	广州	天津	宁波	武汉	青岛	成都	——
样本均价	3.92	3.45	3.07	2.84	2.74	2.74	2.62	2.56	2.34	2.34	——
城市	苏州	重庆	无锡	长沙	南京	济南	昆明	南昌	合肥	常州	二十城综合
样本均价	2.32	2.27	2.24	2.13	1.93	1.80	1.73	1.69	1.66	1.26	2.57

注：本报告南京物业服务价格不含公摊费，下同。

2023年12月，二十城物业服务均价为2.57元/平方米/月。一线城市物业服务价格水平居前列，其中深圳均价最高，为3.92元/平方米/月；北京、上海紧随其后，分别为3.45元/平方米/月和3.07元/平方米/月；杭州、广州、天津、宁波、武汉均价分别为2.84元/平方米/月、2.74元/平方米/月、2.74元/平方米/月、2.62元/平方米/月、2.56元/平方米/月；青岛、成都等6个城市均价在2.0~2.5元/平方米/月之间；南京、济南等6个城市均价在1.0~2.0元/平方米/月之间，其中常州物业服务均价水平仍相对较低，为1.26元/平方米/月。

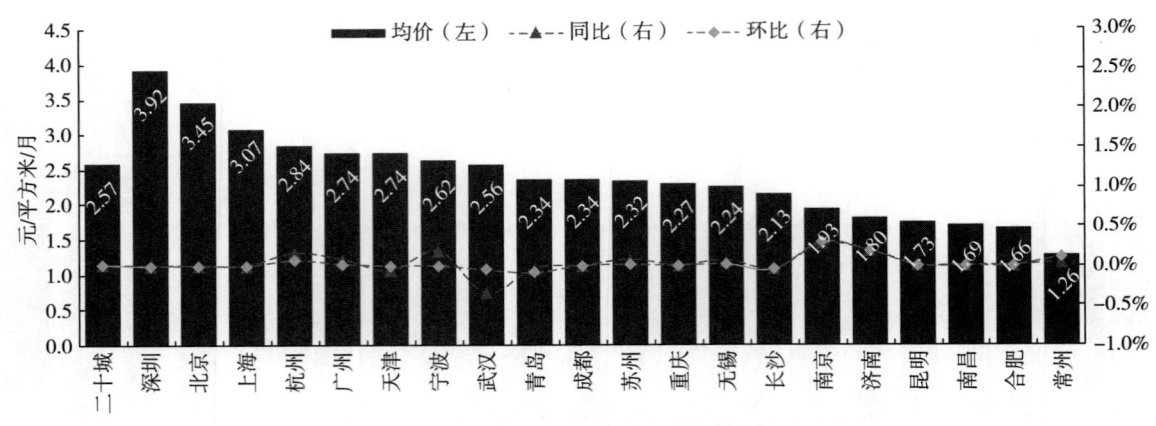

图9-3　2023年12月二十城物业服务均价

数据来源：中指数据CREIS，www.cih-index.com。

表9-4　2023年12月不同星级物业服务收费（单位：元/平方米/月）（按三星收费降序排列）

序号	城市	三星级	四星级	五星级
	二十城	2.02	2.78	3.95
1	深圳	3.43	3.98	5.19
2	北京	2.64	3.64	4.83
3	广州	2.31	2.86	4.59
4	杭州	2.18	3.36	4.71
5	武汉	2.15	2.69	3.81
6	上海	2.11	2.98	4.93
7	青岛	2.09	3.17	——
8	天津	2.07	2.63	3.77
9	苏州	2.07	2.75	3.22
10	长沙	1.96	2.25	3.58
11	无锡	1.93	2.89	3.44
12	宁波	1.86	3.11	——
13	重庆	1.75	2.41	3.23
14	成都	1.68	2.52	3.70
15	济南	1.64	2.25	2.89
16	南昌	1.43	1.95	——
17	合肥	1.38	2.16	2.61
18	南京	1.37	1.98	2.64
19	昆明	1.04	1.89	3.63
20	常州	0.78	1.22	2.22

从不同星级物业服务收费来看，2023年下半年，二十城三星级物业服务收费同比上涨态势，四、五星级同比均下跌。2023年12月，二十城整体三星级物业服务收费为2.02元/平方米/月，同比上涨0.02%，其中深圳收费最高，为3.43元/平方米/月；北京、广州等8个城市收费介于2.0~3.0元/平方米/月之间；长沙、无锡等10个城市介于1.0~2.0元/平方米/月之间；常州收费为0.78元/平方米/月。四星级物业服务收费为2.78元/平方米/月，同比下跌0.01%，其中深圳、北京、杭州、青岛、宁波收费相对较高，均在3.0元/平方米/月以上；无锡、广州等11个城市介于2.0~3.0元/平方米/月之间；南京、南昌、

昆明、常州均在 2.0 元 / 平方米 / 月以下，其中常州最低，为 1.22 元 / 平方米 / 月。五星级物业服务收费为 3.95 元 / 平方米 / 月，同比下跌 0.04%，其中深圳收费最高，为 5.19 元 / 平方米 / 月；上海、北京、杭州、广州收费亦超过 4.0 元 / 平方米 / 月；武汉、天津、成都、昆明、长沙、无锡、重庆以及苏州收费在 3.0~4.0 元 / 平方米 / 月之间；济南、南京、合肥、常州收费均低于 3.0 元 / 平方米 / 月，其中常州收费最低，为 2.22 元 / 平方米 / 月。

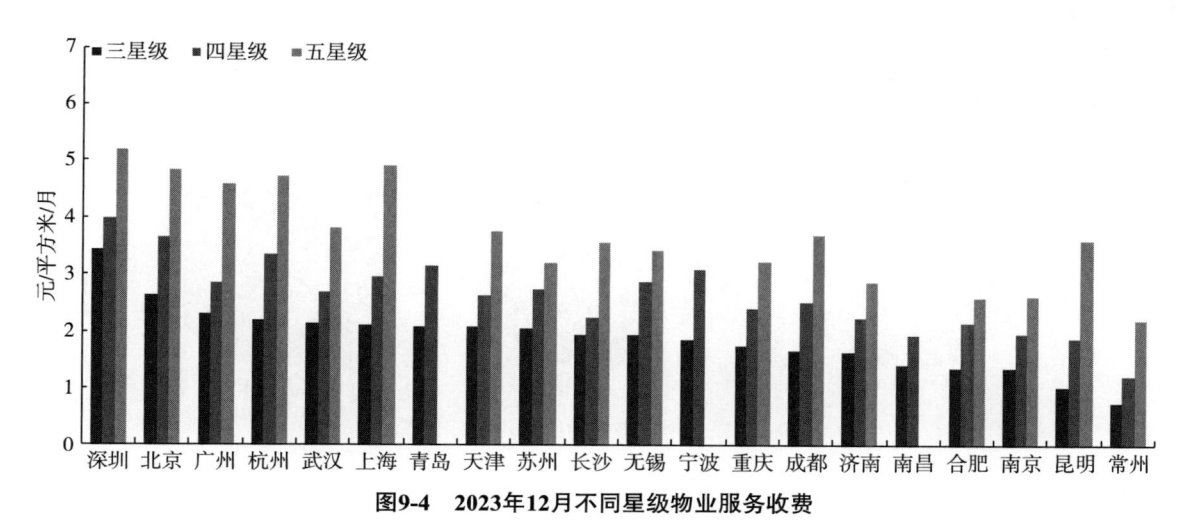

图9-4　2023年12月不同星级物业服务收费

数据来源：中指数据 CREIS，www.cih-index.com。

3. 样本：四星级项目占比持续上升，一线城市四、五星项目占比超六成

中指研究院严格按照样本选择规范要求，于 2023 年 10 月至 12 月对二十个城市进行了物业服务星级评价研究工作，样本数量为 7382 个，其中达到物业服务价格指数编制要求的合格样本数量为 3701 个，占比为 50.14%。随着物业服务越来越受到社会各界的关注，物业服务企业管理愈加规范，服务质量不断提升，合格样本占比环比略有上升。本期物业服务价格指数评价体系覆盖范围广泛，样本选择标准严格谨慎，研究成果持续引领行业发展方向。

表9-5　2023年中国物业服务星级评价样本统计

调查项目数：7382 个，合格样本数量：3701 个

城市	调查项目数	合格样本数	城市	调查项目数	合格样本数
北京	380	188	上海	583	323
广州	566	277	深圳	601	305
杭州	472	226	南京	410	200
武汉	337	181	天津	551	271
重庆	588	283	成都	492	252
昆明	265	138	苏州	225	121
无锡	235	120	长沙	236	115
宁波	315	154	青岛	270	132
南昌	203	95	济南	214	109
合肥	229	108	常州	210	103

数据来源：中指数据 CREIS，www.cih-index.com。

（1）二十城样本各星级项目占比，四星级与五星级项目占比稳中有升

整体来看，二十城物业服务水平以四星为主，占比46.80%，四星级和五星级项目占比分别为46.80%、9.91%，五星级项目占比稳中有升；从城市分级来看，一线城市的四、五星级项目合计占比为65.14%，环比上涨2.75%；一线城市中四星级项目占比为51.69%，环比波动不明显。二线城市四星级项目占比为44.75%，环比上涨约1%；五星级项目占比为8.44%，三星级项目占比46.82%，四、五星级项目占比之和仍超过三星级项目。

图9-5　二十个城市物业服务星级评价情况

数据来源：中指数据CREIS，www.cih-index.com。

一线城市的四星级项目稳中有升。在国家政策影响下，物业服务企业有更多精力提升服务质量，磨练自身软、硬件服务能力，提升整体项目实力，规范各项服务流程，加强卫生保洁以及美化社区环境，提高项目软件服务水平。

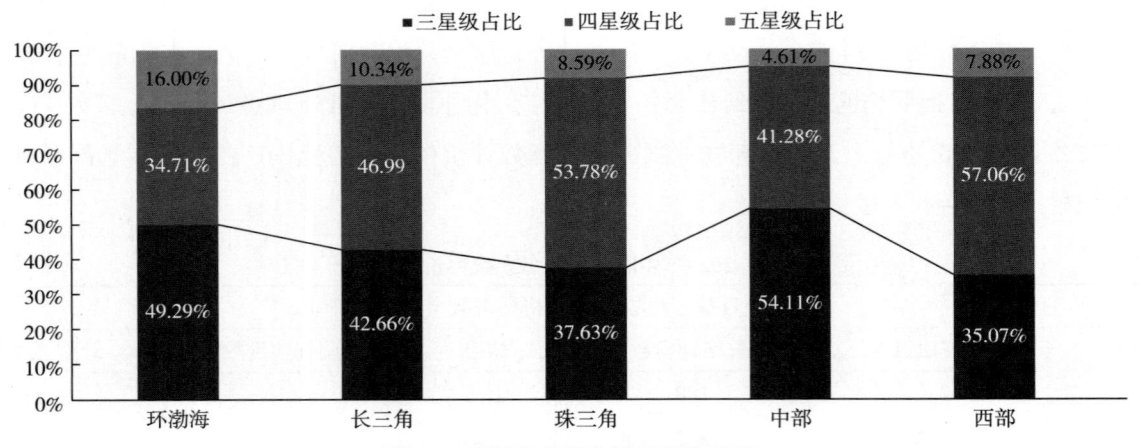

图9-6　区域物业服务星级评价情况

数据来源：中指数据CREIS，www.cih-index.com。

从区域分布来看，珠三角地区和西南地区四星级与五星级样本之和占比均超60%，分别为62.37%和64.93%，占比领先于环渤海地区、长三角地区和中部地区。环渤海地区、中部地区和长三角地区四星级样本占比分别达34.71%、41.28%、46.99%，四星级样本较上年均环比上升，环渤海地区的五星级样本占比最高达16.00%；中部地区四星级与五星级样本之和占比相对略低，仅达45.89%，环比小幅下降。

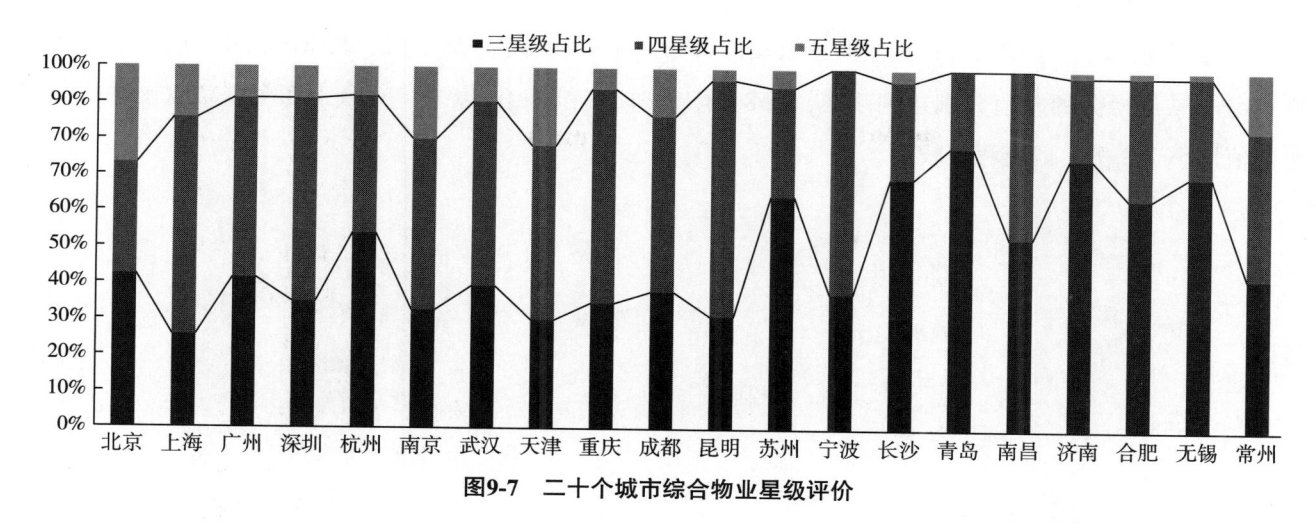

报告九　2023年中国物业服务价格指数研究报告　501

图9-7　二十个城市综合物业星级评价

数据来源：中指数据CREIS，www.cih-index.com。

从城市方面看，上海、深圳、南京、武汉、天津、重庆、成都、宁波、昆明九个城市的四、五星级样本占比均超过60%，领先于其他城市。其中上海、深圳、南京、天津、昆明四座城市四、五星级样本占比超过65%。北京的五星级样本占比为27.13%，环比上涨3.24%，仍居于所有城市首位，天津、南京、常州和成都的五星级项目占比也均超过10%，分别为21.77%、20.00%、16.50%、13.10%。此外，北京、广州、常州的四、五星级样本占比均超过50%。

（2）物业服务软硬件整体发展均衡，软件、硬件服务两翼齐飞

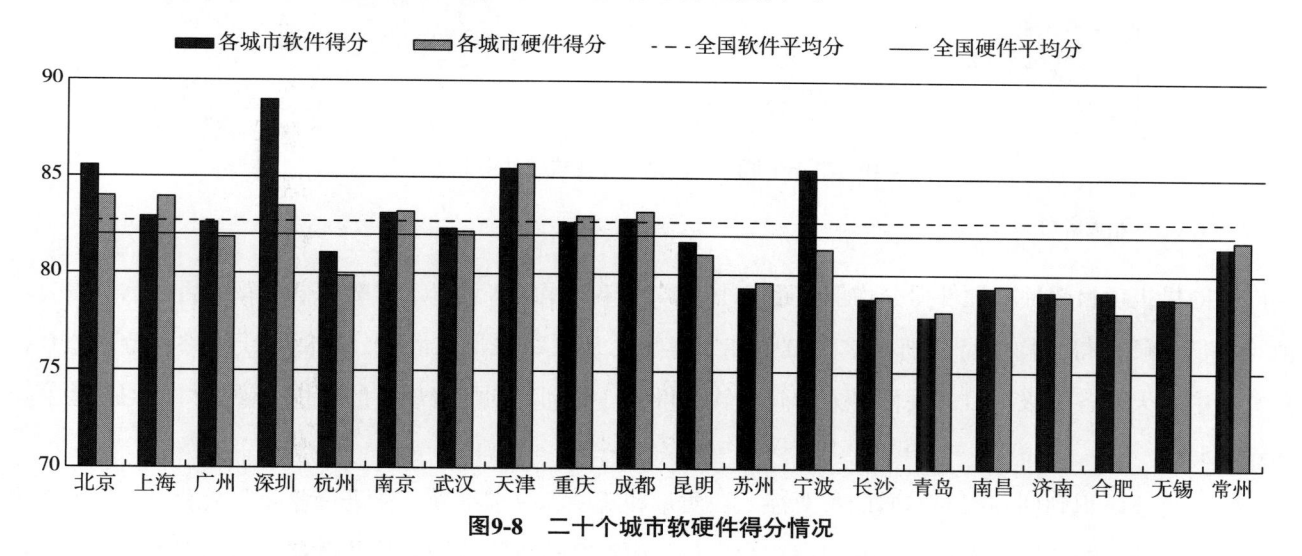

图9-8　二十个城市软硬件得分情况

数据来源：中指数据CREIS，www.cih-index.com。

2023年，物业服务软件、硬件服务双提升，均衡发展。根据调研结果来看，二十个城市的软件和硬件平均得分分别为82.68分和81.98分，软件平均得分略高于硬件平均得分。通过优化经营和提高服务质量，提高客户满意度和忠诚度，优质的"软"实力帮助企业在激烈的市场竞争中脱颖而出，并实现持续的业务增长。物业服务企业一方面不断升级硬件系统，另一方面持续加大软件方面投入，提升公共秩序、保洁、绿化等软件服务质量，还通过聚焦增值服务不断满足业主个性化、多元化需求，提高软件服务水平。

多数城市软硬件服务水平差距不大，深圳软硬件得分差绝对值较大。深圳软件得分比硬件得分高5.48分，为二十个城市中软硬件得分差绝对值最大的城市。主要原因为深圳硬件得分在二十城均值附近，软件

得分明显领先，居二十城首位；其余城市软硬件得分差绝对值较小，除宁波、北京、杭州、合肥与上海硬件得分与软件得分的差值分别达到 4.14、1.58、1.19、1.07 和 –1.04 以外，其余十四个城市软硬件得分差绝对值均小于 1 分，匹配程度较高。

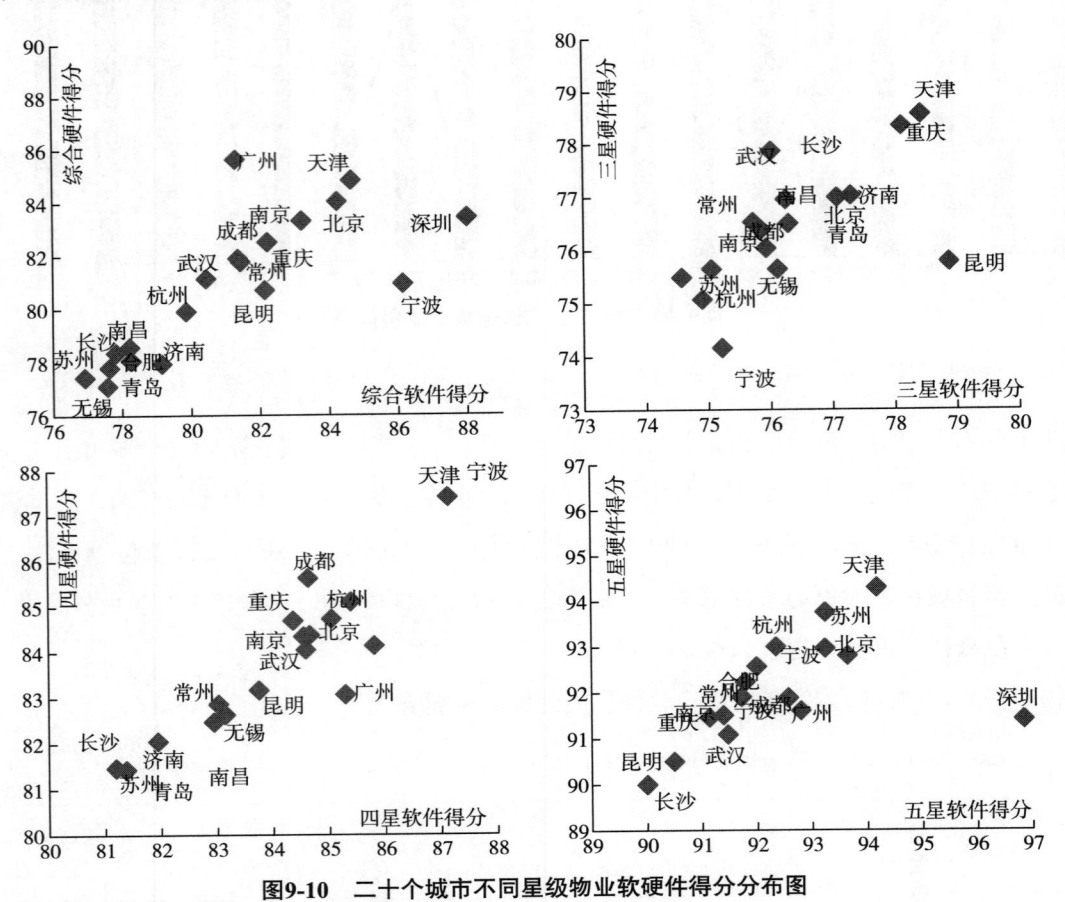

图9-10　二十个城市不同星级物业软硬件得分分布图

数据来源：中指数据 CREIS，www.cih-index.com。

不同星级项目软件、硬件得分均值差距较小。2023 年分星级来说，三星级和五星级项目的软件得分均值均略低于硬件得分均值，分别相差 0.80 分和 0.44 分；四星级项目软件得分均值高于硬件得分均值 0.17 分，其中，天津各星级项目的硬件得分均高于软件得分。深圳不同星级项目的软件、硬件得分均值差值均超过 2.5 分。

物业企业认识到回归服务本质的重要性，在质量和速度间寻求平衡，促进行业高质量发展。软硬件得分的上升反映出物业服务质量在不断提高。为进一步明晰高质量物业服务的共性和特征，本报告选取物业服务项目中有代表性的标杆项目进行深入挖掘。

表9-5　部分城市标杆项目物业服务收费

项目名称	项目规模（万平方米）	物业服务收费
深圳华侨城天鹅湖花园	约 6.1	9.9 元 / 平方米 / 月
融创壹号院	约 18.9	5.0 元 / 平方米 / 月
御璟湖山	约 84.0	3.8 元 / 平方米 / 月
大连·富力中心	约 10.1	31.0 元 / 平方米 / 月

数据来源：中指数据 CREIS，www.cih-index.com。

标准化、多元化、智能化已成为高品质物业服务的显著特征。通过观察标杆项目，高品质物业服务已具有以下几点特征：一是建立系统的标准化服务体系，从源头抓好服务品质建设；二是定制化服务增加用户黏性，紧跟客户需求，提供贴心服务。

三、物业服务样本标杆

1. 深圳华侨城天鹅湖花园：诠释超高端品质生活典范

天鹅湖花园作为华侨城地产倾力打造的高端项目，具有优美的环境、优越的位置、顶级的配套设施和高端的业主群体。天鹅湖管理服务中心以华侨城物业在高档小区管理方面的丰富经验为根基，根据天鹅湖花园自身的项目特点，制定了个性化管理方案，引入了"华·管家"物业服务体系。以"专属管家，终身陪伴"为指导思想，"臻于心、悦于家"为服务理念，为每一位业主提供贴心、细致、专业的服务，在享受高品质生活的同时，感受到家的温暖与舒适。

（1）项目基本情况

项目位置	项目规模	物业服务收费价格
深圳市南山区侨香路4261号	约6.1万平方米	9.9元/平方米/月

（2）项目服务亮点

服务亮点一：高端配置，服务全面

天鹅湖花园项目为每一栋楼（单元）都精心设计了一个"华·管家"团队，团队由礼宾管家、大堂管家、专属管家组成，全方位为业主提供服务。

礼宾管家：负责楼栋业主直观体验的物业礼宾服务工作。

大堂管家：负责楼栋大堂"华·逸站"服务工作的正常运营。

专属管家：统筹楼栋的物业服务工作并全面主持对接业主服务需求。

服务亮点二：特色定制，服务至微

统一着装，佩戴统一标志，仪容仪表整洁规范，语言文明规范，配备对讲装置，并定期开展职业技能培训。

随着消费者需求的不断变化，定制化服务已经成为一种趋势。在这个项目中，增设"华·逸站"式服务及"私家定制"服务让每一位客户都能享受到独一无二、贴心至微的体验。

"华·逸站"百事通基础服务：大堂管家利用大堂配套设施设备，为业主、宾客提供多类基础便民服务，如资料复印打印服务、信息咨询服务、电梯指引服务、物品借出服务（雨伞、手推车、医药箱、工具箱等）、邮件代收代寄服务……满足业主一切合理需求。

"华·逸站"休憩服务：释放压力、缓解疲劳，回归"驿站"原始功能。9.9米堂高，配备豪华软装、独家香氛、精美茶点，以供业主休憩，为业主、宾客带来高端酒店般的大堂感受。

"华·逸站"晨送晚迎服务：每天早上7：30-8：30由礼宾管家在大堂主出入口送业主出门，晚上17：30-18：30由大堂管家在大堂主出入口迎业主回家，朝夕之间，迎来送往，关怀无微不至。

"华·逸站"移动服务：为了将更有温度的服务"移动"至业主身边，天鹅湖花园设立移动饮品车，根据不同喜好，向业主提供多样饮品。

"私人管家贵宾接待"预约模式：私人管家在接受业主预约后，将会开启"VIP宾客接待模式"协助业主接待访客。访客抵达，私人管家会为其提供精致茶点，引导至大堂休息等候，待与业主认证核实访客身份后由专属管家护送上楼。

服务亮点三：荣誉加身，品质领航

天鹅湖花园项目先后获得《节水型居民小区》《深圳市巾帼文明岗》《安全文明标兵小区》等荣誉称号，持续领跑深圳高端住宅项目标杆。

2. 融创壹号院——打造高端品质生活理想之地

融创壹号院位于重庆市渝北区，已于2022年3月交房，自项目开盘以来，一直是重庆备受瞩目的高端住宅项目，其物业服务公司融创服务也一直致力于为业主提供全面的高品质服务。在物业管理方面，融创服务在其住宅服务领域"归心服务"的基础上升级提出"归心全生活服务体系"（悦居、悦享、悦邻、悦身、悦心）。对内，以业主的高品质体验为目标，对服务提出更高标准及要求，实现业务流程升级；对外，全面升级物业基础服务、物业增值服务以及围绕社区活动和社群建设等展开的精神文化服务。此外，基于融创高净值客户的全方位服务需求，融创服务创新现有物业服务模式，推出集极致化基础服务、个性化私享服务、高品位精神构建于一体的定制化高端服务。融创服务用持续升级的服务，专注于引领城市美好人居，同时也为客户提供更高品质的物业服务体验。

（1）项目基本情况

项目位置	项目规模	物业服务收费价格
重庆市渝北区大竹林街道玉竹路2号	约18.9万平方米	5.0元/平方米/月

（2）项目服务亮点

服务亮点一：打造社区生活全场景化的融创式美好体验

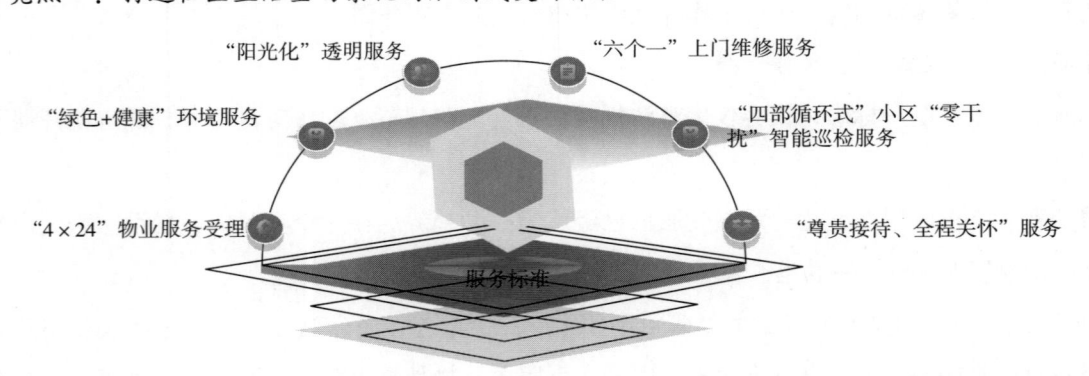

融创服务坚持以"至善·致美"为服务理念，在夯实基础物业服务品质、推行标准化管理的基础上，敏锐洞察客户潜在需求，不断为客户打造社区生活全场景化的融创式美好体验。

服务亮点二：高品质"美居"装修管理

针对装修管理，融创服务在接房前后与装修期间的管理工作中，以严谨、专业的服务确保现场的高端品质。接房前会基于业主的个性化装修需求拟定一对一装修服务方案；接房后建立壹号院铂金管家和业主及业主家人、装修单位负责人一对一装修沟通服务群，及时分享天气预报、政府重要信息、业主户内整改及装修工序等最新进展，为业主提供尊享服务。装修期间，归心服务中心与每一户装修负责人签订《成品保护承诺书》督促其在装修期保护公区设施设备；对车库进行特殊处理，为减少扬尘设置专属封闭式卸货区域，还增设了车库入户大堂地胶铺设和沙发防尘罩装饰，保障业主品质"美居"生活。

服务亮点三：全程关怀，致美服务

从前期介入、验收、入伙办理、房屋维修到日常物业服务，由铂金大管家联动相关部门人员全程陪同客户，将致力于为客户提供全程"贴心"关怀的优质服务。开发"归心APP"为客户提供智慧生活服务，针对高端社区亦定制开发了更多的应用功能，营造更高效舒心的美好生活体验，提供贴心免费服务、特约有偿服务、尊崇定制服务三大类服务，涵盖衣、食、住、行、康、育、家，力求营造完美梦想之家。

3. 御璟湖山——遇见诗意生活

华宇御璟湖山以低密度、高舒适度的高端住宅开发为主。华宇优家集团为御璟湖山项目提供"钻石优管家"服务，以业主的需求为导向，高标准严管理，在日常服务的基础上，定制增值服务，为业主提供全场景、全生命周期的高端物业管理服务，让业主享受便利、快捷、全方位细致周到服务的社区生活。

（1）项目基本情况

项目位置	项目规模	物业服务收费价格
重庆市两江新区礼慈路6号	84.0万平方米	3.8元/平方米/月

（2）项目服务亮点

服务亮点一：客户至上的服务理念

御璟湖山项目客户服务细致周到，建立了以客户为中心的服务体系。包含12小时服务接待中心，全天候管理人员接待，确保业主和物业使用人的每一次咨询和投诉都能得到100%的响应与满意解决。此外，24小时的报修值班制度和紧急情况下20分钟内到场的快速响应机制，保障了业主在遇到突发情况时能够得到迅速而有效的帮助。完善记录报修、维修和回访流程，确保服务质量持续优化。

服务亮点二：严格的秩序维护体系

安全管理专业化，引入了统一规范的保安队伍。不仅在外观形象上统一着装、佩戴标志，更在专业素质上要求每位成员语言文明、行为规范，并配备现代化通信设备以提高效率。御璟湖山项目尤其注重保安人员的年龄结构与身体素质，专职保安人员以中青年为主，45周岁以下的占总数的60%以上，确保团队活力与执行力。定期培训和严格的交接班制度，保证了小区24小时的安全监控和高效运转。在安全保障方面，御璟湖山项目在小区各出入口进行24小时值守，其中主出入口7：00-19：00立岗，并有详细的交接班记录。小区内部按规定每2小时巡逻一次，重点部位设置巡更点，保障小区安全。

服务亮点三：全方位的环境管理

环境卫生控制精细化。对小区环境卫生管理进行了精心设计。实施了垃圾分类和定时清理机制，室外垃圾桶和公共区域均有专人负责日常清洁与维护。通过科学的消毒灭害程序，确保小区环境不仅整洁美观，而且健康宜居。这样的环境管理不仅提升了居住体验，也彰显了物业管理的专业水准和对公共卫生的重视。

服务亮点四：社区文化建设

社区活动丰富多彩。华宇御璟湖山项目不仅在硬件服务上下功夫，也同样注重软性服务。以睦邻文化为中心，为业主打造"优享四季"的不同季节的主题活动，为业主提供邻里交流的平台，创建和睦社区氛围。通过每年不少于3次的节日专题布置与每月至少1次的社区活动，增强了社区凝聚力和业主之间的互动交流。此外，快递到家服务、宠物代看服务、资料打印服务、花园打理服务等，更是体现出物业对居民生活质量提升的用心。定期开展业主满意度测评，不仅提供了反馈改进的机会，也是对物业服务质量的持续监督。

4. 大连·富力中心——诠释向往已久的人性化、生态化、科技化办公场所

大连富力中心位于中山区CBD核心，集金融、旅游、商务、休闲等功能于一体。项目总建筑面积约20.8万平方米，写字楼地上总面积约6.8万平方米。

富力中心以顶级商务影响力，打造人性化、生态化、科技化的办公场所，引领大连跻身世界大都市的商务新高度，全面开启生态智慧办公加速引擎。

（1）项目基本情况

项目位置	项目规模	物业服务收费价格
辽宁省大连市中山区港兴路6号	10.08万平方米	31.0元/平方米/月

（2）项目服务亮点

服务亮点一：客户服务，暖心细致

项目将客户按规模和需求进行分类，VIP客户个性化需求定制，如开业绿植祝福、司庆服务、VIP服务接待、卫生间茶水间用品需求定制等。

时刻关注客户动线及触点感受，管家每天对客户动线进行巡检，发现问题及时报修。提升服务品质，对客户提出的意见和建议，及时反馈，并在客户关键触点安排特殊服务（如雨天打伞，晨迎暮送等）。

打造大厦文化氛围，每月举办文化活动（夏季凉茶派送、羽毛球趣味赛、摄影展等），丰富大厦客户的精神文化生活，促进各公司之间的合作平台搭建，加强客户之间的联系和友谊。

针对部分人员相对密集、难度高的保洁区域，设固定岗位，卫生间设专人保洁；流动岗位保洁，加强巡视检查工作及时清除垃圾。对各类标识牌等及时进行清洁维护，保持项目的环境卫生，树立企业的良好形象。

服务亮点二：安全管理，智能监控

统一着装，佩戴统一工牌，仪容仪表整洁规范，语言文明规范，配备对讲装置，并定期开展职业技能培训。

监控中心24小时值班，发生报警5分钟内到达楼内任意地点。主出入口8：00-18：00立岗，并有详细的交接班记录，对外来人员进行详细的信息登记。未经许可不得访问的租户统一电话联系租户。

规划固定的管理路线和时间，每6小时巡查一次，做好巡查记录。重点部位设电子巡更点，重点区域、重点部位每2小时巡逻，并实施24小时监控。

建立智能车辆管理系统，对月租车有专业的办理流程。临时车辆手动扫码支付，实现无障碍通行。

建立完善的火灾、治安、公共卫生等突发事件应急预案，接到火警、警情和住户紧急求助等异常情况时，充分做到在 5 分钟内赶到现场，并采取相应的应对措施。每年开展 2 次消防安全演练，开展电梯困人应急演练，并邀请租户参与，保障项目安全。

服务亮点三：环境绿化，精细管理

确保配电系统、给排水系统、电梯系统、消防系统、供暖系统、空调系统等设备、设施的可靠运行。

实施精细化管理，引进先进智能技术（如洗地车、扫地车等）提高相应服务标准。室外吸烟区、垃圾桶按照每日清理 2 次、擦拭 1 次标准实施，箱（桶）无满溢无污迹、无异味。

项目停车场、绿地等每日清扫 2 次，电梯厅、楼道、一层大堂每日拖拭 2 次；理石路面每周进行专业理石护理。消防通道每日拖拭 1 次；共用部位玻璃每月清洁 2 次；楼道灯每月清洁 1 次。

楼梯扶手、室外标识、外卖柜、电梯轿厢等部位每日擦拭 2 次，目视无灰尘、明亮清洁；电梯操作板每日消毒 1 次。

消毒灭害，每月对窨井、明沟、垃圾房喷洒药水 1 次，每季度灭鼠 2 次。有噪音的消杀作业避开客户休息时段，消杀计划提前 1 周公示。

楼层卫生间等公共区域日常设专人循环保洁，保持干净整洁无杂物。

服务亮点四：公共设施，定期巡检

建立共用空间、共用设施设备档案，对房屋共用空间、共用设施设备进行日常管理和维修养护，运行、检修和保养等记录齐全。

定期检查、巡查房屋共用空间、共用设备设施的使用状况，发现损坏，立刻维修。

每日巡查 1 次写字楼楼层、楼梯通道以及其他共用空间的门窗等，发现问题及时维修养护；每周巡查 2 次房屋外檐、门窗，保持楼内共用空间玻璃、配件完好；每周巡查 2 次围墙、楼内墙面、顶面，遇有损坏，及时修补；每月检查雨水井保持畅通，化粪池每年清淘 2 次；每周巡查 1 次楼内地面、外面道路，确保平整通畅，发现损坏立即按规定修复。

对有安全标识、管理标识的区域，保持标识完好。写字楼主出入口设有项目平面示意图，主要路口设有路标。公共配套设施、场地设有明显标志。对可能危及人身安全的设施设备，设有明显警示标志和防范措施标志。同样考虑到可能发生的各种突发设备故障，提前备好应急处理方案。

表9-6　　　　　　　　　　　　　　　　2023年部分星级物业服务项目

物业项目	所在区域	物业服务企业	物业服务星级
创新产业园	北京	北京电子城物业管理有限公司	★★★★★
科技大厦	北京	北京电子城物业管理有限公司	★★★★★
世东国际	北京	北京住总北宇物业服务有限责任公司	★★★★★
老干局一中心	北京	北京住总北宇物业服务有限责任公司	★★★★★
通州万国城 MOMA	北京	第一服务控股有限公司	★★★★★
长安华都	重庆	重庆凯美物业管理有限公司	★★★★★
厦门蓝湾国际	福建	世茂天成物业服务集团有限公司厦门分公司	★★★★★
佛山中建映湖悦	广东	中建四局城市运营服务有限公司	★★★★★
佳宁娜友谊广场	广东	深圳历思联行物业管理有限公司	★★★★★

续表

物业项目	所在区域	物业服务企业	物业服务星级
建发央玺	广西	怡家园（厦门）物业管理有限公司南宁分公司	★★★★★
建发五象印月	广西	怡家园（厦门）物业管理有限公司南宁分公司	★★★★★
中海汇德里	海南	中海物业管理广州有限公司海口分公司	★★★★★
天街华府一期	海南	海南珠江格瑞物业管理有限公司	★★★★★
石家庄市锦绣学府	河北	荣万家生活服务股份有限公司	★★★★★
沧州市荣盛名邸	河北	荣万家生活服务股份有限公司	★★★★★
石家庄中冶·德贤华府	河北	中冶置业集团物业服务有限公司	★★★★★
郑州·建业天筑	河南	河南建业新生活服务有限公司	★★★★★
正商祯瑞上境	河南	正商服务	★★★★★
济南平安金融中心租赁展示中心	山东	第一太平戴维斯物业顾问（上海）有限公司济南分公司	★★★★★
成都市温江区嘉祥外国语学校	四川	成都万丰创新物业管理有限公司	★★★★★
嘉祥·瑞庭南城	四川	成都万丰创新物业管理有限公司	★★★★★
乐山富力尚悦居	四川	广州天力物业发展有限公司成都分公司	★★★★★
成都富力桃园BC区	四川	广州天力物业发展有限公司成都分公司	★★★★★
蜀道·邛海壹号	四川	四川蜀道物业服务集团有限责任公司	★★★★★
蜀道·碧水云天	四川	四川蜀道物业服务集团有限责任公司	★★★★★
蜀道·锦华府	四川	四川蜀道物业服务集团有限责任公司	★★★★★
蜀道·公园里·锦庐	四川	四川蜀道物业服务集团有限责任公司	★★★★★
蜀道·锦悦半岛	四川	四川蜀道物业服务集团有限责任公司	★★★★★
蜀道·牧山溪岸	四川	四川蜀道物业服务集团有限责任公司	★★★★★

数据来源：中指数据CREIS，www.cih-index.com。

表9-7　　2023年部分物业服务行业示范基地

物业项目	所在区域	物业服务企业
易亨·飞宇园区	北京	北京易亨物业管理有限责任公司
中铁诺德产业园	北京	中铁诺德城市运营服务有限公司
星河发展中心	广东	星河智善生活
粤桂合作特别试验区（梧州）	广西	深圳历思联行物业管理有限公司
武汉控股大厦	湖北	武汉三镇物业管理有限公司
滨江金茂府	湖北	金茂服务武汉分公司
中国医科大学	辽宁	华润万象生活
大连富力中心	辽宁	北京恒富物业服务有限公司大连分公司

数据来源：中指数据CREIS，www.cih-index.com。

中指研究院对本次物业星级评价中表现突出的星级物业服务项目及示范基地进行深入分析。星级物业服务项目软、硬件服务发展均衡，示范基地特色鲜明。

星河智善生活成立于1999年，前身是星河物业，2015年，更名为深圳星河智善生活股份有限公司，正式市场化。星河智善生活坚持"星河精品，至诚服务"的质量方针，以"星服务，心托付"的服务理念，践行美好城市生活服务提供商之路。历经24年，星河智善生活现已发展为集物业服务、产商服务、配套服务、智慧科技、增值服务为核心的专业化服务企业。其服务的星河发展中心获评"2023中国五星级物业服务项目"。

建业新生活秉承"一切以客户为中心"的企业理念，围绕基础服务、增值服务等业务，目前已形成物业基础服务、管家幸福服务、"建业+"增值服务、物业云智慧服务等四大服务体系，为业主提供地域、时间、功能无盲点的服务。深耕多年，建业新生活的品质服务与综合实力深受行业认可，品牌价值不断提升，现已成为具有行业影响力的新型生活方式服务商。其服务的郑州·建业天筑获评"2023中国五星级物业服务项目"。

荣万家管理涵盖住宅物业及非住宅等多业态，包括商业物业，如购物中心、写字楼、酒店式公寓等；公建物业，如产业园、奥体中心、政府办公、学校、医院等；城市服务，如市政道路、城市公园、康旅小镇等，是一家大型的综合性专业物业服务企业。荣万家秉持"好生活荣万家"的服务愿景，围绕"生命全周期，服务全链条"的服务理念，致力于打造"有温度的社区文化"，并为业主打造科技化、现代化的社区新生活空间。其服务的石家庄市锦绣学府、沧州市荣盛名邸获评"2023中国五星级物业服务项目"。

四、结语

2023年物业服务价格指数的变化，反映出全国重点二十城物业服务价格稳定态势。从调研样本星级分布情况来看，四星级物业服务项目占比超越三星级物业服务项目，为占比最高的星级项目类型，印证了行业高品质发展的现实情况。伴随着物业服务企业软、硬件服务质量的持续改善，市场上中高端物业服务项目明显增多，物业服务企业凭借质价相符的服务赢得发展的底层逻辑正在形成社会共识。

2023年，国家相关部门相继推出了多项涉及物业行业的重要政策。7月，颁布了《全面推进城市一刻钟便民生活圈建设三年行动计划》，这一计划的核心目标在于提高居民的生活品质，构建方便快捷的生活圈。8月，发布了《关于规划建设保障性住房的指导意见》，不仅为房地产行业在确定保障对象、确立面积标准、制定配售规则、优化运营管理、选择试点范围、探索筹建方式、提供资金支持以及政策衔接等多个方面提供了积极的指导，也为物业管理行业开辟了更广阔的市场空间。尤其是在人口超过300万的大型城市，物业管理行业迎来了前所未有的新机遇。

得益于国家政策的有力推动，物业企业正不断提升服务质量和工作效能，增强自身实力，积极适应市场变化，以实现长期可持续发展。物业行业现已步入一个关键阶段，尽管挑战不断，但发展前景依旧光明。以数据为基础，物业企业及时洞察市场动态，灵活调整策略，并且不断创新服务模式，以适应日益变化的市场和客户需求。未来，能够提供优质服务、拥有高效运营能力和高度独立性的物业企业，将有望引领整个物业服务行业向更高水平迈进。

在此背景下，我们通过物业服务星级评价工作，持续挖掘和传播优秀项目的服务经验和服务标准，彰显标杆项目的特点和优势，发挥优秀星级物业服务项目的示范带头作用。同时，通过对国内主要城市项目的物业服务水平和价格进行持续的跟踪调查和研究，客观反映行业发展变化，探讨物业服务价格定期调整机制的建立和落实，促进物业服务价格与服务水平的统一，推动行业健康平稳发展。

附录：中国物业服务价格指数编制说明

基于物业管理行业需要，中指研究院在中国房地产指数系统的基础上，结合多年积累的研究经验，参考国内外相关研究成果，形成了"中国物业服务星级评价标准体系"和"中国物业服务价格指数系统"等理论体系，并在2013年上半年进行了调研和试算。2013年6月28日，住房和城乡建设部政策研究中心主持的"中国物业服务价格指数专家鉴定会"在北京召开。由国家统计局、国务院发展研究中心、北京大学、清华大学、北京物业协会等中国房地产业界及物业服务行业的权威专家组成的评审委员会对"中国物业服务价格指数理论与实践"研究成果进行了评审。评审委员会听取了成果汇报，形成评审意见，并一致通过研究成果的评审。会后，研究组根据专家意见对理论体系进行了完善，最终形成了中国物业服务价格指数研究方法体系。2013年12月20日，中国物业服务价格指数研究报告首次对外发布。

1. 样本选择

"质价相符"的定价原则要求物业服务价格与服务水平要相适应，在编制指数时必须区分不同标准物业服务对服务价格的影响，选择具有一定服务水平的物业项目作为指数研究的样本。基于此，研究组制定"中国物业服务星级评价标准体系"[①]，根据该评价标准选择数量充分的、符合要求的在管物业项目作为物业服务价格指数编制的样本。

"中国物业服务星级评价标准体系"分为软件和硬件两个方面。软件标准体系由基本要求、房屋管理、公共设施管理与维修、协助维护公共秩序、保洁服务、绿化养护管理和其他管理组成；硬件标准体系包括基本要求、综合配套、绿化及景观、车位、文体娱乐设施、共用设施设备、安保系统、物业管理硬件及人员配备、物业标识等内容。

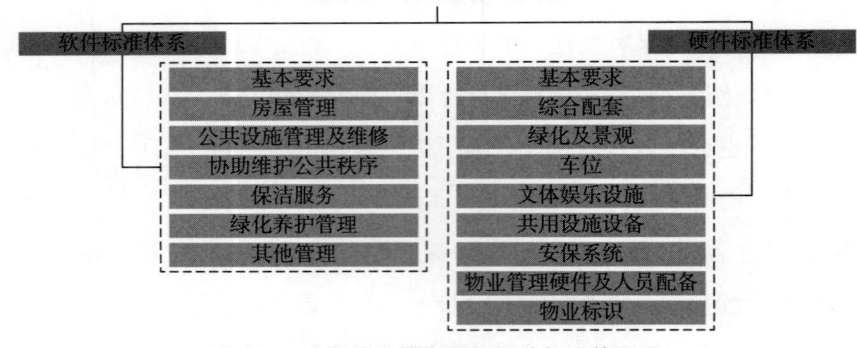

图9-11　中国物业服务星级评价标准体系图

资料来源：中指研究院综合整理。

根据星级评价标准体系，软硬件满分均为100分，满足70分≤考核评分＜80分，则符合三星级标准；满足80分≤考核评分＜90分，符合四星级标准；考核评分≥90分，符合五星级标准。最终样本项目的物业服务评级取软件评价和硬件评价中较低者。如果项目物业服务的软件或硬件评价低于三星级水

[①] 参见中指研究院2013年6月《中国物业服务星级评价标准体系》。

平，则将其录入数据库中，但不作为计算物业服务价格指数的样本。

在"中国物业服务星级评价标准体系"基础上，本次研究的样本选择标准如下：①位于各市城区（不包含下辖县和县级市）；②2000年后竣工验收，入住时间1年（含）以上的商品住宅项目，其中一线城市（北京、上海、广州、深圳）的项目建筑面积需在10万平方米以上，其他城市在5万平方米以上；③有合法注册的物业服务企业在管；④根据"中国物业服务星级评价标准体系"，物业服务水平和硬件设施的评价结果均在三星级以上（含三星）。

考虑到数据的可获得性和在全国的代表性，遵循典型性原则，选择二十个代表城市作为研究对象：北京、上海、广州、深圳、天津、武汉、重庆、南京、杭州、成都、长沙、常州、昆明、宁波、青岛、苏州、无锡、济南、合肥、南昌。

2. 指数模型

（1）指数系统的结构

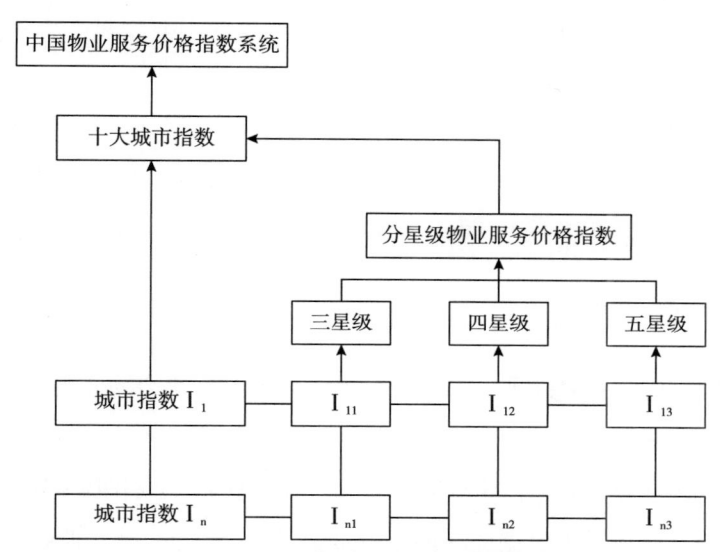

图9-12 中国物业服务价格指数系统

资料来源：中指研究院综合整理。

中国物业服务价格指数系统以城市各星级服务价格指数为最低层级，逐级生成城市物业服务价格指数、二十城物业服务价格综合指数。根据研究分析需要，还可以扩展构建城市分城区物业服务价格指数等。

（2）指数编制方法

表9-8　　　　　　　　　　中国物业服务价格指数计算模型

类别	基本分类及以下类别环比价格指数	基本分类以上各类别环比价格指数
公式	$K_{t,t-1}=\dfrac{\sum_{i=1}^{n}(\dfrac{p_t^i}{p_{t-1}^i})w_{t-1}^i}{\sum_{i=1}^{n}w_{t-1}^i}$	$K_{t,t-1}=\sum_{i=1}^{n}K_{t,t-1}^i\dfrac{w_i}{\sum_{i=1}^{n}w_i}$

资料来源：中指研究院综合整理。

计算物业服务价格指数时，以每个物业项目的建筑面积占样本库中所有合格物业项目建筑面积总和的比重为该物业项目权重。①环比价格指数，以三星级物业、四星级物业、五星级物业价格为基本项计算；②城市物业服务价格指数，根据城市各星级的物业服务价格指数，按各星级样本项目建筑面积加权平均计算；③二十城物业服务价格综合指数，根据二十个重点城市的城市物业服务价格指数，按各城市样本项目建筑面积加权平均计算。

3. 数据采集

物业服务价格指数的数据采集工作以企业填报、电话调研、实地调查为主。

（1）调查内容

一是物业服务水平，包括物业项目的软件及硬件两大方面，具体细分项参见《中国物业服务星级评价标准体系》。二是物业服务价格及建筑规模等基本信息，物业服务价格指项目的月均每平米物业服务费用；建筑规模指项目总建筑面积，是计算样本物业项目权重的指标；其他基本信息包括项目名称、竣工时间、入住时间、所在区域等。

（2）数据来源

一是通过中国房地产指数系统（CREIS）数据库，获取该城市住宅项目名单及基本信息。二是通过对物业项目实施电话访问和调查，收集物业服务价格等相关信息，对有地址但无联系方式的项目做实地调查。三是通过物业服务企业填报其在管项目的相关信息。

（3）数据补充

对于无法取得价格数据等基础资料的样本，将采取两个方式补充。一是将没有价格数据的样本项目用同区域、同星级样本项目的价格推算；二是对无法获得当前建筑面积的样本项目通过批准上市面积等资料来估计。

（4）数据整理

调查所得的原始数据需进行必要处理。第一，对原始数据只有单户物业服务价格数据的项目，根据项目的户型面积等估计项目的月均每平米物业服务价格；对原始数据中的项目进行统一的区域划分，并根据分析需要对数据范围适当调整等。第二，检验异常数据。按照所在区域和物业服务星级进行划分，计算每档样本均值 X 和标准差 S，正常样本数据应在两个标准差（$X-2S$，$X+2S$）即 95% 的置信范围内，超出此范围的数据应剔除，剔除后再计算样本新均值和标准差，再检验，再剔除，直到无异常数据为止。

报告篇

专题报告

报告十　高品质服务，高质量发展

一、识局：行业建设酝酿新篇章，企业高质量发展知易行难

（一）识行业：前景广阔提供发展空间，市场调整加速独立成长

中国物业管理行业经过四十余年的积累，已构筑起稳固的发展基石。虽然市场短期波动带来了一定挑战，但也激发了行业自我革新、独立成长的巨大潜力。在应对市场变化过程中，行业不断挖掘新的服务模式和管理理念，为实现高质量发展持续注入强劲动力。

1. 经历"四个阶段"，实现"一转变""两加持""三延展"

我国物业管理行业发展大致经历了四个阶段，实现了服务内容的从无到有、从有到专、从专到多、从多到精的演变。行业在不同发展阶段，面临着不同的发展机遇和问题。四个阶段反映了行业发展由浅入深，从起步到逐渐成熟再到创新发展的全过程。

从无到有（1981—2003年），1981年，深圳出现了中国内地第一家物业管理公司，标志着物业管理行业在内地兴起。彼时，物业管理主要作为房地产开发的附属品存在，行业价值核心在于为上游开发企业提供业务保障，物业企业的成立多数是为了服务于母公司开发的房地产项目，企业服务内容相对单一，行业集中度低。

从有到专（2004—2013年），随着房地产市场的快速发展和业主对物业服务需求的提升，物业管理行业逐渐走向市场化。越来越多的物业企业开始面向市场提供服务，但是服务内容仍以基础服务为主。同时，行业内的竞争也逐渐加剧，企业开始注重品牌建设和服务质量的提升。此外，政府也加强了对物业管理行业的监管，出台了一系列法律法规，例如，2007年颁布的《物权法》为物业管理提供了法律依据，促进了行业的规范化发展。

从专到多（2014—2020年），该阶段，行业成功对接资本市场，并积极拥抱智慧科技，实现了跨越式发展。随着市场竞争的加剧和服务需求不断升级，物业企业开始通过兼并重组、拓展业务边界等方式来扩大规模和提高竞争力，并探索"物业服务+"的模式，服务内容更加多元化。同时，行业内的技术创新和智能化应用也开始加速发展，提高了物业服务的效率和质量。此外，物业企业还开始与社区、政府等各方建立更加紧密的合作关系，共同推动社区的建设和发展。

从多到精（2021年至今），随着房地产市场的变化调整以及人们对美好生活的向往趋于具象化，物业管理行业回归服务本源，探索高质量发展道路。此外，物业管理行业加快独立化建设，更加注重服务质量

和效率，企业之间的竞争也从简单的价格竞争转向服务品质和品牌价值的竞争。

在这四个阶段发展中，行业完成一个转变：由"高度依附型"向"独立发展型"转变。随着房地产市场进入运营服务时代，物业服务的价值被放大，上市企业数量持续增加，物业企业的"主体意识"被激活。物业企业在战略规划、运营服务、品牌塑造、人才建设等方面均表现出独立化的特点，同时还将业务触角伸向了广阔的外部市场，以拓展更多的市场化资源。

图10-1 物业管理行业两项加持示意

资料来源：中指研究院。

行业获得了两项加持：科技加持与资本加持。科技和资本对行业发展的影响从无到有、从弱到强，并持续深化应用和重塑行业形态。科技方面，随着信息技术与物业管理行业的深度融合，物业企业具备了更加强大的服务能力和业务能力：一是科技帮助企业打破传统过度的人力依赖服务模式，实现降本增效；二是企业借助智慧科技手段能够为客户带来全新的服务体验，并探索多元增值业务。资本方面，作为行业独立发展的加速器，一方面，资本市场推动行业实现从"幕后"走向"台前"；另一方面，助力物业企业规模建设和业务整合，同时加快行业整合进程；此外，资本市场还助力物业企业持续提升服务能力，构建开源业务，追求更高质量的发展。

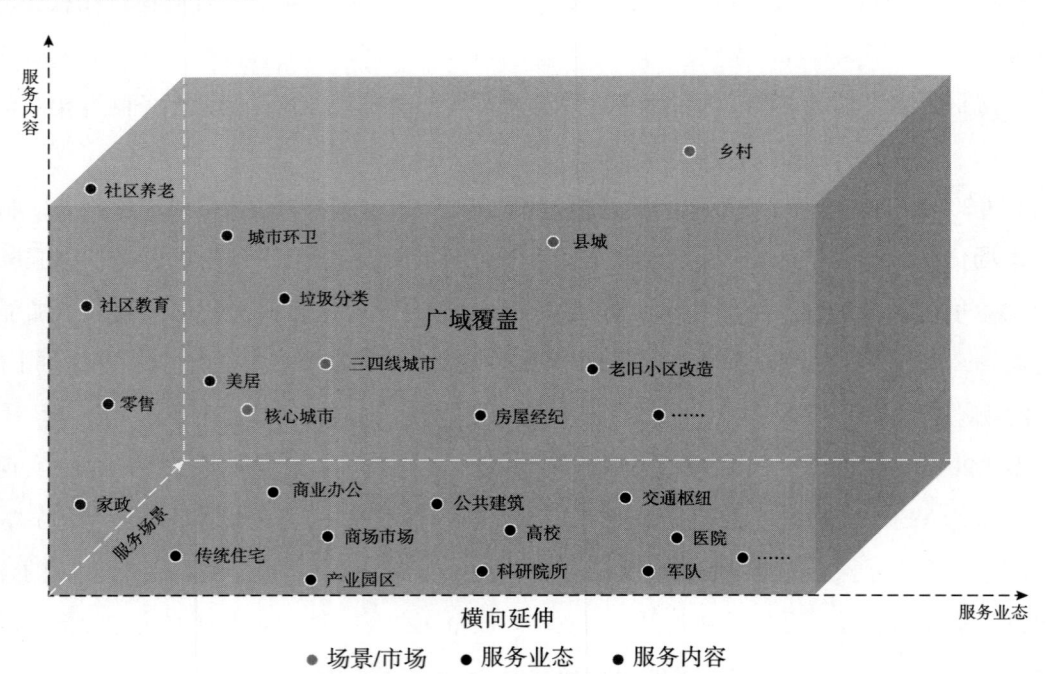

图10-2 物业管理行业三向延展示意

资料来源：中指研究院。

行业追求三向延展：横向延伸、纵向拓展、全域服务。行业的服务场景从传统住宅横向延伸至商办物业、产业园区、公共建筑、旅游景区、高校、医院、军队等；行业实现对增值服务内容和空间的纵向挖掘，在社区空间，物业企业纵深开展家政、零售、美居、房屋经纪、教育、养老等社区服务；在城市空间，物业企业探索城市环卫、老旧小区改造、垃圾分类等城市公共服务；行业追求全域覆盖服务，从高能级城市持续下沉至三、四线城市，再下沉至县城市场，甚至下探至乡村，助力乡村振兴和基层社会治理。

2. 多因素导致行业降速调整，利润率"挤水"脱虚向实

物业管理作为房地产产业链上的服务运营环节，其增量市场必然受到上游产业发展的深远影响。2023年全国商品房销售面积约11.17亿平方米，同比下降13.92%；2023年全国房地产竣工房屋面积约9.98亿平方米，虽然实现了正增长，但与此同时，全国新开工房地产项目大幅减少，2023年全国房地产开发企业新开工房屋面积从2021年约20亿平方米大幅下降至2022年的约12亿平方米，进一步下降至2023年不足10亿平方米。

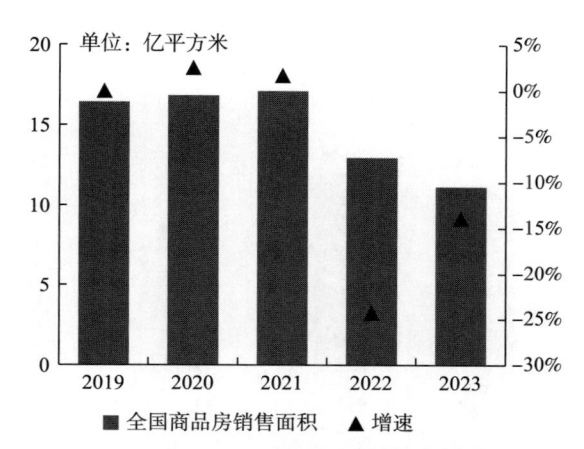

图10-3 近五年全国商品房销售面积及增速

数据来源：国家统计局。

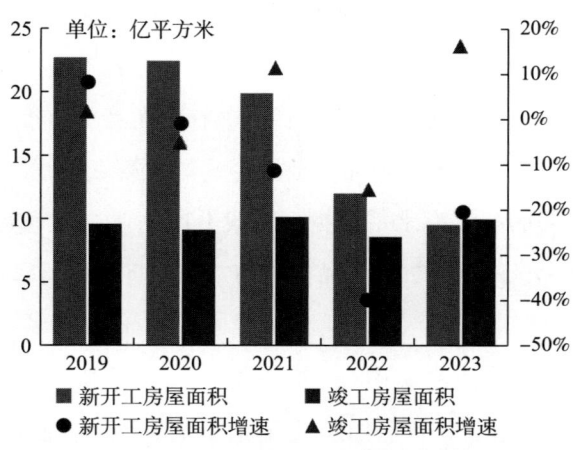

图10-4 近五年全国房地产新开工/竣工房屋面积及增速

数据来源：国家统计局。

行业增量市场面临困境的同时，外部环境也在快速变化，使企业面临更多的挑战，因此，行业发展切换为降速调整模式。根据上市企业最新披露的财务报告显示，2023年，港股上市物业企业营业收入均值约为 48.76 亿元，营收增速约为 13.93%，增速同比下降约 4.76 个百分点；利润表现方面，同期港股上市物业企业毛利润均值约为 10.22 亿元，增速为 7.81%，毛利润绝对值虽然有所放大，但是相较于行业高速增长时期，毛利润的增速下滑明显；净利润均值约为 2.93 亿元，增速为 8.92%，虽然净利润绝对值实现止跌回升，但相较于行业高速增长时期，增速同样明显下滑。

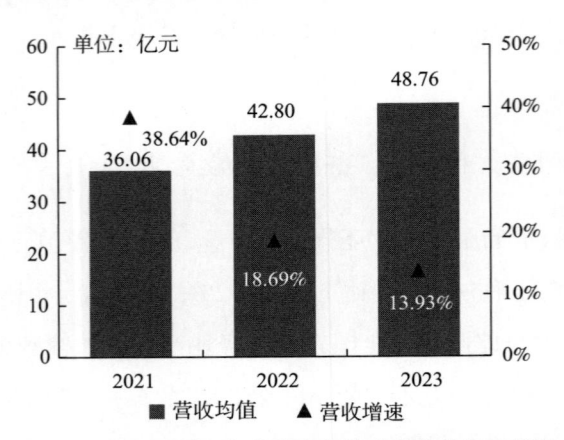

图10-5　2021—2023年港股上市物企营收均值及增速

注：此处港股上市物企指截至 2024 年 4 月 12 日已刊发 2023 年全年业绩公告的企业，下同。
数据来源：企业财报，中指研究院整理。

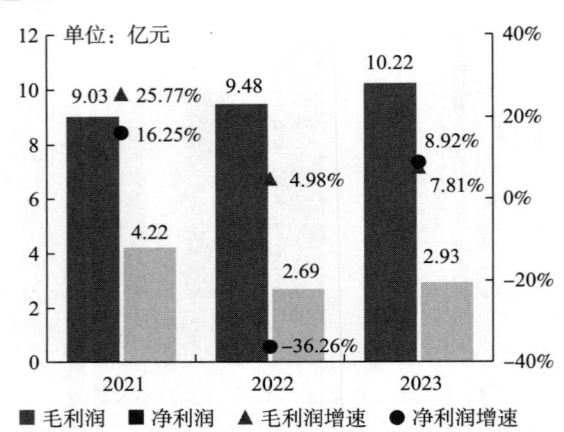

图10-6　2021—2023年港股上市物企利润均值及增速

数据来源：企业财报，中指研究院整理。

行业利润率继续"挤水分"，追求"脱虚向实"目标。在上游产业深度调整背景下，物业企业以非业主增值服务为代表的高毛利业务加速收缩，叠加大部分企业的"第二曲线"探索效果不明显，过去两年，行业整体利润率持续向基础服务的利润率水平靠拢。港股上市物业企业毛利率均值从 2021 年的 29.51%，下降至 2022 年的 25.40%，进一步下滑至 2023 年的 23.95%；同期，净利率均值从 13.01% 下降至 7.83%，进一步调整至 6.51%。

目前行业部分头部企业的净利率水平集中在 4%~10% 之间，毛利率大都低于 20%。短期看，物业企业的基础服务利润率很难提升；长远看，行业如果没有新的增长亮点与业务突破，当前的利润率水平可能将是行业常态。

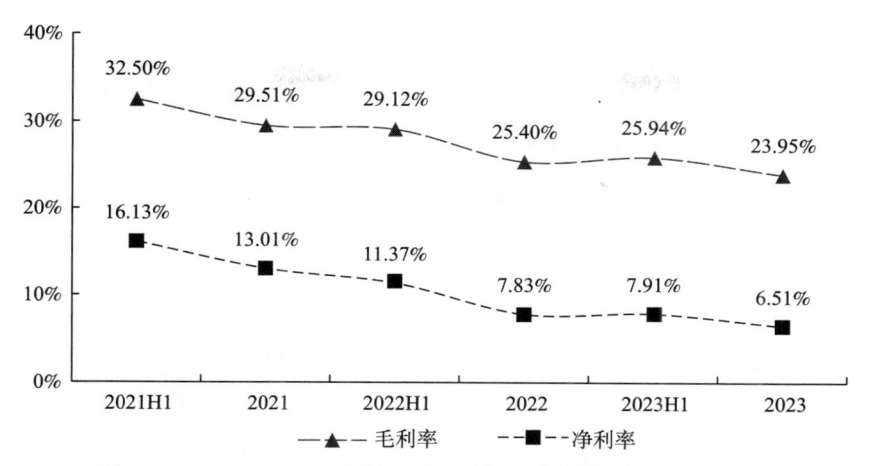

图10-7　2021H1—2023年港股上市物企毛利率和净利率均值情况

数据来源：企业财报，中指研究院整理。

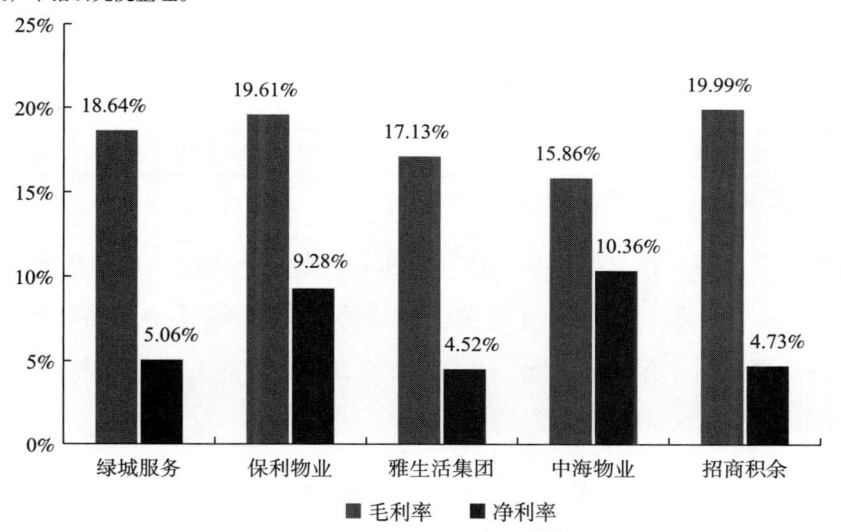

图10-8　2023年部分头部物企的利润率情况

数据来源：上市企业财务报告，中指研究院整理。

行业告别盲目扩张，一方面，虽然行业整体管理规模仍在增长，但增速显著放缓。2023年，港股上市物业企业在管面积均值约为1.50亿平方米，同比增长11.94%，合约面积均值约1.99亿平方米，同比增长仅为1.02%，无论是合约面积还是在管面积，增速均显著低于此前年份水平。另一方面，早期通过收并购等非常规手段实现规模爆炸式增长的"虚胖"企业已开始出现"消化不良"症状，商誉减值、利润下滑、管理失衡、口碑下降等。

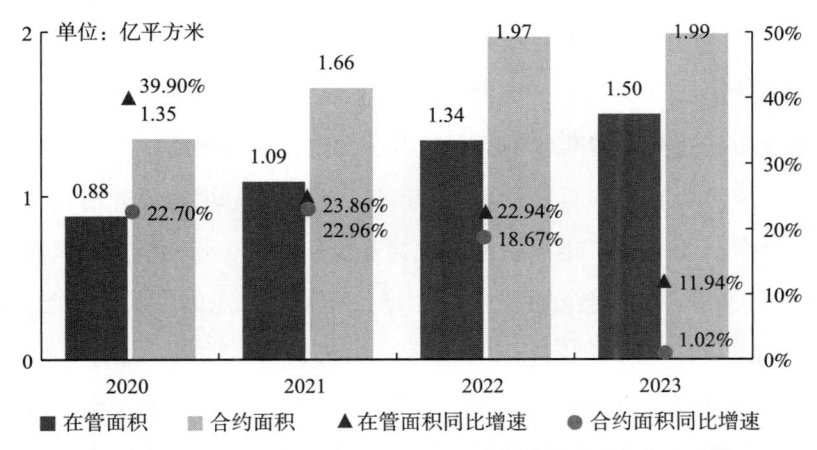

图10-9　2020—2023年港股上市物业企业在管面积及合约面积情况

数据来源：上市企业财务报告，中指研究院整理。

企业追求高质量的规模增长，收并购态度更谨慎，市场拓展方向更明确。2023年，行业收并购事件显著减少的同时，"退单"案例持续增加，例如，碧桂园服务终止收购合富辉煌10.63%股权、中海物业宣布终止收购关联公司等。此外，进入2024年，各大物业服务企业纷纷调整市场拓展战略，聚焦高质量发展，例如，雅生活集团提出"现金为王"战略，不再设置高额扩张目标，不再聚焦粗犷式多元化发展；中海物业强调"增速与增量的平衡"，并提出在各地要保持当地市场前三的目标，市场拓展策略更加聚焦和理性。

表10-1　　　　　　　　　　2024年部分物业企业服务品质提升策略梳理

序号	物业企业	服务提升策略/表述
1	绿城服务	为业主满意、为员工满意、为社会满意久久为功
2	保利物业	刷新服务，品质建设从"点状改进"到"全面刷新"
3	彩生活	抓品质、提收缴、促增值
4	建业新生活	以基础服务为基石，提高客户满意度
5	滨江服务	加强精细化管理，提高服务品质和标准化水平
6	德信盛全服务	紧跟客户需求变化，进一步升级服务内容

数据来源：企业年度工作会议资料，中指研究院整理。

行业在高质量发展导向下，越来越多企业选择夯实服务品质，提高客户满意度与黏性，追求以高质量服务为支点，撬动企业高质量发展战略。保利物业提出切实落地刷新服务，品质建设从"点状改进"到"全面刷新"；德信盛全服务从"有感化服务"出发，提出在服务产品策划上做到"好玩、好看"，同时提供业主能感受到"好用心"的各项增值服务。

（二）识企业：步入成长阵痛期，市场外拓与业务深挖并举

1."老"业务进入优化提质阶段，"新"业务尚未突破

在行业规模化、资本化的浪潮中，以"四保一服"为核心的基础服务受到的重视程度相对不足，而在客户服务需求升级、智慧科技广泛应用的当下，物业企业的"老"业务进入优化提质阶段，改善空间仍然巨大。以安保服务为例，通过选择关键安防场景、设置智能安防设备，不但可以优化安保人员的工单，实现降本增效，而且可以让客户享受美好服务体验的同时，尽量避免暴露个人隐私。

物业企业"老"业务的提质建设将与企业智慧化建设产生共鸣。一方面，智慧化建设通过后台运营效率提升、智能硬件工具完善等，能够解放一线员工，使其从事"更有温度"的服务，实现成本和效率的同时优化，托举企业整体盈利能力提升；另一方面，智慧科技渗透到基础服务中，将沉淀为海量数据，通过这些"数据资产"，物业企业能够更精准地了解客户需求变化，进而提高服务品质，此外，企业还可以通过个性化、多元化服务创造出符合客户喜好的高价值产品，进而推动增值业务达成。

物业企业经营增长的第一曲线以"老"业务基础物业服务为主，其动能主要来源于规模扩张，规模增长能够有效提升企业经营收益，但不会改变企业经营增长面临极限点的现实，因此，需要企业赶在"老"业务第一曲线的极限点前，通过业务创新开启企业业务增长的第二曲线。然而，物业服务企业以增值服务和城市服务为代表的"新业务"虽然已经"遍地开花"，但尚未取得全面突破，未能真正构筑起企业的"第二曲线"。

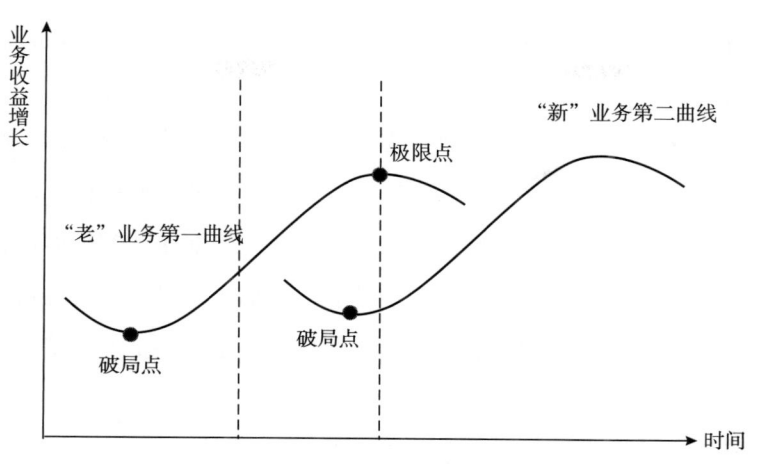

图10-10　物业企业业务收益增长曲线

资料来源：中指研究院综合整理。

垂直化能力建设不足是导致物业企业"第二曲线"探索效果不明朗，进而制约企业高质量发展的重要原因，当前物业企业的社区增值服务收入绝对值及总收入占比均不高。2023年行业营业收入排名前10的上市企业，社区增值服务收入均值仅为17.74亿元，占总收入的比重整体位于5.2%~18.7%之间，均值仅为11.72%，其中，华润万象生活、万物云、碧桂园服务、中海物业等多家头部企业的社区增值服务收入占比甚至低于10%。

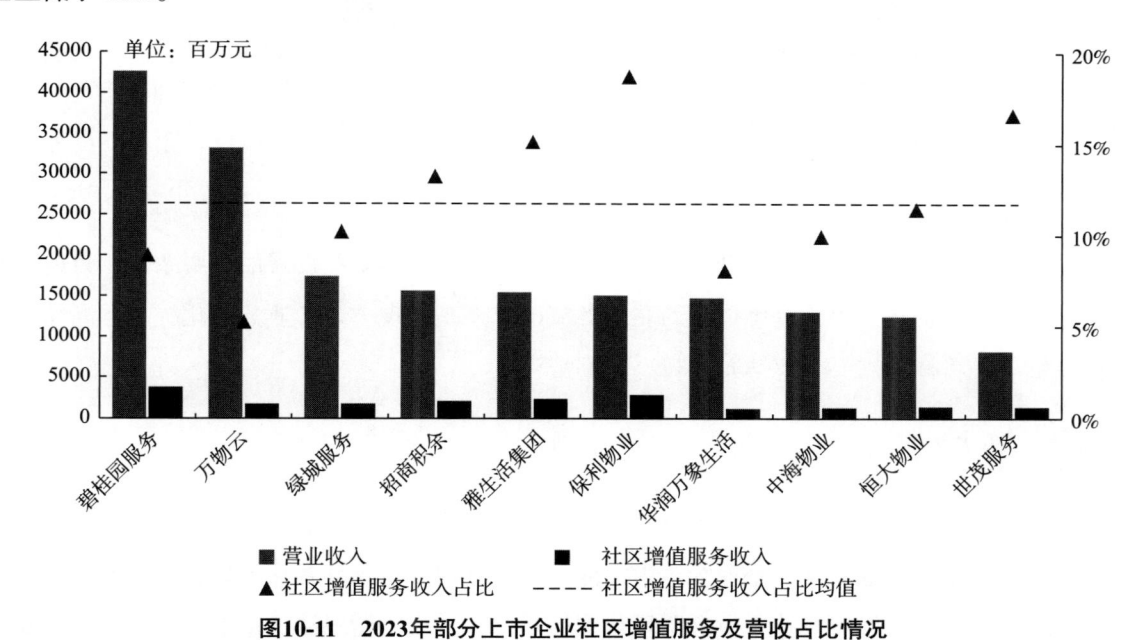

图10-11　2023年部分上市企业社区增值服务及营收占比情况

数据来源：企业财务报告，中指研究院综合整理。

物业企业通过优质的社区增值服务，在增加收入的同时，可以反哺基础服务的满意度和用户黏性，做好经营和服务的平衡，是企业经营变革走好、走稳、走强的核心。尽管社区增值服务有很多难点，要平衡传统物业基础服务，需要全面统筹和协调，但是可以确定增值服务是未来物业企业商业模式变革的核心切入点和发力点，具备较大的增长潜力。

2023年以来，在国内消费恢复不及预期及外部企业竞争激烈的市场背景下，越来越多的物业企业针对社区增值业务果断采取"聚焦"战略。根据我们的调研和统计，物业企业开展的社区增值服务呈现出业务更聚焦、优势资源整合更突出的特点。特别是行业百强企业在布局社区增值服务过程中，不再盲目地追求服务种类多样，而是重点发力几项细分业务，并在该领域取得一定竞争优势，将服务做专做精，其他服务则"当断则断"。

城市服务方面，囿于其毛利率水平低于物业管理行业整体水平，叠加部分地方政府支付能力趋弱，现阶段物业企业开展城市服务的主要目标是业务和战略协同，因此，城市服务业务能否真正对企业和行业的高质量发展起到关键推动作用，仍需时间与数据来验证。就目前物业企业实践而言，其开展的城市服务实际仍未脱离物业服务逻辑，即主要追求对城市的功能性服务，而未上升为打造城市生活场景；此外，头部企业追求服务模式的可复制性，在一定程度上弱化了对服务城市个性特征的塑造，容易落入服务模式"千城一面"的窠臼。

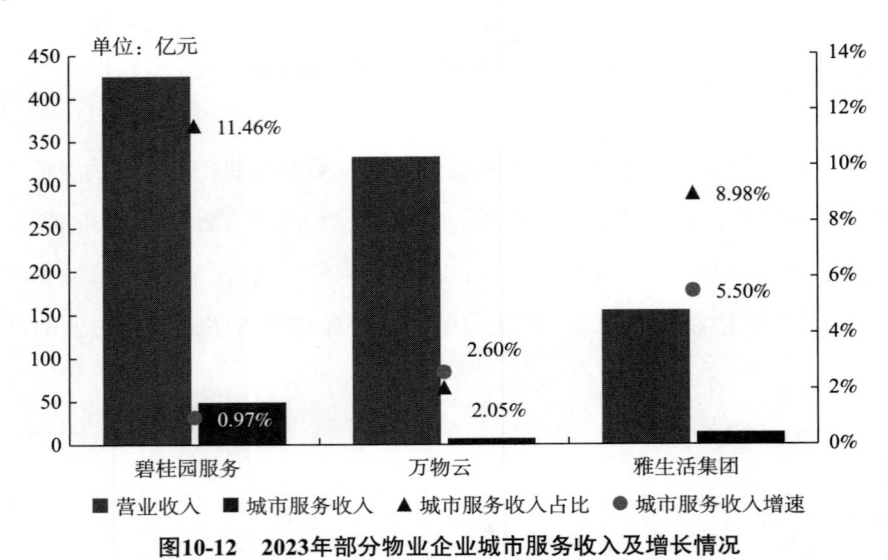

图10-12　2023年部分物业企业城市服务收入及增长情况

数据来源：企业财务报告，中指研究院综合整理。

物业企业"新"业务全面突破和"老"业务的优化提质是行业高质量发展的必要条件，目前行业发展现实距离这个目标仍较遥远。不论是争取"新"业务突破，还是实现"老"业务优化提质，高品质服务是基础，高质量发展是目标，需要企业韬光养晦，不懈奋斗。

2. 存量市场博弈加剧，内卷竞争与"低水平循环"矛盾并存

中国物业服务市场正在从增量与存量并重的蓝海市场转化为存量主导、增量辅助的红海市场。市场形势的变化，加剧了企业与企业之间、企业与客户之间的竞争和博弈，推动客户地位快速上升，放大了其对高品质服务的预期；同时，倒逼物业企业破除增量惯性思维，转变经营思路，追求高质量发展。在这场以"活下来"为底线，以"高质量"为目标的转型发展攻坚战中，"等靠要"型的企业将加速出局，独立性强、服务口碑好的企业将在竞争中占据有利位置。

物业企业若套用传统发展模式可能将难以适应新市场环境，因为无论从日常服务和运营还是市场外拓的角度，在增量市场与存量市场中存在显著区别。例如，增量市场下，物业企业的项目来源基本上为关联方输送，而在存量市场，物业企业需要直面市场化竞争；增量市场下，物业企业只需具备基本的物业服务能力就能够满足客户的售后服务保障需求，而在存量市场，物业企业需要强化独立经营能力建设。

表10-2　物业企业增量/存量市场环境下的经营特点

区别维度	增量市场	存量市场
委托方	关联方	业委会、业主
拓展方式	关联方输送	市场竞争
角色定位	开发商售后服务	业主服务
收入来源	开发商服务费、业主付费	业主付费为主
能力要求	基本服务能力	独立经营能力

资料来源：中指研究院整理。

存量竞争市场中，物业企业的发展路径已经非常清晰：争夺优质项目、盘活存量资源、发展多元增值，但是每条路都竞争激烈且充满挑战。其中，争夺优质项目，需要物业企业具备过硬的市场竞标能力；盘活存量资源，依赖于物业企业独特的资源禀赋或高壁垒的服务能力；发展多元增值业务，对物业企业的跨赛道经营能力和渠道管理能力提出很高要求，而以上企业竞争力的基础都是高品质的物业服务，同时也是构成高品质服务的内容。

随着优质项目稀缺性的持续上升，物业企业间的内卷竞争不可避免。在市场拓展环节，为了提升竞标成功率，有的企业将"带资进场""低价竞标"等极限手段作为存量争夺的标配动作，有的企业推行全员外拓，加大对外拓团队的考核目标；在服务运营环节，为了优化服务品质，有的企业着力打造高标准的服务体系，为业主提供 7×24 小时的管家服务，有的企业聚焦社区文化建设，为广大业主开展定制化、多元化的社区活动；在内部管理环节，为了压缩和控制成本，有的企业大力推行"扩大化"的集中采购，细化到要求项目清洁使用的抹布都通过"拼单"的方式来采买，将省钱的办法用到了极致。

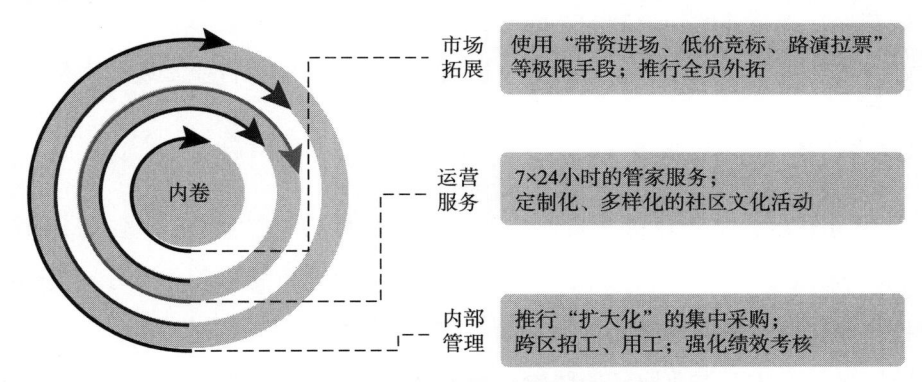

图10-13　物业企业在部分经营环节的内卷竞争

资料来源：中指研究院。

与企业间"内卷竞争"及服务供给"过剩"形成鲜明对比的是客户对物业服务的"无感"。2023 年全国物业服务满意度得分仅为 72.6 分，延续了前两年整体回落趋势。客户对高品质物业服务的预期不断提高，部分企业未能及时跟上市场变化节奏，传统粗放的服务模式将无法满足客户需求，而开展物业服务颠覆式创新又可能带来企业运营成本上涨，因此，物业管理行业在向高质量发展方向精进过程中依然面临阵痛。

此外，当客户选择权占据市场主导地位，囿于国内"公地悲剧"和物业"代理人缺失"的现实问题，客户站在非专业、非理性角度可能会对物业服务价值产生误判和低估，进而过度追求超低价物业服务。而物业企业并不是公益组织，作为经营性单位，面对极限的低价，它们必然只能提供有限甚至"缩水"的服务，长此以往，行业可能落入"低水平循环陷阱"。任何行业和产业在从发展期向成熟期过渡阶段，随着产品和服务的供给加大，市场格局大概率会从"卖方市场"转为"买方市场"，物业服务作为非标产品，叠加行业低门槛、同质化问题，物业管理行业"买方市场"竞争会更加激烈。在此阶段，为避免行业落入"低水平循环陷阱"，标杆企业选择通过高品质服务来追求高质量发展，将是最现实、最科学的选择。

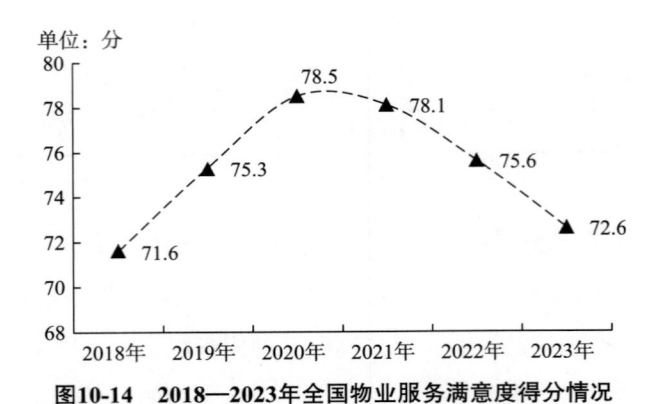

图10-14　2018—2023年全国物业服务满意度得分情况

数据来源：中指研究院。

二、破局：分类分级推进标准化建设，做好服务提高效益

（一）转变服务理念，调整经营策略，优化价值体现

物业管理行业高质量发展的核心逻辑在于以高品质服务为基础，实现项目高质量运营，而项目的高质量运营体现为企业好服务与好效益齐头并进、同频共振。但是，高品质服务往往需要企业更高的运营成本投入，这势必影响到项目和企业的经营利润。因此，如何破解企业运营成本投入和经营绩效之间的潜在矛盾，让好服务与好效益形成正向循环，而非此消彼长的零和游戏，成为行业实现高质量发展的破题关键。

1. 从"提供服务"到"设计服务"

物业企业提升服务质量，不能仅盯着合同要约内容"机械式""填鸭式"地提供服务，而要从被动"提供服务"向主动"设计服务"转变。当前市场环境下，缺少创新的服务和失去品质的服务一样，注定没有生命力，标杆物业企业正在尝试变被动为主动，在为客户提供服务的过程中，对服务内容进行精细化设计，此举不但能够优化客户对物业服务的体验，而且可以将企业的增值服务悄无声息地植入其中，进而增加企业经营收入。

高品质服务通常需要企业的精心设计。标杆企业围绕客户住房全生命周期，以客户购房、装修、入住、居住房屋的体验时间轴为依据，将多场景、碎片化的物业服务内容和增值服务需求，从头至尾全部纳入服务设计的变量因素进行思考，深入理解客户整个居住旅程，并从中不断挖掘超预期的物业服务内容和高增长的增值业务机会点，做出相应的针对性设计。

为有效提高服务品质，同时促进企业增值业务达成，标杆企业通过卡诺模型系辅助进行服务设计，通过对客户服务需求进行科学研究，将庞杂、细碎的物业服务项目和增值服务内容按照具备程度和满意度评测结果进行优先级排序。强调物业服务要提供具有"必备属性"的服务内容，例如社区巡检、投诉处理、入户调研等；增加具有"魅力属性"和"期待属性"的服务内容，例如特色活动、跑腿代办、社区团餐、托幼养老等；并尽量减少具有"反向属性"的服务内容，例如未预约的入户服务、低效的客服沟通、不及时的投诉处理等。通过科学优化服务内容和方式，不但实现了客户对物业服务的可感知、可参与，大幅提升客户体验，而且能够提高企业增值服务业务收入，实现好服务与好效益的同频共振。

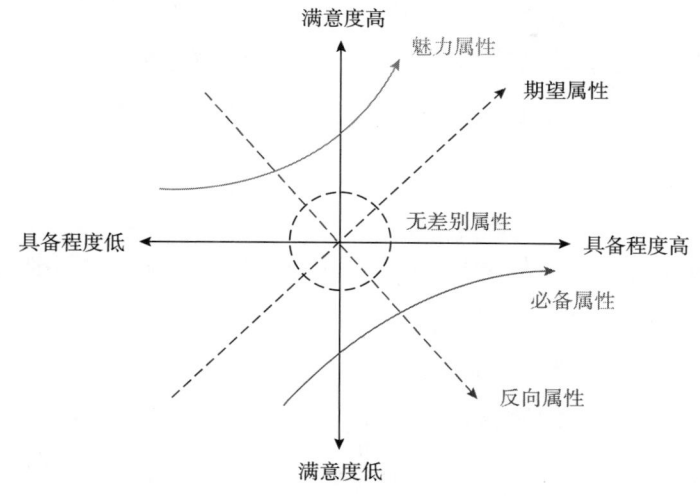

图10-15　卡诺模型示意

资料来源：中指研究院整理。

企业有效开展服务设计的基础是能够对自身服务水平进行科学、客观、全面的监测与评估。国内标杆企业通常会在内部调研基础上，引入权威第三方机构，对服务项目开展满意度评测，评测结果不仅会作为对项目服务团队的考核依据，而且会是企业品质建设和服务提升的主要参考；国际标杆企业同样重视服务品质监测与评估，例如，First Service自2008年起引入"推荐打分系统"（Net Promoter System），对客户满意度及意见反馈进行持续调查、跟踪，并以此为基础不断改进自身服务，2015—2023年，First Service住宅物业管理合同留存率保持在95%左右，并且企业估计50%以上新物管合约来自现有客户的推荐，"以客户为中心"的企业文化助力企业积累高黏度客群，实现可持续内生增长。

企业进行服务设计的关键是回归"第一性原理"，物业服务的第一要义是通过专业服务和科学管理实现建筑物及其设施设备的可持续发展，核心价值在于推动不动产保值增值，正如住建部倪虹部长提出的"房屋养老金制度"及"像汽车4S店一样搞好物业服务"等。近年来，物业管理行业在资本助力下，部分企业热衷于用"流量思维"来评估品质建设的效果与目标，导致行业围绕"人"的服务供给过热、过剩，而对"物"的专业管理水平未得到明显提升。因此，物业企业的品牌建设要回归"第一性原理"，并客观、合理地平衡好管理"物"和服务"人"的关系，科学落实品质建设。

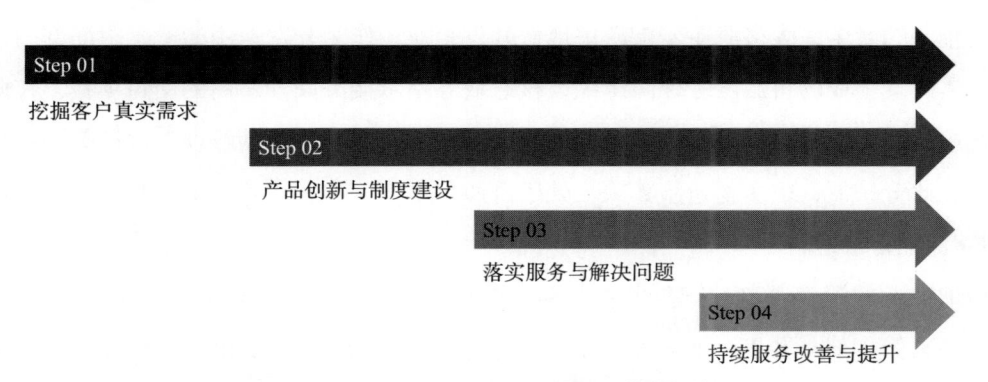

Step 01　挖掘客户真实需求
Step 02　产品创新与制度建设
Step 03　落实服务与解决问题
Step 04　持续服务改善与提升

图10-16　First Service服务品质建设步骤与策略

资料来源：公开资料。

物业企业在服务设计过程中，容易陷入盲目跟风的漩涡，导致服务同质化问题。国内部分物业企业开展品质建设关注的重点是：企业内部制度建设、人员培训和科技赋能三个方面，而相对忽视外部市场的差异化需求，进而可能导致企业同质化服务供给"内卷"与客户体验不足的矛盾并立；而国际标杆企业First Service的解决方案是，首先去挖掘客户的真实需求，围绕客户的需求痛点进行产品创新和制度建设，并不追求100%的完美服务，而更关注问题的解决及该过程中客户的实际体验。

2. 从"一刀切"到"差异化"

企业在追求效率和效益过程中，大概率会对物业项目的运营情况采取标准化考核办法，而这很可能会导致企业无视具体项目的天生禀赋，进而出现"一刀切"问题。例如，某企业为提高整体利润率，不断提高各项目的利润指标，考虑到新建项目维护成本低、高端项目收费高，该企业预计能够从这两类项目中获得较大的利润，于是，设置了更高的利润指标要求。但从结果来看，由于这两类项目在该企业中占比较低，尽管利润可观，但对公司整体利润率并未带来明显提升，反而，因为利润指标要求过高，可能导致这两类项目的服务质量下降，进而影响到企业品牌形象，企业得不偿失。

因此，物业企业在项目运营和考核中应采取"差异化"策略，根据项目本身属性不同，对项目进行分类，使得不同类型的项目给企业带来不同价值。例如，核心城市的重点项目，虽然数量占比较低，但由于项目高端、收费高，可将其作为企业"旗舰型"项目，通过高投入，打造服务标杆，为企业带来品牌价值；而对于本身条件较差、收费较低的普通项目，其利润空间、品牌价值均有限，可作为"规模型"项目来扩大企业增值业务的客群规模，摊薄企业整体运营成本；而对于项目体量大、收费中等的项目，成本可控性强，可作为"利润型"项目当作公司核心的利润来源。

表10-3　　　　　　　　　　　物业企业不同项目特点及价值情况

项目类别	项目规模	收费水平	利润贡献	项目价值
旗舰型	小	高	少	打造企业标杆项目，追求品牌价值
规模型	大	低	中	扩大企业增值业务客群规模；摊薄和降低公司整体运营成本
利润型	中	中	多	提高企业利润水平

资料来源：中指研究院。

3. 从"质价脱离"到"质价相符"再到"优质优价"

国内物业企业的诞生，大多脱胎于上游房地产开发企业，作为开发集团的一个附属部门或子公司，企业的价值定位是开发企业的售后服务保障组织，核心业务是承接关联开发商的交付项目，在此过程中，要极力维护地产集团品牌口碑，促进开发企业的房产销售，彼时，高客户满意度是地产集团对物业企业考核的首要指标。在此背景下，很多物业服务项目处于"质价脱离"状态，甚至入不敷出，需要地产集团提供"补贴"才能够保证正常运转。

而随着房地产业的深度调整，行业进入存量运营时代，物业企业对集团的财务贡献加大，与此同时，开发商资金日趋紧张，部分开发企业对物业企业"输血"变"吸血"。要扭转这种被动局面，物业企业寻求独立发展、追求更合理的利润成为必然。因此，回归价值逻辑，构建"质价相符"的产品服务体系成为众多标杆物业企业优选之道。

物业企业完成从"质价脱离"到"质价相符"的思维转变相对容易，而在市场和客户已经习惯超值服务的现实面前，叠加当前经济环境压力，物业企业提价变得十分困难。因此，要真正推动行业实现"质价相符"的良性发展格局，需要企业更多的经营智慧。标杆企业正在探索的解决方案，一是坚定推进区域深耕战略，强化企业经营的效率密度模型，在保证服务品质不缩水的基础上，通过提高已进入区域的服务浓度，来摊薄和降低整体运营成本；二是押注物业服务和运营的"长尾市场"，即并不是将基础物业服务作为企业未来主要的利润来源，而是将客户个性化、零散需求形成的"长尾"市场，作为企业主要利润来源，例如，中海物业在2024年工作会议上提出基础服务利润与增值服务利润1:1的战略目标，绿城服务提出"向生活服务坚定转型"的口号，都是企业看到了在项目运营阶段的"长尾市场"里，蕴藏着海量的收入增长机会。

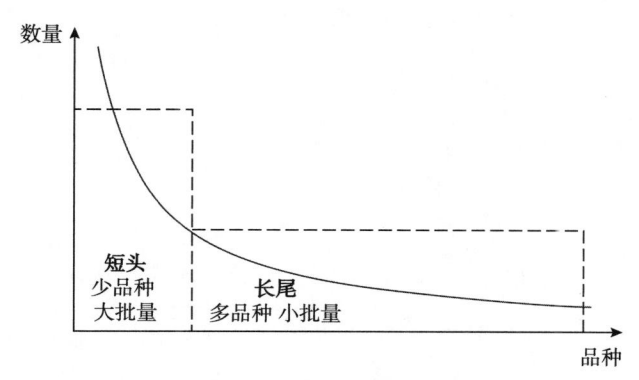

图10-17　"长尾市场"及其特征示意图

资料来源：中指研究院整理。

现实情况是"质价相符"的服务和产品往往只存在于理性市场的长期探索和实践中，当前物业管理行业处于从"卖方市场"向"买方市场"过渡的重要阶段，客户和业主的话语权和选择权越发突出，物业企业特别是中小型物业企业在市场竞争中要保持或取得领先地位，需要朝着提供"优质优价"服务的方向努力。

（二）梳理服务体系，构建产品标准，落实品质服务

物业企业加快构建分级服务体系，对于提升服务品质和效率、优化资源配置和成本结构、增强市场竞争力和品牌影响力具有重要意义。通过科学划分产品层级，制定差异化服务策略和标准，可以更好地满足客户需求，提升客户满意度和忠诚度，进而推动行业的整体升级。标杆企业在引领行业构建分级服务体系过程中，从服务设计到试点先行，再到项目推广及品牌建设，已经形成了较为清晰的路径和落地方案。实践证明，科学的服务分级体系能够帮助企业兼顾经营效益与品质建设，实现高质量发展。

1. 内部精细梳理，借鉴外部经验，形成服务标准

详细梳理企业服务项目和内容，发掘其在各细分业态及领域的服务亮点和特色，是有效构建分级服务体系的基础。物业企业对现有服务进行全面审视，包括以"四保一服"为核心的基础服务和围绕社区开展的增值服务，系统分析各项服务内容的执行流程、成本结构、客户需求和满意度情况，识别服务中的独特价值点和潜在的改进空间，通过内部评估找出服务中的亮点和特色，树立企业标杆项目，并总结形成可复制、可推广的服务模式。

物业企业在梳理服务内容时，应追求条理化、精细化和差异化，需充分考虑不同业态基于服务对象、服务内容、服务标准、服务方式等方面的显著差异，做到广泛性和特殊性的统一。特别是在非住宅业态领

域，物业服务的内容和标准区别较大，企业应根据实际情况，详细梳理各业态的服务内容，挖掘各细分领域里的标杆项目案例。

表10-4　　　　　　　　　　　　　非住宅业态物业服务差异情况

业态	服务对象	服务内容	服务标准	服务方式
办公写字楼	企业员工和管理层，对办公环境的专业性和舒适性有较高要求	日常清洁、安保、会议预定、设施维护、停车管理、绿化养护等	高标准的清洁卫生、严格的安全监控、及时的设施维修、专业的客户服务	提供定制化服务方案，包括加班清洁、紧急维修等增值服务
商业商场	消费者、商户和商场管理方，追求良好购物体验和运营效率	公共区域清洁、顾客服务台管理、活动组织与执行、安全监控、商户管理等	保持商场整洁、提供便捷的顾客服务、保障商场安全、促进商业活动	通过顾客反馈和商户沟通，不断优化服务流程和提升服务质量
产业园区	园区内的企业和员工，关注企业成长环境和员工工作生活质量	园区设施维护、环境绿化、企业服务支持、安全监控、餐饮服务等	提供安全、高效、便捷的工作环境，促进企业创新发展	建立一站式服务平台，提供从基础设施到商务支持的全方位服务
公共物业	广大市民和政府机构，强调公共利益和服务的普及性	公共设施维护、环境卫生管理、文化活动组织、公共安全保障等	确保公共资源的有效利用，提供优质的公共服务	与政府部门合作，确保服务的标准化和规范化
交通枢纽	旅客和运输运营商，注重安全、便捷和舒适的出行体验	交通设施维护、客流管理、信息服务、安全监控、清洁卫生等	保障交通安全、提高运输效率、提供优质旅客服务	运用智能化技术，提高服务效率和管理水平
医院	病人、医护人员和医疗机构，对卫生和安全有极高要求	院感控制、医疗废物处理、设施维护、病房清洁、安全监控等	严格的卫生管理、高效的废物处理、专业的设施维护	提供专业化的医疗环境支持，确保医疗服务的顺利进行
学校	学生、教职工和教育机构，关注教育环境和学习氛围	校园安全、设施维护、环境清洁、学生活动支持、食堂管理等	安全的学习环境、良好的教学设施、优质的生活服务	与教育机构紧密合作，提供符合教育特色的定制化服务

资料来源：中指研究院。

除了开展内部服务梳理，物业企业还应通过市场调研关注并学习标杆企业的优秀经验，并深入了解行业最新发展趋势、客户需求变化以及新兴服务模式等。研究行业内公认的优秀企业，学习其成功的管理理念、服务模式和运营策略。通过案例分析，提取标杆企业的核心优势和创新做法，探索其成功的原因，将学习到的优秀经验与企业自身的实际情况相结合，进行本地化创新和实践，形成企业自身独特的标准化服务内容。

基于内部服务梳理和外部经验学习，物业企业可针对各细分领域分别提炼服务标准，并将服务标准进行产品化建设。首先，明确客户对品质服务需求的最大公约数，并挖掘客户潜在的服务需求及服务升级点；其次，从市场真实需求出发，明确企业服务方向，并在全面剖析城市物业收费水平差异的基础上，可结合服务业态和服务场景合理规划服务图谱；再次，结合各类服务图谱制定多层次服务内容，并进一步将其系统深化为服务产品；最后，从突出服务特色与优势的角度，打造差异化服务策略，同时要明确各级服务内容，并确保服务透明化，为业主提供清晰、可预期的服务体验。

目前，大多数企业的服务体系结构相对固定，且内容的颗粒度较粗，企业若要追求更精细化的服务，需要对具体服务内容和标准进行优化设计。通常情况下，物业企业开展分级服务体系设计前，需要积极向行业标杆学习，寻找差距和提升空间，并在此基础上，结合企业和项目实际情况，梳理现有服务标准并进行动态优化调整。整体来看，服务标准分级设计应该遵循以下三大原则：安全为本，安全是物业服务中最重要的基本要求，服务标准的制定必须确保人员安全和财产安全；客户为先，服务标准的制定应以客户需求为核心，需要深入了解客户的期望和偏好，灵活设计服务包，以适应不同客户的特定需求，进而提供个性化服务；品效平衡，服务标准分级设计应兼顾服务质量和成本效益，实现两者之间的平衡。

2. 搞示范树标杆，强培训严考核，优激励抓落实

做好组织内部培训和激励是落实分级服务体系建设的保障。物业企业在构建完成分级服务体系后，如何将文件和方案落地为实际行动，成为考验企业营运能力和团队执行力的一道难题。标杆企业通常会根据分级服务体系中的具体内容，分别制定详细的人员培训计划、组织激励计划，以确保服务顺畅进行。标杆企业的内部培训包括理论教学、案例分析、实操演练、考核评价四个模块，为学员提供系统的学习和实践机会，能够确保学员按照标准化流程提供服务，并提高工作效率；组织激励方面，将员工的个人绩效考核与企业标准化建设目标挂钩，确保员工对标准化工作的重要性有充分认识，激发员工的积极性和创造性，推动企业分级服务体系工作的实施和发展。

图10-18 标杆企业关于分级服务内部培训内容

资料来源：中指研究院。

基于企业的内部培训和激励机制，标杆企业会根据项目定位、服务分级合理规划各级服务标准下所需的物力、人力资源，并进行差异化的资源投入。物业企业差异化的资源投入重点在"质"不在"量"，更强调对项目资源配置的质量。例如，在管家配置方面，高端项目对管家服务要求极高，需要管家除了具有必备的服务技能外，还要有一定艺术、文学和金融等领域的专业知识和素养，而这不是企业通过增加管家数量就能实现的；再比如，少量人员的保洁团队如果能高质量完成任务，就没必要搞"人海战术"，因为后者显著增加了企业的营业成本，但对客户的服务体验提升极其有限。

标杆企业通常采用"标杆先行"的办法稳步推进分级服务体系落地实践，相关经验对于其他企业具有启发意义和参考价值。工作开始前，应对企业在管项目的结构和特点进行详细梳理，以项目业态为基础，从服务规模、建筑楼龄、收费标准、客户结构等多个维度进行评测，分别找到各维度下对应指标集中度最高的数值，进而以这组数据为参考，筛选出各业态下最具代表性的典型项目，展开试点工作。

表10-5　　物业企业筛选标杆项目举例

业态	服务规模（万㎡）	建筑楼龄（年）	收费标准（元/㎡/月）	客户结构	标杆项目
住宅	10～12	5～8	1.5～3.5	60岁以上老年人数量占比超过50%	A
办公	8～10	2～3	7.2～10.6	35岁以下年轻人数量占比超过50%	B
商业	5～7	3～5	7.9～12.7	35岁以下年轻人数量占比超过50%	C
产业园	20～22	1～2	5.8～6.9	35岁以下年轻人数量占比超过50%	D
学校	10～11	2～4	3.8～4.5	22岁以下年轻人数量占比超过50%	E

资料来源：中指研究院。

物业服务的分级服务体系建设应该像"爬楼梯",是一个循序渐进、动态调整、不断优化的过程,部分标杆企业采用质量管理科学中的"PDCA循环"①工具进行工作质量把控。即将首轮服务项目中的经验和教训应用到下一轮服务工作中,经过多轮测试,不断总结经验和教训,最后总结出行之有效、可推广、可复制的成功经验。

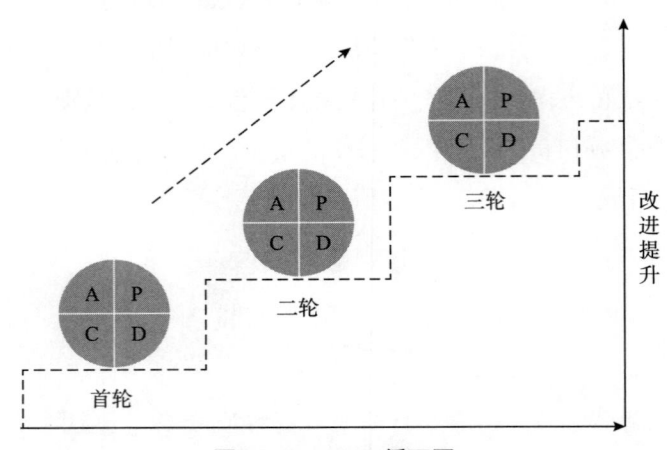

图10-19　PDCA循环图

资料来源:中指研究院整理。

3. 以点扩面推广,动态优化调整,联动品牌建设

基于服务项目的经验教训,企业可以有节奏地开展区域推广工作。此过程中,标杆物业企业会充分考虑不同城市的市场环境、业主需求等因素,因地制宜、因时制宜,制定符合项目实际情况的落地方案,并在推广过程中逐步建立项目运营难点预警与解决机制,针对分级服务在落地过程中可能出现的问题提前制定应对措施,并进行动态优化调整。此外,随着企业分级服务体系在某一区域的覆盖项目数量增多,服务密度增加,企业可以进一步探索降本提效的可行性,例如,通过优化服务流程、提升员工素质、引入智能化手段等措施,确保在保障服务品质的同时,实现经营效益的最大化。

为确保分级服务体系的长期稳定发展,标杆企业尝试通过品牌建设和产品规范,使分级服务体系建设与企业品牌战略发展形成协同效应。例如,保利物业面向普通住宅项目打造"亲情和院"服务品牌,面向改善型住宅匹配"四时雅集"品牌,针对高端住宅项目定制"东方礼遇"服务品牌;龙湖智创生活推出的"珑之名""尊享""乐享""惠享"四大产品品牌。不同产品和品牌对应不同分级服务体系,为客户提供差异化的高品质服务。

目前,在物业分级服务体系建设方面,标杆企业不约而同选择重点关注高端物业领域。其中少数企业率先完成了高端物业服务品牌化,例如,保利物业的"东方礼遇",金地物业的"荣尚荟";部分企业建立起完善的高端物业服务体系,例如,中海物业"紫金执事"服务体系,金茂服务的"MOCO服务体系";而更多的物业企业则以管家模式为主,例如,碧桂园服务的"铂金凤凰管家"。高端物业具备高毛利和高品牌价值的优势,但对于物业企业而言,只有充分理解高端业主的需求和心理,才能减少供需资源错配,进而提供真正有价值的服务。

---

① PDCA循环是指将质量管理分为四个阶段,即Plan(计划)、Do(执行)、Check(检查)和Act(处理)。在质量管理活动中,要求各项工作要作出计划、计划实施、检查实施效果,然后将成功的纳入标准,不成功的留待下一循环去解决。这一工作方法是质量管理的基本方法,也是企业管理各项工作的一般规律。

表10-6　部分企业在高端物业领域的建设情况

建设进度	企业名称	高端物业品牌/体系/模式
品牌化	保利物业	"东方礼遇"
品牌化	金地物业	"荣尚荟"
体系化	中海物业	"紫金执事"服务体系
体系化	金茂服务	"MOCO服务体系"
管家化	碧桂园服务	"铂金凤凰管家"
管家化	南都物业	"南都管家"

资料来源：中指研究院。

三、布局：战略重构业务价值体系，高品质服务引领高质量发展

（一）做好基础服务，保住基本盘

基础服务是物业企业商业价值的逻辑起点，如果将物业企业比作一个有机生命体，基础服务则扮演着"骨骼"的角色，它支撑起整个生命体的身躯，同时为企业其他组织（业务）提供坚实的保障。因此，基础服务是物业企业稳定运营的基石，只有将基础服务做好，物业企业才能挺起胸、直起腰，实现健康成长。

基础服务是物业服务的核心价值所在，它的品质是决定物业整体质量的"定盘星"。优质基础服务贵在高质量和高稳定性，二者缺一不可。在市场愈发关注物业服务质量的今天，能够提供高质量服务的物业企业并不少见，而真正稀缺的是能够稳定、持续不断提供高质量服务的物业企业。行业标杆企业正在通过标准化建设、加强组织建设与考核、应用智慧科技等手段，持续强化企业稳定输出高品质基础服务的能力。

表10-7　部分企业提升基础服务品质和稳定性的策略

策略类别	企业	2024年度工作会议表述及策略
标准化建设	保利物业	加强标准化服务建设，刷新服务
标准化建设	滨江服务	加强精细化管理，提高服务品质和标准化水平
标准化建设	建业新生活	以基础服务为基石，提高客户满意度
组织建设与考核	绿城服务	推行全员管家，组织锚点在项目，能力锚点在员工
组织建设与考核	雅生活集团	聚焦项目一线，提升人力效能
组织建设与考核	华润万象生活	组织变革与激励
应用智慧科技	保利物业	提速科技化建设
应用智慧科技	中海物业	推进数字化转型与智慧物业建设
应用智慧科技	第一服务控股	坚持绿色科技，从人力密集型向科技密集型转变

资料来源：企业年度工作会议资料，中指研究院整理。

提升基础服务效率是物业管理行业整体效率改善之"牛耳"。由于基础服务对劳动力的依赖程度较高，所以该领域集聚了大量相对低效的人工劳动，对企业整体效率提升形成了巨大的拖拽力，同时也导致企业

人工成本占比居高不下。一个行业实现高质量发展，最直观表现是效率的提升，这之前在其他行业已经出现过多次，典型特征是通过科技创新或管理创新实现效率提升，物业管理行业必然也会如此。

物业管理行业的社会价值和责任担当在很大程度上通过其提供的基础服务来体现。物业企业在履行基础服务职责的过程中，充分展现了其对社会责任的承担。例如，在突发事件应对、环境保护、节能减排等方面，物业企业通过有效的管理和服务，为社会的可持续发展做出了积极贡献。此外，物业企业通过提供就业机会、参与城市更新、支持公益活动、提供保障房服务和参与乡村振兴等方式，进一步强化了其在社会发展中的作用和影响力。

让奋斗在一线的基础服务劳动者工作有尊严、生活有保障，将是行业真正实现高质量发展的重要标志。长期以来，物业管理行业被视作是低门槛、低收入、低发展的"三低"行业，相关从业者，特别是在一线提供基础服务的员工，他们对工作的价值感、获得感较少，而这些人的平凡劳动和默默付出恰是成就行业快速发展的基石。标杆企业正在加大对基层员工劳动和付出的奖励力度，例如，碧桂园服务总裁徐彬淮先生发布的全员信中，提出的三大战略引领中的第一条就是"员工第一"原则，强调要听取来自一线的声音和建议，要更关注员工收入的公平分配、建立更科学的人才评价体系等。

（二）聚焦目标区域，有序市场外拓

标杆物业企业以过硬的基础服务为原点，通过有序规模扩张，不断将高品质基础服务从两个方向延伸至目标市场：一是企业已经具备竞争优势的区域和城市；二是具有高价值、高潜力或高战略协同的目标市场。在此过程中，标杆企业通过深耕基础服务这一主业，能够实现企业规模扩张与品牌建设的良性循环，进而获得高质量发展。

标杆企业引领行业深耕优势服务过程中，经历了从追求整体规模效应到探索提高目标市场服务浓度和竞争力的转变。前者，通常企业会以收并购为主要方式，大举扩规模，实现企业管理规模的极速扩增，但在行业追求高质量发展背景下，该策略的问题逐渐显现：项目质量参差不齐、协同管理难度大、企业商誉减值等；后者则引入了密度模型，更加关注规模增长的质量及战略协同性，强调以高质量服务为基础，提高在目标市场的占有率，例如，时代邻里的"星火计划"等。

在行业规模建设愈发重视质量和密度的背景下，"深耕"和"聚焦"成为新时期物业企业市场拓展的主题词。深耕目标市场，聚焦优势区域和优势业务是物业企业追求高质量发展的重要策略。例如，中海物业明确了要在当地市场实现规模排名前三的目标，提出核心策略是打好聚焦城市深耕战，把"四大深耕"（区域、业态、客户、项目）做深做实；德信盛全服务等上市企业亦提出区域深耕战略和聚焦目标市场的发展导向。

（三）基于优势开展多元服务，确立第二增长曲线

多元业务是物业企业商业模式的深化与创新，能够为物业企业的整体运营增添丰富性和活力。它如同紧贴"骨骼"生长的"肌肉"，不仅可以拓宽企业的收入来源，而且在某种程度上能够决定企业在市场竞争中的综合表现。多元业务已经成为物业企业构筑"第二曲线"的重要抓手，虽然目前仍未走出探索期，但标杆企业的创新实践给行业带来宝贵经验。

第一，多元业务不能只停留在"多"字层面，要聚焦自身"能力圈"，避免"虚胖"。受外部市场环

境变化和企业经营能力差异影响，部分企业的多元业务出现"多而不强"的问题，而标杆企业在开展多元业务时，更加关注自身"能力圈"的边界，如果一项新业务要求企业能力出圈，则要谨慎对待；针对正在开展中的多元业务，标杆企业也会根据自身能力和战略变化，及时做出优化调整，进而实现将企业核心资源、核心能力聚焦到核心业务中来的目标。例如，保利物业在综合评估自身战略和业务能力基础上，选择主动退出社区教育和房产中介赛道；First Service 在早期发展中，先后剥离了业务流程外包、综合安保服务、商业地产服务等多元业务，最终确立了"住宅物业管理+主要围绕住宅场景的资产服务"的业务模式，在合理的"能力圈"内创造出持续增长。

表10-8　　　　　　　　　　物业企业围绕不同场景开展多元业务举例

服务场景	多元业务方向
住宅社区	家政服务、房屋经纪、团餐、社区教育、美居、社区零售、社区养老、广告传媒等
商企空间	IFM、团餐、设备管理、能源管理、空间规划、员工福利管理、饮水服务、会务服务、礼宾服务、制服服务等
城市空间	市政环卫、场馆运营、交通养护等城市服务

资料来源：中指研究院。

第二，标杆企业多元业务布局尝试"由轻及重"的实践路径。目前，国内物业企业开展的多元业务基本符合"轻"的抽成模式，这有助于企业迅速在新赛道上做大规模，但此模式也存在明显发展瓶颈，例如，市场竞争激烈、利润水平低等；而物业企业构建自营能力不但有助于企业夯实核心竞争力、创造增量价值，而且能够进一步打开发展空间。

物业企业的多元业务由轻资产抽成模式转为资金依赖度更高的自营模式将直接体现为企业收入、利润体量的放大，这在国际市场已有先例。在2014年前，First Service 开展的多元品牌业务主要以抽取酬金的"特许经营"模式开展，2014年公司转换策略，在物业修复、定制橱柜等赛道构建自营能力，自营模式驱动下，2015—2022年公司多元品牌收入复合增速达到37%，2022年自营业务收入贡献达九成左右。国内部分头部物业企业在美居、社区传媒、房屋经纪等业务上正在逐步由"纯渠道商"向自营模式发展。

第三，注重专业人才培养和组织革新。企业在树立"基础物业服务是根本"的意识后，在保证基础服务的资源满足的同时，要针对多元业务做新的布局，包括新的人员、新的模式、新的激励机制等。因此，标杆物业企业正积极组建合理的人员架构来支撑多元化战略的执行落地：培养或引进具有专业经营理念的人才，建立合理的机制和组织架构，明晰人员权责，确保多元业务项目的顺利推进。

四、掌局：与人民美好生活同频共振，顺势而为提升企业价值

（一）具化发展目标，巩固企业优势，提升行业地位

存量资产经营时代，市场主体之间的竞争加剧，物业企业可能将要面临不能"上餐桌"就要"上菜单"的残酷博弈。在复杂多变的市场环境和竞争格局下，物业企业的生存和发展不仅取决于其能否适应市场变化，更在于其是否具备前瞻性的战略目标和强大的执行力，以保证企业能够在激烈的市场竞争中取得优势地位。标杆企业在追求高质量发展过程中，围绕"做好服务""做大规模""做足特色""做强品牌"四个方向制定具化目标，并层层分解成为可落地的实施方案，以提升行业地位，实现企业价值。

第一，做好服务。好服务是优质物业企业的价值底色，是企业真实行业地位的试金石。特别是在行业发展回归服务本质的背景下，物业企业基于自身服务能力形成的差异化服务品质正在成为评估企业价值的关键因素。标杆企业顺应市场形势变化，从业主的实际需求出发，提供优质优价的基础物业服务和直击社区消费痛点的增值服务，让业主切实体验到企业品牌背后实实在在的品质服务，进而在业主、行业和社会之间形成良性互动。

第二，做大规模。行业粗放增长的时代已经结束，但高质量的规模建设仍是决定物业企业行业地位和价值的核心因素，也代表了物业企业高质量发展的续航力。从迈克尔·波特的企业竞争力分析"五力模型"可以很容易判断出庞大的管理规模对于物业服务企业发展至关重要，一方面，基于规模优势，物业企业可以提升对供应商的讨价还价能力，并提高潜在竞争者的进入难度；另一方面，对现有的行业竞争者产生品牌"威慑"，提高自身在市场竞标中的成功率。因此，未来，具有规模优势的物业企业不一定是优质企业，但没有规模优势的物业企业注定会失去很多市场机会。

企业在做大规模的过程中愈发关注订单密度和资源密度，即在规模扩张的同时追求指定区域内服务浓度的提升。服务浓度决定了企业单位经济效益和边际成本，聚焦高服务浓度的规模建设，成为行业在新阶段的发展共识。传统的、粗放式的规模建设与高质量发展背道而驰，所以标杆企业一方面在积极做大规模，另一方面又在主动摆脱"规模崇拜"的惯性心理，通过市场聚焦策略，挖掘企业价值增长的新动能。

第三，做足特色。强化企业的核心竞争能力建设，突出发展特色，并筑起竞争壁垒。行业进入的低门槛和服务内容的同质化问题，使得物业企业的特色具备稀缺性。标杆物业企业在打造自身经营特色过程中，通常会选择优势业务或潜力赛道进行深耕，并通过定向的收并购和市场竞标不断提高企业在该领域的市场占有率和服务口碑，进而使企业在指定领域形成经营特色，而这种经营特色又会反哺企业的市场竞标，从而形成良性循环。

在打造自身特色过程中，部分物业企业通过区域深耕战略，捕捉区域市场结构性机会，追求在区域市场中实现弯道超车。例如，时代邻里坚持深耕粤港澳大湾区、长三角、成渝、华中四大核心城市群，坚定不移推进"星火计划"，加快提升项目密度，实现了区域内项目高度协同，资源最优配置；滨江服务聚焦以杭州为中心的长三角区域市场，精研物业服务品质，实现了企业在区域市场的高服务口碑。

1 深耕区域市场 捕捉区域市场结构性机会，追求在区域市场中实现弯道超车

2 深挖战略业务 持续加大战略业务布局力度，形成企业"高壁垒"的经营特色

3 专注优势业态 专注优势业态，通过专业"筑高墙"，形成经营特色优势

4 关注"冷门"赛道 率先抢占行业中相对小众的业态领域，通过差异化竞争策略取胜

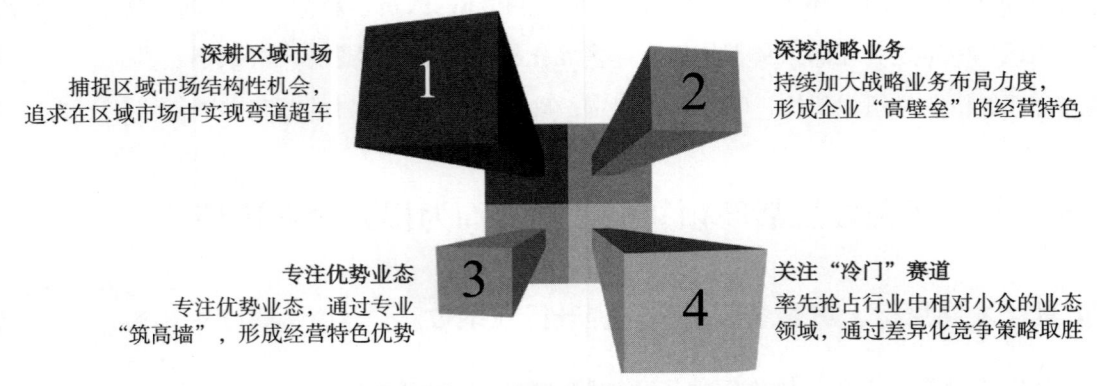

图10-20 物业企业打造经营特色的方向与策略

资料来源：中指研究院。

部分企业围绕自身优势业务或战略方向，在城市服务、IFM、团餐、商业运营、美居等细分市场领域持续加大布局力度，形成企业"高壁垒"的经营特色。例如，碧桂园服务通过"城市合伙人计划"，快速布局城市服务，并逐渐在三、四线城市及县城形成了城市服务的特色优势；新城悦服务团餐业务作为企业

经营特色，并自研了"团餐信息运营管理系统"，赋能高效开展业务。

部分企业专注于自身优势服务业态，通过专业服务不断"筑高墙"，形成经营特色优势。例如，金融街物业将自身战略定位聚焦在高端商务物业运营方向，深耕服务品质，致力于成为中国商务物业服务的引领者，实现了企业价值的稳步提升；越秀服务持续强化自身独特的"地铁+物业"TOD综合物业管理模式，形成了企业独特的市场竞争能力；雅生活集团持续强化企业在超高层建筑领域的专业服务能力，在超高层写字楼项目拓展方面屡获突破，并拿下了多个地区的第一高楼项目，成为企业的经营特色和亮点。

部分物业企业率先去抢占行业中相对小众的业态领域，通过差异化竞争策略，提高企业在这些"冷门"赛道的竞争力。例如，京城佳业着眼于独特的胡同物业，管理了129条胡同，在北京胡同物管市场占比超过30%，成为胡同物业服务领域的领跑者和标准制定者。由京城佳业发布的《北京胡同物业服务标准》《北京胡同物业服务作业指导手册》填补了行业标准空白，并引领了胡同业态发展。

第四，做强品牌。物业企业通过卓越经营和科学公关能够实现品牌价值和影响力放大，因此，企业做强品牌是经营的目标也是方法。影响物业企业品牌力表现的因素有很多，其中经营业绩、服务口碑和社会责任是最基础、最核心的三个方面，做好这些内容能够保障物业企业的品牌建设取得良好效果，甚至产生品牌效应，进而驱动企业价值增长。

"酒香也怕巷子深"的商业逻辑同样适用于物业管理行业，特别是在新的媒体环境中，物业企业的公关能力和品牌传播效率对于品牌建设的作用愈发突出。在关联方的影响尚未出清及行业回归服务本源的背景下，标杆企业在品牌公关和传播实践中，一方面更加注重与关联方负面舆情的"切割"，另一方面更加强调对企业专业服务能力的展示，特别是对基础设施设备养护和社区人文服务方面的内容，成为企业传播重点。

（二）强化科技驱动，创新业务实践，突出人才保障

科技建设是产业互联网时代物业企业降本增效、创新业务的重要选项。随着智慧科技在企业组织、业务和战略等层面的广泛渗透，一方面，将从以下三个维度驱动企业的创新发展：一是科技应用带来企业经营效率提升，二是数字要素带来的企业业务能力和经营思维升级，三是科技化建设带来的网络效应，促进企业服务生态资源整合；另一方面，以智慧科技为基础，凭借靠近"人""场""物"的独特优势，物业企业在追求创新发展过程中，将对自身人才需求和人才结构提出新要求。

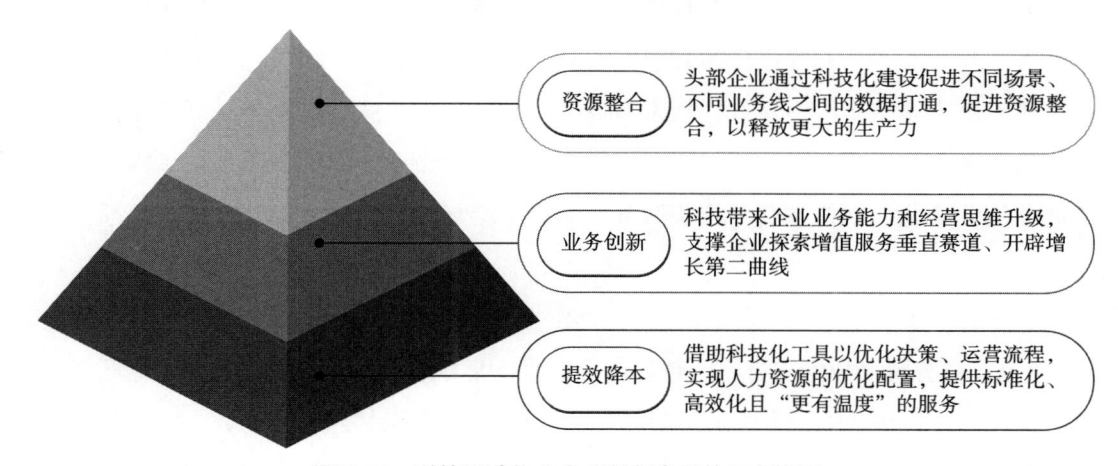

资源整合：头部企业通过科技化建设促进不同场景、不同业务线之间的数据打通，促进资源整合，以释放更大的生产力

业务创新：科技带来企业业务能力和经营思维升级，支撑企业探索增值服务垂直赛道、开辟增长第二曲线

提效降本：借助科技化工具以优化决策、运营流程，实现人力资源的优化配置，提供标准化、高效化且"更有温度"的服务

图10-21　科技驱动物业企业创新发展的三个维度

资料来源：中指研究院。

过去几年，头部企业纷纷明确科技化战略，用创新技术武装企业组织，以技术赋能改造服务流程，通过打造智慧物业参与城市发展和建设，充当人民美好生活的守护者和赋能者。例如，雅生活集团定位为领先的智慧城市服务运营商，以科技赋能打造全领域、全周期、全要素城市综合治理体系；碧桂园服务、保利物业、融创服务等企业亦在强化通过科技建设提升智慧服务能力。

表10-9　　部分头部企业关于科技化战略的最新表述

企业	内容
碧桂园服务	引领行业科技进步，构建SaaS数字化服务平台，实现科技赋能
雅生活集团	运用独特的数字化运营能力实现产业融合、品质运营、管理闭环及效益提升
保利物业	加大前沿物业科技探索，沉淀智慧社区建设经验
融创服务	推动数字科技建设、技术与业务深度协同，实现智慧服务

资料来源：企业业绩公告，中指研究院综合整理。

未来几年，基于新技术和新生活方式产生的社区形态，将是企业创新业务实践的土壤。新型的社区将以人民美好生活向往为中心，以"人本化、生态化、数字化"作为三维价值体系，链接邻里、教育、健康、创业、建筑、交通、低碳、服务和治理9大场景。社区是现代化城市的细胞，也是未来城市的缩影，它不仅是以建筑形态存在的居住区，而是与城市发展的脉络相通，连接着社区与城市的关系，连接着社区与人的关系，几乎囊括了日常生活的所有要素，从生活到工作，从休息到娱乐，从育儿到养老，都可以在未来社区里实现。

物业企业作为新型社区的建设者，需要围绕社区"全生活链"服务需求构建业务生态。未来的城市社区中将不仅包含传统的公共设施和服务，如商业中心、公园、医疗保健和教育机构等，还会增加智能化技术应用，如无人机送货、智能停车、智能安保等。这既对物业企业的运营能力和科技水平提出了更高的要求，也为企业在美居、教育、零售、养老、传媒和房屋经纪等领域的创新业态布局打开了新空间。

物业企业通过科技驱动，实现业务生态创新，并在深度服务业主生活的过程中，可以为国内新质生产力的发展提供支撑力，开辟新场景。新质生产力是以创新技术为基础，以生产要素和生产关系的优化组合为内涵，追求实现生产力的质变提升，它所带来的新技术、新产品和新服务将在企业服务社区和业主过程中找到落地方案。首先，未来的社区追求高度智能化的生活、生产环境，倒逼物业企业借助物联网、大数据、人工智能等前沿技术，改造社区设备，实现智能化管理，这将为新质生产力的发展和应用奠定基础；其次，智慧改造后的社区作为开放式创新平台，将吸引众多创新企业和人才聚集，物业企业也会参与到这些创新主体的实践中，共同探索新商业模式和服务方式，进而推动新质生产力的发展；最后，卓越治理的社区可以提升所在城市的综合竞争力，创造城市及社区配套服务的新需求、新市场，如围绕住房的居住消费市场、围绕办公的增值服务市场，都会焕发出新的活力，这将为新质生产力的应用开辟新场景。

随着技术工具成为物业企业的"基础设施"，其正在为行业相关从业者带来重大变革。首先，科技赋能"人"：物业企业在智慧科技的支持下，依托海量数据，能够实时获取客户信息、流程进度、设备情况等，大幅度提高了"人"在基础服务中的决策和监督效率；其次，科技解放"人"：基础服务依赖于大量的人工作业，并且仍然存在大量重复性、程序性的工作，物业企业通过科技化改造，能够有效减少员工机械化工作的耗时，并实现将员工从细碎、庞杂的重复劳动中解放出来，使其具有更多时间提供直面业主的"有温度"物业服务及其他增值服务；最后，科技成就"人"：企业的科技化建设会倒逼从业人员主动寻求工作技能的更新和学历的提升，同时，随着企业效益提升，员工收入逐步增加，在这种良性循环中实现个人与行业的共赢。

图10-22　科技创新对基础服务领域中"人"的变革影响

资料来源：中指研究院。

企业科技驱动创新发展的基础是人才保障。在行业科技含量提升、业务生态创新的背景下，标杆企业正积极加快人才队伍建设，储备和培养更多具备信息化、智能化及创新管理能力的高素质人才，驱动企业效益持续提升。一方面，在物业企业向精细化、专业化服务集成商转型升级的趋势下，企业更加注重客户体验和市场口碑，需要围绕业主和市场需求，培养专业型人才来驱动企业服务品质的持续提升；另一方面，以AI、物联网等为代表的创新技术与行业的跨界应用日渐成熟，物业企业的创新发展更加依赖具备管理创新、科技、营销和管理等方面才能的复合型人才，以满足物业现代化管理和业务多元化的发展需要。

图10-23　物业服务企业人才建设方向

资料来源：中指研究院。

（三）协同国家战略，参与基层治理，发展绿色物业

社区是国家组织体系的神经末梢，社区治理的逻辑深刻反映着国家组织体系的逻辑，物业管理作为服务社区的准公共行业，是提升基层治理水平建设的重要抓手。依照《中共中央　国务院关于加强基层治理体系和治理能力现代化建设的意见》提出的目标，力争用5年左右时间，"建立起党组织统一领导、政府依法履责、各类组织积极协同、群众广泛参与，自治、法治、德治相结合的基层治理体系"，力争再用10年时间，"基本实现基层治理体系和治理能力现代化，中国特色基层治理制度优势充分展现"。在政策指引下，全国各地积极探索党建引领参与社区治理的路径和模式，探索物业管理发展新格局。

表10-10　　　　　　　　　　部分城市探索党建引领物业管理发展新格局

城市	实践情况
北京	推动构建党建引领社区治理框架下的物业管理体系，在物业服务企业、业主委员会、物业管理委员会中建立党组织
上海	建立健全以居民区党组织为领导核心的住宅小区治理架构
天津	发挥社区党组织基层治理的轴心作用，推行交叉任职，健全完善党建领导下基层协商治理机制
重庆	成立1500多个党建引领的社区物业服务中心，解决老旧住宅社区物业管理问题
成都	发布了全国首个物业管理行业细分领域党建示范创建导则；构建"一核三治、共建共治共享"的基层治理体系

资料来源：公开资料，中指研究院整理。

标杆企业以党建为引领，大力发展红色物业，打造物业企业高质量发展的"红色引擎"。通过红色物业建设，标杆物业企业逐步搭建起政府、业主、物业三方协商议事沟通桥梁，实现三方力量联动和企业内部治理优化。例如，中海物业一方面积极探索通过党建革新内部组织，全面激活企业"红色细胞"，实现企业内部治理优化；另一方面，充分发挥组织内部党员的模范带头作用，积极配合"居委会""业委会"，就社区治理难题落实前期早沟通，中期多跟踪，后期有回访，打通联系服务群众的"最后一百米"。

除了大力发展红色物业，部分物业企业从党建活动组织及党建品牌建设两方面落实党建引领工作，推动企业治理水平升级。例如，保利物业打造了"保利星火"党建品牌，依托星火社区，把党支部建到小区、党小组建到楼栋。

物业企业在以高品质服务赢得市场回报的同时，亦需要平衡自身经济价值与社会价值，通过战略驱动和管理创新，落实行业高质量发展目标。部分物业企业积极参与到以老旧小区改造为主的城市更新工作中，对项目进行局部翻新、停车场改造、加装电梯、安装新能源汽车及电动车充电桩、优化垃圾分类等，使年久失修、管理混乱、居住环境较差的老旧小区焕然一新，在提高居民社区生活质量的同时，提升基层社会治理效果；部分物业企业响应国家号召，建设美丽乡村，积极参与消费扶贫、教育扶贫，美化生态，促进乡村产业发展，用实际行动解决"乡愁"。

低碳、绿色、可持续是行业高质量发展的重要标签，也是企业实现转型发展的重要方向。从时间维度来看，一个物业项目的建成一般只需要几年时间，但是后期的物业服务通常却可能要贯穿几十年；从价值维度来看，围绕物业项目产生的建设成本与运营成本相比，前者多为开发单位的一次性投入，规模相对固定，价格波动较小，而后者具有更大的价值弹性空间。因此，在长周期、高价值的物业服务过程中，如何实现低碳、绿色、可持续的发展目标，是物业企业在发展中面临重要课题。

绿色物业是行业未来发展的重要方向，标杆物业企业为满足自身ESG建设和发展需要，持续加大在绿色物业方面的建设力度。华润万象生活、中海物业等企业已经将绿色物业管理列为企业ESG建设的重要议题，持续加强企业绿色运营管理；保利物业、雅生活集团不断加大在绿色科技方面的研发力度，支撑企业落实可持续发展目标。此外，越来越多的非上市物业企业也开始积极探索绿色物业发展道路，在保证服务质量等基本要求的前提下，通过科学管理、数字化技术赋能和行为引导，提高各类物业运行能效，将绿色、低碳、可持续的理念深度融入物业服务中。

表10-11　　　　　　　　　　　　部分企业关于发展绿色物业的相关表述

企业名称	相关内容
保利物业	共同履行绿色降碳责任、共同推动绿色低碳运营、共同建设绿色生态楼宇
金茂服务	不断完善环境管理体系，减少运营过程中对生态环境的影响，坚定不移地推进绿色物业的发展与创新
金科服务	践行绿色发展理念，力争在企业运营中融入绿色管理，做好节能、减排、节水，降低对环境的不利影响
朗诗绿色生活	作为行业领先的绿色物业企业，始终聚焦绿色发展，深耕绿色小区运营

资料来源：企业2022年环境、社会及管治报告。

建筑、社区、城市是标杆物业企业发展绿色物业，落实低碳环保的三大核心场景。围绕"建筑"场景，物业企业关键要做好能源管理，通过对建筑基础设施进行节能改造工作，包括照明系统、空调和电梯等设备，充分利用可再生能源，提高设施设备能效，实现环境效益与经济效益的统一；围绕"社区"场景，物业企业关键要做好服务落地，包括垃圾分类、废物回收、节约能源等；围绕"城市"场景，物业企业关键要做好理念推广，将企业社区绿色运营理念延伸到城市服务中，邀约更多社会主体参与到节能减排的实践中。

能源管理是物业企业落实绿色、低碳、环保，实现可持续发展的关键环节。目前标杆物业企业应用在能源管理环节的技术主要包括：建筑物理环境系统、围护结构系统、制冷空调系统、供暖系统、可再生能源利用系统、绿色照明及智能控制系统、电气节能系统及其他能源管理系统。未来，标杆物业企业通过制定能源管理相关的制度、采取更先进的能源管理技术手段等方式，能够减少物业运营带来的碳排放，确保能源系统和设备处于最佳节能状态，进而不断降低建筑主体运营带来的能源消耗。

供应链的绿色低碳管理，是物业企业实现可持续发展目标的重要抓手。物业服务与终端能源消费、资源使用具有高度的关联性和突出的减排潜力。未来，物业企业通过加强对供应链的绿色低碳管理，提升自身在绿化、保洁、垃圾分类、可再生资源回收以及危废物品处置方面的综合能力，才能实现可持续发展目标。

报告十一　物业服务新赛道——聚焦IFM

物业管理行业正在发生深刻变革，传统的粗放型发展方式弊端日渐凸显，专业化、集约化和精细化正在成为行业未来发展方向。与此同时，在国家"双碳"战略和产业转型升级背景下，甲方企业更加聚焦核心主业，积极探索绿色低碳的可持续发展道路，因此，企业的非核心业务外包将会成为趋势，综合设施管理（IFM）的服务价值正在不断涌现。从物业管理行业发展的历程来看，锁定C端客户的社区增值服务正处于从有到优的质变期，聚焦G端政务客户的城市服务业务发展方兴未艾，而关注B端客户多元服务场景的IFM刚刚起步。我们确信在行业快速变革的关键时期，IFM将为物业企业发展打开新的经营思路，带来新的增长机会，成为新的赛道。

一、从PM、FM到IFM，内涵重塑

（一）IFM定义及与PM、FM的关系

IFM（Integrated Facility Management的简称）直译为综合设施管理，是将工作空间所需的物业资产、家具设备、工作流程和人员等要素整合在一起进行管理的综合性空间服务体系。在全球化背景下，越来越多的企业愿意将非核心业务外包，从而获得专业的服务并降低交易成本，但企业的多元需求可能导致其需要对接各种各样的外包服务商，如果有一家服务商可以一站式解决客户企业的全域管理问题，满足客户企业的各项需求，这就是IFM。

IFM概念起源于美国并在美国发展成熟，后传入欧洲，并不断发展丰富。亚太地区由于工业标准化程度相对较低，以及部分终端用户对IFM等外包业务的接受度不足，因此IFM整体发展水平目前落后于欧美国家。但未来随着亚太地区发展中国家经济实力的崛起和对外包业务认可度的提升，IFM服务市场也将日趋成熟。

IFM进入国内市场后，首先是对传统设施管理领域（FM）进行改造和升级，推动设施管理企业转型升级，延展服务内容，优化服务战略，相关企业的专业服务水平得到快速提升，但以"四保一服"为代表的基础物业服务领域仍是设施管理企业相对薄弱的业务环节；而随着国内物业管理（PM）的快速发展，能够提供高水平设施管理服务的物业企业数量明显增多。与此同时，物业管理（PM）已经从服务公共区域拓展至设施管理（FM）领域，服务涵盖工作环境管理、设施设备运维等多方面内容；而IFM（综合设施管理）则是在设施管理（FM）的基础上更进一步，完成了供给端和需求端多样内容的整合。

IFM和FM（设施管理）二者不存在根本差别，IFM只是在FM的基础上强调了"Integrated"，即综合、整合，这里的"综合"一方面指供给端内部的资源整合，另一方面指需求端需求的综合。因此IFM相较于FM对服务企业的解决方案提出了更高要求，需要服务企业根据不同客户、不同场景、不同需求，制定个

性化服务方案，这就需要服务企业跳出传统FM设施管理的标准化服务思路，对企业自身资源和客户个性化需求进行高度整合，真正参与到客户企业的非核心业务外包中，成为客户企业的战略合作伙伴。

PM（物业管理）
以管理公共区域为主要的服务内容

FM（设施管理）
工作环境管理、设施设备运维等多方面服务内容

IFM（综合设施管理）
设施设备管理、环境服务、综合服务等综合性服务体系边缘

图11-1　从PM到IFM的演化历程

资料来源：中指研究院综合整理。

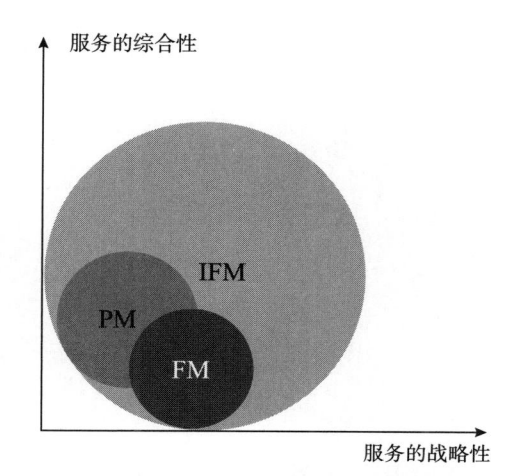

图11-2　IFM与FM、PM的内涵关系及服务特点示意

注：气泡大小代表服务内涵大小。
资料来源：中指研究院。

IFM与PM（物业管理）在概念定义、客户群体、服务内容、服务目标、企业定位等方面边界清晰，虽然目前越来越多的物业企业加速布局IFM领域，推动行业出现PM与IFM融合发展的趋势，但IFM服务的综合性、战略性特点依然突出。例如，提供PM（物业管理）的企业可能更加关注所服务公共空间以"四保一服"为代表的基础服务，顺势可以开展增值服务，提高企业利润率；而提供IFM服务的企业需要考虑的是客户企业全部的非核心业务发展问题，通过专业、高效的服务帮助客户企业聚焦核心业务发展，提高竞争力，因此IFM服务远比传统的物业管理更具战略价值和意义。

表11-1　IFM（综合设施管理）与PM（物业管理）的对比

类别	IFM（综合设施管理）	PM（物业管理）
服务领域	涉及人类有效生产、生活环境中所有的领域，并将其纳入体系进行统一管理	主要为居住、商办和公共服务领域
服务内容	基于场景的多元化、专业化、整合化、个性化、标准化的服务性活动	"四保一服"为代表的服务性活动
服务目标	支持客户企业核心业务发展	为客户创造优质的生活、生产环境，并促进物业保值增值
企业定位	客户企业的核心业务支持部门	单纯的第三方服务机构
专业能力	专业知识＋综合管理，如：战略管理、空间规划、客户关系、财务分析等	侧重于日常维护的专业技术和工作技能

资料来源：中指研究院综合整理。

（二）IFM服务内容及其特点和价值

根据不同产品类型，可将IFM服务内容细分为七大类：设施维修及维护、环境与能源管理、安保服务、保洁服务、企业和资产管理、餐饮服务和综合服务（空间规划、员工福利管理、饮水服务、会务服务、制服服务、礼宾服务等），作为一项综合性空间服务体系，IFM服务不但要求相关企业持续打磨细项服务的专业度，更要求为客户提供综合性的需求解决方案。

IFM作为满足企业多元服务需求的有力抓手，综合考虑人、财、物、空间、技术等要素在整合过程中的重要性，其特点可总结成"六化"，分别是定制化、多元化、场景化、碎片化、精细化、差异化。具体延伸来看，主要是定制化的服务内容、多元化的服务对象、场景化的服务形式、碎片化的服务内容、精细化的需求满足、差异化的服务需求。既包括硬件服务，也囊括软件服务，本质上是对整个空间以及构成该空间的各要素进行综合服务。

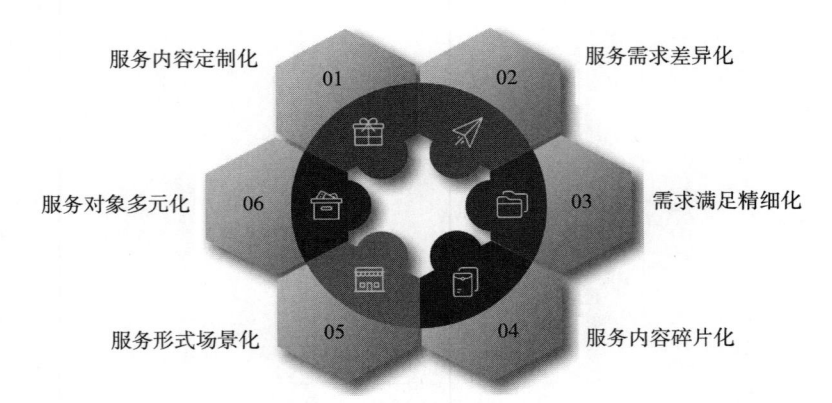

图11-3　IFM服务"六化"特点

资料来源：中指研究院。

于企业而言，IFM服务具备多元价值，从需求端看，IFM的综合性服务能够帮助企业提高生产效率，节省客户筛选和采购的精力，降低运营成本，同时能够改善企业的生产、工作环境，提升总体工作体验，提高员工满意度；从供给端看，布局IFM业务的物业企业能够扩展其增值服务的空间，提升客户黏性、增强客户忠诚度，而这种深度"捆绑"的模式能够提高企业的竞争力，推动企业和客户的长期合作。

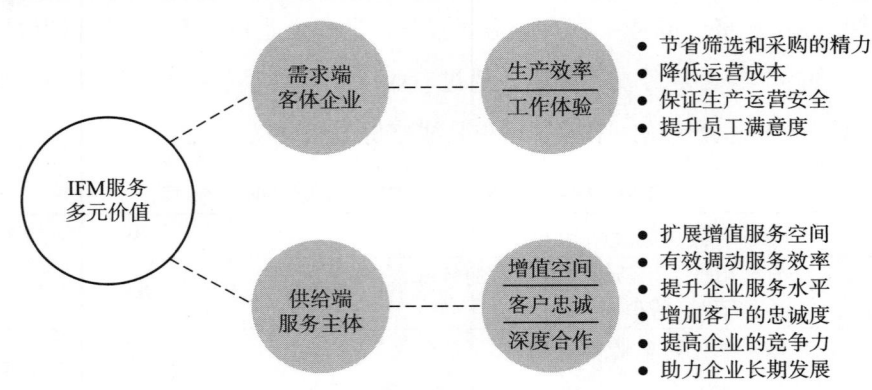

图11-4　IFM服务于企业的多元价值

资料来源：中指研究院。

于行业而言，IFM的价值在于表达了一种全新的发展理念，即需要从人与空间（工作/生活）关系出发，通过综合设施管理凸显人的价值，提升人的生活体验和工作中的创造力，并通过人与环境的相互协作最终实现物业管理行业价值。

（三）庞大的非住宅规模为 IFM 提供广阔发展空间，成为新赛道

从全球层面来看，IFM 服务发展前景巨大，发达国家和新兴市场的企业都在加快布局和探索。根据国际调研机构 PMR 的测算：2021 年全球 IFM 市场需求规模高达 7300 亿美元，并将在 2021-2031 年间以 4.2% 复合年增长率保持稳定增长（2031 年将超万亿美元）。推动 IFM 需求增长的主要国家是美国、英国、中国、日本和印度。目前北美在全球 IFM 市场占据主导地位，占据 36.7% 的市场份额，并将以 4% 的复合年增长率稳定增长，领跑全球。

国内市场方面，庞大的非住宅物业规模奠定了 IFM 业务拓展的基础。2022 年中国物业服务企业的在管总建筑面积约为 290 亿平方米，其中以商业、办公和产业园区为主的非住宅业态的面积占比约为 34.15%，预计到 2026 年全国物业企业的在管总建筑面积将达到 355 亿平方米，非住宅面积占比将上升至 38.21%，达 136 亿平方米，庞大的非住宅物业规模将是 IFM 服务实现快速发展的沃土。

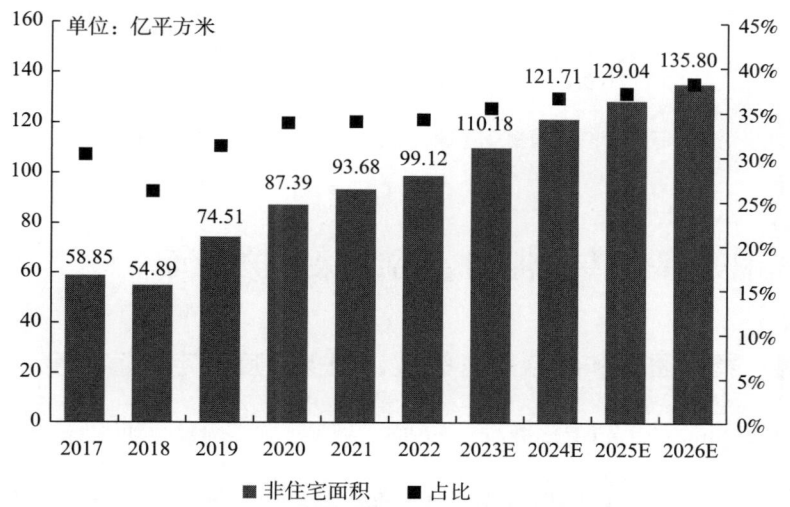

图11-5　2017—2026年中国非住宅物业管理面积及预测情况

数据来源：中指研究院。

我们以中国非住宅物业规模作为基础，结合各业态平均物业服务收费水平，综合考虑到 IFM 服务的溢价水平和市场接受度，在相对保守的情况下以 3 倍于物业管理费用作为平均收费标准，通过加权平均法估算出我国物业管理行业 IFM 服务市场需求规模将由 2022 年的约 6260 亿元，增长至 2026 年的约 10699 亿元，年均复合增长率达 14.07%。随着国内经济的快速发展和产业结构的优化调整，将催生更多企业和政府对综合设施管理的需求，未来将形成 IFM 服务蓬勃发展的新形势。

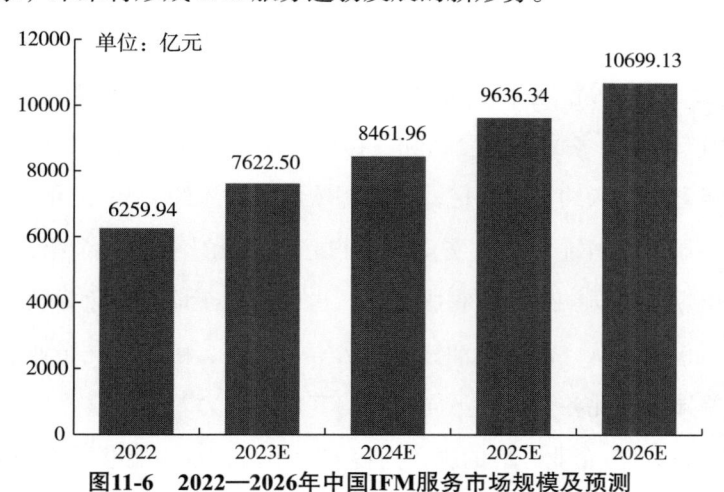

图11-6　2022—2026年中国IFM服务市场规模及预测

数据来源：中指研究院。

IFM是传统物业管理的价值延伸，将打开物业面向企业客户服务的无限可能。我们认为，物业管理行业在经历了过去几年的快速发展后，企业通过社区增值服务充分挖掘了C端业主的各种消费场景，并基于社区空间建立起多元增值服务体系，例如社区团购、美居服务、房屋经纪、社区养老等业务，扩增了服务种类。企业通过城市服务加快挖掘G端政府层面的各种公共服务场景，拓宽了服务边界。当前，在行业处于转型升级的关键阶段，如何更好地挖掘B端企业客户的需求场景，实现服务价值提升，成为很多物业企业的业务重心，IFM恰是整合企业客户不同场景和需求的新兴业务，值得企业加大布局力度。

图11-7　中国物业管理行业广义客户细分与价值示意

资料来源：中指研究院。

二、国外IFM标杆：基于专业服务，持续深挖护城河

（一）服务内容：聚焦团餐和综合服务领域，服务深度决定价值高度

IFM国际巨头企业经过近百年的市场磨砺，商业模式已经较为成熟，业务结构也趋于稳定，以团餐服务为代表的专业细分领域和以承接客户企业非核心业务外包的综合服务领域是海外标杆企业战略布局的重点方向。

从团餐服务内容看，IFM国际巨头企业能够提供高度专业化、定制化的餐饮体验，能够满足不同行业、不同领域客户的多元化后勤餐饮服务需求。标杆企业的团餐服务内容主要包括：后勤餐厅、活动餐饮、酒店餐饮、精致餐饮、咖啡服务、外卖和微型厨房等。通过高效的供应链管理和高度标准化的餐饮制作流程，标杆企业一方面能够保障团餐服务的高品质，形成品牌效应；另一方面，能够最大程度地压缩经营成本，形成企业竞争优势。

从团餐收入占比看，团餐服务已经成为很多IFM国际巨头重要的收入来源。例如，索迪斯2022财年营业收入约1462亿元，其中团餐业务收入约608亿元，收入占比约为41.6%；爱玛客2022财年营业收入约1159亿元，其中以团餐业务为主的食物和支援服务（国际）收入约259亿元，收入占比合计约为22.4%；欧艾斯2022财年营业收入约为756亿，其中餐饮服务收入约为98亿元，收入占比约为13.1%。

从团餐客户类型看，国际标杆企业的团餐业务客户趋于多元化：除向企业、政府机关、学校、医院、住宅小区、养老院等单位提供优质一体化团餐服务外，也向大型工地、特色餐饮中心、文化设施等提供餐饮管理与服务，客户甚至包括军队、海上石油钻井平台等。此外，由于不同企业在团餐服务领域的产品设计和优势资源存在一定差异，因此各企业对不同领域的客户影响力差异明显。

综合服务方面，IFM国际巨头企业开展的服务内容较为丰富，基本能够涵盖IFM领域的所有服务内容，包括：设施维修及维护、环境与能源管理、安保服务、保洁服务、企业和资产管理、餐饮服务和其他服务（空间规划、员工福利管理、饮水服务、会务服务、制服服务、礼宾服务等）。但各企业聚焦的优势业务不同，因此各业务对企业的收入贡献比重差异明显，整体来看，设施维修及维护、清洁服务和员工福利管理在企业的收入中占比相对较高。

以清洁服务、安保服务和设施维修为代表的传统物业服务内容仍是构成IFM国际巨头企业综合服务的业务基础，但区别于传统物业服务企业，IFM标杆企业能够将各项基础物业服务的细分内容做到极致，包括服务的专业程度和服务内容的丰富程度。以清洁服务为例，有企业单凭该项业务成为年均营收超700亿元的IFM巨头。欧艾斯作为全球最大的清洁公司，将清洗服务做到了极致，其清洁服务内容包括：办公室的日常清洁、先进生产空间清洁技术、运输和基础设施的清洁、酒店和活动场所的清洁、空间洁净产品、工业与生产清洁、食品卫生清洁等。

（二）发展路径："掐尖式"收并购+"藤蔓式"业务拓展，成就标杆雏形

在IFM国际巨头的成长实践中，战略导向的收并购和持续的业务拓展是关键。一方面，企业通过战略收并购能够快速建立起专业服务能力，抢先切入具有市场潜力的新细分赛道；另一方面，企业从传统优势业务方向出发，围绕产业价值链和多元服务场景，开展战略收并购，持续强化优势业务的行业地位，并最终实现全球化布局，构筑起对竞争者的进入壁垒。

在并购标的的选择上，IFM国际巨头企业倾向于细分领域或特定区域的专业细分龙头企业，通过"掐尖式"收并购，实现企业业务的跨越式发展。例如，索迪斯1995年并购英国餐饮巨头Gardner Merchant和瑞典领先服务公司Partena，成为在全球占据领先地位的餐饮服务供应商；1998年并购美国的Marriott Management Services，成为北美市场团体餐饮服务和设施管理服务的领先集团。以上标的在被并购前均处于所属行业或区域的领先地位，索迪斯通过定向收购，强强联合赋予企业更多的发展机会。

表11-2　　　　　　　　　　索迪斯在团餐领域部分"掐尖式"并购及其战略意义

并购时间	标的名称	业务所在地	标的的市场地位	并购战略意义
1995	Gardner Merchant	英国	英国市场领先的餐饮服务供应商	助力索迪斯成为在英国占据领先地位的餐饮服务供应商
1995	Partena	瑞典	北欧市场领先的餐饮服务供应商	助力索迪斯成为在欧洲占据领先地位的餐饮服务供应商
1998	Marriott Management Services	美国	北美市场团体餐饮服务和设施管理服务的领先集团	助力索迪斯成为北美市场团体餐饮服务和设施管理服务领先集团

资料来源：公开资料，中指研究院综合整理。

企业"掐尖式"并购来的优质标的好似一粒粒种子，蕴藏能量且极具价值，其代表的是机会和希望，但如何使其生根发芽并长出藤蔓才是企业关注的重点。因此，不论是通过收并购强化企业的现有优势业务，还是凭借收并购快速切入新赛道、新领域，企业要实现跨越式发展的关键是持续的业务拓展，可以是提高传统优势业务的内容丰富程度，也可以是向新的潜力服务领域渗透、拓展。总之，要在企业有效且可控的服务界面上，将服务的深度做到极致。

通过产业链上的强势业务形成的客户黏性和竞争优势，快速切入细分赛道，是企业实现"藤蔓式"业务拓展的关键。例如，索迪斯以团餐业务为触手，横向切入医疗、学校、养老等业态，并在广大的客

户基础上探索多元化服务，围绕设施管理开辟了清洁服务、场地维护服务、前台服务、安保服务；围绕工作场所和技术服务开辟了一站式技术服务和资产管理服务；围绕福利和绩效管理开辟了行政管理和员工福利服务等。索迪斯通过这种"藤蔓式"业务拓展模式，使企业发展成为生活质量服务的全球领军企业。

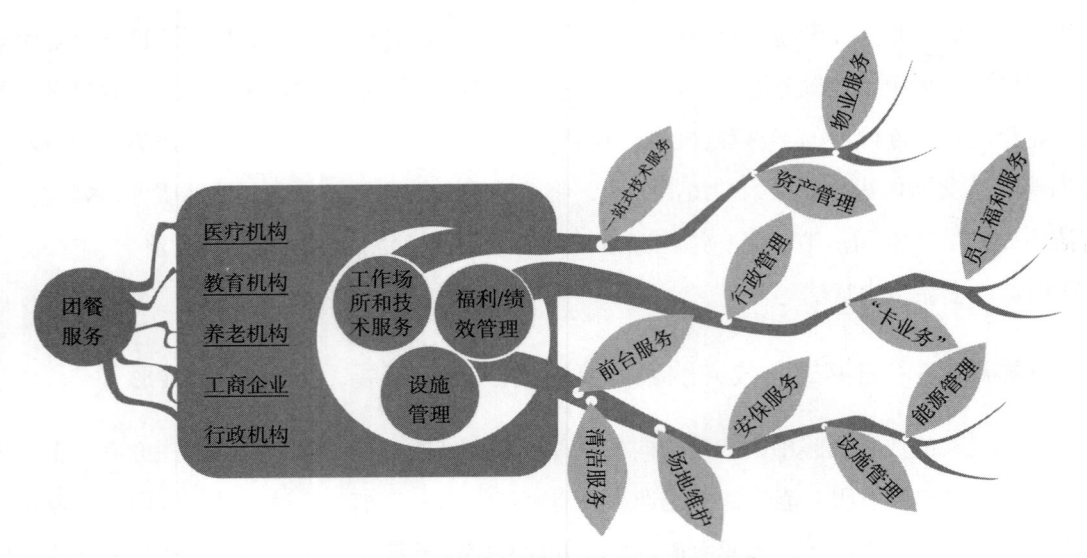

图11-8　索迪斯"藤蔓式"业务拓展示意

资料来源：中指研究院。

根据企业及市场实际情况制定合理的并购策略，进而借助资本力量进行横向和纵向的并购，是企业实现"藤蔓式"业务拓展的保障。爱玛客的并购策略遵循四大原则：对现有业务规模扩张（业务扩张）、拓展业务和提升企业竞争地位（产业链扩张）、扩大品牌或产品影响（品牌扩张）、进入新的区域市场（地理扩张）。爱玛客根据自身在全球市场的业务开展实际情况，采取不同的并购策略，从而保证企业的"藤蔓式"业务拓展取得成功。

业务扩张	产业链扩张	品牌扩张	地理扩张
标的名称 Avendra LLC	标的名称 Next Level Hospitality	标的名称 Old Time Coffee Co	标的名称 Avoca Handweavers Ltd
服务领域 酒店采购	服务领域 老年人护理服务	服务领域 咖啡服务	服务领域 北欧地区零售、咖啡和纺织

图11-9　爱玛客并购策略原则及代表标的情况

资料来源：中指研究院。

（三）典型标杆：历经长期打磨，成为全球标杆

1. 索迪斯（Sodexo）——团餐业务起家，五十年蝶变为国际IFM服务巨头

索迪斯（Sodexo）集团是全球领先的综合设施管理服务商，1966年成立于法国，总部位于巴黎，公司业务遍及全球53个国家，为消费者提供独特的驻场服务、福利与绩效管理服务和个人与家庭服务，是全球公认的IFM服务龙头企业。

（1）从顺势而为到全球布局，跨越半个世纪实现蝶变

顺势而为（1966—1970年）：索迪斯成立初期，正处于全球经济快速发展时期，企业员工不断增加，

员工的午餐质量亟需改善，索迪斯抓住市场机会，团餐业务在成立3年后，营业额就翻了六番。十年磨剑（1984—1994年）：坚持以客户为中心让索迪斯在医疗及卫生市场和教育市场成为真正的"拓荒者"。在医疗市场，索迪斯跳出厨房，开发了一个全新的服务方案，针对病人和员工，包括了配餐、家政和其他居住服务，得到很好的市场反馈；在学校市场，索迪斯启动"帮你成长"（Helping You Grow）项目，对不同年龄段的学生采用不同的供餐方式：幼儿园和小学需要的是营养均衡，中学生把午餐当作休息时间。索迪斯的研究员告诉孩子，怎么吃得健康、均衡、有趣。通过这样细分服务标准，赢得了越来越多的市场份额。全球布局（1995年至今）：通过在全球各地市场收购属地领先服务企业，索迪斯朝着全方位的生活质量服务领军者的方向更进一步。

（2）稳定保持千亿营收规模，驻场服务收入占比超六成

2017—2019年索迪斯集团营业收入稳中有升，2020—2022年受新冠疫情影响公司营收有所下降，2022财年公司营业收入约1462亿元，同比增长21.21%；净利润受新冠疫情影响较大，但2022财年实现净利润48.11亿元，同比大幅增长约400%，净利润基本恢复至新冠疫情前水平。

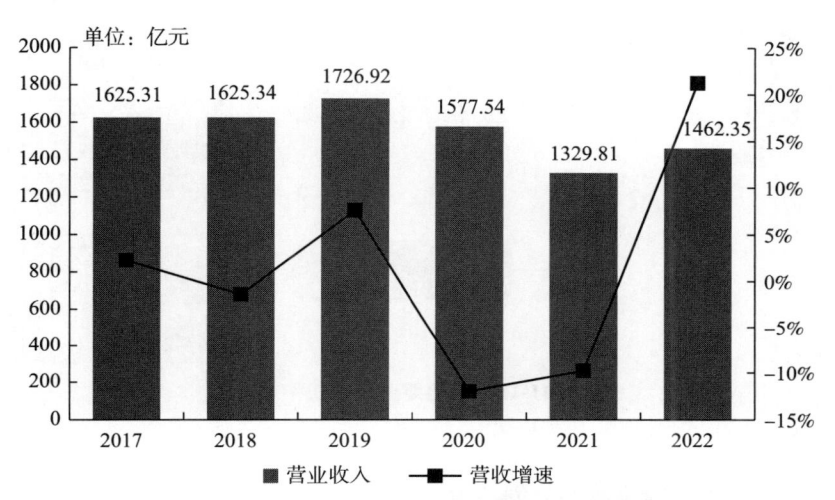

图11-10 2017—2022财年索迪斯集团营收及增速情况

数据来源：wind，中指研究院整理。

按业务板块拆分来看，2022财年驻场服务收入占比超过64%，为主要收入来源，驻场服务主要包括团餐服务和设施管理，业态涵盖办公企业、医院、教育和其他组织机构。作为公司体量最大雇员最多的核心业务，驻场服务收入的65%来自餐饮相关服务，35%来自设施管理服务。

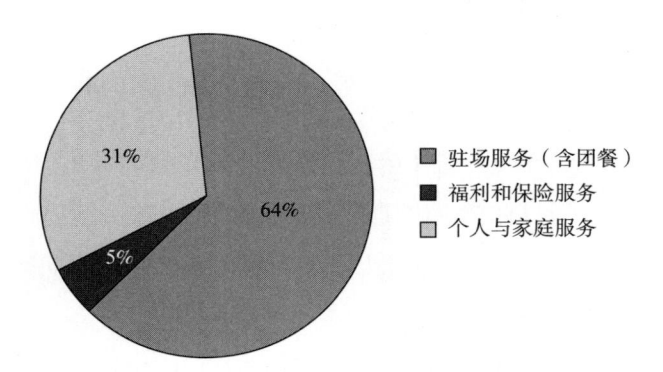

图11-11 2022财年索迪斯集团收入构成情况

数据来源：wind，中指研究院整理。

（3）聚焦核心优势业务，深度延伸服务终成IFM领跑者

公司通过聚焦优势业务，横向切入医疗、学校、养老等业态，纵向延伸服务至上下游产业链，最终发展成为多业态的综合设施管理服务商。团餐服务是索迪斯的核心优势业务，公司除向企业、政府机关、学校、医院、住宅小区、养老院等单位提供优质一体化团餐服务外，还向大型工地、特色餐饮中心、文化设施等提供餐饮管理与服务，客户甚至包括美国海军陆战队、海上石油钻井平台等。索迪斯以团餐服务为基础，深度拓展出三大业务板块：驻场服务、福利与绩效管理服务以及个人与家庭服务，并通过100余种专业服务类型，为客户提供专业的一体化解决方案：从前台接待、安保、设施维护与清洁，到餐饮服务、设施和设备管理；从员工就餐卡、礼品卡和出行交通卡，到家庭护理和管家服务。

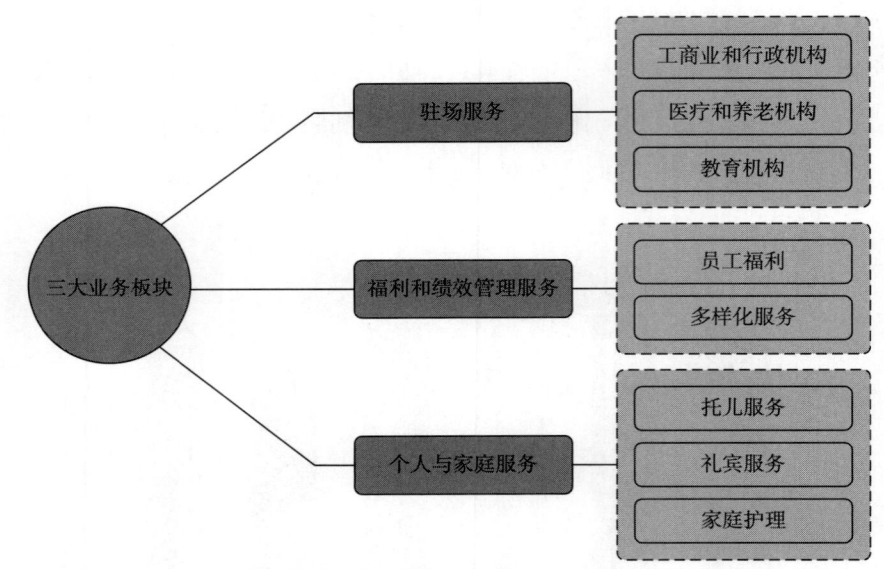

图11-12　索迪斯业务板块构成

资料来源：公开资料，中指研究院整理。

（4）智慧化赋能核心业务，构建数字化创新生态

在综合设施管理方面，索迪斯将自身优质服务与物联网、大数据、人工智能等前沿科技深度结合，为客户提供智能化的办公场景；在团餐服务方面，索迪斯将智慧化服务融入餐饮业务，在全世界范围内建立多家索迪斯智慧餐厅，通过智慧餐饮APP、智能菜单识别结算系统、智能无人零售等功能为不同客户提供模块化定制服务。通过打造数字化餐厅和一站式综合设施设备管理云平台两大数字化解决方案，索迪斯在全球范围内构建起全场景的数字化创新生态。

2. 欧艾斯（ISS）——专注清洁服务，百年磨砺蜕变为全球IFM服务明星

欧艾斯于1901年成立，总部位于丹麦哥本哈根，是全球领先的IFM供应商，也是业内鲜有能够在全球范围内提供自营服务的公司之一。目前，欧艾斯已经在欧洲、亚洲、北美洲、拉丁美洲和太平洋地区的70多个国家拥有超过50万员工和本地业务，为数以千计的公共及私营企业的客户提供服务。

（1）始于基础安保服务，终成全球IFM巨头

1901年，欧艾斯创建初期是一家安保公司，随着公司业务拓展，1934年成立了丹麦清洁公司（DDRS）；1962年随着新任公司领导接管公司，欧艾斯逐渐发展成为一家国际化的公司；1973年欧艾斯集团正式诞生，在11个国家拥有32家公司，员工数量超过35000名，年收入达6.4亿元（根据1丹麦克朗≈0.9871元人民

币换算得出，下同）；1993年公司收购美国清洁集团；2005年欧艾斯从一个国际化清洁组织转变为全球服务集团和IFM综合设施管理服务供应商；2014年欧艾斯在丹麦哥本哈根交易所上市；目前，欧艾斯以清洁服务为代表的IFM业务获得了全球雇主的高度认可。

（2）聚焦三大客户类型，四个核心业务板块

2018—2019财年，欧艾斯集团营收均值为746.69亿元，净利润均值12.59亿元，企业收入和利润都呈现出快速上涨趋势；2020财年，受全球新冠疫情影响，企业营收出现下滑，营业收入规模缩水至697.39亿元，并出现亏损；2021—2022财年公司业务迅速恢复，经营业绩扭亏为盈，营收均值为729.97亿元，净利润均值为21.81亿元，特别是2022年，欧艾斯营业收入为755.51亿元，同比增长约7.25%，基本恢复至疫情前水平；2022年欧艾斯净利润再创新高达25.02亿丹麦克朗，同比增长34.63%。

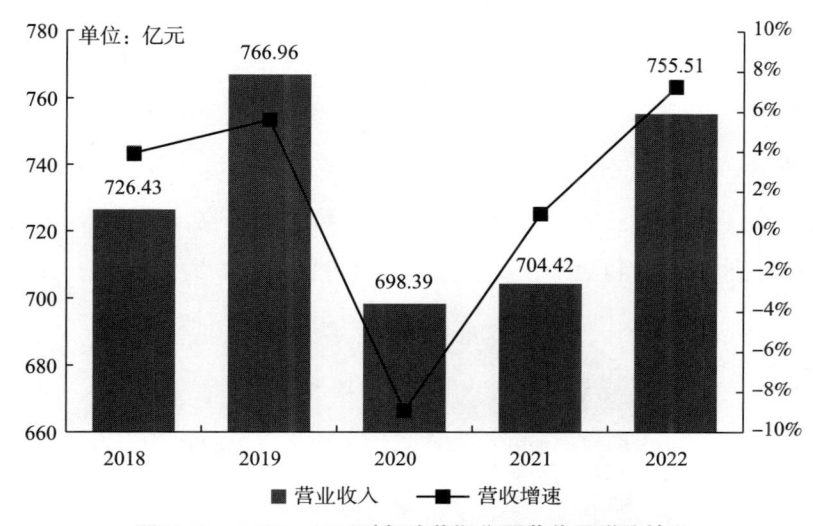

图11-13　2018—2022财年欧艾斯集团营收及增速情况

数据来源：企业年报，中指研究院整理。

从区域布局的情况来看，欧洲市场是欧艾斯的主要业务阵地，特别是北欧地区，2022年收入占比最高为38%，其次是南欧和中欧，合计贡献了集团32%的收入。欧艾斯在全球服务项目数量最多的区域是亚太地区，共有约137220个服务项目在这里分布，随着亚太地区的新兴市场IFM业务发展和成熟，未来欧艾斯在该区域的收入增长潜力巨大。

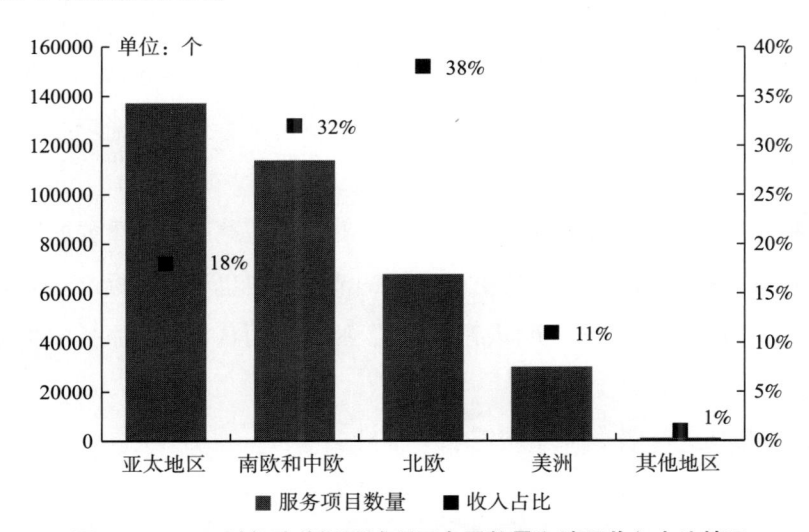

图11-14　2022财年欧艾斯区域项目布局数量和地区收入占比情况

数据来源：企业年报，中指研究院整理。

从客户类型上来看，欧艾斯服务的客户所属行业多元，涵盖工业制造、科技、教育、银行、医疗健康和航空等多个行业的企业客户，根据不同行业的企业客户特点，欧艾斯聚焦三大类客户：办公类企业客户、生产类企业客户和医疗保健类企业客户，2022财年贡献收入占比分别为40%、24%和13%。

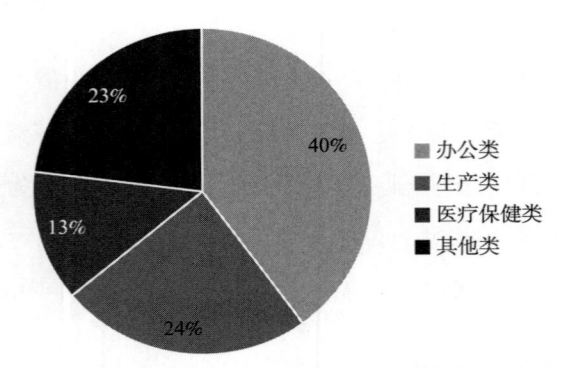

图11-15　2022财年欧艾斯不同类型客户贡献收入占比情况

数据来源：企业年报，中指研究院整理。

按业务板块拆分来看，清洁服务、技术支持、餐饮服务和工作场所服务是欧艾斯的四大核心业务板块，2022财年清洁服务的营业收入占比高达45%，是欧艾斯的主要收入来源，其次是技术支持服务和工作场所服务，收入占比分别为22%和20%；餐饮服务收入占比最低，约为13%。

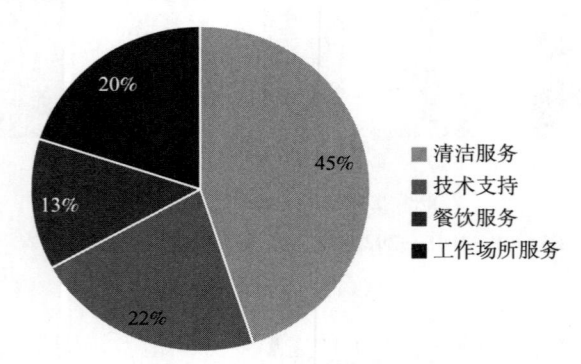

图11-16　2022财年欧艾斯主营业务收入构成情况

数据来源：企业年报，中指研究院整理。

（3）清洁服务内容丰富，坚守品质赢得市场

欧艾斯拥有近90年的清洁服务经验，多年来一直是世界知名的清洁公司，现如今，欧艾斯仍然是全球最大的清洁公司，是卓越清洁方面的领先开拓者。欧艾斯的清洗服务内容包括：办公室的日常清洁、先进生产空间清洁、运输和基础设施的清洁、酒店和活动场所的清洁、空间洁净产品、工业与生产清洁、食品卫生清洁。

在较长时期内保持始终如一的品质，是欧艾斯从竞争对手中脱颖而出的重要原因。欧艾斯的清洁服务会在行业最新趋势的基础上提供创新性解决方案，公司的清洁材料也有统一标准。欧艾斯精心挑选专业的清洁材料，与单一跨国供应商紧密合作，共同提升品质，驱动公司日常清洁服务中所使用的设备、工具和产品不断创新。

（4）多元餐饮服务，满足客户多场景消费需求

欧艾斯的餐饮服务包括两个维度，一是从员工日常早午餐到高级餐饮的配餐服务，二是为公司设计有利于放松、充电和社交的餐饮区域。欧艾斯用当季最佳农产品来制作营养丰富、多样化的新鲜菜肴，并从

世界各地招募和培养对美食和有趣体验充满热情的资深专业餐饮服务人员，在确保达到行业最高卫生标准的同时，为人们营造清洁、安全的饮食场所。欧艾斯的餐饮服务形式多样，从厨房和食品的日常服务，到快闪概念店和美食，根据客户需求提供定制化餐饮服务。

3. 爱玛客（Aramark）——深挖制服服务，九十载锤炼成就世界IFM典范

爱玛客（Aramark）成立于1936年，是全球领先的专业服务供应商，公司业态广泛且多元，为医疗机构、各类院校、运动和娱乐场所以及商务中心提供设备管理服务、餐饮服务以及制服和职业装服务，业务遍布北美、欧洲和亚太地区，核心市场为美国。

（1）三次登陆资本市场，逐渐确立全球服务标杆地位

爱玛客起家于美国的自动售卖行业，通过并购扩张，切入物业管理细分赛道，1972年首先外拓欧洲市场，为英国、法国、德国和比利时提供食品服务；1976年通过成立合资公司的方式进军日本，并进入工作制服租赁和职业服务行业；随着公司业务的持续扩张，爱玛客适时启动资本战略，公司在1963—2013年间三次登陆纽交所（期间两次私有化）；2017—2021年期间，爱玛客继续开展收并购战略，持续扩展服务内容和范围，逐渐确立起在IFM领域的全球服务标杆地位。

（2）两大主营业务板块，三大会计部门，千亿营收规模

2017—2019财年，公司营收均值约1067.75亿元，并且保持稳步上升趋势，净利润均值约为31.7亿元；2020—2021年受新冠疫情冲击，公司营收均值下降至829.08亿元，净利润出现亏损；2022年公司营收再创新高，达到约1159亿元，同比增长超过35%，净利润约为13.81亿元，企业实现扭亏为盈。

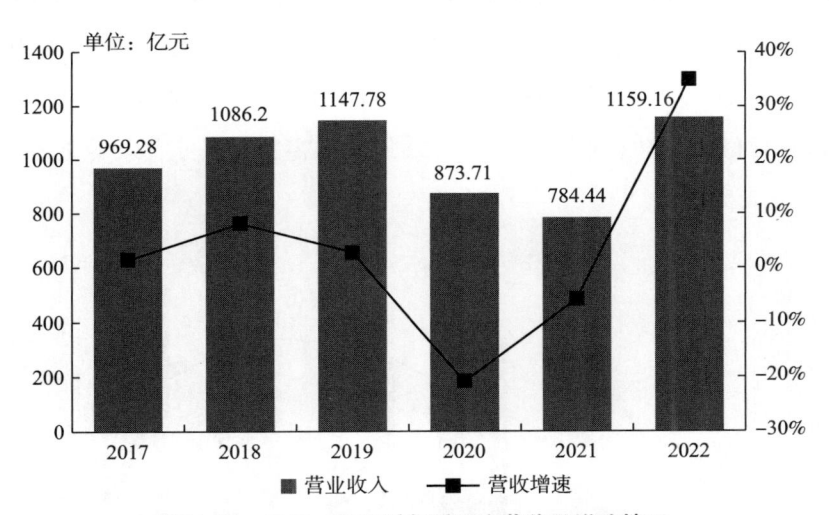

图11-17　2017—2022财年爱玛客营收及增速情况

数据来源：wind，中指研究院整理。

爱玛客的主营业务分为两大板块，一是食物和支援服务（以配餐和综合设施管理为主），二是制服和职业服装。公司根据业务覆盖区进一步细分为三大独立财务报告部门：食物和支援服务（北美）、食物和支援服务（国际）、制服和职业服装，其中食物和支援服务提供的业务范围基本相同，主要包括配餐、招待、采购及综合设施管理服务，服务对象主要包括设施设备、医疗、教育、体育娱乐和工商业等领域；制服和职业服装业务服务的对象主要是建筑制造、医疗制药和餐厅酒店领域的客户。

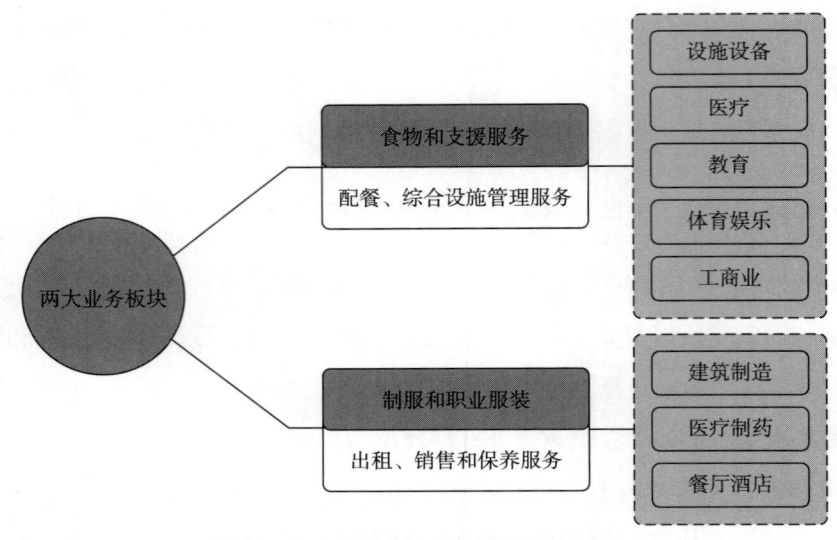

图11-18　爱玛客业务构成及服务对象

数据来源：公开资料，中指研究院整理。

按业务板块拆分来看，2022财年食物和支援服务收入占比合计约84%，为主要收入来源，其中北美地区的食物和支援服务收入占比为62%，是公司最大的收入市场；制服和专业服装业务收入占比为16%。

（3）制服服务贡献百亿营收，细分领域做到极致即是龙头

IFM服务的内涵很广，包含的业务内容很多，企业聚焦其中任何一个细分领域并将其做到极致都有可能成为该领域的龙头。爱玛客的制服业务立足于经济全球化的有利条件，在全球范围内匹配最有竞争力的产品，提供全方位的员工制服解决方案，包括设计、采购、制造、交付、清洁和维护的全部环节，公司打造了三大直销品牌制服：WearGuard、Crest和Aramark。爱玛客的制服服务盈利模式为自主生产制服产品，并通过直销和租赁两大方式经营。制服服务客户主要来自美国和加拿大的各行各业，覆盖制造、运输、建筑、餐厅和酒店、医疗保健和制药行业。2017—2022年爱玛客制服服务收入均值为156.64亿元，收入占比均值为15.85%。

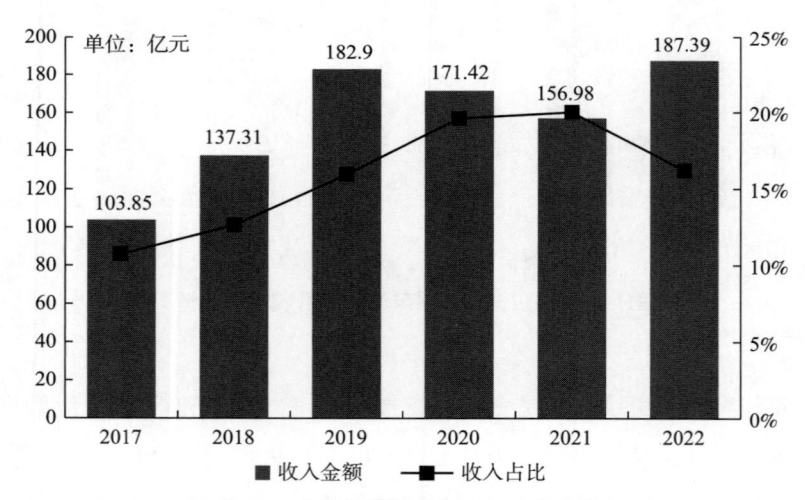

图11-19　爱玛客制服服务收入及占比情况

数据来源：wind，中指研究院整理。

（4）业务覆盖多元领域，打造抗风险的弹性商业模式

爱玛客基于多元业态布局，实现穿越经济周期的内生稳健增长。公司业务覆盖教育、医疗、工商业、

体育娱乐及惩戒场所、设施管理和制服服务多个赛道，其中教育、医疗和体育娱乐及惩戒场所对宏观经济敏感性较低，工商业、制服服务和设施管理对宏观经济敏感性相对更高，多元化的赛道组合为公司提供稳健收入，分散经济周期风险。

（5）专业解决方案满足客户需求，积累品牌优势形成壁垒

对于不同领域的特殊需求，爱玛客能够提供专业化的解决方案，而专业化解决方案也是爱玛客的核心竞争力之一。爱玛客的两大业务板块：食物和支援服务（以配餐和综合设施管理为主）、制服和职业服装行业具有管理壁垒高、场景多元化等特点，因为涉及多元业态，各细分业态之间也存在一定资源和技术壁垒，因此，对企业的服务能力和品牌建设要求较高。

爱玛客十分重视企业服务能力和品牌建设，针对不同行业领域的各种客户打造了专属的业务解决方案，例如在教育领域，针对校园社区特点，爱玛客通过自研的调研平台衡量校园配餐整体满意度水平，预测未来需求；在监狱领域，爱玛客为服刑人员提供职业培训服务。通过专业解决方案为客户带来良好的服务体验，积累品牌口碑，并逐渐形成对竞争者的进入壁垒。

三、国内IFM实践：认可赛道价值潜力，百花齐放加速布局

（一）现状：IFM国内发展仍处于初期阶段，企业脚踏实地方能破局

由于过去中国工业标准化程度相对低于欧美国家，终端用户对于IFM服务的接受程度相对较低，IFM在中国的发展水平整体落后于欧美国家。近年来，随着中国经济的发展、国家对于能源节约的需求以及客户对于IFM服务的接受程度提升，企业综合服务外包已成趋势。行业普遍认为IFM业务渗透率在国际上的平均水平大概是50%，而在中国市场目前只有8%左右，与国际均值相比还有42%的发展空间，未来几年，中国将成为世界上IFM业务增速最快的市场之一。但着眼于当下，IFM在国内发展仍处于探索阶段。

1. IFM与FM、PM边界认知模糊，正加速厘清

在资本热捧IFM背景下，很多传统物业企业和设施管理企业加速向IFM领域转型，导致市场呈现出IFM与FM、PM边界融合的假象。甚至部分传统物业企业和设施管理企业误认为以当前自身的服务能力，已经完全能够适配IFM业务，直到上场与专业的IFM企业同台竞技，才发觉自身能力短板。虽然IFM与FM、PM在业务场景、业务流程和客户群体等方面具有很多重合之处，但不足以抹平三者之间在内涵定义、战略价值、综合服务能力要求等方面的显著差异。

整体来看，现阶段市场主体出现对IFM与FM、PM边界认知模糊的问题是阶段性的，任何新兴行业在发展初期都可能面临这样的问题。现在越来越多的国内物业服务企业和客户正在加快接受IFM服务理念，并且能够对IFM服务的价值和特点做出理性的判断，随着市场的发展和成熟，这个万亿规模的新赛道将吸引更多优质企业入场布局。

2. 缺乏行业标准与准则，人才及服务观念错配

IFM在国内发展尚处于起步阶段，但囿于部分企业管理半径较大，服务标准难以统一，且行业相关政

策法规还在进一步完善中，对IFM服务的标准化、专业化形成一定挑战。针对IFM领域，我国尚未出台针对性的国家标准，也未形成具有公允价值的行业标准，目前国内IFM供应商的标准化建设基本延续了FM（设备管理）和PM（物业管理）的标准化内容，虽然能满足大部分客户企业的服务需求，但是与IFM服务本身所追求的高度专业化、定制化服务仍存在差距。

从现行的设施管理和物业管理的服务标准看，都未能满足IFM服务广泛的标准化内容要求。例如，我国现行的FM（设施管理）国家标准共计9条内容，主要是关于设施管理基本术语和部分特定领域的服务指南内容，未涵盖更广泛的服务领域，显然不能指导更具前瞻性和综合性的IFM服务发展。

表11-3　　关于FM（设施管理）现行国家标准内容清单

序号	国家标准号	国家标准内容	发布时间
1	GB/T 41474—2022	设施管理运作与维护指南	2022/4/15
2	GB/T 41473—2022	设施管理办公场所空间管理指南	2022/4/15
3	GB/Z 27021.11—2022	设施管理管理体系审核及认证能力要求	2022/4/15
4	GB/T 40059—2021	设施管理战略寻购和协议制定指南	2022/4/15
5	GB/T 40046—2021	设施管理质量评价指南	2021/4/30
6	GB/T 36688—2018	设施管理术语	2018/9/17
7	GB/T 36689—2018	设施管理交底一般要求	2018/9/17
8	GB/T 32555—2016	城市基础设施管理	2016/04/25
9	GB/T 26353—2010	旅游娱乐场所基础设施管理及服务规范	2011/1/14

资料来源：全国标准信息公共服务平台，中指研究院整理。

从企业实践情况看，无论是以万物梁行、新城悦服务等为代表的物业系IFM供应商，还是以嘉信立恒为代表的资本系IFM供应商，都更倾向于聚焦某一专业领域的能力建设，通常是团餐服务或设备管理，行业缺乏真正的整合型IFM企业。在行业发展缺乏标准的背景下，企业通过单一专业服务先行的策略能够满足IFM在国内的发展现实需要，但随着国内IFM市场的发展成熟，行业会更呼唤具备多种专业服务能力，能够整合不同行业、不同类型客户的整合型本土IFM企业。

表11-4　　部分国内企业在IFM领域的主要服务内容和客户类型

企业名称	IFM主要服务内容	主要客户类型
万物梁行	设备管理服务	互联网、金融、高端制造等工商业类企业
招商积余	设备管理服务	科技、互联网、新能源等工商业类企业
新城悦服务	团餐服务	企事业单位、医院、高校、商务楼、产业园区
特发服务	政务服务	行政机构、事业单位
嘉信立恒	设备管理服务	生物医药、信息科技、汽车等工商业类企业

数据来源：中指研究院综合整理。

此外，目前国内从事IFM行业的人大多是由传统的物业企业或设施管理企业转型而来，专业人才的储备、服务人员的意识和观念以及服务专业性等方面不能满足国内IFM快速发展的现实需要，未来仍需一段时间进行磨合调整。

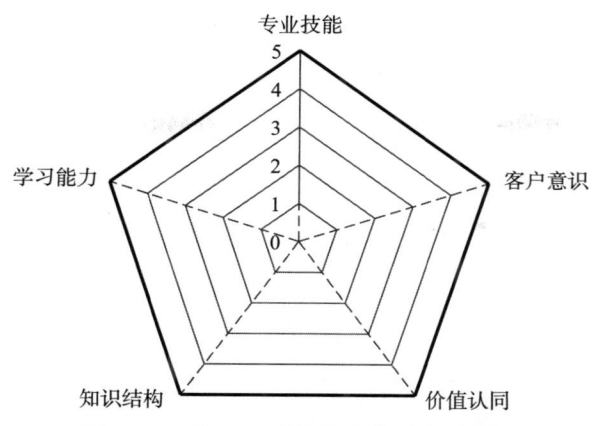

图11-20 关于IFM服务人员能力评价模型

资料来源：中指研究院。

IFM服务供应商对一线工作人员的能力评价模型更加复杂，测评维度更多元，从标杆企业的实践情况看，目前主要聚焦于专业技能水平、服务客户意识、企业价值认同、个人知识结构和学习能力五个方面。优秀的IFM一线工作人员，不但具备上述评价模型的各项能力，而且会有2~3项特别突出的能力表现，明显比传统物业企业对一线工作人员的能力要求更高且综合性更强。

3. 市场潜力加速释放，入局企业成长空间巨大

在国内大循环为主体、国内国际双循环相互促进的大背景下，国内涌现了一大批快速发展并具有发展潜力的新兴企业，这些企业越来越关注优化流程和降低运营成本，他们选择服务外包，把专业的事交给专业的IFM服务公司，这给IFM赛道带来了巨大的想象空间；而我国庞大的非住宅物业规模和具有活力的社会经济发展也奠定了IFM业务广阔的发展空间。因此IFM在国内是一个极具发展前景且规模空前的大行业，但囿于这个行业在国内的发展时间较短，国内入局企业在营收规模、业务完整度等方面与国际巨头相比仍存在巨大差距，可谓正处于小企业匹配大行业的非常态阶段，市场机会较多。

表11-5　　2022年国际巨头与部分国内企业IFM核心业务单元及收入情况

企业名称	IFM领域核心业务单元	业务单元收入（亿元）	样本收入占比（%）
索迪斯	驻场服务（含团餐）	935.90	61.33
欧艾斯	清洁服务	339.98	22.28
爱玛客	制服服务	187.44	12.28
万物梁行	综合设施管理	54.09	3.54
招商积余	设备管理服务	4.94	0.32
新城悦服务	团餐	3.55	0.23

数据来源：企业年报，中指研究院综合整理。

此外，在发达经济体中，一般业内领先的IFM企业会占据约三分之一的市场份额；而在中国，虽然2022年国内IFM的市场规模就已经突破6200亿元，但行业前十的企业所占份额不到10%，这预示着国内IFM领域的入局者未来成长空间巨大。

（二）发展探索：IFM两种布局模式，聚焦三大类服务内容

国内企业在布局IFM领域的实践过程中，基本形成了自上而下的战略导向和自下而上的需求导向两

种布局模式。前者企业通过整合优势业务和资源，实现战略聚焦，迅速切入 IFM 领域的潜力细分赛道；后者企业通常是拥有强大的业务基础或特殊的客户群体，基于需求端的服务延伸机会，顺应市场发展和客户需求，整合企业供应链和资源，形成新的业务板块。基于两种 IFM 布局启动模式，企业聚焦三大类服务内容：团餐、综合服务和能源管理。

1. 团餐服务——物企布局热度最高的专业赛道

从物业企业的实践情况看，团餐服务是企业自上而下战略聚焦的重点赛道，同属于 IFM 领域的大后勤服务内容，物业服务和团餐具有天然的契合度。一方面，B 端客户有所重合：工商业企业、产业园区、政府机关、学校、医院、银行等往往物业服务和团餐服务需求是共存的；另一方面，受 IFM 国际巨头企业的成长路径启发，团餐服务是撬动企业在 IFM 领域布局的重要支点，通过团餐+物业服务的一体化管理，既能够给 B 端客户带来更高效的服务，便于其聚焦核心业务，也能够成为物业企业布局 IFM 领域的重要抓手。

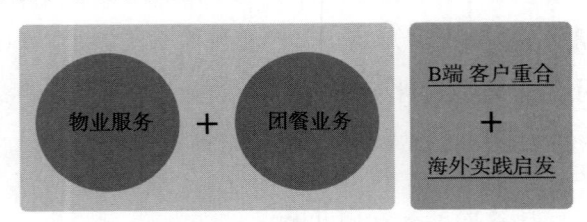

图11-21 物业服务+团餐一体化经营可行性示意

资料来源：中指研究院。

物业企业入局团餐领域主要有三种路径：第一是收购专业团餐公司或具有团餐业务的标的企业，迅速形成专业服务能力，例如，金科服务并购重庆本土龙头型团餐企业"重庆韵涵餐饮文化有限公司"，新城悦服务收购老牌餐饮公司"上海学府餐饮"等；第二是投资设立包含餐饮业务的附属公司，例如新希望服务借力新希望集团及产业链资源优势进行业务拓展，成立"新食主义"团餐品牌，碧桂园服务投资成立"碧鲜惠餐饮"品牌等；第三是联合餐饮公司进行战略合作，例如保利物业与团餐品牌广州中味餐饮合资成立广州和创中味餐饮服务有限公司，明德物业集团联合中快餐饮集团达成战略合作等。

表11-6 物业企业入局团餐的三种方式、特点及企业案例

序号	入局方式	特点	案例
1	收并购	高速度 高效率 高投入	1. 金科服务并购"重庆韵涵餐饮文化有限公司"等 2. 新城悦服务收购老牌餐饮公司"上海学府餐饮"等
2	战略投资	内部孵化 团队稳定 成长稳健	1. 新希望服务投资成立团餐业务品牌——"新食主义" 2. 碧桂园服务投资设立团餐业务品牌——"碧鲜惠餐饮" 3. 雅生活集团投资设立团餐业务品牌——"乐膳荟"
3	战略合作	资源共享 优势互补 自主权弱	1. 保利物业与团餐品牌广州中味餐饮，成立合资公司 2. 明德物业集团联合中快餐饮集团达成战略合作等

资料来源：中指研究院。

物业企业开展团餐服务的业务模式可概括为两大类：进驻甲方和集体配餐。进驻甲方模式是指服务企业进驻甲方单位，承包其就餐场所，依据承包合同/托管协议进行食堂经营管理，各个档口以团餐企业自营或外包方式提供服务，这种模式能够充分发挥物业企业天然接近客户资源的客观优势，便于物业企业以团餐业务为支点撬动客户企业更多服务需求；集体配餐模式是指通过自建或与第三方合作建立中央厨房，收集甲方客户需求，批量下单给合作餐饮商家完成生产，再配送给甲方，这种模式要求物业企业的前期投入较大，但是有助于规模化经营。

表11-7　　　　　　　　　　　　　物业企业的两大类团餐业务模式及特点

序号	业务模式	模式介绍	特点
1	进驻甲方模式	企业进驻甲方单位，依据合同承包并经营其就餐场所	能够发挥物企接近客户的优势，便于撬动客户更多服务需求
2	集体配餐模式	通过自建或与第三方合作建立中央厨房，统一下单和配送	前期投入较大，但便于规模化经营

资料来源：中指研究院。

目前至少有10家上市物业企业通过自上而下的战略导向，布局团餐领域并实现了业务快速增长，但整体来看，团餐业务的营业收入占比较低，从已公布数据的企业情况看，均不足10%，可见其仍处于产业布局的初期阶段。

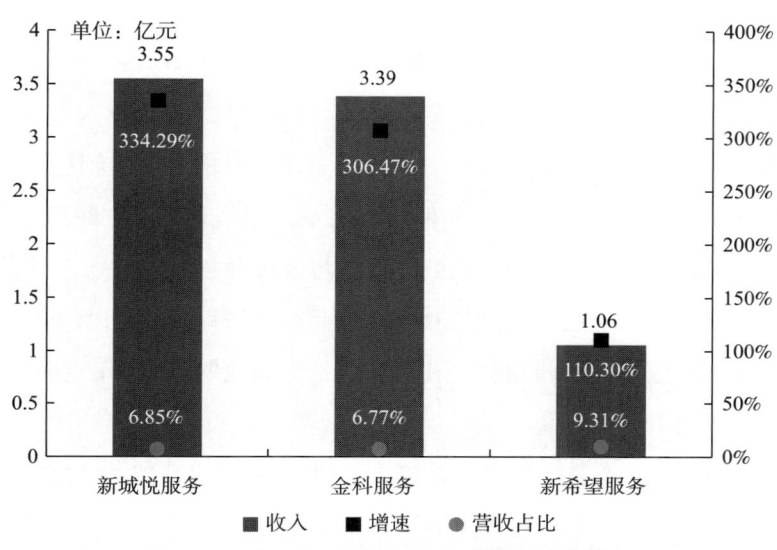

图11-22　2022年部分物业企业团餐业务收入及营收占比情况

注：新希望服务数据统计口径为"在线及线下零售服务及餐饮服务"。
数据来源：企业年报。

2. 综合服务——围绕B端客户需求提供增值服务

基于IFM服务的综合性要求，物业企业围绕不动产空间和人的直接需求及其衍生需求对服务内容进行延伸和整合，形成了对客户企业的一体化综合服务。根据客户的服务需求和服务场景，物业企业除了提供保洁、保安、停车等基础物业服务外，还可以提供一系列泛行政服务，如礼宾服务、团餐服务、饮水服务、福利支持服务等；还可以根据客户的特殊需求，提供能源管理、设施管理、项目咨询、空间规划等具有更高进入壁垒的服务内容。通过将这些独立且分散的服务细项整合起来，不但能够有效降低客户企业的沟通成本，而且能实现高度定制化的服务效果，因此一体化综合服务是IFM的灵魂。

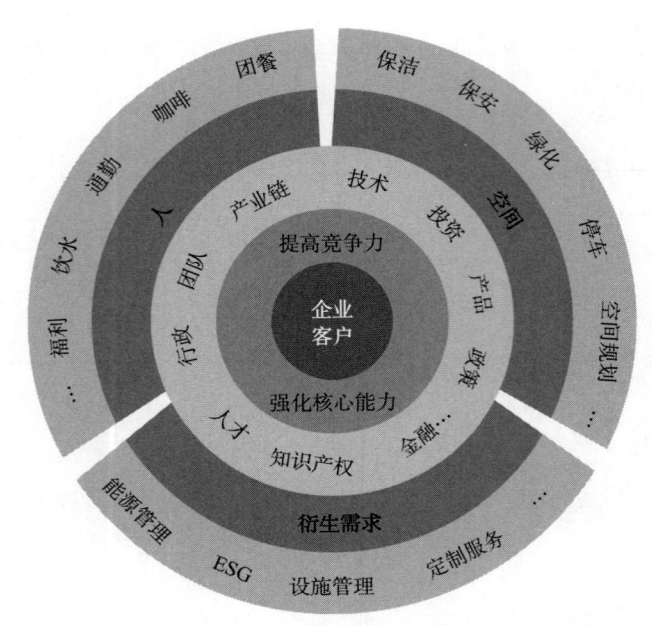

图11-22 围绕企业客户需求可拓展综合服务内容示意

资料来源：中指研究院。

综合服务是一个循序渐进、逐渐完善的过程，并不是追求服务的"一步到位"。国内物业企业从实际出发，先着手于能够为客户提供的专业服务，如保洁、保安、停车管理、空间规划、礼宾服务、餐饮等；再以点扩面，横向拓展服务内容，最终以降本增效为目标将各种服务串联起来，形成一体化综合服务。例如，万物梁行在服务以腾讯、阿里巴巴为代表的互联网企业客户过程中，先以保洁、保安等基础服务为切入点，逐渐围绕客户需求匹配建立泛行政服务、礼宾服务、空间规划、设备管理等多元服务，最终成为服务内容丰富、颇受客户认可的IFM供应商。

综合服务对企业的客户资源要求较高，通常需要企业以大客户战略为支撑。例如，国内专注于为园区和政府提供综合服务的特发服务，通过大客户战略获得稳定收入，其前五大客户营收占比超过七成，华为是其第一大客户，最近的年度公告显示企业年销售金额为6.09亿元，占年度销售总额比重约为36%；深圳市人民政府口岸办公室是其第二大客户，年销售金额为2.94亿元，占年度销售总额比重约为17%。

表11-8 特发服务前五大客户及销售额占比

序号	客户名称	销售金额（亿元）	占年度销售总额比重（%）
1	华为	6.09	36.0
2	深圳市人民政府口岸办公室	2.94	17.4
3	客户三	2.80	16.6
4	客户四	0.61	3.6
5	客户五	0.32	1.9
合计	—	12.76	75.4

数据来源：企业年报，中指研究院综合整理。

特发服务的大客户策略还体现在企业对大客户的业务跟随和区域跟随两个方面。在业务的跟随上，以大客户阿里巴巴为例，2014年，特发服务进入阿里巴巴小微金服（蚂蚁金服前身）；2015年进入阿里钉钉；

2016年入驻阿里巴巴总部西溪园区；2017年，进入菜鸟驿站、阿里萧山机场展厅等；2022年中标云谷园区（阿里云业务总部）和菜鸟余杭智谷产业园区项目，成为阿里最重要的IFM供应商之一，一路跟随大客户阿里巴巴的发展成长；在区域的跟随上，以大客户华为为例，一方面体现在特发服务跟随华为的城市布局情况，服务其在国内的6大基地（东莞、深圳、成都、武汉、廊坊、上海）；另一方面还表现在对华为海外业务的跟随上。例如，特发服务在刚果（金）设立的新公司中标华为在当地的IFM项目；2022年9月特发服务在回答投资人提问时也明确表示，公司在安哥拉设立的海外全资子公司和非洲刚果（金）设立的全资子公司，均主要承接华为在当地自建基地的IFM服务项目。

图11-23 特发服务服务大客户阿里巴巴过程

资料来源：企业官网，中指研究院综合整理。

企业提供的综合服务通常是以设施管理为核心，并根据客户的具体需求提供定制化方案。例如，卓越商企服务在中标荣耀坪山智能制造产业园项目后，企业以设施管理为重点为该园区量身定制了一整套综合服务方案，涵盖办公楼、生产区、研发区、物料配送区及餐厅等各区域，从工程改造、设施设备运维、环境服务、安保服务、大堂前台、行政支持六个层面提供系统化综合服务。

表11-9　　卓越商企服务为荣耀项目提供的定制化综合服务内容

服务类别	具体内容
工程改造	由总部专家团队和专业机电公司做技术依托，提供从小型整改、施工管理、系统调试、缺陷跟进到综合项目施工及改造的一条龙服务
设施管理	秉承建筑全生命周期的管理理念，制定科学的预防性维护策略，为保证设备运行的可靠性并减少非计划维修的费用支出
环境服务	为客户保障安全可靠的生产环境，干净整洁，零干扰，亲切有礼，选用合适的清洁服务工具、设备和产品，提高劳动生产率、保护环境、满足用户服务要求，带来愉悦的空间感受
安保服务	安全高效+安心守护，持续改进安全管理和安保服务，保障人身、财产、信息安全、业务连续性以及整体运营效率，为客户提升安全感和服务体验
大堂前台	时刻关注客户的需求，以国际标准商务礼仪，营造宾至如归的服务体验，满足客户感性与理性的需求，彰显高品质商务形象
行政支持	热线服务、班车服务、会务服务、接待服务等，注重多元化客户精致体验，结合客户企业文化和业务需求，建立全流程场景化分级接待定制体系

资料来源：企业公告，中指研究院综合整理。

3. 设施管理——绿色能源方向企业大有可为

设施管理作为IFM服务的核心内容，基本内涵已超越了物业维修和保养的工作范畴，更不只局限于物业设施设备的管理，而是从不动产的所有者、管理者和使用者的利益出发，对所有的设施与环境进行规划、管理的经营活动。整体来看，设施管理的主要服务内容包括四个方面：空间管理、行政与资产管理、企业不动产管理、维修维护。

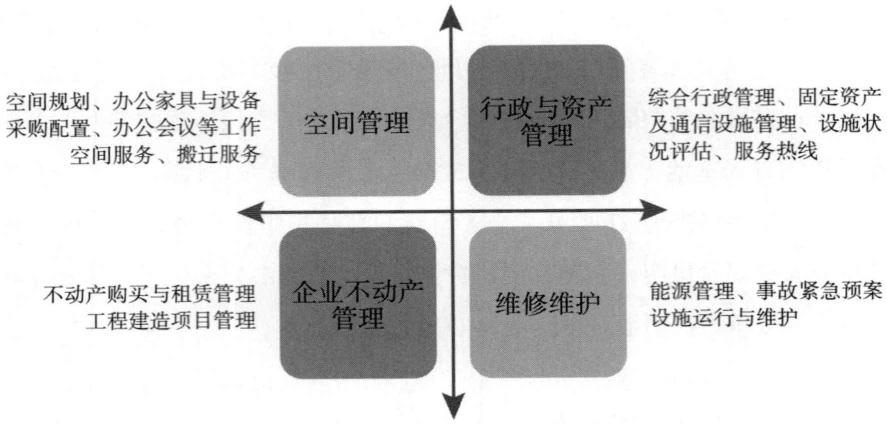

图11-24 设施管理四个方面主要服务内容列举

资料来源：中指研究院。

在我国"双碳"战略目标指导下，设施管理的重点方向是绿色能源管理，帮助客户企业实现节能减排和绿色转型的发展目标。以嘉信立恒为代表的设施管理企业，抓住国内企业向低碳化、绿色化转型的机会，为客户企业提供"零碳"服务。要帮助客户企业实现"零碳"，首先要做整个能源管理体系的搭建；其次通过数字化的日常运营管理，帮助客户进行碳的计算、核查、追踪；最后，关注整体的节能落地，实现每栋建筑全生命周期的碳管理。

在绿色能源管理方面，嘉信立恒能够提供负荷侧节能减排、智能能源管理平台、可再生能源替代和碳排放权交易等服务。嘉信立恒针对不同类型/业态客户，结合现场设备设施能耗现状，定制节能方案。例如，在现代建筑中，空调冷源系统占据了整个空调系统运行的大部分能耗，嘉信立恒通过水冷中央空调技术节能率最高可达25%（管网调试5%+能效控制10%+智控平台10%），通过消除用能浪费、提高用能效率，实现负荷侧节能目标。

设施管理作为一个专业领域，目前在国内市场中，传统设施管理企业仍占据优势地位。例如，中电凯尔作为国内领先的设施管理服务商，能够为客户企业提供驻厂运行维护、合同能源管理、系统优化改善等设施管理服务。企业优势突出表现在体制背景、运营管理、成本优化和人力资源四个方面。中电凯尔作为央企中国电子（CEC）的下属企业，企业体制背景优势突出；运营管理方面，企业有规范的设施管理服务制度和流程，能够为客户提供品质服务；成本方面，公司拥有完善的供应链资源，实现了集中采购和规模化，更具市场竞争力；人力资源方面，众多的校企合作模式，完善的技能培训体系，使得公司人力资源储备充沛。

虽然传统设施管理企业在该专业领域中占据优势地位，但是随着物业管理行业的快速发展，以万物梁行、招商积余、特发服务、卓越商企服务等为代表的物业企业在设施管理领域也取得了突出的成绩。这些企业的共同特点是围绕非住宅业态进行战略布局，并基于客户的需求自上而下形成各具特色的设施管理业务板块，现阶段设施管理业务已成为支撑企业拓展IFM领域的业务基础和抓手。

表11-10　　　　　　　部分物业企业设施管理业务涉及业态及客户情况列举

企业名称	优势服务业态	主要客户所属领域	代表客户
万物梁行	超高层建筑、产业园区、物流园、公共建筑等	互联网、金融等	腾讯、招商银行等
招商积余	高端工业园区、办公及研发园区、大型公共建筑等	高端制造业、互联网等	宁德时代、京东、美团
特发服务	智慧产业园区、政务中心等	行政办公、信息技术等	深圳市人民政府口岸、华为
卓越商企服务	写字楼、商务综合体、工业园区、物流园区等	现代制造业、互联网等	荣耀、大疆、OPPO

资料来源：企业官网，中指研究院综合整理。

万物梁行独创了"1+N"的设施管理服务模式,即以客户企业总部办公范本为"1",通过万物梁行的设施管理服务,帮助客户在1~2周之内实现在全国任何一个城市的快速复制,实现"1+N"。这样既能满足大公司的规模覆盖需求,又能兼顾小公司垂直化与灵活性,快速满足和响应客户各类需求。通过职能共享化、人力垂直化和供应链平台化,更好地将服务做深做透,响应客户快速发展下的分布式职场需求。该模式已经在国内很多头部互联网企业客户中实现,包括阿里巴巴、字节跳动、美团等。

招商积余将设施管理业务提升到总部进行升级管理。2022年招商积余旗下已有的设施管理企业招商积余综合设施运营服务(深圳)有限公司(简称:招商设施)完成更名,将统筹和整合招商积余在全国的设施管理项目,发挥平台优势,加快向综合设施管理方向精进。2022年招商积余的设施管理业务收入约为4.94亿元,同比增长约25.69%,超过企业同期营业收入增长约3个百分点。

卓越商企服务最新成立了专门的大客户事业部,更好地开展设施管理业务。大客户事业部配置专业的战略客户中台团队,对战略客户进行重点支撑及拉通管理,还组建了战略客户解决方案和实施中心,推行全流程、全场景、全方位支撑,助力企业客户数量和质量快速增长。2022年,卓越商企服务新拓战略客户合同28个,新拓战略客户合同总金额约9.97亿元,年化合同金额约2.48亿元,新拓业务战略客户总合同额贡献比为52.6%。

四、长坡厚雪,物业企业 IFM 业务发展策略

(一)聚焦核心优势业务,由点及面构建 IFM 服务体系

IFM 作为一项综合性、系统性的管理工程,其服务内涵大、外延广,对服务方的综合能力要求较高,新入局企业多采用集中型策略锁定目标市场和客户,通过聚焦客户资源、业务特色、服务能力等多方面的核心优势,由点及面、循序渐进的构建企业 IFM 服务体系。

从国际巨头的实践情况看,聚焦 IFM 某个细分领域,并将其做到极致,再由点及面扩展服务内容,即能形成行业的龙头。例如,索迪斯核心优势业务是团餐服务为代表的驻场服务,爱玛客的特色业务是制服服务,欧艾斯的核心业务是清洁服务等,它们首先专注于自己的核心优势业务,并将其打造成企业核心产品,借此积累广泛用户,然后在此基础上围绕客户多元服务需求广泛拓展业务,最终形成了丰富的 IFM 服务体系。

表11-11　　　　　　　　部分企业在IFM领域的核心业务单元/特色优势业务

序号	企业名称	IFM 领域核心业务单元 / 特色优势业务
1	索迪斯	团餐服务
2	欧艾斯	清洁服务
3	爱玛客	制服服务、团餐服务
4	万物梁行	分布式职场服务及设施管理服务
5	招商积余	设施管理服务
6	新城悦服务	团餐服务
7	特发服务	园区及政务一体化服务

资料来源:中指研究院整理。

在 IFM 服务领域，要挖掘企业核心优势，需锁定一个赛道，即以商写、学校、产业园和医院为主的非住宅领域；重建一套评估体系，即以客户需求为导向的企业服务能力评估体系。IFM 服务的重点不是单纯的不动产空间，而是围绕不动产空间所产生的多元客户需求，因此，企业的核心优势应该是建立在对企业客户多元需求满足的基础上，这与传统物业服务存在较大差别。基于此，物业企业在评估自身核心优势时，需要围绕自身业态布局特点及多种经营能力展开论证。

从行业的发展情况看，IFM 综合设施管理是在 FM 设施管理的基础上演变而来，因此在设施管理领域早有布局的企业具有一定先发优势，但这恰恰可能成为物业企业布局 IFM 业务的短板。以传统设施管理企业为主的竞争者，可以围绕现有业务资源，通过整合服务能力，迅速构建起全新的 IFM 服务体系，而大部分物业企业囿于在设施管理方面专业能力不足，并不具备从 FM 到 IFM 跨越发展的业务基础，这成为物业企业切入 IFM 赛道的限制和短板，因此物业企业更需要聚焦自身特色优势，另辟蹊径地找到企业在 IFM 服务领域的独特价值。

从企业的经营实践情况看，餐饮服务和清洁服务可能是物业企业在 IFM 领域布局门槛较低的优势业务。IFM 作为一项综合性的空间服务体系，其集成了丰富的服务内容，每一项服务对供应商的专业能力要求程度不同，因此企业的进入壁垒不同。根据 IFM 服务的具体内容与物业企业现有业务的匹配程度及各专业服务领域的进入壁垒高低情况，我们将 IFM 服务内容进行分层，现阶段看，餐饮服务和清洁服务可能是物业企业在 IFM 领域布局门槛较低的优势业务。

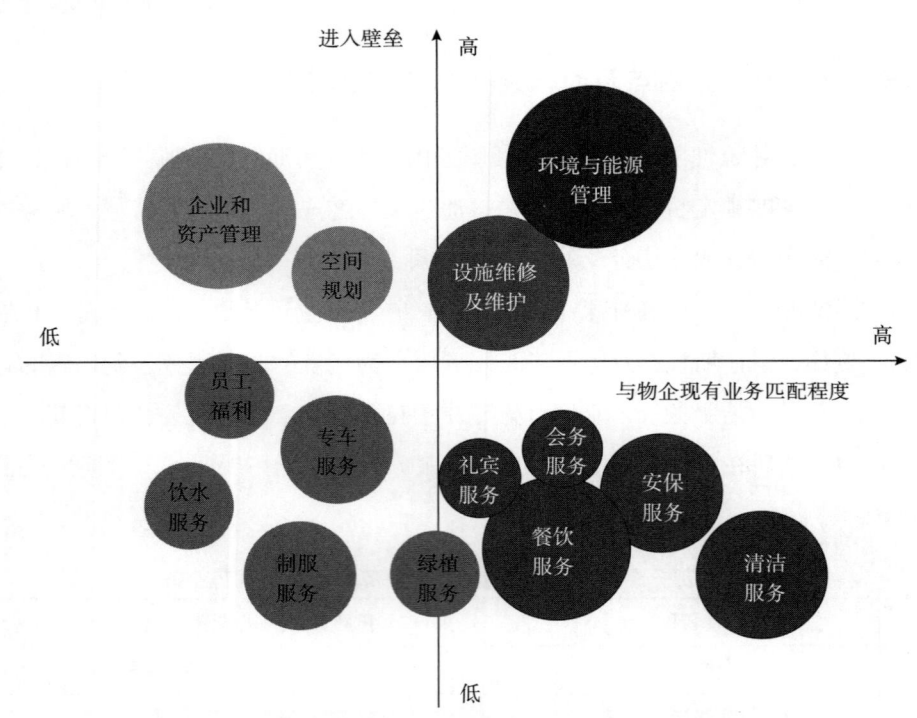

图11-25　IFM部分服务内容进入壁垒及与物企业务匹配程度

注：气泡大小表示潜在市场空间大小。
数据来源：中指研究院整理。

总之，物业企业布局 IFM 服务领域，关键是找到企业自身的核心优势，与传统物业服务围绕不动产空间服务的逻辑不尽相同，IFM 服务应聚焦企业客户的多元需求，并以企业优势业务为抓手，逐渐形成以客户需求为导向的 IFM 服务体系。

（二）以战略收并购为支点，撬动专一赛道优势布局

IFM 服务覆盖的业务内容多元且对专业度要求较高，尚无企业能够在短时间内获得所有细分领域的专业服务能力，因此需要企业采取业务聚焦策略，根据自身实际情况，锁定潜力赛道，并通过战略收并购持续加码相关业务，最终实现企业在 IFM 领域的专业竞争优势。

从 IFM 国际巨头的实践经验看，收并购是国际 IFM 供应商巨头实现全球化布局的策略关键。例如，索迪斯从专注法国南部地区的团餐服务商发展成为业务遍及全球的 IFM 服务商，其发展离不开公司采取的积极的收并购和外拓策略，索迪斯倾向于并购在属地处于领先地位的企业，进而实现业务升级。1998 年索迪斯并购美国的 Marriott Management Services，成为北美市场团餐服务和设施管理服务的领先集团；2000 年索迪斯并购了 Universal Sodexo，成为野外大型工程基地综合后勤服务领域的全球领先集团。

表11-12　　　　　　　　　　　　　索迪斯部分收并购情况

并购时间	标的名称	业务所在地	主营业务	收购情况介绍
1995	Gardner Merchant	英国	餐饮	助力企业成为在英国占据领先地位的餐饮服务供应商
1995	Partena	瑞典	餐饮	助力企业成为在欧洲占据领先地位的餐饮服务供应商
1998	Marriott Management Services	美国	餐饮	为北美市场团体餐饮服务和设施管理服务的领先集团
2000	Universal Sodexo	法国	综合后勤服务	成为野外大型工程基地综合后勤服务领域的全球领先集团
2019	Good Care Group	英国	医疗实验室	英国居家护理市场领先品牌，扩大在英国家庭护理市场份额
2019	北京轻松每餐科技有限公司	中国	电子商务/餐饮	提升索迪斯在中国的竞争力，开启团餐3.0时代计划
2021	Foodee Inc	加拿大	餐饮	扩张索迪斯在北美食品服务行业地位

资料来源：公开资料，中指研究院整理。

从国内市场看，部分物业企业正在尝试通过收并购强化自身在以团餐服务为代表的 IFM 细分领域的服务能力建设，并以此为支点撬动企业在 IFM 领域的优势布局。例如，金科服务通过收购"金科酒管"与"金悦佳品"及重庆本土龙头型团餐企业——重庆韵涵餐饮文化有限公司，快速提升了企业团餐服务能力，并在此基础上孵化了团餐子品牌"金晓心悦"，构建起全方位团餐体系。

表11-13　　　　　　　　　　　金科服务布局团餐领域的部分外拓动作

序号	时间	类别	标的简称	所属领域
1	2021年8月	战略合作	九龙高新集团	物业服务、团餐
2	2021年12月	并购	金科酒管	酒店管理、综合餐饮服务
3	2022年1月	并购	金悦佳品	餐饮服务
4	2022年3月	合资合作	金颐餐饮	餐饮服务
5	2022年3月	并购	韵涵餐饮	餐饮服务

资料来源：公开资料，中指研究院整理。

新城悦服务团餐业务的快速发展也主要得益于企业积极的收并购策略。2020—2022 年，新城悦服务相继收购了"诚悦时代""上海学府餐饮"和"苏州海奥斯餐饮"三家专业团餐供应商。其中，2021 年收购的"上海学府餐饮"，帮助新城悦服务完成在医院、高校、办公等全业态领域的后勤餐饮服务布局；2022 上半年，收购苏州海奥斯餐饮管理服务有限公司后，使得新城悦服务在工厂类型业态的团餐服务能力得到补强，团餐服务的区域覆盖范围进一步获得延伸。

表11-14　　　　　　　　新城悦服务布局团餐领域的部分收并购事件及战略意义

序号	时间	并购标的简称	并购战略意义
1	2020年8月	诚悦时代	开启了团餐业务的拓展之路
2	2021年9月	上海学府餐饮	实现医院、高校、办公等全业态领域的后勤餐饮服务
3	2022年3月	苏州海奥斯餐饮	在工厂类型业态的团餐服务能力得到补强，团餐服务的区域覆盖范围进一步获得延伸

资料来源：企业公告，中指研究院综合整理。

此外，新城悦服务还积极开展与团餐产业链企业的战略合作，使得企业在团餐领域的专业性、覆盖度得到显著提升。例如，2022年新城悦服务与天津金玉物业达成股权战略合作，有效地增强了公司在天津、京津冀区域乃至环渤海领域的"物业＋餐饮"管理密度优势。

（三）客户视角提供高定制化服务，深挖业务护城河

IFM服务与传统物业服务最显著的区别在于其极具个性化的综合服务方案。传统物业服务提供以"四保一服"为标配的标准化服务，而IFM服务追求的是从客户视角切入，为企业量身定制菜单式服务清单，高定制化的服务在通过足够的经验积累后，或将形成企业的护城河。

IFM的起点是客户的多元服务需求，对于服务方而言，准确判断和识别客户需求是提供个性化、差异化服务方案的前提。物业企业可以根据客户企业所处的发展阶段、所属的行业领域，结合以往客户服务经验初步判断客户的服务需求方向，再通过对客户企业的深入调研，形成对客户需求的准确判断，进而以客户需求为基础，组织专项团队进场服务。例如，万物梁行服务客户宁德时代前，通过严谨、科学、系统的调研，识别出客户核心服务需求聚焦于整体机电物业设施设备维修维保，于是为其从0到1量身定制全套的设备设施运维服务方案，获得了客户的高度认可。

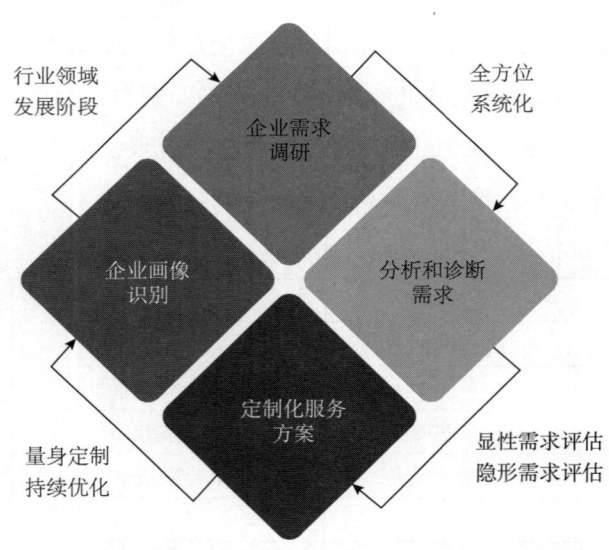

图11-26　IFM服务客户需求识别及服务方案设计步骤与重点

资料来源：中指研究院。

IFM服务应跟随客户企业的发展脚步，具体内容并不是一成不变的，服务的动态调整是实现高定制化服务的保障。IFM全委服务的合同周期通常在1年以上，有的服务周期可达到3年甚至更长，经历时间磨合的服务才能更加契合客户需求。与传统物业服务模块化的服务不同，IFM服务方要保持对客户需求变化的灵敏度，在服务范围内确保能够为客户提供最佳的服务解决方案。例如，万物梁行为吉利集团提供IFM服务过程中，根据企业员工年轻化、弹性工作时间的特点，制定早晚高峰服务、快速响应、特殊需求响应等服务方案。

IFM企业的角色定位从单纯的服务提供商向战略合作伙伴转变，实现与客户企业共同成长，这是高定制化服务的最终目标。IFM服务可以更深地融入企业客户的生态体系里，这不单单是一个普通的第三方服务商，而是企业的战略合作伙伴。特发服务于1999年首度服务华为至今，一直采取跟随华为发展的战略，为华为量身定制服务，分担华为企业的非核心业务，并逐渐成为华为长期合作供应商。随着与华为合作的深入，特发服务成为最了解华为的企业"管家"，凭借高定制化的服务经验构筑起企业专项业务的护城河。

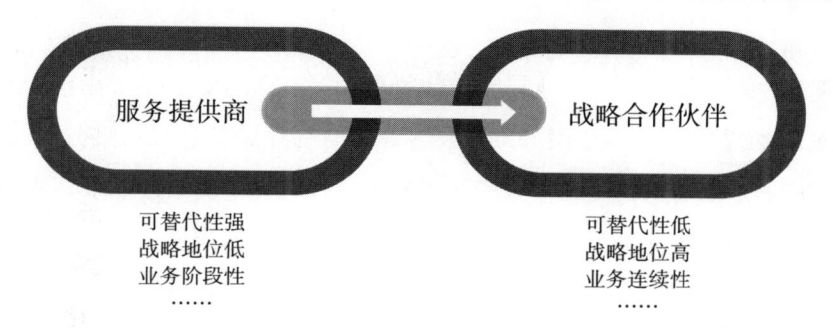

图11-27　企业由服务提供商向战略合作伙伴转变特征示例

服务提供商 → 战略合作伙伴

可替代性强　　　　　　　可替代性低
战略地位低　　　　　　　战略地位高
业务阶段性　　　　　　　业务连续性
……　　　　　　　　　　……

资料来源：中指研究院。

相比功能单一的传统服务供应商，IFM供应商通常都集成了丰富的服务种类，他们现在更多地被认为是管理大型设施或更广泛投资组合企业的关键战略合作伙伴。IFM供应商以战略合作伙伴的身份向客户提供高标准的定制化服务，一方面能够锤炼企业的服务能力，另一方面可以成就自身的业务护城河。

（四）构筑专业化人才体系，重塑组织能力与价值观念

人才是企业发展的关键要素，也是制约行业未来发展方向和速度的瓶颈。IFM服务的专业化、定制化特点及其业务深度和广度已经远远超出目前大部分从业人员的传统思维和做法，企业迫切需要吸引和培养掌握专业技术、具备先进观念、适应市场变化的新生服务力量加入，从而构筑起专业化人才体系，重塑组织能力，为企业发展奠定基础。

IFM服务作为一种集物业管理、设施管理、行政管理、财务管理、人力资源管理等多专业于一身的现代服务门类，对核心管理人才的专业要求很高。根据我们对部分上市企业IFM职业经理人的专业背景调查情况看，曾经从事"物业管理"与"机电设施维护"的人员占比合计在65%以上；其次是负责行政管理和人力资源的人员，合计占比在21%左右；负责采购及供应链管理和财务人员的占比约为10%。

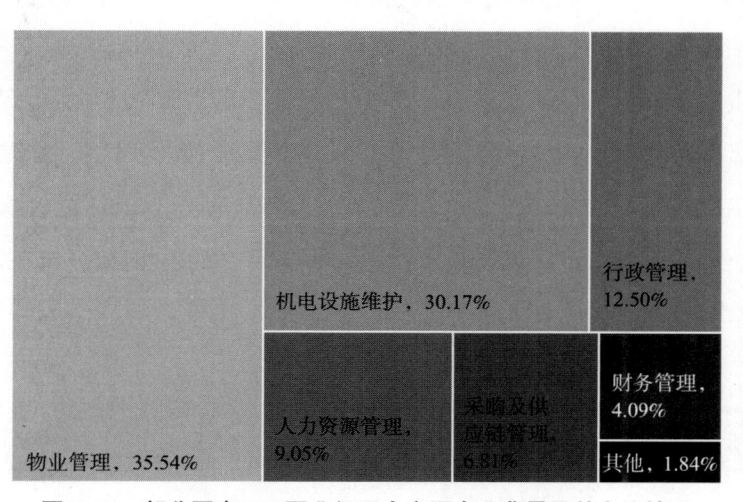

物业管理，35.54%
机电设施维护，30.17%
行政管理，12.50%
人力资源管理，9.05%
采购及供应链管理，6.81%
财务管理，4.09%
其他，1.84%

图11-28　部分国内IFM职业经理人主要专业背景及其占比情况

数据来源：中指研究院综合整理。

从目前国内 IFM 从业人员的来源情况看，一线服务人员主要来自国内物业企业和设施管理供应商；核心管理人员主要来源于国际 IFM 服务企业和国内传统头部设施管理供应商的人才输出。以欧美发达国家市场为例，一名合格的基层 IFM 服务人员至少要经过 1~3 年的专业实践积累，才能真正满足 IFM 高定制化、专业化的服务需求；一名成熟的 IFM 核心管理人员至少要经过 15~20 年的历练，而国内 IFM 的发展最早是跟随跨国企业在国内的业务发展而起步的，因此我国 IFM 专业人才的平均工作年限远远低于欧美发达国家。

IFM 与物业服务对一线工作人员的专业技能、价值理念等方面的要求存在差异，传统物业企业选聘服务人员重技能、轻观念的操作可能不适用 IFM。虽然 IFM 与物业服务存在一部分业务重合，但 IFM 服务于非标准化的企业客户的定制需求，而物业服务于标准化的社区业主的共性需求，明显前者具有更高的专业壁垒。此外，从国际头部 IFM 企业的经营实践来看，它们在招聘基层服务人员时，首先关注的是应聘者对企业价值观念的认同程度及工作中的责任心，其次是工作经历和工作技能，这与传统物业企业在选聘基层服务者时重技能、轻观念的情况恰恰相反。

让专业人做专业事的前提是找到专业人才、培养专业人才和留住专业人才，关键是价值认同和激励。在这方面，国际头部 IFM 供应商具有较多的成功案例。例如，索迪斯特别重视对内部员工的培养和晋升，公司 IFM 服务经理内部晋升的人员占比高达 80%；欧艾斯拥有一套完备的一线服务人员培训、考核、晋升体系，其法国大东部区域的设施管理主管就是从货物装卸工人逐渐晋升而来。国内领先的 IFM 企业在挖掘专业人才方面也在持续发力，例如在超高层领域，万物梁行就引进了中国台北 101 大厦原来的物业总经理，并成立了行业内首个超高层专家委员会，向超高层项目管理提供流程和标准等支持。

（五）深化品牌经营理念，探索与客户品牌的互助共赢

IFM 聚焦于客户企业的非核心业务外包，是构成客户生态体系的重要组成部分。具有非核心业务外包需求的客户目前以各行业头部企业或创新型企业为主，它们在选择供应商时更加关注对方的品牌实力及服务经验，这对 IFM 供应商的品牌建设和业务积累提出一定要求。

物业企业的 IFM 服务通常是整合在商写业务板块下，其在商写领域的布局情况很大程度上决定了企业 IFM 业务的服务内容和品牌实力。面对市场前景广阔的商写领域，部分物业企业已经推出了专属服务品牌，例如，万物云的万物梁行、中海物业的海纳万商、保利物业的星云企服等，这些头部物业企业的品牌经营的理念和意识较强，它们在进军 IFM 领域时比其他企业更具有品牌优势。

品牌是支撑 IFM 供应商在激烈的市场竞争中取得竞标成功的关键因素之一，如何让客户快速了解并选择自己，强大的品牌实力是最好的名片。从国际头部 IFM 供应商的实践情况来看，它们正凭借着强大的品牌影响力，加快在新兴市场的布局节奏，例如，索迪斯在中国市场继续强化自身在团餐领域的品牌优势，并以此为支点，撬动客户更广泛的服务需求；本土 IFM 供应商，基本是由传统设施服务商和物业企业转型发展而来，虽然品牌建设正处于起步阶段，但是本土优秀的 IFM 供应商也正在建立自己的品牌壁垒。

IFM 服务是强调合作双方品牌互动的过程，面对不同行业、不同企业客户，IFM 服务的重点和内容不同，由此积累成独特的品牌调性和品牌优势。例如，特发服务通过对华为园区和深圳市人民政府口岸办公室的服务，逐渐发展为专注于园区和政务领域的 IFM 服务品牌；招商积余最早聚焦先进装备制造领域企业

的 IFM 服务；万物梁行正在成为重要的互联网大厂的 IFM 供应商。

品牌经营不是空中楼阁，IFM 供应商的品牌建设需要依靠强大的中后台系统，包括采购、人力、运营、EHS、数字化等的支持，才能确保 IFM 品牌活力。通常情况下，客户企业选择将非核心业务外包的动机是让企业更加聚焦自身核心业务，提升企业竞争力。IFM 供应商只有通过更专业、更高效的服务才能赢得客户企业的信任和口碑，进而形成品牌效应，这就需要 IFM 供应商拥有强大的中后台支持系统，能够最大程度地满足客户的服务需求。

（六）聚焦绿色低碳领域，以数字化驱动高质量发展

我国做出"力争 2030 年前实现碳达峰、2060 年前实现碳中和"的战略决策，在这场全面而深远的转型变革中，社会各行各业优化能源管理和设施管理的需求持续增加，绿色低碳将成为未来 IFM 发展的主旋律。在此背景下，IFM 供应商需要强化自身数字能力建设，用更加高效、科学和系统的服务方案助力客户企业实现绿色低碳发展。

IFM 和绿色低碳的结合会是未来行业发展的必然趋势，数字化在其中扮演着主要角色。要实现绿色低碳和 IFM 融合发展，首先要做到的是对客户企业整个能源管理体系的数字化建模；其次，通过数字化的日常运营管理，帮助客户进行碳的计算、核查、追踪；最后，通过数字技术评价 IFM 服务整体的落地情况，实现对服务空间和设备的全生命周期的碳管理。可见，数字化手段贯穿 IFM 服务的全流程，是帮助客户企业实现绿色低碳发展的关键。

数字化能够有效降低 IFM 供应商运营成本，同时帮客户企业实现节能减排。客户企业私属空间管理中的各个系统如果仅仅是独立运行，可能导致数据孤岛和低下的效率，信息不一致也可能导致重复劳动和管理盲区，这不仅仅会拖累运营效率，也会埋下安全隐患和增加成本。而数字化的 IFM 平台可以实现对能源设备的 24 小时不间断监测，同时利用人工智能技术使平台不断学习、随时做出调整并且进行优化。比如办公室的供暖与通风就可以通过数字化技术根据当日天气、办公室人数、流通频率等调整至最适宜的状态。

IFM 服务作为一项综合管理服务体系，在数字技术加持下能够满足客户企业的 ESG 发展需要。在当前投资环境下，口号式的 ESG 已经不再能够满足投资者、消费者的真正需求，市场越来越多地倾向于一种透明化、可衡量化的 ESG 标准。数字化 IFM 服务能够将企业 ESG 标准数据化、透明化，更系统、更量化企业在公司治理、绿色低碳实践和社会责任方面的一些实证。因此，IFM 供应商应持续强化数字能力建设，一方面能够优化自身服务能力，筑高企业在市场竞争中的壁垒；另一方面，可以借此挖掘客户企业在 ESG 布局过程中所形成的新需求。

在国家"双碳"战略目标引领下，IFM 服务商还可以通过数字化手段为客户创造更多"绿色"品牌价值，取得 LEED、WELL 认证。从行业标杆企业的实践情况看，它们积极把握国内产业转型升级窗口期和企业 ESG 发展机遇，以客户企业绿色低碳发展诉求为切入点，通过数字化手段提升服务效率和服务能力，帮助客户企业成功获得国际认证。

报告十二　2024物业管家发展白皮书

前言

　　1981年，中国内地第一家物业管理公司成立，标志着我国物业管理行业正式诞生。过去的四十余年，随着我国城镇化发展的不断深入、居民收入的稳步提高和服务业的快速发展，人民群众对美好生活的向往愈发强烈。物业服务作为保障人民群众生产、生活环境质量的重要因素之一，服务内容和方式也在持续精进，特别是"物业管家"的出现，推动了行业服务模式升级。如今，标杆企业率先打造了根植于自身文化和服务理念的管家服务体系，提供各具特色的物业管家服务，推动行业逐渐出现"百花齐放"的管家服务创新格局。

　　中指研究院作为国内研究物业管理行业起步最早、历时最长的权威智库机构，多年来，持续开展关于物业管理行业发展建设的深度研究。在行业转型发展的重要时刻，我们通过数据分析、样本研究、企业调研等方式，对物业管家展开系统研究，发现行业整体仍处于标杆引领的探索阶段，部分头部企业的实践具有领先性。其中，万科物业创新打造的"幸福管家服务体系"，从理念、品质、创新、人才和科技五大维度精研管家服务标准，开创了行业围绕客户住房全生命周期统筹管家服务设计的先河，以多元化服务为链接点，重构邻里美好生活，打造幸福社区命题下的服务新范本，具有行业示范意义。

　　未来，物业管家的发展不会止步于成为所有物业企业常规设置的组织序列，而是要真正成长为连接企业、业主、政府以及其他所有相关利益者的核心纽带，更多地承担起企业战略落地、客户体验提升以及社会基层治理的重任。在行业向高质量方向发展的过程中，物业管家是见证者更是推动者，如何更好地与客户产生连接，产生共情，产生彼此需要的价值，是所有物业企业正在深入思考的问题。我们相信，物业管家将成为行业建设的一面镜子，在行业螺旋式上升发展过程中，映照出人性的光辉、服务的温度和成长的希望。

一、从权贵意志到极致服务，物业管家的全球经验

（一）管家的历史沿革：源自权贵阶层意志的专属服务

　　物业管家的出现是管家行业精细化发展的一小步，却是物业管理行业跨越式发展的一大步。在全球服务业迅猛发展的当代，曾经以权贵阶层意志为出发点，围绕其优质不动产资源而开展的专属物业管家服务，正在被更多元化的市场受众所接受，成为构筑美好生活的重要元素。纵观全球市场，物业管家的内涵与职能虽然存在显著差异，但都共同保留了专业化服务的基因，强调了对高品质生活方式的坚守与追求。

1. 管家概念和起源

"管家"（butler）一词在东西方的文化典籍中都有很具体的描述，中国的《辞源》将管家定义为两种人：一是旧社会里称呼为地主、官僚等管理家产和日常事务的地位较高的仆人；二是现在指为集体管理财物或日常生活的人。西方的《圣经》将管家描绘为替主人管理钱财或家中杂务的人。

现代服务业中的"管家"起源于法国，发扬于英国，在欧美国家属于一项历史悠久的传统职业，拥有700年以上的历史。中世纪的欧洲，法国庄园主、贵族聘用一些私人服务人员，为其提供"贴身化、贵族化、细致化"的服务，逐步形成了管家的概念，管家在法语里是"斟酒者"的意思，在当时只有英国和法国的王室家庭或世袭的贵族和有爵位的名门才有资格正式雇佣管家，即便是再有钱的普通人也不被允许聘用管家，此后，管家职业理念和职责的成熟在英国完成。而中国古代封建社会制度和经济体制下的管家，虽然也经过了长期的发展，形成了自己的传统和特点，但是始终并未进行规范及系统的职业化演进。

2. 管家服务发展与演化

管家服务作为王公贵族的专享，在经历漫长的发展后，才开始逐渐走向大众。欧美各国在经历工业革命后，在产业更新与技术革命方面始终领跑世界，由此催生了大量的新富阶层家庭，彼时，管家服务作为家政服务的最高级别代名词，为迎合新富阶层的高品质服务需求，开始向现代的酒店式管家服务转型，至此，面向王公贵族的制式化服务、面向新富阶层的定制化服务、高级酒店的特色化服务，成为管家服务的三大基本缩影。管家服务的受众群体也进一步扩大到追求美好生活体验的富裕家庭。

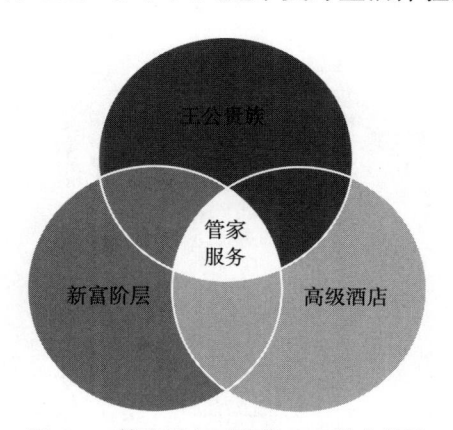

图12-1　管家服务对象的三大基本缩影

随着现代服务业的发展成熟，管家服务内容也不再局限于生活家政的范围，而是拓展到更广泛的综合咨询方面，例如，帮助雇主制定理财规划、营养饮食规划、服装配制建议、出行选择建议等；此外，在服务场景方面，管家还经常出现在各种企业、大使馆、会所、游艇等，致力于深度满足客户的某些需求。

不论是高居宫廷还是身处乡野，"管家服务"始终代表了一种生活方式，代表着服务的至高品质和主人的尊贵。此外，在管家服务的发展过程中，世界各国依靠根植于各自文化背景的管家培训方式，通过服务方式的传承与迭代，不断打磨和规范服务细节，形成了各具特色的管家服务范式，其中最著名的有英式管家、美式管家和法式管家等。

（二）物业管家的全球实践：探索地缘差异下的服务范式

物业管理始于19世纪60年代英国的"奥克塔维亚·希尔制度"[①]，作为改善居住环境和规范租赁行为的制度，它使得客户与承租人的关系由对立转换为友善，其管理方法可复制，易传播，应用快速，被视为物业管理的起源。而起源于法国的管家服务，在讲究细节、崇尚高贵生活的英国宫廷形成了服务范式——英式服务，提供英式服务的管家以专业的服务能力和驯顺的服务态度被沿用到物业管理行业，"物业管家"的概念由此诞生。此后，物业管家在全球经历了百年以上的漫长实践，形成了各具特色的服务范式，并表现出了显著的地缘差异。以英国、美国为代表的成熟市场和以新加坡、日本为代表的新兴市场，物业制度规范，服务业繁荣，物业管家受到政府、客户和住用者的欢迎，正处于蓬勃发展之中。

1. 英国——承袭"英式管家"服务理念，受惠学会组织机构

英国的物业管家承袭了传统"英式管家"的服务精髓，将优雅、尊贵、品质、专属、个性、高效的服务理念贯彻在物业服务中。享誉全球的"英式管家"早已受到国际服务市场的关注、喜爱和引用，作为全球家政服务领域的经典名词和专属代表，"英式管家"的服务内容虽然涵盖了物业管理，但是英国并未对"物业管家"进行单独定义，因此被国际服务市场津津乐道的"英式管家"并不能完全代表英国"物业管家"的真实情况。英国的物业管理公司（机构）人员精干，服务效率高，固定人员少，一些项目尽可能临时聘请人员，针对可承包的服务项目不会设置固定人员，以节约开支，这正是英国物业管家所处的现实市场情况。

图12-2 "英式管家"服务理念

英国的物业管理服务体系成熟，整体服务水平处于世界领先地位。除了传统意义上的房屋维修、养护、清洁、保安外，物业管理的内容已拓展到物业功能布局和划分、市场调研和预测、物业租售推广代理、目标客户群认定、工程咨询和监理、通讯及旅行安排、智能系统化服务、专门性社会保障服务等全方位服务。提供上述服务的物业管理从业人员，其中大部分可被视为"物业管家"。

英国的物业管家多出自一个半官方的非营利性组织：英国皇家特许屋宇经理学会（Chartered Institute of Housing，简称"CIH"），该组织专门负责物业管理从业人员（物业管家）的培训和交流，旨在提高房屋管理的科学性和艺术性。CIH的入会条件是：直接从事房屋维修和服务的从业者，或者3年全职大学生或

[①] 1864年，一位名叫Octavia Hill的英国人为在她名下出租的物业制定了一套管理办法，用于改善租户的居住环境和人们对立的关系，这套管理办法被称为"奥克塔维亚·希尔制度"。

5年半脱产大学生，另需一年实践，即可申请加入学会。CIH通过下属的"住房管理注册学院"对会员提供的服务较为全面，主要是通过培训传授专业知识，提高竞争能力，从而更好地为雇主服务。

2. 美国——物业管家高度职业化，成为受人尊敬的社会阶层

基于独特的管理模式和高度职业化的人才机制，美国的物业管理水平位居世界前列，并且在国际服务市场中，以专业、高效和人性化服务著称的"美式管家"受到了消费者的关注，具有广泛的影响力。

美国的物业管理行业采取的是"管作分离"模式，即作业环节由外部供应商提供，物管公司仅承担咨询顾问、费用收缴等"管家"职能，物业服务费作为物业公司的管理利润。该模式一方面可以大幅提高物业服务的专业度，另一方面也可以成为部分物业公司开展市场差异化竞争的条件，例如，美国龙头物管公司First Service在"管家"职能的基础上，构建了泳池维护、安保服务、能耗管理等垂直作业能力，从而获得全面服务、品质服务的优势，提高了市场占有率。

美国的物业管理实行的是职业经理人的制度，物业管理从业人员是高度专业化的人才，其中与物业管家职能类似的岗位人才主要包括三类：第一是楼宇经理，他们一般不与客户直接发生联系，在总经理不在的时候，负责楼宇日常的管理工作；第二类是物业经理，其职责主要负责联系相关代理商、拟订物业财务报表、物业招租等；第三类是资产经理，负责地区物业战略发展规划，对市场进行调研，确定管理物业的整合和取舍。因此，在美国的物业管家不但要具备经济、法律、房地产等方面的专业知识，还要具备良好的人际沟通技巧和高尚的职业道德。

图12-3　美国物业管理行业部分职业经理人岗位及职责

随着物业管理经理人职业化的发展，美国物业管理协会扩展了相应的资质培训和认定，针对大型居住、商业、工业物业和综合物业的管理者，给予注册物业管理经理人的资质认定。注册物业管理经理人需通过一系列考试，包括物业维护运营、人力资源管理、营销与出租、金融操作、资产管理、风险管理等等。注册物业管理经理是房地产管理领域的杰出专业人员，所以，美国物业管理经理是一项受人尊重的职业，年薪甚至比一般大学教授还高。

3. 新加坡——政府组屋和市场双轨机制，物业管家行为法制化

在"居者有其屋"的指导理念下，新加坡走出了一条颇具特色的政府组屋[①]为主、商品住宅为辅的住房发展模式，基于该住房模式及其相应的房屋所有权关系，新加坡的物业管理实行的是政府组屋和商品住宅两种不同的管理模式。政府组屋的物业管理模式是：以市政理事会管理为主，政府管理为辅，志愿者补

[①] 政府组屋是新加坡政府为全国人民建立的、带有保障性质的住宅，以解决居民的住房问题，是新加坡住房的主要存在形式，其建造、管理部门是建屋发展局，实行政府定价出售，居民可以根据法律规定，购买、出租、出售房屋。

充、协调的多方管理模式；针对商品住宅的物业管理模式是：由客户通过聘请物业企业管理小区内的物业管理相关事宜，客户通过成立客户委员会听取客户意见，监督物业企业的相关工作。

基于两种不同物业管理模式，新加坡的物业管家角色身份存在明显差异。针对政府组屋开展的物业服务，当地的市镇理事会在某种程度上充当了物业管家的身份，因此，该模式下的新加坡物业管家更像是政府行政人员。市镇理事会一般由6至40人组成，分为主席、副主席、理事等职务，其中主席、副主席由市镇理事会所在选区当选的国会议员担任，一般为两年轮值；每位议员可以推荐不超过7名的理事，理事主要是基层领袖（志愿者代表）、专业人士及居民，其中，居住在本地的居民人数不能低于三分之二。

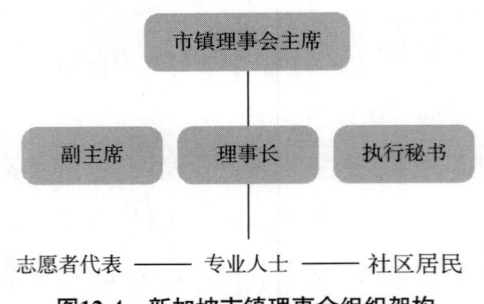

图12-4　新加坡市镇理事会组织架构

针对商品住宅开展的物业服务，在项目客户委员会成立前，由开发商通过招标选聘物业企业进行物业管理，客户委员会成立后，客户可以自行招标进行物业企业的选聘，因此，该模式下的新加坡物业管家与我国市场基本无异。但是，新加坡物业管理范围很广，除购房和出售需要直接在"建屋发展局"申请外，其他业务都可以在物业管理公司办理，具体业务范围包括：房屋维修养护、商业房屋的租赁管理、出租住宅的租金缴纳与售房期款的收取、公共场所的出租服务及管理、居住小区内停车场的管理等。

此外，新加坡政府强调对居住小区进行法制化管理，强调在法律框架下的政府、物业公司和客户的共建共管，因此各方均可视为是法律层面的"物业管家"。物业管理部门编写了《住户手册》《住户公约》《防火须知》等章程，同时制定了公共住房室内外装修、室外公共设施保养等规定，以明确物业管理公司和客户之间的权利和义务关系，为物业管家行为法制化奠定了基础。

4. 日本——落实高度集成化管理，多层次培训和统一考试机制

日本的物业管理起源于二战后，虽然历时不久，但发展迅速，体制建设完善。随着经济的不断发展和城市化的扩张，高层住宅中的居住问题日益突出，为了解决问题，日本最初效仿欧美国家，通过积累经验逐步建立了共同住宅①管理体制。如今，日本的物业管理发展已进入高度专业化阶段，分工十分明确。所有专业性工作，包括设备维修、秩序维护、保洁、礼仪接待等，都外包给专业公司操作，物业管家的职责就是代表公司进行沟通、协调、落实。

在高度集成化管理的体系下，日本的物业管理公司极其注重提高工作效率：一座高层住宅楼一般只派一两名物业服务人员（类似于物业管家）负责门厅、楼道、电梯等公用部分的清扫、安全和设备检查等工作，而社区安全则是由日本的警察负责，物业管理人员一般不参与其中。

---

① 共同住宅：独栋的大楼。

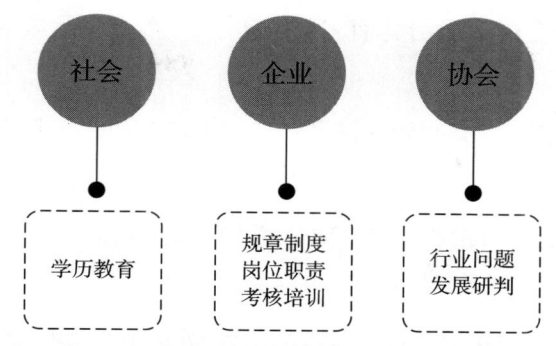

图12-5　日本针对物业管理从业人员培训的三个层次

日本针对物业管理从业人员建立了完整的培训机制和严格的考核机制，相关从业人员在接受严格的培训后，必须经过国家统一考试，并取得合格成绩才能成为物业管理师。日本物业管理从业人员的培训分为三个层次：协会培训、企业培训和社会培训。一般学历教育由社会承担；企业培训则是根据企业发展的需要，进行规章制度、岗位职责、考核等方面的培训；协会则是站在行业的角度，对物业管理发展中存在的问题进行探讨。

二、从需求重构到服务创新，物业管家的本土实践

（一）乘势行业快速发展，物业管家完成"从无到有"

"物业管理"和"管家服务"均为舶来品，前者在我国的发展始于20世纪80年代，后者在我国市场重新兴起的时间则可能更晚。"物业管家"作为在物业管理行业与管家服务体系的结合，具备天然的"洋基因"，但在国内物业管理行业和服务业迅猛发展的背景下，已经成功探索出本土化的落地之道，并且在标杆企业的引领和实践中，形成了颇具中国本土特色的物业管家服务体系。

1981年，深圳诞生了内地第一家物业服务企业，标志着内地物业管理行业诞生。20世纪90年代开始，中国房地产市场开始逐渐市场化，部分房地产开发商为了促进高端物业项目销售，打造差异化的市场竞争力，开始将"英式管家"服务概念引入中国，并承诺将为客户提供一站式的专业管家服务。但与传统的欧美贵族们享受的英式管家一对一的服务不同，进入中国的"英式管家服务"多数是为别墅项目的客户提供一对多的服务。彼时，国内高净值人群对这种被"阉割"过的"英式管家服务"进行了初体验，但是，绝大部分消费者对"管家服务"的认识仍仅是停留在影视剧或文学作品中。

2001年后，中国加入WTO，社会经济快速发展，房地产市场迅速繁荣，物业管理规模随之扩大，物业服务的品质逐渐成为很多购房者置业决策的重要影响因素。以万科物业为代表的标杆物业企业率先开始探索和研究服务品质提升策略，并尝试通过高品质服务形成差异化竞争策略，满足人民群众日益增长的高品质社区生活体验需求。特别是在2002年，万科物业首创在项目上设置"客户事务助理"的角色，标志着物业管理突破了保安、保洁、绿化、设备维护的"老四保"范畴。有专人协调客户的邻里关系、客户关切的事务，将客户关系维护、客户投诉处理、客户自治协调工作提高到了一个专业层面来处理。客户事务助理岗位的设置，是物业管理顺应时代的需要，顺应客户更加多元的物业服务需要，实现从基础物业打理到面向人的服务过程，是物业服务一次以人为本的蜕变。

2010年前后，物业管理行业中以"客服经理""物业前台"等为代表的一线物业服务人员的工作

方式完成了从最初的类行政服务向更灵活的面客服务转变，"物业管家"在行业的实践中开始处于萌芽状态。

2014年，物业管理行业在遭遇客户自治风潮及"资本市场"和"互联网+"这两大时代风口的轮番冲击和深刻洗礼下启动革新。届时，行业龙头万科物业在朱保全先生的带领下，在行业里率先开展企业组织架构调整和服务创新变革，奠定了"物业管家"岗位诞生的组织基础；同年，碧桂园服务和保利物业也开始研究和尝试构建"管家"职位。

2015年，万科物业正式设立"物业管家"岗位，并率先完成了物业管家服务的体系化建设，引领行业开启了住宅物业精细化管理的"管家服务"时代。此后大约两年时间里，大部分品牌物业企业均开始落实物业管家岗位。整体来看，"物业管家"在行业里经历了从无到有、从有到优的发展演变，各阶段发展大致如下。

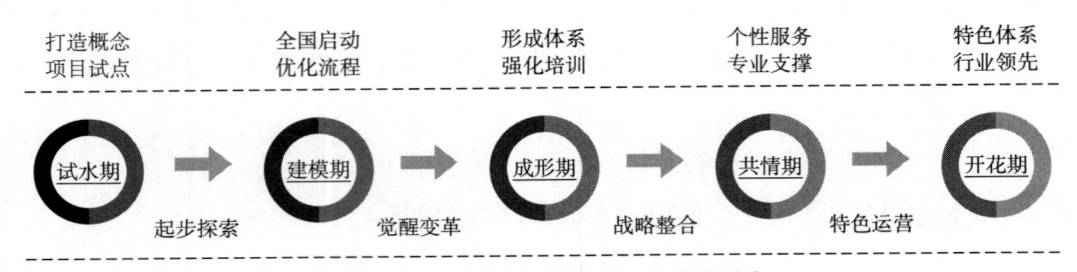

图12-6 "物业管家"行业演变阶段与特点

第一阶段试水期：打造特有的"管家"概念和服务，先在一个项目试点启动；第二阶段建模期：全国启动，完善管家服务流程，建立自身模型；第三阶段成形期：建立自己的管家服务体系，形成全国统一的服务标准，让每一名管家经过系统的培训，快速领悟和学习；第四阶段共情期：增加个性化的服务，注重与客户的情感联系，管家不仅要有物业专业知识，还要懂生活，会沟通，有同理心等；第五阶段开花期：逐渐形成独具一格的知识体系，具有了行业领先性。

（二）服务需求整合升级，管家助力美好社区生活

在我国，"物业管家"比"物业管理"出现的时间大约晚了三十余年，期间恰是物业管理行业厚积薄发、稳健发展的奠基阶段。随着我国城镇化的深入发展、服务业的快速崛起和居民收入的稳步提高，人们对美好生活的向往愈发强烈。物业服务作为保障居民社区生活品质的关键因素，服务内容和服务方式也在随着市场需求的变化不断优化。

1. 高品质与个性化

党的二十大提出了社会经济高质量发展的目标，并且将增进民生福祉、提高生活品质作为重要目标，努力构建优质高效的服务业新体系。物业管理作为生活性服务业之一，提供高品质服务是行业健康发展的重要基础，能够向客户提供高品质、个性化服务也成为物业企业的核心竞争力之一。

高品质物业服务的实现需要科学制度规范，更需要一线物业服务人员落实。物业管家作为基层物业服务人员，是连接客户和物业企业的纽带，物业管家的出现旨在提高物业服务效率、提升服务品质，契合了我国物业服务市场逐步走向高品质、个性化的发展方向。

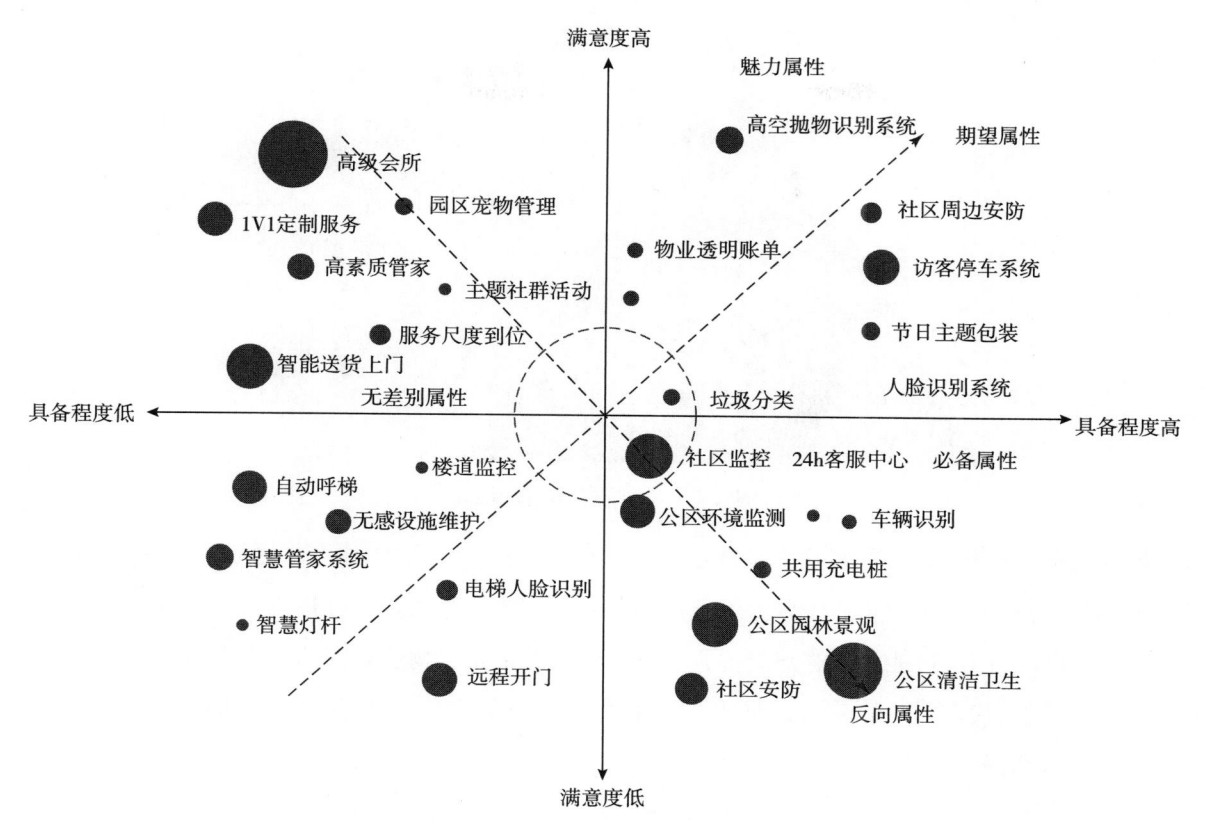

图12-7　卡诺模型（KANO模型）与部分物业服务内容

物业管家可以对客户服务需求进行深刻洞察，进而提供高品质服务。根据卡诺模型（KANO模型）[①]原理，我们对客户服务需求进行分类及优先级排序，系统分析服务内容与客户满意度之间的非线性关系，得出结论：企业若要强化客户对服务品质的感知，需要保障具有"必备属性"的服务项目供给，例如，社区安防、公区清洁卫生等，同时增加具有"魅力属性"和"期待属性"的服务内容供给，例如星级会所、1V1定制服务、节日主题包装、园区宠物管理等项目，此外，还要严格控制并减少具有"反向属性"的服务内容供给，例如非必要的楼道监控、低效维修等。

物业管家可以针对不同客户，提供个性化服务，确保优质服务精准触达客户。例如，根据客户的年龄、职业、喜好、习性等不同维度，主动对客户进行描摹画像，然后整合公司资源，构建出多样化、有层次的服务产品体系，从而显著提升客户的服务体验。

2. 强互动与社交化

根据"马斯洛需求层次理论"，社交处于需求中比较高层次的"社会需求"，甚至可以满足部分"尊重需求"。现代社会文化和商业建立在人类相互交流和互动的基础上，高品质服务往往也是以人的互动和交流为起点。

基于不动产的价值，社区成为社会圈层的重要表现形式，同一社区中的客户具有更大的可能性产生互动和社交需求。特别是在现代社会中，社区成员的互动和交流对于建立紧密的社区关系至关重要。物业管家作为物业服务企业的代表，可以以第三方的身份参与到客户间的矛盾纠纷、关系改善中，还能够为社区居民创造互动和社交的机会，从而促进社区的凝聚力和文化建设。

---

① KANO模型是对用户需求分类和优先排序的有用工具，以分析用户需求对用户满意的影响为基础，体现了产品性能和用户满意之间的非线性关系。

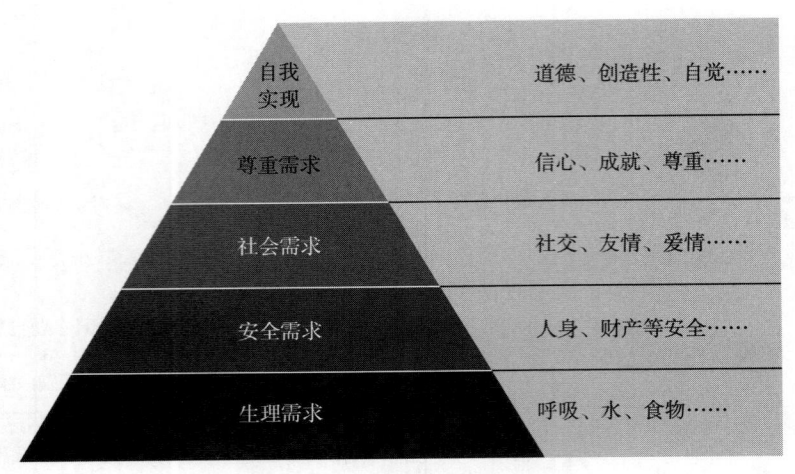

图12-8　马斯洛需求层次理论

此外，根据市场调研，导致客户对物业服务满意度低的一个重要原因是物业在客户心里的存在感低，以"四保一服"为代表的基础物业服务，服务内容和服务方式相对固定，且相关服务人员在作业过程中很少与客户产生互动，因此可能导致客户产生物业服务缺失的错觉。物业管家的出现不但可以有效填补物业公司在社区中缺少"代言人"的漏洞，而且可以与客户进行高效沟通，进而提高物业服务在客户认知中的存在感，提升物业服务满意度。

3. 优体验与智能化

近年来，以万科物业为代表的物业管理行业头部企业率先积极拥抱智慧科技，引领行业掀起了智慧化建设的浪潮。物业管理行业正迎来与智能科技融合发展的价值爆发期，从服务人员角色定位的转型升级，到企业管理工具的创新应用，再到管家服务体系的优化革新，智慧科技赋能下物业管家创新发展的潜力十足。

目前，我国物业管理行业的服务模式已经基本完成了由传统的"人工服务"模式向现代的"人机协作服务"模式的转变，以物业管家为代表的基层从业者的角色定位正在从"基础服务提供者"加速升级为现代的"美好生活场景运营师"，从业者角色的转变是科技赋能的企业发展的必然结果，也折射出物业管理行业"以人为本"、重视客户体验的发展理念。

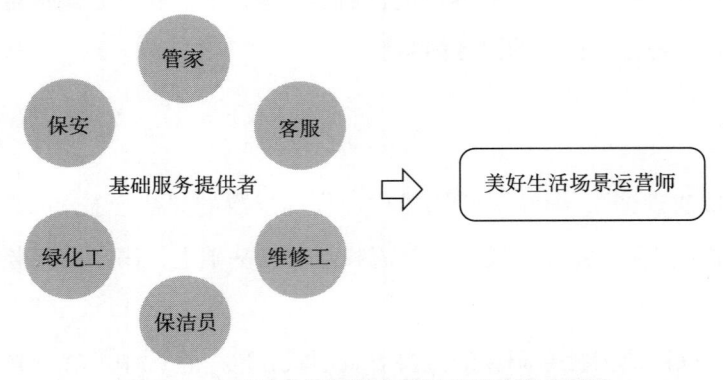

图12-9　中国物业管理行业基层从客户角色转化

优质物业企业持续推进服务自动化、标准化、集约化管理体系建设，赋能物业管家工作实践。以数据集成管控平台为中心进行可视化监管，通过管理支撑平台合理配置资源，提升物业管家服务效率；此外，以万科物业为代表的头部企业搭乘人工智能、5G技术快车，有机联动智能硬件、物联网传感器等设备进行信息交互，协同"室内+户外+特种"服务机器人，为物业管家提供新工具，进而为客户及住户带来优质服务体验。

4. 高效率与低碳化

绿色建筑作为全球公认的实现低碳社会的解决方案之一，近几年愈发受到市场关注，而物业服务企业作为绿色建筑的运营者，正加速迈向可持续发展道路。此外，随着资本市场对上市公司ESG报告披露要求趋严，越来越多的企业开始关注服务过程中的"绿色含量"。从ESG报告披露的内容来看，以万物云为代表的标杆物业企业率先启动了以物业管家进行实践的绿色服务体系。

在节能减排方面，物业企业通过物业管家落实项目规范化管理，提高物业设备设施营运效率、开展节能设备改造、利用智慧手段监测能耗等系列措施，有效降低能源消耗；在废物处理方面，物业企业通过物业管家严格推行垃圾分类，并宣传和引导客户进行垃圾分类，组织市政机构对有害垃圾进行回收处理，循环使用绿化垃圾用作园林施肥，促进资源再利用，开展环保宣传讲座、社区种植等活动，让客户切身参与其中，增强环保意识。

图12-10 物业企业追求绿色低碳发展的部分措施

追求绿色低碳和高效率的服务，既是物业企业的发展目标，也是客户美好社区生活的重要主题。通过采取绿色、低碳、环保的服务措施，物业企业可以减少对环境的负面影响，并为客户提供更舒适和健康的居住环境。同时，高效率的服务可以提高物业管理的效益，使社区更加便利和安全。因此，物业企业应积极推动绿色低碳和高效率的发展，以满足客户对高品质社区生活的需求。

（三）政策东风有力指引，物业管家服务生态重构

我国物业管理行业蓬勃发展的过程中，始终伴随着相关政策的指引和规范，目前，行业规范的方向越来越清晰，随着相关政策的进一步紧密出台，持续引导物业管理行业不断朝"质价相符"的方向发展。物业管家作为提升物业服务效率和服务品质的基础岗位，在行业政策的引导和鼓励下应运而生，并不断丰富内涵，持续强化物业服务生态建设。

1. 强化基层社会的治理，管家来贯彻

党的十八届三中全会通过的《中共中央关于全面深化改革若干重大问题的决定》首次提出了"社会治

理"的概念。指政府、社会组织、企事业单位、社区以及个人等多种主体通过平等的合作对话、协商、沟通等方式追求最终实现公共利益最大化的过程。物业管理作为贴近社区和群众的实践活动，是我国基层社会治理的重要组成部分。近年来，我国出台了一系列政策鼓励和引导各方社会主体参与到基层社会治理中，并探索将物业服务纳入基层社会治理结构中。

表12-1　　　　　　　　　　　　关于强化基层社会治理的部分政策

序号	颁发时间	颁发单位	法规/条例	部分相关内容
1	2017/6/12	中共中央和国务院	《关于加强和完善城乡社区治理的意见》	提出通过改进物业管理或提升物业服务水平加强社区治理
2	2020/12/25	住房和城乡建设部、中央政法委、中央文明办等十部门	《关于加强和改进住宅物业管理工作的通知》	强调物业管理融入基层社会治理体系，提升住宅物业管理水平和效能
3	2021/4/28	中共中央和国务院	《关于加强基层治理体系和治理能力现代化建设的意见》	推动政府治理同社会调节、居民自治良性互动，提高基层治理社会化、法治化、智能化、专业化水平

资料来源：中指研究院综合整理。

2017年6月12日，中共中央和国务院印发《关于加强和完善城乡社区治理的意见》，提出将物业管理纳入社区治理体系，作为补齐城乡社区治理短板的重要内容，随后，各地各部门在政策文件中，多次提出通过改进物业管理或提升物业服务水平加强社区治理。

2020年12月25日，住房城乡建设部、中央政法委、中央文明办等十部门联合印发的《关于加强和改进住宅物业管理工作的通知》，强调物业管理融入基层社会治理体系，提升住宅物业管理水平和效能。建立党建引领下的居民委员会、客户委员会、物业服务企业协调运行机制，发挥居民的主体作用，调动社区社会组织、社会工作服务机构、社区志愿者、驻区单位的积极性，形成社区治理合力。

2021年4月28日，中共中央和国务院颁布《关于加强基层治理体系和治理能力现代化建设的意见》，明确要加强基层政权治理能力建设，推动政府治理同社会调节、居民自治良性互动，提高基层治理社会化、法治化、智能化、专业化水平；健全常态化管理和应急管理动态衔接的基层治理机制，构建网格化管理、精细化服务、信息化支撑、开放共享的基层管理服务平台。

在国家层面的政策指导下，地方政府也加紧出台相关落实政策，促进物业管理与基层社会治理相融合。例如，北京市在最新实施的《北京市物业管理条例》中提出了构建党建引领社区治理框架下的物业管理体系，将物业管理纳入社区治理体系，坚持党委领导、政府主导、居民自治、多方参与、协商共建、科技支撑的工作格局；天津市住房城乡建设委等十二部门联合发布《关于加强和改进我市住宅物业管理工作的指导意见》，强调从五个方面进一步加强和改进住宅物业管理工作，促进物业服务向高品质和多样化升级，充分调动社会各方力量，推动物业管理融入基层社会治理，努力开创共建共治共享新局面。

物业服务在城市基层治理中的节点作用是建立起政府、居民和社区之间的沟通和协调机制，促进城市基层治理的有效性和民主性。物业管家作为落实物业服务的重要岗位，在参与社会基层治理过程中具有其他物业服务人员不可替代的价值。首先，物业管家是物业企业在社区中的合法代言人，是物业企业、客户和基层政府实现高效沟通的纽带；其次，物业管家的工作旨在提高物业服务的效率和品质，能够为社区营造良好的居住环境，进而改善居民的生活品质，推动城市社区的可持续发展；最后，物业管家能够深度、全面、具体地参与到共建、共治、共享的社会治理模式实践中，成为实现良好社会治理效果的催化剂。

2. 提升物业的服务品质，管家来落实

随着物业管理行业的快速发展，企业之间的竞争持续加剧，物业服务的品质问题也愈发突出，为促进行业健康发展，政府部门出台了一系列政策来规范和提升物业服务品质。物业企业在落实相关政策的过程中，正在探索一条以物业管家为核心的服务品质改善与提升之路。

表12-2　　　　　　　　　　　　　　关于规范和提升物业服务的部分政策

序号	颁发时间	颁发单位/会议	法规/条例	相关内容
1	2020/12/25	住房城乡建设部、中央政法委、中央文明办等十部门	《关于加强和改进住宅物业管理工作的通知》	从提升物业管理服务水平、推动发展生活服务业、强化物业服务监督管理等方面对提升住宅物业管理水平和效能提出要求
2	2021/4/28	中共中央和国务院	《中共中央 国务院关于加强基层治理体系和治理能力现代化建设的意见》	完善支持社区服务业发展政策及推进社区服务标准化
3	2021/7/13	住房和城乡建设部等八部门	《关于持续整治规范房地产市场秩序的通知》	整治未按照物业服务合同约定内容和标准提供服务的行为；规范物业企业不退场的行为
4	2022/3/10	国家发展改革委	《2022年新型城镇化和城乡融合发展重点任务》	推动社区居民委员会设立环境和物业管理委员会、公共卫生委员会，促进提高物业管理覆盖率和群众满意度
5	2023/2/6	中共中央和国务院	《质量强国建设纲要》	促进生活服务品质升级，促进物业管理、房屋租赁服务专业化、规范化发展

资料来源：中指研究院综合整理。

物业企业设置物业管家的岗位，旨在提高物业服务效率，提升物业服务品质。在国家制定了一系列政策来规范和提升物业服务品质的背景下，物业管家成为相关政策落地的执行者。2021年7月由住房和城乡建设部等八部门联合发布的《关于持续整治规范房地产市场秩序的通知》，提出整治未按照物业服务合同约定内容和标准提供服务的行为，物业管家作为物业服务的组织者和提供者，在严格履行物业服务合同内容的同时，不断优化服务方式，提高客户的满意度。

作为物业服务的重要元素，物业管家的专业素养和服务能力直接决定了整个物业管理服务的质量和效果。为了提高物业服务品质，物业企业正在不断加强对物业管家的培训和专业知识的提升，使其具备更全面的技能和知识，从而更好地满足客户的需求。此外，标杆物业企业积极引入先进的管理技术和设备，赋能物业管家的服务实践。通过信息化管理系统的应用，物业管家能够对客户进行高效的标签化管理，进而满足客户的个性化服务需求，优化客户对物业服务的体验。

3. 完善社区养老的功能，管家来探索

中国拥有全世界最庞大的老年人群体，"银发浪潮"正以不可阻挡之势到来。预计2035年我国将进入重度老龄化社会，结合我国推行的"9073"养老模式，即90%的老年人由家庭自我照顾，7%享受社区居家养老服务，3%享受机构养老服务，绝大多数老年人都将居家或依托社区养老。可见，社区是我国养老事业的关键阵地。为解决养老服务最后一公里，国家从顶层政策支持"物业+养老"服务模式，以居家养老为主要切入点，鼓励物业企业延伸养老服务。

表12-3　关于鼓励物业服务企业开展社区养老的部分政策

序号	颁发时间	颁发单位/会议	法规	相关内容
1	2020/11/24	住房和城乡建设部等部门	《关于推动物业服务企业发展居家社区养老服务的意见》	推动和支持物业服务企业积极探索"物业服务+养老服务"模式
2	2021/11/24	中共中央和国务院	《关于加强新时代老龄工作的意见》	探索"社区+物业+养老服务"模式，增加居家社区养老服务有效供给
3	2022/2/10	国务院	《"十四五"国家老龄事业发展和养老服务体系规划的通知》	支持物业企业发挥贴近住户的优势，与社区养老机构合作提供居家养老服务
4	2023/3/21	中共中央和国务院	《关于推进基本养老服务体系建设的意见》	鼓励社会力量参与提供基本养老服务，支持物业服务企业因地制宜提供居家社区养老服务

资料来源：中指研究院综合整理。

物业企业在开展社区养老的实践中，物业管家始终是最基础、最有效的服务力量。例如，万科物业管家通过实地走访调研，为所服务小区的近2万名空巢老人建立"长者关爱台账"，对空巢老人年龄、性别、居住状态等基本信息，以及生日、兴趣爱好、亲友紧急联系方式等关键信息做好登记，完成客户细分，一旦发生紧急状况，可准确识别老人的身份，做到精准响应。此外，为提升老年人的服务体验，万科物业针对空巢老人推出了"一键呼叫"管家服务功能，将老人需求设置为优先级，从原先的20分钟响应客户诉求提速到15分钟，并通过公司内部的"智慧工单"系统进行监督。

随着现代生活节奏的加快，独居老人的增加，居家养老功能已逐渐被弱化，老人无人照料问题凸显，物业管家的出现能够部分弥补独居老人家庭养老功能不足的问题。万科物业积极响应社区养老理念，系统性推出了行业首部《空巢老人服务指南》，从助餐、助行、助洁、助闲、助医等方面完善社区养老服务，通过物业管家有序开展、扎实有力推进"家门口"养老。

4. 丰富群众的社区生活，管家来实施

我国社会经济发展的"十四五"规划已经正式将"物业"列入生活性服务业，提出要加快物业服务与其他生活性服务业的融合，支持与引导物业服务企业探索多元化、专业化的社区增值服务，进而丰富居民的社区生活。

表12-4　关于支持物业服务企业开展社区便民服务的部分政策

序号	颁发时间	颁发单位	法规/条例	相关内容
1	2021/5/28	商务部等12部门	《关于推进城市一刻钟便民生活圈建设的意见》	推动"物业服务+生活服务"，完善管理制度，加强环境整治和自律规范
2	2021/11/2	国家发展改革委	《关于推动生活性服务业补短板上水平提高人民生活品质的若干意见》	推进社区物业延伸发展基础性、嵌入式服务
3	2022/5/10	民政部等9部门	《关于深入推进智慧社区建设的意见》	聚合社区周边生活性服务业资源，链接社区周边商户，建设便民惠民智慧生活服务圈
4	2023/7/12	商务部等13部门	《全面推进城市一刻钟便民生活圈建设三年行动计划（2023—2025）的通知》	创新社区消费场景，提升居民生活品质，将一刻钟便民生活圈打造成保障和改善民生、恢复和扩大消费的重要载体

资料来源：中指研究院综合整理。

国家相关部门也陆续出台了一系列政策支持物业服务企业开展社区便民服务，探索"物业服务+生活服务"的实践。例如，2021年5月由商务部等12个部门联合颁布的《关于推进城市一刻钟便民生活圈建设的意见》提出鼓励商业与物业、消费与生活、居家与社区等场景融合发展；2022年5月民政部等9部门发布《关于深入推进智慧社区建设的意见》提出聚合社区周边生活性服务业资源，链接社区周边商户，建设便民惠民智慧生活服务圈；2022年7月商务部等13部门颁布《全面推进城市一刻钟便民生活圈建设三年行动计划（2023—2025）的通知》明确提出创新社区消费场景，提升居民生活品质。

在政策支持和市场推动下，物业企业面向社区客户积极探索"全生活场景＋全生命周期关怀"的多元社区增值服务，提升客户社区生活品质，打造企业业绩增长的"第二曲线"。物业管家作为物业企业在社区的代言人，凭借亲近客户的天然优势，具备与客户交流互动并结成紧密联系的条件，因此物业管家成为承接企业业务战略、丰富客户社区生活的关键因素。

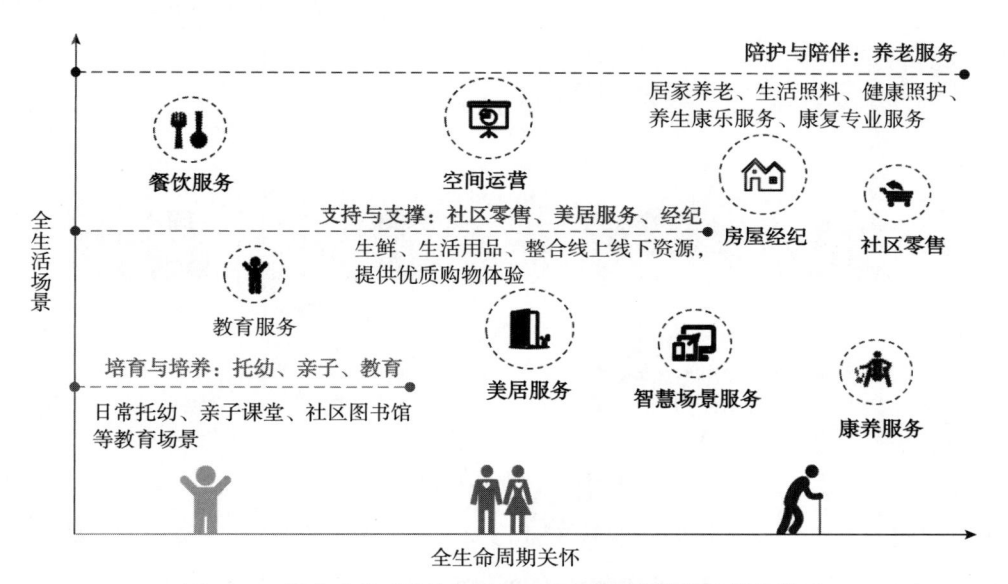

图12-11 物业企业"全生活场景+全生命周期关怀"服务体系

此外，社区活动作为丰富客户社区生活的重要方式，也是物业企业服务理念、服务水平的集中展现。物业管家作为连接物业企业和客户的纽带，在社区活动的组织开展过程中，往往承担着基层组织者和宣传员的角色。通过开展各种特色主题的社区活动，不但有助于拉近物业企业与客户的关系，而且可以促进社区文化建设，丰富客户社区生活体验。除了常规的节日和主题社区活动，行业标杆企业在服务客户的实践过程中沉淀了一些颇具企业品牌特色的系列社区活动，例如，万科物业的"朴里节"和"社区乐跑赛"、龙湖智创生活的"珑运会"、绿城服务的"邻里生活节"等，既受到社区客户欢迎，也引发了的行业关注。

（四）标杆企业引领实践，物业管家实现"从有到优"

在国内物业服务需求价值重构及政策东风指引的背景下，物业企业加快探索管家服务内容。为了提高服务品质，提升服务效率，标杆物业企业率先打造了根植于自身文化和服务理念的物业管家服务体系，提供各具特色的物业服务内容，推动物业管理行业逐渐形成了"百花齐放"的物业管家服务创新实践格局。

1.万科物业——整合"幸福"管家服务体系

万科物业以专业服务和创新管理，引领行业管家服务模式持续迭代。从赋能基础服务到保障战略落地，从监督服务品质到引流增值服务，虽然万科物业管家的价值和功能正在变得多元化、复合化，但企业打造幸福社区的目标始终未变。万科物业认为客户对物业服务的期望，远不只是安全、清洁、维修等基本诉求，而是一种整体的、稳定的、长期的，对"幸福"社区生活的精神诉求。因此，以"幸福"之名，打造"幸福"管家服务体系，成为万科物业管家服务建设的重点。

（1）从"阿庆嫂"到"百科全书"，需求导向落地精细服务

万科物业管家自诞生以来，在行业市场变化和万科物业战略调整的背景下，围绕为客户提供更高品质物业服务的目标，管家功能和价值定位经历了数次迭代：2014—2015 年，物业管家"初现统筹权利"；2016—2020 年，万科物业管家推行"管家核心制"；2021 年至今，通过管家服务持续探索"精细化提升客户体验"。在此过程中，万科物业对管家的服务方式和工作技能不断提出新的要求，逐渐形成万科物业以管家服务为核心的优质品牌特色。

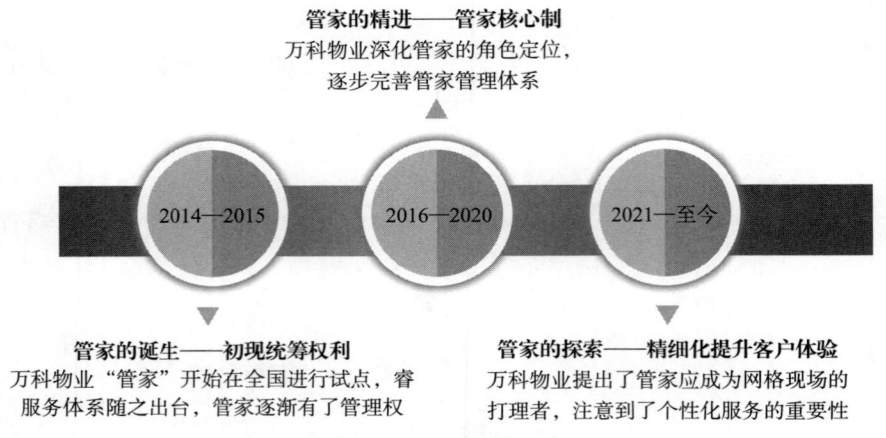

图12-12 万科物业管家迭代

在管家诞生初期，万科物业对优秀物业管家的形象类比是聪明能干、能说会道、热情友善的"阿庆嫂"，管家要和业主融合在一起，帮助业主实实在在解决社区生活问题，进而获得业主的信任。该阶段，万科物业提出了"有事帮忙找管家"等深入人心的服务口号，在服务平台上开通了互动回帖功能，让管家与业主随时沟通；此外，还启动了"高考送考""应急车"等社区公益服务。

随着业主服务诉求的变化，万科物业提出"做有温度的服务"，管家团队也趋于年轻化、知识化，旨在为客户带去更新潮、更贴心的服务体验。万科物业通过对近十年的入职员工入职年龄分析发现，五年前入职的员工年龄分布在 20~50 岁，人数呈平缓下降态势，近五年入职的员工，20~30 岁时间段出现峰值，可以看出一线员工年龄结构呈年轻化的趋势，意味着 90 后成为万科物业服务人员的主力军。其中，管家从业人员的门槛逐渐提高，五年前，大专学历占比最高，达到 47.79%；五年内，本科及以上学历的占比达到 20.54%，明显增长。

为了给业主提供精细化的物业服务，万科物业对管家的服务规模进行了量化，每 500 户配置一名专属的生活管家，并要求提供入户服务，要努力成为业主的"百科全书"，一起共建美好社区。为业主提供社区生活资源、资讯的全方位支持，帮业主打理房屋；能做到报事遵守"2341"服务原则：20 分钟内响应；普通问题 30 分钟解决，或给业主答复；不能立即解决的事项，30 分钟内告知客户原因，并协调资源在 4 小时内解决；重大问题 1 个工作日内给予书面解决方案。

万科物业管家还是社区服务的千面手，要带着同理心，尽量去满足业主的许多"新奇"需求：帮业主杀鱼、充当临时代驾、教小业主写作业、帮业主修眼镜，只要能力所及，业主可在 APP 对专属管家进行评价，并给项目其他人员进行表扬/批评，可有效对项目进行工作评价，提升项目服务效率。在服务标准外，万科物业也以"做好服务者"的初心，为业主提供满意且充满惊喜的服务。

此外，万科物业通过管家服务对空间内的特殊人群或客户关键时刻的解析，发布一系列的惊喜服务清单，包括空巢老人物业服务指南、空置房服务清单、服务中断及极端天气服务清单等，实现多维度提升管家的服务能力。

（2）从"地推手"到"督导员"，增值业务让步满意度建设

物业管家的出现恰逢我国社区经济崛起的重要时期，在市场化趋势和政策的引导下，以万科物业为代表的行业标杆企业，加快创新物业管家服务的内容与模式，尝试将物业管家作为社区增值服务的"代理人"，支持物业企业开展社区养老、社区医疗、房屋租赁、家政服务等多元增值服务，在为物业企业创收的同时，推动业主社区生活向更丰富多彩、更高品质的方向发展。

在物业管家的工作中植入了企业增量业务的业绩指标，而初次交易的达成往往基于社区业主对管家的信任关系。在相关业务产品或服务高于业主预期时，能够进一步强化业主与管家间的关系，并且将为新交易奠定基础。但是，如果相关业务产品或服务不及业主预期时，甚至只是未能给业主带来惊喜的体验，都将损害业主对物业管家的信任，进而导致对管家服务的质疑。此外，若物业管家过多参与增值服务的推介，将可能会被业主冠以物业企业的"销售员""地推手"等头衔，影响业主对物业管家及服务满意度的整体评价。

当行业部分企业沉浸在通过物业管家开启社区商业流量密码，获得诱人的收益时，万科物业提出让管家服务回归服务本源，将管家角色重新聚焦为客户利益的代表。物业管家在万科物业系统是内唱"白脸"的角色，要站在客户的视角对万科物业的整体服务品质进行把关和监督，成为推动服务品质改善的"督导员"。此时，管家已经成为万科物业连接客户的核心力量，管家要为客户带来好处，要乐于分享，不再是销售员，不是地推手。围绕客户满意度建设，万科物业管家的岗位职责概括为：懂客户、识品质、汇聚幸福，这也成为新时期万科物业管家在为业主提供服务时的核心追求目标。

如今，万科物业管家的战略定位愈发明确，即成为网格服务的三种核心人员：网格客户的连接者：持续提升客户体验和口碑，为客户提供有温度的服务；网格现场的打理者：协同四保业务，代表客户监督、评价及管理网格内的服务品质；网格价值的挖掘者：围绕房、客进行深耕，助力经营收入与利润的增长，通过发现客户需求的分母，创造网格价值，提升在网格内开展的各类业务的经营效率。

2. 龙湖智创生活——打造"智囊型管家"服务模式

龙湖智创生活始终秉持"善待你一生"的理念，致力于以其高品质的服务标准、匠心独运的服务模式，为客户们打造"满意+惊喜"的龙湖式幸福。作为国内首批探索设置"物业管家"岗位的标杆物业企业，龙湖智创生活强调物业管家要回归物业本源与初心，对物业管家的角色定位是陪伴老人的"贴心儿女"、帮忙照顾小孩的"爱心爸妈"、惦记客户的"知心朋友"。

龙湖智创生活开创了"智囊型管家"服务模式，改变了以往物业服务流程中客户与物业公司秩序、保洁、工程、客服的多点对接，服务升级之后，将演变为客户与物业公司智能平台和物业管家个人的直接沟通，提高了服务效率，优化了客户对物业服务的体验。

龙湖智创生活精心设计的"珑之名""尊享""乐享""惠享"四大住宅物业服务产品体系，匹配差异化的物业服务标准，但物业管家的岗位职责和服务热情不变，都将从交房、装修、入住、入学、就医、娱乐等方面为客户提供全方位信息服务，同时链接公司平台资源，为客户提供家政、保姆、月嫂、家电保养、房屋租售等一站式服务，帮客户管好家，让客户方便、省心。

龙湖智创生活还通过物业管家积极开展社群运营，每年举办1000多场社区活动，100多万客户参与其中，"珑运会""湖边跑跑团""电影奇妙夜""晒被节""百家宴"等，丰富客户业余生活。

3. 中海物业——擦亮"第一管家"金字招牌

中海物业奉行"亲切的生活，质朴的管家"的服务理念，秉持"领潮文化"的自我驱动和"第一管家"的品牌定位，始终坚守基础物业服务主航道。中海物业强调物业管家应该具备两种特征：提升外在形象，强化内在素质和职业素养；对物业管家的三个角色定位是：对内是组织得力助手，对外是企业形象代言人，对客是贴心管家；物业管家具有五项基本职责：信息收集、需求响应、关系维护、品质监管、产品推荐。

图12-13 中海物业管家职业画像

在物业管理专业细分条件下，中海物业的物业管家是中海物业和客户在现场的管理代表，是现代物业"管作分离"模式的重要体现，物业管家并不直接从事保安、保洁、绿化及维修等操作工作，而是作为各类专业的组织者、协调者、督导者，是中海物业派驻现场的物业管理"质检员"。

中海物业基于以往的管家培训经验将物业管家培训实现品牌化，推出了"追梦的蒲公英"物业管家锤炼营，寓意物业管家"心若有梦，就要飞翔"的理想追求，以自我提升为内在动力，不断追逐梦想、挑战自我、收获成长。根据管家岗位职责、工作要求及服务需求进行培训课程的设计，通过技能培训打造匠人。作为一名专业的物业管家，需要身怀公文写作、客户投诉处理、客户沟通技巧、客户关系维护、危机处理等"十八般武艺"。

中海物业内部采用"星级管家"分级认证，其中"五星管家"代表最高等级。此外，在星级管家中选拔、培养、考核综合素质高，且具备一定营销能力和较大社区影响力的星级物业管家，升级为"优管家"，接受更大的管理目标。中海物业制定的"1155"战略目标，以擦亮"第一管家"的金字招牌为目标，未来将继续加大对物业管家的培养力度，支撑企业高质量发展。

4. 保利物业——延续"亲情管家"服务温情

保利物业推行"大客服"服务体系，即通过"全员客服"与"软管理"，把个性化基础服务和公共管理服务做得更加"得体、到位和稳定"，让客户感受到优质服务。在沉淀服务成果的基础上，保利物业打造"亲情管家"的组合，由一名管家、一位维修人员、一名保安人员、一位保洁人员，四位一体，成为一个"战斗小组"，高效快捷地完成对客户的贴心服务，通过创新整合了现有资源，实现对物业服务传统组织模式的升级。

保利物业面向优质住宅领域打造了专属服务品牌"亲情和院"，提供基础的"亲情管家"服务，即以亲情为前提和基础，要求物业服务人员在服务过程中注入真实的情感，与客户建立信任、牢靠的亲情关系，这不仅是顺应当下人们渴求亲情回归社区的服务方式，也是保利物业服务不断寻求创新的尝试。

保利物业面向高端住宅领域打造了专属服务品牌"东方礼遇"，提供"专属管家＋礼遇管家"的双管家配置，即围绕客户"衣、食、住、行、健康"五大基本需求，量身定做物业服务。以尊崇作为服务的出发点，用专业的服务品质建立与客户的信赖关系，体现触动内心的人文关怀。坚持"尊崇、信赖、人文"的服务理念，实现以传统"东方礼遇"创造和谐居住与生活的理想目标。为了保障高端服务品质，保利物业引入国际金钥匙联盟资源，共同打造东方礼遇管家学院。

保利物业提出以管家、工程、安防三类关键岗位为基础，打造"铁三角"系列培训项目，因此启动了"星辰铁三角管家训练营"，旨在培养一批优秀管家、储备项目经理。通过定制化课程能够让管家提升工作意识，深化专业历练，强化管理思维，最终将品质服务落实到客户的日常生活中。

5. 金地物业——创新"26℃管家"服务体系

金地物业秉持"精品服务，真情关爱"的服务理念，深耕住宅物业服务。以人体舒适的温度为灵感，建立了"26℃管家服务体系"。26°管家的服务口号是"恰到好处的舒适"，这不仅是金地物业管家服务高于书面标准的自我要求，更是对个性化精准服务体验的"舒适"表达。

金地物业的管家属于原有项目客服的升级，管家能够从客户角度出发，更深入地挖掘客户需求，建立客户黏性，并推动增值业务开展。金地物业根据服务业态及产品定位进行管家的差异化配置，整体来看，针对别墅社区约每300户配置一名管家，其他优质项目约每500户配置一名管家。管家的岗位职责包括品质管理、客户需求响应、客户关系维护、促进产品交易、社群运营等。

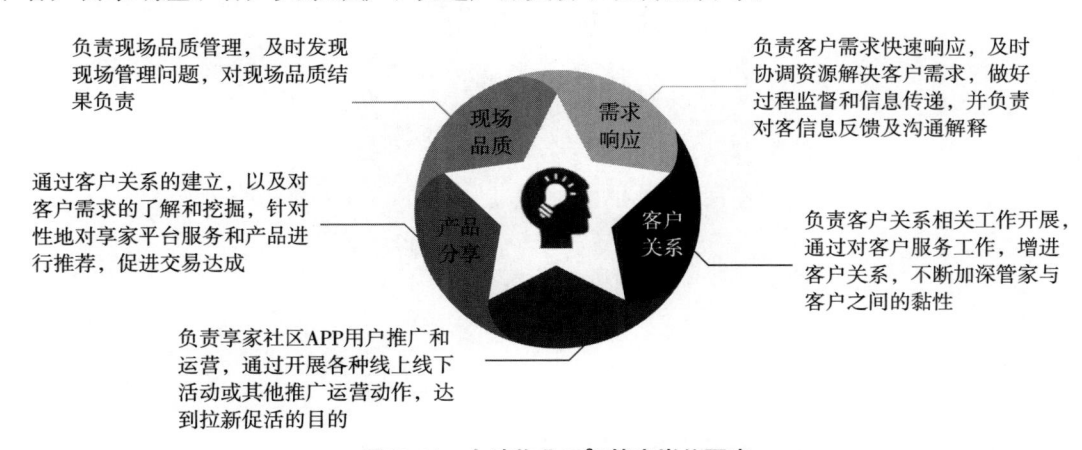

图12-14　金地物业26℃管家岗位职责

基于物业管家六项基本岗位职责，金地物业建立了严格的管家评估与考核制度，针对总部管家服务部运营人员、下属物业公司管家运营人员、管家负责人与项目负责人建立了分级考核，以季度和年度作为考核周期。此外，还建立了物业管家行为红黄线制度，对于违反红线标准内容的星级管家将调离管家岗位，视情节严重性按照公司规定给予其他处罚；对违反黄线标准内容的星级管家将对星级管家进行降级处理。

总部管家服务部运营人员
- 管家服务体系落地推广运营情况
- 管家培养成长情况
- 管家关键指标完成情况
- 整体满意度

下属物业公司管家运营人员
- 体系推广落地进度
- 管家满意度
- 神秘顾客走访结果
- 星级管家认证数量

管家负责人与项目负责人
- 管家总体指标达成情况
- 管家人员晋升、离职率
- 居住感回访结果等

图12-15　金地物业管家评估与考核指标

此外，金地物业建立了成熟的管家培养体系，形成了从一星到五星的管家成长体系。以管家为核心，链接基础服务和平台资源，努力打造独特的产品力。

三、从先驱探索到领航行业，万科物业精研管家服务

万科物业以经营幸福为目标，围绕客户住房全生命周期统筹管家服务设计，系统性提出"懂客户""识品质""汇聚幸福"的管家三大职责，同时辅以专业的人才培养和领先的科技手段，创新打造了万科物业"幸福管家服务体系"。通过传统服务与现代管理的完美融合，唤醒精耕细作的服务精神，建立远超传统市场预期的服务标准，挖掘潜力无限的物业服务价值。

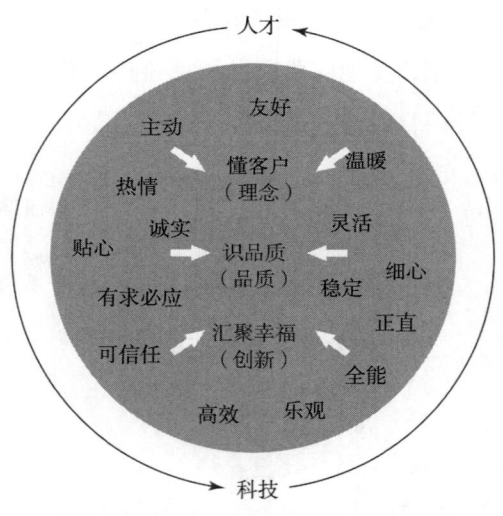

图12-16　万科物业"幸福"保障机制

万科物业"幸福管家服务体系"紧密围绕企业在提供服务过程中可能对客户幸福体验产生关键影响的五大核心因素：理念、品质、创新、人才和科技，逐一进行标准化服务动作落位。此外，为使该服务体系更符合国人的社区生活习惯，万科物业承袭中国传统哲学思想，将抽象的"五行文化"纳入对高品质物业服务的思考和实践中，打造出更懂国人社区生活和更契合国人"幸福观"的物业服务体系。

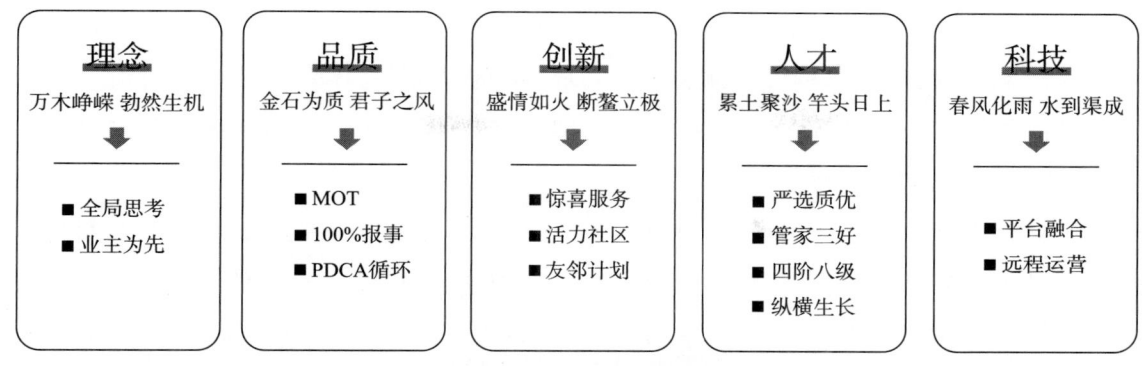

理念	品质	创新	人才	科技
万木峥嵘 勃然生机	金石为质 君子之风	盛情如火 断鳌立极	累土聚沙 竿头日上	春风化雨 水到渠成
↓	↓	↓	↓	↓
■ 全局思考 ■ 业主为先	■ MOT ■ 100%报事 ■ PDCA循环	■ 惊喜服务 ■ 活力社区 ■ 友邻计划	■ 严选质优 ■ 管家三好 ■ 四阶八级 ■ 纵横生长	■ 平台融合 ■ 远程运营

图12-17 万科物业"幸福管家服务体系"核心内容

（一）理念：万木峥嵘 勃然生机

"木曰曲直"，五行文化将具有生长、升发、伸展、舒畅等性质和作用的事物或现象归属于木，对应万科物业"幸福管家服务体系"中的"理念"。作为持续领跑行业的标杆企业，万科物业不断生发先进服务理念，形成了全心全意为客户服务的企业思维，并逐渐沉淀为高标准、自我创新与激励并存的企业管理机制。在独特企业文化和先进服务理念的浸润中，万科物业培养了一支成熟精干、职业认知高度统一的物业管家队伍，打造了一个业界领先的物业服务品牌，锻造了一种对未来充满理想的进取精神，凝聚了一批忠诚的客户。

1. 全局思考：围绕住房全生命周期统筹管家服务设计

万科物业系统化地围绕客户住房全生命周期，以客户购房、装修、入住、居住房屋的体验时间轴为依据，将多场景、碎片化的物业服务内容，从头至尾全部纳入管家服务设计的变量因素进行思考，实现企业从端到端地理解客户整个居住旅程，并不断从中挖掘超预期的管家服务机会点，做相应的针对性设计。

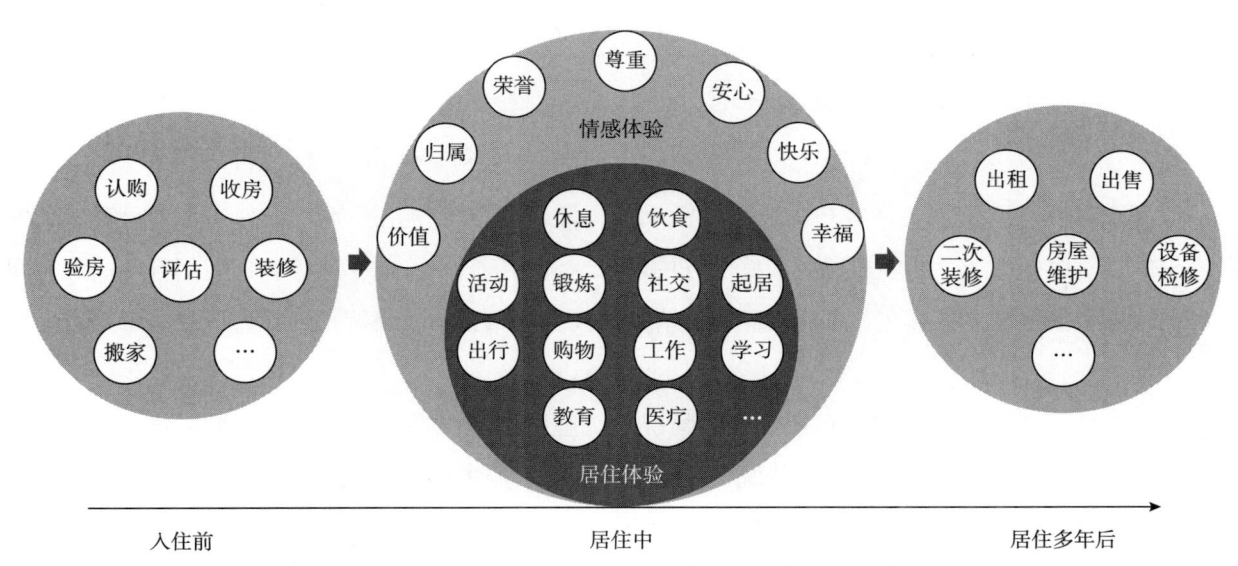

图12-18 万科物业围绕客户住房全生命周期统筹设计管家服务

传统物业管家服务专注于客户在居住过程中面临的问题，特别是公共问题，而万科物业管家服务围绕客户住房的全生命周期。要统筹好客户在入住前、居住中和居住多年后的各种问题解决，颠覆了传统管家服务零散、片面、非线性的服务逻辑。例如，在客户入住前，万科物业管家要考虑客户认购、收房、验房、装修、搬家等一系列活动；在客户入住后围绕客户居住体验和情感体验提供兼具标准化与个性化的高品质管家服务；在客户居住多年后，万科物业管家围绕客户房屋潜在的增值服务项目（二次装修、租赁、出售等）提供优于市场的服务选项。

传统物业管家服务的起点是客户收房，而万科物业的管家服务起点是客户认购房屋。万科物业领先于行业创新设置了"前置管家"岗位，为准业主提供从签约到房屋交付前3个阶段（签约售后、工地开放、房屋交付）的服务，"前置物业管家"后期直接转为项目网格管家，实现对项目服务的"无缝衔接"和自然过渡，完成售后服务"一张脸"，持续有温度地链接客户。通过前置介入的管家服务，不但能够帮助准客户处理房屋交易过程中各种专业且琐碎的问题，减少客户沟通成本和时间成本，而且能够加深准客户与物业管家的信任关系，提高客户对后期物业服务的满意度评价。

万科物业在围绕房屋全生命周期统筹管家服务设计过程中，不但关注房屋的变化和使用阶段，更关注不同客户的社区生活习惯，并基于时间维度和空间维度打造标准化的物业管家服务。从时间维度看，要关照不同年龄段客户的社区生活习惯，例如，针对老年客户可能起床较早且有晨练习惯，物业管家在组织社区环境清扫及晨练设备维护的时间就要提前；针对青年人可能有遛宠物的喜好，物业管家就要根据客户遛宠物的时间偏好，做好卫生提示或潜在的卫生清扫工作。

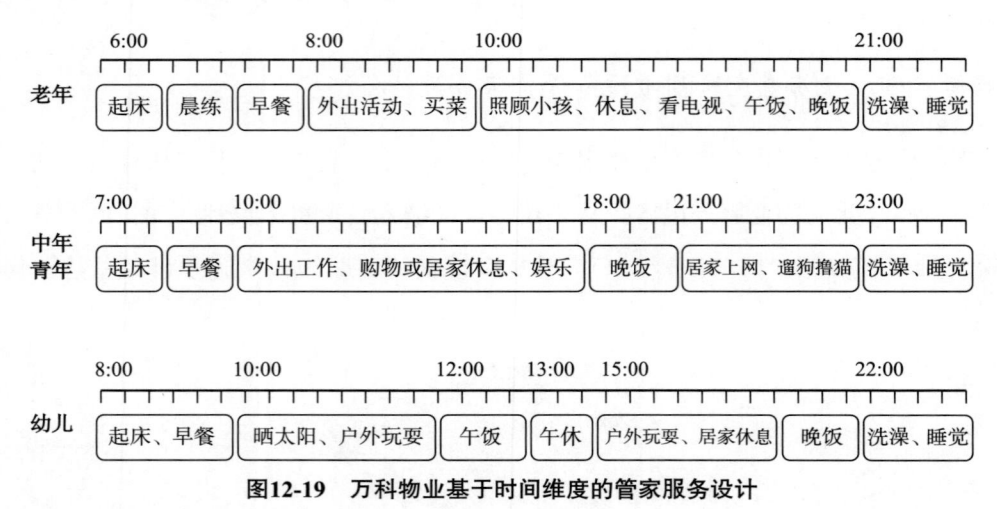

图12-19 万科物业基于时间维度的管家服务设计

从空间维度看，要重点关注客户的社区生活动线，做好客户与物业服务人员在主要空间触点及核心服务场景的优质服务打造，给客户留下美好服务的印象。例如，门岗、电梯厅等客户使用频率高的空间场景，物业管家主动提高巡查频次，确保空间卫生清洁、设备运行正常，将客户针对公区的报修或者问题投诉可能降到最低。

此外，万科物业在获得客户许可或需要的情况下，坚持为客户提供"真入户"管家服务。所谓"真入户"管家服务是与重形式、轻内容的传统物业管家"入户"服务相对而言。万科物业要求管家在提供入户服务过程中要以解决实际问题和提高客户满意度为目标，并严格按照"能见面就不发消息"的准则，带着日常服务上门，了解客户痛点后主动开展服务，且入户时间要与客户事先沟通确认，避免打扰客户私人生活。

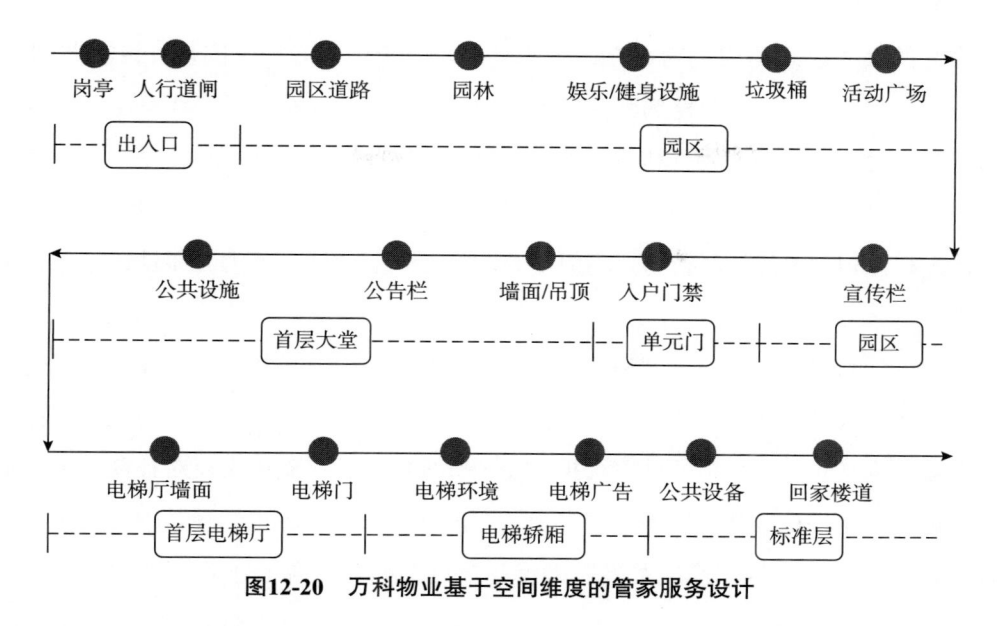

```
岗亭    人行道闸    园区道路    园林    娱乐/健身设施    垃圾桶    活动广场
      出入口                              园区

公共设施    公告栏    墙面/吊顶    入户门禁    宣传栏
         首层大堂          单元门        园区

电梯厅墙面    电梯门    电梯环境    电梯广告    公共设备    回家楼道
      首层电梯厅        电梯轿厢              标准层
```

图12-20　万科物业基于空间维度的管家服务设计

2. 客户为先：客户服务精细化＋社区公共利益最大化

万科物业坚持把"尊重客户""理解客户""客户第一"的服务理念明确传递给所有员工，每一位新入职的万科物业管家，上的第一堂课、接受的第一次培训、面对的第一次考核，基本内容都是以客户为中心的理念灌输与同频。因此，这种"客户为先"的服务理念深深烙刻在万科物业管家的职业意识之中。

在此服务理念的指引下，万科物业会站在客户视角系统审视企业自身的尽责能力。为真正落实精细化服务要求，万科物业对管家的服务规模进行了量化，每500户配置一名专属的生活管家，并要求提供入户服务，努力要成为客户的"百科全书"，一起共建美好社区。为客户提供社区生活资源、资讯的全方位支持，帮客户打理房屋；能做到报事遵守"2341"服务原则：20分钟内响应；普通问题30分钟解决，或给客户答复；不能立即解决的事项，30分钟告知客户原因，并协调资源在4小时内解决；重大问题1个工作日内给予书面解决方案。

通过"我为客户做件事"主题的常态化管家服务，于细微之处深度挖掘客户最真实、最基本的服务诉求，依靠管家团队力量赋予物业服务一定程度的公益属性和人文主义色彩。例如，万科物业管家在收到业主许可或要求的情况下，会主动帮助客户打理家中绿植、为小业主辅导功课、替年老业主跑腿、给晚归业主充当"代驾"等，很多看似微不足道的事情，却能够切实解决客户实际痛点，客户可在APP对专属管家进行评价，并给项目其他人员进行表扬/批评，可有效对项目进行工作评价，提升项目服务效率。甚至部分事项已经超越了管家服务的范畴，纯粹是管家在"客户为先"理念下的自发、主动服务的结果，彰显了万科物业管家的奉献精神和职业追求。

为进一步向客户提供更加精细化的管家服务，万科物业通过卡诺模型系统分析客户满意度，对客户服务需求进行科学研究，将庞杂、细碎的管家服务项目按照具备程度和满意度评测结果做出优先级排序。强调管家服务要提供具有"必备属性"的服务内容，例如社区巡检、投诉处理、入户调研等；增加具有"魅力属性"和"期待属性"的服务内容，例如特色活动、定制服务、跑腿代办等；并尽量减少具有"反向属性"的服务内容，例如未预约的入户服务、低效的问题沟通、不及时的投诉处理等。通过科学优化服务内容和方式，不但实现了客户对管家服务的可感知、可参与，而且大幅提升了客户体验。

万科物业作为所服务社区的相关利益方，始终坚持以客户为中心，以实现社区公共利益最大化为目标，致力于统筹好企业自身与访客及外部服务提供方的关系，切实改善和提升客户社区生活体验。现代社区空间中，围绕客户大致形成了三大类利益相关者，分别是物业企业、外部服务提供方（包括外卖员、快递员、保姆、中介人员等）和访客（包括客户的亲戚、朋友、同事、同学等）。物业企业能否科学统筹、合理组织其他社区利益相关者的社区行为，不但考验着物业企业的服务能力，而且还深刻影响着客户的社区生活体验。

基于"客户为先"的服务理念和社区利益相关者的价值定位，万科物业逐渐探索出通过管家联动"四保服务"来高效协调社区多方利益相关者的服务模式，进而保障客户美好社区生活体验。首先，万科物业针对所有服务覆盖社区建立起了严格的秩序维护和安全管理制度，该制度不仅对社区业主涉及公共资源的行为进行了科学规范，还将社区外部服务提供方及访客的社区行为管理也纳入其中。其次，万科物业借助智慧科技手段，通过自主研发的"黑猫系列"人行和车行系统，提高了外部服务提供方及访客进出社区效率，同时实现了对社区出入口"整容式"的管理。最后，万科物业在保障客户美好社区生活体验的前提下，还会针对社区外部利益相关者不定期组织开展公益性质的主题活动。例如，万科物业发起的"暖蜂行动"，为快递员、外卖员设立"暖蜂通道"和"暖蜂驿站"，让他们在社区中得到应有的尊重，不仅赋予了社区温暖的人文关怀色彩，而且也让客户生活在一个充满善意与互助氛围的美好社区中。

（二）品质：金石为质 君子之风

"金曰从革"，五行文化将具有沉降、变革等类似性质或作用的事物和现象归属于金，对应万科物业"幸福管家服务体系"中的"品质"。凭借三十余年高品质住宅物业服务经验的积累和沉淀，万科物业率先完成物业管家服务的体系化建设，并引领行业开启了住宅物业精细化管理的"管家服务"时代。在此过程中，万科物业持续开展管家服务的品质建设，形成了包括服务标准、工作流程、培训考核等多方面的管家服务品质保障制度，并进行科学迭代，不断优化和改进服务模式，以适应客户需求变化和市场发展，进而打造了领先于行业的服务"铁军"，确保管家服务具有金石般过硬、稳定的品质。

1. "MOT"：重点围绕六大类23项核心触点展开管家服务

"MOT"全称是"Moment of Truth"（关键时刻），指客户在使用产品或服务过程中的关键决策点，"MOT"是满意度研究中一个非常重要的分支，在以人为主的服务中经常使用该技术作为指导。客户在接触到"MOT"时，会在心中形成一个无声的评判，如果是正向的，那么客户对产品或服务感到满意，反之亦然，因此，关键时刻是影响客户忠诚度及满意度的重要因素。"MOT"关键时刻不仅仅是产品或服务的交付，更是一种机会，一种可以在客户心中留下深刻印象、塑造品牌形象，甚至引发口碑传播的机会。

万科物业以客户的社区旅程图为基础，科学打造"MOT"。首先，万科物业通过现场观察、问卷、访谈、内部头脑风暴、神秘客等，了解客户在体验物业服务全流程各环节中关注的方面、印象深刻的事情、非常满意或不满意之处，列举出所有"MOT"；其次，按照客户体验服务的前、中、后全流程，列出各阶段、环节、客户目标、场景故事，将"MOT"列入各环节中，构建客户旅程图；最后，结合客户对"MOT"的满意/不满意程度，生成情绪曲线，便于公司内部对各阶段的客户体验产生共情，对体验提升达成共识。

好服务不会偶然发生，而要被精心设计。万科物业管家服务设计围绕六大类"MOT"——移动互联、场所服务、回家之路、休闲漫步、设施景观、入户服务，聚焦23项核心触点服务，给顾客传递始终如一的高品质服务体验。

MOT	移动互联	场所服务	回家之路	休闲漫步	设施景观	入户服务
核心触点	社区网络覆盖	人行出入口	停车场	园区、苑落	宣传栏	家政维修
	手机/微信	车行出入口	苑门、单元门	道路、广场	垃圾桶	上门沟通访谈
		指挥中心	大堂（电梯厅）	水景		
	住这儿APP	会所	幸福驿站	电梯	楼道	商业街	公共设施维修	送水、邮包

图12-21 万科物业管家服务六大类"MOT"及相关触点

"移动互联"的"MOT"中包含了三个核心触点，匹配相应的管家服务标准动作或需管家监督的内容。①社区网络覆盖：幸福驿站、出入口提供免费Wi-Fi、小区4G手机信号全覆盖、新交付区域两个月内实现小区手机信号的覆盖。②管家渠道手机/微信：管家微信与管家手机号绑定，网格的管家手机号、微信号保持不变；不得发布与本岗位工作无关或未经管家负责人或专家审核通过的信息；管家微信不得绑定私人银行卡、不收取任何费用；管家应确保手机随身携带并处全天候开机状态等。③住这儿APP：房屋交付前一周完成APP上线申请并开通客户注册功能；管家指导客户熟练使用住这儿APP；针对客户发帖，管家需在20分钟内响应，严禁报事虚假关闭；管家每周需策划提升住这儿APP活跃度的活动等。

"场所服务"的"MOT"中包含了五个核心触点，匹配相应的管家服务标准动作或需管家监督的内容。①人行出入口：设置无障碍专用通道，客户凭相应授权、识别通行；地面无杂物、污迹、积水、明显积尘；识别外来人员，礼貌询问、核实、登记和指引等。②车行出入口：固定停放或预付费停放车辆，获取车辆信息后4小时内录入系统；夜间照明亮度适中，不刺眼等。③幸福驿站：环境干净、整洁、明亮，温度适中，气味清新，有适当的装饰；严格执行"见面微笑、主动问好、起身服务"的服务标准；对客户反映的意见当面认真记录，并请客户确认等。④指挥中心对讲沟通：三声内及时接听，使用文明礼貌用语，语调柔和、亲切；对未能及时接听客户对讲，须回拨并致歉等。⑤会所：物品、器具分类摆放、整齐洁净；各类器材、设施等无破损，呈本色，无明显灰尘、污迹；花草树木长势良好，整齐美观，无枯枝黄叶、黄土裸露等

"回家之路"的"MOT"中包含了五个核心触点，匹配相应的管家服务标准动作或需管家监督的内容。①停车场：地面平整，干净，无杂物、积水，无凹陷、破损、起砂及明显积尘，墙面无污迹、破损，顶棚无渗漏等。②苑门、单元门：苑门开启正常，力量适中，关闭时无冲撞声响；把手稳固，无松动，无油漆斑驳，无锈蚀；门上无乱张贴，无污迹，玻璃门上有防撞标识；门禁工作正常，对讲系统声音清晰。③大堂（电梯厅）：分时段控制大堂灯开放；光线充足，空气清新；大堂玻璃门有防撞标识等。④电梯：光线充足，通风良好，无异味；地面无杂物、无灰尘、无污迹，石材地面定期抛光等。⑤楼道：墙面、天花无破损、污迹、蜘蛛网；光线充足，灯光开关功能正常等。

"休闲漫步"的"MOT"中包含了四个核心触点，匹配相应的管家服务标准动作或需管家监督的内容。①园区、苑落：电源开关箱、配电箱/房门锁好；道路平整，无凹陷、松动、破损等。②道路、广场：下

班高峰期前加强主干道、广场巡逻频次、清扫力度，确保路面没有垃圾杂物，交通快捷、安全、有序；对小区内可疑及闲杂人员及时问询；对不文明行为及时劝阻、制止。③水景：水质清澈，池底干净，无积泥、杂物，水面无明显漂浮物，无异味；水中及岸边植物长势良好，定期打理；水边提示标识充分、清晰明显，无破损褪色等。④商业街：地面无杂物、积尘、油污、积水；招牌、灯箱规范统一等。

"设施景观"的"MOT"中包含了三个核心触点，匹配相应的管家服务标准动作或需管家监督的内容。①宣传栏：宣传栏清洁，无褪色、斑驳、锈蚀、破损，标识清晰。②垃圾桶：垃圾桶完好，外表无污迹、无脱漆破损，垃圾无溢出等。③公共设施维修：提前告知、安全提示、隔离防护、工完场清等。

"入户服务"的"MOT"中包含了三个核心触点，匹配相应的管家服务标准动作或需管家监督的内容。①家政维修：一免：10分钟内完工，免收人工费；二洁：工作现场清理整洁、维修单填写整洁；三要：一要准时，二要遵守员工行为规范，三要主动询问是否还有其他服务需求；四带：一带工具，二带地垫，三带抹布，四戴鞋套。②上门沟通访谈：微笑、问好、自我介绍并说明事由；入户戴鞋套，坐姿端正，婉拒客户馈赠等。③送水、邮包：在客户预约时间内送达；送水推车配备静音轮等。

基于物业服务的"关键时刻"，万科物业运用"峰终定律"持续优化客户服务体验。以维修服务事件为例，从业主发现问题、发起报修，到落实维修动作，最后维修完成后及时回访并启动补偿机制，万科物业打造了一套密集的正峰值的维修服务体验。与此同时，格外重视负峰值项目的服务改善，理想情况下，每一个负峰值项目都必须得到妥善处理，但实际情况是，物业企业很难让业主的所有服务体验都达到绝对预期，因此，万科物业通过管家服务在努力向业主提供更多的正峰值服务体验以及更好的终值服务体验。

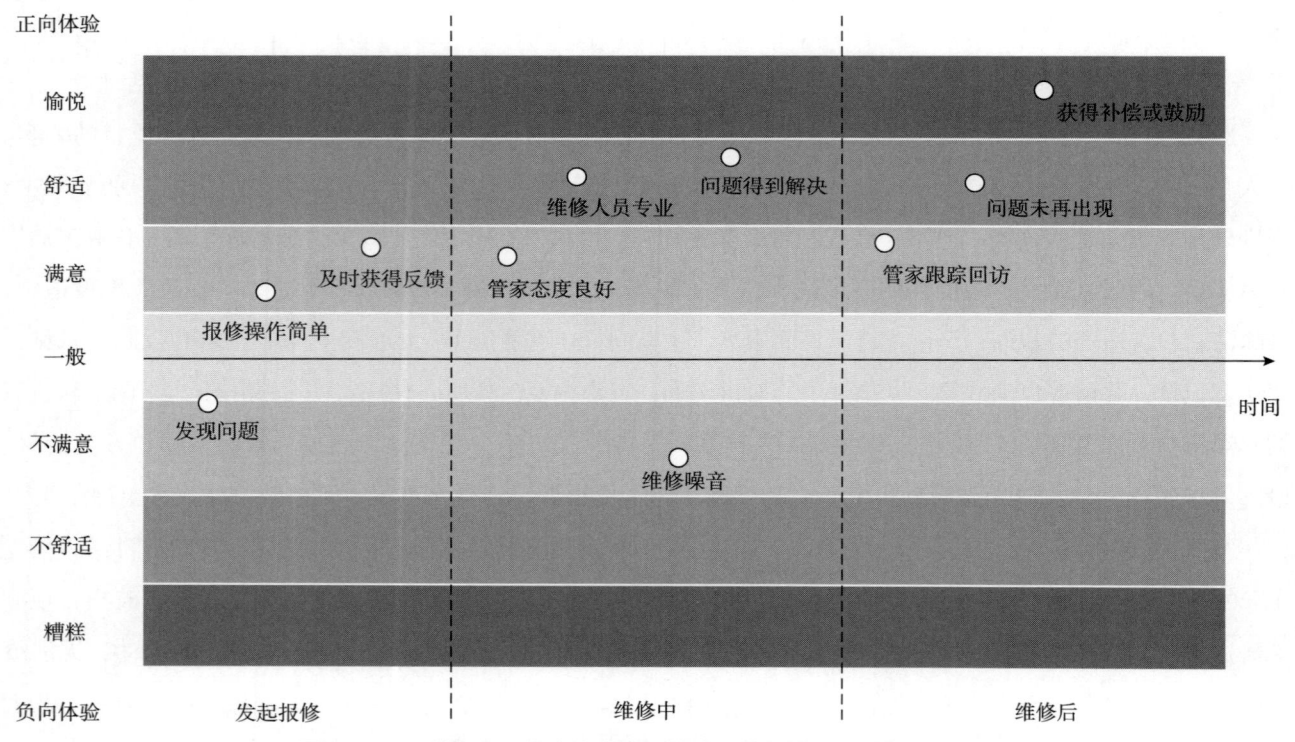

图12-22 万科物业运用峰终定律持续优化服务体验（以维修为例）

通过聚焦"MOT"关键时刻及相关核心触点，打造让客户可感知，甚至印象深刻的亮点服务，只能在短时间内维持高品质的服务效果。万科物业认识到单个亮点服务缺乏增长，而一整套能够持续催生出源源不断的亮点的体系更为重要。因此，万科物业管家服务体系通过将管家服务过程中沉淀下的服务亮点进行提炼、归类，形成统一标准，并不断对现有管家服务体系内容进行完善和迭代，进而使其保持行业领先地位。

2. "100%报事"：管家统领质量管理，监督"四保"工作

万科物业已经建立起了完善的项目级服务品质督导体系，以物业管家为核心，打造"会报事"—"敢报事"—"100%报事"的结果导向的管家监督"四保"制度，明确要求并规范物业管家要从客户视角统领项目服务质量管理工作，通过管家对"四保"服务的监督，实现项目的品质监管和问题处理闭环。

"会报事"，即强化以物业管家为主的物业服务人员的服务能力建设。通过落实"员工应知应会训练中心"，让物业服务人员心中有标准，培养管家"报事"习惯。为了提高服务的效率和专业度，万科物业开创性地重构了传统物业办公区，通过物业知识上墙和实物展示等方式，赋予物业管家办公场所更多的"训练功能"，增加管家专业服务知识储备，进而提高管家"报事"能力。

"敢报事"，即借助"工单"流程模式，赋予管家固定角色，监督"四保"服务质量。其中网格管家基于日常客户流线巡查过程中发现问题，派发临时工单，完成工单后，系统自动关联评估付款。为落实"敢报事"，万科物业建立了完整且有效的巡查机制：各层级巡查发现的问题若未在管家报事清单中，则执行上一级处罚下一级组织的规定，通过这种将各级组织"利益绑定"的惩戒机制，提高组织执行力。

"100%报事"，即强调物业管家的尽责能力，建立"多层级走场及巡查"机制，可验证管家是否落实了"100%报事"。其中片区负责人每半月巡查一次，并100%覆盖所负责项目；区域质量督导每月巡查一次，100%覆盖所负责项目。

此外，万科物业还建立了"正向激励+负向追责"的管理机制激发网格管家对"四保"工作的监督意愿，并将两者利益绑定，共创共赢。"正向激励"包括设置"满意度双百"和"专题报道"等奖励机制；"负向追责"包括将客户有效投诉纳入对网格管家及相关管理责任人的罚款条件；此外，网格管家的岗位责任工资50%关联网格满意度系数，满意度得分系数由当月满意度目标达成率、上年同期满意度同比值计算得出。

表12-5　　　　　　　　　　　万科物业"正向激励+负向追责"的管理机制

工具箱	类型	结果应用
正向激励	网格满意度	岗位责任工资50%关联网格满意度系数（得分系数区间为0.8~1.2）
	双百网格	双百网格管家，获得好管家标记1次，并且3个月内有效
	专题报道	监督/协同四保优秀服务事迹，在内部平台（城市公司公众号、有瓣儿、邻居等渠道）或外部媒体获专题报道，直接爆灯
负向追责	网格满意度	岗位责任工资50%关联网格满意度系数（得分系数区间为0.8~1.2）
	客户有效投诉	处罚直接责任人、管理责任人。其中网格管家按30元/单考核

3. "PDCA循环"：管家服务纳入国际质量管理的科学程序

万科物业开展全面质量管理活动的全部过程，就是质量计划的制定和组织实现的过程，这个过程是按照PDCA循环不停顿地周而复始地运转。PDCA循环管理由美国质量管理专家戴明提出，通常称为"戴明环"，作为物业服务企业持续改进、提升服务质量的先进工具，PDCA循环具体内容包括：Plan（计划），即先确定目标和活动主题；Do（执行），即实施计划中的目标内容；Check（检查），即验证计划和实施的结果；Act（修正），即对检查验证的结果进行处理。

图12-23　PDCA循环图

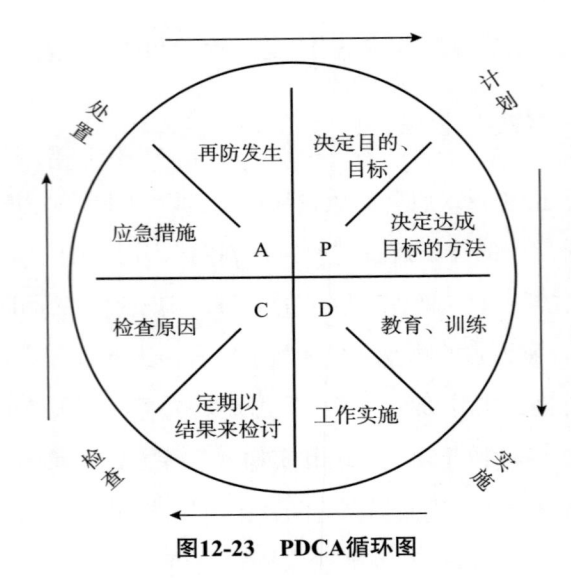

万科物业通过 PDCA 循环管理，将管家服务的品质建设分解为八个步骤。第一是分析管家服务的现状，发现问题；第二是分析管家服务相关的品质问题中各种影响因素；第三是找出影响管家服务品质问题的主要原因；第四是针对主要原因，制订解决问题的措施，通过"5W1H"分析法进行评估；第五是实施措施；第六是检查，把执行结果与要求达到的目标进行对比；第七是管家服务动作的标准化建设，把成功的经验总结出来，制定相应的标准；第八是把没有解决或新出现的问题转入下一个 PDCA 循环中去解决。

表12-6　　　　　　　　　　　　　　　　5W1H分析法

5W1H	内　容
Thy	为什么要制订这些措施
What	制订这些措施要达到什么样的目标
Where	这些措施应该在哪些部门实施
Who	由谁来实施
When	什么时候实施
How	怎么实施

万科物业崇尚追根究底的"较真"精神，通常会通过"5WHY"分析法深度剖析问题出现的底层原因。例如，面对客户投诉事件，通过连续的几个问题，找到问题的根源，进而针对性地解决。

5WHY分析法

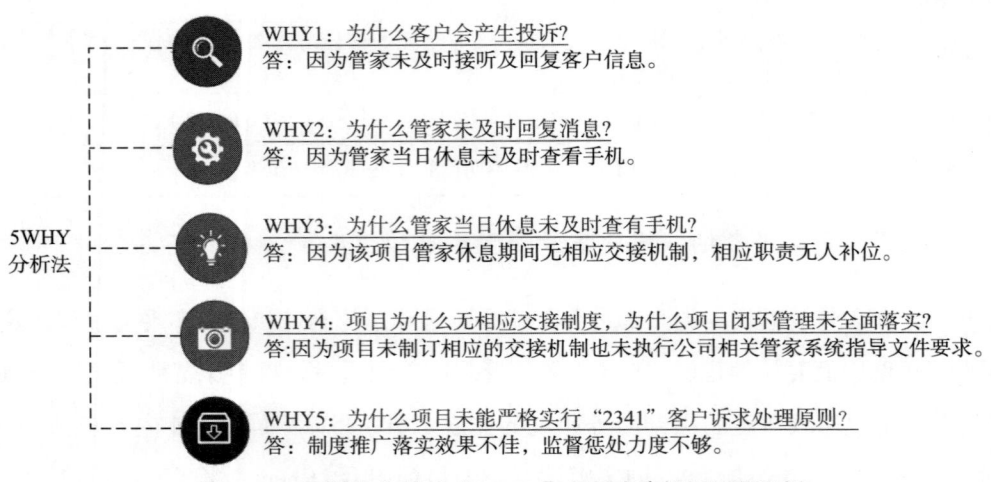

WHY1：为什么客户会产生投诉？
答：因为管家未及时接听及回复客户信息。

WHY2：为什么管家未及时回复消息？
答：因为管家当日休息未及时查看手机。

WHY3：为什么管家当日休息未及时查有手机？
答：因为该项目管家休息期间无相应交接机制，相应职责无人补位。

WHY4：项目为什么无相应交接制度，为什么项目闭环管理未全面落实？
答：因为项目未制订相应的交接机制也未执行公司相关管家系统指导文件要求。

WHY5：为什么项目未能严格实行"2341"客户诉求处理原则？
答：制度推广落实效果不佳，监督惩处力度不够。

图12-24　万科物业通过"5WHY"剖析客户投诉问题示例

针对物业服务中偶尔出现的纰漏，即使客户未发现、未投诉的问题，万科物业也会格外重视，通常情况下会借助"鱼骨图"来分析问题出现的原因。例如，针对某项目出现高大乔木未及时修剪的问题，万科物业围绕"环""料""人""法""机"五个方面展开鱼骨图分析，得出问题的直接原因是相关责任人未尽责，而根本原因是项目预防性管理不彻底、业务管理失衡和成本限制。针对相关问题，万科物业及时作出调整，并优化管理流程和机制。

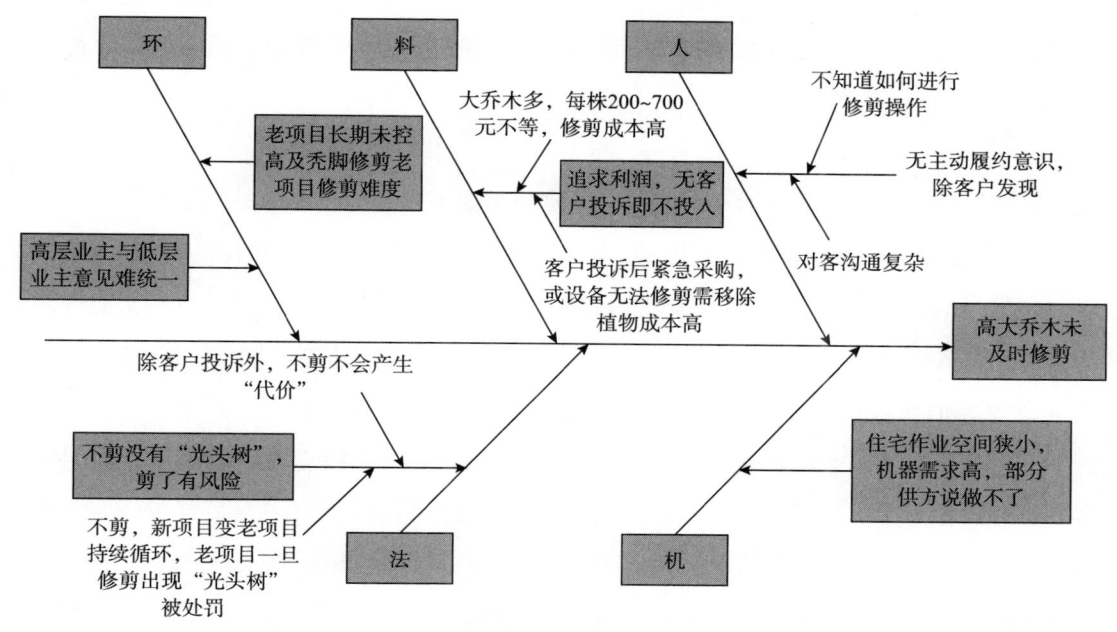

图12-25　万科物业通过"鱼骨图"剖析高大乔木未及时修剪问题示例

万科物业管家服务的PDCA循环不是停留在一个层面的循环，而是一个不断解决问题、逐步上升的过程。每一个PDCA循环结束后，随着一部分问题的解决，万科物业管家的工作水平也会随之提高，而未解决的问题加入到下一个循环阶段，这样，通过一个又一个的PDCA循环，万科物业管家不断发现问题、解决问题，管家的服务能力和工作效率不断得到提高。

万科物业已经将PDCA循环打造成为物业管家综合服务能力提升的有效方法，并对企业整体管理水平的提高起到了显著作用。通过充分运用PDCA循环管理，一是深度剖析问题，提高了物业管家的工作效率，降低管理和服务成本；二是进一步提升了万科物业的企业形象和品牌，促进管家服务标准化建设；三是进一步提高广大客户的满意度，促进高品质、专业化的服务水平持续提升。

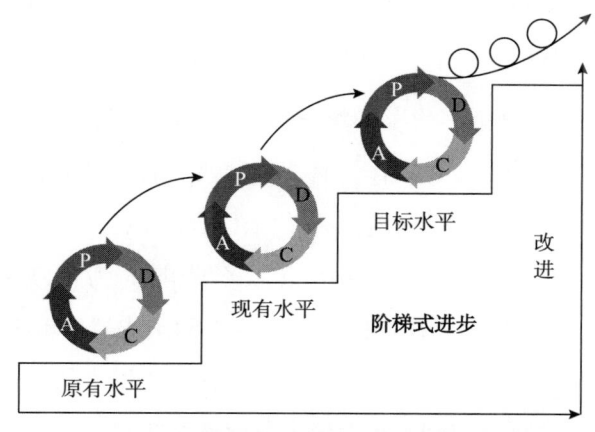

图12-26　万科物业管家PDCA循环阶梯式上升示意

（三）创新：盛情如火 断鳌立极

"火曰炎上"，五行文化将具有温热、上升、光明、活力等性质和作用的事物或现象归属于火，对应万科物业"幸福管家服务体系"中的"创新"。逐光而行，不断创新是万科物业管家服务保持生命力的关键。万科物业管家在服务实践中，根据客户入住社区阶段和客户需求组织开展个性化、精细化的惊喜服务，用服务创新动作为客户打造独特的物业管家服务体验。特别是社区主题活动和社区文化建设方面，万科物业致力于打造温馨和谐社区，促进城市人居回归"睦邻而居"的传统，给予生命和谐与多彩的人文空间。

1. 惊喜服务：围绕房屋使用关键节点，定制化惊喜服务

万科物业管家围绕客户房屋使用的不同阶段，特别是重要节点或值得纪念的关键时刻，例如搬家、交付周年庆、装修等，向客户提供充满创意的惊喜服务，获得了客户的好评。此外，"有事帮忙找管家"是万科物业对客户发出的诚挚邀请，代表了物业管家向客户落实精细化服务的承诺。万科物业持续引导和培养管家成为有情怀的人，要做有温度的事，用贴心的服务和关怀，成为社区"网红"进而收获客户粉丝。

万科物业管家相信与客户交往的第一印象往往会影响到今后的互动关系，客户搬入社区便是客户与物业真正开始产生长期联系的开端，此时能够为客户提供良好的物业服务体验至关重要。万科物业管家深度分析了客户搬入的前、中、后期的实际需求，整理了组织内部涌现出的优秀实践经验，实现服务链路闭环，汇编为《客户关键时刻惊喜服务清单（搬入）》，为客户打造良好服务体验。

在客户搬家前，万科物业管家需要提前完成搬家流线的设置，明确搬家路线，并且要将搬家流线、地库限高、电梯尺寸、物业电话、家具包装等大型垃圾投放处等客户搬家前需了解的信息汇集，制作电子版《搬家指南》，通过企业微信发送给客户，并主动询问客户具体的搬入时间、车辆数量、车辆尺寸、车牌号及是否有需要帮助的事宜；在客户搬家过程中，物业管家要与指挥中心及门岗通力协作、提前准备，保障客户搬入顺利；在客户搬家后，物业管家在一周内上门恭贺，进行入户拜访。

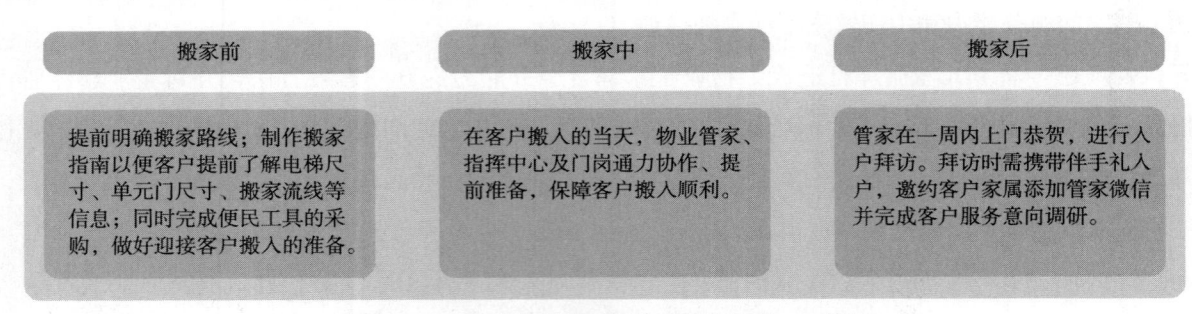

搬家前	搬家中	搬家后
提前明确搬家路线；制作搬家指南以便客户提前了解电梯尺寸、单元门尺寸、搬家流线等信息；同时完成便民工具的采购，做好迎接客户搬入的准备。	在客户搬入的当天，物业管家、指挥中心及门岗通力协作、提前准备，保障客户搬入顺利。	管家在一周内上门恭贺，进行入户拜访。拜访时需携带伴手礼入户，邀约客户家属添加管家微信并完成客户服务意向调研。

图12-27 万科物业关键时刻惊喜服务清单——搬入

住宅小区交付周年纪念服务是创造客户服务峰值体验的重要时刻。万科物业管家在客户入住周年的重要节点，设计有记忆点、有仪式感的服务动作，营造温馨热烈的邻里和谐氛围、展现服务精神，让家园焕发新活力。万科物业还从欣喜时刻、连接时刻、荣耀时刻三个维度，汇集梳理交付周年纪念服务的优秀实践经验和可供借鉴的他山之石，形成《交付周年纪念服务清单》，为客户带去惊喜体验，让好服务生根开花。在交付周年纪念活动当日，管家会在业主归家动线上的出入口、电梯厅等进行氛围包装，打造节庆的仪式感；管家还要制作周年庆家书，回顾及展示小区入住周年以来的重要共建事件、与业主的良好互动、邻里之间有爱和谐故事，业主还会收到带有周年庆典标志的礼物。

针对业主的装修活动，万科物业汇编了《客户关键时刻惊喜服务清单（装修）》。在装修前，物业管家提前制作《装修小贴士》，注明装修时间、装修垃圾池位置、电梯及入户门尺寸、物业联系方式、装修注意事项等，在开工前发送给客户，如水电尚需开户的，一并告知水电开户方式并协助打开水电阀门；在装修中，物业管家会主动询问客户是否需要协助联系楼下邻居查看漏水情况，并帮助业主代办跑腿购买材料等。此外，装修过程中，物业管家通过和装修巡查岗联动，将每日的巡查结果拍摄照片或视频与业主共享，还可将一段时间的装修变化或装修前后的变化剪辑成"装修日记"视频，为业主留下装修期间的珍贵影像；在装修后，物业管家会协助客户完成装修验收，了解客户的房屋用途并提供相应的服务。

图12-28　万科物业关键时刻惊喜服务清单——装修

万科物业提倡为社区业主"随手制造惊喜服务"，并为管家设置了专属的"惊喜服务金"，鼓励管家通过用心的服务打动业主的心。"惊喜服务金"是指管家在开展住宅物业服务的过程中，被授权给予一定额度的经费，使其在对客服务的关键时刻可在额度范围内灵活为客户提供个性化服务，为客户带来惊喜的服务体验。比如为老人、幼儿等特殊业主购买贴心礼物，策划特色社区活动等，从而给业主营造独有的社区活动氛围。

万科物业内部制定了行业首份《空置房惊喜服务清单》，完整梳理空置房客户的物业服务需求共三类近30个，制定了空置房巡查、地漏检查等11项服务动作。无论客户在不在小区居住生活，管家会在客户容许的前提下定期对于空置房屋进行打理：清扫落叶、定期通风、关闭门窗等，保持与业主的联系，定时向业主报告空置房屋状态，表现出业主与万科物业管家之间的信任关系。

表12-7　　万科物业空置房惊喜服务部分内容

序号	服务事项	具体内容
1	空置房巡查	客户可选择将入户钥匙/密码托管在物业服务中心，物业管家每月将按时入户检查水、电、气及房屋其他设施的状态，拍摄照片/视频反馈给客户
2	一封家书	每月一度或重要节假日前的"一封家书"，向客户汇报物业工作、园区动态、周边配套更新等情况，连通客户与园区的信息桥梁
3	四季美景分享	用手机或相机记录下园区特有的、有辨识度的美景，一对一发送给空置房客户，使其即使不在小区居住也能感受园区四季的变化与美好
4	家具覆膜	以精装房家具覆膜的增值服务，保障家具洁净如新
5	代办跑腿	空置房客户时常会有代为开窗通风、绿植浇水、宠物照看、代收快递/家具等需求，物业管家也乐于提供代办跑腿服务

社区养老是我国社会养老的主要方式，物业管家作为离社区老人最近的服务群体，在解决人口老龄化问题中将扮演越来越重要的角色。万科物业联合深圳市物业管理行业协会发布了行业首个《空巢老人物业服务指南》，并将每个月的9日设为"一号专线行动"之"孝老爱亲日"，第一时间置顶响应空巢老人的

即时需求，助力更多老年业主享受物业服务之美好。

社区作为人群聚集的场所，加强社区急救设施建设，可以进一步提升业主的安全感，保障业主生命安全。在物业管家的实践探索中，万科物业陆续在服务的住宅小区中引入AED（自动体外除颤器）设备，截至2023年12月26日，万科物业在全国超过933个项目中已配置AED设备1715台，2023年新增957台。此外，万科物业针对物业管家、安全员等一线面客的岗位进行心肺复苏紧急救护的课程培训。课程内容包括AED设备的使用，胸外按压技能培训，人工呼吸急救技能培训等。物业管家除了要完成指定的课程，还必须完成实操练习。

2. 活力社区：将"付出型"服务动作，变"共同型"创意活动

万科物业的社区文化主张是围绕健康运动、关爱成长、快乐生活、社区治理四个维度，在社区开展"缤纷四季"参与式的主题活动，每年为全国500万住户举办100余种不同主题的社区文化活动。作为行业标杆物业服务企业，在三十余年全心全意服务业主美好社区生活的过程中，积累了丰富的社群运营经验，沉淀为一系列特色鲜明、充满创意的社区文化活动。物业管家作为社区文化活动的组织者和参与者，主动发掘业主的兴趣爱好和社区的关注方向，通过组织新颖的社区活动，拉近与业主关系，促进业主之间交流，促进美好社区文化的培育和建设。

表12-8　　　　　　　　　　　　　　万科物业社区文化活动价值主张

序号	价值主张	内容
1	健康运动	帮助住户养成运动的习惯，每天运动15分钟，享受运动的快乐；向住户传播健康理念、倡导健康生活习惯
2	关爱成长	帮助长者在小区结识朋友、激发爱好，为长者送去多一份的问候；帮助孩子在小区学会一项终生难忘的技能
3	快乐生活	帮助住户在小区酣畅淋漓地玩一场，感受到快乐的氛围，让快乐彼此传递
4	共建治理	为建设家园出把力，成为住户普遍的共识，促成一批充满正能量的住户组织，让规范、阳光、透明成为社区的标签

万科物业通过管家用行动传播阳光健康的社区生活理念，带动更多人"动起来"，通过社区活动的方式将"运动"进行到底。社区乐跑赛、业主运动会、晨操计划、假期晨跑等丰富多彩的运动活动让万科物业服务的社区充满活力。除了标志性的健康运动活动，万科物业还通过管家组织开展星空电影节、泡泡嘉年华、暑期夏令营等其他主题的社区文化活动，丰富业主的社区文化生活。

在万科物业的社区每年都会有一个专属万科物业业主的节日——"朴里节"。"朴里节"是由万科物业社区和睿联盟社区共同举办的大型社区公益活动，旨在打造质朴友善的邻里关系，倡导文明和谐的社区生活。"朴里"代表最本真的邻里关系，英文谐音"Please"，倡导人人成为和谐友爱的好邻居。万科物业将每年9月的最后一个星期日设为"朴里日"。通常在"朴里日"前后约一个月期间，社区内将有丰富多彩的、结合地域特色的社区活动。

万科物业针对6~12岁小业主，在每年暑假组织开展5~6天的"万物童行"夏令营课程，该活动已持续开展8年，累计已有7万小业主参与其中，是国内覆盖面最广、持续时间最长的小区儿童成长类活动。让孩子在小区通过体质训练、逃生技巧、岗位体验、小区课堂四个板块的学习，充实暑假时光，认识小区的同龄人，边玩边学、增长见识、拓宽视野。2023年"万物童行"小区儿童夏令营以"整装出

发·向阳成长"为主题，在全国108个城市的1200个项目共举办1350场，吸引了22000名小业主报名参与活动。

万科物业在社区发起的"一勺米"公益行动，设计灵感来源于古时的百家饭，邀请儿童、亲子家庭或老人参加，鼓励参与者敲开陌生邻居的家门，从认识身边的邻居做起，身体力行参与公益。募百家米，纳百家福，送福、送粥、祝福邻居，"一勺米"公益行动是万科物业与社区力量、公益组织在潜移默化的引领中，让业主打开家门、认识邻居，是探索现代社区成为有爱的"熟人社会"的全新路径。

万科物业管家作为社区活动组织者，在各种创意活动中扮演着重要的角色。万科物业管家在组织开展社区活动过程中，会结合物业服务的特点，将过去纯单向的物业"付出型"服务动作，变为物业和业主"共同型"的活动参与；将服务对象变为共创者和深度参与者，在活动中深化认识、增进了解，进而实现业主收获内心满足，物业管家收获业主满意。

3. 友邻计划：以管家服务为纽带，赋予社区焕新能力

近年来，万科物业在引领行业共同思考一个问题：社区消费带来社区商业繁荣的同时，如何推动社区公共治理的繁荣？基于对这个问题的思考，万科物业创新推出了"消费支持社区更新计划"，即"友邻计划"。用户在"友邻市集"消费，友邻市集将获得的部分经营收入转化为社区更新资金，形成"友邻计划募集资金"，在这个过程中，物业管家积极参与友邻计划的推广，并承担友邻计划募集资金工作。募集到的资金将用于支持社区硬件焕新，实现社区共建共享，比如用于社区的维修改造、加装电梯等，从而让社区具备自我造血和焕新能力。

小区友邻计划的收入余额，可在"住这儿"APP上随时查询，该项目的目标是汇聚友邻的力量和行动，促进用户的房屋资产保值增值与社区可持续发展。截至2023年8月31日，"友邻计划"累计募集资金已超3030万元，覆盖4400余个住宅小区，参与募集的住户超110万人，已助力100余个社区完成数百项改造焕新，超百万业主受益。

"美丽社区计划"是"友邻计划"共筹共建理念的延续和升级。万科物业联动集团资源，向住宅小区投入"美丽社区计划"专项资金，用于社区设施更新改造，以此撬动业主对小区公共收益、公共权益的关注。截至2022年底，"美丽社区计划"共筹集总金额1.36亿元（由万科地产出资、政府补贴、友邻计划及业主公共收益组成），共计有20个城市、88个项目参与共建项目，落实社区改造事项约302项。

（四）人才：累土聚沙 竿头日上

"土曰稼穑"，五行文化将具有承载、受纳、积累、成长等性质和作用的事物或现象归属于土，对应万科物业"幸福管家服务体系"中的"人才"。人才是实现美好服务的基础，任何充满新意、精彩绝伦的管家服务体系，最终都要以物业管家的实践来落地。因此，物业企业的管家人才队伍建设决定了管家服务的水平。万科物业管家的人才队伍经历了企业严格且成熟的选拔、培养过程，不但具备了管家服务的必备技能，而且综合素质和服务能力也很出色，成就了行业里名副其实的服务"铁军"。

1. 严选质优：选聘九大性格及七大能力特质的优秀人才

管家是万科物业管理团队的核心成员，因此，有着规范且严格的任职要求。从选聘环节看，万科物业

管家除了要具备大专以上学历、扎实的物业服务专业背景和经验，还要有与职业高度匹配的个人性格及特征。万科物业在业务积累过程中形成了"好管家"的基础画像：具备九大性格特质和七大能力素质的优质人才。

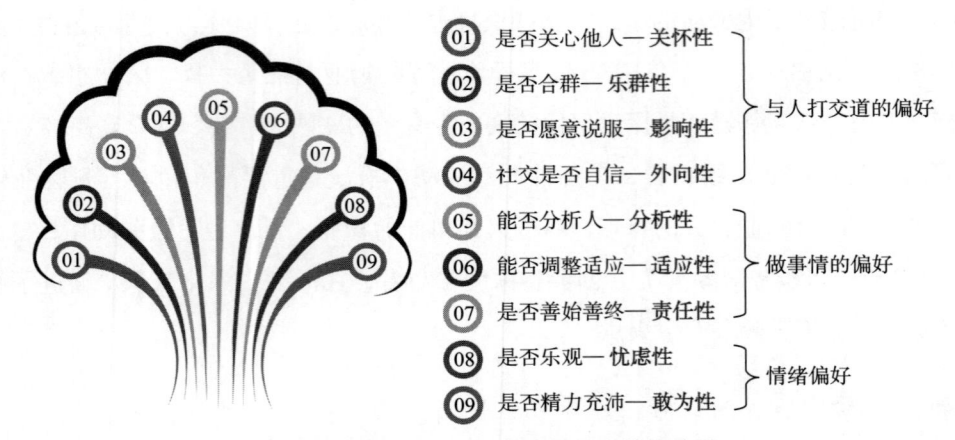

图12-29　万科物业"好管家"九大性格特质

九大性格特质可以概括为三个方面：与人打交道的偏好、做事情的偏好和良好情绪偏好。基于这些性格特质，相关物业管家具备了升级成为一名"好管家"的潜力。此外，作为一名高度职业化的物业服务人员，万科物业管家还应具备七大能力素质，可概括为三个方面：工作过程行为能力、工作结果交付能力和个人驱动能力。管家能力素质与个人性格的完美结合才能给客户提供更优质的服务。

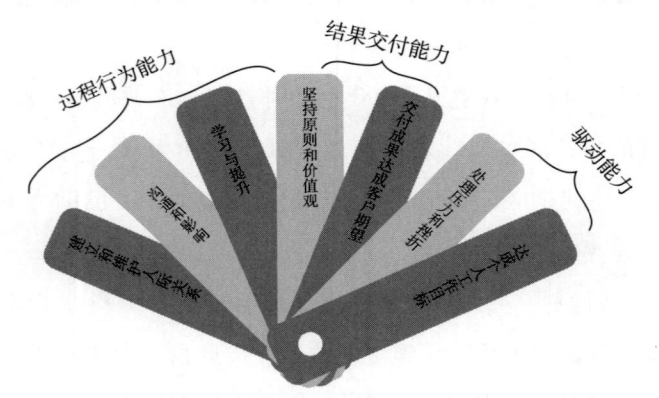

图12-30　万科物业"好管家"七大能力素质

此外，万科物业针对管家建立了严格的 BI 规范和服务礼仪。例如，物业管家在工作期间必须按要求穿着统一工装、佩戴胸牌，穿着深色鞋袜；保持万科物业"人过地净"①的优良传统；向业主提供服务要严格执行标准化的服务动作等。

万科物业对管家的职业操守有着清晰明确且非常严格的规定，建立了完整的红黄线制度，要求管家不但要严于律己，自觉遵守职务和道德行为规范，更要对职务操守保持常态化的清醒和警惕，严禁违反职务规范的行为。

2. 管家三好：以好环境和好发展筑巢引凤，强化管家保有

管家是万科物业连接客户的核心力量，为进一步给管家打造良好的工作环境、学习环境，助力管家职

---

① 发现地面有垃圾，要做到随手清理。

业发展及个人能力提升，强化管家保有，万科物业针对物业管家团队打造了"管家三好"机制，具体内容包括好环境、好发展、好导师。

好环境：为管家提供良好的工作环境、学习环境、生活环境、工作氛围等，让管家能安心上班，乐于工作；好发展：通过搭建学习平台对管家进行赋能，根据管家成长路径对其进行针对性指导，助力管家健康发展、持续进步；好导师：加快选拔和培养管家导师队伍，给予管家导师精神与物质激励。在管家上岗前为其配置导师，帮助管家快速优质地胜任岗位工作、融入团队和适应环境，在系统内建立良好的"传帮带"氛围与机制，实现新老管家的共同成长。

3. 四阶八级：设置清晰明确的管家成长和认证体系

万科物业针对管家岗位设置了完善且成熟的认证、培养体系。万科物业管家从入职实习到认证通过后上岗，以及后期持续成长的过程，会进行系统的职业培训和实操训练。特别是在物业管家认证方面，万科物业制定了严格且详细的制度，物业管家认证主要分为人员筛选、学习与训练、出师评估三个阶段，前一个阶段结束后方可进入下个阶段。

人员筛选：通过招聘测评或片区总监/管家专家面试通过且符合公司人员录用相关规定，方可成为管家学员，建立导师学员关系并进入学习与训练阶段。未通过者，可继续学习直至通过或不予录用/不予参加管家资格认证。

学习与训练：管家学员根据出师计划及管家岗位训练SOP完成所有学习与训练内容，包含线上学习、线下岗位训练与轮岗两个环节，两个环节同步进行。其中，线上学习：遵照出师计划及管家岗位训练SOP，管家学员通过企业微信的"睿管家学院"自行学习管家资格认证学习地图内容，完成所有关卡内容学习后，参加出师测评；线下岗位训练与轮岗：管家学员跟随管家导师完成SOP类内容的训练，跟随轮岗导师完成轮岗类内容的学习，并需自行完成本项目《客户生活服务指南》内容学习。

出师评估：包含出师答辩、出师测评两个环节，两个环节不分先后顺序。其中，出师答辩由管家专家统筹安排，进行现场答辩，若不通过，经管家专家评估后可重新进行学习与训练并再次参加出师答辩或终止认证。每位学员最多可参加3次出师答辩，3次答辩不通过者，终止认证，后续不可再参加管家资格认证。出师测评由管家工作室统筹安排，每月组织两次现场集中监考闭卷考试，每位学员最多可参加3次测评，不通过者，终止认证，后续不可再参加管家资格认证。

表12-9　　　　　　　　　　　　　　万科物业管家出师评估内容

类别	检查项	检查标准
出师答辩	出师答辩报告	答辩结果合格及以上、报告填写完整，管家专家及HRBP签字
	轮岗训练&轮岗报告	报告填写、签字签署完整
	答辩结果	1.邮件发送答辩结果
		2.评委、学员、答辩结果等关键信息与答辩报告一致
	答辩次数	3次及以内
出师测评	考试成绩	80分及以上
	考试次数	3次及以内

管家学员在经过出师答辩和出师测评，且提报资料终审合格后，视为通过出师评估，将被万科物业系统标记上"储备管家"标签，储备管家在独立接管网格项目后，岗位调整为网格管家，即正式成为物业管家。

万科物业为物业管家设置了清晰明确的成长认证体系，按照管家工作任务，设置六个评价维度，包括"品质管控、风险管控、收费管理、关系维护、客户连接、价值挖掘"。将物业管家的成长划分四个阶段："物业新手""服务老手""互动能手""PA牛人"；设置了八个能力等级："黑铁""青铜""白银""黄金""铂金""钻石""大师""王者"。

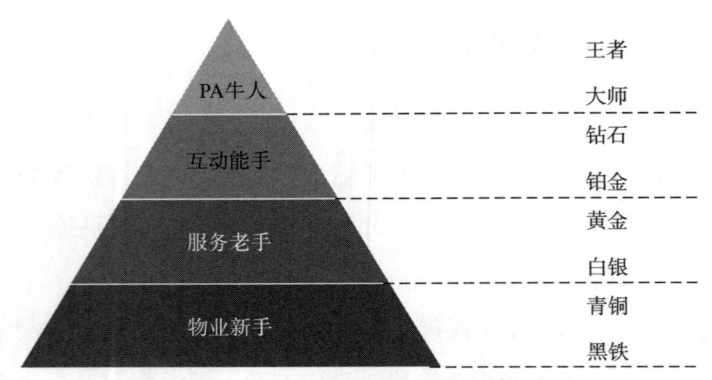

图12-31　万科物业管家成长认证体系

随着业务的沉淀积累，万科物业为管家岗位设计了"见贤思齐分享会""每周一课""乐学""学习地图"管家赋能制度或工具。其中"见贤思齐分享会"是管家与"四保"联动工作，并邀请在某些领域做出成绩的地区，每周开展课程分享；"每周一课"是每周上线一门管家课程，内容涵盖费用管理、风险管控、关系维护、价值挖掘、角色认知、客户连接、品质管控等多个主题，要求全体管家完成线上学习和考试，不断进行管家团队赋能；"学习地图"是根据管家成长的自然规律，按照不同阶段管家任务的专精深度，设计的管家学习资料，内容包括管家角色认知、专业技能、职业素养等。

此外，万科物业还根据网格满意度、客户投诉、客户情感拜访三个常规途径，好管家爆灯、好管家保护流程两个特殊途径，进行"好管家"评选，并设置了管家津贴，鼓励管家为更多客户创造美好情绪价值，提升客户满意度。

表12-10　万科物业"好管家"评选规则

评判维度	细分维度
满意度	当月网格满意度
	累计网格满意度
客户投诉	服务态度类投诉
客户拜访	客户信息录入覆盖率
好管家爆灯	内宣账号专题报道、媒体类专场报道、通过月度好管家爆灯评审
好管家保护流程	鼓励好管家到困难网格攻坚克难，保护期3~6个月

4. 纵横生长：纵向"专业+管理"双通道，横向拓展集团生态

为了物业管家能够更好地成长和发展，实现管家人才的保有和精进，万科物业不但搭建和完善管家专业分级及管理分类认证体系，而且建立了开放且完整的晋升通道，支持优秀物业管家可以往"专业"和"管理"两个方向发展。

物业管家从基础的管家助理起步，在经过网格管家的历练后可以晋升为管家专业经理，成为项目的中层管理人员，负责管家业务线条的工作统筹；管家专业经理向上可晋升为驻场经理，成为项目的负责人；驻场经理在获得管家专家认证后，可以成为管家专家；管家专家通过管理岗位竞聘，可升任阵地总经理。

管家助理 → 网格管家 → 管家专业经理 → 驻场经理 → 管家专家 → 阵地总经理

图12-32 万科物业管家晋升路径

此外，万科物业还正在尝试逐步打通更多可横向拓展的管理职位，以提供给管家人才更好、更多的发展和晋升机会。例如，万科物业通过逐步打通和集团的平台业务、安防机电系统及其他岗位的通道，为管家发展提供更多的平台。

（五）科技：春风化雨 水到渠成

"水曰润下"，五行文化将具有滋润、助力、闭藏、辅佐等性质和作用的事物或现象归属于水，对应万科物业"幸福管家服务体系"中的"科技"。过去物业管家的服务以天为单位，或者以小时为单位，现在通过数字赋能，物业管家对客户的服务是以秒为单位。数字技术能够记录客户与物业管家的每一份情感的连接，帮助物业管家优化服务方式，提升服务效率。

1.平台融合：打通多平台应用，实现高效信息交互

万科物业借助现代科技手段，在业务实践中已经实现了对客服务平台、员工工作平台和信息管理平台的横向打通。通过"住这儿"APP、企业微信、"助英台"等在内的一整套互联网应用系统的组合，赋能物业管家服务实现了企业运营效率和客户服务体验的升级。

由万科物业独立自主开发的"住这儿"APP，作为对客服务平台，提供了各类线上物业服务，可轻松进行手机开门、查看公告、在线缴费、随手报修、报名活动、点评物业等各类操作，实现了住户不出门即可办事的快捷便利。同时，万科物业打通了对客服务平台（住这儿APP）与员工工单平台（助英台APP），住户在"住这儿"APP发起诉求报事，在"助英台"APP会自动生成相应的服务工单，管家接单完成服务，高效解决住户的需求；通过"住这儿"APP内置的"管家帮忙"功能，一键接通管家，让客户与物业彼此不再失联。

为了实现客户与物业管家在线上的便捷沟通，同时避免客户被动地关注更多公众号、下载更多APP，影响客户服务体验，万科物业率先启用了企业微信，实现和个人微信的完美衔接。物业管家通过企业微信添加客户的个人微信，能够迅速获取客户信息，精准识别服务需求，让沟通更高效。同时，通过待办任务管理，将管家服务事项标准化、规范化，有效地保障服务效率，提升客户的服务体验。万科物业也可以通过企业微信监督物业管家和客户的沟通情况及朋友圈任务，通过企业微信形成了企业、客户和管家三者间高效的沟通系统。

万科物业管家通过对新签约服务项目的客户进行服务意向调研，将相关信息录入企业微信，形成客户标签。服务意向调研内容包含全部企业微信必打标签内容，共八类，即：性别、群发接收频率、大致年龄、育儿亲子、交流印象、宠物、物业服务、对物业的关注点。还可以扩展其他服务意向标签，例如用户饮水相关标签：饮水情况/常用饮水品牌/桶装水饮水频率/桶装水主要消耗方式等，便于后期提供相关个性化服务。

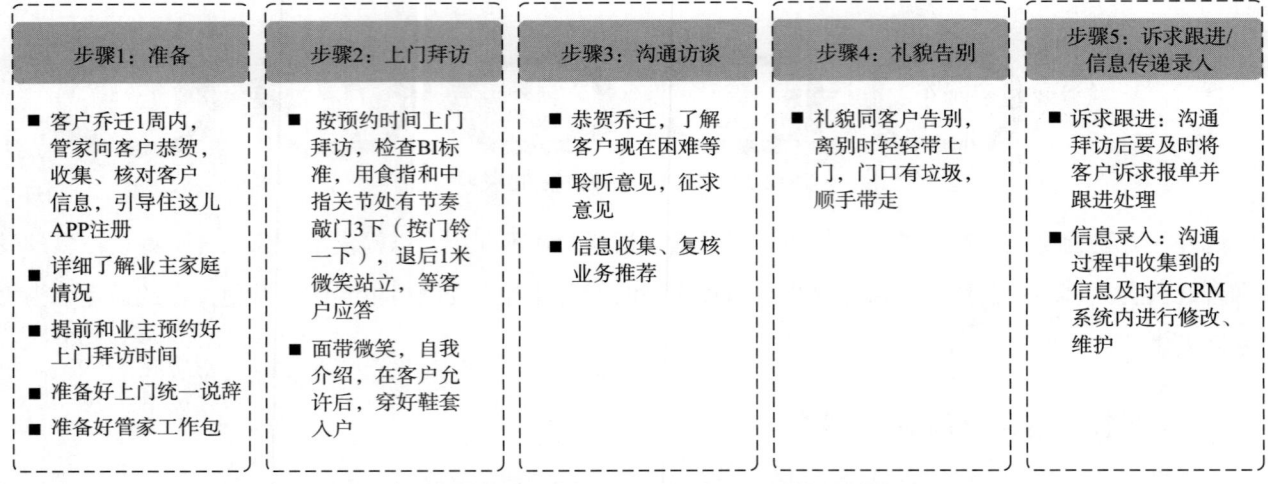

步骤1：准备	步骤2：上门拜访	步骤3：沟通访谈	步骤4：礼貌告别	步骤5：诉求跟进/信息传递录入
■ 客户乔迁1周内，管家向客户恭贺，收集、核对客户信息，引导住这儿APP注册 ■ 详细了解业主家庭情况 ■ 提前和业主预约好上门拜访时间 ■ 准备好上门统一说辞 ■ 准备好管家工作包	■ 按预约时间上门拜访，检查BI标准，用食指和中指关节处有节奏敲门3下（按门铃一下），退后1米微笑站立，等客户应答 ■ 面带微笑，自我介绍，在客户允许后，穿好鞋套入户	■ 恭贺乔迁，了解客户现在困难等 ■ 聆听意见，征求意见 ■ 信息收集、复核业务推荐	■ 礼貌同客户告别，离别时轻轻带上门，门口有垃圾，顺手带走	■ 诉求跟进：沟通拜访后要及时将客户诉求报单并跟进处理 ■ 信息录入：沟通过程中收集到的信息及时在CRM系统内进行修改、维护

图12-33　万科物业管家在客户入住阶段入户拜访和调研

管家工作台为万科物业管家量身定做的"客户标签""房屋账单""待办任务""赚佣金""商机线索"等功能极大地方便了管家对于客户信息的梳理。例如提供灵活的标签加工工具，从标签角度完善客户画像，针对业务线/产品/服务对象等维度构建动态的客户标签体系，完善客户画像。管家通过平台工具把各项冗杂信息进行快捷可视化的处理，提高自身工作效率的同时，也对客户多维度的留存信息完成对应的定制化服务，直线提升客户对物业服务的良好感知，收获客户良好口碑。

基于对社区的网格化管理及对客户画像的精准描摹，万科物业在多年的服务积累和沉淀中，系统打造了众多面向特定客户群体的贴心服务。例如，关爱空巢老人服务，万科物业发布了行业首个《空巢老人物业服务指南》，提供诸如检查维修、物资采买、上门陪伴、协助就医等以管家为核心的主动服务内容。此外，要求物业管家15分钟内响应老人需求、建立老人"摔跤"预防机制、组织社区周边的全能服务团队、建立"长者食堂"为老人打造美好就餐体验等，旨在为所服务社区的老年人提供更好的服务。

助英台APP是万科物业一线员工和管理者的移动工作平台，可以帮助员工开展基础工作，协助管理层有效进行重要节点把控。员工可以使用APP在手机端进行考勤打卡、查询住户信息、报单接单、与客户在线联系等日常工作功能，管理者可以查看所管项目考勤情况、满意度、收缴率、工单等数据报表，协助识别风险情况，为管理者科学决策提供有效数据支撑。

为方便管家工作，助英台为管家提供如下功能：即时通信——管家可以和客户像微信一样聊天、社区帖子——让管家了解住户声音，像朋友圈一样，跟客户互动；住户资料——管家可以查看网格内住户的物业费缴纳、工单及投诉等信息；收缴助手——手机端随时查看客户物业费收缴情况/并生成账单二维码，供客户缴纳物业费；过户审核——用手机即可完成新客户过户审核；网格报事——查看网格内所负责客户相关的所有工单，并对员工服务进行评价；带客看房——管家使用手机接受陪同客人进入小区看房的商业任务（出租/出售）；导师制——新管家修炼之路从导师跟岗开始；管家交接——线上交接工作，系统协助记录。

基于平台数据打通，万科物业自主开发的物业行业适用的财务管理系统——营账系统，在2015年正式上线后，有效推动了行业向实现收费透明继续迈进。营账系统能够有效减少费用核算调整以及人工干预作业，实现收费作业流程自动化，避免收费过程人工主观判断要素，减少人工犯错可能，避免员工舞弊现象发生，同时客户能随时查询了解消费明细，使客户消费透明化，收费环节更加阳光。

2.远程运营：科技赋能云端服务，打造客户优感体验

万科物业通过智慧科技应用，实现了远程监督解决客户需求、远程质检抽检和以"凤梨一号"为代表的智能硬件设备广泛应用。并搭建起远程运营服务体系，从人、组织、业务三个维度为管家进行管理赋能，释放了物业管家的有限精力，促进组织和业务更加高效地流转运行，为客户打造更加优质的服务体验。

远程监督解决客户需求主要包括收集客户诉求和处理客户投诉。智慧科技应用提高了企业收集客户诉求的效率，万科物业管家通过多个渠道收集客户诉求，并站在客户角度，尽最大可能解决客户合理的实际问题。

助英台或指挥中心派单 ＋ 口头、微信或者书面 ＋ 现场岗位 ＋ 住这儿APP

图12-34 万科物业受理客户诉求渠道

万科物业将客户投诉分为以下四大类：①客户通过任何渠道（包括但不仅限于住这儿APP、4009515151、微博、微信、万科投诉论坛、管家、指挥中心等）表达对万科物业的不满或抱怨，诉求内容涉及物业服务或管理不到位，物业服务人员工作开展中存在问题的报事；②普通办理类事件回访过程中客户有质疑或不满的，视为投诉。③客户第三次来电催促同一办理类事件，且对物业工作人员服务态度或不及时处理表示不满的，视为投诉；④直接向现场岗位或通过管家手机、微信号报事的，由岗位或管家录入助英台APP生成工单。

物业管家在接到客户首次投诉任务后，根据客户诉求"2341"响应原则及时响应处理客户投诉，且最迟不超过一个工作日内须给客户明确反馈。物业管家应尽快完成处理，遇复杂、困难程度较大的，物业管家须及时向管家专业经理或值班经理、合伙人项目首席对接人报告并设法获得服务中心范围内的最大资源支持或最高决策意见，并将代表服务中心最终处理意见的结果反馈客户。

远程质检和抽检方面，通过智慧科技手段，依据《管家服务标准》，对管家通过企业微信对客的沟通记录进行抽样，检视管家对客服务标准是否有效执行、沟通中是否存在影响对客服务品质问题及违反合规要求的风险，以提升人员的合规意识，不断提高对客服务品质。万科物业将远程质检和抽检的问题项关联至"好管家"评选；风险项发送至管家底线风险管理人员，由其对接至一线进行核实，并对改善效果进行跟踪和检视。

智能硬件设备应用方面，万科物业推出了全天在线的物业服务自助终端机"凤梨一号"，它能够打破时间和空间限制，随着其在全国落地，万科物业服务中心空间功能升级为7×24小时的自助服务，业务办理的效率同步提升。

四、从顺势而为到锐意进取，管家服务未来发展方向

（一）品质筑基：关注群体需求，注重个体差异

当前，物业管理行业发展正在从以往高速扩规模阶段向高质量发展阶段过渡，企业深刻认识到行业的本质仍然是服务，因此更加重视客户需求，持续强化服务品质建设，以提升企业竞争力。物业管家作为物业企业里最为核心的一线服务人员，承载着企业服务品质建设和品牌战略落地的重任。从物业管家的服务实践出发，关注社区群体的真实物业服务需求，同时注重社区个体的差异化服务需要，打造重视客户体验的管家服务，成为企业竞争的焦点。未来，面对激烈的市场竞争和快速增长的客户预期，物业管家将是企业服务品质建设的关键。

1. 以客户满意为目标，展开管家机制设置

近年来，全国物业服务满意度得分整体呈现出阶段性回落趋势，行业高质量发展转型升级过程中依然面临阵痛。越来越多的物业企业正在将发展节奏从高速扩规模模式切换到稳健增长模式，愈发认识到行业本源和本质仍然是基础服务，因此，企业更加重视基础物业服务品质建设，并将"客户满意"作为检验物业管家服务的标准，以客户满意为目标，展开管家机制设置，倍加呵护管家服务口碑。

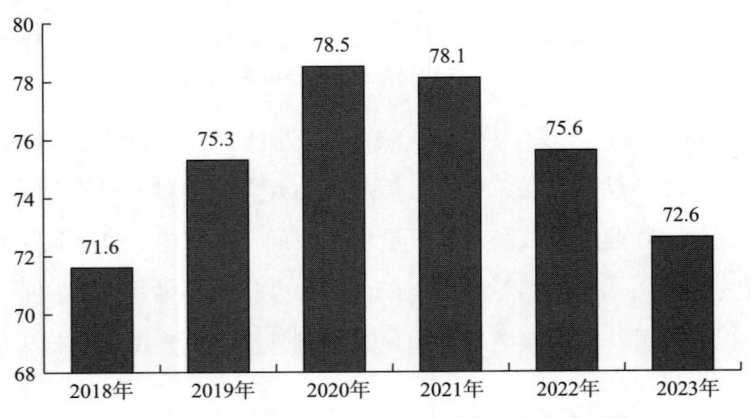

图12-35 2018—2023年全国物业服务满意度得分情况

年份	2018年	2019年	2020年	2021年	2022年	2023年
得分	71.6	75.3	78.5	78.1	75.6	72.6

物业管家服务水平和服务能力的高低直接影响客户对物业管理的满意程度。驱动物业管家提供让客户满意的优质服务因素有很多，其中最重要的是薪酬激励。一般情况下，物业管家承担着牵引业务开展、满足业主服务需求、承接企业战略落地的三大目标任务，因此挖掘、聘用、培养和留用行业里最优秀的物业管家人才，是企业保持竞争优势的重要条件之一。薪酬作为对管家付出和贡献的回报，是管家参与工作的重要动力和保障，也是激励管家持续精进服务的关键。

万科物业通过持续完善薪酬结构，提高物业管家的薪资竞争力，进而形成领先于行业的管家服务力。以基本工资＋岗位责任工资＋网格激励池为基础的灵活薪酬结构，能够有效激发管家的战斗力和积极性，进而吸纳和保有优秀管家人才。其中，基本工资是结合城市标准和管家专业等级、职级进行确立，并形成一定差异；岗位责任工资，将根据岗位承担责任大小、任务多少和承担风险高低，匹配相应的薪酬，对不同类型项目进行差异化薪酬管理，实现能上能下、灵活可变；网格激励池，是结合资产业务的提成分享，遵循网格管家的真实价值创造体现，通过网格价值挖掘，分享超额收益，最终实现对管

家工作的激励。

以客户满意为目标，展开与企业适配的管家机制设置，关键在于挖掘客户真实服务需求。物业管家通过与客户面对面访谈和线上调研等多种方式，准确掌握管家服务痛点，在项目层面实施针对性优化措施，定向提升单个项目的服务质量，从而提高客户满意度，夯实管家服务口碑。例如，万科物业管家会根据客户入住的不同周期和阶段，对客户展开针对性的入户调研，形成客户画像，了解客户真实需求，进而为客户提供精细化管家服务，赢得客户满意。

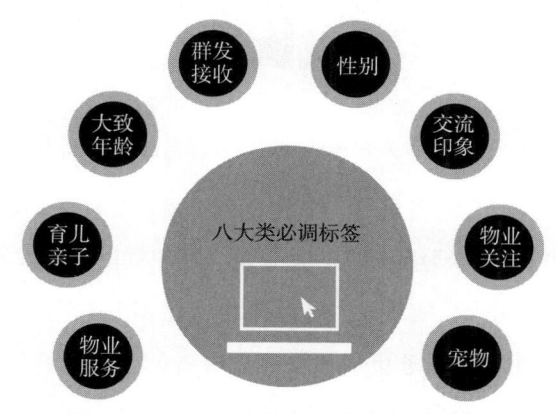

图12-36　万科物业管家客户服务调研内容

关于客户满意度研究中有一个突出的观点是："没有满意的员工就没有满意的客户"，因此，物业企业要赢得客户满意，首先要为物业管家安排令其满意的工作方式和工作环境，进而激发其工作热情。万科物业为了进一步给管家打造良好的工作环境、学习环境，助力管家职业发展及个人能力提升，强化管家保有，特别设置了"管家三好""好管家津贴"等保障机制，以增强管家职业的幸福感，取得了良好成效。

2. 喜服务强体验化，专属服务可感知化

物业管家将常规服务项目做到极致，能够获得客户阶段性的认可与口碑，但客户的满意度评价可能会随着客户的重复体验而出现边际递减。因此，物业管家应时刻保持对客户服务需求的敏感度，通过打造强体验化的惊喜服务和可感知化的专属服务，实现对客服务的"常变常新"，让客户有获得感和幸福感。

管家服务的创新不是"生搬硬套"，而要通过潜心研究，不断优化服务设计。通过物业管家来制造惊喜服务成为很多物业企业增强客户黏性和提高客户满意度的重要策略。标杆企业在开展惊喜服务过程中通常会以客户需求为中心，综合考虑整体环境、所有流程和利益相关方，根据有序的服务路径，设计可视化的细节处理，从而加深惊喜服务的客户体验。

物业管家主导的惊喜服务可以通过活动的方式来强化客户美好体验。首先，活动的开展要契合时宜；其次，要满足客户真实需要；最后，活动要人性化，强调客户体验。万科物业管家在每年腊八节举办"一勺米"公益活动，夏季开展"趣露营"活动，让客户打开家门，认识邻居，撬动更多与各年龄阶段客群的互动机会，打造美好生活方式，探索现代社区有爱的"熟人社会"全新路径，给客户留下深刻的物业服务记忆点。

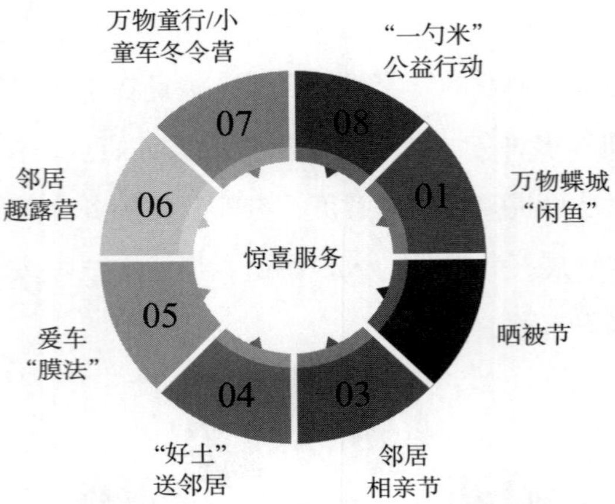

图12-37　万科物业社区活动惊喜服务打法

物业管家在客户社区生活中扮演着愈发重要的角色，不仅要负责社区的管理和维护，还可能需要为客户提供个性化的"私人订制"式管家服务。万科物业管家坚持为客户提供入户服务，从客户搬入社区开始，就会分析客户搬入的前、中、后期实际需求，实现服务链路闭环，让客户体验到宾至如归专属服务和惊喜服务。

对于特殊客户群体，万科物业管家服务更加强调专属服务的可感知性，旨在让所有客户群体都能感受到管家服务的真实存在和切实效果。例如，针对老年业主，万科物业管家采取"客户画像标签化"+"建立老年群体社交圈"的措施来满足其特殊的服务需求，让老年业主感受到温暖的管家服务；对于中青年客户，万科物业管家会在客户上班出行、晚归等人流出入社区的高峰时段加强对社区物业服务品质巡查，并及时跟进解决客户反映的公共服务品质问题，赢得客户好感。

3. 标准化建设夯实品质，差异化服务实现溢价

"十四五"期间，我国的社会发展和经济建设主题是高质量发展，在物业管理领域，行业尤其将"服务品质化建设、标准化建设升级"作为发展的关键词，以万科物业为代表的行业标杆企业正积极探索打造全新的物业服务标准和管家服务体系，来落实企业品质建设，提高企业市场竞争力，引领行业发展。

标准化建设是物业企业实现有序扩张和高效运营的重要基础，也是物业管理行业的发展趋势。未来，物业企业将进一步完善管家服务的标准化运作流程，大力提升管家服务品质，使物业管家服务能够以统一、标准的形式"打包输出"，进一步推进物业管理标准化、规范化进程。立足当下，以万科物业为代表的行业标杆企业，已经率先建立起了适配自身的标准化物业管家服务体系，它们在行业市场竞争中处于更加主动和有利的地位。

未来，随着物业管理行业市场竞争的加剧，物业管家服务的差异性会成为物业企业塑造品牌形象和寻求品牌溢价的重要筹码。现阶段，以万科物业为代表的行业标杆企业不但持续迭代管家服务理念，而且根据市场的多元需求，努力打造差异化的物业管家服务体系，从而确保精细化的管家服务能够精准触达目标客户和市场，进而实现企业品牌溢价。

（二）战略支撑：突出管家要素，牵引组织革新

1. 以管家为基础，落实企业发展人才战略

"始于人，成于事，归于人"，随着物业服务边界的扩大和客户服务预期的提高，行业发展对物业管家

的综合能力素质要求越来越高。企业围绕业务展开的竞争归根结底是物业人才的竞争。因此，物业企业要持续强化人才战略驱动，突出管家作为企业生产要素的关键地位，实现企业发展蝶变。

物业管家的人才队伍既需要"优等生"，也需要具有一技之长的"特长生"。当前，我国物业管理快速发展，行业与人工智能、智慧科技等创新技术跨界应用日渐频繁，因此，物业企业的发展将更加依赖具备管理、创新、技术等方面才能的复合型人才，以满足物业现代化管理和业务多元化的发展需要；另一方面，在物业服务企业向精细化、专业化服务集成商转型升级的趋势指引下，企业更加注重客户体验和市场口碑，需要围绕业主和市场需求，培养专业型人才来驱动企业服务品质的持续提升。

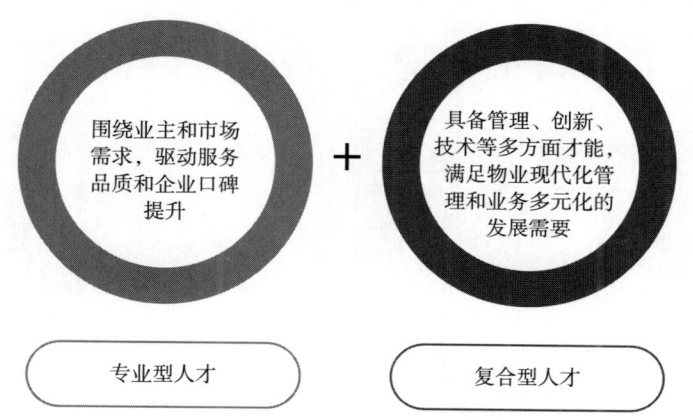

图12-38　物业企业管家人才队伍建设方向

万科物业正在引领行业将管家人才的图谱变得更加趋于技术化与知识化。为培养专业化人才队伍，万科物业拥有完整的培训体系和为管家提供丰富的培训课程与多条晋升机制，帮助管家不断提升专业知识和技能；提供创新资源和工具，如配备管家手机等设备、自由决定惊喜服务使用金等，激发管家的创造力和创新能力；给管家分配有挑战性和发展空间的工作任务，激发他们的求知欲和动力，让管家自主决策，并承担相应的责任，在激发管家的主动性和创造力的同时增强他们的自信心和责任感；鼓励团队合作和交流，建立了鼓励团队合作和交流的工作环境，让管家相互借鉴、交流和启发，有利于启发创新思维，促进知识共享和集体智慧的发挥。

未来，随着物业服务企业愈发注重优秀管家人才的培养和引进，物业管理行业将会涌现出一批业务能力强、综合素质高且具国际视野的优秀管家经理人，他们与快速发展的物业企业互相成就，并推动行业发展的风帆驶向深蓝。

2. 以管家为支点，撬动企业组织效率提升

目前，大部分物业企业的组织架构均坚持"能三不四"原则，管控模式均设置三级：总部—区域/城市公司—项目，这样可以最大化减少企业管理半径，提升管理效能，但是，随着企业管理规模的扩增，纵深划分的机构也会越来越多，企业人员也随之增加，这样可能会给企业带来管理成本上升的问题。

传统物业公司的项目级组织架构一般由项目经理+职能人员+业务专员构成，即一个项目设有一名物业经理，物业经理下设四保主管，有的还设有工程主管，同时还设有人事和会计等职能人员岗位，主管下面根据项目大小配有不同数量的基础服务人员。随着企业服务项目数量的增多，企业沉淀在项目端的人力

成本持续高起，而企业的组织效率却不断降低，因此部分企业率先推行项目共用职能人员，以控制和压缩运营成本，但是作用效果较为有限。

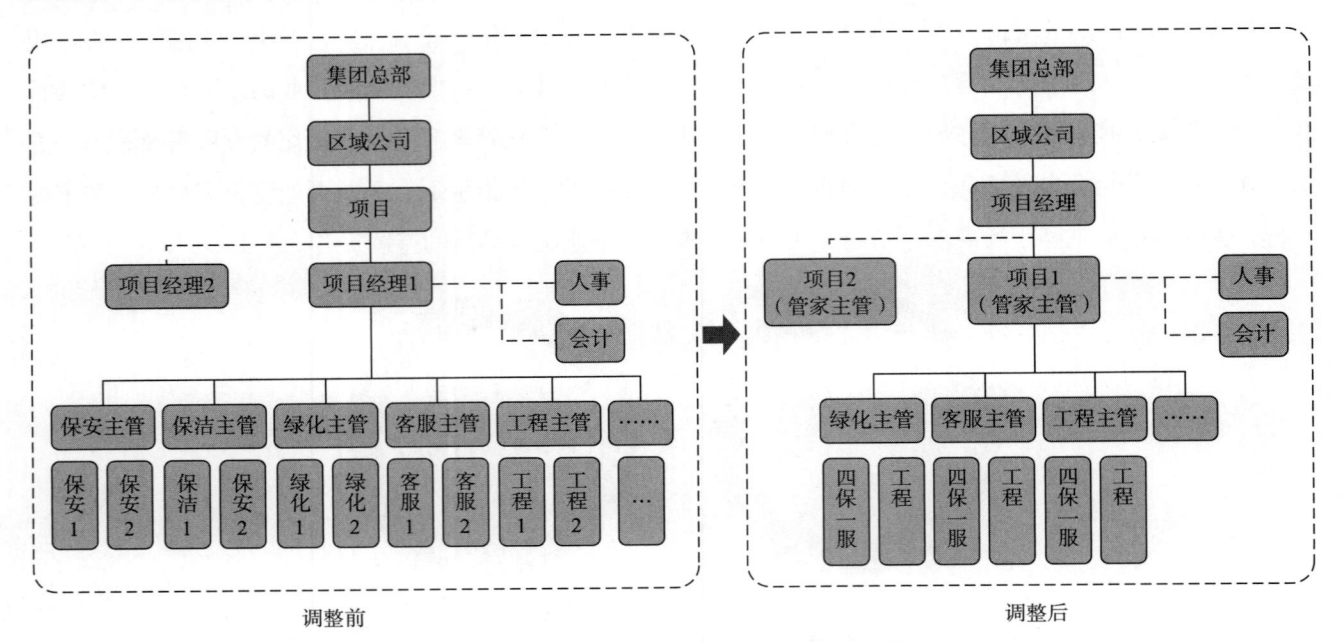

图12-39　物业企业组织架构调整前后对比

管家岗位的出现使得企业在项目端的组织架构也具备了扁平化的条件。目前，物业企业在项目上的问题管理反馈渠道一般有两个：一是客户主动反映，二是管家自检，随着物业管家岗位的落地实践，企业可以省去多个项目经理及原有的主管岗位，大大降低了人员成本；同时物业管家可以直接面对客户，更易解决客户实际问题，能够满足客户真实需求，因此企业组织的效率也获得提升。

3. 以管家为核心，展望企业发展新方向

过去几年是物业企业关键的价值成长期，市场关注企业的价值点从追逐O2O概念到回归服务本质，再到聚焦企业快速扩大规模和加速成长。该时期，物业企业的价值成长来自企业抓住市场机会实现稳步发展的动能，也得益于物业管理行业整体迅速增长所形成的势能。

随着我国房地产步入存量时代，物业企业将加速迎来价值成熟期，此阶段，虽然物业管理行业发展势能不减，但是企业所面临的内外部环境和市场机会均发生了翻天覆地的变化，相应的企业发展逻辑也将从之前的规模增长重速度、轻质量，业态布局重多元、轻特色向更加均衡、可持续的方向发展。

在行业回归服务本源的背景下，物业企业正逐渐步入以管家服务为基础的"强运营"阶段。在行业发展依然面临诸多不确定性的市场环境下，物业企业以管家服务为抓手，快速构建起自身"坚如磐石"的品质服务能力和"稳若泰山"运营能力，支撑企业在未来市场竞争中给予企业价值投资者信心，保障融资，同时，帮助企业持续改善盈利能力，为企业谋取更大的价值积蓄力量。企业在追求稳健增长的过程中，以物业管家为核心的基层服务团队的组织建设至关重要。物业管家连接着客户和企业，承载着企业战略落地和品牌建设的重任，因此，管家成为物业企业组织变革的前沿阵地，更是落实企业发展战略的排头兵。

物业企业未来发展在求"稳"的同时，也要强调"小步快跑"的持续发展能力。在物业管理行业快速发展的现实情况下，企业"起跑快"或短期内"跑得快"都不能真实反映企业的发展情况，所以通过管家

服务夯实企业服务品质，赢得市场口碑，让企业保持"小步快跑"的发展节奏，正在成为企业兑换更高市场价值的制胜法宝。

（三）科技驱动：重塑企业形态，创新服务逻辑

科技化建设是产业互联网时代物业企业降本增效、创新业务的重要选项，随着智慧科技在企业组织、业务、战略和品牌等层面的广泛渗透，物业管理行业正在加速从传统的劳动密集型产业向现代服务业转型。行业科技化发展的浪潮中，物业管家作为企业基层组织的核心单元，是产业升级发展的参与者也是见证者，短期看，科技对物业企业及管家服务的影响存在三个维度：一是智慧科技带来的经营效率提升，二是数字要素带来的业务能力和思维改善，三是科技化建设带来的网络效应，促进生态整合；长期看，科技化建设有望全方位重塑物业企业形态及管家服务模式，实现全场景智能化、数据要素贯穿打通，以及人的赋能与解放。

1. "场景"：创新服务场景，打造未来社区

物业服务是基于客户需求所形成的碎片化、多元化、复合化的服务场景集合，因此，创新服务场景成为促进客户理解和感知物业服务的重要方式。在数字化时代，物业企业将借助科技手段，不断打磨适配企业的智慧化产品和服务，并实现社区服务场景创新，进而打造一体化、智能化的"未来社区"。

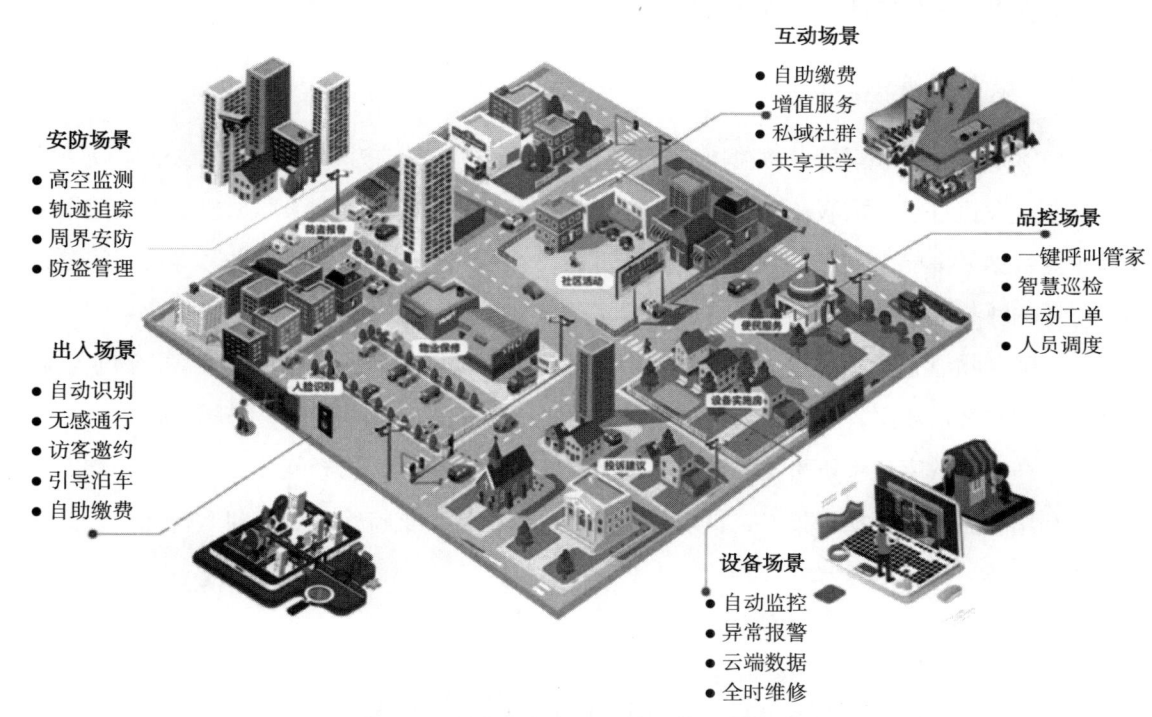

图12-40　科技助力物业服务实现全场景智能化

"未来社区"作为基于新技术和新生活方式的一种社区形态，其目标是提升社区内居民的生活体验和幸福感。它不仅包含了传统的公共设施和服务，如商业中心、公园、医疗保健和教育机构等，还增加了智能化技术的应用，如无人机送货、智能停车、智能安保。同时，"未来社区"还注重环保和资源节约，采用可再生能源等技术，实现绿色低碳的生活方式。物业企业凭借智慧科技手段，在创新服务场景的同时，完美契合了"未来社区"的建设和发展方向。

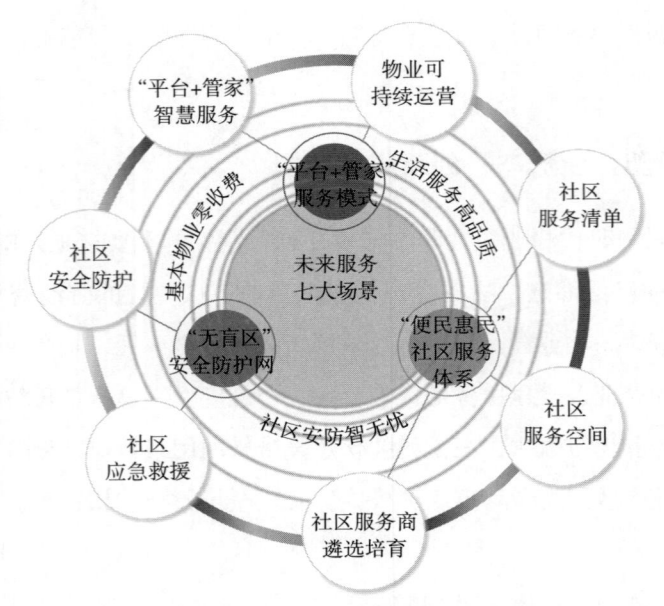

图12-41 "未来社区"的未来服务七大场景

传统社区的物业服务场景中，"人工"扮演了核心角色，物业企业通过以物业管家为代表的一线服务人员，实现与社区中"空间""人"和"物"的有效连接；"未来社区"的物业服务场景中，"科技"将扮演核心角色，物业企业通过智慧手段和智能设备实现与社区及客户的高频、无缝连接，完成物业服务的全场景智能化，进而重塑客户的社区生活体验。

2."数据"：服务数据化，数据资产化

在数字经济快速发展的背景下，数据作为新型生产要素，正在成为物业企业科技化建设中的核心资产。以往，物业企业通过以管家服务为代表的业务实践，围绕"空间"和"人"形成了大量数据，但囿于大部分物业企业数据采集能力不够、数据分析能力不足、各系统间存在"数据孤岛"等现实问题，一定程度上限制了行业的科技化发展。未来，一方面随着全球数字技术的更新迭代、物业科技化系统架构兼容性提升；另一方面随着物业企业社区增值服务、城市服务等业务发展，数据触点不断丰富，物业企业有望全方位采集空间数据与客户数据，并实现数据"收集—处理—分析—应用—变现"闭环打通。

物业企业正在通过数字化手段采集和整合各环节、各流程的数据，已经能够形成全面、准确、实时的数据视图，并利用数据分析和挖掘技术，提取数据中的价值信息，支持管理决策和运营优化，提高管理水平和运营效率。

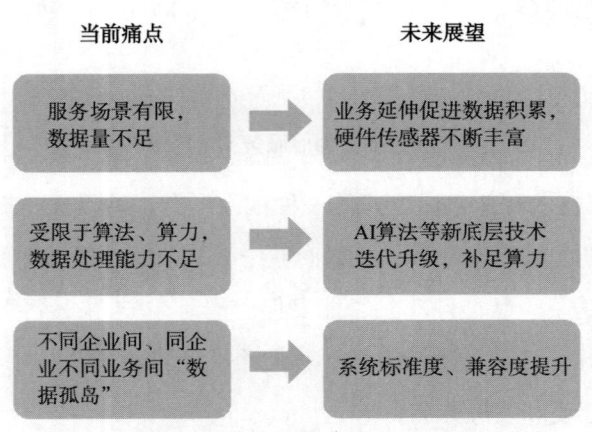

图12-42 物业企业数字化发展以往痛点与未来展望

依靠新技术，沉淀新数据，物业企业可以更加精准地了解客户需求的变化并实现供应资源的优化配置，通过个性服务和多元服务创造出符合客户喜好的高价值产品，进而推动增值业务达成。通过大数据监控，物业企业能够完成客户画像描摹，并准确识别客户服务需求，进而落实精细化服务并促进增值服务交易达成等。例如，万科物业通过对新交付社区中空置房屋的监测，挖掘业主美居服务需求；龙湖智创生活利用消费数据，洞察消费者特征，实现精准营销；招商积余打造全触点的服务体验，实现内外一体的项目全生命周期管理平台，运用大数据分析客户需求并提供更多个性化的服务。

数据的价值不仅仅在于能够为物业企业提供管理和业务支撑，其本身就是一种具有很大价值潜力的"数据资产"。未来，随着物业服务边界的不断拓展、服务场景持续延伸，物业管理行业与其他行业的融合发展将会更加深入，物业企业与其他行业优质企业的跨界合作机会将会明显增多。物业企业守着社区流量的入口，凭借在服务社区中"人""物"和"空间"的过程中所形成的沉淀数据，一方面可以帮助企业在战略合作中获得相应的资源溢价；另一方面，海量的客户数据能够支撑企业不断挖掘市场新的价值领域，实现抢占新高地、布局新赛道。

3."人"：科技赋能人—解放人—成就人

物业企业的科技化建设是产业互联网重塑传统行业的体现，未来，随着行业科技化发展进程的深入，科技工具会成为物业企业的"基础设施"，在此过程中，科技将为物业管理这一劳动密集型行业中的"人"带来重大变革。

图12-43 科技物业"人"的变革影响

科技赋能"人"：物业企业在智慧科技的支持下，依托海量数据，能够实时获取客户信息、流程进度、设备情况等，大幅度提高了"人"在物业管理中的决策和监督效率。物业企业引入智能软件和硬件设备，并对物业基础设施进行科技化改造，实时精准收集客户和设施数据，实现线下业务的线上数据化，提高企业运营效率。例如，万科物业通过将物业设备与物联网技术相连接，实现了设备的智能化管理，物业服务人员可以远程监控设备状态、进行故障预警，提高了设备维护和管理的效率；龙湖智创生活研发了RBA远程监控系统，能够精细化管理物业服务场景中的各种元素，并通过与服务人员的远程连接，保证服务质量，提升人员的工作效率。

科技解放"人"：物业管理行业依赖于大量的人工作业，特别是在基础服务领域，仍然存在大量重复性、程序性的工作。物业企业通过科技化改造，能够有效减少员工机械化工作的耗时，并实现将员工从细碎、庞杂的重复劳动中解放出来，使其具有更多时间提供直面业主的"有温度"物业服务及其他增值服务。目前，行业的服务模式基本实现了由传统的"纯人工"向现代的"人机协作"转变，过去大量需要靠人力完成的物业管理动作，现在通过 AI 算法就可以完成或者实现提前预防，极大地解放了物业服务人员的生产力。例如，万科物业采用黑猫系列智慧通信系统进行日常管理，能够实现物业服务区域现场的"无人化"值守；碧桂园服务在特定服务场景中大量使用机器人代替人工作业，有效降低了人力成本、提高了服务效率。

科技成就"人"：一方面，随着企业科技化建设水平和能力的提升，行业对从业人员的综合素质能力提出了更高要求，将会倒逼从业人员主动寻求工作技能的更新和学历的提升。近年来，行业对高学历、专业型、复合型人才的需求持续增加，而目前行业百强企业的从业人员中，拥有本科及以上学历的人员仍然较少，未来，在行业科技化发展浪潮下，行业从业人员的学历结构仍将持续优化。

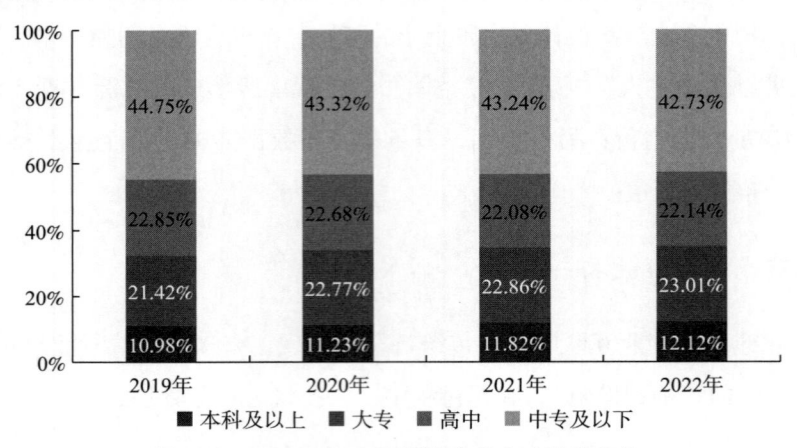

图12-44　2019—2022年百强企业人才结构变化

另一方面，企业科技化改造能够节约、替代部分人力，叠加从业人员学历的提升和工作技能的精进，可能会实现行业人均工资的提高，进而提升物业服务从业者的职业尊严、社会地位。此外，在我国服务业快速发展的市场背景下，传统物业管理行业将升级为科技渗透度更高的现代服务业，以物业管家为代表物业基层服务人员的角色定位将从普通的"服务员"升级为"美好生活场景运营官"，将获得更大社会关注和更多的客户认可。

（四）ESG 创新：融入基层治理，彰显社会担当

物业管理行业作为国民经济的重要环节以及社会基层治理的重要参与者，关系着民生基本住房保障及城市社区单元管理，因此，物业管理行业的长期可持续发展一直备受社会各界关注。目前，国内头部上市物业企业正在加快 ESG 建设节奏，一方面为了满足资本市场与监管机构的信息披露及合规需求，另一方面为了提升企业发展水平。未来，随着行业向高质量方向精进，企业在通过以管家为代表的基层员工开展核心业务时，将会更加积极融入社会基层治理当中，承担更多社会责任、落实低碳环保行动、实现可持续发展目标。

1. 践行低碳环保，发展绿色物业

物业服务的核心内容在于对各种业态物业项目的运营管理以及对人的服务。从时间维度来看，一个物业项目的建成通常只需要几年时间，但是后期的物业服务却要贯穿几十年；从价值维度来看，在发达国家中，围绕物业项目产生的运营成本是其建设成本的 7 倍左右，该数值在我国是 12 倍左右。因此，在如此长周期、高价值的物业管理和运营过程中，如何实现项目的节能、低碳、绿色、可持续发展是每个物业企业必须思考和实践的重要课题。

图12-45　绿色物业管理的主要内容

绿色物业管理是行业未来发展的重要方向。上市物业企业为满足自身ESG建设需要，追求可持续发展目标，都高度重视发展绿色物业，万物云、华润万象生活、中海物业等企业将绿色物业管理列为企业ESG建设的重要性议题，持续加强企业绿色运营管理；保利物业、雅生活服务集团不断加大在绿色科技方面的研发力度，支撑企业落实可持续发展目标。此外，越来越多的非上市物业企业也开始积极探索绿色物业发展道路，在保证服务质量等基本要求的前提下，通过科学管理、数字化技术赋能和行为引导，提高各类物业运行能效，将绿色、低碳、可持续的理念深度融入物业服务中。

能源管理是企业落实低碳环保，发展绿色物业的重点环节。目前物业企业应用在能源管理环节的技术主要包括：建筑物理环境系统、围护结构系统、制冷空调系统、供暖系统、可再生能源利用系统、绿色照明及智能控制系统、电气节能系统及其他能源管理系统。未来，物业企业通过制定能源管理相关制度、采取更先进的能源管理技术手段等方式，能够减少物业运营带来的碳排放，确保能源系统和设备处于最佳节能状态，进而不断降低建筑主体运营带来的能源消耗。

"建筑、社区、城市"是物业企业落实低碳环保、发展绿色物业的三大场景。围绕"建筑"场景，物业企业关键要做好能源管理，通过对建筑基础设施进行节能改造工作，包括照明系统、空调和电梯等设备，充分利用可再生能源，提高设施设备能效，实现环境效益与经济效益的统一；围绕"社区"场景，物业企业关键要做好服务落地，包括垃圾分类、废物回收、节约能源等；围绕"城市"场景，物业企业关键要做好理念推广，将企业社区绿色运营理念延伸到城市服务中，邀约更多社会主体参与到节能减排的实践中。

2. 参与基层治理，履行社会责任

"基层安则天下安"，物业企业作为基层治理的重要参与者，对于维护社会稳定，促进和谐社会建设，具有至关重要的作用。近年来，物业企业持续发挥自身深入社区服务的优势，积极参与社会基层治理，主要方向包括网格化管理、老旧小区改造、社区养老、保障房服务、乡村振兴、保障就业以及公共突发事件防控等。未来，在多方参与、多元共治的基层治理的大背景下，物业企业在以服务换取经济价值的同时，亦需要平衡自身的经济价值与社会价值，实现物业管理模式创新，积极融入社会基层治理体系，打造共建共治共享的基层治理新格局，推动行业实现高质量发展目标。

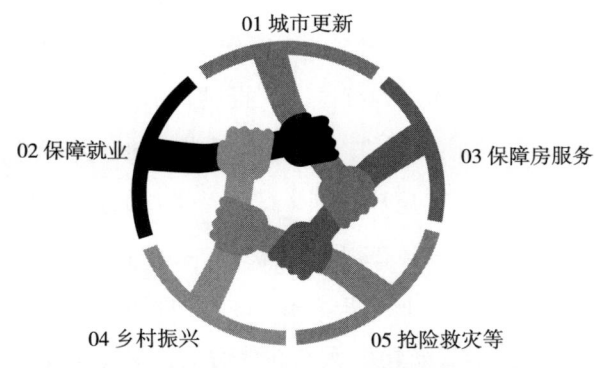

图12-46　物业企业融入基层治理部分内容

自 2004 年国家提出"网格化管理"的基层治理方向以后，各地相继开展社会治理网格化工作，将社区重划、归并、整合成网格单元后，调整治理模式为"区—街道—社区—网格"，希望通过社区网格员的管理，将服务触达到网格里的一家一户，高效解决居民的诉求。但该模式会占用了大量的政府公共服务资源，而且给政府基层治理的组织人员带来了巨大考验：工作任务多、任务重、对网格内群众的了解不足等导致一些问题等。而物业企业的参与，不但帮助政府有效解决了相关问题，而且成为推动政府基层治理模式创新的主要力量。

为融入国家基层治理，加快实现社区精细化管理，物业由社区向小区拓展和深化小区网格化管理模式，开始探索"多网合一"等精细化管理机制，将物业客服等岗位进行网格化管理划分，如万科物业设立了"网格管家"岗位，按 500 户 1 个网格配置网格管家，做到人人设区域、人人担责任，配合社区网格员工作下沉，助力小区精准治理，提高精细化管理效率。

老旧小区改造是优化社区治理的重要环节，也是城市更新行动的重要部分。我国存量老旧小区数量较多，要实现到"十四五"期末基本完成对 2000 年底前建成的需改造城镇老旧小区的改造任务，需要各方力量的广泛参与。未来，物业企业以万科物业为代表标杆将更加广泛地参与到城市老旧小区改造工作中，对接管项目进行局部翻新、停车场改造、加装电梯、安装新能源汽车及电动车充电桩、优化垃圾分类等，使年久失修、管理混乱、居住环境较差的老旧小区焕然一新，在提高居民社区生活质量的同时，提升基层社会治理效果。

图12-47 老旧小区改造部分内容

社区养老既是一个社会问题也是一个经济和产业问题。随着我国步入深度老龄化社会，国家和地方在政策层面支持物业企业探索"物业 + 养老"服务模式。未来，社区养老仍将是物业企业重点关注的服务项目，同时也是企业社会责任的重要内容，特别是在普惠性养老方面，物业企业能充分发挥近场优势，通过资源整合开展养老模式创新探索，为低收入及困难老人实现"最后一公里照护"。万科物业发布了行业首个《空巢老人物业服务指南》，通过管家团队为社区老人提供基本生活、紧急救助、精神慰藉等服务；绿城服务逐步建立起以"物业 + 养老""颐养 + 康护"等为主要模式的社区养老服务体系。

实施乡村振兴战略，建设美丽乡村，是解决我国人民日益增长的美好生活需要和不平衡不充分发展之间矛盾的必然要求，也是我国经济高质量发展的基础。未来，物业企业将继续响应国家号召，积极参与消费扶贫、教育扶贫，美化生态，促进乡村产业发展，用实际行动解决"乡愁"，建设美丽乡村。

2023 年 9 月由国务院印发的《关于规划建设保障性住房的指导意见》明确指出了要加大保障性住房

建设和供给，提出"让工薪收入群体逐步实现居者有其屋，消除买不起商品住房的焦虑，放开手脚为美好生活奋斗"。未来，随着更多的保障性住房供应入市，如何协同政府和社会资源，实现对保障性住房的科学管理，在落实"居者有其屋"政策的同时，让人民群众对美好生活的向往照进现实，物业企业将更积极地参与到保障性住房的管理中，在履行企业社会责任的同时，取得一定经济效益。

此外，物业企业还将继续协助政府及有关单位，在保障就业、抢险救灾、突发公共卫生事件防治等方面发挥积极作用。物业管理行业作为传统的劳动力密集型行业，为我国解决就业问题，特别是吸纳基层人员就业方面的作用十分突出，近年来，物业企业除了提供包括管家、保安、保洁、绿化、维修在内的基础服务岗位外，还提供包括数据分析师、系统架构师、智慧家居顾问等专业技术岗位；物业企业还在社会公共事件中默默奉献、认真坚守，彰显了行业的社会价值和企业的责任担当。

3. 落实党建引领，优化公司治理

在物业企业的内部治理方面，党建和反腐治理是两大核心内容，为物业企业长久发展提供了思想保障和制度支撑。物业企业落实党建引领的主要抓手是红色物业建设，该实践中，以管家为代表的基层物业服务人员，升级为"红色管家"，将承担更多的社区公益责任。企业的反腐治理不但对包括管家在内的所有员工提出了严格的规范性要求，而且将推动行业持续向"阳光物业"方向精进。

图12-48 红色物业建设实现的三方力量联动

以党建为引领，大力发展红色物业，打造物业企业健康发展的"红色引擎"。物业企业通过红色物业建设，逐步搭建起政府、业主、物业三方协商议事沟通桥梁，实现外部三方力量联动和企业内部治理优化。例如，万科物业一方面积极探索通过党建革新内部组织，全面激活企业"红色细胞"，实现企业内部治理优化；另一方面，充分发挥组织内部党员的模范带头作用，将符合条件的党员物业管家升级为社区的"红色管家"，积极配合"居委会""业委会"就社区治理难题落实前期早沟通，中期多跟踪，后期有回访，打通联系服务群众的"最后一百米"。

党建引领将从更高纬度革新物业企业的治理模式，除了大力发展红色物业，物业企业还可以从党建活动组织及党建品牌建设两方面落实党建引领工作，推动公司治理水平升级。例如，万科物业充分利用"住这儿"APP及小程序平台加强党建宣传和活动组织，及时更新政策内容，营造浓厚党建氛围；保利物业打造了"保利星火"党建品牌，依托星火社区，把党支部建到小区、党小组建到楼栋；世茂服务建立了"星茂社区"党建品牌，其中"星茂"取自聚红色星火，守万家灯火之意，力求打造美好社区，提升业主归属感,满足业主幸福感。

反腐是企业内部治理的重要环节,也是企业ESG建设的重要议题。目前物业企业围绕反腐败治理主要从防、抓、惩三方面进行贪腐治理,其具体举措主要有制度建设防范腐败、培训宣贯防范腐败、畅通检举渠道、检举人保护制度、核查稽查机制、惩罚追责制度等方面。

表12-11　部分港股上市物业企业反腐典型举措

企业	典型举措
万物云	《万物云廉正监察案件分级处理办法》《阳光合作协议》《万物云红黄线》等内部政策,抵制任何形式的贪污、贿赂、勒索、欺诈、舞弊及洗黑钱行为。要求全体员工签署《廉洁承诺书》并进行利益冲突申报
华润万象生活	编制《华润万象生活廉洁防控体系》等内部制度文件,构建内外联合廉洁防控体系,通过联合监督、内部巡察、审计监督等方式,形成"大监督"格局
雅生活服务	《廉政制度》《员工奖励和问责管理办法》《经营管理责任追究实施办法》《保密制度》等内部管理制度
中海物业	完善的制度包括:《员工廉洁自律实施细则》《员工职务行为准则》《雇员手册》《反欺诈及反贿赂政策》《举报政策》《致中海物业各外包商和供应商的公开信》《廉洁协议书》等
保利物业	制定了相对完善的制度体系和应对措施,预防、发现和阻止腐败等违规行为,2022年修订7项制度,推动纪检和廉洁工作规范化、程序化、标准化

物业企业的反腐治理,对内有利于企业的健康成长,对外有助于行业形成风清气正的"阳光物业"发展新格局。随着行业向高质量方向精进,物业企业将更加崇尚诚信、透明、健康的阳光文化,并可能通过反腐治理实现企业的财务阳光、管理阳光和服务阳光,助力"阳光社区"建设,推动行业实现阳光、健康的可持续发展目标。

五、结语

中国物业管理行业正处于革故鼎新、价值重塑的关键阶段,回望行业四十余年的发展,我们发现,物业管理从不缺少制度和体系,而相对缺少"做事的人"。物业管家作为企业的组织细胞,面对问题,躬身入局,正在把自己变成解决问题的关键变量,用行动证明行业以人连接人、人点亮人的价值逻辑。

未来,物业管家的发展将成为行业建设水平的一面镜子,映照出行业的进步与成长。

报告十三 上市物企之最
——2023年度业绩盘点

截至目前，共计66家物业企业登陆资本市场，其中港股上市物企已达60家，A股上市物企达6家。现从资本市场表现、管理规模、经营绩效三个维度，结合多个指标全面解析上市物企2023年度业绩之"最"。

表13-1　　　　　　　　　　上市物业企业2023年度业绩之最

指标	企业名称	数据
市值最高	华润万象生活	555.70亿元
在管面积最大	碧桂园服务	9.57亿平方米
在管面积增速最快	苏新服务	116.63%
储备面积最大	碧桂园服务	6.76亿平方米
储备面积增速最快	兴业物联	26.09%
合约面积最大	碧桂园服务	16.33亿平方米
合约面积增速最快	苏新服务	83.52%
营业收入最高	碧桂园服务	426.12亿元
市盈率最高	中天服务	74.94倍
营收增速最快	建发物业	55.83%
毛利润最高	碧桂园服务	87.32亿元
毛利增速最快	建发物业	86.49%
毛利率最高	星盛商业	52.53%
净利润最高	华润万象生活	29.43亿元
净利增速最快	建发物业	117.79%
净利率最高	星盛商业	25.56%

一、资本市场表现

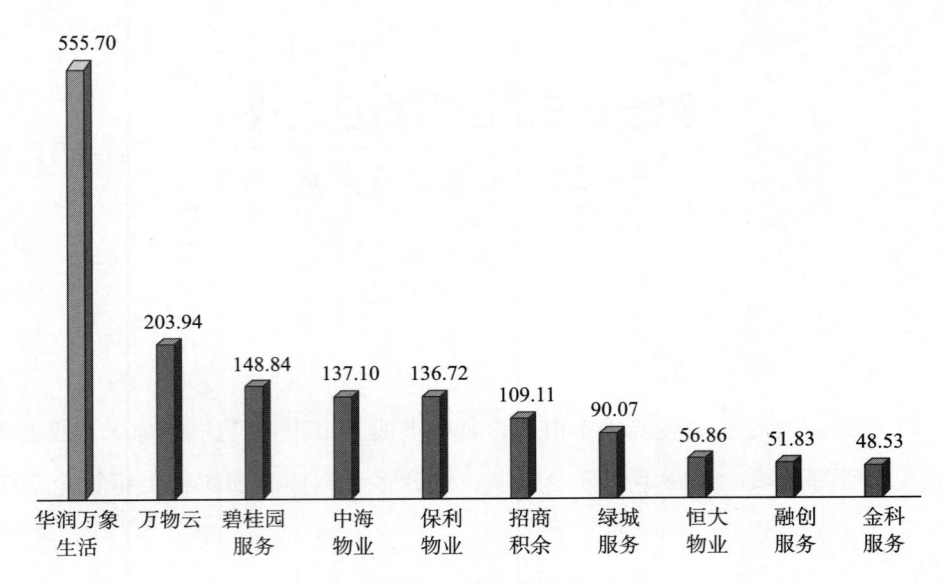

图13-1　市值TOP10（单位：亿元）

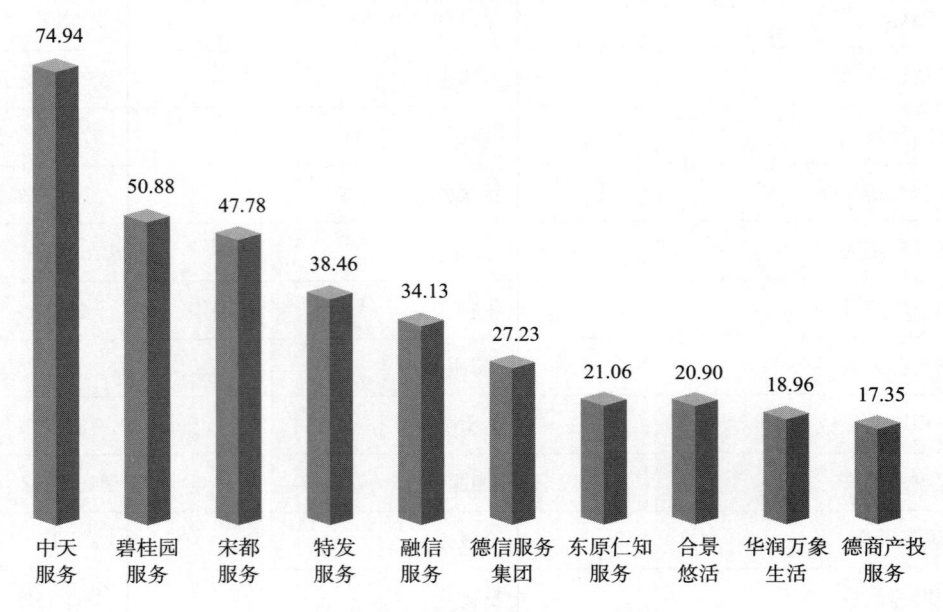

企业	市值
华润万象生活	555.70
万物云	203.94
碧桂园服务	148.84
中海物业	137.10
保利物业	136.72
招商积余	109.11
绿城服务	90.07
恒大物业	56.86
融创服务	51.83
金科服务	48.53

图13-2　市盈率（TTM）TOP10

企业	市盈率
中天服务	74.94
碧桂园服务	50.88
宋都服务	47.78
特发服务	38.46
融信服务	34.13
德信服务集团	27.23
东原仁知服务	21.06
合景悠活	20.90
华润万象生活	18.96
德商产投服务	17.35

从市值来看，华润万象生活市值最高，为555.70亿元，遥遥领先于其他上市企业。截至2024年4月2日收盘，共6家物业服务企业市值突破100亿元。

从估值水平上看，中天服务市盈率最高，为74.94，碧桂园服务紧随其后为50.88，排名前十的上市企业市盈率水平均在15倍以上。

二、规模性指标

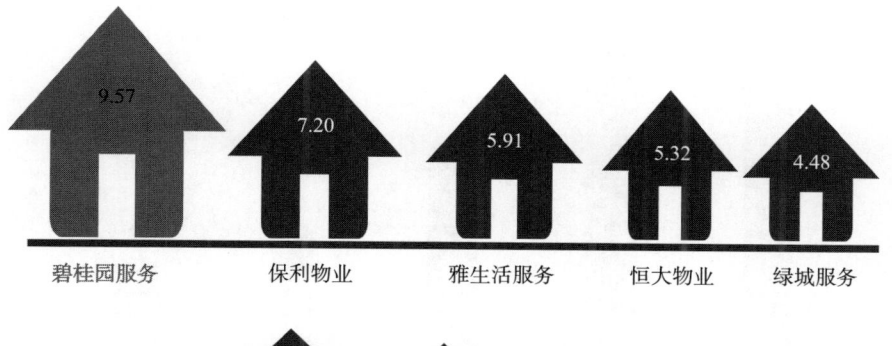

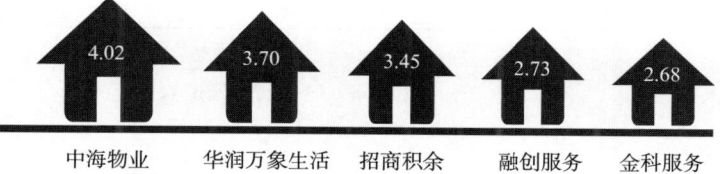

图13-3 在管面积TOP10（单位：亿平方米）

- 碧桂园服务 9.57
- 保利物业 7.20
- 雅生活服务 5.91
- 恒大物业 5.32
- 绿城服务 4.48
- 中海物业 4.02
- 华润万象生活 3.70
- 招商积余 3.45
- 融创服务 2.73
- 金科服务 2.68

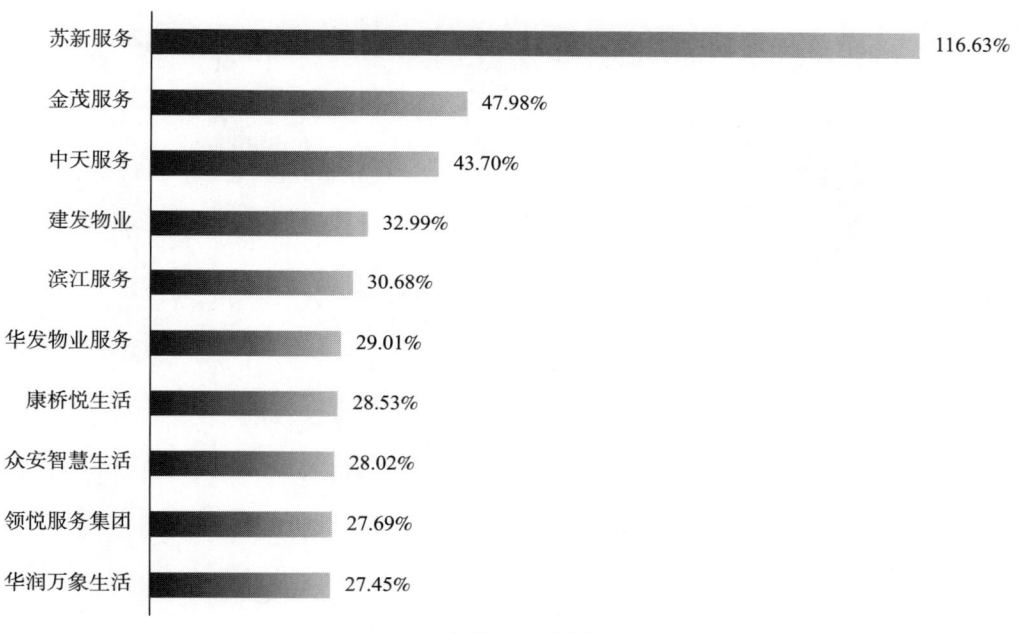

图13-4 在管面积增速TOP10

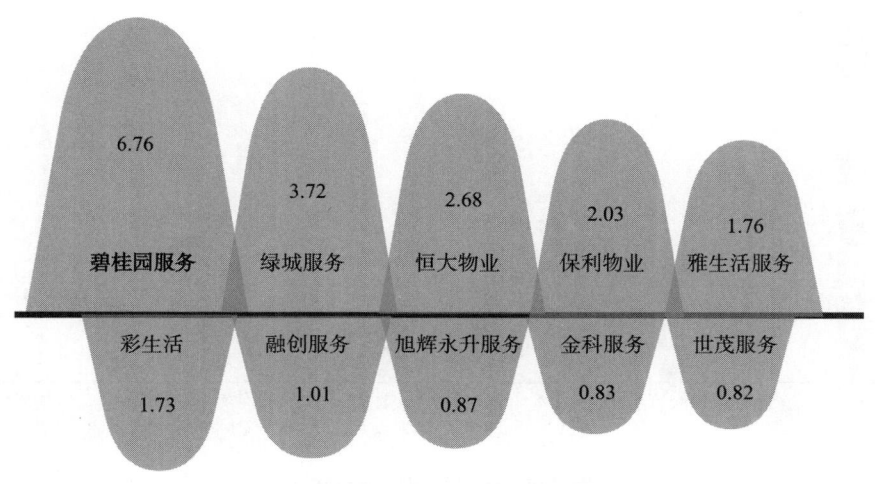

- 苏新服务 116.63%
- 金茂服务 47.98%
- 中天服务 43.70%
- 建发物业 32.99%
- 滨江服务 30.68%
- 华发物业服务 29.01%
- 康桥悦生活 28.53%
- 众安智慧生活 28.02%
- 领悦服务集团 27.69%
- 华润万象生活 27.45%

图13-5 储备面积TOP10（单位：亿平方米）

- 碧桂园服务 6.76
- 绿城服务 3.72
- 恒大物业 2.68
- 保利物业 2.03
- 雅生活服务 1.76
- 彩生活 1.73
- 融创服务 1.01
- 旭辉永升服务 0.87
- 金科服务 0.83
- 世茂服务 0.82

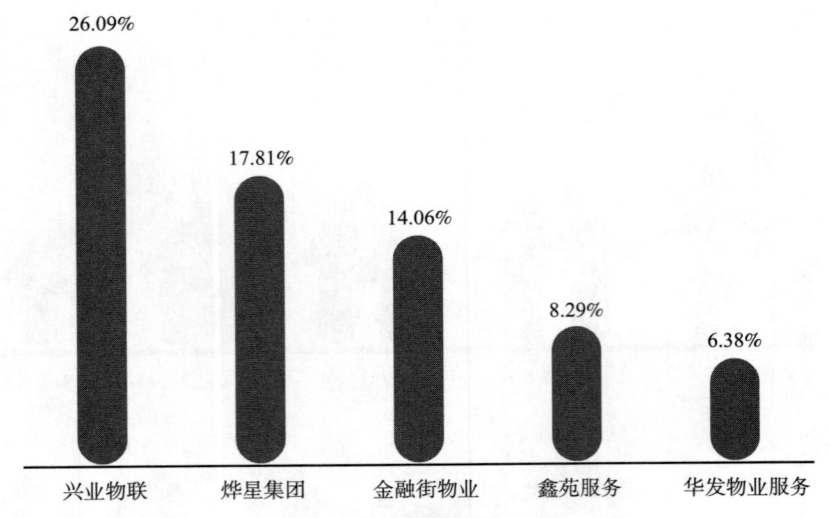

图13-6　储备面积增速TOP5

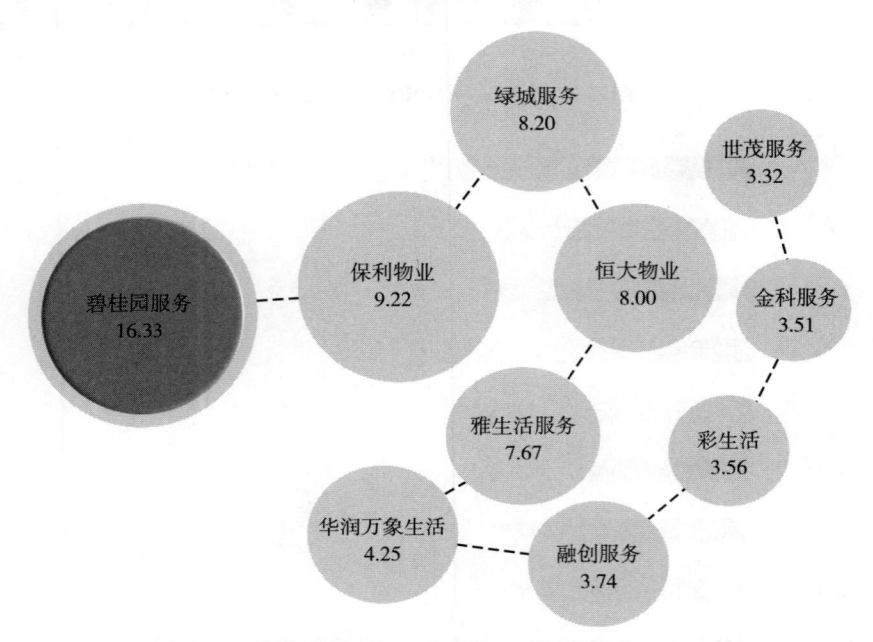

- 兴业物联 26.09%
- 烨星集团 17.81%
- 金融街物业 14.06%
- 鑫苑服务 8.29%
- 华发物业服务 6.38%

图13-7　合约面积TOP10（单位：亿平方米）

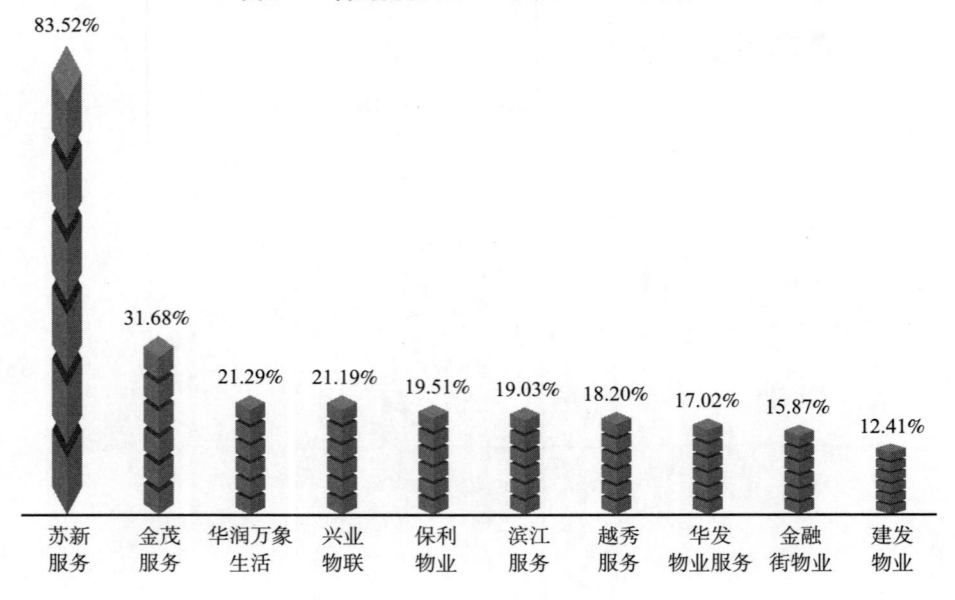

- 碧桂园服务 16.33
- 保利物业 9.22
- 绿城服务 8.20
- 恒大物业 8.00
- 雅生活服务 7.67
- 华润万象生活 4.25
- 融创服务 3.74
- 彩生活 3.56
- 金科服务 3.51
- 世茂服务 3.32

图13-8　合约面积增速TOP10

- 苏新服务 83.52%
- 金茂服务 31.68%
- 华润万象生活 21.29%
- 兴业物联 21.19%
- 保利物业 19.51%
- 滨江服务 19.03%
- 越秀服务 18.20%
- 华发物业服务 17.02%
- 金融街物业 15.87%
- 建发物业 12.41%

物业企业摒弃盲目追逐规模的数字游戏，不再以量为先，更加注重有质量的拓展，结合成本等经营要素，有选择、有目的地进行拓展，同时对于拖后腿的项目，主动选择割舍策略，从而稳住收益，为可持续发展奠定基础。

碧桂园服务在管面积约9.57亿平方米，是上市企业中在管规模最大的企业；保利物业、雅生活服务、恒大物业在管面积均超5亿平方米。在管面积增速最快的企业为苏新服务，达到116.63%。

合约面积最高的企业为碧桂园服务，达16.33亿平方米，保利物业以9.22亿平方米位居第二。合约面积增速最高的企业为苏新服务，增速高达83.52%。

三、经营绩效指标

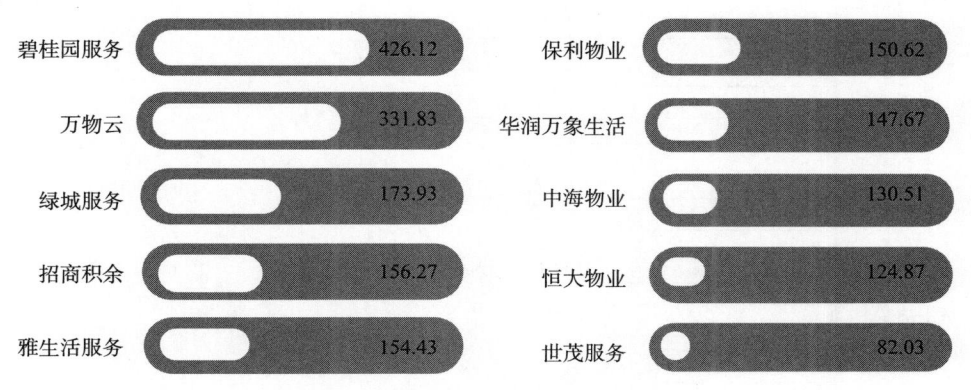

企业	营业收入（亿元）
碧桂园服务	426.12
万物云	331.83
绿城服务	173.93
招商积余	156.27
雅生活服务	154.43
保利物业	150.62
华润万象生活	147.67
中海物业	130.51
恒大物业	124.87
世茂服务	82.03

图13-9　营业收入TOP10（单位：亿元）

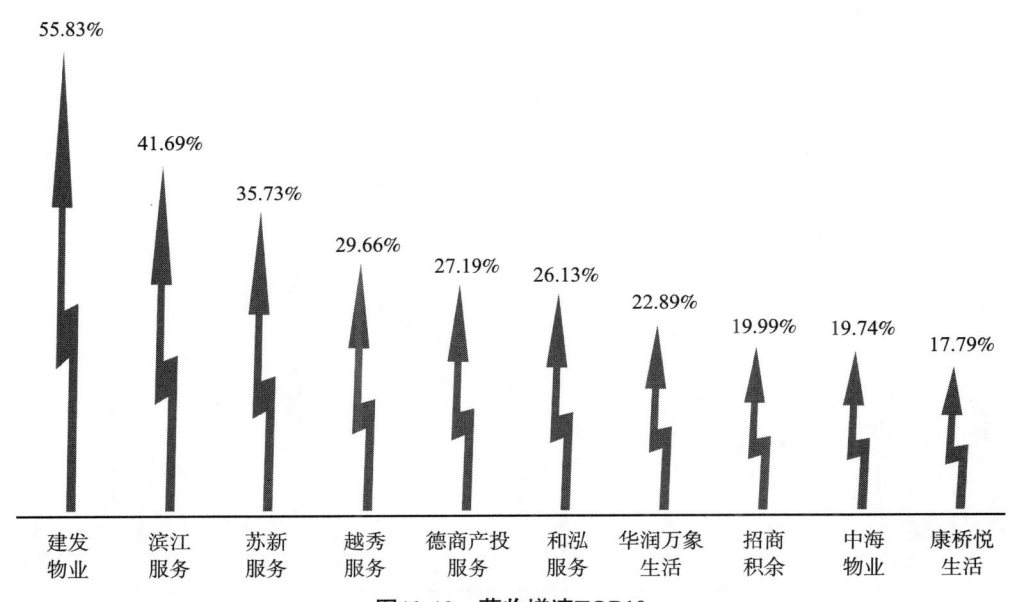

企业	营收增速
建发物业	55.83%
滨江服务	41.69%
苏新服务	35.73%
越秀服务	29.66%
德商产投服务	27.19%
和泓服务	26.13%
华润万象生活	22.89%
招商积余	19.99%
中海物业	19.74%
康桥悦生活	17.79%

图13-10　营收增速TOP10

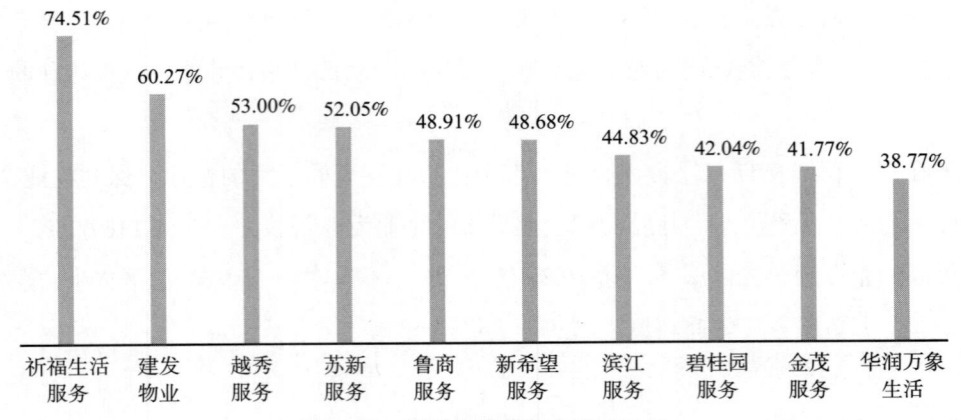

图13-11 多种经营收入占比TOP10

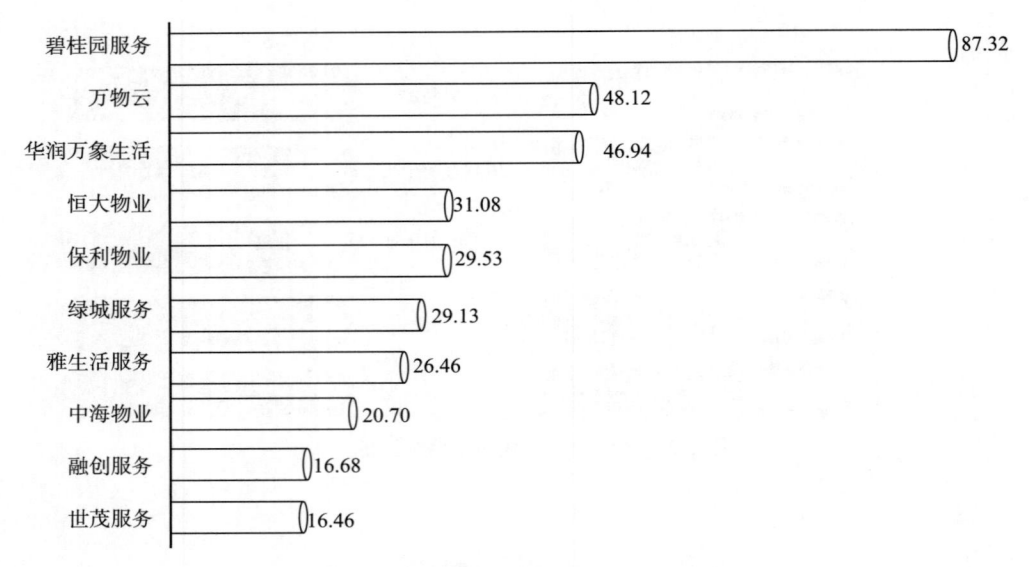

企业	占比
祈福生活服务	74.51%
建发物业	60.27%
越秀服务	53.00%
苏新服务	52.05%
鲁商服务	48.91%
新希望服务	48.68%
滨江服务	44.83%
碧桂园服务	42.04%
金茂服务	41.77%
华润万象生活	38.77%

图13-12 毛利润TOP10（单位：亿元）

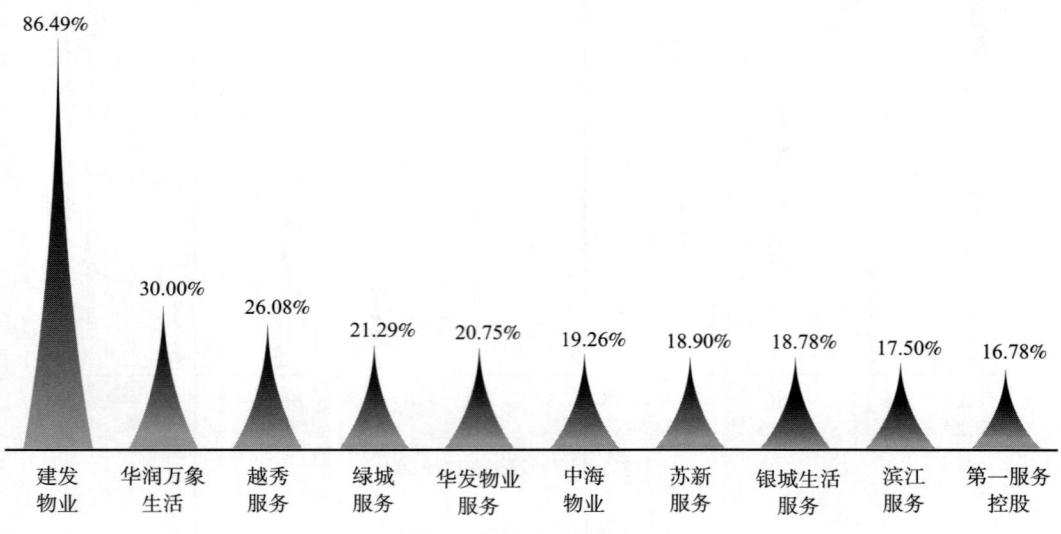

企业	毛利润
碧桂园服务	87.32
万物云	48.12
华润万象生活	46.94
恒大物业	31.08
保利物业	29.53
绿城服务	29.13
雅生活服务	26.46
中海物业	20.70
融创服务	16.68
世茂服务	16.46

图13-13 毛利润增速TOP10

建发物业	86.49%
华润万象生活	30.00%
越秀服务	26.08%
绿城服务	21.29%
华发物业服务	20.75%
中海物业	19.26%
苏新服务	18.90%
银城生活服务	18.78%
滨江服务	17.50%
第一服务控股	16.78%

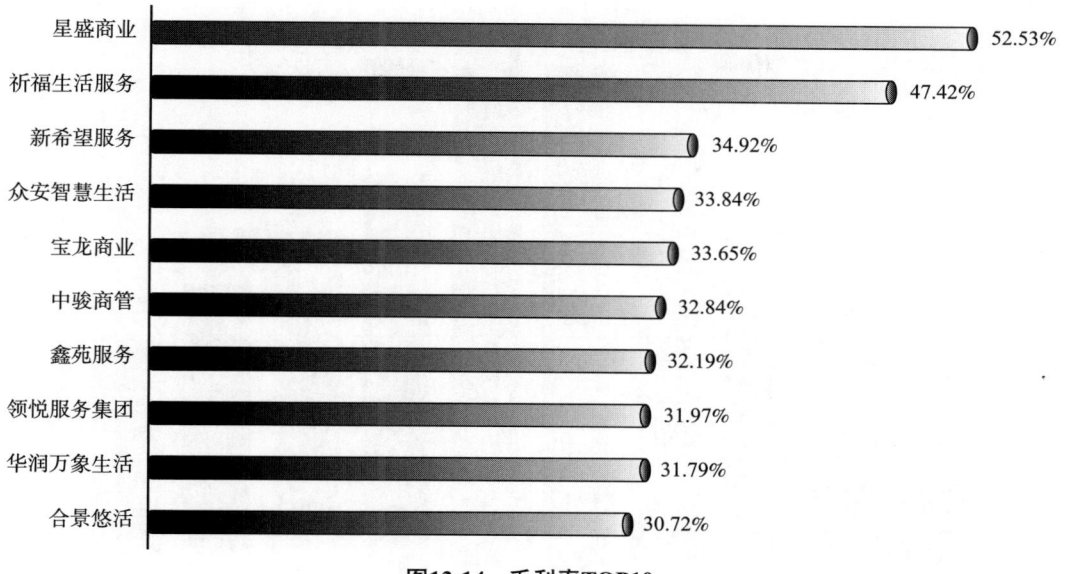

公司	毛利率
星盛商业	52.53%
祈福生活服务	47.42%
新希望服务	34.92%
众安智慧生活	33.84%
宝龙商业	33.65%
中骏商管	32.84%
鑫苑服务	32.19%
领悦服务集团	31.97%
华润万象生活	31.79%
合景悠活	30.72%

图13-14 毛利率TOP10

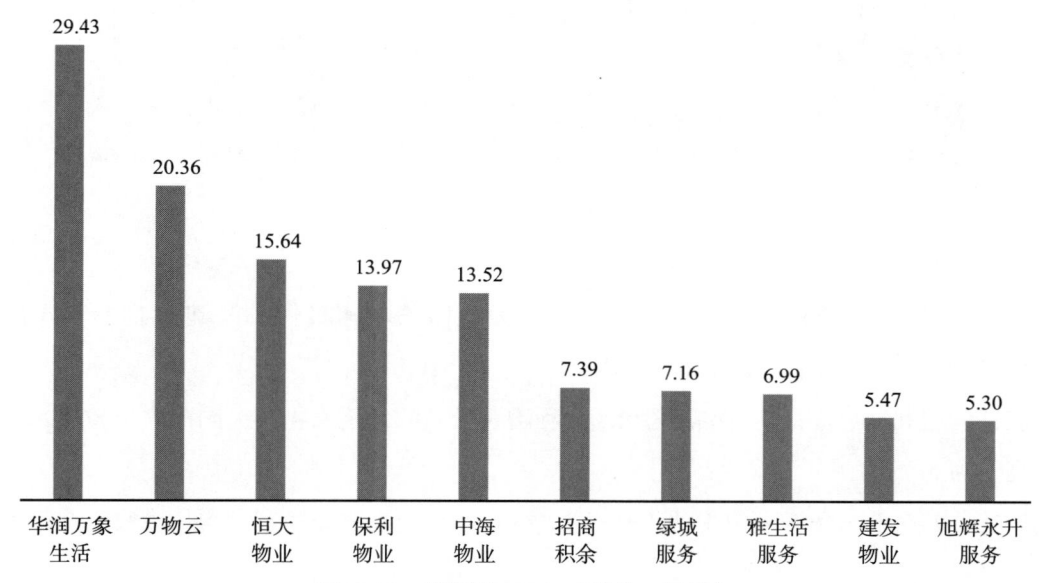

公司	净利润（亿元）
华润万象生活	29.43
万物云	20.36
恒大物业	15.64
保利物业	13.97
中海物业	13.52
招商积余	7.39
绿城服务	7.16
雅生活服务	6.99
建发物业	5.47
旭辉永升服务	5.30

图13-15 净利润TOP10（单位：亿元）

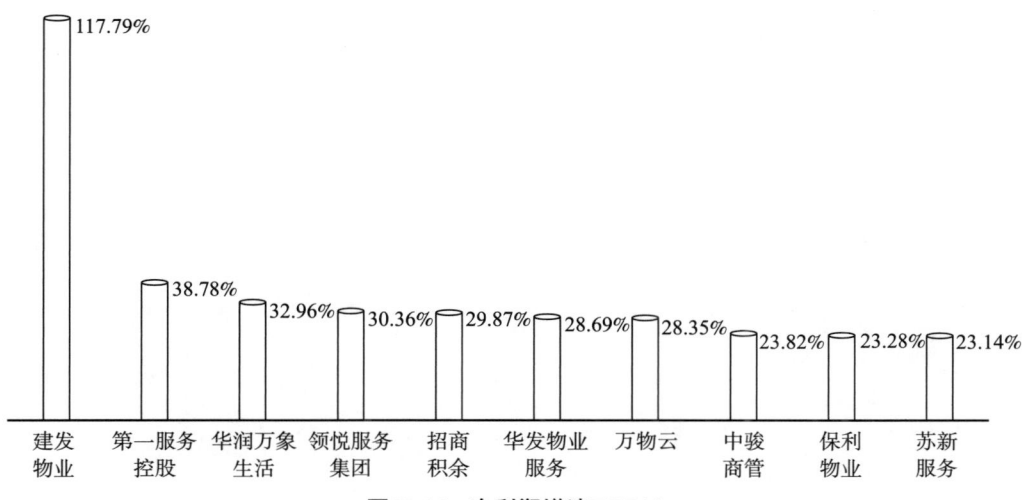

公司	净利润增速
建发物业	117.79%
第一服务控股	38.78%
华润万象生活	32.96%
领悦服务集团	30.36%
招商积余	29.87%
华发物业服务	28.69%
万物云	28.35%
中骏商管	23.82%
保利物业	23.28%
苏新服务	23.14%

图13-16 净利润增速TOP10

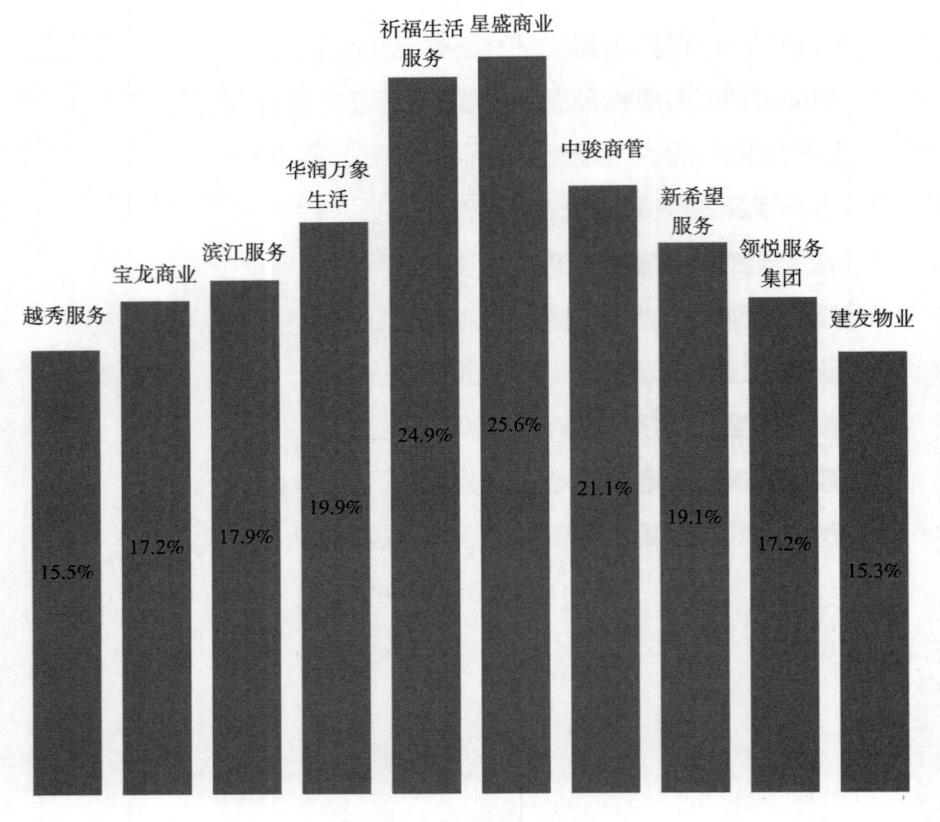

图13-17 净利率TOP10

2023年，上市物企业的经营数据整体表现如下。

营业收入居榜首的是碧桂园服务，达426.12亿元，营收增速最快的是建发物业，同比增速高达55.83%；多种经营收入占比最高的是祈福生活服务，达74.51%。

碧桂园服务的毛利润最高，达87.32亿元；毛利增速最高的是建发物业，同比增长86.49%；星盛商业的毛利率最高，为52.53%。

净利润居首位的企业为华润万象生活，高达29.43亿元；建发物业净利润增长最快，增速为117.79%；净利率最高的是星盛商业，达25.6%。

报告十四　2024政府工作报告：物管行业把握哪些机会？

2024年政府工作报告，对过去一年的各项工作进行回顾，并阐述了2024经济社会发展总体要求、政策取向和工作任务，其中物业相关内容如下。

1. 高品质服务，高质量发展

报告内容：实施标准提升行动，加快构建适应高质量发展要求的标准体系，推动商品和服务质量不断提高，更好满足人民群众改善生活需要。

中指点评：2023年，物业管理行业经历了前所未有的考验，宏观经济承压，房地产债务危机传导，资本市场表现受挫，项目拓展内卷严重。面对诸多挑战，物业服务企业的战略发展变得更加审慎，不再盲目追求扩规模，而是专注于做精做透做好服务品质，在维持稳定现金流和业务发展速度的基础上，先立后破。2024年，物业管理行业将以新的姿态继续前行，物业服务企业坚持高质量发展，坚守高品质服务，承担好自身的责任和使命。

2. 大力改善相关基础设施与公共服务，提高人民群众生活品质

报告内容：推动成渝地区双城经济圈建设。稳步实施城市更新行动，推进"平急两用"公共基础设施建设和城中村改造，加快完善地下管网，推动解决老旧小区加装电梯、停车等难题，加强无障碍、适老化设施建设，打造宜居、智慧、韧性城市。新型城镇化要处处体现以人为本，提高精细化管理和服务水平，让人民群众享有更高品质的生活。

中指点评：推动成渝地区双城经济圈建设，推进"平急两用"公共基础设施建设和城中村改造，物业服务可在城市更新、老旧小区改造中一展身手，不少物业企业积极承担老旧小区的物业管理工作，对接管项目进行局部翻新、停车场改造、加装电梯、安装新能源汽车及电动车充电桩、优化垃圾分类等，使不少年久失修、管理混乱、居住环境较差的老旧小区焕然一新，极大便利了业主及住户的日常生活，规范了社区管理，提高了居民生活质量。

3. 推动养老、育幼、家政等服务扩容提质

报告内容：推动养老、育幼、家政等服务扩容提质，支持社会力量提供社区服务。优化消费环境，开展"消费促进年"活动，实施"放心消费行动"，加强消费者权益保护，落实带薪休假制度。实施标准提升行动，加快构建适应高质量发展要求的标准体系，推动商品和服务质量不断提高，更好满足人民群众改善生活需要。

加强城乡社区养老服务网络建设，加大农村养老服务补短板力度。加强老年用品和服务供给，大力发

展银发经济。推进建立长期护理保险制度。

中指点评：面对人口老龄化日益严峻，物业企业高度重视养老服务，这不仅仅是社区增值服务值得突破的重要环节，更是社会责任的重要体现，特别是在普惠性养老方面，物业企业应充分发挥近场优势，通过资源整合和对养老模式的探索，为低收入或困难老人实现"最后一公里照护"，为养老问题的解决提供新思路，贡献重要力量。

另外，育幼、家政等增值服务的开展，既为人民生活提供便利，又有利于物业企业提升服务品质，增加收入来源。

4. 服务乡村振兴，建设美丽乡村

报告内容：培养用好乡村人才。深入实施乡村建设行动，大力改善农村水电路气信等基础设施和公共服务，加强充电桩、冷链物流、寄递配送设施建设，加大农房抗震改造力度，持续改善农村人居环境，建设宜居宜业和美乡村。

中指点评：实施乡村振兴战略，建设美丽乡村，是解决我国人民日益增长的美好生活需要和不平衡不充分发展之间矛盾的必然要求，也是我国经济高质量发展的基础。未来，物业企业将继续响应国家号召，积极参与消费扶贫、教育扶贫、美化生态、促进乡村产业发展，用实际行动解决"乡愁"，建设美丽乡村。

5. 发展数字经济，积极推动数字化转型

报告内容：深入推进数字经济创新发展。制定支持数字经济高质量发展政策，积极推进数字产业化、产业数字化，促进数字技术和实体经济深度融合。深化大数据、人工智能等研发应用，开展"人工智能+"行动，打造具有国际竞争力的数字产业集群。实施制造业数字化转型行动，加快工业互联网规模化应用，推进服务业数字化，建设智慧城市、数字乡村。深入开展中小企业数字化赋能专项行动。支持平台企业在促进创新、增加就业、国际竞争中大显身手。健全数据基础制度，大力推动数据开发开放和流通使用。适度超前建设数字基础设施，加快形成全国一体化算力体系。我们要以广泛深刻的数字变革，赋能经济发展、丰富人民生活、提升社会治理现代化水平。

中指点评：物业企业通过硬件改造与软件升级，运用智慧化手段模拟运营，优化人员，积极推动数字化转型，在多场景实现了数字化运营，例如停车场管理系统、收费管理系统、工单管理系统、品质管理系统、合同管理系统、采购管理系统等。未来，随着"数字人"等AI技术的不断发展，物业企业的内部管理和外部服务都有了更多可能性，服务与管理能力有望踏上新台阶。

6. 低碳发展，建设和谐共生的美丽中国

报告内容：加强生态文明建设，推进绿色低碳发展。深入践行绿水青山就是金山银山的理念，协同推进降碳、减污、扩绿、增长。

中指点评：在双碳目标的指引下，物业企业以实际行动减少碳排放及废弃物排放，在运营中不断降低能耗，节约用水资源，秉持绿色管理理念，建设绿色低碳社区。一些上市企业更是积极探索可持续发展道路，减缓企业能源消耗，履行低碳义务。

报告十五　北美最大的住宅社区管理者FSV，如何实现高估值与高增长

FirstService Corporation（以下简称"FSV"）是北美最大的住宅社区管理者，主要为住宅提供物业管理和增值服务，由住宅分部（FirstService Residential）和品牌分部（FirstService Brands）两大分部组成，其中住宅分部是北美最大的住宅社区平台管理商，品牌分部则是北美最大的拥有独立品牌特许经营体系的物业服务供应商之一。截至2022年底，FSV拥有超过27000名员工，年收入超过37亿美元，是北美物业市场当之无愧的头部企业。

1. 营收达37.46亿美元，盈利能力优势明显

一直以来，FSV不断扩大覆盖面，优化配套服务，在夯实传统物业服务的基础上积极开展并扩大多元增值服务产业链，促进企业业绩保持快速增长。截至2022年底，FSV已经管理了8700多个社区，服务超过百万住户，占北美物业管理市场份额约6%；营收方面，FSV的营业收入连续多年保持强劲上涨趋势，2022年营业收入达到37.46亿美元，同比增长15.30%，2017—2022的营收年均复合增长率约为17%；调整后息税折旧摊销前利润达到3.52亿美元，同比增速为7.65%，维持了上市以来的利润增长趋势。相比FSV的发展情况，国内物业服务百强企业2022年营收均值同比增长仅为10.62%，毛利润和净利润均值分别减少4.75%和22.40%。

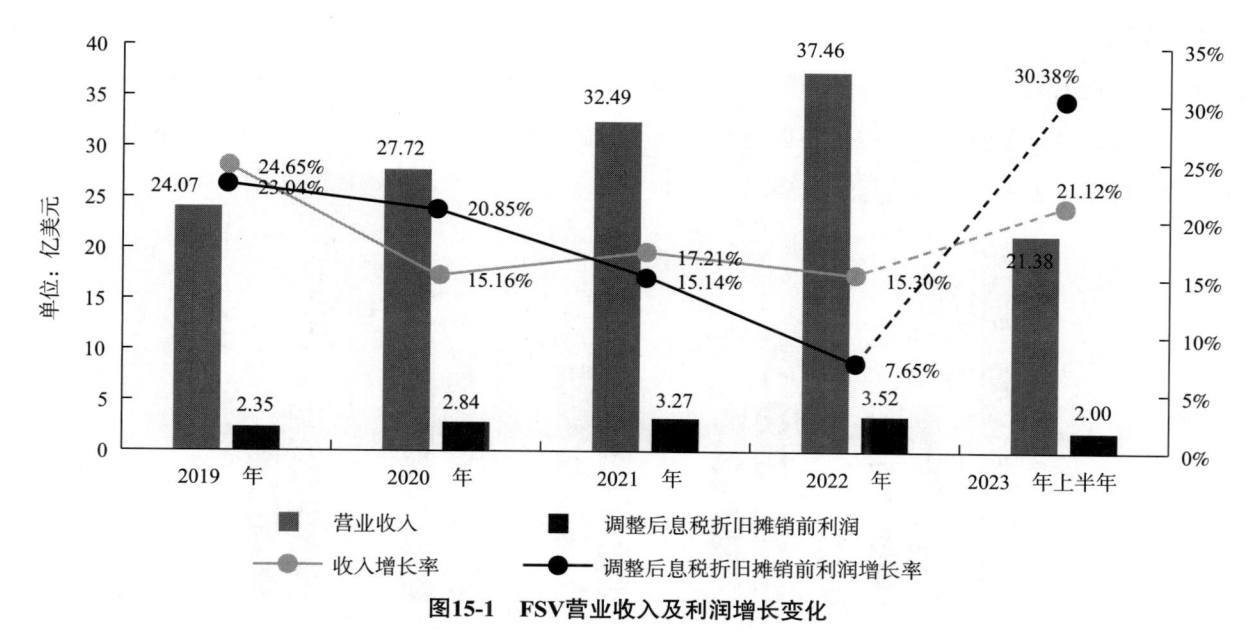

图15-1　FSV营业收入及利润增长变化

数据来源：企业公告，中指研究院综合整理。
更多企业研究：https://u.fang.com/yt994g/。

从资本市场的表现来看，FSV增值服务的持续高增长和抗周期性获得资本市场高度认可，有效助推企业市值一路上涨。

2. 住宅业务夯实服务基础，增值品牌拓展服务边界

作为房地产服务行业的领导者，FSV通过两个行业领先的平台为客户提供服务：FirstService Residential住宅管理平台和FirstService Brands品牌体系。FirstService Residential住宅管理平台主要为客户提供住宅基础物业管理服务；FirstService Brands品牌体系通过特许经营系统和公司自营业务渠道在北美地区建立多个网点，向住宅和商业用户提供品牌增值服务。

FirstService Residential和FirstService Brands的成功都依赖于相同的运营优势——管理和发展市场领先的基本物业服务业务和增值外包服务方面的核心竞争力；对客户服务品质的重视；利用规模经济为客户创造更多价值；以及强大的品牌认知度。这些运营优势为FSV的住宅管理服务和品牌增值服务提供了难以复制的竞争优势。

（1）FirstService Residential：最大的住宅管理者，提供全方位服务管理

FirstService Residential是北美最大的住宅社区管理者，在美国25个州和加拿大3个省的约100个办事处拥有约20000名员工，管理着约8700个社区和400多万居民。FirstService Residential的运营和客户覆盖范围广泛，在占北美人口70%以上的主要市场都有业务，服务业态包括共管公寓（高层和低层）、合作社、房主协会、总体规划社区，以及受共同利益或多单元住宅社区协会管辖的各种其他住宅开发项目，基本涵盖了北美绝大多数类别的住宅物业。

FirstService Residential的企业使命，是通过提供卓越的客户服务和解决方案，提高其管理的社区中每一处房产的价值，改善每一位居民的生活方式。基于以上目标，FirstService Residential高度重视自身的服务质量，为业主提供更加综合的服务，满足业主在各大领域的需求。全方位服务的物业管理不仅能够提供传统物业管理的相关服务，还能够为业主提供一系列辅助服务，包括现场人员配备（如建筑工程和维护、全方位服务设施管理、安保和礼宾/前台）、银行和保险产品、节能和管理解决方案，以及房屋转售处理服务。这种提供全方位服务的能力是当地绝大多数行业参与者所不具备的，因此FirstService Residential在当地物业市场具备了无可比拟的竞争优势。

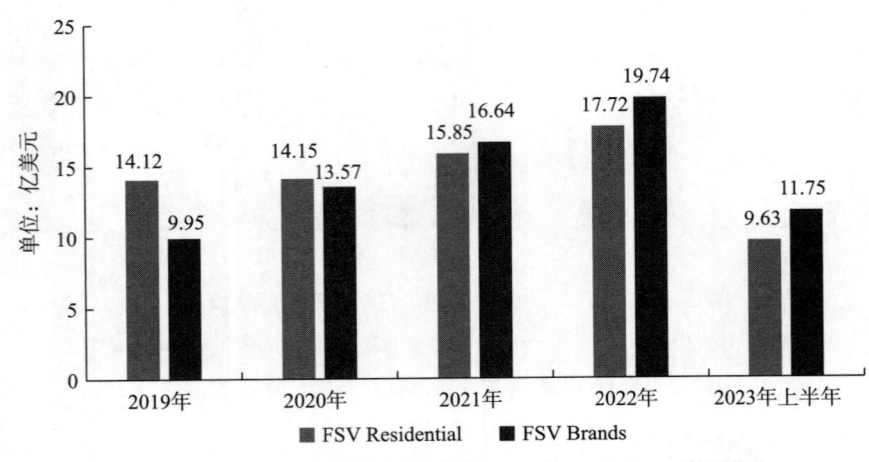

图15-2 FirstService Residential和FirstService Brands营业收入

年份	FSV Residential	FSV Brands
2019年	14.12	9.95
2020年	14.15	13.57
2021年	15.85	16.64
2022年	17.72	19.74
2023年上半年	9.63	11.75

单位：亿美元

数据来源：企业公告，中指研究院综合整理。

更多企业研究：https://u.fang.com/yt994g/。

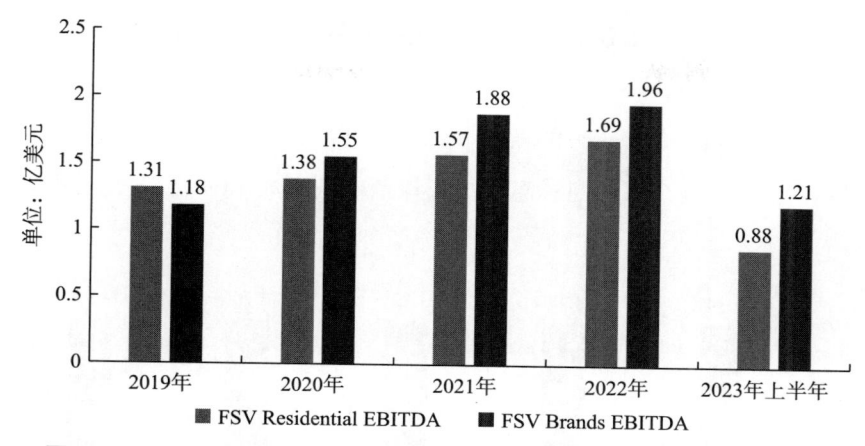

图15-3　FirstService Residential和FirstService Brands息税折旧摊销前利润

得益于较高的市场覆盖率与市场认同度，2022年FSV基础物业服务收入实现17.72亿美元，同比增长6.86%，贡献了47.30%的收入，基础物业服务的息税折旧摊销前利润为1.69亿美元，同比增长7.64%。在业务持续增长的基础上，FSV也在不断地推进着收购活动。2022年，FirstService Residential收购了纽约市的两家企业，新增了350处高档住宅项目。

（2）FirstService Brands：用品牌拓展服务边界

FirstService Brands是北美最大的物业增值服务供应商之一，目前，拥有以下七大在市场中处于领先地位的增值服务品牌。

表15-1　FirstService Brands七大增值服务品牌

品牌名称	业务简介
Paul Davis	住宅、轻型商业物业保险与清理修复
First Onsite	商业物业和大额财产损失修复
California Closets	衣柜与家居收纳，定制化房间存储方案
Century Fire Protection	消防和安全服务
CertaPro Painters	住宅涂料承包商，定制化粉刷服务
Pillar To Post	房屋检查评估服务
Floor Coverings International	地板设计与安装服务

在增值业务布局方面，FSV主要通过自营、收购等方式，持续扩大业务范围。例如，FirstService Brands旗下的First Onsite始于2019年收购的Global Restoration Holdings，2022年更名为First Onsite，现已成为北美增长最快、最大的商业地产修复公司之一。在建立品牌的基础上，FirstService Brands充分发挥自身平台整合优势，通过特许经营加盟的方式，在扩大业务布局的同时，也在对旗下特许经营商进行持续优化。截至2022年底，FirstService Brands已经拥有1524家特许经营商和众多公司旗下门店，每年在全系统产生26亿美元的销售额。FirstService Brands的特许经营协议的有效期通常为五年或十年。特许权使用费按月向FirstService Brands支付。所有特许经营协议都包含续约条款，FirstService Brands可以通过很低的成本来援引这些条款。通过特许经营的合作模式，FSV可以从特许经营商处获得一定收入分成，特许经营商也可以借助FSV的平台和品牌优势获得客户资源，从而实现互利共赢。

近年来，FSV通过七大增值品牌持续拓展服务边界，满足业主多元化需求的同时，持续促进企业盈利空间的进一步提升，FirstService Brands 的营收与息税折旧摊销前利润已经超过传统的 FirstService Residential 业务。2021 年，FirstService Brands 的收入达到 16.64 亿元，在 FSV 的收入占比首次超过 50%，达到 51.22%。2022 年，FirstService Brands 的营业收入达到 19.74 亿美元，同比增长 18.63%，在营业收入中占比约 52.70%，同比上涨 1.48 个百分点；息税折旧摊销前利润为 1.69 亿美元，同比增长 15.30%，盈利水平持续提升。

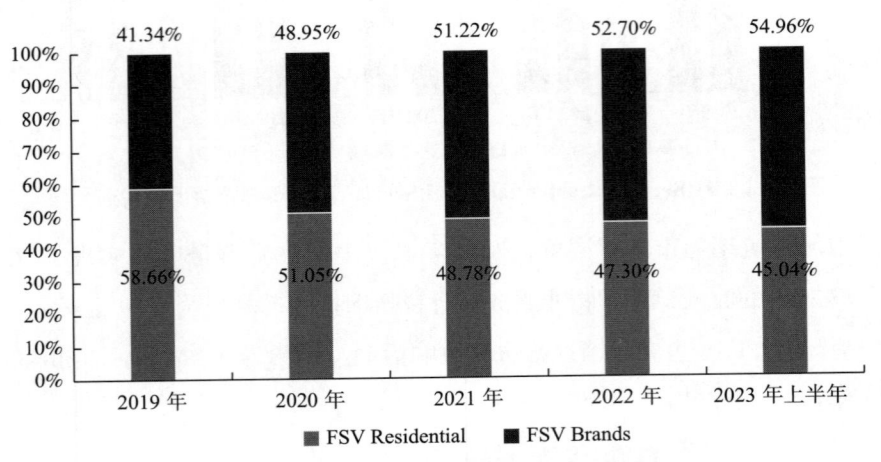

图15-4　FirstService 营业收入构成占比情况

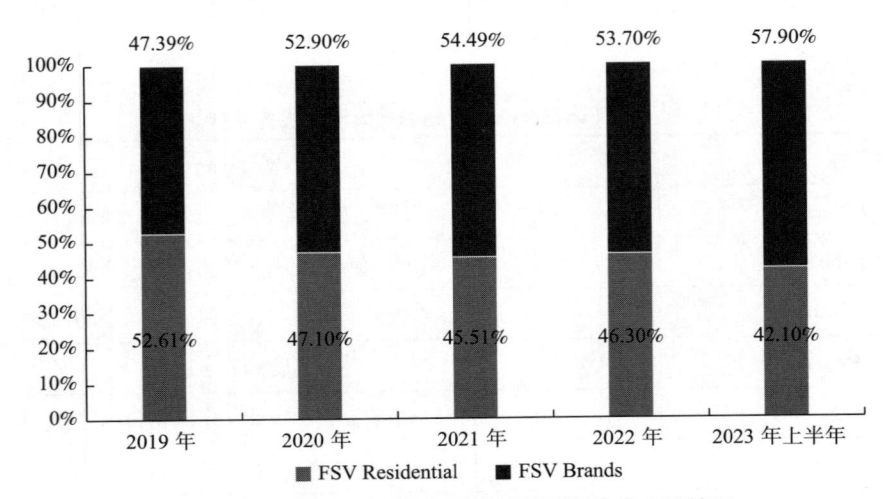

图15-5　FirstService息税折旧摊销前利润构成占比情况

3. 优越的经营理念，值得国内物业企业学习与参考

作为北美物业市场的佼佼者，FSV 自成立以来一直保持着稳定增长趋势，打造出了经得起时间考验的标志性品牌，也得到了物业项目业主与资本市场投资者的青睐。基于以上背景，FSV 的经营理念，值得国内物业企业学习与参考。

其一，通过管理层持股的方式，让企业高管团队的利益与公司和股东的长远利益保持一致，FSV 认为运营管理团队的股权所有权至关重要，因此公司管理层在经营的业务中拥有大量股权或类似股权的权益，从而在建立长期价值方面的利益能够与股东保持一致，使得企业战略眼光更加长远，不会因市场的波动而朝令夕改。

其二，关注有机增长。对物业服务企业而言，有机增长（Organic Growth）是指公司依托现有资源和业务，通过提高产品质量、销量与服务水平，而非单纯地依赖于投资建设和收并购等模式，来拓展客户以及扩大市场份额，推进创新与提高生产效率等途径，而获得的销售收入及利润的自然增长。自成立以来，FSV一直以可持续有机增长为主要管理业务。强大的客户保留能力是FSV最为重视的，并通过重复业务和推动"口碑"转介机会，进一步提升服务质量，用服务口碑建立市场优势，从而赢得新业务。为了实现提升服务质量的目标，FSV通过基于业绩的薪酬安排，为实现口碑与业绩增长的管理团队和员工提供激励措施。

其三，通过持续投资以提升运营优势并支持增长。FSV非常关注企业的内部运营。作为一家拥有强大自由现金流和资产负债表的大型上市公司，FSV非常重视员工培训和基础设施建设，以提升自身的服务质量，满足客户需求。通过留住和提拔关键运营经理，培训与客户打交道的一线员工，以确保企业员工能够达到FSV要求的高标准服务水平。FSV在基础设施方面持续投资，包括技术、操作系统和移动应用程序，为客户提供无缝、高响应的服务。FSV对员工的和基础设施的投资意愿也确保了足够的产能和资源，确保企业的业务能够持续增长。

其四，精益求精的服务文化。由于FSV及旗下的子品牌都具有较高的知名度，因此为了保持企业口碑，FSV对于服务质量十分重视，这也是FSV对于员工和团队的培训重点。

其五，严格的收并购纪律。FSV通过大量收购来进一步增强企业的有机增长，以提升FSV的企业价值。由于北美物业服务市场规模庞大且高度分散，为FSV提供了重要的整合机会。但是FSV在估值和交易结构参数方面保持严格的纪律，对于收购计划谨慎制定、严格执行，以确保投资资本获得丰厚回报。

报告十六　香港联交所与香港证监会最新关注点梳理

2023年以来，物业企业上市节奏明显放缓。截至2023年10月底，港股物业板块仅新增两家上市公司，即润华服务和众安智慧生活。物企上市放缓的一个重要影响因素，在于香港联交所与香港证监会对于递交IPO申请的企业的审核日趋严格，这为希望在香港联交所上市的物业企业带来了更大的挑战。中指研究院基于为物业企业提供行业顾问服务的丰富经验，梳理总结了近期香港联交所与香港证监会对于递表企业的主要关注点，以供行业参考借鉴。

1. 关注点一：关联方与关联交易

关联方与关联交易是香港联交所与香港证监会关注的首要问题，会涉及物业服务企业运营独立性、关联交易、定价合理性等方面的相关追问。并且，这些追问会涉及物业服务企业及关联方的具体项目细节，需要企业通过定量的数据和案例来解释论证。

以下是部分涉及此问题的案例示例。

问题示例

问题1	披露关联方的市场地位、项目分布、品牌竞争优势
问题2	关联方的项目储备情况
问题3	关联方与物业企业的交易价格是否符合行业规范
问题4	物业企业减少对关联方依赖的措施
问题5	就公司与关联方的关系做出更稳健的分析

可以看到，无论是相关提问的数量，还是相关提问的深度，都体现出香港联交所和香港证监会对于关联方问题的高度重视。拟上市的物业企业在递表之前，有必要详细梳理关联方的相关资料，同时确保与关联方的交易情况总体保持稳定，交易价格符合市场化要求，以应对香港联交所和香港证监会潜在的质询。同时，强化自身的独立性与市场外拓能力，也是物业企业提升上市成功率的关键举措。

2. 关注点二：企业的市场地位

企业的市场地位也一直是物业企业招股书披露的重点方向。2023年以来，香港联交所对于企业竞争格局的要求较以往更加深入、细化。

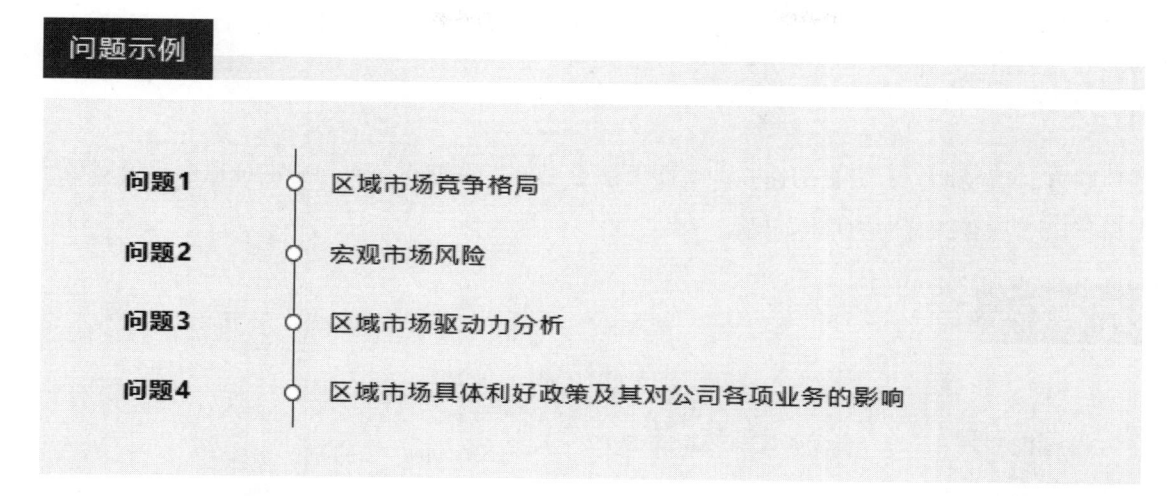

问题示例

- 问题1 ○ 区域市场竞争格局
- 问题2 ○ 宏观市场风险
- 问题3 ○ 区域市场驱动力分析
- 问题4 ○ 区域市场具体利好政策及其对公司各项业务的影响

香港联交所对于企业的市场地位论述要求，较过往进一步深化。一方面，会同时要求企业提供各业态以及所涉及的各层级的主要市场的市场规模及竞争格局，并提供详细的竞争对手清单，以核验招股书对于企业市场地位的可行性；另一方面，也更加注重行业市场本身的相关表述，除了要求提供更加直接的市场驱动力以及政策对物业企业的影响之外，也开始关注物业行业面临的威胁和挑战等风险因素，以求客观评估物业行业本身在物业企业上市流程中所处的地位。

3. 关注点三：上市筹集资金的用途

随着地产行业的调整，物业企业上市筹集资金的用途近年来也成为香港联交所和香港证监会的一大关注热点。高度关注所得款项的用途，需要企业详细阐明各项应用的细节，提供收购对象清单，论证资金使用合理性。同时，严令禁止物业企业将上市筹集到的资金用于房地产领域。

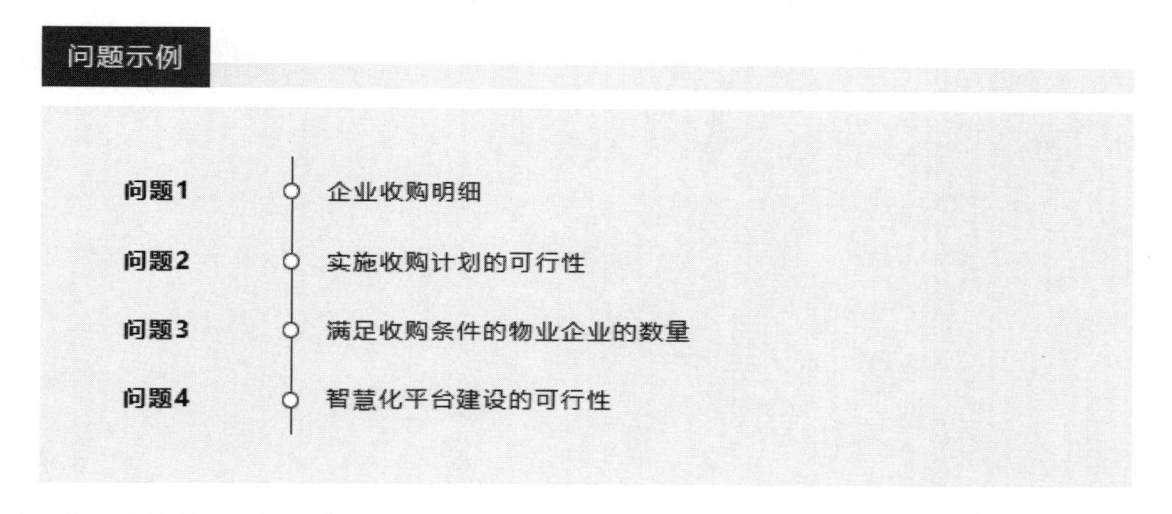

问题示例

- 问题1 ○ 企业收购明细
- 问题2 ○ 实施收购计划的可行性
- 问题3 ○ 满足收购条件的物业企业的数量
- 问题4 ○ 智慧化平台建设的可行性

近年来，香港联交所与香港证监会对于物业企业上市筹集资金用途的关注度持续提升。收并购作为资金使用的重点方向，需要拟上市物业企业提供明确的收购标准、收购目标、收购计划，并对潜在的收购对象进行梳理。智慧化建设作为另一类资金运用的方式，香港联交所也希望拟上市企业绕开复杂的专业术语，更明确地讲述相关智慧化平台建设的内容与可行性。而对于香港联交所与香港证监会而言，关注以上资金用途问题的核心，实质上落在一点：杜绝上市企业以其他名义将上市筹集的资金挪用到地产领域，部分项目甚至要求物业企业签署承诺资金不得流入房地产领域的承诺函。因此，拟上市的物业企业需要提前规划好上市筹集资金的用途，同时杜绝自身或关联方将资金用于房地产领域的可能性。

4. 其他关注点

除了关联方、市场地位、资金用途三大主要关注点以外，香港联交所与香港证监会也针对各个企业的情况，提出了诸多具有针对性的具体问题。

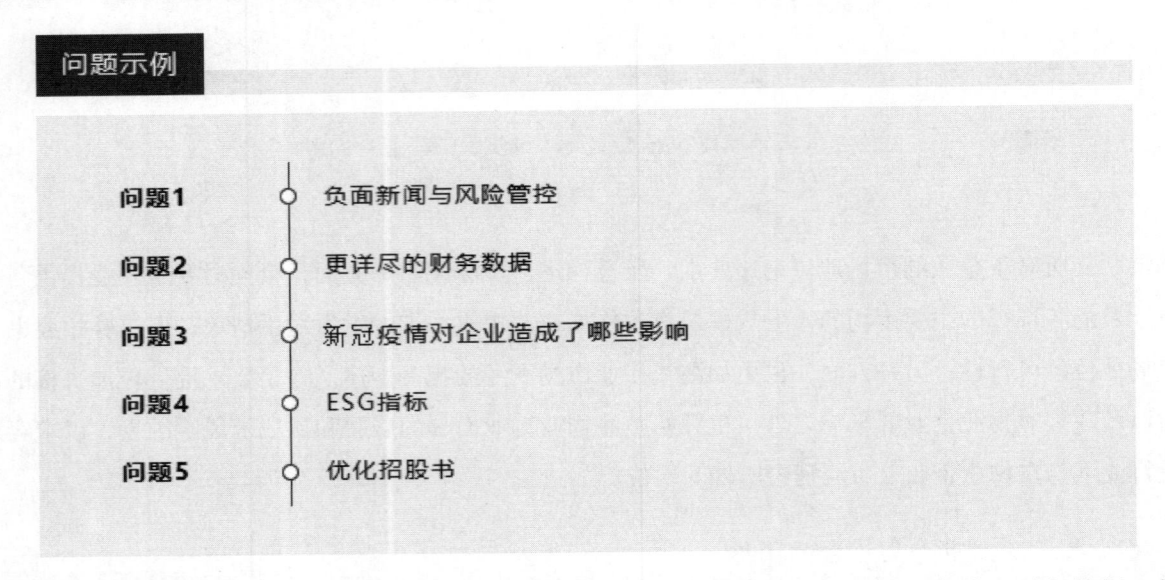

问题示例

- 问题1　负面新闻与风险管控
- 问题2　更详尽的财务数据
- 问题3　新冠疫情对企业造成了哪些影响
- 问题4　ESG指标
- 问题5　优化招股书

可以看到，香港联交所与香港证监会对于负面新闻、风险管控、公司架构、定价、财务数据、新冠疫情影响、ESG指标等方面，同样具备一定的关注。其中，定价问题方面，联交所与证监会从多个维度审视项目价格区间的合理性，包括是否为关联方项目、项目所在区域、项目定价模式等，而且会重点关注极值项目，需要拟上市的物业企业提前做好对相关项目的解释。此外，ESG部分指标在招股书阶段即需披露，这是当前物业企业在港上市需要留意的全新趋势。

报告十七 2023广州市物业管理行业发展研究报告

物业管理行业在波折中成长，逐渐走向市场化独立发展，回归服务质量本质，专注服务能力提升，以优质优价服务赢得市场认可。

随着行业不断发展，物业企业逐步摆脱"四保"服务的传统形象，将更多贴近民生的服务如家政、房屋经纪等纳入服务体系之中。同时，管理对象从单项目扩大至城市及村镇，服务空间更广阔、更综合、更立体，服务价值不断被刷新、重塑。此外，物业服务企业注重自身业务的独立性建设，以创新精神推动企业发展再上更高台阶。

行业发展已进入关键时期，前途光明，道路曲折。物业服务企业根据自身实际情况，制定具有前瞻性的发展战略，追求有质量的增长，积极布局多业态，深挖用户潜在需求，以品质赢得用户认可，借助智慧化建设与资本的力量，继续推动行业大步向前。广州市作为广东省的省会城市，也是粤港澳大湾区中重要的城市之一，在政治、经济、文化、交通等各个领域都占据重要的地位。据中指研究院房地产开发投资吸引力报告显示，广州市在2023年中国地级以上城市房地产开发投资吸引力中排名第四。多年累积的物业项目存量及未来的增量市场空间广阔，为物管行业的发展奠定了坚实基础。截至2022年底，广州市常住人口约1873.4万，是国内人口吸引力最强的城市之一，为物业服务企业开展多元化的增值服务注入了新的动力。

在物管行业高速高质发展的当前阶段，广州市物业服务企业不仅在系列指导性、支持性政策下稳健发展，还积极对接资本，借助资本力量扩规模、拓业务、升级和优化服务，为行业的发展起到积极的推动作用。本报告将从政策趋势、广州市物业管理行业、广州市上市公司及未来展望多方面展开分析，对广州市物业管理行业发展进行梳理和总结，为业内研究和行业发展提供参考。

第一部分 物业管理行业政策情况

一、国家、地方级物业管理行业政策

随着国家和地方政策的不断完善，近期与物业管理行业有关的政策为行业的发展以及规范运营指明了道路。从截止至2023年8月31日的各级政策来看，城市更新、城市改造、社区养老产业、规范安全生产等内容与行业息息相关。政策不仅为行业发展提供指引，也对规范运作提出了要求。随着这些政策的落地，有望提高行业整体水平，促进企业发展，并对物业管理行业产生积极影响。

1. 丰富业务链条，城市更新、城市改造大有可为

高质量发展已成为时代的"主旋律"和"最强音"，各级政府年内纷纷出台相关政策法规，旨在提升经济发展，推动产业结构再优化，在优化中逐步提升城市功能和品质，实现城乡一体化，以提升人民群众生活质量与幸福感。在此过程中，城市更新与城市改造服务作为改善居民居住环境以及改善人民生活条件的崭新服务领域，对物业企业来说充满机遇与挑战。物业服务企业如能参与老旧小区改造，城乡环境综合服务，新能源基础设备设施维护等业务中，不仅可以满足市场需求，同时能够拓展业务范围，丰富业务链条，进一步提升竞争力与服务力。

表17-1　　2023年1~6月城乡升级等相关政策

时间	颁发部门	政策名称	主要内容
2023/06/08	国务院办公厅	《关于进一步构建高质量充电基础设施体系的指导意见》	优化完善网络布局（建设便捷高效的城际充电网络，建设互联互通的城市群都市圈充电网络，建设结构完善的城市充电网络，建设有效覆盖的农村地区充电网络）。加快重点区域建设（积极推进居住区充电基础设施建设，大力推动公共区域充电基础设施建设）。
2023/06/01	广州市住房和城乡建设局	《关于广州市引入社会资本参与城镇老旧小区改造试行办法的通知》	主要内容包括：（1）工程建设；（2）存量资源运营；（3）提供便民专业服务，提供养老、托幼、教育、医疗卫生、文化体育等公共服务和超市、菜市场、家政等便民商业服务，以及鼓励根据业主需求提供家电维修、社区团购等特色服务；（4）长效治理；（5）专业物业管理。
2023/04/19	上海市人民政府	《上海城市更新行动方案》	明确了未来三年上海城市更新核心行动方向，助力《上海市城市更新条例》的全面实施，着力强化城市功能，以区域更新为重点，分层、分类、分区域、系统化推进城市更新。
2023/03/01	北京市人大常委会	《北京市城市更新条例》实施	《条例》明确了北京城市更新包括居住类、产业类、设施类、公共空间类和区域综合性5大更新类型、12项更新内容，提出了北京城市更新的9个基本要求。2023年，北京将力争完成核心区平房申请式退租（换租）2000户、修缮1200户，老旧小区综合整治新开工300个、完工100个，积极探索创新路径，不断提升百姓居住环境，打造出更多高品质活力空间。

2. 社区养老鼓励政策延续，潜力将被进一步释放

2022年，国家与地方层面相继出台多项政策鼓励社区养老、托育、物业、家政、餐饮、零售等多元生活服务，其中，在人口老龄化程度日益升高的背景下，社区养老服务被提及次数最多，成为政策主要覆盖方向。2023年上半年延续了2022年的政策导向，社区养老仍是主要发力方向，随着"物业+养老"的试点推行，有助于缓解社会老龄化的压力，满足养老的个性化需求。2023年7月11日，商务部等13部门办公厅（室）联合印发《全面推进城市一刻钟便民生活圈建设三年行动计划（2023—2025）》，聚焦补齐基本保障类业态，发展品质提升类业态，优化社区商业网点布局，改善社区消费条件，创新社区消费场景，提升居民生活品质，将一刻钟便民生活圈打造成保障和改善民生、恢复和扩大消费的重要载体。该政策融合多元服务打造便民生活圈，物业服务企业可通过增值服务丰富服务内涵，持续挖掘增长空间，不断提升服务密度和渗透度，不仅限于养老，而是力求打通产业链，形成"物业+多元"的商业模式，进一步拓宽创收渠道。

表17-2 2023年国家出台的养老相关政策

时间	颁发部门	政策名称	主要内容
2023年7月	商务部等13部门办公厅（室）	《全面推进城市一刻钟便民生活圈建设三年行动计划（2023—2025）》	到2025年，在全国有条件的地级以上城市全面推开，推动多种类型的一刻钟便民生活圈建设。包括在居民"家门口"（步行5~10分钟范围内）优先配齐购物、餐饮、家政、快递、维修等基本保障类业态，引进智能零售终端，让消费更便捷；在居民"家周边"（步行15分钟范围内）因地制宜发展文化、娱乐、休闲、社交、康养、健身等品质提升类业态，让消费更舒心。聚焦发展"一店一早"，补齐"一菜一修"，服务"一老一小"。此外，还将创新消费场景，增强多元消费体验；推动技术赋能，提升智慧便捷水平；促进就业创业，提高社区居民收入。
2023年5月	中共中央办公厅、国务院办公厅	《关于推进基本养老服务体系建设的意见》	制定落实基本养老服务清单。建立精准服务主动响应机制。提高基本养老服务供给能力。 完善基本养老服务保障机制。鼓励社会力量参与提供基本养老服务，支持物业服务企业因地制宜提供居家社区养老服务。 提升基本养老服务便利化可及化水平。依托和整合现有资源，发展街道（乡镇）区域养老服务中心或为老服务综合体。支持社会力量为老年人提供日间照料、助餐助洁、康复护理等服务。鼓励开展无障碍环境认证，提升无障碍环境服务水平。引导社会化专业机构为其他有需求的老年人家庭提供居家适老化改造服务。积极推进养老服务认证工作。加强信息无障碍建设，降低老年人应用数字技术的难度，保留线下服务途径，为老年人获取基本养老服务提供便利。依托国家人口基础信息库推进基本养老服务对象信息、服务保障信息统一归集、互认和开放共享。

表17-3 2023年地方政府出台的养老相关政策

时间	颁发部门	政策名称	主要内容
2023年6月	海南省委、海南省人民政府	《关于加强新时代老龄工作的实施方案》	要完善城乡社区居家养老服务模式，推动具备全托、日托等综合功能的社区养老服务机构建设，鼓励在社区建立嵌入式养老服务机构。 鼓励社会资本投资建设运营医养结合机构，支持符合条件的养老机构内设医疗机构、医务室、护理院（中心、站），鼓励养老机构与周边医疗卫生机构开展多种形式的签约合作。
2023年5月	中山市民政局	中山市创新探索"物业+养老服务"模式	精细化盘活设施，奠定服务基础。鼓励和引导物业服务企业盘活小区既有公共设施，整合居住小区内各类闲置和低效使用的公共房屋主设施，经业主同意，交由物业服务企业统一改造成居家社区养老服务。 专业化指导评估，提升养老实力。鼓励和引导试点单位将养老服务纳入企业年度培训计划并建立激励机制。 多元化精准服务，织密关爱网络。结合物业服务企业主要功能，建立专属本小区的居家养老服务清单。 规范化以奖代补，激励质量提升。鼓励试点单位充分发挥好物业服务企业常驻社区、贴近居民、响应快速等优势，着力破解高龄、空巢、独居、失能老年人生活照料和长期照护难题，促进家庭幸福、邻里和睦、社区和谐。

3. 规范安全生产，助力社会基层治理

物业服务企业已经成为社会基层治理的重要组成部分，在围绕小区消防、防汛、综合治理等安全防范工作上，需要主动对接消防等相关部门，及时通过物业管理平台等方式，将相关工作部署要求传达至各物业服务项目，做好服务区域隐患排查工作，完善应急管理措施。如遇暴雨等恶劣天气，立即加强小区排水设施巡查检查，确保物业服务区域的安全，减少损失，创建"平安"物业，强化安全生产。

表17-4　　2023年国家出台的相关政策

时间	颁发部门	政策名称	主要内容
2023/06/20	深圳市住房和建设局	《深圳市重大事故隐患专项排查整治2023行动总体方案》	（1）检查时间：6月12日~7月10日。 （2）检查方式：物业服务企业自查—区住房建设部门督促—市住房建设部门督查。 （3）检查内容：消防安全专项检查—防风防汛落实—有限空间规范—新能源汽车充电设施管理—高空坠物防范等。
2023/06/05	重庆市住房和城乡建设委员会	《物业服务企业安全生产标准》	（1）采取组织管理、教育培训、传授专业技术等方式，将企业员工在操作过程中的安全生产流程按照规范化、专业化、标准化的模式进行服务。 （2）影响安全生产的危险源进行辨识、评估、管控与风险应对，降低生产安全事故发生的概率，避免或减少安全生产中的事故发生频次。 （3）在预防过程中必须管理、控制并重，将安全的危险源和隐患控制在可控的范围内或萌芽状态之中。
2023/05/28	住房和城乡建设部办公厅	《关于加快排查整改燃气橡胶软管安全隐患的通知》	（1）抓紧摸清燃气用户使用橡胶软管的底数并制定更换工作计划。各地要采取措施逐一排查，全面排除安全隐患情况。 （2）加快组织实施燃气橡胶软管更换工作。各地要采取更有力措施推进城市燃气管道老化更新改造工作，切实将更换老化及不合格橡胶软管作为2023年度重点任务。 （3）督促燃气经营企业切实落实入户安检责任。社区等要做好配合工作。 （4）积极加强安全用气宣传教育。开展燃气安全"进社区、进学校、进企业"等宣传教育活动，普及安全用气知识。

二、广州市物业管理行业政策

自2020年广州市物业管理条例出台以来，广州市相关部门共出台了15项有关政策，为广州市物业管理行业的规范、健康、可持续发展提供了有力的指导和支持。2023年，为贯彻落实国务院的碳达峰行动方案，广州市人民政府公布了《广州市人民政府关于印发广州市碳达峰实施方案的通知》，提出了提升能源利用效率和降低二氧化碳排放水平等目标，为低碳化发展制定了指导性文件。此外，针对哈尔滨某地自拆改屋损毁承重墙事件，广州市采取了紧急措施，下发《关于加强住宅室内装饰装修安全管理工作的紧急通知》，加强住宅室内装饰装修安全管理，完善工作机制，切实保障住宅室内装饰装修质量安全和居住安全，这些政策和措施为广州市物业管理行业的发展提供了保障和支持。

表17-5　　2023年初至今广州市出台的相关政策

时间	颁发部门	政策名称	主要内容
2023/07	广州市住房和城乡建设局	《广州建立健全"1+N"政策体系高质量推进老旧小区改造》	（1）广州作为全国老旧小区改造先行试点城市，自开展改造工作以来，不断在实践探索中总结经验、提炼范式，形成符合广州城市特点、具有普遍指导意义的规章制度，构建"1+N"政策体系。 （2）"1"指的是老旧小区改造工作实施方案，"N"指的是联动工作机制、共同缔造参考指引、引入日常管养参考指引、既有建筑活化利用实施办法、整合利用存量公有房屋相关意见、引入社会资本试行办法等N个配套政策，实现了从无到有的突破、从有到全的跨越。

续表

时间	颁发部门	政策名称	主要内容
2023/05	广州市住房和城乡建设局	《关于加强住宅室内装饰装修安全管理工作的紧急通知》	（1）压实房屋使用安全各方主体责任； （2）严格落实住宅室内装饰装修申报登记制度； （3）要求住宅室内装饰装修全部签订服务协议； （4）严格执行涉及住宅室内装饰装修的有关规定； （5）切实加强装饰装修工程的监督巡查； （6）强化住宅室内装饰装修执法监管； （7）做好房屋安全事件应急处置； （8）加强行业监管规范装饰装修行为； （9）加大宣传培训力度； （10）组织开展安全检查。
2023/05	广州市人民政府	《广州市人民政府关于印发广州市碳达峰实施方案的通知》	（1）要坚持系统观念，保障绿色增长，在推动经济社会发展建立在资源高效利用和绿色低碳发展的基础之上，进而实现高质量发展； （2）提出了提升能源利用效率和降低二氧化碳排放水平等方面的主要目标，相关指标和任务更加细化、实化和具体化，确保全市碳排放在2030年前达到峰值； （3）将碳达峰贯穿于经济社会发展的全过程和各方面，重点实施包括能源绿色低碳转型行动、节能减碳增效行动、工业深度减碳行动、城乡建设绿色高质量发展行动、交通运输绿色低碳发展行动、绿色低碳科技创新行动、绿色要素市场交易体系建设行动、碳汇能力提升行动、绿色低碳全民行动、碳达峰碳中和先行先试行动等"碳达峰十大行动"； （4）明确了要建立碳排放统计核算体系，健全法规规章标准，制定更加严格的产品能耗限额、建筑能耗限额、设备能效等级等指标，推动设立广州市碳达峰碳中和专项资金和绿色低碳发展基金，大力发展绿色金融工具。

广州市物业管理相关政策与国家级物业相关政策各有其优势。广州市出台的多项政策文件，从2021年实施《广州市物业管理条例》，到2023年关于住宅室内装修安全管理的紧急通知、碳达峰实施方案等，更加贴近广州市实际情况，能够更好地解决本市物业管理行业面临的问题；同时，这些政策文件的出台也能够为广州市的住宅室内装修安全、碳达峰等问题提供更加具体的解决方案。而国家级物业相关政策则具有普适性，能够为整个物业管理行业提供统一的标准和规范，有助于提高整个行业的服务质量和规范化水平。

第二部分 物业管理行业市场分析

一、全国物业管理行业市场现状

1. 市场规模：高速拓展转为高质发展，规模增速开始放缓

随着中国房地产市场二十多年的快速发展，存量房市场规模的日益增大，为物业管理行业提供了巨大的发展空间。并且政府不断颁布新的法规，帮助物业管理行业实现稳定增长和标准化经营。同时，中国物业管理企业也在不断拓展其服务范围，诸如城市服务与IFM等新兴赛道物业企业已开始涉足。据统计，

2016—2022 年，全国物业管理行业总管理面积从 185 亿平方米增长至 289.2 亿平方米，年复合增长率为 8.18%。预计 2023—2027 年，全国物业管理规模将从约 311.0 亿平方米增长至 374.2 亿平方米，年复合增长率为 5.29%。

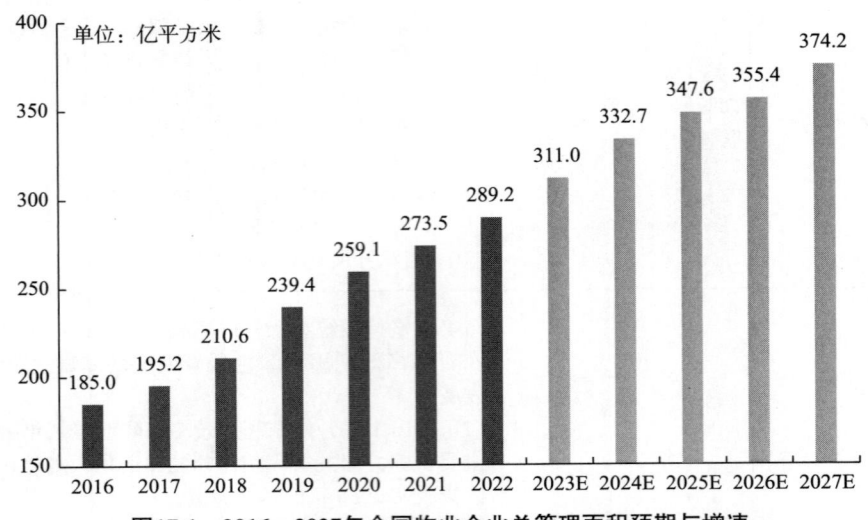

图17-1 2016—2027年全国物业企业总管理面积预期与增速

数据来源：中指数据 CREIS。

物业管理行业的增速正在放缓，迈向高质增长的新时代。以物业服务百强企业为例，2022 年，百强企业管理面积均值达到 6400.62 万平方米，同比增速为 12.43%，但与 2021 年的增速 16.67% 相比，增速有所下降；合约面积均值增至 8574.16 万平方米，同比增长 11.59%，也呈现出明显的放缓迹象。这一趋势一方面是由于房地产市场环境的变化以及开发商流动性危机的拖累，导致增量项目减少；另一方面，物业管理行业并购市场热度骤然下降，企业高速拓规模受到较大影响。

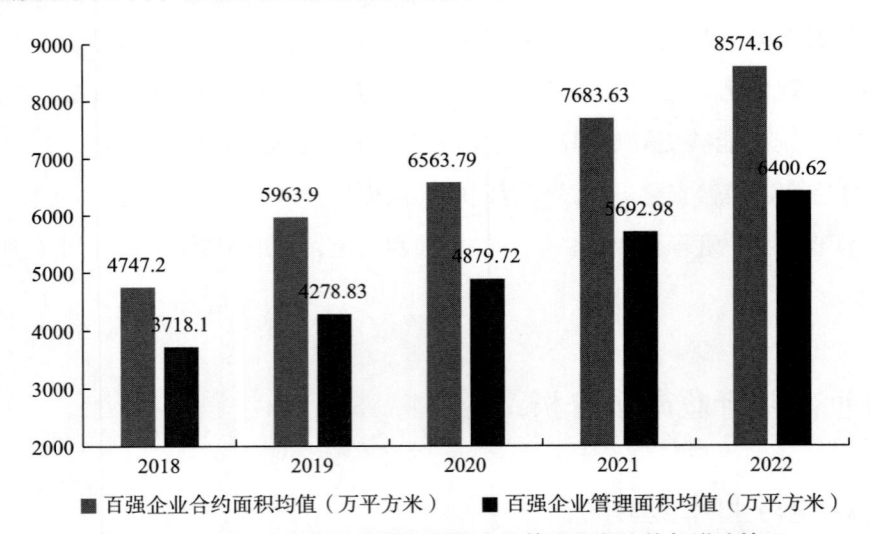

图17-2 2018—2022年物业服务百强企业管理面积均值与增速情况

上市物企规模趋势与行业整体相同。从 2023 年上半年数据看，港股上市公司在管面积均值约 1.51 亿平方米，同比增长 29.74%；合约面积均值约 1.86 亿平方米，同比增长 4.88%。但从 2022 年中期数据看，上市公司在管面积、合约面积同比增速约为 26%、16%。

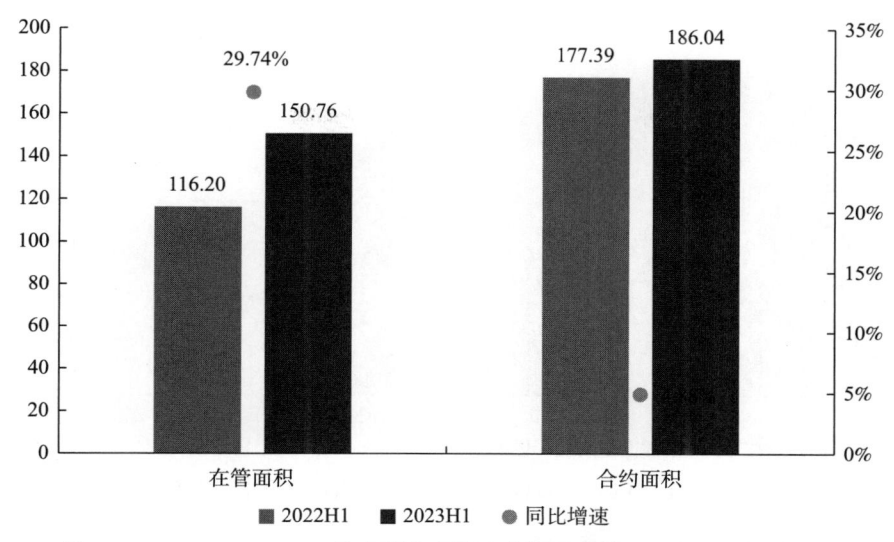

图17-3　2022H1—2023H1物业服务港股上市公司在管面积及合约面积情况

2. 竞争格局：市场集中度进一步提升，激烈竞争态势延续

以物业服务百强企业为例，2022年，TOP10的企业管理面积总和占比为14.91%，TOP100的企业管理面积总和占比为46.13%，TOP200的企业管理面积总和占比为50.24%，物业企业的市场份额占比均有所增长。从全国物业管理面积总量来看，2022年物业管理面积总量达到了289.24亿平方米，同比增长约5%，但增速有所放缓。根据统计局公布的数据，2022年商品房竣工面积为8.62亿平方米，同比下降14.98%，是2011年以来竣工面积最低的年份。考虑到房地产市场的调整及宏观政策的趋势，物业管理行业将逐步进入存量市场，企业间的竞争程度将进一步加剧。

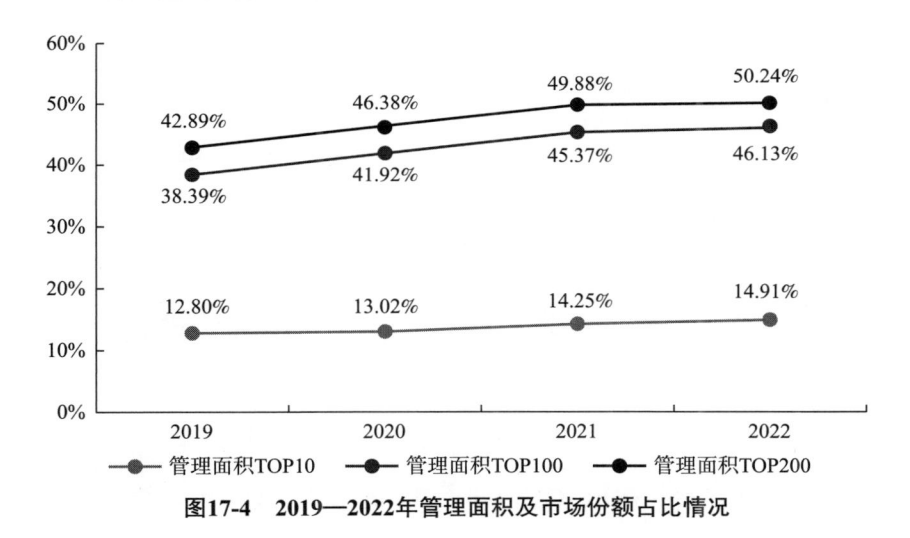

图17-4　2019—2022年管理面积及市场份额占比情况

综合实力越强的企业获得的资源越多，行业头部效应也越明显。据2022年的数据显示，物业管理行业的TOP10企业的管理面积均值为4.01亿平方米，是百强企业均值的6.27倍，市场份额达到13.0%。尽管整个行业增长放缓，头部企业的同比增速仍然达到了12.96%。不过，从2022年开始，行业管理规模高速扩张的阶段已经过去，未来的主基调将是平稳高质量发展。由于头部企业具有强大的综合实力，它们在市场中占据优势，并为企业在存量市场中外拓提供保障。

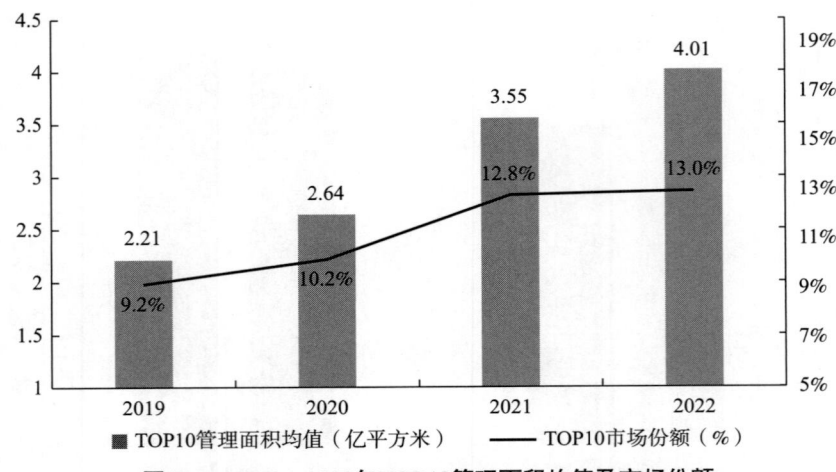

图17-5　2019—2022年TOP10管理面积均值及市场份额

3. 资本市场：市值触底反弹，国资背景更具韧性

（1）资本表现：物业板块触底反弹，企业间分化加剧

政策驱动，信用风险修复是物业板块市值回升的关键，2022年11月，地产政策实施了"三箭齐发"，这对于民营房企信用风险的释放和物业上市公司估值的重塑是有利的。自2021年6月底以来，物业板块整体估值一直处于波动下行的阶段，2022年10月31日，物业板块达到历史最低点，港股上市物企总市值约为2576.36亿元。但在政策刺激下，物业板块开始反弹，截至2023年8月31日收盘，60家上市物业服务公司的总市值为2951.72亿元，较底部回升了14.57%。目前，行业处于震荡盘整期。

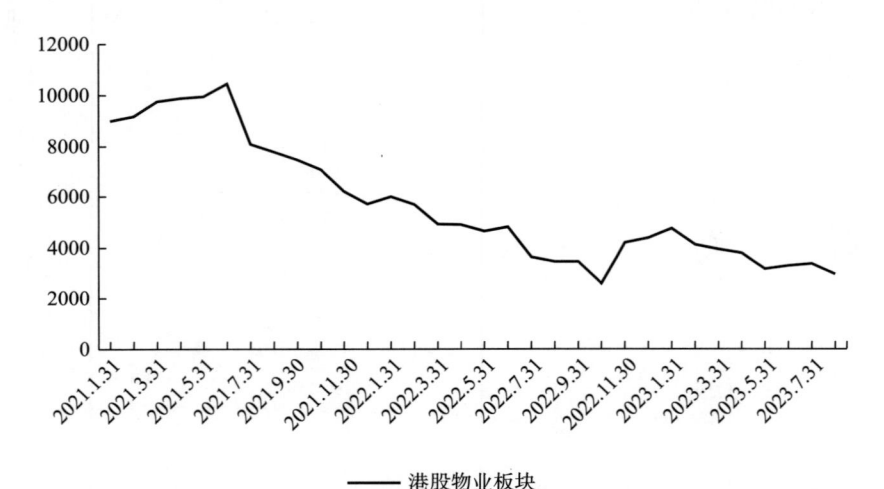

图17-6　2021年以来港股物业板块总市值走势（单位：亿元）

长尾效果明显，市值分化显著。截至2023年8月31日收盘，港股上市物企华润万象生活以772.63亿元位列第一，万物云以327.61亿元排名第二；板块平均市值为49.20亿元，超过均值的共计12家；超过100亿元的共6家，市值合计达2032.48亿元，占总市值的68.86%；TOP10企业市值合计2319.48亿元，占总市值的比例为78.58%，是尾部10名企业市值总和的142倍，市值分化显著。

尽管物业板块目前仍处在震荡盘整期，但可以看到优质企业在此过程中承受住了市场的考验。国有企业凭借"国资背景"的金字招牌以及良好的"有社会责任担当"形象，股价在市场震荡中实现了韧性上涨。中海物业得益于2023上半年在非住外拓市场有质外拓，业绩超额完成预期，市值稳步提升，以307.98亿元位列第三。

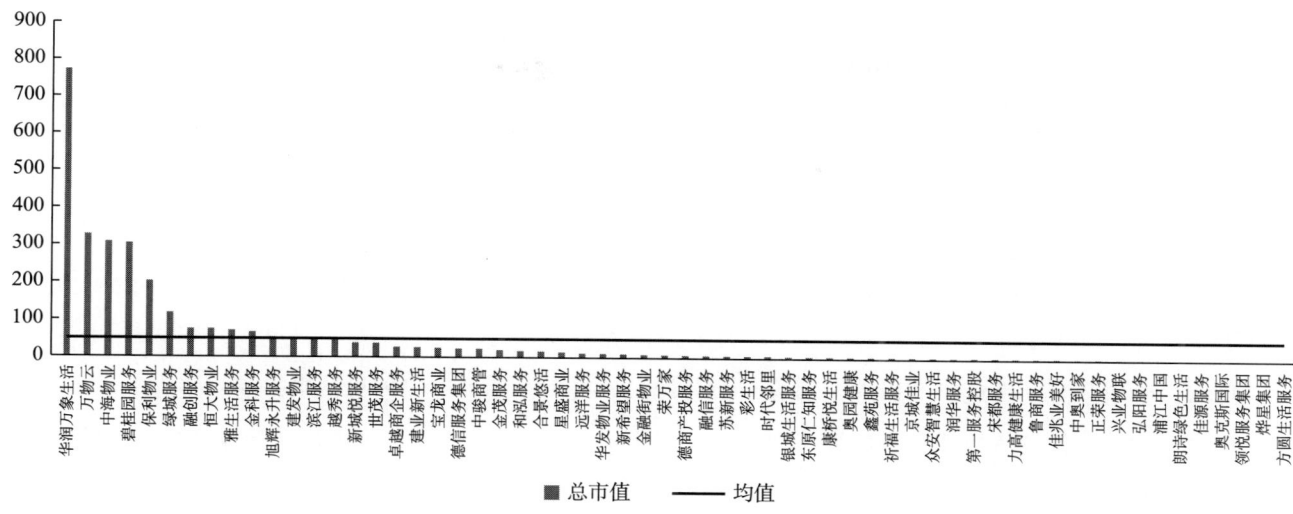

图17-7　港股物业服务上市企业市值及均值（单位：亿元）

（2）IPO：热度有所下降，优质企业仍有机会

2022年，物业管理行业的IPO数量为6家，全部在香港主板上市。相较于2021年的14家，IPO数量显著下降，发行节奏明显放缓，募集资金方面共募集了74.4亿港元，融资总量收缩至2018年的水平。从2023年至今，仅有两家企业成功登陆港股资本市场，分别是润华服务与众安智慧生活，募集资金和上市企业数量进一步下降，IPO热度有所减退。

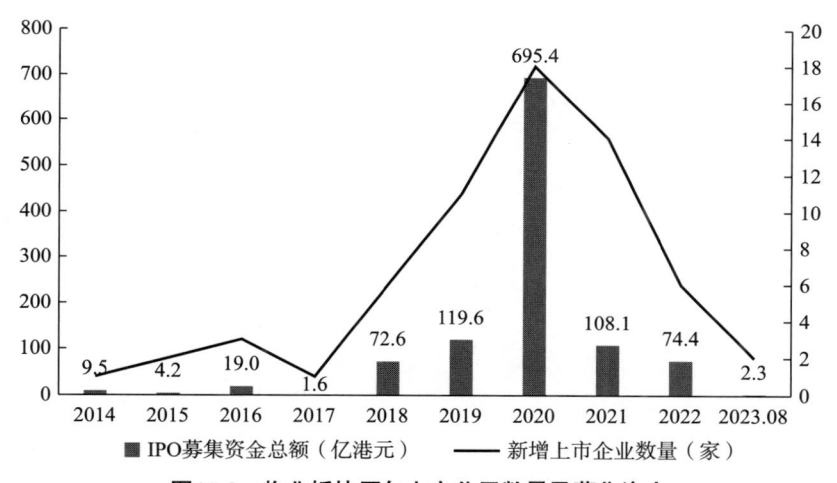

图17-8　物业板块历年上市公司数量及募集资金

尽管IPO热度有所下降，但拥有国资背景的物业企业信用良好，稳健性强，相对于民营企业更具有抗风险和抗周期的特性，仍有上市机会。此外，较高且稳定的估值有助于国企获得融资，保持资金链的稳健，进而有助于开展收并购工作，形成正向循环扩张。

当前的资本市场已不再"唯规模论"，盲目追求全国化的规模扩张，而是逐渐回归行业本身的商业逻辑，关注物业服务企业的高质发展和运营效率。这对于广大区域型地方国有资本背景下的企业上市而言将更为有利。因此，未来国有资本背景下的企业可能会成为上市主力。

4. 市场外拓：收并购趋于谨慎，合资经营或为出路

收并购：收并购更加注重质量与战略的协同效应，不再盲从。从2022年初到2023年8月底，物业管理行业并购市场热度明显下降。披露相关信息的典型并购交易约50宗，并且交易金额大幅下降，主要由于：

① 并购市场环境错综复杂，并购方更加谨慎选择标的企业评估综合信息以及投后管理难易程度。

② 受关联方影响，预算压力较大。

③ 并购模式转变，由"规模型"并购转为"业务型"，且"规模型"并购更集中于特色细分赛道。

从2022年并购信息来看，传统物业服务领域并购仅一半份额，而机场、度假村、酒店、金融等细分领域更受重视，其中受政策指引的养老服务以及城市服务尤为突出。

目前，受地产流动性危机的影响，部分上市公司影响较大，还未走出危机，未来随着买方的发展战略需求与卖方的结局债务危机需求相碰撞，很可能会出现上市公司成为并购标的的案例或出现上市公司间的兼并收购情况。

退出转让：与并购相反，市场出现不少物业企业退出或卖掉物业子公司（原并购对象）或转让专业公司股权的案例，表明物业管理企业在业务整合方面出现了新的变化。在前期收并购热潮之后，物业企业开始认识到并购是双刃剑，收购后风险重重，在后续双方的整合中并没有发挥出"1+1>2"的效果，甚至出现业绩不达预期、财报难产等情况，迫使并购方不得不及时卖掉或退出。

合资合营：同是企业为了实现战略目标而采取的策略，相比于更为谨慎的收并购，合资合营的案例层出不穷。原因主要如下：

① 合资会更加经济实惠，只需较小的投入就能获得市场上的优质项目。

② 从合资方的立场来看，这些合作伙伴通常是中小型房地产企业，引入知名品牌物业管理公司有助于提高楼盘的吸引力和溢价能力，从而实现双方共赢的局面。

③ 国有及中央企业对合资合作的需求和意愿十分强烈。一方面，物业服务能带来稳定持续的现金流资产；另一方面，国有及中央企业进行混合所有制改革以提高质量和效益是政策所鼓励的方向。

④ 随着社区增值服务的发展以及物业公司业务范围的拓展，与专业公司的合资案例日益增多，涉及领域包括餐饮、环保卫生、社区生鲜零售等。

5. 行业展望：物企独立属性增强，释放更多服务空间

（1）物企独立市场化走向必然

在过去的很长一段时间内，物业服务企业与房地产开发企业之间存在着天然的从属关系。因此，物业服务通常由隶属于房地产开发企业的物业服务公司负责，这样便于及时沟通并解决后续的物业维护和维修问题。相对于独立的市场化物业服务企业，拥有开发商背景的物业服务企业在承接母公司项目方面具有更大的市场优势。

随着房地产行业20多年的快速发展，物业服务企业逐渐成熟，在专业化领域不断深耕，催生了规模化发展的需求。近年来，随着房地产存量房时代的到来以及后勤服务社会化改革的深入推进，物业服务企业市场化趋势得到了加速。关联方对物业公司的支持也在行业变迁中逐步减弱，物业企业意识到依靠关联方输血无法实现可持续发展，规模的补充不再能满足物业企业的需求，市场化与独立化的重要程度与日俱增。

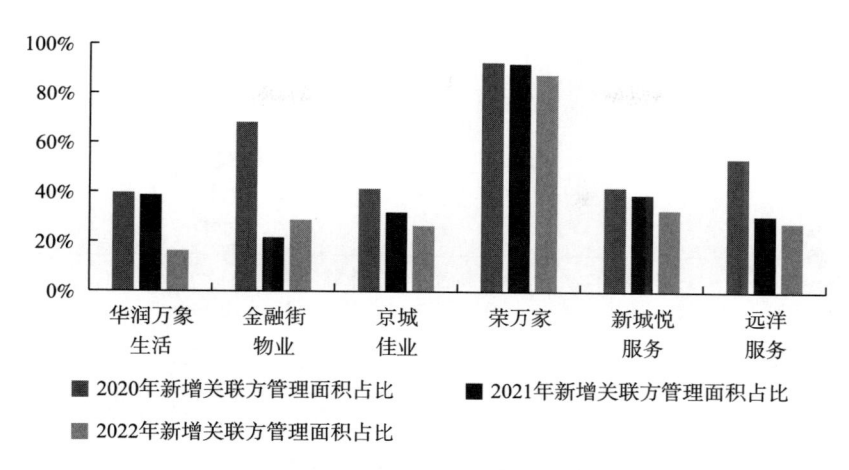

图17-9　2020—2022年部分企业新增管理面积关联方占比情况

物业管理行业的市场化程度不断提高，物业服务收费逐渐形成了以市场调节机制为主导、政府指导为辅助的价格体系。企业遵循市场规律，开发新的物业项目以及各类增值服务项目，建立市场化的供应链机制和管控流程，全面提升和增强企业在增值物业市场中的竞争力。

从新增面积来看，物业企业承接关联方项目占比减少，依赖程度逐步降低。从物企披露的数据来看，每年新增管理面积中，关联方的贡献程度呈现下降趋势，多家上市企业新增管理面积中关联方供给占比出现持续下滑，且趋势明显。

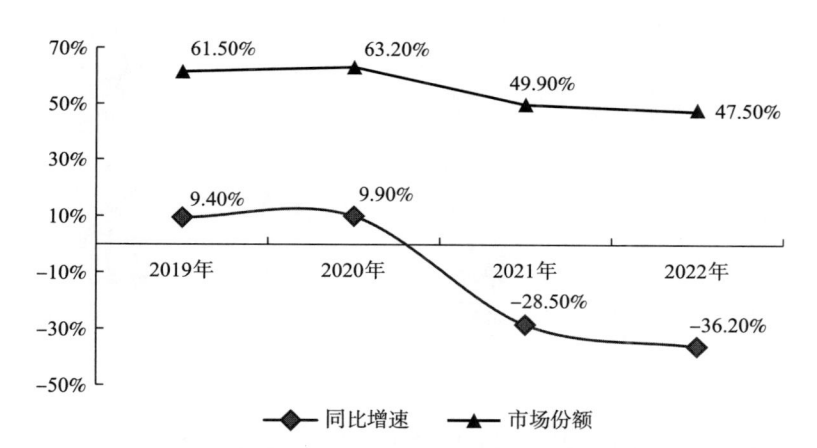

图17-10　2019—2022年房地产百强企业销售面积增速及销售额市场份额情况

从房地产市场数据来看，房地产百强企业近年销售面积增长动力不足，增速由2019年的9.4%逐年下降至2022年的-36.2%，销售面积也由逐年增长转为进入下行通道。房地产行业加速出清，百强企业市场份额下滑，物业服务企业关联项目供给不足，增量转化减少。因此，物业企业应减少对关联企业项目的依赖，聚焦市场化拓展，依靠第三方力量实现长远发展，并抓住存量市场机遇，强化拓展能力。

（2）增值服务内涵深化，城市服务与IFM开启万亿新空间

理性的发展社区增值服务和拓展业务边界对于物业服务企业来说，有助于改善收入结构和提高利润。经过多年的探索和尝试，社区增值服务已经在广度和深度上实现了较快的发展，从最初的零散业务逐渐拓展至全方位覆盖。

近年来，随着行业逐步回归理性，社区增值服务呈现出新的发展特点。这些特点表现为逐渐聚焦于关键领域，如居家生活类的家政服务、美居服务、社区零售，空间运营类的社区传媒业务，以及资产类的租

赁业务等。这些变化反映了社区增值服务从全面覆盖向优质发展的内涵深化过程。

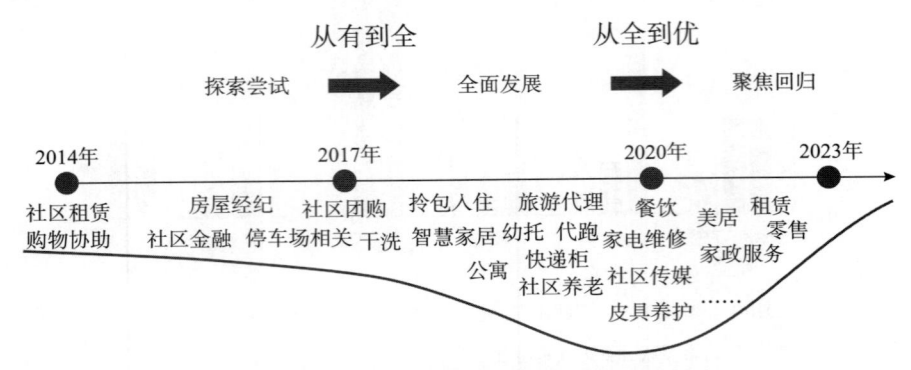

图17-11　近十年社区增值服务业务主要发展变化情况

非住宅业态近年来发展势头不容小觑。2022年，百强企业非住宅业态管理面积占比达35.28%，较上一年增长1.39个百分点，且近几年呈现逐年递增的趋势，表明越来越多的企业在拓宽管理业态，挖掘非住宅领域的蓝海市场。进一步看，商业物业和办公物业占比最高，分别达到6.69%和7.68%；产业园物业、医院物业、学校物业、公众物业占比分别为6.26%、3.22%、3.60%、3.75%，抢滩非住宅市场已经成为行业发展的必然趋势。相比住宅业态，非住宅业态市场化属性更强，无疑是物企外拓的重要发力点。

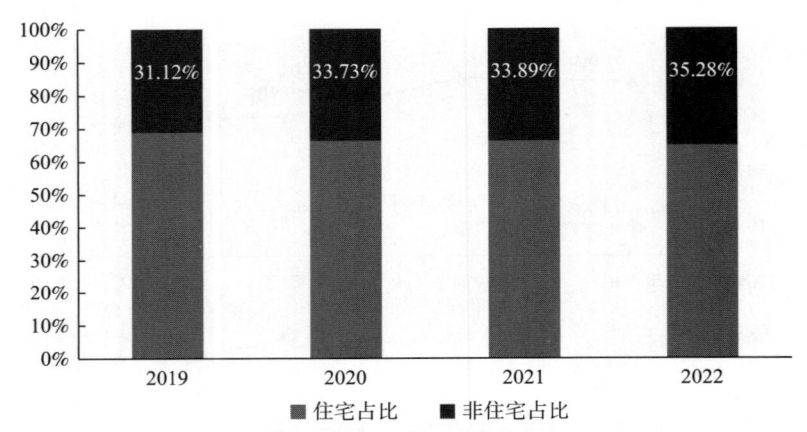

图17-12　2019—2022年百强企业管理面积业态分布

非住宅业态中，城市服务已成为越来越多企业关注并布局的核心领域，其市场潜力正逐步被挖掘。在服务内容和业务模式方面，物业服务企业已从提供基本的城市服务，如环卫和市容巡查等，向城市综合治理领域转型，并进一步深入到城市综合解决方案的规划与实施，物业服务企业在城市服务中的参与程度不断提高。

城市服务涵盖了从个体到群体，从平方米到平方公里的广泛范围，具有"大、杂、多、细"的显著特点。物业服务企业作为城市"大管家"，积极进入城市服务领域。经过多年的努力，物业服务企业在城市服务方面的边界已得到进一步拓展，从仅仅提供服务向城市治理和运营方向发展。

IFM在非住宅项目的基础上对存量进行深度挖掘，高度服务当前行业发展趋势。通过整合资源，满足客户日常所需，对工作场所进行空间利用，对设施设备维护降耗，对环境进行管理，总之可将客户非核心业务统一筹划与管理，是近两年物业服务企业开拓的新赛道。从内容方面来看，IFM服务包括七大类：设施维修及维护、环境与能源管理、安保服务、保洁服务、企业和资产管理、餐饮服务和综合服务（空间规划、员工福利管理、饮水服务、会务服务、制服服务、礼宾服务等）。据测算，到2031年全球IFM市场规模将超万亿美元。目前我国IFM服务市场需求规模约6260亿元，预计到2026年将增长到约10699亿元，年均复合增长率达14.07%。

IFM的沃土主要是非住宅领域，加强非住宅项目的拓展是当前行业的重要趋势。面对住宅物业管理激烈的市场竞争环境，发力商业、办公、医院、学校、产业园、场馆、机场、TOD等特色细分物业管理赛道，为规模持续拓展创造更多可能，奠定未来业绩增长的稳固基础。

（3）人才建设迫在眉睫，复合型人才是企业发展基石

随着行业科技水平的不断提高以及业务多样化发展的需求推动，物业服务企业将进一步加速人才队伍的建设，储备和培养更多具备信息化、智能化管理能力的高素质人才，以实现物业服务质量的持续提升。以百强企业为例，面对新时代的挑战，百强物业企业对高学历、专业型、复合型人才的需求较以往有明显增强。

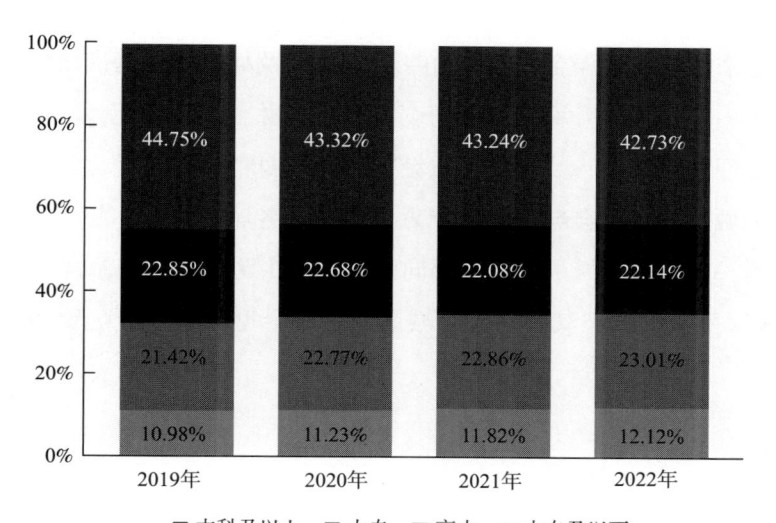

图17-13　2019—2022年百强企业人才结构对比

一方面，由于我国物业管理行业创新迅速发展，人工智能、虚拟现实等新兴技术日益成熟并广泛应用，物业服务企业亟需吸引更多优秀人才，特别是具备综合性专业管理、创新和技术能力的人才，以满足物业现代化管理和业务多样化的需求。另一方面，在物业服务企业朝着精细化、专业化服务集成商的转型升级过程中，企业逐步将传统物业服务如保洁、绿化、秩序维护等基础服务外包给更专业化的公司，更加关注客户体验和服务质量。

为满足业主和住户的需求，物业服务企业不断推出"管家式服务""一站式服务""全方位服务"等理念，构建高素质、强能力、专业化的人才队伍，从而推动企业服务品质的持续提升。

未来，随着物业服务企业愈发注重专业化、高素质人才的培养和引进，物业管理行业将会涌现出一批业务能力强、综合素质高且具国际视野的优秀职业经理人，他们与快速发展的物业服务企业互相成就，并最终引领行业的发展。

（4）聚焦核心城市群，密度提升成为重点

面对日益激烈的市场竞争，物业企业有战略、有选择地布局重点城市群，深耕核心城市，奠定规模增长的坚实基础。以百强企业为例，2022年，约62.66%的管理面积位于五大城市群，较2021年上升

1.32个百分点，分布较为集中。其中，长三角、珠三角城市群管理面积占比分别为21.21%、12.64%，较上一年分别增长0.74、0.55个百分点，增长较快；长江中游、成渝城市群面积比例分别为9.91%、8.71%。

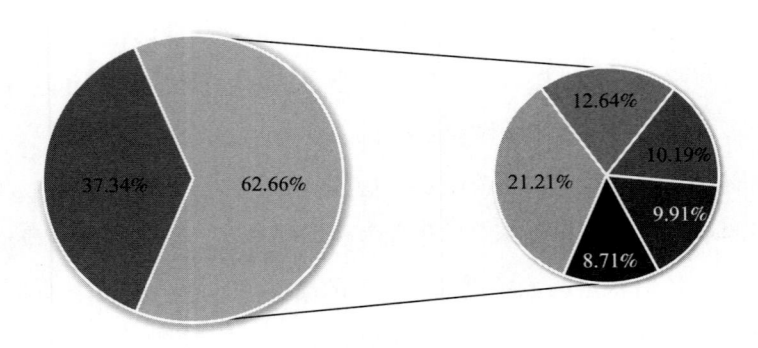

图17-14　2022年百强企业不同城市群管理面积分布情况

从微观层面看，越来越多的百强企业结合自身资源禀赋及战略方向精准聚焦重点城市进行深耕，提升重点城市服务密度。一方面，提升城市服务密度有利于资源整合和匹配，形成一定的规模效应，优化管理并在一定程度上实现降本增效；另一方面，结合企业自身情况聚焦重点城市，可以使资源得到更好的配置，过度追求多个城市深耕，会导致资源配置不充足、各城市拓展不能兼顾、资源整合效果差等问题。以雅生活集团为例，其战略布局尽量集中协同资源，减少跨地区的资源匹配浪费，同时重点放在31个战略城市和22个深耕城市上，把其余170个城市作为机会型城市进行配置和探索，有效实现资源的优化。

二、广州市物业管理行业概述

1. 管理规模：总管理面积达4.18亿平方米，住宅物业占比最多

作为中国南部的主要城市和经济中心，广州市拥有庞大的人口基础和持续发展的城市建设。在这种背景下，广州市物业管理行业具有极大的市场潜力。截至2022年底，广州市共有约5675个物业管理项目，总管理面积约为4.18亿平方米。其中，住宅业态管理面积约2.78亿平方米，占广州市总管理面积的66.7%，是占比最高的管理业态；办公和商业物业管理面积分别为5581.6万平方米和3458.7万平方米，占比分别为13.5%和8.2%，在非住宅业态中占据重要地位，规模相对较大；学校、公共设施、产业园区、医院以及其他物业管理面积相对较小，分别占据4.7%、3.0%、1.9%、0.7%和1.1%的市场份额。

物业管理服务的范围不断拓展，从住宅领域逐渐扩展至商业办公、医疗、教育等非住宅业态以及城市服务等多个领域。非住宅领域已经成为企业市场发展的关键方向。相较于住宅业态，非住宅业态的基础物业服务不受相关限价政策约束（具有较高的单价和灵活的定价策略），并能提供更加多样化且专业的增值服务（如商业运营等），市场化潜力更为显著。

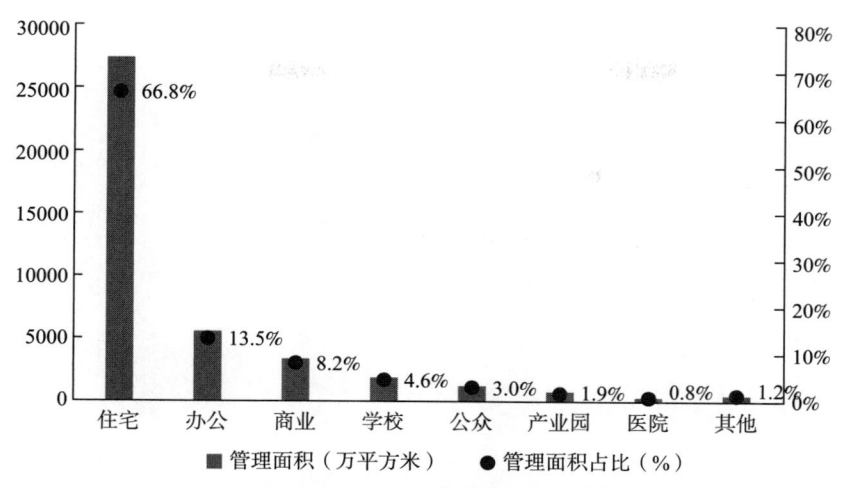

图17-15 2022年广州市物业管理行业管理业态分布情况

在开拓第三方市场时，物业服务企业应坚定地把握非住宅业态的发展机遇，打造优质服务项目，完善服务标准和细化服务流程。通过多元化的服务业态组合，助力企业规模迅速扩张。物业管理行业内部的市场份额竞争将变得愈发激烈，广州市物业管理市场仍具有巨大的提升空间。

2. 企业营收：营业收入小幅上涨，利润出现波动，企业呈现增收不增利现象

规模的扩张为物业服务企业创收带来持续增长的源动力，在企业管理规模扩张的驱动下，基础服务收入也在持续提升，同时增值服务呈现加速增长的良好局面。近4年来，广州市物业管理企业营收金额保持稳定增长，但可以看到，2022年总营收增幅速率已有所放缓，同比增加0.24个百分点，而2021年涨幅率为9.17个百分点。截至2022年末，广州市物管企业总营收金额由2019年194.0亿元增长49.5%至290.0亿元。

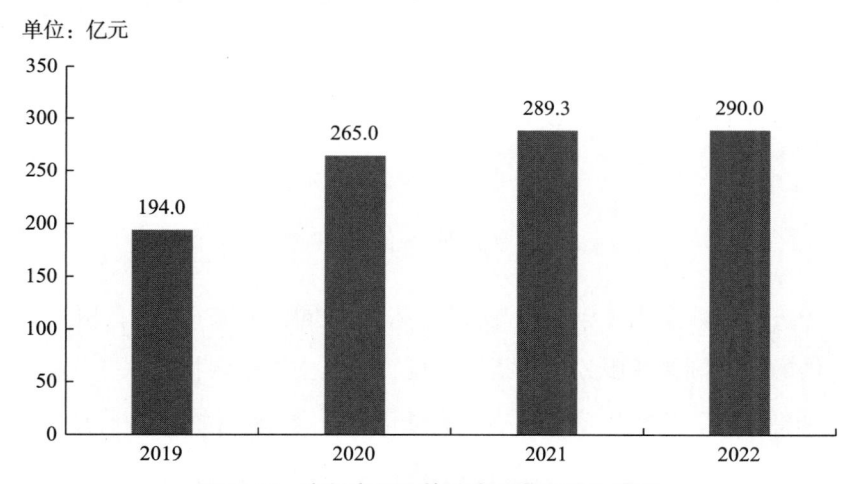

图17-16 广州市物业管理企业营业收入情况

数据来源：广州物协，中指数据CREIS。

广州市物业管理利润总额较2021年下降0.5亿元，行业整体呈现增收不增利现象。近几年，广州市物管行业总利润从2019年的9.7亿元增至2021年的16.5亿元，截至2022年底，总利润为16.0亿元，出现利润回落，年复合增长率13.3%。

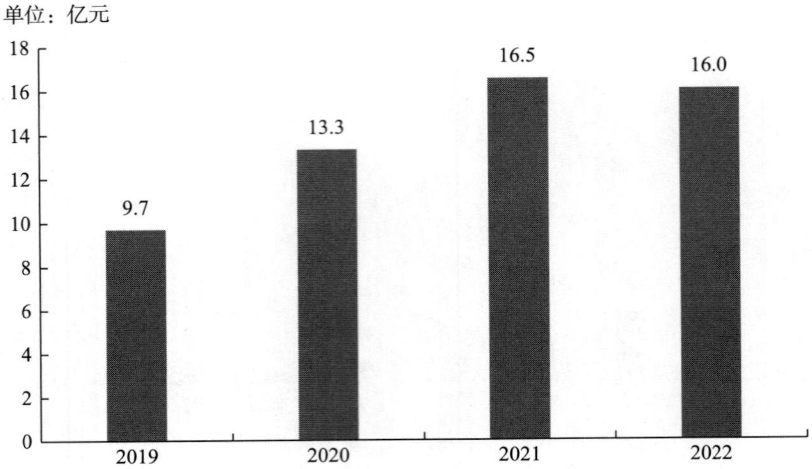

单位：亿元

图17-17　广州市物业管理行业利润总额变化情况

数据来源：广州物协，中指数据CREIS。

3. 服务品质：物业服务满意度得分73.5，仍高于全国平均水平

物业服务作为房地产管理的重要组成部分，对于提升居民生活质量、维护社区安全以及保障房产价值起着至关重要的作用。良好的物业管理和服务可以提供全面、专业的管理和维护，保障业主和居民的日常生活便利和安全；可以确保社区的公共设施、绿化区域、停车场及道路等基础设施正常运转和维持良好状态；同时还可以处理维修问题，处理居民的投诉和维权事宜，提供紧急援助等。通过提供高质量的物业服务赢得业主满意，为居民提供更好的生活体验。

满意度是物业服务工作的重要考核指标，是业主对物业服务质量好坏、物业管理水平高低的客观评价和真实反映。2023年，中指研究院采用自主研发的全新满意度专业调研平台——中指云调查，选取全国200多个城市进行了线上和线下调研，通过二维码扫描、公众号嵌入、短信通知及移动APP答题等多种渠道回收数据。调研结果显示，行业整体的满意度得分为72.6分。广州的物业服务满意度得分为73.5分，高于行业均值水平0.9分。

4. 价格指数：物业服务均价2.74元，物业服务价格指数位列第六

（1）广州物业服务价格指数变化趋势：物业服务价格指数同比上涨0.06%，位列全国第六位

在中指研究院开展的"中国物业服务价格指数系统"研究中，中国物业服务价格指数系统以城市各星级服务价格指数[①]为最低层级，逐级生成城市物业服务价格指数、二十大城市物业服务价格综合指数。计算物业服务价格指数时，以每个物业项目的建筑面积占样本库中所有合格物业项目建筑面积总和的比重为该物业项目权重。二十大城市物业服务价格指数稳中有升，在一定程度上反映了物业管理行业面临的环境是向好的。2023年6月，二十城物业服务价格综合指数为1075.58，同比上涨0.03%，涨幅较上年同期收窄0.11个百分点；环比上涨0.01%，涨幅较上期收窄0.01个百分点。整体来看，广州市物业服务价格指数排行第六位，得分1023.04，低于二十城综合指数，相比发展速度较快的新兴城市，广州作为一线城市在物业服务价格方面还有较大提升空间。

广州市物业服务价格指数在2013年至2017年连续四年增长，最高达到1021点，近些年出现阶段性

---

① 各星级服务价格指数是根据中国物业服务星级评价标准体系（包括软件标准体系和硬件标准体系），考核评分得出三星级、四星级和五星级物业。

波动，价格波动趋于稳定。物业服务价格主要随着服务质量与业主体验等因素而变动，优质的服务将带动价格的提升，从而增加物业服务企业的营收。

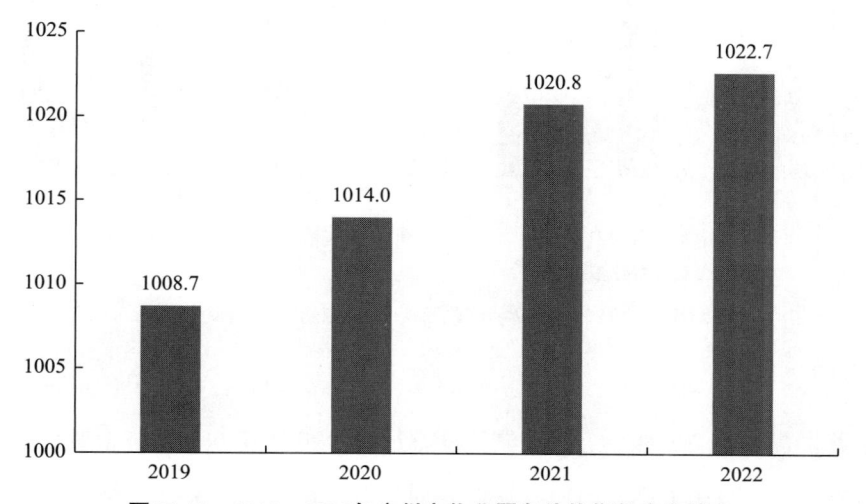

图17-18　2019—2022年广州市物业服务价格指数变化情况

数据来源：中指数据CREIS。

（2）广州物业服务价格变化趋势：二十城均价为2.52元/平方米/月，广州市排名第五

物业服务均价代表物业行业整体价格水平，价格的提升带来物业企业营收增长。近些年，广州市物业服务均价出现快速增长状态。2013年广州市物业服务均价为2.26元/平方米/月，截至2022年末，广州市物业服务均价增长至2.69元/平方米/月。

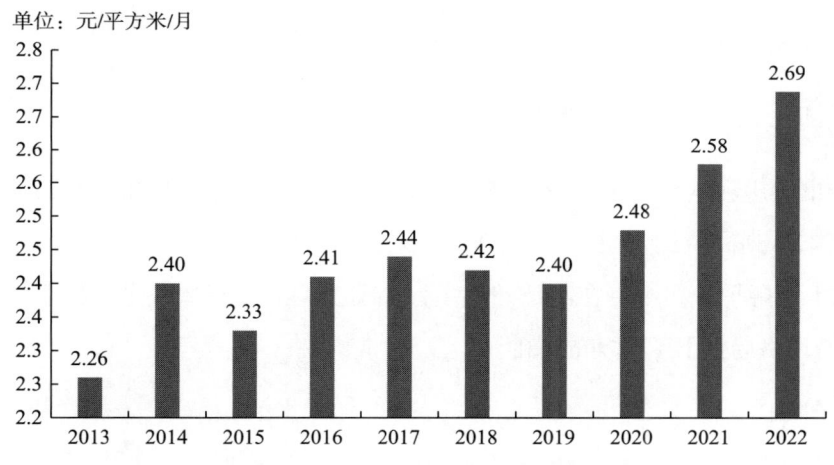

图17-19　2013—2022年广州市物业服务均价变化情况

数据来源：中指数据CREIS。

2023年6月，二十城物业服务均价为2.52元/平方米/月。一线城市物业服务价格水平居前列，其中深圳均价最高，为3.89元/平方米/月；北京次之，为3.39元/平方米/月。广州市物业服务均价2.74元/平方米/月，同比增长3.40%，环比增长1.86%，二十城均价排名第五。

（3）广州星级物业服务价格变化趋势：各星级物业服务收费同比均上涨，三星级同比涨幅最高

在星级服务细分领域，2022年，广州市五星级服务费均值4.19元/平方米/月，四星级服务均值2.86元/平方米/月，三星级服务均值2.29元/平方米/月。整体来看，三、四星级服务费均价变化相对稳定，五星级服务费涨幅明显，针对业主需求，定制差异化服务，物业服务正在向定制化方向发展。

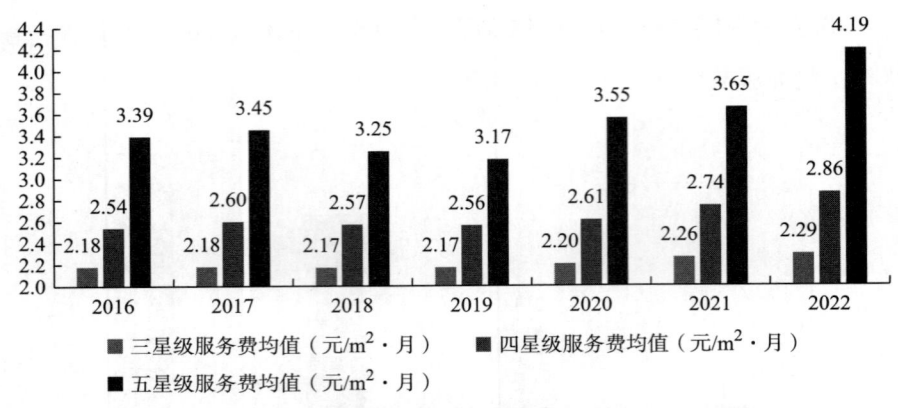

图17-20　2016—2022年广州市各星级服务费均价变化情况

数据来源：中指数据CREIS。

各星级物业服务收费同比均上涨，五星级同比涨幅最高。2023年6月，二十城整体三星级物业服务收费为2.01元/平方米/月，同比上涨0.01%，其中深圳收费最高，为3.43元/平方米/月；广州市三星级物业服务收费为2.31元/平方米/月，高于二十城整体水平。四星级物业服务收费为2.75元/平方米/月，同比上涨0.73%，其中深圳、北京、杭州、青岛、宁波收费相对较高，均在3.1元/平方米/月以上；广州市四星级物业服务收费略高于平均水平，与领先城市还存在一定差距。五星级物业服务收费为3.93元/平方米/月，同比上涨3.42%，其中深圳收费最高，为5.14元/平方米/月；广州市五星级物业服务收费为4.56元/平方米/月，高于二十城平均水平，但距其他一线城市有一段距离。星级物业服务价格排名越靠前代表价格提升空间越小。广州市在三星级物业服务价格排名位列第三，四星级收费排名第七，五星级收费排名第五，由此可见，物业服务价格在四星级与五星级有较大提升空间。

5. 自治组织：业主大会覆盖率近半数，但数量略有波动

自2020年广州市住房和城乡建设局重新修订成立业主大会工作指引以来，全市业主大会成立数量增长迅速。于2021年末达到高位约1479个。但2022年业主大会减少12个，现有业主大会约1467个，覆盖率42.7%，与2021年持平，但维持在高位的业主大会覆盖率，为营造业主、物业服务企业、政府三方共建共治共享小区治理格局打下了坚实的基础。

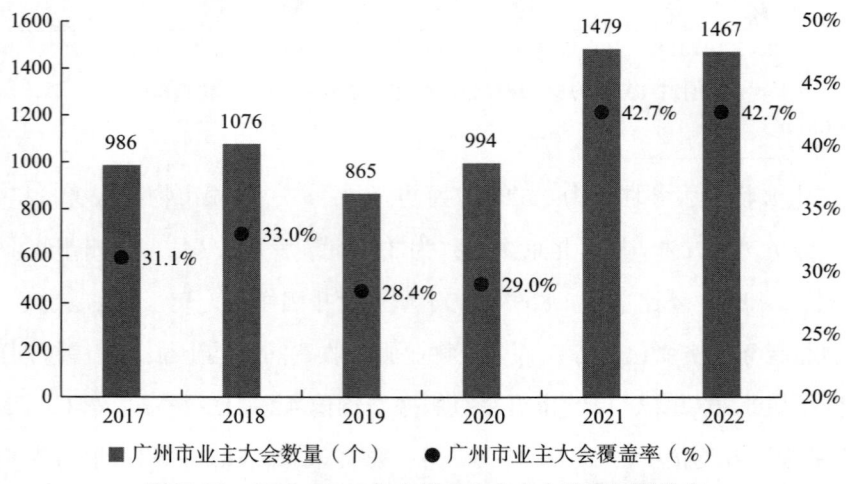

图17-21　2017—2022年广州市业主大会数量及覆盖率

数据来源：广州物协，中指数据CREIS。

6. 信用建设：推动行业健康发展，客观评价优质物业企业

为促进物业服务行业的信用体系建设，进一步规范行业行为，推动物业管理行业的健康发展，广州市物业管理行业协会于 2019 年制定了《广州市物业服务企业信用评价临时规则》。该规则以物业服务企业的管理规模、营业收入、客户满意度、诚信记录等五个方面作为评价指标，为每个具体评价内容设定相应的分值和有效期限，并由广州物协系统进行统计，最终生成企业的信用评价结果，该结果由广州市物业管理行业协会每月公布。

根据 2023 年 8 月最新一期《广州市物业服务企业信用等级评价》显示，前十的企业分别是广州天力物业发展有限公司，广州市万科物业服务有限公司，广州市宁骏物业管理有限公司，广州市珠江城市管理服务集团有限公司，保利物业服务股份有限公司，广东康景物业服务有限公司，奥园智慧生活（广州）集团有限公司，广州越秀物业发展有限公司，广东宏德科技物业有限公司以及港联不动产服务（中国）股份有限公司。信用评级的开展有助于进一步规范物业企业行为，促进物业管理行业健康发展。

表17-6　　　　　广州市物业服务企业信用等级评价（第20230831期）

排名	企业	评价结果
1	广州天力物业发展有限公司	AAAAA
2	广州市万科物业服务有限公司	AAAAA
3	广州市宁骏物业管理有限公司	AAAAA
4	广州珠江城市管理服务集团股份有限公司	AAAAA
5	保利物业服务股份有限公司	AAAAA
6	广东康景物业服务有限公司	AAAAA
7	奥园智慧生活服务（广州）集团有限公司	AAAAA
8	广州越秀物业发展有限公司	AAAAA
9	广东宏德科技物业有限公司	AAAAA
10	港联不动产服务（中国）股份有限公司	AAAAA
11	广州敏捷新生活物业管理有限公司	AAAAA
12	中海物业管理广州有限公司	AAAAA
13	广州凯云发展股份有限公司	AAAAA
14	广州市时代物业管理有限公司	AAAAA
15	广州方圆现代生活服务股份有限公司	AAAAA
16	广州粤华物业有限公司	AAAAA
17	广东公诚设备资产服务有限公司	AAAAA
18	奥联物业股份有限公司	AAAAA
19	广州锦日物业服务有限公司	AAAAA
20	广州市润通物业管理有限公司	AAAAA

资料来源：广州物协。

三、广州市上市物业企业经营分析

1. 资本市场：总市值占港股物业板块 14.5%，国企更受青睐

广州市共有 9 家物业服务上市企业，其中 2 家具有国资背景，分别是保利物业和越秀服务，其余 7 家为民营企业。截至 2023 年 8 月 31 日，这 9 家企业的总市值达到 428.35 亿元，占港股物业板块的 14.5%，在行业中占比处于国内领先地位。在这些企业中，市值超过 100 亿元仅保利物业一家（201.69 亿元），恒大物业紧随其后（74.59 亿元），雅生活集团排名第三（71.00 亿元）。前三名企业的总市值占 9 家上市企业的 81.1%。行业内市值分布呈现出头部效应，较大的企业占据主导地位。从市盈率来看，两家国资背景的物业服务企业受到资本市场的青睐，估值相对较高。保利物业以 14.89 倍市盈率位居首位，越秀服务以 9.79 倍市盈率排名第二。市盈率与国资背景企业的稳定性、品牌认可度以及发展潜力等因素有关。

表17-7　　　　广州市上市物业服务企业总市值和市盈率情况（截至2023年8月31日）

公司	上市时间	性质	总市值（亿元）	市盈率
保利物业	2019 年 12 月	国资	201.69	14.89
恒大物业	2020 年 12 月	民企	74.59	4.15
雅生活集团	2018 年 2 月	民企	71.00	4.04
越秀服务	2021 年 6 月	国资	48.09	9.79
合景悠活	2020 年 10 月	民企	16.41	/
奥园健康	2019 年 3 月	民企	6.11	/
时代邻里	2019 年 12 月	民企	5.01	2.65
祈福生活服务	2016 年 11 月	民企	4.88	4.51
方圆生活服务	2020 年 5 月	民企	0.56	2.75

数据来源：wind，中指研究院整理。

自 2021 年以来，受诸多外部因素影响，资本市场承受了较大压力，广州市的 9 家上市物业企业也经历了调整。在总市值方面，2021 年 2 月 19 日，这 9 家企业的总市值达到了近两年的最高点，合计 2521.5 亿港元。随后市值出现了大幅度的调整。截至 2023 年 8 月 31 日，广州市上市物企的总市值合计降至 428.35 亿港元，整体下降了 83.0%。这一现象反映了广州市上市物业企业在经济环境变化和市场不确定性因素影响下所面临的挑战。

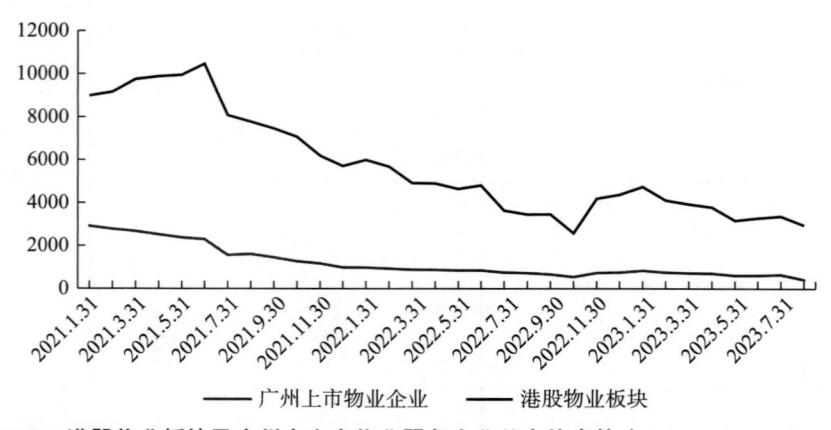

图17-22　港股物业板块及广州市上市物业服务企业总市值走势（2021.1.1—2023.8.31）

数据来源：wind，中指研究院整理。

市盈率方面，自 2021 年以来港股物业板块总体市盈率一路走低，广州市上市 9 家物业服务企业市盈率走势与港股物业板块基本一致，但其波动相较于港股物业板块幅度较小，总体表现相对稳定，韧性较高。

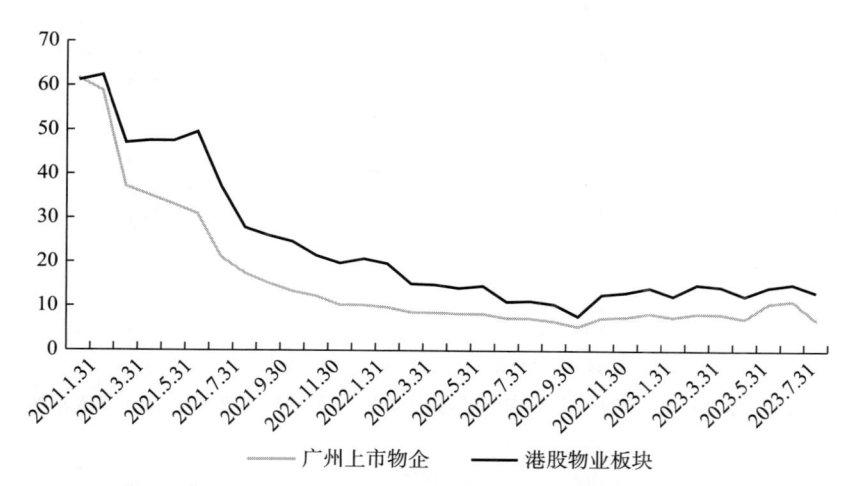

图17-23　港股物业板块及广州市上市物业服务企业市盈率走势（2021.1.1—2023.8.31）
数据来源：wind，中指研究院整理。

2. 经营绩效：增收不增利现象明显

广州市上市物业服务企业 2022 年营收增速有所回落。截至 2022 年底，广州市上市物业服务企业中雅生活集团和保利物业总营业收入超过百亿元，领跑其他上市物业服务企业。增速方面，2022 年越秀服务以 29.61% 的营业收入增速领跑其他上市物业服务企业，保利物业紧随其后，合景悠活以 23.69% 的营收增幅位列第三位，但相较于 2020—2021 年的营业增速，广州市物业经营收入增速呈现放缓趋势。

表17-8　2020年—2023年上半年广州市上市物业服务企业营业收入情况（单位：亿元）

公司	2020 年	2021 年	2022 年	2023H1	2022VS2021
雅生活集团	100.26	140.80	153.79	76.99	9.23%
保利物业	80.37	107.83	136.87	71.41	26.93%
合景悠活	15.17	32.55	40.26	18.88	23.69%
时代邻里	17.58	27.20	26.06	12.21	-4.19%
越秀服务	11.68	19.18	24.86	15.12	29.61%
方圆生活服务	2.77	5.71	5.12	2.18	-10.33%
祈福生活服务	4.21	4.31	3.83	1.73	-11.14%
恒大物业	105.09	—	—	61.45	—
奥园健康	14.08	—	—	—	—

数据来源：wind，中指研究院整理。

广州市上市物业服务企业的毛利率和净利率有所回升，其盈利水平超越港股物企的平均水准。自 2014 年以来，这些企业在经营效益和盈利能力的优化方面取得了显著成绩，为公司的长远发展奠定了坚实基础。截至 2023 年上半年，广州市上市物业服务企业的毛利率均值达到 27.72%，高于港股物业股的 25.54%；净利率均值为 15.20%，同样超过了港股物业股的 11.78%。这些数据反映了物业企业在经营管理、成本控制和盈利能力方面的不断提升。

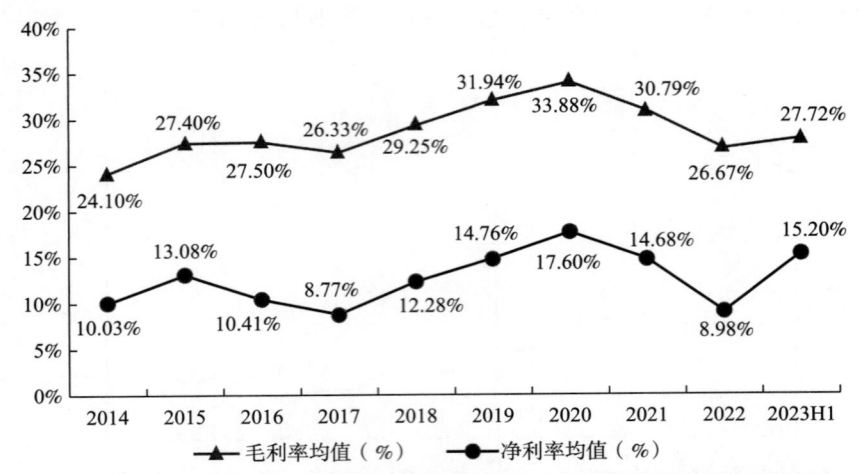

图17-24　2014—2023H1年广州市上市物业服务企业毛利率与净利率均值变化情况

注：2023年上半年不含奥园健康。
数据来源：wind，中指研究院整理。

尽管营收与利率均值依旧走高，但不可忽略的是净利与毛利增速呈现放缓态势，其中，除国资背景企业仍旧在保持增收的情况，维持了利润的增长，其余企业皆有不同程度的利润增速放缓或是亏损。

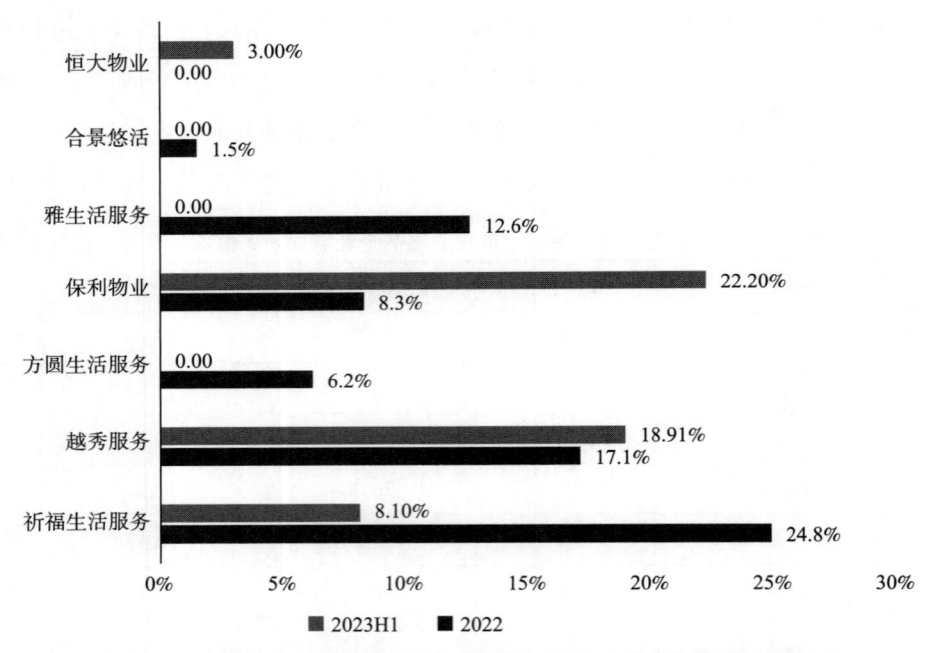

图17-25　2014—2023H1年广州市上市物业服务企业净利增速变化情况

注：未显示为剔除负值或未公布数据。
数据来源：wind，中指研究院整理。

3. 发展战略：聚焦核心区域，积极布局非住市场

广州市9家上市物企中半数以上的企业无论是管理面积还是营收绩效均处在业内领先位置，是行业内的风向标，凭借过硬的企业实力以及敏锐的市场预判，他们的发展战略对行业整体有重要的参考意义。随着恒大物业复盘，从广州市9家上市企业2023年上半年的中期业绩报告中可以看出，这些企业的发展核心围绕多元业态协同发展以及服务品质，积极在多元业态发力，追求高品质发展。

广州市上市企业	核心策略
保利物业	以"大物业"为核心,打造全局飞轮模式 依托现有规模优势、多元业态经验、差异化产品能力的基础上,依托全国性业务网络布局,进一步提升项目拓展密度,打造核心项目集群。优选重点城市和重点区域,以打造城市名片为切入点,联动住宅、城镇景区、国资商办等优势业态聚焦发力,加速带动区域项目拓展,实现多业态、多场景的服务融合,构建更具服务深度的业务体系。
越秀服务	"1+4+5+5" 以满足客户需求的基础服务品质为中心,围绕住宅、商业、大交通及城市服务四大业态,开展生活、企业、社区商业以及科技服务四大增值服务,不断锤炼投拓和投后管理、供应链管理、数智化建管运、组织人才发展以及安全与风险管理能力。
恒大物业	"物业服务"+"生活服务" 以服务业主为根本出发点,深挖住户对多元社区增值服务的需求,紧密围绕社区成长周期及社区生活各种衍生场景,持续开拓业主需求深度契合的增值服务。
雅生活集团	"平台+生态" 全面梳理业主增值服务版图,完善政企客户服务和小区客户服务业务体系,为不同的服务场景提供专业的增值服务解决方案。
时代邻里	打造全生命周期"科技+服务"平台 夯实服务品质,创新服务内容,拓宽服务边界,探索细分赛道的长远增长点。
合景悠活	创建服务新价值 坚定贯彻市场化路线,以"一品多牌"的策略,深耕既有优势区域。深化住宅及商写、购物中心、公建和城市服务等全业态的布局,打造细分领域的"高辨识度"。

从业务分布及市场布局方面来看,广州市上市物业服务企业在稳固发展基础物业服务的基础上,积极开展多种经营服务,为企业未来增长提供新的动力。广州市6家较大的上市物业服务企业多种经营收入占比均值为31.5%,高出2021年物业管理行业百强多种经营占比近13个百分点。其中,越秀服务多种经营收入占比最高,达53%;合景悠活多种经营收入占比相对较低为17.3%,略低于百强企业平均水平。

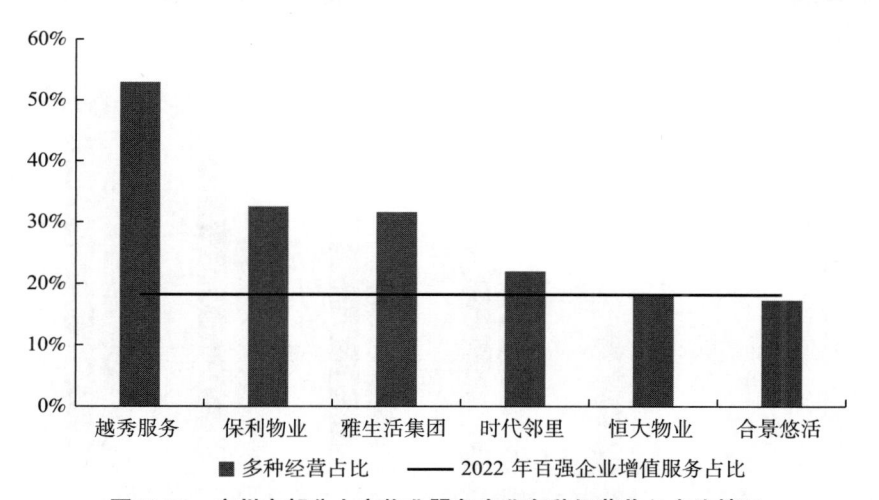

图17-26 广州市部分上市物业服务企业多种经营收入占比情况

从2023年披露的数据中可以看出,广州市上市物企的独立发展更进一步,未来,物业企业对关联方的依赖程度将逐步降低,但也不可否认,物业和地产仍具有难以分割的纽带,而优质的地产业务也无疑会助力物业企业实现业绩增长。2023年广州市上市物业服务已公布数据中,3家企业第三方在管面积占比均值为78%,高出2022年物业管理行业百强企业在管面积均值占比约20%。其中,合景悠活第三方在管面积占比最高,达87%;雅生活集团第三方占比83.3%;保利物业第三方在管面积占比相对较低,但也超过63%。

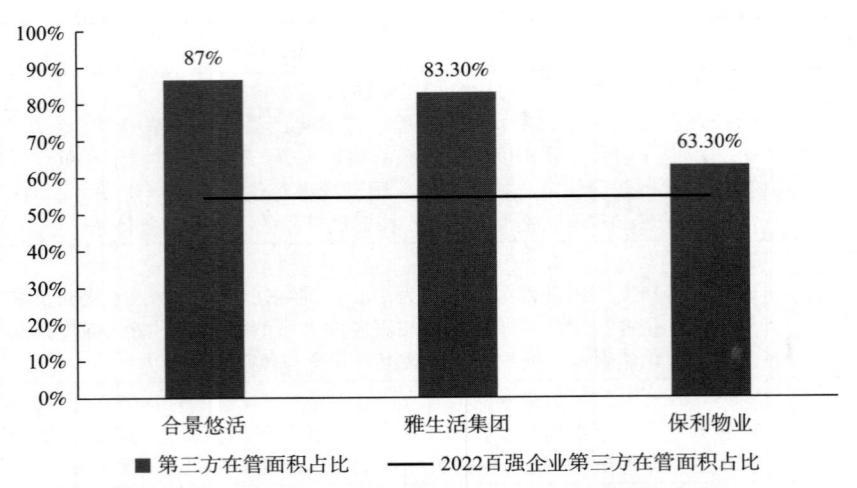

图17-27 广州市部分上市物业服务企业第三方在管面积占比情况

4. 保利物业：以"大物业"为核心，打造全局飞轮模式

保利物业服务股份有限公司（简称保利物业），是保利发展控股集团旗下控股子公司，成立于1996年，保利物业是中国一家规模领先、具有央企背景的物业管理服务综合运营商。根据中指研究院数据，保利物业在2023中国物业服务百强企业中排名第三，在具有央企背景的物业服务企业中服务规模排名第一。保利物业秉持"善治善成、服务民生"的企业使命，致力于为客户提供满足美好生活需求的品质化服务，并赢得良好的行业口碑，2022年度的品牌价值约为人民币201亿元。保利物业推进"大物业"战略布局，管理的业态覆盖住宅社区、商业及写字楼以及公共及其他物业。截至2023年6月30日，合同管理面积与在管面积分别约为842.4百万平方米与650.5百万平方米，遍布全国28个省、直辖市及自治区的209个城市，营业收入达71.4亿元，同比增长10.7%。

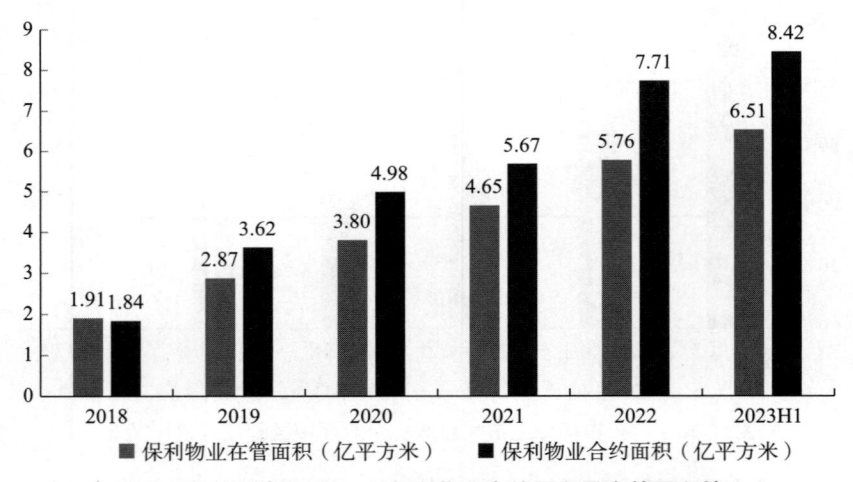

图17-28 2018年—2023H1保利物业合约面积及在管面积情况

保利物业的营业收入构成来源于三部分：基础物业服务、非业主增值服务和社区增值服务。目前行业整体呈现增收不增利的情况，保利物业2023上半年不仅实现双增，而且利润增速跑赢收入增速，实现了优质双增。

关联方的稳健发展与优质项目确实为公司提供了稳定的业绩增长，来自保利系统内新增在管项目数达76个。然而保利物业并不满足于仅依靠关联方提供的业绩实现规模增长，自身外拓能力也没有落下。多年以来保利物业持续以客户需求为核心，提高客户满意度和服务效率是保利物业一贯的追求，满意度在市场竞争中处于行业前打印证了这一点。凭借优质的服务和良好的企业口碑，保利物业的市场竞争力名列前茅。因此，保利物业在第三方市场也取得了令人满意的成绩，第三方合同管理面积达到了 519.6 百万平方米，占总合同管理面积的比例约为 61.7%，在管面积中第三方占 63.3%。

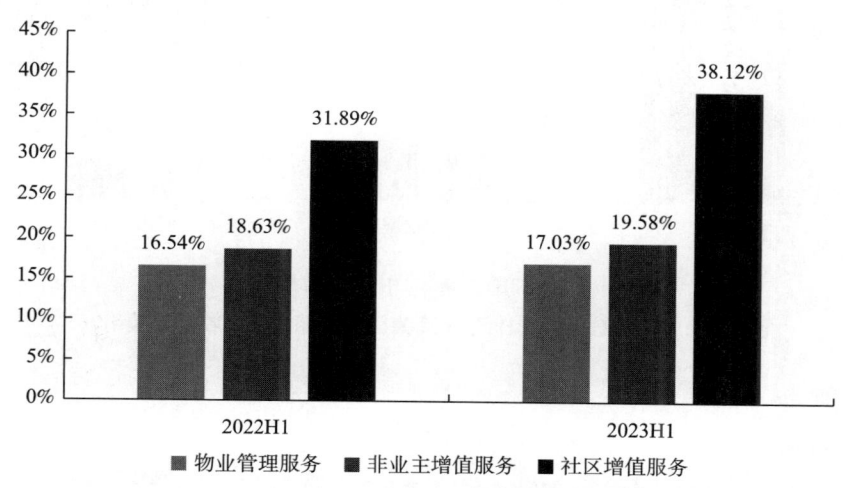

图17-29　2022H1—2023H1保利物业业务板块划分毛利率变化情况

最值得关注的是，在保利物业多年探索和实践后，引入了全局服务的创新理念——全局飞轮模式，以城市名片治理为起点，推动城市全局治理升级，聚焦制高点，构建示范区，形成能量场，迭代升级"全局飞轮"模式，从擦亮城市名片着手，升级公共服务产品体系"一芯四法九场景"，不断夯实全局服务产品力。

5. 雅生活服务：高潜力业务稳健增长，多业态发展核心优势凸显

雅生活智慧城市服务股份有限公司（简称"雅生活集团"）成立于 1992 年，于 2018 年 2 月 9 日正式在香港联合交易所主板挂牌上市，位列中国物业服务百强企业 TOP3，业务涉及物业与生活服务、城市与企业服务、生态类业务和科技业务，遍布西北、华北、华东、华中、西南、华南六大区域。

就业绩角度来看，雅生活集团 2023 上半年营业收入约为 77.0 亿元，同比上涨 1.0%，毛利为 15.7 亿元，毛利率为 20.4%，净利润为 9.5 亿元，净利率为 12.4%。尽管宏观经济环境对一些业务的增长速度产生影响，但雅生活集团聚焦于具有可持续增长能力的业务板块，稳健增长。雅生活集团的四个业务板块可分为两类：一方面是物业管理服务、业主增值服务以及城市服务所构成的非周期业务板块，另一方面是外延增值板块。

从非周期业务板块来看，物业管理服务、业主增值服务以及城市服务均呈现上涨态势，营收同比涨幅分别为 7.4%、7.7% 以及 5.0%。

从规模来看，2023 年上半年合约面积较 2022 年 12 月 31 日新增 3062 万平方米，在管面积较 2022 年 12 月 31 日新增 2962 万平方米，并且市场拓展新获取物业项目对应年化金额近 8 亿元。值得一提的是，雅生活集团的独立属性再次得到印证，总在管面积的 83.3% 来自第三方，且期内第三方拓展面积及合同金额连续多月均名列第三方排名前列。

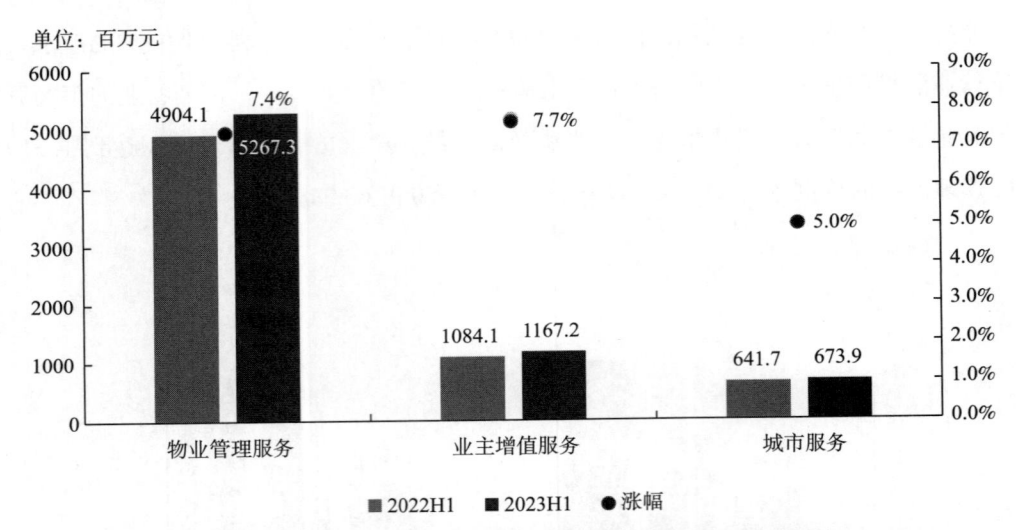

单位：百万元

图17-30　2022H1—2023H1雅生活集团非周期业务营收及涨幅情况

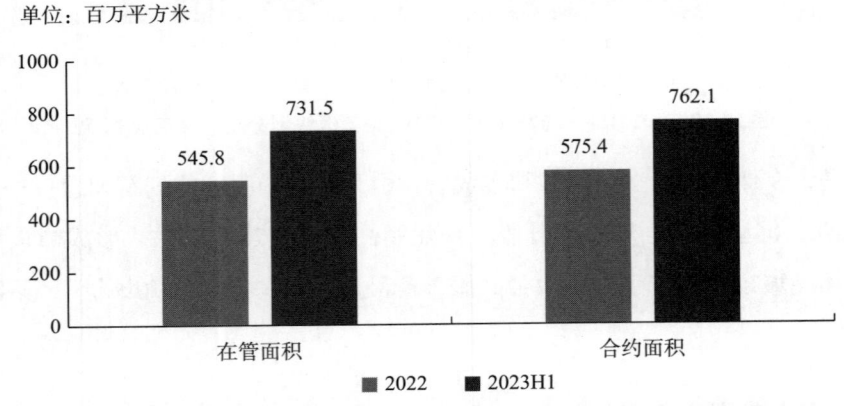

图17-31　2022年12月31日—2023年6月30日雅生活集团在管及合约面积变化情况

按区域划分，雅生活集团近62%的项目在长三角、大湾区以及山东半岛，74.6%的在管项目集中于经济较发达的一、二线城市，为日后的高质量发展奠定了基础。

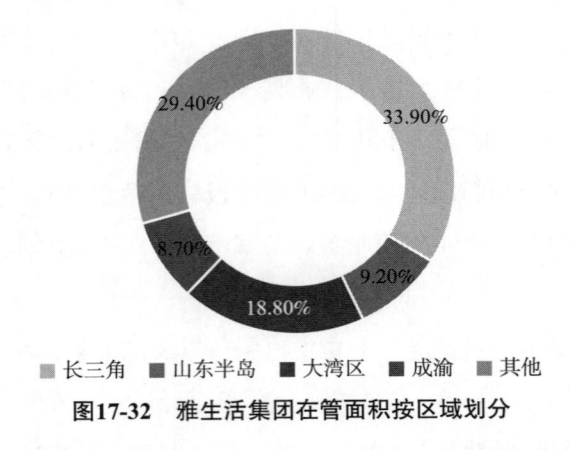

图17-32　雅生活集团在管面积按区域划分

坚持"平台＋生态"战略，雅生活集团全面审视物业业主的增值服务需求，改善政府企事业客户和社区客户的业务系统，为不同服务场景提供专业的增值服务解决方案。通过及时分析业务，分析理解客户需求的变化后，及时调整了业务重点和策略并优化供应链。其中，家庭服务平台"51家庭管家"在2023上半年实现了业务订单和平台充值金额的历史最高水平，收入超7000万元，同比增长32%，充值金额近9000万元，同比增长近40%。

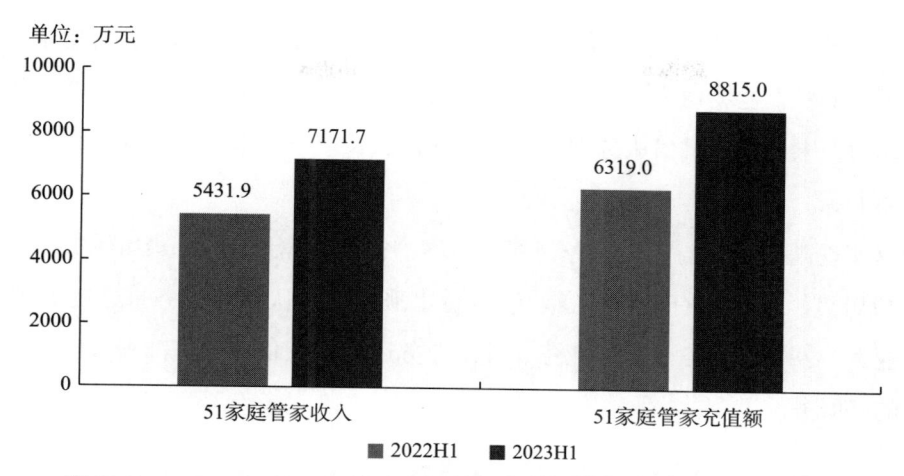

图17-33　2022H1—2023H1雅生活集团51家庭管家收入及充值额变化情况

雅生活集团在面对充满挑战的市场环境下，非周期性业务表现出了十足的韧性，并且由于过去几年不断完善产业链条，市场拓展速度稳居行业前列，充足的项目资源为后续发展奠定稳固根基。未来，雅生活集团将继续围绕"大而全""专而精"的战略聚焦优势赛道，加速打通产业链，不忘初心，以市场为导向，客户为中心，做长期主义的践行者。

6. 越秀服务："湾区优质企业"，非商业务势头强劲

越秀服务集团有限公司（以下简称"越秀服务"）成立于1992年，2021年在香港上市，是广州市属龙头国企越秀集团旗下、越秀地产板块下属的全能型城市运营服务商，大湾区综合物业管理的龙头企业之一，也是目前唯一一家提供大湾区地铁物业服务的全国百强物服企业。企业从物业管理、资产经营、运营管理的维度向客户提供全链条、全周期的城市运营服务，助力客户实现城市美好生活，业务涵盖住宅物服、公建管理、商业运营等领域。

业绩实现稳健增长，稳定的现金流也为企业发展留足了想象空间。越秀服务2023上半年营业收入为15.12亿元，同比增长38.7%，股东应占溢利2.48亿元，同比增长17.5%，毛利4.25亿元，同比增长23.1%，增收与增利齐头并进，手头现金46.2亿元，经营性现金净流入2.93亿元，且利息收入0.52亿元，同比涨幅达64.8%。

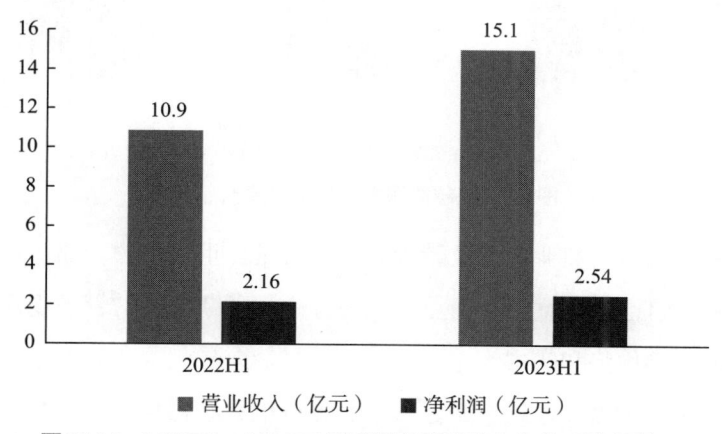

图17-34　2022H1—2023H1越秀服务营业收入与净利变化情况

细看收入分类，越秀服务的收入来源有二，其一是非商物业管理及增值服务，重点围绕住宅物业提供物业管理、非业主增值服务及社区增值服务；二是写字楼、购物商场以及专业市场等商业物业管理及运营业务。2023上半年，非商板块收入12.11亿元，商业收入贡献其余3.01亿元，非商物业管理及增值服务是越秀服务收入的第一支柱，业绩稳步提升与非商业态的提振有明显关系，其中社区增值服务板块更是支撑业绩增长的主要动力，未来社区增值服务因其高成长性，从长期来看未来潜力巨大，也是公司实现收入持续增长的下一个动力源。

增值服务能够实现高速增长与越秀服务持续深挖客户需求有密切关系，增值服务以客户需求为核心，提供的服务能形成触点，与客户有效链接，业绩自然水涨船高，从越秀服务打造的五大增值服务平台来看，无论是经纪业务、新零售业务、美居业务、社商业务还是智能化业务，都本着想客户所想的原则，提供业主真正需要的好服务。

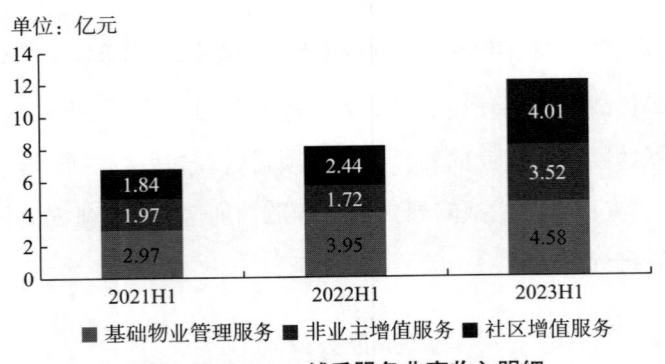

图17-35 2023H1越秀服务非商收入明细

从规模来看，越秀服务坚持"1+4"区域布局战略，在深耕大湾区的同时，重点服务长三角、京津冀等核心城市群。越秀服务2023年上半年的规模拓展稳步提升，截至2023年6月30日，越秀服务合约面积达7749万平方米，在管面积为5876万平方米，较2022年末分别新增689万平方米和707万平方米。

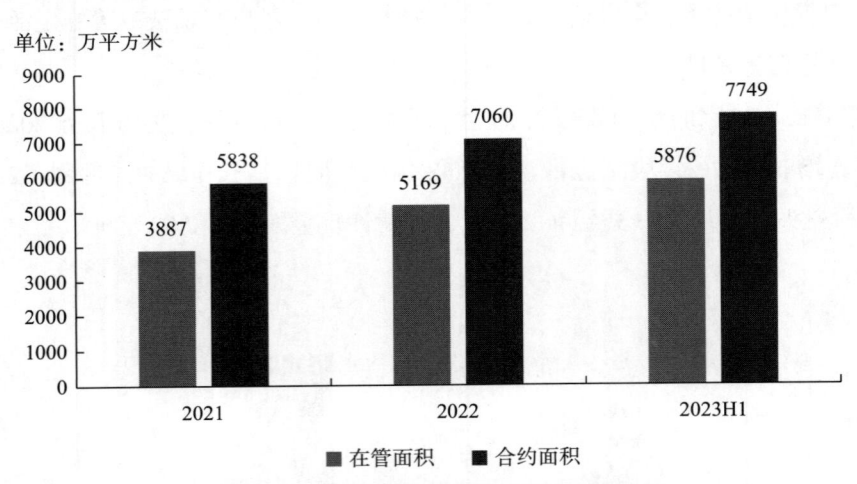

图17-36 越秀服务规模管理变化情况

越秀服务商业板块的收入中，商业运营及管理服务一直是比重最大的，如何在巩固现有优势的同时开拓新业务，越秀服务给出了自己的答案。在商业运营业务中，不断攀升的管理规模和高平均出租率，展示了越秀服务在商业管理方面的优势和实力。越秀服务通过打造差异化服务和不断提升服务实力，成功地维护了品牌形象并提升了市场竞争力。通过对服务形象、导视配置和物料配件等细节的持续打磨，实现了业务品质的质的提升。无论是礼仪客服、安全管理、办公环境还是设备维护，越秀服务都追求尽善尽美，这些努力和实践对于公司在商业运营领域取得成功起到了关键作用。越秀服务在2023上半年实现了优质双增，规模与业绩表现均处于行业前列。未来，围绕"1+4+4+5"的核心战略，越秀服务在高服务品质、精

7. 合景悠活：聚焦优化结构和稳健经营，做全业态智慧服务运营商

作为"全业态智慧服务运营商"，合景悠活以国家政策为发展指向，坚持党建引领，积极布局多元产业。2023年6月30日的中期业绩报告显示，报告期内，合景悠活实现总营收为18.88亿元，毛利为5.96亿元，毛利率由上年同期的30.1%提升至31.6%，同比提升1.5个百分点，整体盈利能力稳健；第三方在管面积占比为87%，来自第三方的收入占比高达81.4%，高质量独立发展策略优势显现。公司与腾讯云达成战略合作，完成行业首家联合创新实验室，对物业服务数字化转型等方面展开研究合作，共建"未来社区"，围绕着做好物业管理服务的初心，持续提升品质和构建用户信任，为客户提供优质服务体验，为员工充分赋能。

从细分数据来看，住宅分部的毛利率从2022年同期的24.8%提升至2023年上半年的26.2%，实现了约1.4个百分点的提升；非住宅分部的毛利率从2022年同期的34.7%提升至2023年上半年的35.9%；住宅业态中物业管理服务2023年上半年实现营收6.53亿元，对比上年同期的6.26亿元上升了4.4%，核心业务仍然稳中向好。

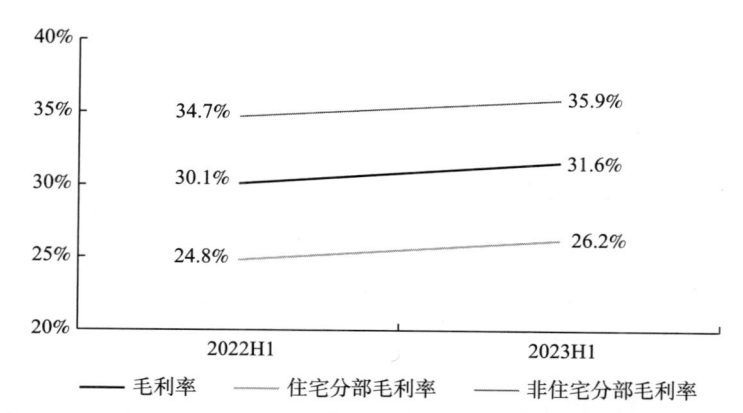

图17-37　2022H1—2023H1合景悠活同期不同业务分部毛利率变动情况

从规模及区域发展来看，合景悠活前瞻布局，积极面对挑战，一直坚持"重点区域深耕+第三方拓展+多业态布局"的策略，追求独立、多元化、高质量的发展。合景悠活目前在管面积达2.05亿平方米，合约面积2.78亿平方米。其中，第三方在管面积达到1.79亿平方米，占比高达87.3%，来自第三方的收入占比高达81.4%，充分体现了合景悠活较强的独立性。

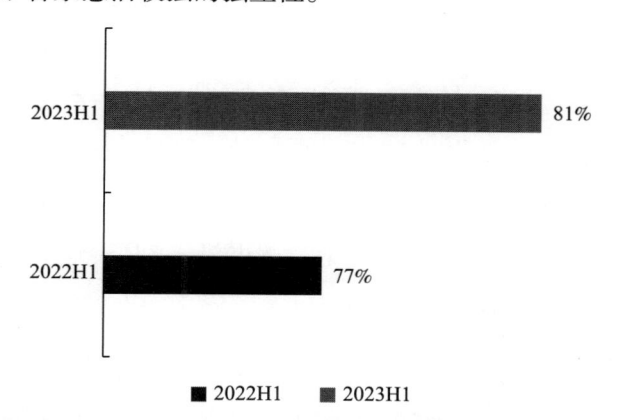

图17-38　2022H1—2023H1合景悠活第三方收入占比变动情况

合景悠活服务版图不断延展，在深耕大湾区及长三角等现有优势区域的同时，也在不断加强其他重点经济区域的渗透。据公司介绍，截至2023上半年合景悠活服务范围已覆盖全国22个省份（含直辖市及自治区）的134个城市，其中大湾区及长三角重点区域在管面积占比达到59%，和上年同期相比基本持平，核心区域布局稳定；环渤海经济圈地区在管面积占比略有提升。

同时，合景悠活积极外拓多元化业务，拓宽服务边界，业态布局覆盖住宅、写字楼、商场、工业园区、公建配套及城市服务等领域。凭借差异化的市场定位、高品质的服务水平以及专业的商业营运能力，合景悠活持续为众多商场及写字楼等商业项目提供优质的物业管理及营运服务；而在公建领域，也以出色的品牌影响力及稀缺的资质壁垒成功获得了广州医科大学附属市八医院、清远市妇幼保健院、中国福利会少年宫物业管理项目等优质公建项目。截至2023年6月30日，住宅物业管理面积达到1.05亿平方米；非住宅物业在管面积1.00亿平方米，住宅与非住在管面积比约为51∶49，保持较为均衡的状态。

2023年上半年，合景悠活坚持去风险和独立运作的高质量发展原则，优化区域深耕，提质业态布局，在商业板块强化精益运营，在数智转型上持续迭代，在投后管理上实现多品牌联动，推动组织变革，加强人才培养，全面提升管理能效。

展望未来，合景悠活将坚持服务初心，修炼内功，提升运营效率，强化品质服务，始终聚焦于优化结构和稳健经营，成为行业领先、值得信赖的智慧服务运营商。

第三部分　广州物业管理行业发展趋势

一、党建引领：融入基层治理，红色党建引领社区发展

物业管理作为城市社区管理的重要组成部分，与市民生活息息相关，是群众关注的焦点，也是基层治理的难点。为让城市基层党建底色更红、城市社会治理更精细、群众生活更幸福，小区是基层社会治理的最先着手点。物业服务管理水平直接影响基层治理成效，关系居民群众幸福指数，物业服务企业、业委会的党建工作是引领基层社区治理的有效探索。

近年来，广州市物业行业党委及各区物业行业党委以党建为牵引，建立健全党组织领导下的物业服务企业、社区居委会、小区业委会等多方联动运行机制，大力推进"党建引领"示范点建设，构建起党建引领社会治理的崭新格局。以党建引领为核心，以业主为中心，打造"红色物业"管理服务新模式，推动小区服务功能和政治功能有效结合，推动小区服务更深层次融入基层社会治理。

物业服务企业作为基层治理的重要参与者，对于维护社会稳定、促进和谐社会建设具有至关重要的作用。在基层治理过程中，物业企业参与了包括老旧小区改造、养老服务、保障房管理、乡村振兴和公共突发事件防控等重要环节，逐步创新基层治理模式，有效解决部分基层治理难题，充分发挥积极作用。

老旧小区改造作为社区治理的重要一环，是城市更新行动中的重要部分。不少物业企业积极承担老旧小区的物业管理工作，对接管项目进行局部翻新、停车场改造、加装电梯、安装新能源汽车及电动车充电桩、优化垃圾分类等，使不少年久失修、管理混乱、居住环境较差的老旧小区焕然一新，极大便利了业主及住户的日常生活，规范了社区管理，提高了居民生活质量。

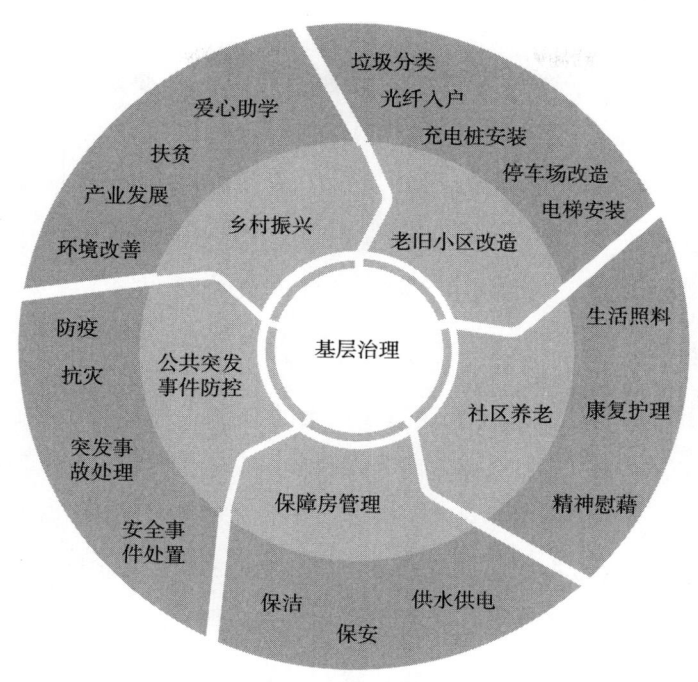

图17-39 物业企业参与的基层治理环节

推动"红色物业"的有效建设，就是推动提升居民生活幸福感。物业管理具有"扎根基层、贴近业主、覆盖广泛"等特点，是新时期加强和创新基层社会治理的重要切入点。通过党建引领，可以将物业管理与社区治理相结合，实现物业管理和社区建设的良性互动，积极推进物业管理秩序和社区建设的良性发展，进而形成和谐温馨的家园氛围。

二、业务拓展：开拓新赛道，IFM与城市服务大有可为

在规模增速放缓后，物业的业务拓展不再受限于传统的"有形建筑"，基于城市空间衍生的更多综合服务项目更值得关注，而城市服务无疑充满机遇。经过40年的发展，中国物业行业积累了丰富的服务经验，在开展城市服务中展现出以下优势：首先，服务经验丰富，如环卫绿化和公共设施运维等，可直接应用于城市服务领域。其次，提供定制化的菜单式服务，助力政府解决"城市病"。最后，实现集成化管理，由物业服务企业统一执行各项服务，提升服务效率。虽然目前城市服务仍处在起步期，但随着物业管理行业服务边际的不断拓宽，服务水平与经验日益增强，城市服务无疑是行业发展的蓝海市场。

同时，物业管理行业正在发生深刻变革，传统的粗放型发展方式弊端日渐凸显，专业化、集约化和精细化正在成为行业未来发展方向。与此同时，在国家"双碳"战略和产业转型升级背景下，甲方企业更加聚焦核心主业，积极探索绿色低碳的可持续发展道路，因此，企业的非核心业务外包将会成为趋势，综合设施管理（IFM）的服务价值正在不断涌现。IFM概念起源于美国并在美国发展成熟，后传入欧洲，并不断发展丰富。亚太地区由于工业标准化程度相对较低，以及部分终端用户对IFM等外包业务的接受度不足，因此IFM整体发展水平目前落后于欧美国家。但未来随着亚太地区发展中国家经济实力的崛起和对外包业务认可度的提升，IFM服务市场也将日趋成熟。

图17-40　从PM到IFM的演化历程

数据来源：中指研究院综合整理。

广州市物业管理市场约有1/3是非住宅业态，庞大的非住宅业务规模奠定了IFM业务拓展的基础，IFM是传统物业管理的价值延伸，将打开物业面向企业客户服务的无限可能。物业管理行业在经历了过去几年的快速发展后，企业通过社区增值服务充分挖掘业主的各种消费场景，并基于社区空间建立起多元增值服务体系，例如社区团购、美居服务、房屋经纪、社区养老等业务，扩增了服务种类；企业通过城市服务加快挖掘政府层面的各种公共服务场景，拓宽了服务边界；当前，在行业处于转型升级的关键阶段，如何更好地挖掘企业客户的需求场景，实现服务价值提升，成为很多物业企业的业务重心，IFM恰是整合企业客户不同场景和需求的新兴业务，值得物业管理企业加大布局力度。

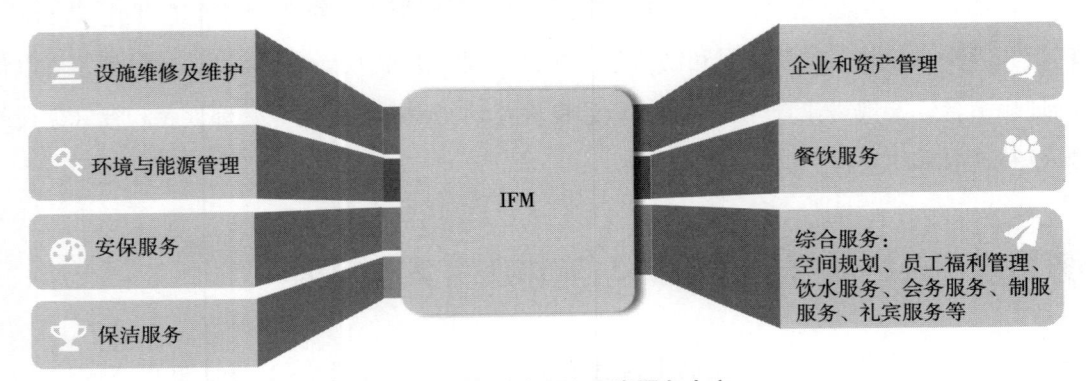

图17-41　IFM主要七大类服务内容

数据来源：中指研究院。

三、可持续发展：践行绿色低碳责任

结合政策层面，2023年5月，为加速双碳政策落地进度，积极实现国家减碳目标，广州市政府发布《广州市人民政府关于印发广州市碳达峰实施方案的通知》，物业企业对节能、环保、减排多个方面的关注程度与日俱增。伴随着ESG在资产市场的迅速走红，物业企业对自身的ESG建设也愈发重视，可持续发展对于物业管理企业来说不论是从政策指引还是企业建设来说都是至关重要的。

近年来，物业公司在ESG的环境和社会方面正采取积极行动，以促进可持续发展。在社会层面，物业企业高度关注员工福利，提高工作标准，推动负责任的市场营销和多样性，参与公共空间修复和承担住房建设，从而产生积极的社会影响，并且与党建引领相关，积极参与到红色物业的建设与社会投资当中去，做到民生企业为民生，尤其是在新冠疫情期间，不少物业企业展现了优质企业担当，为业主提供暖心服务，承担应尽的社会责任。

在环境层面，物业公司积极应对全球气候变化挑战，支持实现"碳达峰、碳中和"目标。由于建筑物的能源消耗和碳排放占总量的大部分，物业公司在节能减排方面具有巨大的潜力和责任，已有物业企业开始涉足绿色建筑以及绿色管理业务，小区进行拟海绵城市建设，做到水资源内循环，使用的材料也是低碳因子，做到低碳运行。

同时，物业公司正将环境、社会和治理（ESG）作为其商业战略的核心部分，以发掘新的收益来源、降低支出并吸引投资者，助力实现更加可持续的未来。

未来，可持续发展不仅可以助力物业企业获得资本认可，提振企业估值，也会改进企业运营状态，提升社会口碑。

四、智能化运作：降本增效，助力企业实现品质提升

在智能科技与物业跨界合作的趋势下，物业服务企业正利用移动互联、信息化、数据化和智能化的契机，深化业务融合，开展多元增值服务，从而提升企业盈利能力。未来，物业企业与科技智能手段的整合将更加深入和广泛。一方面，在云端应用、电子商务、物联网、大数据、人工智能等信息技术的支持下，越来越多的物业服务企业主动采用科技手段提升技术水平和服务质量。例如，通过智能门禁系统、智能楼控系统、能源管理系统以及巡逻机器人、配送机器人、咨询机器人等逐步替代人工操作，降低成本，提高效益，实现"技术现代化"。许多物业管理公司将云应用、电子商务、物联网、大数据和人工智能等信息技术融入业务运营，降低成本，提高盈利能力。此外，技术解决方案能大幅减少人为错误，使物业管理和商业运营公司持续应用标准化程序和质量标准，这将减少对人工的依赖，并可能降低雇佣员工和外包员工的费用。另一方面，物业企业一站式社区综合服务平台的建设和运营日益成熟，能有效承载社区空间运营、社区金融、社区房屋经纪、社区电商、社区家政、社区养老等增值服务。业主通过微信公众号、手机APP等接口，便可获得全生命周期的各项服务。同时，物业企业也将直接受益于此，实现社区增值服务的快速发展。

五、品牌建设：挖掘服务触点，设计美好服务

在行业回归理性后，服务成为行业发展的底色，而企业品牌和服务品质相辅相成，可以说品牌建设在物业管理行业进入新时期后，尤为重要。优质的物业企业采取实际行动提升品质，让可见的服务助力品牌赢得客户信任，提高客户满意度。一方面，企业通过定期改造、升级社区环境，优化客户体验。例如，雅生活集团开展"5分行动"，围绕服务形象、环境保洁、设施修复、秩序维护等方面进行全面升级，提升居住环境舒适感；时代邻里推出初心计划2.0，聚焦服务、环境、工程与安全四个重点模块，全方位提升社区生活品质。另一方面，通过与业主面对面访谈和线上调研等方式，了解服务痛点，在项目层面实施针对性优化措施，提高单个项目的服务质量，从而提高客户满意度，巩固品牌基础。例如，保利物业成立全国品质联盟，开展品质巡检活动，多名首席品质官来到业主身边，倾听业主的声音，深入挖掘服务问题，有效推进品质建设。雅生活集团执行"亮剑行动"，通过管理层巡查、访谈等形式覆盖近百个重点项目，深入一线全面了解业主需求，切实解决品质管理方面的痛点及难点。

同时，优质服务并非"生搬硬套"，而是通过深入研究和不断优化设计而来，从而提升品牌体验。知

名企业以客户为中心，针对不同群体需求，量身定制专属服务，精细化管理现有业务，让客户感受到更加贴心、周到的服务，打造优质服务体验，实现服务差异化，展现品牌内涵。例如，保利物业针对住宅社区各类群体的居住需求，打造"东方礼遇""四时雅集""亲情和院"三大品牌；越秀服务根据服务内容、服务场景等方面，针对基础物业服务，推出"臻越""铂越""享越"三大住宅物业管理产品线，实现高端及超高端服务、中端服务、基础服务精细化管理。服务设计以客户需求为中心，综合考虑整体环境、所有流程和相关方，依据有序的服务路径，设计可视化的细节处理，从而加深服务体验，品牌印记深入人心，为企业的发展保驾护航。

六、结语

2023年，物业管理行业迎来发展的关键时期。国家实施多项利好政策，奠定了物业管理行业在社区治理中的核心地位，引导行业健康、规范和可持续发展。

尽管受到外部环境变化、关联企业压力和市场波动等因素的影响，优秀的物业企业仍以高质量增长为基石，不断探索，勇往直前。在行业属性和发展逻辑保持不变的情况下，物业企业不断夯实自身竞争力，打下坚实的发展基础，坚定前行，持续推动行业快速发展。随着外部环境逐渐稳定，物业服务上市公司也将重新获得市场价值。广州市的物业服务企业以基础物业服务为基础，不断探索，开拓创新，积极推进平台经济、非住宅服务、城市服务等业务布局，投身更广阔的发展空间，为企业和社会创造卓越的价值贡献。

报告十八　2023南沙区物业服务行业综合发展研究报告

第一部分　研究背景与目的

一、研究背景

近年来，物业管理行业迎来飞速发展的黄金时期，市场竞争格局不断演变。高质量发展已经成为时代"主旋律"和"最强音"，从中央到地方纷纷出台政策规定，这些政策旨在提升经济发展的质量和效益，推动产业结构优化升级，提高城市功能和品质，实现城乡一体化发展，以及提升人民群众的生活质量和幸福感。在城市更新方面，政府将加大对老旧小区改造的力度，提升住房和社区的品质，改善居民的居住环境。在城乡基础设施升级改造方面，政府将加大对交通、水利、新能源、环境保护等基础设施的投资，改善人民群众的生产生活条件。物业服务企业积极参与老旧小区改造，城乡环境综合服务，新能源基础设备设施维护等业务中，在满足市场需求的同时，不断拓展业务范围，丰富业务链条，进一步提升竞争力与服务力。

南沙区是粤港澳大湾区的几何中心，广州市的区域副中心。近年来，在国家级新区、自贸试验区、粤港澳大湾区发展规划纲要等政策、规划利好的加持下，经济发展快速，基础设施逐步完善，人口持续流入，一座宜业宜居的滨海新城正加速崛起。

随着区内城镇化程度不断提高，居住人口逐渐增加。近年来，新建的住宅小区、写字楼、产业园区等陆续投入使用。物业管理行业也迎来飞速发展的黄金时期，行业规模不断扩大，头部企业快速扩张，运营效率持续提高，管理模式创新升级。

但与此同时，南沙区物管行业高速发展所带来的问题与痛点也随之出现，物业管理水平参差不齐，部分项目业主住户投诉量大、物业管理服务单一等问题的出现在一定程度上制约了行业的进一步发展壮大，亟需有效的解决思路破解当前困境。

在物业管理行业进入新时代的背景下，要实现南沙区物业管理行业的进一步领先发展、跨越发展，既要从行业端把握发展趋势，也要从企业端扎实做好经营。一方面，对区内物业管理行业和物业服务企业做针对性研究，使南沙区物业管理行业相关部门和南沙区物业服务企业能够知己知彼，加深行业认识，提高战略高度，为行业和企业的发展制定更合理的决策。另一方面，需要剖析标杆企业在战略规划、增值服务、市场拓展、降本增效等经营策略方面所面临的问题，促进精准决策与管理提效，并最终提升经营效益。

二、研究目的

通过本次研究，拟实现如下目的：

①梳理南沙区物业管理行业和企业发展历程及现状，总结行业和企业发展特点，分析南沙区物业管理行业的优势和短板，为相关部门决策提供参考。

②通过对南沙区物业管理行业发展历程和成就的总结，为行业发展树立标杆，为南沙区物业管理行业擦亮品牌，将南沙物业服务企业的进步展示给社会，让南沙物业风采被社会感知，提升物业管理行业在南沙区的知名度。

③分析市场环境、政策环境，总结发展规律，展望行业未来，帮助南沙区物业服务企业及时跟进行业前沿趋势，并为企业及时调整发展战略提供参考依据，引导和推动南沙区物业管理行业可持续、高质量发展。

第二部分　南沙区物业管理行业总体环境分析

一、相关行业政策解读

（一）全国物业管理行业相关政策

高质量发展已经成为时代"主旋律"和"最强音"，从中央到地方纷纷出台政策规定，这些政策旨在提升经济发展的质量和效益，推动产业结构优化升级，提高城市功能和品质，实现城乡一体化发展，以及提升人民群众的生活质量和幸福感。在城市更新方面，政府将加大对老旧小区改造的力度，提升住房和社区的品质，改善居民的居住环境。在城乡基础设施升级改造方面，政府将加大对交通、水利、新能源、环境保护等基础设施的投资，改善人民群众的生产生活条件。物业服务企业积极参与老旧小区改造，城乡环境综合服务，新能源基础设备设施维护等业务中，在满足市场需求的同时，不断拓展业务范围，丰富业务链条，进一步提升竞争力与服务力。

物业管理行业进入快速发展时期，规范性政策的出台有利于行业规范化、健康化发展。过去一年，全国及各地出台的政策涉及多个方面，如2022年9月，国家卫生健康委发布《居家、社区老年医疗护理员服务标准》，首次明确了居家、社区老年医疗护理员可以参与的工作内容，规定了服务基本要求、流程、服务评价与改进等。此外，海南、山东、河北等省从物业行业所涉及的不同业务方面进行了规范，为行业的良性发展保驾护航。

表18-1　　　　　　　　　　　　　2022年全国部分行业政策内容

时间	颁发部门	政策名称	主要内容
12月6日	科学技术部、住房和城乡建设部	《"十四五"城镇化与城市发展科技创新专项规划》	《规划》进一步明确了7大重点任务，分别为：加强城市发展规律与城镇空间布局研究、城市更新与品质提升系统技术研究、智能建造和智慧运维核心技术装备研发、绿色健康韧性建筑与基础设施研究、城镇发展低碳转型系统研究、文物科技创新与城市历史文化遗产保护研究、文化旅游融合与公共文化服务科技创新。

续表

时间	颁发部门	政策名称	主要内容
10月31日	民政部	《养老机构行政检查办法》	《办法》共分5章41条,聚焦行政检查源头、过程、结果三个关键环节,重点细化了检查类型、明确了检查各环节要求、强化了对检查行为的监督管理等,主要有六方面的内容:明确了行政检查定义、细化行政检查类别、丰富行政检查方式、明确行政检查流程、强化依法分类处置和保障检查对象权益。
9月28日	国家卫生健康委	《居家、社区老年医疗护理员服务标准》	国家卫生健康委发布,首次明确了居家、社区老年医疗护理员可提供生活照护、基础照护、安全与急救、康复照护、心理照护和临终照护等6大项目,自2023年3月1日实施。
5月14日	河北省人民政府办公厅	《河北省社区日间照料机构建设运行服务规范(试行)》	《规范》共计5章33条,社区日间照料设施与居住社区统筹建设、联动改造,按照服务半径合理布点,均衡覆盖城镇社区,确保应建尽建、应用尽用、应管尽管。老年人口密度较高区域,应增加布点,缩小服务半径,提高服务可及性。一个街道辖区范围设置至少一处区域养老服务中心,一个居委会辖区范围设置至少一处社区日间照料服务站,嵌入社区的养老机构应设置日间照料服务站。社区日间照料服务应覆盖本社区的居住小区。
4月5日	湖南省住房和城乡建设厅	《湖南省住宅物业承接查验办法》	明确了承接查验的条件,物业必须达到一定的基本条件,为承接查验把好第一道关口;明确了承接查验的主体,由建设单位牵头,物业服务企业、业主、当地物业管理主管部门以及街道(社区)代表参加。明确了承接查验的内容,包括文件资料和现场实物两个方面的查验;明确了承接查验的流程、方法和标准;明确了承接查验备案和物业保修等相关要求,要求物业服务企业承接物业后30日内,通过湖南省物业管理监管平台备案等。
2月11日	住房和城乡建设部	《城市道路清扫保洁与质量评价标准》	标准主要包括总则、术语、道路清扫等级、道路清扫保洁作业、道路清扫保洁质量要求与评价5项内容,适用于城市道路清扫保洁作业和质量评价。

(二)广州市物业管理行业相关政策

1. 完善社区服务,完整社区建设,物企大有可为

2023年7月21日,住房和城乡建设部等7部门联合发布《关于印发完整社区建设试点名单的通知》,决定在106个社区开展完整社区建设试点,完善社区服务功能,补齐社区服务设施短板。

各级住房城乡建设、发展改革等部门要建立协同机制,将完整社区建设试点工作与城镇老旧小区改造、养老托育设施建设、充电设施建设、一刻钟便民生活圈建设、社区卫生服务机构建设、家政进社区、社区嵌入式服务设施建设等重点工作统筹起来,整合有关资源、资金和力量,完善配套政策制度,指导督促试点社区细化试点工作方案,落实资金来源、建设时序和建设运营方式,确保试点工作取得实实在在的成效。

解决群众急难愁盼问题。各级住房和城乡建设部门会同发展改革、民政等部门要指导试点社区开展专项体检,制定完整社区建设项目清单,补齐养老、托育、健身、停车、充电、便利店、早餐店、菜市场、"小修小补"点等设施短板,推进社区适老化、适儿化改造,推动家政进社区,完善社区嵌入式服务,提高社区治理数字化、智能化水平,不断增强人民群众的获得感、幸福感、安全感。

加强全过程指导评估。各级住房城乡建设、发展改革、民政等部门要加强对试点工作的调研指导和跟

踪评估，广泛听取群众意见，及时协调解决试点工作中遇到的难点问题，扎实推动试点工作落地生效。要做好试点工作的宣传引导，总结推广试点工作的好经验好做法，营造"人民城市人民建"的良好氛围。住房和城乡建设部等部门将分别于2023年、2024年底前对试点工作情况进行评估，遴选一批完整社区样板，在全国范围内宣传推广。

所谓完整社区，是指在居民适宜步行范围内有完善的基本公共服务设施、健全的便民商业服务设施、完备的市政配套基础设施、充足的公共活动空间、全覆盖的物业管理和健全的社区管理机制，且居民归属感、认同感较强的居住社区。既包括硬件配套，也包括软件升级，内涵丰富。

对于物业企业，可以联动政府、业主，以此为抓手，构建共建、共管、共评、共享的社区环境，通过此举，物业企业可有效检验、提升服务满意度水平。

对于增值服务开展，完整社区涉及养老、托育、停车、餐饮等众多物业企业增值服务，作为物企营收重要来源，各物业企业均有布局，但有侧重，借此，物企可发挥自身优势，参与布局相关赛道。

对于智慧化建设，推进物业管理服务平台与社区生活服务一体化平台对接，促进"互联网+生活服务"向居住社区延伸，打通服务群众的"最后一公里"助力完整社区建设。

2. 社区养老政策延续，潜力有待释放

2022年，国家及地方出台多项政策鼓励发展社区养老、托育、物业、家政、餐饮、零售等多元生活服务，尤其是社区养老业务，多次提及，是政策大力支持的业务方向。2023上半年，养老仍旧是政策重点发力方向，"物业+养老服务"的试点推行，将逐步缓解社会老龄化的压力，满足老人的个性需求。社区养老作为社区增值服务中的重要组成部分，对于物业服务企业来讲，既是机遇又是挑战。如何发挥物业贴近居民、响应快速的优势，根据不同居民结构、老年人服务需求，有针对性地提供多元化、个性化的社区居家养老服务，是物业服务企业必须面对的挑战，但潜力可期。

2023年5月21日，中共中央办公厅、国务院办公厅发布了《关于推进基本养老服务体系建设的意见》，制定落实基本养老服务清单。建立精准服务主动响应机制。提高基本养老服务供给能力。

完善基本养老服务保障机制。鼓励社会力量参与提供基本养老服务，支持物业服务企业因地制宜提供居家社区养老服务。

提升基本养老服务便利化可及化水平。依托和整合现有资源，发展街道（乡镇）区域养老服务中心或为老服务综合体。支持社会力量为老年人提供日间照料、助餐助洁、康复护理等服务。鼓励开展无障碍环境认证，提升无障碍环境服务水平。引导社会化专业机构为其他有需求的老年人家庭提供居家适老化改造服务。积极推进养老服务认证工作。加强信息无障碍建设，降低老年人应用数字技术的难度，保留线下服务途径，为老年人获取基本养老服务提供便利。依托国家人口基础信息库推进基本养老服务对象信息、服务保障信息统一归集、互认和开放共享。

3. 加强物业共有资金管理，维护业主合法利益

将一个具有公共资金性质的业主大会共有资金，完全交给由资本设立以盈利为目的的物业公司进行管理，不符合"谁的钱谁管理，谁拥有决定权利"的基本经济规律，是造成目前物业管理行业乱象的根本原因。

2021年广州市住房和城乡建设局根据《中华人民共和国民法典》《人民币银行结算账户管理办法》《广州市物业管理条例》等相关规定，结合广州市实际情况，制定了《共有资金管理办法》。该办法适用于广州市行政区域内物业管理活动中共有资金的筹集、使用和管理。共有资金是指物业服务区域内依法属于全体业主共同所有的资金。市住房建设行政主管部门负责全市共有资金的指导和监督管理工作，区住房建设行政主管部门负责本辖区共有资金的指导和监督管理工作。业主、业主委员会、物业管理委员会有权依法监督共有资金的筹集、管理和使用。共有资金开户银行应按照规定办理共有资金账户的开立、变更、撤销、资金结算等手续，并在审计和监督管理时予以协助。共有资金包括利用共用部位、收入、共用部位被征收的补偿费等。共有资金管理单位由业主共同决定，可以是业主委员会、物业服务人或其他单位。

今年，还将进一步加强小区业主共有资金的管理，确保资金使用的安全性、效益性，特制定财务管理制度，供业主委员会执行，给业主委员会管理业主共有资金创造一个良好的外部环境，使业委会工作依法有序、公开透明。

4. 加强设施安全管理，合理规范设施收费

目前电动自行车的使用率越来越高，同时也带来了不少安全隐患，近年来，电动自行车火灾爆炸事故令人触目惊心，与违规充电有很大关联。大多数的车主开始选择集中充换电设施，然而收费标准不统一又成为另一个问题，据《广州市住宅小区电动自行车充电场所服务消费调查报告》显示，居住周边有充电设施的受访车主对充电收费标准的满意度较低，超两成认为居住周边的充电设施价格不合理，超四成期待明确并合理设置充电收费标准。

2023年7月31日，广州市发展和改革委员会针对此问题发布了《关于规范我市电动自行车经营性充电设施充电收费有关问题的通知》文件，其中明确了，电动自行车经营性充电设施经营者应严格执行明码标价，不得收取未予标明的费用。

二、南沙区宏观数据情况

1. 南沙区房屋增量情况

据市统计局统计，2022年广州市共完成商品房投资3431.9亿元，比上年下降5.3%。从房屋类型看，其中：住宅投资2433.03亿元，下降4.1%；办公楼投资289.37亿元，下降15.6%；商业营业用房投资231.65亿元，下降6.7%。

近年来，南沙区土地出让力度持续加大，自2016年以来，年均推出商办、住宅土地建筑面积超200万平方米，自2021年南沙区的土地推出有所放缓但仍然保持高位，2021—2022年成交规划面积超300万平方米，为物业管理市场提供大量的发展空间。随着前期出让土地陆续竣工，预计未来数年，南沙区新增的物业管理在管面积将持续稳定增长。

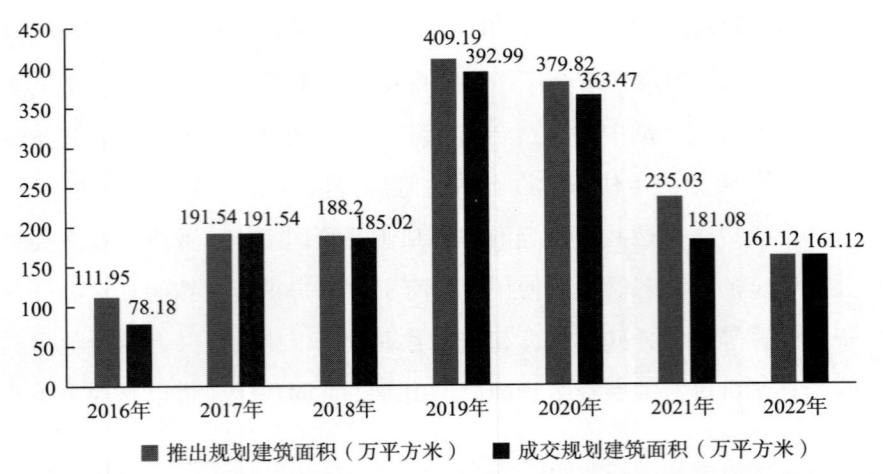

图18-1　2016—2022年南沙区出让商办、住宅用地及商品房规划建筑面积情况

2. 人口持续流入，物管市场规模快速扩大

截至2022年底，南沙区常住人口共92.9万人，近10年总常住人口增长了近30万，每年均呈现人口净流入状态，人口的持续增长快速扩大了物业管理行业的需求快速增长。随着广州市政府对南沙区的发展支持力度不断增加，预计区内人口在未来一段时间将持续增长，物业管理行业的需求将愈发旺盛。

图18-2　2013—2022年南沙区人口变动情况（单位：万人）

三、南沙区物业管理行业创新实践案例

1. 双管家模式（悦管家、悦＋顾问）

随着品质化和数字化的结合，越秀服务在南沙区南沙滨海隽城、滨海新城等项目中开始采用数字化、智能化和精细化的方式进行物业服务的转型。他们提供双管家服务，以满足客户的需求。

悦管家作为一款为物业管家量身定制的数字化工作软件，为物业管理提供了全方位的支持。它的缴费提醒、线上开票、辖区管理、报事、报修、拜访、巡查等多种功能，实现了信息的快速流转与准确传递，为物业管家的工作提供了便利。同时，悦管家还能够在线处理业主的诉求，提供智慧服务，为业户提供更加便捷、安全、智慧的服务。相信随着悦管家的广泛应用，物业管理将迎来更加便捷高效的新时代。

2. 推行"阿米巴"运营体系，激发管理团队主观能动性，共创效益

阿米巴运营体系是一种有效的管理方法，它可以激发管理团队和前线人员的主观能动性，共同创造效益。这一管理模式起源于日本，通过将组织分解为小型的经营单位，每个单位被称为"阿米巴"，并赋予其相对独立的决策权和经营自主性。这种分散的管理结构鼓励员工积极参与决策和承担责任，在实践中不断提升个人和团队的经营能力。

阿米巴运营体系的核心理念是"每个人都是一家企业"，即将每个员工都视为一个小企业的经营者。在这个体系中，每个阿米巴都有明确的经营目标和业绩指标，并与整体目标相衔接。管理团队负责设定整体目标，并提供支持和资源，而前线人员则负责制定阿米巴的具体经营计划，并努力实现目标。

此外，阿米巴运营体系还能够促进团队间的协作和共创效益。每个阿米巴都有自己的经营范围和目标，但它们之间并不是孤立的，而是相互联系和相互支持的。各个阿米巴之间可以进行资源共享、经验分享和合作交流，通过合作共赢的方式实现整体目标。这种横向的协作有助于打破部门之间的壁垒，促进信息流动和知识共享，提高整个组织的综合竞争力。

3. 打造党建引领的"红色物业"，大力发展城市服务

南沙区按照"精明增长、精致城区、岭南特色、田园风格、中国气派"的建设理念，高点谋划、高位推动、因地制宜、因时施策、蹄疾步稳、多头并进抓好产业导入、城乡建设、改革赋能开篇布局，形成了多点开花、热火朝天的产城融合发展良好势头，成效显著；基层党建出彩，举办村党组织书记"亮绩亮诺亮牌"活动，通报镇（街）动态，因地制宜、因时施策，紧抓党建促乡村振兴排名，在全省首创党建观察员制度，挂牌乡村振兴人才蹄疾步稳、多头并进地抓好产业导站，组织村社党组织办好千件民生实事。

在城市服务方面，落实5项城乡一体化措施：城乡一体规划设计、基础设施互联互通、要素资源均衡配置、生态环保共建共治、公共服务均等覆盖。

第三部分　南沙区物业管理行业发展情况分析

一、数据来源

本《行业发展报告》的数据来源于南沙区物业管理行业协会和中指研究院对广州市南沙区所有物业管理项目开展的专项调查。向南沙区所有物业管理项目负责人发放调查问卷，共发放问卷共150份，收回105份，问卷回收率为70%，其中有效问卷为82份，有效问卷率为78%。在采集的数据类型上，包括管理规模、满意度得分、物业服务费收缴率、从业人员规模与结构等信息。在此基础上，进一步收集相关项目情况，包括项目的多种经营情况、星级项目等。

二、南沙区物业行业在管项目规模情况

2022年南沙区共有244个物业管理项目，总在管面积约4185.6万平方米，其中住宅类型物业164个，

在管面积约 3217.8 万平方米，占比约 77%。商业办公类型物业 69 个，在管面积约为 756.59 万平方米，其他类型物业 11 个，在管面积约为 211.4 万平方米。南沙区作为广州的发展新区，居住、商业氛围浓厚，人口相对集中。

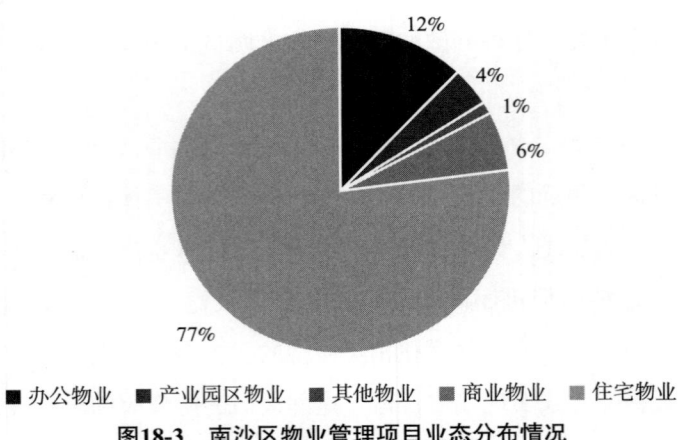

图18-3　南沙区物业管理项目业态分布情况

三、业主组织建设情况：业主组织的覆盖度不断提高

自 2020 年广州市住房和城乡建设局重新修订成立业主大会工作指引以来，全市业主大会成立数量增长迅速，另外，随着《广州市物业管理条例》于 2020 年正式颁布，创设了物业管理委员会制度，在一定程度上降低了启动筹备业委会的门槛，有利于推动业主组织的覆盖度。南沙区积极推进业主组织建设，截至目前，区内已成立业主委员会 45 个，相比去年的 27 个增长了 66%。为营造业主、物业服务企业、政府三方共建共治共享的小区治理格局打下了坚实的基础。

四、在管项目楼龄分析：整体楼龄相对较新

从南沙已建成的物业管理项目的建筑年代来看，作为广州的新发展区域，区内整体楼龄相对较新，据统计，约 12% 的物业管理项目在 2020 年以后建成，2010—2020 年内建成的项目约占 55%，2000—2010 年建成的项目占 26%，2000 年以前的项目仅占 7%，这些数据表明，南沙区的物业管理项目整体上都属于相对较新的建筑，因此维修和保养的压力相对较小。

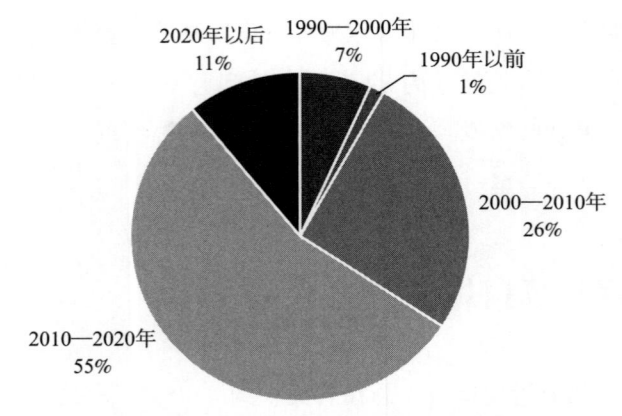

图18-4　南沙区在管项目楼龄分布情况

南沙作为广州市的新兴发展区域，近年来得到了大力的政府支持和投资，因此在房地产开发方面取得了显著的成就。大量新建项目的出现，不仅改善了南沙区的居住环境，也提升了整个区域的发展水平。新建物业管理项目在管理服务上也更加专业化和规范化。随着物业管理行业的不断发展，越来越多的物业管理公司开始进入南沙区域，提供专业的物业管理服务。这些物业管理公司不仅具备丰富的管理经验和专业知识，而且引入了先进的管理理念和技术手段，提高了物业管理的水平和质量。居民可以通过物业管理公司提供的在线平台或APP，方便地进行报修、缴费、投诉等各种服务，大大提高了居民的满意度和生活质量。

五、南沙区物业管理费价格和收缴率情况

1. 物业管理费价格

截至2023年8月，南沙区大部分住宅项目的物业费水平维持在2~3元/平方米/月，占据了所有项目总数的近69%。这一数据显示出南沙区在物业费方面的相对平稳和合理的趋势。同时，3元以上的物业费项目数量约占总数的10%，1~2元/平方米/月的物业费项目则占比较少，仅占总数的15%。

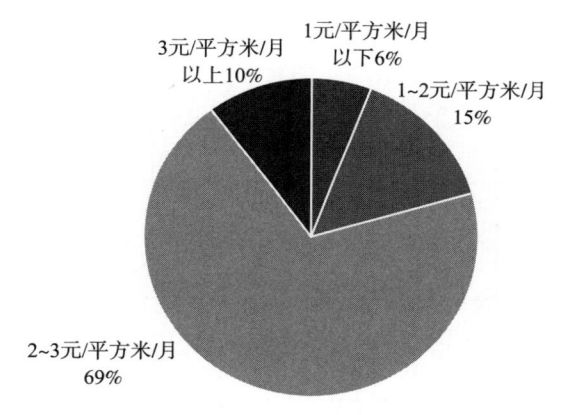

图18-5　南沙区住宅项目物业费区间占比

从数据上来看，大部分住宅项目选择将物业费设置在2~3元/平方米/月的范围内。这一水平相较于其他地区来说较为适中，既能保证物业服务的正常运转，又不给居民增加过多的经济负担，显示出南沙区在物业费方面的相对平稳和合理的趋势。这一数据也反映了南沙区在推动社区发展和提高居民生活品质方面的不懈努力。未来，随着南沙区经济的进一步发展和城市建设的不断完善，相信物业费的合理设置和管理将会得到更多的关注和重视，为居民提供更好的居住环境和更优质的物业服务。

3. 影响南沙区住宅类项目物业费收缴率因素分析

（1）分析思路与方法

业主对物业企业服务的满意度、在管时间的长短等都有可能影响物业费的缴纳意愿，本次调研也针对此进行了深入的分析，以2022年南沙区物业管理项目的物业费收缴率作为因变量：包括70%以下、70%~80%、80%~90%、90%以上。由于因变量为定类变量。我们采用多变量mlogit模型来估计，

mlogit 模型同时估计一组 logit 回归方程，以收缴率低于 70% 为基准组。其他选项与基准组比值的计算公式为：

$$ln\frac{p(Y=j|X)}{p(Y=o|X)} = a_i + \sum_{k=1}^{k} b_{k_i} X_k$$

其中，$X_1, \cdots, X_k$ 是一组解释变量，$b_1, \cdots, b_k$ 是每个解释变量对应的回归系数。

自变量：物业企业在管时长（年）、2022 年各个项目满意度评分（百分制）、物业企业是否为物业协会会员。

因变量（N=73）	选项	样本数	百分比（%）
2022 年物业费收缴率	90% 以上	40	54.79
	70%~80%	14	19.18
	70% 以下	11	15.07
	80%~90%	8	10.96
自变量（N=73）	选项	样本数	百分比（%）
所属公司是否加入物业行业协会	是	67	91.78
	否	6	8.22
连续变量			
	平均值	中位数	标准差
2022 年满意度得分	88.13	90	9.17
项目在管时长（年）	4.22	5	1.957

（2）模型评价

似然比卡方值	P	AIC	BIC
138.23	0.000***	162.23	190.04

注：***、**、* 分别代表 1%、5%、10% 的显著性水平。

上表展示了模型评价指标，可用于对模型的表现进行评估或有效性进行验证，其包括似然比检验、P 值、AIC 值、BIC 值。

模型的似然比卡方检验的结果显示，显著性 P 值 0.000***，水平上呈现显著性，拒绝原假设，因而模型有效。

（3）模型解释

根据参照组物业费收缴率在 70% 以下对比 90% 以上的情况，研究结果（系数表）表明，2022 年满意度得分的影响系数为 0.011，并且通过显著性检验，因此可以确定 2022 年满意度得分对 2022 年物业费收缴率会产生显著影响。具体来说，2022 年满意度得分每增加一个单位，2022 年物业费收缴率为 90% 以上的概率比 70% 以下的概率高了 8.2%（OR-1）。这意味着，满意度得分越高，物业费收缴率达到 90% 以上的可能性就越大。这一结果对于企业而言非常重要，因为它表明提高满意度得分可以有效地推动物业费的收缴率。

除了满意度得分，研究还发现项目在管时长对2022年物业费收缴率也具有显著影响。研究结果显示，项目在管时长每增加一个单位，2022年物业费收缴率为90%以上的概率比70%以下的概率高了34.4%。这意味着，项目在管时长越长，物业费收缴率在90%以上的可能性就越大。因此，企业管理项目的时间越长，物业费收缴率有望得到提升。然而，我们发现所属公司是否加入物业行业协会与物业费收缴率之间的关系并不显著。这意味着，物业管理费和是否加入物业行业协会在预测2022年物业费收缴率方面并不起重要作用。

综上所述，满意度得分和项目在管时长对物业费收缴率具有显著影响，而所属公司是否加入物业行业协会则不具有显著影响。因此，企业应该重视提高满意度得分和延长项目在管时间，以促进物业费的收缴率。这些研究结果为企业提供了有益的参考，有助于优化物业管理策略，提升物业费的收缴效率。

表18-2 系数表

以70%以下为参照组	回归系数（70%~80%）	标准误差	P	OR	回归系数（80%~90%）	标准误差	P	OR	回归系数（90%以上）	标准误差	P	OR
常数	−28.86	10.557	0.006***	0	−11.45	5.925	0.053*	0	−6.596	3.011	0.029**	0.001
满意度得分	0.25	0.104	0.016**	1.284	0.105	0.061	0.087*	1.111	0.079	0.031	0.011**	1.082
项目在管时长	1.358	0.519	0.009***	3.889	0.614	0.301	0.041**	1.848	0.296	0.208	0.045**	1.344
物业行业协会（否=0）	0.15	1.84	0.935	1.162	−0.312	1.726	0.857	0.732	0.374	1.375	0.785	1.454

注：***、**、*分别代表1%、5%、10%的显著性水平。

六、南沙区物业管理项目社区增值服务情况

在南沙区物业管理项目中，空间运营服务主要包括停车场运营管理服务、社区传媒等，在南沙区社区增值服务中占比最高，累计占比达到50%，基于管理面积的稳定扩张及企业对社区空间运营能力、整合能力的提升，这一板块的业务一直处于稳定增长且占据最高比例，另一方面由于空间运营服务需求刚性强、受宏观环境及房地产市场不利影响较小，因此在社区增值服务中的占比较高。

七、南沙区物业行业工作人员情况

1.年龄结构与岗位构成

据调查显示，本区物业管理行业从业人员平均年龄39.5岁。其中，30岁以下占比为20%，30~40岁占比为45%，41~50岁占比为34%，50岁以上占比为1%。

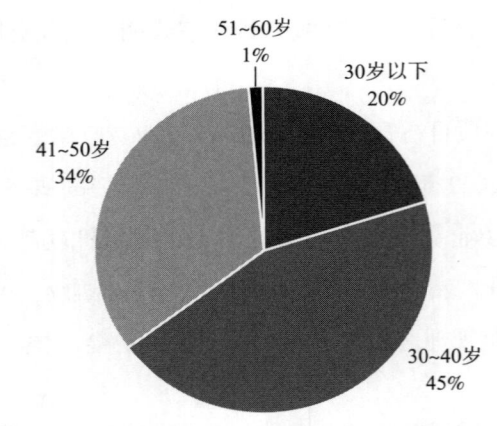

图18-6　2022年南沙区物业管理从业人员年龄分布结构

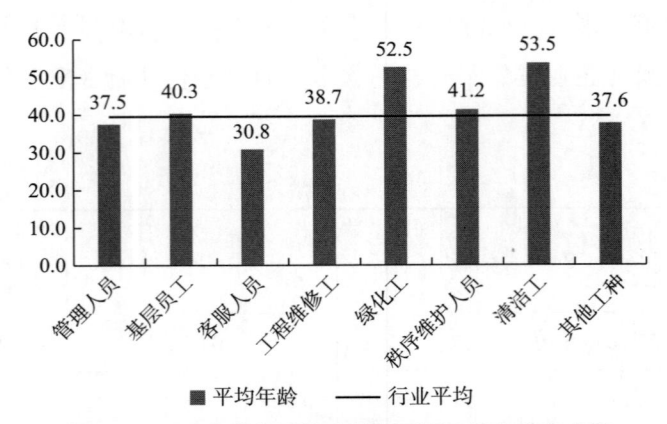

图18-7　2022年南沙区物业管理不同工种年龄分布图

从整体来看，南沙区物业行业中的客服人员相对年轻化。物业行业是一个服务型行业，从业人员的年龄结构对于行业的发展和服务质量有着重要的影响。年轻的管理人员能够带来新的思维和创新，对于提升物业管理水平和服务质量起到积极的推动作用。比如客服人员需要与业主进行日常沟通和协调工作，需要具备较强的沟通能力和服务意识，年轻人在这方面更具优势。工程维修人员的相对年轻化可能与行业技术的更新换代有关，需要更多年轻人具备新技术的应用能力。而绿化工和清洁工的平均年龄都高于行业平均年龄，这可能是因为绿化工和清洁工作需要在户外环境中进行，工作强度较大，年龄稍大的人更具有经验和适应能力。而基层人员的年龄稍大，他们在工作中积累了较多的经验和技能，对于处理各类问题更加得心应手。秩序维护人员是保障小区内安全和秩序的重要力量，他们年龄较大可能与工作性质有关，需要有较强的责任感和经验。

总体来说，南沙区物业行业从业人员的年龄结构较为合理。不同年龄段的从业人员各有优势，能够在各自的岗位上发挥出最佳的工作效能。随着物业行业的发展和进步，相信这里的从业人员将会不断提升自己的专业素养和服务水平，为南沙区的居民提供更好的物业管理和服务。

3. 文化结构

据调查显示，本区物业服务企业在编职工中，学历在大学以上占6%，大专学历占19%。高中及以下学历人员最多占比75%。

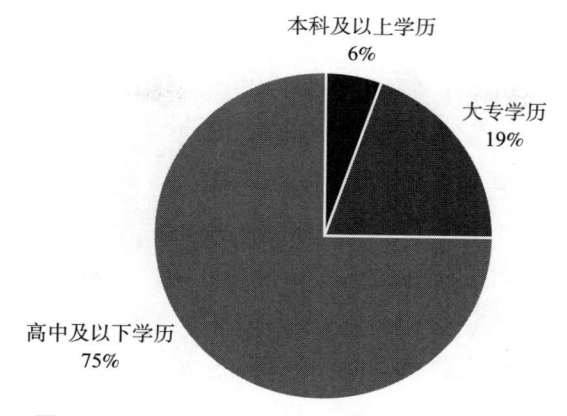

图18-8 2022年本区物业行业从业人员文化结构

这一调查结果引发了人们对本区物业服务企业职工学历结构的关注和思考。毋庸置疑，学历与人才素质之间存在一定的关联性。较高的学历往往意味着更多的知识储备和专业技能，这在物业服务行业尤为重要。然而，本区物业服务企业在编职工学历结构的偏低，引发了人们对其服务质量和专业水平的担忧。在高度竞争的市场环境下，业主对物业服务的要求越来越高，他们期望能够享受到专业、高效、优质的服务。然而，如果企业职工普遍学历较低，可能会导致他们在处理日常工作中出现一些困难和不足。例如，在解决居民投诉时，需要一定的沟通能力和解决问题的技巧。而较低的学历可能会限制职工在这方面的表现和能力，从而影响到服务质量的提升。面对学历结构的偏低，本区物业服务企业应该积极采取一系列措施来提升职工的学历水平和专业素养。首先，可以通过开展培训和学习计划，提供职工继续教育的机会，鼓励他们提升学历和专业技能。此外，可以与相关教育机构合作，开展职业培训项目，提供更多的学习机会和学习资源。另外，还可以制定一系列激励政策，鼓励职工参与学习和提升学历，提高他们的积极性和主动性。同时，政府和相关部门也应该加大对物业服务行业的支持和引导，提供更多的资源和政策扶持。例如，可以建立学历提升基金，为物业服务企业职工提供学习资金和奖励，鼓励他们积极参与学习和提升自身素质。此外，还可以加强与高等院校和职业培训机构的合作，推动物业服务行业与教育机构的对接，促进人才培养和交流。总之，本区物业服务企业职工学历结构的偏低是一个需要引起重视的问题。为了提升服务质量、促进企业创新和发展，我们需要共同努力，采取有效措施来提升职工的学历水平和专业素养。

4. 性别结构

据2022年样本数据统计，本市物业服务企业职业队伍中，男员工比例占62%。女员工比例占38%。尽管男性员工占比较高，但女性员工在物业服务行业中所展现的能力和作用也不可忽视。同时，物业服务行业也在积极推动性别平等和多元化。相信随着社会的进步和观念的转变，物业服务行业中女性员工的比例将会逐渐提升，实现更加平等和多元的职业发展机会。

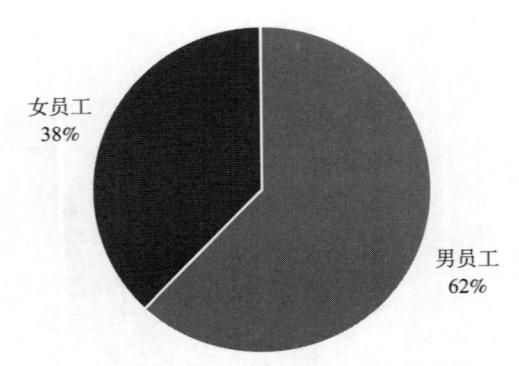

图18-9 2022年本区物业服务职工男女比例

4. 薪酬结构

根据2022年的样本数据统计，本市物业行业从业人员的平均年薪大约为6.58万元。其中，管理人员的薪资水平最高，约为9.25万元。客服人员、工程维修人员和秩序维护人员的年薪水平大致与行业平均水平相当，分别为6.6万元、6.96万元和6.54万元。而绿化工和清洁工的薪资远低于行业平均水平，分别为4.8万元和4.42万元。

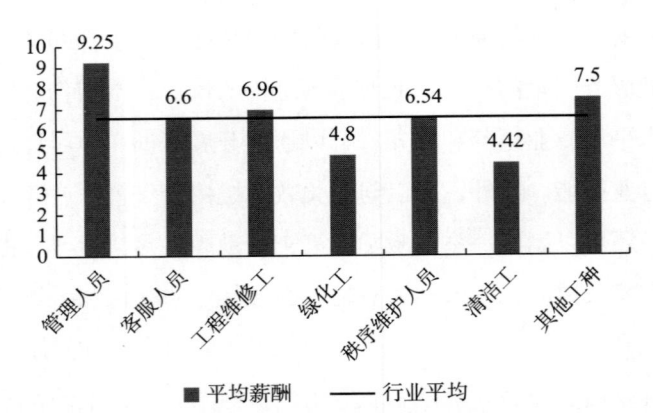

图18-10 2022年本区物业服务行业从业人员年薪情况（单位：万元）

物业行业作为一个重要的服务行业，吸引了众多从业人员。根据数据统计，管理人员的薪资水平最高，这也与其担负的责任和工作内容密切相关。作为物业管理的核心人员，管理人员需要负责协调各项工作，包括物业维护、资源管理、人员调配等等。他们需要具备较高的专业知识和管理能力，因此薪资水平相对较高也是情理之中的事情。

而客服人员、工程维修人员和秩序维护人员的年薪水平与行业平均水平相当。客服人员作为物业企业与业主之间的桥梁，需要负责接听和处理各种问题和投诉，其工作需要高度的沟通和协调能力。工程维修人员负责物业设施的维护和维修工作，需要具备一定的技术水平和专业知识。而秩序维护人员则负责维持物业环境的秩序和安全，需要保持高度的警觉性和责任心。这些岗位的薪资水平与行业平均水平相当，体现了物业企业对这些岗位的重视和认可。

然而，绿化工和清洁工的薪资水平则明显低于行业平均水平。绿化工作和清洁工作是物业行业中不可或缺的一环，他们负责保持物业环境的整洁和绿化美化工作。尽管他们的工作对于物业的美观和环境质量有着重要的影响，但由于工作内容相对简单，所需技能相对较低，薪资水平也相对较低。

对于物业行业从业人员而言，薪资水平的不同主要取决于工作的性质和所需的技能水平。管理人员的年薪最高，反映了其在物业管理中的重要地位和责任。而客服人员、工程维修人员和秩序维护人员的薪资与行业平均水平相当，体现了他们在物业运营中的重要性。绿化工和清洁工的薪资较低，可能与其工作的技能要求较低有关。

当然，在物业行业中，薪资并不是唯一的衡量标准。除了薪资水平，还有诸如福利待遇、工作环境、晋升机会等因素也会对从业人员的满意度和工作稳定性产生影响。因此，物业企业应该综合考虑各种因素，为从业人员提供良好的工作环境和发展机会，促进行业的稳定和可持续发展。

八、已进驻南沙的优秀物业服务企业情况

随着南沙区经济持续发展，新项目逐渐落成，物业服务市场容量也持续增大，越来越多的物业服务企业积极布局，目前，区内在管物业服务企业共约150余家，从业人员合计2万余人。头部企业更是积极拓展，努力增加管理面积，提升市场占有率。

碧桂园服务、越秀服务、星河物业、时代邻里等物业管理企业在南沙有较多的在管项目。其中碧桂园服务进驻南沙较早，在20世纪90年代随着南沙碧桂园的建成便已进入，已深耕南沙多年，2010年后，包括中央郡、天玺湾等在内的碧桂园集团在南沙开发的多个项目相继竣工，在管项目增加明显。本土龙头物企越秀服务在21世纪初随着进入南沙市场，2010年后，越秀集团在南沙的多个大型住宅社区交付使用，越秀服务的在管面积呈现快速增长的态势。另外，包括时代邻里、星河物业在内的多家物业管理企业，进驻南沙时间相对较长、在管面积体量较大，在南沙当地物业管理市场中拥有较大的知名度。

第四部分 南沙区物业管理行业存在的问题及改进建议

一、南沙区物业服务困境

1.物业企业过度追求利润，导致服务质量下滑

近年来，随着南沙区城市化进程的加速推进，物业管理行业迅速兴起。然而，物业企业过度追求利润的现象也逐渐浮出水面，这种现象导致了物业服务质量的下滑，给居民生活带来了不便和困扰。

上市物业服务企业过度追求利润，往往会采取压缩成本的手段。为了降低运营成本，物业企业可能会降低对服务人员的培训投入，导致员工素质下降。这种情况下，物业员工的专业技能和服务意识会大打折扣，无法满足居民的实际需求。例如，居民反映物业人员对小区内的环境问题漠不关心，处理事务的效率低下，给居民的生活带来了很多不便。此外，还可能会在物业设施的维护和更新上偷工减料。为了节约成本，物业企业可能使用低质量的材料进行维修和装修，导致设施容易损坏。长此以往，小区内的公共设施如电梯、水电设备等容易出现故障，给居民带来了巨大的安全隐患和经济损失。

物业企业为了追求利润最大化，可能会减少服务人员的配备。这导致了物业服务人员的工作量过大，无法及时响应居民的需求。例如，小区内的维修问题、安全隐患、环境卫生等日常事务，由于物业人员不足，往往得不到及时解决，严重影响了居民的生活质量。而一些对小区安全和和谐发展至关重要的工作，

如巡逻、监控等也可能因人手不足而受到忽视，给小区带来了安全隐患。

2. 物业行业准入门槛低，参与主体服务水平参差不齐

物业行业准入门槛过低，是一个在社会上广泛存在的问题。在当今社会，物业管理作为社区生活的重要组成部分，直接关系到居民的生活质量和社区的和谐发展。然而，由于准入门槛过低，参与主体的服务水平参差不齐，导致了物业管理水平参差不齐的现象，给居民的生活带来了一系列的问题。低门槛导致了物业服务企业的素质不高。

首先，由于准入门槛过低，许多没有相关经验和资质的企业也能够进入物业管理行业。这些企业缺乏专业知识和管理经验，无法提供高质量的服务。他们往往以降低价格为手段吸引客户，但却无法提供有效的管理和维护工作。这种情况下，很难保证居民的权益和社区的正常运转。

其次，低门槛还会导致物业管理行业的竞争不充分。由于准入门槛低，进入行业的企业数量庞大，导致行业内竞争激烈。然而，由于参与主体的服务水平参差不齐，企业之间的竞争主要集中在价格上，而非服务质量。长期来看，这种不健康的竞争环境将影响到整个社区的发展和居民的生活质量。

3. 各监管部门缺乏沟通协调，业主问题反馈不畅通

各监管部门之间缺乏沟通协调，导致业主问题反馈不畅通，给居民们的生活带来了许多困扰。比如说某小区的业主们最近反映出了电梯故障频发的问题。电梯的故障不仅导致了业主们的生活不便，还给他们的安全带来了一定的隐患。然而，当业主们向小区物业反映问题时，物业却表示这是电梯维保公司的责任。业主们只好又联系了电梯维保公司，却被告知这是小区物业的责任。业主们陷入了无边无际的责任推诿之中，他们的问题并没有得到解决，只能无奈地忍受着每天电梯故障带来的不便。

这并非个例，类似的问题在许多小区中屡见不鲜。业主们对小区环境、设施的问题反馈不畅通，主要是因为各相关部门之间的沟通协调不够。监管部门、物业管理公司、维保公司等各方都各自承担着一定的责任，却没有建立起有效的合作机制，导致问题的解决被拖延甚至无法解决。

4. 承接查验流于形式，开发商问题"甩锅"下游企业

随着南沙区房地产市场蓬勃发展，涌现出一大批壮大的房地产开发商。然而，随着市场竞争的日益激烈，一些开发商为了追求利益最大化，将自身问题无理地"甩锅"给下游物业企业，给整个行业带来了不良影响。

首先，开发商问题的"甩锅"现象主要表现在查验流于形式上。在房地产开发过程中，开发商往往以规模庞大、资金充裕为优势，占据着主导地位。然而，一些开发商却故意选择忽略或敷衍了事，不对房屋质量进行严格检验，而是将检验流程简单化，甚至完全不进行实质性的检测。这种做法严重违背了对购房者负责的原则，将安全隐患留给了后续的物业企业。

其次，由开发商问题而产生的"甩锅"行为对下游物业企业造成了巨大压力。一旦房屋质量出现问题，购房者往往会将矛头指向物业企业，认为其没有做好维护和管理工作。然而，事实上，物业企业只是接手了开发商交付的房屋，无法改变房屋本身的质量问题。他们往往需要承担起维修和赔偿的责任，不仅给企业带来了经济负担，也损害了企业的声誉。这种"甩锅"行为不仅不公平，更对整个行业造成了不良影响。

5.服务边界认识不对称，业主主观认识需"校正"，服务合同不透明，违约责任难追究

业主往往认为交纳物业费后，物业管理企业应该提供全部的服务。然而，物业管理企业按照合同办事，其提供的服务范围是有限的。这种认知上的差异容易导致业主对物业管理企业的不满和误解。

服务合同的不透明性也是导致问题的原因之一。在许多情况下，服务合同的条款往往过于繁杂，难以理解。这使得业主难以了解自己的权益和责任，也难以判断物业管理企业是否履行了合同中的义务。在某种情况下物业管理企业未能按照合同约定履行职责，而业主又难以追究其违约责任。这种情况可能存在于合同条款不明确、证据不足等原因。

6.合同服务内容如今缺少行政监管

在过去，服务合同需要经过行政审批局的审核备案，以确保合同的合法性和合规性。然而，近年来，随着信息技术的快速发展，广州市物业管理信息系统逐渐兴起，服务合同的备案程序变得更加简化和便捷。物业公司只需将合同的相关内容上传至广州市物业管理信息系统，无需再经过繁琐的行政审批程序。这一改变虽然使得物业管理工作更加便捷高效，但也引发了一个重要的问题——缺乏行政监管。在过去，行政审批局的审核起到了监管和约束的作用，确保合同的合法性和合规性。然而，现在只需要上传至物业管理信息系统，合同内容的真实性和合规性很难得到有效监管。

缺乏行政监管可能会导致一些不诚信的物业公司在合同中夹带一些不合理的条款，损害业主的权益。又或者，一些不法分子可能会伪造合同，进行欺诈行为。如果没有行政监管，这些问题将很难被及时发现和解决，给业主和物业管理带来很多不必要的麻烦和损失。

二、南沙区物业服务改善建议

1.回归服务本质，强化服务质量提升

物业公司的定位除了现代化综合服务运营商外，更重要的是基层社会治理的一分子，物业管理涉及面广、社会影响大，特别是住宅小区的物业管理，与广大群众的切身利益相关，不仅关系到人民群众合法权益的实现，还涉及基层民主政治建设和社会稳定。维护南沙区的社会稳定、建设好和谐社区，良好的物业服务必不可少。

首先，政府应加强对物业行业的监管，制定更加严格的管理规定，确保物业企业能够履行其社会责任，提供高质量的服务。

其次，居民也应积极参与小区事务的管理，监督物业企业的运营情况，提出合理的建议和意见。同时，物业企业自身也要加强自律，提高服务质量，树立良好的企业形象。政府、居民和物业企业应共同努力，加强合作，推动物业管理行业的健康发展，为居民提供更优质的生活环境和服务。只有这样，才能实现城市化进程中的共赢局面，让居民真正享受到物业管理的便利与舒适。

2.强化沟通，加强宣传，提高业主对"物业服务"的认识水平

在现代社会，物业服务在社区管理中扮演着重要的角色。然而，由于信息不对称和沟通不畅，许多

业主对物业服务的认识水平并不高。所以提高业主对物业服务的认识水平，加强宣传和强化沟通显得尤为重要。

首先应该强化物业企业与业主之间的沟通。物业管理公司可以建立其与业主之间的沟通平台，如业主委员会、业主代表等。通过定期召开业主大会、小区座谈会等形式，使物业管理公司可以与业主面对面地交流和沟通。在沟通中，物业管理公司可以听取业主的意见和建议，解答他们的疑问，并及时反馈工作进展情况。通过这种方式，业主可以更加直观地感受到物业服务的改善和进步，从而增强对物业服务的认识和信任。

其次，物业管理公司可以通过多种渠道进行宣传，包括社区公告栏、微信公众号、小区广播等。在宣传中，物业管理公司可以详细介绍物业服务的内容和范围，以及提供的各项服务，如清洁、维修、安全等。同时，宣传中还可以强调物业服务的重要性和好处，如提高生活质量、保障安全等。通过宣传，业主可以更加清楚地了解物业服务的作用和价值，从而提高对其的认识水平。

此外，物业管理公司还可以利用现代科技手段，如物业管理App、在线客服等，加强与业主的沟通。例如前文提到的双管家模式，业主可以随时随地了解物业服务的最新信息和动态，提出问题和反馈意见。物业管理公司也可以及时回复和解决业主的问题，增强业主对物业服务的认识和满意度。同时，物业管理公司还可以利用这些工具向业主推送有关物业服务的宣传信息，增加业主对物业服务的了解等。

3. 依法依规，"多方协作"，强化物业行业监管治理体系

各监管部门应该加强协调合作，建立起有效的沟通机制。首先，相关部门应该定期召开联席会议，及时交流信息，共同商讨解决方案。这样一来，各部门之间的责任分工将会更加明确，问题也能够更快地得到解决。

其次，可以建立起问题反馈的渠道和流程。当业主们遇到问题时，可以通过指定的渠道向相关部门进行反馈，相关部门应该设立专门的接待窗口，及时处理业主们的问题。同时，建立起问题追踪的机制，确保问题得到解决后进行反馈。

另外，业主们也应该主动参与到小区事务中来。以业主委员会作为业主们的代表，与相关部门进行沟通。通过业主委员会，业主们可以更好地表达自己的诉求和问题，同时也可以监督相关部门的工作，促使问题得到更好的解决。

4. 完善承接查验流程，加强对开发建设单位的监管力度

面对开发商问题的"甩锅"现象，应该加强监管，建立健全的责任追究机制。首先，政府部门应该加大对房地产开发商的监管力度，加强对开发商的审查和评估，确保其具备相关的资质和信誉。同时，加强对房屋质量的监督检查，切实保障购房者的权益。其次，物业企业也应该主动承担起责任，加强对房屋质量的检测和维护工作，积极与开发商沟通合作，共同解决问题。

此外，购房者们也应该提高自身的风险意识，选择有信誉和口碑的开发商和物业企业。在购房过程中，要仔细查看相关合同和文件，保留好相关证据，以便在发生纠纷时有据可依。同时，购房者们也可以通过维权组织和消费者协会等途径寻求帮助，在维护自身权益的同时，也能促进整个行业的良性发展。

5. 细化履职依据，提高服务透明度

物业管理企业可以通过加强与业主的沟通，明确服务范围和内容，以及解释合同条款。同时，业主也需要理性对待物业管理企业的服务，不将个人的期望过高地加诸企业身上。

另外，物业管理企业应该深入浅出地编写服务合同，确保条款简明扼要，易于理解。同时，业主在签订合同之前应该仔细阅读并理解合同内容，必要时可以寻求法律咨询，以保护自己的权益。

最后，物业管理企业应该建立健全的违约责任追究机制，明确违约责任的承担方和追究方式。同时，业主在发现物业管理企业存在违约行为时，应该及时收集证据，并寻求法律途径解决纠纷。

6. 加强合同监管，约定在管项目工作人数下限

在南沙区的一些小区的物业管理存在着人员不足的问题，导致服务质量下降，居民的投诉也随之增加。笔者建议在物业服务合同或招标文件中约定在管项目工作人数的下限，以确保物业服务的高效运作与居民的满意度。有了明确的人员数量要求，物业公司就不能凭借自己的主观判断来决定是否减少人员配置，从而降低成本。同时，可以强制物业公司提供足够的人力资源，从而提高整个行业的服务质量和形象。

然而，约定在管项目工作人数下限也需要注意一些问题。首先，合理的工作人数下限应该根据小区的实际情况来确定，避免过高或过低的人员配置。其次，物业公司应该承担起招聘和管理工作人员的责任，确保人员的素质和能力达到要求。最后，政府部门应该加强对物业公司的监管和考核，确保其按照合同约定提供服务，以及履行人员配置的承诺。

结语

自改革开放以来，全国物业服务行业经历了四十多年的发展，管理规模不断扩大，行业逐渐规范、成熟，政府对其给予了大力支持，未来的发展空间仍然广阔。目前，南沙区物业服务市场仍处于快速增长阶段，市场需求持续增加，容量不断扩大，整体活力相当高，这也吸引了全国许多相关企业积极进入当地市场。区内的物业服务企业具有许多亮点，在住宅和非住宅领域都有一些突破和创新的发展，为行业的持续发展带来了新思路。

然而，由于多种因素的影响，当地的物业服务企业也存在着混乱竞争、部分企业服务质量较差、业主和企业之间矛盾突出等问题。解决这些问题需要多方面的积极参与，通过企业坚守定位、党建引领、多方协调、共商共治的方式，化解企业和居民之间的矛盾，积极提升物业管理行业从业人员的素质和能力，建设一个良好的物业服务市场，为行业的发展提供更坚实的动力。

报告十九　2023年南京市红色物业创建发展报告

序言

1981年3月，中国第一家物业管理公司——深圳市物业管理公司诞生，标志着中国物业管理行业正式进入初期发展阶段，历经40余年发展历程，先后经历了发展初期、发展规范期以及多元化发展新时期，行业发展逐渐趋于成熟。

在资本、政策、科技等多重因素的推动下，物业服务企业正在逐步从房地产开发产业链末端环节中独立出来，物业管理行业进入黄金发展周期，且以更加独立的姿态、更多元的服务组合、更贴近民生的社会属性赢得公众认可，物业管理行业的经济贡献和社会贡献持续提升。

物业服务企业在规模扩张和业务发展的同时，不仅提高标准化水平，规范服务流程，保持探索精神，创新服务理念，打造差异化产品和服务，满足不同群体、不同业主的多样化需求，还通过硬件改造和软件升级，运用智慧化手段规模化运营，提高服务效率，着力打造高效供应链，积极开展增值服务。

在社会贡献方面，物业管理行业作为具有公共服务属性和民生属性的行业，承担着社会责任和人民幸福的重要任务。物业服务企业作为基层治理的重要参与者，对于维护社会稳定，促进和谐社会建设，也发挥着至关重要的作用。物业服务企业通过参与包括老旧小区改造、养老服务、保障房管理、乡村振兴和公共突发事件防控等重要环节，逐步创新基层治理模式，有效解决部分基层治理难题，充分发挥积极作用。在疫情、灾情等公共突发事件面前，物业服务企业也积极展现责任与担当，临危受命，冲锋在防疫抗疫和抗灾救灾一线，为广大居民的生命与财产安全提供了坚实保障。

南京市作为具备强大韧性和旺盛活力的省会城市，近年来紧紧围绕做深做实"红色物业"的工作主线，持续推动物业管理融入基层治理，在疫情防控、文明典范城市创建等实践中贡献了物业力量。在基层治理建设中，越来越多的南京物业服务企业不断创新治理模式，大力推广"红色物业"，通过党建引领推动基层治理有效开展，内外兼修，真正解决居民日常生活中的痛点，提升居民的幸福感和满足感。

一、中国红色物业发展概况

在国家号召打造"共建共治共享的社会治理格局"的背景下，随着基层治理体系和治理能力现代化建设深入，物业服务行业及企业在各省市积极探索"党建统领、政府主导、社会参与、多元共治"的"红色物业"管理模式，通过发挥党组织对物业服务企业、业委会等的引领作用，规范各主体的行为，凝聚最大

---

① 本报告作者为南京市物业管理行业协会、中指研究院。

共识，形成有效参与。

（一）"红色物业"概念与内涵

"红色物业"发端于我党"为人民服务"的宗旨，这一概念最初于2017年武汉市第十三次党代会首次提出，要实施"红色引擎工程"，包括强化"红色引领"、培育"红色头雁"、激活"红色细胞"、建设"红色阵地"、打造"红色物业"、繁荣"红色文化"、掀起"红色旋风"、用好"红色基金"。"红色物业"作为实施"红色引擎工程"的主攻方向和创新之举，突出强调了加大在物业服务企业组建党组织力度，确保党的组织和工作在每个住宅小区、每个物业服务项目有效覆盖。

"红色物业"是以党建引领的物业管理服务，以物业服务企业党组织或者街道社区党组织为核心，以党员为工作先锋，融合物业党员、社区党员、业主党员，以物业服务企业为载体彰显党的政治属性，通过整合区域内服务资源、集聚服务力量、健全服务机制，为社区群众提供优质服务，将党建工作全程融入物业管理服务工作，着力解决好居民群众反映突出的居住环境、安全保障、便民设施、人文活动、邻里关系等问题，提高业主满意度，让人民群众感受党的温暖，引导、教育、帮助居民业主参与社区治理，共同建设美好家园。

相较于普通物业对"物"管理的侧重，"红色物业"以满足城市社区居民对美好生活的需求为出发点，将对"物"的管理转变提升为对"人"的服务。除了普通物业能够提供的基本物业服务之外，"红色物业"把基层党建工作与社区物业有机融合，把群众的呼声与基层党建工作的着力点有机融合，把社区物业服务企业打造成基层党组织联系服务群众的平台，把社区物业服务人员打造成党的工作队伍，让物业管理服务既发挥服务功能，又发挥政治引领作用，打通联系服务群众的"最后一百米"。

（二）"红色物业"发展背景及相关政策

伴随着市场经济的发展和城市化进程的加快，我国城市基层社会治理体制经历了从"单位制"到"街区制"再到"社区制"的变迁。社区承载着"人民对美好生活的向往"，如何有效提升居民的生活品质、创造公共价值、实现公共服务的有效供给是社区治理的核心内容。

近年来国家相继出台了一系列加强基层治理的政策文件，多次明确提出要积极推动物业服务融入基层治理。

"十四五"规划明确提出，推动社会治理和服务重心下移、资源下沉，提高城乡社区精准化精细化服务管理能力，改进社区物业服务管理。2021年，住房和城乡建设部等部门发布的《关于加强和改进住宅物业管理工作的通知》明确指出要"坚持和加强党对物业管理工作的领导"，提出要推动业主委员会、物业服务企业成立党组织，建立党建引领下的社区居民委员会、业主委员会、物业服务企业协调运行机制，充分调动居民参与积极性，形成社区治理合力。

党的二十大报告指出，要"推进以党建引领基层治理"，明确了以党组织建设作为基层治理的重要抓手，对于加强党的领导、提升党组织的政治功能和组织功能、推进基层治理体系和治理能力现代化具有重要意义，也为物业管理行业党建引领融入基层治理提供了根本遵循，指明了前进方向。

2022年，我国各级部门出台了较多政策文件，鼓励物业服务企业参与社区治理。其中，由中共中央组织部、中共中央政法委员会、民政部、住房和城乡建设部联合印发的《关于深化城市基层党建引领基层治理的若干措施（试行）》明确提出要"完善网格化管理、精细化服务、信息化支撑的基层治理平台，健全城乡社区治理体系，及时把矛盾纠纷化解在基层、化解在萌芽状态"。这对物业服务企业如何在基层治理中找准自身角色和定位、如何在基层治理中发挥作用、如何结合自身实际情况融入基层治理等问题具有重要指导意义。

住房和城乡建设部办公厅、中央文明办秘书局印发《关于公布"加强物业管理共建美好家园"典型案例的通知》，公布了100个在社区物业党建、促进小区精神文明建设、推动物业管理融入基层社会治理、建立协商议事机制、发动居民参与共建共治共享、规范物业服务行为、为群众办实事等方面表现突出的典型小区，其中我市秦淮区瑞金新村小区、栖霞区怡江苑小区名列其中。为各物业服务企业参与基层治理，物业管理行业转型升级提供了可借鉴经验。

（三）"红色物业"的特点及价值

党建引领与党员动员是"红色物业"的基本特征，党建引领为"红色物业"服务工作的开展把握正确的方向，街道社区党组织、物业服务企业党组织、业主委员会党组织等主体共同参与到"红色物业"建设及基层社区治理之中，通过党的组织与社会活动主体的良性互动实现共建共治格局的健全稳定。

"红色物业"在思想上始终以"党建引领"为鲜明主线，彰显"红"的特色，最终体现"治"的成效。在物业服务上彰显党的政治色彩，强化党的政治属性，发挥党的政治功能，实现党对物业服务企业在思想、组织、工作上的引领，引导其发展能遵循正确的方向；同时激发城市基层社区群众精英力量，发挥党员先锋模范作用，组建一支专业化的红色物业服务队伍；并以党建引领社区文化建设，激发社区群众的主人翁意识，积极引导城市社区群众实现"主人翁"意识。

"红色物业"在工作上，以街道社区党组织或者物业服务企业党组织为核心，整合社区的服务资源、聚集服务力量、健全服务机制，将党的具体工作落实到物业项目上，使其除了发挥物业服务企业原本的服务功能之外，还能够积极发挥政治引领作用。"民有所呼，我有所应"，"红色物业"坚持以人为本，着力解决居民存在的问题；并且始终践行党的初心和使命，坚持党全心全意为人民服务的性质和宗旨，引领传统的物业服务企业实现工作管理中的"物、事"向"人"转变，以提升社区群众的满意度为出发点和落脚点。

发展"红色物业"是物业管理与基层社区管理高度融合的智慧体现，同时也是一项具有开创性和挑战性的工作。"红色物业"不以盈利为直接目的，通过有温度、有感情的物业服务，致力于解决居民群众身边最直接、最现实的问题，把党的温暖传递到群众心中，搭建起物业、社区与居民之间的桥梁，着力打造党组织联系服务群众的重要平台，探索建立党组织领导下的物业服务新模式。实现资源共享、责任共担、人才共用、问题共解，形成互相配合、良性互动的工作格局，既发挥物业服务功能，又发挥党组织政治引领作用，真正做到"打通服务群众的最后一百米"，使城市基层党建真正有色彩、有温暖、有活力，让社区居民有更多的安全感、获得感和幸福感。

（四）"红色物业"建设现状与趋势

近年来，物业管理行业党建引领物业服务融入基层治理工作取得了重大进展。一方面，各地积极推行

"双向进入，交叉任职"，推荐符合条件的社区"两委"成员和网格党支部书记、党小组长通过法定程序进入业委会，推荐业委会委员、物业服务企业负责人担任社区"两委"兼职委员。另一方面，各地积极发挥社区党组织统筹协调各方、领导基层的作用，创新党组织设置方式，推进业委会、社区、物业服务企业党的组织建设覆盖工作有序进行。全国一些地方加快推进基层党组织建设，一些地方以党建引领物业服务企业和业委会建设，还有一些地方结合实际，强化机制创新，提升物业行业服务质量。除此之外，各地也在积极探索党建引领下的居民委员会、业主委员会、物业服务企业三方协作机制，化解社区治理矛盾，提升社区治理能力，打造共建共治共享格局。

新时代背景下，物业服务企业要从单纯的服务业发展为参与社会基层治理的重要力量。物业党组织作为基层党组织社区治理版图中的重要有机组成部分，两者间的互动已经超越了单纯的市场行为与契约关系。对此，如何既把握新时代的背景，又尊重物业服务经营管理、成长的基本规律，既凸显党组织的政治引领功能，又提升物业的服务功能，是当前物业行业党建工作实践和理论研究的难点和关键。强化基层党组织对社区物业服务管理工作的宏观方向领导，能更好破解物业管理难题、短板弱项，不断提升居民生活幸福感，巩固人民安居乐业、社会安定有序的和谐局面。

二、南京市红色物业创建发展概况

南京市作为江苏省的省会城市，也是长三角城市群中重要的城市之一，在政治、经济、文化、交通等各个领域都占据重要的地位。"党建引领，红色物业"是南京市物业行业一大特色品牌，南京市物业行业党委深入学习贯彻党的二十大、二十届一中、二中全会、全国两会精神，紧紧围绕市房产局党组对物业行业党委的要求，全面加强物业行业党的政治建设、组织建设、队伍建设，切实把党的全面领导延伸到行业末端，推动基层党建与行业发展深度融合、双向促进，实现物业服务质量整体提升，助推基层治理体系转型升级。

（一）南京市物业管理行业发展概况

1. 物业行业市场空间广阔

南京市物业管理行业市场空间广阔，南京市物业管理行业协会成立于1998年，是南京市最早成立的行业协会之一，目前有会员440余家，其中理事单位121家。截止至2022年，南京市工商注册物业服务企业2585家，同比上涨0.78%，现有存量项目约6729个，总管理面积约4.27亿平方米。

从区域划分上看，南京市下辖的11个市辖区与1个国家级新区的项目管理面积均值为3555.93万平方米，其中，江宁区项目管理面积最高，达7426.99万平方米，江北新区、鼓楼区次之，分别为4879.34万平方米和4802.95万平方米，高淳区项目管理面积相对最低，约为582.81万平方米，仅为江宁区的7.85%，南京市的物业管理项目在各个区域的分布不均衡性比较突出。

近年来，南京市的物业管理服务的边界不断延伸，从住宅逐步延伸至商办、医院、学校等非住宅业态及城市服务等领域。非住宅领域已成为企业市场拓展的重要方向。相比住宅业态而言，其基础物业服务不受相关限价政策限制（单价相对较高、定价灵活），能够开展更为多样且专业的增值服务（如商业运营等），市场化空间更大。物业服务企业在第三方市场拓展中应坚定抓住非住宅业态的拓展赛道，塑造标杆服务项目，梳理服务标准与服务细节，通过多元化服务业态组合助力企业规模快速增长。长远来看，物业管理行业内部市场份额之争还将愈演愈烈，南京市物业管理市场份额仍有很大的提升空间。

2. 物业服务价格标准清晰

南京市发改委、房产局于2021年3月26日发布《南京市普通住宅前期物业公共服务等级和收费标准》（以下简称《服务等级和收费标准》），自2021年4月26日起实施，适用于南京市行政区域内普通住宅前期物业管理的物业服务和物业收费。业主大会成立后的普通住宅物业公共服务等级和收费标准，按照物业服务合同约定执行。

《服务等级和收费标准》实施前，已签订物业服务合同的普通住宅小区，物业公共服务等级及其收费标准等仍按原合同约定执行；需要调整物业公共服务收费标准的，应依法按规定程序进行调整：业主大会成立前，按照《南京市住宅物业管理条例》有关规定执行；业主大会成立后，由业主大会或者业主大会授权的业主委员会与物业服务企业协商，通过物业服务合同约定执行。物业服务企业不得单方面制定和调整物业公共服务收费标准。

《服务等级和收费标准》实施后，新建的普通住宅小区前期物业管理阶段，建设单位通过招投标选聘物业服务企业的，执行新的物业服务等级和收费标准。南京市普通住宅前期物业公共服务等级分为五级，服务项目包括基础服务、客户服务、共用部位管理、共用设施设备管理、秩序维护管理、环境卫生管理和绿化养护管理，服务等级越高所对应的内容越广泛和具体。

表19-1　　　　　　　　　　　　不同服务等级收费标准情况

服务等级	多层最高收费标准（元/㎡/月）	高层最高收费标准（元/㎡/月）
一级	0.50	0.90
二级	0.70	1.20
三级	1.00	1.60
四级	1.30	2.10
五级	1.70	2.60

数据来源：《南京市普通住宅前期物业公共服务等级和收费标准》。

新建的普通住宅小区前期物业管理阶段，建设单位对前期物业服务进行招投标时，物业服务企业列出超出服务等级内的服务项目和具体内容时，可在对应等级最高收费标准基础上上浮，上浮最高不超过20%。

3. 融入基层治理，共建共享美好家园

南京市物业服务企业正在不断加速融入基层社区治理工作，并取得了良好效果，其中部分企业不仅积极承担老旧小区物业管理工作，并且配合主管部门和业主自治组织对接管项目进行局部翻新、停车场改造、加装电梯、安装新能源汽车及电动车充电桩等。全市各住宅小区自2020年底也开始逐步实现"撤桶并点"，由政府部门主导、物业服务企业协助实施生活垃圾分类工作，目前住宅小区生活垃圾分类取得了初步成效，居民进行源头分类的习惯正在逐步培养，部分小区已经形成良好局面。

物业服务企业还充分发挥近场优势，通过资源整合，对养老模式进行探索，为老人实现"最后一公里

照护"，缓解老龄化带来的社会压力。疫情期间，物业服务企业一方面积极配合政府进行疫情防控，做好消杀、宣传、封闭管理等全方位部署，严把社区进出口，构筑群防群治的严密防线；另一方面，通过社区服务平台，为业主提供蔬菜生鲜配送、口罩等防疫物资团购服务，实现无接触配送，解决业主生活实际困难。

物业服务企业向社会及政府充分证明了自身对于社会和国家的巨大价值，业主意识到了优质服务的重要性，基层政府机构感受到了物业服务人员给予的强有力配合的必要性，物业服务企业的社会地位显著提升。此外，部分优秀物业服务企业还积极响应国家号召，参与消费扶贫、教育扶贫，美化生态，促进产业发展，赋能乡村振兴。

图19-1　物业服务企业融入基层治理的服务内容

4. 开展智能化建设，提升服务和管理水平

国家"十四五"规划中提出，要"加快数字化发展，建设数字中国"。围绕数字化发展的多项任务中，涉及居民社区的智慧化社区建设以及与加强基层社会治理相关的物业管理行业智慧化，越来越受到关注。

南京市物业行业主管部门开发建设的"智慧家园"平台于2019年研究立项，于2022年正式投入使用，旨在解决现阶段传统模式下小区治理面临的痛点，诸如维修资金安全高效使用，行业监管数据精细度不足，重大事项的群体决策困难等问题，取得较好应用效果。该平台主要包括软件系统建设及数据采集与处理服务两大类内容，其中，软件系统建设部分包括行政综合监管系统、维修资金监管系统、公众服务共享系统和物业决策指挥中心四大综合性功能模块。

"智慧家园"平台建立了涵盖物业管理区域备案、承接查验、合同备案、项目退出交接等全周期的物业管理数据生产、采集、校验机制，实现了物业相关的29个行政事项的全线上办理，有效解决了物业管理基础数据不清、更新不及时的问题；面向业主的公共服务功能主要提供线上议事、通知公告、维修资金及我的小区等各类一体化工具，解决了以往业主大会召开周期长、相关流程政策不透明和投票信息不真实的问题等。

小区是社会基层治理的核心单元，目前"智慧家园"平台正在进行升级改造工作，努力实现物业网络和社区网络双网融合，通过"智慧家园小帮手"工具高效、便捷地解决群众诉求，提供一站式的行政服务、公共服务和市场化融合服务场景；此外平台计划与公安、应急、建委、民政、市场监管、城管等兄弟部门开展数据对接和业务场景联动，为小区综合治理工作提供重要的支持。

5. 深化行业信用建设，引导企业规范经营

根据市房产局宁房物字〔2017〕317号《关于进一步落实我市物业管理行业信用等级评价工作的通知》，南京市自2018年起，每年公布《南京市物业服务行业信用手册名录》和《失信企业名录》，旨在贯彻落实《南京市住宅物业管理条例》，深化物业管理信用信息网格化系统建设成果，明确树立"后资质"时代的行业监管目标，全面建立以物业服务项目为主体的"事中、事后"监管模式，打造市、区、街三级主管部门及物业服务服务企业、物业服务项目等五级网络业务办公系统，深入推进物业管理行业信用信息的数据采集、征集发布和社会化成果运用，逐步形成物业管理各方主体的信息公开和信息对称机制，建成信用优先、规则明确、公开透明、优胜劣汰的物业管理市场机制。

南京市物业管理行政主管部门认真落实省政府、市政府关于推进社会信用体系建设相关文件精神，进一步完善物业服务行业信用监管机制，通过守信激励和失信惩戒，引导物业服务企业规范经营，推动物业服务行业正向发展。2023年5月4日公布了《2022年度南京市物业管理行业信用手册名录》《2022年度南京市物业管理行业失信企业信息名录》，其中有709家物业服务企业获得信用手册，信用分从71分至127分不等；另外有4家企业被列入失信名录，企业减分从3分至7分不等。

6. 打造特色品牌，助力行业高质量发展

自2018年起，南京市物业管理行业持续推动品牌建设，打造了以"五心服务"（"爱心"满满的物业项目经理、让人"安心"的秩序维护员、让业主"放心"的工程技术员工、"悉心"的保洁员和绿化工、让业主"暖心"的管家）为核心的物业服务品牌，南京物业人以实际行动深入践行"五心服务"精神，精准锁定业主切身服务诉求，持续开展"社区文化节""最美物业人""劳动技能竞赛""睦宁里服务站点建设"等系列长线活动，在全市物业管理行业掀起了一股比服务能力、比服务水平、比服务质量的热潮，汇聚大量新闻素材和典型事迹，通过优秀事例、感人事迹调动广大物业人的积极性和责任担当，鼓舞行业士气，营造良好氛围。

此外，南京市通过"房帮宁"品牌进小区试点，打造群众"家门口的房产局"，为基层一线提供主动响应、快捷推送、精准派单、专业咨询的能力，形成有温度、有感情的物业服务，切实把好事办好、实事办实，跑出为民服务"加速度"。利用物业服务企业近距离服务的平台作用，探索"睦宁里"小区特色品牌和站点建设，鼓励有条件的物业服务企业向养老、托育、家政、文化、健康等领域延伸。

（二）南京市党建工作实践

1. 南京市"红色物业"的缘起与发展

为充分发挥党的政治优势和组织优势，进一步提高党组织领导下的物业服务管理和社区治理水平，形成党建引领作用明显、行业监管更加完善、运行机制科学有效、物业管理服务规范、人居环境舒适和谐的物业管理服务行业新格局，2019年江苏省委组织部发布苏组通〔2019〕59号文件《关于以党建引领全面提升物业管理服务水平的指导意见》，着眼构建"党建引领、行业指导、基层主抓"的物业管理服务新模式，要求到2021年年底，设区市、县（市、区）全部建立物业管理服务行业党委，符合条件的物业服务企业全部建立党组织，不符合条件的由行业党委全部选派党建工作指导员，党组织领导下的多方联动服务机制100%建立。

根据江苏省委组织部要求，南京市委组织部、南京市住房保障和房产局党组于2019年12月17日印发宁组通〔2019〕57号文件，"关于印发《关于加强党建引领推进物业行业建设的意见》的通知"。通知提出了充分认识加强物业行业党的建设的重要意义、明确加强物业行业党建目标任务、多措并举推进物业行业党建工作、加强物业行业党建工作组织领导等四项要求，自此南京市党建引领物业管理行业走上一个全新高度。

为进一步推动社区综合治理，2019年，南京市实施住宅小区"美丽家园"三年行动计划，形成市、区、街三级联动格局，部门联动不断加强，属地作用有效发挥，住宅小区综合治理能力显著增强。2021和2022连续两年，市委、市政府《关于常态化疫情防控条件下进一步加强基层治理能力建设的十项举措》《关于推进"强力工程"深化党建引领基层治理到底到边的实施方案》，都将物业管理纳入基层治理的重要组成部分，并推广仙林城市版"枫桥经验"和红色物业实践，赋权街道党工委对物业项目考核，推动双向交叉任职，不断推动精网微格管理和小区物业管理融合。

2022年，在总结第一轮三年计划基础上，按照住建部要求，市委常委会审议通过新一轮《南京市建设"美好家园"三年行动计划（2022—2024年）》，聚焦宜居安居水平、服务供给水平、综合治理效能三个提升，打造"红色物业五心服务"党建服务品牌，推进全市住宅小区更整洁、更有序、更安全、更宜居。坚持党建带动群建，市物业管理行业党委与市文明办、市总工会等单位加强沟通合作，通过文化引领、活动凝聚、体育搭台，带动业主"平时搞活动、急时作奉献"，积极参与文明创建、疫情防控等基层治理。

在2023年度南京市物业行业党建重点工作中，明确在全市物业管理行业和住宅小区开展共建美好家园活动，将以建立物业管理多方参与的协调运行机制为重点，统筹推进党建引领、精神文明建设、街道（乡镇）属地管理、行政执法进小区、规范业主委员会（物业管理委员会等）运行、提升物业服务质量等工作。结合"睦宁里"站点建设等民生实事，围绕老旧小区三项革命，通过党建引领，探索具有鲜明南京特色的"红色物业"地方实践。组织编制美好家园建设的可复制机制清单。

2. 南京市"红色物业"的主要举措

2.1 强化制度保障，推行多元共治

实行党建引领网格化治理模式：

根据以上相关文件，我市把党建和政法综治、民政、城管、信访、市场监管、卫生健康、应急管理等网格合成"一张网"，促进物业服务网格与社区治理网格"双网融合"，不断完善"街道（镇）党（工）委—社区（村）党组织—网格党支部—党员楼栋长（中心户）"四级组织联动体系，注重把业主、物业服务企业、重点企业党员负责人经组织程序选进网格党支部班子，以严密的体系支撑网格化管理。同时，推行"双向进入、交叉任职"机制，吸纳党员业委会委员和物业服务企业负责人进入街道大工委和社区大党委，搭建物业企业融入社区治理的平台，实现物业服务企业与社区党组织有效联动。

健全"吹哨报到"机制：

聚焦基层不同程度存在的"权力有限、责任无限""资源不足、力量不够""看得见、管不着"等问题，南京市全面推广"两赋两强"街道集成改革，以赋权、赋能、强基层、强队伍为着力点，规范化建立"五部一局两中心"组织架构，街道内设机构压缩 25% 以上，挂牌机构压缩 60% 以上，通过建立一窗综办套餐式服务窗口、探索"街道吹哨、部门报到"机制、推进行政综合执法"集中+下沉"等举措，将党建深度融入审批服务、行政执法、社会治理、政社互动等改革领域，赋予街道更多知情权、参与权、建议权等权利，进一步增强街道党工委统筹协调各方、领导基层治理的能力。

完善考核评估机制：

南京市着力推进物业行业党建规范化、标准化，制定详细行业党建工作制度，全面、科学、量化评估行业党建工作，常态化开展专项检查和信用征集工作，不断健全完善物业管理行业动态监管机制，推广建立物业服务企业信用手册制度。市、区物业管理行业党委配齐配强专职工作人员，加强对街（镇）、社区（村）物业行业党建工作的指导考核；街（镇）党组织对辖区物业服务企业提出评价意见，作为房产部门评价企业信用的重要内容记入信用档案；街（镇）、社区（村）把业（管）委会、物业管理项目纳入网格党建范畴，促进"红色物业"发挥密切联系群众最后 100 米的服务队、工作队、宣传队作用。

建立党建联建机制：

在推进党建引领基层治理"强力工程"过程中，南京市积极开展"同城共筑"行动，组织镇（街道）、村（社区）与驻辖区单位"双向走访、双向服务"，推动各级单位深度融入基层治理。通过开展党员队伍联建、实践活动联办、优质资源联享等活动，畅通各类主体间沟通联系渠道，推动物业服务管理与社区（村）治理融合协调发展。做实街道物业联席会议制度，完善社区事务多方参与联动分析处置的机制，搭建多元主体协商沟通的桥梁，统筹社区治理多元主体的力量，凝聚多元主体的价值共识，为多元主体参与社区治理提供了制度支撑，形成"信息及时互通、资源及时调度、风险及时处置、问题及时解决"工作闭环。

落实资金保障机制：

资金保障是推进"红色物业"创建的一个重要条件。根据人民日报客户端 2022 年 9 月 26 日的报道，南京市落实经费投入保障及正常增长机制，按党委 3 万元、党总支 2.4 万元、党支部 2.1 万元标准设立社区党组织工作补助经费，按平均 30 万元每个社区（村）标准设立为民服务专项资金、累计拨付近 30 亿元，为"红色物业"顺利开展提供有力支持。

2.2 推进党建全覆盖，加强党组织建设

积极构建"1+12"党建格局：

2020 年 6 月，南京市物业管理服务行业党委成立，目前，南京市下辖的 11 个市辖区与 1 个国家级新区物业管理行业党委均已获批成立，让党建"进小区、进业主组织、进物业服务企业"，扎实筑牢基层小区治理的党建阵地，健全党的组织体系和工作体系，加强物业管理行业指导监管和保障支撑。

实现党组织应建尽建：

南京市推动有 3 名以上正式党员的物业服务企业单独成立党组织，党员人数不足 3 名的，通过区域统建、行业联建、龙头领建等方式，实现组织覆盖，将行业党建向街、社、网格延伸，构建以物业服务企业（项目）为主体，街道、社区、业委会共同参与的区域化"物业党建联盟"。据统计，目前南京市物业管理行业党支部 323 个，在册党员 2859 人，行业党组织从零星成立到市域规模成片广覆盖，基本覆盖全市所有小区物业管理处，并还在继续向基层延伸。

推动志愿者队伍常态化运行：

南京市致力于引导物业行业基层党组织和广大行业党员在各项任务中见行动、建新功。围绕"五心服务"，广泛开展志愿服务，促进志愿者日常活动常态化、规范化、标准化，加大志愿者服务队伍的培训力度，提高志愿服务队伍的素质和能力，培养志愿者服务精神，提升团队凝聚力。自 2021 年 9 月份市物业行业志愿者总队成立以来，依托市物业行业协会 2022 年全年共计组织全市范围志愿者活动五次，吸引 13000 人次志愿者参加。截至 2022 年底行业志愿者注册队伍 219 支、志愿者 7092 人。

创新推进"三同步"工作：

南京市大力推进物业行业党建"三同步"工作（即物业服务企业备案时同步建立党组织、物业服务企业员工入职时同步注册成为志愿者、行业信用评价时同步考核），在文明创建、疫情防控、垃圾分类等重要工作节点，积极开展志愿者活动，助力建设美好家园，并通过"三同步"强化党建引领，推动业务主管单位扛起党建责任，加大党组织组建力度，规范党组织生活，开展党组织活动，打造红色物业品牌矩阵。

2.3 树立示范标杆，凝聚价值共识

强化党建示范点创建：

南京市坚持"注重实效、鼓励创新、宁缺毋滥、好中选优、循序渐进、典型引路"的程序，发现一个，培育一个，成熟一个，推广一个，不一刀切、搞平衡，通过省、市、区三级党建工作示范点典型培育，切实提升物业服务水平。全市 2021 年至 2022 年连续两年通过企业申报、区级初评、考核验收、命名授牌分别评选出"党建引领物业管理服务工作市级示范点"30 个和 35 个。此外，南京市共有 26 个项目获评"党建引领物业管理服务工作省级示范点"称号，居全省首位。

推广典型案例经验：

栖霞区整区推进，将红色物业纳入江苏省美丽宜居城市试点建设方案，涌现出了仙林街道城市版枫桥经验、尧化街道姚坊门红色物业紧急对口支援疫情封控小区的鲜活案例。龙潭街道怡江苑小区构建党建联盟、凝聚共治合力，被纳入了"加强物业管理 共建美好家园"典型案例。玄武区城建集团百子物业落实了对区属 7 个街道老旧小区的兜底物业接管工作，创新"百子红加油站"党建特色品牌，构建了"1+3+X"多方联动治理体系。秦淮区瑞金路街道创设了"关口前移、接诉即办"的工作机制，通过"群众议事会""吹哨协商会""工作反馈会"等一线工作法，在解决物业管理群众诉求方面成效较为显著。

加强行业队伍培训引导：

南京市物业服务行业党委针对不同层次、不同类型的党员和党组织，加大培训力度，提高党员理论水平和业务素养，为物业行业高质量发展提供人才支撑。围绕物业行业特色，开展"五心服务""最美物业人""劳动技能竞赛""巾帼文明岗""社区青春行动"等系列活动。创新竞赛形式，鼓励各区积极组织中小企业开展行业技能竞赛，通过组织"直通车"，广泛吸引企业参与。市物业行业协会加大校企联合培养人才力度，建成和推广一批物业行业实训基地和培训基地，通过培训和实践推动规范行业发展的作用。同时，市物业行业协会不断加大志愿者服务队伍的培训力度，提高志愿服务队伍的素质和能力，培养志愿者服务精神，提升团队凝聚力。

建立党建工作宣传阵地：

南京市区行业党委加强意识形态工作学习教育，通过组织专题培训、交流研讨、参观见学等多种形式，将党的二十大精神持续深入传达到物业行业各级党组织、每名党员，积极对物业行业先进事迹进行征集与宣传，建立道德模范培树阵地。表彰一批全市物业行业优秀党员和先进基层党组织，发掘典型，广泛宣传，通过各类媒体平台，着力营造良好风尚。2020—2022年市物业行业党委在全市范围内共计评选出优秀共产党员150人，先进基层党组织68个。结合传统节日、重大庆典等，开展喜闻乐见的文娱活动。将"红色文化""历史文化""企业文化"等有效嵌入到社区软环境中，推行"特色文化进楼宇"活动，打造丰富多彩的楼宇文化，为凝聚公共价值营造良好的社区文化氛围。

2.4 丰富服务内容，增强资源整合

补齐老旧小区管理短板弱项：

成立南京市老旧小区基本管理全覆盖工作专班，挂图作战、对账销号，按照"一区一策，一小区一方案"，对2300余个（处）零散老旧小区，通过基层党组织领办，引入头部物业服务企业、国有物业服务企业"兜底"等方式，促进老旧小区管理提质增效。同时，加强各类资源的系统整合，联合房产、公安、城管、消防等部门力量，常态化开展物业服务、秩序管理、环境治理和消防安全四项整治。

关注群众诉求，提升服务供给：

探索加强和提升行业党建信息化水平，提高工作质效，南京市房产局打造了包括有事即办、有问即答、知难即帮等四大板块15项服务功能的"房帮宁"平台，上线以来收到了大量市民咨询和点查反馈，试点覆盖600个小区，打造群众家门口的房产局，畅通群众反映问题、解决问题的途径，变被动等待、拖延处理、责任不清为主动响应、快捷推送、精准派单，有效提升了基础物业服务能力和供给水平。

丰富"物业+"服务场景：

积极打造"睦宁里"站点，引入资源围绕便民服务拓展物业管理新场景，开展物业+"睦宁里"便民服务中心的先行先试，建设首批具有地方特色、文化气息、规范服务和标准产品线的"睦宁里"示范站点，着力打造社区"烟火气"。

加强与妇联等群团组织联系：

南京市在市、区物业行业党委、物业行业协会中，统筹推动建立行业妇联，并采取单独创建、联合组建、区域联建等多种方式，组建一批物业服务企业的妇联组织。与此同时，南京市妇联与市房产局共同推动"宁姐月嫂"品牌入驻"睦宁里"站点，将妇联工作融入红色物业建设，壮大巾帼志愿服务队伍，打造各具特色的宁姐服务品牌，强化"宁姐，邻家姐姐、凝心姐姐"服务效能，把联系和服务妇女的触角进一步向小区、家庭延伸，在基层社会治理中，促进妇联组织能力建设与物业管理优质服务双提升。

（三）南京市党建引领创建成果

物业服务企业"以业主为中心"的服务导向与党组织为人民办实事的行动指南相贴合，南京市大力实施"美丽家园"三年行动计划，持续开展"红色物业"示范点创建，建立完善社区物业党建联建和协调共治机制，推进物业服务企业党建全覆盖，推动2300余个老旧小区（零散片区）基本管理提质增效，进一步提升南京市居民生活服务水平，打造整洁文明、安全舒适、和谐宜居的人文居住环境，物业管理服务向精细化、标准化发展。

1. 增强基层治理力量，建设和谐社区

加强基层社会治理对推进国家治理体系和治理能力现代化具有重要意义，社区治理作为基层社会治理的主要内容被摆在了突出位置，通过党对物业服务企业的政治引领，明确物业服务企业在社区公共服务、基层治理中的角色定位，物业服务企业深入基层物业项目，参与社区治理，减少矛盾纠纷，维护社区稳定，建设和谐社会，为基层治理减压赋能。

多元共治优化治理能力：

街道社区党组织深刻领会到用抓党建促进抓治理、抓服务的实效性，通过党建有效整合业委会、物业服务企业、驻区单位等各种基层力量，初步构建了区域化党建新格局，并不断凝聚社区党员精英，鼓励社区内已经退休的党员和有工作组织的党员去参加业主委员会的竞选，争做楼栋业主的代表，从而增加党员在居民中的活跃度，提高影响力，增强街道、社区、物业党组织共治和社区群众自治能力，促进基层团结协作发展。

在鼓楼区，一套"1+3+X"模式为高效治理奠定了基石。"1"，构建一套党建引领推进住宅小区管理的红色组织体系，推动成立区物业管理行业党委、各街道物业行业党总支、物业服务企业党组织、业主委员会党组织。"3"，锚定三个方向，聚焦红色物业联盟，引进市场化物业，落实零散旧小区划片区兜底托管；聚焦红色管委会建设，发挥红色楼栋长作用，实现无物管小区自治，由街道党工委牵头，社区党委把关，按照"在职+在册"的方式，由优秀的社区党员牵头成立管委会，选聘本小区内的党员担任红色楼栋长，为居民提供零距离联户服务；聚焦物业行业党建示范点，以点带面，推广优秀经验做法，全面提升全区小区物业管理水平。"X"，若干名党员发挥先锋模范作用，探索建立"党建引领、多元共治"的治理机制。

物网融合深化红色服务：

以加强社区物业管理和基层社会治理为导向，将小区划分为一个个微网格，建设小区"红色物业工作站"，指派红色物业党建服务员，建立物业服务企业经理与小区网格员双负责制度，推动网格化治理与物业管理服务深度融合，着力解决居民群众身边的"关键小事"，实现对小区的全方位管理和服务。

秦淮区瑞金路街道西华东村社区党委将"家"的理念融入小区善治，积极发挥"红色引擎"力量，率先探索推进"红色物业""红色业委会"品牌打造，构建社区党委牵头的"1+N"多元共治格局。按照"社区党委—网格党支部—楼栋党小组—党员中心户"构建起党建网格管理架构新模式，根据小区党员分布特点，划分为7个网格党小组，确定党员中心户24户。充分发挥网格支部作用，建立"1+10+10"党员联系群众机制，由1名支委带动10名党员，每名党员带动10个居民，设置党员示范岗，党员责任区、楼栋党小组、党员中心户亮身份，彰显党员形象。在疫情防控、飞线充电整治、楼道杂物清理、垃圾分类等活动中，党组织活动与物业管理服务工作有机结合，物业党小组、网格党支部共同参与，形成小区善治良好格局。

助力文明城市建设：

由于长期历史原因，部分老旧小区存在私搭乱建、圈占公共绿地、环境脏乱差等现象，各社区党组织以物业服务企业的"红色物业"建设为抓手，通过组织开展文明公约宣传活动，号召居民遵守公约，提倡文明礼仪，加强垃圾分类管理，推广绿色环保理念，引导居民养成良好的生活习惯，共同营造文明和谐的

小区环境，助力文明城市建设。

北外滩水城第十二街区在文明城市建设的工作中，党员们始终走在各项工作的前列，支部与社区党组织紧密联系，组建由物业、居民、社区党员的党员志愿服务队，在园区开展"党建＋公益"的志愿活动，向业主发放文明生活宣传画册、在园区整理非机动车停放、清理"僵尸车"、上门宣传劝阻业主电动车飞线充电等，充分发挥党员的先锋模范作用。

银龙景苑作为保障房安置小区，业主主要为征地回迁、城区拆迁安置居民。银龙景苑项目党支部持续推进全国文明城市创建，紧抓居民小区文明创建"3条提示""37条指标"，积极落实文明典范城市创建各项要求。小区新增非机动车棚480平方米、充电桩430处，加装电梯梯控系统28台，有效护民安、供民需。常态化推进垃圾分类，小区建设垃圾房（亭）4处，增设垃圾分类指导员岗位4个，每日收集厨余垃圾约600公斤。

深化实施党建联盟：

构筑红色物业联盟是高起点高质量推进新时代城市基层党建工作的有效载体和重要保障，以楼宇商圈党建联盟为统领，推动各楼宇商圈阵地以高质量党建引领高质量发展，构建与城市功能相匹配、与现代产业体系相适应的经济发展新格局，南京市已然进行了成功的探索。

在南京市建邺区南苑街道党工委的指导下，庐山社区党支部的配合以及莲花物业团队的共同努力将凤凰文化广场打造成党建示范楼宇，设立党建联盟，打造专属网格工作站，以党建展示墙、党建展板布置、楼委会议事园等多种方式发挥党建引领作用，激发楼宇党建活力，营造浓厚的红色文化氛围，提振干事创新的饱满热情。坚持需求导向、服务导向、目标导向，深耕楼宇党建发展新路径，推动楼宇经济高质量发展，助力楼宇办公环境提质增效。

鼓楼区建宁路街道成立"宁英荟"商圈党建联盟，抓实抓细商圈党建工作，以服务凝聚商圈和各类市场主体，营造有利于商圈繁荣发展的环境氛围，将商圈党建"洼地"点亮成为提升社会治理能力、服务民生工程的"高地"，打造党建引领商圈发展的"建宁样板"。

2. 拓展红色物业服务，实现良性互动

物业服务连着千家万户，与群众生活息息相关。以居民物质需求和文化需求为导向，坚持以党建为统领，创新理念、主动作为，服务精准化、精细化是物业企业高质量服务的体现，切实把群众大大小小的事情办好是物业企业的服务目标，物业管理服务与居民认同之间的良性互动和正向互促有助于实现多方共赢。

解决居民需求，减少矛盾纠纷：

随着居民生活水平的不断提升，居民对居住条件和生活环境的需求日益复杂多样，将"红色物业"引进小区，形成居民出题、物业答题、社区引导、党组织监管的服务模式，提高了居民生活舒适度、归属感和幸福感。

天琪福苑小区为江宁区拆迁安置房小区，乐恒物业公司成立党支部，以"5341"模式为基础，通过开展访民情、解民忧、聚民心进门入户活动，为业主提供数十场的便民惠民利民服务，定期开展"两会"诉民意，通过民主议事会收集业主对小区治理的诉求与建议，针对业主诉求与建议，联合社区开展党建联席会，协调解决问题化解矛盾，做到"件件有落实、事事有回音"。

朝天宫街道秣陵路社区101村为部队家属区，社区推行"急事来电马上办""缓事扫码预约办"模式，在小区设置"博爱云·红管家"服务点，通过电话求助、扫码预约、现场受理等形式处理个性化服务需求。服务模式以志愿服务与外包有偿服务相结合，志愿服务由街道应急维修站提供，外包服务则通过引进各类有资质合作伙伴来提供低价有偿服务。服务类别包括设施设备管养、法律援助、跑腿代办、矛盾调解、应急维修等。

拓展便民服务，彰显惠民情怀：

进一步延伸为民服务的基层触角，打通服务群众"最后一百米"，为民生加码，为幸福提速，点滴的暖心便民服务，增加了社区生活的便捷性，处处彰显着物业企业打造"红色物业"的用心"温度"。

万科物业在金隅紫京府项目建设幸福驿站一站式服务中心，集线上线下便民服务为一体，线上万科物业专属住这儿APP为客户提供了线上缴费、线上报事、线上团购、电子通行码等多项无接触服务，提升了客户体验感，线下该服务中心也是小区居民的悠闲娱乐中心，居民走下楼就可以和邻居相互交流，拉近了邻里距离，提升小区和谐氛围。通过设立阅览室、休闲区、儿童区、多媒体功能区，打造多功能新思想加油站，先后开展了多彩儿童课堂、"四点半"课堂、老行当进社区、关爱老人免费剪发、端午一家亲、精准扶贫等"红色物业"惠民生活动，用真诚打动每一位居民业主的心。

中海物业万锦花园项目链接业主需求与社区资源，日常推进开展各项便民服务，定期联系社区医院为业主量血压、测血糖、组织跳蚤市场、播放露天电影等，为业主的生活提供更多的便利，充实小区活动，提升业主的参与感。从生活小事关怀做起，做到提供更加贴心的服务。此外，中海物业成立"悦家焕新"先锋队，积极发挥党员同志在物业服务工作中带头示范作用，走进业主家中，进行电源检修、入户门保养、清洗水龙头滤网和空调过滤网等免费维修服务，为业主的生活提供更多的便利。

担起红色责任，关照弱势群体：

"红色物业"要担起红色责任，如吸纳社会残疾人员就业，支持社区和各类社会组织开展扶贫济困、居家养老等活动，建设服务性、公益性、互助性社区组织，在社区内形成守望相助的和谐氛围。

虹为合物业结合天津新村小区是省级机关家属区的特点，在鼓楼区物业行业党委和宁海路街道党工委的正确指导下，始终坚持党建引领各项工作的开展，把"红"落在党员队伍、落在灵活机制、落在服务宗旨，形成一套强引领、办实事、见成效、受欢迎的"红色物业"治理模式，在养老服务、民生建设等方面"添砖"、"加瓦"。推进"物业+养老"探索实践，实现"家门口"、"送上门"、"心贴心"等服务特点。让业主感受到来自物业服务企业的温暖，确保老旧小区物业服务从"量的发展"到"质的提升"。

苏宁物业第四党支部位于江北新区北外滩水城第十九街区服务中心，创新活动形式，牵头开展"党建+公益"新型志愿服务活动，引导文明阳光的生活方式。2021年物业服务中心联合沿江街道水城社区和南京江豚保护协会，在园区内成立江北新区第一家保护江豚保护长江的"宁小豚志愿服务站"。对生态环境保护加以宣传，组织业主动手美化家园，开展"播种希望 拥抱未来——我给小树找个家"植树活动等。

繁荣红色文化，创新社区活动：

"红色文化"作为一种隐性的文化嵌入，以开展社区集体活动的方式，激发居民志愿精神、公共精神、集体意识，促进和谐社区邻里关系、物居关系的形成。

国泰民安小区以"党员骨干志愿服务"为载体，通过党建带动、服务支撑、活动联线，与社区联合开展"同绘红色画卷、献礼建党百年"、"迎七一表彰先进典型"等红色活动以及"睦邻荟"、"雷锋日"等系列便民活动，受惠居民达一千多人次，通过深入互动，帮助促进正能量的内部输送和联系，推动营造小区治理同心协力、齐抓共管的浓厚氛围。

溧水区亚东同城逸境项目坚持"一方引领，多方参与"，统筹物业工作者、网格员、楼栋长、党员、社会组织、小区业主等各方力量，联合新安社区党组织、开发区党组织开展各种寓教于乐的社区文化活动，弘扬主旋律，传承传统文化。在增进邻里感情的同时，更是将红色文化潜移默化融入期间，为全力破解服务业主的死角，持续提升服务业主能力探索了一条崭新的红色通道。

3. 提升企业管理服务，助力品牌塑造

物业服务企业实行"红色物业"，由党组织统筹协调物业服务管理工作，对内实现了理想信念引领、基础工作夯实、队伍凝聚力提升的良性循环，对外实现了党建与业务的融合，提升了业主的满意度和品牌形象，同时也推动了企业改革发展和业绩的提升。

树立红线思维，严格规范管理：

物业服务企业在党建引领下加强廉洁建设，树立红线思维，遵守法律法规、规范用工、严格落实安全生产措施、严格履行物业服务合同约定的服务内容和服务标准、及时受理处置业主投诉，以党建的纪律性克服市场盲目性、自发性、逐利性的缺陷。

仁恒物业翠竹园服务中心党支部将依托项目物业管理服务优势，督促项目物业服务中心做好标准化服务项目公示，对服务内容和标准、费用收取标准和范围及时进行公示；实行物业项目财务公开制度和收支情况公布制度，接受全体业主的监督。强化小区安全管理与安全责任，对于隐患风险点及时进行警示标示设置、临时防范措施、问题整改落实等工作。

瑞金新村社区党委努力实现"小事不出网格、大事不出社区、难事不出街道"，率先在社区、物业服务企业及小区大门口设置了"12345接诉即办"现场受理点，将关口前移，主动征集群众投诉和意见建议，合理投诉和建议，及时采纳解决并第一时间反馈。工单数明显下降，特色做法全市推广，项目物业费收缴率跃升，居民满意度大幅度提升，物业服务企业的服务也更积极、更主动、更优质，社区党委的组织力、凝聚力、号召力也得到同步提升。

搭建智慧平台，提高服务效率：

南京市物业行业主管部门自2017年起搭建的物业管理"智慧家园"系统，使得"红色物业"数字化建设使服务可及度与对居民需求的反应力大幅提升，不仅可以通过持续完善平台建设，推广线上业主大会等功能运用，解决群众参与自治效率不高、过程不透明问题，动态监管物业服务活动，将物业备案、专项检查、业务指导、维修资金审核等线下工作统一到线上，做好工作闭环，还可以应用技术手段，探索运用智慧物业实现秩序维护、保洁及垃圾分类等业务的数字化现场管理，通过扫码及AI智能识别等方式进行实时监测，对急难愁盼的问题进行应急处理，运用大数据及时提供有效服务。

金尧山庄小区物业与社区联合推进智慧治理，打通服务群众的"最后一米"。街道为社区、物业工作人员等专、兼职网格员配备电子版"全要素"口袋书，随时随地为居民解答政策、办理业务、代办陪办；结合掌上云社区、记录"民情小账本"等方式全面收集居民信息诉求，对居民反映的热点问题、高发区域进行综合分析，从而实现网格人员配置、综合执法、民生保障的有效匹配，做到及时掌握、及时跟踪、及时解决。

打造企业个性党建品牌：

物业服务企业通过党建工作，塑造独特的企业文化和形象，建立与党建工作相关的品牌形象，并将其与企业的核心价值观和发展战略相结合，围绕党建品牌出实招、重实效，发挥"党建+"工作优势，提升品牌推动力、凝聚力、影响力。

在紫金东郡，苏宁银河物业所打造的"向阳花·红色悦居"党建品牌，已经构建出4大服务平台，即一个生活服务平台（便民服务站）、一个党员学习平台（党群服务中心）、一个社区活动平台（红色广场）、一个线上互动平台（悦居会APP），并在此基础上，通过物业服务的融入，明确了每个平台的职能和任务。在便民服务站中，除了承担物业服务中心的基本职能外，加入了银河健康驿站、快递驿站、易货空间等服务，在党群服务中心里，重点打造的党员之家、活动空间和宁姐月嫂家政服务站三大主题空间，为党员和居民提供一个学习交流、商议共事、活动锻炼的场地，苏宁银河红色广场为居民活动、社区文化的营造提供开阔的场地，悦居会APP融合党建与生活服务，形成线上互动平台。

南京银城物业服务有限公司在玄武区委组织部、区住房保障和房产局、锁金村街道党工委的领导下，延续银城红色服务开展"心声"党建品牌打造，与物业服务的优势和传统相结合，初步形成"340"的党建模式，即树立"心声"的一个党建品牌，通过物业服务创新+社区多元治理两条路径，汇聚社区、业委会、物业三方力量，构建以便民服务+党员学习+文化活动+线上互动贯通的四大平台，打造包括党建文化、幸福社区、乐享生活、品质物业和公益互助在内的五大特色项目，彰显"红的特色"。

4. 党建文化润养，深化归属认同

在"红色物业"的工作背景下，把党建理论与企业文化和社区文化进行有机地整合与发展，通过党组织对物业企业潜移默化的影响，提升物业党员归属感与身份认同感，优化基层党组织的组织力与服务力。

加强党课培训，推动队伍建设：

物业服务企业把党员教育作为重要抓手，通过加强党课阵地建设、扩大党课讲师队伍、提升党课教育实效，不断增强党课吸引力、感染力和影响力，加强社区"红色"队伍建设。

仁恒物业翠竹园服务中心党支部严格执行"三会一课"制度，定期开展组织活动；积极开展"不忘初心 牢记使命"主题教育和"主题党日"活动，制定组织生活、党员管理、群众服务等各项工作制度，健全组织生活制度、流动党员管理制度、民主生活会制度等。在新时代背景下，社会发展面临的新形势、新任务，对党建工作有了新的要求。党支部将利用党员远程教育平台，进行线上阵地建设，有组织、分批次地开展全面覆盖小区党员的教育培训计划，为小区党员充电加油。党支部将秉持对组织高度负责的态度，努力筛选、培养和发展入党积极分子，主要以公司和小区的高层次人才和行业模范为重点发展对象，为党的事业吸收高品质的新鲜血液。

南京新百物业资产管理有限公司党支部以班子内部"小团结"来带动大家的"大团结"，使党支部在群众中的凝聚力、号召力明显增强，在此基础上，形成了相互团结、相互尊重、相互沟通、遇事集体讨论的良好工作格局。面对新形势、新任务，党支部利用党员远程教育平台有计划、有组织地开展物业公司党员、客户党员全覆盖的培训教育，培训面积达95%以上；党支部发展党员工作中，以发展客户、本科大专毕业生入职积极分子为主，为党的事业吸收新的血液。

营造红色氛围，规范党建阵地：

党建阵地建设是提高党建质量、增强党员归属感的重要举措。规划党建活动场所、布置相关设施设备、常态化开展组织活动等，是党建阵地建设的基本要求。

南塑新村社区党委打造"红色客厅"和"红色楼道"党建宣传阵地，使其成为增强基层党组织战斗力、凝聚力的重要载体。"红色客厅"阵地是348㎡的党建文体广场，广场专门设置"塑心、塑善、塑情"主题景墙，除了展示社区开展的各项党建活动外，把党委、支部和党小组长的职责、承诺亮出来，让先锋作用在群众身边看得见。广场还设有悠闲座椅、石凳石桌、花卉绿植，集党建宣传、休闲娱乐、健身休憩于一体，深受大家欢迎。"红色楼道"阵地是利用单元楼道墙面，居民平时接触最频繁的载体，打造楼道红色文化墙，将党建、文化、服务等元素有效融入，通过各类照片、绘画、书法等多种方式，让居民随时看到身边的好人好事。

中化金茂物业悦山名邸项目规划出200余平方米的物业服务用房，用于构建"党群+物业"的一站式服务平台，涵盖红色长廊、客户活动中心、党建书屋、党代表工作室等功能区，结合党群、宣传、文化、群团等，为计划开展包括革命故事讲述、生活服务、亲子家庭和新婚生活等提供优质的活动空间。

认同红色身份，培育先锋模范：

持续加大党员发展力度，使得物业服务和物业基础工作中有党的基层力量注入并推动党员队伍建设，物业服务企业通过设置党员示范岗、党员责任区等示范窗口，提高党组织内党员政治素质，增强党员身份认同，发挥党员的先锋模范作用。

瀚宇物业党支部在万谷慧生活广场设立了"党员组织生活馆"和"支部书记工作室"，实现实地教学和情景教学的相融合，万谷慧生活广场党小组以班子内部"小团结"来带动大家的"大团结"，使党组织在群众中的凝聚力、号召力明显增强。在此基础上，形成了相互团结、相互尊重、相互沟通、遇事集体讨论的良好工作格局。面对新形势、新任务，利用党员远程教育平台有计划、有组织地开展了物业服务企业党员、商管公司党员、商户党员全覆盖的培训教育；党建工作结合物业服务，形成了物业牵头、商铺参与的多元共治良好局面。

把党小组建立在项目上，充分发挥基层党组织的战斗堡垒和党员先锋模范作用，紫晶广场在紫霞社区和南京太湖世家物业管理有限公司党支部的带领下，以党建引领，建立党员示范岗、党员责任区，让每名党员成为一面鲜红的旗帜，成立党员志愿服务队，用"红心"凝聚"民心"，广泛开展"党员联户"，推动党员主动联系服务群众，到基层一线宣讲新思想、倾听百姓心声、帮助解决困难等。

三、南京市红色物业建设经验总结与展望

物业党组织作为基层党组织社区治理版图中的重要有机组成部分，两者间的互动已经超越了单纯的市场行为与契约关系。在此背景下，如何既把握新时代的背景，又尊重物业服务经营管理、成长的基本规律；既凸显党组织的政治引领功能，又提升物业的服务功能，是当前南京市物业行业党建工作实践和理论研究的难点和关键。

（一）示范经验

1. 商品房小区

商品房在中国兴起于80年代，是指经政府有关部门批准，由房地产开发经营公司向政府机关单位租用土地使用权期限40年、50年、70年开发的房屋，建成后用于市场出售出租。随着我国城市化进程的不断推进和城市房地产行业的蓬勃发展，商品房小区已经成为常见的居住模式，并且作为一种新型社区，在城市治理与社区党建方面的重要性凸显。

由于房地产开发商的战略定位和整体实力不尽相同，商品房小区在物业管理资源、公共基础设施和绿化环境等方面也都存在明显的差异，在党建工作实践中，要依托商品房小区的组织资源、物质资源、物业管理资源优势，以"强强联合、强弱联动、结对帮扶"的形式，将周边社区治理成效不高和"无人管""真空式""边缘化"的单元楼纳入统一管理范畴，推动商品房小区治理过程中的资源共享、环境共治，并通过组建跨社区联合党支部的方式，发挥联合党支部在社区治理中的引导作用，建立联合党支部、业主委员会和小区物业服务企业等"多方联动"的社区治理机制，从而推动党建引领商品房小区的"联动治理"。一方面，将问题聚焦于居民的多样化需求，如物业管理、环境改造、公共设施维修等，通过社区成立"大党委"，组建跨社区联合党支部，有效统筹社区、辖区单位和行业领域党组织力量，深化互联互动共驻共建，实现组织共建、管理共联、资源共享。另一方面，将社区划分为网格，与综治、公安、城管等部门设立网格融合，以社区、单元楼（栋）、商圈市场为主体，调整优化设置网格和资源配置，并建立网格联合党支部，对商品房小区"无人管"的单元楼栋实施"联动"管理，推动社区治理与服务的大联网、大联动，形成"外溢效应"。

2. 保障房小区

保障性住房是指政府为中低收入住房困难家庭所提供的限定标准、限定价格或租金的住房，一般由廉租住房、经济适用住房、政策性租赁住房、定向安置房等构成，这种类型的住房有别于完全由市场形成价格的商品房，随着城市化进程的加快，在管理方面往往被忽视，加之保障房小区本身发展并不十分成熟，造成许多复杂的居民矛盾，这对如何治理好保障房小区提出严峻挑战。保障房小区治理的难点在于是否引入物业服务企业，由于很多居民并没有缴纳物业费的意识和习惯，物业服务企业难以收齐物业费来进行正常的物业活动，造成物业服务质量下降，加剧物业服务企业和业主之间的矛盾。

在党建引领保障房小区治理过程中，由社区党组织负责把关和监督，通过市场化的方式，引入有资质的物业服务企业进行"委托"管理，以政府财政补贴、社区公共收益和业主缴纳相结合的方式，保障物业管理资金的稳定，并通过对物业服务企业服务质量的监管，促使物业服务企业更好地为社区居民提供公共服务。此外，通过实行社区网格化管理，充分发挥"红色引擎"的引领作用和党员模范带头作用，以"关键少数"带动"最大多数"，并在服务接待中心设置"党员之窗"、培育"红色物业"、传递"红色温暖"，真正让社区居民得到实惠，既提高了物业服务质量，又增强了居民的幸福感和满意度。党建引领保障房小区治理要充分发挥"党建+物业"的服务模式，由社区党组织把关，在引入优质物业服务企业的同时，既要加强对物业服务企业服务质量的监管，也要保证物业经费的稳定，并在社区治理中明确各参与主体的权责义务，推动党建引领保障房小区的"委托"治理。

3. 老旧小区

老旧小区年代久远，基础设施、居住环境、治安状况普遍较差，大多缺少专业化的物业服务企业对社区进行管理，而居民主人翁意识不足，对社区公共事务往往漠不关心，但在诸如楼栋电梯安装、外墙翻修、监控安装等方面又有较多需求，很多老旧小区并没有预留足够的房屋维修金，有时如果居民发现自身利益或诉求得不到尊重和满足，甚至还会采取某些非理性的方式来表达，使这些问题成为社区治理的顽疾。

党建引领、多方协同与问需于民是创新党建引领老旧小区治理的重要维度。按照"自我管理、自主行动、自治见效"的原则，党建引领老旧小区治理形成了"社区党组织＋物业管理委员会"的社区治理模式。一是通过社区党组织的示范引领作用，指导社区成立"物业管理委员会"对小区卫生、秩序维护、设施维修等进行自我管理，并主动对接社区居民的需求，带动居民积极参与社区事务的治理，并按照社区公共事务"轻重缓急"的原则，分类、分阶段、最大限度地解决居民家门口的烦心事、困难事。二是充分发挥"社区党组织＋物业管理委员会"的纽带作用，通过宣讲会、咨询会、座谈会的形式，让社区居民充分表达自己的诉求，并积极鼓励社会资本共同参与社区居住环境的改造和提升。三是通过"一核多维、共建共享"的理念，以基层党建为引领，确保社区治理充分体现党的意志和要求，指导社区自治组织、群团组织等积极主动参与社区治理实践。四是针对社区基础设施陈旧、居住环境脏乱差等难题，动员老旧小区党员、居民参与社区治理，发挥先锋牵头作用，社区党员充当好信息员和调解员角色，解决群众实际困难，满足社区居民多样化、个性化、多层次的需求，形成党建引领社区"自主"治理模式。

（二）卓越成效

1. 党建引领有利于化解社区治理共同体困境

新的历史时代，由于经济收入的多样化、价值形态的多元化、行动主体的异质化，社区治理共同体实践中面临着公共价值缺失、居民参与不足、利益分配不均、责任分担失衡等多重困境，迫切需要发挥党建价值引领、政治动员、资源整合和机制创新功能，化解社区治理共同体现实困境。红色物业的特殊管理模式有助于政府解决"基层治理的难题"，有利于推动社区文明建设。

党建的价值引领功能有利于化解社区治理共同体建设面临的价值困境，政治动员功能有利于化解行动困境，资源整合功能有利于化解共享困境，价值创新功能有利于化解责任困境。党建引领有利于克服社区治理过程中出现的诸多棘手问题与治理困境，优化社区治理体系和效能。党组织既统筹国家政治又塑造社会，上能传达国家的政治态度、制度意志，下能汇集群众的利益诉求、权利意愿，提高现代化治理水平的同时满足人民对美好生活的现实需要。党建引领不仅是治国的政治要求，也是社区治理的制度方略，能够将党建功能转变成治理效能。党建引领社区治理共同体的建设，一方面促进了党对中国特色社会主义事业的全面领导，巩固党的基层建设；另一方面增强了社区治理共同体的科学性与有效性，推进社区治理现代化。因此，建设多元主体和谐共治的社区治理共同体需要充分发挥党的价值引领、资源整合、政治动员、机制创新等功能，实现党建引领功能与社区治理共同体建设的双向耦合。

2. 党建引领有利于为物业服务企业开展业务赋能

当前物业服务企业主要依靠收取物业费作为主要收入来源，盈利结构单一。要想实现跨越式发展，需要整合现有资源，而党建引领为物业服务企业参与社会治理提供了一个有效的平台，物业服务企业可由此拓展多元化服务网络，寻找新的盈利增长点。站在社区治理的高度，打破局限于小区内基础物业服务的状态，跨小区提供多元化服务项目，发挥规模效应，以提供社区"大物业"服务的方式融入基层治理，开辟物业服务企业创收新渠道。

通过党建引领物业服务融入基层治理，一方面，在物业服务企业中建设党组织，强化党建工作，提高物业服务企业"为民办实事"的思想觉悟，提高物业服务水平，有效提升物业服务企业形象，一定程度上缓解物业与业主因服务预期不匹配而产生的矛盾。另一方面，物业服务企业人员参与社区公共事务管理，在面临复杂多样的管理问题时，可以由党组织出面协调各方发挥合力，共同破解社区治理难题，能够为物业服务企业日常运营赋能，打破人们关于物业管理的固有印象，促进行业健康持续发展。

借助小区治理的日益完善，社区各方互信增强，协商、协同习惯逐步养成，社区秩序日益好转，这些都会减少物业管理开展的阻碍，降低物业管理成本，提高物业管理效率，充实物业服务企业政治功能与公共管理及公共服务功能。

3. 党建引领有利于奏响服务居民群众新乐章

党建引领红色物业倡导绿色、环保、文明的居住理念，通过加强环境整治、垃圾分类、绿化美化等措施，改善了居民的生活环境质量，提升了居住舒适度；强调社区共建共治共享的理念，通过组织居民参与社区活动、共同维护社区环境等方式，增强了居民之间的交流与合作，增进了邻里间的感情，提升了社区的凝聚力；致力于提供优质的生活服务，包括社区医疗、教育、文化娱乐等方面的服务，方便了居民的生活，提高了生活质量；鼓励居民积极参与社区治理，通过居民议事会、居民代表大会等形式，让居民参与决策、监督和管理，增加了居民的参与感和满意度。

党建引领红色物业立足于基层党组织的文化育人使命，以文化人，促进人的现代化，从国家发展的层面来说，通过提升社区民众的意识形态认同和制度认同以增进国家认同；从社会发展层面来看，通过培育社区民众的公共精神和重塑其个体观念以增进社区的公共交往；基于个体发展的视角，通过睦邻文化的塑造和社区情感关系网络的构建以满足社区民众的精神文化需求。党建引领红色物业不仅更好地满足了人民群众日益增长的精神文化需求，促进社区和谐发展，弘扬共筑美好生活梦想的时代新风，更提升了各族居民群众的归属感和幸福指数，坚定了各族群众听党话、跟党走的信心和决心，为建设新时代中国特色社会主义夯实思想基础和群众基础。

（三）现实困境

1. 地方政府层面

多元共治机制落地不稳：

在"红色物业"推进过程中，尽管倡导构建"共建共治共享"的多元治理体系，多元治理主体也在党建引领下建立了协调联动机制。但实际工作中，一方面，各治理主体之间的权责关系边界模糊，而且政策的落地、观念的更迭、问题的解决以及多元治理主体间信任的建立都是一个漫长的过程，最终往往仍习惯以政府部门为主导开展工作，其自身治理效能无法充分发挥，严重削弱了多元主体参与社区治理的积极性与创造性。另一方面，社区党组织、机关与企业单位、社会组织、志愿团体及社区居民间融合度有限，各主体间沟通成本高，协调联动机制形式大于内容，落地困难，容易出现条块分割、资源分散的现实局面，导致党建引领社区治理效果不明显。

资金保障机制亟待完善：

"红色物业"不以营利为目的，为维持资金平衡，除了通过广告位、停车费、房屋中介费用等收入使其取之于民用之于民外，还需依靠政府的财政拨款、项目补贴和企业的专项资金投入，资金投入不足和资金投入保障机制不健全，已经成为"红色物业"创建工作的重要制约因素。除了一些原本建设情况、发展情况比较好的街道社区或者物业企业之外，大多数社区资金情况并不乐观，尤其是老城区和城中村多存在基础设施差、资金筹措难、矛盾问题多、维护管理成本高、物业费收缴困难等突出问题，物业进驻成本颇高，需要大量财政资金投入保障才能达到服务效果。

行业监管体系尚未健全：

"红色物业"实施效果需要可量化的指标来衡量，科学有效的评价监督机制可以促进"红色物业"的持续健康发展，不仅要加强对物业企业的考核，也要优化对在职党员下沉社区的考核，虽然南京市积极研究制定行业信用评价标准、红黑榜管理办法，组织评选党建引领物业管理服务工作示范点，但监督考核机制常常重"材料"而轻实效，只要会议记录、活动记录、活动照片、制度展牌达标就能顺利通过考核，往往忽视了党建工作与服务的实效性，导致物业服务企业政治意识弱化、服务标准降低，也造成某些"红色物业"推进中党员带动作用不强，监督执行上不能达到效果。且在考评办法中强调的大多是对物业服务企业的监督和考核，对其他的居委会、业委会的行为监督做的也不完善。

2. 物业服务企业方面

党组织建设热情下降：

物业服务企业作为以营利为目的的市场主体，具有逐利性，创建"红色物业"实质上是依靠党组织的力量督促物业服务企业除提供市场化服务外自觉承担起部分公益职能，为公众提供优质高效的服务，如果没有一定的激励，特别是物质激励，绝大多数物业服务企业对企业发展的认识还停留在片面追求经济利益最大化的阶段，对落实理解物业服务企业党组织建设相关政策不到位，投入经费开展"红色物业"创建工作热情度不高，甚至担心党组织开展活动会占用人力、财力，影响企业的正常经营，导致"红色物业"创建内驱力不足。

党组织管理水平有限：

"红色物业"的推进不仅对物业服务企业的服务提出了更高的标准，也对物业服务企业管理人员和服务人员的素质提出了更高的要求，而现实中，部分物业服务企业不仅缺少专业技术服务人员，物业管理人员素质也参差不齐，存在管理理论水平参差和对"红色物业"和物业党建政策理解不透彻、贯彻不到位的情况，这些因素都制约了物业服务企业健康可持续发展。此外，在人员配置上"一工多用"现象为常态，既要负责党建工作，还要处理日常性事务，工作较为繁琐，物业服务企业员工的流动性也较大，很多员工岗位变动频繁，激励制度尚未健全，人才"引进来"但"留不住"，导致物业服务企业党组织工作开展困难。

流动党员稳定性低：

物业服务企业因为劳动密集型行业的特征，基层岗位中的秩序维护员、保洁员等从业门槛较低，人员文化水平偏低，造成岗位流动性较大。基层岗位中的党员虽然身处物业服务企业，但是其组织关系仍留在原单位、原社区或者原村委会支部，不愿意或者不方便转入物业服务企业，甚至有的基层党员不愿意亮身份。物业服务企业基层岗位中大量的流动党员，造成党支部凝聚力不强，党支部活动开展工作力度偏弱，对于流动党员的管控偏弱。"红色物业"开展工作中党员人数不足，关系不在企业的党员不能参与重要工作或者不能担任重要岗位。

党组织活动流于形式：

部分物业企业的党组织建立起来后，党组织活动并没有得到实质性的进展，很多包括党建指导员在内的工作人员都认为党内生活仅限于"三会一课"，同时由于基层工作繁忙，更多的"三会一课"组织也仅限于形式上的拍照或例行的"不得不"开展；另外一些党组织在开展党内政治生活时缺乏创新，方式还是根深蒂固的老一套，仅仅在于看看报纸、学习上级讲话、看看纪录片等等，使得组织者没有组织活动积极性，参加者则觉得浪费时间，缺少吸引力和凝聚力；在对基层党组织工作手册进行检查时，也会出现造假次数、临时填写等情况，党组织活动的实际效果较差。部分企业虽然建设了党建活动阵地，但仅是简单张贴了一些"红色物业"的通用介绍，与自身党支部建设缺乏联系性，或仅仅追求好看美观，强调视觉冲击，但是内容却经不起推敲，也不根据活动情况进行展示资料的更新，后期逐渐松懈，导致活动阵地空有其名。

3. 居民群众方面

参与积极性不高：

近些年，随着市场经济的发展以及城市化进程的加快，熟人社会逐步转向陌生人社会。社区治理缺乏稳定的参与人群，加之荣誉符号的弱化，影响了公众的价值文化取向，社区自治往往缺乏应有的权威和效力。小区居民群众本应是创建工作的主体之一，但部分小区居民的"主人翁"意识和公共精神不足，主动参与创建工作等公共事务的积极性不高。有的业主对"红色物业"创建缺乏兴趣，对于小区事务不过问不参与；有的业主虽然有意愿参与，但是缺乏参与的时间和精力；有的业主对物业服务企业或者业主委员会等有意见，就以不参与小区事务为由对此漠然处之，甚至质疑反对物业服务企业和业主委员会，成为"红色物业"创建的阻力。

民意交流不及时：

住宅小区人员素质参差不齐、代表多元、意见不统一、立场不一致，在进行议事表决时，易存在较大分歧，又欠缺科学运行机制，导致决策难、执行难，难以有效发挥业主自治组织的作用。而且目前以社区街道为核心，整合物业、社区服务中心等资源共建的网络信息平台应用大部分使用都仅存在于表面现象，大多数利用互联网技术也仅仅停留在使用QQ群、微信群等这样的基础交流上，用于活动通知和沟通，并没有便民服务的进一步使用措施，在一些便民APP的开发上，功能也比较单一，使用效果并没有达到预期。

群众号召力不强：

当基层党组织活动开展时，由于不熟悉，缺乏感情基础，流动党员的号召力也不强，在参加社区活动时，组织志愿服务队时并不能提供完全高质量的服务，久而久之在群众中的信任度也会降低，再之后反而变得可有可无。与此同时，小区志愿服务队多以组建环境保洁、公益宣传为主，由于活动内容单一，形式枯燥，很难吸引年轻居民参与进来，一些热衷公益的退休居民成为各个志愿服务队的主力军，但很多老年人在从事志愿者服务时都容易出现体力、能力不足等问题。

（四）发展展望

1. 创新和完善基层社会治理

回顾五年来政府工作报告中关于基层社会治理的相关内容，2019年提出"推动社会治理重心向基层下移，推广促进社会和谐的枫桥经验，构建城乡社区治理新格局"。2020年提出"健全社区管理和服务机制。加强乡村治理。及时解决群众合理诉求，妥善化解矛盾纠纷"。2021年提出"健全城乡社区治理和服务体系，推进市域社会治理现代化试点"。2022年提出"推进社会治理共建共治共享。促进人民安居乐业、社会安定有序。创新和完善基层社会治理，强化社区服务功能，加强社会动员体系建设，提升基层治理能力"。2023年强调"加强和创新社会治理。推动市域社会治理现代化，完善基层治理，优化社区服务"和"提升社会治理效能"。各年度政府工作报告均提及了社会治理和基层社会治理的相关内容，体现了政府对基层社会治理的高度重视。

其中，社区治理是基层社会治理的基础。物业服务企业是社区治理的重要参与主体，将物业管理纳入社区治理已成为各方共识。在此基础下，南京市在建设红色物业的过程中，应该从以下三个方面出发，通过"红色物业"创新和完善基层社会治理。

一是应当坚持党建引领社区治理，加强基层党组织对物业服务企业和业主委员会的政治、思想和组织领导，充分发挥党组织在基层治理和物业管理中总揽全局、协调各方的组织引领作用，推动需求在基层发现、资源在基层整合、问题在基层解决，有效激活基层治理的"末梢神经"。例如，成都市将党组织进一步建设到小区上，在有物业小区和无物业小区"分类施策"，在党组织的领导下设立小区议事会，对重大事项进行民主协商、共同决策；东营市搭建"民情茶馆""议事协商会"等载体平台，实现社区事务由社区居民"出主意、定措施、一起办"。

二是出台基层治理和物业管理相关法律政策，推进党建引领物业管理，街道工委应建立健全居住社区综合治理工作制度，明确工作目标，及时研究解决属地物业管理重点和难点问题，切实解决基层行政执法中"看得见的管不着、管得着的看不见"问题。建立物业管理工作机制，指导监督辖区内物业管理活动，积极推动业主设立业主大会、选举业主委员会，办理业主委员会备案，并依法依规监督业主委员会和物业服务企业履行职责。搭建街道属地管理工作平台，将物业服务矛盾纠纷问题纳入"党建引领、街道吹哨、部门报到"工作。

三是厘清社区治理过程中的物业服务责任边界。基层社区治理是赋予和添加在物业服务企业肩上的一项准公共服务义务和社会责任，物业服务应当区分商业行为和社区治理，委托物业服务企业承担社区治理等公共服务事项的，应当向物业服务企业支付相应费用。根据不同的项目制定不同的经费保障体制，建立公用账户，推进不同类型的经费按期足额入户，在使用中，严格落实签字责任追踪，执行"权随事走"、"费随事转"的要求，重点支持"红色物业"实施中在服务群众项目中的支出。同时建立"红色物业"工作经费预算制度，从源头上加强工作经费管理。完善经费使用公开清单，实现党内外的双重监督，提高经费使用效率。

2. 借力一刻钟便民生活圈

2023年，商务部等13部门研究制定了《全面推进城市一刻钟便民生活圈建设三年行动计划（2023—2025）》，践行以人民为中心的发展思想，坚持"问需于民、问计于民""缺什么、补什么""因城施策、一圈一策"的原则，按照"试点带动、典型引路、全面推开"的路径，聚焦补齐基本保障类业态、发展品质提升类业态，优化社区商业网点布局，改善社区消费条件，创新社区消费场景，提升居民生活品质，将一刻钟便民生活圈打造成保障和改善民生、恢复和扩大消费的重要载体。行动计划提出，为改善消费条件，丰富居民消费业态，提出在居民"家门口"（步行5-10分钟范围内），优先配齐购物、餐饮、家政、快递、维修等基本保障类业态，引进智能零售终端，让消费更便捷；在居民"家周边"（步行15分钟范围内），因地制宜发展文化、娱乐、休闲、社交、康养、健身等品质提升类业态，让消费更舒心；强调发展"一店一早"，补齐"一菜一修"，服务"一老一小"。在此背景下，南京市建设"红色物业"时，同样可以借鉴其他地方的优秀经验，通过打造"一刻钟便民生活圈"，为民众带来更多便利，提升"红色物业"项目的服务水平。

例如，兰州市安宁堡街道桃林路社区党委聚力打造"一刻钟便民生活圈"，社区对辖区"小修小补"、便利店等服务摊点进行整合，引导他们规范经营，让他们的服务融入社区"一刻钟便民生活圈"。线下，老手艺人有固定服务点位；线上，街道、社区对服务队伍实行平台化管理，及时推送信息，方便居民就近选择服务点。居民可以去店里消费，也可以在线上下单，预约老手艺人上门服务。

上海市闵行区古美路街道党工委聚焦"一老一小"，通过整合现有公共空间和活动设施，建设集党群服务、生活服务、为老服务、健康服务、文体活动、亲子爱幼、"一网通办"为一体的"家门口"服务综合体，有效提升党组织服务能级，进一步夯实"一刻钟社区生活圈"。党总支以建设"家门口服务站"为契机，利用社区现有服务设施场地等资源，创新推出了社区食堂。食堂由专业化第三方服务机构负责运营，为社区老人提供干净、卫生、新鲜的饭菜，中央厨房统一制作，根据用餐人数进行配送，60岁以上老人可享9折优惠，65岁以上老人享8.5折优惠。除了老年人，未成年人也是党总支的重点服务对象。"家门口服务站"设有未成年人家庭教育服务站，玩具、绘本、小帐篷，为孩子们打造了一个充满童趣的专属活动空间，培养他们人际交往、互助合作的能力。

3. 推进绿色低碳生活方式

二十大报告提出，推动绿色发展，促进人与自然和谐共生。我国资源约束趋紧、环境污染严重、生态系统退化的问题十分严峻，人民群众对清新空气、干净饮水、安全食品、优美环境的要求越来越强烈。推动物业服务发展绿色化、低碳化是实现物业服务高质量发展的关键环节。南京市应以建设以人为本、健康优美的人居环境为目标，从绿色建筑物营造、社区绿化、垃圾分类、节能降耗等角度切入，重点为绿色社区的硬软件建设提供创新服务，推动形成绿色低碳的生活方式，借助"绿色生活"推动"红色物业"的建设。

近年来，镇江市京口路社区党委认真落实市委"党旗'镇'红、一线建功"工程，主动实践"双碳"战略，坚持以党建"红"引领低碳"绿"创新路径，积极培养居民低碳生活方式，大胆探索低碳社区建设路径，全力推进节能降耗减碳，努力实现居民消费理念和生活方式的低碳转变。京口路社区党委2021年获评"全国优秀基层党组织"和镇江市低碳优秀社区，并在2022年依托社区党群阵地建成镇江市首个集低碳普及宣传、绿色建筑展示、双碳课堂为一体的"社区低碳生活中心"。社区党委还实施"党建+"志愿服务，以群众需求为导向，开展"社区共建，环境卫生大扫除""绿色出行""保护母亲河"等惠民生、接地气的志愿服务活动，积极探索基层党建与生态文明互联互通、互动双赢的新模式。

站在我国迈上全面建设社会主义现代化国家新征程、向第二个百年奋斗目标进军的历史风口，南京市的物业服务企业更要抓住时代赋予的机遇，大力推动"红色物业"的发展，在党组织的领导下参与基层治理，拓展服务网络，寻找新的盈利点，和多方主体联动合作，共同破解社区治理难题，探索新型的社区治理模式，不断推进基层治理体系和治理能力的现代化建设，为实现中华民族伟大复兴进程贡献物业力量。

报告二十　广州市低价物业单价市场调研报告

第一部分　研究背景及目的

物业服务的费用一直以来都是行业内关注的焦点，一方面主管部门对于行业内服务收费的关注体现其对民生的关切；另一方面物业服务费用是物业服务企业营收的基础，是经营的核心；再者，物业服务费用更是业主最关心的内容，收费的高低、服务的质量和业主的预期紧密相连。但由于沟通的滞后和宣传的误导，物业管理收费依据一直不够明朗。十多年来，很多社区物业费经常"十年一价"，相比之下，房价的不断翻番，工资逐年提升，这种境况值得深思。虽然，从商业的角度来看，以低价吸引人无可厚非，但这种价格战只会给整个行业带来利润的急剧下降和风险的陡然增加。

现阶段，伴随着人民生活水平的不断提高，消费升级的趋势也越发明显，物业服务的质量和形式也在随着社会环境的变化而不断丰富。物业管理行业的服务供给质量不断提升，企业营运成本也在不断提高，要实现"质价相符"，相应的物业服务费合理的增长才符合社会发展现实。广州作为一线城市，但是目前仍存在部分物业服务企业在物业收费方面显著低于政府指导价格，尤其是那些低价类的物业服务更是需要引起关注和重视。

第二部分　调研方法及结果反馈

（一）调研方法

本次调研采用混合研究方式，即"定量+定性"相结合的调研方式。

针对物业公司人员，重点采用定性的方式，利用面对面深度访谈的形式，深度挖掘低价物业费得以存在背后深层次原因，如低价物业费如何通过主管部门的审核？如何与业主大会沟通？提供哪些物业服务？如何保障物业服务质量和持续性等方面的问题，以半开放式访谈提纲为主要调研手段开展实地调研。

针对业主，重点采用定量的调研方式，以调查问卷为主要手段。重点关注现行低价物业服务所提供的内容、与业主心目中的预期、与业主对于物业服务的需求以及在更换物业公司方面的考虑等内容。

（二）调研数量

针对广州市11个辖区，按照不同区所占总体比例进行抽样设计，各层内采取简单随机抽样的方式进行调研。本研究针对物业公司的定性调研，总体上保证深度访谈数量不少于30位项目负责人，且覆盖广州市11个区；针对业主的定量调研方式，按照95%的置信度与3%的抽样误差，采用实地与网络调研相结合方式进行。

（三）调研结果

1. 小区楼龄

通过调研广州 11 个辖区共计 168 个小区，小区楼龄情况如下表所示：

表20-1　　　　　　　　　　　　　　11个小区内楼龄占比情况

小区楼龄	数量	占比
3~15 年	25	14.88%
16~20 年	23	13.69%
21~25 年	41	24.40%
25~30 年	58	34.52%
>30 年	21	12.50%

从以上数据来看，调研区域内小区楼龄老化情况普遍，超过 20 年的小区占样本数据的 71.43%，这也意味着这些小区可能需要更多的维修和维护，维修费用成为主要关注点。此外，业主大会的覆盖率相对较低，仅有 17.86% 的小区业主大会正常运行，这可能会影响业主的参与度和管理效率。同时，80% 以上的小区没有业主大会或类似的组织，这也表明小区管理方需要更多地关注业主参与和管理机制的建立。物业公司可以通过多种方式来鼓励业主参与管理和决策，例如开展业主代表选举、召开业主座谈会等活动，建立良好的沟通机制和管理体系，从而提高小区的管理水平和服务质量。

值得一提的是，调研结果显示样本小区物业费平均收缴率为 85%，总体情况令人满意，这也反映了物业公司在收缴物业费方面的有效管理和业主对物业服务的认可。

2. 对物业服务的需求

通过对调研问卷的统计，受采访人群中 62% 的居民表示愿意为了更好地服务而支付额外的费用，另外 38% 则持中立或反对意见，其中，25% 表示中立态度，因此实际反对比例低于调研总体样本的 15%，侧面反映了大部分居民对于高质量服务是有需求的也有相当支付意愿，而反对者多数为学历较低或年龄偏大人群，对提高服务品质本身的需求有限。

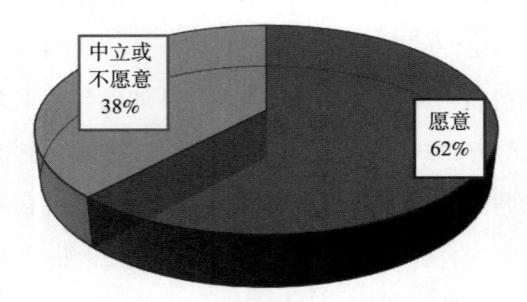

图20-1　对物业服务需求有支付意愿的情况

3. 住房类型差异

广州市低价类小区通常建筑年代较早，房龄较长，房屋设施和装修条件一般较为简陋，但是居住环境相对安静、舒适。近年来，随着城市化进程的加快和人口增长，广州市住房问题日益突出。虽然政府加大了保障性住房建设的力度，但是低价类小区仍然是一些购买力较弱的居民的选择，也决定了低价小区的基础设施和服务改善较为困难。低价小区内，住房类型为电梯与楼梯房两种，其可能出现因老年人或行动不便人群出行困难而导致的满意度下滑的情况发生，继而造成物业费上涨困难。

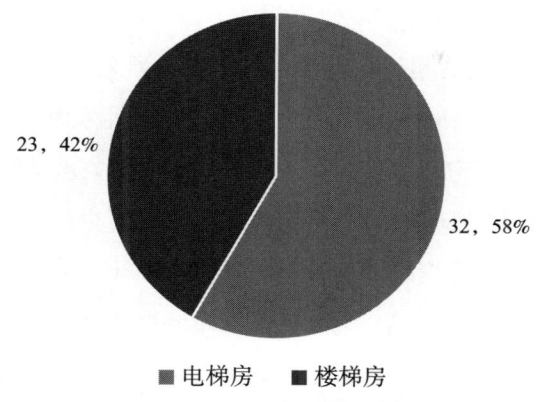

图20-2 电梯房与楼梯房分布情况

抽样数据中，电梯房32户，楼梯房23户，经过问卷调查，发现低价小区内的电梯房和楼梯房业主在是否有电梯方面并没有因此对物业公司产生负面情绪。此外，两类业主对各自小区的物业服务总体都感到满意，并且对于各自房型的物业费合理程度较为认可。调研结果还显示，电梯是否存在并不会对物业企业产生很大的影响，同时也和物业费的合理程度没有直接关联。因此，在低价小区内，电梯是否存在与否对物业服务评价的关联性不大。

4. 增值服务内容

除了提供基础的物业管理服务之外，现阶段的物业公司已逐步意识到开展多样化的增值服务至关重要，这些服务将成为企业业绩增长的第二曲线。增值服务的开展可以有效提升业主的黏合度，并通过优质贴心的服务增加营业收入。但是需要指出的是，低价小区持续低迷的物业费也对增值服务的开展以及服务质量造成一定拖累。从目前提供的物业服务来看，参与调研的小区物业公司提供的服务包括家居装饰服务、信息沟通、物业管家服务、车辆服务、公共设施维护、绿化养护、清洁卫生以及小区安全管理等。业主对这些服务的评价将直接影响对物业企业的满意度。

将业主对目前提供服务的评价量化后，具体情况如下：

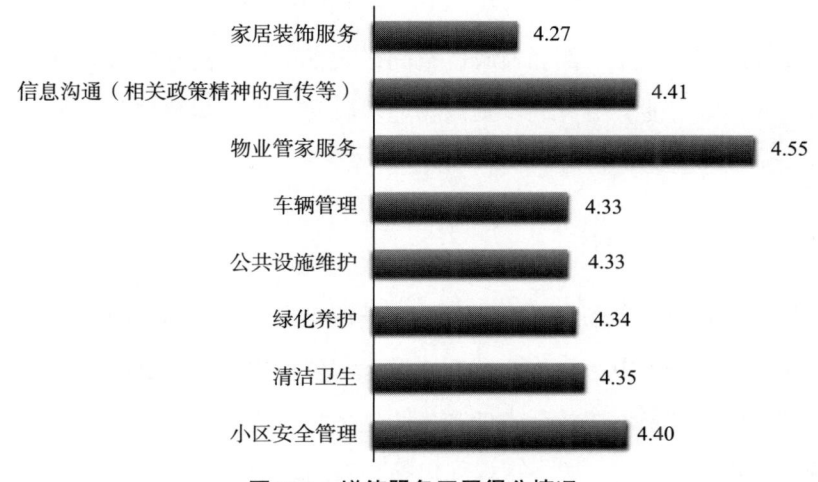

服务项目	得分
家居装饰服务	4.27
信息沟通（相关政策精神的宣传等）	4.41
物业管家服务	4.55
车辆管理	4.33
公共设施维护	4.33
绿化养护	4.34
清洁卫生	4.35
小区安全管理	4.40

图20-3 增值服务开展得分情况

得分高低代表着业主对物业服务的认可程度。根据业主反馈，已提供的服务中，物业管家服务的满意度最高为 4.55 分（5 分为满分），其次是信息沟通（相关政策精神的宣传等）为 4.41 分。而车辆管理、公共设施维护、绿化和卫生等业务敏感度较高的服务满意度则较低。

中指研究院的《2022 中国物业服务满意度研究报告》显示，清洁卫生作为业主敏感度最高的物业服务，稍有变化就容易引起业主满意度的起伏。因此，物业服务满意度评价不同于其他多维度的科学模型，业主对物业服务企业的评价往往受到单项因素影响较大，即"木桶效应"。在物业服务企业提供的众多服务内容中，任何一个细项出现问题都有可能导致业主对企业整体服务水平的"一票否决"。

因此，我们认为单项服务品质是造成物业费上涨失败或涨幅较少的主要因素。就现阶段而言，低价小区物业企业想要成功提价，需要将满意度较低的服务水平提升，补齐短板。

但不得不承认，低价小区的物业服务品质通常受到环境和资金等因素的制约，因此所能提供的服务有限，难免与业主期待存在差异。这种差异主要体现在物业服务质量与业主期待之间的不一致。造成这种差异的主要原因在于低价小区中业主的知识水平参差不齐，有些业主思想较为保守，观念转变较慢；而有些小区新入住的业主属于中青年人，对增值服务或高质量服务需求较大。业主需求的不同导致物业公司在提供服务时难以取舍，尤其是在基于老旧小区低价物业费的情况下。

目前，业主对物业服务的需求主要集中在小区安全、绿化养护和清洁卫生等方面。在访谈过程中，低价小区已提供的物业服务已经覆盖了业主的基本需求，并且业主对这些服务的满意度也处于较高水平。

另一方面，业主追求高质量生活的诉求在近年有明显上升，尽管小区楼龄多数偏大，但其中部分小区内二手房与租赁房屋入住的业主趋于年轻化，对高品质物业服务需求量明显加大，在统计除目前的物业服务外，低价小区业主还希望新增服务的具体情况如下所示：

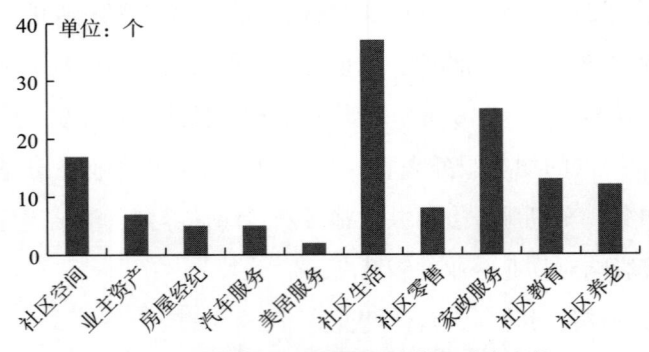

图20-4 希望开设新增服务种类及对应人数

从需求内容来看社区内衍生服务（例如家政、空间，教育）拥有良好的市场前景，如物业企业可积极拓展需求量高的增值服务，则可能会更有利于提高物业费收费水平，缓解物业公司压力并且提供更优质的服务回馈业主。

5. 物业企业的收支平衡与延续性

目前物业企业收取的物业费与市场水平以及政府指导价存在差距，调研中也发现部分企业能够维持收支平衡，其中现有少数盈利物企其中一个重要利润来源为车位租赁服务，更多的企业是在做亏本买卖，现存低价小区的物业公司主要是源于承担社会责任和集团任务的需要，但从长期来看，长时间的服务倒挂将导致不可挽回的后果，因此增加收入来源合理规划仍是必需的。

不少企业反映物企这些年基本是在零利润或者亏本运营，从几万到小几十万不等，亏本运营的物企多是国企或者集团属性，承担了大部分社会责任，对于低价、老旧小区的运营依靠集团或政府资源上的补贴。而为了维持企业运营，多数企业采取的是控制成本，减少人员配置等方式，而持续降低人员配置与控制成本又会造成业主对物业公司服务认可度下降，调价工作难上加难。且长期物业价格低于市场大环境，服务质量与延续性中间的平衡难以维持，长期低价对企业生存压力加大，部分企业只能压缩成本，在不退出项目的情况下开展服务，服务质量自然受到影响。

第三部分　广州市低价类小区物业单价现状与症结

（一）整体收缴率尚可但物业费上调难

目前，低价物业小区主要集中在几个调研区县，整体收缴率均值大于85%。番禺区和黄埔区的收缴率较高，但表现出较大的差异性，即低价的物业费并不等于业主对于缴纳物业费的意愿高。根据访谈内容，影响物业费收缴率的直接因素还是服务质量与满意度。对于服务品质好、服务意识强的低价社区，业主缴纳物业费积极性相对较高，这侧面反映了服务质量的重要性。

虽然收缴率总体情况令人满意，但调价却困难重重。长期的低收入让物业企业陷入了被动控制成本的窘境，上调物业费一直是低价类小区物业企业的诉求。然而，物业费的上调在低价小区中尤其困难。根据现有物业费浮动方面的情况看，多数小区进行过物业费上涨，但幅度很少，甚至失败。我们认为造成调节困难的原因在于以下几点：

第一，时间因素是物业费上调的一个重要考虑因素。我们发现，低价类小区中的楼龄普遍偏高，业主的年龄也趋于偏中老年。多数小区属于老旧项目、解困房、房改房项目等，业主年龄偏大，整体经济水平或文化素养相对较低，对高品质服务的需求量不高。因此，在这些小区中，业主可能不太愿意接受物业费上调的计划。

第二，在项目属性方面，福利分房或企业住房的业主享受福利性待遇，难以接受物业费上涨。对于业主来说，福利性待遇意味着收费低，这也导致了物业部门与业主之间的理念冲突，从而影响了物业的整体工作安排。业主对于福利的过度理解，对于物业费本身也存在着较多的看法，因此在物业费上涨后，会提出较多的反对意见。

第三，在沟通方面，沟通问题一直困扰着业主和物业公司双方。从现有情况来看，业委会数量少或存在感低是造成沟通问题的主要因素。一方面，物业费的调价需要业主深度参与，物业企业计划调价时需要与业主及时沟通，公示并取得大部分业主同意后方能进行调价工作。而部分小区因为业委会换届或是人员调度等原因，无法有效地统筹居民意见或搭建物业企业与业主的沟通渠道，造成信息不对等，更有甚者会使业主产生敌对情绪。另外，对于没有业委会的小区，物业公司在与业主的直接沟通过程中容易引起业主的反感，造成对立局面，导致价格上调无法进行。

第四，在服务质量方面，从调研小区的反馈情况来看，对服务品质的满意程度才是决定物业费上调能否成功的关键因素。通过小区业主问卷调查结果的分析，样本中业主对于目前小区的服务内容及服务水平总体是满意的。目前小区物业服务内容包括小区安全、清洁卫生、绿化养护、公共设施维修、车辆管理、物业管家、信息沟通、家居装修及其他服务。发现满意度与物业费及服务质量呈正相关。但是当业主对小区的某一项短板服务产生意见时，将严重影响物业费上调的成功率。例如莱福士观山苑小区，业主对物业服务总体满意，但是物企2次试图上涨物业费均未成功，其原因在于业主对于小区的清洁管理服务不满意，从而造成业主因某一项服务不满从而拖累物业企业服务效果的现象。

综合以上，在推动物业费上调计划时需要考虑以下几点：

根据不同小区特点采取不同策略，加强沟通与业主参与。物业公司需要建立有效的沟通渠道，及时向业主公示物业费调整计划，听取业主意见，让业主参与到物业费调整的决策中来，增强业主的归属感和参与感。

提升服务质量。物业公司需要加强对小区的服务管理，提高服务质量，增强业主对物业服务的满意度，从而提高业主对物业费上调计划的接受度。

逐步推进。物业费上调计划需要逐步推进，先从一些小区开始试点，然后再逐步推广到其他小区。在试点过程中，物业公司需要及时总结经验教训，不断改进完善物业费上调计划。

合理定价。物业费上调计划需要合理定价，不能过高或过低，要根据小区的实际情况和服务内容进行定价。合理定价可以增强业主对物业费上调计划的接受度，避免过高或过低的定价带来的不良影响。

在推动物业费上调计划时，物业公司需要全面考虑各种因素的影响，制定出合理的计划，并加强沟通、提升服务质量、逐步推进和合理定价等方面的工作，从而提高物业费上调的成功率。

（二）低价小区物业服务难点

推进物业费上调的先决条件是解决低价小区业主与物业管理的冲突问题，与新建小区相比，低价小区受限于区域、环境、业主文化层次等多元因素影响，冲突也同样多变。

1. 物业服务权责不明

低价小区多以零散、开放式形态分布在城市中心地带周边，是城市交通的一个组成部分，同时在管理区域上也与城市管理有重合部分，客观上加大了低价小区物业管理的难度和成本。

很多市民基于出行的便利，都会选择穿行小区，还有的会把共享单车停入小区，这些都加重了小区秩序维持的工作；城市中心车位资源短缺时，部分车辆就会停入小区内部，低价小区的停车位配比原本就不足，基本都是采取流动停放的方式，外来车辆的停放，进一步加剧小区车位的紧张，容易引发居民矛盾，而且大部分业主对物业公司的不满也多来自车辆服务这一项。无法保障小区内业主的停车需求，这是导致目前调价困难的主要原因之一。

另一方面，从物业服务标准来看，低价或老旧小区无论从规模还是收费，都是远低于新建商品房住宅小区，但是由于其位于城市中心，小区环境是城市环境的一个重要组成部分，所以实际的物业管理要求都是以城市管理需求为标准的，尤其是在创建卫生城市和文明城市期间，小区物业管理工作都要面临巨大压力。

现行的法律法规过多地把社会责任，运营成本转嫁到物业企业，导致物业公司在承担更多的工作，且与业主的不理解情绪叠加，导致物业企业无法做好自身本职工作。

低价小区由于其楼龄与小区年龄偏大，有大量的其他违法行为影响小区的管理秩序，而无论是物业还是社区都不具备执法能力。事实上，物业公司与业委会定位是小区秩序的日常管理而非处理违规行为，所以当职能部门的执法无法落实到低价小区，小区管理的难度就大大增加了。比如小区经常出现在墙体喷印广告号码的现象，为了维持楼道整体观感，社区工作人员要花费大量时间进行清除，清除后又会再次出现，这就需要工信部门协同配合，从号码源头查处；很多居民都有楼道堆放杂物的习惯，基于和居民关系的考虑，社区和物业很多时候并不能强制撤走，只能通知执法部门，而执法部门到现场后，只做口头警告要求撤走，执法人员走后，居民再次搬出，这是执法力度不到位；有的小区业主的房屋经过几手转租，改造成了酒店公寓，群租、短租现象突出，人员流动较大，加大了社区对于住户情况的掌握难度。

2. 消费观念冲突

低价小区业主年龄普遍偏大是不争的事实，且作为福利住房，享受福利服务此种观念也被普遍接受，对于新服务，部分业主并不太感冒。年轻人群中，对物业企业的满意程度占比较低，在当下的物业系统中，整体的运输效率较低，而且出错率较高，在整体的速度上，工作效率低下，很多的问题得不到解决。社区居民普遍存在抵触情绪，物业管理透明度低，引发了信任危机。此外，针对老旧小区，服务边界存在冲突，服务质量与服务价格不匹配等问题也普遍存在。

3. 缺乏有效沟通

根据《2022年广州市物业管理行业发展研究报告》的数据表明，自治组织参与率低。截至2022年6月底，广州市全市共成立了133个物业管理委员会，孵化了37个业主委员会，合作成立了170个业主组织。全市业主委员会达到了33.6%，整体呈稳步提升趋势。相比于总体超过30%的业主委员会数量，低价小区的表现并不尽如人意。在抽样的小区中，未成立过业委会或已过期的占总样本的82.14%，在运行的业主大会中占17.86%。

业主委员会是代表全体业主对物业进行沟通与管理的组织，可有效地承担业主与物业公司沟通桥梁的责任。当缺少了业委会的存在，消息的透明度将明显下降，物业公司可能无法及时有效地与业主进行沟通，进而导致业主带有情绪地与物业公司沟通，引起不必要的麻烦。在问卷反馈过程中，调价未成功的小区也侧面印证了这一观点。

社区原本的定位是起到基层行政工作和小区居民之间的纽带作用，通过和居民建立情感联系来协助政府处理和稳定基层工作事务。然而在面对老旧小区这些管理难题时，他们往往需要弥补职能部门缺位和物业管理能力不足的缺陷，成为一个"修补匠"，花费大量时间，到处修补执法漏洞，结果却治标不治本，反而引发居民不满。同时，与社区工作强度难度不匹配的是社区工作人员的薪资待遇，一些年轻的毕业生或者有工作经验的社工，最后都选择到企业去从事相关工作，导致社区工作人员流动过大。小区居民租户居多，常住户老龄化严重，社区工作人员流动性又大，彼此之间很难建立稳固的熟人关系，缺乏群众基础的小区管理举步维艰。

因此，建立有效的反馈机制迫在眉睫，及时解决业主反馈的问题和需求，加强与业主之间的沟通和协作，可以提高业主对物业公司的信任度和满意度。最后，优化人力资源管理也是提高服务质量和业主满意度的重要途径。通过培训和激励措施，提高员工的服务水平和工作积极性，为业主提供更好的服务。

第四部分　广州市低价物业单价上调的解决方案

（一）厘清物业收费细节

由于企业的管理和收费制度建设的执行运营无法合理的结合，导致目前物业基础建设体系相对较乱，仍存在很多专业的管理问题无法解决等问题。物业企业高效化的基础建设整体公开程度较低，导致很多的具体工作实施和计划安排并不是很透明，所以存在着垄断经营和暗箱操作等问题。不仅如此，在物业基础的投资计划安排过程中，由于不公开透明的投资安排管理，导致成本管控程度较低，使得其存在着权责不明的问题，使得在运行过程中存在着很多的公平性问题，其中维修费涉及小区共有共用部位维护与维修，维修资金的科学使用和保值增值，维修责任分担等一系列问题。研究发现广州老旧小区物业维修金制度建立情况不容乐观，仅小部分的社区归集了物业维修资金，房改结束前尤其是1980年代以前竣工房屋归集维修资金的比例非常低。这些老旧小区居民对政府部门的依赖心理严重，业委会成立比重偏低，业委会成立并正常运作的比例更低，从而严重影响了维修资金的筹集和管理。物业维修资金的筹集、使用和管理是一种准公共事务。物业维修资金管理的特殊性在于维修资金容易陷入无序使用的"公地悲剧"和大量闲置的"反公地悲剧"。我们在研究中发现，小区类型、业主的自身素质和能力、业委会运作的规范性和效果对管理模式有显著影响。物业维修资金的有序使用和管理需要政府、物业服务企业、居委会、业委会和业主多方协同和持续不断地努力。

（二）成立业委会并进行有效沟通

已成立业委会并能正常运作的小区，业主选择业委会管理维修资金模式的比例更高；业委会成立后不能正常运作的小区，业主选择业委会和政府管理模式的比例都更低。由于业委会成立并顺利运作比例偏低，使物业维修资金的使用既缺乏有效的组织形式，又缺乏规范的议事机制和有效的权力制衡机制。因此，政府部门应针对小区管理权容易集中于业委会尤其是业委会主任之手的不足，优化业主自治顶层设计，积极推动小区合法、有序建立业主自治组织。只有通过优化业委会的组织建设，建立基于信任基础的社区契约和社区规则，优化社区决策机制和议事机制，才能使物业维修资金管理逐步走上规范化轨道，避免陷入惜用和滥用的双重困境。在成立有效的业委会后，沟通工作由居委会主动提及，可有效地降低业主抵触情绪，政府应主动宣传，协助或帮助物业公司与业主或居委会进行沟通，一方面以社区、物业企业为抓手，及时响应来自社区、物业的一线执法需求，保障执法到位；另一方面针对老旧小区频发的冲突、矛盾等疑难问题建立定期研讨、联动、复盘的工作配合机制，因地制宜制订联动解决方案。

（三）融入城市服务业务之中

低价小区物业公司与城市服务链接，老旧小区物业管理所面临的城市管理要求、城市商业与生活冲突、项目收益负回报率等问题已经逾越了传统住宅物业服务的市场机制，如果仅靠政府财政过渡性输血，不具有可持续性。因此，可以将老旧小区物业服务纳入城市管理产业体系中去，进一步降低老旧小区物业管理在垃圾清运、保洁绿化、工程维修等方面的成本，同时围绕城市更新发展战略，把老旧小区物业服务项目作为子项目打包进入利润率相对较高的城市更新项目工程，鼓励综合实力较强的国有或民营企业参与整体承接和专业分包，在确保交付质量的前提下，稳定老旧小区物业服务项目的利润水平，将城市未来发展红利与城市历史遗留问题进行有机融合与协调。

（四）规范管理流程

降低因流程不合规导致的矛盾。和普通住宅小区相比，同类型的违法行为发生在老旧小区，其问题背景的复杂性和特殊性较为突出，所以可以以区为单位，统筹城管、住建、市监、环卫等多部门，建立老旧小区专项工作小组，制定、明确各部门在老旧小区管理中的工作职责和工作要求。

（五）加强与政府的沟通联系

业主端的问题得到解决后，政府层面如果也能提供帮助，才是真正帮助物企实现收支平衡，避免企业进场后降本维稳导致恶性循环。物业企业高效化的发展建设应该成为政府近年来工作的重点，但是随着我国长期物业企业高效化的发展建设速度较快，很多的收费制度未能够实现全面的安排，导致收费制度的安排数量不足和整体的收费制度管理体系不健全等问题的发生。比如，基础设施建设作为衡量小区健康发展的重要衡量标准之一，因而物企对于低价小区的基础设施的维修与维护大有可为。但是，目前在基础设施建设与更新会受到很多外界因素的影响，同样需要物业服务企业投入较大，在物业服务费提价难的前提下，这就需要国家提供相应的政策支持，以保证整体物业服务正常合理的运转下去。

附录：指标说明

附录一 行业数据指标解释

（1）物业管理项目总管理面积是指该年度末企业依据合同提供全面管理服务已交付使用的所有物业项目管理总建筑面积，不含仅提供单项服务内容的项目面积。

（2）物业管理项目总数指该年度企业依据合同提供全面物业管理服务已交付使用的所有物业项目总数。

（3）已进入城市个数指企业提供服务的所有物业项目所在城市的数量。

（4）营业总收入指年度物业管理费和其他各类经营收入总额，包括物业基础服务收入和多元服务收入。

（5）物业基础服务收入指为客户提供如保洁、保安、绿化等全面管理的物业服务，即直接收取物业管理费的收入。

（6）毛利润指年度营业总收入扣除物业管理和各类经营活动的直接成本（营业成本）后的利润部分。

（7）净利润指年度物业管理和各类经营活动中产生的合法净利润，不含应上交给上级公司的和属于业主权益的物业管理费的结余。

（8）人均产值本企业各类经营和物业管理费收入总额与企业员工总数（不含外包人员）的比值。

（9）物业服务费收缴率指企业在管所有物业项目实际收取物业服务费总和与在管所有物业项目按照物业服务合同约定应收物业服务费总和之间的比率（不含未清缴的）。

（10）物业管理项目留存率指企业截至本年末在管所有物业项目的数量与本年度内在管过的所有物业项目的数量的比值。

（11）合同储备项目总建筑面积指本企业已经签订物业服务合同，但还未正式进场服务的项目建筑面积。

（12）就业岗位个数指在本企业工作的人员总数，包括：在岗职工、再就业的离退休人员、在企业中工作的外方人员和港澳台方人员、兼职人员、借用的外单位人员、外包服务人员和第二职业者等。不包括离开本单位仍保留劳动关系的职工。

附录二　企业数据指标解释

（1）总资产净利润率：又称总资产收益率，是企业净利润总额与企业资产平均总额的比率，即过去所说的资金利润率。它是反映企业资产综合利用效果的指标，也是衡量企业利用债权人和所有者权益总额所取得盈利的重要指标。总资产净利润率＝净利润／平均总资产。

（2）净资产收益率：又称股东权益报酬率／净值报酬率／权益报酬率，是衡量企业盈利能力的重要指标。是指利润额与平均股东权益的比值，该指标越高，说明投资带来的收益越高。

净资产收益率＝净利润／平均股东权益。

（3）资产负债率：又称举债经营比率，它是用以衡量企业利用债权人提供资金进行经营活动的能力，以及反映债权人发放贷款的安全程度的指标，通过将企业的负债总额与资产总额相比较得出，反映在企业全部资产中属于负债比率。

（4）流动比率：是流动资产对流动负债的比率，用来衡量企业流动资产在短期债务到期以前，可以变为现金用于偿还负债的能力。一般来说，比率越高，说明企业资产的变现能力越强，短期偿债能力也越强；反之则弱。一般认为流动比率应在2∶1以上，流动比率2∶1，表示流动资产是流动负债的两倍，即使流动资产有一半在短期内不能变现，也能保证全部的流动负债得到偿还。

（5）总资产周转率：是考察企业资产运营效率的一项重要指标，体现了企业经营期间全部资产从投入到产出的流转速度，反映了企业全部资产的管理质量和利用效率。是企业一定时期的销售收入净额与平均资产总额之比。

（6）存货周转率：又名库存周转率，是企业一定时期营业成本（销货成本）与平均存货余额的比率。用于反映存货的周转速度，即存货的流动性及存货资金占用量是否合理，促使企业在保证生产经营连续性的同时，提高资金的使用效率，增强企业的短期偿债能力。存货周转率是对流动资产周转率的补充说明，是衡量企业投入生产、存货管理水平、销售收回能力的综合性指标。

附录三 房地产开发数据指标解释

（1）本年完成投资：是指从当年1月1日起至当年最后一天止完成的全部用于房屋建设工程、土地开发工程的投资额以及公益性建筑和土地购置费等的投资。其中土地购置费在实际统计工作中如难以区分，可放在"商品房建设投资额"中。

（2）商品住宅：是指房地产开发企业（单位）建设并出售、出租给使用者，仅供居住用的房屋。

（3）土地开发投资额：是指房地产开发企业完成的前期工程投资，即路通、水通、电通、场地平整等（也称"七通一平"）所完成的投资。一般指生地开发成熟地的投资。在旧城区（老区拆迁）的开发中，如果有统一的规划，如政府有关部门批准的小区建设的前期工程中，有场地平整，原有建筑物、构筑物拆除，供水供电工程等工作量也可计算。未进行开发工程，只进行单纯的土地交易活动不作为土地开发投资统计。土地开发投资额在房屋用途分组中能分摊的部分就分摊，不能分摊的全部计入其他。

（4）土地购置费：是指房地产开发企业为取得土地使用权而支付的费用。土地购置费按当期发生数计入投资，如土地购置费为分期付款的，可分期计入投资；不计入新增固定资产。土地购置费包括：①通过划拨方式取得的土地使用权所支付的土地补偿费、附着物和青苗补偿费、安置补偿费及土地征收管理费等；②通过出让方式取得土地使用权所支付的出让金。

（5）住宅：是指专供居住的房屋，包括别墅、公寓、职工家属宿舍和集体宿舍（包括职工单身宿舍和学生宿舍）等。但不包括住宅楼中作为人防用、不住人的地下室等。

经济适用房：是指根据国家经济适用房计划安排建设的住宅。由国家统一下达计划，用地一般实行行政划拨的方式，免收土地出让金，对各种经批准的收费实行减半征收；出售价格实行政府指导价，按保本微利的原则确定。

（6）办公楼：指企业、事业、机关、团体、学校、医院等单位使用的各类办公用房（又称写字楼）。

（7）商业营业用房：是指商业、粮食、供销、饮食服务业等部门对外营业的用房，如度假村、饭店、商店、门市部、粮店、书店、供销店、饮食店、菜店、加油站、日杂等房屋。

（8）本年资金来源合计：是指房地产开发企业（单位）实际拨入的，用于房地产开发的各种货币资金。包括国家预算内资金、国内贷款、债券、利用外资、自筹资金和其他资金。

（9）国内贷款：指报告期房地产开发企业（单位）向银行及非银行金融机构借入的用于房地产开发与经营的各种国内借款，包括银行利用自有资金及吸收的存款发放的贷款、上级主管部门拨入的国内贷款、国家专项贷款（包括煤代油贷款、劳改煤矿专项贷款等），地方财政专项资金安排的贷款、国内储备贷款、周转贷款等。

（10）利用外资：是指报告期收到的用于房地产开发与经营的境外资金（包括外国及港澳台地区），包括外商直接投资、对外借款（外国政府贷款、国际金融组织贷款、出口信贷、外国银行商业贷款、对外发行债券和股票）及外商其他投资（包括补偿贸易和加工装配由外商提供的设备价款、国际租赁）。不包括我国自有外汇资金（包括国家外汇、地方外汇、留成外汇、调剂外汇和中国银行自有资金发行的外汇贷款等）。

（11）自筹资金：是指各地区、各部门及企事业单位筹集用于房地产开发与经营的预算外资金。

（12）定金及预收款：指房地产开发企业（单位）预收的购买者用于买房的定金及预收款。定金是为了使签订合同的甲乙双方履行经济合同，根据有关规定由购房单位在报告期交纳的押金。预收款是甲乙双方签订购销房屋合同后，由于经营活动的需要，在报告期由购房单位提前交付的购房款（包括预收购房款中的外汇）。

（13）本年完成开发土地面积：是指报告期内对土地进行开发并已完成"七通一平"等前期开发工程，具备进行房屋建筑物施工或出让条件的土地面积。

（14）本年购置土地面积：是指在本年内通过各种方式获得土地使用权的土地面积。

（15）房屋施工面积：是指报告期内施工的全部房屋建筑面积。包括本期新开工的面积和上年开工跨入本期继续施工的房屋面积，以及上期已停建在本期恢复施工的房屋面积。本期竣工和本期施工后又停建缓建的房屋面积仍包括在施工面积中，多层建筑应填各层建筑面积之和。

（16）房屋新开工面积：是指在报告期内新开工建设的房屋面积。不包括上期跨入报告期继续施工的房屋面积和上期停缓建而在本期恢复施工的房屋面积。房屋的开工应以房屋正式开始破土刨槽（地基处理或打永久桩）的日期为准。

（17）竣工房屋面积：是指报告期内房屋建筑按照设计要求已全部完工，达到住人和使用条件、经验收鉴定合格（或达到竣工验收标准）、可正式移交使用的各栋房屋建筑面积的总和。

（18）实际销售面积：是指报告期已竣工的房屋面积中已正式交付给购房者或已签订（正式）销售合同的商品房屋面积。不包括已签订预售合同正在建设的商品房屋面积，但包括报告期或报告期以前签订了预售合同，在报告期内又竣工的商品房屋面积。

（19）空置面积：是指报告期末已竣工的可供销售或出租的商品房屋建筑面积中，尚未销售或出租的商品房屋建筑面积，包括以前年度竣工和本期竣工的房屋面积，但不包括报告期已竣工的拆迁还建、统建代建、公共配套建筑、房地产公司自用及周转房等不可销售或出租的房屋面积。

（20）实际销售额：指报告期内出售房屋的总收入（即双方签署的正式买卖合同中所确定的合同总价）。该指标与实际销售面积同口径，包括正式交付的商品房屋在建设前期预收的定金、预收的款项及结算尾款和拖欠款。不包括未交付的商品房所预收的款项。收取的外汇按当时外汇调节市场价折算在其中。如果商品房是跨年完成的，应包括以前年度所收的定金及预收款。